DIE LUTHER UND FÜRSTEN

AUFSATZBAND

1. NATIONALE SONDERAUSSTELLUNG
ZUM 500. REFORMATIONSJUBILÄUM

DIE AUSSTELLUNG STEHT UNTER
DER SCHIRMHERRSCHAFT VON
BUNDESPRÄSIDENT JOACHIM GAUCK.

BEITRÄGE
ZUR WISSENSCHAFTLICHEN TAGUNG
VOM 29. BIS 31. MAI 2014
AUF SCHLOSS HARTENFELS IN TORGAU
UND IM RESIDENZSCHLOSS DRESDEN

HERAUSGEGEBEN VON DEN
STAATLICHEN KUNSTSAMMLUNGEN DRESDEN
DIRK SYNDRAM | YVONNE WIRTH | DOREEN ZERBE

SANDSTEIN VERLAG

LUTHER UND DIE FÜRSTEN

SELBSTDARSTELLUNG
UND SELBSTVERSTÄNDNIS
DES HERRSCHERS
IM ZEITALTER DER REFORMATION

AUFSATZBAND

ANDREA STAUDE

OBERBÜRGERMEISTERIN DER GROSSEN KREISSTADT TORGAU

MICHAEL CZUPALLA

LANDRAT DES LANDKREISES NORDSACHSEN

LUTHER UND DIE FÜRSTEN

SELBSTDARSTELLUNG
UND SELBSTVERSTÄNDNIS
DES HERRSCHERS
IM ZEITALTER DER REFORMATION

AUFSATZBAND

INHALT

ANDREA STAUDE

OBERBÜRGERMEISTERIN DER GROSSEN KREISSTADT TORGAU

MICHAEL CZUPALLA

LANDRAT DES LANDKREISES NORDSACHSEN

Die vorliegende Publikation ist das sehens- und lesenswerte Resultat einer wissenschaftlichen Tagung im Mai 2014 auf Schloss Hartenfels. Wir freuen uns sehr, dass wir gemeinsam mit den Staatlichen Kunstsammlungen Dresden namhafte nationale und internationale Wissenschaftler nach Torgau einladen konnten, um die Tagung »Luther und die Fürsten« in Vorbereitung der gleichnamigen Nationalen Sonderausstellung durchzuführen. Neue Blickwinkel und aktuelle Forschungsansätze zur Wechselwirkung von reformatorischem Glauben und fürstlichem Handeln, die einschneidende konfessionelle wie politische Auswirkungen auf Fürstentümer und Reich hatte, standen im Fokus der Tagung und werden Ihnen in dem vorliegenden Aufsatzband präsentiert.

Die Residenzstadt Torgau wurde im 16. Jahrhundert nicht nur von der Reformation geprägt, sondern von Torgau gingen wichtige Impulse zur Umsetzung der reformatorischen Bestrebungen aus, hier wurden maßgebliche Entscheidungen getroffen. Schloss Hartenfels als Austragungsort der Tagung wie der Nationalen Sonderausstellung versinnbildlicht die besagte Interdependenz von reformatorischem Wirken und fürstlicher Herrschaft beziehungsweise neuem Herrschaftsverständnis. Als Hauptresidenz des protestantischen Kurfürsten Johann Friedrich dem Großmütigen ist Schloss Hartenfels – in seiner Regierungszeit umfassend renoviert und erweitert – das gebaute Manifest der lutherischen Reformation. Die darauf gründende gemeinsame Initiative von der Stadt Torgau und dem Landkreis Nordsachsen zur Aufnahme von Schloss Hartenfels in die Welterbeliste der UNESCO trägt dieser Bedeutung Rechnung. In Ergänzung zu den Luthergedenkstätten in Wittenberg und Eisleben soll Schloss Hartenfels 2017 – so hoffen wir – Bestandteil des Welterbes »Luthergedenkstätten Mitteldeutschlands« sein.

Das Reformationsjubiläum 2017 und die darauf hinführende Lutherdekade werden als Ereignis von nationaler Bedeutsamkeit eingestuft. Im Zuge der damit verbundenen Maßnahmen und Projekte konnten Schloss Hartenfels wichtige Wesenszüge zurückgegeben werden. Zu nennen sind an dieser Stelle die bereits abgeschlossenen Restaurierungsarbeiten am Großen Wendelstein und am Langen Gang. Die Wappen der Ahnen Johann Friedrichs des Großmütigen, die reich geschmückten Brüstungsfelder und Pfeilerornamente führen nun wieder wirkmächtig den Repräsentationswillen und den Machtanspruch des führenden protestantischen Fürsten im Zeitalter der Reformation vor Augen. Die Restaurierung der kühnen Treppenspindel ist der erste Meilenstein der aktuell laufenden Baumaßnahmen im Zuge des Reformationsjubiläums. Ein weiterer Höhepunkt wird im Jahr 2017 die Präsentation der restaurierten Kurfürstlichen Gemächer sein. Sie stehen in direktem räumlichen Zusammenhang mit der Schlosskapelle, die 1544 als erster und einziger Kirchenneubau von Martin Luther selbst geweiht wurde.

Weitere eindrucksvolle Spuren des reformatorischen Wirkens finden sich in der gesamten Stadt. Bauwerke wie die Alte Superintendentur, die Kurfürstliche Kanzlei, das Haus Georg Spalatins oder die Katharina-Luther-Stube sind authentische und begehbare Zeugnisse der Reformationsgeschichte in Torgau. Der einzigartige Bestand an originaler Bausubstanz mit insgesamt mehr als 600 Einzeldenkmalen macht den historischen Stadtkern zu einem der größten Flächendenkmale der Renaissance in Deutschland und zu einem außergewöhnlichen »begehbaren Exponat«. In unvergleichlicher Manier verbindet der Torgauer Museumspfad authentische Schauplätze der Reformationsgeschichte und gibt faszinierende Einblicke in die Lebenswirklichkeit der Bürger früherer Jahrhunderte.

In diesem Sinne laden wir Sie herzlich ein, Schloss Hartenfels und die Stadt Torgau mit all ihren Facetten (erneut) zu erkunden.

Abschließend möchten wir uns ganz herzlich bei allen Kooperationspartnern und Unterstützern bedanken, insbesondere bei der Beauftragten der Bundesregierung für Kultur und Medien sowie bei der Ostdeutschen Sparkassenstiftung, ohne deren Engagement diese Tagung und die Nationale Sonderausstellung nicht möglich gewesen wären. Besonderer Dank gilt darüber hinaus den Staatlichen Kunstsammlungen Dresden, den Referenten, Tagungsteilnehmern, Autoren und Redakteuren, die zu dieser hochwertigen Publikation beigetragen haben.

UDO DI FABIO

VORSITZENDER DES WISSENSCHAFTLICHEN BEIRATS
»REFORMATIONSJUBILÄUM 2017«

Als Martin Luther seine Thesen gegen den Ablasshandel und für eine Reform der Kirche 1517 veröffentlichte, war die Welt im Umbruch. Die Neuzeit hatte begonnen. Der Renaissancehumanismus, einhergehend mit blühendem städtischen Handel und Gewerbe, hatte die Perspektiven verändert, aber auch das alte Weltbild erschüttert.

Der florentinische Denker Niccolò Machiavelli – Zeitgenosse des Wittenberger Reformators – plädiert in seiner Schrift *Der Fürst* für die Erringung und Behauptung politischer Macht mit allen Mitteln. Wenn Verbrechen und Grausamkeit einem bestimmten Ziel dienten, seien sie gut angewandt, schreibt er mit moderner Kälte der Zweckrationalität. Frömmigkeit, sittliche Bindung und Moral sind für Machiavelli die Werte einer vergangenen Zeit. Luther dagegen richtet sich nicht nur gegen eine Kirche, die der Erneuerung bedarf, er richtet sich auch gegen ein geistiges Klima, das ohne Maßstäbe, ohne Gottesglauben eine neue Epoche einleiten will. Damals beginnen die Fürsten, sich aus den Bindungen des Mittelalters zu lösen, Territorialherrschaften selbstständig und stark zu machen – der spätere Absolutismus erscheint am Horizont.

Was könnte für die damalige Zeit, aber auch für eine Gegenwart, die nach ihren Quellen sucht, spannender sein, als dem Zusammenhang zwischen der dramatischen Erschütterung und Erneuerung des Glaubens auf der einen Seite und dem Umbruch politischer Herrschaftsbedingungen auf der anderen Seite nachzugehen? Dieser Zusammenhang wird nur transparent und verständlich, wenn man weiß, wie Luther von der Politik in seine Rolle gebracht wurde und wie er gegenläufig dazu mit seinem Wirken den Herrschaftsraum im Reich veränderte, in dem er konfessionelle Optionen für die Landesfürsten öffnete.

In der Reformation war nichts so standardisiert, wie gängige Formeln à la »Frei im Glauben, gehorsam der Obrigkeit« nahelegen. Die Angst vor der radikalen Freiheit und ihren Folgen trieb auch Luther um und ließ ihn die Gnade Gottes für konstitutiver halten als die brüchigen Ordnungsversprechen der Fürsten. Die Kunst, die seit dieser Zeit ebenfalls auf eigene Freiheit drängt,

offenbart, wie Fürsten ihrerseits sich die Legitimation des Religiösen zunutze machen wollten. Sichtbar wird auch, wie die Selbstdarstellung der Alten Kirche und des Habsburger Kaisertums Anspruch auf tradierte Legitimität formulieren. Die Abbildung des Heiligen in der Malerei kann als Geste des Bewahrens positiv verstanden oder als Götzenanbetung scharf bekämpft werden. Beides zugleich traf im Europa der Reformation aufeinander und trat gegeneinander an. Daneben tritt die profane Kunst, und macht Alltag und Selbstverständnis des eigenwilligen städtischen Bürgertums sichtbar.

Die Reformationsdekade, die 1517 zum nach-denkenden Ausgangspunkt eines europäischen Umwälzungsprozesses wählt, bietet eine große Chance, über die Identität des westlichen Gesellschaftsentwurfs nachzudenken. Sie eröffnet zugleich die Chance, ineinander verflochtene europäische Geschichte besser zu verstehen und geistige, wirtschaftliche, politische und religiöse Wurzeln offenzulegen. Deutschland als ein Kernland der Reformation bietet dazu reiche Anschauung und profundes Wissen – in Ausstellungen und in diesem wertvollen Band mit wissenschaftlichen Beiträgen der Tagung auf Schloss Hartenfels in Torgau im Mai 2014.

MARIA STANGE

SÄCHSISCHE STAATSMINISTERIN FÜR
WISSENSCHAFT UND KUNST

Als 1517 ein junger Mönch, Martin Luther, mit seiner Veröffentlichung von 95 Thesen gegen den Ablasshandel die Autorität der Kirche herausforderte, war dies in gleicher Weise eine gewaltige Herausforderung für die staatliche Gewalt. Diese schwankte lange zwischen einer harten Strafmaßnahme (Reichsacht) und dem Bestreben anderer staatlicher Autoritäten, die eine Art »Schutzschirm« für den streitbaren Mönch und Doktor der Theologie bereithalten wollten. Zu letzteren Kräften zählte der sächsische Landesherr Friedrich der Weise, der Martin Luther schließlich Schutz gewährte.

Durch einen regen Austausch und enge Beziehungen zu den sächsischen Kurfürsten verbreitete sich nicht nur die Lehre der Reformation weiter im Land. Auch das staatliche Selbstverständnis von eigener Macht und Kraft wurde durch die gesellschaftlichen Veränderungen berührt, sodass unter den Kurfürsten im Reich eine Debatte über das Verhältnis von staatlicher Gewalt und kirchlicher Macht entbrannte.

Schloss Hartenfels in Torgau war damals das Zentrum dieser politisch-theologisch-gesellschaftlichen Diskussionen, ein Ort, an dem Aufsätze vorgetragen und Diskussionen geführt wurden. Dort traf man politische Entscheidungen, die insbesondere auch das religiöse Leben des Landes maßgeblich prägten. Die Residenz der Kurfürsten war wiederholt Geburtsort richtungsweisender Allianzen, welche die neuen Konfessionen betrafen. Die Schlosskapelle, von Martin Luther geweiht und errichtet im Zentrum der politischen Macht eines der einflussreichsten Kurfürsten im Reich, ist ein bewusst gesetztes starkes politisches Symbol.

1529 entwarfen Martin Luther, Philipp Melanchthon, Justus Jonas und Johannes Bugenhagen im Auftrag von Kurfürst Johann die *Torgauer Artikel*, die Bestandteil des Augsburger Bekenntnisses wurden, welches die protestantischen Reichsstände 1530 Kaiser Karl V. in Augsburg vorlegten. Vereinfacht könnte man sagen, dass politisch begleitet in Torgau Gutachten erstellt wurden, die später in das wichtigste evangelische Glaubensbekenntnis eingingen.

Wie unerwartet nah uns heute gesellschaftlich die Auseinandersetzungen der damaligen Zeit sind, lässt sich beinahe täglich den Medien entnehmen. Ob man es als »staatlichen Schutz religiöser Freiheiten«, »Respekt vor den Überzeugungen Anderer«, »individuelle Selbstbestimmung«, »freiheitliches Leben« oder »Formen und Grenzen staatlicher Gewalt« bezeichnet – in jedem Fall beschreibt das Verhältnis zwischen Glauben und Macht immer auch die Offenheit einer Gesellschaft für alle Bürgerinnen und Bürger, die in ihr vertreten sind. Zweifelsohne ist der in der deutschen Verfassung verankerte Ausdruck des Respekts vor der Würde des Anderen beeinflusst worden vom protestantischen Verständnis von individueller Freiheit in Verantwortung vor Gott.

Die gesellschaftlichen Folgen aus diesem bedeutenden historischen Ereignis prägen bis heute die staatliche Ordnung und das kulturelle Erbe unseres Landes. Die Vielfalt und der Reichtum unserer Musiktradition begründet sich auch im Ursprung protestantischer Kirchenmusik des Torgauer Kantors Johann Walter. Die deutsche Sprache wurde maßgeblich durch Martin Luthers Bibelübersetzung geprägt, viele seiner Wortschöpfungen benutzen wir täglich. Die protestantische Forderung nach Bibelselbststudium bereitete den Weg für die allgemeine Schulpflicht für Jungen und Mädchen in den deutschen Ländern.

Nicht zuletzt aus diesem Grund ist das staatliche Engagement von Bund und beteiligten Bundesländern an der Reformationsdekade und insbesondere bei der Unterstützung der 1. Nationalen Sonderausstellung in Torgau unter dem Titel »Luther und die Fürsten. Selbstdarstellung und Selbstverständnis des Herrschers im Zeitalter der Reformation« vom 15. Mai bis 31. Oktober staatlicher Auftrag und Selbstverpflichtung gleichermaßen.

Ich freue mich außerordentlich, dass in dem hier vorliegenden Tagungsband noch einmal die Gelegenheit genutzt wird, um auf die grundlegenden Auseinandersetzungen und Diskussionen im Zeitalter des Wirkens Martin Luthers zu verweisen. Ich wünsche den Lesern durch das Studium dieser Beiträge interessante Einblicke in die Gedankenwelt der Reformation und anhaltende Neugierde auf die kommende 1. Nationale Sonderausstellung »Luther und die Fürsten« in Torgau.

HARTWIG FISCHER

GENERALDIREKTOR DER STAATLICHEN
KUNSTSAMMLUNGEN DRESDEN

DIRK SYNDRAM

DIREKTOR DES GRÜNEN GEWÖLBES UND DER RÜSTKAMMER
DER STAATLICHEN KUNSTSAMMLUNGEN DRESDEN

Ob Martin Luther die Thesen tatsächlich, wie später behauptet, mit dem Hammer an die Tür der Schloss- und Stiftskirche schlug oder doch eher als Grundlage einer internen gelehrten Disputation verteilte, muss dahingestellt bleiben. Entscheidend ist, dass von der kursächsischen Universitätsstadt Wittenberg am 31. Oktober 1517 ein Impuls ausging, der die christliche Welt verändern sollte. Der Bibelprofessor und Augustinermönch Martin Luther provozierte mit seinen 95 Thesen gegen den Ablasshandel eine Auseinandersetzung, die schließlich zur konfessionellen Spaltung und zur Reformation der christlichen Kirche führte.

Die 500. Wiederkehr des Jahrestags dieses Ereignisses gibt im Rahmen der Lutherdekade Anlass für vielfältige Aktivitäten und Veranstaltungen, die sich mit der Geschichte und den Folgen der Reformationszeit auseinandersetzen. Sie ist auch der Anlass der großen Nationalen Sonderausstellung, die unter dem Titel »Luther und die Fürsten – Selbstdarstellung und Selbstverständnis des Herrschers im Zeitalter der Reformation« vom 15. Mai bis zum 31. Oktober 2015 auf Schloss Hartenfels in Torgau gezeigt wird – ein Ort, der das Selbstverständnis der ersten lutherischen Kurfürsten wie kein zweiter widerspiegelt. Dieses Schloss wurde als prächtiges Zeichen herrschaftlicher Repräsentation von Johann Friedrich dem Beständigen, dem fürstlichen Beschützer Martin Luthers und der Wittenberger Reformatoren, ausgebaut, hier residierte der sächsische Kurfürst, hier lag das protestantische Machtzentrum, von hier aus wurde die Reformation »von oben« koordiniert und durchgesetzt.

Dass eine christliche Erneuerung durch die Rückbesinnung auf die Evangelien nicht ohne die Unterstützung der Herrschenden gelungen wäre, gilt heute als sicher; die »Fürstenreformation« hat zusammen mit der »Reformation von unten«, der religiösen Erneuerung in den Städten und bäuerlichen Gemeinden, entscheidend zur Durchsetzung der evangelischen Lehre beigetragen. Deshalb nimmt die in Torgau stattfindende Ausstellung die Beziehung zwischen Luther und den Fürsten, den Neu- wie den Altgläubigen, aber auch das Spannungsverhältnis zwischen politischer Macht und Glauben, das sich in religiös motivierten Militärbündnissen äußerte, in den Blick. Wie beeinflussten die konfessionellen Konflikte die hohe Politik, wie flossen religiöse Überzeugungen in die frühneuzeitliche höfische Repräsentation ein? Wie stellte sich ein protestantischer Fürst dar, und welche Gegenentwürfe boten die altgläubig gebliebenen Herrscher?

Als Vorbereitung auf die Ausstellung »Luther und die Fürsten« fand vom 29. bis 31. Mai 2014 auf Schloss Hartenfels in Torgau und im Dresdner Residenzschloss eine Tagung statt, die das Verhältnis der Fürsten des Heiligen Römischen Reiches Deutscher Nation zu der von Luther ausgelösten Reformation thematisierte. Wissenschaftlerinnen und Wissenschaftler aus Deutschland, Österreich, der Schweiz, den USA und England trugen ihre Forschungsergebnisse zur politischen Geschichte, zur Kirchengeschichte sowie zur Kunst- und Kulturgeschichte bei. Korrespondierend mit der Ausstellung lag dabei besonderes Augenmerk auf den Territorien von Sachsen, der Pfalz und Bayern, deren Fürstentümer beispielhaft für den unterschiedlichen Umgang mit dem christlichen Glauben in der reformatorischen Zeit und der Zeit der Konfessionalisierung untersucht wurden.

Der vorliegende Aufsatzband vereint die im Rahmen der Tagung gehaltenen Vorträge und einige ergänzende, den Blick zusätzlich erweiternde Beiträge zu einem facettenreichen Bild der Reformationsgeschichte aus der Perspektive der Herrschenden. Diese Forschungsbeiträge zeigen die Reformation als einen Prozess des politischen, sozialen und kulturellen Wandels, der nicht nur die fürstliche Politik und das Verhältnis der Fürsten untereinander sowie zum Kaiser bestimmte, sondern auch die Hofkultur und den fürstlichen Wettbewerb beeinflusste. Architektur und Bildkunst, aber auch Musik, höfisches Zeremoniell und Alltagsleben waren seit der Mitte des 16. Jahrhunderts immer stärker von konfessionellen Elementen durchdrungen. Die bildende Kunst sowie die Goldschmiede- und die Plattnerkunst waren in dieser Zeit besonders bedeutsam; sie dienten dem Renaissancefürsten sowohl zur Selbstdarstellung wie auch als Instrument des Wettbewerbs mit anderen Fürstenhöfen.

Mit seinen vielseitigen, detailreichen Beiträgen bietet der Aufsatzband eine wichtige Ergänzung zur Ausstellung. Unser Dank gilt allen Autoren, die ihre Aufsätze hierfür zur Verfügung gestellt haben, sowie den Förderern, insbesondere Herrn Frank Knothe, die das Zustandekommen der Tagung und die Publikation dieses Bandes ermöglicht haben.

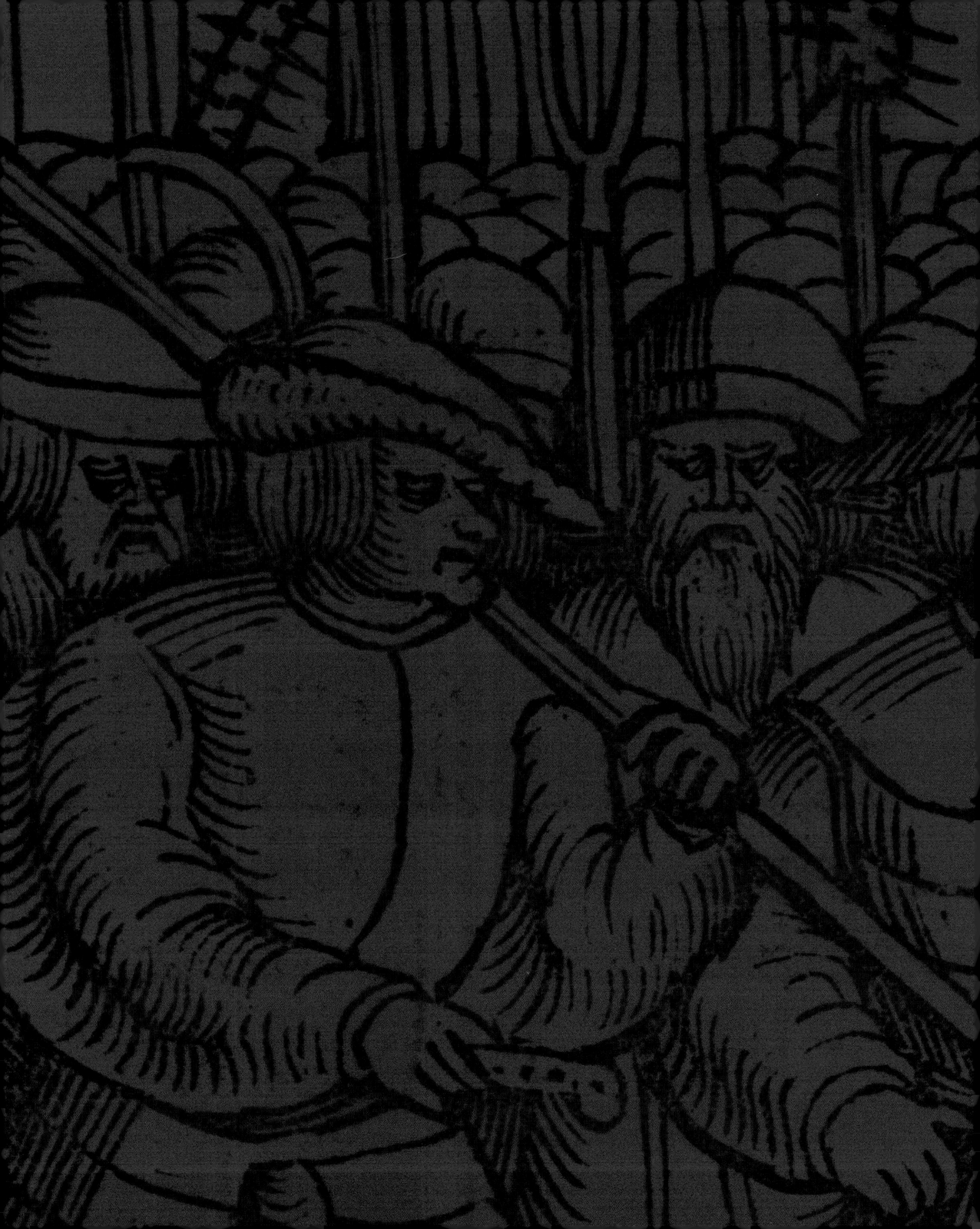

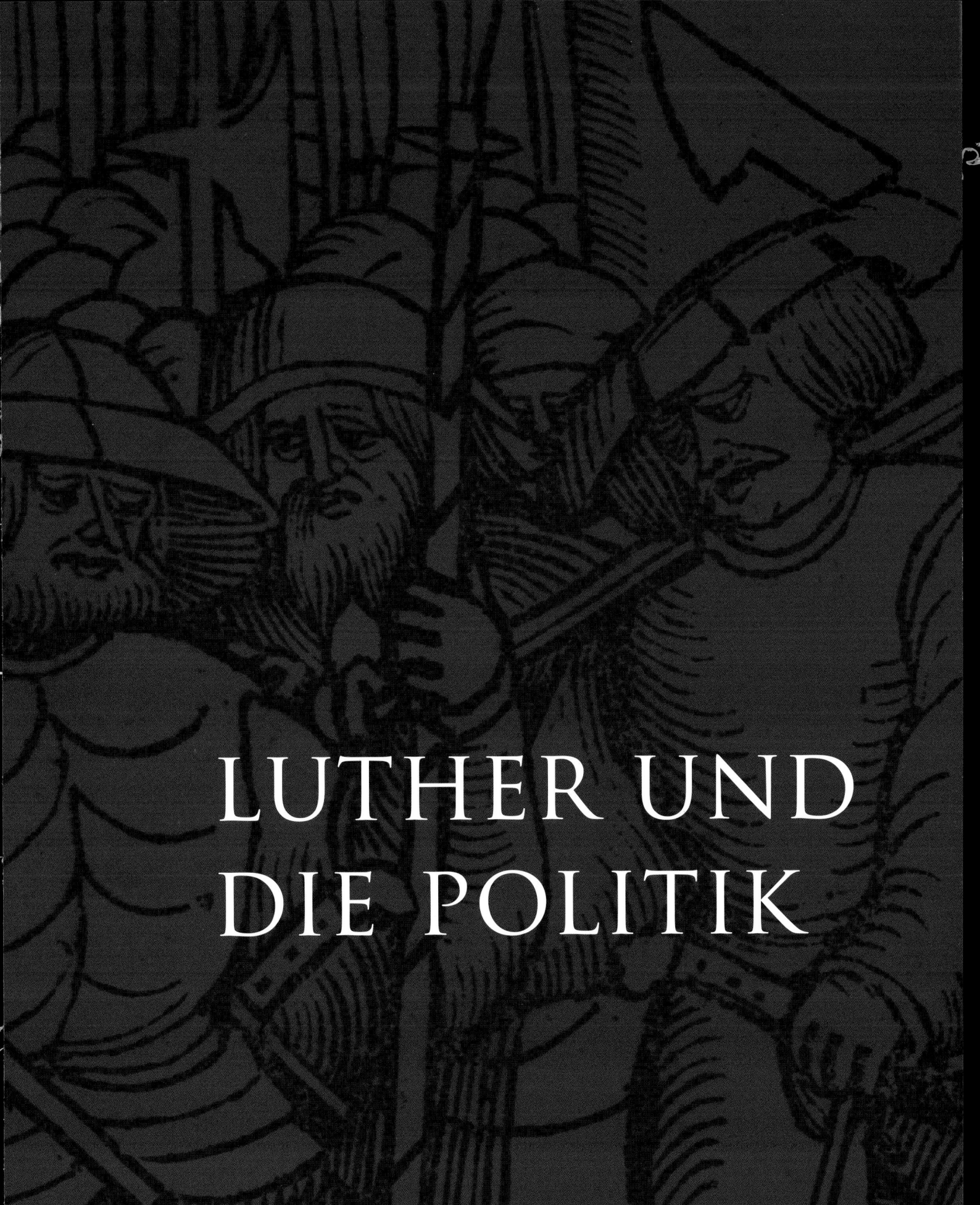

LUTHER UND DIE POLITIK

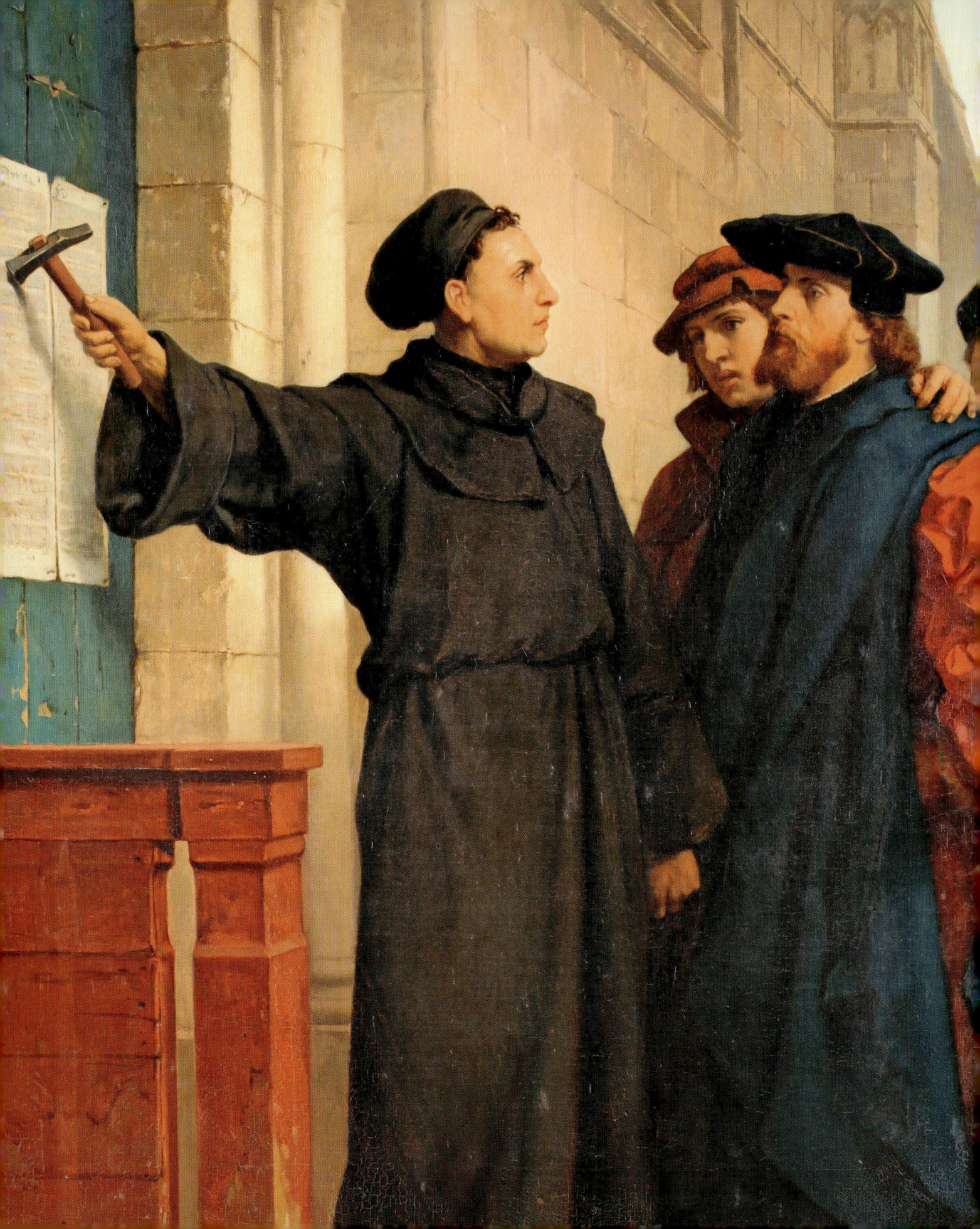

KRAFT DER VERÄNDERUNG, KRAFT DES BEWAHRENS

DIE FÜRSTEN EUROPAS IM ZEITALTER DER REFORMATION

Die Frage, wie die Kirche zu reformieren sei, beschäftigte Könige und Fürsten weit über Sachsen und Deutschland hinaus, und zwar bereits bevor Luther im Herbst 1517 seine Thesen gegen den päpstlichen Ablass veröffentlichte. Es erscheint daher angemessen, das Schwerpunktthema »Luther und die Politik« im Folgenden in eine geographisch wie zeitlich weit gefasste, europäisch vergleichende Perspektive zu stellen. Das soll in drei Schritten geschehen: Einleitend gilt es knapp den spätmittelalterlichen, frühneuzeitlichen Aufbruch und die Stellung der Fürsten darin zu skizzieren. Im Hauptteil sollen zwei Fallbeispiele aus geographisch wie sachlich entgegengesetzten Enden der »Christianitas« die konkreten Zusammenhänge näher beleuchten. Darauf aufbauend ist ein zusammenfassendes Resümee zu ziehen.

EINFÜHRUNG: EUROPA IM AUFBRUCH

Die »Kraft der Veränderung« kam in Deutschland und Europa nicht erst durch Luther und seine evangelischen Reformen ins Spiel. Bereits das späte Mittelalter, vor allem das 15. und frühe 16. Jahrhundert waren von umstürzenden Veränderungen bestimmt, in der Kirche – ich nenne nur Hus und das Wirken der Hussiten in Böhmen – wie in der Welt, vor allem in der politischen Ordnung. Wie irritierend dieser vorreformatorische Wandel für die Zeitgenossen war und wie wenig das mit dem Auftreten Luthers zu tun hatte, zeigen die hellsichtigen Beobachtungen, die 1517 Erasmus von Rotterdam in der Friedensschrift *Querela Pacis*

vortrug: »Colliditur gens cum gente, civitas cum civitate, factio cum factione, Princeps cum Principe« (Ein Volk wird zum Zusammenstoß mit einem anderen Volk getrieben, Stadt gegen Stadt, Parteiung gegen Parteiung, Herrscher gegen Herrscher).[1] Auch die proto-nationalen Strukturen und Mechanismen innerhalb des um 1500 in voller Schärfe entbrannten europäischen Mächteringens erkannte Erasmus klar: »Anglus hostis est Gallo, nec ob aliud nisi quod Gallus est« (Der Engländer ist der Feind des Franzosen, aus keinem anderen Grund, als weil er Franzose ist).[2] Vor Augen stand ihm sogar bereits die Verbindung zwischen politischer und religiöser Partikularisierung und Identitätsbildung, die – verschärft durch die Reformation – die Feuerwalze der Religions- und Staatenkriege entfesselte, aus der das neuzeitliche konfessionell, schließlich national zerteilte Staateneuropa hervorging: Die europäischen Fürsten – so Erasmus – zögen mit christlichen Symbolen gegeneinander ins Feld. Ihre »vexilla crucem habeant« (ihre Fahnen tragen das Kreuz), sodass »pugnat crux cum cruce, Christus adversus Christum belligeratur« (das Kreuz kämpft mit dem Kreuz, Christus führt gegen Christus Krieg).[3]

Dass die »Kraft der Veränderung« vorrangig, ja häufig ausschließlich mit der Reformation und den protestantischen Fürsten oder Stadtmagistraten in Verbindung gebracht wird, ist ein wesentlich späteres Phänomen – eigentlich erst des 19. Jahrhunderts, als Historiker und Philosophen, allen voran der berühmte

Abb. 1 | Luther schlägt die Thesen an der Schlosskirche an, Ferdinand Pauwels, 1872, Öl auf Leinwand, 85 × 72 cm, Wartburgstiftung Eisenach, Inv.-Nr. M 121

Berliner Weltgeistdeuter Georg Wilhelm Friedrich Hegel, die Reformation als Aufbruch in die Neuzeit profilieren. Das kulturprotestantische Weltgeschichtsmuster war am Ende so stark, dass der wohl bedeutendste Theologe und Wissenschaftsorganisator des Kaiserreichs und der Weimarer Republik, Adolf von Harnack, noch im Angesicht der aufziehenden Barbarei ganz selbstverständlich beanspruchen konnte: »Die Neuzeit hat mit der Reformation Luthers ihren Anfang genommen, und zwar am 31. Oktober 1517; die Hammerschläge an der Tür der Schloßkirche zu Wittenberg haben sie eingeleitet.«[4] Noch jüngst sollte dieses protestantische Selbst- und Überlegenheitsgefühl Urstände feiern, als im Leitartikel einer großen deutschen Tageszeitung die unterschiedliche Fähigkeit der europäischen Länder, sich in der Wirtschaftskrise zu behaupten, ganz selbstverständlich auf die Trennlinie zwischen protestantischen und katholischen Ländern zurückgeführt wurde: »Mit der Euro-Krise [...] treten die Wertvorstellungen der Länder, die von der Reformation geprägt wurden, in offenen Gegensatz zur Alltagsmoral anderer Länder – mit handfesten politischen und ökonomischen Folgen.«[5]

Mochte der Humanisten-Poet Ulrich von Hutten auch »O Zeitalter, o Wissenschaften! Es ist eine Lust zu leben!« jubeln,[6] die Vorstellung, einen revolutionären Umbruch zur Neuzeit zu erleben, war den Menschen des Reformationszeitalters eher fremd, selbst in Sachsen, wo sie dem dramatischen Geschehen doch so nahe waren. Historiker jedenfalls, auch protestantische, betten heute die von Luther und den sächsischen Kurfürsten verantwortete Reformation europageschichtlich in eine »temps des reformes« (Jean Delumeaux) ein – in eine lang gestreckte Epoche kirchlicher und religiöser Reformationen also, die im 13./14. Jahrhundert einsetzte, bis rund 1650 anhielt und die europäische Gesellschaft tief veränderte, und zwar weit über den religiösen Ursprung hinaus.[7]

Die kirchliche Sozialgestalt war im späten Mittelalter ebenso wie die Frömmigkeit »in vollem Umsturz« (G. Chaix) – die Bettelorden wirkten geradezu als Propheten einer neuen, bürgerlichen Mentalität; in dieselbe Richtung wirkten die neuen semireligiösen Lebensformen der Laien, die auf Innerlichkeit, Privatheit und Individualität ausgerichtet waren. Vor allem in den hoch urbanisierten und ökonomisch fortschrittlichen burgundischen Niederlanden entfaltete die Devotio moderna eine selbstbewusste Laienfrömmigkeit: »Met het boekje in het hoekje« war ihr Lebensideal, also sich mit einem erbaulichen oder belehrenden Buch in eine Ecke

zurückziehen, um sich selbst ein Urteil über Gott und die Welt zu bilden. Nicht im Kloster, sondern in der Welt fanden die Devoten ihren Gott. Weder die selbstbewusste Laienfrömmigkeit noch »die ›innerweltliche Askese‹ noch die damit einhergehende, sogenannte protestantische Arbeitsethik [waren] neuartig«, wie überhaupt entscheidende Weichenstellungen für Zivilisationsprozess und Sozialdisziplinierung immer häufiger bereits für das späte Mittelalter angesetzt werden, und zwar auch von protestantischen Kirchenhistorikern wie Heiko Oberman, den ich eben zitiert habe.[8]

Auch im Verhältnis zwischen Kirche und Staat bahnten sich rechtlich, organisatorisch und institutionell grundlegende Neuerungen an, vorangetrieben von den Fürsten, in Deutschland auch von den Ratsherren der weitgehend autonomen Reichsstädte. König Heinrich VIII. von England, der wenig später als vehementer Verteidiger des Papstes gegen Luther auftrat und dafür von Leo X. mit der Goldenen Rose ausgezeichnet wurde, verkünde 1516, dass englische Monarchen »never had any earthly superior but God«.[9] Im Lichte der spätmittelalterlichen Stadt-, Landes- und Nationalkirchenbewegung mit den sie konstituierenden National- beziehungsweise Territorialkonkordaten zeigt sich der Aufbau reformatorischer Landeskirchen durch die protestantischen Fürsten weniger als Umbruch denn als entschiedene Ausprägung einer längeren Tradition.

Spricht man in europäisch vergleichender Perspektive über die Rolle der Fürsten innerhalb dieses epochal weit angesetzten Prozesses der Reformen oder Reformationen, so darf man einen Fürsten nicht ausklammern, der in seinem Selbstverständnis wie in demjenigen der Zeitgenossen zusammen mit dem Kaiser in der europäischen Fürstengesellschaft den höchsten Rang einnahm – den Papst. Im Ringen um Durchsetzung und Selbstbehauptung seiner evangelischen Wahrheit diffamierte Luther den Papst nicht nur als den vom Teufel geleiteten Antichrist. Der Papst und sein römischer Hof waren ihm darüber hinaus Inbegriff dysfunktionaler Prunksucht, sündhaften Lasterlebens und ungezügelter Macht- und Herrschaftsgier. Für die Doppelfunktion des – mit Paolo Prodi gesprochen – »sovrano pontefice«, des sakralen Fürsten mit zwei Seelen in einem Körper, der kirchlichen als höchster Priester und der weltlichen als souveräner Fürst, hatte Luther kein Verständnis und konnte es auf der Basis seiner reformatorischen Theologie auch nicht haben. Und darin sind ihm die protestantischen Historiker über die Jahrhunderte hin unkritisch gefolgt.

Ganz anders stellt sich die Position der Päpste im Horizont unserer Frage nach der Rolle der europäischen Fürsten im säkularen Umbruch des Reformationszeitalters dar. Nicht verrottete Rückständigkeit und Unfähigkeit zur »Modernisierung« zeichneten den papalen Fürsten und seinen Staat aus, sondern fortgeschrittene Anpassung an den politischen und kulturellen Wandel und die ausgeprägte Fähigkeit, auf die politischen Herausforderungen der Zeit zu reagieren. Da war zum einen der umbrechende bürokratische »Gestaltwandel, [den] Kurie und Papsttum [Generationen vor dem Auftreten Luthers] erlebt [hatten und] der nicht nur nördlich der Alpen Verstörung und Befremden erregte«, und zum anderen die entschiedene, auch militärische Machtpolitik eines Julius II., die jeden aufbringen musste, der wie Erasmus oder Luther im Papst nur den Pontifex sah, die aber voll und ganz der Notwendigkeit fürstlichen Handelns in der angebrochenen Epoche neuzeitlicher Staatsbildung und ihrer Absicherung im Inneren und nach außen entsprach.[10]

Gerade im Vergleich zu der »Kraft der Veränderung«, die der souveräne Pontifex seit dem 14. Jahrhundert aufgebracht hatte, erscheint das im kargen und zurückgebliebenen Ostelbien einsetzende reformatorische Lauffeuer nicht mehr primär als Modernisierung, sondern als »Reaktion auf eine Modernisierungskrise«, nämlich auf die bereits im 14. Jahrhundert zu beobachtende Formierung und Institutionalisierung der Kurie und des fürstlich regierten Kirchenstaats.[11] Aber die Stärke des pontifikalen Fürsten war zugleich seine Schwäche: Nachdem das Konzil zurückgedrängt und der dreifach gekrönte Pontifex-Fürst zum alleinigen Haupt der Kirche aufgestiegen war, musste die Kritik, wurde sie erst einmal laut und mutig geäußert, mit voller Wucht das Papstamt treffen. Das Renaissance-Papsttum erstrahlte im Glanz seiner Macht und einer auserlesenen Kultur und doch bedurfte es nur eines Anstoßes durch den rebellischen Augustiner von der »Grenze der Zivilisation«[12] her, um dem Vorwurf, in Rom säße die Hure Babylons, ja der Antichrist, wieder europaweit Gehör zu verschaffen.

KRAFT DER VERÄNDERUNG, KRAFT DES BEWAHRENS – ZWEI BEISPIELE

Das europäische Spektrum fürstlicher Positionen in der lang gestreckten Reformepoche war sehr breit und variationsreich.[13] Es reichte von entschiedener Reformpolitik in der einen oder anderen Weise über Desinteresse bis hin zum gleichsam machiavellistischen Schwenk des englischen Königs Heinrichs VIII. aus sehr privaten Motiven vom theologisch kenntnisreichen Verteidiger der Papstkirche hin zu nationalkirchlicher, allenfalls semiprotestantischer Separation. In meinem zweiten Teil will ich zwei Beispiele näher beleuchten, die gleichsam Welten auseinanderliegen, sachlich wie geographisch, und daher kaum je gemeinsam ins Auge gefasst werden, nämlich Spanien und Sachsen.

IBERISCHE HALBINSEL (SPANIEN)

Die von den protestantischen Seemächten Holland und England seit dem ausgehenden 16. Jahrhundert so erfolgreich verbreitete »schwarze Legende« tauchte die frühneuzeitliche Geschichte der iberischen Halbinsel in das dunkle Licht tyrannischer Herrschaft ihrer Könige, vor allem Philipps II.; in das Licht bigotter Katholizität, die sich nur durch Angst und Schrecken, Blut und Feuer behaupten konnte, und in das Licht daraus notwendigerweise hervorgehender wirtschaftlicher, kultureller und politischer Stagnation, ja Rückständigkeit. Dem steht die Realität einer beeindruckenden Erfolgsgeschichte gegenüber, die unter den katholischen Herrschern Isabella von Kastilien und Ferdinand von Aragon ausgangs des 15. Jahrhunderts einsetzte und Spanien zu einer Weltmacht umbildete, gegen die die protestantischen »Newcomer« anzukämpfen hatten, militärisch wie propagandistisch, wollten sie sich in Europa behaupten und in Übersee Fuß fassen.

Das erneuernde und formierende Handeln des aragonisch-kastilischen Fürstenpaares richtete sich auch und vor allem auf die Kirche und das religiöse Leben ihrer Länder. Die Katholizität des neuzeitlichen Spaniens als Ergebnis der Gegenreformation zu beschreiben, verzerrt die Zeitperspektive. Spanien ist vielmehr der wichtigste Beleg dafür, dass der in der Regel Luther und den protestantischen Fürsten Deutschlands zugeschriebene Wandel in Kirche und Religion, der eine neue Zeit hervorbrachte, bereits vorreformatorisch aufbrach. Im europäischen Vergleich betrachtet,

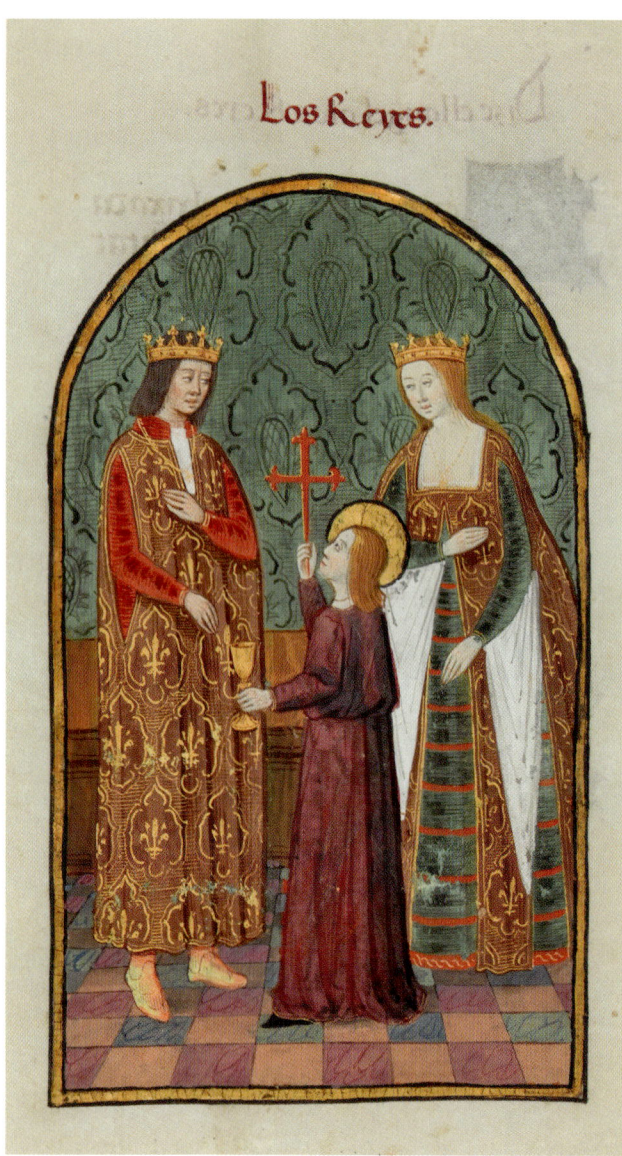

Abb. 2 | Isabella und Ferdinand von Spanien, Miniatur im Gebetbuch
ihrer Tochter Johanna, der Mutter Karls V., unbekannter Künstler,
Ende 15. Jh., 21,3 × 14,5 cm, Musée Condé Chantilly, Inv.-Nr. Ms 604, fol. 65v

sind die von Luther ausgehenden und von einem Teil der europäischen Fürsten geförderten protestantischen Reformationen nur
die spezielle, wenn auch aufgrund des unheilbaren Bruchs mit Rom
die spektakulärste und folgenreichste Ausdrucksform der längerfristig angelegten kirchlichen und religiösen Veränderungen, an
denen auch die für die Papstkirche optierenden Fürsten mitwirkten
und die demzufolge auch die seit Mitte des 16. Jahrhunderts katholisch konfessionalisierten Länder Europas tief umpflügten.

Auf der Iberischen Halbinsel war vor allem das gelungen, was
im übrigen Europa die spätmittelalterlichen Reformbestrebungen
in einem Sumpf von Interessenkonflikten festfahren ließ, nämlich
die soziale und geistig-moralische Reform des Klerus – der Orden
ebenso wie der Weltgeistlichen. Auch hierzu trug die kluge Politik
der katholischen Könige wesentlich bei, vor allem, indem sie ein
allgemeines Recht zur Visitation durchsetzten und von der Krone
ernannte Visitatoren durch das Land schickten. Die Krone förderte
die Reformimpulse, die aus der spanischen Kirche selbst kamen.
Eine Generation vor der Wittenberger Reformation hatte sich auf
der Iberischen Halbinsel ein beeindruckend offenes und lebendiges Reformklima etabliert: Vor allem die 1373 als Reformorden
gegründeten Hieronymiten, die Anfang des 16. Jahrhunderts mit
49 Konventen das Land überzogen, waren, ebenso wie eine Reformergruppe innerhalb der spanischen Benediktiner, von der
neuen Spiritualität der niederländischen Devotio moderna bestimmt. Der leitende politische Kopf der Reformer war der Toledaner Erzbischof Francisco Jiménez de Cisneros, seit 1507 Großinquisitor und als Beichtvater der Königin einer der mächtigsten
Männer am Hof, der schließlich als Regent von Kastilien 1516/17
sogar für mehrere Monate selbst das fürstliche Regierungsamt
ausübte. Cisneros griff begierig die reformerischen und mystischen Ideen Savonarolas und Katharinas von Siena sowie die humanistischen Ideale des Erasmus von Rotterdam auf, um sie in
Spanien zu realisieren. Er förderte den Buchdruck und sorgte so
für die rasche Verbreitung der Reformschriften. Wie Friedrich der
Weise in Kursachsen, so bündelte auch Cisneros seine Reformaktivitäten durch die Neugründung einer Universität 1508 in Alcalá,
also nur sechs Jahre später als in Wittenberg. Alcalá schlug die Via
moderna des Humanismus ein und spielte im Südwesten Europas
bald eine ähnlich führende Rolle wie die Leucorea in Ostmittelund Nordeuropa. Glanzstück der Reformen war die auf Betreiben
des Erzbischofs und fürstlichen Regenten Kastiliens erfolgte Bearbeitung und 1522 abgeschlossene Drucklegung der Bibel in

ihren vier Originalsprachen. Durch diesen geistigen Aufbruch und durch eine ganz außergewöhnliche Zusammenarbeit zwischen Krongewalt und Kirchenführung bei der Durchsetzung der neuen Disziplinforderungen – auch in diesem Zusammenhang ist vor allem der Erzbischof von Toledo zu nennen – war in Spanien ein Klerus herangezogen worden, der an religiös-reformerischem Eifer, Sittlichkeit und Bildung den Klerus anderer Länder weit überragte. Damit hatten die katholischen Könige Spaniens bereits vorreformatorisch das geleistet, was andernorts erst der reformatorische Aufstand und die tridentinische Reaktion darauf erzwangen. Damit war Spanien gegen die lutherische Häresie, die hier als »Pestis Germaniae« galt, immunisiert und bedurfte im Prinzip keiner Gegenreformation.

In dieselbe Richtung wirkte die frühe, ebenfalls von den katholischen Königen auf älteren mittelalterlichen Fundamenten errichtete spanische Nationalkirche. Das Königspaar sicherte sich die Kontrolle über die Kirche und integrierte sie in den spanischen Staat. Das geschah auf zwei Wegen: zum einen durch direkte Verhandlungen mit dem Klerus selbst, eingeleitet mit einer bereits 1478 in Sevilla abgehaltenen Nationalsynode, zum anderen durch Absprachen mit den Päpsten. Dabei ging es vor allem um das von Rom unabhängige Einsetzungsrecht der Bischöfe und hohen Prälaten sowie deren Residenzpflicht, wofür sich auch die Nationalsynode entschieden aussprach. Nach anfänglichen Konflikten mit dem Heiligen Stuhl bahnte sich seit Ende der 1480er-Jahre eine Kooperation an, die schließlich zu nahezu vollständiger Personalgewalt der Krone über die spanische Kirche in Europa und Übersee führte. 1486 wurde in Fortsetzung der mittelalterlichen Tradition, die den Königen in allen von den Mauren zurückeroberten Gebieten das Kirchenpatronat und damit das Ernennungs-, Disziplinier- und Absetzrecht über den Klerus zugesprochen hatte, vom Papst die königliche Personalhoheit in Granada und auf den Kanarischen Inseln anerkannt. In Bullen von 1501 und 1508 wurde das auf die Kirche in der Neuen Welt ausgedehnt. Damit war der spanische König faktisch Oberhaupt der amerikanischen Kirche, wenn diese auch weiterhin dem kanonischen Recht und der geistlichen Gewalt der Päpste unterstand. Im weiteren Verlauf des 16. Jahrhunderts wurde eine vergleichbare Regelung auch für das Mutterland erzielt. »Diese direkte Kontrolle des Staates über die Kirche führte sowohl in Amerika als auch in Spanien zur Politisierung des Klerus und zur engen Kooperation von Kirche und Staat auf allen Ebenen.«[14]

Langfristig waren es die spanischen Könige und ihr frühmoderner Staat, die den größten Gewinn aus dieser Konstellation zogen. Denn der Fürst konnte stets auf die Loyalität des iberischen Klerus vertrauen, und zwar nicht nur nach innen, gegenüber den eigenen Untertanen, sondern auch nach außen, nötigenfalls selbst gegen den Papst. So wäre es völlig verfehlt, in der spanischen Staatskirche wegen ihrer unerschütterlichen Treue zur Katholizität ein Instrument der Päpste zu sehen. Das Gegenteil war der Fall, wie vor allem der in seiner orthodox-katholischen Lehr- und Glaubenseinheit von niemandem zu überbietende König Philipp II. beweist. Dieser Herrscher, der in der zweiten Hälfte des 16. Jahrhunderts allenthalben in Europa als Vorkämpfer der Gegenreformation und der katholischen Konfessionalisierung auftrat, zögerte nicht, sich gegen die Päpste zu stellen, wenn die Interessen des Staates dies verlangten.

Das »ideologische Band der Religion« war im Falle Spaniens umso wichtiger, als die iberischen Königreiche, Kastilien und Aragon, institutionell getrennt blieben. Religion und Kirche waren neben der Dynastie die wichtigsten übergreifenden Instanzen. Vor die Aufgabe gestellt, die bislang getrennten Reiche zusammenzuführen und dabei tief verwurzelte soziale, institutionelle und kulturelle Gegensätze zu überspannen, hatten die katholischen Könige ausgangs des 15. Jahrhunderts ganz auf ein Programm christlicher Erneuerung gesetzt, um die Teilreiche zu einer Nation zu verbinden. Es lag auf dieser Linie, wenn die Inquisition in Spanien nicht eine kirchliche, sondern eine staatliche Institution war, wenn sie auch immer wieder der Kirche ihren Arm lieh.

Auf der von den mittelalterlichen Königen gelegten Reformbasis konnte das neuzeitliche Spanien zum Musterbeispiel für die enge Verflechtung von katholischer Konfession und frühmoderner Nationalidentität werden. Die Abwehr der Reformation und die Sicherung der Katholizität in Europa und Übersee waren zugleich nationale Leistungen, erbracht durch den religiösen und organisatorischen Genius ihrer geistlichen Führer, allen voran Ignatius von Loyola, durch die Glaubensglut der großen Mystiker, Teresa von Ávila und Juan de la Cruz, durch die intellektuelle Schärfe der Spätscholastik an Universitäten und in gelehrten Konventen – erinnert sei nur an die großen Gelehrten Bartolomé de Las Casas, Francisco de Vitoria, Fray Luis de León, Luis de Molina, Francisco Suárez – und durch die politische und militärische Entschiedenheit der Dynastie ebenso wie der kirchlichen Hierarchie und der Führungsgruppen insgesamt.

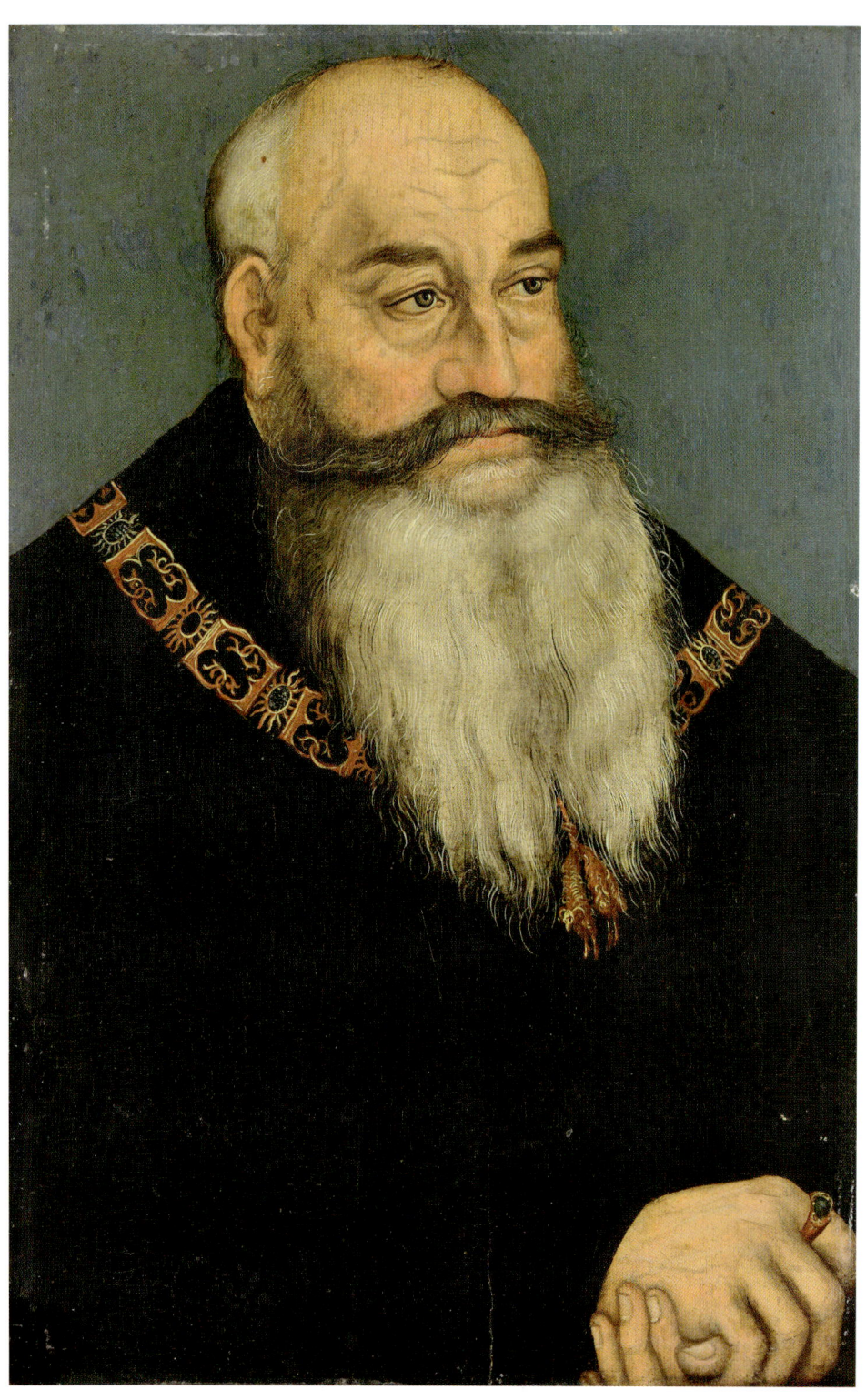

Abb. 3 | Herzog Georg der Bärtige,
Cranach-Werkstatt, 1534–1539,
Öl auf Holz, 36 × 23 cm, Wartburg-Stiftung
Eisenach, Inv.-Nr. M 75

KUR- UND HERZOGTUM SACHSEN

Und nun ein geographischer wie »ideologisch«-religiöser Sprung gleichsam zum anderen Weltende – nach Sachsen, ins Kernland der Reformation. Auch hier wie in den deutschen Territorien generell lässt sich unschwer das europäische Muster lange vor der Reformation einsetzender Reformanstrengungen der Fürsten erkennen. Am ökonomisch und gesellschaftlich wie politisch und kulturell besonders entwickelten Niederrhein galt schon vor Mitte des 15. Jahrhunderts »Dux Cliviae est papa in territoriis suis«, der Herzog von Kleve ist in seinem Gebiet Papst.[15] Diese in der Geschichte des Kirchen- und Staatskirchenrechts immer wieder zitierte Formel, die sich ursprünglich nur auf das herzogliche Kollationsrecht in den sogenannten päpstlichen Monaten bezog, wurde rasch zu einem Beleg des landesherrlichen Kirchenregiments schlechthin, und zwar in doppelter Stoßrichtung – als Recht des Fürsten gegenüber der jeweiligen Territorialkirche und als seine Pflicht, über deren rechte Ordnung zu wachen und wo nötig auch reformierend einzugreifen. In den protestantischen Territorien sollte das später heißen, »unevangelische«, also nicht durch die Evangelien legitimierte Institutionen, religiöse Lebensformen, Riten und Ähnliches abzuschaffen.

Spätestens ausgangs des 15. Jahrhunderts schlugen auch die sächsischen Fürsten diesen Weg der Reform ein, und zwar am entschiedensten Herzog Georg. Mit beeindruckender Quellendichte und überzeugender Argumentation hat das kürzlich Christoph Volkmar in seiner Leipziger Dissertation *Reform statt Reformation* nachgewiesen und damit das Urteil über Herzog Georg den Bärtigen endlich aus der lutherischen Verengung befreit und sein Wirken zeitlich, räumlich und sachlich in den gebotenen weiten, vergleichenden Horizont gestellt.[16] Sowohl Kurfürst Friedrich der Weise als auch Herzog Georg konnten an eine bereits bewährte Tradition eines landesherrlichen Kirchenregiments und fürstlichen Reformengagements anknüpfen. Und in beiden Fällen, sowohl bei der Wittenberger Reformation als auch bei der Dresdner Reformpolitik, ergab sich »eine entwicklungslogische Verbindung von Kirchenreform mit anderen gesellschaftspolitischen Erneuerungsprozessen«, die tiefgreifende Veränderungen in Kirche, Staat und Gesellschaft brachte.[17]

Aufs Ganze gesehen erscheint Herzog Georg (in der Darstellung Volkmars) geradezu als Musterbeispiel dafür, dass Fürsten mit einer spätmittelalterlichen Reformpolitik und mit der Kraft des Bewahrens dogmatischer wie ekklesiologischer Kernelemente der Papstkirche bemerkenswerte Impulse für die neuzeitlichen Veränderungen ihrer Territorien setzen konnten. In dieser Hinsicht stehen Georg und das von ihm regierte Herzogtum Sachsen in nichts Österreich oder Bayern nach, die in der deutschen Geschichte als früheste und erfolgreichste Vertreter katholischer Reformpolitik gelten.[18] Die katholisch optierenden Reformfürsten legten den Grundstock dafür, dass sich die Papstkirche im Tridentinum zur neuen, neuzeitlichen Konfessionskirche formierte, die ganz ähnlich wie die reformatorischen Kirchen über die nächsten Jahrhunderte hin ein »modernes Christentum« ausbildeten, das »in ganz Europa die Entstehung des Bürgergeistes (esprit bourgeois) förderte […] und in Familie und Gesellschaft wie im religiösen Leben (sur la manière de vivre la religion) genügend Neues anregte, um die Vertreter des Traditionellen zu beunruhigen.«[19]

Ganz ähnlich wie die katholischen Könige Spaniens konnte Herzog Georg davon ausgehen, dass sein Land keiner Reformation im lutherischen Sinne bedürftig war. Und wenn er sogleich zum entschiedensten Gegner der Reformation unter den deutschen Fürsten wurde, so war das vorrangig diesem Bewusstsein geschuldet und nicht primär ein taktisches Abgrenzungsmanöver gegenüber der ernestinischen Konkurrenzlinie in Wittenberg. Als Spross einer Nebenlinie war Georg in Sachsen auf eine geistliche Karriere vorbereitet worden und besaß hinreichend theologische Bildung, sodass er wie König Heinrich VIII. von England mit eigenen, selbst verfassten Traktaten in den reformatorischen Meinungsstreit eingreifen konnte. Theologisch stand er bemerkenswerterweise in der Reformtradition des Augustinerordens, wie sie der einflussreiche Dresdner Observantenvikar Andreas Proles vertrat, der Vorgänger von Luthers »Seelenführer« Johannes von Staupitz.[20]

So erstaunt es wenig, dass Herzog Georg zum Schutz seines Landes und seiner Untertanen vor der Wittenberger »Häresie« nicht nur – wie bislang von Reformationshistorikern meist betont – Zwang, sondern ein Reforminstrumentarium einsetzte, das demjenigen Luthers durchaus vergleichbar ist: Die »reformacion geistliches und wertlichs standes« war sein den Ständen vorgelegtes Programm. Hierzu reaktivierte er einerseits »das Aufsichtsinstrument bischöflicher Visitation« und achtete andererseits darauf, »das das heylig ewangelium und wort Gots dem volcke gepredigt« wurde.[21] Am Dresdner Hof berief man sich sogar auf das Notrecht, das bei Versagen des zuständigen Bischofs dem

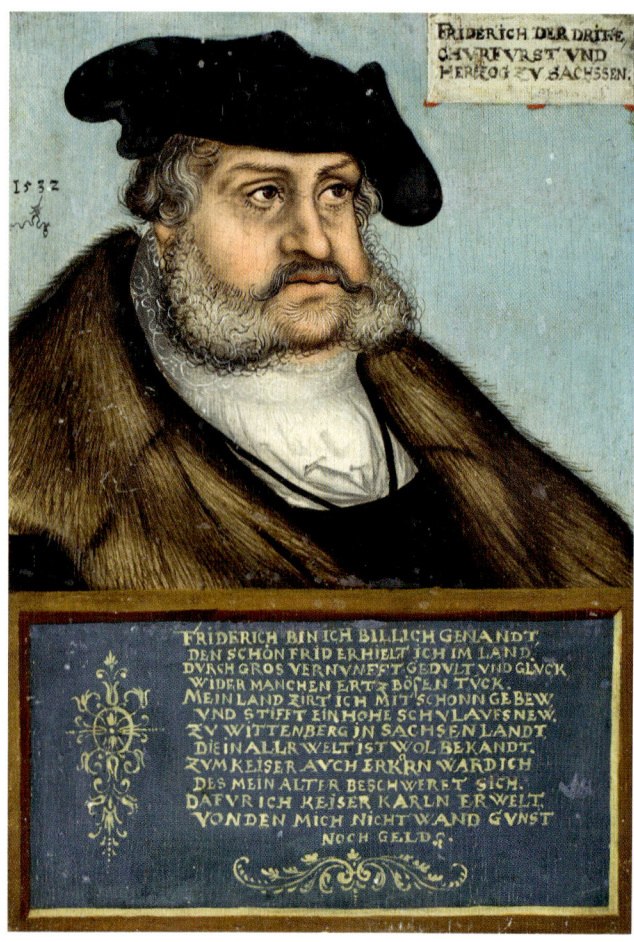

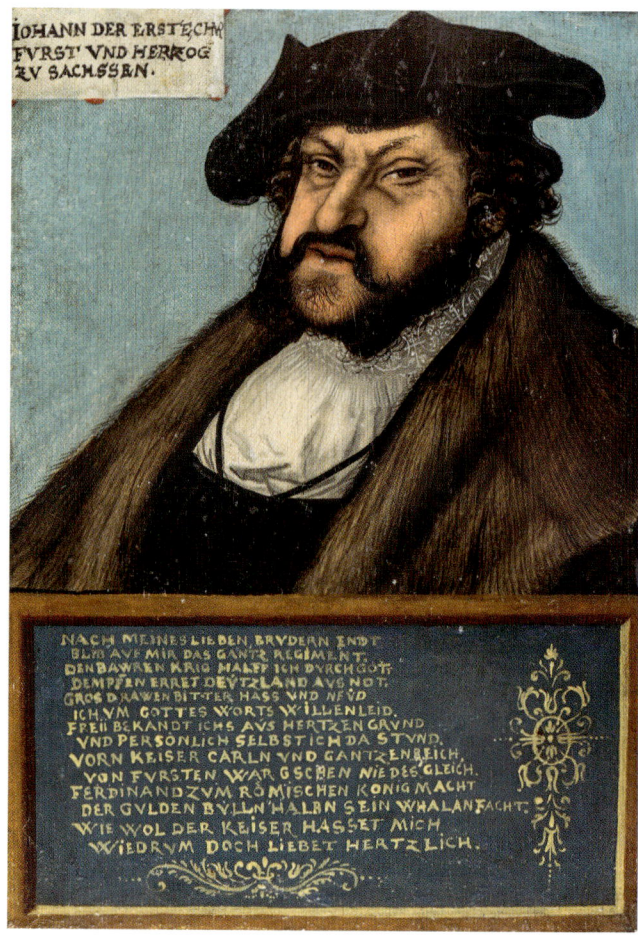

FRIDERICH DER DRITE
CHVRFVRST VND
HERTZOG ZV SACHSSEN.

IOHANN DER ERSTE CH
FVRST VND HERTZOG
ZV SACHSSEN.

FRIDRICH BIN ICH BILLICH GENANDT.
DEN SCHÖN FRID ERHIELT ICH IM LAND.
DVRCH GROS VERNVNFFT GEDVLT VND GLVCK
WIDER MANCHEN ERTZ BÖSEN TVCK.
MEIN LAND ZIRT ICH MIT SCHONN GEBEW
VND STIFFT EIN HOHE SCHVLA VES NEW.
ZV WITTENBERG IN SACHSEN LANDT.
DIE IN ALLR WELT IST WOL BEKANDT.
ZVM KEISER AVCH ERKÖRN WARD ICH
DES MEIN ALTER BESCHWERET SICH.
DAFVR ICH KEISER KARLN ERWELT.
VON DEN MICH NICHT WAND GVNST
NOCH GELD.

NACH MEINES LIEBEN BRVDERN ENDT
BLIB AVF MIR DAS GANTZ REGIMENT.
DEN BAWREN KRIG HALFF ICH DVRCH GOTT
DEMPFEN ERRET DEVTZLAND AVS NOT.
GROS D RAWEN BITTER HASS VND NEVD
ICH VM GOTTES WORTS WILLEN LEID.
FREI BEKANDT ICHS AVS HERTZEN GRVND
VND PERSÖNLICH SELBST ICH DA STVND.
VORN KEISER CARLN VND GANTZEN REICH.
VON FVRSTEN WAR G SCHEN NIE DES GLEICH.
FERDINAND ZVM RÖMISCHEN KONIG MACHT
DER GVLDEN BVLLN HALBN SEIN WHAL ANFACHT.
WIE WOL DER KEISER HASSET MICH
WIDRVM DOCH LIEBET HERTZLICH.

Abb. 4 | Kurfürst Friedrich der Weise, Lucas Cranach d. Ä., 1532, Öl auf Holz, 20,8 × 14,6 cm, Kurpfälzisches Museum der Stadt Heidelberg, Inv.-Nr. G 62

Abb. 5 | Kurfürst Johann der Beständige, Lucas Cranach d. Ä., 1532, Öl auf Holz, 20,8 × 14,6 cm, Kurpfälzisches Museum der Stadt Heidelberg, Inv.-Nr. G 63

Fürsten reformerische Handlungskompetenz zusprach. An dieses mittelalterliche Recht knüpfte wenig später das protestantische Kirchenrecht an und entwickelte für die protestantischen Fürsten ein formelles Notbischofsamt.[22]

Vor diesem Hintergrund ist es wenig erstaunlich, dass die Menschen im herzoglichen Sachsen keineswegs mit fliegenden Fahnen zur Wittenberger Reformation überliefen und dass nach der Einführung des Luthertums 1539 Georgs Reformpolitik in einer bemerkenswert resistenten Minderheit fortlebte, die wenig später einen Nährboden für die für Sachsen bald typische habsburgerfreundliche Politik gebildet habe – dies jedenfalls sind die Ergebnisse von Günther Wartenberg, einem der Glorifizierung »altkirchlicher« Reformen kaum verdächtiger lutherischer Kirchenhistoriker.[23]

Dass das Herzogtum am Ende nicht dem spanischen Muster folgte und die von Herzog Georg eingeschlagene Reformlinie beibehielt, ergab sich – erleichtert durch den Regierungsantritt von Georgs lutherischem Bruder Heinrich – aus der geographischen Nähe Wittenbergs und der in Deutschland generell wirksamen Dynamik des dort aufgebrochenen neuen Reformparadigmas, das als Reformation in die (Welt-)Geschichte einging. Ein Beweis dafür, dass Georgs Reformpolitik »überholten« Prinzipien verpflichtet und daher zum Scheitern verurteilt war, ist das nicht.

Auf Georgs Wittenberger Pendant Kurfürst Friedrich den Weisen kann in diesem Rahmen nicht mehr ausführlich eingegangen werden, weshalb ich mich auf den wesentlichen Unterschied in Begründung und Umfang des fürstlichen Handelns konzentriere: Entscheidend für das im Vergleich zur fürstlichen Reformpolitik des späten Mittelalters neue, reformatorische Handeln – weniger Friedrichs als seiner Nachfolger Johann des Beständigen und Johann Friedrichs – war, dass der in Europa generell zu beobachtende Wille der Fürsten zu grundlegenden Veränderungen mit der Reformation eine tiefere religiöse Legitimität erhielt. Das basierte auf der reformatorischen Theologie vom »Priestertum aller Gläubigen« und der darauf aufbauenden kirchenrechtlichen Theorie des »praecipuum membrum ecclesiae«, der herausgehobenen Stellung des Fürsten in der Kirche, die ihm das Recht, ja die Pflicht zu Neuordnung und Schutz der Kirche zuteilt.

Auf dieser Basis erschlossen sich den protestantischen Fürsten direkter als im Rahmen des vorreformatorischen Landes- oder Nationalkirchentums weite Felder staatlich-politischen Handelns, die bislang ganz oder teilweise der Kirche unterstanden, so namentlich in Bildung, Kranken- und Altenpflege oder bei der Regulierung und Kontrolle von Denken, Verhalten und Handeln der Menschen. Als Konsequenz waren in den aus der Reformation hervorgegangenen Konfessionsstaaten die Menschen nicht mehr primär Glieder einer universellen Christenheit, sondern Teil der frühneuzeitlichen Untertanengesellschaft. Über sie wachte der Fürst in seiner staatlich-kirchlichen Doppelfunktion zum Heil der Seelen, aber auch zu deren weltlichem Wohl, das allerdings nicht vom Einzelnen, sondern von oben her definiert wurde – nämlich als »Staatswohl«, dem sich das Wohl der Individuen nötigenfalls unterzuordnen hatte.

Damit verbunden war die erste große Welle einer materiellen Säkularisierung. Auch sie setzte nicht erst mit der Reformation ein – man denke nur an die habsburgische »Verstaatlichung« des Hochstifts Utrecht 1528 durch Karl V., das wohl skrupelloseste Beispiel nichtprotestantischer Säkularisation. Die neue, protestantische Form der Säkularisation zeigte aber spezifische Züge – schon allein deswegen, weil sie nicht mehr kirchenrechtlich eigens zu legitimierende Ausnahme, sondern theologisch begründete Regel im Umgang mit ehemals unter »falschen« Voraussetzungen gestiftetem Kirchenbesitz war. Im Einzelnen sehr unterschiedlich – von einer separaten Fortführung des Kirchenbesitzes, wie bei der niedersächsischen »Klosterkammer«, bis hin zur

Verschleuderung zugunsten der Krone beziehungsweise ihrer Adelsklientel wie in England –, gilt aufs Ganze gesehen, dass der ehemalige Kirchenbesitz weniger den Fürsten und ihrem Amt im engeren Sinne zugutekam als dem Aufbau der frühmodernen Territorialgesellschaft, speziell dem Bildungs- und Fürsorgewesen.

Hinzu kam ein Weiteres: Indem Luther den Glauben in neuer Weise in den Alltag der Menschen hineinbrachte, waren die protestantischen Konfessionsstaaten in besonderer Weise von der neuen »Welthaftigkeit« des westlichen Christentums durchdrungen. Durch Luther wurde die im Renaissance-Papsttum eingerissene Verweltlichung der Religion umgekehrt in eine prinzipielle Welthaftigkeit der Religion. Wichtigster und vornehmster Ort für den Glauben und das von ihm generierte Handeln waren nicht mehr Klöster, Abteien, Stifte oder andere Orte separierter Sakralität, sondern der Alltag in der Welt. Dort hatte der einzelne Christ wie die Christenheit insgesamt die Religion zu leben und sich in ihrem Glauben zu bewähren. Das galt für die Untertanen. Es galt aber auch und hervorgehoben für die Fürsten und ihre meist juristischen Berater. Deren Regierungshandeln war zwar auf neue, theologische Weise religiös legitimiert, es hatte sich aber auch in einem neuen Rahmen zu legitimieren, nämlich als christliche Politik in der und für die Welt. Die Kontrolle darüber konnten im Konfessionsstaat die Theologen beanspruchen und ausüben, und zwar konkret die Hofprediger. Nach den Umbrüchen des späten 18. und des 19. Jahrhunderts übernahmen dann Schritt für Schritt die Christen insgesamt als die zu Staatsbürgern gewandelten Untertanen diese theologisch begründete Kontroll- und Mahnfunktion.

Die Entschiedenheit, mit der die protestantischen Fürsten auf dieser neuen Basis ihre Reformationspolitik vorantreiben konnten und vorantrieben, hatte Rückwirkungen auch auf das Handeln der katholischen Fürsten Deutschlands und Europas. Diese konnten sich zwar nicht auf ein theologisch begründetes Laienpriestertum stützen. Gleichwohl erhielten auch sie neue, neuzeitliche Handlungsspielräume. Das konnte einerseits anknüpfen an den eingangs erwähnten spätmittelalterlichen Aufbruch einer allen Christen – Priestern wie Laien – gemeinsamen Frömmigkeit und Spiritualität und andererseits an das fürstliche Notrecht gegenüber ihrer Landeskirche im Moment der Krise, wie es ja bereits Herzog Georg in Anspruch genommen hatte. Und eine solche Krise war in den 1530er-Jahren nun wahrlich in weiten Teilen der lateinischen Christenheit ausgebrochen: Die von der Ausbreitung der

Reformation in existentielle Not geratene Papstkirche benötigte die Hilfe der Fürsten nicht weniger als ihre protestantischen Konkurrenzkirchen. So blieb den Päpsten gar nichts anderes übrig, als den ihnen treu gebliebenen Herrschern weitere Autonomierechte einzuräumen. Auch im gallikanischen Frankreich, in Spanien ebenso wie den katholischen Territorien des Reiches – allen voran im Herzogtum Bayern, dem Bollwerk katholischer Orthodoxie – hatten die weltlichen Herrscher fortan mitzureden bei der Besetzung der Bistümer, der Verwaltung und Nutzung des Kirchengutes, der Disziplinaraufsicht über den Klerus, in den kirchlichen Bildungs-, Erziehungs-, Sozial- und Krankenanstalten und so weiter. Jetzt, da die Priesterkirche ins Wanken geraten war, konnten sich auch in den katholischen Ländern die Fürsten und ihre juristischen Berater legitimiert fühlen, in ihren und für ihre Landeskirchen sowie für das religiöse Heil ihrer Untertanen zu handeln. Und nicht weniger als ihre protestantischen Standesgenossen hatten sie dabei auch ihre eigenen Interessen im Auge, also die Stärkung der Kronegewalt und den infrastrukturellen wie machtpolitischen Ausbau ihres Staates.

DIE EUROPÄISCHEN FÜRSTEN UND DIE REFORMATIONEN DES 16. JAHRHUNDERTS

Ziehen wir ein kurzes Resümee: Luther und die von Sachsen in die Welt getretene Reformation erscheinen als Teil eines gewaltigen, nahezu alle Bereiche des öffentlichen und privaten Lebens erfassenden Wandels. Das war ein säkularer Prozess, der sich über viele Generationen vor und nach der Reformation erstreckte und der in sich außerordentlich vielgestaltig war. Luther und die protestantischen Fürsten hatten einen entscheidenden Anteil an diesem Veränderungsschub, aber eben auch die »katholischen Reformatoren« (allen voran Ignatius von Loyola)[24] sowie die bei der Papstkirche verbliebenen Fürsten. In den auf die Reformation folgenden Jahrzehnten beließen die katholischen Fürsten Deutschlands und Europas ihre Landes- beziehungsweise Nationalkirchen nicht altkirchlich, sondern sie machten sie im neuzeitlichen Sinne konfessionell katholisch, so wie ihre protestantischen Standesgenossen ihre Kirche lutherisch oder reformiert machten. Und in beiden Fällen geschah das in engster Verzahnung mit dem Aufbau eines frühmodernen Staates, der nach innen wie außen souverän war, und zwar auch und gerade gegenüber religiösen Einflüssen von außen. Als Erinnerungsort dieses weltgeschichtlichen Wandels hat nicht nur Wittenberg, sondern haben auch Zürich, Genf, Rom, Trient und Toledo beziehungsweise Madrid zu gelten.

Der vergleichende Blick dekonstruiert in doppelter Weise langlebige, letztlich in den Kontroversen des 16. und 17. Jahrhunderts wurzelnde Klischees – den protestantischen Mythos, allein Kraft zur Veränderung aufgebracht zu haben, aber auch das gegenreformatorische, noch heute in gewissen katholischen Kreisen präsente Klischee, die Reformation sei nur der Gier deutscher Fürsten auf das Kirchengut geschuldet. Die Frage, ob die Fürsten dabei primär politischen oder religiösen Interessen folgten, ist nicht relevant. Das waren im 16. Jahrhundert nicht Alternativen, sondern strukturell gekoppelte Bereiche fürstlichen Handelns. Und so ist den Fürsten zuzugestehen, dass sie auch dann im Handeln für die Organisation der Landeskirche und das religiöse Heil ihrer Untertanen ihrem Gewissen folgten, wenn sie damit zugleich ihren Staatsinteressen dienten. Das gilt aber – das sei abschließend nochmals betont – nicht nur für die protestantisch, sondern auch für die katholisch optierenden Könige und Fürsten Deutschlands und Europas.

Schließlich eine kontrafaktische Überlegung zu dem frühneuzeitlichen Fürsten, den wir zuletzt aus dem Auge verloren haben: Der souveräne Pontifex in Rom wurde, so könnte man argumentieren, durch das Auftreten Luthers für weitere 350 Jahre gerettet. Denn angesichts des unerbittlichen Machtkampfes der europäischen Dynastien in Italien und ihrer massiven vorreformatorischen Säkularisierungstendenzen, wie sie noch in der erwähnten Säkularisation des mächtigen Hochstifts Utrecht zum Ausdruck kamen, erscheint es eher unwahrscheinlich, dass der Kirchenstaat mit seinem sakralen Fürsten an der Spitze territorial unbeschadet überlebt hätte, hätten Luther und die protestantischen Fürsten die katholisch optierenden Fürsten Europas, allen voran die bis weit ins 17. Jahrhundert hinein dominanten Könige von Spanien, nicht gleichsam an den Papst gekettet und zu einer grundsätzlichen Loyalität gezwungen – religiös und geistig, in gewisser Weise selbst machtpolitisch.

So stoßen wir am Schluss auf eine Ironie der Geschichte: Luther hat dem souveränen Pontifex, den er nicht zuletzt wegen seiner weltlichen Herrschaft so massiv angriff, das Überleben gesichert, und zwar selbst über den Systembruch der europäischen Verfassungsrevolutionen hinaus bis zum 6. Oktober 1870, als ihm die Italiener per Volksabstimmung sein Territorium bis auf den symbolischen Rest des Vatikanbezirks nahmen und ihn erst damit de facto der Qualität eines Fürsten entkleideten.

ANMERKUNGEN

1 Werner Welzig (Hrsg.), Erasmus von Rotterdam. Ausgewählte Schriften, Bd. 5, Darmstadt 1968, S. 398. Dieser Partikularität setzt er den »populus Christianus«, das »christliche Volk«, entgegen, das die einzelnen »gentes« (Stämme) überwölbt, sowie die gemeinsame »ecclesia«, wo alle dasselbe Haus haben (»eadem omneis habet domus«), ebd., S. 393. **| 2** Welzig, Erasmus von Rotterdam, S. 428. **| 3** Welzig, Erasmus von Rotterdam, S. 411, S. 412. **| 4** Adolf von Harnack: Die Reformation und ihre Vorstellung, in: ders. (Hrsg.), Erforschtes und Erlebtes, Gießen 1923, S. 72–140, hier S. 110. **| 5** Frankfurter Allgemeine Zeitung, Leitartikel vom 28. 3. 2013, Nr. 74, S. 1. **| 6** Im Brief vom 25. Oktober 1518 an Willibald Pirckheimer, abgedruckt in: E. Böcking (Hrsg.), Ulrich von Hutten, Schriften, Bd. 1, Leipzig 1859, S. 217. **| 7** Heinz Schilling, Reformation – Umbruch oder Gipfelpunkt einer Temps des Réformes?, in: Bernd Moeller (Hrsg.), Die frühe Reformation in Deutschland als Umbruch, Gütersloh 1998 (Schriften des Vereins für Reformationsgeschichte 199), S. 13–34; ders., Die neue Zeit. Vom Christenheitseuropa zum Europa der Staaten. 1250 bis 1750 (Siedler Geschichte Europas, Bd. 3), Berlin 1999, insbes. S. 456 ff. – Zur Position der Kirchenhistoriker in dieser Debatte vgl. u. a. Thomas Kaufmann, Die Reformation als Epoche?, in: Verkündigung und Forschung 47 (2002), S. 49–63; Volker Leppin, Wie reformatorisch war die Reformation?, in: Zeitschrift für Theologie und Kirche 99 (2002), S. 162–176. **| 8** Heiko Oberman, Via Calvini. Zur Enträtselung der Wirkung Calvins, in: Zwingliana 21 (1994), S. 37–48, Zitat S. 48. – Dilwyn Knox, Erasmus de Civilitate and the Religious Origins of Civility in Protestant Europe, in: ARG 86 (1995), S. 7–55. **| 9** Zitiert bei Geoffrey R. Elton, Reform and Reformation. England 1509–1558, London 1977, S. 56. **| 10** Vgl. das Themenheft von: zur debatte, Themen der Katholischen Akademie Bayern, München I/2014 zu »Julius II. und Leo X. – Renaissancefürsten als Nachfolger Petri«, dort S. 15–17: Heinz Schilling, Das Papsttum und das Ringen um die machtpolitische Neugestaltung Italiens und Europas. **| 11** Volker Reinhardt, Der Primat der Innerlichkeit und die Probleme des Reiches. Zum deutschen Nationalgefühl der frühen Neuzeit, in: Bernd Martin (Hrsg.), Deutschland in Europa, München 1992, S. 88–104, hier S. 90. **| 12** Näheres dazu in Heinz Schilling, Martin Luther. Rebell in einer Zeit des Umbruchs, 3. Aufl. München 2014, S. 117. **| 13** Vgl. dazu den detaillierten Überblick bei Heinz Schilling, Die Neue Zeit. Vom Christenheitseuropa zum Europa der Staaten 1250–1750, Berlin 1999. **| 14** Henry Kamen, Spain, 1469–1714. A Society of Conflict, London 1983, S. 46. **| 15** Wilhelm Jansen, Landesherrschaft und Kirche im späten Mittelalter, in: J. F. G. Goeters und J. Prieur (Hrsg.), Der Niederrhein zwischen Mittelalter und Neuzeit, Wesel 1986, S. 31. Vgl. auch Bernd Christian Schneider, Ius reformandi. Die Entwicklung eines Staatskirchenrechts von seinen Anfängen bis zum Ende des Alten Reichs, S. 31 mit weiteren, teils sogar älteren Beispielen aus Süddeutschland. **| 16** Christoph Volkmar, Reform statt Reformation, Tübingen 2008. **| 17** Vgl. Volkmar, Reform statt Reformation (wie Anm. 16), S. 67, S. 13. **| 18** So auch Volkmar, Reform statt Reformation (wie Anm. 16), S. 612. **| 19** Louis Châtellier, L'Europe des dévots, Paris 1987. **| 20** Ausführlich dazu Volkmar, Reform statt Reformation (wie Anm. 16), S. 78–88. **| 21** Volkmar, Reform statt Reformation (wie Anm. 16), S. 621. **| 22** Günther Wartenberg, Landesherrschaft und Reformation. Moritz von Sachsen und die albertinische Religionspolitik bis 1546, Gütersloh 1988, S. 87. **| 23** Wartenberg, Landesherrschaft und Reformation (wie Anm. 22), S. 60–63. **| 24** Heinz Schilling, Luther, Loyola, Calvin und die europäische Neuzeit, in: Archiv für Reformationsgeschichte 85 (1994), S. 5–31.

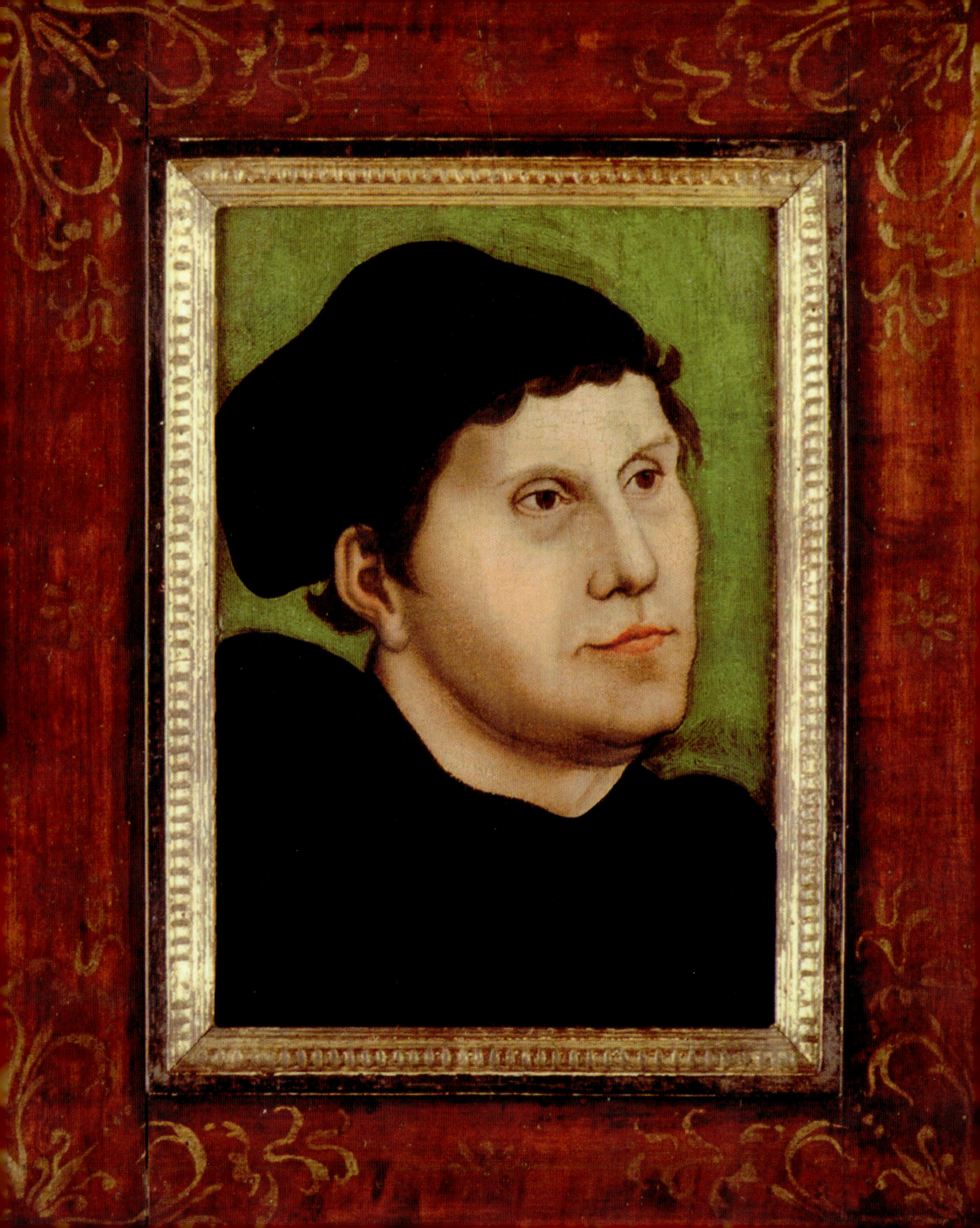

ATHINA LEXUTT

ALLES IN ORDNUNG

LUTHERS THEOLOGIE IM RAUM VON POLITIK UND GESELLSCHAFT

BEOBACHTUNGEN

»Uber deinem Rhümen möchte einer woll endtschlaffen vor deiner unsynnigen torheyt. Daß du zu Worms vorm Reich gestanden pist, danck hab der Teütsch adel, dem du das maul also wol bestrichen hast und honig gegeben, dann er wenethe nit anderst, du würdest mit deinem predigen Beheymische geschenk geben, clöster und stifft, welche du ytzt den fürsten verheyssest. So du zu Worms hettest gewanckt, werest du ee erstochen vom adel worden, dann loß gegeben, weyß doch ein yeder. [...] Du liessest dich durch deinen rath gefangennemen und stellest dich gar unleydlich. Wer sich auff deyne schalckheyt nit verstünde, schwür woll zun heyligen, du wärest ein frümmer Mertin. Schlaff sanfft, liebes fleisch! Ich rüche dich lieber gepraten in deinem trotz durch Gottes grymm im hafen oder topff peym fewr [...], dann in deinem aygen sotlein gekocht, sollte dich der teüffel fressen [...]. Du pist ein eselisch fleisch, du würdest langsam gar werden und ein zächs gerichte werden deinen milchmeülern.«[1]

Nicht gerade freundliche Worte, die Thomas Müntzer 1524 in einer Schrift verwendet, die den nicht minder deutlichen Titel *Hochverursachte Schutzrede und Antwort wider das geistlose, sanftlebende Fleisch zu Wittenberg* trägt. Und mit dem Zusatz »zu Wittenberg« ist auch klar, wer das Ziel seiner scharfen Polemik ist, nämlich niemand Geringeres als Martin Luther. Luther und Müntzer waren sich – um es mal in allem Euphemismus zu sagen – nicht gerade grün. Müntzer sah in Luther den Handlanger der weltlichen Obrigkeit, der auf jede politische Umsetzung seines

theologischen Programms verzichtete, um es sich mit eben dieser nicht zu verscherzen; Luther wiederum nannte Müntzer wenig schmeichelhaft den »Satan von Allstedt«, der überhaupt nicht begriffen habe, worum es bei der Reformation gehen müsse – und worum nicht!

Es prallten also – gelinde gesagt – Welten aufeinander. Welche Konsequenzen das unmittelbar hatte, wissen wir: Müntzer wurde 1525 Opfer des Bauernkriegs und als besonderer Widerspruchsgeist nach schwerer Folter hingerichtet, sein Haupt auf einen Pfahl gespießt und zur Abschreckung öffentlich aufgestellt; Luther lebte zwanzig Jahre länger in der Obhut der sächsischen Kurfürsten. Und auch die langfristigen Folgen sind uns bekannt: Luther wurde gern zitiert, als es in der Zeit des Nationalsozialismus darum ging, Christenmenschen zu gehorsamen Untertanen zu erziehen; Müntzer dagegen avancierte insbesondere im sozialistischen Teil des Nachkriegsdeutschland zum Helden der frühbürgerlichen Revolution. Die Rolle Luthers im Verhältnis zur politischen Obrigkeit, seine Haltung im Bauernkrieg, seine Texte zur Frage des Widerstands – sie alle waren und sind immer wieder Gegenstand intensiver Untersuchung und heftiger Auseinandersetzung. Ob und inwiefern Kirche politisch sein darf, ob und in

Abb. 1 | Martin Luther, Lucas Cranach d. Ä., um 1520,
Öl auf Holz auf Leinwand übertragen, 47,5 × 40,5 cm (im Rahmen),
Stiftung Luthergedenkstätten Wittenberg, Inv.-Nr. G163

welcher Weise Politik sich nach christlichen Grundsätzen richten kann, darf und soll, wie das Verhältnis von Kirche und Staat zu definieren und zu beschreiben ist, ohne einerseits eine ungesunde Vermischung, andererseits aber auch eine ebenso ungesunde gegenseitige Gleichgültigkeit zu provozieren – diese fundamentalen Probleme werden oft und völlig zu Recht im Kontext der Theologie Martin Luthers erläutert, denn wie in vielen anderen Bereichen gilt er natürlich auch hier als Vorbild, in positiver wie in negativer Hinsicht; je nachdem, ob man Müntzers Ansicht von ihm als geistloses Fleisch, das es sich unter dem Schutz der Obrigkeit gut gehen lässt und absichtlich zu kurz denkt und schreibt, teilt oder nicht.

Der Luther des 16. Jahrhunderts reicht also weit in die Herausforderungen unserer Tage herein. Das diesjährige Themenjahr »Reformation und Politik«, das insbesondere an die Themenjahre »Reformation und Freiheit« sowie »Reformation und Toleranz« anknüpft, provoziert dazu, Luthers Position grundsätzlich zu durchdenken und zu fragen, wie sich seine Entdeckung der Rechtfertigung des Gottlosen im Alltag dieses Christenmenschen, der gerecht und Sünder zugleich ist, auswirkt. Dabei ist es vor allem der unerschrockene, stiernackige Kämpfer, den namentlich das 19. Jahrhundert auf so manchen Sockel gehoben hat, der Kämpfer gegen Kaiser und Papst, der allein seinem Gewissen verantwortliche Held, der in Wittenberg Thesen an eine Schlosskirchentür nagelt (oder auch nicht), der in Worms dem Kaiser und den versammelten Ständen sein »Hier stehe ich und kann nicht anders!« entgegenschleudert (oder auch nicht), der immer wieder seine theologischen Überzeugungen unter Zuhilfenahme des rhetorischen Geschicks anderer in Bekenntnisse fließen lässt, der sich von keinem großen Zeitgenossen in die Schranken weisen lässt, weder von Cajetan oder von Eck noch von Erasmus oder von Zwingli – es ist dieser Luther, der dem kulturellen Gedächtnis innewohnt und in den Medien gefeiert wird. Über den anderen Luther wird deutlich leiser gesprochen: den Luther, der polemisch polterte, Erasmus das Christsein absprach, den Papst als Antichrist diffamierte, die Fürsten dazu aufrief, gegen die Bauern mit aller Gewalt vorzugehen, der die Synagogen der Juden verbrennen lassen wollte[2] und empfahl, ein behindertes Kind am besten gleich nach der Geburt zu ersäufen (worin der sächsische Kurfürst ihm übrigens nicht gefolgt ist).[3] Das besagte kulturelle Gedächtnis möchte sich das hehre Bild nicht gern verderben lassen und sieht die großen Errungenschaften, die sich mit Luthers Namen verbin-

den, in Gefahr, würde diese Seite zu sehr ins Rampenlicht geraten. Dass hier in der Vergangenheit – und zwar immer wieder durch die Jahrhunderte hinweg – gleich mehrere Kardinalfehler in der Lutherwahrnehmung und der Geschichtsdeutung begangen wurden, ist ebenso evident wie daraus folgernd die Feststellung, dass die Luther- und Reformationsforschung in der Zukunft noch viel damit zu tun haben wird, ein Bild von Luther und seiner Zeit zu zeichnen, das sich weder auf der einen Seite von Heroisierungsversuchen, historischer Weichzeichnerei und theologischer Überhöhung noch auf der anderen Seite von Profillosigkeit und von mit vermeintlicher historischer Objektivität einhergehender theologischer Indifferenz verführen lässt.

EINSICHTEN

Bei Luthers Verhältnis zur weltlichen Obrigkeit und in der Bewertung der sogenannten Zwei-Reiche-Lehre liegen das Problem und seine Herausforderungen für eine sachgemäße Beurteilung auf der Hand und lassen sich in der Frage bündeln: Ist Luther – womöglich dem Bemühen um die Rettung der eigenen Sache geschuldet – vor seiner unmittelbaren Obrigkeit zu Kreuze gekrochen, um der weiter entfernten Obrigkeit an der Spitze des jeweiligen Systems, also dem Kaiser und dem Papst, umso klarer die Stirn bieten zu können?

Dass es ohne obrigkeitliche Unterstützung keine lutherische Reformation gegeben hätte, ist keine Frage. Ohne die politischen und kirchenpolitischen Konstellationen seiner Zeit und ohne den Schutz seines Landesherrn wäre Luther aller Wahrscheinlichkeit nach früh und kompromisslos der Prozess gemacht worden. Er wäre als notorischer Ketzer den Flammen überantwortet worden, und die reformatorische Bewegung wäre im Keim erstickt gewesen. Aber auch, wenn man den Blick von Luther löst und sich die Entwicklungen im 16. Jahrhundert insgesamt anschaut, so wird zumindest zweierlei deutlich. Erstens: Die Reformation per se hat es so nicht gegeben. Das, was wir in historischer Perspektive »Reformation« nennen, sind in Wirklichkeit viele unterschiedlich gestaltete, in ihrer Hauptsache durchaus verschieden motivierte Reformationen.[4] Wenn ich betone: »in historischer Perspektive«, dann impliziert dies, wie sinnvoll es aus theologischer Sicht dennoch ist, auch weiterhin von »der Reformation« zu sprechen und nach dem all diese Reformationen verbindenden, inhaltlichen

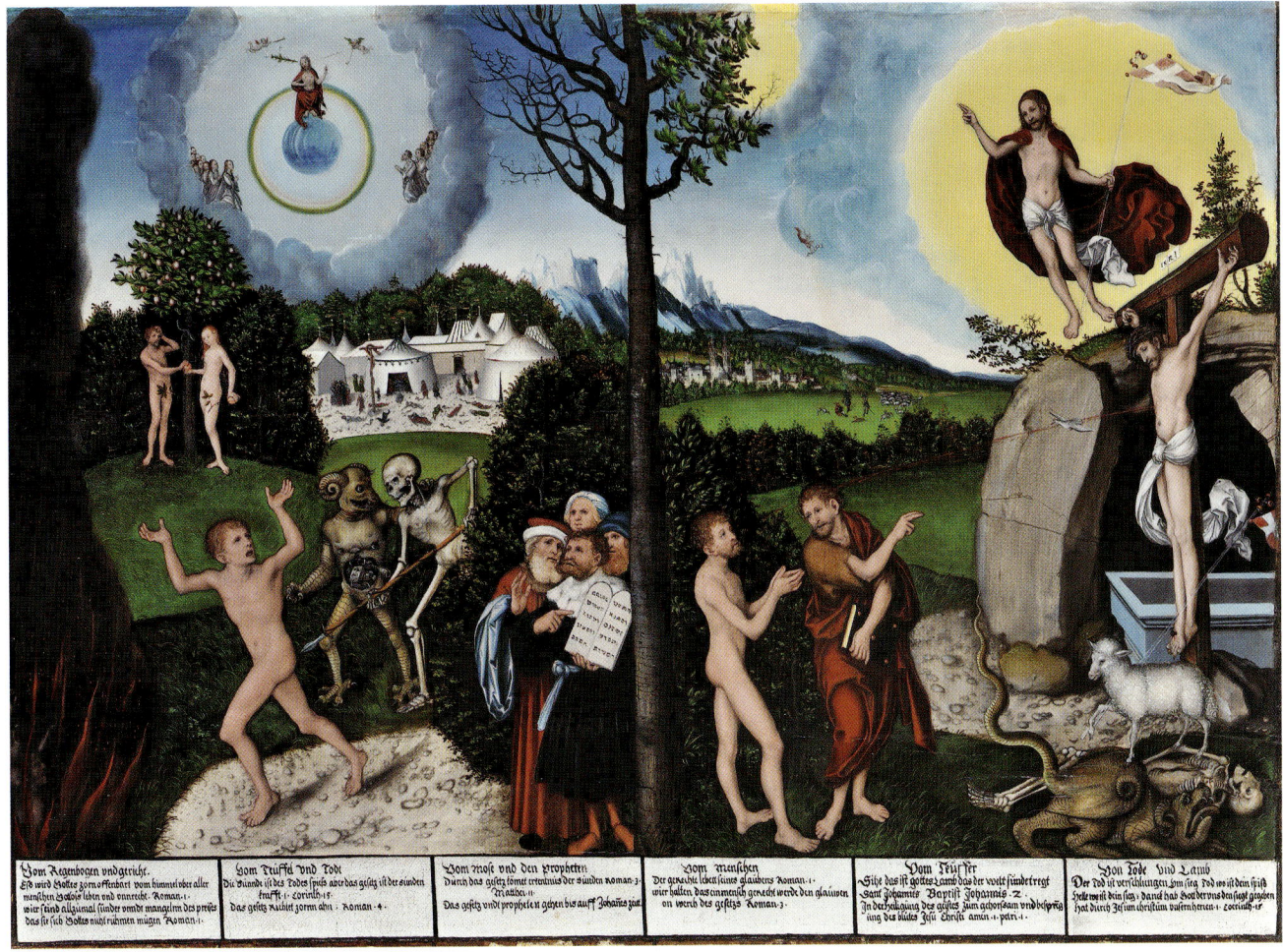

Abb. 2 | Lutherisches Lehrbild zu Gesetz und Gnade, Lucas Cranach d. Ä.,
1529, Öl auf Holz, 82,2 × 118 cm, Stiftung Schloss Friedenstein Gotha, Inv.-Nr. SG 676

Moment zu fragen. Und zweitens: Die historische Perspektive weiter verfolgend ist ebenso klar, dass in der Verquickung von politischen und religiösen Interessen und Motiven der Fürstenreformation im Reich eine herausragende Rolle zukommt. Oder vielleicht sollte man besser – um die verschiedenen »von oben« gelenkten, meist auch initiierten Bewegungen einzuschließen – von einer obrigkeitlichen Reformation sprechen. Das würde die Stadtreformation einschließen und das – ohnehin in der Forschung zu Recht kritisch rezipierte – Konzept der Gemeindereformation ebenfalls, ohne die jeweiligen Spezifika zu ignorieren.[5]

Jedenfalls könnte so dem Eindruck gewehrt werden, als habe es losgelöst von weltlich-obrigkeitlicher und behördlicher Unterstützung ausschließlich »von unten« eine reformatorische Bewegung gegeben. Selbst das noch am ehesten dieser Vorstellung entsprechende Geschehen in den Niederlanden war auf herrschaftliche Hilfe angewiesen. Dass dabei das obrigkeitliche Interesse zum Teil auf etwas stieß, was im Volk und in den Gemeinden gärte, und dass umgekehrt sicher auch die regierungsseitigen Maßnahmen im Volk etwas angestoßen haben, steht dabei außer Frage.[6]

FRAGEN

Diese Einsicht provoziert nun natürlich noch einmal mehr eine Auseinandersetzung damit, wie »frei« die Reformation unter diesen Bedingungen in theologischer Hinsicht überhaupt noch sein konnte – und die Reformatoren in ihr. Hätte Luther unter anderen Bedingungen etwa weniger scharf gegen Erasmus geschossen, sich auf die Seite der Bauern geschlagen und grundsätzlich anders über die Obrigkeit geschrieben? Wäre er in Worms anders aufgetreten? Dass diese Fragen nicht wirklich zu beantworten sind, ist leicht einzusehen, zumal sich in den Geschichtswissenschaften solche »Was wäre gewesen, wenn«-Fragen verbieten. Dennoch muss man – gerade dann, wenn man nicht zuletzt im Blick auf das Reformationsjubiläum die Reformation und das Reformatorische nicht nur in historisierender, sondern in vergegenwärtigender Absicht untersucht – zugespitzt formulieren dürfen: Wie viel Politik ist in der Reformation – und wie viel Theologie? In welchem Maß ist das reformatorische Geschehen überhaupt noch als theologisches zu definieren? Betrachtet man territoriale und lokale »Reformationen«, und das heißt vornehmlich: die entstehenden Kirchenordnungen, welche die konfessionelle Gestalt festlegten, dann ist es keine Kunst, den großen Anteil der Juristen und politischen Berater herauszufiltern. Mit dieser Beobachtung allein ist die Frage aber natürlich noch nicht beantwortet. Dazu kann und soll an dieser Stelle nur ein kleiner, aber möglicherweise wesentlicher Impuls gegeben werden, während die grundlegende Erörterung dann im weiteren Verlauf des vorliegenden Bandes geschehen soll, indem – in eben genannter vergegenwärtigender Absicht – ein zentraler Punkt lutherischer Theologie herausgegriffen wird, der auch den Weg weist, wie mit diesem Konglomerat aus politischen und theologischen Interessen im 16. Jahrhundert umzugehen war – und heute umzugehen ist.

Luthers Theologie ist spannend.[7] Das klingt trivial, trifft aber den Kern aller Bereiche der Theologie, die Luther in seinen zahlreichen Texten angeht. Denn seine Theologie schlägt keine dogmatischen Pflöcke in den Boden, sondern eröffnet ein Spannungsfeld, innerhalb dessen der Mensch sich jeweils verorten muss. Das »simul« aus der anthropologischen Grundkonstellation »simul iustus et peccator«, das die anthropologische Pointe der rechtfertigungstheologischen Erkenntnis darstellt, begründet zahlreiche andere »simul«: simul Bürger der Welt und Bürger des Reiches Gottes, simul Vernunft und Glaube, simul Schuld und Vergebung, simul ecclesia abscondita und ecclesia visibilis, simul wahrer Mensch und wahrer Gott, simul Knecht und Freier, simul Gesetz und Evangelium – und so weiter und so fort. Luthers Theologie ist von daher in ihrer Grundstruktur und fundamental eine Unterscheidungslehre. Die rechte – und einzige – Möglichkeit, als Christenmensch in der Welt zu bestehen, ist, diese Kunst der Unterscheidung so weit wie möglich zu beherrschen. Diese Kunst eröffnet Denk- und Handlungsfelder, die den Christenmenschen sowohl davor bewahren, ein zurückgezogenes, in sich gekehrtes Pantoffelchristentum zu pflegen als auch davor, in blinden Aktionismus zu verfallen. Die Unterscheidungskunst ist vielmehr der angemessene Ausdruck der Erkenntnis, dass der Mensch in einer doppelten Beziehungs- und Kommunikationsebene existiert: vertikal in der Ebene, die Gott zu ihm geschaffen hat, horizontal in der Ebene, die Gott ihm gegenüber den Mitgeschöpfen aufgetragen hat. »Theologie« ist – so erfährt man es auch aus den »Definitionen«, die Luther diesbezüglich hinterlassen hat[8] – kein dogmatisches Lehrgebäude mit Formeln und Sätzen, sondern etwas, das geschieht, das sich ereignet, das man tut. Und insofern Theologie die Anwendung dieser Unterscheidungskunst ist, ist sie lebendig, in gewissem Grad veränder- und wandelbar, ist sie zu gestalten – und sind sie und der Theologe, der sie betreibt, selbstverständlich irrtumsfähig. Deshalb ist nicht nur diese Kunst ein unendlicher Kampf, sondern ebenso die Beurteilung des Ergebnisses dieser Kunst, denn die Beurteilenden stehen selbst in dieser Not des Unterscheidens und der Konstitution des simul auf mehreren Ebenen, sodass ihr Urteil ebenso irrtumsfähig ist wie das oder der zu Beurteilende. Theologie ist also niemals »fertig«, sondern um sie muss immer wieder gekämpft werden, und zwar immer wieder in der Spannung zwischen Bekenntnis und Anfechtung. Ohne den Einfluss der politischen Interessen auf die konkrete Gestaltung theologischer Entscheidungen und Urteile im Mindesten zu leugnen, scheint mir doch diese Grundstruktur lutherischen Denkens davon völlig losgelöst zu sein. Sie konsequent anzuwenden und auszuüben bedeutete für Luther selbst, gegen Erasmus deutlich Stellung zu beziehen, bedeutete, in Worms vor Kaiser und Reich auf sein Gewissen zu pochen. Zudem bedeutete es in Auslegung dessen, was christliche Freiheit meint, sowohl die Bauern in ihren Forderungen unterstützen zu können als auch im nächsten Moment die Obrigkeit an ihre Aufgabe zu mahnen und sie zur Niederschlagung der aufständischen Bauern aufzurufen. Luther war weder Speichellecker noch Revolutionär – er war Theologe, der die von ihm theoretisch definierte Methode der

Theologie zur Anwendung brachte und ausübte. Und sich damit – natürlich – angreifbar machte. Und sich – natürlich – in den Zusammenhang von Schuld, Schuldbekenntnis und Hoffnung auf Vergebung stellte. Und der – natürlich – darum wusste, dass die Frage, wie politisch Theologie ist, an sich schon falsch gestellt ist, weil in dem Augenblick, in dem dieses doppelte Beziehungs- und Kommunikationsgeflecht als Konstituens menschlicher Existenz in dieser Welt wahr- und ernst genommen wird, Theologie natürlich Gesellschaft, Politik und Kultur gestalten soll und gestalten will – oder sie ist keine Theologie. Wichtig ist dabei, dass sie einzig für das Partei nimmt, in dessen Auftrag sie unterwegs ist: für Gott und das Mitgeschöpf. In der konkreten Ausgestaltung dieser Parteinahme kann sie dann auch durchaus parteipolitisch werden, sie kann politische Ämter ausfüllen, sie kann mit der Politik zusammenarbeiten – und sie muss natürlich auch ihr kritisches Gegenüber darstellen. Indem sie dies tut, ist sie wiederum notwendig in die bereits genannten Spannungen hineingestellt und wird ihr das Aushalten dieser Spannungen nicht erspart bleiben und sie nötigen, schuldig zu werden. Genau dies ist an Luther selbst ablesbar. Es sollte auf den verschiedenen Ebenen des Nachdenkens in den kommenden Diskussionen im Hintergrund stehen und bei den gegenwärtigen Herausforderungen im Spannungsfeld von Theologie und Politik als Strukturelement begleiten.

ANMERKUNGEN

1 Thomas Müntzer, Schriften und Briefe. Kritische Gesamtausgabe, hrsg. von Günther Franz (QFRG 33), Gütersloh 1968, S. 341/15–342/2. **| 2** »Ich will meinen treuen Rat geben: Erstens, dass man ihre Synagogen und Schulen mit Feuer anstecke und das, was nicht verbrennen will, mit Erde überhäufe und überschütte, dass kein Mensch einen Stein oder Schlacke davon sehe in Ewigkeit. [...] Zweitens, dass man desgleichen auch ihre Häuser zerbreche und zerstöre. [...] Drittens, dass man ihnen alle ihre Betbüchlein und Talmudisten, darin solche Abgötterei, Lügen, Fluch und Lästerung gelehrt wird, nehme. Viertens, dass man ihren Rabbinen bei Leib und Leben verbiete, weiter zu lehren. [...] Fünftens, dass man den Juden Geleit und Strafe ganz aufhebe. [...] Sechstens, dass man ihnen den Wucher verbiete und ihnen alle Barschaft und Kleinod an Silber und Gold nehme und zum Verwahren beiseite lege. [Grund: Sie haben das alles den anderen durch den Wucher geraubt] Siebtens, dass man den jungen, starken Juden und Jüdinnen einen Dreschflegel, eine Axt, eine Hacke, einen Spaten, einen Rocken, eine Spindel in die Hand gebe und sie ihr Brot im Schweiße der Nasen verdienen lasse.« (Von den Juden und ihren Lügen 1543, WA 53, S. 522/29–S. 526/1) **| 3** »Vor acht Jahren war zu Dessau eines, das ich Doctor Martinus Luther gesehen und angegriffen hab, welches zwölf Jahr alt war, seine Augen und alle Sinne hatte, daß man meinete, es wäre ein recht Kind. Dasselbige thät nichts, denn daß es nur fraß und zwar so viel als irgends vier Bauern oder Drescher. Es fraß, schiß und seichte, und wenn mans angriff, so schrie es. Wenns übel im Hause zuging, daß Schaden geschah, so lachete es und war fröhlich; gings aber wol zu, so weinete es. Diese zwo Tugend hatte es an sich. Da sagte ich zu den Fürsten zu Anhalt: Wenn ich da Fürst oder Herr wäre, so wollte ich mit diesem Kinde in das Wasser, in die Molda, so bei Dessau fleußt, und wollte das homicidium dran wagen! Aber der Kurfürst zu Sachsen, so mit zu Dessau war, und die Fürsten zu Anhalt wollten mir nicht folgen. Da sprach ich: So sollten sie in der Kirchen die Christen ein Vater Unser beten lassen, daß der liebe Gott den Teufel wegnehme. Das thäte man täglich zu Dessau; da starb dasselbige Wechselkind im andern Jahre darnach. Also muß es da auch sein. Es hat einer sonst von den succubis und incubis fein geschrieben, denn es ist nicht seltsam. Und sind die Succubi Weiber, welche mit dem Teufel zu thun haben und denselbigen alten Huren und Wettermacherinnen die Lust büßet, wie die Melusina zu Lucelburg auch ein solcher Succubus und Teufel gewesen ist.« »Anno 1541 hat D. Luther dieser Historie auch uber Tische gedacht, und daß er den Fürsten von Anhalt gerathen hätte, man sollte den Wechselbalg oder den Kielkropf (welchs man darum so heißt, daß es stets kielt im Kropf) ersäufen. Da ward er gefraget: ›Warum er solchs gerathen hätte?‹ Antwortete er drauf: ›Daß ers gänzlich dafur hielte, daß solche Wechselkinder nur ein Stück Fleisch, eine massa carnis, sein, da keine Seele innen ist; denn solches könne der Teufel wol machen, wie er sonst die Menschen, so Vernunft, ja Leib und Seele haben, verderbt, wenn er sie leiblich besitzet, daß sie weder hören, sehen, noch etwas fühlen, er machet sie stumm, taub, blind. Da ist denn der Teufel in solchen Wechselbälgen als ihre Seele. Es ist eine große Gewalt des Teufels, daß er unsere Herzen also gefangen hält.‹« (WA TR 5, Nr. 5207, S. 9, 11–36) **| 4** Hier hat die Konfessionalisierungsdebatte Maßgebliches beigetragen. Ein Forschungsbericht dazu mit einer ausführlichen Bibliographie von Athina Lexutt, Konfessionalisierung – neuer Schlauch für alten Wein?, in: Verkündigung und Forschung 45 (2000), S. 3–24. Thomas Kaufmann spricht in seiner viel beachteten Publikation *Geschichte der Reformation* (Frankfurt a. M. und Leipzig 2009) ganz selbstverständlich von »Reformationen« im Plural. Ob das eine geschickte Lösung ist, sei dahingestellt. Das Konfessionalisierungsparadigma ist allerdings keineswegs der einzige Versuch, den pluralen Phänomenen der Zeit gerecht zu werden. Einen Überblick über mehrere Forschungsansätze der jüngeren Vergangenheit bieten Stefan Ehrenpreis, Ute Lotz-Heumann, Reformation und konfessionelles Zeitalter (Kontroversen um die Geschichte). Darmstadt 2002; zu unserem Kontext vgl. insbes. S. 29–47. **| 5** Zumal gilt, was Kaufmann in Fortsetzung seines Lehrers Moeller und neuerer Forschungsergebnisse so festhält: »Die auf die religiöse Integration des städtischen Gemeinwesen abzielenden theologischen Konzepte der Reformatoren trugen im ganzen eher dazu bei, die obrigkeitlichen Züge magistraler Herrschaft zu stärken, als diese zu relativieren. [...] Gemeindlich-genossenschaftliche beziehungsweise stadtrepublikanische Traditionen, die dazu beigetragen haben, daß die reformatorische Bewegung einen besonderen Rückhalt in der Bevölkerung besaß und vielfach von dieser ausging, sind auch in den nordwestdeutschen Hansestädten wirksam geworden. In den Inaugurations- und Etablierungsphasen waren die Stadtreformationen sowohl Magistrats- als auch Gemeindereformationen; mit der Zeit aber traten die herrschaftlichen Momente in den Vordergrund.«, Kaufmann, Geschichte der Reformation (wie Anm. 4), S. 420. **| 6** Mit Manfred Rudersdorf ist festzuhalten: »So wirkungsvoll bürgerliche Stadtreformation und bäuerliche Gemeindereformation mit ihrer zumeist doch eher begrenzten Ausstrahlung im lokalen oder regionalen Raum durchaus waren, so hieße es aber doch, die Bedeutung der Fürstenreformation für die Glaubensentscheidung im Reich in unangemessener Weise zu relativieren, würde man die deutsche Reformation [...] allzu einseitig auf ein ›urban event‹ reduzieren. [...] Das politische Kräftespiel, das das Überleben der neuen Konfession auf Dauer sicherstellte und gewährleistete, war ohne Zweifel angesiedelt auf der Ebene des frühneuzeitlichen deutschen Territorialstaates.« (Die Generation der lutherischen Landesväter im Reich. Bausteine zu einer Typologie des deutschen Reformationsfürsten, in: Anton Schindling/Walter Ziegler (Hrsg.): Die Territorien des Reichs, Bd. 7: Bilanz – Forschungsperspektiven – Register (KLK 57), Münster 1997, S. 137–170, hier S. 139 f.) **| 7** Zu diesem Grundsatz und auch zum Folgenden vgl. die immer noch unübertroffene Darstellung von Gerhard Ebeling, Luther. Einführung in sein Denken. 4., durchges. Aufl. Tübingen 1981. **| 8** Um nur eines von vielen Beispielen zu nennen: »Wer also das Evangelium vom Gesetz gut zu unterscheiden weiß, der sage Gott Dank und wisse, dass er ein Theologe ist.« (WA 40/I, S. 207, 17 f.)

Von der freyheyt eynes Christen menschen.

Martinus Luther.

Czu Wittenbergk: Im XX iar.

REINHOLD RIEGER

»VON DER FREIHEIT EINES CHRISTENMENSCHEN«

FREI IM GLAUBEN, GEHORSAM DER OBRIGKEIT?
MARTIN LUTHERS FREIHEITSVERSTÄNDNIS ZWISCHEN GLAUBE UND POLITIK

Luther predigte in einem neuen Sinn die Freiheit eines Christenmenschen, die »evangelische Freiheit«. Dies wurde von verschiedenen Seiten zu unterschiedlichen Zwecken aufgegriffen. So auch in der Politik: Fürsten nahmen gegenüber Papst und Kaiser die »evangelische Freiheit« in Anspruch, Bauern kämpften im Namen der »evangelischen Freiheit« gegen Unrecht und Unterdrückung, Städte untermauerten ihre Unabhängigkeit von den Fürsten durch die »evangelische Freiheit«. Sie alle wollten sich auf Luthers Freiheitsverständnis berufen. Aber war dieses überhaupt irgendwie politisch oder konnte es politisch gedeutet und verwendet werden? Wenn nicht, wie kam es dazu, dass die evangelische Freiheit politisch verstanden wurde? War das bloß ein Missverständnis beziehungsweise Missbrauch oder doch eine Konsequenz?

EINS

Zunächst scheint Luther kein Prophet der Freiheit zu sein, im Gegenteil. Schon früh betonte er die Unfreiheit des Menschen vor Gott. Der freie Wille sei nach dem Sündenfall ein leeres Wort, und wenn er tue, was in ihm ist (eine Forderung der Scholastiker, die daraus gewisse Verdienste vor Gott ableiteten), sündige er tödlich, so schon in der Heidelberger Disputation 1518.[1] Der Wille des Menschen sei ohne die Gnade nicht frei zu handeln, sondern er sei notwendig innerlich gebunden und gefangen, wenn er auch frei von jedem äußeren Zwang sei. Luther stellt dabei klar, dass er nur von der Willensfreiheit in Bezug auf Verdienst und Schuld spricht. Denn in Bezug auf andere Dinge, die dem Willen unter-

liegen, verneine er nicht, dass sie besteht, da sie ja frei zu sein scheint in Bezug auf Gegensätzliches wie Widersprechendes.[2] Wenn der Mensch aber die Gnade Gottes empfangen habe, werde er frei auch vor Gott. »Ja freilich hat Gott dir einen freien Willen gegeben. Warum willst du ihn dann machen zu einem eigenen Willen und lässt ihn nicht frei bleiben? Wenn du damit tust, was du willst, so ist er nicht frei, sondern dein eigen. Gott aber hat dir nach niemandem einen eigenen Willen gegeben. Denn der eigene Wille kommt vom Teufel und Adam, die haben ihren freien Willen, von Gott empfangen, sich selbst zu eigen gemacht, denn ein freier Wille ist, der nichts eigenes will, sondern allein auf Gottes Willen schaut, dadurch er dann auch frei bleibt, nirgends anhängend oder anklebend«, so Luther in der Auslegung der dritten Bitte des Vaterunsers 1519.[3] Der durch die Gnade freie Wille handelt im Sinne Gottes und nicht eigensinnig. In einer Predigt desselben Jahres unterstreicht dies Luther: »Daraus folgt, dass der freie Wille des Menschen, man lobe und hebe ihn, wie man will, gar nichts vermag aus ihm selbst und dass nicht in seiner Willkür frei steht, Gutes zu erkennen oder zu tun, sondern allein in der Gnade Gottes, die ihn frei macht, ohne welche er in Sünden und Irrtum gefangen liegt und nicht heraus von ihm selbst kommen mag [...], womit bewiesen wird, dass wir Gottes Willen nicht mögen tun aus unserem freien Willen. Weiter folgt, dass man den freien Willen nimmer recht nennt oder versteht, er sei denn mit Gottes Gnade geziert, ohne welche er mehr ein eigener denn

Abb. 1 | Martin Luther, Von der freyheyt eynes Christenmenschen, Wittenberg: Melchior Lotter d. J. 1520, Titelblatt, Ratsschulbibliothek Zwickau, Sign. 31.2.43.(1)

freier heißen soll, denn ohne Gnade tut er nicht Gottes Willen, sondern seinen eigenen Willen, der nimmer gut ist. Er ist wohl frei gewesen in Adam, aber nun durch seinen Fall verderbt und in Sünden gefangen, doch den Namen des freien Willens behalten, darum dass er frei gewesen und durch Gnade wieder frei werden soll.«[4] Durch die Sünde und ohne die Gnade ist der Wille des Menschen in Bezug auf Gott, in Bezug auf den Grund seines Seins und Sinns, unfrei. In seiner Schrift *Vom unfreien Willen* (1525) gegen Erasmus von Rotterdam, der in katholischer Tradition und mit humanistischem Optimismus dem Menschen auch nach dem Sündenfall einen freien Willen zubilligen wollte, gebraucht Luther das Bild vom Zugtier und den Reitern: »Der menschliche Wille ist in die Mitte gestellt wie ein Zugtier, wenn ihn Gott reitet, will und geht er, wohin Gott will. [...] Wenn ihn der Satan reitet, will und geht er, wohin der Satan will, und es steht nicht in seiner Entscheidung, zu welchem Reiter er läuft oder welchen er sucht, sondern diese Reiter kämpfen darum, ihn zu besitzen.«[5] Das bedeutet: »Wir tun alles aus Notwendigkeit, nicht aus freiem Willen, während die Kraft des freien Willens nichts ist, und nichts bewirkt, und auch nicht das Gute kann, ohne die Gnade.«[6] »Daraus folgt, dass der freie Wille nur ein Name Gottes ist und dass er niemand anderem zukommt als allein der göttlichen Majestät. [...] Wenn er Menschen zugeschrieben würde, würde er ihnen um nichts richtiger zugeschrieben, als wenn ihnen die Gottheit zugeschrieben würde, was das größte Sakrileg wäre. Es ist Aufgabe der Theologen, auf diesen Begriff zu verzichten, wenn sie von den menschlichen Fähigkeiten reden wollen, und ihn nur Gott zu lassen, ihn aus dem Mund der Rede von Menschen wegzunehmen und als ein heiliger und verehrungswürdiger Name Gott zuzubilligen.«[7] Allein Gott ist frei, Freiheit also ein ausschließliches Gottesprädikat. Nur wenn sich Gott dem Menschen schenkt, kann dieser frei werden. In der Verteidigung seiner Heidelberger These gegen die päpstliche Bannbulle von 1521 sagt Luther über die Rede vom freien Willen: »Darum wollte ich, das Wörtlein ›freier Wille‹ wäre nie erfunden worden, es steht auch nicht in der Schrift und hieße billiger ›eigener Wille‹, der keinen Nutzen hat, oder so man es ja behalten will, soll man es deuten auf den neu geschaffenen Menschen, dass dadurch werde verstanden der Mensch, der ohne Sünde ist, derselbe ist gewisslich frei, wie Adam im Paradies war, von welchem auch die Schrift redet, wo sie an unsere Freiheit rührt. Die aber in den Sünden liegen, sind unfrei und des Teufels gefangen. Doch weil sie mögen noch frei werden durch die Gnade, magst du sie nennen Freiwillige.«[8]

ZWEI

Die radikale Unfreiheit des Menschen vor Gott ist für Luther aber gerade die Voraussetzung für seine Freiheit. Ganz von Gott abhängig wird ihm in der Gnade die Freiheit geschenkt, die ihn von anderen Abhängigkeiten, seien es äußere wie kirchliche oder weltliche Autoritäten, seien es innere wie sein Selbstbegründungsbedürfnis oder seine Geltungssucht, befreit. »Die christliche oder evangelische Freiheit ist die Freiheit des Gewissens, durch die das Gewissen von den Werken befreit wird, nicht dass keine geschehen, sondern dass es auf keine vertraut. [...] Das Gewissen hat Christus von den Werken befreit, wenn er durch das Evangelium lehrt, auf keine Werke zu vertrauen, sondern sich nur auf seine Barmherzigkeit zu verlassen. Und so hängt das glaubende Gewissen unlöslich allein an den Werken Christi.«[9] Das Gewissen als die Instanz des Menschen, die sein Handeln beurteilt, wird vom Zwang zur Selbstbeurteilung und Selbstbewertung befreit und auf Gott bezogen. Denn der Mensch erkennt, dass er sich vor Gott nicht durch die Qualität seiner Handlungen rechtfertigen kann, weil sie, wenn sie mit dieser Absicht vollzogen werden, von vornherein böse sind. Aus dieser Selbstbegründungsfalle befreit nur die Annahme durch Gott aus reiner Gnade ohne Berücksichtigung des Handelns des Menschen. Die den Menschen neu begründende Beziehung Gottes zum Menschen ruft in diesem den Glauben hervor, in dem er frei wird von sich selbst und seinen Selbstrechtfertigungsversuchen. Luther nennt diese Freiheit des Christen Glaube. Diese Freiheit ist genauso radikal wie die Unfreiheit, die sie aufhebt. Insofern ist Luther doch ein Prophet der Freiheit.

DREI

Die im Glauben geschenkte radikale Freiheit begründet das Sein und Handeln des Menschen neu. Da Handeln ohne die Gnade Gottes und den Glauben des Menschen nur böse, weil eigensüchtig, sein kann, wird Handeln nur durch die Gnade Gottes und den Glauben des Menschen vor Gott gut, also gottgemäß. Der Glaube, die christliche Freiheit, ist der Grund des guten Handelns. Aus dem Glauben fließen die Werke, aber sie sind nicht ein Grund der Gnade und der Rechtfertigung des Menschen vor Gott. Der Satz von der christlichen Freiheit sagt, »dass alle äußerlichen Dinge frei sind vor Gott und ein Christ derselben mag gebrauchen, wie er will, er mag sie nehmen oder fahren lassen. [...] Du bist Gott nichts schuldig zu tun, denn glauben und bekennen, in allen anderen Sachen gibt er dich los und frei, dass du es machst, wie du willst, ohne alle Gefahr des Gewissens. [...] Bei dem Menschen oder bei deinem Nächsten mache ich [Gott] dich nicht frei, denn ich will ihm das Seine nicht nehmen, bis er selbst dich auch frei gibt. Bei mir aber bist du frei. [...] Darum so merke und unterscheide diese Freiheit recht, dass es zwischen Gott und dir nicht also steht wie zwischen dir und deinem Nächsten. Dort ist diese Freiheit, hier ist sie nicht. Ursache ist dies: Denn Gott gibt dir diese Freiheit nur in dem, was dein ist, nicht in dem, was deines Nächsten ist.«[8] Aus der Freiheit im Glauben, die sich im Handeln verwirklicht, entsteht eine neue, ihr nicht widersprechende, sondern mit ihr zusammenstimmende Unfreiheit, der Dienst am Nächsten. So »bist du aller Dinge frei bei Gott durch den Glauben, aber bei den Menschen bist du jedermanns Diener durch die Liebe«.[9] Deshalb ist der glaubende Mensch zugleich frei und unfrei, was Luther mit den beiden Hauptthesen des Traktats *Von der Freiheit eines Christenmenschen* (1520, Abb. 1) ausdrückt: »Ein Christenmensch ist ein freier Herr über alle Dinge und niemand untertan. Ein Christenmensch ist ein dienstbarer Knecht aller Dinge und jedermann untertan.«[10] Der Christ ist als allein durch die Gnade im Glauben Gerechtfertigter radikal frei, von allem Äußeren unabhängig durch seine konstitutive Beziehung zu Gott, und diese Freiheit bringt die radikale Verpflichtung mit sich, für den anderen da zu sein. Insofern ist die christliche Freiheit keine individualistische Isolierung des Einzelnen, sondern sie setzt ihn gerade in Beziehung zu den anderen. Dies gilt für alle Bereiche der Gesellschaft, auch für die Politik.

VIER

Obwohl die christliche Freiheit Konsequenzen für das Handeln in der Welt hat, ist sie nicht aus diesem Handeln zu begründen. Luther spricht vom geistlichen Charakter der christlichen Freiheit. »Diese unsere christliche Herrschaft, Freiheit und Macht muss man allein geistlich verstehen, denn Christus hat nichts wollen zu schaffen haben mit weltlicher Herrschaft, welcher auch er selbst untertan und Zins gab, Mt 17,27. Das heißt aber geistliche Freiheit, wenn die Gewissen frei bleiben.«[11] Die christliche Freiheit ist geistlich, weil sie vom heiligen Geist kommt und nicht aus dem Geist der Welt stammt. Sie muss deshalb auch von geistiger Freiheit unterschieden werden, die aber eine Folge der geistlichen Freiheit ist. Diese befreit die Gewissen vom Zwang der Selbstrechtfertigung. »Die Freiheit, zu der uns Christus befreite, befreit nicht aus irgendeiner menschlichen Knechtschaft oder der Gewalt von Tyrannen, sondern vom ewigen Zorn Gottes. Wo? Im Gewissen. [...] Denn Christus machte uns nicht politisch, nicht fleischlich frei, sondern theologisch oder geistlich, d.h. damit unser Gewissen frei und freudig sei, nicht den kommenden Zorn fürchte.«[12] Diese geistliche Befreiung hat uns Christus erworben durch seinen stellvertretenden Tod, durch den er unsere Sünden und unsere Schuld auf sich nahm, um uns seine Gerechtigkeit zu schenken.[13] Da Christus Gott war und allein Gott frei ist, wird dem gerechtfertigten Menschen in diesem wundersamen Tausch das Gottesprädikat der Freiheit zugesprochen. Damit tritt der Christ in die göttliche Herrschaft ein, die nicht äußere Gewalt ist, sondern geistliche Macht des Herzens.[14]

FÜNF

Da der glaubende, gerechtfertigte Christ aus dem Glauben heraus das dem Gesetz Gottes entsprechende Gute tun kann, bedarf er keines Gesetzes, keiner äußeren Herrschaft mehr. »Unter den Christen soll und kann keine Obrigkeit sein, sondern ein jeglicher ist zugleich dem anderen untertan.«[15] Jeder Christ ist zugleich Herr und Knecht, frei und dienstbar. Also benötigt er als solcher keine Macht, die ihn zum Guten anhält und zwingt. »Es ist unter Christen kein Oberster denn nur Christus selbst und allein. Und was kann da für eine Obrigkeit sein, da sie alle gleich sind und einerlei Recht, Macht, Gut und Ehre haben? Dazu keiner begehrt des anderen Oberster zu sein, sondern jeglicher will des anderen Unterster sein. Könnte man doch, wo solche Leute sind, keine Obrigkeit aufrichten.«[16] Aber dies entspricht nach Luther nicht der Lebenswirklichkeit eines Christen. Denn dieser ist auch als Glaubender nicht nur gerecht und erlöst, sondern zugleich nach wie vor durch die Ursünde, die das Menschsein bestimmt, geprägt, also sündig und böse. Dem zu begegnen, ist die Obrigkeit von Gott bestellt.

Da es neben den Glaubenden immer auch Ungläubige gibt, die nicht frei sind, sondern dem Zwang zum Bösen unterliegen, muss diesen durch äußere Macht Einhalt geboten werden. »Dieweil nun wenige sind, die dem Evangelium gehorchen, sondern schier das meiste Teil böse Buben und Schälke bleiben, ja des Evangeliums zu fleischlicher Freiheit und zu ihrem Mutwillen gebrauchen, so ist vonnöten, dass wir Obrigkeit haben, welcher wir nicht bedürften, wenn sie alle evangelisch oder Christen wären. Nun hat es Gott so geschickt und geordnet, dass die Frommen sollen Frieden haben, dazu hat er das weltliche Schwert eingesetzt, dass dasselbe gemeinen Frieden erhalte, die Bösen strafe und die Frommen schütze.«[17] In seiner Schrift *Von weltlicher Obrigkeit, wie weit man ihr Gehorsam schuldig sei* (1523, Abb. 2) lehnt es Luther ab, die Welt mit dem Evangelium regieren zu wollen: »Wenn nun jemand wollte die Welt nach dem Evangelium regieren und alle weltlichen Rechte und Schwert aufheben und vorgeben, sie wären alle getauft und Christen, unter welchen das Evangelium will kein Recht noch Schwert haben, auch nicht Not ist, [...] er würde den wilden bösen Tieren die Bande und Ketten auflösen, dass sie jedermann zerreißen und zerbeißen. [...] Also würden die Bösen unter dem christlichen Namen der Evangelischen Freiheit missbrauchen, ihre Büberei treiben und sagen, sie seien Christen und keinem Gesetz und Schwert unterworfen.«[18] Dass das Evangelium nicht als weltliche Ordnungsmacht brauchbar ist, liegt daran, dass es kein Gesetz ist, denn es muss theologisch vom Gesetz mit seiner Forderung nach Befolgung unterschieden und als göttliche Verheißung, Zusage der Gnade Gottes verstanden werden. Da der Christ nicht mit dem Evangelium regieren kann und darf, braucht er eine weltliche Macht, die die Ordnung in der Welt gewährleistet und dem Bösen, das nach wie vor aus dem Unglauben erwächst, wehrt. »Nun aber das Schwert ein großer nötiger Nutzen ist aller Welt, dass Friede erhalten, Sünde gestraft und den Bösen gewehrt werde, so gibt er sich aufs allerwilligste unter des Schwerts Regiment, [...] ehrt die Obrigkeit, dient, hilft und tut alles, was er kann, das der Gewalt erforderlich ist, auf dass sie im Schwang und bei Ehren und Furcht erhalten werde.«[19] Aus den Umständen der christlichen Freiheit folgt deshalb, dass der Christ die Obrigkeit anerkennen und ihr Gehorsam leisten muss. Gehorsam gegenüber der Obrigkeit ist eine Konsequenz der christlichen Freiheit in der Welt. »Wenn ihr nun alles getan habt, dass ihr daher geht in einem rechtschaffenen Glauben und euren Leib in Züchten haltet, dass er nicht den bösen Lüsten folge, so lasst das das erste Werk sein, dass ihr der Obrigkeit gehorsam seid.«[20]

Dieser von der christlichen Freiheit abgeleitete Gehorsam gegenüber der Obrigkeit hat aber nach Luther da seine Grenzen, wo die Obrigkeit ihre Grenzen überschreitet. Gegen die Fürsten, die aus Treue zum Papst und im Gehorsam dem Kaiser gegenüber sich der Reformation widersetzten und »den armen Mann schinden«, schreibt Luther in *Von weltlicher Obrigkeit, wie weit man ihr Gehorsam schuldig sei*: »Gott der Allmächtige hat unsere Fürsten toll gemacht, dass sie nicht anders meinen, sie mögen tun und gebieten ihren Untertanen, was sie nur wollen; und die Untertanen auch irren und glauben, sie seien schuldig, dem allen zu folgen so gar und ganz, dass sie nun angefangen haben, den Leuten zu gebieten, Bücher von sich zu tun, glauben und halten, was sie vorgeben; damit sich vermessen auch in Gottes Stuhl zu setzen und die Gewissen und Glauben zu meistern und nach ihrem tollen Gehirn den heiligen Geist zur Schule zu führen.«[21] Wenn die Obrigkeit die Grenzen der weltlichen Macht überschreitet und auf das geistliche Gebiet, den Bereich des Glaubens übergreift, muss ihr Widerstand geleistet werden. »Aber wenn sie in das geistliche Regiment greifen wollen und das Gewissen fangen, darin Gott allein sitzen und regieren muss, soll man ihnen gar nicht gehorchen und auch eher den Hals darüber lassen.«[22] »Wo es aber käme, wie es oft geschieht, dass weltliche Gewalt und Obrigkeit [...] würden einen Untertanen dringen wider die Gebote Gottes oder daran hindern, da geht der Gehorsam aus und ist die Pflicht schon aufgehoben. Hier muss man sagen, wie S. Petrus zu den Fürsten der Juden sagt (Apg 5,29): Man muss Gott mehr gehorsam sein, denn den Menschen. Er sagt nicht: man muss den Menschen nicht gehorsam sein, denn das wäre falsch, sondern Gott mehr denn den Menschen. Als wenn ein Fürst wollte Krieg führen, der eine öffentliche unrechte Sache hätte, dem soll man gar nicht folgen noch helfen, dieweil Gott geboten hat, wir sollen unseren Nächsten nicht töten noch Unrecht tun.«[23] Die weltliche Obrigkeit muss ihrer Aufgabe nachkommen, die weltliche Ordnung zu gewährleisten, und darf sich nicht anmaßen, die geistliche Dimension des Menschen mitbestimmen zu wollen. »Das weltliche Regiment hat Gesetze, die sich nicht weiter strecken denn über Leib und Gut und was äußerlich ist auf Erden. Denn über die Seele kann und will Gott niemand regieren lassen denn sich selbst allein. Darum wo weltliche Gewalt sich vermisst, der Seele Gesetze zu geben, da greift sie Gott in sein Regiment und verführt und verdirbt nur die Seele.«[24] Dem muss sich der Christ entziehen.

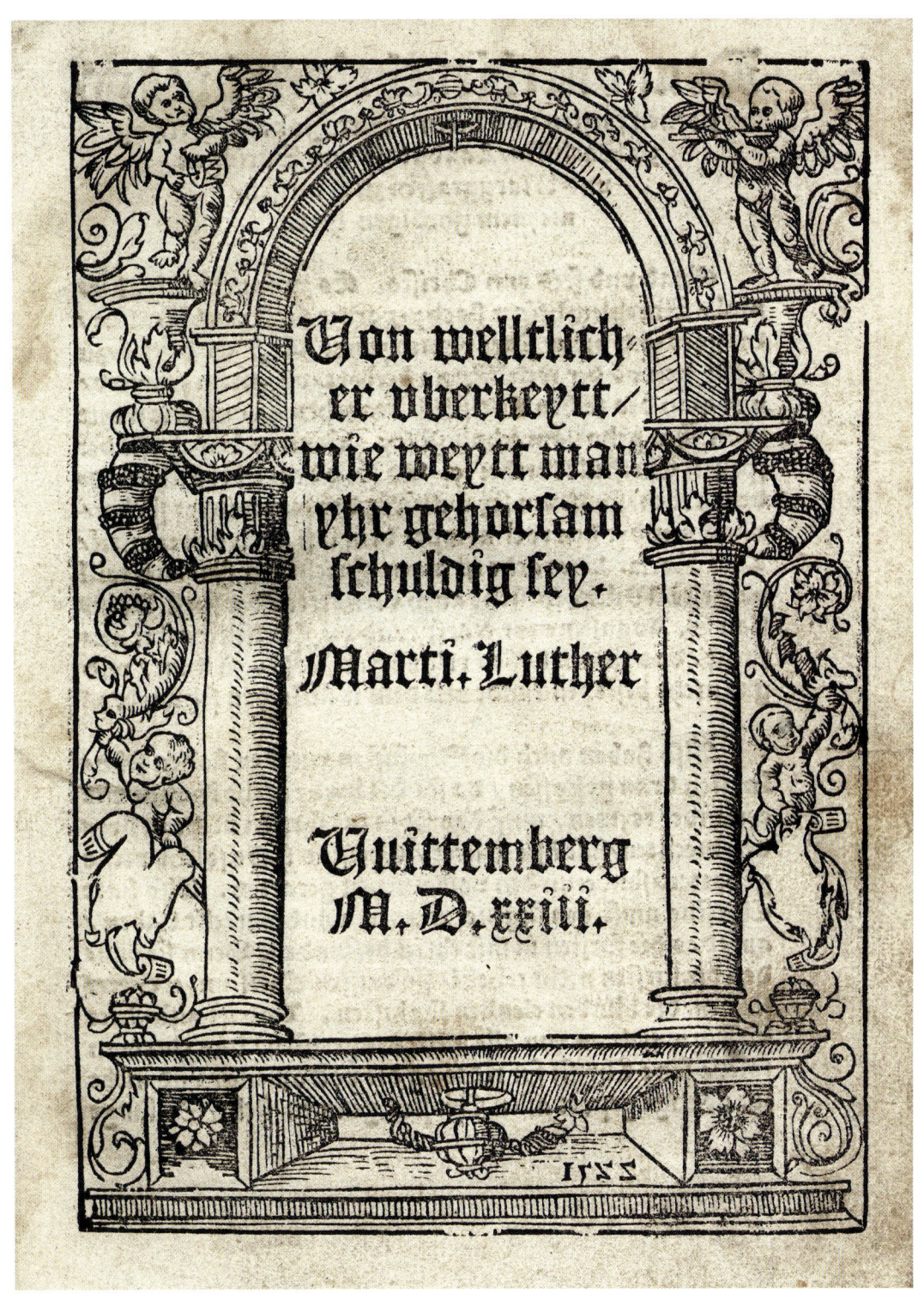

Von welltlich er vberkeytt / wie weytt man yhr gehorsam schuldig sey.

Marti. Luther

Vuittemberg
M. D. xxiii.

Abb. 2 | Martin Luther, Von welltlicher Uberkeyt, Wittenberg: Nickel Schirlentz 1523, Titelholzschnitt, Ex. SLUB Dresden, Sign. 3.A.10394

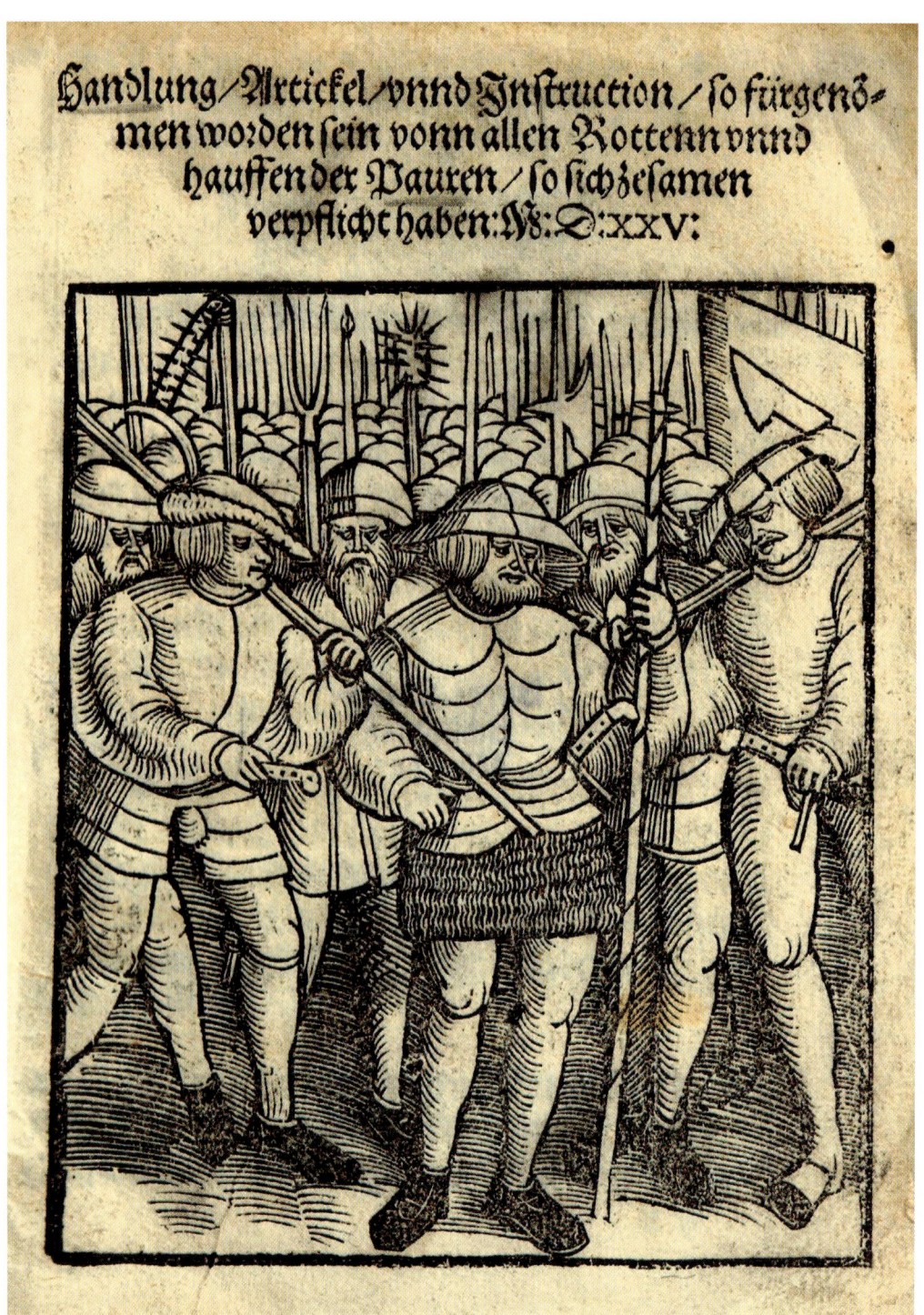

Abb. 3 | Handlung Artickel vnnd Jnstruction so fürgeno[m]men worden sein vonn allen Rottenn vnnd hauffen der Pauren so sich zesamen verpflicht haben, Augsburg: Steiner 1525, Titelholzschnitt der Flugschrift mit Abdruck der zwölf Artikel von 1525, Ex. Bayerische Staatsbibliothek München, Sign. 11455284 Res/4 Eur. 332,33

Allerdings darf der Widerstand gegen eine ungerechte und Macht missbrauchende Obrigkeit nicht dazu führen, sie gänzlich aufzuheben. Denn die Obrigkeit als solche ist von Gott eingesetzt als weltliche Ordnungsmacht und deshalb gut. »Man muss allein sehen auf die Gewalt und Obrigkeit, die da gut ist, denn sie ist von Gott verordnet und eingesetzt. Du darfst die Obrigkeit nicht schelten, wenn du zuzeiten von den Fürsten und Tyrannen unterdrückt wirst, und dass sie ihrer Gewalt missbrauchen, die sie von Gott haben, sie werden wohl müssen Rechenschaft davon geben. Der Missbrauch eines Dings macht darum das Ding nicht böse, das an ihm selbst gut ist.«[25] Auch betrifft es den Christen als Glaubenden nicht innerlich, wenn die Obrigkeit ihre Macht missbraucht. Denn er ist im Glauben von allem Äußerlichen frei und unabhängig.

Gefahren können auch von der geistlichen Gewalt ausgehen, von den kirchlichen Amtsträgern, die Einfluss auf die Seelen haben. Sie sollen nicht mit weltlicher Macht zum Glauben zwingen, sondern einen geistlichen Dienst ausüben, der den Menschen frei lässt und zur Freiheit verhilft. »Es liegt Gott nicht viel daran, wie die weltliche Obrigkeit ihre Gewalt gebraucht, denn ihm ist allein an der Seele gelegen, da hat die weltliche Obrigkeit nichts mit zu tun, Leib und Gut ist ihr zu regieren befohlen, es hilft auch zur Seligkeit nicht, ob einer wohl regiere oder nicht. Aber da liegt Macht daran, wenn die geistliche Gewalt wollte zufahren und sagen: Tust du das, so wirst du selig, tust du das nicht, so bist du ewiglich verdammt, wie der Papst tut [...] Item, wenn dir auch die weltliche Obrigkeit gebötе, das sollst du glauben, das sollst du nicht glauben und das ist wider das Evangelium, so sollt ihr nicht gehorsam sein. [...] Danach so hat die geistliche Obrigkeit eine andere Gewalt, die heißt lehren das Wort Gottes und das Evangelium Christi predigen.«[26] Die geistliche Gewalt ist kein Zwang, sondern Freiheit.

ACHT

Die Freiheit des Gewissens, des Glaubens, muss sowohl weltliche als auch geistliche Gewalt respektieren. »Die Fürsten und Bischöfe sehen, was sie für Narren sind, wenn sie die Leute mit ihren Gesetzen und Geboten zwingen wollen, so oder so zu glauben.«[29] Denn für seinen Glauben ist jeder in seinem Gewissen vor Gott verantwortlich, nicht vor den Menschen. »So liegt einem jeglichen seine eigene Gefahr daran, wie er glaubt, und muss für sich selbst sehen, dass er recht glaube. Denn so wenig als ein anderer für mich in die Hölle oder Himmel fahren kann, so wenig kann er auch für mich glauben oder nicht glauben, und so wenig er mir kann Himmel oder Hölle auf oder zuschließen, so wenig kann er mich zum Glauben oder Unglauben treiben. Weil es denn einem jeglichen auf seinem Gewissen liegt, wie er glaubt oder nicht glaubt, und damit der weltlichen Gewalt kein Abbruch geschieht, soll sie auch zufrieden sein und ihres Dings warten und lassen glauben so oder so, wie man kann und will, und niemand mit Gewalt dringen. Denn es ist ein freies Werk um den Glauben, dazu man niemand kann zwingen. Ja es ist ein göttliches Werk im Geist, schweige dass es äußerliche Gewalt sollte zwingen und schaffen.«[30]

Luther unterstützt die Forderung der Bauern im ersten ihrer zwölf Artikel von 1525 (Abb. 3), eigene Pfarrer zu wählen und das Evangelium frei verkündigen zu lassen, und er spricht der Obrigkeit das Recht ab, in den geistlichen Bereich einzugreifen: »Ja, Obrigkeit soll nicht wehren, was jedermann lehren oder glauben will, es sei Evangelium oder Lügen; ist genug, dass sie Aufruhr und Unfrieden zu lehren wehrt.«[31] Die Obrigkeit solle sich um den äußeren Frieden sorgen, nicht aber sich in geistliche Belange des Glaubens, und sei er ein Unglaube, einmischen. Auch solle die weltliche Obrigkeit nicht die Geistlichen bedrängen und unter dem Vorwand evangelischer Freiheit unterdrücken. »Nun aber das Evangelium an Tag kommen und klärlich Unterschied gibt zwischen weltlichem und geistlichem Stande, und lehrt dazu, dass weltlicher Stand sei eine göttliche Ordnung, der jedermann gehorchen und sie ehren solle, da sind sie fröhlich worden, dass sie los und frei sind und die geistlichen Tyrannen die Pfeifen einziehen müssen und sich das Spiel gleich umkehrt, dass jetzt wiederum Papst, Bischöfe, Pfaffen und Mönche müssen die Fürsten und Herren und den Adel fürchten und ehren, geben und schenken, fasten und feiern und fast wie ihre Götter zu Füßen anbeten. Oh das kitzelt sie so wohl, dass sie schier nicht wissen, wie mutwilliglich sie solcher Gnaden und Freiheit missbrauchen wollen, und verfolgen doch dieweil das Evangelium, durch welches sie sind solche Götter und Herren über die Geistlichen geworden, zum Schein, als wollten sie den geistlichen Stand schützen und verteidigen.«[32]

NEUN

In den Bauernunruhen sah Luther anfangs eine Strafe Gottes für die Unterdrückung der evangelischen Freiheit durch die weltliche und geistliche Obrigkeit in vielen Ländern. Er sieht den Kampf gegen das Evangelium verknüpft mit der Ausbeutung der Armen und deshalb umgekehrt den Kampf der Bauern gegen die Unterdrückung als einen Einsatz für das Evangelium. »Es sind nicht Bauern, lieben Herren, die sich wider euch setzen, Gott ist es selbst, der setzt sich wider euch, heimzusuchen eure Wüterei.«[33] Dennoch wehrt sich Luther gegen die Anschuldigung, der Aufruhr der Bauern sei Frucht seiner Lehre.[34] »Ihr und jedermann muss mir Zeugnis geben, dass ich mit aller Stille gelehrt habe, heftig wider Aufruhr gestritten und zu Gehorsam und Ehre, auch eurer tyrannischen und tobenden Obrigkeit die Untertanen gehalten und vermahnt mit höchstem Fleiß, dass dieser Aufruhr nicht kann aus mir kommen.«[35] Luther wirft den Bauern vor, sie bezeichneten sich zu Unrecht als christliche Vereinigung und beanspruchten fälschlicherweise göttliches Recht für sich.[36] Dies sei aber ein Missbrauch der christlichen Freiheit für eigene Zwecke, auch wenn sie noch so berechtigt sind. Das Unrecht der weltlichen Obrigkeit dürfe nur durch ordentliche weltliche Gewalt selbst bestraft und bekämpft werden, nicht durch unordentliche Gewalt im Aufruhr.[37] »Die Obrigkeit tut unrecht, das ist wahr, dass sie das Evangelium wehren und beschweren euch im zeitlichen Gut. Aber viel mehr tut ihr unrecht, dass ihr Gottes Wort nicht allein wehrt, sondern auch mit Füßen tretet und greift ihm in seine Gewalt und Recht und fährt auch über Gott.«[38] Das Unrecht der Obrigkeit dürfe nicht als Vorwand zur Abschaffung von Obrigkeit überhaupt genommen werden, da so der Anarchie und der Willkür Vorschub geleistet würde. Luther sieht durch das gewaltsame Streben nach weltlicher Freiheit die geistliche Freiheit in Gefahr: »Seht euch vor mit eurer Freiheit, dass ihr nicht dem Regen entlauft und fallt ins Wasser, und so ihr meint, leiblich frei zu werden, dass ihr darüber verliert Leib, Gut und Seele ewiglich.«[39] Luther hält den Bauern, die beanspruchen Christen zu sein, Stellen aus der Heiligen Schrift vor, die er als Warnung vor dem Widerstand gegen die Obrigkeit versteht, wie Dtn 32,35, 1 Petr 2,18, Mt 5,39. »Ihr wollt nicht leiden, dass man euch Übel und Unrecht tue, sondern frei sein und nur eitel Gut und Recht leiden. Und Christus spricht, man solle keinem Übel noch Unrecht widerstehen, sondern immer weichen, leiden und nehmen lassen.«[40] Die Berufung der aufständischen Bauern auf das Evangelium ist somit für Luther ein Missverständnis und ein Missbrauch der evangelischen Freiheit. »Ist doch kein Artikel da, der ein einziges Stück vom Evangelium lehrt, sondern alles ist dahin gerichtet, dass ihr euren Leib und Gut frei habt. [...] sie setzen alle von weltlichen, zeitlichen Sachen, dass ihr Gewalt und Gut haben wollt, nichts Unrechtes leiden, so doch das Evangelium sich weltlicher Sachen gar nichts annimmt und das äußerliche Leben allein in Leiden, Unrecht, Kreuz, Geduld und Verachtung zeitlicher Güter und Lebens setzt.«[41] Die christliche Freiheit lehrt nach dem Beispiel und durch die Vermittlung Christi, das Leiden auf sich zu nehmen, um nicht durch eigene Kraft, sondern durch Gottes Gnade die Befreiung daraus zu erfahren.[42] Luther führt sich selbst als Beispiel dafür an, dass sich gewaltlose Predigt des Evangeliums auch gegen die Gewalt der Mächtigen durchsetzen konnte.[43] Die Bauern könnten sich gegen das unbestreitbare Unrecht der Fürsten wehren, aber sie dürften dafür nicht das Evangelium beanspruchen und als Christen Gewalt üben. Die zwölf Artikel der Bauern hält Luther alle für berechtigt, aber diese Forderungen dürften nicht mit Gewalt gegen die Obrigkeit durchgesetzt werden.[44]

Luther lehnt die Begründung der Forderung der Bauern nach Aufhebung der Leibeigenschaft mit der Erlösung durch Christi Blut als grobes Missverständnis der christlichen Freiheit ab: »Es soll kein Leibeigener sein, weil uns Christus hat alle befreit. Was ist das? Das heißt die christliche Freiheit ganz fleischlich machen. [...] Denn ein Leibeigener kann wohl Christ sein und christliche Freiheit haben, gleichwie ein Gefangener oder Kranker Christ ist und doch nicht frei ist. Es will dieser Artikel alle Menschen gleich machen und aus dem geistlichen Reich Christi ein weltliches, äußerliches Reich machen, welches unmöglich ist. Denn weltliches Reich kann nicht bestehen, wo nicht Ungleichheit ist in Personen, dass etliche frei sind, etliche gefangen, etliche Herren, etliche Untertanen etc.«[45] Christliche Freiheit befreit die Seele geistlich von Sünde und Schuld, nicht das Äußere des Menschen: »Denn die Taufe macht nicht Leib und Gut frei, sondern die Seelen.«[46]

ZEHN

Wenn nun Luther so deutlich im Rahmen der Zwei-Reiche-Lehre geistliche und weltliche Freiheit trennt und der weltlichen Macht das Zugriffsrecht auf das Geistliche bestreitet, wie kann er dann die Fürsten auffordern, die Reformation zu unterstützen, einzuführen, durchzuführen? Ist das nicht ein Widerspruch? Ist die Einführung der Reformation durch die weltlichen Fürsten nicht ein Übergriff der weltlichen Gewalt auf das geistliche Gebiet, ein Zwang der

Gewissen? Aber bedeutet nicht Einführung der Reformation, gerade die Freiheit des Geistlichen vom Weltlichen zu verwirklichen? Ist diese Freiheit noch gewahrt, wenn Luther in den späteren Jahren auch der weltlichen Obrigkeit die Aufgabe zuweist, das Wort Gottes zu fördern und dem Irrtum zu widerstehen? Die Obrigkeit könne »Recht schaffen den Gottfürchtigen und steuern den Gottlosen. [...] Denn wo Gottes Wort geschützt und gehandhabt wird, dass man es frei lehren und lernen lässt und den Rotten und falschen Lehren nicht Raum gegeben oder wider die gottesfürchtigen Lehrer nicht überholfen wird, was kann da größerer Schatz im Lande sein?«[47] Gehört dazu auch, dass die Obrigkeit »alle, die ihr nicht gehorchen, töten und strafen solle, als die auch wider Gott und seine Ordnung streben und des Lebens nicht wert sind«?[48] »Nun ist ja die Obrigkeit schuldig, die öffentlichen Lästerer zu strafen. [...] Denn solche Lehrer schänden mit ihrem Lästern Gottes Namen und nehmen dem Nächsten seine Ehre vor der Welt.«[49] Luther unterscheidet jetzt allerdings zwischen Forum internum und Forum externum, wenn er versichert: »Hiermit wird niemand zum Glauben gedrungen, denn er kann dennoch wohl glauben, was er will, allein das Lehren und Lästern wird ihm verboten, damit er will Gott und den Christen ihre Lehre und Wort nehmen.«[50] Grund für das staatliche Verbot öffentlicher Irrlehre ist, dass aus einer widerchristlichen Lehre Unfriede, Hass, Neid und andere weltliche Übel erwachsen.[51] Luther lässt sich auch von dem Einwand, die Ermächtigung der Obrigkeit zur Verfolgung der Ketzerei könne auch die Evangelischen treffen, nicht schrecken.[52]

Die geistliche Freiheit, eine Konsequenz der Unfreiheit des Menschen vor Gott, hat ihrerseits Folgen für das Handeln in der Welt, muss aber von weltlicher Freiheit unterschieden bleiben, um nicht ihre befreiende Kraft zu verlieren. Luther geht es weder um die Freiheit der Kirche (»libertas ecclesiae«) noch um die Freiheit der Stände des Deutschen Reiches gegenüber dem Kaiser (»deutsche Libertät«) noch um die Befreiung der Bauern aus Unterdrückung, sondern um die geistliche Freiheit des Christen vor und durch Gott, die aus Gnade geschenkte Befreiung von der Last der Sünde, aus der eine Verpflichtung gegenüber der Welt folgt. Dies geht unmissverständlich aus seinen Schriften, besonders aus *Von der Freiheit eines Christenmenschen*, hervor.

Luther, die Freiheit und die Obrigkeit – ein komplexes Verhältnis, das vermutlich nicht völlig stimmig, sondern von biographischen Brüchen, begrifflichen Mehrdeutigkeiten, historischen Zufälligkeiten bestimmt ist. Aber es hat große geschichtliche Wirkungen entfaltet bis heute.

ANMERKUNGEN

1 »Liberum arbitrium post peccatum est de solo titulo, et dum facit quod in se est, peccat mortaliter«, WA 1, S. 354, 5 f. (Alle Zitate erfolgen nach der Weimarer Ausgabe der Werke Luthers). **2** »Voluntas hominis extra gratiam non est libera actuum, seu contrariorum seu contradictoriorum, sed necessario serva et captiva, licet libera ab omni coactione [...] loquamur modo de libertate voluntatis respectu meriti et demeriti. Nam respectu aliorum suorum inferiorum non nego, quod sit, imo videatur sibi libera tum ad contraria tum ad contradictoria«, WA 1, S. 365, 25-34. **3** WA 2, S. 104, 32-39. (Deutsche Zitate angepasst.) **4** WA 2, S. 247, 3-21. **5** »Humana voluntas in medio posita est, ceu iumentum, si insederit Deus, vult et vadit, quo Deus vult [...] si insederit Satan, vult et vadit, quo Satan vult«, WA 18, S. 635, 17-22. **6** »Nos omnia necessitate, nihil arbitrio libero facere, dum vis liberi arbitrii nihil est, neque facit, neque potest bonum, absente gratia«, WA 18, S. 636, 23-25. **7** »Sequitur nunc, liberum arbitrium esse plane divinum nomen, nec ulli posse competere quam soli divinae maiestati«, WA 18, S. 636, 27-637, 3. **8** WA 7, S. 449, 24-31. **9** »Est itaque libertas Christiana seu Euangelica libertas conscientiae, qua solvitur conscientia ab operibus, non ut nulla fiant, sed ut in nulla confidant«, WA 8, S. 606, 30-39. **10** WA 12, S. 131, 23-132, 10 (1523). **11** WA 12, S. 133, 2 f. **12** WA 7, S. 21, 1-4. Zu diesem Traktat Luthers vgl. Reinhold Rieger, Von der Freiheit eines Christenmenschen. De libertate Christiana (Kommentare zu Luthers Schriften Band 1), Tübingen 2007. **13** WA 10/II, S. 15, 24-27. **14** »Ea est, qua Christus nos liberavit, non e servitute aliqua humana aut vi Tyrannorum, sed ira Dei aeterna. Ubi? In conscientia [...] Nam Christus nos liberos reddidit non politice, non carnaliter, sed theologice seu spiritualiter, hoc est, ut conscientia nostra sit libera et laeta, nihil timens venturam iram«, WA 40/II, S. 3, 20-24. **15** WA 7, S. 25 f., 55. **16** WA 7, S. 27, 57. **17** WA 11, S. 270, 32 f. **18** WA 11, S. 271, 3-8. **19** WA 10/I.2, S. 245, 12-18. **20** WA 11, S. 251, 22-31. **21** WA 11, S. 253, 26-30. **22** WA 12, S. 328, 7-10. **23** WA 11, S. 246, 23-30. **24** WA 12, S. 334, 32-S. 335, 3. **25** WA 6, S. 265, 15-24. **26** WA 11, S. 262, 7-12. **27** WA 10/I.2, S. 426, 20-26. **28** WA 10/I.2, S. 246, 8-22. **29** WA 11, S. 262, 13-15. **30** WA 11, S. 264, 11-22. **31** Ermahnung zum Frieden auf die zwölf Artikel der Bauernschaft in Schwaben (1525), WA 18, S. 299, 18-20. **32** WA 31/I, S. 190, 10-21 (Der 82. Psalm ausgelegt, 1530). **33** WA 18, S. 295, 22-24. **34** Auch Erasmus von Rotterdam warf ihm vor, mit seinen Schriften zur evangelischen Freiheit Anlass für die Unruhen gegeben zu haben (Hyperaspistes, 1526: »per tuos libellos [...] pro libertate Euangelica [...] hisce tumultibus fuisse datam occasionem«, zitiert nach Anja Lobenstein-Reichmann, Freiheit bei Martin Luther. Lexikographische Textanalyse als Methode historischer Semantik, Berlin 1998, S. 8). **35** WA 18, S. 295, 35-S. 296, 21. **36** WA 18, S. 301, 33 f. **37** WA 18, S. 303, 30-32. **38** WA 18, S. 305, 21-24. **39** WA 18, S. 308, 29-31. **40** WA 18, S. 309, 26-29. **41** WA 18, S. 321, 26-32. **42** WA 18, S. 312, 319. **43** WA 18, S. 313. **44** WA 18, S. 319. **45** WA 18, S. 326, 32-S. 327, 24. **46** Wider die räuberischen und mörderischen Rotten der Bauern (1525), WA 18, S. 359, 4 f. **47** WA 31/I, S. 199, 7-11 (1530). **48** WA 31/I, S. 192, 31 f. **49** WA 31/I, S. 208, 18-21. **50** WA 31/I, S. 208, 30-32. **51** WA 31/I, S. 209, 29-31. **52** WA 31/I, S. 213, 7-21.

KUNST UND KULTUR

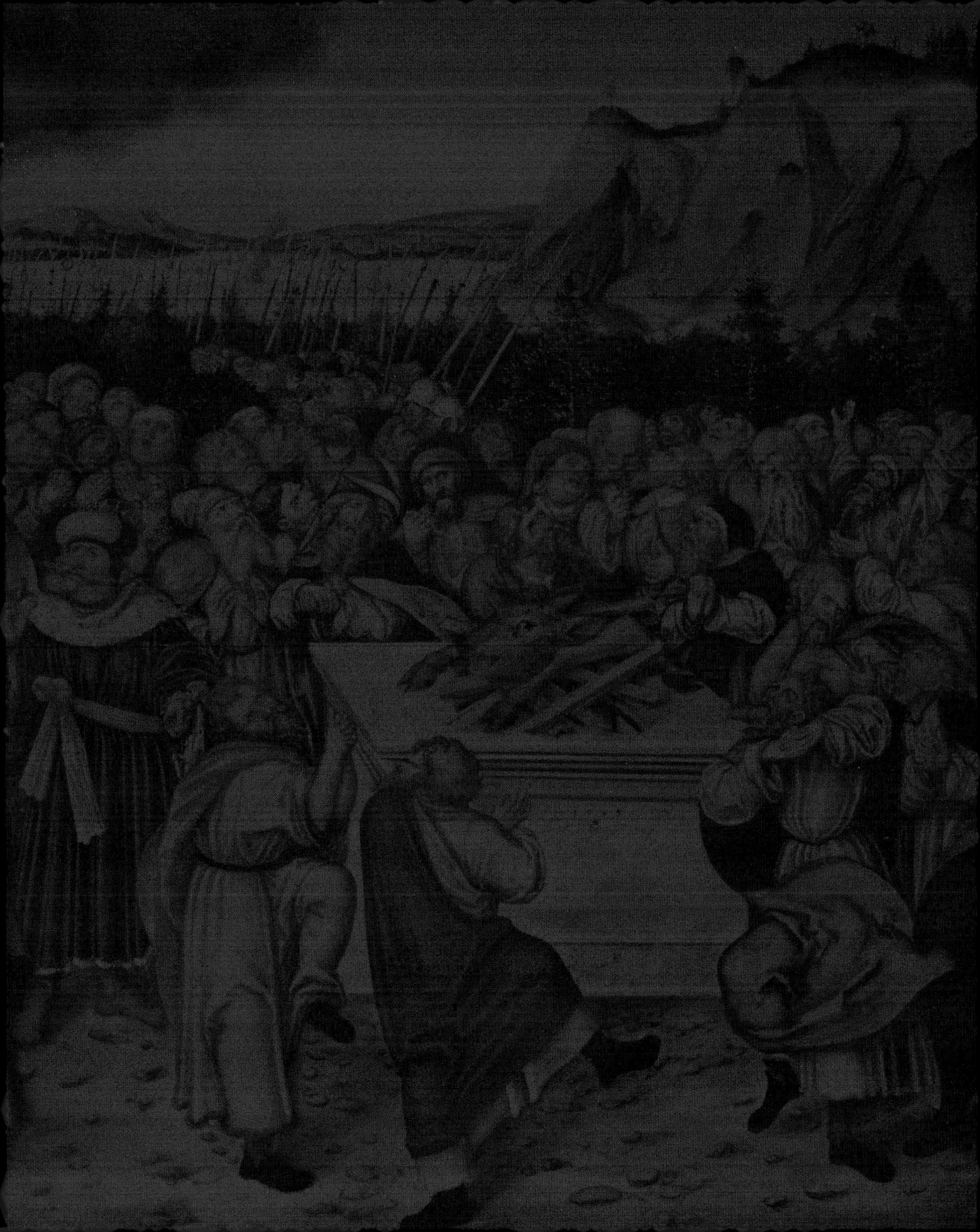

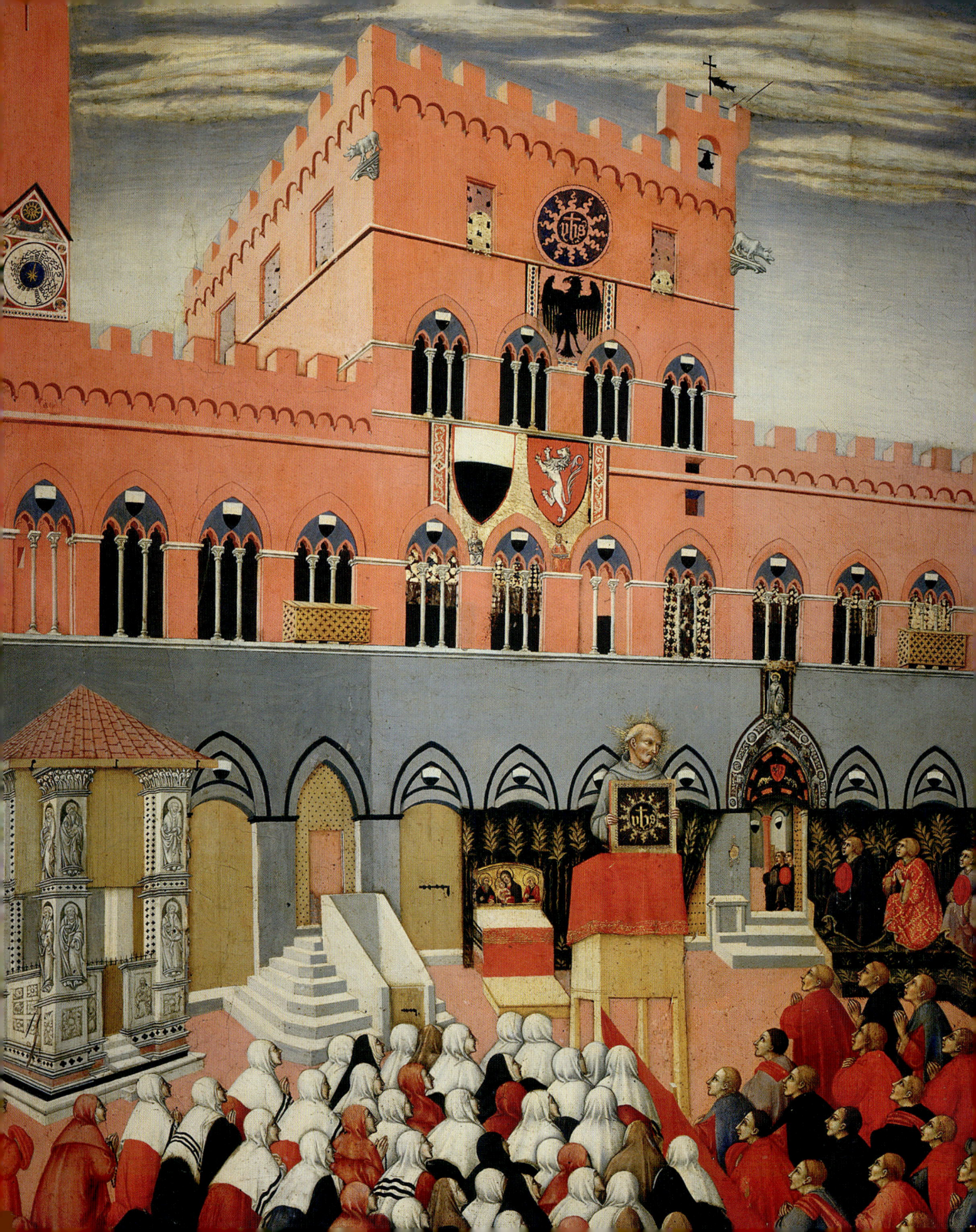

BERND ROECK

»…DIE ERSTEN GEMÄLDE DER WELT«

ÜBER DIE ENTZAUBERUNG DES RAUMES IN DER EUROPÄISCHEN RENAISSANCE[1]

EINE VERZAUBERTE WELT

Das ausgehende 15. Jahrhundert markiert den Zeitpunkt der Anfänge einer Kunst, die die Freiheit hat, zu tun, was sie will. Genauer soll im Folgenden von der Genese »neutraler Räume«, in denen sie ihr Spiel treiben darf, gesprochen werden; wo, was sich die Maler und Bildhauer ausdenken, nicht dem Reglement religiösen Eifers, der Diktatur einer Ideologie oder illegitimer Macht unterliegt. Ohne solche Räume wäre die Entstehung der modernen Kunst undenkbar. Der Prozess ihrer Formung, der im 16. Jahrhundert an Dynamik gewinnt, ist ein Indiz für die Entzauberung der Welt – unserer Welt; der Kampf um sie ist, wenn auch nur in unseren Breiten, siegreich beendet. Der Kunstskandal ist nicht lebensbedrohend, sondern verkaufsfördernd. Das böse Wort selbst eines Kardinals gegen »entartete Kunst« birgt keine Gefahr. Es gibt ja Tausend Orte, wo sich, was der Kirchenfürst missbilligt, verwirklichen lässt – Räume, wo sich jegliche Grenzen der Freiheit und des guten Geschmacks erproben lassen. Man kann Schweineblut verschmieren, selbst plastinierte Leichen ausstellen und als Kunst deklarieren; erst, wenn (wie jüngst) erwogen wird, einen wirklichen Sterbenden zum Gegenstand künstlerischer Installation zu machen, muckt die Öffentlichkeit kurz auf. Allein die Strafgesetze gebieten Einhalt. Dieses Thema ist offensichtlich ein Gegenstand mit aktuellen Bezügen.

Beginnen wir in Italien, weil hier vieles und in der europäischen Kunst fast alles seinen Anfang nimmt.

Es ist der 15. August 1427, Mariä Himmelfahrt, und wir sind auf einem der schönsten Plätze der Welt, Sienas Piazza del Campo. Noch in der Nacht hatte Fra Bernardino degli Albizzeschi, ein hagerer, kahlköpfiger Asket, einen Altar aufgebaut, ihn mit einem Bild der Gottesmutter geschmückt und zum Schein flackernder Kerzen die Messe gelesen.[2] Schon im Zwielicht des Morgengrauens waren die Leute gekommen, nun drängten sich alle vor Bernardinos kleiner, aus Holz gezimmerter und mit rotem Stoff behängter Kanzel. Sano di Pietro rekonstruiert das Geschehen: Durch eine Barriere ist der Platz in zwei Hälften geteilt. Links versammeln sich die Frauen, züchtig bekleidet mit Kopftüchern, rechts die Männer; Handwerker und Bauern grau und erdfarben gewandet, farbig – rot zumeist – die Herren höheren Standes. Vor der mit Tapisserien behängten Fassade des Palazzo Pubblico haben sich die in Schwarz und Goldbrokat gehüllten Honoratioren niedergelassen. Wir stellen uns vor, dass das Raunen und Reden verstummt, als die ersten Strahlen der Sommersonne die Zinnen der Torre della Mangia aufleuchten lassen und dumpf und ehrfurchtgebietend die mächtige Stadtglocke erklingt. Fra Bernardino steigt auf sein Gerüst, hebt eine Holztafel hervor, auf die das strahlenumflammte Christusmonogramm gemalt ist, macht das Kreuzzeichen. Die Menschen knien nieder. Der Mönch fängt an zu predigen.

Die ganze Piazza ist nun Predigthalle des heiligen Mannes. Ihr Dach ist der Sommerhimmel. Bald liegt die Piazza im hellen Morgenlicht. Bernardino erzählt von der Himmelfahrt, dann geht es gegen Laster und Sünde, gegen das Glücksspiel und die Wucherer und Geldprotze, gegen Hurerei und Völlerei.

Abb. 1 | Predigt des Fra Bernardino degli Albizzeschi auf der Piazza del Campo in Siena, Sano di Pietro, 1445, Tempera auf Holz, 62 × 102 cm, Museo dell'Opera del Duomo Siena

Er ist ein begnadeter Prediger, ja ein Entertainer, aus demselben toskanischen Holz geschnitzt wie der Novellist Franco Sacchetti. Seine Moralsuppe ist mit allerlei »barzellette«, mit Späßen und kleinen Geschichten gewürzt. Wären nicht auch »Sodomiter« – in der damaligen Sprache Homosexuelle –, Hexen und Juden Ziele eifernder Attacken, der kaustische Heilige wäre uns vielleicht nicht unsympathisch. Er redet und redet, manche seiner Predigten dauern geschlagene vier Stunden. Ganz derb und volksnah ist er, scheut sich nicht, Schwätzer zur Ruhe zu mahnen und auf Zwischenfälle zu reagieren. Stets will er – damit nähern wir uns allmählich unserem Thema –, dass der Raum seiner Rede »rein« sei. Unversehens läuft ein Hund über die Piazza. Da unterbricht er seinen Diskurs und ruft den Leuten zu: »Gebt dem Hund eins drauf, jagt ihn vom Platz, jagt ihn dort hin, gebt ihm eins mit dem Schuh drauf [...] so, das reicht: Laßt ihn laufen.«[3] Während der Hund sich störend auf der Piazza zu schaffen macht, sind andere unerwartete Gäste willkommener: himmlische Botschafter, Engel. »Seht nur«, ruft er mitten in einer Predigt aus, »seht nur, der ganze Campo ist voller Engel!«

Iris Origo, die das Leben des »Heiligen der Toskana« in einem romantischen Buch beschreibt, hat recht, wenn sie feststellt, dass das keineswegs nur eine metaphorische Redewendung war, sondern simple Feststellung einer Tatsache. »Bei der Lektüre von Bernardinos Schriften und auch von Historikern der Zeit wird uns denn auch bewußt, daß es [...] keine scharfe Trennungslinie zwischen dieser Welt und der Welt des Übernatürlichen gab – und das nicht nur beim ungebildeten Volk.«[4] Heiliges und Profanes, ja Unreines – eben Hunde, Tiere, denen selbst die Leichen Gehenkter zum Fraß vorgeworfen wurden –, und Engel bewegten sich am selben Ort.

Die Welt Bernardinos und seiner Zeitgenossen war sozusagen ganz von religiös-magischer »Hintergrundstrahlung« durchflimmert. Gott offenbarte seinen Willen in Zeichen und Wundern, sein Auge wachte über allem: Was auch immer man tat oder ließ, es stand mindestens im Verdacht, von Relevanz für das Seelenheil des Einzelnen, womöglich bedeutsam für die Geschicke der ganzen Stadt, des ganzen Landes zu sein. Die christlichen Gesellschaften des Mittelalters und der Frühen Neuzeit waren metaphysische Gesellschaften. Man könnte, um einen Begriff des Historikers Karl Frölich aufzugreifen, von »Heilsgemeinschaften« sprechen.[5] Sie sahen sich in ihrer Schuld, aber auch in ihren Verdiensten und ihrer Frömmigkeit vor Gottes Gericht, voller Angst Strafe erwartend, doch auch Barmherzigkeit erhoffend. Umgekehrt ist aber auch das Heilige auf vertrautestem Fuß mit der Welt.

Erde und Himmel sind einander ganz nah, man geht ungescheut miteinander um. Konten werden im Namen von Heiligen eröffnet, und es wird dort spirituelles Kapital angehäuft, mit dem sich die Äonen im Fegefeuer verkürzen lassen; man redet, feilscht und hadert mit seinen Heiligen. Mal agieren sie für ihre Klienten vor Gott wie die Advokaten des Florentiner Handelsgerichts, mal steigen sie hinab in die sublunare Welt, greifen mit kräftiger Hand ein in den wirren Gang der Dinge. Selbst während der Messe scheut man sich nicht, zu schwatzen, zu spielen, Geschäfte zu machen. Es waren Verhältnisse, die schon im frühen 15. Jahrhundert zur Kritik Anlass gaben.[6]

Und man will dem Heiligen auf Dauer nahe sein: Die Kunst des Quattrocento rückt naturähnlich gemalte Stifterbilder in die Nähe ihrer Fürsprecher. Wie die Florentiner Kirche Basilica della Santissima Annunziata müssen auch andere Kirchen Italiens noch bis ins 17. Jahrhundert von lebensecht wirkenden, bekleideten Wachsfiguren bevölkert gewesen sein.[7] Es spricht viel für die These, dass auch Kunstwerke, Gemälde und »realistische« Marmorfiguren bis weit in die Neuzeit hinein die Funktion solcher Fetische hatten.

Das Miteinander von Göttlichem und Profanem zeigt sich auf pittoreske Art auf den Friedhöfen. Hier sind die Lebenden an die Toten gerückt, die Leiber der Seligen und Märtyrer wirken als Talismane. So war es gut, sich ihres Schutzes zu versichern. Man lässt sich in ihrer Nähe bestatten, bestenfalls in der Kirche selbst und möglichst nahe den Altären. Es war eine Symbiose zwischen den unsterblichen Heiligen und den Schutz, Trost und Seelenheil suchenden Erdenmenschen.[8] Die antike Vorstellung, nach der Leichen die heiligen Orte verunreinigten, war verblasst. Der Durst nach Heil war stärker: Man wollte an der Seite der Heiligen des Gerichts harren, gemeinsam mit ihnen vom Todesschlaf erwachen.

Spätmittelalter und Frühe Neuzeit kannten keine Räume, die völlig geschützt gewesen wären vor den Strahlungen des Heiligen, des Magischen. Das heißt natürlich nicht, dass es in der Vormoderne keine Zonen (und Zeiten) »sakraler Verdichtung« gegeben hätte: durch Weiherituale umgrenzte Räume, zum Beispiel Kirchen und Kapellen. Gelegentlich sind sie mit steinernen Apotropäen versehen, um ihre gefährlichen, aktiven Artgenossen, die bösen Geister, die Hexen und Dämonen, abzuschrecken[9] – und umgekehrt, die Menschen davor zu bewahren, die heiligen Bereiche zu beflecken und dadurch Unheil auf sich, auf die ganze Gemeinschaft zu ziehen. Die Kirche ist ein ebenso heiliger wie »schröcklicher« Ort.

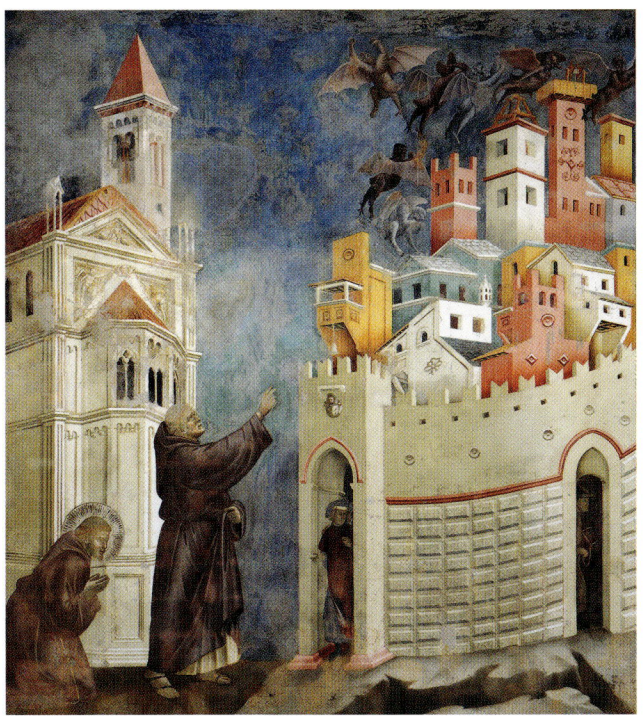

Abb. 2 | Der heilige Franziskus vertreibt Teufel und Dämonen aus Arezzo, Giotto, 1290–1295, Fresko, San Francesco in Assisi, Untere Basilika

San Giovanni da Capestranos und unzähliger anderer zielten in dieselbe Richtung. Sie wollen die Gesellschaft reinigen und sie einem heiligmäßigen Leben zuführen. Sie wollen sie rechtfertigen vor Gott, der in seiner Allwissenheit Zeuge selbst der intimsten Verrichtungen ist. Mittelalterliche Beichtspiegel etwa fordern mit unglaublicher Indiskretion, in der Sexualität Schicklichkeit zu wahren. Übermäßiges Begehren ist selbst unter Eheleuten untersagt, bestimmte Stellungen – so der Verkehr »more canino« – bleiben streng verboten.

Einen Gipfel des Versuchs, die Gesellschaft moralisch zu disziplinieren, markiert die Herrschaft Girolamo Savonarolas in Florenz. Seine »bruciamenti«, die rituellen Scheiterhaufen der Eitelkeiten, die er 1497 und 1498 entzündet, sind Ausdruck des Versuchs, eine ganze Gesellschaft rituell zu reinigen. Ihre Flammen symbolisieren einen ersten Höhepunkt des fundamentalen, überzeitlichen Konflikts zwischen Aufklärung und religiösem Fundamentalismus. Sie sind Menetekel eines religiösen Fanatismus, der auch die Künste nicht verschont. Alles, die ganze Stadt, die ganze Welt, ist Gottes Haus: Die Tempel, in denen Gott wohnt, sind – so Paulus – nicht von Menschenhand; daher müssen nicht allein die Kirchen gereinigt werden, sondern die ganze Stadt, die ganze Welt.[11] In Savonarolas Scheiterhaufen verkohlen neben allerlei Putz und Luxusgegenständen auch Gemälde Botticellis. Die Bilder, auf die ich nun zu sprechen kommen will, gerieten aber nicht erst durch den frommen Mönch in den Fokus der religiösen Eiferer.[12]

Das Heilige rettet und hilft also nicht nur, es kann auch gefährlich sein.[10] Man muss rituelle Vorkehrungen treffen, wenn es nahe ist; es verlangt Reinheit. Wegkreuze und Bildstöcke, selbst aus dem Heiligen Land importierte Erde, heiligen das Gebiet, wirken als Mittel gegen Einflüsse des Bösen. Das Kreuz und alle möglichen Bilder und Zeichen schützen Stadtpaläste und Schlösser, Zunftgebäude und Privathäuser, sind Kristallisationspunkte magischer Verdichtung. Die Vormoderne kennt eine überwältigende Fülle solcher Markierungen, die bekanntlich bis heute begegnen.

Die Topographie des Heiligen weist aber keine scharf konturierten Grenzen auf. So betreffen Reinigungen, die von zelotischen Reformern und gottesfürchtigen Räten und Herrschern gefordert und durchgeführt werden, oft eine ganze Stadt, eine ganze Gesellschaft, womöglich die ganze Welt. Giottos Fresko in Assisi, entstanden zwischen 1295 und 1299, zeigt, wie der heilige Franziskus Teufel aus Arezzo vertreibt. Hier haben sich Dämonen der verderbten Herzen bemächtigt. Der Exorzismus soll zum Ausgangspunkt einer moralischen und religiösen Erneuerung der Stadt werden. Die Predigten Bernardinos, des heiligen Antonino,

GÖTTER, GÖTZEN

Seit im christlichen Europa über Heiligenbilder gestritten wird, und das ist seit dem frühen Mittelalter der Fall, steht zunächst das Problem im Mittelpunkt, ob sie selbst Gegenstand der Verehrung sind oder das, worauf sie verweisen. Es geht also um die Natur des Bildes: Wird es allein als Repräsentation aufgefasst oder glaubt man, es habe am Dargestellten teil? Im letzteren Fall ist die Verehrung des Bildes Götzenanbetung, Idolatrie. Es wird zur Gefahr für das Seelenheil. Das Bild ist suspekt, weil es unter dem Generalverdacht steht, ein Fetisch zu sein, mehr als nur ein Symbol; darin haben Bildersturm und Bildzerstörung ihren letzten Grund.[13]

Daneben gibt es, ebenfalls schon seit dem Mittelalter, eine Bilderkritik, die weniger grundsätzlich ist, vielmehr nur »Auswüchse« betrifft. Ihr bekanntester Exponent ist der heilige Bernhard von Clairvaux, der sich ganz generell gegen den »Luxus« und Missbrauch bei der Ausstattung von Kirchen und Oratorien wendet.[14] Bernhard kritisiert überflüssige Bauzier, im Besonderen die »lächerlichen Monster« der romanischen Bauplastik.[15] Sichtbares – im Übrigen durchaus beeindruckendes – Resultat seiner Polemik ist die karge Monumentalität der Zisterzienserarchitektur.

Der Unterschied zwischen der Kunstkritik Bernhards und der Savonarolas ist, dass Ersterer sich ausdrücklich auf die Zonen des Sakralen beschränkt (»in templis et oratoriis«), während der Florentiner ganz grundsätzlich gegen Luxus und »Eitelkeiten« zu Felde zieht. Savonarolas Purifikationsbestrebungen betreffen selbst Privathäuser: »Ihr alle«, ruft er aus, »die ihr die Häuser voller Eitelkeiten, schamloser Figuren und Dinge und schändlicher Bücher habt [...], bringet sie mir, wir machen ein Feuer daraus und ein Opfer für Gott.«[16]

Savonarola will die Florentiner zu einem ganz gottgefälligen Leben bringen, einem Dasein, das von jeder weltlichen Ansteckung gereinigt ist – »ut purificetur ab omni infectione terrena«. So werden auch die Bilder – und zwar nicht nur solche, die in den Kirchen sind – einem strengen Reglement unterworfen. Savonarolas Ästhetik[17] folgt im Übrigen traditionellen Positionen: Kunst müsse die Natur nachahmen, die Maler sollten nicht allzu kunstfertig vorgehen. Einfachheit, »simplicitas«, ist bei dem frommen Mönch aber kein klassizistisches Ideal, vielmehr Ausdruck einer moralphilosophischen Haltung.

Savonarolas Generalabrechnung mit der Kultur der Florentiner Renaissance hat eine lange Vorgeschichte. Sie lässt sich durch eine Episode illustrieren, die der Bildhauer Lorenzo Ghiberti in seinen »Commentarii« erzählt.[18] Sie hat den Vorteil, dass sie in Siena beginnt, in jener Stadt, um deren Reinigung sich auch der heilige Bernardino bemühen wird, noch dazu auf jenem Platz, den der fromme Mann von Hunden gereinigt sehen wollte. Ghiberti berichtet von einer antiken Venusstatue, die dort gefunden worden sei, irgendwann in der ersten Hälfte des 14. Jahrhunderts. Man habe wegen ihr – wie er meint: einem Werk des Lysipp – groß gefeiert: »feciono grande festa«. Alle Kunstverständigen und in der Bildhauerei Gelehrten, alle Goldschmiede und Maler seien herbeigeströmt, um jene Statue, »ein großes Wunder, von großer Kunst« zu sehen. Doch währte die Begeisterung nicht lange. Siena habe im Krieg mit Florenz gestanden. Im Rat habe sich einer erhoben und gesagt: »Ihr Herren Bürger, [...] nachdem wir diese Statue gefunden haben, sind wir immer ins Übel gera-

ten, in Erwägung, wie höchlich der Götzendienst von unserem Glauben verboten ist, und so müssen wir glauben, dass alle Schwierigkeiten, die wir haben, uns Gott wegen unserer Verfehlungen schickt [...]. Solange wir die besagte Statue auf unserem Gebiet behalten, sind wir ins Unglück geraten.«[19] Ghiberti sagt bemerkenswerterweise nicht, dass der sienesische Ratsherr an der Nacktheit der Statue Anstoß genommen habe. Im Zentrum stand vielmehr der Verdacht, die Figur könne Gegenstand religiöser Verehrung werden.

Dürfen wir Ghiberti glauben, dann folgte man seinem Vorschlag, die Statue zu zertrümmern und sie auf florentinischem Gebiet zu vergraben. Damit wurden nun sogar magische Waffen gegen das verhasste Florenz aufgefahren. Sollten die Trümmer der Schönen nicht den Teufel nach Florenz ziehen? Die Venus-Affäre dokumentiert eindringlich, in welchem Maß sich die mittelalterliche Kommune als metaphysische Gemeinschaft empfand. Ihre Reinheit von »gefährlicher« Kunst erscheint Voraussetzung selbst für politisches Glück. Es ist, als sei das ganze sienesische Land von einem magischen Kreis umzogen, innerhalb dessen man sich den Ritualen und Regeln der Religion zu fügen hatte.

PREKÄRE SYNTHESEN

Schon früh wurden allerdings Stimmen laut, die dafür plädierten, die Schönheit antiker Kunstwerke unabhängig von ihren möglicherweise obskuren Funktionen zu sehen. So wandte sich Cencio Rustici 1416 in einem Brief an Francesco da Fiano gegen die Zerstörung antiker Statuen mit der Begründung, »daß es mit unserer Religion sicherlich nicht im Widerspruch steht, wenn man ein höchst kunstvolles Bildwerk von Venus oder Herkules studiert und das vortreffliche Talent der alten Bildhauer bewundert.«[20]

Sehr intensiv hat das Problem die italienischen Theoretiker der Frührenaissance aber nicht beschäftigt. Ghiberti schreibt über die sienesische Venus-Affäre mit missbilligendem Unterton, und die religiöse Kunst der Frührenaissance greift zu dieser Zeit unbefangen, ja mit Begeisterung, auf antike Formen zurück. Die Kunst Piero della Francescas, Mantegnas und unzähliger anderer bietet Beispiele für Synthesen. Unter den humanistisch gebildeten Eliten Quattrocento-Italiens war die antike Kunst – anders als für die

Ratsherren in Trecento-Siena – kein wirklicher Stein des Anstoßes mehr. Savonarolas Kampf erweist sich als erratisches, dabei janusköpfiges Intermezzo. Man kann ihn als Rückzugsgefecht einer Religiosität sehen, der die Gesellschaft als »Heilsgemeinschaft« erscheint oder auch als Wetterleuchten der Reformation; mit Sicherheit aber artikulierte er religiösen Widerspruch gegen den gelassenen, aufgeklärten Ästhetizismus der großen Mehrheit der Florentiner Eliten.[21]

Im vorreformatorischen Norden findet sich die bekannteste Auseinandersetzung mit der Frage, ob sich heidnische Schönheit mit christlichen Inhalten verbinden lasse, bei Dürer.[22] Er meint, dass sich die Lehren der Antike sehr wohl für christliche Zwecke nutzen ließen: »Dan dy kunst ist gros, schwer vnd gut, vnd wir mügen vnd wöllen sy mit großen eren jn das lob gottes wenden.« Die Alten hätten Apoll, »jrem abgot Abblo«, die schönsten Proportionen gegeben; so könne man dieselben Maße für Darstellungen Christi, der »der schönste aller welt« sei, nehmen. Maria könne auf zierliche Weise nach Venus, Samson nach Herkules gebildet werden.[23]

Insgesamt, so lässt sich resümieren, infiltrierten die ästhetischen Ideale des Renaissance-Humanismus äußerst erfolgreich nicht nur die profane, sondern auch die sakrale Kunst. Michelangelo kann es sich erlauben, sein Jüngstes Gericht mit nacktem Personal »all'antica« zu bevölkern; sein Christus gleicht Apoll, und wie andere Meister der Hochrenaissance – etwa Leonardo und selbst Dürer – zeigt er Heilige ohne Nimbus. Wahrscheinlich folgte er damit dem dominierenden theoretischen Postulat, es gelte, die Natur nachzuahmen und nichts zu zeigen, was ihren Gesetzen widerspreche. Im Fall Leonardos dürfte die Profanierung der heiligen Häupter übrigens innere Distanz zum Christentum andeuten.

Die insgesamt friedliche Symbiose von weltlicher Schönheit und religiösen Inhalten, zu der die Renaissance zunächst fand, war aber nicht von Dauer. Das Zeitalter der Glaubenskriege markiert eine tiefe Zäsur. Religiöser Eifer traf auf humanistische Begeisterung für das Schöne und Überflüssige. Die Reformatoren und ihre katholischen Gegner machten sich an die Reinigung der Gesellschaften, und sie befragten dabei auch die Künste, ob sie mit ihren Lehren konform waren. Der Eifer, mit dem man nun Flurbereinigungen und Säuberungsaktionen unternahm, wurde durch die sich verschlechternden wirtschaftlichen Bedingungen genährt.

EIN EISERNES, EISIGES ZEITALTER

Wie die Prediger des ausgehenden Mittelalters wollten Reformatoren unterschiedlicher Couleur das gesamte Gemeinwesen zur Reinheit bringen. Savonarolas Florenz und Calvins Genfer Gottesstaat markieren nur Extreme der Versuche, die Städte und Staaten zu reinigen. Über die Menschen dieser Städte und Staaten Europas ergoss sich seit dem ausgehenden Mittelalter eine anschwellende Flut von Mandaten, die auf gottgefälliges Leben drangen. Sittengerichte und selbst bezahlte Spione standen im Dienst der Säuberung der Gesellschaft. Bettler und religiöse Minderheiten, Sinti, Roma und »Sodomiter« wurden zunehmend schärfer verfolgt; auch die leibhaftigen Dienerinnen der Venus, die Prostituierten, wurden aus vielen Städten verbannt.[24] Magie, Aberglauben und Häresie standen unter immer härteren Strafen. Der Staat und die mit ihm verbündeten kirchlichen Institutionen waren bereit, nach innen und außen strengste Gewalt einzusetzen, um ihre – alles in allem sehr unterschiedlichen – Vorstellungen, was Religion und was Aberglauben oder Ketzerei sei, durchzusetzen. Die Utopie einer reinen, geordneten – und vor Gottes Auge gerechten – Welt, die hinter den Glaubenskämpfen stand, war im Prinzip nicht neu; neu war indes die Konsequenz, mit der versucht wurde, sie zu verwirklichen. Geboren war sie aus Not und Angst.

Die Kämpfe um Reinheit fanden vor einem sich verdüsternden europäischen Horizont statt. Wichtigstes Faktum war das anhaltende Wachstum der Bevölkerung. Damit ging eine Verschlechterung der wirtschaftlichen und sozialen Verhältnisse einher. Die Lebensmittel verteuerten sich; zusätzlich genährt wurde die Inflation durch das aus der »neuen Welt« einströmende Edelmetall.[25] Die Forschung hat ein Anwachsen der Unterschichten verbunden mit »Massenarmut«, Seuchenzügen und Hungerkrisen diagnostiziert; in der zweiten Jahrhunderthälfte verschärfte sich diese Entwicklung.

Zu all dem kam eine Klimaverschlechterung, das Temperaturtief der Kleinen Eiszeit: eiskalte Winter und kalte, verregnete Sommer, etwa ab den 1560er-Jahren. Selbst die Kunst berichtet davon: Es ist wohl kein Zufall, dass die ersten großformatigen Winterbilder der Kunstgeschichte genau zu dieser Zeit entstanden.[26]

Die Erbitterung, mit der man gegeneinander kämpfte, die Entschiedenheit, mit der man versuchte, die Gesellschaft im Inneren zu disziplinieren, ja zu reinigen – das alles ist kaum zu verstehen, wenn man sich nicht der theologischen Konstruktionen vergewissert, mit deren Hilfe den Menschen die Ursachen für die Malaise

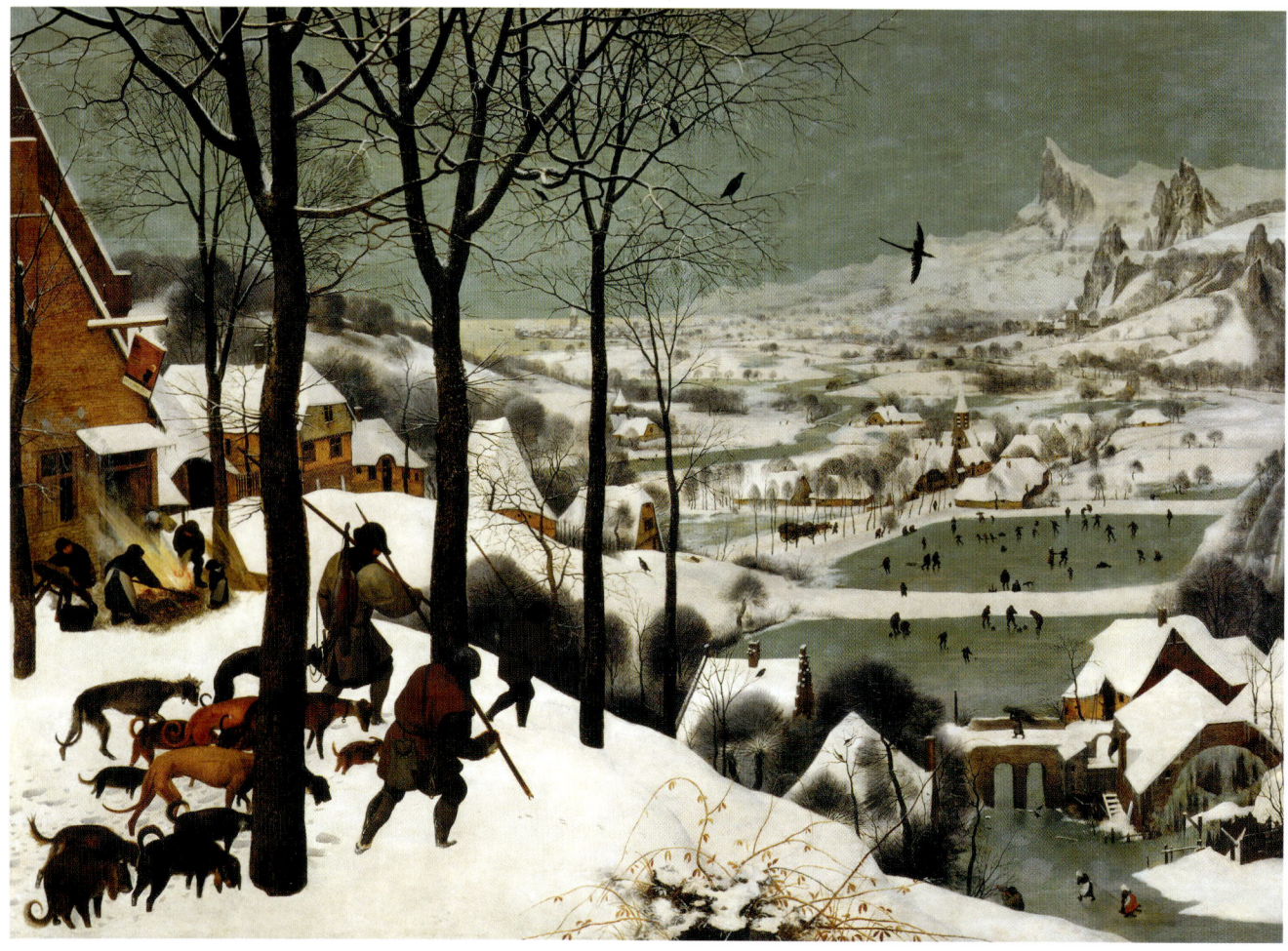

Abb. 3 | Die Heimkehr der Jäger, Pieter Brueghel d. Ä., 1565, Öl auf Holz,
117 × 162 cm, Kunsthistorisches Museum Wien, Gemäldegalerie, Inv.-Nr. 1838

erklärt wurden. Von den Kanzeln herab, in Flugschriften und Traktaten wurde ihnen gesagt: Es ist eure Sündhaftigkeit, die Gottes Zorn erregt und seine Strafen über die verderbte Welt bringt. Die Sünde erschien als letzter Grund allen Übels. Die Heilung von Pest, Krieg und Hunger konnte nur ein gottgefälliges Leben bringen. Gleichzeitig versuchten die Menschen, Sündenböcke namhaft zu machen, um das »gesamtgesellschaftliche Schuldkonto« zu entlasten. Man fand die Übeltäter in Gestalt von Dämonen, von Unholden und Hexen, zu deren Verbrechen bekanntlich das Wettermachen, die Vernichtung von Korn und das Anzaubern schlimmer Krankheiten zählten. Die ersten neuzeitlichen Massenprozesse wurden zeitgleich mit den ersten großen Unwettern der

Kleinen Eiszeit zu Beginn der 1560er-Jahre inszeniert; die Jahre um 1570 und 1590 brachten gesamteuropäische Paniken mit sich. Die Hexenbrände loderten zur selben Zeit, als sich die sublime Kunst der späten Renaissance über Europa verbreitete.

Die Versuche, Regeln für die Kunst zu formulieren, gehören offenkundig in einen umfassenderen Zusammenfang. Auch die Zähmung der Künste zählte zu den Mitteln, Gefährdungen abzuwehren. In Reiseberichten aus den Federn von Ethnologen ist sehr oft von Furcht, vom Schrecken und Grauen, in denen die Anhänger von Religionen exotischer Länder befangen sind, die Rede. Es ist eine Furcht, die sich aus dem Glauben an das schreckliche Unheil speist, das alle trifft, die sich unbeabsichtigt einer Übertretung schuldig machen oder eine Verunreinigung herbeiführen. Paul Ricœur resümierte: »Kaum wird die Befleckung zu einer Vorstellung und schon ertrinkt diese in einer spezifischen Furcht, die der Reflexion den Mund schließt; mit der Befleckung treten wir in den Bereich des Schreckens ein.«[27] Es scheint, dass sich nicht nur »primitive« Religionen in Ricœurs Interpretationsmodell einfügen. Allgemein galt es auch, Rituale zu praktizieren und Regeln zu folgen, um den Gefahren der Unreinheit zu begegnen.

Die Schärfe der Konflikte hatte nicht zuletzt damit zu tun, dass sich die religiösen Reformer einer spektakulären kunstgeschichtlichen Entwicklung gegenübersahen. Das, was man heute Manierismus nennt, entstand auf einem von scharfer Konkurrenz geprägten Markt. Die allgemeine wirtschaftliche Entwicklung muss für die Formierung jener Kultur eine bedeutendere Rolle gespielt haben, als der kunsthistorischen Forschung bewusst ist. Originalität und technische Virtuosität als Kriterien künstlerischen Erfolgs wurden jedenfalls immer wichtiger. Das Spektrum der Bildthemen verbreitete sich. Die Reformation hatte dann ihren eigenen Anteil an den Metamorphosen der Bildwelt, indem sie entweder überhaupt bilderfeindlich war oder aber bestimmte Themen ablehnte und die Kunst so auf neue Felder verwies. Der Renaissance-Humanismus hatte Götter und Mythologien und weltliche »Historien« als Sujets nahegelegt, die ersten autonomen Landschaften entstanden, Stadtvedute, Portrait, Genrebild und schließlich das Stillleben traten hervor. Zwar dominierte in ganz Europa noch religiöse Kunst,[28] doch wurde auch diese von den neuen stilistischen Tendenzen erfasst. Alle diese Entwicklungen kreisten um die Frage, wo die Grenzen zwischen dem Sakralen und dem Profanen zu ziehen waren. Man ging daran, den Raum klarer zu gliedern, Grenzen neu zu definieren. In der katholischen Kunsttheorie wurde das erst im späteren Cinquecento ernsthafter behandelt. Aber zunächst zu den Reformatoren.

PROTESTANTISCHE RÄUME: DIE WANDERUNGEN DES NEPTUN

Für manche Reformatoren waren Kunstwerke, insbesondere Bilder, bestenfalls Nebensachen; andere wollen die Kirchen ganz von ihnen gereinigt wissen. Aber auch Kunst jenseits der sakralen Zonen blieb im Visier kritischer Zeitgenossen. So zieht Agrippa von Nettesheim gegen »schlüpfrige« Bilder zu Felde, die »ubique«, »überall« – in den Hallen, in Häusern und Wohnzimmern – aufzu-

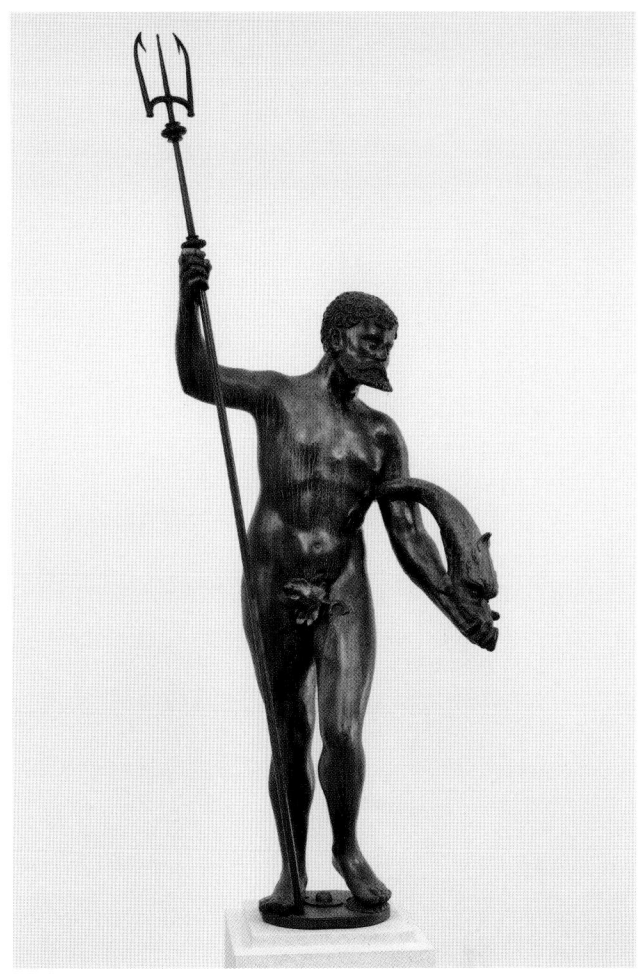

Abb. 4 | Figur vom Neptunbrunnen Augsburg, unbekannter Künstler, um 1518 oder 1536/37, Bronze, Höhe 175 cm, Kunstsammlungen und Museen Augsburg, Inv.-Nr. 2006-3

bewahren man sich nicht schäme. Dergleichen würde auch in Kirchen, Kapellen und auf die Altäre Gottes mit großer Verehrung überführt, nicht ohne Gefahr des Götzendienstes.[29] Agrippa argumentiert hier wie ein Savonarola des Nordens. Wie protestantische Obrigkeiten mit Kunst außerhalb der Kirchen verfuhren, lässt sich besonders gut in der Stadt Augsburg beobachten.

Hier hatte der Rat nach dem Durchbruch der Reformation die Reinigung der Kirchen begonnen. Aus ihnen wurden Bilder und Schnitzwerke entfernt. Zugleich wurde auch der städtische Raum gesäubert. Vom Fischmarkt unmittelbar neben dem Rathaus wurde die Figur des Bistumspatrons Sankt Ulrich (dessen Attribut ein Fisch ist) entfernt. Seine Stelle durfte nun ein bronzener Nep-

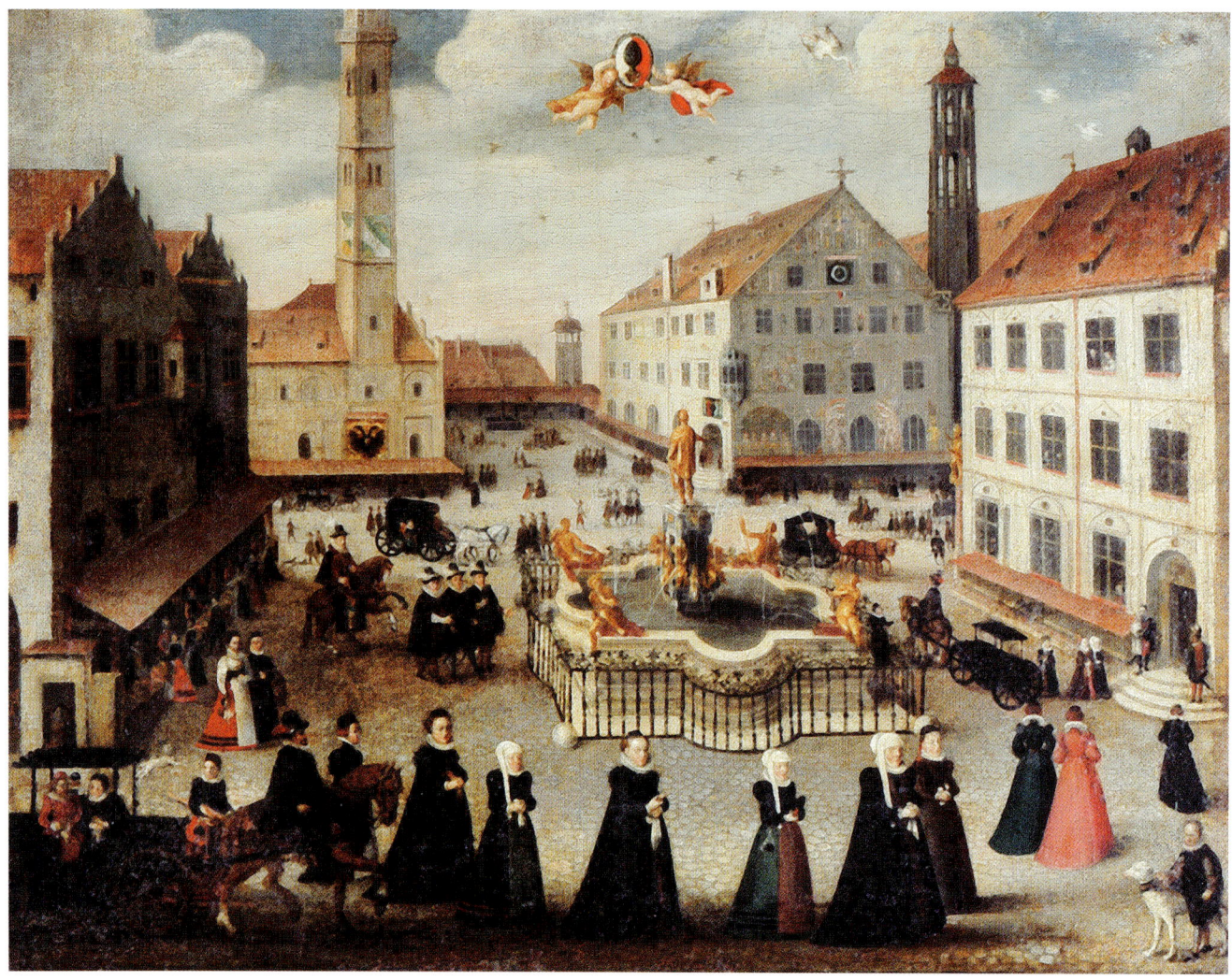

Abb. 5 | Der Perlachplatz in Augsburg mit dem Augustusbrunnen, Elias Schemel, um 1599,
Öl auf Leinwand, 89,5 × 112 cm, Kunstsammlungen und Museen Augsburg, Inv.-Nr. 3825

tun einnehmen. Bischof Christoph von Stadion ereiferte sich vergeblich über »des Abgotts Neptun Bildnuß«.[30] Der Meeresgott
passte freilich ebenso gut zu einem Fischmarkt wie der heilige
Bischof mit seinem Fisch. Doch war nun ein profanes Zeichen
gesetzt: Neptun erscheint als Gott des bürgerlichen, humanistischen und protestantischen Augsburg, das sich als Sieger über
einen heiligen Bischof präsentierte.

1584 wurde der Wassergott in die Stadtbibliothek bei Sankt
Anna, und damit ins Zentrum des Augsburger Humanismus, ver-
frachtet. Inzwischen hatten sich die politischen Rahmenbedin-

gungen verändert. Seit 1548 hatte Augsburg kein protestantisches
Zunftregiment mehr, sondern einen patrizischen Rat, in dem die
Katholiken die Oberhand hatten. Der protestantische Chronist
Georg Kölderer brachte Neptuns Verbannung mit den Unruhen
um die Einführung des »papistischen« Kalenders und der Vertreibung des Superintendenten Dr. Mylius, der sich der Neuerung
widersetzt hatte, in Verbindung. Er wertete Neptuns Schicksal als
bedrohliches Zeichen.[31] Wie eine russische Puppe umschloss die
Bronzefigur des Meeresgottes die Erinnerung an eine spezifisch
protestantische Symbolik.

Der Augsburger Neptun verweist auf zwei Paradoxe: Im bürgerlichen Raum wurde aus einem Monument der humanistischen, von Italien her inspirierten Kultur ein Kampfzeichen der Reformation. Der reformatorische Rat hatte 1537 das Umfeld des Rathauses entsakralisiert, es indes zugleich konfessionalisiert.

Mit dem Abbau der Neptunsfigur sollte dies rückgängig gemacht werden. Anders, als Kölderer meinte, ging es dabei keineswegs um eine Rekatholisierung des bürgerlichen Raumes. Die katholische Ratsmehrheit im unruhigen Augsburg wäre schlecht beraten gewesen, die zu zwei Dritteln protestantische Bürgerschaft zu provozieren. Vielmehr folgte die Gestaltung Augsburgs ab 1590 einer überkonfessionellen Linie. Dabei setzte man konsequent auf Bezüge zur Antike, zur Gründungstradition der Stadt und zum Kaisertum, dem Augsburg seine reichsfreie Stellung verdankte. Wahrscheinlich stand die Entfernung Neptuns vom Augsburger Fischmarkt bereits mit Plänen im Zusammenhang, vor dem Rathaus einen prächtigen, dem Stadtgründer Augustus gewidmeten Brunnen aufzurichten. Dieser mit einer Statue des Kaisers und mit Najaden geschmückte Brunnen zählt heute zu den Hauptwerken des europäischen Manierismus.

Die Formierung eines entkonfessionalisierten »dritten Raumes« ist hier gut zu beobachten;[32] für den im späten 16. Jahrhundert von Katholiken dominierten Rat blieb nur der Rückzug auf eine konfessionell »unverdächtige«, der Antike naheliegende Option angesichts einer gärenden, vorwiegend protestantischen Gemeinde. Das zeigt sich auch an Elias Holls monumentalem Rathaus (1615 bis 1629 erbaut), in dem jeder konfessionelle Bezug fehlt.[33]

ANSTÖSSIGE NACKTHEIT

Ein erster, nachmals berühmter Streit um große Kunst am falschen Ort betrifft Michelangelos *Jüngstes Gericht*, genauer gesagt die Nacktheit der Akteure; auch die Präsenz Charons, von dem die Evangelien bekanntlich nichts zu vermelden wissen, empfand man als anstößig. Erste kritische Stimmen wurden schon 1541, also vor Eröffnung des Konzils von Trient, laut.[34] Verbreitung fand das Thema dann durch Lodovico Dolces *Dialogo della pittura intitolato l'Aretino* von 1557, in dem er Pietro Aretino eine fulminante Kritik an den Nuditäten des *Jüngsten Gerichts* in den Mund legt: »Ist es möglich, daß Ihr« – so wendet sich Aretino an Michelangelo – »dergleichen im bedeutendsten Tempel Gottes gemacht habt? Über dem bedeutendsten Altar Jesu? In der größten Kapelle

der Welt, wo die großen Kardinäle der Kirche, wo die verehrungswürdigen Priester, wo der Stellvertreter Christi mit katholischen Riten, mit heiligen Regeln und mit göttlichen Gebeten beichten und seinen Körper und sein Blut und sein Fleisch meditieren und anbeten?«[35] Nacktheit, so fährt der Dialog fort, sei an einem solchen hochheiligen Ort unwürdig, »di quel santissimo luogo indegna«.[36] Es widerspricht in Aretinos Sicht dem »decorum«, dem »Geziemenden«, »Angemessenen«. Jenem traditionellen Kriterium müssen sakrale wie profane Kunstwerke gehorchen. Nacktheit, wenigstens schöne Körperlichkeit, wurde schon früher als anstößig empfunden; so wurde ein schöner Sebastian Fra Bartolomeos aus dem Florentiner Kloster San Marco entfernt, weil er die Frauen, die zur Beichte kamen, abgelenkt und zu offenbar nicht nur frommen Gedanken angeregt haben soll.[37]

Der heutige Zustand des *Jüngsten Gerichts* Michelangelos zeigt, dass die Kritik an den Blößen der Auferstandenen und Heiligen nicht folgenlos blieb: Paul IV., in der Geschichtsschreibung als Papst terroristischer Inquisition und schrankenlosen Nepotismus' übel beleumundet, beauftragte Daniele da Volterra damit, Lendenschurze über die heiklen Körperregionen zu breiten, was dem Maler den Spottnamen »Brachettone« (etwa: »großer Hosenschlitz«) eintrug.[38]

Die Topographie wird zum zentralen Kriterium der Bewertung von Kunst. Neu ist, dass man ihr jenseits der heiligen Bereiche ausdrücklich Freiheiten einräumt. Das Decorum in der Kirche ist von anderer Art als das Decorum draußen. »Es ist nicht unziemlich für den Maler, bisweilen zum Spaß ähnliche Dinge zu machen, wie schon einige Poeten des Altertums auf schlüpfrige Weise, Mäzenas zu Gefallen, über das Bild des Priapus scherzten, um seine Gärten zu feiern. Aber in der Öffentlichkeit, und vor allem an heiligen Orten und, was göttliche Themen betrifft, muß immer die Ehrsamkeit beachtet werden.«[39] In den Gärten des Mäzenas scheint alles, zumindest sehr viel, erlaubt. Das ist die weltliche Kehrseite von Dolces moralisierender Kritik.

Derselbe Michelangelo ist Protagonist einer Diskussion, die Francisco de Hollanda an einem schönen Renaissanceort, im efeuumrankten Klostergarten von San Silvestro in Rom, stattfinden lässt.[40] Auch hier geht es um Räume künstlerischer Freiheit. Man diskutiert über eine typische Schmuckform des Manierismus, über Grotesken. »Scheint es euch nicht, Meister«, sagt Francisco, »dass jener falsche Zierat [sic] an der rechten Stelle, wie etwa an einem Land- oder Lusthause, ein weit besserer Schmuck ist, als z. B. eine Mönchsprozession, die doch etwas der Wirklichkeit entsprechendes ist? Oder ein büßender David, dem man großes Unrecht antut, wenn man ihm einen anderen Platz anweist, als ein Bethaus? Haltet ihr einen Pan, der die Hirtenflöte bläst, oder eine Frauengestalt mit Fischschwanz und Flügeln – so absonderlich das auch ist – nicht für den passendsten Schmuck eines Gartens oder einer Fontäne? Ist es nicht eine schlimmere Falschheit, der Wirklichkeit treu entsprechende Wesen am unrechten Platze als Phantasiegebilde am rechten Platze anzubringen?« Die Frage gibt Michelangelo Gelegenheit, vehement die Freiheit zu verteidigen, zu machen, »was niemals in der Welt gesehen wurde«. Sie sei »vernünftig und recht«.

Die Groteskenmalerei war zu dieser Zeit bereits ins Fadenkreuz der Reformer, lutherischer wie katholischer, gerückt. Hatten sich jene heiteren »sogni dei pittori« – Dürer spricht von »traumwerck« – noch im späten 15. Jahrhundert in Kirchen verbreitet, selbst die Loggien des Vatikan erobert, wurden sie bald diffamiert und aus sakralen Kontexten verbannt.[41] »In nissun modo«, »in keiner Weise«, gehöre dergleichen in Kirchen, meinte der Bologneser Erzbischof Gabriele Paleotti.[42] Die Menschen seien schließlich wie in einem Kerker in der Welt, zur Reue, nicht zum Spaß.[43] Man sieht förmlich, wie dem frommen Mann die Zornesröte ins Gesicht steigt, wenn er an Grotesken denkt: Man kann aus ihnen nichts lernen, sie helfen zu nichts und verwirren nur die Geister schlichter Gemüter, sie sind lügnerisch, töricht, unvollkommen, unwahrscheinlich, unproportioniert, obskur und bizarr …[44] Wenn Zeloten aller Zeiten eine gemeinsame Eigenschaft haben, ist es schmallippige Humorlosigkeit.

DIE KUNSTTHEORIE
ENTDECKT DEN RAUM

Nur wenige Jahre nach der schamhaften Aktion des »Brachettone« 1563 wurde die letzte Session des Tridentiner Konzils geschlossen. Die Kirchenversammlung und einige Diözesansynoden formulierten präzise Regeln für die sakrale Kunst.[45] Engel mussten Flügel haben, Heilige brauchten einen Nimbus und ihre Attribute, Märtyrerinstrumente, Stigmata und dergleichen. Klarheit, Reinheit, Vermeidung überflüssigen Beiwerks und Orientierung an der Heiligen Schrift waren zentrale Punkte. Die Nähe zu protestantischen Auffassungen ist unübersehbar. Der »Karsthans«, der schon um 1520 vor »böse[n] Gedancken« »in

anschawung der fräwlichen bildungen auff den altaren« gewarnt hatte,[46] fand in dem katholischen Kleriker und Kunstschriftsteller Raffaello Borghini einen Nachfolger, der sich in seinem Dialog *Il riposo* mit einem Gemälde Bronzinos in der Florentiner Annunziata auseinandersetzte. Erst jetzt, nach dem Abschluss des Tridentinums, beschäftigte sich die katholische Kunsttheorie eingehender mit den räumlichen Differenzierungen. Sie begann mit der Fragmentierung des mittelalterlichen Sakralraumes.

Vecchietto, einer der Gesprächspartner in Borghinis Dialog, kritisiert einen Engel Bronzinos als »so schlüpfrig«, »tanto lascivo«, dass es unziemlich sei.[47] Anders als protestantische Bilderstürmer denkt er aber nicht daran, das Bild zu zerstören. Der sexy Engel befindet sich nur am falschen Ort: »Wenn ich diese schöne Gestalt zu Hause hätte«, antwortet Michelozzo, Vecchiettos Widerpart, »würde ich sie sehr schätzen, und ich hielte sie für eine der artigsten und anmutigsten Figuren, die man sehen kann.«[48] Religion und Welt rückten ein wenig auseinander. Der Ort des Kunstwerks wird wesentlich: Seine Schönheit lenkte in der Kirche von frommer Versenkung ab.[49] In einem Privathaus konnte sie auf unbedenkliche Weise erfreuen.

Auch für den vielleicht bedeutendsten, sicher gelehrtesten Kunsttheoretiker des Manierismus, den erblindeten Maler Giovanni Paolo Lomazzo, war nun die Unterscheidung zwischen heiligen und profanen Orten fundamental. Er ging tief ins Detail. So wollte er zum Beispiel keine *Susanna im Bade* in Kirchen sehen.[50] Seine Zeit kannte ja unzählige Bilder, deren Maler es darauf anlegten, das Begehren der beiden lüsternen Ältesten nachvollziehbar erscheinen zu lassen. Auch der heilige Sebastian lieferte ungeachtet aller Kritik durch die Theologen nach wie vor den Vorwand für erotische Inszenierungen; die bisweilen geäußerte Sorge um das Seelenheil weiblicher Kirchenbesucher war kaum unbegründet.[51]

Jetzt, nach Abschluss des Konzils von Trient, setzte sich die Kunsttheorie intensiv mit den Orten der Kunst auseinander. Zuvor hatte nur Leon Battista Alberti einige Worte über dieses Thema verloren.[52] Der Maler Giovanni Battista Armenini meint, was sich für die Hauptkirche einer Stadt schicke, müsse nicht für den Palast eines Fürsten oder einer Ratsversammlung geeignet sein. Er unterscheidet zwischen Bildern, die zur frommen Verehrung bestimmt sind – sie müssen strengen Kriterien genügen –,[53] und solchen, die man zum Schmuck und zur Er-

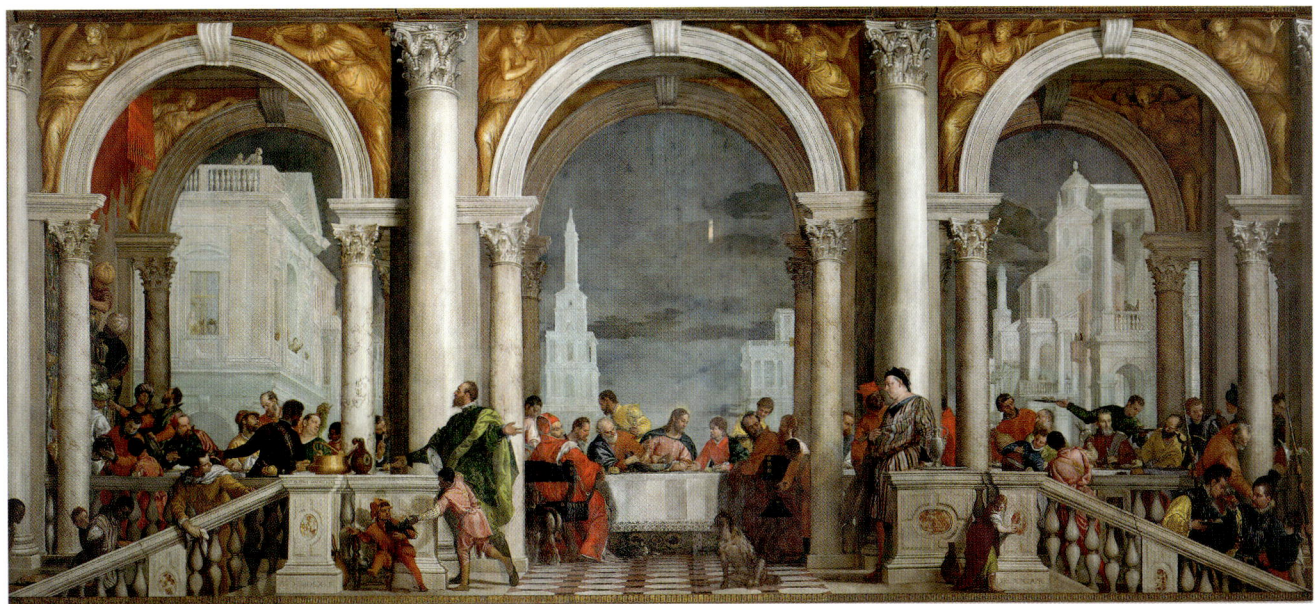

Abb. 6 | Gastmahl im Haus des Levi, Paolo Veronese, 1573,
Öl auf Leinwand, 555 × 1280 cm, Gallerie dell'Accademia Venedig

götzlichkeit, »per diletto«, malt.[54] Die ausgefeilteste topographische Differenzierung liefert der bereits erwähnte Gabriele Paleotti.[55] Sein Ausgangsbuch ist das dritte Buch Mose: »Ihr müßt unterscheiden zwischen dem Heiligen und dem Alltäglichen, dem Unreinen und dem Reinen«.[56] Ergötzung, Zeitvertreib – das ist allein Sache der profanen Bilder; Kunst allein um der Schönheit willen ist Paleotti suspekt. Wenigstens in den Kirchen solle man auf jede Weise einem solchen Müßiggang, der ohne Geheimnis sei, entfliehen.[57] Den heiligen Bildern werden alle möglichen erzieherischen Funktionen zugewiesen: Sie sollten die Menschen zum Gehorsam gegenüber Gott, zu Frömmigkeit und zur Verachtung der Welt bringen, Glaubenslehren mitteilen, die Erinnerung an die göttlichen Dinge wachhalten. Damit kein Zweifel aufkommen kann, wo auf die Reinheit der religiösen Kunst zu achten ist, geht er ins Detail, nennt Kirchenportale, Fenster, Architrave, Altargemälde, Deckengewölbe, Fußböden, Prozessionen.[58] Auch Salomons Tempel sei schließlich ganz mit reinem Gold überzogen gewesen; der Gottesdienst dürfe durchaus nicht mit den irdischen Dingen vermischt werden, »non ha da essere mischiato con affetto alcuno delle cose terrene«.[59]

FLURBEREINIGUNGEN

Die Einführung der Kategorie »Raum« in die Kunsttheorie relativierte, wie man sieht, die Geltung der tridentinischen Normen in der Welt. Insofern bedeutete die Berücksichtigung der räumlichen Kontexte eigentlich eine Niederlage für die Fundamentalisten. Indem die Theorie einen spezifisch sakralen Raum abtrennte, konzedierte sie jenseits seiner Grenzen, eben in der »Welt«, der Kunst ungewollt neue Freiheiten. Der Eifer der Reformer, der keineswegs hinter den Mauern der Kirchen haltmachte,[60] änderte daran nichts. Davor entfaltete sich fast ungehemmt das Spiel der manieristischen Kunst, virtuose Bilder, die mit komplizierten perspektivischen Tricks spielten, sensationelle Effekte erzielten und unbekümmert Nacktheit und Erotik in unendlicher Variation zeigten. Die Welt draußen bot anstößiger Kunst Asyl.

Tatsächlich wurden gelegentlich anstößige Bilder und Statuen aus sakralen Kontexten entfernt und in ein profanes Ambiente überführt – aber wenigstens nicht zerstört: Savonarolas Zeiten waren zumindest in Italien passé. Pius V., der strengste Asket unter den Päpsten der Neuzeit, untersagte kurz nach Beginn seines Pontifikats (1566) nicht nur Ritterturniere, sondern ließ auch antike Statuen aus dem

Belvedere-Hof entfernen und zum Kapitol transportieren. Dem Nachfolger Petri gezieme es nicht, sagte er, solch heidnische Götzenbilder in seinem Hause zu haben. Als er dann auch noch das mit antiken Statuen gefüllte »Casino« Pius' IV. ausräumen ließ, war die Freude an italienischen Fürstenhöfen groß: Die Medici profitierten von der frommen Aktion und erwarben 26 der Marmorfiguren.[61]

Ein spektakuläres Beispiel für eine fromme, dabei etwas ambivalente »Flurbereinigung« bietet das Schicksal von Caravaggios Gemälde des heiligen Matthäus mit dem Engel (um 1602), das dem Auftraggeber als unschicklich, weil zu realistisch dargestellt, erschien; auch der androgyne Engel mag verwirrt haben. Es landete nicht, wie geplant, in der Kapelle einer Kirche, dafür in der Sammlung – immerhin – eines Kardinals, der offensichtlich zwischen der frommen Funktion eines Altarbildes und der ästhetischen Qualität eines Caravaggio zu unterscheiden wusste.[62]

Die Künstler und Theoretiker nahmen die Maßregelungen durch die tridentinischen Dekrete, durch Paleotti und Konsorten keineswegs widerspruchslos hin. Giorgio Vasaris Haltung war ein wenig zwiespältig. In der ersten Ausgabe seiner Künstler-Viten, der Torrentiniana von 1550, thematisierte er den fundamentalen Unterschied zwischen sakralen und profanen Räumen noch kaum. Er schreibt hier, nicht gerade auf einer Linie mit dem gegenreformatorischen Zeitgeist, er wolle nicht, dass man den Irrtum begehe, einfach Plumpes und Ungeschicktes als fromm, Schönes und Gutes als unzüchtig anzusehen – man dürfe den Malern doch keine lockeren Sitten (»lascivi costumi«) unterstellen, nur weil sie sich bemühten, das Himmlische abzubilden.[63] In der Giuntina von 1568 aber fügt er dieser Passage noch einige Worte hinzu; es klingt, als verteidige er sich: »Aber ich will deshalb nicht, daß einige glaubten, daß ich jene Figuren billige, die in den Kirchen kaum mehr als ganz nackt gemalt sind, weil man an ihnen sieht, daß der Maler nicht jene Überlegungen angestellt hat, die dem Ort geschuldet sind [...]«.[64]

Dann wieder erzählt (oder erfindet) er die schöne Anekdote, nach der Andrea del Verrocchio auf dem Sterbebett darum gebeten habe, kein schlechtes und plumpes Kruzifix vorgehalten zu bekommen, sondern eines von Donatello; andernfalls sterbe er in Verzweiflung.[65] Das klingt ein wenig blasiert, nach einer snobistischen Ars Moriendi oder gar nach neuzeitlicher Kunstreligion. Ganz so modern war Vasari natürlich nicht. Das klingt an, wenn er die Wirkung eines wundertätigen Kruzifixes mit

der Frömmigkeit seines Malers in Verbindung bringt.[66] Giovanni Battista Armenini – eigentlich ein Vertreter der katholischen Reform, aber im Gegensatz zu Paleotti ein praktizierender Maler – plädiert dafür, dass auch anmutige und lebhafte Werke, »vaga e vivace pittura e scoltura«, die Orte für den Kult schmücken dürften.[67] Er argumentiert, es sei eben die Schönheit mancher Kunstwerke, die in besonderer Weise die Frömmigkeit stimuliere.[68]

»...DIE ERSTEN GEMÄLDE DER WELT«

Die Inquisition war gelegentlich anderer Meinung. In einem berühmten Fall aus dem Jahr 1573 versuchte sie, Paolo Veronese vorzuschreiben, wie man die Darstellung eines Gastmahls gestaltet.[69] Das Gemälde war für das venezianische Kloster Santi Giovanni e Paolo bestimmt. Während die Dominikaner das riesige Gemälde, das Veronese zunächst Das letzte Abendmahl im Hause Simeons nannte, ohne Umstände akzeptierten, schritt die Inquisition dagegen ein: Es ging um Verstöße gegen die Grundsätze der tridentinischen Reform. Veronese, so der Kern der Vorwürfe, hatte die Szene weder auf einfache Weise, ohne Beiwerk, das die Sinne ablenkte, gestaltet noch hatte er sich am Wortlaut der Heiligen Schrift orientiert. Das letzte Abendmahl hatte nicht im Hause Simeons stattgefunden, im Neuen Testament ist davon jedenfalls nicht die Rede, auch nicht von einem Mann mit blutigem Taschentuch und einem, der sich mit der Gabel in den Zähnen herumstochert. Auch wurden die Präsenz eines Zwerges und – wieder einmal – eines Hundes moniert.

Veronese erklärte sich dazu bereit, sein Bild umzutaufen: Er vertauschte Simeon mit Levi. Das Bild hieß nun Gastmahl im Haus des Levi.[70] Er verteidigte sich mit den oft zitierten Worten: »Wir Maler nehmen uns die Freiheit (›licenzia‹), die sich die Poeten und Narren nehmen. Wenn im Bild zuviel Platz ist, fülle ich ihn mit Figuren aus.« Mit anderen Worten: Die Komposition hatte in erster Linie ästhetischen Erwägungen zu folgen, nicht den Regeln der Theologen.[71] Das religiöse Thema bot den Anlass zu einer Schwelgerei in Farben und Formen. Die Schönheit nahm sich ihr eigenes Recht: Veronese malte eigentlich ein Gemälde der Welt.

Sie sehen, dass ich nun allmählich zur Erläuterung des Obertitels meines Textes komme. In ihm verbirgt sich, manche werden es bemerkt haben, ein Satz Jacob Burckhardts. Er stammt aus jener berühmten Stelle des *Cicerone*, an der Veroneses Gastmähler besprochen werden. Burckhardt nennt sie die »notwendige höchste Frucht« der »Existenzmalerei«, »welche hier nur noch einen Rest von Vorwand braucht, um in ungehemmtem Jubel alle Pracht und Herrlichkeit der Erde, vor allem ein schönes und freies Menschengeschlecht im Vollgenuß seines Daseins zu feiern.« Er fährt fort: »Die besten und größten dieser Bilder [...] sind vielleicht die ersten Gemälde der Welt [...]. [D]ie heiligen Personen und die an sie geknüpften Ereignisse bleiben freilich Nebensache.«[72]

Burckhardts Existenzbild zeige, wie Wilhelm Schlink resümiert, »sinnerfülltes menschliches Dasein in der glaubhaften Illusion, es sei wirklich«.[73] Die Gastmähler erscheinen als Aufforderung, uns dem genussvollen Dasein jenes Menschengeschlechts anzuverwandeln und an seinem ruhigen Glück teilzuhaben. Eine solche Deutung mag eher bildungsbürgerliche Sehnsüchte spiegeln, als dass sie Veroneses Intentionen erfassen würde. Nicht zweifelhaft ist aber, dass Veronese es tatsächlich wagte, weltliche Kunst in ein Kloster zu verpflanzen. Insofern ist er für Burckhardt tatsächlich ein »Maler der Welt« – und nicht der »größte Maler«, denn der war für den Autor des *Cicerone* ohne Zweifel Raffael. Dass der Sprachvirtuose Burckhardt hier bewusst ambivalent formuliert, halte ich mit Schlink für sehr wahrscheinlich.[74]

GRENZKÄMPFE UND RÜCKZUGSGEFECHTE

Die Scheidung der Sphären profaner und sakraler Kunst gelang letztlich nur unvollkommen; sie blieb zunächst eine Sache der Kunsttheorie. Veronese behielt im Streit mit der Inquisition die Oberhand, die Welt drang ein in das Refektorium von Zanipolo. Wie wirkungsvoll die Diskurse der Theoretiker ansonsten waren, ist schwer zu beurteilen. Einige Fallstudien[75] – und vor allem die reale und triumphale Entwicklung der Künste im 17. und 18. Jahrhundert – zeigen, dass ihr Erfolg zunächst begrenzt blieb. Die Kirchen blieben von bis zur Obszönität lasziven Gestalten bevölkert (ich erwähne hier nur ein Beispiel für »heilige Erotik«, Berninis *Verzückung der heiligen Teresa* – Burckhardt hielt die Figur für skandalös), und es gibt wohl nur wenig Architektur, die mehr »überflüssiges Beiwerk« zeigte als die des hohen Barock.

Das Profane blieb in den Räumen des Heiligen also durchaus präsent. Und umgekehrt setzte das Heilige in der Welt nach wie vor seine Zeichen, in Fürstenschlössern, Ratspalästen und natürlich auch in den Häusern der Bürger und Bauern. Auch hier bewahrten sakrale Kunstwerke ihre hergebrachten Funktionen: Sie belehrten und erinnerten, schützten vor Unheil, waren Ausdruck der Devotion, halfen beim Beten. Sie disziplinierten, indem sie den Menschen vor Augen stellten, dass ihr Leben unter einem höheren Gesetz stand und ein Ziel hatte, das nicht von dieser Welt war.[76] Dazu kamen Funktionen, die in den Zusammenhang des Konfessionalisierungsprozesses gehören: Kunstwerke prägten wesentlich die unterschiedlichen Physiognomien der sich herausbildenden Gruppierungen. Sie trugen dazu bei, Identität zu kreieren, sich voneinander abzugrenzen. Dabei kam es zu Grenzkämpfen und Rückzugsgefechten der Zeloten. Immer wieder erhoben sich Stimmen, die eine religiöse Reglementierung der Künste anmahnten,[77] und noch am Ende des 16. Jahrhunderts blieben nackte antike Götterdarstellungen Steine des Anstoßes – wenngleich selten. Der Bildhauer Bartolomeo Ammanati unterzog sich 1582 in Briefen an die Mitglieder der Florentiner Accademia del disegno und an Ferdinando de' Medici einer bizarren Selbstkritik. Er bat um Vergebung, weil er Götzen und nackte Figuren gemacht habe. Nichts mehr solle an heiligem Ort aufgestellt werden, ohne vorher wohl geprüft worden zu sein.[78]

Auch zwei Augsburger Chronisten, Georg Kölderer und Hieronymus Froeschel, waren mit ihren Invektiven gegen die »nackten Wassergötzen« des Augustusbrunnens vor dem Rathaus, Nachfolgern des Neptun mit seinen wechselhaften Schicksalen, nicht mehr ganz auf der Höhe ihrer Zeit.[79] Die Haltung der beiden vom Geist Zwinglis angekränkelten Sauertöpfe zur antikenseligen Kultur des Humanismus erinnert an die Einstellung der Sienesen des Trecento. Zwar hatten die Eiferer damals eine Mehrheit im Rat gefunden, die Venus von Siena aber ging verloren. Im Augsburg des späten 16. Jahrhunderts – der Augustusbrunnen wurde 1594 eingeweiht – verhallten die kritischen Worte der beiden Chronisten ungehört. Die nackten Schönen, die Götter und Heroen – auf weiteren Brunnen folgten Merkur und Herkules – triumphierten.

In Italien durften sich die Götter der Alten schon lange ungehindert auf Plätzen und vor öffentlichen Gebäuden niederlassen. Der Platz vor Florenz' Palazzo Vecchio gehört Göttern und Helden, auch ein Neptun ist darunter; Michelangelos David darf in seiner ganzen skandalösen Nacktheit strahlen; nur kurzzeitig bedeckte ein Stück Blech seine Blöße. Gelegentlich »entschärfte« man allerdings auch heidnische Monumente, indem man sie mit christlichen Apotropäen versah. Das Kreuz oder auch die Taube der Pamphili wurden auf römische Obelisken gesteckt; die Trajanssäule erhielt eine Apostelfigur als Bekrönung.[80]

Die Kritik von Moralisten an einem Brunnenprojekt in Bologna war zwar auch kaum mehr als ein Rückzugsgefecht, aber sie war erfolgreich. Stein des Anstoßes – und hier schließt sich unser Kreis – war vor allem eine Venusstatue. Sie galt den »religiosi« als schmutzig und obszön und schlechtes Vorbild für die öffentliche Ehrbarkeit, nach der man keusche Dinge darstellen müsse, als »cosa sporca et obscena, essendo cattivo proponimento della publica onestà«. Auch eine »laszive« Galatea wurde kritisiert, »da der Ort (des Brunnens) eher von religiöser Achtung« sein sollte.[81]

Realisiert wurde schließlich Giovanni da Bolognas Neptunbrunnen. Neptun war zwar auch kein christlicher Heiliger, aber er war weder jugendlicher Heros noch laszive Venus und hatte dafür unbestreitbar mit Wasser zu tun – was ihn als Brunnenfigur weithin geeignet machte.

Unbefangene Freude an der Schönheit sakraler Bilder wurde im Übrigen noch lange durch konfessionelle Vorbehalte behindert. Das änderte sich allmählich im 17. Jahrhundert, früher als anderswo vielleicht in den bilderseligen Niederlanden.[82] Einer der Kirchenältesten im reformierten Dordrecht hatte ein Tafelbild mit der Darstellung der Gottesmutter und eine »Verkündigung« in seinem Privatbesitz.[83] Offenbar schätzte er diese Bilder als Kunstwerke, öffentlich sollten dergleichen aber nicht sein. Der Kirchenrat Dordrechts verhandelte 1629 den Fall eines öffentlich –»voor de deure« – sichtbaren Christusbildes und man veranlasste, dass das Bild ins Haus gebracht wurde. In der privaten Sphäre war die Darstellung Christi tolerierbar. Das galt auch für die Darstellung einer »nackten« Gestalt, die ein Kirchenältester in seinen »besten Räumen im ersten Stock« hängen hatte.[84] Heiligenbilder, einst Stimulanzien der Frömmigkeit (und womöglich Objekte, die mit magischer Kraft begabt schienen), wurden nun zu Zimmerschmuck, zum Gegenstand des Wohlgefallens und des gepflegten Diskurses. Das Ende des konfessionellen Zeitalters deutete sich in der zweiten Hälfte des 17. Jahrhunderts an: Das Interesse der Katholiken für Landschaftsbilder nahm sprunghaft zu, moralisierende Sujets wurden seltener.[85] Loghman und Montias beobachteten, dass in Dordrecht Darstellungen mit religiösen Themen nun ungeniert neben mythologischen Sujets platziert wurden.[86] So hing im »voorhuis« des Katholiken Jochim van Aras 1665 eine Darstellung der Heiligen Familie von Gerard van den Eeckhout neben dem *Herkules auf dem Brunnen* von Thomas Wijck und der gerahmten Zeichnung eines Cupido. Und Antony de Brul platzierte – nach einem Inventar von 1653 – ein Marienbild Jan van Scorels neben einem Akt Cornelis van Haarlems. Anderswo dauerte die Entkonfessionalisierung des öffentlichen Raumes länger. In Augsburg konnte Neptun mit seinem protestantischen Herz 1745 auf seinen angestammten Platz neben dem Rathaus zurückkehren. In Italien war der Geist der katholischen Reform ebenfalls erst im 18. Jahrhundert verweht. Das Interdikt über eine Florentiner Kapelle, die ein als häretisch geltendes Bild Botticinis beherbergte, wurde erst in der zweiten Hälfte des 18. Jahrhunderts aufgehoben.[87] Schon Vasari hatte über das Gemälde bemerkt, man könne von ihm kein Urteil erwarten, ob der Vorwurf wahr oder falsch sei; es genüge, dass die darauf gemalten Figuren ganz des Lobes wert seien.[88]

FLUCHTPUNKT MUSEUM

Die Streitigkeiten um die Frage, was in Kirchen, Refektorien und selbst auf öffentlichen Plätzen geziemend sein soll, hatten eine bedeutende Konsequenz: Die Überzeugung festigte sich, dass die Ästhetik selbst eines sakralen Kunstwerks von seinen Funktionen getrennt bewertet werden konnte. Man sah, dass auch weltliche Kunst einfach wegen ihrer Schönheit ein Existenzrecht hat. Das Bild Botticinis war im toleranten Florenz auch nur mit einem Vorhang verhängt und nicht etwa verbrannt worden.

Kunst darf jedenfalls in die »unreinen« Räume des Profanen wandern; ist sie nicht mobil, wird sie wenigstens nicht mehr übertüncht. Armenini dann rühmt die heiteren Grotesken in den Loggien des Vatikan, dem, wie er sagt, »freiesten Ort« des Palastes: Sie enthöben den Geist schon beim ersten Blick von allem Verdruss.[89] Selbst der Zelot Paleotti gesteht, vermutlich zähneknirschend, einen freilich sehr wesentlichen Punkt zu – dass nämlich die »Kunstfertigkeit der Nachahmung« auch bei heiligen Bildern Ergötzung für Sinn, Vernunft und Geist mit sich bringen könne.[90] Profane Kunst müsse andererseits nicht unbesehen zurückgewiesen werden.[91] Er weiß, dass an »weltlichen Orten« die Freiheit etwas größer ist, hier wiederum an privaten eher als an öffentlichen.[92]

Was Veroneses ominöses *Gastmahl im Haus des Levi* betrifft, so schmückt es heute kein Refektorium mehr. Es hängt im Museum, wie die anderen herrlichen Existenzbilder des Meisters auch. Eine Photographie Thomas Struths bietet eine doppelte Reflexion der Wirklichkeit der Bilder: Ausgestellt im Prado, zeigt sie den Prado. Hier, im sicheren Reservat bildungsbürgerlicher Erbauung ist die logische Endstation unzähliger frommer Bilder, die sich auf eine lange, oft risikoreiche Reise gemacht haben. Im Museum, Struths Photographie zeigt das, führen sie ein friedliches, durch Inquisitoren und Zeloten nicht mehr bedrohtes Dasein. Es ist ihr Altersheim, ihr Austragshaus. Einmal hier angelangt, ist das Kunstwerk in Sicherheit: Gefahr droht ihm nur noch von Verrückten und Dieben, von Restauratoren oder den Ausdünstungen des Publikums. Die Religion, die es verkündet, die Ideologie, von der es überzeugen will, alles Schreckliche und Angenehme, was es mitteilt – hier ist es Geschichte: Jubel und Jammer sind Erkenntnis und – vielleicht – Genuss geworden. Botticinis Himmelfahrt ist nicht mehr verhängt, sondern spreizt sich zur Begrüßung der Besucher des neuen Sainsbury Wing der National Gallery.

Das Museum erscheint heute als zutiefst weltlicher Ort und doch zugleich als Tempel der Kunstreligion. Die Topographien indes sind seit dem 19. Jahrhundert wieder in Verwirrung geraten: Der Kunsthändler und Ästhet Berenson kniet im Museum vor Botticellis gerade wiederentdeckter *Pallas* nieder;[93] umgekehrt sehe ich im Legion-of-Honor-Museum in San Francisco einen japanischen Touristen, der vor einer Buddha-Figur ein Räucherstäbchen entzündet. Aber solche Inversionen sind selten. Selbst die alten Kultbilder aus grauer Vergangenheit sind in unseren Museen durch Kontextualisierungen zu Kunstwerken, zu Gegenständen der Kunstgeschichte geworden. Ihre magischen Ausstrahlungen sind verweht, ihre übersinnlichen Kräfte gebrochen. Als Kunstwerke aber erfahren sie hier eine Resakralisierung. Dank des feinen Glanzes ihrer Schönheit – was genau ihn ausmacht, wissen wir heute ebenso wenig, wie es Dürer vor einem halben Jahrtausend bestimmen konnte – überdauerten sie aus eisernen, eisigen Zeiten bis in unsere Tage.

ANMERKUNGEN

1 Ich danke Dr. Stephan Sander-Faes für die Durchsicht des Textes. | **2** Iris Origo, Der Heilige der Toskana. Leben und Zeit des Bernardino von Siena, München 1989, S. 15. | **3** Origo, Der Heilige (wie Anm. 2), S. 16. | **4** Ebd., S. 133. | **5** Karl Frölich, Kirche und städtisches Verfassungsleben im Mittelalter, in: Zeitschrift der Savigny-Stiftung für Rechtsgeschichte, Kanonistische Abteilung 22 (1933), S. 188–287, hier S. 216. | **6** Vgl. auch die Mahnungen Girolamo da Sienas und Beobachtungen Luca Landuccis in Evelyn Welch, Art and Society in Renaissance Italy. 1350–1500, Oxford 2001, S. 185 f. | **7** Aby Warburg, Bildniskunst und florentinisches Bürgertum, Leipzig 1902, S. 29–32, über Votivstatuen aus Wachs, Zitat S. 31; Susan Waldman, Die lebensgroße Wachsfigur. Eine Studie zur Funktion und Bedeutung der keroplastischen Portraitfigur vom Spätmittelalter bis zum 18. Jahrhundert, München 1990; Kathleen Weil-Garris, Where This Clay But Marble. A Reassessment of Emilian Terra Cotta Group Sculpture, in: Andrea Emiliani (Hrsg.), Le Arti a Bologna e in Emilia dal XVI al XVII Secolo (Acts of the XXIV International Congress of the History of Art), Bologna 1982, S. 61–79. Grundlegend David Freedberg, The Power of Images. Studies in the History and Theory of Response, Chicago 1991, S. 226; sowie Adolf Reinle, Das stellvertretende Bildnis. Plastiken und Gemälde von der Antike bis zum 19. Jahrhundert, Zürich/München 1984, S. 17 f. | **8** Vgl. Philippe Ariès, Geschichte des Todes, München 1980, S. 69. | **9** Michael Camille, Image on the Edge. The Margins of Medieval Art, London 1992. | **10** Mary Douglas, Reinheit und Gefährdung. Eine Studie zur Vorstellungen von Verunreinigung und Tabu, Berlin 1985. | **11** Apg 17,24. | **12** Weltliche Kunst war schon Petrarca suspekt, vgl. De remediis utriusque fortunae, I, XLI: »Prophanae imagines etsi interdum moveant, atque erigeant ad virtutem, amandae aut colendaeaeque amplius non sunt, ne aut stultitiae testes aut avaritiae ministrae, aut fidei sint rebelles«, Gabriele Paleotti, Discorso intorno alle imagini sacre e profane diviso in cinque libri, Bologna 1582, in: Paola Barocchi (Hrsg.), Trattati d'arte del Cinquecento fra Manierismo e Controriforma, 3 Bde., Bari 1960–1962, S. 301.) | **13** David Freedberg, Imitation and its Discontents, in: Thomas W. Gaehtgens (Hrsg.), Künstlerischer Austausch – Artistic Exchange. Akten des XXVIII. Internationalen Kongresses für Kunstgeschichte Berlin, 15.–20. Juli 1992, 3 Bde., Berlin 1993, hier Bd. 2, S. 483–491; ders., Power of Images (wie Anm. 7); grundlegend Sergiusz Michalski, The Reformation and the Visual Arts. The Protestant Image Question in Western and Eastern Europe, London/New York 1993. | **14** Bernhard von Clairvaux, Apologia ad Guillelmum Sancti Theoderici Abbatem, Kap. 12, in: PL 182, Sp. 914–916: »Luxum et abusum in templis et oratoriis exstruendis, ornandis, pingendis, arguit.« | **15** Clairvaux, Apologia (wie Anm. 14), Kap. 12, PL 182, Sp. 916a; Hans Belting, Bild und Kult. Eine Geschichte des Bildes vor dem Zeitalter der Kunst, München 1990, S. 342; vgl. insbes. die Kritik Horaz' an Kompositbildern, Horaz, Ars poetica. Die Dichtkunst, hrsg. von Eckart Schäfer, Stuttgart 1984, S. 4 f. | **16** Josef Schnitzer (Hrsg.), Hieronymus Savonarola. Auswahl aus seinen Schriften und Predigten (Das Zeitalter der Renaissance. Ausgewählte Quellen zur Geschichte der italienischen Kultur, II. Serie, Bd. 10), Jena 1928, S. 93; Girolamo Savonarola, Prediche sopra Aggeo con il trattato circa il reggimento e governo della città di Firenze, a cura di Luigi Firpo (Edizione nazionale delle Opere di Girolamo Savonarola, vol. 7), Florenz 1965, S. 20. | **17** Josef Nolte, Reduktion und Konzentration. Einige Feststellungen zur Ästhetik Savonarolas vor allem im Horizont seines christlich bestimmten Humanismus und seiner antimediceischen Reformpolitik, in: Horst Heintze/Giuliano Staccoli/Babette Hesse (Hrsg.), Lorenzo der Prächtige und die Kultur im Florenz des 15. Jahrhunderts, Berlin 1995, S. 169–183. | **18** Lorenzo Ghiberti/Lorenzo Bartoli (Hrsg.), I commentarii (Biblioteca Nazionale centrale di Firenze, II, I, 333), Florenz 1998, S. 108 f. | **19** Ebd., S. 108 f. | **20** Vgl. Tilman Buddensieg, Die Statuenstiftung Sixtus IV., in: Römisches Jahrbuch für Kunstgeschichte 20 (1983), S. 33–73, hier S. 51. | **21** Horst Bredekamp, Renaissancekultur als Hölle. Savonarolas Verbrennung der Eitelkeiten, in: Martin Warnke (Hrsg.), Bildersturm. Die Zerstörung des Kunstwerks, Frankfurt a. M. 1977, S. 41–64. | **22** Hans Rupprich, Dürer. Schriftlicher Nachlaß, 3 Bde., Berlin 1956–1969, hier Bd. II, S. 104. | **23** Was Dürer hier vorschlägt, wurde im 16. Jahrhundert gängige Praxis. Nicht einmal die »Moralisten«, wie Julius von Schlosser die

Kunsttheoretiker der Gegenreformation nennt, werden die normative Bedeutung der antiken Kunst infrage stellen, vgl. Julius Schlosser, Die Kunstliteratur. Ein Handbuch zur Quellenkunde der Neueren Kunstgeschichte, Wien 1924, ND 1985, S. 384. Im Süden wird Dürer ein paar Jahrzehnte später in dem Schuster Giovanni Battista Gelli einen Gesinnungsgenossen haben: Der wendet sich gegen die beschränkten Frömmler, die antike Statuen bekämpften, »als ob schöne Männer und Frauen nicht Geschöpfe Gottes wären und ohne Sünde nicht angesehen werden könnten«, vgl. ebd., S. 171. **| 24** Vgl. Bernd Roeck, Außenseiter, Randgruppen, Minderheiten. Fremde im Deutschland der frühen Neuzeit, Göttingen 1993; ders., Eine Stadt in Krieg und Frieden. Studien zur Geschichte der Reichsstadt Augsburg zwischen Kalenderstreit und Parität, Göttingen 1989. **| 25** Wilhelm Abel, Massenarmut und Hungerkrisen im vorindustriellen Deutschland, Göttingen 1986; Winfried Schulze (Hrsg.), Bauerrevolten in der frühen Neuzeit, Frankfurt a. M. 1982. **| 26** Vgl. Bernd Roeck, Renaissance – Manierismus – Barock. Sozial- und klimageschichtliche Hintergründe künstlerischer Stilveränderungen, in: Kulturelle Konsequenzen der »Kleinen Eiszeit«, hrsg. von Wolfgang Behringer, Hartmut Lehmann und Christian Pfister, Göttingen 2005, S. 323–343. **| 27** Douglas, Reinheit und Gefährdung (wie Anm. 10), S. 11. **| 28** Vgl. Peter Burke, Tradition and Innovation in Renaissance Italy. A Sociological Approach, London 1972, dt.: Die Renaissance in Italien. Sozialgeschichte einer Kultur zwischen Tradition und Erfindung, Frankfurt a. M. 1984, S. 285. Burke zeigt anhand eines »samples«, dass zwischen 1480 und 1489 nur fünf Prozent der Bilder weltliche Themen hatten; in der Dekade von 1530 und 1539 war der Anteil auf 22 Prozent angestiegen. **| 29** Vgl. Agrippa von Nettesheim, De incertitudine et vanitate scientiarum, Antwerpen 1530, nach Paola Barocchi, Scritti d'arte del Cinquecento, Bd. II, Mailand/Neapel 1973 (La letteratura italiana. Storia e testi, vol. 32), S. 1172–1176, hier S. 1174: »Vanitas enim hominum, ut ait idem, invenit artes istas, in tentationem animae hominum in decipulam insipientium : et adinventio illarum corruptio vitae est. Nihilominus nos Christiani prae caeteris gentibus sic desipimus, in hanc vitae et morum corruptelam, ut ubique in atriis, in domibus, in cubiculis tenere non pudeat, quo lascivis imaginibus nostrae matronae filiaeque [sic] ad lasciviam invenitur; quin etiam haec in templa, in sacella, in aras Dei magnis venerationibus traducimus, non absque idolatriae periculo.« **| 30** Vgl. Jörg Rasmussen, Bildersturm und Restauratio, in: Welt im Umbruch, Bd. III., Ausst.-Kat. Augsburg 1981, S. 95–114, hier S. 100. **| 31** Benedikt Mauer, »Gemain Geschrey« und »teglich Reden«. Georg Kölderer – ein Augsburger Chronist des konfessionellen Zeitalters, Augsburg 2001, S. 86. Die Figur wurde später in der heutigen Karolinenstraße aufgestellt, direkt an der Grenze zwischen Bürger- und Bischofstadt; später wanderte sie auf den Jakobsplatz. Ihr Original befindet sich heute im Augsburger Maximiliansmuseum. **| 32** Vgl. auch Bernd Roeck, Spiritualismus und Groteske. Religiosität, Lebenswelt und Kunst eines Goldschmieds des 16. Jahrhunderts, in: Zeitschrift für Kunstgeschichte 1 (2007), S. 69–88. **| 33** Zuletzt Bernd Roeck, Elias Holl. Ein Architekt der Renaissance, Regensburg 2004; ebenso Bernd Roeck, Der Brunnen der Macht. Kunst und Mythos im späthumanistischen Augsburg, in: Michael Kühlenthal (Hrsg.), Der Augustusbrunnen in Augsburg, München 2003, S. 13–46. Ich widerspreche hier dezidiert den Deutungen von Jörg Martin Mertz, Skulptur im öffentlichen Raum. Der Fall Augsburg um 1600, in: Zeitschrift des deutschen Vereins für Kunstwissenschaft 51 (1997), S. 9–42. **| 34** N. Sernini schreibt am 19. November 1541 in einem Brief an Kardinal Ercole Gonzaga: »gli r.mi Chietini sono gli primi che dicono non star bene gli ignudi in simil luogo...«, zit. Ludwig von Pastor, Geschichte der Päpste seit dem Ausgang des Mittelalters, Bd. V., Freiburg 1909, S. 842 f. **| 35** »È possibile che voi, che per essere divino non degnate il consorzio degli uomini, aviate ciò fatto nel maggior tempio di Dio? sopra il primo altare di Gesù? nella più gran capella del mondo, dove i gran cardinali della Chiesa, dove i sacerdoti riverendi, dove il vicario di Cristo con cerimonie cattoliche, con ordini sacri e con orazioni divine confessano, contemplano et adorano il suo corpo et il suo sangue e la sua carne?«, vgl. Johannes Gaye (Hrsg.),

Carteggio inedito d'artisti dei secoli XIV, XV, XVI, 3 Bde., Florenz 1839–1840, hier Bd. II, S. 333. **| 36** Vgl. Lodovico Dolce, Dialogo della Pittura. Intitolato l'Aretino, in: Barocchi, Trattati (wie Anm. 12), hier Bd. I (Scrittori d'Italia, 219/221), S. 141–206, hier S. 188. **| 37** Anthony Blunt, Artistic Theory in Italy, 1450–1660, Oxford 1940, [6]1982, S. 117. **| 38** Giorgio Vasari, Paola Barocchi (Hrsg.), La vita di Michelangelo. Nelle red. del 1550 e del 1568, 5 Bde., Mailand, Neapel 1962, hier Bd. V, S. 547. **| 39** »Né si disconviene al pittore di fare alle volte per giuoco simili cose, come già alcuni poeti antichi scherzarono lascivamente, in grazia di Mecenate, sopra la imagine di Priapo per onorare i suoi orti. Ma in publico, e massimamente in luoghi sacri e in soggetti divini, si dee aver sempre risguardo alla onestà.« Dolce, Dialogo (wie Anm. 36), S. 189. **| 40** Vier Gespräche über die Malerei, geführt zu Rom 1538, hrsg. von Joaquim de Vasconcellos, Wien 1899, S. 105. **| 41** Vgl. Hans Holländer, Hieronymus Bosch. Weltbild und Traumwerk, Köln 1975, S. 6. Das Dürer-Zitat nach Hans Rupprich, Dürer. Schriftlicher Nachlaß, 3 Bde., Berlin 1956–1969, hier Bd. III, S. 292; Roeck, Spiritualismus und Groteske (wie Anm. 32); ders., Gelehrte Künstler. Maler, Bildhauer und Architekten der Renaissance über Kunst, Berlin 2013, S. 129. **| 42** Paleotti, Discorso I (wie Anm. 12), S. 442, die Kapitel zu Grotesken hier S. 425–452. **| 43** Giovan Palo Lomazzo, Trattato dell'arte della Pittura, Scoltura et Architettura, Milano 1584, Bd. II, S. 390. **| 44** Ebd., S. 443. **| 45** Vgl. Susanne Mayer-Himmelheber, Bischöfliche Kunstpolitik nach dem Tridentinum. Der Secunda-Roma-Anspruch Carlo Borromeos und die mailändischen Verordnungen zu Bau und Ausstattung von Kirchen, München 1984; Blunt, Artistic Theory (wie Anm. 37), S. 111. **| 46** Gesprechbiechlin neüw Karsthans, s. l. 1520; vgl. Christine Göttler, Die Kunst des Fegefeuers nach der Reformation. Kirchliche Schenkungen, Ablaß und Almosen in Antwerpen und Bologna um 1600, Mainz 1996, S. 9; Michael Baxandall, The Limewood Sculptors of Renaissance Germany, New Haven/London 1980, dt. 1984, S. 88. Zwinglis Bildkritik wies in dieselbe Richtung, vgl. ebd., S. 89 f. Vgl. auch Peter Jezler/Elke Jezler/Christine Göttler, Warum ein Bilderstreit? Der Kampf gegen die »Götzen« in Zürich als Beispiel, in: Hans-Dietrich Altendorf/Peter Jezler (Hrsg.), Bilderstreit. Kulturwandel in Zwinglis Reformation, Zürich 1984, S. 87 f. **| 47** Vgl. auch Thomas Frangenberg, Der Betrachter. Studien zur florentinischen Kunstliteratur des 16. Jahrhunderts, Berlin 1990, S. 101. **| 48** »L'haver parlato della Resurettione, soggiunse il Michelozzo, mi ha fatto ricordare d'una tavola del Bronzino nella Nuntiata dimostrante tal misero. Digratia non ne parliamo, replicò il Vecchietto, perche vi è un Agnelo tanto lascivo, che è cosa disconvenevole. D'io havessi cotesta bella figura in casa, disse il Michelozzo, io la estimerei molto, e ne terrei gran conto per una delle piu dilicate, e mordbide figure, che veder si possano«; vgl. auch Frangenberg, Der Betrachter (wie Anm. 47), S. 90. **| 49** Der Mailänder Griechischprofessor Oto Lupano ließ in einem fiktiven Dialog einen Lutheraner sagen, die Kirche sei kein für Statuen geeigneter Ort, hier gelte es schließlich zu beten, außerdem gäben die Bilder zu Idolatrie Anlass. »Serafico«, der als Vertreter eines gemäßigten Reformkatholizismus auftritt, werden protestantische Argumente in den Mund gelegt. In der Heiligen Schrift fände sich keine Stütze für ein Bilderverbot in den Kirchen; sie dienten hier allein der Erinnerung. Allerdings, wo den Bildern ein Bleiberecht gewährt wurde – im katholischen wie im lutherischen Europa –, wurden nun neue Regeln formuliert, die bestimmen, was die Kunst darf und vor allem, wo ihr mehr und wo ihr weniger Beschränkungen auferlegt sind. Vgl. Barocchi, Scritti (wie Anm. 29), S. 1189: »e fra l'altre cose guardasi dalla idolatria, la quale agevolmente può occorere circa le immagini poste ne sacri tempii, dalle quali nascono scandali e errori assai«. **| 50** Lomazzo, Trattato, (wie Anm. 43), S. 319: »ne' templi, si hanno da fuggire quanto si può tute le parti vergognose e lascive, non che le disoneste«. Das nie fertiggestellte Buch V sollte von den Orten, »wo es angebracht oder nicht angebracht ist, heilige Bilder anzubringen, und über die Betrügereien der Ketzer dabei« handeln. **| 51** Vgl. Lomazzo, Trattato, (wie Anm. 43), S. 320. **| 52** Leon Battista Alberti, De re aedificatoria, Bd. VI, 4. Albertis Malereitraktat unterscheidet noch nicht zwischen profanen und sakralen Bildern. | 53 Giovanni Battista Armenini, De' veri precetti della pittura, hrsg. von Marina Gorreri, Ravenna 1587, ND 1988, S. 190: »le pitture, se stanno in luogo sacro, debbano essere in modo che tirino al piú che si può alla puritá e all'onesto: e certo ch'è cosa troppo sconvenevole a vedersi per questi santi luoghji pitture di tal sorte, che levino gli animi de gli uomini da' pensieri della religione e gli voltino a varii piaceri e diletti de' sensi umani, poiché ci sono opere in alcune chiese, dipinte da' buoni, altrimenti celebri , le quali passano il segno verramente dell'onestà e del decoro.« | 54 Ebd., VIII: »cosí ancora tra sé veggono esser lontano l'opere, che per devozione si dipingono, da quelle che per diletto overo per ornamento si fanno.« | 55 Paleotti, Discorso (wie Anm. 12), I, S. 117–509, bes. S. 290–306, 370–374. | 56 Ebd., S. 173 (vgl. 3. Mose 10,10). | 57 Ebd., S. 388: »Ma ultimamente aggiongiamo che almeno nelle chiese si fugga ad ogni modo tale oziositá che non abbia misterio.« Vgl. auch S. 302, wo Paleotti auf einen entsprechenden Konzilsbeschluss (Sess. XXV) verweist. | 58 Ebd., S. 303–305. | 59 Ebd., S. 480: »Non volse Salomone nel tempio suo cosa che non fu coperta di oro puro; il che figurava la perfezione del culto che si deve a Dio, che non ha da essere mischiato con affetto alcuno delle cose terrene«; vgl. 2 Chron 3. | 60 Sein Ehrgeiz erstreckt sich auch auf die Ausstattung christlicher Privathäuser (121); vgl. Paleotti, Discorso (wie Anm. 12), I, S. 301. Statuen antiker Götter, der »idoli antichi«, verfallen seinem Verdikt ebenso wie Figuren von Christenverfolgern, Bilder unehrenhafter Frauen oder – was kaum überraschen wird – Darstellungen von Häretikern wie Luther. Er unterscheidet dabei öffentliche Orte wie Paläste und Bibliotheken und private Bereiche, zu denen nur gebildete, urteilsfähige Leute Zugang hätten, vgl. ebd., S. 307–310. | 61 Pastor, Geschichte der Päpste VIII (wie Anm. 34), 1923, S. 81; Anna Schreurs, Antikenbild und Kunstanschauungen des Pirro Ligorio, 1513–1583, Köln 2000, S. 143. | 62 Jutta Held, Caravaggio. Politik und Martyrium der Körper, Berlin 1996, S. 85–96, 206–209. | 63 Vasari-Barocchi (wie Anm. 38), III, S. 274 (Vita des Fra' Giovanni da Fiesole): »Mai o non vorrei già che alcuno s'ingannasse interpretando il goffo et inetto, devoto, et il bello e buono, lascivo, come fanno alcuni, i quali vedendo figure o di femina o di giovane un poco più vaghe e più belle e adorne che l'ordinario, la pigliano sùbito e giudicano per lascive.« | 64 Ebd.: »Ma non perciò vorrei che alcuni credessero che ad me fussero approvate quelle figure che nelle chiese sono dipinte poco meno che nude del tutto, perché in cotali si vede che il pittore non ha avuto quelle considerazione che doveva al luogo: perché, quando pure si ha da mostrare quanto altri sappia, si deve fare con le debite circostanze, et aver rispetto alle persone, a' tempi et ai luoghi.« | 65 Ebd., S. 542. | 66 Vgl. Vasari-Barocchi (wie Anm. 38), II, S. 188. | 67 Armenini, Precetti (wie Anm. 53), S. 32. | 68 Ebd, S. 214. Armenini erlaubt sich unverkennbar einen Seitenhieb gegen den in der zweiten Hälfte des 16. Jahrhunderts um sich greifenden Trend, alten, magisch wirksamen Kultbildern – rauchgeschwärzte Ikonen, krude Holzfiguren – zu neuer Wertschätzung zu verhelfen, vgl. Christine Göttler, Die Kunst des Fegefeuers nach der Reformation. Kirchliche Schenkungen, Ablass und Almosen in Antwerpen und Bologna um 1600, Mainz 1996, S. 92–116. | 69 C. E. Gilbert, Italian Art, 1400–1500. Sources and Documents. Englewood Cliffs 1980, S. XIX.; Philipp Fehl, Veronese and the Inquisition. A Study of the so-called Subject Matter of the so-called ›Feast in the House of Levi‹, in: Gazette des Beaux-Arts, VIIème Per./LVII (1961), S. 325–354. | 70 Vgl. Lk 5,27–38/Mk 2,14–17. | 71 Tatsächlich verbarg sich in Veroneses Verteidigung ein abgewandeltes Horaz-Zitat: »Pictoribus atque poetis/Quidlibet audendi semper fuit aequa potestas/ Scimus, et hanc veniam petimusque damusque vicissim«, Horaz, De arte poetica, 9–10. | 72 Jacob Burckhardt, Der Cicerone. Eine Anleitung zum Genuß der Kunstwerke Italiens (1855). Stuttgart 1978, S. 934 f. | 73 Wilhelm Schlink, Paolo: Existenzmalerei bis zu ihren höchsten Konsequenzen (Jacob Burckhardt), in: Jürg Meyer zur Capellen/Bernd Roeck (Hrsg.), Paolo Veronese. Fortuna critica und künstlerisches Nachleben (Studi. Schriftenreihe des Deutschen Studienzentrums in Venedig-Centro tedesco di Studi Veneziani, Bd. 8), Sigmaringen 1990, S. 7–15, hier S. 9. | 74 Ebd., S. 12. | 75 Vgl. Freya Strecker, Augsburger Altäre zwischen Reformation (1537) und 1635. Bildkritik, Repräsentation und Konfessionalisierung, Münster 1997; Romeo de Maio, Michelangelo e la controriforma, Roma 1981; Hubert Jedin, Entstehung und Tragweite des Trienter Dekretes über die Bilderverehrung (1935), in: ders., Kirche des Glaubens, Kirche der Geschichte. Ausgewählte Aufsätze und Vorträge, Bd. 2, Freiburg/Br. u. a. 1966, S. 460–498. Vgl. auch Jacques Vanuxem, La querelle de luxe dans les églises après le Concile de Trente, in: Revue de l'Art 24 (1974), S. 48–58. | 76 Kristin Eldyss Sorensen Zapalac, ›In His Image and Likeness‹. Political Iconography and Religious Change in Regensburg, 1500–1600, Ithaca/ London 1990, S. 26–29; Staale Sinding-Larsen, Christ in the Council-Hall. Studies in the Religious Iconography of the Venetian Republic, Rom 1974. | 77 Romano Alberti, Federico Zuccaro, Origine e progesso dell'Accademia del disegno di Roma, in: Federico Zuccaro, Scritti d'Arte, hrsg. von Detlev Heikamp (Fonti per lo studio della storia dell'arte inedite o rare I), Florenz 1961, S. 1–99, hier S. 79. | 78 Ernst Guhl, Künstlerbriefe, bearb. von Adolf Rosenberg, Berlin ²1880, I, S. 455–463. | 79 Vgl. Friedrich Roth, Der Augsburger Jurist Dr. Hieronymus Fröschel und seine Hauschronik von 1528–1600, in: Zeitschrift des Historischen Vereins für Schwaben 38 (1912), S. 1–82. Der dort publizierte Text ist Primärquelle, da das Original der Chronik verloren ist; vgl. Mauer/Kölderer (wie Anm. 31), S. 87, und Roeck, Brunnen der Macht (wie Anm. 33); Mertz, Skulptur im öffentlichen Raum (wie Anm. 33). | 80 Vgl. Blunt, Artistic Theory (wie Anm. 37), S. 114. | 81 Vgl. Schreurs, Pirro Ligorio (wie Anm. 61), S. 122 f. | 82 Einen Beleg für diese Vermutung bietet Karel van Manders »Schilder-Boeck« (1604): Der Autor behandelt die katholische Malerei und katholische Maler ohne erkennbare Ressentiments. | 83 »De kerkenraet het goetgevonden den heer burgemeester aenspreecken ende te versoecken dat het bort ingetrocken werde dewijle het seer ergerlijck is, ook voor de gene die van buijten comen ende over sulcks in een gereformeerde stad niet behoorde getolleereet te werden.«, John Loughman/John Michael, Montias, Public and Private Spaces. Works of Art in Seventeenth-Century Dutch Houses, Zwolle 2000, S. 48 f. | 84 Ebd., S. 49. | 85 Lyckle de Vries, The Changing Face of Realism, in: David Freedberg (Hrsg.), Art in History, History in Art. Studies in Seventeenth-Century Dutch Culture, Santa Monica 1991, S. 209–244, hier S. 229. | 86 Loughman/Montias, Public and Private Spaces (wie Anm. 83), S. 50. | 87 Vgl. Blunt, Artistic Theory (wie Anm. 37), S. 108. | 88 Ebd., S. 125. | 89 Armenini, Precetti (wie Anm. 53), S. 206: »[…] e fece quest'allegria quivi più per sollevar gli animi da' tedio a prima vista, che per molto artificio, essendo il luogo piú libero e di manco soggetto per servire alle sale«. | 90 Paleotti, Discorso (wie Anm. 12), S. 218 f. | 91 Ebd., S. 301. | 92 Ebd., S. 445: »Ma quello che più a noi importa è che, se questi lavori si fossero contenuti solamente, nei luoghi profani, dove la libertà degli uomini può avere alquanto più campo, si saria potuto con minore avertimento tolerare.« | 93 Bernd Roeck, Florenz 1900. Die Suche nach Arkadien, München ²2003, S. 194.

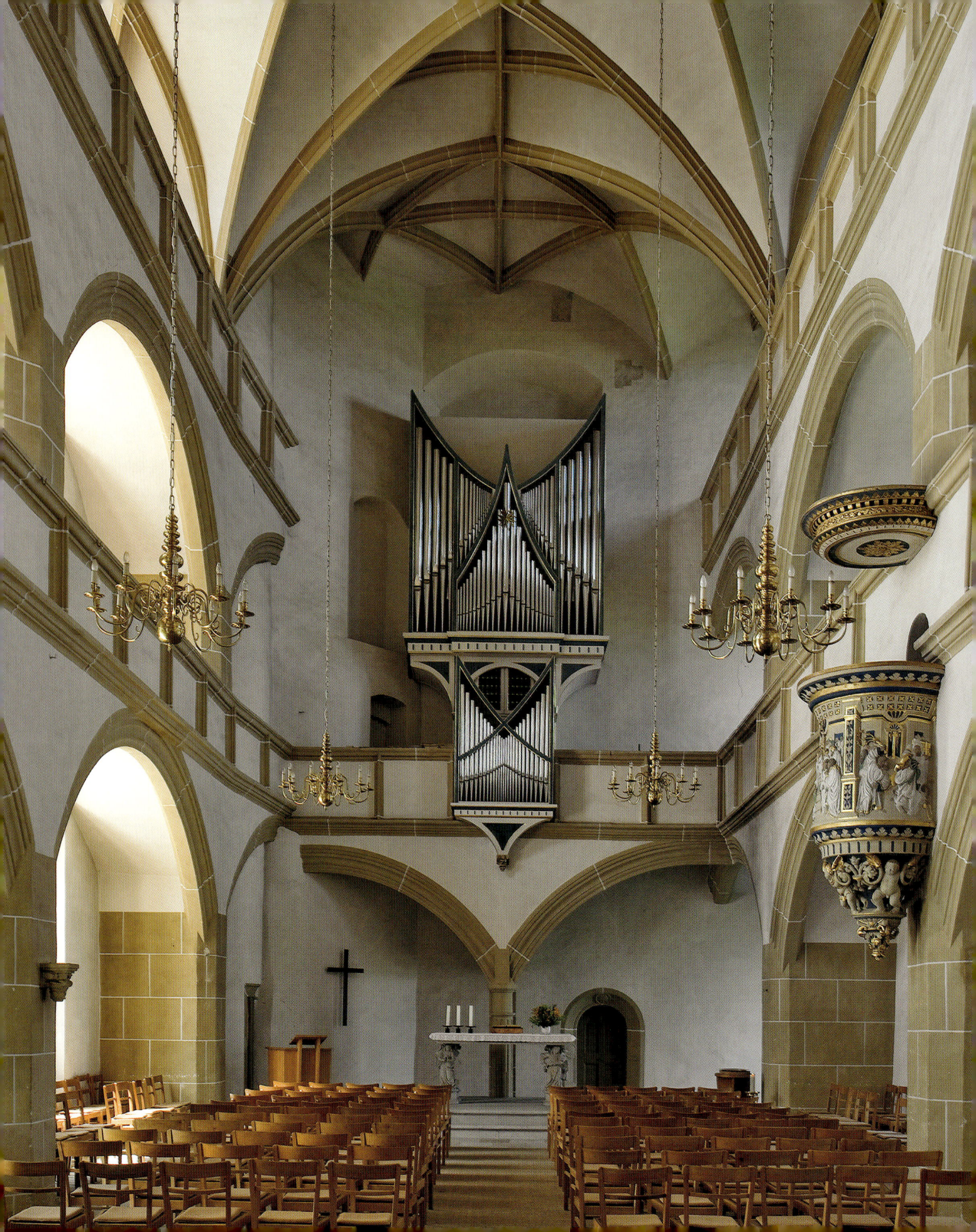

THOMAS DACOSTA KAUFMANN

ARCHITEKTUR UND REFORMATION

DIE SCHLOSSKAPELLE UND DIE FRAGE
NACH DER PROTESTANTISCHEN ARCHITEKTUR

Im Hinblick auf den herannahenden 500. Jahrestag der Veröffentlichung von Luthers Thesen ist es angebracht, die für die neuen christlichen Konfessionen erbauten Kirchen einer Neubewertung zu unterziehen, insbesondere in Bezug auf die Wandlung in der europäischen Kunst und Architektur im Zuge der protestantischen Reformation. Zudem ist vermutlich kaum ein Ort besser geeignet, um über die Auswirkungen der Reformation auf die Baukultur zu reflektieren, als die zweite damalige sächsische kurfürstliche Residenz, Torgau. Denn im Jahr 1544 weihte Martin Luther persönlich die Kapelle auf Schloss Hartenfels ein, von deren Kanzel er auch die erste Predigt hielt.[1]

In diesem Beitrag werden zunächst einige bekannte Besonderheiten der Torgauer Schlosskapelle neu betrachtet und danach die protestantische Kirchenarchitektur im weiteren Sinne thematisiert. Es existieren noch Tausende protestantische Kirchen, die zwischen dem 16. und dem 18. Jahrhundert auf mehreren Kontinenten erbaut wurden. Es überrascht daher nicht, dass eine umfangreiche Literatur existiert, sowohl Publikationen zu einzelnen Gebäuden als auch allgemeine Übersichten.[2] Dennoch bleibt die protestantische Architektur ein erstaunlich wenig erforschtes Thema. Wie Jan Harasimowicz, einer der führenden Wissenschaftler auf diesem Gebiet, in einer kurzen, aber meisterhaften Übersicht anmerkte, hat die protestantische Architektur immer noch nicht die Beachtung gefunden, die angesichts ihrer Bedeutung für die europäische (oder sogar für die weltweite) Kultur zu erwarten wäre.[3]

Ein so kurzer Beitrag wie dieser kann nur einige Beobachtungen skizzieren. Eine eingehende Behandlung wird erst nach der Veröffentlichung der Ergebnisse eines Forschungsprojekts zum Thema protestantischer Architektur unter der Leitung von Hara-

simowicz an der Universität Wrocław/Breslau möglich sein. Doch selbst eine zusammenfassende Neubetrachtung der Kapelle in Torgau deutet daraufhin, dass sich dieses Thema nicht nur weitreichend, sondern auch äußerst komplex gestaltet.[4]

Richten wir unsere Aufmerksamkeit zunächst auf den Innenraum der Torgauer Schlosskapelle, welcher einige der geläufigsten Aspekte der protestantischen Architektur aufweist. Hier ist zum ersten Mal das zu finden, was später zum klassischen Gestaltungskonzept zahlreicher lutherischer Kirchen werden sollte. Die Torgauer Kapelle bildet nämlich einen einheitlichen Raum, der ohne Säulen, Pfeiler und Pilaster einen freien Blick ermöglicht. Es gibt keinen abgetrennten Altarraum oder Apsis. Allerdings deutet die rechteckige Anordnung der Kapelle auf eine Orientierung zur Längsachse hin. Der Altar, ein einfacher Tisch, macht eine klare Ausrichtung zu dieser Achse kenntlich. Obwohl ursprünglich von einem bemalten »Gitter« umgeben, welches wahrscheinlich der Austeilung der Kommunion diente, existierte keine massive Chorschranke wie diejenigen, die in früheren Kirchen den Altar von der restlichen Kirche absperrten. In einem früheren Gebäude hätte sich dieser möglicherweise in einem separaten Chorraum befunden.[5] Der Tisch selbst (inzwischen erneuert) stützt sich auf vier geschnitzte Trägerfiguren. Wenngleich frühere Quellen darauf hinweisen, dass einst ein Retabel von Lucas Cranach mit einer Darstellung des Abendmahls hinter dem Altar stand und ein weiteres Werk von ihm zum Thema Elias und die Baalspriester bald nach der Einweihung an der Wand gegenüber der Kanzel aufgehängt wurde (wo sich auch drei weitere Bilder befanden), waren

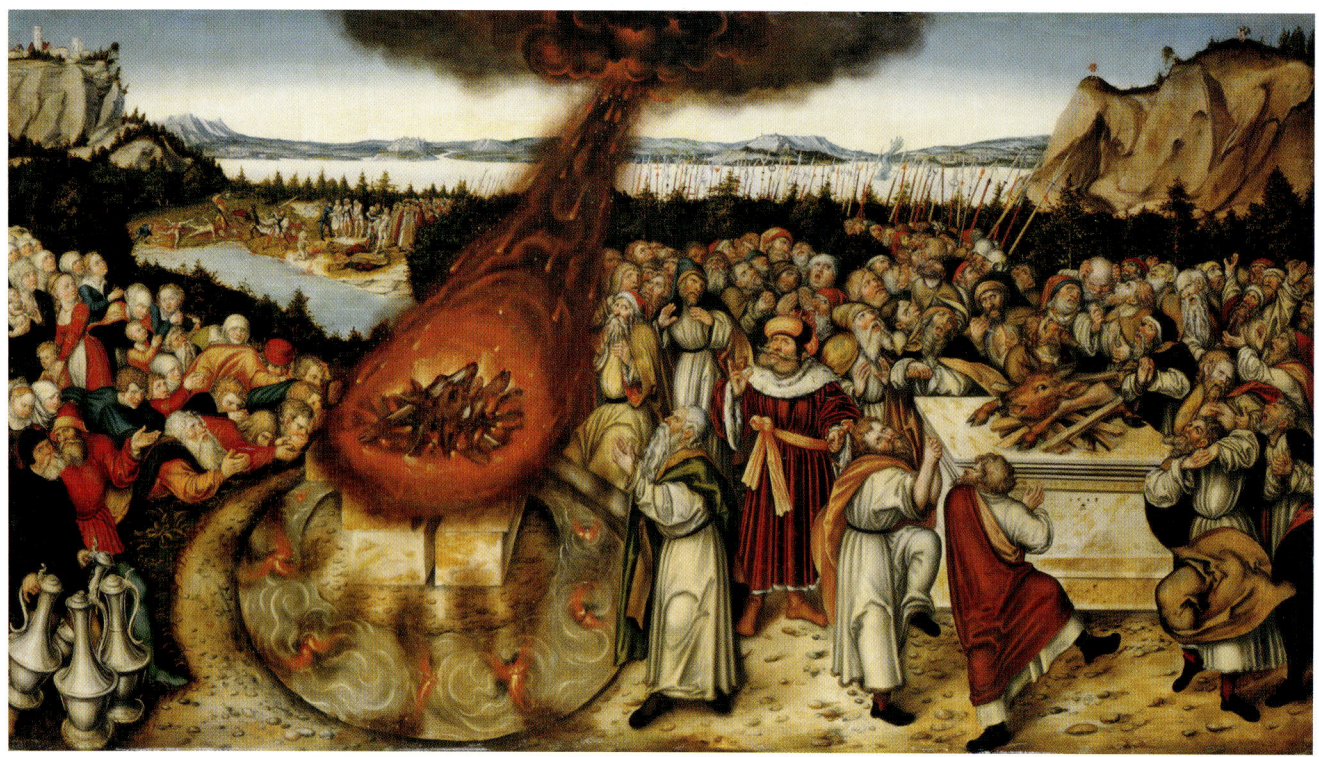

Abb. 2 | Elias und die Baalspriester, Lucas Cranach d. Ä., 1545, Öl auf Lindenholz, 127,5 × 242 cm,
wahrscheinlich ehemals zur Ausstattung der Schlosskapelle Torgau gehörig,
heute in den Staatlichen Kunstsammlungen Dresden, Gemäldegalerie Alte Meister, Inv.-Nr. 1941

Gemälde in der Kapelle vermutlich immer relativ spärlich vorhanden.[6] Jedenfalls scheinen Gemälde nicht unbedingt erforderlich gewesen zu sein, denn 1662 wurde das ursprüngliche Altarbild durch den alabasternen Altar aus der Dresdner Schlosskapelle ersetzt.[7] Die verhältnismäßig kleinen Ausmaße des Dresdner Altaraufsatzes und die spätere Hinzufügung mehrerer offenbar für notwendig erachteter Elemente verweisen darauf, dass auch der erste Altaraufsatz nicht sehr groß war. Die erhöhte polychrome Kanzel vom Bildhauer Simon Schröter dürfte vermutlich das markanteste Einzelobjekt innerhalb der Torgauer Kapelle gewesen sein. Dies deutet darauf hin, dass die baulichen Gestaltungselemente selbst sowie einige wenige Bestandteile im Innenraum die größte Bedeutung besaßen.

Arkaden, deren erste Ebene sich etwas oberhalb der Kanzel befindet, verlaufen entlang sämtlicher Seiten der Kapelle; an den Längsseiten und im hinteren Bereich stützen sie zusätzliche Emporen. Die Orgel steht auf einer eigenen Empore oberhalb des Altars. Das tief gefaltete (oder prismatische) Zellengewölbe wird durch Rippen gegliedert, die ursprünglich mit untergehängten plastischen Rosetten geschmückt waren, welche teilweise auch bemalt gewesen sein könnten.[8]

Viele dieser Besonderheiten resultieren aus einer Kombination mehrerer Faktoren: Sie ergeben sich teilweise aus der lutherischen Liturgie oder sind auf das zurückzuführen, was man als Luthers eigene Ästhetik bezeichnen könnte. Oder aber sie sind das Ergebnis dessen, was im allgemeineren Sinne als protestantische Grundhaltung gilt. Die Ausrichtung auf den Altar signalisiert die Bedeutung der Eucharistie, des Ritus des Abendmahls in der lutherischen Theologie. Dieser ist eines der beiden Sakramente (oder drei, wenn die Beichte mit berücksichtigt wird), welche Luther aus den vorherigen sieben beibehielt. Gleichzeitig ist die Abwesenheit weiterer, untergeordneter Altäre ein Hinweis auf die Überzeugung, dass das Beten und die Verehrung von Heiligen und der Madonna, denen sie wahrscheinlich gewidmet worden wären, nicht notwendig sind. Deren Nichtvorhandensein und die sich daraus ergebende relativ spärliche Ausstattung mit Skulpturen und Gemälden im Vergleich zu katholischen Kirchen folgen aus der lutherischen Lehre, dass es keines Fürsprechers bei Gott bedarf. Nur der Glaube ist erforderlich beim Streben nach der umsonst geschenkten Gnade. Christus allein begründet und bietet den Weg zum Heil. Die Ikonographie der Bilder in Torgau deutet auf die Existenz einer entsprechenden zugrunde liegenden Polemik. Des Weiteren weist das Fehlen eines abgetrennten Chorraumes darauf hin, dass der Priesterschaft keine herausragende Rolle zugeteilt wurde, denn nach Luther gab es ein allgemeines »Priestertum aller Gläubigen«. Andererseits unterstreicht die Betonung einer auffallenden Kanzel die Bedeutung von Gottes Wort, welches Leben einflößt und allein den Glauben nährt. Das Wort (so wie es in der Bibel aufgeschrieben ist) wurde vorgelesen oder in Form einer seelsorgerlichen Predigt verkündet. Die offene Struktur des Innenraumes erlaubt eine freie Sicht auf den Pastor sowie auf den Ritus der Eucharistie. Dieser hindernisfreie Raum bot wahrscheinlich außerdem eine bessere Akustik, welche durch das Zellengewölbe womöglich noch unterstützt wurde. Die Anwesenheit einer Orgel auf einer Empore deutet auf die Wichtigkeit der auditiven Dimension im Luthertum. Musik (im Gegensatz zu visuellen Abbildungen) spielte bekanntlich eine bedeutende Rolle in der lutherischen Liturgie.[9]

Diese bekannten Besonderheiten vermitteln einen verhältnismäßig nüchternen Eindruck, was Luthers Vorliebe für eine einfache Ausdrucksweise entspricht. Wie Sergiusz Michałski angemerkt hat, soll Luther angeblich »Dürer sinngemäß zitiert haben, indem er sagte: ›Ich mag Bilder, die so einfach wie möglich gemalt sind [...]‹«.[10] Wenn wir diesen Gedanken weiterverfolgen und ihn mit der protestantischen Architektur und Innenausstattung in Zusammenhang bringen, stellen wir fest, dass die Schlosskapelle in mancher Hinsicht dem entspricht, was Michałski mit Bezug auf diese Aussage Luthers treffend den »außerordentlichen Kult der Einfachheit« nennt, welcher hier »entweder durch das Prinzip der ›kirchlichen Schicklichkeit‹ und Angemessenheit oder durch Luthers eigene geistige Neigungen gemäßigt wurde«.[11] Ungeachtet seiner Haltung war der Reformator offensichtlich beeindruckt von der Torgauer Kapelle, welche nach Luthers Meinung die Schönheit des salomonischen Tempels sowie des Tempels der Diana in Ephesos übertraf.[12]

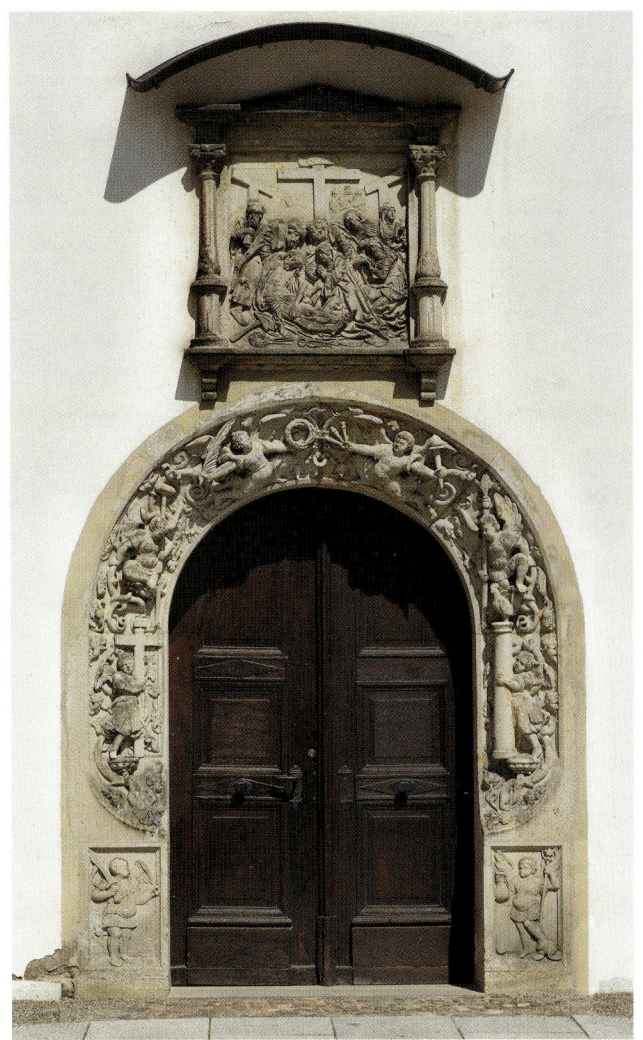

Abb. 3 | Torgau, Schloss Hartenfels: Eingangsportal zur Schlosskapelle mit Reliefs von Simon Schröter

Einige der Elemente, die in Torgau zum ersten Mal angewendet wurden, sind in vielen protestantischen Kirchen zu finden, besonders in Schlosskapellen. Die prominente Stellung der Kanzel, die Einheitlichkeit des Raums sowie die Emporen mit ihren Arkaden können in vielen Schlosskapellen entdeckt werden, wie in den bekannten sächsischen Beispielen in Dresden und Augustusburg, sowie außerdem in Stuttgart, Schwerin, Stettin und Schmalkalden.[13] Das Grundprinzip einer weitläufigen offenen Fläche im Erdgeschoss mit seitlichen Emporen, von wo aus die Zeremonie beobachtet werden konnte, erklärt wahrscheinlich die Wiederholung dieser

Merkmale auch in anderen Arten von lutherischen Kirchen. (Das gleiche gilt für die Aufstellung von Kirchenbänken im Erdgeschoss, was ursprünglich auch auf Torgau zutraf.) Beispielsweise wurde für frühe lutherische Stadtpfarrkirchen, wie die ehemalige Dreifaltigkeitskirche (der heutige Dom) in Klagenfurt, die 1578 vom Kärntner Landtag in Auftrag gegeben wurde, ein Entwurf verwendet, der einen offenen Raum mit doppelgeschossigen Emporen auf mächtigen, untersetzten Pfeilern vorsah.[14] Diese Elemente kommen auch in anderen Typen von protestantischen Kirchen vor, wie zum Beispiel in den schlesischen Friedenskirchen, die nach dem Dreißigjährigen Krieg in Schweidnitz (Świdnica) und Jauer (Jawór) errichtet wurden. Dort wurden sie zweifellos so konzipiert, dass sie möglichst vielen Menschen Platz bieten konnten, auch wenn durch die Verträge des Westfälischen Friedens die Errichtung in Holz vorgeschrieben war und keine Arkaden gebaut werden durften.[15] Orgelemporen und ähnliche Choremporen sind gleichfalls in vielen protestantischen Kirchen zu finden. Die weltbekannte Dresdner Frauenkirche, die im 18. Jahrhundert erbaut und nun wiedererrichtet wurde, stellt den Höhepunkt dieser Gestaltungstradition dar. Mit ihrer Kombination aus Emporen und der Konzentriertheit von Kanzel, Altar und Orgel fasst sie nach Meinung von Harasimowicz überdies Gestaltungsmuster zusammen, die in vielen anderen protestantischen Kirchen vorhanden sind.[16] Die enge Nachbarschaft von Kanzel, Altar und Orgel in der Dresdner Frauenkirche ist allerdings weder auf bestimmte liturgische oder theologische Anforderungen zurückzuführen, die von Luther oder irgendeiner anderen Person gestellt wurden, noch stammt sie aus Torgau.

Betrachten wir das Äußere der Torgauer Kapelle, sehen wir darüber hinaus, dass diese nur einen Teil des vom Kurfürsten Johann dem Beständigen geplanten Schlossflügels einnimmt, welcher erst von 1542 bis 1544 unter dem Kurfürsten Johann Friedrich dem Großmütigen errichtet wurde. Ein Portal mit den Leidenswerkzeugen Christi sowie ein Relief mit einer Beweinungsszene liefern den einzigen klaren äußeren Hinweis, dass sich im Inneren eine Kirche befindet. Wenngleich durchaus auffallend, setzen diese Details kaum ein prachtvolles architektonisches Statement im Rahmen des weitflächig ummauerten Schlosshofs, und erst recht im Vergleich zu den Türmen, Fassaden und Ausmaßen zahlreicher anderer Kapellen und Kirchen, auch protestantischer, welche im Laufe des 16. Jahrhunderts in Europa erbaut wurden. Die bescheidene äußere Erscheinung der Schlosskapelle steht im deutlichen Kontrast zu der äußeren Pracht oder sogar Extravaganz anderer Elemente im Hof von Schloss Hartenfels.

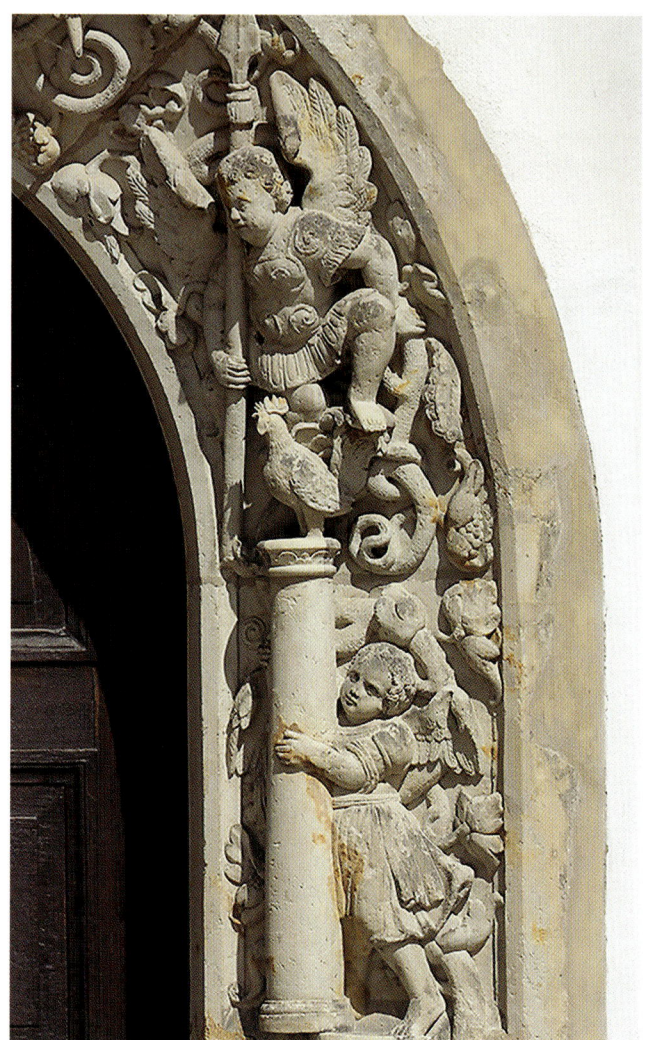

Abb. 4 | Torgau, Schloss Hartenfels: Eingangsportal zur Schlosskapelle, Detail: Engel mit den Leidenswerkzeugen Christi

Diese sind unter anderem der Erker in direkter Nähe zur Kapelle, der eindrucksvolle Wendelstein im Mittelbau, die mit Arkaden versehenen Balkone am Eckturm sowie die Mansardenfenster mit Ziergiebeln oben am Turm, ganz abgesehen von den volutenförmigen Giebeln am Kapellenflügel, die denjenigen ähneln, welche am Wendelstein noch vorhanden sind und die vermutlich ursprünglich an vielen Stellen im Schloss zu finden waren.

Man könnte sich fragen, ob es überhaupt berechtigt ist, die Schlosskapelle vor allem als Beispiel einer idealen protestantischen Kirche anzusehen, statt sie im allgemeinen Kontext der

Schlosskapellen zu betrachten. Die Unterordnung der Kapelle unter das Schloss als Ganzes fällt in Torgau auf, selbst wenn man sie mit katholischen Kapellen ähnlichen Datums vergleicht, wie zum Beispiel der Schlosskapelle Allerheiligen in Telč/Mähren, welche 1567 im Auftrag von Zachariáš z Hradce errichtet wurde. Im Gegensatz zu Torgau war das Äußere der Kapelle in Telč, insbesondere die Apsis, deutlich sichtbar, sowohl vom Schlossgarten als auch vom Marktplatz aus.[17] Die Kapelle im Torgauer Schloss hingegen tritt nicht so deutlich als eigenständiges Bauwerk hervor, was auch einen Kontrast zur ehemaligen Burgkapelle in Torgau bildet. Andererseits, trotz der Ähnlichkeit einzelner Details mit Besonderheiten von Gebäuden wie der Klagenfurter Dreifaltigkeitskirche, entspricht die Torgauer Schlosskapelle keiner Standard-Bauform für protestantische Stadtkirchen, wie Michałski auch passend angemerkt hat.[18] Ein wichtiger Unterschied besteht darin, dass am rechteckigen Mittelschiff der Klagenfurter Stadtpfarrkirche ein Altarraum angegliedert ist, was darauf hindeutet, dass die beiden Funktionen der Verkündigung und der Austeilung des Abendmahls, die Eucharistiefeier in der lutherischen Konfession, räumlich abgegrenzt wurden. Diese Trennung, die durch die Angliederung eines Altarraums an das Mittelschiff architektonisch ausgedrückt wird, passt eher zu einem anderen lutherischen Gottesdienstformat. Die doppelgeschossigen Emporen in Torgau bieten zwar Platz für mehr Menschen als nur die unmittelbare Gefolgschaft des kurfürstlichen Hofes, sodass viele den Gottesdiensten in der Kapelle beiwohnen konnten, was vermutlich die Wiederholung dieser Bauweise in vielen anderen Kirchen begründet. Das Vorhandensein der Emporen in Torgau könnte allerdings auch anders verstanden werden, nämlich im Zusammenhang mit der höfischen Gesellschaft. Angesichts der Ausgestaltung sowie weiterer architektonischer Eigenheiten könnten die Torgauer Emporen gleichermaßen als Ausdruck der hierarchischen Organisation der Hofgesellschaft gelesen werden, die im Luthertum weiterhin Gültigkeit besaß. Deshalb steht die Torgauer Schlosskapelle scheinbar für einen Typus der spezifischen Bauwerkskategorie »Hof- oder Schlosskapelle«.

Obwohl es nicht möglich ist, die genaue Sitzordnung zu rekonstruieren, fällt die Empore am Ende der Torgauer Kapelle, gegenüber vom Altar, durch die aufwendig gestaltete Brüstung auf. Außerdem hat sie einen eigenen Zugang direkt dahinter, und darüber befindet sich eine weitere verzierte Loge, gestützt von einer einzelnen Konsole. Diese Details kennzeichnen den Raum als Standort des Kurfürsten, auf den die Konsole scheinbar hinunter-

zeigt, als wollte sie ihn besonders hervorheben. Eine Tür hinter dieser Loge führte in seine privaten Gemächer, so wie auch in anderen Schlössern üblich. In der darüber befindlichen Empore konnte die Kurfürstin eine ähnliche Tür passieren. Fenster in der Nähe dieser Türen erlaubten es dem kurfürstlichen Paar, dem Gottesdienst beizuwohnen, ohne innerhalb der Kapelle anwesend zu sein. Die kurfürstliche Loge stellt zudem einen zweiten Schwerpunkt dar, welcher sich direkt auf einer Achse mit dem Altar befindet. Damit unterstreicht die Kapelle die Bedeutsamkeit des Herrschers. Diese Anordnung hätte die gehobene Stellung des Kurfürsten betont, da er sich nicht nur über den im unteren Bereich versammelten Menschen befand, sondern gleichzeitig oberhalb des Pastors in der Kanzel, sodass er auch ihm gegenüber buchstäblich höherstehend war. Diese Einteilung entspricht durchaus den allgemeinen Tendenzen lutherischer Vorgaben für die hierarchische Organisation der Gesellschaft.

Übereinander angeordnete Ebenen in Schlosskapellen sind natürlich letztendlich auf Aachen zurückzuführen, aber es lässt sich weiter feststellen, dass der allgemeine Aufriss der Torgauer Kapelle sich nicht grundsätzlich von der Anordnung übereinanderliegender Balkone oder Oratorien (selbst mit Bögen) in Schlosskapellen unterscheidet, die für Katholiken erbaut wurden. Dazu zählen Bauten, die selbst hundert Jahre später errichtet wurden, wie zum Beispiel die bemerkenswerte Wenzelskapelle im Wallensteinpalais (tschechisch: Valdštejnský Palác) in Prag, die um 1630 entstand.[19] Sie sind auch mit der Gestaltung von Gebäuden aus der Mitte des 16. Jahrhunderts vergleichbar, wie zum Beispiel der Wiener Augustinerkirche, wo Gottesdienste von Mitgliedern des kaiserlichen Hofes besucht werden konnten, deren Residenz in der Hofburg direkt an die Kirche angrenzte.[20] Besonders beachtenswert ist die Tatsache, dass sowohl die Wittenberger Schlosskapelle, die im ersten Jahrzehnt des 16. Jahrhunderts für das ältere Bekenntnis erbaut wurde, als auch die Maria-Magdalenen-Kapelle in der Moritzburg in Halle, die 1509 für Erzbischof Ernst (auch ein Wettiner) vollendet wurde, mehrere Elemente mit Torgau gemein haben, wie die Emporen und ein gotisches (wenn auch kein gefaltetes) Gewölbe.[21]

Abschließend wird die ungewöhnliche Umorientierung der Torgauer Schlosskapelle, wo der Altar zum Westen hin platziert ist, erst verständlich, wenn wir den Standort des Herrschers als vorrangig betrachten. Obgleich in Torgau und anderswo der Grundriss des Schlosses eine solche Anordnung vorgibt, spiegelt diese ebenfalls Luthers eigene Meinung über die Beziehung

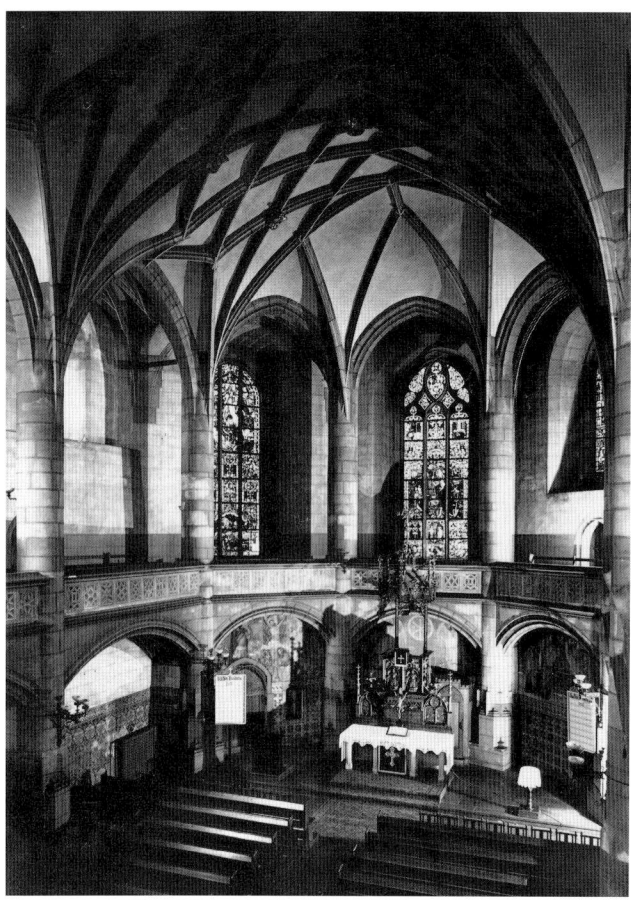

Abb. 5 | Halle, Moritzburg: Innenansicht der Maria-Magdalenen-Kapelle

Es ist zweifellos unwahrscheinlich, dass zwischen einer protestantischen Kapelle und einer Hofkirche klar unterschieden werden kann. Motive sind immer komplex und hängen miteinander zusammen. Die Wiederholung von Elementen aus Torgau, besonders innerhalb Sachsens, wie zum Beispiel in Dresden und Augustusburg, ist daher nicht nur durch die Tatsache bedingt, dass die späteren Kapellen früheren Gestaltungsmustern für Kapellen an Höfen folgten, sondern auch durch die spezifischen Bedürfnisse der albertinischen Bauherren, die sensibel auf die Behauptung reagierten, sie hätten als Usurpatoren die ernestinischen Unterstützer Luthers verraten. Die neuen albertinischen Kurfürsten waren deshalb darauf bedacht, sich der lutherischen Tradition sichtbar anzuschließen, in der Architektur wie auch sonst. Wenn wir Torgau aber im Zusammenhang mit anderen frühen protestantischen (lutherischen) Hofkapellen betrachten, sehen wir, dass es einen eigenständigen Typ darstellt, welcher weder die einzige damals verwendete Form war noch einem einheitlichen ästhetischen Ansatz für zeitgenössische Schlosskapellen entspricht. Obwohl ihre Gestaltung später oft nachgeahmt wurde, können wir aus der Torgauer Schlosskapelle nicht schlussfolgern, dass es einen einheitlichen Typus protestantischer Architektur oder auch nur protestantischer Hofkapellen gab.

Ein herausragendes Kontrastbeispiel ist die protestantische Kapelle in Schloss Neuburg an der Donau, die zur gleichen Zeit wie Torgau im Auftrag von Ottheinrich, Kurfürst der Pfalz, erbaut und ausgeschmückt wurde.[22] Die Deckenmalereien von Melchior Bocksberger sind auf das Jahr 1543 datiert, was einen Terminus ante quem für die Kapelle liefert. Neuburg wurde also schon ein Jahr vor der Einweihung der Kapelle in Torgau vollendet. Die Deckenmalereien in Neuburg wurden »Biblisch gemäl« genannt, da sie biblische Szenen sowie Darstellungen der lutherischen Sakramente präsentieren. Sie wurden vom bedeutenden Reformator Andreas Osiander konzipiert. Noch wichtiger für das hier vorgebrachte Argument ist der Umstand, dass sie eine andere Einstellung zur Kirchenausstattung aufweisen, als es in Torgau zutage tritt. Die figürlichen Szenen sind von aufwendigen Ornamenten umgeben, darunter groteske Muster in goldenen Farben. Die Gemälde setzen auch bemerkenswerte Mittel der bildlichen Illusion ein. In der mittleren Tafel wird der auferstandene Christus von unten dargestellt, so wie er in einem italienischen Deckengemälde des Cinquecento hätte gezeigt werden können, »di sotto in su«. Die Neuburger Schlosskapelle kann also kaum als Beispiel für lutherische Zurückhaltung oder Einfachheit herhalten.

zwischen der Religion und der Rolle des Fürsten in der Gesellschaft wider, sowie auch die tatsächlichen sozialpolitischen Gegebenheiten der Reformation. Die Reformation gedieh und blieb erhalten an den Orten, wo der oder die Herrscher (im Falle der Städte die Stadträte) bestimmten, dass sie es tun soll. Dieses Grundprinzip wurde ein Jahrzehnt später im Augsburger Religionsfrieden von 1555 förmlich artikuliert, in dem der Kompromiss beschlossen wurde: Wer das Land regiert, solle den Glauben bestimmen (cuius regio eius religio). In diesem Zusammenhang könnten wir auch die Zerstörung der ehemaligen, relativ frei stehenden Torgauer Burgkapelle und die Eingliederung der heutigen Torgauer Schlosskapelle in die Bausubstanz des Schlosses als materiellen Ausdruck des Schutzes und der gleichzeitigen Führung der protestantischen Kirche durch den Herrscher ansehen.

Die Malereien in der Neuburger Kapelle rühren stattdessen sowohl vom Wunsch her, eine didaktische Botschaft zu überbringen, als auch vom Bedürfnis, eine gewölbte Decke mit einem flachen Mittelteil optisch wirksam zu gestalten. Die Kombination des Dekorativen mit dem Didaktischen könnte auch im Sinne eines Ideals der Poetik verstanden werden, welche Belehrung gern mit dem Vergnügen verbunden wissen wollte – ein Gedanke, der einem Renaissancefürsten wie Ottheinrich durchaus vertraut war. Den didaktischen Verzierungen in Schloss Neuburg fehlt zudem keinesfalls eine Nachkommenschaft, wie manchmal unterstellt wurde. Vielmehr stellen diese Malereien den Anfang einer neuen dekorativen Tradition dar, welche bis weit ins 18. Jahrhundert hinein in protestantischen Kirchen fortbestehen sollte. Von dieser Tradition zeugen Schlosskapellen, deren Innenräume mit biblischen oder emblematischen Bildfolgen ausgeschmückt sind, wie zum Beispiel in Celle.[23] Die Tradition emblematischer Zyklen setzte sich ebenfalls bis tief ins 17. Jahrhundert fort und war auch weit verbreitet, wie die ausgesprochen interessante Kapelle des Herrenhauses von Magnus Gabriel de la Gardie in Venngarn nahe Uppsala in Schweden zeigt. Dieser von Matthias Holl, Sohn des berühmten Augsburger Architekten Elias Holl, erbaute Raum wurde 1665 von deutschen und schwedischen Malern verziert.[24] Außerdem ist die Art didaktischer Dekoration in den Deckenmalereien von Neuburg mit den umfangreicheren Bildprogrammen in vielen anderen Kirchentypen vergleichbar, darunter die aufwendige protestantische Ikonographie auf den Brüstungstafeln der Emporen in der Friedenskirche zu Schweidnitz (Świdnica).[25]

Einige Gemeinsamkeiten der Torgauer und der Neuburger Kapellen mögen zwar eventuell aus einer ähnlichen gesellschaftlichen Dynamik resultieren – Neuburg hat ebenfalls Emporen, die wahrscheinlich für Höflinge gedacht waren, sowie eine, die direkt mit anderen Räumen im Schloss verbunden war, und beide lassen das gemeine Volk durch Eingänge im Erdgeschoss eintreten. Dennoch gibt es auch signifikante Unterschiede in ihren Grundrissen. Neuburg hat die Form einer etwas unregelmäßigen Raute mit einem schmalen Altarraum an einem Ende. Die Geschichte ungewöhnlicher Grundrisse in der protestantischen Kirchenarchitektur scheint also ihren Anfang in Neuburg genommen zu haben, und nicht in calvinistischen Kirchenkonstruktionen, wie es bisher oft behauptet wurde. Die rautenähnliche Form ist nicht nur ungewöhnlich, sie kann auch als Vorwegnahme zentral geplanter Kirchen angesehen werden, wie sie später für viele

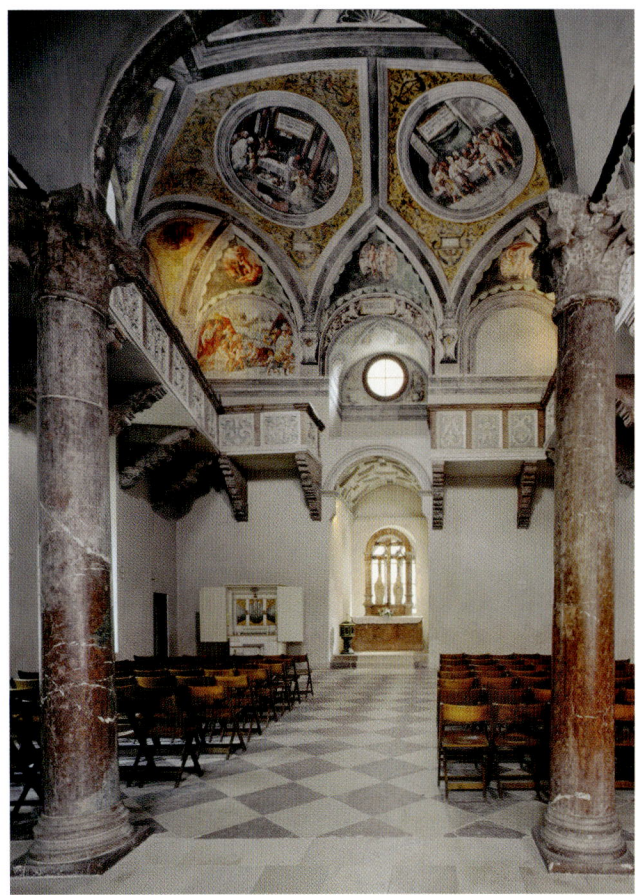

Abb. 6 | Schloss Neuburg: Innenansicht der Schlosskapelle

calvinistische Gemeinden in ganz Europa erbaut wurden. Der Neuburger Grundriss ist möglicherweise der Notwendigkeit geschuldet, die Kapelle an die räumliche Organisation des Schlosses anzupassen. Doch diese Art von Anpassung ist nichts anderes als das, was in anderen Typen von protestantischen Kirchen (vielleicht auch in Torgau) vorgefunden wird, wo nämlich Elemente, die zunächst als architektonische Erfindung angesehen werden, sich als das Ergebnis der Erfüllung anderer Anforderungen herausstellen. Dies ist beispielsweise in der Kirche der von Herzog Friedrich I. von Württemberg gegründeten Idealstadt Freudenstadt der Fall, wo der ungewöhnliche L-förmige Grundriss auf die Anpassung an zwei Seiten eines geplanten Quadrates zurückzuführen ist.[26] Darüber hinaus ist der schmale Altarraum in Neuburg mit denen von Klagenfurt und anderen ursprünglich protestantischen Kirchen vergleichbar. Wir können also die vorläufige Schlussfolgerung ziehen, dass kein Standardmuster für protestantische Kapellen oder Kirchen existierte und dass viele Kirchen, wie die von Klagenfurt, faktisch Elemente aus verschiedenartigen Entwürfen verbinden konnten.

Die Mischform, die aus den hauptsächlichen Elementen der Torgauer Schlosskapelle zutage tritt, besonders wenn diese dem homogeneren Aussehen der Kapelle von Neuburg gegenübergestellt wird, weist ebenfalls darauf hin, dass die protestantische Architektur von vornherein diverse stilistische Eigenheiten besitzen konnte. Deshalb lässt sich kaum ein gemeinsamer Nenner für lutherische Hofkapellen finden, geschweige denn für protestantische Kirchen im Allgemeinen. In Torgau stützen mächtige abgekantete Pfeiler segmentierte Bögen mit stark profilierten Archivolten. Diese könnten mit anderen Arkadenformen verwandt sein, die als deutsche Variante des italienischen Stils erkennbar sind – das, was damals als »antike Manier« bezeichnet wurde und was wir Renaissancestil nennen. Obwohl von der Form her weniger rein als die in Italien gefundenen Exemplare, sind diese Arkaden mit denen an Häusern in Görlitz oder im Hof der bischöflichen Residenz von Freising vergleichbar, die etwa im gleichen Zeitraum oder etwas früher entstanden sind.[27] Andererseits kann das gefaltete oder prismatische Rippengewölbe, dessen dekorative Funktion genauso wichtig gewesen zu sein scheint wie die strukturelle, mit den Formen der »spätgotischen« Architektur in Zusammenhang gebracht werden. Das Gewölbe ist insbesondere mit dem des großen Festsaals der Albrechtsburg in Meißen vergleichbar.[28] Diese Art stilistischer Dualität ist charakteristisch für die hybride »Renaissance-Gotik«, wie sie neulich bezeichnet wurde.[29] Diese Dualität blieb durch die Geschichte des protestantischen Kirchenbaus der Frühen Neuzeit hindurch bestehen.

Denn Kirchen mit gotischen Stilelementen wurden im gesamten 16. Jahrhundert weiterhin gebaut. Herausragende Beispiele, die sich in derselben geographischen Region befinden wie Torgau, sind die Hallenkirchen der Bergbaugebiete Sachsens, darunter die St. Annenkirche in Annaberg.[30] Spätgotische Formen, die denjenigen von Torgau ähneln, sind ebenso in den mächtigen Innenräumen anderer, nichtprotestantischer Kirchen des 16. Jahrhunderts in Mitteleuropa zu finden. Um nur Sachsen und die Lausitz in Betracht zu ziehen, existiert eine Fülle von Hallenkirchen – nicht nur in Annaberg, sondern auch in Kamenz, Bautzen und anderswo.[31] Auch wenn die Torgauer Schlosskapelle der luftigen Struktur und den manchmal riesigen Ausmaßen solcher Bau-

werke nicht entspricht, erzeugt sie ähnliche Wirkungen, nämlich die Herstellung einer freien Fläche und die Schaffung eines ungehinderten Blicks für die Gemeinde sowie die Zusammenfügung des Ganzen zu einem einheitlichen Raum. Die Existenz solcher wichtigen Gebäude könnte auch ein Grund dafür sein, dass Lutheraner (sowie andere Konfessionen) zunächst keine neuen Kirchen erbauten. Im späten 15. und im frühen 16. Jahrhundert waren Kirchen im Überfluss errichtet worden, und viele wurden erst langsam fertiggestellt.

Die Entscheidung für Gewölbe in der herkömmlichen gotischen Form, welche in Hofkapellen wie denjenigen von Wittenberg und Halle vorgefunden werden, zeigt, dass diese Tradition durchaus eine tragfähige Option für Baumeister im zeitgenössischen Sachsen und in anderen deutschen Territorien darstellte. Doch die Verwendung »gotischer« Elemente in neu errichteten Bauwerken in Torgau und anderswo mag auch dazu gedient haben, sich auf lokale Traditionen zu beziehen beziehungsweise das »Deutsche« im Gegensatz zum »Welschen« zu betonen. Die Anwesenheit von »gotischen« Stilelementen in protestantischen Kirchen, nicht nur dort, wo bereits existierende Gebäude ergänzt wurden, wie im sächsischen Freiberg, sondern auch in Orten, wo komplett neue Bauwerke errichtet wurden, wie zum Beispiel die Hauptkirchen in Bückeburg und Wolfenbüttel, bezeugt die anhaltende Vitalität der »Nachgotik.«[32] Damit war man zweifellos bestrebt, eine Verbundenheit mit örtlichen Traditionen darzulegen, wie viele Wissenschaftler angemerkt haben.[33] Zudem könnte ihre Verwendung mehr sein als nur eine Loyalitätserklärung gegenüber der örtlichen Region. Sie könnten eine Verbundenheit mit den sakralen Assoziationen der Gotik als Kennzeichen kirchlicher Architektur darstellen, so wie Luther es möglicherweise meinte, als er Torgau mit dem salomonischen Tempel verglich.

Überdies erhalten nicht nur die Renaissance-Elemente, sondern auch die gotischen Formen in Torgau eine besondere Aura, wenn sie im sächsischen Kontext betrachtet werden. Wie schon erwähnt, zeugt die Torgauer Schlosskapelle teilweise von Einflüssen aus der Albrechtsburg in Meißen, dem ursprünglichen Sitz der sächsischen Kurfürsten. Die Verwandtschaft zwischen Torgau und Meißen zeigt sich ebenfalls in der Ähnlichkeit des Wendelsteins in Torgau mit dem wichtigen (besonders von außen sichtbaren) großen Treppenturm an der Meißner Albrechtsburg.[34] Im Gegenzug können wir fragen, ob solche Elemente wie die Verwendung von Emporen mit Arkaden, so wie sie in der Klagenfurter Stadtkirche existieren, vielleicht auch irgendwelche politi-

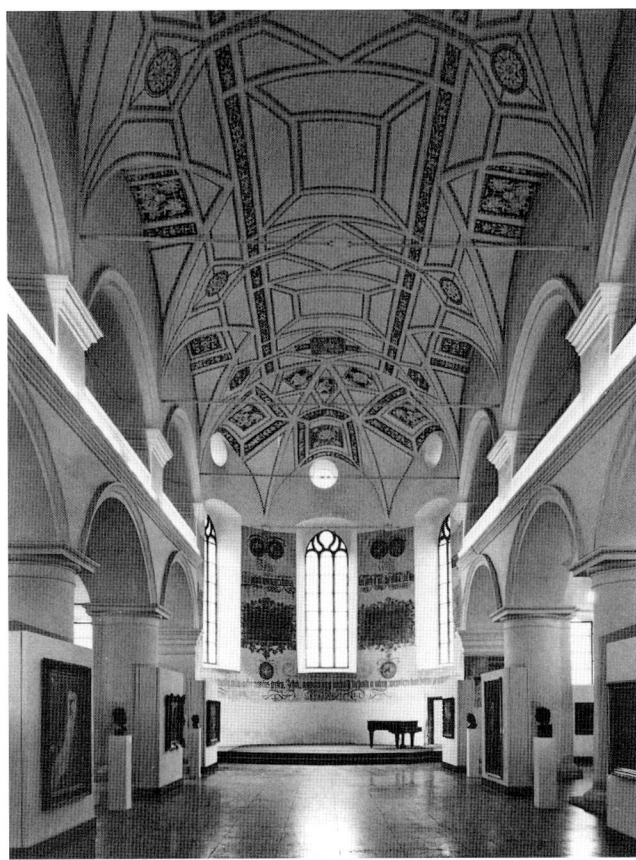

Abb. 7 | Mladá Boleslav: Innenansicht der Brüderkirche

schen Untertöne oder Andeutungen beinhalten. Sie sind als eine eher säkulare Gestaltungsform gedeutet worden, was im Hinblick auf die Tatsache, dass ähnliche Arkaden wie in Torgau auch in Schlosshöfen und -kapellen gefunden werden, auch als legitime Bemerkung betrachtet werden kann. Es sei ebenfalls daran erinnert, dass die Klagenfurter Kirche von der regionalen politischen Instanz, dem Landtag, in Auftrag gegeben wurde, und zwar als Teil eines größeren Projekts, welches ein neues Landhaus, eine Landesschule, und nun auch das Schloss sowie ein damit verbundenes Landesspital vorsah. Arkaden könnten also ein Beispiel für die Anwendung einer klassischen Formensprache darstellen. In diesem Zusammenhang fällt Luthers Vergleich der Torgauer Kapelle mit dem Tempel der Diana in Ephesos wieder ein.

Dies führt uns zu der noch strittigeren Frage des speziellen Charakters lutherischen Kirchenbaus sowie der protestantischen Kirchenarchitektur im Allgemeinen. Sicherlich kann man nur schwer behaupten, dass Besonderheiten von Torgau spezifisch dem Luthertum zuzuschreiben sind. In Mladá Boleslav zum Beispiel ließen die Böhmischen Brüder (Unitas Fratrum oder Jednota Bratrská) 1544 (im Jahr der Einweihung der Torgauer Schlosskapelle) eine Kirche errichten, welche eine ähnliche Bauweise aufwies, nämlich mit doppelgeschossigen Emporen und Arkaden auf mächtigen Pfeilern.[35] Während die Gestaltung der Decke wahrscheinlich auf den Italiener Matteo Borgorelli zurückzuführen ist, ist die Abwesenheit eines Chorraums, das Fehlen von Altarbildern und anderen Gemälden sowie ihre Ersetzung durch Texte und Inschriften mit dekorativer Umrahmung gleichfalls ähnlich. Calvinistische Kirchen haben vergleichbare Wesenszüge. Aus Platzgründen zitieren wir hier als zusammenfassende Bemerkung die hervorragende Beschreibung der Merkmale schottischer Kirchen, die von James White verfasst wurde:

»Die erste dieser Veränderungen betrifft die stärkere Betonung der Kanzel anstelle des Altars als wichtigsten liturgischen Mittelpunkt. Die zweite bezieht sich auf den Übergang zu einem zentralisierten Raum statt einer längs verlaufenden Struktur. Die dritte ist die fast universelle Einführung einer oder mehrerer Emporen, um möglichst viele Menschen möglichst nahe am wichtigsten liturgischen Mittelpunkt zusammenbringen zu können. An vierter Stelle kommt die große Sorge um eine optimale Akustik. Und die fünfte Veränderung betrifft den anikonischen Charakter dieser Gebäude, mit der vollständigen Beseitigung traditioneller christlicher Ikonographie.«[36]

Mit einigen wenigen Modifikationen der Punkte zwei und fünf trifft diese Beschreibung auf viele lutherische Kirchen zu – und sogar auf manche katholische. Dies könnte der Grund sein für Hartmut Mais Behauptung, sächsische Kirchen hätten in Form und Inhalt die mittelalterliche Tradition fortgeschrieben.[37] Es könnte auch die Beziehung zum nahe gelegenen Halle an der Saale erklären. Und es könnte auch die Ursache dafür sein, dass die neuen protestantischen Gemeinden andere Kirchen für ihre Zwecke verwenden konnten, sobald »anstößige« Bilder entfernt worden waren. Es verdeutlicht, wieso eine einzige Kirche nach gewissen Anpassungen von zwei Konfessionen gleichzeitig benutzt werden konnte, so wie es in Danzig (Gdańsk), Bautzen, Augsburg und anderswo aufgrund von bikonfessionellen Vereinbarungen gehandhabt wurde. Die Gebäude eigneten sich durchaus sowohl für die lutherische als auch für die katholische Konfession.[38] Im umgekehrten Fall konnten katholische Gemeinden ohne Weiteres ehemals protestantische Kirchen übernehmen und für ihre eigenen Zwecke verwenden, wie in Klagenfurt.

Die Gestaltung von Kirchen mit Wandpfeilern, wie in Klagenfurt, oder mit Emporen, sowie auch die Errichtung von Hallenkirchen entwickelten sich aus der mittelalterlichen Tradition der Bettelordenskirchen, in denen die Predigt schon an Bedeutung gewonnen hatte und wo die Kanzel wieder eine herausragende Stellung einnahm. Weiträumige Freiflächen für die Gemeinde wurden schon lange hergestellt. Manche besaßen sogar Emporen und Sitzplätze für Fürsten, sowohl in deutschen Landen als auch anderswo. Ein Gemälde von Jacob Seisenegger (Rohrau, Harrach'sche Sammlung) aus dem Jahr 1561 zeigt, wie diese Elemente in zeitgenössischen katholischen Kirchen zusammen wirkten.[39] Im Bild predigt der päpstliche Nuntius Cornelius Musso vor Ferdinand I. und Maximilian II. in der Wiener Augustinerkirche. Indem er auf ein Kruzifix zeigt, könnte man nach lutherischem Verständnis sagen, er predige den gekreuzigten Christus. Jedenfalls modifizierten Jesuiten und andere gegenreformatorische Orden wie die Kapuziner die Kirchengestaltung in der Weise, dass sie Elemente verwendeten, die denen in protestantischen Kirchen vergleichbar waren. Um nur ein berühmtes Beispiel anzuführen: Das Vorhandensein von (doppelgeschossigen) Emporen und einer großräumigen Fläche mit Tonnengewölbe sind die hauptsächlichen Gestaltungsmerkmale der Jesuitenkirche St. Michael in München.[40]

Was lässt sich also als charakteristisch für die protestantische Architektur beschreiben? Wie andere schon angemerkt haben, hat Luther keine klaren Richtlinien bezüglich der Kirchenarchitektur hinterlassen. Das Gleiche gilt für Calvin. Weder er noch irgendein anderer mir bekannter Reformator hat solche Anweisungen gegeben. Dies kontrastiert mit katholischen Erneuerern des 16. Jahrhunderts wie Carlo Borromeo, die umfangreiche Vorschriften zur Kirchengestaltung verfassten.[41] Borromeos Ideen fanden weite Verbreitung und erreichten sogar die beiden amerikanischen Kontinente. Protestantische Kirchen dagegen umfassten eine Vielfalt von Gestaltungsformen, welche sich ohne Weiteres für eine Verwendung auch durch andere Konfessionen eigneten.

Letztendlich ist es wohl einfacher und richtiger festzustellen, dass das, was protestantische Kirchen charakterisiert (mit der Ausnahme von hochanglikanischen Kirchen), eher darin besteht, was in ihnen fehlt – Altarbilder, Devotionalien, Weihwasserbehälter, Votivbilder, Kreuzwegstationen –, als darin, was dort vor-

handen ist. Das Thema könnte also besser als die Geschichte von Architektur für Protestanten bezeichnet werden statt als protestantische Architektur. Die Fragen nach dem Ort, wo Gottesdienste veranstaltet wurden, und nach den Gebäuden, die dafür vorgesehen waren, unterscheiden sich deshalb von den Fragen, die in anderen Beiträgen in diesem Band erörtert werden, darunter auch Diskussionen um protestantische Skulptur oder Malerei. Möglicherweise bleibt uns sogar nur ein Rätsel. Anstatt sich allein mit der Frage zu beschäftigen, wie religiöse Prinzipien in der protestantischen Architektur ausgedrückt werden, muss man scheinbar erwägen, welche sonstigen sozialen, stilistischen, ästhetischen und sogar wirtschaftlichen Einflüsse bei der Errichtung von Kirchen speziell für Protestanten eine Rolle gespielt haben könnten.[42]

ANMERKUNGEN

Der Beitrag des Autors wurde aus dem Englischen in die deutsche Sprache übersetzt. | 1 WA 49, S. 588–613. Für eine Abbildung der Gedenktafel auf die Einweihung der Schlosskapelle durch Luther, die 1545 gegossen und ursprünglich in der Nähe der Kanzel aufgestellt wurde, siehe: Glaube & Macht. Sachsen im Europa der Reformationszeit, Katalog, hrsg. von Harald Marx und Eckhard Kluth, Dresden 2004, S. 257. | 2 Zusätzlich zur ausführlichen Bibliographie in Jan Harasimowicz, Evangelische Kirchenräume der frühen Neuzeit, in: Zwischen Gotteshaus und Taverne. Öffentliche Räume in Spätmittelalter und Früher Neuzeit, hrsg. von Susanne Rau und Gerd Schwerhoff, Köln 2004, S. 413, Anm. 1; siehe auch Kathrin Ellwardt, Kirchenbau zwischen evangelischen Idealen und absolutistischer Herrschaft. Die Querkirchen im hessischen Raum vom Reformationsjahrhundert bis zum Siebenjährigen Krieg, Petersberg 2004; Andrew Spicer, Calvinist Churches in Early Modern Europe, Manchester and New York 2007; Reiner Sörries, Von Kaisers Gnaden. Protestantische Kirchenbauten im Habsburger Reich, Köln 2008; Andrew Spicer (Hrsg.), Lutheran Churches in Early Modern Europe, Farnham, Surrey, England/Burlington 2012. | 3 Vgl. Jan Harasimowicz, Protestantischer Kirchenbau im Europa des 17. und 18. Jahrhunderts, in: Religion und Kultur im Europa des 17. und 18. Jahrhunderts, hrsg. von Peter Claus Hartmann, Frankfurt a. M. 2004, S. 346. | 4 Dieser Beitrag erweitert die allgemeinen Ausführungen in Thomas DaCosta Kaufmann, Court, Cloister and City. The Art and Culture of Central Europe 1450–1800, Chicago 1995, S. 133–137. | 5 Zit. in Hansjochen Hancke, Die Torgauer Schloßkirche und die Burgkapelle St. Martin in Burg- und Schloßkapellen, hrsg. von Barbara Schock-Werner, Stuttgart 1995, S. 137. | 6 Vgl. Hans-Joachim Krause, Die Schlosskapelle in Torgau, in: Glaube & Macht. Sachsen im Europa der Reformationszeit, Aufsätze, hrsg. von Harald Marx und Cecilie Hollberg, Dresden 2004, S. 176 und 179. | 7 Vgl. Krause, Die Schlosskapelle (wie Anm. 6), S. 176. 2014 befand sich das Altarbild wieder in Dresden in der Obhut der Denkmalpflege; anscheinend soll es später an seinen ursprünglichen Standort in der Schlosskapelle zurückkehren. Diese wird gegenwärtig wiederhergestellt. | 8 Vgl. Krause, Die Schlosskapelle (wie Anm. 6), S. 180. | 9 Vgl. Friedrich Blume und Ludwig Finscher, Geschichte der evangelischen Kirchenmusik, Kassel 1965; Andrew Pettegree, Reformation and the Culture of Persuasion, Cambridge 2005, S. 40–54. | 10 Sergiusz Michałski, The Reformation and the Visual Arts. The Protestant Image Question in Western and Eastern Europe, London 1993, S. 39. | 11 Ebd., S. 39. | 12 WA TR 5, S. 533, Nr. 6197. | 13 Für Bilder und Literaturangaben siehe Hugo Johannsen, The Protestant Palace Chapel. Monument to Evangelical Religion and

Sacred Rulership, in: Signs of Change. Transformations of Christian Traditions and their Representation in the Arts, 1000–2000, Amsterdam/New York 2004, S. 137–164; Jan Harasimowicz, Protestantischer Kirchenbau (wie Anm. 3), S. 333–334, 355–356; Kornelia von Berswordt-Wallrabe, Schloss Schwerin. Inszenierte Geschichte in Mecklenburg, Berlin 2009, S. 21–24. **| 14** Vgl. Wilhelm Deuer, Die protestantische Dreifaltigkeitskirche in Klagenfurt und ihre Umwidmung in eine Jesuitenkirche, in: France Martin Dolinar (Hrsg.), Katholische Reform und Gegenreformation in Innerösterreich 1564–1628, Graz, Wien, Köln 1994, S. 637–654. **| 15** Vgl. Harasimowicz, Protestantischer Kirchenbau (wie Anm. 3), S. 337. **| 16** Vgl. ebd., S. 344 f. **| 17** Vgl. Vlasta Kratinová, Telč. Historické město jižní Moravy, Prag 1992, S. 94. **| 18** Vgl. Michałski, The Reformation and the Visual Arts (wie Anm.10), S. 40. **| 19** Vgl. Ivan Muchka, Valdštejnský palace, Praha 1996, S. 28–34. **| 20** Vgl. Stadtplanung Wien, Magistratsabteilung 18 und 19 und dem Architektur Zentrum Wien (Hrsg.), Architektur Wien. 500 Bauten, Wien 1997, S. 80–82. **| 21** Vgl. Alfred Schmidt, Die Schloßkirche zu Wittenberg, Wittenberg 1914; Heinrich L. Nickel (Hrsg.), Die Maria-Magdalenen-Kapelle der Moritzburg zu Halle, Halle an der Saale 1999. **| 22** Vgl. Friedrich Kaeß, Die Schloßkapelle in Neuburg an der Donau, Weissenhorn 1977; Susanne Kaeppele, Die Malerfamilie Bocksberger aus Salzburg. Malerei zwischen Reformation und italienischer Renaissance, Salzburg 2003, S. 20–61. **| 23** Vgl. Juliane Schmieglitz-Otten (Hrsg.), Die Celler Schlosskapelle, München 2012. **| 24** Vgl. Ingrid Rosell, Slottskyrkor. En spegel av 1600-talsmäniskan och tiden, Västervik 2000. **| 25** Vgl. Gerhard Hultsch, Der Evangelische Kirchbau Schlesiens von der Reformation bis zur Gegenwart, Düsseldorf 1954, S. 28, Abb. 39–42. **| 26** Vgl. Hans Rommel und Georg Kopp, Die Stadtkirche von Freudenstadt, Freudenstadt 1963. Die Anmerkung zum Grundriss speziell der Neuburger Kirche bietet eine alternative Sicht auf die Genealogie solcher ungewöhnlichen Grundrisse im Vergleich zu der von Harasimowicz angeführten Auffassung. **| 27** Vgl. Henry Russell-Hitchcock, German Renaissance Architecture, Princeton 1981, S. 30–32, 60–64. **| 28** Vgl. Ernst Ullmann, Von der Romantik bis zum Historismus. Architektur – Stil und Bedeutung, Leipzig 1987, S. 92–94. **| 29** Vgl. Ethan Matt Kavaler, Renaissance Gothic. Architecture and the Arts in Northern Europe, 1470–1540, New Haven, CT 2012. **| 30** Vgl. Klaus Kratzsch, Bergstädte des Erzgebirges. Städtebau und Kunst zur Zeit der Reformation, München/Zürich 1972, S. 109–126. **| 31** Vgl. Georg Dehio, Handbuch der Deutschen Kunstdenkmäler. Sachsen I, Regierungsbezirk Dresden, München/Berlin 1996, S. 25–31, 471–75; Friedrich und Helga Möbius, Sakrale Baukunst. Mittelalterliche Kirchen in der Deutschen Demokratischen Republik, Berlin 1963, S. 165 f. **| 32** Henry Russell-Hitchcock, German Renaissance Architecture, Princeton 1981, S. 216; Thorsten Albrecht, Die Bückeburger Stadtkirche, Petersberg 1999; Die Abhandlung der Kirche in Wolfenbüttel in einem älteren Werk, G. Spies, Geschichte der Hauptkirche B.M.V. in Wolfenbüttel, Wolfenbüttel 1914, verdient erneute Aufmerksamkeit im Rahmen einer Monographie. **| 33** Siehe zum Beispiel DaCosta Kaufmann, Court, Cloister and City (wie Anm. 4), S. 117–118. **| 34** Vgl. ebd., S. 155. Die folgende Bemerkung erscheint ebenfalls dort. **| 35** Vgl. Ferdinand Seibt (Hrsg.), Renaissance in Böhmen, München 1985, S. 193–195. **| 36** James White, From Protestant to Catholic Plain Style, in: Seeing Beyond the Word. Visual Arts and the Calvinist Tradition, hrsg. von Paul Corby Finney, Michigan/Cambridge, U.K. 1999, S. 460. **| 37** Vgl. Heinrich Magirius und Hartmut Mai, Dorfkirchen in Sachsen, Berlin 1985, S. 37. **| 38** Katarzyna Cieślak, Między Rzymym, Wittenbergą a Genewą: Sztuka Gdańska jako Miasto podzielonego wyznaniowo, Wrocław 2000; Dehio, Handbuch der Deutschen Kunstdenkmäler (wie Anm. 31), S. 25–31; Emily Fischer Gray, Lutheran Churches and Confessional Competition in Augsburg, in: Lutheran Churches in Early Modern Europe, hrsg. von Andrew Spicer, Farnham 2012, S. 39–62. **| 39** Vgl. Kurt Löcher, Jakob Seisenegger. Hofmaler Kaiser Ferdinands I., München 1962, Abb. 50. **| 40** Vgl. Jeffrey Chipps Smith, Sensuous Worship. Jesuits and the Art of the early Catholic Reformation in Germany, Princeton 2002, S. 77–102. **| 41** Vgl. Charles Borromeo, Arta sacra (de fabrica ecclesiae), Milano 1952; Susanne Mayer-Himmelheber, Bischöfliche Kunstpolitik nach dem Tridentinum. Der Secunda-Roma-Anspruch Carlo Borromeos und die mailändischen Verordnungen zu Bau und Ausstattung von Kirchen, München 1984. **| 42** Ich bedanke mich bei Holly K. Borham für ihre Hilfe bei der Vorbereitung dieses Beitrags zur Publikation.

was auff diß drey vnd zwayntzigist vnnd zum teyl vier vnd zwayntzigist iar des

hymmels lauff künfftig seyn außweyß. Doctoris
Joannis Copp vrteyl.

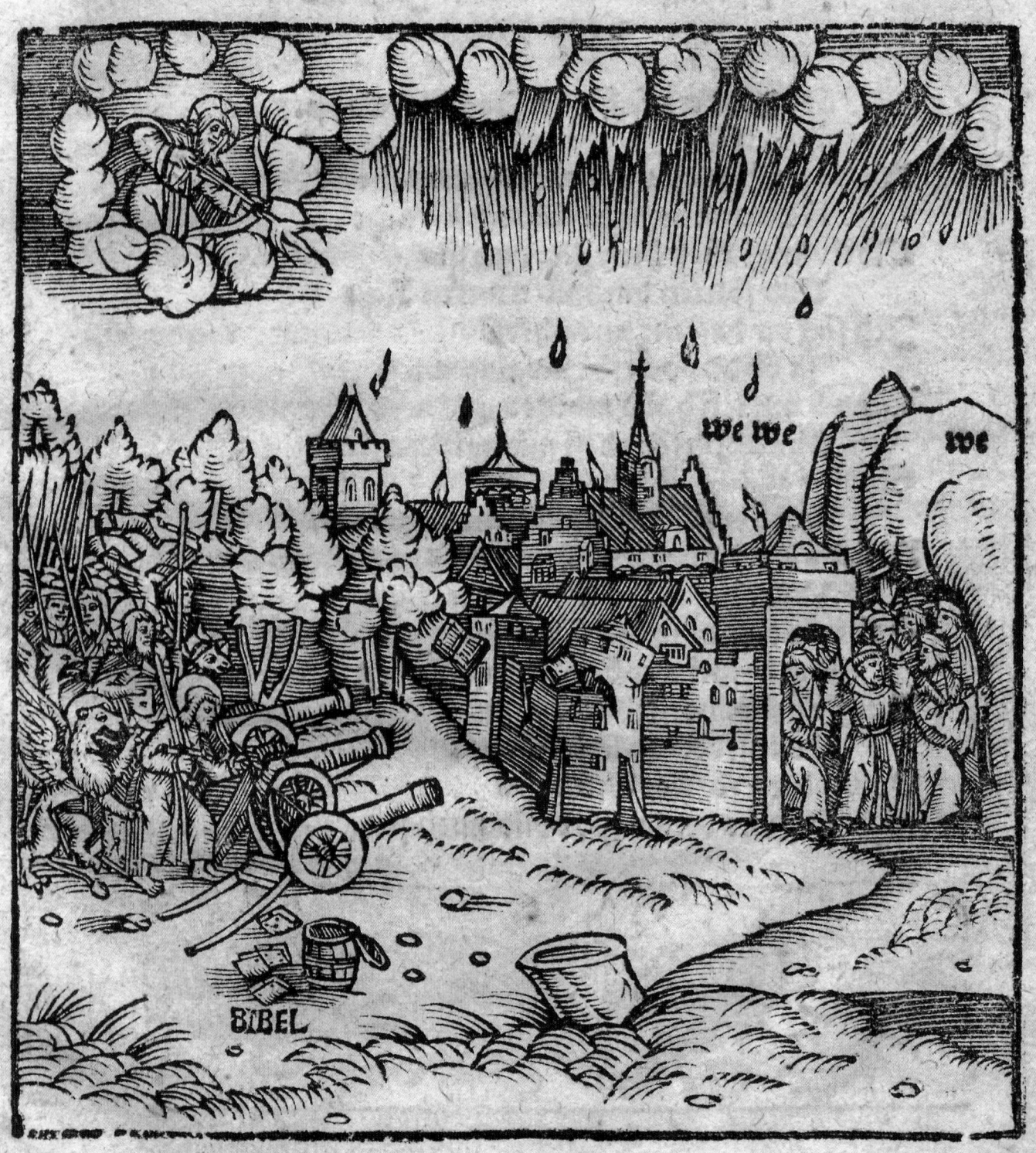

we we · we

BIBEL

FRANZ-HEINRICH BEYER

BILDERFLUT

FLUGBLÄTTER UND ILLUSTRIERTE FLUGSCHRIFTEN ALS SPIEGEL
DER KONFESSIONELLEN AUSEINANDERSETZUNG

Illustrierte Flugblätter und Flugschriften waren in der konfessionellen Auseinandersetzung in der ersten Hälfte des 16. Jahrhunderts außerordentlich wirksame Medien. Flugblatt und Flugschrift stehen als Printmedien neben den anderen Medien der Zeit: den mündlichen Formen der Agitation, etwa Gesprächen im Wirts- oder im Zunfthaus sowie der Predigt, oder aber dem Gesang in all seinen Facetten vom Schmählied bis zum Choral und dem Fastnachtspiel. Das Zusammenwirken all dieser Medien bei der Vermittlung reformatorischer Inhalte an eine schichtenübergreifende Adressatenschaft, bei der auch der gemeine Mann und die Frauen erreicht wurden, bewirkte in den frühen 1520er-Jahren die Herausbildung einer bisher nicht gekannten Form von Öffentlichkeit, die mit dem Begriff der »reformatorischen Öffentlichkeit«[1] gekennzeichnet wird.

FLUGBLÄTTER UND FLUGSCHRIFTEN
ALS PUBLIZISTISCHE MEDIEN

Gemeinsames Kennzeichen von Flugblatt und Flugschrift ist ihre erkennbare Wirkungsabsicht in einer konkreten Konstellation. Beide Medien sind darauf ausgerichtet und angewiesen, im Kolportagehandel vertrieben zu werden. Der ambulante Händler traf auf Märkten, vor der Kirche und im Wirtshaus auf seine potentielle Kundschaft. Durch das Aussingen beziehungsweise Ausrufen wurde nicht nur die Aufmerksamkeit des Publikums für die feilgebotenen Produkte geweckt, sondern die leseunkundige Zuhörerschaft wurde vor allem mit den Inhalten der Flugblätter, aber auch der Flugschriften vertraut gemacht.[2]

Den anderen aufgeführten Medien gegenüber ist den Printmedien Flugblatt und Flugschrift eigentümlich, dass sie ihre Wirkung auch unabhängig von der personalen Anwesenheit entfalten, nämlich einerseits in der privaten Sphäre sowie andererseits in der unstrukturierten Öffentlichkeit an allgemein zugänglichen Orten. Das illustrierte Flugblatt etwa kann als plakatartiger Anschlag an Kirchentüren oder in Innenräumen von Wirtshäusern oder auch als einziger Schmuck im Innendeckel einer ärmlichen Gesindetruhe vorgestellt werden.[3]

Obwohl beide zu den Druckmedien zählen, sind Flugblatt und Flugschrift doch ihrer Erscheinung nach und in ihrer Wirkungsweise deutlich zu unterscheiden. Das illustrierte Flugblatt besteht aus einem einseitig gedruckten, hochformatigen ganzen oder halben Druckbogen mit Titel, Bild und Text. Titel und Text sind in Typendruck gesetzt. Das Bild ist in der Technik des Holzschnitts verfertigt.[4] Bereits im 15. Jahrhundert gab es Einblattdrucke, wenn auch zunächst ausschließlich texthaltige. Etwa seit 1480 sind auch illustrierte Flugblätter auszumachen. Seitdem ist das hier anzutreffende Bild-Text-Gefüge zu dem Charakteristikum des illustrierten Flugblatts geworden. Dabei kann das Bild den Text lediglich illustrieren oder aber auch eine eigenständige Bildgeschichte bieten, der dann der Text zugeordnet ist. Die Bilder der illustrierten Flugblätter haben mehrere Funktionen: die Aufmerksamkeit des Rezipienten zu erregen, in suggestiver Weise Meinungen zu vermitteln sowie abstrakte oder kom-

Abb. 1 | Johannes Copp, Was auff disz drey vnd zwayntzigist vnnd zcum teyl vier vnd zwayntzigist iar des hymmels lauff kuenfftig seyn außweyß. Doctoris Joannis Copp vrteyl, Erfurt: Mathes Maler 1522, Titelholzschnitt, Ex. Österreichische Nationalbibliothek Wien, Sign 8736-B

plexe Inhalte anschaulich werden zu lassen. Voraussetzung für die Wirksamkeit solcher Flugblätter war die gut ausgebildete »Fähigkeit, Bilder zu lesen, bildgetragene Anspielungen nachzuvollziehen, auch Veränderungen konventioneller Bildformeln wahrzunehmen«[5]. Auf der Grundlage der bislang bekannten erhaltenen Flugblätter aus dem 16. Jahrhundert kann die Zeit von 1520 bis 1525 als ein erster Höhepunkt der Flugblattpublizistik beschrieben werden.

Flugschriften sind demgegenüber kurze, ungebundene Schriften, meist im Quart- oder Oktavformat, im Umfang von vier bis 16 Seiten, zum Teil mit einem Holzschnitt auf der Titelseite versehen. Sie sind schon in der zweiten Hälfte des 15. Jahrhunderts in verschiedenen Auseinandersetzungen als Streitschriften gestaltet worden. Einen ersten Höhepunkt dessen stellte der Reuchlin-Streit mit den »Dunkelmännerbriefen« dar. Dabei wurden auch Titelillustrationen mit einbezogen. Einen Zenit erlebte die Flugschriftenproduktion in dem Jahrzehnt von 1517 bis 1527, mit einer Spitzenproduktion im Jahr 1523. Die (illustrierte) Flugschrift ist ein bedeutendes, wahrscheinlich gar das wichtigste effizient genutzte publizistische Medium der reformatorischen Bewegung. Dabei erlangte der Titelholzschnitt oft eine selbstständige Wirksamkeit, mehr oder weniger abhängig vom literarischen Inhalt der Flugschrift. Zu den wesentlichen Unterschieden zwischen illustriertem Flugblatt und Flugschrift zählen neben der äußeren Erscheinung die länger dauernde Produktionszeit von Flugschriften, ihr höherer Anschaffungspreis sowie ihre alleinige Textbezogenheit, die sie beinahe ausschließlich an ein lesefähiges Publikum gerichtet erscheinen lassen. Obwohl dessen Anteil nur bei fünf bis zehn Prozent der Bevölkerung gelegen hat, gilt die Flugschrift als das dominante Medium zur Durchsetzung reformatorischer Ideen. Titelholzschnitte von Flugschriften sind wegen ihrer motivischen Nähe zu den Holzschnitten auf illustrierten Flugblättern innerhalb der konfessionellen Auseinandersetzung von einigem Interesse. Allerdings ist die genauere Befassung mit den Titelholzschnitten aus jener Zeit bislang nur sporadisch erfolgt und stellt ein Desiderat der Forschung dar.[6]

Die Wirkungsabsicht der illustrierten Flugblätter, die die konfessionelle Auseinandersetzung aufnehmen, sowie der entsprechenden Flugschriftenillustrationen ist nicht in erster Linie Wissensvermittlung, sondern vielmehr meinungsbildende Belehrung. Diese wird erreicht, indem der (ideologische) Gegner verspottend oder karikierend dargestellt und durch die sichtbar gemachte Verbindung zu traditionellen Symbolen für das Böse beziehungs-

weise das Widerchristliche denunziert wird.[7] Demgegenüber wird die eigene Position durch die im Bild gezeigte Verbindung zu religiösen (biblischen) Autoritäten – Gottvater, Christus, Evangelistensymbole – oder zum Verkünder des Gotteswillens in der Gegenwart – Martin Luther – als schriftgemäß und darum als wahr und richtig charakterisiert. Diese Darstellungsweise kann bei der Textgestaltung auf illustrierten Flugblättern ihre Entsprechung und ihre Untermauerung finden, indem etwa bereits im Titel der Bibelbezug ausgewiesen wird. Neben den Textkolumnen unter dem Holzschnitt sind häufig Marginalien mit Bibelstellen angeordnet. Dabei geht es nicht nur um die konkrete einzelne Bibelstelle, sondern durch die Vielzahl von Bibelstellen und ihre blockhafte Anordnung wird das Sola-Scriptura-Prinzip auch optisch dargestellt.[8] Von daher ist einsichtig, dass vielen Flugblättern als Leitstruktur die Antithese zugrunde liegt. »Pro und contra werden durch eine Gut-Böse-Dichotomie dargestellt, bei der sich Bild- und Texthälften in ihren Details jeweils antonymisch entsprechen: Himmelfahrt vs. Höllenfahrt, christliche vs. unchristliche Predigt, christliche Praxis vs. unchristliche Praxis, Christusrede vs. Papstrede usw.«[9] Charakteristisch für die Flugblattillustrationen ist die Vielzahl traditionell vertrauter ikonographischer Motive, die jedoch in einem veränderten Kontext beziehungsweise mit veränderter Attribuierung der einzelnen Bildelemente begegnen. Für die Wirksamkeit der Flugblätter ist sicherlich von entscheidender Bedeutung, dass zum einen von einer Konvention der Bilderfahrung ausgegangen werden kann und zum anderen die bei den Rezipienten gut ausgebildete Fähigkeit vorauszusetzen ist, bewusste Veränderungen dieser konventionellen Bildformeln wahrzunehmen.[10]

DIE KENNZEICHNUNG DER KONFESSIONELLEN GEGNER SOWIE DER EIGENEN REFORMATORISCHEN POSITION MIT BILDLICHEN MITTELN

Ein solches konventionelles Motiv ist das von Hirte und Schafherde sowie deren Bedrohung durch Wölfe. In Fabeln und Märchen, vor allem aber auch in der biblischen Tradition, ist dieses Motiv fest verankert. Deshalb ist es auch als ikonographisches Thema in der Kunst vertraut. Schon früh ist es in der christlichen Tradition auf das Hirtenamt des Geistlichen, insbesondere auf

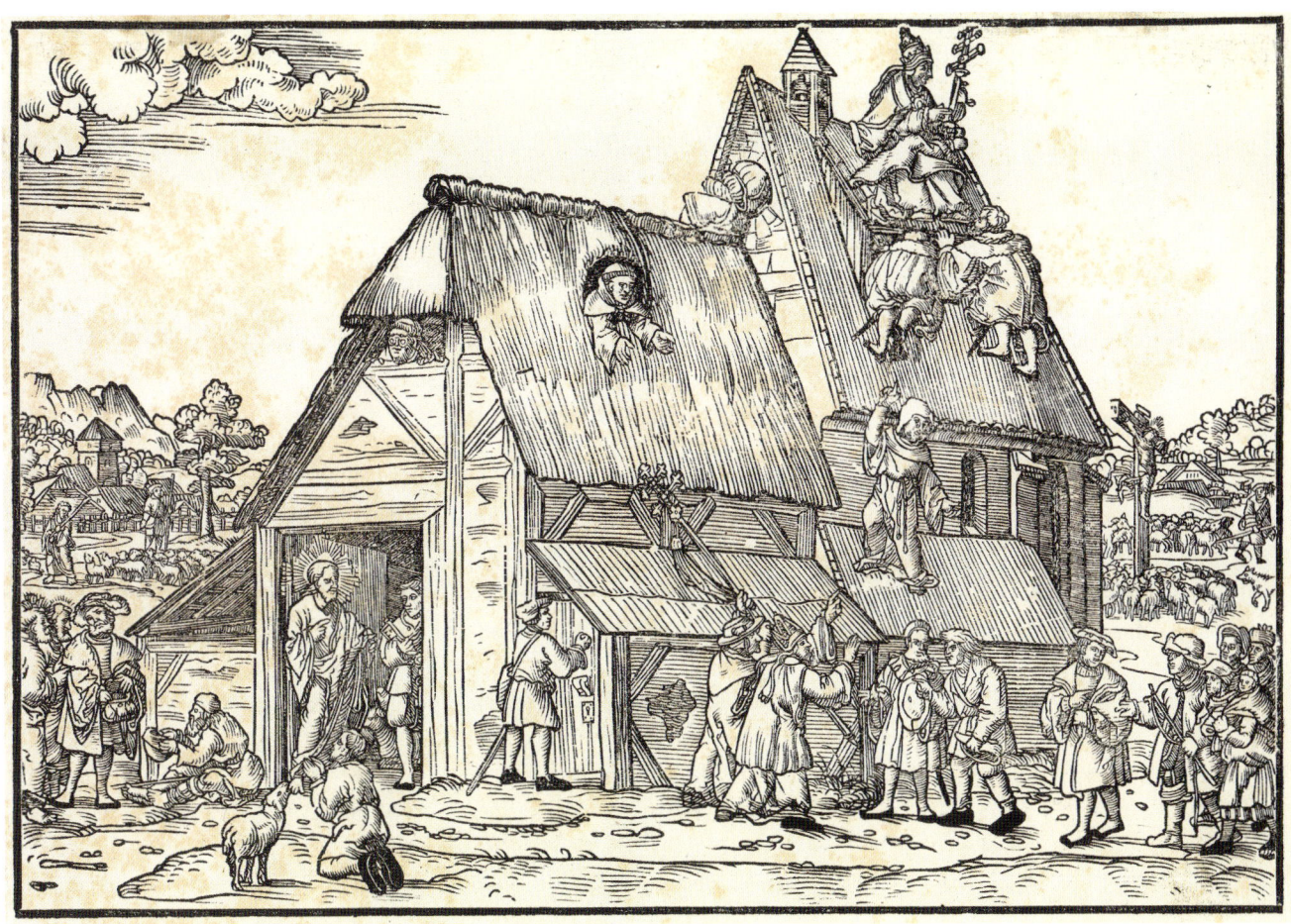

Abb. 2 | Die rechte und die falsche Tür in den Schafstall, Barthel Beham, Holzschnitt, um 1527 oder um 1540,
20 × 31,4 cm, Germanisches Nationalmuseum Nürnberg, Graphische Sammlung, Inv.-Nr. HB 24

dessen Predigttätigkeit bezogen worden. Diese Beziehung wird auch durch das Wort Jesu an Petrus deutlich (Joh 21,16): »Weide meine Schafe!« Eingeschlossen in diese Vorstellung von dem fürsorgenden Handeln des Hirten ist, dass dieser die Schafe gegenüber den reißenden Wölfen verteidigt, auch um den Preis des eigenen Lebens. »Ich bin der gute Hirte. Der gute Hirte lässt sein Leben für die Schafe. Der Mietling aber [...] sieht den Wolf kommen und verlässt die Schafe und flieht; und der Wolf erhascht und zerstreut die Schafe« (Joh 12,11 f.).

Die Vorstellung von den Geistlichen als Hirten, denen die Schafe anvertraut sind, und die entsprechende Bildgestalt waren gewiss tief verwurzelt. Veränderungen dieser konventionellen Darstellung begegneten nun in Holzschnitten, auf Flugblättern und Flugschriften und wurden zu wirkmächtigen Bildmotiven der reformatorischen polemischen Publizistik.[11] Eine Veränderung ist zunächst darin zu sehen, dass nunmehr allein Christus, symbolisiert durch den Kruzifixus, manchmal auch durch das Lamm Gottes, als Hirte der Schafe dargestellt ist. Die räuberischen Wölfe werden durch die Zufügung von Attributen geistlicher Würdenträger beziehungsweise römischer Religionspraxis charakterisiert. Damit wird die verbreitete und seit dem Hochmittelalter stets erweiterte Warnung vor dem trickreichen, gefährlichen Gegner im Bild vom »Wolf im Schafspelz« um eine weitere Variante ergänzt. Somit ist auch eine Aktualisierung des entsprechenden

Jesuswortes gegeben: »Sehet euch vor vor den falschen Propheten, die in Schafskleidern zu euch kommen, inwendig aber sind sie reißende Wölfe« (Mt 7,15). Die »Schafskleider« sind in den dazugehörigen Darstellungen die Abzeichen des geistlichen Standes. Die Geistlichen werden gleichsam als räuberische Wölfe enttarnt, als Bedrohung für die Schafherde und den Hirten und damit letztlich als Feinde Christi identifiziert.[12]

Entsprechende Bildgestaltungen finden sich schon auf Titelholzschnitten von Flugschriften seit 1521,[13] dann auch als Flugblattillustrationen.[14] Auf einem Barthel Beham zugewiesenen Flugblattholzschnitt, zu dem sich kein Text erhalten hat, sind mehrere Motive antirömischer Polemik zu erkennen (Abb. 2).[15] Links und rechts im Hintergrund ist das Thema Hirte und Herde in Bilder gefasst: Links oben, vor einem Anwesen, ist die Schafherde dargestellt, von dem dabeistehenden Hirten bewacht. Zugleich geht ein Hirte (Christus?) nach links, dessen »Stimme« die Schafe folgen (vgl. Joh 10,2–4). Ganz rechts drängt sich die Schafherde um den »guten Hirten«, das heißt um den Kruzifixus, denn von rechts bedrohen Wölfe die Herde. Zugleich ist dahinter eine Schafherde zu sehen, deren Hirte – der »Mietling« – weggeht und sie schutzlos zurücklässt (vgl. Joh 10,11–13). Dieses Grundmotiv von Hirte und Herde sowie deren Bedrohung durch die Wölfe wird noch einmal auf einem anderen Flugblatt im Bild verändert: Hier will Gott selbst seiner Herde beistehen, indem er Hilfe gibt beziehungsweise einen Helfer schickt, der den gierigen Wölfen Einhalt gebietet.[16] Dieser Helfer kann durch seine Darstellung im Holzschnitt als Martin Luther identifiziert werden. Zu dieser Zeit waren bereits etliche Bilder von Luther im Umlauf, sodass seine Identifizierung leicht möglich war. Kennzeichnend für die Lutherbilder der frühen 1520er-Jahre sind seine Darstellung im Mönchsgewand und der Bezug auf das Wort Gottes durch die Bibel, welche er in den Händen trägt.

Eine radikal andere Gestaltung des bekannten Bildmotivs, das in dem antagonistischen Verständnis von Schaf und Wolf gründet, dieses aber nun konsequent umkehrt, begegnet auf einem späteren Flugblatt.[17] Hier werden Wölfe, versehen mit Attributen kirchlicher Würdenträger, von zum Teil bewaffneten Schafen wie bei einer Treibjagd in Fangnetze getrieben. Die Schafe, im Allgemeinen mit Schwäche und Hilflosigkeit assoziiert, erhalten und zeigen hier Stärke, weil sie sich auf die Autorität der reformatorischen Seite, auf das Wort Gottes berufen können – denn Mose, Paulus, Petrus und die vier Evangelisten sind ebenfalls im Rücken

der Schafe an der Treibjagd beteiligt. Es ist bemerkenswert, dass Luther hier nicht dargestellt ist. Hier wird Bewährtes aus dem Bereich der Fabel und aus dem Bildbereich der »verkehrten Welt« kombiniert und durch die Attribuierungen aktualisiert. Es gibt zahlreiche Beispiele in gleichzeitigen Flugblättern, auch ohne konfessionellen Bezug, die nach demselben Muster gestaltet sind und zum Beispiel zeigen, wie Hasen den Jäger fangen und ihn braten.

Die dominanten Motive im Zentrum des Flugblattholzschnitts von Barthel Beham zeigen einen noch klareren antithetischen Aufbau: Links steht ein Fachwerkgebäude mit Strohdach, der Schafstall, mit geöffneter Tür. Rechts anschließend und den Schafstall überragend befindet sich ein aus Steinen gemauertes Kirchengebäude mit Strebepfeilern, großen Fenstern und einem Glockenträger. Dieser antithetischen Darstellung zugrunde liegt die Dichotomie von der wahren christlichen Existenz, die kein Kirchengebäude benötigt, und von dem Kirchengebäude als Inbegriff von Werkgerechtigkeit, von klerikaler Anmaßung sowie von unchristlicher Prachtentfaltung.[18] Eine sehr klare Darstellung hat diese Dichotomie auf einem Holzschnitt von Hans Holbein dem Jüngeren erhalten.[19] Auf der linken Seite, in offener Landschaft, wendet sich Gottvater voller Erbarmen den demütigen, ihre Sünden bekennenden Menschen zu – dargestellt sind die alttestamentlichen Vorbilder David und Manasse wie auch der reuige Christ (OFFEN SVNDER). Auf der rechten Seite, in einem Kirchenraum, übergibt der thronende Papst Ablassbriefe, während im Vordergrund der Ablasshandel stattfindet – Inbegriff der Anmaßung der römischen Kirche, an Gottes statt Sündenvergebung zu praktizieren.

Von daher ist der enge Zusammenhang dieses Bildmotivs mit der antithetischen Gegenüberstellung von Christus und dem Papst offensichtlich. Auf dem Beham'schen Flugblattholzschnitt steht Christus in der offenen Tür des Schafstalls – »Ich bin die Tür zu den Schafen« (Joh 10,7c). Der Papst hingegen thront in vollem Ornat auf einer Mansarde des Kirchendachs. Unter ihm knien zwei Fürsten und leisten den Fußkuss. Mit dieser Darstellung begegnet ein weiteres papstkritisches Motiv, das bereits aus vorreformatorischer Zeit bekannt ist, sich aber nur auf diesem Flugblatt sowie in einigen Flugschriftenillustrationen findet.[20]

Das Kirchengebäude aus Stein als Symbol für die römische, antichristliche Kirche wird auch auf dem Titelholzschnitt der Flugschrift von Johannes Copp, *Was auff diss drey vnd zwaynt-*

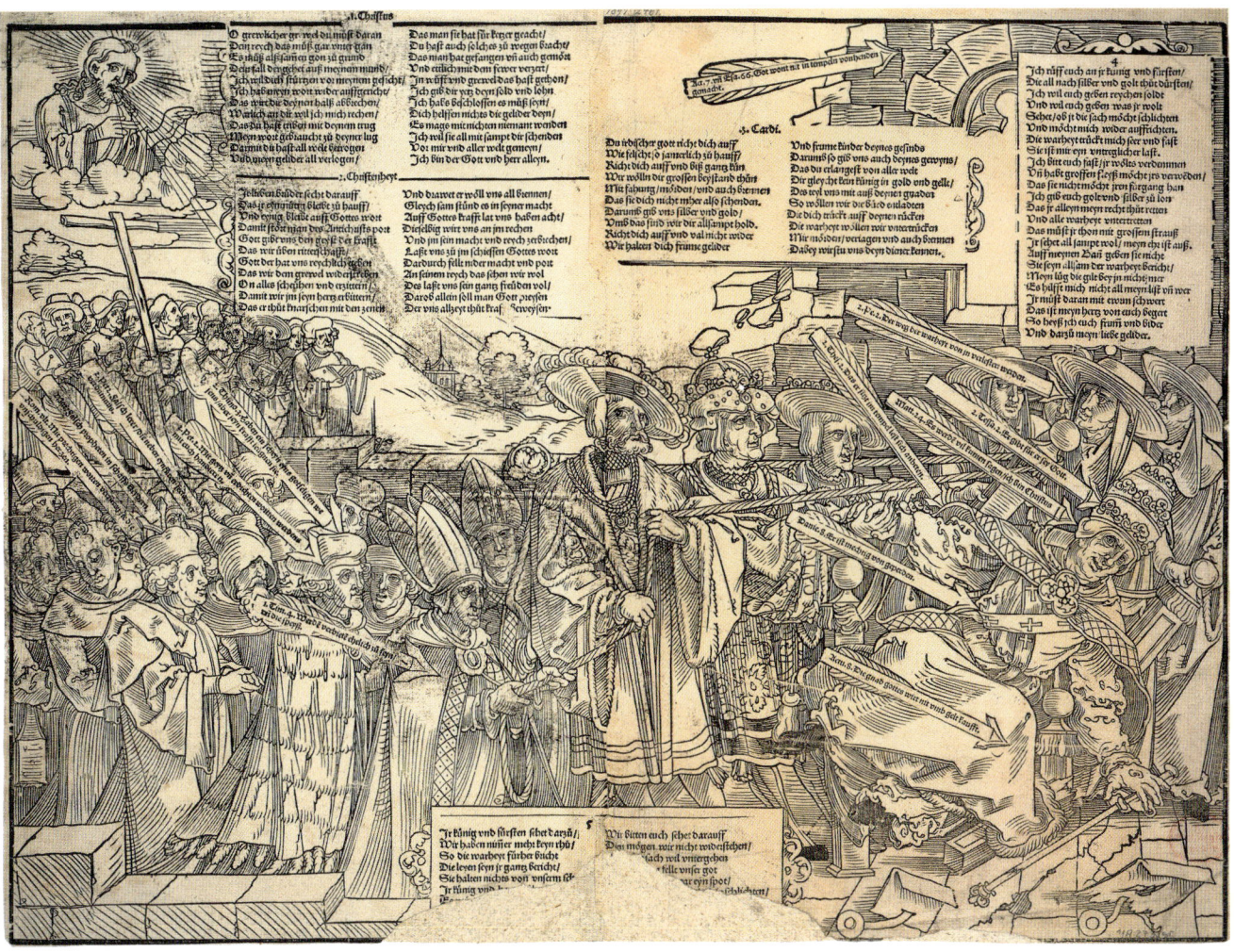

Abb. 3 | Der Sturz des Papsttums, Hans Sebald Beham, um 1525,
Holzschnitt und Typendruck, 34,3 × 47 cm, Staatsbibliothek zu Berlin, Sign. X a 273

zigist [...] aus dem Jahr 1522 deutlich (Abb. 1).[21] Diese Flugschrift gehört in die Reihe der astrologischen Schriften zur Sintflutdebatte der Jahre 1521 bis 1524. Im Text begegnen sich astrologische Vorhersage, biblische Endzeitprophetie und eine radikalreformatorische Propaganda. Dieser Intention entspricht auch der Titelholzschnitt der Erstausgabe der Schrift, indem hier die Selbstmächtigkeit der Bibel dargestellt wird. Der Holzschnitt zeigt eine wehrhafte Stadt mit einem dominierenden Kirchengebäude darin. Die ersten Befestigungen brechen zusammen. Angesichts dessen verlassen die erschrockenen Bewohner, es

sind Geistliche und Mönche, die einstürzende Stadt. Die Zerstörung wird durch zwei Ereignisse bewirkt: Gottvater, in der Wolkengloriole, richtet den Zornespfeil auf die (gottlose) Stadt, und ein Unwetter geht auf diese nieder. Zum anderen aber wird das Zerstörungswerk von Geschossen bewirkt, die von Kanonen auf der linken Seite abgefeuert werden. Die Geschosse sind Bücher, die Bibel, Gottes Wort.[22] Die Geschütze werden von Paulus, den vier Evangelisten und Christus »geladen«. So wird für den Betrachter deutlich: Das Zusammenbrechen der Gebäude ist die Wirkung des Wortes Gottes. Das Wort

Gottes ist in der Gegenwart da und für alle Christen zugänglich. Es ist in den reformatorischen Flugschriften und Flugblättern, in den reformatorischen Predigten gegenwärtig. Und es zerstört die Formationen des Alten und treibt deren Anhänger in die Flucht.

Das Symbol des steinernen Kirchengebäudes steht ebenso im Mittelpunkt eines Nürnberger Flugblatts, das wohl aus dem Jahr 1525 stammt (Abb. 3).[23] Auch hier ist ein im Verfall befindlicher Kirchenraum im Zentrum. Links knien zahlreiche Priester, Mönche und Bischöfe. Auf der rechten Seite thront der Papst, umstanden von Kardinälen, auf einem Stuhl, der am Zusammenbrechen ist. Der endgültige Sturz des Papstes hängt im wahrsten Sinne des Wortes an einem Seil, das an einem Stuhlpfosten befestigt ist und von dem in der Bildmitte überdimensional dargestellten Fürsten und einem Bischof gehalten wird. Am linken oberen Bildrand ist Christus dargestellt, von dessen Mund Strahlen beziehungsweise gefiederte Pfeile ausgehen. Sie enthalten jeweils einen Bibelvers und treffen sowohl auf den Papst und andere Kleriker als auch auf die zerbröckelnde Kirchenmauer. Auch hier ist es das Wort Gottes, welches das steinerne Kirchengebäude zum Einsturz bringt und den Fall des Papstes bewirkt. Außerhalb in freier Landschaft ist »die Christenheit« versammelt, wobei etliche der Dargestellten Bibeln in den Händen halten. Das Bild erscheint wie ein Appell an die Fürsten, sich ihrer Rolle bewusst zu werden und sich für das Richtige zu entscheiden – nämlich, das Wort Gottes sein Werk vollenden und darum den Papst zu Boden stürzen zu lassen, sich also dem Wirken des Wortes Gottes nicht weiter zu verweigern.

Bei den Flugblättern mit der Jagd der geistlichen Wölfe durch bewaffnete Schafe, dem stürzenden Papst in dem zerfallenden Kirchengebäude sowie dem Titelholzschnitt zu Copps Sintflut-Flugschrift ist eine gemeinsame Intention erkennbar: Das Wort Gottes beziehungsweise das Wort Christi, also das Evangelium, ist Urheber und Movens der »sichtbaren« Veränderungen, welche die bisherigen Autoritäten und Machtsymbole ins Wanken bringen oder gar stürzen und somit zu Unterlegenen werden lassen. Das kann als Appell verstanden werden, sich dieser Veränderungsmacht zur Verfügung zu stellen, wie es die einfachen Gläubigen getan haben und wie es auch die Fürsten tun können.

BIBLISCH BEGRÜNDETE MOTIVE IM DIENST DER REFORMATORISCHEN BILDPUBLIZISTIK

Weitere Momente reformatorischer Polemik sind die Verspottung von individuellen Luthergegnern in Bild und Schrift sowie die Umgestaltung eines vertrauten Motivs der christlichen Kunst des Mittelalters. Beide Momente sind auf einem Flugblatt aus dem Jahr 1524 zu erkennen (Abb. 4).[24] Die Darstellung auf diesem Flugblatt dient zum einen als Bezugspunkt für die umfangreichen, jeweils Einzelnen oder Personengruppen zugeordneten Textpassagen. Zum anderen lässt sich die Szene als eigene Bildgeschichte lesen. Auch hier begegnet uns das Motiv von Hirte und Herde wieder. Christus, in Form des Kruzifixus, ist der gute Hirte, um den sich die Schafe, hier ist es das christliche Volk, versammeln. Bestimmend für die Bildwirkung aber ist hier die Dichotomie von Licht und Dunkelheit. Auf der linken Seite ist eine dunkle Erdhöhle voller Menschen zu erkennen, davor Luther, der einem Mann aus der Dunkelheit in das offene Licht hinaushilft und mit der Hand auf den Kruzifixus weist, von dem Lichtstrahlen ausgehen.[25] Während beinahe alle Menschen in der Höhle dem Licht entgegendrängen, bleiben drei Fürsten konsequent der Dunkelheit zugewandt. Über der Höhle sind der Papst sowie die literarischen Gegner Luthers, Letztere in Tiergestalt, dargestellt. Eine Verspottung von literarischen Gegnern in Tierbildern, die sich von Teilen des Namens oder anderen Charakteristika herleiten, wurde bereits vor der Reformation in Humanistenkreisen geübt. In der konfessionellen Auseinandersetzung wird sie als Mittel der Polemik manches Mal aufgegriffen. Auf diesem Holzschnitt werden gezeigt: Bock – Hieronymus Emser; Schwein – Johannes Eck; Katze – Thomas Murner; Esel – Augustinus von Alvelt; Schnecke – Johannes Cochläus; Hund – Jakob Lemp; Eichhörnchen – Eucharius Henner; Ratte – Jakob Hochstraten.[26] Die Bildlichkeit des Holzschnitts folgt dem mittelalterlichen Thema der Höllenfahrt Christi. Dort ist es Christus, der Adam als Erstem aus dem Höllenrachen heraushilft; hier ist nun an Christi Stelle Martin Luther dargestellt. Ein weiteres wichtiges Motiv in der konfessionellen polemischen Auseinandersetzung stellt die Antichrist-Tradition dar. Bereits im 14. Jahrhundert hatte John Wyclif den Antichristbegriff kritisch gegen das Papsttum verwendet. Martin Luther gelangte dann 1519/20 zu der Auffassung, dass das Papsttum als

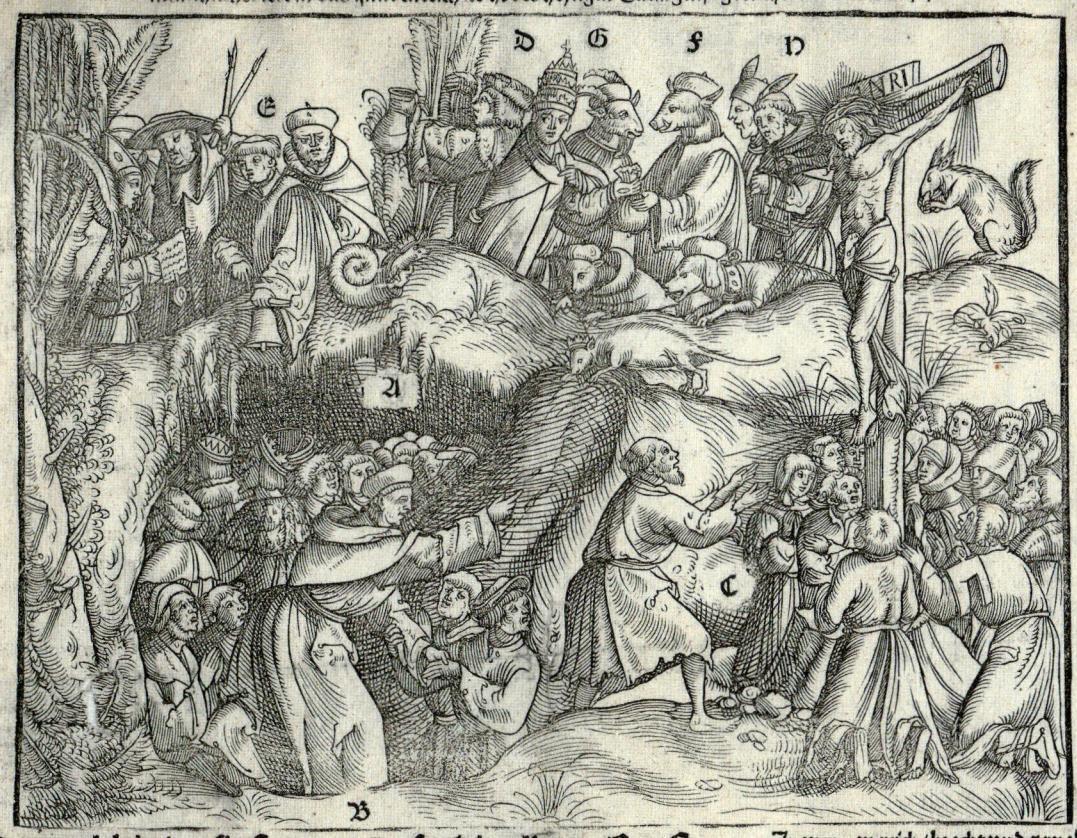

Das volck in der finster-
nyß zů Martino.
A

Martine / kum zuhülff vns armen/
laß vnser elend dich erbarmen.
Das wir so lang gelegen sindt/
jnn finsternyß / vnnd worden blindt.
Durch menschen leer / gsatz vnnd gebot/
das wir nit mehr erkanthant got.
Auch nit erkennet Jesum Christ/
das er allein der myttler ist.
vnd als erfült was vns gebrist.

B
Martinus Luther zum
armen volck in der finsternyß.

Ich hab lang zeyt glert vnd geschriben.
vnd das wort gottes emßig gtriben.
Wider den Endtchrist vnd sein gnossen

Cardinall zum Bapst.

O heyliger vatter hab gůt můt/
die sach soll noch wol werden gůt.
Wir hant den gwalt / gelt gůt vnd kunst/
drüb würt sein schreybe sein vmb sunst.
Dein heiligkeit soll bald erfaren/
das wir kein arbeyt wöllen sparen.
Mit schreyben / schreyen / schencken / leren/
jm all sein leer zum ärgsten keren.
Darneben solt nit vnderlan.
den Fürsten ernstlich liggen an.
Mit fleh vnd bitt / mit schenck vn gab.
jn keynen weg nit lassen ab.
Die glerten teützschen můstu schmyren/
mit gschenck vnd pfründen zů dir fiern
Můst ettlich mit Carnals hůt bgoben/
ettlich mit Bischtumb / vnd seer loben/
so werdent sie dest vester toben.

C

In meynem reich / bracht vnd gewalt.
es soll euch werden wol bezalt.
Magstu den Luthern concludiren/
so wil ich dir dein sew kopff zieren.
Mit eynem roten breydten hůt/
vnd nym yetzt mol das golt für gůt.
Ich wil auch also / all dein gesellen/
mit geldt vnd golt zu frieden stellen.
vnd alle die euch helffen wöllen.

D
Hans schmydt vicarius
zů Costentz.

Noch eins / o heilger vatter ist/
das dir zu diesser sach gebrist.
Dein losen Bann solt dwol verdecken/
das büffels volck damit erschrecken.
Sant Peters gwalt soltu fürwenden/
do mit die vollen deützschen blenden.
Solt sie verbannen vnd verschiessen.

Abb. 4 | Die Herausführung der Christen aus der Finsternis, Monogrammist H, 1524,
Holzschnitt, 16,4 × 21,7 cm, Staatsbibliothek zu Berlin, Sign. 2° YA 128

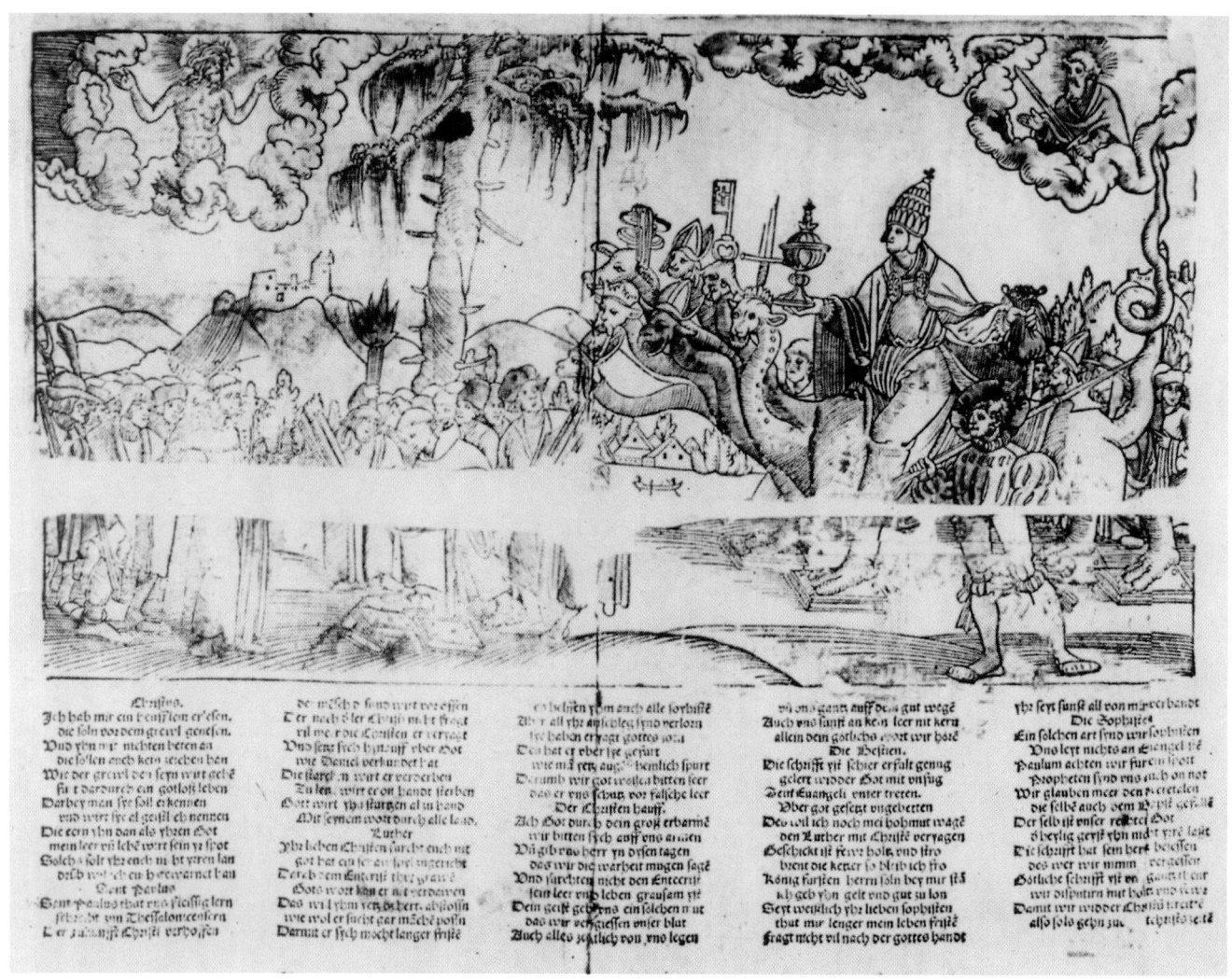

Abb. 5 | Luther und die Bestien, Monogrammist H, Flugblatt (Fragment), um 1524, Ex. der Bayerischen Staatsbibliothek München
Einbl. IX, 2 m (verloren), Reproduktion aus Hildegard Kloß, Publizistische Mittel in Einblattdrucken bis 1550, Diss. Berlin 1942, Sign. MS 2/524, Abb. 33

Institution der Antichrist sei. In der Folge wurde dieser Antichrist-topos zu einem wesentlichen Element der antirömischen Publizistik, eröffnet durch die Flugschrift *Passional Christi und Antichristi* (1521).[27] In der Kunst des Mittelalters findet sich das Motiv des siebenhäutigen Untiers aus der Offenbarung des Johannes: »Und ich sah ein Weib sitzen auf einem scharlachfarbenen Tier, das war voll lästerlicher Namen und hatte sieben Häupter und zehn Hörner« (Offb 17,3 b). Ins Bild gesetzt erscheint das siebenhäuptige Untier als »Todsündentier«, als Inbegriff der Lasterhaftigkeit überhaupt. In Albrecht Dürers Holzschnittfolge zur Apoka-lypse symbolisieren die sieben Tierköpfe durch die Hinzufügung der entsprechenden Attribute die sieben Todsünden. In der ersten Ausgabe von Luthers Übersetzung des Neuen Testaments, dem *Septembertestament* (1522), hat Lucas Cranach allein die Offenbarung mit Holzschnitten illustriert.[28] Einer davon zeigt das siebenhäuptige Untier, darauf reitend die Hure Babylon, die Papsttiara auf dem Kopf und einen Pokal in der Rechten haltend. Ein nur fragmentarisch überliefertes Flugblatt aus den frühen 1520er-Jahren nimmt diese Bildtraditionen auf und formt sie zugleich um (Abb. 5).[29] Auf dem Flugblatt ist es der Papst selbst, der auf

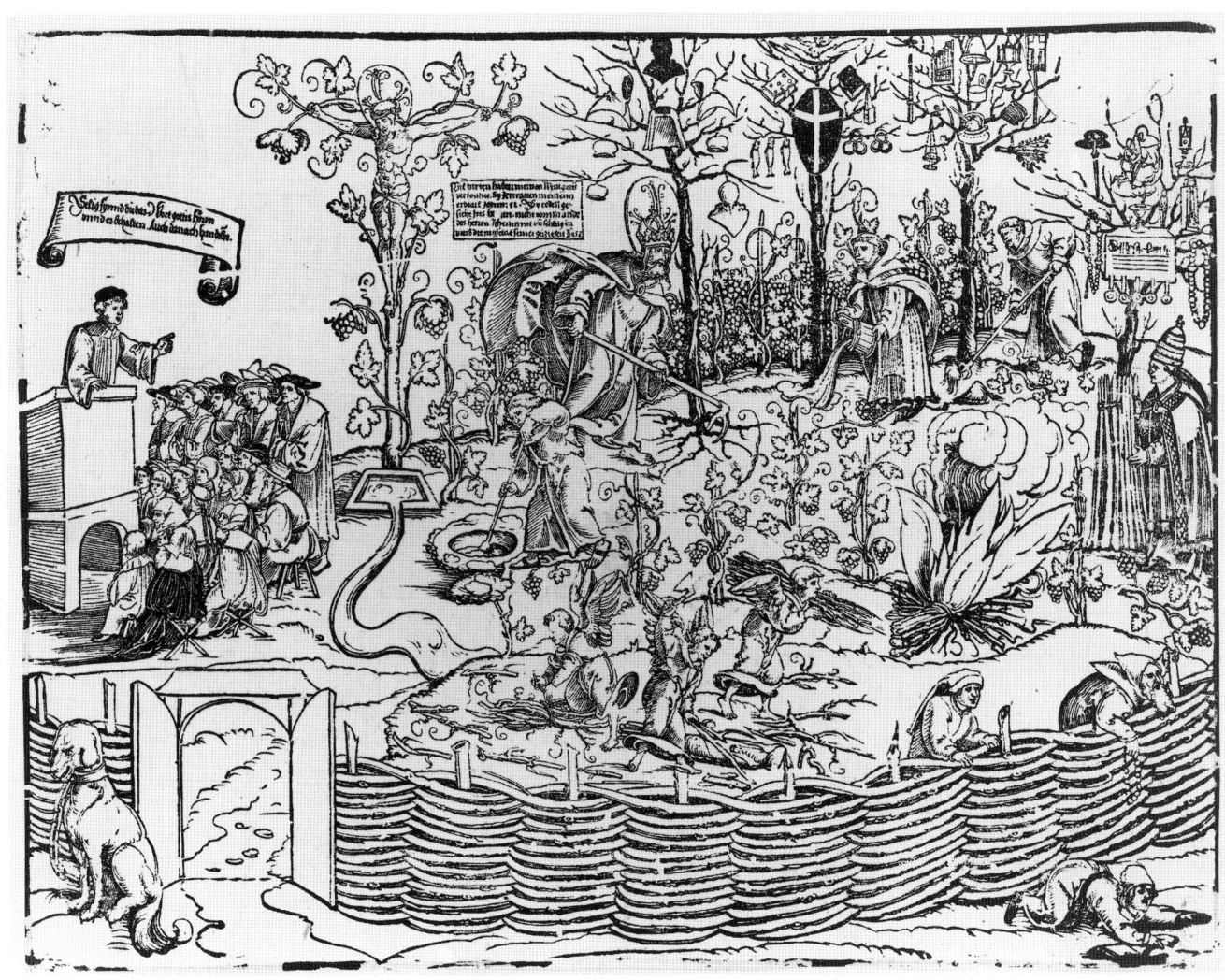

Abb. 6 | Gottes Klage über seinen Weinberg, Erhard Schoen, 1532, Holzschnitt und Typendruck,
39,3 × 36,5 cm, Staatliche Museen zu Berlin, Kupferstichkabinett, Inv.-Nr. 613-24

dem siebenhäuptigen Untier reitet, in der Rechten den Pokal und in der Linken einen gefüllten Geldbeutel haltend. Das Untier ist dadurch charakterisiert, dass jedes der sieben Häupter ein Symbol je eines der sieben deutschen Kurfürsten trägt – drei geistliche (Mitra) und vier weltliche Kurfürsten mit ihren Erzämtern und den entsprechenden Amtszeichen (Reichsapfel, Schwert, Schlüssel (?), Geschirr). Mit seinen Pranken tritt das Tier auf große Bücher (Dekretalen?). Zu seinem Gefolge gehören ein Landsknecht, ein Bischof sowie weitere Personen. Auf der linken Seite sind mit bäuerlichen Geräten bewaffnete Laien und ein

Mönch, wahrscheinlich Luther meinend, nur noch schemenhaft zu erkennen. Hier scheint eine Buchverbrennung vor sich zu gehen. Durch die die Darstellung bestimmende pauschale Kritik an den Repräsentanten der Reichsgewalt und ihrer Bereitschaft, das päpstliche Regime weiter zu stabilisieren, steht dieses Flugblatt singulär dar.[30]

Das Gestaltungsmittel der antithetischen Darstellung wird nicht nur für den Vergleich von Repräsentanten der jeweiligen Konfession angewandt, sondern auch zur Kennzeichnung der jeweiligen konfessionsspezifischen Religionspraxis. Das Flugblatt vom Weingarten Gottes mit dem Text von Hans Sachs, 1532 datiert, zeigt das sehr anschaulich (Abb. 6).[31] Die Überschrift über dem Holzschnitt macht den Bibelbezug des Blattes (auf Mt 15,13) ausdrücklich. Der Holzschnitt gibt einen eingezäunten Weingarten wieder.[32] Die kleinere Szene auf der linken Seite zeigt einen evangelischen Prediger auf einer Kanzel im Freien, darunter sitzen und stehen als Zuhörer Bürger, Männer und Frauen. In dem Schriftband darüber findet sich ein Bibelzitat (Lk 11,28), in dem die auf Gottes Wort Hörenden und danach Handelnden selig gepriesen werden. Der Prediger hat die linke Hand erhoben und zeigt auf die größere Darstellung, auf den Inhalt evangelischer Predigt. Diese Darstellung folgt wieder einem Bibeltext, Joh 15,5 f.: »Ich bin der Weinstock, ihr seid die Reben. Wer in mir bleibt und ich in ihm, der bringt viel Frucht; denn ohne mich könnt ihr nichts tun. Wer nicht in mir bleibt, der wird weggeworfen wie eine Rebe und verdorrt, und man sammelt sie und wirft sie ins Feuer, und müssen brennen.« Die Darstellung folgt dieser antithetischen Struktur: Auf der linken Seite steht der Kruzifixus, der »wahre Weinstock« mit Reben; an seinem Fuß entspringt das lebendige Wasser. Rechts davon begrenzen Reben tragende Weinstöcke den Weingarten nach hinten. Davor aber sind vor allem verdorrte, tote Bäume zu erkennen. In den Ästen hängen noch Früchte, nämlich die Symbole der römischen Religionspraxis. Der Papst und weitere Geistliche pflegen die verdorrten Bäume und unmittelbar neben dem fließenden lebendigen Wasser gräbt ein Mönch eine Zisterne. Andererseits ist Gottvater selbst mit einer Hacke dabei, einen verdorrten Baum auszureißen. Engel sammeln vertrocknete Äste zusammen und verbrennen diese.

Eine antithetische Darstellung, nun konsequent Lehrinhalte und Formen evangelischer und römischer Religionspraxis gegenüberstellend, findet sich auf einem Flugblatt von Lucas Cranach dem Jüngeren, das auf das Jahr 1548 datiert werden kann.[33] Hier werden zwei Prediger, Luther sowie ein Mönch, gegenübergestellt. Der Darstellung der beiden evangelischen Sakramente Taufe und Abendmahl entspricht auf der anderen Seite die Abbildung einer Vielzahl von Zeremonien sowie des Ablasshandels. Auf der evangelischen Seite sind nur Laien als Predigthörer oder bei der Sakramentsspendung zu erkennen; auf der römischen Seite sind nur Angehörige des geistlichen Standes sowie Mönche dargestellt. Unter denen, die Luthers Christus-Predigt unter der Kanzel folgen, ist einer durch seine besondere Darstellung und seine Garderobe als Fürst zu identifizieren, der, ein Kreuz tragend, sein Gesicht dem Betrachter zuzuwenden scheint. Es liegt nahe, in ihm

Johann Friedrich den Großmütigen zu sehen, in der Situation nach der Niederlage im Schmalkaldischen Krieg, dem Verlust der Kurwürde und der folgenden Gefangenschaft. Er wird hier als Zeuge der durch Luthers Predigt hörbar und sichtbar gewordenen »Religion Christi« vor Augen gestellt. Diese positive Darstellung eines Fürsten bleibt in der Graphik der konfessionellen Auseinandersetzung eine Ausnahme. Im Übrigen stellt die Darstellung von Fürsten in der Flugblattpublizistik keinen entscheidenden Faktor dar. Und in den Fällen, wo sie im Bild erscheinen, wird zumeist ein kritisches Urteil über ihr Verhalten oder ihre Rolle sichtbar.

ANMERKUNGEN

1 Zur Diskussion um diesen Begriff vgl. Heike Talkenberger, Kommunikation und Öffentlichkeit in der Reformationszeit. Ein Forschungsreferat 1980–1990, in: Internationales Archiv für Sozialgeschichte der deutschen Literatur, 6. Sonderheft: Forschungsreferate, 3. Folge (1994), S. 1–26. Ferner: Johannes Schilling, Flugblätter und Flugschriften der Reformationszeit, in: ⁴RGG, Bd. 3, Tübingen 2000, Sp. 169 f. **2** Vgl. Eva-Maria Bangerter-Schmidt, Herstellung und Verteilung von Flugblättern und Flugschriften in ihrer geschichtlichen Entwicklung, in: Medienwissenschaft. Ein Handbuch zur Entwicklung der Medien und Kommunikationsformen, Bd. 1, hrsg. von Joachim-Felix Leonhard u. a. Berlin/New York 1999, S. 785–789, hier S. 786. **3** Vgl. Wolfgang Harms, Historische Kontextualisierungen des illustrierten Flugblatts, in: Wolfgang Harms/Michael Schilling, Das illustrierte Flugblatt der frühen Neuzeit. Traditionen – Wirkungen – Kontexte, Stuttgart 2008, S. 21–61, hier S. 49–51. **4** Vgl. Michael Schilling, Illustrierte Flugblätter der frühen Neuzeit als historische Bildquellen. Beispiele, Chancen und Probleme, in: Harms/Schilling, Das illustrierte Flugblatt (wie Anm. 3), S. 73–84, hier S. 74. **5** Harms, Historische Kontextualisierungen (wie Anm. 3), S. 35. **6** Eine eingehende Berücksichtigung von Flugschriftenillustrationen findet sich bei: Heike Talkenberger, Sintflut. Prophetie und Zeitgeschehen in Texten und Holzschnitten astrologischer Flugschriften 1488–1528, Tübingen 1990. Bezugnahmen auf einzelne Titelholzschnitte finden sich bei: Franz-Heinrich Beyer, Eigenart und Wirkung des reformatorisch-polemischen Flugblatts im Zusammenhang der Publizistik der Reformationszeit, Frankfurt a. M. u. a. 1994. **7** Im Folgenden werden ausschließlich Flugblätter und Flugschriften der reformatorischen Partei behandelt. Zu den antireformatorischen Darstellungen, die beinahe ausschließlich auf die entsprechende Kennzeichnung Luthers im Bild ausgerichtet sind, vgl. Bild als Waffe. Mittel und Motive der Karikatur in fünf Jahrhunderten, hrsg. von Gerhard Langemeyer u. a., München 1984, S. 149–168. Vgl auch Deutsche illustrierte Flugblätter des 16. und 17. Jahrhunderts, hrsg. von Wolfgang Harms und Michael Schilling, Bd. VI, Tübingen 2005, S. 14 f. (VI.7). **8** Vgl. hierzu Michael Schilling, Der Meister der Medien. Hans Sachs und die Bildpublizistik, in: Euphorion 102 (2008), S. 363–393, hier S. 378. **9** Johannes Schwitalla, Präsentationsformen, Texttypen und kommunikative Leistungen der Sprache in Flugblättern und Flugschriften, in: Medienwissenschaft (wie Anm. 2), S. 803–816, hier S. 809. Zur antithetischen Gestaltung von Flugblättern vgl. auch Harry Oelke, Die Konfessionsbildung des 16. Jahrhunderts im Spiegel illustrierter Flugblätter, Berlin/New York 1992, S. 247–251, sowie Beyer, Eigenart (wie Anm. 6), S. 91–94. **10** Vgl. Harms, Historische Kontextualisierungen (wie Anm. 3), S. 35. **11** Vgl. auch Robert W. Scribner, For the Sake of Simple Folk. Popular Propaganda for the German Reformation, Cambridge u. a. 1981, S. 50–58. **12** In dem 1523 veröffentlichten Spruchgedicht von Hans Sachs »Die Wittenbergisch Nachtigall« sind, einem Kompendium vergleichbar, die wesentlichen Darstellungsweisen erklärt und die relevanten Bibelstellen aufgeführt. Zum Motiv »Schafe und Wölfe« vgl. Hans Sachs, Die Wittenbergisch Nachtigall. Spruchgedicht, vier Reformationsdialoge und das Meisterlied Das walt Gott, hrsg. von Gerald H. Seufert, Stuttgart 1974, S. 16, Z. 29–36, S. 22, Z. 193–202 »Wer die wolf seynd.«; S. 26, Z. 282–287, Matthei.vij. [V. 15]. **13** Hier wäre zu verweisen auf: Martin Luther,

Passional Christi und Antichristi, Straßburg: Johann Knobloch d. Ä.1521 (erweiterter Nach-
druck der Wittenberger Erstausgabe, VD16 L 5582); Das Wolffgesang, [Augsburg: Erhard
Oeglin] 1522 (VD16 N 321); Hans Sachs, Die Wittenbergisch Nachtigall, Augsburg: Philipp
Ulhard d. Ä.1523 (VD16 S 646); Heinrich Spelt, Der Ainfeltig glaub, [Augsburg: Steiner]
1524 (VD16 S 8207). **| 14** Die entsprechenden Flugblätter werden bei Scribner, For the
Sake (wie Anm. 11) abgebildet und behandelt. **| 15** Max Geisberg, The German Single-Leaf
Woodcut 1500–1550, ed. by Walter C. Strauss, Bde. 1–2, New York 1974, Nr. 162–1, mit
Abb. **| 16** Das auf 1520 datierte Blatt »Die päpstlichen Wölfe« ist u. a. abgebildet bei Oelke,
Konfessionsbildung (wie Anm. 9, Abb. 10). **| 17** Abbildung und Kommentar in: Deutsche
illustrierte Flugblätter, Bd. VI (wie Anm. 7), S. 302 f. (VI.154). Vgl. auch Scribner, For the
Sake (wie Anm. 11), S. 166–168 mit Abb. **| 18** Vgl. dazu Beyer, Eigenart (wie Anm. 6), S. 131
mit Verweisen auf weitere Vorkommen dieses Motivs. Es sei ferner darauf hingewiesen,
dass auch Luther sich verschiedentlich zu der Unnötigkeit von Kirchengebäuden für die
Feier von Gottesdiensten geäußert hat, ohne allerdings ihren Abriss zu fordern. Vgl. hierzu
Franz-Heinrich Beyer, Geheiligte Räume. Theologie, Geschichte und Symbolik des Kirchen-
gebäudes, Darmstadt ⁴2013, S. 82 f. **| 19** Der Holzschnitt ist abgebildet und beschrieben
bei Christian Müller (Hrsg.), Hans Holbein d. J. die Jahre in Basel 1515–1532, München
2006, S. 432 f., Kat.-Nr. D 3. **| 20** Zu diesem Motiv, seiner Geschichte und zu weiteren
Verwendungen vgl. Beyer, Eigenart (wie Anm. 6), S. 131–133. **| 21** Zu der Flugschrift (VD16
C 5027) vgl. Talkenberger, Sintflut (wie Anm. 6), S. 224–235 sowie S. 439 f. mit der Doku-
mentation der Druckausgaben und mit der Abb. S20 auf S. 527. **| 22** Zu einer interessan-
ten faktischen Parallele, »1522 ließ Franz von Sickingen Zettel in das belagerte Trier schie-
ßen, in denen er den Einwohnern Schonung für den Fall der Übergabe versprach«, vgl.
Michael Schilling, Flugblatt. Publizistisches Medium, in: Reallexikon der deutschen Lite-
raturwissenschaft, hrsg. von Klaus Weimar, Bd. 1, Berlin New York 1997, S. 607–609, hier
S. 608. **| 23** Geisberg, Single-Leaf Woodcut (wie Anm. 15), Nr. 223 mit Abb.; Die gottlosen
Maler von Nürnberg. Konvention und Subversion in der Druckgrafik der Beham-Brüder,
hrsg. von Jürgen Möller und Thomas Schauerte, Emsdetten 2011, S. 195 f., Kat.-Nr. 36.
| 24 Geisberg, Single-Leaf Woodcut (wie Anm. 15), Nr. 927 mit Abb. **| 25** Die Dichotomie
von Licht und Dunkelheit wird in der »Wittenbergisch Nachtigall« (wie Anm. 12) breit
ausgeführt, indem dem Mondschein das Tageslicht gegenübergestellt wird: »Der Mon-
schein deüt die menschen lere / Der Sophisten hin vnde here« (S. 19, Z. 105 f.); »So dringet
her des tages glantz / Bedeüt das Ewangelium / Das zayget dem menschen Christum«
(S. 28, Z. 362–364). Auch die Bedeutung Luthers wird bei Sachs mit der Lichtmetapher
verbunden: »wer die lieplich nachtigall sey / Die vns den liechten Tag auß schrey / Jst
Doctor Martinus Luther / Zu Wittenberg Augustiner / Der vns auffwecket von der nacht«
(S. 19, Z. 99–103). Und zur Frage, »Was der sonnen aufgang sey«, heißt es: »Die warhait
ist kommen anß liecht / Deßhalb die Christen wider keren / Zu Ewangelischen leren / Vn-
seres herren Jhesu Christ« (S. 37, Z. 590–593). **| 26** In der »Wittenbergisch Nachtigall« (wie
Anm. 12) findet sich eine Auflistung solcher Tierdarstellungen und deren Auflösung, die
aber nicht alle Tierdarstellungen des Flugblattholzschnitts umfasst. Genannt werden
Schwein, Bock, Katze, Esel und Schnecke (S. 33, Z. 484–493). Zusätzlich wird hier der
Löwe, d. h. Papst Leo X., angeführt (S. 19, Z. 113). – Zu diesen Tierdarstellungen im Einzel-
nen vgl. Beyer, Eigenart (wie Anm. 6), S. 57–67. **| 27** Passional Christi und Antichristi,
Wittenberg: Johann Rhau-Grunenberg 1521 (VD16 L 5586). **| 28** Martin Luther, Das Newe
Testament Deutzsch, Wittenberg: Melchior Lotter 1522 (VD16 B 4318). **| 29** Bayerische
Staatsbibliothek München, Einbl. IX, 2 m (Kriegsverlust, nicht mehr auffindbar). Für die
freundliche Auskunft danke ich Frau Sophie Schrader von der dortigen Abteilung für
Handschriften und Alte Drucke. Die einzige Reproduktion des Blattes findet sich in Hildegard Kloß, Publizistische Mittel in Einblattdrucken bis 1550, Phil. Diss. Berlin (MS) 1942 ,
Abb. 33. **| 30** Die Bildformel vom siebenhäuptigen Untier stellt den ikonographischen
Bezugspunkt dar für weitere Verwendungen sowohl innerhalb der antirömischen wie auch
der antilutherischen Publizistik. Antirömisch: Das Haus des weisen und das Haus des
unweisen Mannes, 1524; Das siebenhäuptige Papsttier, um 1543 (beide mit Texten von
Hans Sachs). Antilutherisch: Titelholzschnitt zu Septiceps Lutherus von J. Cochläus, 1529.
| 31 Geisberg, Single-Leaf Woodcut (wie Anm. 15), Nr. 1140 mit Abb. **| 32** In der »Witten-
bergisch Nachtigall« (wie Anm. 12) zitiert Sachs Mt 15,9 und 13 (S. 13, Z. 16–20). Allerdings
findet sich hier nicht der Bezug auf Joh 15,5 f., der für die Darstellung bestimmend ist.
| 33 Geisberg, Single-Leaf Woodcut (wie Anm. 15), Nr. 654–655.

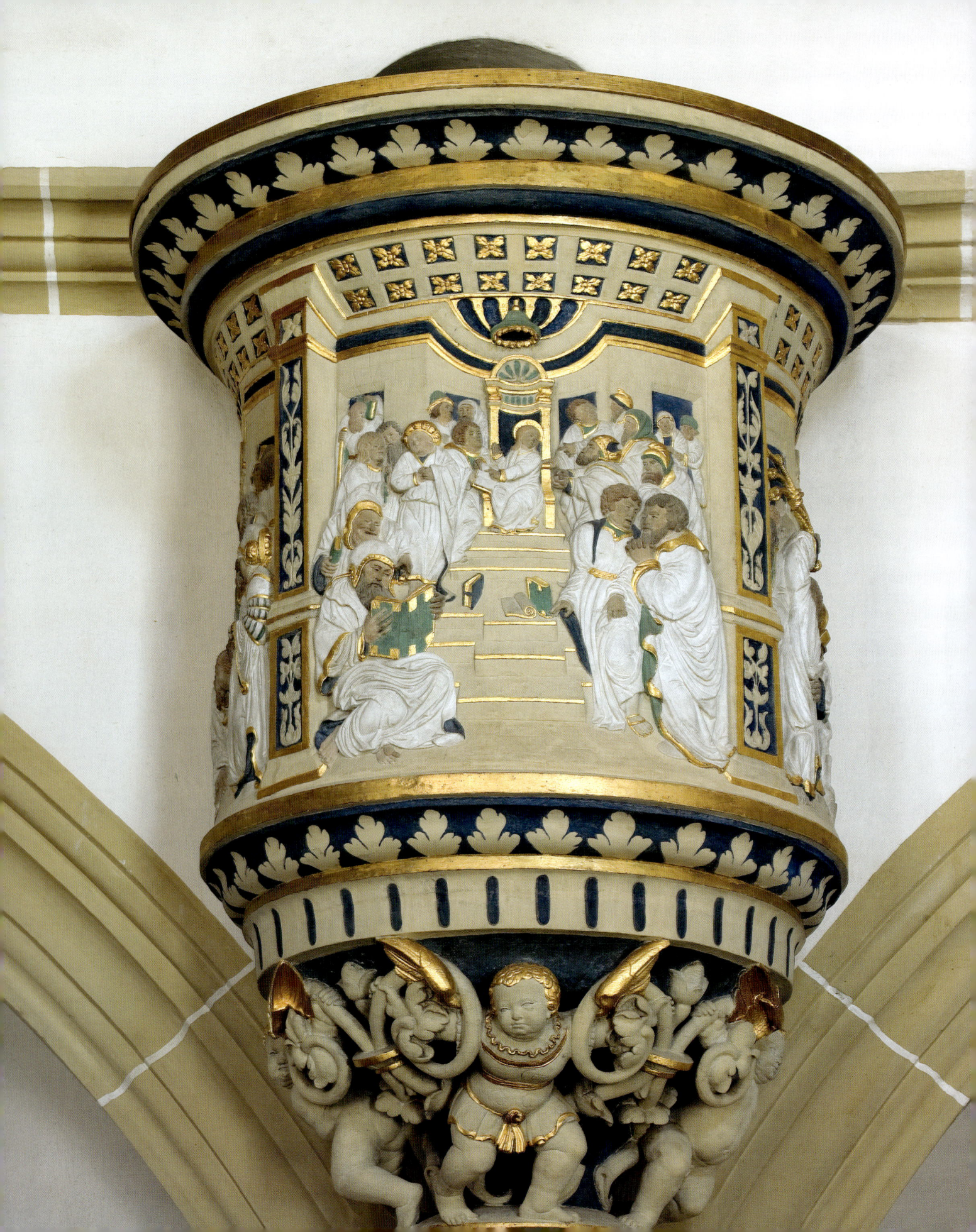

REFORMATORISCHE SOUNDSCAPES

MUSIKALISCHE PANEGYRIK

Am 5. Oktober 1544, dem 17. Sonntag nach Trinitatis, beging der Torgauer Hof Kurfürst Johann Friedrichs die Einweihung der neu gebauten Schlosskirche. Ob es sich bei diesem Bau, wie vielfach argumentiert, um den ersten genuin protestantischen Kirchenbau handelt und ob ein solcher überhaupt trennscharf identifizierbar ist, ist durchaus umstritten.[1] Von Martin Luther selbst ist nur eine einzige Äußerung in den Tischreden überliefert, in der er der Schlosskirche durchaus eine herausgehobene Rolle zuwies: »Salomon hat niergent so einen schönen tempel gebauet, als itzunder Torga hat.«[2] Unstrittig ist aber, dass die Ausstattung des Innenraums insbesondere durch die zentrale Position der Kanzel und deren Gestaltung den Kirchenraum vor allem als »Predigtraum«[3] begriff – ein Umstand, auf den später noch zurückzukommen sein wird. Von dieser Kanzel aus hielt der 60-jährige Reformator seine berühmt gewordene Kirchweihpredigt, die sich peinlich genau an dem für eben diesen Sonntag vorgesehen Evangelientext (Lk 14,1–11) orientierte und schon im Titel jede Assoziation mit vorreformatorischen Kirchweihriten tunlichst vermied: »Einweyhung eines neuen Hauses zum Predigtampt Göttlich Worts erbawt Jm Churfuorstlichen Schloss zu Torgaw«.[4] Von dem konkreten liturgischen Ablauf dieser Zeremonie jenseits der Predigt ist relativ wenig bekannt – mit der Ausnahme ihrer musikalischen Rahmung. Verschiedentlich wird überliefert, dass anlässlich der Torgauer Kirchweihe eine Festmusik des dortigen Stadtkantors Johann Walter aufgeführt wurde, welche dem versammelten Hofstaat nicht nur die Bedeutung der städtischen Kantorei vor Ohren führen sollte, sondern auch die konfessionelle Verortung des Raumes und seiner Funktion ohrenfällig werden ließ. Direkte

zeitgenössische Rezeptionszeugnisse dieses musikalischen Ereignisses gibt es gleichwohl keine. Der Torgauer Chronist Michael Böhme überliefert aber in der zweiten Hälfte des 16. Jahrhunderts eine Notiz dieses akustischen Ereignisses und legt besonderen Wert auf die musikalische Struktur von Walters Werk:

»Eodem a(nno) 1544 ist die schlosskirche von doctor Luthero am 17. Sonntage nach Trinitatis mit auslegung des evnagelii Lucä 14. Vonn den wassersüchtigen, der am sabbath geheilet worden, eingeweihett, da er von den rechten brauch des sabaths und der kirchenn gelehrett hatt, vnd hatt Johann Walther ein stück septem vocum per fugas componirt und im pass die verss gebrauchet:

Vive Luthere, Vive Melanchthon.
Vivite nostrae Luminae terrae.
Characq(ue) Christo Pectora: per vos
Inclutae nobis Dogmata Christi
Reddita, vestro prodiit pulsis
Nubibus atris, prodiit ortu
Candidiore, dogma Salutis.
Vivite longos Nestoris annos.«[5]

Abb. 1 | Torgau, Kanzel in der Schlosskirche: Die Stimme des Predigers als Zentrum der reformatorischen Soundscape

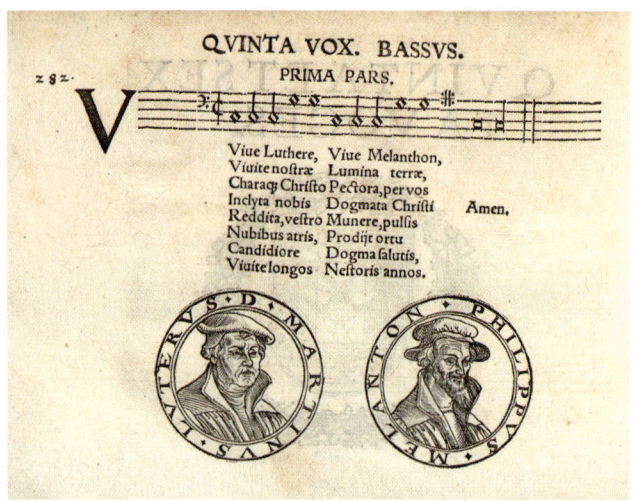

Abb. 2 | Luther und Melanchthon auf einer Seite aus: Cantio Septem Vocum, Wittenberg 1544, Ex. Bayerische Staatsbibliothek München, 4 Mus.pr. 106, 11, fol. a i verso

Es handelt sich bei Walters Stück um eine siebenstimmige Motette auf den 119. Psalm »Beati immaculati«, deren Bassstimme in der Tat den von Böhme dokumentierten Text alle fünf Teile hindurch wiederholt, während die anderen Stimmen ausgewählte Ausschnitte des Psalms wiedergeben – mit einer entscheidenden Ausnahme, auf die gleich noch zurückzukommen sein wird.[6] Die herausgehobene Stellung der Basslinie wird besonders deutlich in den Stimmbüchern der Motette, die Walter ein Jahr später bei dem Wittenberger Musikdrucker Georg Rhau herausgeben ließ.[7] Hier ist außer der musikalischen Notation nicht nur die von Böhme überlieferte Panegyrik auf die Reformatoren Luther und Melanchthon festgehalten, sondern auch repräsentativ verbunden mit Medaillenporträts, die den memorialen Charakter der Publikation als herausgehobenes Ereignis in der Reformationsgeschichte schon zeitgenössisch untermauern (Abb. 2).[8] In Rhaus Ausgabe findet sich im Gegensatz zu Böhmes chronikalischer Notiz noch eine weitere Besonderheit der Festmusik. Nicht nur der Bass singt einen psalmfremden, panegyrischen Text, sondern auch die Altstimme deklamiert auf einem Ton einen Fürstenpreis auf Kurfürst Johann Friedrich als »defensor veri dogmatis« und »custos pacis« (Abb. 3). Diese semantisch komplexe Struktur – doppelte Panegyrik und biblischer Text – wird durch musikalisch eher einfache Mittel getragen. Die Basslinie ist ein zweitöniges Ostinato, die Altstimme verbleibt auf einem Ton, wodurch insbe-

sondere die harmonische Variationsbreite stark eingeschränkt wird, die restlichen Mittelstimmen werden als vierstimmiger Kanon geführt, einzig der Oberstimme, dem Diskant, verbleibt eine freiere Ausgestaltung. Kurz: Walters Kirchweihmotette funktioniert nach einem »musikalisch-künstlerisch kaum befriedigenden Verfahren«.[9]

Diese in der Johann-Walter-Forschung, der Torgauer und sächsischen Reformationsgeschichte an sich wohlbekannten Zusammenhänge erlauben es, die spezifisch akustischen Dimensionen des Themenkomplexes »Luther und die Fürsten« etwas genauer zu konturieren. Denn Walters Motette aktualisiert wie kaum etwas anderes die identifikatorische Selbstwahrnehmung von Landesherr und Reformator(en) gleichsam im Einklang und überführt diese zugleich noch in die kompositorische Faktur. So ließe sich ohne allzu gewagte hermeneutische Anstrengungen die Verortung des Luther-Lobs in der Bassstimme als religiöse Fundierung nicht nur der musikalischen, sondern auch der konfessionspolitischen Struktur des Kurfürstentums deuten. Ebenso signalisiert die »Eintönigkeit« der Fürstenstimme im Alt nicht nur musikalische Superiorität als höchste der restlichen Stimmen (vom Diskant als Repräsentant einer »musica caelestis« abgesehen),[10] sondern schreibt Johann Friedrich mit musikalischen Mitteln zugleich jene Beständigkeit zu, die als eigentliches Attribut seines Vaters (Johann der Beständige) auch für ihn gelten sollte. All dies lässt sich ohne allzu große Schwierigkeiten aus dem gedruckten Notentext, der über Georg Rhaus Publikation auch schon den Zeitgenossen zugänglich war, herauslesen.

Aber: Konnten die Besucher der Kirchweihe vom Oktober 1544 dies im Moment der Aufführung auch hören? Natürlich ist die Frage nach dem »period ear«, nach der zeitgenössischen akustischen Wahrnehmungsstruktur, hoch spekulativ, aber sie zielt zugleich ins Zentrum einer Kultur- und Sinnesgeschichte der Reformation, die nicht nur nach den kulturellen Normen der Reformation fragt, sondern auch und vor allem nach ihren sensorischen Erfahrungsmöglichkeiten.[11] Was am 5. Oktober 1544 in der Torgauer Schlosskirche zu hören war, ist zunächst ein komplexes Stück Vokalpolyphonie mit drei verschiedenen Textebenen, alle auf Latein, mit ausgesprochen traditionellen stilistischen Charakteristika, vorgetragen außerhalb des liturgischen Rahmens des lutherischen Gottesdienstes, wie er sich 1544 seit knapp zwanzig Jahren in Kursachsen institutionalisiert hatte.[12] Walters Motette hat insofern wenig mit den Klischees angeblich genuin lutherischer Musikkultur zu tun, wie sie die Kulturgeschichte des Luther-

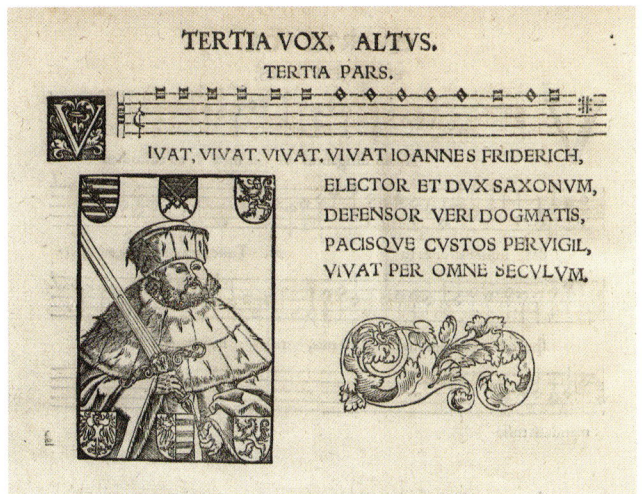

TERTIA VOX. ALTVS.
TERTIA PARS.

IVAT, VIVAT. VIVAT, VIVAT IOANNES FRIDERICH,
ELECTOR ET DVX SAXONVM,
DEFENSOR VERI DOGMATIS,
PACISQVE CVSTOS PERVIGIL,
VIVAT PER OMNE SECVLVM.

Abb. 3 | Seite aus: Cantio Septem Vocum, Wittenberg 1544,
Ex. Bayerische Staatsbibliothek München, 4 Mus.pr. 106, 11,
fol. aa iii verso

tums bis heute dominieren – so sich diese denn überhaupt mit
akustischen Phänomenen befasst. Betonung der Volkssprachlich-
keit, Anschluss an die spätmittelalterliche Tradition des mehrstim-
migen Tenorliedes, Ablehnung komplexer Polyphonie und Entwicklung spezifischer musikalischer Formen wie zum Beispiel dem
Bicinium und dem »Luther-Choral« als musikalischen Korrelaten
der spezifischen Sozialstruktur lutherischer musikalischer Praxis
in Kantorei und Lateinschule – so ließe sich das gängige Bild lutherischer Musikkultur zusammenfassen.[13] Der Person Johann
Walters kommt in diesem Bild eine besonders zentrale Rolle zu.
Der protestanische »Erzkantor« und der musikbegabte Reformator
bildeten ein Dreamteam musikalisch-theologischer Innovation,
resultierend im epochemachenden Kooperationsprojekt des Geistlichen Chorgesangbuchs (Geistliches Gesangbüchlein), welches
die neu errungene akustische »agency« der Gemeinde in der
liturgischen Praxis des Gottesdienstes verankerte und als zentrales
Ausbreitungsmedium der reformatorischen Botschaft diente.[14]

Was 1544 in Torgau aber erklingt, steht in einer durchaus komplexen Beziehung zu dieser Meistererzählung. Das beginnt schon
mit der Rolle des Komponisten selbst.[15] Wenn noch in allerjüngs-
ten Würdigungen Johann Walters seine Funktion als Begründer
der spezifisch lutherischen Kantorei-Tradition herausgestrichen
wird,[16] dann wird dadurch eine gewisse Zwangsläufigkeit der historischen Entwicklung suggeriert, welche die Komplexität der (gar

nicht so) frühreformatorischen Zeit zugunsten einer Teleologie
des musikkulturellen Bruchs mit der spätmittelalterlichen Tradition einschränkt. Demgegenüber hat beispielsweise Laurenz Lütteken am Beispiel Walters auf die historische Kontingenz der
Entstehung der Institution Kantorei hingewiesen.[17] Nach der
Auflösung der Hofkapelle Friedrichs des Weisen unter seinem
Nachfolger Johann dem Beständigen 1525 gründete Walter die
erste städtisch getragene Kantorei in Torgau. Die schon zeitliche
Koinzidenz mit der beginnenden Zusammenarbeit mit Luther,
kulminierend im gemeinsamen Projekt des Geistlichen Gesang-
büchleins, ließ beide Ereignisse derart schicksalhaft verkoppelt
erscheinen, dass Walter nunmehr seinerseits seine wahre Bestim-
mung als »Urkantor« gefunden hatte und das Jahr 1524 als
»Gründungsjahr evangelischer Kirchenmusik«[18] erschien. Laurenz
Lütteken hat demgegenüber auf den sozialen Kontext dieser ins-
titutionellen Innovation hingewiesen und die These formuliert,
dass die enge Anbindung an die reformatorische Bewegung und
die Person Luthers aus Johann Walters Perspektive vor allem als
Ersatz für eine verlorene Patronagebeziehung zu verstehen sei,
wie sie die traditionelle Institution einer fürstlichen Hofkapelle
bereitgestellt habe. Insofern besteht die Besonderheit der Torgauer Kirchweihmotette für Lütteken darin, dass sie die Kopplung
»beider Patronagesysteme«[19] unter Rückgriff auf sehr traditionelle musikalische Mittel (Tenormotette im Josquin-Stil) gleichsam performativ vor Ohren führte. Was am 5. Oktober also zu
hören war, war keineswegs der »state of the art« einer neuen,
genuin reformatorischen Musik, sondern ein höchst idiosynkra-
tisches Hybrid aus spätmittelalterlicher Stilistik und reformatorischer Kontextualisierung im Dienst einer doppelten Panegyrik
an Luther und den Fürsten.

DIE STIMME DES PREDIGERS

Wir wissen, wie oben schon angedeutet, wenig über den liturgischen Ort dieser Musik im Ablauf des Gottsdienstes. Aus Luthers
Predigt ist aber klar ersichtlich, dass er die Torgauer Schlosskirche
als einen Ort verstanden wissen wollte, an dem »nichts anderes
geschehe, denn das unser lieber Herr selbs mit uns rede durch
sein heiliges Wort, und wir widerumb mit im reden durch Gebet
und Lobgesang.«[20] Gottes Wort, Gebet und Lobgesang können
hier nicht nur als zentrale Elemente einer lutherischen Liturgie,
sondern auch als Parameter eines genuin reformatorischen

soundscapes[21] verstanden werden.[22] Luthers Verständnis einer Kommunikation mit Gott ist also im Unterschied zu den »Schwärmern« durch eine konkrete akustische Praxis im gesprochenen und gesungenen Wort als klanglicher Äußerung geprägt und nicht vor allem als stilles und inwendiges Gebet. Auch hier stellt die Torgauer Schlosskirche mit ihrer prominenten Positionierung nicht nur der Kanzel (Abb. 1), sondern eben auch der Sängerempore die architektonische Realisierung eines vor allem akustischen Programms dar, schon diesseits aller Fragen der Ausstattung und Ikonographie.[23] Die funktionale Verkopplung von beiden Formen des klanggewordenen Wortes, dem gesungenen wie dem gesprochenen, wird gleichwohl nirgendwo deutlicher als in der berühmten Vorrede zu einer der prominentesten reformatorischen Musikanthologien, Georg Rhaus 1538 publizierten *Symphoniae Iucundae*, 1564 übersetzt von niemand anderem als Johann Walter.[24] Luther entwirft seine Apologie der Musik hier aus einer Würdigung des Klanglichen im Allgemeinen, »denn da ist nichten nichts in der Welt, das nicht einen Laut oder Schall von sich gebe.«[25] Im Rahmen dieses allumfassenden göttlichen Resonanzraums gewinnt aber die menschliche Stimme eine herausgehobene Rolle: »Dem Menschen aber ist vor andern Creaturen die stimme mit der Rede gegeben, das er solt können und wissen, Gott mit Gesengen vnd Worten zugleich zu loben, Nemlich mit dem hellen, klingenden predigen und rhümen von Gottes güte vnd gnade, darinnen schöne wort vnd lieblicher klang würde gehöret.«[26] Den »Gesengen« ist die »helle, klingende Predigt« an die Seite gestellt, welche eben nicht nur auf die »schönen Wort«, also die korrekte Auslegung der Bibel, angewiesen ist, sondern auch auf einen eigenen »lieblichen Klang«, mithin auf ihre kunstvolle akustische Realisation. Luthers Torgauer Kirchweihpredigt ist also ein präzises Echo seiner allgemeinen Klangtheologie, wie sie in seiner Vorrede zu den *Symphoniae Iucundae* von 1538 entworfen wurde.

Dies führt zu einem zweiten Kernelement reformatorischer soundscapes: der menschlichen Stimme, vor allem jener des Predigers. Luthers Theologie der Stimme ist komplex, sie thematisiert nicht nur die menschliche, sondern auch die göttliche Stimme, welche zugleich als innere Stimme wie – für Luther ganz zentral – als innerweltliches Klangereignis gefasst wird.[27] Vor allem aber ist die Stimme das bevorzugte Medium der reformatorischen Botschaft. Volker Mertens hat jüngst darauf hingewiesen, dass Luther trotz aller Wertschätzung des Buchdrucks als dem Massenmedium der Reformation der immediaten Präsenz des Wortes im

Klangmedium der Predigt eine herausgehobene Stellung zugewiesen hat.[28] In einer Predigt von 1534, festgehalten von Luthers Schüler Georg Rörer, wird diese Kommunikationsfunktion überdeutlich: »Und solang wir leben, ist das Leben Geräusch, Klang. Davor und danach ist ewige Stille. Und wie die Stimme fliegt, so auch unser Leben usw. Sie ist eine wunderbare Kreatur, die uns allen gegeben ist, dass die menschliche Stimme und Rede sol so schnell so viele tausend Ohren und Herzen erreichen.«[29] So schnell so viele zu erreichen ist die vordringliche Aufgabe des Predigers. Die Predigt als akustisches Ereignis hat bei Luther aber eine geradezu eigene sakramentale Funktion. So schreibt Luther schon 1526 in seinem *Sermon von den Sakramenten*: »Wo kompt nu das her, das ich mit Worten so viel hertzen fange? Ich habe eine kleine stim, so sind da etlich hundert oder tausent oren, noch fasset ein iglich or die gantze und volkomene stim. Die teile ich nicht also aus, das yhe ein or ein stuck davon hat, sondern ein iglichs hat sie gar. [...] Kan nu das meine stim zuwegen bringen, das sie alle oren fullet und ein iglicher so viel darvon nimpt als der ander und das wort sich so weit austeilet: Solt es Christus nicht mehr können thun mit seinem leib?«[30] Die Analogie zum Abendmahl ist überdeutlich, die Stimme wird ausgeteilt, ihr kommt dieselbe Funktion zu wie dem Sakrament von Brot und Wein. Solches vermag auch eine »kleine stim« mit der Hilfe des Heiligen Geistes, doch ist Luther Realist genug, um ganz konkrete Anforderungen an einen guten Prediger zu formulieren. So heißt es in seiner Liste der »Conditiones boni praedicatoris«, überliefert in den *Tischreden*, lapidar, ein guter Prediger »sol ein Stimm haben«. Die Predigtkunst seines Freundes Justus Jonas kommentiert er, dieser »habet omnes virtutes boni praedicatoris, allein das er sich so offt ruspert, kan man dem guten man nicht zu gut halten.«[31] Schon 1521 präzisiert er in seiner Schrift Vom Missbrauch der Messe: »Denn es gehortt tzu dem geyst, wer predigen wil, eyn gutte stymm, eyn gutt aussprechen, eyn gutt gedechtnis und ander naturliche gaben: wilcher die selbigen nicht hat, der schweygt billich still unnd lst eyn andern reden.«[32] Luther legt, so lässt sich zusammenfassen, großen Wert auf die Klangqualität des gepredigten Wortes, gerade weil erst diese die Möglichkeit akustisch sicherstellt, »so viele tausend Ohren und Hertzen« zu erreichen. Die Predigt, so ließe sich weiter argumentieren, ist im reformatorischen Medienverbund ein genuin akustisches Medium der Verbreitung evangelischer Botschaften und damit ein zentraler Bestandteil des reformatorischen soundscapes schlechthin.[33]

GLOCKEN ALS MEDIEN
DER REFORMATION

Dass sich dieser Aspekt insbesondere hinsichtlich der Frage nach der Erreichbarkeit so vieler tausend Ohren und Herzen auch über den Kircheninnenraum hinaus erstreckte, wird durch die Aufmerksamkeit auf ein drittes konstitutives Element des reformatorischen soundscapes deutlich. Wann immer in der vormodernen (Medien-)Geschichte die Rede auf akustische Massenmedien kommt, sind die Glocken nicht weit.[34] Und das ganz zu Recht: Wie kein anderes Medium der vormodernen Anwesenheitsgesellschaft waren sie geeignet, eine mediale Gleichzeitigkeit in der Rezeption und Verbreitung von Botschaften herzustellen. Die Allgegenwart ihres Schlages insbesondere in spätmittelalterlichen Städten, nostalgisch gefeiert etwa in Johan Huizingas *Herbst des Mittelalters*,[35] impliziert zugleich eine kaum mehr vorstellbare, geschweige denn rekonstruierbare Differenziertheit in der »Sprache der Glocken«[36] – ein ausgefeiltes semantisches System, das Zeiten, Gelegenheiten und akustische Ereignisse so miteinander verschaltete, dass die klangliche Rhythmisierung des Alltags ebenso wie die Kommunikation spezifischer Ereignisse gewährleistet wurde. Wie andere mediale Konfigurationen wurden auch die Glockensignale im Zuge der Reformation neu evaluiert. Dies geschah vor allem deshalb, weil kaum ein anderes Medium die Präsenz der altkirchlichen religiösen Kultur über die Signalisierung von Stundengebeten, Heiligenverehrungen, Wetterläuten et cetera so deutlich, um nicht zu sagen: penetrant, in der Lebenswelt der Bevölkerung verankerte wie die Glocken. Eine Bestandsaufnahme der reformatorischen soundscapes muss daher ihren Klang und ihre umkämpfte Semantik ebenso würdigen wie ihre Musik oder die Stimme des Predigers.[37]

Hier zeigt sich, dass das spezifisch Reformatorische am reformatorischen soundscape weniger in der konkreten klanglichen Gestalt zu finden ist als vielmehr in der variierenden Bedeutung, welche die Akteure der Reformation dem akustischen Ereignis zuwiesen. Dies zeigt sich beispielsweise an der Praxis des sogenannten Pacem-Läutens. In seiner Visitationsinstruktion für das Kurfürstentum Sachsen von 1528 reflektiert Philipp Melanchthon nicht nur über den Sinn und Zweck des Wetterläutens, sondern thematisiert insbesondere auch das Geläut um Frieden, das Pacem-Läuten: »So ist das pacem leuten an viel orten dazu geordent, das die leute wissen, welch zeit es am morgen ist, auch zu

welcher zeit sie des abends vom felde zu haus gehen sollen.«[38] Hier wird die Doppelfunktion der Glocken sogleich ohrenfällig. Einerseits dienen sie als schlichte Zeitansage, andererseits ist diese Zeit eben keine rein säkulare Zeit, sondern imprägniert von religiöser Semantik. Melanchthon weiter: »Weil nu etliche unrecht meinen, es sei ein dienst, der der reinen jungfrau Maria geschehe, sollen die leute interricht werden, das darümb geschehe, auf das man bete wider den teufel und gehenden Tod [lies: gegen den Tod], und alles was des tags und nachts für fahr zufallen mügen, wie die alten hymni und gesang der completen und der primen zeit anzeigen.«[39] Hier zeigt sich die unhintergehbare intermediale Vernetzung des reformatorischen beziehungsweise vor-reformatorischen soundscapes. Glockenklang, Hymnen und Gesänge zu den kanonischen Horen müssen umbesetzt werden im Medium der Predigt, welche »die leute unterricht«. Das reformatorische Primat des Wortes erstreckt sich also nicht nur auf das biblische Wort, sondern auch auf seine akustische Medienfunktion, weil eben dies primär geeignet war, solche semantischen Umbesetzungen nicht nur zu formulieren, sondern sie auch konkret in »so viele tausend Ohren und Hertzen« zu implantieren. Melanchthon wendet in der Folge einige argumentatorische Mühe für den Ratschlag auf, man solle die Leute lehren, dass einerseits die konkrete Praxis des Läutens um irdischen Frieden nutzlos sei, denn »wo der herr nicht das haus bauet, so erbeiten umsonst die daran bauen. Wo der herr nicht die stad behütet, so wachet der wechter umsonst.« Andererseits weist er die sächsischen Prediger an, das Kirchenvolk zum Gebet um Frieden zu animieren: »Von solchen dingen ists nütze oft predigen, denn es sich die gute werk, auf die uns die schrift auch uberal weiset.« Schließlich aber erklärt er das Glockenläuten ganz in Übereinstimmung mit Luther zum Adiaphoron: »Das ist aber darümb geschrieben, das sich die pfarherr nicht zanken sollen, umb solcher sachen willen. Nicht, das man solch leuten halten müsse, wo es auch gefallen, ist nicht not wider aufzurichten.«[40]

Melanchthon gewichtete demnach den memorialen Zweck des Glockengeläuts höher als seine katholische Semantik und wies zugleich der Predigt die zentrale Aufgabe der Neusemantisierung des Klanges zu. Hier zeigt sich erneut die intrinsische Ambivalenz, mit der insbesondere die lutherische Reformation mit dem spätmittelalterlichen »Kulturerbe« umgegangen ist. Diese durchaus pragmatische Herangehensweise zeigt sich insbesondere dort, wo radikalere Lösungen schon einmal praktiziert wurden. So verdeutlicht die Kirchenordnung für Allstedt von 1533, dass akustische Revolutionen der radikalen Reformation durchaus wieder zurückgenommen werden konnten: »Wo auch Thomas Müntzer das leuten zur predigt abgeschafft, do sol man es, wie vor alters geschehen wiederumb anfahen und nicht unterlassen, wie dan durch unsers gnedigsten herren chur und furstenthumb gewonlich ist.«[41] Auch hier spielt die funktionale Ambivalenz des Glockenklangs eine zentrale Rolle im Prozess der Konstruktion einer reformatorischen Klanglandschaft, wiederum gut ablesbar am Beispiel des Pacem-Läutens: »Wo es auch in den dorfern gewonheit ist gewesen, das man des morgens oder des abents pro pace hat geleutet, do sollen es die pfarrer nochmals bleiben lassen, doch sollen sie das volk daneben vormanen, das sie als denn gott umb einen zeitlichen friede mit ernst und vleis bitten wollen, auch darneben fur alle gnade und wolthat danksagung thun, nachdem der misbrauch mit dem ave Maria abgethan, dann solch leuten nicht vor einen gottes dienst wie etwan gehalten wird, sondern das dadurch das volk zu danksagung und wie berurt umb fried zu bieten ermanet sei, un daran unterschied des tages zu erkennen.«[42]

Diese Läuteordnungen argumentieren – ganz ähnlich übrigens wie lutherische Kontrafakturen weltlicher Lieder – mit einem impliziten Hörer: Es kommt nicht darauf an, Verschiedenes zu hören, sondern zu wissen, was mit demselben akustischen Signal gemeint ist. Die Geschichte des reformatorischen soundscapes ist also weniger eine der konkreten Umgestaltung der akustischen Umwelt als eine der Umbesetzung ihres Bedeutungsspektrums – dies aber bevorzugt im seinerseits akustischen Medium der Predigt. Das gilt sicher überall dort, wo die »Deutungshoheit« (Natalie Krentz) der lutherischen Lehre unangefochten war.[43] Wo dies nicht so eindeutig gegeben war, diente das Massenmedium der Glocke als akustischer Marker konfessioneller Differenz. So etwa in Coburg, dessen Visitationsordnung von 1554/55 festhielt: »Zum siebenden, das die drei puls mit der glocken zu morgens und abents, welchs man im babstumb das Ave Maria und salve genat, sol umb der frembden und benachbarten leute willen, domit man uns nicht vor bebstisch achte, desgleichen das geleut zum wetter vorbleiben.«[44] Die konfessionelle Konkurrenz mit den angrenzenden Bistümern Bamberg und Würzburg führte zu der durchaus eigentümlichen Situation, dass das eigentlich reformatorische soundscape gerade durch die Abschaffung des Läutens,

also die Produktion von Stille, hergestellt wurde.[45] Stille und Klang sind daher nicht nur akustisch, sondern auch funktional und, wenn man so will, konfessionskulturell komplementär. Sie bedingen einander als integrale Bestandteile eines konfessionell durchdrungenen soundscapes, das zugleich vielschichtiger und komplexer ist, als vom Bildersturm infizierte Klischees zur reformatorischen Kultur es glauben machen wollen.[46]

In dem Sinne dient dieser Durchgang durch die Klangmedien der Reformation – von der Musik über die Predigerstimme zur Glocke – nicht nur allein dazu, für eine integrative Erforschung der reformatorischen akustischen Kultur zu argumentieren, welche über die etwas angestaubte Thematik »Reformation und Musik« hinausgeht und für welche der Forschungsbegriff soundscape steht. Vielmehr sollte auch deutlich geworden sein, welche eminente Bedeutung Klänge und akustische Wahrnehmung für die Geschichte nicht nur der Reformation, sondern der Frühen Neuzeit insgesamt hatten.

ANMERKUNGEN

1 Vgl. den Beitrag von Thomas DaCosta Kaufmann in diesem Band. | **2** WA TR 5, S. 533. | **3** Gabriele Wimböck, Macht des Raumes, Raum des Bildes: Die Ausstattung der Schlosskirche von Torgau, in: Glaube und Macht. Politik und Kunst im Jahrhundert der Reformation, hrsg. von Enno Bünz, Leipzig 2005, S. 233–264, hier S. 241; vgl. auch den Beitrag von Ruth Slenczka in diesem Band. | **4** WA 49, S. 588–604. Vgl. zur Torgauer Kirchweihpredigt Martin Brecht, Gottes Wort und Gebet. Was eine Kirche zur Kirche macht, in: Torgau: Stadt der Reformation. Luthers Torgauer Kirchweihe 1544, hrsg. von dems./Hansjochen Hancke, Torgau 1996, S. 29–41; anregend auch Patrick Fries, »Damit es recht und Christlich eingeweihet und gesegnet werde …« Luther, Foucault und der Blick auf »andere« Räume in Torgau und anderswo, in: Luther 79 (2008), S. 164–185; zu lutherischen Kirchweihen allgemein Vera Isaiasz, »Architectonica Sacra«. Feier und Semantik städtischer Kirchweihen im Luthertum des 16. und 17. Jahrhunderts, in: Stadt und Religion in der Frühen Neuzeit. Soziale Ordnungen und ihre Repräsentationen, hrsg. von Vera Isaiasz u. a., Frankfurt a. M./New York 2007, S. 125–146. | **5** Zit. nach Christa Maria Richter, Walter-Dokumente, in: Johann Walter. Torgau und die evangelische Kirchenmusik, hrsg. von Matthias Herrmann, Altenburg 2013, S. 169–307, hier S. 218; zu Böhme vgl. Martin Granzin, Zur Torgauer Geschichtsschreibung, in: Thüringisch-sächsische Zeitschrift für Geschichte und Kunst 19 (1930), S. 217–219. | **6** Vgl. Friedhelm Brusniak, Johann Walters Cantiones Septem Vocum von 1544/45, in: Studien zur Musikgeschichte. Eine Festschrift für Ludwig Finscher, hrsg. von Annegrit Laubenthal, Kassel u. a. 1995, S. 153–156. | **7** [Johann Walter], Cantio Septem Vocum in Laudem Dei Omnipotentis et Evangelij eius […], [Wittenberg 1544], URL: http://stimmbuecher.digitale-sammlungen.de/view?id=bsb00079634. Abgerufen am 29.9.2014. Vgl. auch die Analyse bei Walter Blankenburg, Johann Walter. Leben und Werk, aus dem Nachlass hrsg. von Friedhelm Brusniak, Tutzing 1991, S. 71–75 und 277–285. | **8** Dies spiegelt in gewisser Hinsicht die im Kirchenraum selbst angewandte Memorialstrategie durch Medaillenportraits in der Kirchenausstattung wider. Vgl.

Wimböck, Macht des Raumes (wie Anm. 3), S. 252–260 sowie den Beitrag von Ruth Slenczka in diesem Band. | **9** Jürgen Heidrich, Bemerkungen zu den Psalmkompositionen Johann Walters. Über humanistische Züge im nichtliturgischen Schaffen des »protestantischen Urkantors«, in: Johann-Walter-Studien, hrsg. von Friedhelm Brusniak, Tutzing 1998, S. 113–139, hier S. 122. | **10** Vgl. Brusniak, Johann Walters Cantiones Septem Vocum (wie Anm. 6), S. 155. | **11** Vgl. Jan-Friedrich Missfelder, Period Ear. Perspektiven einer Klanggeschichte der Neuzeit, in: Geschichte & Gesellschaft 38 (2012), S. 21–47; vgl. zur Sinnesgeschichte der Reformation anregend Philip Hahn, Sensing Sacred Space: Ulm Minster, the Reformation, and Parishioners' Sensory Perception, c. 1470 to 1640, in: Archiv für Reformationsgeschichte 105 (2014), i. E.; Matthew Milner, The Senses and the English Reformation, Aldershot/Burlington, VT 2011. | **12** Vgl. zur kursächsischen Reformationsgeschichte jetzt zusammenfassend Uwe Schirmer, Die Ausbreitung und Einführung der Reformation im ernestinischen Kursachsen (1517/19–1543), in: Herrmann, Johann Walter (wie Anm. 5), S. 9–33. | **13** Vgl. Jürgen Heidrich, Bausteine zu einer mitteldeutschen Musikgeschichte des 16. Jahrhunderts, in: Traditionen in der mitteldeutschen Musik des 16. Jahrhunderts, hrsg. von Jürgen Heidrich und Ulrich Konrad, Göttingen 1999, S. 1–18; Friedhelm Brusniak, Zur Musik von Johann Walter, in: Herrmann, Johann Walter (wie Anm. 5), S. 47–59; Mattias Lundberg, The Proper of the Mass in Sixteenth- and Early-Seventeenth-Century Lutheran Liturgies and its Relationships with Other Types of De Tempore Cycles, in: Heinrich Isaac and Polyphony for the Proper of the Mass in the Late Middle Ages and Renaissance, hrsg. von David J. Burn und Stefan Gasch, Turnhout 2011, S. 393–406; klassisch immer noch Friedrich Blume, Geschichte der evangelischen Kirchenmusik, Kassel ²1965 sowie die Beiträge in: Das protestantische Kirchenlied im 16. und 17. Jahrhundert. Text-, musik- und theologiegeschichtliche Probleme, hrsg. von Alfred Dürr und Walther Killy, Wiesbaden 1986. | **14** Vgl. ausführlich Blankenburg, Johann Walter (wie Anm. 7), S. 124–223. Vgl. zur akustischen agency der reformierten Gemeinde an einem anderen Beispiel Jan-Friedrich Missfelder, Akustische Reformation: Lübeck, 1529, in: Historische Anthropologie 20 (2012), S. 107–121; zu Luthers Wertschätzung der Musik vgl. zusammenfassend Johannes Schilling, Musik, in: Luther Handbuch, hrsg. von Albrecht Beutel, Tübingen 2005, S. 236–244; ders., »Die Musik ist eine herrliche Gabe Gottes«. Luther und die Reformation der Musik, in: Blätter für pfälzische Kirchengeschichte und religiöse Volkskunde 79 (2012) (Ebernburg-Hefte 46, 2012), S. 593–607; zur weiteren Funktion von Musik im Kontext Reformation vgl. v. a. Patrice Veit, Das Kirchenlied in der Reformation Martin Luthers. Eine thematische und semantische Untersuchung, Stuttgart 1986; Rebecca Wagner Oettinger, Music and Propaganda in the German Reformation, Aldershot u. a. 2001; Christopher Boyd Brown, Singing the Gospel. Lutheran Hymns and the Success of the Reformation, Cambridge, MA/London 2005. | **15** Vgl. zur biographischen Einordnung Johann Walters Blankenburg, Johann Walter (wie Anm. 7), S. 28–123, sowie Martin Staehelin, Johann Walter. Zu Leben, Werk und Wirkung, in: Brusniak, Johann-Walter-Studien (wie Anm. 9), S. 15–35. | **16** Vgl. Johannes Schilling, »Musicam semper amavi« – »Die Musik habe ich allezeit liebgehabt«. Martin Luther, Johann Walter und die Anfänge evangelischer Kirchenmusik, in: Luther 83 (2012), S. 133–144. | **17** Laurenz Lütteken, Patronage und Reformation. Johann Walter und die Folgen, in: Heidrich/Konrad, Traditionen in der mitteldeutschen Musik (wie Anm. 13), S. 63–74. | **18** Schilling, Martin Luther, Johann Walter und die Anfänge evangelischer Kirchenmusik (wie Anm. 16), S. 139. | **19** Lütteken, Patronage und Reformation (wie Anm. 17), S. 72. | **20** WA 45, S. 588. | **21** Begriff nach R. Murray Schafer, Die Ordnung der Klänge. Eine Kulturgeschichte des Hörens, Mainz 2010 [1977]; zur analytischen Funktion des soundscape-Begriffs in der Klanggeschichte vgl. Missfelder, Period Ear (wie Anm. 11) sowie ders., Der Klang der Geschichte. Begriffe, Traditionen und Methoden der sound history, in: Geschichte in Wissenschaft und Unterricht 65 (2015), i. E. | **22** Vgl. zur Entwicklung und historischen Einbettung der lutherischen Liturgie jetzt Natalie Krentz, Ritualwandel und Deutungshoheit. Die frühe Reformation in der Residenzstadt Wittenberg (1500–1533), Tübingen 2014. | **23** Vgl. dazu auch den Beitrag von Thomas DaCosta Kaufmann in diesem Band. | **24** WA

50, S. 368–374; auch synoptisch abgedruckt in Blankenburg, Johann Walter (wie Anm. 7), S. 439–445; vgl. dazu auch die Bemerkungen bei Schilling, Martin Luther, Johann Walter und die Anfänge evangelischer Kirchenmusik (wie Anm. 16), S. 138 f. | **25** WA 50, S. 369. | **26** WA 50, S. 372. | **27** Vgl. zum Folgenden detaillierter Britta Emrich, Lebendige Stimme. Zu Wesen und Bedeutung der menschlichen Stimme nach Martin Luther, in: Luther 81 (2010), S. 69–89. | **28** Vgl. Volker Mertens, Lebendige Stimme und tote Schrift. Erscheinungsform und Selbstverständnis von Luthers Predigt, in: Predigt im Kontext, hrsg. von Volker Mertens u. a., Berlin 2013, S. 257–280. | **29** WA 40, S. 558. | **30** WA 19, S. 488 f. | **31** WA TR 2, S. 531. Vgl. hierzu auch Birgit Stolt, Martin Luthers Rhetorik des Herzens, Tübingen 2000, S. 63 f. | **32** WA 8, S. 497. | **33** Vgl. auch für den englischen Kontext Arnold Hunt, The Art of Hearing. English Preachers and their Audiences, 1590–1640, Cambridge 2010. | **34** Vgl. David Garrioch, Sounds of the City. The Soundscape of Early Modern European Towns, in: Urban History 30 (2003), S. 1–25; Mark Mersiowsky, Wege zur Öffentlichkeit. Kommunikation und Medieneinsatz in der spätmittelalterlichen Stadt, in: Stadtgestalt und Öffentlichkeit. Die Entstehung politischer Räume in der Stadt der Vormoderne, hrsg. von Stephan Albrecht, Köln u. a. 2010, S. 13–57; John H. Arnold/Caroline Goodson, Resounding Community: The History and Meaning of Medieval Church Bells, in: Viator 43 (2012), S. 99–130. | **35** Vgl. Johan Huizinga, Herbst des Mittelalters. Studien über Lebens- und Geistesformen des 14. und 15. Jahrhunderts in Frankreich und in den Niederlanden, Stuttgart ¹¹1975, S. 2 f. | **36** Vgl. Alain Corbin, Die Sprache der Glocken. Ländliche Gefühlskultur und symbolische Ordnung im Frankreich des 19. Jahrhunderts, Frankfurt a. M. 1995 [1994]. | **37** Vgl. für das Folgende auch detaillierter Philip Hahn, The Reformation of the Soundscape: Bell ringing in early modern Lutheran Germany, in: German History 33/4 (2015), i. E. Ich danke Dr. Hahn (Tübingen) für die Erlaubnis zur Vorablektüre und Zitation. | **38** Die evangelischen Kirchenordnungen des 16. Jahrhunderts (= EKO), Band I: Sachsen und Thüringen nebst angrenzenden Gebieten, hrsg. von Emil Sehling, Leipzig 1902, S. 171. | **39** EKO I (wie Anm. 38), S. 171. | **40** Ebd., S. 170 f. | **41** Ebd., S. 511. | **42** Ebd., S. 511. | **43** Zum Begriff vgl. Krentz, Ritualwandel (wie Anm. 22). | **44** EKO I (wie Anm. 38), S. 544. | **45** Vgl. Hahn, Reformation of the Soundscape (wie Anm. 37). | **46** Vgl. aber die zahlreichen Anregungen bei Ulinka Rublack, Die Reformation in Europa, 2. Aufl. Frankfurt a. M. 2006, bes. S. 209–236, und Andrew Pettegree, Reformation and the Culture of Persuasion, Cambridge 2005.

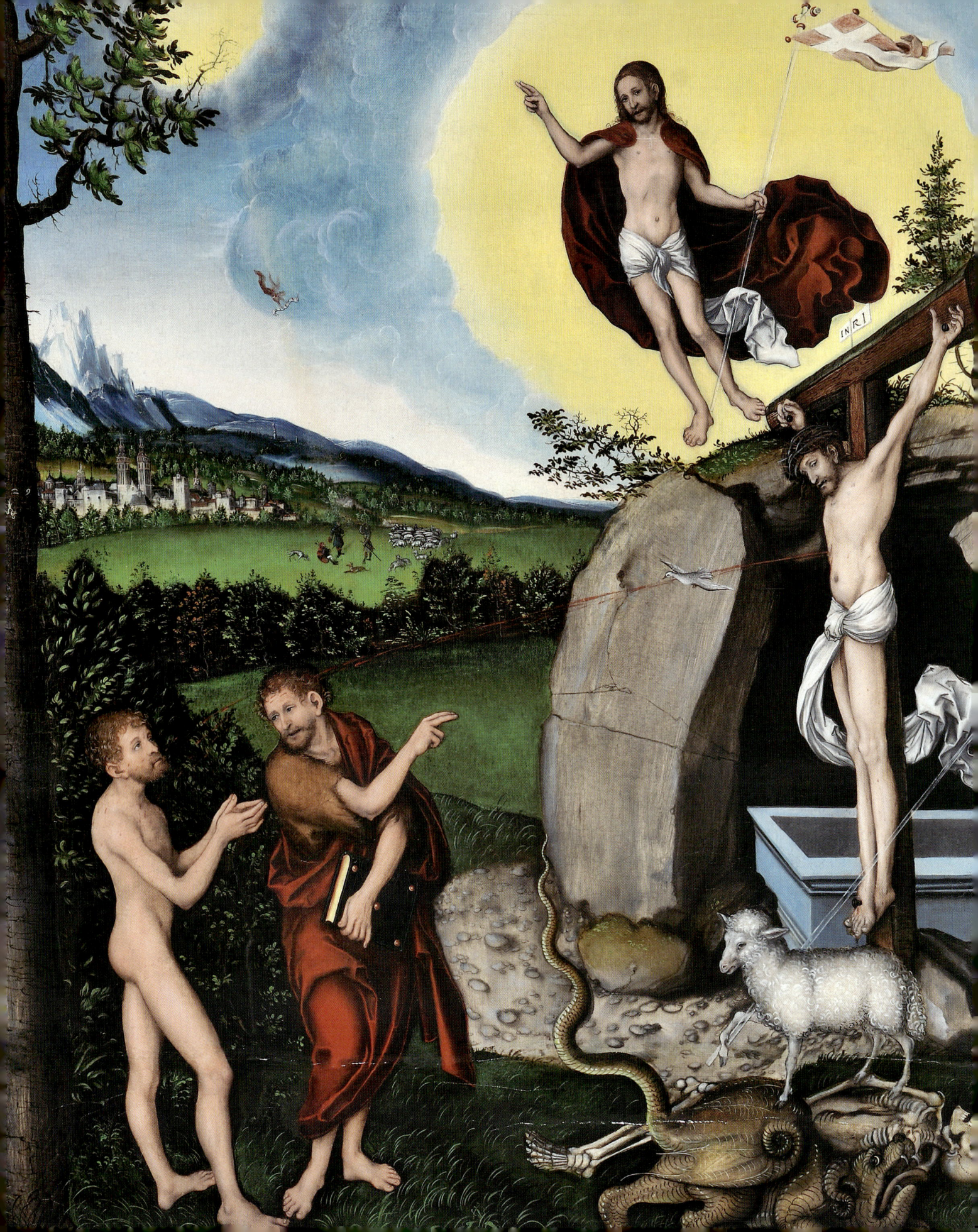

JOHANNES ERICHSEN

»GESETZ UND GNADE«

VERSUCH EINER BILANZ

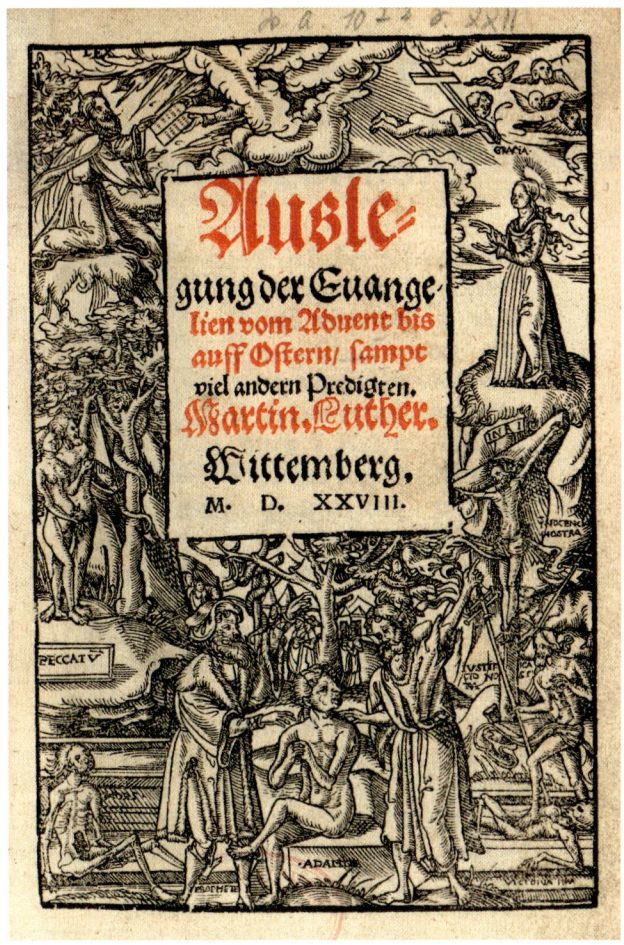

Abb. 2 | Titelholzschnitt aus: Martin Luther, Auslegung der Evangelien vom Advent bis auff Ostern, Wittenberg: Rhau 1528, Cranach-Werkstatt, Ratsschulbibliothek Zwickau, Sign. RBS1.8.22

Abb. 1 | Die Erlösung des Menschen allein aus Gnade, Detail aus dem Gothaer Cranach-Gemälde »Gesetz und Gnade«, Abb. 2 im Aufsatz Lexutt in diesem Band

Bis zur Jahrtausendwende hätte ein Reformationsforscher wohl im Halbschlaf hersagen können, worum es sich bei dem Bildthema »Gesetz und Gnade« handele: nämlich um ein 1529 von Martin Luther und Lucas Cranach dem Älteren erarbeitetes Lehrbild zum Kernpunkt der lutherischen Lehre, der Erlösung des sündigen Menschen durch den Opfertod Christi, das in zwei, nach den Hauptexemplaren als der Prager und der Gothaer Typ benannten Fassungen vorliege.[1]

Seither hat diese ehrwürdige Ansicht ihre Verbindlichkeit verloren. Schon 1994 wiesen zwei voneinander unabhängige Ausstellungen – auf der Wartburg und in Torgau zum Thema »Gesetz und Gnade«[2], in Zürich und Köln über »Himmel, Hölle, Fegefeuer«[3] – auf drei frühe Bildzeugnisse hin, die in diesem Kontext bislang unbeachtet geblieben waren: Das erste war der bereits das Bildschema von »Gesetz und Gnade« zeigende Titelholzschnitt zu Luthers *Postille vom Advent bis auf Ostern* in einem Zwickauer Druck von 1528 (Abb. 2),[4] das zweite ein bis dahin Cranach zugeschriebener großformatiger Holzschnitt aus Erlangen (Abb. 3),[5] dessen Ikonographie mit dem Zwickauer Titel übereinstimmt und der hier im Mittelpunkt stehen wird. Armin Kunz, der den diesbezüglichen Eintrag im Züricher Katalog verantwortete, verwies zudem drittens auf eine mit beiden Holzschnitten zusammenhängende Illustration zu Urbanus Rhegius' *Vom hochwürdigen Sakrament des Altars*, Leipzig 1525 (Abb. 4),[6] auf die der Verfasser dieses Beitrags wenig später ebenfalls aufmerksam wurde.[7] Diese drei Dokumente rüttelten an dem bislang unbezweifelten Eckdatum 1529 für die Erfindung des Bildschemas der »Gesetz-und-Gnade«-Darstellungen durch das Team Luther / Cranach und nötigten angesichts des Zeitsprungs nach vorn von mindestens vier Jahren auch zur Revision der Annahmen hinsichtlich Autoren, Beweggründen und theologischer Fundierung.

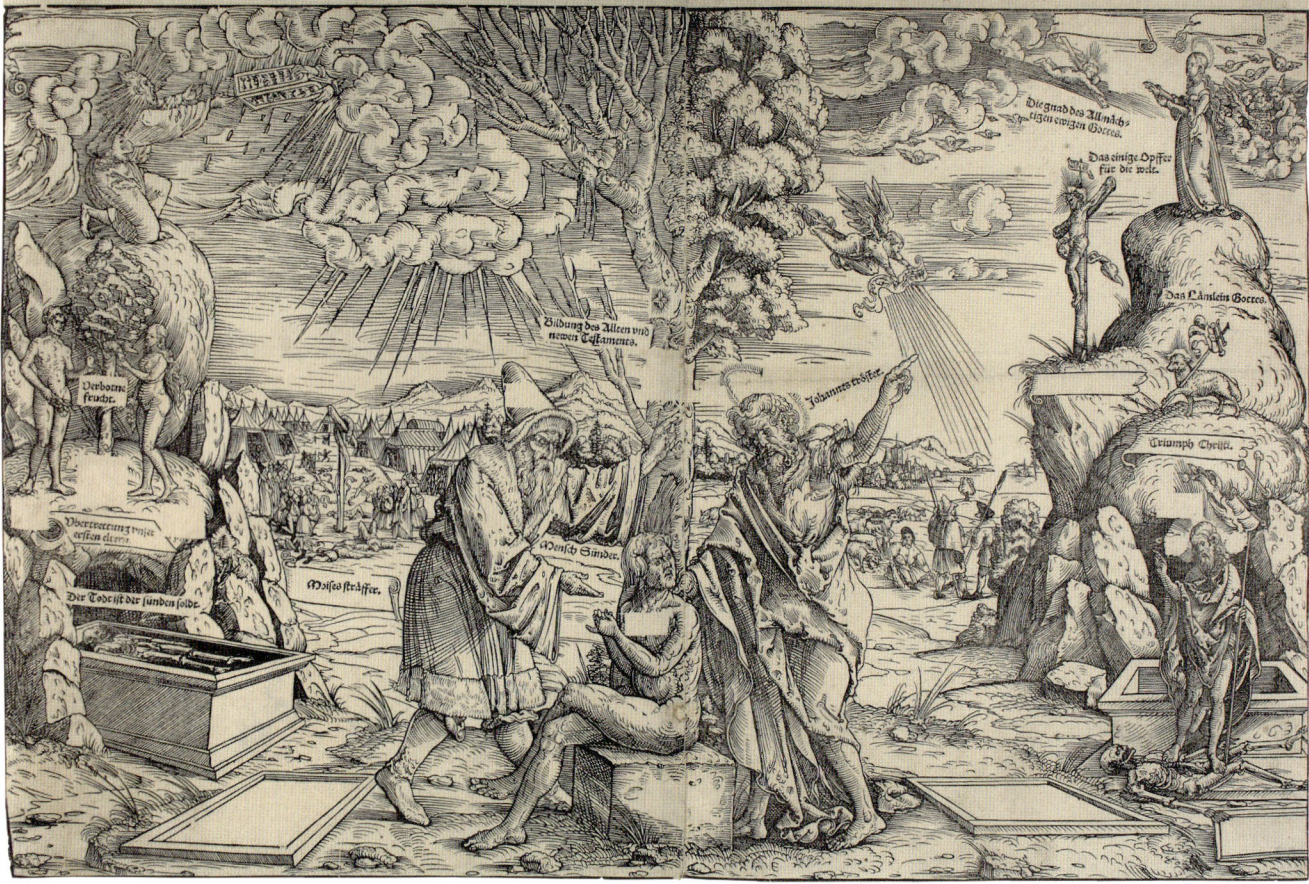

Abb. 3 | Ein Schoene figur des Allten vnd newen Testaments, Einblattdruck, 2. Fassung, nach 1529,
Universitätsbibliothek Erlangen, Sign. BH 33

Im vergangenen Jahrzehnt haben vier gewichtige Beiträge die Neufunde in die Entwicklungsgeschichte von »Gesetz und Gnade« einzuarbeiten versucht und die alten Gewissheiten dabei gründlich zerzaust. Hinsichtlich der Rolle der drei Graphiken kamen sie allerdings zu unterschiedlichen Ergebnissen: Im Jahr 2004 hat Matthias Weniger Tituli und Bibelverse der verschiedenen Fassungen untersucht und in einer komplexen Deduktion gezeigt, dass die Prager Fassung älter sein müsse als die Gothaer und dass ein Teil ihrer Texte wohl nicht die Vorstellungen Luthers reflektiere.[8] Da keines der bekannten Gemälde und auch nicht der sogenannte Tory-Holzschnitt[9] als Prototyp der gesamten Serie betrachtet wer-

den könne, erwog Weniger als erster ein verlorenes »Urbild« zu »Gesetz und Gnade« und dachte an dessen Entstehung in einem süddeutschen Zentrum wie Nürnberg oder Basel.
2006 hat Dieter Koepplin Hans Holbeins Version von »Gesetz und Gnade« untersucht.[10] In Bezug auf die Vorlagen schloss er sich Wenigers Idee des »Urbilds« an; ebenso wollte er keines der erhaltenen Dokumente als Prototypen akzeptieren. Dem Erlanger Holzschnitt attestierte er »bescheidene Qualität«; der sogenannte Tory-Holzschnitt sei spät zu datieren und könne schon aus stilistischen Gründen diesem Meister nicht zugeschrieben werden.

Ebenfalls 2006 legte Heimo Reinitzer einen monumentalen, doch eher an theologischen Fragestellungen ausgerichteten Katalog von Bildern zu Luthers Rechtfertigungslehre vor.[11] Obwohl er damit eine völlig neue Grundlage für weitere Untersuchungen schuf, hat er selbst sein Material für die Frage der Abhängigkeiten leider nicht ausgeschöpft. Reinitzer begnügte sich damit, den Tory-Holzschnitt vermutungsweise auf 1523/24 zu datieren und zum Prototypen aller Darstellungen zu erklären. Den Erlanger Holzschnitt betrachtete er als Vorbild für die Rhegius-Illustration und setzte ihn daher vor 1525 an. Das Prager »Gesetz-und-Gnade«-Gemälde Cranachs datierte er aufgrund einer Falschinformation auf 1525 und hatte so keine Schwierigkeiten, seine Priorität vor dem Gothaer von 1529 anzunehmen.

Schließlich hat Miriam Fleck in ihrer 2010 publizierten Dissertation Reinitzers Sammlung sowohl diszipliniert wie auch ergänzt; ihr Katalog umfasst 315 Bildzeugnisse.[12] Flecks Untersuchung zielte auf »eingehende Objektanalysen« und auf die Rekonstruktion der bis dahin kaum beachteten Verbreitungswege des Bildthemas. Sie trat für dessen Entwicklung im mitteldeutschen Raum ein, verwies den »Pseudo-Tory« überzeugend auf einen der hinteren Plätze, konnte sich aber auch nicht für den vermeintlich spät entstandenen Erlanger Holzschnitt erwärmen. An eine schrittweise Entwicklung des Bildmotivs glaubend, setzte sie vielmehr den Holzschnitt bei Rhegius 1525 sowie das Zwickauer Titelblatt von 1528 als vermeintlich erste vollständige Darstellungen des Themas an den Beginn.

Mutatis mutandis haben alle vier Autoren den Schluss gezogen, dass »die gesamte dem Erlanger Holzschnitt zugrundeliegende Konzeption bereits vor 1525 entwickelt worden war«,[13] und das Team Luther/Cranach demzufolge nicht mehr als Urheber der Bilderfindung, sondern nur als Redakteure betrachtet. Abgesehen von dieser Übereinstimmung ist das Meinungsbild nun aber verworrener denn je. Wichtige Fragen, wie die nach den Erfindern von Aussage und Form, nach den Ursachen der Redaktionsgänge, nach der Funktion der Komposition, sind nur ansatzweise beantwortet, und selbst die alte Gewissheit, es mit einem lutherischen Bekenntnisbild zu tun zu haben, ist von Miriam Fleck infrage gestellt worden.

Wie lässt sich dieser gordische Knoten ohne Gewalt auflösen? Die meisten Versuche sind bisher wohl daran gescheitert, dass sie die Betrachtung von Form und Inhalt von vornherein miteinander verknüpften und sich so in ein Gewirr von Aspekten und Argumenten verstrickten, für deren Gewichtung, Datierung und

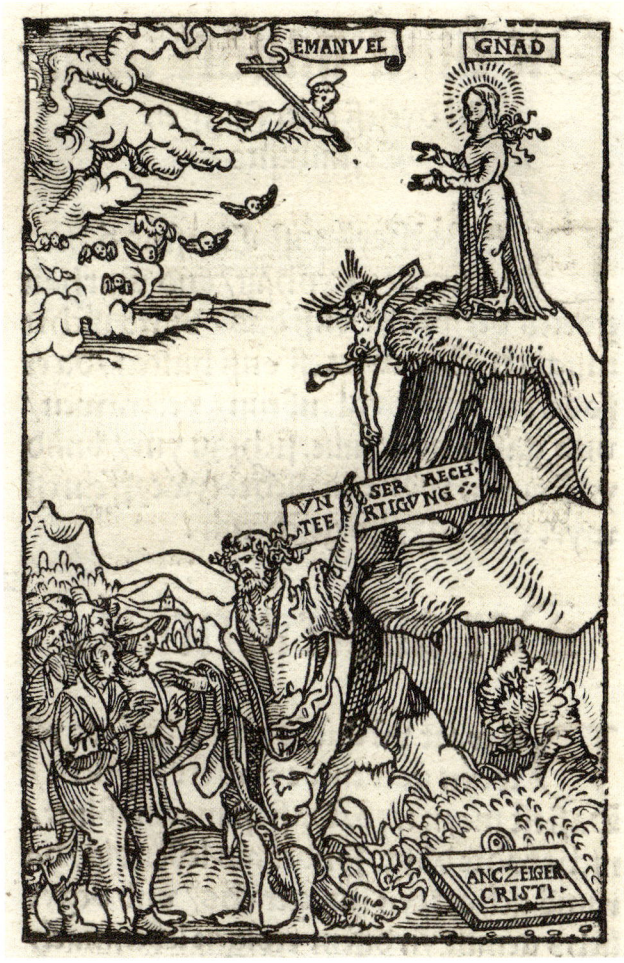

Abb. 4 | Illustration aus: Urbanus Rhegius, Vom hochwirdigen Sacrament des altars vnder richt was man auß hayliger geschrifft wissen mag, Leipzig: Thanner 1525, Lutherhaus Wittenberg, Sign. Ag 8° 633 e

Ordnung dann die Kriterien fehlten. Aber auch rein theologisch oder rein kunsthistorisch lassen sich die Fragen nicht beantworten, wie die Forschungsgeschichte zeigt. Es ist doch wohl davon auszugehen, dass sowohl der Prototyp des Lehrbildes »Gesetz und Gnade« wie auch dessen signifikante Redaktionen in einer Kooperation von Theologen und Malern entwickelt worden sind, wobei der eine die Botschaft und die Verse vorgab und der andere dies in ein Bild zu bringen hatte. Betrachten wir Form und Inhalt getrennt, so werden die Teilfelder überschaubarer. Für die Ordnung größerer Mengen voneinander abhängiger Kompositionen, wie sie hier vorliegen, hat die Archäologie die Kopien- und die Philologie die Handschriftenkritik entwickelt, mit deren Hilfe sich Umformungsprozesse erkennen und einordnen lassen. Bei dem Komplex »Gesetz und Gnade« ist – trotz der Ansätze bei Reinitzer und Fleck – eine systematische Ordnung der Bildzeugen bis heute unterblieben. Bevor dies hier für die wichtigsten Stücke nachgeholt wird, gilt es drei Prämissen klarzustellen:

Erstens sind die Bilder von »Gesetz und Gnade« im Verlauf etwa eines Jahrhunderts von Dutzenden über fast ganz Europa verstreuten Künstlern produziert worden. Angesichts der Größe des Verbreitungsgebiets und der Zeitspanne kann die Verbreitung der Typen nur durch graphische Vorlagen erfolgt sein. Wenn sich etwa an entgegengesetzten Rändern des Verbreitungsgebiets zwei so ähnliche Darstellungen finden wie am Kanzelportal der Rostocker Marienkirche von 1574[14] und am Epitaph Zierer in der Ingolstädter Liebfrauenkirche von 1585,[15] so muss es eine gemeinsame Quelle gegeben haben – in diesem Fall einen Antwerpener Kupferstich des Pieter Nagel (wohl von 1567), der für eine ganze Reihe süddeutscher Darstellungen des späten 16. Jahrhunderts vorbildlich war.[16]

Zweitens ist mit dem Totalverlust wichtiger, auch graphischer Bildzeugen zu rechnen. Solche Blätter waren nicht als Kunstwerke für Liebhaber oder als Werkstattvorlagen, sondern als Lehrbilder für den gemeinen Mann konzipiert und unterlagen demzufolge einem raschen Verschleiß. Von dem Tory-Holzschnitt wie vom Erlanger Holzschnitt ist offenbar nur jeweils ein einziges Exemplar überliefert, vom Cranach-Holzschnitt des Gothaer Typus zwei, aber nur eins davon vollständig. Die Verlustrate reicht bei diesen Beispielen an die Auflagenhöhe heran, in anderen Fällen mag sie ihr gleichgekommen sein. So brachte der Nürnberger Formschneider Hans Adam um 1552 eine wegen ihrer Beischriften bedeutsame Holzschnittvariante des Themas heraus.[17] Schon 1532 aber hatte Melchior Sachse in Erfurt einen Lutherdruck mit einer sehr ähnlichen Titelrahmung ausgestattet, die dem Druck Adams allerdings nicht als direkte Vorlage gedient haben kann.[18] Hier muss man annehmen, dass sich beide Darstellungen auf eine gemeinsame, leider gänzlich verlorene Bildquelle beziehen.

Drittens muss die bisherige Einteilung nach den beiden Typen »Prager Typus« und »Gothaer Typus« angesichts der Neufunde grundsätzlich überdacht werden. Die vier genannten Kollegen haben an der traditionellen Zweiteilung der »Gesetz-und-Gnade«-Bilder nach diesen beiden Typen festgehalten, obwohl sie alle einen zeitlichen Abstand zwischen dem Prototyp und den namengebenden Bildern annahmen. Es werden aber die falschen Objekte und Probleme fokussiert, wenn ein Typus von einem späten und nicht repräsentativen Zeugen her definiert wird. Da man Cranachs Prager Gemälde inhaltlich von der Verwandtschaft des Erlanger Holzschnitts unterscheiden kann und muss, soll hier eine andere Einteilung Verwendung finden: Die dem Erlanger Blatt entsprechende Gruppe wird im Folgenden als Erlanger Typus bezeichnet, bei den Bildzeugen aus dem Cranach-Kreis zwischen dem Prager Bild und dem Gothaer Typus unterschieden.

DIE TYPEN IN DER BILDÜBERLIEFERUNG

Stellt man ein Stemma der nach formalen Kriterien ausgewählten wichtigsten Bildzeugen des 16. Jahrhunderts zu »Gesetz und Gnade«[19] zusammen und gliedert es einerseits chronologisch, andererseits nach Typen und Subvarianten und berücksichtigt auch die Gattungen der Werke, so ergibt sich ein relativ eindeutiges Bild (Abb. 5).

a) Der Erlanger Typus (mit den gelb und senffarben markierten Objekten) beherrscht unübersehbar das Feld. In der Tat ist wohl weit mehr als die Hälfte aller bekannten Bildzeugen diesem Typus zuzurechnen. Dunkler abgesetzt ist die erschlossene Subvariante »Hans Adam«.[20]

b) Das Prager Bild Cranachs (blau markiert) steht allein. So unglaubhaft es angesichts der bisherigen Vorstellung vom Prager Typ auch erscheinen mag – außer einer ebenfalls in Prag verwahrten Kopie ist kein späterer Reflex überliefert, der die Spezifika dieses Bildes in einer über den Erlanger Typus hinausgehenden Weise wiedergäbe. Offenbar stellt Prag einen Sonderfall in der Bildüberlieferung dar (die Betrachtung der Verse wird das bestätigen).

c) Bei den Vertretern des Gothaer Typus (violett markiert) ist die Zusammenballung aufschlussreich. Sie rühren fast ausschließlich aus der Cranach-Werkstatt und von Cranach-Schülern her. Die zugehörigen Titelblätter stammen mit geringen Ausnahmen aus Wittenberger Offizinen (da die Druckstöcke der Titelrahmungen mehrfach verwendet wurden, ist mit einer erheblichen Verbreitung zu rechnen). Es fällt auf, dass in Wittenberg für die Schriften Luthers und seines Kreises allein dieser Bildtypus Verwendung gefunden hat, während außerhalb des engeren lutherischen Reviers der Erlanger Typus die norddeutschen Druckereien beherrschte.[21]

d) Von dem Tory-Holzschnitt geht der rote Block aus, dessen isolierte Stellung in der zweiten Jahrhunderthälfte Miriam Fleck bereits herausgearbeitet hat. Die Rezeption dieses undatierten

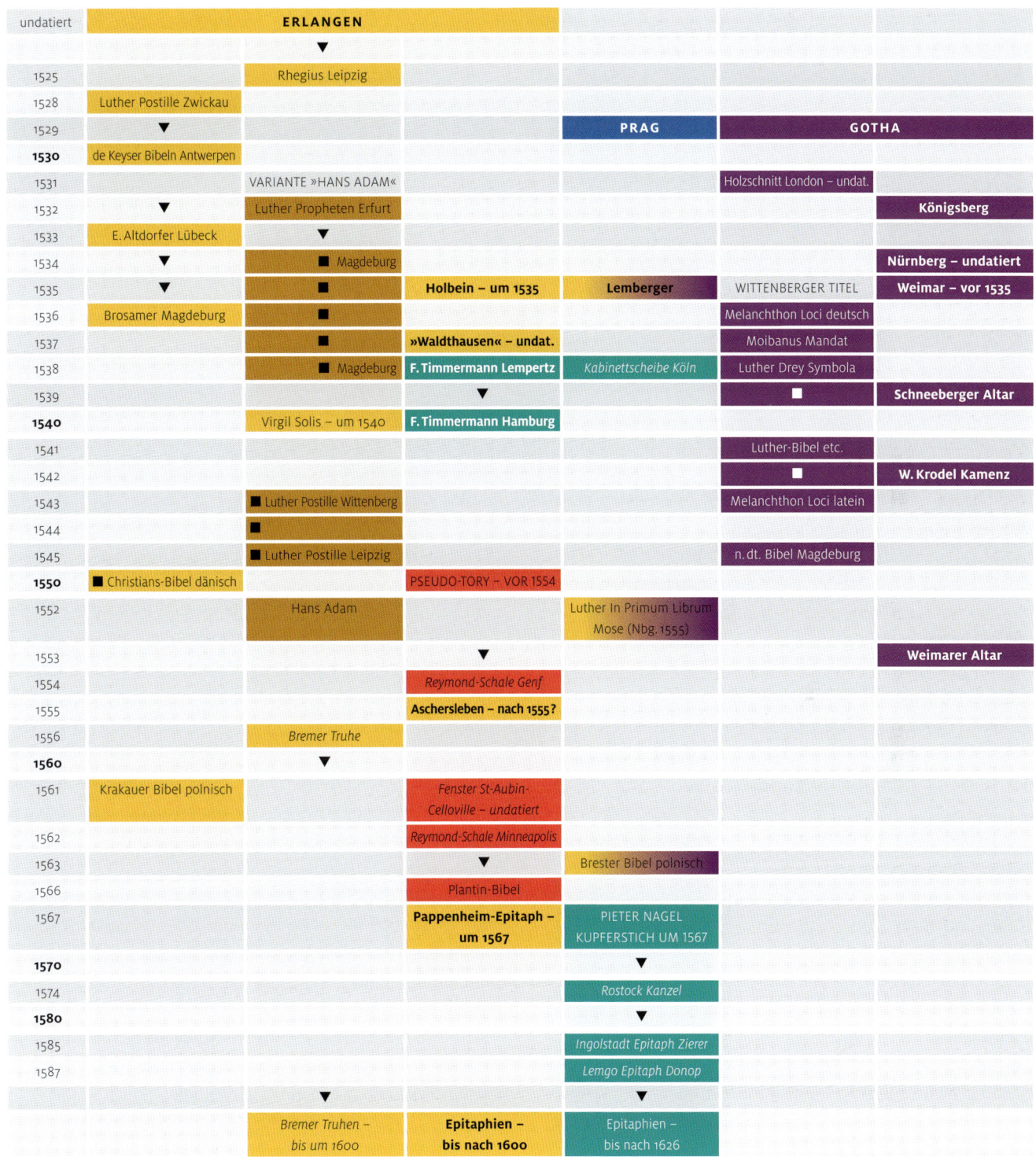

Abb. 5 | Typenzugehörigkeit, chronologische Verteilung und Abhängigkeiten der wichtigsten Bildzeugen zu »Gesetz und Gnade«
(typographische Markierungen: Normalschrift = Graphik; **fett** = Gemälde; *kursiv* = Skulptur, Glas, Email; ▼ = wirkt auf; ■ = Wiederverwendung)

Blattes setzte offenbar erst nach der Jahrhundertmitte ein und hielt sich in sehr engen Grenzen;[22] sie hat, wie es scheint, Frankreich nicht überschritten. Hätte das Blatt wirklich, wie so oft vermutet, als »Urbild« am Beginn gestanden, so müsste man frühere und zahlreichere Reflexe erwarten.

e) Die vom Stich des Pieter Nagel von 1567 geprägte Gruppe (türkis markiert) ist bedeutsam als Indikator einer schleichenden, aber generellen ikonographischen Verschiebung der »Gesetz-und-Gnade«-Darstellung: Der Prophet Jesaia wird allmählich durch Moses als Repräsentanten des Gesetzes abgelöst.[23] Darin äußert sich wohl der Einfluss Wittenbergs auf den Erlanger Typus, fassbar bereits mit der Kölner *Kabinettscheibe* von 1538 im Metropolitan Museum of Art New York[24] sowie 1538 und 1540 bei Franz Timmermann.[25]

Das Stemma macht auch darauf aufmerksam, dass das Bildschema »Gesetz und Gnade« bis zur Jahrhundertmitte überwiegend in der Graphik vertreten war, und zwar in Titelblättern von Bibeln und geistlichen Werken. Gemälde wurden, wenn die erhaltenen Bildzeugen repräsentativ sind, zuerst in der Werkstatt und dann auch von den Schülern Lucas Cranachs produziert. Erst um die Jahrhundertmitte setzte die reiche Produktion von Epitaphien ein, mit denen Verstorbene ihren Glauben an die Erlösung demonstrierten und dafür gern auch das Bildmotiv »Gesetz und Gnade« wählten.

DER ERLANGER HOLZSCHNITT

Wie das Stemma der Bildzeugen aufzeigt, kommt dem Erlanger Holzschnitt (Abb. 3) in der Bildüberlieferung besondere Bedeutung zu; er repräsentiert jedenfalls den frühesten belegten Typus. Dabei gehört der erhaltene Abzug einer späten Auflage an, wie die auffälligen weißen Flächen anzeigen: Es sind einerseits vom Formschneider mitgearbeitete leere Tafeln und Schriftrollen, in die kein Text (mehr) eingesetzt ist, andererseits nachträglich roh eingeschnittene Rechtecke, die nicht alle mit Schrift gefüllt sind.[26] Die vorhandene, typographisch einheitliche Schrift ist ziemlich lieblos teils in die Schriftbänder, teils in das Bild eingesetzt und weicht auch im Wortlaut von dem ab, was man nach Ausweis der späteren Bildzeugen erwarten dürfte. Der Abzug belegt wohl den dritten Zustand des Druckstocks und ist um die Mitte des 16. Jahrhunderts anzusetzen. Durch die Texte dieser späten Version darf man sich bei der Interpretation nicht irreführen lassen.

Was war ursprünglich zu sehen beziehungsweise zu lesen? Das Blatt zeigt ein »Welttheater«, das durch den Baum in der Bildmitte sowohl horizontal in der Bildtiefe als auch vertikal geteilt ist: Vor dem Baum liegt eine Art Vorderbühne mit drei großen Personen, dahinter ein im Ansatz spiegelsymmetrischer Landschaftsprospekt in kleinerem Maßstab. Diese Landschaft wird durch den Baum zweigeteilt und zugleich als gegensätzlich gekennzeichnet: Links sind die Äste tot, rechts lebendig, links tobt ein Donnerwetter, rechts herrscht Friede. Nach Luthers – freilich erheblich späterer – Genesis-Vorlesung verkörpert der Baum den Baum der Erkenntnis: »Arbor mortis est lex, arbor vitae est Evangelium et Christus«.[27] Er scheidet im Bild die Welten des Alten und des Neuen Testaments: Die Szenen links gehören in den Geltungsbereich des mosaischen Gesetzes (sub lege), die rechts in die Sphäre der Erlösung durch den Opfertod Christi (sub gratia).

Der Betrachter erkennt sich wieder in der zentralen Figur, die der Gesetzesseite zugewandt unter dem Baum sitzt: Diese stellt den »Menschen ohne Gnade« beziehungsweise »Adamita«, den Nachkommen des sündigen Adam, dar – nackt und händeringend, schutzlos und verzweifelt. Ihm zugeordnet war ein fragender Vers aus dem Römerbrief: »Ich elender Mensch, wer wird mich erlösen von dem Leib dieses Todes?« (Römer 7,24). Die Antwort kommt von den beiden Gestalten, die, wenn auch den konträren Bildhälften zugehörig, synchron auf den Gnadenakt der Erlösung rechts hinweisen und den Menschen zum Blick in dieser Richtung veranlassen. Die linke ist der Prophet Jesaia, dessen Botschaft »Siehe, eine Jungfrau wird empfangen und einen Sohn gebären, dessen Name wird sein Emanuel« einst wohl auf der Schrifttafel stand; die rechte ist der »Anzeiger Christi«, Johannes der Täufer, mit der Aussage: »Siehe, dies ist das Lamm Gottes, das auf sich nimmt die Sünde der Welt«.

Die Berge, welche die Landschaft der hinteren Bildebene links und rechts begrenzen, tragen antithetische Darstellungen, welche die Essenz der Epochen sub lege und sub gratia bezeichnen.[28] Links empfängt oben Moses auf dem Sinai das Gesetz aus den Händen Gottes, welcher sich in Gewitterwolken verbirgt. In der Mitte probieren Adam und Eva die verbotene Frucht. Unten liegt ein Toter im Sarkophag vor einer Grabeshöhle. Die einst in den Schriftbändern beigegebenen Tituli lauteten offenbar »Gesetz«, »Sündenfall« und »Tod«. Rechts hingegen erwartet oben auf dem Berg Zion die Jungfrau den Gottessohn Emanuel, der sein Kreuz mit sich führt. In der Mitte, dem Sündenfall gegenüber, stehen der Gekreuzigte und das Lamm Gottes, die Prophezeiung des Täufers erfüllend. Unten schließlich entsteigt der Auferstandene siegreich dem Grabe und tritt den Tod nieder. Die zugehörigen Tituli müssen gelautet haben: oben »Emanuel« und »Gnade«, mittig »unsere Rechtfertigung« und »unsere Unschuld«, unten »unser Sieg«. Bleiben noch zu betrachten zwei Szenen in den Ebenen zu Füßen der Berge: links die Anbetung der Ehernen Schlange als »Figur der Rechtfertigung«[29] unter der Herrschaft des Gesetzes, rechts die Verkündung der Frohen Botschaft an die Hirten, die offenbar keiner Erklärung bedurfte.

Aus Szenen und Tituli lässt sich die Botschaft des Bildes zurückübersetzen: Angesichts der Unmöglichkeit, Gottes Gesetz zu genügen, verzweifelt der Mensch und wird sich seiner Sündhaftigkeit bewusst. Seine Erlösung ist aber bereits im Alten Testament angekündigt: Die Eherne Schlange, deren Anblick das Volk Gottes vor dem Tod bewahrte, deutet auf das künftige Heil durch das Kreuz hin; Jesaia sagt die Geburt des Gottessohnes durch die Jungfrau voraus. Johannes der Täufer, als »Anzeiger Christi« vorausgesandt und die Epochenzäsur zwischen Altem und Neuem Testament markierend, verkündet die Erlösung durch das Lamm Gottes. Durch den Glauben an den Kreuzestod Christi wird der Mensch vor Gott gerechtfertigt; der zum Heil der Menschen Auferstandene triumphiert über den Tod und mit ihm der Mensch.

Über dem Bild ist der Titel in Letterndruck erhalten: »Ein schöne Figur / des Allten und newen Testaments / darin klärlich angezeigt / und augenscheinlich vorgebildet wirdt / was in ainem yeden / durch die Propheten und Apostel gelehrt und gehandelt sey worden / wie in der Schrifft unten deutlich verfasset und erkleret ist.« Diese Überschrift ist aufschlussreich, auch wenn die Typographie wegen der späten Auflage nicht mehr die ursprüngliche sein wird. Zum einen trifft die Bezeichnung als »Figur des Alten und Neuen Testaments« den Inhalt gerade der Erlanger Fassung recht gut. Denn »Gesetz und Gnade«, wie das Bildthema traditionell benannt wird, oder »Gesetz und Evangelium«, wie Luther es wohl bezeichnet haben würde, sind ja bloße Kürzel für »sub lege« und »sub gratia«, welche die in den beiden Testamenten kodifizierten Gebote beziehungsweise das Angebot Gottes an die Sünder vor und nach der Menschwerdung Christi bezeichnen. Wie bereits festgestellt, entfiel ein erheblicher Teil der frühen Darstellungen des Themas auf Titelrahmungen von Bibeldrucken, sollte also gleichsam eine Summa der heiligen Schriften präsentieren.

Zum anderen besagt die Überschrift, dass unter dem Bild biblische Verse standen, welche – wie im Londoner Holzschnitt Cranachs – die Darstellung näher erläuterten. Jedenfalls wird ein Text dieser Art nahegelegt durch die ungewöhnliche Größe des Holzschnitts von 34,2 zu 53,7 Zentimetern. Sie überschreitet das Normalformat eines damaligen Flugblatts erheblich und deutet auf eine ortsfeste Verwendung an der Wand hin.

Wo und wann dieses Blatt entstanden ist, und ob es den Prototyp der gesamten Bildgruppe darstellt oder nur ein Derivat, das lässt sich noch nicht eindeutig beantworten. Der Formenschatz zeigt nichts, was eine Entstehung vor 1525 kategorisch ausschließen würde. Doch der Versuch einer stilistischen Einordnung bringt den Kunsthistoriker in Verlegenheit. Eine Beziehung zu Cranach ist nicht zu erkennen, wohl aber zur graphischen Kunst Dürers: Berge, Stadt und Meer im fernen Hintergrund ähneln den Landschaften in dessen Holzschnitten; der nackte Mensch ist am Schmerzensmann der *Großen Passion*, der Auferstehende an dem der *Kleinen Passion* orientiert; auch das Vorbild der *Kupferstich-Passion* klingt an. Dennoch möchte man das Ganze nicht gern einem der bekannten, für den Holzschnitt tätigen Dürer-Schüler oder einem der Nürnberger Briefmaler zuweisen. Bei dem regen Nürnberger Export von Vorlagen wie auch von Künstlern sagt der Einfluss Dürer'scher Graphik nichts über den Entstehungsort aus – auch Cranach hat in Nürnberg ausgebildete Kräfte beschäftigt. Zudem hat sich der Entwerfer auch in Basel bedient, denn im oberen linken Viertel ist, seitenverkehrt, der Titel der in Basel gedruckten deutschen Erstausgabe von Luthers *Der X. gebot ein nutzliche erklerung* wiederzuerkennen.[30] Bemerkenswert an diesem Detail ist, dass die Autoren des Erlanger Blattes ihre Inspiration offenbar von einem Lutherdruck bezogen haben – ein Indiz für die spezifisch reformatorische Ausrichtung des Bildes.

Zum Erlanger Blatt hat Dieter Koepplin auf die tierkopfartige Form hinter der linken Ferse des Täufers hingewiesen, die 1525 bei Rhegius, aber in keiner der anderen bekannten Darstellungen wiederkehrt.[31] Reinitzer und Fleck haben dieses Detail als Kamelkopf erklärt, der am Fellüberwurf des Johannes noch anhänge. In der Tat kommt ein solches Kopffell wiederum bei Dürer in einem Stich mit Johannes und Onuphrius vor, aber in realistischerer Größe als hier, wo gerade der gemeinsame Maßstabsfehler für den engen Zusammenhang beider Blätter spricht. Dass aber die Rhegius-Illustration (die sich nicht aus dem Text erklärt) eine selbstständige, theologisch argumentierende Komposition gewe-

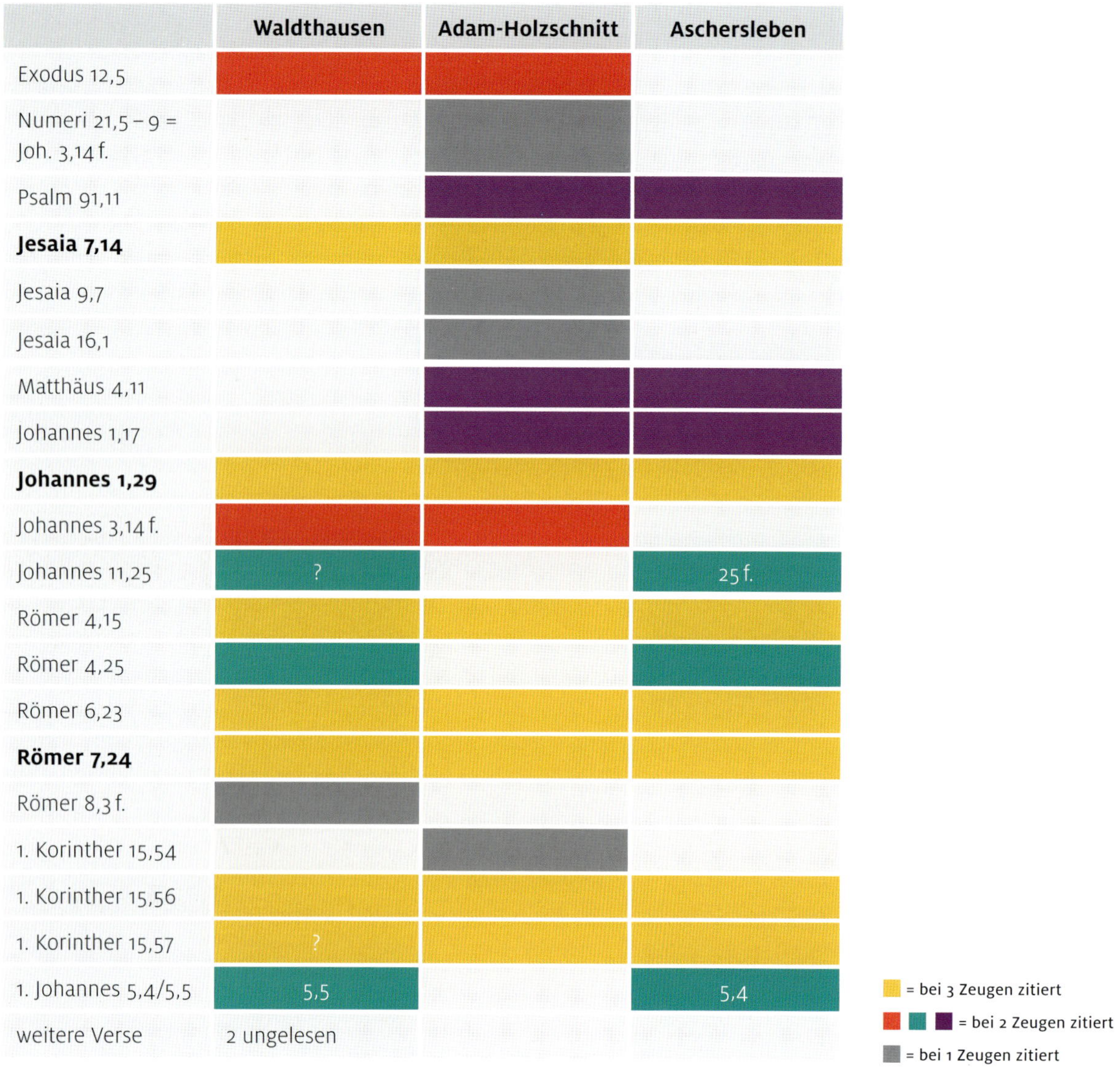

Abb. 6 | Synopse der Bibelverse in den drei Textzeugen des Erlanger Typus
(**fett**: die den drei Protagonisten beigegebenen Verse)

	Waldthausen	Adam-Holzschnitt	Aschersleben
Exodus 12,5	■ (rot)	■ (rot)	
Numeri 21,5 – 9 = Joh. 3,14 f.		■ (grau)	
Psalm 91,11		■ (violett)	■ (violett)
Jesaia 7,14	■ (gelb)	■ (gelb)	■ (gelb)
Jesaia 9,7		■ (grau)	
Jesaia 16,1		■ (grau)	
Matthäus 4,11		■ (violett)	■ (violett)
Johannes 1,17		■ (violett)	■ (violett)
Johannes 1,29	■ (gelb)	■ (gelb)	■ (gelb)
Johannes 3,14 f.	■ (rot)	■ (rot)	
Johannes 11,25	? (grün)		25 f. (grün)
Römer 4,15	■ (gelb)		■ (gelb)
Römer 4,25	■ (grün)		■ (grün)
Römer 6,23	■ (gelb)	■ (gelb)	■ (gelb)
Römer 7,24	■ (gelb)	■ (gelb)	■ (gelb)
Römer 8,3 f.	■ (grau)		
1. Korinther 15,54		■ (grau)	
1. Korinther 15,56	■ (gelb)		■ (gelb)
1. Korinther 15,57	? (gelb)		■ (gelb)
1. Johannes 5,4/5,5	5,5 (grün)		5,4 (grün)
weitere Verse	2 ungelesen		

Legende:
■ (gelb) = bei 3 Zeugen zitiert
■ (rot) ■ (grün) ■ (violett) = bei 2 Zeugen zitiert
■ (grau) = bei 1 Zeugen zitiert

sen sei, wie Miriam Fleck annahm, darf man wohl ausschließen: Wo ist das Lamm Gottes, auf das der Täufer hinweisen müsste, wo ist der Prophet, der den »Emanuel« erklärte, und was wäre die Begründung für die Worte »Unser Rechtfertigung«? Die Illustration muss nach dem Erlanger Blatt oder Typus kopiert sein, und dieser somit 1525 in Leipzig vorgelegen haben.

Es mag sein, dass der Erlanger Holzschnitt nicht selbst den Prototyp des Bildthemas »Gesetz und Gnade« darstellt. Jedenfalls aber repräsentiert er nach der Überzeugung des Verfassers dessen Urform und sollte daher bis zum Beweis des Gegenteils als Erlanger Typus bezeichnet werden. Er ist bildlich charakterisiert durch die drei Figuren vor dem Baum, die strikte dialektische Opposition der auf den Bergen präsentierten Szenen sowie durch die beiden Sarkophage links und rechts. In Einzelfällen lassen sich die direkten Nachfolgewerke auch an der eigentümlichen Form von Leibrock und Hut des Propheten erkennen.

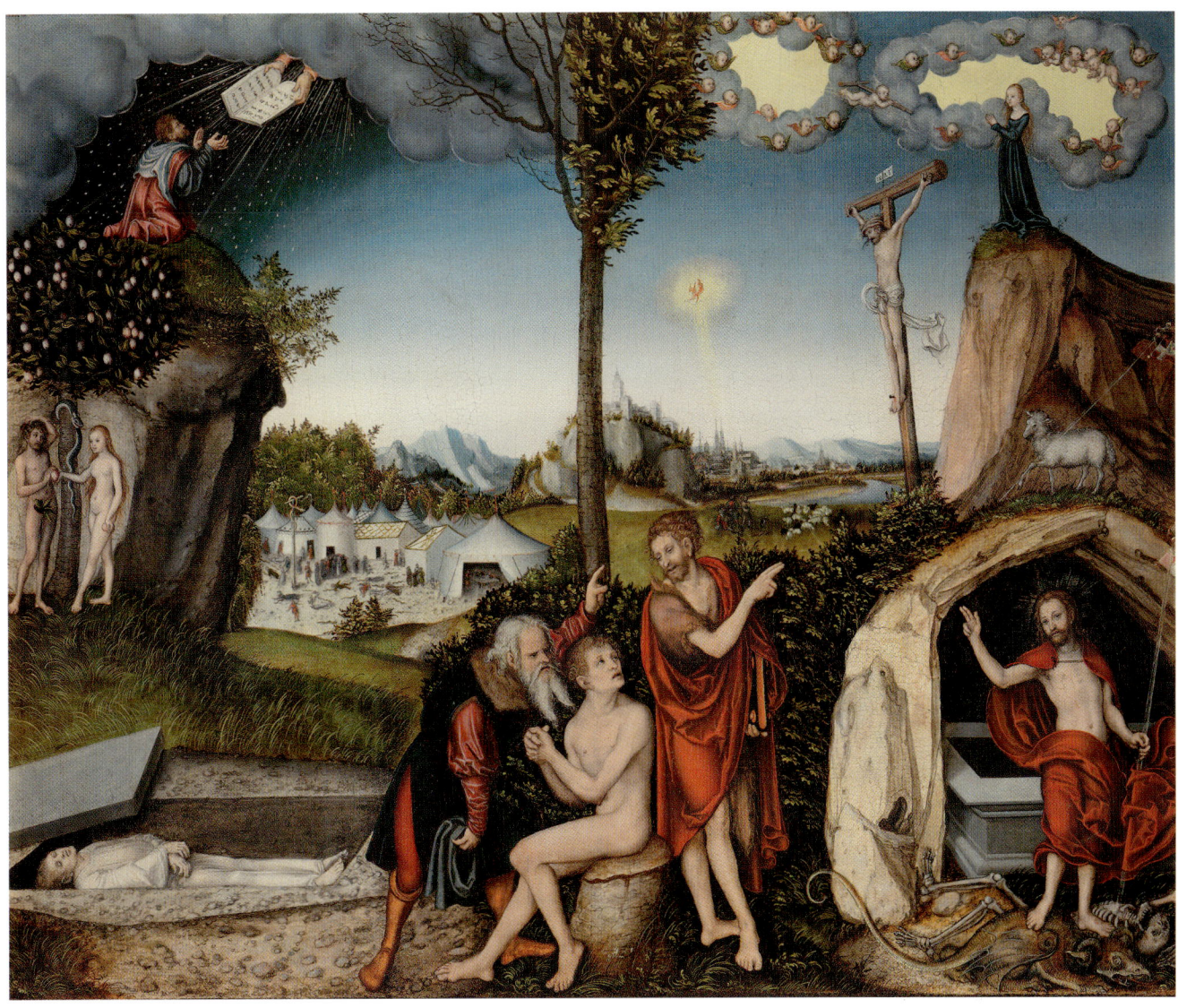

Abb. 7 | Gesetz und Evangelium, Lucas Cranach d. Ä., um 1529, Öl auf Holz,
88,5 × 87 cm, Nationalgalerie Prag, Inv.-Nr. O 10732

DIE VERSE DES ERLANGER TYPUS

Die Bibelverse, welche nach Aussage der Überschrift einst unter dem Erlanger Holzschnitt zu lesen waren, sind verloren. Angesichts der Bildtradition der »Gesetz-und-Gnade«-Darstellungen aber müssen die Verse auch beim Erlanger Typus – nicht anders als beim Gothaer – unabdingbar zur Komposition gehört haben.[32] Es wäre zu fragen, was denn für die Autoren Vorrang hatte, Bibelzitat oder Bild? Ver-

standen sie die Verse als bloße Belege, gewissermaßen als Fußnoten zu den Szenen im Bild, oder sollte nicht eher das Bild die in den Versen verkörperten biblischen Aussagen in eine memorierbare Form bringen? »Gedenkbilder oder Zeugenbilder«, bei denen das Bild einen bereits bekannten Sachverhalt ins Gedächtnis ruft, hat Luther 1525 mit Beispielen aus dem Alten Testament gerechtfertigt,[33] und letztlich entspräche die topographische Anordnung der Einzelszenen auch den mnemotechnischen Vorlieben der Renaissance.

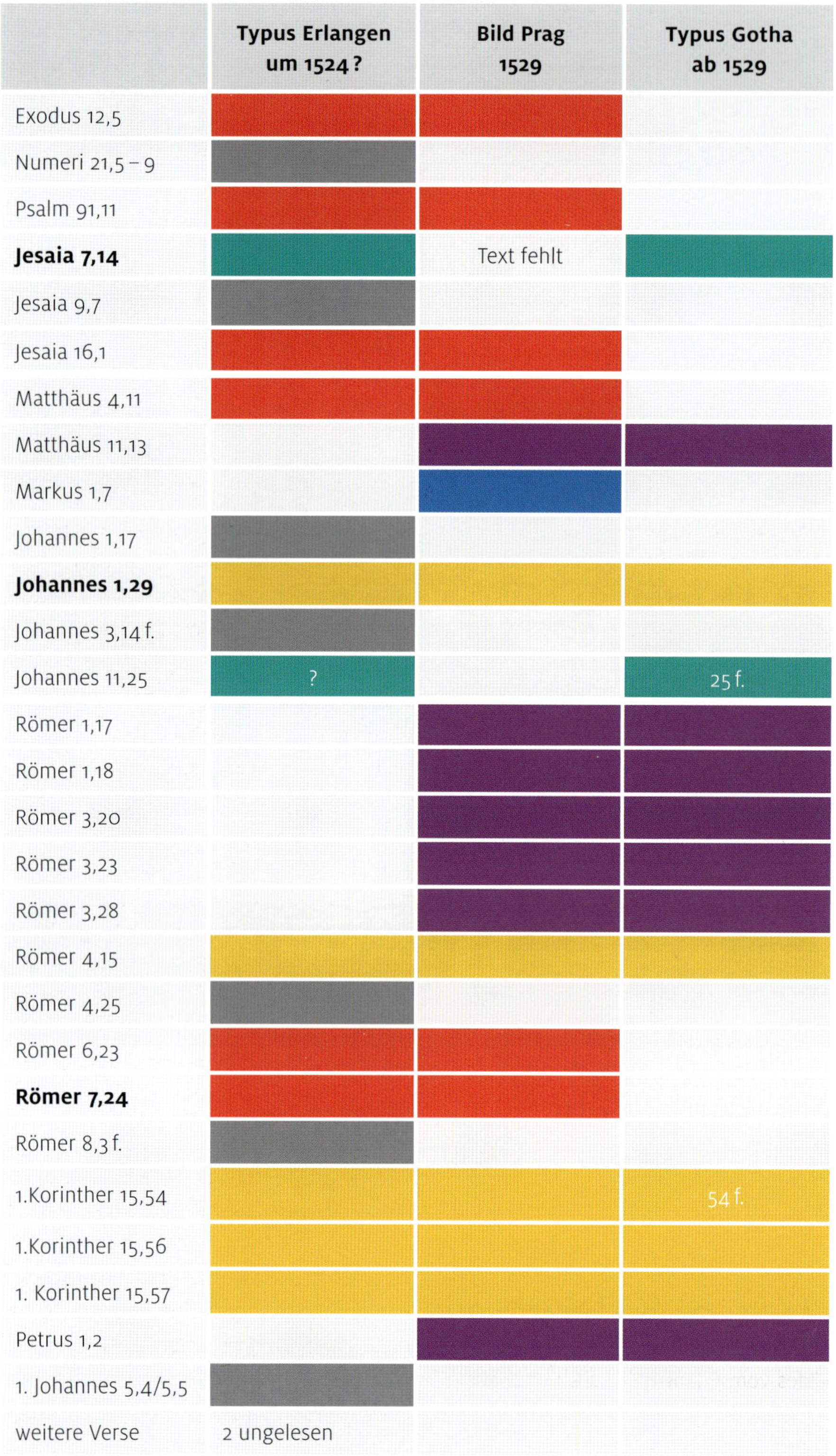

	Typus Erlangen um 1524?	Bild Prag 1529	Typus Gotha ab 1529
Exodus 12,5			
Numeri 21,5 – 9			
Psalm 91,11			
Jesaia 7,14		Text fehlt	
Jesaia 9,7			
Jesaia 16,1			
Matthäus 4,11			
Matthäus 11,13			
Markus 1,7			
Johannes 1,17			
Johannes 1,29			
Johannes 3,14 f.			
Johannes 11,25	?		25 f.
Römer 1,17			
Römer 1,18			
Römer 3,20			
Römer 3,23			
Römer 3,28			
Römer 4,15			
Römer 4,25			
Römer 6,23			
Römer 7,24			
Römer 8,3 f.			
1.Korinther 15,54			54 f.
1.Korinther 15,56			
1. Korinther 15,57			
Petrus 1,2			
1. Johannes 5,4/5,5			
weitere Verse	2 ungelesen		

■ = aus Erlangen in die Redaktionen Prag und Gotha übernommene Verse

■ = in die Redaktion Prag übernommene Erlanger Verse

■ = bei den Redaktionen verworfene Erlanger Verse

■ = bei der Redaktion Prag eingefügte, für Gotha beibehaltene Verse

■ = für Prag wohl irrtümlich eliminierte, in Gotha wieder eingeführte Verse

■ = nur in Prag vorkommender Vers

Abb. 8 | Synopse der Bibelverse im Erlanger Typus und den beiden Redaktionen der Cranach-Werkstatt von 1529 (**fett**: die den drei Protagonisten beigegebenen Verse)

Die Verse gestatten es, sich dem Spezifischen der theologischen Aussage mit Methoden der Textkritik anzunähern und damit die Aussagen des Bild-Stemmas aus einem anderen Blickwinkel zu kontrollieren. Die Verse des Prager Bildes und des Gothaer Typus hat bereits Matthias Weniger 2004 untersucht. Für den Erlanger Typus war das bisher wenig aussichtsreich, da bei fast allen Bildzeugen die Verse fehlen. Außer dem bereits erwähnten Holzschnitt des Hans Adam mit 16 Versen stand nur das bereits ziemlich selbstständige Gemälde in Sankt Stephani zu Aschersleben mit 13 Versen zur Verfügung.[34] Miriam Fleck konnte aber ein 2005 bei Lempertz in Köln versteigertes, relativ frühes niederländisches Gemälde aus der ehemaligen Sammlung von Waldthausen in die Diskussion einführen, das insgesamt 15 Verse zitiert.[35] Leider sind zwei davon auf der derzeit einzig verfügbaren Photographie gar nicht und zwei weitere nur unsicher lesbar. Das Gesicherte reicht aber aus, um eine vorläufige Synopse der Verse in den drei Bildzeugen zu erstellen (Abb. 6). In dieser zeigt sich, nicht unerwartet, ein erhebliches Maß an Übereinstimmung: Von den insgesamt 22 Versen kommt ein Drittel bei allen drei vor, ein weiteres Drittel bei jeweils zwei, und nur das letzte Drittel findet sich allein in einer der Darstellungen. Offenbar gab es eine Art Thesaurus von Versen, welche das Bild theologisch untermauerten und aus denen jeder theologisch halbwegs versierte Auftraggeber eine Auswahl treffen konnte.

DAS PRAGER BILD

Das auf 1529 datierte Gemälde Cranachs in Prag ist in der Konfiguration seiner Elemente dem Erlanger Holzschnitt außerordentlich ähnlich – kein Wunder also, dass der Erlanger Typus einst zur Gänze unter die Prager Rubrik subsumiert wurde (Abb. 7). Die Unterschiede sind eher stilistischer Art und gründen vor allem in der für Cranachs Kunst dieser Zeit typischen geringeren Dramatik und seinem Bemühen um einfache Verständlichkeit. Die signifikanten Änderungen im Bild betreffen eher nebensächliche Details: die gebückte Haltung des Propheten und die Stellung des Täufers, den Toten im offenen Grab und den Verzicht auf die Schrifttafeln am Boden. Die Identität einiger Tituli – vor allem die ungewöhnliche Bezeichnung des Johannes als »Anzeiger Christi« – spricht für die Abhängigkeit des Prager Bildes vom Erlanger Typus, ja für den Willen des Malers, sich diesem Vorbild anzuschließen.

Beim Vergleich des oben erschlossenen Versbestands des Erlanger Typus mit Prag und Gotha[36] in einer zweiten Synopse ergibt sich ein interessantes Bild (Abb. 8):

Der Konstanz zahlreicher Verse zufolge steht das Prager Bild unzweifelhaft in der Texttradition von Erlangen; einige Verse dürften getilgt sein, aber gleich sieben sind neu eingefügt und bleiben. Da war 1529 offensichtlich ein Textredaktor am Werk, der ein ausgesprochenes Faible für den Römerbrief besaß. Zwar ist eine paulinische Auffassung der Heilsgeschichte bereits beim Erlanger Typus erkennbar, doch wurde sie im Zuge der hier erkennbaren Redaktion noch einmal drastisch verstärkt. Nun erst erscheint der Vers Römer 3,28, den Luther geradezu als Kern der reformatorischen Erkenntnis betrachtet hat: »So halten wir es nun, dass der Mensch gerecht werde ohne des Gesetzes Werke, allein durch den Glauben«. Wir werden kaum fehlgehen, wenn wir den Redakteur im Kreis der Wittenberger Reformatoren, vorzugsweise in Melanchthon oder gar Luther selbst, suchen.

Es ist nicht leicht zu erklären, warum das Prager Bild, das erste nachweisbare Gemälde der Cranach-Werkstatt zum Thema »Gesetz und Gnade«, sich formal so eng an den Erlanger Typus anschloss, während die Textauswahl so stark verändert wurde. Nahe liegt die Vermutung, dass dieses Bild nicht auf Wunsch der Reformatoren entstand, sondern im Auftrag einer dritten Person. Eventuell, wie Miriam Fleck meinte, der Herzogin Katharina von Sachsen: Für sie lieferte Cranach eine Skizze mit noch tastender Ikonographie, die offenbar eine Tafel oder einen Holzschnitt vorbereiten sollte.[37] Vielleicht hat Cranach mit den Reformatoren zunächst nur den Textteil erörtert, das Prager Bild aber unabhängig davon nach einer Vorlage vom Erlanger Typus malen lassen. Denn dieses Bild zeigt zwei erhebliche, bisher nicht bemerkte Diskrepanzen zwischen Bild und Text: Erstens fehlt der eigentlich notwendige Hinweis des Jesaia auf die Geburt des Gottessohnes, da doch der Prophet selbst so prominent im Bild agiert. Zweitens spielt der neu aufgenommene Vers aus dem ersten Petrusbrief »In der Heiligung des Geistes zum Gehorsam und zur Besprengung des Blutes Jesu Christi« unübersehbar auf den »Blutstrahl der Gnade« an, der in Prag fehlt, aber alsbald zum markanten Kennzeichen des Gothaer Typus werden sollte. Wofür hätte dieser Vers auf das Programm gesetzt werden sollen, wenn nicht zur theologischen Bekräftigung dieses Details? Es drängt sich der Verdacht auf, dass die Reformatoren mit Cranachs vollendetem Prager Werk unzufrieden waren und nun auf eine Umformulierung der Komposition drängten – wobei dann nach näherer Prüfung noch einmal sechs aus der Erlanger Vorlage übernommene Verse gestrichen, aber die einmal festgelegten Zufügungen beibehalten wurden. Auf diese Weise verschwanden mit Ausnahme des Jesaia-Verses alle Zitate aus dem Alten Testament, die doch im Titel des Erlanger Holzschnitts – »was durch die Propheten und Apostel gelehrt« – ausdrücklich erwähnt waren.

DER GOTHAER TYPUS

Der Textbefund deutet darauf, dass zwischen dem Prager Bild und dem gleichfalls für 1529 belegten Gothaer Typus (Abb. 1 sowie Abb. 2 im Aufsatz Lexutt in diesem Band) keine neue Intervention Dritter stattfand. Relativ plausibel ist die Eliminierung der sechs Verse, die aus dem Erlanger Typus in das Prager Bild übernommen waren.[38] Schwieriger zu verstehen aber sind die Veränderungen im Bild, die in der Gothaer Fassung vollzogen sind. Die auffälligste davon ist gewiss die Auflösung der Vorderbühne mit den drei maßstäblich größeren Protagonisten. Der nackte Mensch erscheint nun in jeder der Hälften; Jesaia ist auf der Gesetzesseite hinter Moses zurückgetreten, Johannes in die Bilderzählung der Gnadenseite eingebunden. Bedeutsamer aber sind wohl die tiefgreifenden Änderungen der linken Seite, welche die Unzufriedenheit des Redakteurs mit dem Erlanger Typus erkennen lassen: Der Tod ist durch die Hölle ersetzt, in die Tod und Teufel den Menschen hineintreiben; anstelle des zornigen gesetzgebenden Gottes erscheint der Weltenrichter. Moses ist aus seiner oberen hinteren Ecke nach vorn in die Mitte gerückt und spielt als Repräsentant des Gesetzes eine Hauptrolle. Was im Erlanger Holzschnitt, in dem der Prophet und die Eherne Schlange auf die künftige Erlösung vorauswiesen, ohne Schwierigkeit als chronologische Abfolge im Sinne der Heilsepochen sub lege und sub gratia verstanden werden konnte, erscheint im Gothaer Bild als Diptychon mit dialektisch konzipierten Flügeln, die zwei Aspekte derselben Sache veranschaulichen. Hier ist weniger vom Alten und vom Neuen Testament die Rede als vielmehr von dem »simul iustus et peccator« als einem Kernelement lutherischer Theologie. Demgemäß ist der Weltenrichter, der vom chronologischen Standpunkt her rechts stehen sollte, als Kürzel für Gottes Zorn und Gericht links integriert, und die Eherne Schlange steht in den meisten Vertretern des Gothaer Typus rechts statt links. Die revidierte Bildaussage lässt sich kurz so formulieren: Mit dem Gesetz konfrontiert muss der Mensch fürchten, von Tod und Teufel in die Hölle getrieben zu werden; der Opfertod Christi aber bringt Gnade dem, der an ihn glaubt. Der Erlöser hat durch seine Auferstehung Tod und Teufel überwunden.

Für den Grund dieser Änderung wesentlicher Aspekte der Bildaussage im Jahr 1529 lässt sich nur eine Vermutung äußern: Eines der brennenden theologischen Probleme der Reformatoren in dieser Zeit war der Antinomer-Streit,[39] eine innerreformatorische Auseinandersetzung über die Buße und die Relevanz des Gesetzes, nach Bernhard Lohse »einer der wichtigsten Lehrkonflikte, denen sich der alte Luther ausgesetzt sah«.[40] Zunächst gerieten Georg Agricola und Melanchthon anlässlich der Visitation in Kursachsen 1527 darüber aneinander, was Luther in einem Acht-Augen-Gespräch in Torgau zu schlichten vermochte. Erst bei der Wiederaufnahme des Streits durch Agricola wurde Luther laut und verurteilte die Antinomer (die gegen das Gesetz Gewandten) öffentlich. Man nimmt zumeist an, Luther habe die Auseinandersetzung anfänglich nicht ernst genommen. Demgegenüber könnte aber gerade die hier diskutierte Bildredaktion belegen, dass die Streitigkeiten doch Folgen hatten. Denn Agricola war der Meinung (wofür er sich pikanterweise auf frühere Aussagen Luthers berufen konnte), die Predigt des Gesetzes sei angesichts der Gnade Gottes nicht mehr nötig; als »der Juden Sachsenspiegel« betreffe das Gesetz die Christen nicht mehr und gehöre ins Rathaus und nicht in die Kirche. Möglicherweise erkannten die Reformatoren bei näherem Studium des Erlanger Typus, dass die linke Seite einer rein historischen Interpretation des sub lege und damit der Bestreitung der Bedeutung des Gesetzes als Voraussetzung für die Erlösung Vorschub leistete und ließen daher das Bild so verändern, dass es der präzisierten Position Luthers entsprach.

»GESETZ UND GNADE« IN DER FRÜHZEIT DER REFORMATION

Aus diesem Redaktionsgang ist aber keineswegs zu schließen, dass die Reformatoren mit der ursprünglichen theologischen Botschaft der Bilderfindung nichts zu tun gehabt hätten. Ganz im Gegenteil: Entgegen den jüngsten Zweifeln spiegelt der Erlanger Holzschnitt sehr getreu die aus dem sogenannten Turmerlebnis resultierende Position Luthers in den frühen 1520er-Jahren. Einige wenige Aussagen des Reformators mögen das hier untermauern.

Für die antithetische Komposition des Bildes hat Luther 1520 in *Von der Freiheit eines Christenmenschen* gewissermaßen die Blaupause geliefert.[41] Dieser Text handelt im vorderen Teil von der Gnade der Verkündigung der Erlösung sowie von der Vergebung der Sünden allein durch den Glauben. In ihm ist der Prozess der Ängstigung, Demütigung und Erkenntnis ausgeführt, der durch die unerfüllbaren Gebote des Alten Testaments und die nachfolgende Kenntnisnahme der göttlichen Verheißung im Neuen bewirkt wird.

Aber schon 1519 fanden sich erste spezifische Bildmotive und Verse in der für Friedrich den Weisen bestimmten Trostschrift *Tessaradecas consolatoria*,[42] die als eine spirituelle Altartafel gleich »Gesetz und Gnade« antithetisch konzipiert war. Schon dort stößt man auf jenen Vers aus Römer 7, der im Erlanger Typus dem verzweifelten Menschen in den Mund gelegt wird: »O ich unseliger mensch wer wirt mich erlösen von dem leichnam dieses todts?«, und schon dort wurde mit der Ehernen Schlange als Symbol der Erlösung durch die Betrachtung des Todes Christi argumentiert. In den ranghöchsten Einzelbildern standen Tod und Auferstehung einander gegenüber, nämlich »Christus unser herr und seligmacher / in der gestalt wie er gelidten hat / gestorben und begraben ist« und »unser herr Jesus Christus / der König der glorien und eren / wie er von den Todten auferstanden ist«. Und Luther hatte die Trostschrift mit eben den Versen aus 1. Korinther 15 beschlossen, die als Danksagung auch die Verse des »Gesetz-und-Gnade«-Bildes abschließen: »Darumb nun soll ein Christenmensch mit gutem und ganzem vertrawen sagen: O tod wo ist dein sig? O tod wo ist dein stachel / das ist die sünd / dann der stachel des todts / ist die sünd. Und die stercke der sünd / das gesetz oder die gebot. Aber Got sey gedanckt / der uns hat durch Jesum Christum unsern herrn den syg geben.«

Den Unterschied zwischen Gesetz und Evangelium, von dessen rechter Kenntnis das Verständnis der Bibel und die ganze Theologie abhänge, hat Luther wohl erstmals in einer für das Verständnis des Bildes fundamentalen, von der einschlägigen Forschung aber bisher unberücksichtigten *Digressio* der lateinischen Adventspostille von 1521 systematisch ausgeführt.[43] Mit einem aus frischem Erleben gespeisten Enthusiasmus ist hier in dialektischer Weise das Gesetz als »Wort des Zorns, Kraft der Sünde und Gesetz des Todes« dem Evangelium als der Frohen Botschaft, dem »Wort der Gnade, des Lebens und des Heils, Wort der Gerechtigkeit und des Friedens, dem Gesetz gänzlich konträr und doch zugleich aufs Höchste mit ihm zusammenstimmend« gegenübergestellt.[44] Aufgabe des Gesetzes sei es, die Sünder ihre Schuld empfinden zu lassen und mit dem Bewusstsein ihrer Sünde zu beschweren, die des Evangeliums hingegen sei es, gerecht, glücklich und beruhigt zu machen und das Gewissen zu besänftigen und aufzurichten.[45] Das Evangelium gebe, was das Gesetz verlange:[46] Durch den Glauben an den Erlöser Jesus Christus werde der Mensch des Heiligen Geistes teilhaftig, liebe das Gesetz und hasse die Sünde und werde so vor Gott gerechtfertigt – das sei es, was Paulus mit den Worten »Der Gerechte lebt aus dem Glauben« ausgesagt habe.[47] Luther vermied eine deutliche Zuordnung der beiden Positionen zu den beiden Testamenten, denn für ihn gehörten deren Aussagen zusammen.[48] Vielmehr entwickelte er die beiden dialektischen Bestandteile der göttlichen Botschaft am Beispiel der Predigttätigkeit Johannes des Täufers, der erst als Wegbereiter zur Buße aufgefordert und dann auf die Vergebung der Sünden durch den Opfertod Christi hingewiesen habe.[49] In der Predigt über das Evangelium des vierten Adventssonntags bezeichnete er den Täufer als einen »unverzichtbaren Mittelsmann (medium) zwischen Moses und Christus, zwischen Gesetz und Gnade, Altem und Neuem Testament«.[50]

Die Sache war Luther wichtig genug, um sie in der deutschen Adventspostille von 1522 zur Kenntnis eines breiteren Publikums noch einmal mit anderen Worten zu wiederholen: »Szo muß [der Mensch] selbs urteylen, daß er aus yhm selbs nicht anders, denn eyn kind des todts, tzornß, und der hellen sey; da ist denn tzittern und erschrecken, da fellet abe alle vormessenheyt, gehet eyn eytel furcht und vertzagung, da wirt der mensch tzurschlagen, tzunicht und aller dinge recht demütig. Weyl nu das alles alleyn das gesetz wirckt, spricht Paulus wol, es sey eyn gesetz des todts, und eyn buchstabe, der do tode, und eyn gesetz das die sund krefftig mache und den tzorn wircke, Rom. 4; denn es gibt und hilfft nicht, foddert nur und treybet und tzeygt uns alßo unßern iamer und vorterben. – Das Evangelion. Das ander wort Gottis ist nicht gesetz noch gepott, foddert auch nichts von uns, ßondern wenn solchs durchs erste wort des gesecz geschehen, und der elend, iamer und armut ym hertzn zugericht ist, so kompt er denn, und beutt an sey lieblich, lebendig wort, und vorspricht, zusagt und vorpflicht sich, gnade und hülff zu geben, damit wir aus solchem iamer kommen sollen, und alle sünd nicht alleyn vorgeben, ßondern auch vortilget tazu lieb und lust zurfüllung des gesetzs geben seyn sollen. Sihe, solche gottlich tzusagung seiner gnade und vorgebung der sund heysst eygentlich Evangeli.«[51]

An anderer Stelle der deutschen Adventspostille hat Luther Inhalt und Funktion der beiden Predigten Johannes des Täufers noch einmal erörtert und als allezeit gültige Aufgaben eines »evangelischen Predigers« dargestellt: »Das ist nun das ander ampt Johannes und eynß Evangelischen predigers, das er nicht alleyn alle welt tzu sundern macht, […] sondern auch wiederumb trostet, und tzeyget, wie man der sunden soll loß werden ynn dem, das er denen tzeyget, der kommen soll; damit weysset er uns tzu Christo, das derselbige uns soll von sunden erlößen, ßo wyr yhn auffnehmen durch einen wahrhafftigen glawben. Das erste ampt spricht: yhr seytt alltzumal sunder und mangellt des wegs des herrn. Wenn wyr das glewben, ßo folget das ander ampt, und spricht: Warttet auf und nehmet Christum an, glewt an denselbigen, der wirtt euch erlößen von sunden; glewben wy das, ßo haben wyrß […]«.[52] Die Rolle des Täufers hat Luther schließlich im selben Jahr 1522 noch einmal in der Predigt zum Johannistag beschrieben.[53] Johannes der Täufer wurde so zum Vorbild für die geistlichen Aufgaben der Gegenwart, und damit wird nicht nur die zentrale Stellung des Themas »Gesetz und Gnade« in Luthers Lehre deutlich, sondern auch die Rolle des Johannes als einer der drei Protagonisten in der Bildkomposition.

Und der Täufer zog den Propheten Jesaia nach sich, da er sich doch laut Johannes 1,27 auf dessen Mahnungen und Verheißungen berufen hatte. In der Predigt über das Evangelium des vierten Adventssonntags der lateinischen Adventspostille von 1521 hat Luther die Parallelen zwischen Johannes und Jesaia in einer Weise herausgearbeitet,[54] die im diesbezüglichen Text der deutschen Adventspostille von 1522 keine Entsprechung mehr gefunden hat. Bedeutsam war dabei nicht nur die Prophezeiung der Geburt des Kindes Immanuel aus dem Schoße der Jungfrau (Jes 7,14), sondern insbesondere das Kapitel vierzig aus dem Deuterojesaia. In dessen Aussagen über die Vergänglichkeit des Fleisches, das wie Heu sei, und der anschließenden Verheißung für Zion erkannte Luther eine Art Entwurf für die beiden Predigten des Täufers: »Johannes bekräftigt sein Amt mit der Autorität des Jesaia«.[55] Zwar erkannte Luther später, dass alle Propheten diese Mischung von Drohung und Verheißung praktiziert hätten, doch hob er noch

1528 in der Vorrede zum Propheten Jesaia dessen besonderen Eifer dabei hervor.[56] In der Vorrede zum *Septembertestament* hatte er 1522 auch betont, Gott habe zur Stärkung des Glaubens »dises syn Evangelion und testament vielfelltig im alten testament versprochen / wie Paulus sagt Ro I […]«.[57] Unschwer erklärt dieser theologische Hintergrund, warum sich der Prophet und der Täufer im Erlanger Holzschnitt in gleicher Weise um den verzweifelten Menschen bemühen, zwar in unterschiedlichen Bildsphären stehend, aber gemeinsam auf den Erlöser am Kreuz hinweisend. Zerknirschung und Frohe Botschaft – das sind die beiden komplementären Seiten der Bildpredigt, die in dieser Komposition vor Augen gestellt werden.

Das Thema »Gesetz und Gnade« war somit von Luther schon 1521 für Lateinkundige und 1522 auch für die breite Öffentlichkeit in allen wesentlichen Teilen definiert und biblisch untermauert. Und so finden wir alsbald Paraphrasen und Zusammenfassungen bei Luthers Mitarbeitern, bereits 1521 in Melanchthons *Loci communes* und 1523 in Urbanus Rhegius' *Erklärung der zwölff artickel*.[58] Wir finden sie 1523 aber auch schon beim Publikum – am eindrucksvollsten bei Hans Sachs in der *Wittenbergisch Nachtigall*, die man partiell geradezu als Bildbeschreibung von »Gesetz und Gnade« lesen könnte.

»Gottes Gesetz und die Propheten / Bedeuten uns die Morgenröten, / Darin zeigt Luther, daß wir all' / Miterben sind von Adams Fall, / In böser Begier und Neigung, / Deshalb kein Mensch dem G'setz tut g'nung. / Halten wir's schon auswendig im Schein, / So ist doch unser Herz unrein, / Und zu allen Sünden geneigt. / Das Moses ganz klärlich anzeiget. / Und seit das Herz denn ist vermeilet [beschmutzt] / Und Gott nach dem Herzen urteilet, / so sind wir all Kinder des Zoren, / Verflucht, verdammet und verloren. / Wer solches im Herzen empfind't, / Dem nagen und beißen seine Sünd' / Mit Trauern, Angst, Furcht, Schrecken, Leid, / Und erkennt sein Unmöglichkeit, / Dann wird der Mensch demütig ganz. / So dringet her des Tages Glanz, / Bedeut't das Evangelium, / Das zeiget dem Menschen Christum, / Den eingebornen Gottesohn, / Der alle Ding' für uns geton, / Das Gesetz erfüllt mit eig'ner G'walt, / Den Fluch vertilgt, die Sünd bezahlt, / Und den ewigen Tod überwunden, / Die Höll' zerstört, den Teufel gebunden, / Und uns bei Gott erworben Gnad', / Als Johannes gezeiget hat, / Und Christum ein Lamm Gott's verkünd't, / Das hinnimmt aller Welten Sünd' […].«[59]

Ganz offensichtlich hat Sachs sich mit seinen Ausführungen in hohem Maße auf die deutsche Adventspostille von 1522 gestützt.

Diese Konzentration der Quellen zu Beginn der 1520er-Jahre ist gewiss nicht zufällig. In Umrissen ist in dieser Zeit eine reformatorische Kampagne zu erkennen, welche die Grundbegriffe der allein auf Schrift, Gnade und Glaube gestützten evangelischen Lehre gezielt unter das Volk bringen sollte – parallel zur Arbeit an der Bibelübersetzung in die Volkssprache und einem Schwall polemischer Holzschnitte aus Nürnberg von 1524. Signifikant ist wohl, dass Luther dieses Kernstück seiner Lehre auch per Kirchenlied in den Köpfen der Gläubigen zu verankern gesucht hat. Im *Achtliederbuch*, der 1524 herausgebrachten ersten Sammlung evangelischer Kirchenlieder,[60] sind die beiden ersten der Erläuterung von »Gesetz und Gnade« gewidmet: Luthers *Nun frewt euch lieben christen gmeyn*, tituliert als »Ein Christenlichs Lied [...] die unaussprechliche gnaden Gottes und des rechten Glaubens begreiffend«, sowie *Es ist das Heil uns kommen her* von Paulus Speratus, in der Erstausgabe bezeichnet als »Ein Lied vom Gesetz und Glauben / gewaltiglich mit göttlicher Schrifft verlegt«. In der Tat hat Speratus seinen Text mit einem Apparat von nicht weniger als 52 Bibelversen versehen, einer »Anzaygung aus der schrifft warauff dißer gesang allenthalben ist gegründet / Darauf sich alle unser sach verlassen mag«, und damit die zentrale theologische Bedeutung dieser versifizierten Argumentation unterstrichen.[61] Nicht umsonst sollte Luther die Rechtfertigung durch den Glauben an den Opfertod Jesu noch in den *Schmalkaldischen Artikeln* von 1537 als »ersten und Hauptartikel« bezeichnen, von dem die evangelische Seite »nicht weichen oder nachgeben [könne], es falle Himmel und Erde oder was nicht bleiben will«.[62]

BILANZ

Auf der Basis der in den letzten beiden Jahrzehnten erweiterten Materialkenntnis und der vorgestellten Überlegungen lässt sich in Kürze Folgendes zusammenfassen:

Der vom Erlanger Holzschnitt repräsentierte Typus bildet bislang die älteste Form des Bildthemas »Gesetz und Gnade«. Ob der Holzschnitt selbst den Prototyp darstellt, ist gegenwärtig nicht zu entscheiden, hat aber ein hohes Maß an Wahrscheinlichkeit. Daher sollte man bis zum Beweis des Gegenteils vom Erlanger statt vom Prager Typ sprechen.

Geschaffen wurde das Bildprogramm bald nach 1522 von Theologen, die Luthers Lehre anhingen. Dies geschah wohl im Zuge einer Kampagne, welche die Rechtfertigungslehre als zentralen Punkt reformatorischer Theologie in den Köpfen der Gläubigen zu verankern suchte. Dass Luther selbst die Bildkomposition angeregt hat, scheint angesichts seiner differenzierteren Position, die im Antinomer-Streit noch einmal deutlich wurde, eher zweifelhaft. Er selbst und sein Kreis haben sich, soweit erkennbar, vor 1529 dieser Komposition nicht bedient.

Offenbar sahen sich die Wittenberger Reformatoren aber 1529 im Ergebnis des Antinomer-Streites genötigt, die Komposition zu überarbeiten und ihrer Argumentation anzupassen. Die Redaktion erfolgte in zwei Schritten und führte zunächst zu dem (offenbar alsbald verworfenen, weil nicht weiterverbreiteten) Prager Bild, dann aber zum Gothaer Typ, bei dem die Reformatoren trotz einer gewissen Streubreite der Bildmotive strikt auf die Verwendung des Kanons von Bibelversen achteten. Als Titelblatt von Bibeln, Postillen und Ähnlichem wurde dieser Typus ab 1529 nachgerade zu einer Bildmarke der Wittenberger Reformation. Mit der Redaktion gaben die Reformatoren der Gestalt des Mose als Leitfigur des Gesetzes ein neues Gewicht. Obwohl der Gothaer Typ den Erlanger keineswegs zu verdrängen vermochte, trat der Gesetzgeber auch bei diesem seit den 1530er-Jahren an die Stelle des Propheten Jesaia. Offenbar war die ursprüngliche, antithetische Komposition bereits so weit verbreitet, dass man sie nicht mehr unterdrücken, sondern nur noch modifizieren konnte.

Was sagt diese Komposition aber über Luthers Verhältnis zu den Fürsten? – Gerade, dass sie nichts sagt, erscheint bemerkenswert. Staat und Kirche kommen in diesem Merkbild nur als Assistenzfiguren vor: Der Gothaer Typus zeigt in der Gruppe, die den Gesetzgeber Moses begleitet, fast immer eine Gestalt, die durch den Hermelinbesatz ihrer Kleidung als fürstlich ausgewiesen wird. Aber diese Gestalt nimmt keinen Einfluss auf die Bilderzählung. Die Zerknirschung, der Glaube, die Gnade – das alles sind Zustände, die der nackte Mensch persönlich mit seinem Gott abmacht. Da hat kein Vermittler Platz, kein Fürbitter, kein Verteiler von Gnadenschätzen; auch die äußerliche Wahrung der Form stellt Gott nicht zufrieden. Dieses Verhältnis des Menschen zu Gott beeinflusst allein der Prediger, der die biblische Botschaft wieder und wieder ins Gedächtnis ruft. Im Verhältnis zum relativ fest geordneten System der Alten Kirche hat Luther damit eine Leerstelle geschaffen, die nach Ausfüllung durch die weltliche Obrigkeit rief.

ANMERKUNGEN

1 Die fast unüberschaubare Literatur ist in den in Anm. 4–10 genannten jüngsten Arbeiten im Wesentlichen zitiert. Vieles davon besitzt nach den Neufunden der letzten Jahrzehnte nur mehr wissenschaftsgeschichtliches Interesse. Genannt seien hier daher nur der klassische Überblick von Oskar Thulin, Cranach-Altäre der Reformation, Berlin 1955; der einseitige Ansatz von Friedrich Ohly, Gesetz und Evangelium. Zur Typologie bei Luther und Lucas Cranach. Zum Blutstrahl der Gnade in der Kunst, Münster 1985; ferner Susanne Urbach, Eine unbekannte Darstellung von »Sündenfall und Erlösung« in Budapest und das Weiterleben des Cranachschen Rechtfertigungsbildes, in: Niederdeutsche Beiträge zur Kunstgeschichte 28 (1989), S. 33–63; sowie der immer noch anregende Text von Jean Wirth, Le dogme en image. Luther et l'iconographie, in: Revue de l'art, Bd. 52 (1981), S. 9–23. **2** Vgl. Gesetz und Gnade. Cranach, Luther und die Bilder, Ausst.-Kat. Wartburg und Torgau 1994, Eisenach 1994, Kat.-Nr. 42 und 44. **3** Himmel, Hölle, Fegefeuer. Das Jenseits im Mittelalter, hrsg. von Peter Jezler, Ausst.-Kat. Zürich 1994, Nr. 114 (Armin Kunz). Kunz betrachtete das Blatt allerdings als Beleg für die Priorität des französischen, Tory zugewiesenen Holzschnitts. **4** Martin Luther, Auslegung der Evangelien vom Advent bis auf Ostern, Zwickau 1526 (Ratsschulbibliothek, 1.8.22). Vgl. Helmut Claus, Die Zwickauer Drucke des 16. Jahrhunderts, Gotha 1985, Teil 1, S. 143, Nr. 143; Heimo Reinitzer, Gesetz und Evangelium. Über ein reformatorisches Bildthema, seine Tradition, Funktion und Wirkungsgeschichte, 2 Bde., Hamburg 2006, Kat.-Nr. 856, Abb. 48; Miriam Verena Fleck, Ein tröstlich Gemelde. Die Glaubensallegorie »Gesetz und Gnade« in Europa zwischen Spätmittelalter und Früher Neuzeit, Korb 2010, Kat.-Nr. 7. Der Druck wird wegen der Angabe »Wittemberg« auf dem Titel häufig dorthin lokalisiert, doch verweist der Druckervermerk auf Bl. O07a »Gedruckt durch Gabriel Kantz« unzweifelhaft auf Zwickau. Ich danke Kristina Leistner und Gregor Hermann, Zwickau, für Hinweise zu diesem Band. **5** Erlangen, Universitätsbibliothek, Graphische Sammlung, BH 33. Vgl. dazu auch Matthias Kessler-Luhde, Die Druckgraphiken aus markgräflichem Besitz in der Universitätsbibliothek Erlangen, Erlangen 1980 (hektographiert), S. 63, als »L. Cranach d. Ä.«; Reinitzer, Gesetz und Evangelium, (wie Anm. 4), Kat.-Nr. 209, Abb. 32; Fleck, Gemelde (wie Anm. 4), Kat.-Nr. 89. Auf dieses Blatt sind Armin Kunz und der Verfasser unabhängig voneinander aufmerksam geworden. Kunz hat allerdings für die Abhängigkeit von Tory plädiert, während der Verfasser zunächst an der Cranach-Werkstatt als Erfinder festhielt. Vgl. dazu auch Johannes Erichsen, Luther, Torgau und die Bilder, in: Sächsische Heimatblätter Heft 1/2004, S. 18–30. **6** Urbanus Rhegius, Vom hochwirdigen Sacrament des altars vnderricht, Leipzig: Jakob Thanner 1525; Reinitzer, Gesetz und Evangelium (wie Anm. 4), Kat.-Nr. 774, Abb. 33; Fleck, Gemelde (wie Anm. 4), Kat.-Nr. 6. Ich danke Frau Petra Gröschl von der Stiftung Luthergedenkstätten Wittenberg für Informationen und die Überlassung einer Photographie. Der Holzschnitt ist nur in dieser Auflage enthalten und hat – ebenso wie die drei weiteren Illustrationen – keine evidente Beziehung zum Text. Vgl. Hollstein's German Engravings, Etchings and Woodcuts, Bd. XXII, bearb. von Robert Zijlma, Amsterdam 1978, S. 43 f., Nr. 163 – Georg Lemberger zugeschrieben. Die Zuschreibung wurde akzeptiert durch Isabel Reindl, Georg Lemberger. Ein Künstler der Reformationszeit. Leben und Werk, phil. Diss. Bamberg 2006, ohne die weiteren Illustrationen und die Frage der Vorlage zu berücksichtigen. Die Qualität des Holzschnitts bleibt hinter dem Durchschnitt der Produktion Lembergers deutlich zurück und deutet auf einen Werkstattmitarbeiter. **7** Vgl. den Vortrag des Verfassers während des Convegno Lutero e i linguaggi del occidente, Trento, 29. bis 31. Mai 2000, abgedruckt unter dem Titel Lutero e le immagini, in: Giuseppe Beschin/Fabrizio Cambi/Luca Cristellon (Hrsg.), Lutero e i linguaggi del occidente, Brescia 2002, S. 259–276. **8** Matthias Weniger, »Durch und durch lutherisch«? Neues zum Ursprung der Bilder von Gesetz und Gnade, in: Münchner Jahrbuch der Bildenden Kunst, NF 3, Bd. 55 (2004), S. 115–134. **9** Ehemals Geoffroy Tory zugeschrieben, Holzschnitt zu »Gesetz und Gnade«, Paris, Bibliothèque Nationale; vgl. Reinitzer, Gesetz und Evangelium (wie Anm. 4), Kat.-Nr. 559, Abb. 31; Fleck, Gemelde (wie Anm. 4), Kat.-Nr. 90. **10** Dieter Koepplin, Zu Holbeins paulinischem Glaubensbild von Gesetz und Gnade, in: Hans Holbein d. J. Die Jahre in Basel 1515–1532, Ausst.-Kat. München u. a. 2006, S. 79–95. **11** Reinitzer, Gesetz und Evangelium (wie Anm. 4). **12** Fleck, Gemelde (wie Anm. 4). **13** Weniger, Neues (wie Anm. 8), S. 126. **14** Reinitzer, Gesetz und Evangelium (wie Anm. 4), Kat.-Nr. 621, Abb. 71; Fleck, Gemelde (wie Anm. 4), Kat.-Nr. 209. **15** Reinitzer, Gesetz und Evangelium (wie Anm. 4), Kat.-Nr. 345; Abb. 92; Fleck, Gemelde (wie Anm. 4), Kat.-Nr. 217. Das Epitaph wurde, wie Fleck richtig angibt, MDLXXXV errichtet (der Ansatz der V ist erhalten). **16** Reinitzer, Gesetz und Evangelium (wie Anm. 4), Kat.-Nr. 253, Abb. 35; Fleck, Gemelde (wie Anm. 4), Kat.-Nr. 94. **17** Einblattdruck im British Museum London; vgl. Reinitzer, Gesetz und Evangelium (wie Anm. 4), Kat.-Nr. 435, Abb. 51; Fleck, Gemelde (wie Anm. 4), Kat.-Nr. 9. **18** Martin Luther, Die Propheten alle deudsch, Erfurt: Hans Lufft 1532; Reinitzer, Gesetz und Evangelium (wie Anm. 4), Kat.-Nr. 788, Abb. 49; Fleck, Gemelde (wie Anm. 4), Kat.-Nr. 9. **19** Zur Identifizierung der Objekte wird hier zeilenweise auf die Katalognummern bei Fleck, Gemelde (wie Anm. 4) verwiesen: **undat.** Erlangen: 89; **1525** Rhegius Leipzig: 6; **1528** Luther Postille Zwickau: 7; **1529** Prag: 98 + 98A; Gotha: 97; **1530** de Keyser-Bibeln: 8; Holzschnitt London: 88; **1532** Luther Propheten Erfurt: 9; Königsberg: 99; **1533** Altdorfer Lübeck: 10; **1534 bis 1538** Magdeburg: 17 – 22, 28 f., 33 f.; **n. d.** Nürnberg: 103; **1535** Holbein: 110; Lemberger: 104; **≥1535** Weimar: 102; **1536** Brosamer Magdeburg: 24; Melanchthon Loci dt.: 23; **1537** ≈ ›Waldthausen‹ Lempertz: 119; Moibanus Mandat: 27; **1538** Timmermann Lempertz: 105; Kabinettscheibe Köln: 273; Luther Drey Symbola: 25; **1539** Schneeberger Altar: 155; **1540** ≈ Virgil Solis: 91A; Timmermann Hamburg: 106; **1541** Luther-Bibel: 42; **1542** Krodel Kamenz: 107; **1543** Luther Postille Wittenberg: 45; Melanchthon Loci lat.: wie 53; **1545** Luther Postille Leipzig: 57; ndt. Bibel Magdeburg: 55; **1550** Christians-Bibel: 65; **≤1554** Pseudo-Tory: 90; **1552** Adam: 66; Luther In I. Lib. Mose Enarr. (Nbg. 1555): –; **1553** Weimarer Altar: 156; **1554** Reymond Genf: 266; **≥1555?** Aschersleben: 121; **1556** Bremer Truhe: 189; **1561** Krakauer Bibel: 77; ≈St-Aubin-Celloville: 278; **1562** Reymond Minneapolis: 268; **1563** Brester Bibel: 80; **1566** Plantin-Bibel: 84; **1567** ≈Pappenheim-Epitaph: 137; ≈Pieter Nagel: 137; **1574** Rostock Kanzel: 209; **1585** Ingolstadt Zierer: 217; **1587** Lemgo Donop: 218. **20** Diese Variante wurde nicht so oft rezipiert, wie das Stemma vortäuscht, da die meisten Drucke auf das Konto des Michael Lotter in Leipzig gingen. **21** Erst 1545 wurde ein Wittenberger Druckstock mit der Titelrahmung zur Bibel von Hans Lufft an Hans Walther nach Magdeburg ausgeliehen, vgl. Reinitzer, Gesetz und Evangelium (wie Anm. 4), Kat.-Nr. 810, Abb. 157–157.2b; Fleck, Gemelde (wie Anm. 4), Kat.-Nr. 55. **22** Gewiss muss man in Frankreich mit hohen Verlustraten reformatorischer Kunst rechnen, doch hätten sich Druckwerke wie in Deutschland in den Bibliotheken der theologischen Gegner erhalten sollen. **23** Im Kupferstich von Nagel (vgl. Anm. 16) stellte die große Gestalt links noch Jesaia dar (mit Schrifttafel links unten), in einem Großteil der dem Stich folgenden Epitaphien ist sie aber eindeutig als Moses gekennzeichnet. Der Wechsel dürfte nicht zuletzt ausgelöst sein durch die prominente Unterschrift (»Lex per Moisen data est«), die wohl Moses, aber nicht den Propheten nennt. **24** Metropolitan Museum of Art, acc. No. 27.224.1; Reinitzer, Gesetz und Evangelium (wie Anm. 4), Nr. 518, Abb. 130; Fleck, Gemelde (wie Anm. 4), Kat.-Nr. 273. **25** Franz Timmermann 1538: Auktion Kunsthaus Lempertz, Köln 1975; Fleck, Gemelde (wie Anm. 4), Kat.-Nr. 105; 1540: Hamburg, Kunsthalle; Reinitzer, Gesetz und Evangelium (wie Anm. 4), Kat.-Nr. 298, Abb. 55; Fleck, Gemelde (wie Anm. 4), Kat.-Nr. 106. **26** Zu den nachträglichen Einfügungen gehört auch der Stern an der

Astgabel des Baumes, den Reinitzer, Gesetz und Evangelium (wie Anm. 4), S. 38 als Argument für die Abhängigkeit des Erlanger Blattes von dem Pseudo-Tory benutzt hat. Eher wäre anzunehmen, dass der Pseudo-Tory einem späteren Zustand des Erlanger Holzstock folgte, in dem das Sternchen eingesetzt war. **| 27** Dazu Reinitzer, Gesetz und Evangelium (wie Anm. 4), S. 29–33. Dagegen steht die lakonische Bemerkung bei Bonaventura: »Peccatum est arbor mortis. Gratia est arbor vitae«, Bonaventura, Illuminationes ecclesiae in Hexaemeron, Sermo II, in: Sancti Bonaventurae opera, Bd. 8, Venedig 1755, S. 30. **| 28** Vgl. zu dieser Deutung auch das Flugblatt von Georg Pencz und Hans Sachs »Unterscheidt der Berge Synai und Zyon« (1529); vgl. Reinitzer, Gesetz und Evangelium (wie Anm. 4), Kat.-Nr. 528, Abb. 247. **| 29** Dieser Titulus erscheint auf dem Holzschnitt des Hans Adam; vgl. Anm. 17. **| 30** Martin Luther, Der X. gebot ein nutzliche erklerung, Basel: Adam Petri 1520 (VD16 L4327). Es handelt sich dabei um die deutsche Erstausgabe der Decem Precepta, Wittenberg 1518. Das Blatt wird – wohl hauptsächlich wegen des Erscheinungsorts – gelegentlich Hans Holbein d. J. zugeschrieben. **| 31** Vgl. Koepplin, Zu Holbeins paulinischem Glaubensbild (wie Anm. 10), S. 86; Reinitzer, Gesetz und Evangelium (wie Anm. 4), Kat.-Nr. 774; Fleck, Gemälde (wie Anm. 4), S. 29, Anm. 74. **| 32** Freilich war die Verbindung wohl nicht ganz so strikt wie beim Gothaer, wo man angesichts der hohen Konstanz der Verse von einem festen Kanon ausgehen muss. **| 33** Vgl. WA 18, S. 37–125 (Wider die himmlischen Propheten 1525). Zu Gedenkbildern oder Zeugenbildern ebd., S. 74; zu Beispielen aus dem Alten Testament ebd., S. 70; zu Kruzifix oder Heiligenbild ebd., S. 80. **| 34** Reinitzer, Gesetz und Evangelium (wie Anm. 4), Kat.-Nr. 22, Abb. 63; Fleck, Gemälde (wie Anm. 4), Kat.-Nr. 121. **| 35** Fleck, Gemälde (wie Anm. 4), Kat.-Nr. 119. Vgl. Kunsthaus Lempertz, Köln, Auktion 874, 21. Mai 2005, Nr. 708. – Ich danke Miriam Fleck für die Überlassung eines Datensatzes des Gemäldes. **| 36** Hier ist daran zu erinnern, dass bereits Weniger, Neues (wie Anm. 8) das Prager Bild zwischen dem Erlanger und dem Gothaer Typus eingeordnet hat. **| 37** Die Zeichnung befand sich ehem. im Kupferstich-Kabinett Dresden, vgl. Reinitzer, Gesetz und Evangelium (wie Anm. 4), Nr. 180, Abb. 166; Fleck, Gemälde (wie Anm. 4), Kat.-Nr. 1. Vielleicht ging es hier auch um den Cranach'schen Holzschnitt des Gothaer Typus, dem die Gruppe von Tod und Teufel mit nur einem Spieß sowie das Paar Johannes und Mensch besonders nahestehen. **| 38** Zwei davon waren Aussagen über Lämmer, die sich bei der Übersetzung des Alten Testaments als historisch nicht auf das Lamm Gottes deutbar erwiesen hatten; drei andere waren auf nun ausgeschiedene Bildelemente bezogen und somit überflüssig. Das gilt wohl auch für das redundante letzte, »der Tod ist der Sünden Sold«, da der Tod als Strafe durch die Hölle ersetzt ist. **| 39** Die Bedeutung des Antinomer-Streites für die Entwicklung des Bildmotivs hat Jean Wirth bereits 1981 thematisiert, vgl. Wirth, Le Dogme (wie Anm. 1), S. 19. **| 40** Bernhard Lohse, Luthers Theologie in ihrer historischen Entwicklung und in ihrem systematischen Zusammenhang, Göttingen 1995, S. 195–203, hier S. 200. **| 41** Martin Luther, Von der Freyheyt eynisz Christen menschen, Wittenberg: Rhau-Grunenberg 1520. **| 42** Martin Luther, Tessaradecas consolatoria pro laborantibus et oneratis, Wittenberg: Rhau-Grunenberg 1520. Das Werk wurde durch Spalatin sofort ins Deutsche übersetzt, vgl. Martin Luther/Georg Spalatin, Ain trostlichs buchlein [...], Wittenberg: Grunenberg 1520. **| 43** Martin Luther, Enarrationes epistolarum et evangeliorum, quod postillas vocant, Wittenberg: Grunenberg 1521; zum Evangelium am 3. Adventssonntag 1521 vgl. WA 7, S. 500–511, hier S. 502 f.: »Quando autem pene universa scriptura totiusque Theologiae cognitio pendet in recta cognitione legis et Evangelii, [...] Digrediendum erit pro pro omnibus deinceps Evangeliis melius intelligendis et videndum, quid sit, quid differat, quid faciat lex et Evangelium.« – Da diese Postille als Predigthilfe für Geistliche gedacht war, wird ihr Inhalt alsbald den Weg auf die Kanzeln gefunden haben.

| 44 WA 7, S. 503 f.: »Lex quaecunque, praesertim divina, est verbum irae, virtus peccati, lex mortis [...] Evangelium vero est verbum gratiae, vitae et salutis, verbum iustitiae et pacis, omnino contrarium legi et tamen simul consonantissimum, quod latine dicitur bonum nuncium [...]«. **| 45** WA 7, S. 504 f.: »Igitur officium legis est, peccatores, damnatos, reos, miseros, tristes, turbatos facere et omnino conscientiam peccatis onerare, contra Evangelium est, iustos, salvos, beatos, laetos, quietos facere et omnino conscientiam pacificare et alleviare.« **| 46** WA 7, S. 504: »Evangelium dat, quod lex exigit.« **| 47** WA 7, S. 504: »quia Evangelium est verbum gratiae, in quo praedicatur remissio peccatorum, et quomodo legem implere possumus, scilicet quod, qui se sentit odisse legem [...] et habet conscientiam peccati, audiat et credat et invocet Ihesum Christum salvatorem, qua fide meretur accipere spiritum sanctum, quo habito diligat legem odiat peccatum, contrarium legis, et, sic iustificetur coram deo. Hoc est, quod Paulus ubique fidem Christi sic praedicat, Ro. I. 'Iustus ex fide vivet.« **| 48** Das ist am deutlichsten ausgesprochen in der Vorrede auf das Neue Testament (»Septembertestament«) von 1522; vgl. Heinrich Bornkamm (Hrsg.), Luthers Vorreden zur Bibel, Göttingen ³1989, S. 167–172. **| 49** WA 7, S. 509: »Sic Evangelium occidit et vivificat, deducit ad inferos et reducit, percutit et sanat. – Ista duo officia Johannes gessit: Alterum, quando praedicavit baptismum poenitentiae, ducens eos in cognitionem peccatorum suorum [...] Alterum, quando testimonium perhibet de lumine productoque digito Christum monstrat dicens: Ecce agnus dei, Ecce qui tollit peccata mundi [...]«. **| 50** WA 7, S. 512–537 (Evangelium auf den 4. Adventssonntag 1521), hier S. 532: »Ita vides, quomodo Iohannes sit medium inter Christum et Mosen, inter gratiam et legem, inter novum et vetus testamentum, dum utrumque revelat, illuminat et copulat. Lex enim gratiam requirit, gratia facit legem, sed neutrum cognoscebatur, necquid lex requireret nec quid gratia faceret, nisi vox Iohannis intercederet et lucerna lucens et ardens per legis interpretationem illuminaret scientiam peccatorum et per ostensionem gratiae accenderet desyderium remissionis peccatorum [...]«. **| 51** WA 10 /I, 2, S. 155–159 (Evangelium am 3. Adventssonntag 1522). **| 52** WA 10/I, 2, S. 188–208 (Evangelium am 4. Adventssonntag 1522), hier S. 198 f.; Zitat: S. 204. **| 53** WA 10/III, S. 201–208 (Predigt am Johannistage, 24 Juni 1522). **| 54** WA 7, S. 525–527 und 530. **| 55** Ebd., S. 526 f.: »Haec sunt duo officia Iohannis, quae his verbis Isaias pulchre depinxit, quorum primum est, parare viam domini seu docere hominem esse foenum, Secundum, ostendere dominum et agnum dei [...] Confirmat autem officium suum Iohannes autoritate Isaiae [...].« **| 56** Martin Luther, Der Prophet Jesaia, Wittenberg: Hans Lufft 1528; vgl. auch Bornkamm, Luthers Vorreden (wie Anm. 48), S. 167–172: »Denn also thun alle Propheten / das sie das gegenwertige Volck leren vnd straffen / Da neben Christus zukunfft vnd Reich verkündigen / vnd das Volck drauff richten vnd weisen /als auff den gemeinen Heiland / beide der vorigen vnd zukünfftigen. Doch einer mehr denn der ander / einer reichlicher denn der ander / Jesaias aber vber sie alle am meisten vnd reichlichsten.« **| 57** Das Newe Testament Deutzsch, Wittenberg: Lucas Cranach d. Ä./Christian Döring/Melchior Lotter d. J. 1522, Vorrede, s. p. **| 58** Philipp Melanchthon, Loci communes rerum theologicarum, Wittenberg: Melchior Lotter d. J. 1521; Urbanus Rhegius, Erklärung der zwölff artickel Christlichs gelaubens vnnd leuffigster puncten alles Christlichen lebens [...], Augsburg: Rueff 1523, fol. 49v. **| 59** Hans Sachs, Die Wittenbergisch Nachtigall, die man jetzt höret überall, Augsburg: Philipp Ulhart 1523, s. p. **| 60** Martin Luther/Paul Speratus, Etlich Cristlich lider. Lobgesang, und Psalm, dem rainen wort Gottes gemeß, auß der heyligen schrifft, durch mancherley hochgelerter gemacht, in der Kirchen zu singen, wie es dann zum tayl berayt zu Wittenberg in übung ist, Wittenberg 1524. **| 61** Luther/Speratus, Etlich Cristlich lider (wie Anm. 60), s. p. **| 62** WA 50, S. 160–254 (Die Schmalkaldischen Artikel), hier S. 199.

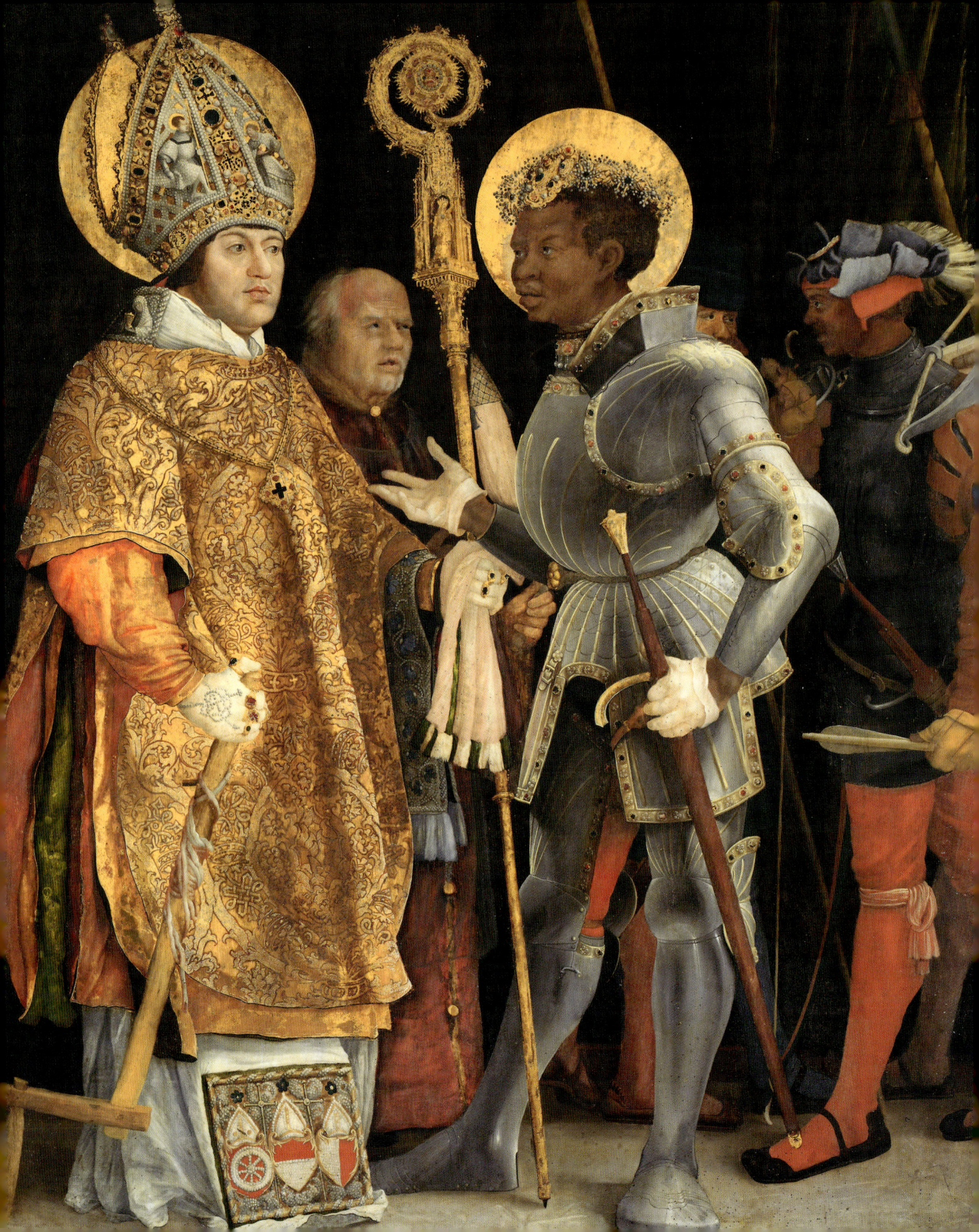

ANDREAS TACKE

LUTHER UND DER »SCHEISSBISCHOF« ALBRECHT VON BRANDENBURG

ZU ROLLENPORTRAITS EINES GEISTLICHEN FÜRSTEN

Stolzer geht es kaum noch, als der heilige Erasmus – alias Kardinal Albrecht von Brandenburg – im prunkvollen bischöflichen Ornat den Reichsheiligen Mauritius auf Grünewalds Münchner Gemälde empfängt (Abb. 1). Mauritius ist mit dem Krönungsharnisch Kaiser Karls V. bekleidet. Im Rollenportrait gibt also der Brandenburger dem Stellvertreter des Heiligen Römischen Reiches die Ehre. Eine machtvolle Demonstration des Primas Germaniae und zudem sakralisiert, stand doch Grünewalds Erasmus-Mauritius-Tafel einst auf einem Altar seiner Hallenser Stiftskirche.

Es waren derartige Kunstwerke, an die Luther beim Lesen der *Epigrammaton libri duo* (1538) des Wittenberger Magisters Simon Lemnius gedacht haben muss, da diese Gedichtsammlung mit schmeichelhaften Worten Albrecht von Brandenburg gewidmet ist. Dass der wortgewaltige Reformator da nicht ruhig blieb, mag aus der Zeit geurteilt verständlich sein, jedoch würden heutige Theologen nur noch im Stillen wagen, was Luther leicht über die Lippen kam. Der Dichter konnte die Stadt nur noch fluchtartig verlassen, beim morgendlichen Austrieb der Weidetiere schlich er sich aus Wittenberg fort.[1]

Luthers Zorn war durch dessen Flucht im Morgengrauen aber noch nicht gestillt: Wenige Monate später las er nach der Predigt von der Kanzel eine Erklärung gegen Simon Lemnius vor, die noch am selben Tag an die Kirchentüren geschlagen und als Einblattdruck verbreitet wurde. Luther ermahnte alle frommen Christen, das »schand, schmach und lügen buch« des »ehrlosen Buben« zu verbrennen, weil der »Scheisbisschoff ein falscher, verlogener man ist« und man solle »den schendlichen Scheispfaffen offentlich nicht loben noch rhümen«. Der Autor Lemnius würde nämlich aus dem »Teuffel« einen Heiligen machen.[2]

Schon ab der Mitte der 1530er-Jahre hatte Luther angefangen, in Richtung Halle an der Saale mit dem Wortspiel Halle = Hölle (hallisch = »hellisch«/höllisch) zu giften; er betitelte den in Halle residierenden Kardinal in einem persönlichen Schreiben als »hellischen Cardinal« und sprach in einem anderen Zusammenhang von seinem »Hellischen roten hüt«, gemeint war der Kardinalshut Albrechts. In einem Brief an Fürst Georg III. von Anhalt bezeichnete er Albrecht als »Hellischen Burgermeister«, an den ernestinischen Kanzler Gregor von Brück schrieb er vom »Hellischen trachten« (= höllischen Drachen) und in einem Brief an Kurfürst Johann Friedrich I. den Großmütigen findet sich die Formulierung von »Hellischen sachen«.[3]

Luther legte sich mit einem Fürsten an, der eine beachtliche weltliche und geistliche Macht durch Herkunft und erlangte Kirchenämter auf sich vereint hatte; seine Titel sind den von ihm ausgestellten Urkunden oftmals vorangestellt: »Wir Albrecht von gots gnaden der heiligen Romischen Kirchen, des titels sancti Petri ad Vincula Priester, Cardinall des heiligen stuls zu Meintz vnd des stiffts Magdeburg / Ertzbischoff Churfurst, des heiligen Romischen Reichs durch Germanien Ertzcantzler vnd Primas, Administrator zu Halberstat, marggrave zu Brandenburg, zu Stetin, Pommern, / der Cassuben vnd Wenden hertzog, burggrave zu Nuremberg vnd furst zu Rügen«.[4]

Drei Bistümer hatte der am 28. Juni 1490 als jüngster Sohn des brandenburgischen Kurfürsten Johann Cicero geborene Kardinal unter sich vereint. Am 26. Januar 1509, also 18-jährig, wurde er

Abb. 1 | Die Heiligen Erasmus und Mauritius, Matthias Grünewald, 1520–1524, Öl auf Lindenholz, 226 × 176 cm, Bayerische Staatsgemäldesammlungen, Alte Pinakothek München, Inv.-Nr. 1044

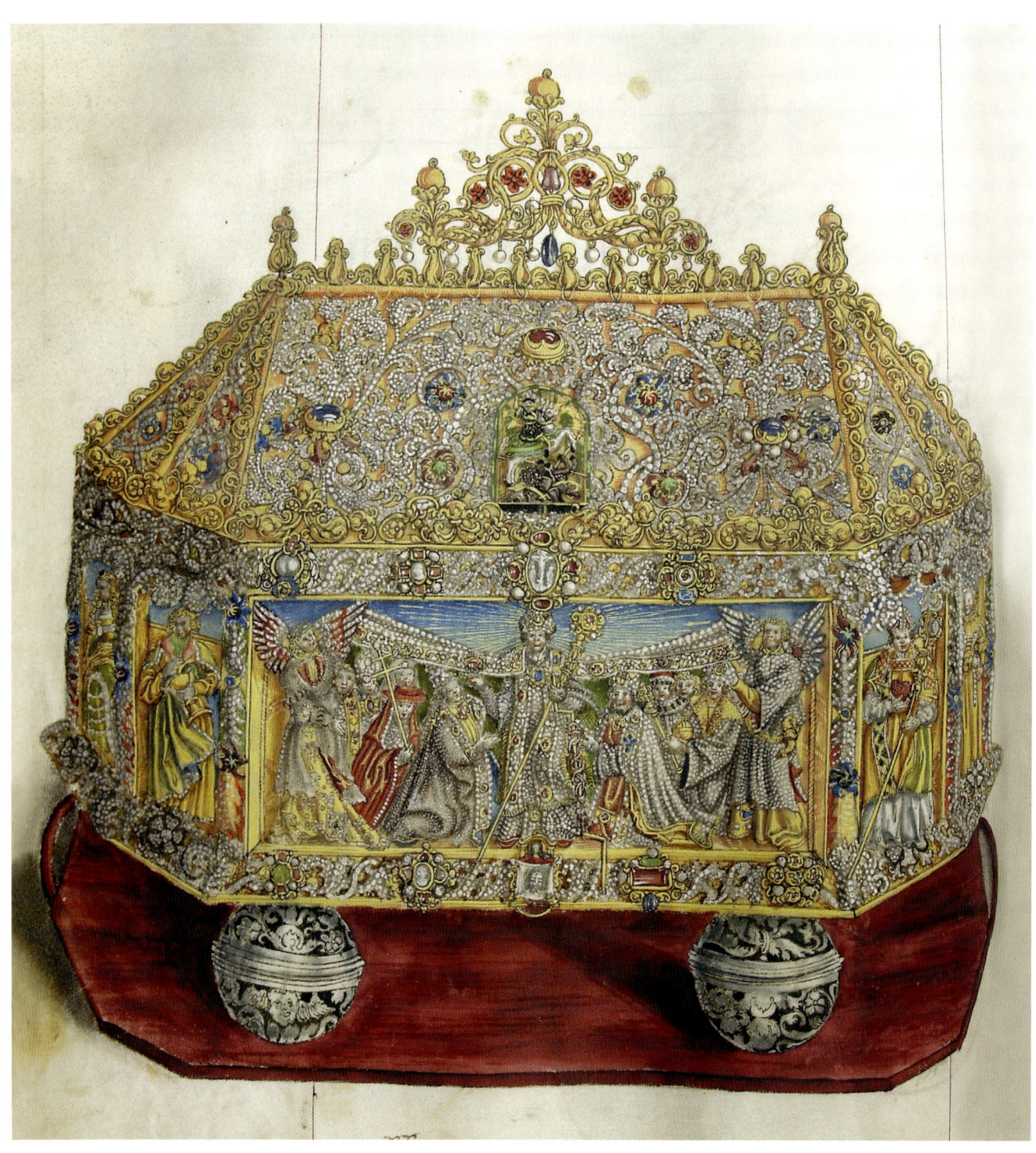

Abb. 2 | Reliquiar mit Partikeln des heiligen Erasmus, Hallesches Heiltumsbuch des Kardinal Albrecht
von Brandenburg, Prachtausgabe, Cranach-Werkstatt, um 1526, Pergament, 35 × 25,5 cm, Hofbibliothek
Aschaffenburg, Sign. Ms. 14, Blatt 231v

Domherr des Erzbistums Magdeburg, vier Jahre später Erzbischof von Magdeburg und Administrator des Bistums Halberstadt. Bald darauf (1514) wurde er zum Erzbischof von Mainz erwählt und hatte damit die nach dem Kaiser ranghöchste Stellung des Erzkanzlers und Primas des Deutschen Reiches inne. Zur Finanzierung seiner Ämterhäufung musste er große Summen nach Rom überweisen und betrieb deshalb bekanntlich jenes Ablassgeschäft, welches zum Auslöser der Reformation Martin Luthers wurde. Am 1. August 1518 wurde Albrecht auf dem Reichstag zu Augsburg im Auftrag Leos X. zum Kardinal erhoben. Damit hatte er eine Machtfülle erreicht, die nicht nur den Zeitgenossen Anlass zum Staunen gab. Auch aus heutiger Sicht steht diese kirchliche Karriere für die deutsche Renaissancezeit einzigartig da.

Als Erzbischof und Kurfürst von Mainz, Erzbischof von Magdeburg und Administrator des Bistums Halberstadt verband sich Albrechts Rolle als geistlicher Oberhirte mit der des Landesherrn eines (geistlichen) Territoriums, und dies in vergleichbarer Weise und mit ähnlichen Kompetenzen, welche die weltlichen Fürsten des Reiches hatten. Albrecht war als Kurfürst von Mainz nicht nur der wichtigste Erzbischof und Metropolit des Reiches, sondern auch der wichtigste geistliche Kurfürst, wegen seiner bedeutenden Funktionen der zweite Mann im Reich nach dem Kaiser. Ihm stand – neben vielen weiteren Kompetenzen – das Recht zu, nach dem Tod des jeweiligen Reichsoberhaupts die sechs anderen Kurfürsten zur Wahl des neuen Kaisers nach Frankfurt am Main einzuladen und dort das Gremium der sieben Kurfürsten zu leiten. Dies begründet nach dem Tod von Maximilian I. seine Rolle bei der Wahl Kaiser Karls V. 1519, in deren Folge ihm der Aachener Krönungsharnisch von 1520 für seine Verdienste als Geschenk zuteilwurde. Albrecht ließ mit diesem eine lebensgroße Reliquienfigur des Mauritius schmücken, die prominent im Chor der Hallenser Stiftskirche aufgestellt war. In unmittelbarer Nähe sah man auf einem Altar Grünewalds Erasmus-Mauritius-Tafel. Auf dieser trägt der heilige Erasmus nicht nur Albrechts Gesichtszüge, sondern es ist ihm auch eine bestickte Perlentafel mit den Wappen von Albrechts drei Bistümern beigegeben worden.

Der heilige Erasmus war der Hausheilige der in Berlin residierenden Brandenburger. Albrecht schlüpfte gern in dessen Rolle,[5] konnte er doch auch damit seine hohe Herkunft zum Ausdruck bringen. Der nur spärlich belegte historische Bischof Erasmus von Antiochia ist an seiner Winde, an der ein Teil des Gedärms aufgedreht hängt, zu erkennen. Denn er erlitt sein Martyrium durch das

Ausdärmen; dabei werden die Eingeweide eines Delinquenten gewaltsam (mittels einer Winde) aus der Buchhöhle gezogen. Der heilige Mauritius war der Legende nach der Anführer der Thebäischen Legion und wurde seit dem Mittelalter mit den Reichskleinodien, dem Reichsschwert und der Heiligen Lanze in Verbindung gebracht. Die Begegnung dieser beiden Heiligen – die nicht durch ihre Vita oder Legenden verbürgt ist – wurde in der Erasmus-Mauritius-Tafel zur politischen Allegorie, die ihre Entschlüsselung in den Vorstellungen des Kardinals findet. Und das Gemälde muss Albrecht eminent wichtig gewesen sein: Um seine Aufstellung im Stift zu ermöglichen, wurde ein bereits vorhandenes Altargemälde entfernt und durch Grünewalds Bild ersetzt.[6] Spätestens seit dem Wormser Reichstag (1521) kann kaum noch von einer bloßen Reverenz an den Kaiser gesprochen werden. Vielmehr muss diese über Allegorien vermittelte Darstellung von Primas und Kaiser als kirchenpolitische Aussage, als bildgewordene antireformatorische Haltung beurteilt werden, zeichnet sich doch gerade der Wormser Reichstag durch Beschlüsse aus, die ein energischeres Vorgehen gegen Luther und seine Anhänger forderten.

Weitere Kunstwerke in Albrechts Hallenser Stiftskirche brachten die Verbundenheit mit dem Kaiser ebenfalls zum Ausdruck. So standen vor der berühmten überlebensgroßen Reliquienfigur des Mauritius die Brustbilder von Albrecht von Brandenburg und Karl V. Mit Sicherheit in der Nähe eines Altars, vermutlich sogar zweien, auf denen Albrecht als heiliger Erasmus zu sehen war, hing des Weiteren ein Teppich mit der Darstellung des Kaisers als heiliger Eustachius. Unmittelbar neben der Westempore der Hallenser Stiftskirche, auf der Albrecht von Brandenburg während der Gottesdienste, die er nicht persönlich leitete, stand, war eine Statue des Reichsheiligen Mauritius angebracht; darüber die des heiligen Erasmus, bei der man wiederum eine Portraitdarstellung Albrechts vermuten darf.

Auf einem von Albrecht in Auftrag gegebenen Reliquiensarg seines Halleschen Heiltums begegnen wir dem heiligen Erasmus wieder. Der Sarg barg »2 heilige Leiber«, einer davon war der des heiligen Erasmus, »und 6 Partikel«. Der heute nicht mehr erhaltene Sarg ist durch zwei Abbildungen überliefert, die sich glücklicherweise gegenseitig ergänzen. Eine Längs- und eine Schmalseite des Reliquiensarges, welche eine Darstellung mit dem Martyrium des heiligen Erasmus und einen Putto mit Albrechts Kardinalswappen zeigen, bildet das gedruckte Halle-

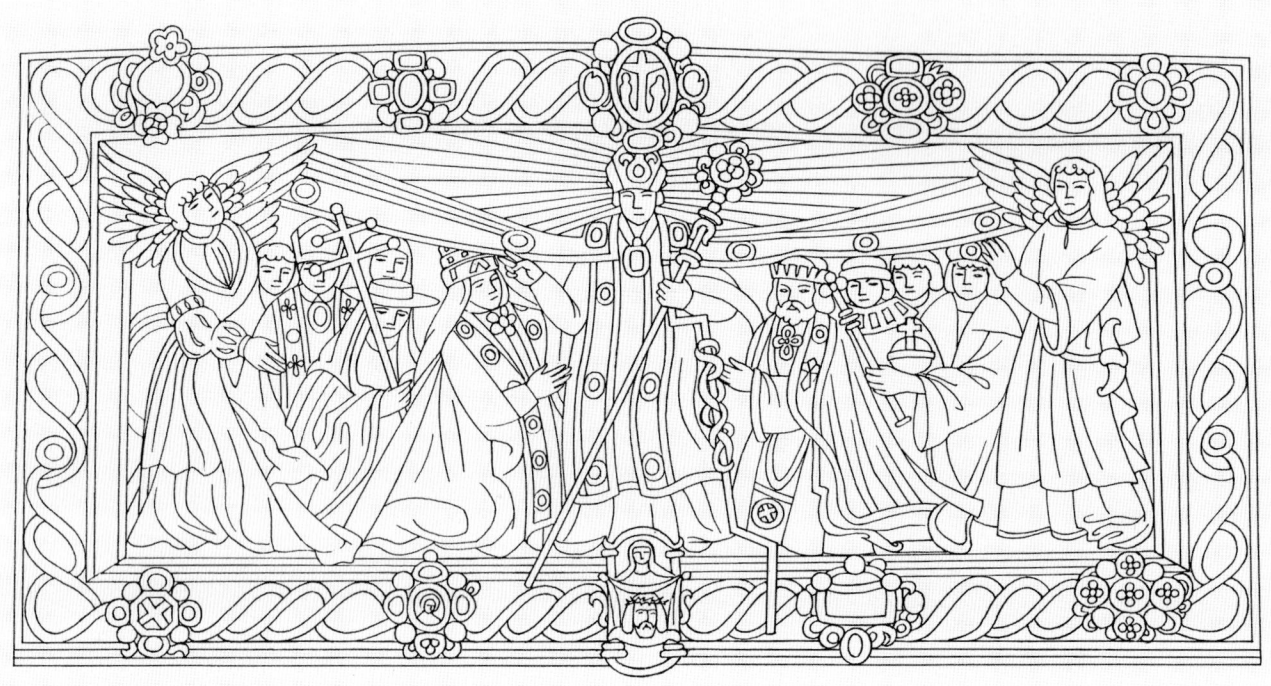

Abb. 3 | Reliquiar mit Partikeln des heiligen Erasmus (vgl. Abb. 2),
Umzeichnung der Frontplatte mit einer Darstellung eines »Schutzmantel-Erasmus«

sche Heiltumsbuch von 1520 ab, die beiden anderen Seiten finden sich in der Pergamenthandschrift (Ms. 14) der Aschaffenburger Hofbibliothek (Abb. 2).[7] Die aquarellierte Handzeichnung ist sehr viel detailreicher als der Holzschnitt, wenn auch beide nicht als exakte Wiedergabe des nicht mehr erhaltenen Reliquiars angesehen werden können.

Die hier interessierende Längsseite des Kastenreliquiars zeigt nun eine Darstellung, die zum Staunen Anlass gibt und wiederum eine ikonographische Neuschöpfung des Auftraggebers war: einen »Schutzmantel-Erasmus« (Abb. 3). Weit ausgebreitet hält der Bischof, durch das uns bereits bekannte Attribut der Winde mit dem Gedärm deutlich gekennzeichnet, seinen Mantel, unter dem nun Papst, Kaiser, ein Kardinal und Bischof sowie Fürsten Schutz gefunden haben. Die Ikonographie ist derart auf Albrecht zugeschnitten, dass wir vom Kardinal als Auftraggeber selbst sprechen müssen. Denn hat man sich einmal die Lesart zu eigen gemacht, die Darstellungen des heiligen Erasmus in Albrechts Umgebung mit diesem und dem Haus Brandenburg gleichzusetzen, ist die Botschaft dieser Goldschmiedearbeit auch ohne Por-

trait überdeutlich, gar aufdringlich: Albrecht von Brandenburg als Beschützer von Kirche und Reich! Der Kardinal hat sich hier nochmals ein tradiertes Motiv der christlichen Kunst, das der Schutzmantelmadonna, angeeignet und umgeformt. Was mag wohl Luther, der es als »Abgotterei« beschrieb, dass »man weiset die Leute von Christo unter den Mantel Mariae«,[8] erst zu dieser Darstellung gesagt haben?

Seine gegen Albrecht gerichtete Polemik wird verständlich, sobald man sich dessen altkirchliche Aktivitäten im Hallenser Stift genau vor Augen führt. Denn dieses Stift operierte nicht nur durch seine materielle Pracht, seine reich ausgestattete Liturgie gegen Wittenberg, sondern auch durch die kalkulierten Ambivalenzen einiger Kunstwerke.[9] Der Reliquiensarg mag sich dem Betrachter als zwar merkwürdiges, aber nicht beunruhigendes Heiligenbild präsentiert haben. Erst dem Kenner der politischen Auslegbarkeit dieser Kombination fällt die Brisanz des Reliquiars auf. In Wittenberg wird man die Darstellung sehr wohl verstanden haben, Albrecht gebärdet sich als Beschützer des Reiches und der Kirche gegen die Angriffe des neuen Glaubens.

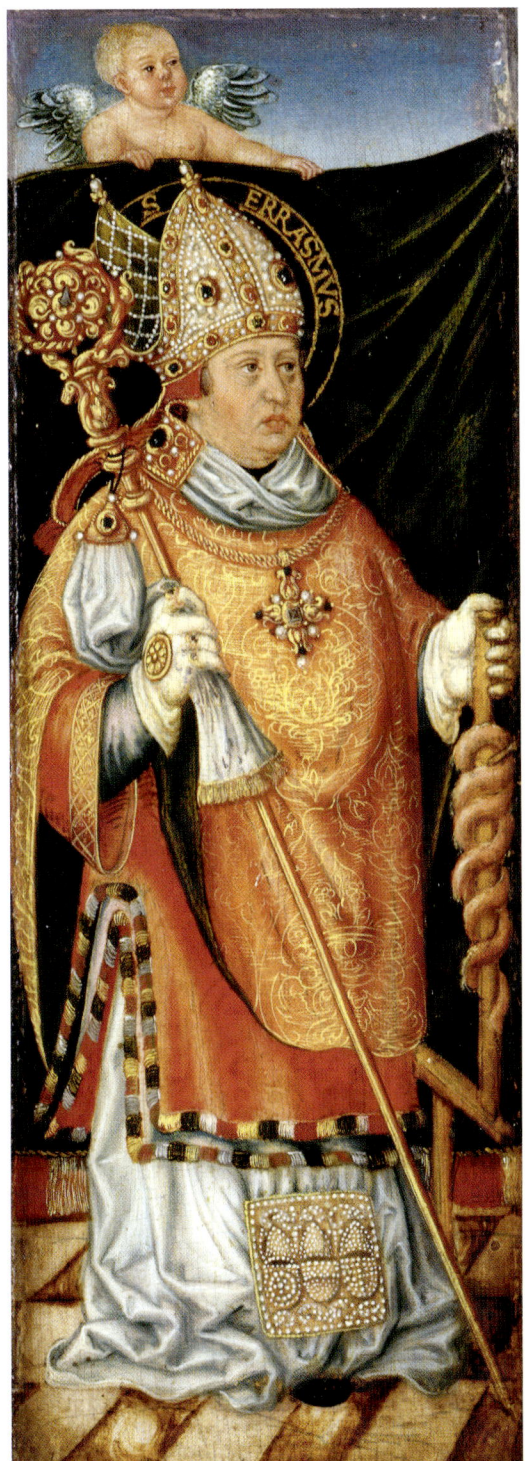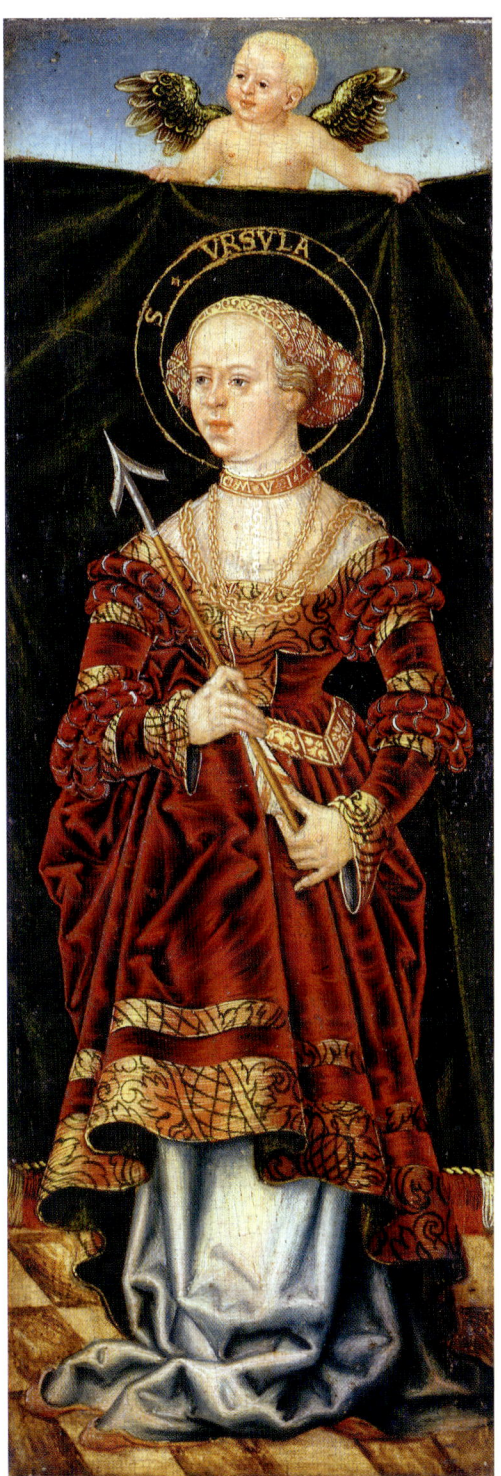

Abb. 4 | Kardinal Albrecht von Brandenburg als heiliger Erasmus und die heilige Ursula, Cranach-Werkstatt, um 1524,
Öl auf Holz, je 27,9 × 9,7 cm, Stiftung Preußische Schlösser und Gärten Berlin-Brandenburg, Inv.-Nr. GK I 9369, 9370

Das Schlüpfen in die Rolle des heiligen Erasmus hat neben der facettenreichen politischen Bedeutung für Albrecht von Brandenburg aber noch eine private Lesart: nämlich dann, wenn der heilige Erasmus[10] – es kann aber auch Kardinal Albrecht als heiliger Martin sein[11] – in Kombination mit der heiligen Ursula auftritt, die als Attribut ihres Martyriums einen Pfeil in den Händen hält. Denn in die Rolle der heiligen Ursula soll nun keine geringere als Albrechts Konkubine, für die man im Laufe der Geschichte mehrere Namen parat hielt,[12] geschlüpft sein.

Dies könnte man schnell als eine böse Überzeichnung einer preußisch-deutsch eingefärbten Historiographie ansehen,[13] gäbe es nicht ein Detail am Halsband der heiligen Ursula, die zusammen mit dem heiligen Erasmus (= Albrecht von Brandenburg) auf einem kleinen Flügelpaar der Stiftung Preußischer Seen und Schlösser im Jagdschloss Grunewald zu sehen ist (Abb. 4). Denn dieses Schmuckband ist verziert mit den Buchstaben »O M • V I • A« und dies kann aufgelöst werden mit dem geläufigen Zitat aus Vergils Eklogen (10,69) »omnia vincit amor«, zu Deutsch »alles besiegt Amor« oder »alles besiegt die Liebe«.

Das Zitat kann als Bildüberschrift gelesen werden, und damit bekommt der Pfeil als Attribut der heiligen Ursula einen doppelten Sinn: Zum einen ist er ihr traditionelles Attribut, denn als Anführerin der 11 000 Jungfrauen starb sie als Märtyrerin durch einen solchen. Zum anderen kann man ihn aber auch als Liebespfeil lesen, denn bekanntlich sind die Waffen des Liebesgottes Pfeil und Bogen. Und wer von Amors Pfeil getroffen wird, kann nicht anders, als sich der Liebe hinzugeben. Genau dies besagt der zweite Teil des berühmten Vergil-Zitates, der beim Betrachten unseres Täfelchens mitzudenken ist: »und wir wollen der Liebe Raum geben« (»et nos cedamus Amori«) – mit anderen Worten, uns der Liebe hingeben, weil von Amors Pfeil getroffen. Auf die historische Situation übertragen hieße das, das unser durch Luther wegen seiner »Weiber« in der Kritik stehende Kardinal Albrecht von Brandenburg nicht anders konnte, als der Liebe Raum zu geben.[14]

Luthers Beurteilung, dass die »newen Bisschoven« allesamt »huren wirte« seien,[15] werden vor allem die Reformationsanhänger geteilt haben und sie wird, wie von Luther selbst, auch auf Albrecht angewandt worden sein. Zu offensichtlich waren die Sitten in den Klöstern und beim Klerus verfallen, als dass sich die Vertreter der Kirche noch große Mühe gegeben hätten, ihre Mätressenwirtschaft zu verbergen. Manchen von ihnen schien dann auch die Meinung Luthers ehrlicher, die Konsequenz zu ziehen

und in den Stand der Ehe zu treten. Der Reformator verteidigte immer wieder Männer und Frauen, die das Gelöbnis der Keuschheit aufgaben, gegen die Verfolgung der Altkirchlichen. In dieser Angelegenheit empfahl er auch Kardinal Albrecht, »daß die Bischoffe zuvor ihre Hurn von sich trieben, ehe sie fromme Eheweiber von ihren Ehemännern scheideten«.[16] Da auch der Kardinal den Ruf eines Lebemannes hatte und sich einem verschwenderischen und nur allzu weltlichen Hofleben hingab, war für den Wittenberger der Ratschlag nur folgerichtig, »das sich Ewer Churfürstlich gnad in den Ehelichen standt begeben und das Bistumb zu weltlichen furstenthum machetet und den falschen namen und scheyn geystlichs standts fallen und faren lassen«.[17]

Am 8. Dezember 1526 griff Kardinal Albrecht eigenhändig zur Feder, um auf einen Brief des sächsischen Herzogs Georg des Bärtigen zu dieser Thematik zu antworten.[18] Georg, bekannt für seine Sittenstrenge, hinterfragte die Gerüchte über Albrechts Umgang mit dem Zölibat; der Kardinal antwortete gelassen und selbstbewusst. In einem Gemälde (BStGS, Schlossgalerie Aschaffenburg) der Cranach-Werkstatt visualisiert er ebenfalls seine Haltung: Beim Thema »Christus und die Ehebrecherin« ist Albrecht von Brandenburg unter der aufgewühlten Volksmenge zu sehen (Abb. 5), die Christus' Worten lauscht: »Wer unter euch ohne Sünde ist, der werfe den ersten Stein auf sie« (Jo 8,8). Nicht dieses Bild, aber eines mit demselben Thema von der Hand Heinrich Vogtherrs des Älteren hing in der Hallenser Stiftskirche Albrechts vis-à-vis einer vom selben Künstler gemalten Tafel mit der Darstellung der Erasmusmarter.[19]

Albrecht war jemand, der auf Bilder setzte – ganz wie die Reformatoren. Der entscheidende Unterschied ist, dass die Reformatoren sich vor allem des Massenmediums der Druckgraphik bedienten, während Albrecht nach wie vor auf die klassischen Gattungen der religiösen Kunst, also auf Skulpturen, Gemälde, kostbare Goldschmiedearbeiten oder illuminierte Handschriften vertraute. Sie waren jedoch nur in spezifischen Kontexten zu rezipieren und hatten nicht die Verbreitung wie beispielsweise die Flugblätter. Über Albrechts Hallenser Kunstunternehmungen war Luther bestens unterrichtet, denn bis auf wenige Ausnahmen (wie Dürer, Grünewald oder Vogtherr der Ältere) sind alle bisher genannten Gemälde nur wenige Häuser weit vom Lutherhaus entfernt entstanden, nämlich in Cranachs Wittenberger Werkstatt; darunter auch der 142 Gemälde umfassende Heiligen- und Passionszyklus der Hallenser Stiftskirche, von dessen einstiger Pracht heute nur noch wenige Tafeln zeugen können.[20]

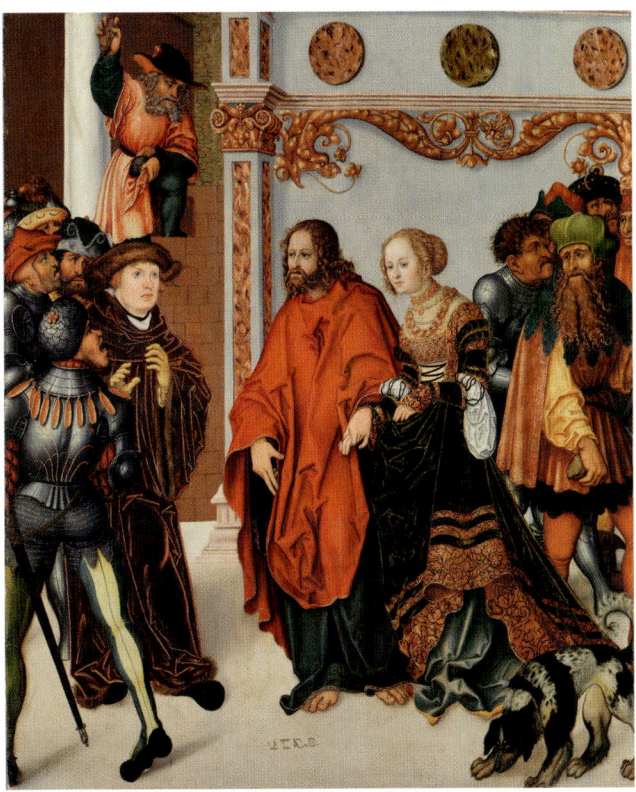

Abb. 5 | Christus und die Ehebrecherin, Cranach-Werkstatt, um 1520 – 1525, Öl auf Holz, 112,8 × 97,1 cm, Stiftsmuseum Aschaffenburg, Inv.-Nr. 6246

Albrecht hatte in der ersten Hälfte der 1540er-Jahre wegen der sich ausbreitenden Reformation Halle verlassen müssen und sich in sein Erzstift Mainz begeben. Der mitgenommene (bewegliche) Kunstbesitz aus seiner Hallenser Moritzburg und der Neuen Residenz sowie aus seiner Stiftskirche war so umfangreich, dass er im Bistum Mainz auf mehrere Orte aufgeteilt wurde. Der größte Teil seiner religiösen Kunstwerke gelangte nach Aschaffenburg und wurde dort bei einem Schlossbrand 1552 vernichtet. Die heute noch existierenden Gemälde, darunter der fast vollständig erhaltene Magdalenen-Altar[21] oder Grünewalds Erasmus-Mauritius-Tafel, kamen über die Aschaffenburger Heiliggrabkapelle in das dortige Stift Sankt Peter und Alexander.

Doch eilen wir nicht weiter voraus. In Halle unterstrich Albrecht in der Rolle als Papst Gregor der Große – er hatte einer Skulptur des Kirchenvaters an der Stiftskanzel sein Portrait geliehen[22] – seine Vorstellung vom Gebrauch der Gemälde, denn wie

Gregor war er ebenso der Auffassung, dass die Bilder die »Schrift der Ungelehrten« (»scriptura idiotis«) seien. Den Bildern im Kirchenraum fiel die Aufgabe zu, religiöse Inhalte zu vermitteln – das Bild wurde Teil der religiösen Unterweisung. An dieser Stelle ist es nicht möglich, auf die komplexen und ausdifferenzierten Unterschiede im Bildgebrauch im Konfessionalisierungsprozess einzugehen, wesentlich ist in unserem Zusammenhang festzustellen, dass die meisten Bilder in Albrechts Hallenser Stiftskirche Heiligendarstellungen zum Thema hatten und einige – eigentlich erstaunlich viele – dabei Zeitgenossen in der Rolle von ebendiesen Heiligen zeigten. An erster Stelle war Albrecht selbst in der Rolle von Heiligen zu sehen gewesen und die Brisanz lag nun darin, dass derartige Kunstwerke eingebunden waren in einen Heiligen- und Reliquienkult; die erhaltenen liturgischen Texte für Halle geben detailliert darüber Auskunft.

Etwas anders verhielt es sich mit jenen Werken, die nicht für den Kirchenraum geschaffen worden waren, wie Lucas Cranachs vier Gemälde, die Kardinal Albrecht als heiligen Hieronymus zeigen (Abb. 6 und 7). Sie stammen aus den Jahren 1525 (Darmstadt), 1526 (Sarasota, Florida), 1527 (Berlin) und um 1527 (Zollikon bei Zürich) und greifen ein in der Kunst schon vorformuliertes Bildschema des Hieronymus in der Studierstube auf. Zwei von ihnen haben mit 115/116 mal 77/78 Zentimetern beachtlich große, also repräsentative Formate. Wir müssen sie uns, auch wenn die Umstände im Dunkel liegen, als fürstliche Geschenke denken, denn ihre Intention ist eine kirchenpolitische Stellungnahme in der Reformationszeit.[23] Kardinal Albrecht von Brandenburg zeigt sich nämlich in der Rolle jenes Heiligen, dem die lateinische Bibelübersetzung, die *Vulgata*, verdankt wird. Es ist eine Bildaussage gegen Luthers deutsche Bibelübersetzung und für eine legitimierte deutsche Bibel der römischen Amtskirche, die in der Entstehungszeit der Albrecht-als-Hieronymus-Gemälde auch in Arbeit war und 1527 gedruckt erschien.

Dem Kardinal und seinen Theologen, allen voran Hieronymus Emser, ging es bei Luthers deutscher Bibel nämlich nicht um die Verteidigung der lateinischen Bibelfassung, sondern um die Verteidigung der richtigen Übersetzung der *Vulgata*. Nach ihrer Auffassung konnte diese nur die Amtskirche vornehmen und deren Verbreitung durch den Buchdruck autorisieren, was 1527 mit Emsers Edition des Neuen Testaments und 1534 mit Johannes Dietenbergers Vollbibel auch geschah.[24] Letztere ist Albrecht von Brandenburg gewidmet und erlebte in zweieinhalb Jahrhunderten immerhin etwa sechzig Neuauflagen.

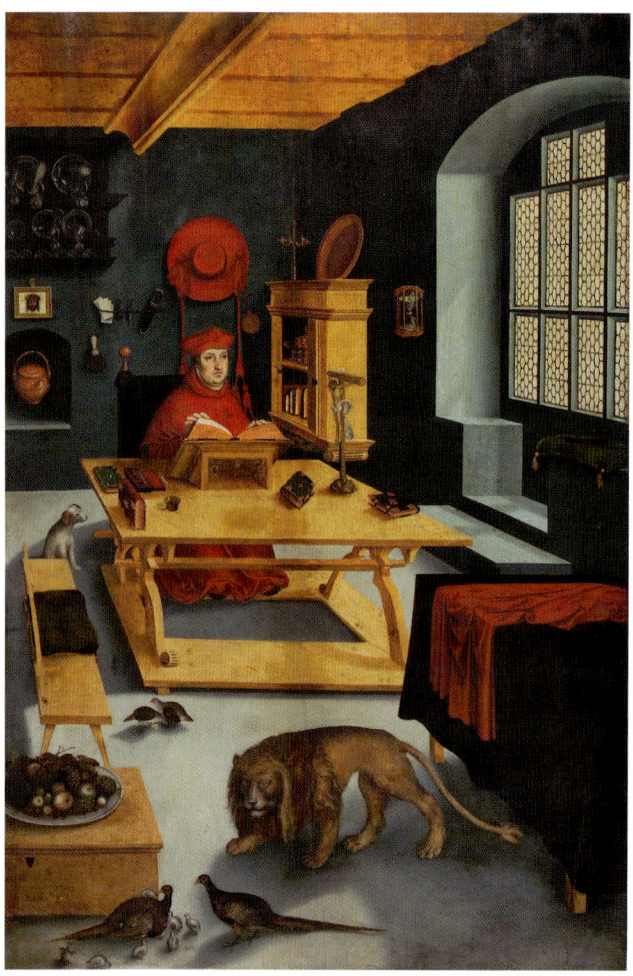

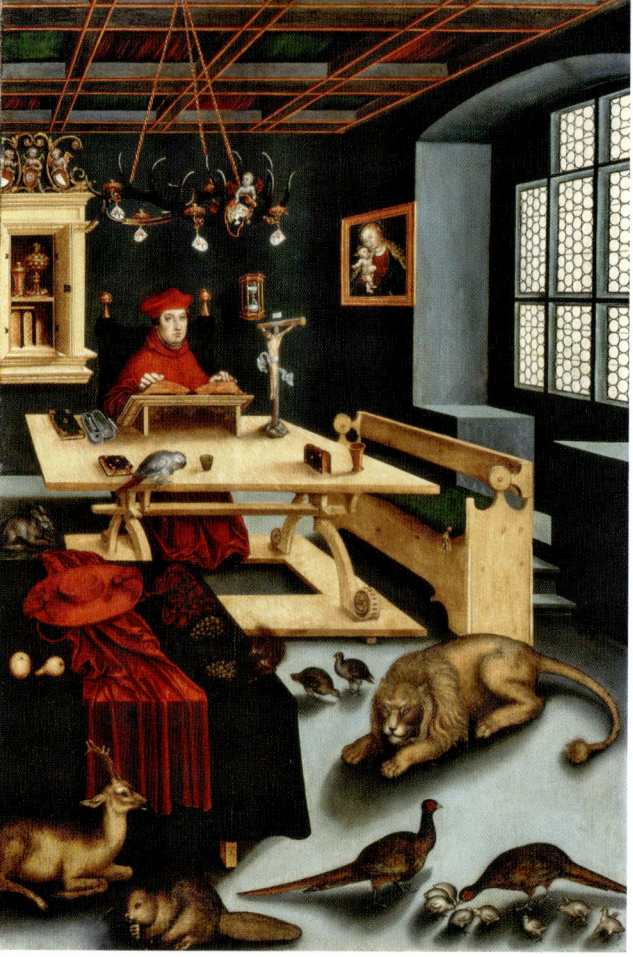

Abb. 6 | Kardinal Albrecht als Hieronymus im Gehäuse, Cranach-Werkstatt, 1525, Öl auf Holz, 116,5 × 77,5 cm, Hessisches Landesmuseum Darmstadt, Inv.-Nr. GK 71

Abb. 7 | Kardinal Albrecht als Hieronymus im Gehäuse, Cranach-Werkstatt, 1526, Öl auf Holz, 115 × 78,9 cm, Ringling Museum of Art Sarasota (Florida), Inv.-Nr. SN 308

Albrecht von Brandenburg und Herzog Georg von Sachsen waren Partner bei der Verteidigung altkirchlicher Positionen. Zu ihren Maßnahmen gehörten das Verbot lutherischer Schriften bis hin zu deren öffentlicher Verbrennung, das Verbot des Studiums an lutherischen Hochschulen und das Verbot des Kirchgangs für albertinische Landeskinder in ernestinischen Gebieten bis hin zur Ausweisung von Kirchgängern, die den Gottesdienst auf ernestinischem Gebiet besucht hatten. Am 19. Juli 1525 kam es dann zum »Abschied zu Dessau«: Herzog Georg von Sachsen, Kardinal Albrecht von Brandenburg, Kurfürst Joachim I. von Brandenburg, Herzog Erich I. von Braunschweig-Calenberg-Göttingen und sein

Bruder Herzog Heinrich II. von Braunschweig-Wolfenbüttel schlossen sich zu einem antireformatorischen Fürstenbündnis zusammen. Hintergrund war – auf Albrecht bezogen –, dass es 1523 in Halle zu heftigen Auseinandersetzungen innerhalb der Bürgerschaft und der Lutheranhänger gegen Albrecht gekommen war. Während des Bauernkriegs musste Albrecht im Frühjahr 1525 in Halle auf Forderungen einer der Reformation zugewandten Bevölkerung eingehen. Herzog Georg von Sachsen richtete im Juli 1525 eine Verwarnung an den Hallenser Rat wegen der Unruhe gegen den Kardinal. Doch alles half nichts, 1526 verließen sechs Mönche aus religiösen Gründen das Hallenser Neuwerk-Kloster.

Der Hallenser Stiftsprediger Georg Winkler bekannte sich seit 1525 mehr oder weniger offen zur Neuen Lehre und erklärt dies 1527 in Aschaffenburg auch gegenüber Albrecht persönlich. Auf seiner Heimreise nach Halle wurde er im Spessart ermordet. Die Schuldzuweisung führte zu einer heftigen Auseinandersetzung, da dem Kardinal ein Auftragsmord unterstellt wurde. Luther ließ in seiner Schrift *Trostunge an die Christen zu Halle uber Er Georgen yhres predigers tod*[25] anklingen, dass er das Mainzer Domkapitel für den Anstifter des Mordes hielt.

Die Unterschiede bei den Albrecht-als-Hieronymus-Gemälden verdienten eine genauere Würdigung, da sie Aktuelles reflektieren. Bei dem Gemälde von 1526 finden sich gegenüber dem älteren Bild von 1525 zwei neue Dinge hinzugefügt, ein Papagei auf dem Arbeitstisch und eine Madonnendarstellung als Bild im Bild an der Fensterwand. Warum? Hieronymus galt als Verteidiger der Jungfräulichkeit. Den jungfräulichen Stand nennt er Gold, den ehelichen Silber. Luther trat am 15. Juni 1525 in den Ehestand und forderte kurz vorher in seinem oben zitierten Sendschreiben von Ende Mai/Anfang Juni Kardinal Albrecht auf, ebenfalls in den Stand der Ehe zu treten und zudem seine Bistümer in weltliche Fürstentümer zu verwandeln. Albrecht zeigte das Schreiben Herzog Georg von Sachsen, der sich daraufhin an den sächsischen Kurfürsten wandte und gegen die Schrift polemisierte. Sie erschien 1526 in Druck. Im selben Jahr malte Cranach der Ältere im Auftrag des Kardinals eine Variante des Albrecht-als-Hieronymus-Bildes von 1525 und fügte nun – ein Jahr später – Papagei und Madonnenbild hinzu. Beides sind Jungfrauensymbole. Angesprochen war damit im übertragenen Sinne das Zölibat, also die Ehelosigkeit des Priesterstandes, wogegen Luther aus Sicht der Altkirchlichen verstoßen hatte. Der aus Wittenberg geflohene Simon Lemnius giftete mit seiner *Monachopornomachia* gegen die Wittenberger Reformatoren, in denen er Martin Luther, Justus Jonas, Georg Spalatin und deren Ehefrauen angriff. Der Titel der Lemnius-Schrift *Mönchshurenkrieg* sagt schon alles,[26] im Fokus steht vor allem Luthers Ehe mit Katharina von Bora.

Wenden wir uns einem letzten Rollenportrait zu, welches Albrecht als heiligen Martin zeigt. Einmal sind wir ihm schon in Zusammenhang mit der Darstellung der heiligen Ursula begegnet (beide Tafeln in Aschaffenburg), eine weitere Tafel mit der Darstellung des heiligen Martin alias Albrecht von Brandenburgs befindet sich heute im Bischöflichen Dom- und Diözesanmuseum Mainz – wobei letzteres Gemälde zwischen Rollenportrait und Standesportrait changiert.

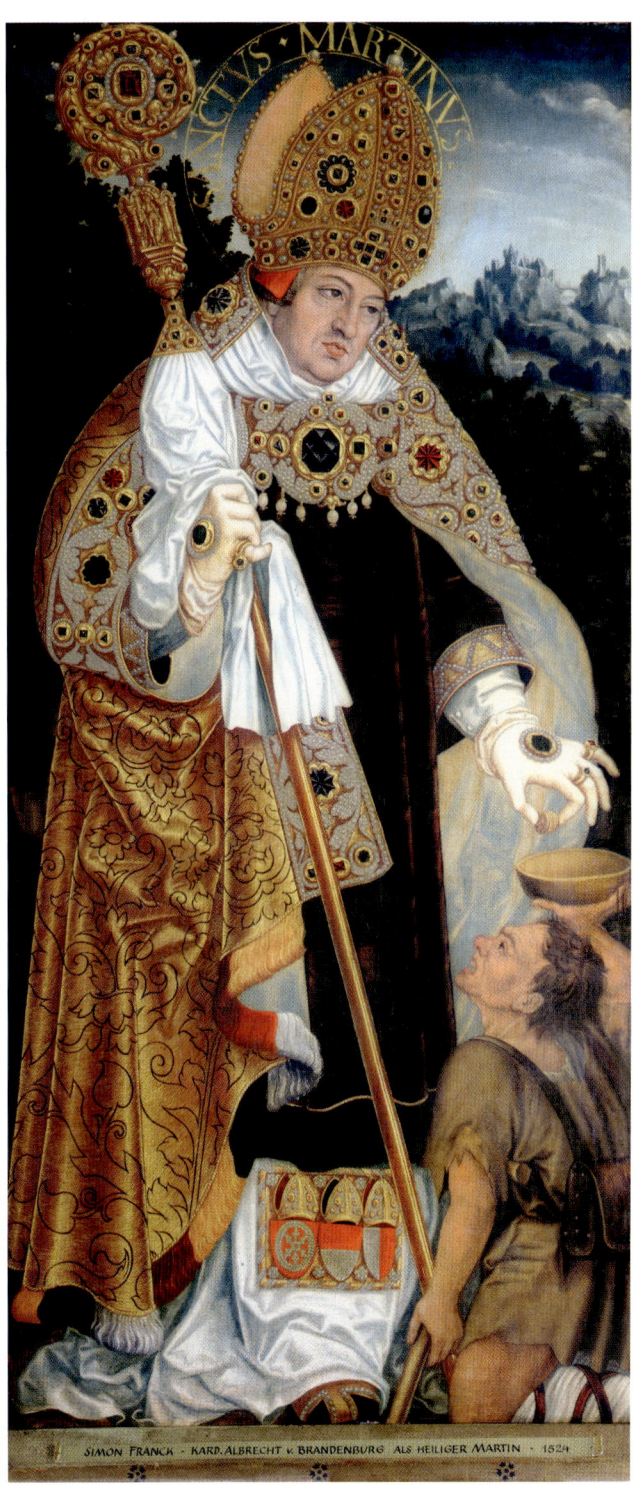

Abb. 8 | Kardinal Albrecht von Brandenburg als heiliger Martin, Simon Franck, 1524 (?), Öl auf Lindenholz, 121 × 56,5 cm, Stiftsmuseum Aschaffenburg, Inv.-Nr. 169-1955

Dass Albrecht von Brandenburg in die Rolle des heiligen Martin schlüpft, ist – wenn man seine Vorliebe für Rollenportraits kennt – auch in diesem Fall nicht verwunderlich, denn Martin von Tours war der Bistumsheilige von Mainz. Die für Albrecht zur Mitte der 1520er-Jahre gemalten Martin-Darstellungen zeigen jedoch eine von der Tradition abweichende Ikonographie (Abb. 8). Die Martinslegende will es, dass der zur kaiserlichen Garde zählende Martin an einem kalten Wintertag einem armen, unbekleideten Mann begegnete. In seiner Barmherzigkeit teilte er mit seinem Schwert seinen römischen Militärmantel und gab dem Bettler eine Hälfte davon. In der folgenden Nacht erschien der nur mit einem halben Mantel bekleidete Christus dem heiligen Martin im Traum. Dies kann in Verbindung gebracht werden mit der Bibelstelle: »Ich bin nackt gewesen und ihr habt mich gekleidet« (Mt 25,36) und weiter: »Was ihr getan habt einem von diesen meinen geringsten Brüdern, das habt ihr mir getan« (Mt 25,40).

In der Bildtradition wird Martin von Tours zu Pferde gezeigt, wie er den Mantel teilt und dem Bettler reicht. Abweichend von diesem Bildformular reicht aber Kardinal Albrecht in der Rolle des Bistumsheiligen Martin dem Bedürftigen nicht eine Mantelhälfte, sondern Geld. Warum eine Uminterpretation der vertrauten Ikonographie der Mantelspende? Zumal beim Gemälde des Bischöflichen Dom- und Diözesanmuseums Mainz im bischöflichen Krummstab die Mantelspende dargestellt ist, während auf dem Krummstab des heutigen Aschaffenburger Gemäldes der heilige Mauritius zu sehen ist, was auf Halle an der Saale als ursprünglichen Aufbewahrungsort hinweisen könnte. Geld statt Mantelhälfte – auch hierbei könnte es sich wieder um die Reaktion auf eine kirchenpolitische Herausforderung handeln und erneut um Albrechts Versuch, seine Haltung auch mittels der bildenden Kunst zum Ausdruck zu bringen.

Gleich zu Beginn der Reformation stand die Frage nach der Verwaltung kirchlicher Vermögenswerte beziehungsweise der Armenfürsorge im Vordergrund. Luthers Schrift *An den christlichen Adel deutscher Nation von des christlichen Standes Besserung* von 1520[27] wandte sich auch gegen die Praktiken der Kurie, die nach Luther die deutsche Nation ausbeutete. Unter anderem wollte der Reformator in diesem Zusammenhang eine Abschaffung der Bettelei, da jede Stadt ihre Armen selbst versorgen könne, sodass es keinen Grund für Bettelei gäbe. Es müssten Armenordnungen her, die aber das Versorgen fremder Bettler ausschließen sollten.

Als erste Schritte auf dem Weg zur Abfassung reformatorisch geprägter Kirchenordnungen sind die Wittenberger Ordnung von

1521 und die von Luther zur Nachahmung entwickelte Kastenordnung von 1523 für die Stadt Leisnig zu nennen.[28] In diesem Zusammenhang, und zu wenig beachtet, ist die Regelung der Stadt Nördlingen erwähnenswert, die bereits 1522 einen städtischen Almosenkasten in der Stadtpfarrkirche Sankt Georg aufstellen ließ, für den der Nördlinger Maler Hans Schäufelin einen großformatigen *Christus als Schmerzensmann* malte. Das Gemälde wurde als »Werbebild« am Pfeiler über dem Almosenkasten aufgehängt.[29] Ohne einen kausalen Zusammenhang mit dem Nördlinger Beispiel herstellen zu wollen, kann man ganz allgemein die beiden Gemälde, bei denen Albrecht von Brandenburg dem Armen ein Almosen in Form von Geld zusteckt, als Antwort auf das sich neu formierende Sozialsystem in der Reformationszeit verstehen. Die Kirche Roms bleibt auch hier ihrer Tradition treu und kümmert sich – so die bildliche Botschaft – um die Armen und Gebrechlichen.

Inwieweit bei Albrechts weiteren Rollenportraits – so ist er oftmals in den liturgischen Handschriften dargestellt, wie im *Missale Hallense* von 1524 beispielsweise als heiliger Ambrosius oder als heiliger Nikolaus[30] – Bezüge zum Zeitgeschehen herzustellen sind, kann man dahingestellt lassen. Denn die angeführten Beispiele belegen eindrucksvoll, dass Albrecht auch mittels der bildenden Kunst Antworten auf die drängenden Fragen seiner Zeit zu geben willens war. Da Klio gern bei Gewinnern dichtet, haben es Gescheiterte schwerer bei ihr: so auch Albrecht, der Mitteldeutschland mit langen Kolonnen an Fuhrwerken, die schwer beladen waren mit seinem beweglichen Besitz, verlassen musste. Eine schon die Zeitgenossen in Erstaunen versetzende Stiftskirchenausstattung sowie die Ausstattungen von gleich zwei Hallenser Residenzen – Neuer Bau und Moritzburg – gelangten so in sein Bistum Mainz, wo er die letzten Lebensjahre verbrachte und am 24. September 1545 verstarb. Luther konnte in Halle an der Saale zum ersten Mal am 5. August 1545 predigen – was für ein Triumph! Und dies in der von Albrecht initiierten und von 1529 bis 1554 erbauten Marienkirche. Dort steht nach wie vor der um 1540 aus seiner Stiftskirche hierhin gewechselte prachtvolle Hauptaltar aus der Cranach-Werkstatt, welcher im geöffneten Zustand Albrecht von Brandenburg in Verehrung der Gottesmutter zeigt, auf dem linken Flügel der Festtagsseite ist der heilige Mauritius dargestellt.[31]

Ironie der Geschichte, dass Luthers Leichnam beim Trauerzug von Eisleben nach Wittenberg am 20./21. Februar 1546 in dieser Marienkirche für eine Nacht aufgebahrt wurde. Hier sind sie sich also auf Erden ein letztes Mal begegnet, der Reformator und sein »Sch…«.

ANMERKUNEN

1 Vgl. Paul Merker, Simon Lemnius. Ein Humanistenleben, Straßburg 1908 (Quellen und Forschungen zur Sprach- und Culturgeschichte der germanischen Völker 104), bes. S. 23–49; Lothar Mundt, Lemnius und Luther (Arbeiten zur Mittleren Deutschen Literatur und Sprache 14,1–2), Bern 1983. **| 2** WA 50, S. 348–351. **| 3** Die Zitate in WA Br 7, Nr. 2215 (Luther an Albrecht; 31. Juli 1535), S. 217, Zeile 14–15: »hellischen Cardinal«; WA Br 7, Nr. 3046 (Luther an Fürst Georg von Anhalt; 17. Juli 1535), S. 464, Zeile 12–13: »Hellischen roten hüt«; WA Br 7, Nr. 3086 (Luther an Fürst Georg von Anhalt; 29. September 1536), S. 554, Zeile 18–19: »Hellischen Burgermeister«; WA Br 10, Nr. 3789 (Luther an Gregor von Brück; 3. September 1542), S. 143, Zeile 34: »Hellischen trachten«; WA Br 10, Nr. 3796 (Luther an Kurfürst Johann Friedrich I.; 6. Oktober 1542), S. 153, Zeile 2–3: »Hellischen sachen«. **| 4** Andreas Tacke, Die Aschaffenburger Heiliggrabkirche der Beginen. Überlegungen zu einer Memorialkirche Kardinal Albrechts von Brandenburg mit Mutmaßungen zum Werk Grünewalds, in: Anzeiger des Germanischen Nationalmuseums 1992, S. 195–239, hier Dok. 1 (20. Dezember 1527). Meine damaligen »Mutmaßungen zum Werk Grünewalds« sind hinfällig dank der sensationellen Ergebnisse von Hanns Hubach, »… scrinium super sepulchrum aperiuntur«. Die Heilig-Grab-Kapelle der Aschaffenburger Stiftskirche und Matthias Grünewalds »Beweinung Christi«, in: Andreas Tacke (Hrsg.), »Ich armer sundiger mensch«. Heiligen- und Reliquienkult in der Zeitenwende Mitteldeutschlands, Göttingen 2006, S. 415–498. **| 5** Zu Motiven der Identifikation (Tugend-, Namens-, Standes- und Ereignisanalogien) siehe Friedrich B. Polleroß, Das sakrale Identifikationsporträt. Ein höfischer Bildtypus vom 13. bis zum 20. Jahrhundert, 2 Bde., Worms 1988, S. 52–77; ihm folgt Petra Kathke, Porträt und Accessoire. Eine Bildnisform im 16. Jahrhundert, Berlin 1997, bes. S. 91–93. **| 6** Vgl. Ulrich Steinmann, Der Bilderschmuck der Stiftskirche und Grünewalds Erasmus-Mauritius-Tafel, in: Forschungen und Berichte Staatliche Museen Berlin 11 (1968), S. 69–104, hier S. 97–104; Karin Stober, Die Erasmus-Mauritius-Tafel von Matthias Grünewald als programmatischer Ausdruck der machtpolitischen Ansprüche eines Kirchenfürsten im Zeitalter der Glaubenserneuerung, Magisterarbeit Universität Freiburg i. Br. 1984, Maschinenschrift. **| 7** Das Hallesche Heiltumbuch von 1520. Nachdruck zum 450. Gründungsjubiläum der Marienbibliothek zu Halle, hrsg. und mit einem Nachw. vers. von Heinrich L. Nickel, Halle an der Saale 2001, Bl. 58r. – Zum Ms. 14 in der Hofbibliothek Aschaffenburg, Bl. 231v–232r, siehe Philipp Maria Halm/Rudolf Berliner, Das Hallesche Heiltum. Man. Aschaffenb. 14, Berlin 1931, Nr. 178. Kunstgewerblich bearbeitet wurde das Heiltum durch Jörg Rasmussen, Untersuchungen zum Halleschen Heiltum des Kardinal Albrecht von Brandenburg, in: Münchener Jahrbuch der bildenden Kunst, 3. Folge 27, 1976, S. 59–118 und (Teil 2) Bd. 28, 1977, S. 91–132. **| 8** WA 47, S. 276, 21. **| 9** Vgl. Andreas Tacke, Das Hallenser Stift Albrechts von Brandenburg. Überlegungen zu gegen-reformatorischen Kunstwerken vor dem Tridentinum, in: Friedhelm Jürgensmeier (Hrsg.), Erzbischof Albrecht von Brandenburg (1490–1545). Ein Kirchen- und Reichsfürst der Frühen Neuzeit (Beiträge zur Mainzer Kirchengeschichte 3), Frankfurt a. M. 1991, S. 357–380. **| 10** Flügel des Engelaltares (Bayerische Staatsgemäldesammlungen München, ausgestellt in der Aschaffenburger Schlossgalerie, Inv.-Nr. 6272 und 6268), dieser stand einst am Lettner der Hallenser Stiftskirche Albrechts; mit älterer Literatur vgl. Andreas Tacke, Der katholische Cranach. Zu zwei Großaufträgen von Lucas Cranach d. Ä., Simon Franck und der Cranach-Werkstatt 1520–1540 (Berliner Schriften zur Kunst 2), Mainz 1992, S. 131–135. **| 11** Museen der Stadt Aschaffenburg, Inv.-Nr. 169/55 und 170/55: Heiliger Martin mit der heiligen Ursula. **| 12** Vgl. Kerstin Merkel, Albrecht und Ursula. Wanderung durch Literatur und Legendenbildung, in: Andreas Tacke (Hrsg.): »… wir wollen der Liebe Raum geben«. Konkubinate geistlicher und weltlicher Fürsten um 1500, Göttingen 2006, S. 157–186. Urkundlich gesichert ist bisher nur eine Konkubine, siehe Andreas Tacke/Agnes Pless, Kardinal Albrecht von Brandenburg, in: Archiv für Kulturgeschichte 72, 1990, S. 347–365. **| 13** Vgl. Alexander Jendorff, Ein problematisches Verhältnis. Kardinal Albrecht von Brandenburg und die preußisch-deutsche Historiographie, in: Tacke, Konkubinate (wie Anm. 12), S. 187–251. **| 14** Vgl. Andreas Tacke, »Alles besiegt Amor«. Zur Liebesthematik in zwei Heiligenrollenporträts der Cranach-Werkstatt. Kardinal Albrecht von Brandenburg und seine Konkubine, in: Tacke, Konkubinate (wie Anm. 12), S. 359–368. **| 15** WA 30/2,

S. 338. **| 16** WA Br 2, Nr. 442 (1. Dezember 1521), S. 408. **| 17** WA 18, S. 408. **| 18** Vgl. Felician Gess (Hrsg.), Akten und Briefe zur Kirchenpolitik Herzog Georgs von Sachsen [1517–1527], 2 Bde., Leipzig/Berlin 1905/1917; hier Bd. 1, Nr. 1359. **| 19** Zu diesem überzeugenden Ergebnis gelangte Roland Krischel, Cranach in Köln. Zum 450. Todestag des Schnellmalers von Wittenberg, in: Kölner Museums-Bulletin 2/2003, S. 4–22, bes. S. 18–22. **| 20** Vgl. Andreas Tacke, Cranachs Altargemälde für Albrechts Stiftskirche. Zu einem Bilderzyklus von europäischem Rang, in: Der Kardinal. Albrecht von Brandenburg, Renaissancefürst und Mäzen, 2 Bde., Ausst.-Kat. Regensburg 2006, hier Bd. 2: Essays, hrsg. von Andreas Tacke, S. 193–211. **| 21** Vgl. Andreas Tacke, Cranach im Dienste der Papstkirche. Zum Magdalenen-Altar Kardinal Albrechts von Brandenburg, in: Gerhard Ermischer/ Andreas Tacke (Hrsg.), Cranach im Exil, Zuflucht – Schatzkammer – Residenz, Ausst.-Kat. Regensburg 2007, S. 106–121. **| 22** Vgl. Fritz-Karl Danneel, Ein unbekanntes Bildnis Kardinal Albrechts von Brandenburg, in: Deutschland – Italien. Festschrift für Wilhelm Waetzold, Berlin 1941, S. 177–184, bes. S. 182. Zur Kanzel selbst Heinz Wolf, Die Kanzel und die Plastik des Domes zu Halle aus der Zeit Kardinal Albrechts, Phil. Diss. Humboldt Universität Berlin (Ost) 1957, Maschinenschrift, S. 83–114; und Ernst Kähler, Der Sinngehalt der Pfeilerfiguren und Kanzelplastik im Dom zu Halle, in: Wissenschaftliche Zeitschrift der Ernst-Moritz-Arndt-Universität Greifswald, Gesellschafts- und Sprachwissenschaftliche Reihe 4/5, Jg. 5, 1955/56, S. 231–248, bes. S. 244–248. **| 23** Vgl. Andreas Tacke, Albrecht als Heiliger Hieronymus. Damit »der Barbar überall dem Gelehrten weiche!«, in: Der Kardinal (wie Anm. 20), Bd. 2, S. 117–129. **| 24** Vgl. Hieronymus Emser (Bearb.), Das naw testament nach lawt der Christlichen kirchen bewerten text corrigirt vnd wider umb zu recht gebracht, Dresden: Wolfgang Stöckel 1527 (VD16 B 4374); Johann Dietenberger (Bearb.), Biblia / beider Allt vnnd Newen Testamenten […], Mainz: Peter Jordan 1534 (VD16 B 269). **| 25** WA 23, S. 390–434. **| 26** Monachopornomachia = Der Mönchshurenkrieg, Threni = Klaggesang [u. a.] / Simon Lemnius. Hrsg. von G.(aston) Vorberg. Nachdruck d. Ausgabe Leipzig 1919. **| 27** WA 6, S. 405–415. **| 28** Vgl. WA 12, S. 11–30 (Ordenung eyns gemeynen kastens. Radschlag wie die geystlichen gutter zu handeln sind). **| 29** Zum Gemälde siehe Christof Metzger, Hans Schäufelin als Maler, Berlin 2002, S. 471–474, Nr. 66. **| 30** Vgl. Missale Hallense von 1524 (von Niklas Glockendon); Aschaffenburg, Hofbibliothek: Ms. 10. Vier vollständige Seiten und mehrere herausgeschnittene Initialen sind in der Graphischen Sammlung des Landesmuseums in Mainz, vgl. Albrecht von Brandenburg. Kurfürst, Erzkanzler, Kardinal, 1490–1545. Von Horst Reber mit Beiträgen von Friedhelm Jürgensmeier, Rolf Decot und Peter Walter, Ausst.-Kat. Mainz 1990, S. 193–197, Kat.-Nr. 83 und Abb. 35–38 sowie die Abb. auf S. 195. **| 31** Vgl. Hans-Joachim Krause, Mariendienst und Jenseitsfürsorge. Das Marienretabel der halleschen Markkirche in seinem ursprünglichen Kontext, in: Andreas Tacke (Hrsg.), Kunst und Konfession. Katholische Auftragswerke im Zeitalter der Glaubensspaltung, 1517–1563, Regensburg 2008, S. 191–240.

KUNST UND KONFESSIONS-POLITIK

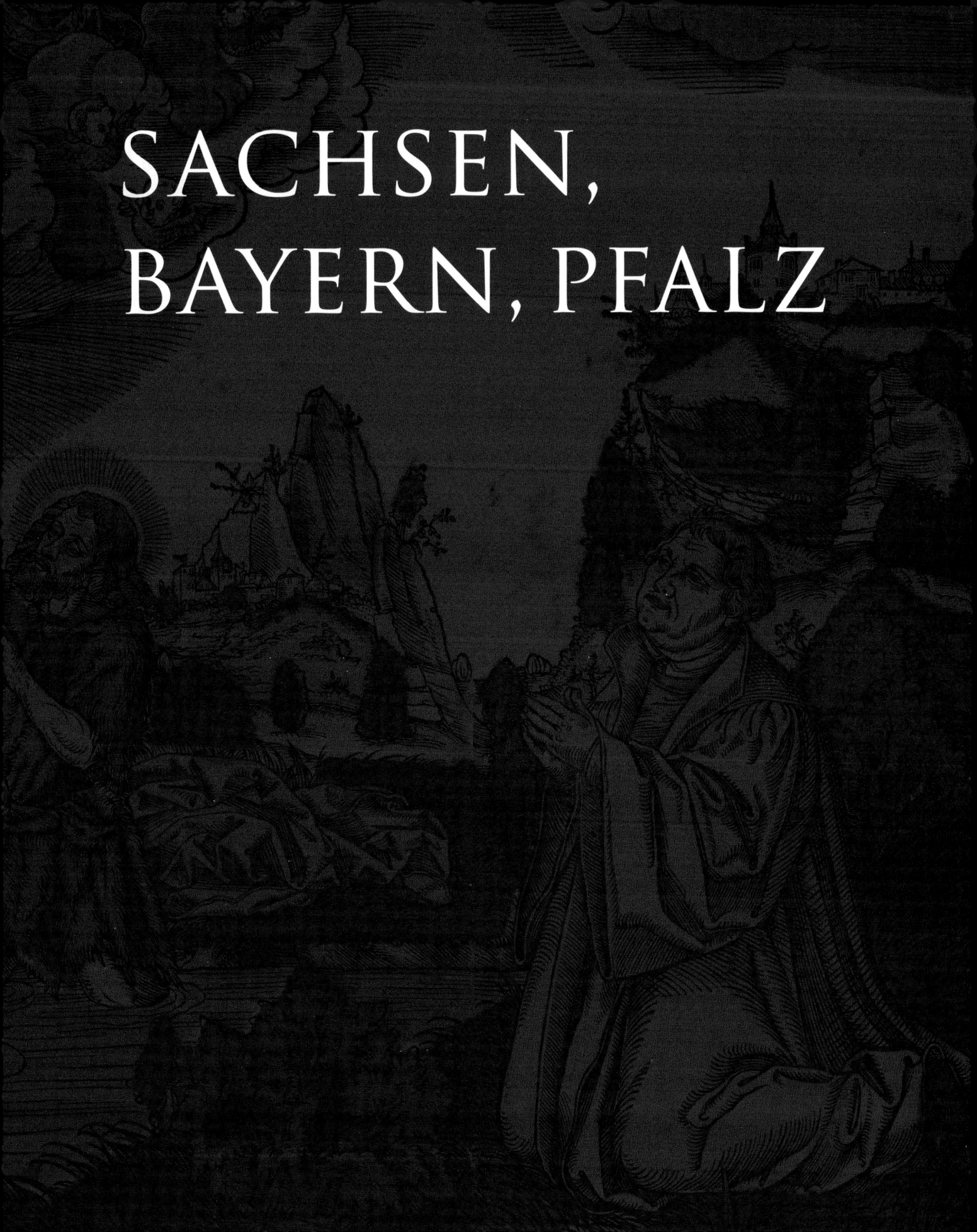

SACHSEN, BAYERN, PFALZ

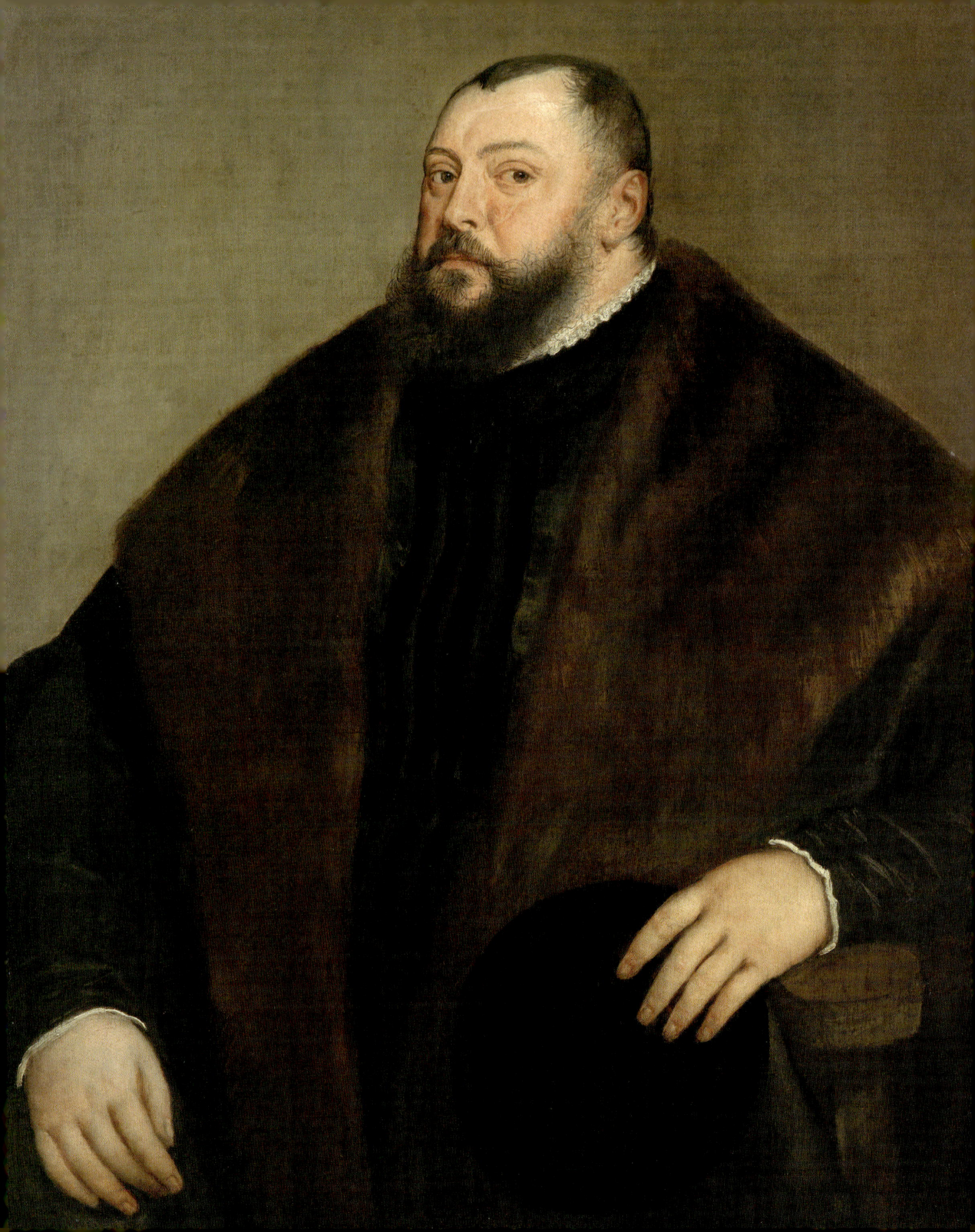

MARTIN EBERLE

DIE ERNESTINER

ZUM SELBSTVERSTÄNDNIS EINES HERRSCHERHAUSES

Es war 1485 in Leipzig zur Teilung des Landes Sachsen ge-kommen, einem zentralen Ereignis in der Geschichte des Hauses Wettin: Während die jüngere Linie unter Herzog Albert (die Albertiner) nun Dresden zu ihrer Residenz ausbaute und mit Leipzig über eine Universität verfügte, nahm die ältere Linie unter Kurfürst Ernst (die Ernestiner) die Thüringischen Be-sitzungen an sich und behielt die Kurfürstenwürde. Zu Residenz-städten wurden neben Wittenberg auch Torgau und Weimar ausgebaut. Dabei bestanden aber weiterhin länderübergreifend Gemeinsamkeiten, die vor allem in der Wirtschaftspolitik lagen: Das gemeinsame Schlagen von Münzen ist hierfür sicherlich ebenso ein wichtiges Indiz wie die gemeinschaftliche Nutzung der Silbervorkommen.

Schon im Jahr 1463 war in Torgau der Nachfolger Kurfürst Ernsts, Friedrich III., zur Welt gekommen. Dieser bestieg 1486 – also nur ein Jahr nach der Teilung – den kurfürstlichen Thron und begann kontinuierlich die Macht der ernestinischen Linie inner-halb des Reiches auszubauen. Dies gelang, weil die Familie dank der reichen sächsischen Silbervorkommen sowohl politisch als auch finanziell äußerst potent war.[1] Der tiefreligiöse Fürst unter-nahm 1493 nicht nur eine Wallfahrt in das Heilige Land, sondern häufte vor allem einen ungeheuren Reliquienschatz an, der seiner persönlichen Frömmigkeit ebenso diente wie der fürstlichen Re-präsentation.[2] Durchaus humanistisch gebildet und in Konkurrenz zum kaiserlichen Hof baute Friedrich der Weise seine Residenzen zu prachtvollen Schlossanlagen aus und pflegte ein aufwendiges Hofleben.[3] Im Rahmen dieser ambitionierten Kulturpolitik ist unter anderem auch die Gründung der Universität in Wittenberg zu verstehen, mit der man zu den Albertinern und Leipzig in Wett-bewerb trat.[4] Im gleichen Sinn erfolgte 1505 die Berufung Lucas

Cranachs des Älteren zum Hofmaler, dessen Schaffen uns im Fol-genden immer wieder begegnen wird.[5] Dessen Aufgabe sollte es – nach kaiserlichem Vorbild – sein, Portraits und Gemälde zur Ausstattung der Schlösser und Kirchen anzufertigen und auch für die Ausstattung von Hoffesten und Jagden zu sorgen. Cranach stand im Dienst einer auf reichsweite Wirkung ausgerichteten Inszenierung des ernestinischen Herrscherhauses. Die von ihm für die Schlösser entwickelten Bildprogramme sollten aber auch den ernestinischen Fürsten moralisch festigen, indem sie ihm menschliche Tugenden und Laster vor Augen führten.

Ebenso zu Repräsentationszwecken bediente sich Friedrich der Weise bereits früh der neuen Massenmedien wie der Medaillen-kunst, der Druckgraphik und des Buchdruckes – ein Vorgehen, das gleichermaßen von seinen Nachfolgern wie auch von seinen Konkurrenten übernommen wurde.[6] Cranachs Werkstatt fertigte zudem repräsentative Geschenke an, mit denen man sich die Fürsten anderer Territorien gewogen machen wollte. Zunehmend wurde dabei die traditionelle Bildsprache Cranachs mit politi-schen Inhalten aufgeladen. Bis dahin eher historisierend aufge-fasste Bildthemen wie beispielsweise die Szene der »Vertreibung der Geldwechsler aus dem Tempel« erhielten angesichts der zu Rom distanzierten Politik des Kurfürsten eine neue Dimension.[7]

Friedrich dem Weisen gelang die Konsolidierung des durch die Leipziger Teilung geschwächten Staatsgebietes und er begann, seine eigene Territorialmacht auszubauen. Wie vielen Fürsten seiner Zeit war es auch Friedrich dem Weisen ein Dorn im Auge,

Abb. 1 | Johann Friedrich von Sachsen in der Zeit seiner Gefangenschaft, Tizian, um 1550, Öl auf Leinwand, 103,5 × 83 cm, Kunsthistorisches Museum Wien, Gemäldegalerie, Inv.-Nr. 100

dass immense Gelder durch den Ablasshandel nach Rom abwan-
derten. Hier sah sich der Kurfürst gezwungen, gegen die römische
Kurie zu agieren. Dabei kam ihm das Auftreten des Wittenberger
Reformators Martin Luther gelegen, der ihm theologische Argumente in die Hand gab, gegen die Geldforderungen Roms vorzugehen. Die Unterstützung, die Luther durch Friedrich den Weisen
erfuhr, ist daher eher politisch-wirtschaftlich als religiös motiviert
einzuschätzen.[8] Erst auf dem Sterbebett nahm Friedrich der Weise
– glaubt man Georg Spalatin – das Abendmahl im neuen Ritus ein.[9]

Friedrichs Verhältnis zum Kaiser blieb trotz der Auseinandersetzungen mit der römischen Kurie gut und wurde nur durch den Umstand getrübt, dass Maximilian dem Wettiner die Hochzeit mit seiner Tochter Margarethe verweigerte. Als bei der Königswahl von
1519 mit Friedrich dem Weisen ein geeigneter Kandidat zur Verfügung stand, der sowohl von der römischen wie von der französischen Seite akzeptiert worden wäre und reichsintern genügend
Stimmen hätte finden können, setzte sich selbiger allerdings für Karl
V. ein. Auf diese Weise konnte der umsichtige Kurfürst Einfluss auf
die Wahlkapitulation nehmen, die eine Stärkung der Reichsstände
und Territorialmächte zu Ungunsten des zukünftigen Kaisers vorsah.

Im Jahr 1525 verstarb Friedrich der Weise, ohne einen legiti-
men Erben zu hinterlassen. So trat sein jüngerer Bruder, Kurfürst
Johann der Beständige, die Nachfolge an.[10] Er hatte bereits zuvor
zusammen mit seinem Bruder regiert, obgleich der ältere die Kurwürde innehatte. Die gemeinsame Regierung beider Brüder war
in großer Harmonie verlaufen, und erst 1513 kam es mit der zweiten Heirat Johanns zu einer »Teilung« des ernestinischen Gebie-
tes, welche allerdings nur geringfügige Auswirkungen hatte. Entscheidend für die Zukunft sollte sein, dass Johann mit seiner
Heirat eine eigene Residenz in Weimar begründete.

Anders als sein Bruder stand Johann der Beständige öffentlich
hinter den religiösen Zielen der Reformation. Seine Festigkeit in
Fragen der neuen Kirche brachte ihm letztlich die Anerkennung
seiner Zeitgenossen ein. Martin Luther war dem neuen Kurfürsten
auch persönlich sehr verbunden. Mit der Gründung der evange-
lisch-lutherischen Landeskirche 1527 wurde der Kurfürst deren
erster Landesbischof, und so geht das Bild der Ernestiner als Beschützer des neuen Glaubens hauptsächlich auf ihn zurück. Wie
sein Bruder vermied er dabei aber geschickt den offenen Konflikt
mit dem Kaiser und überließ das aggressive Auftreten innerhalb
des Reiches dem ihm nahestehenden Philipp von Hessen. Beide
führten gemeinsam seit 1531 den Schmalkaldischen Bund an, welcher der Verteidigung der Reformation dienen sollte.

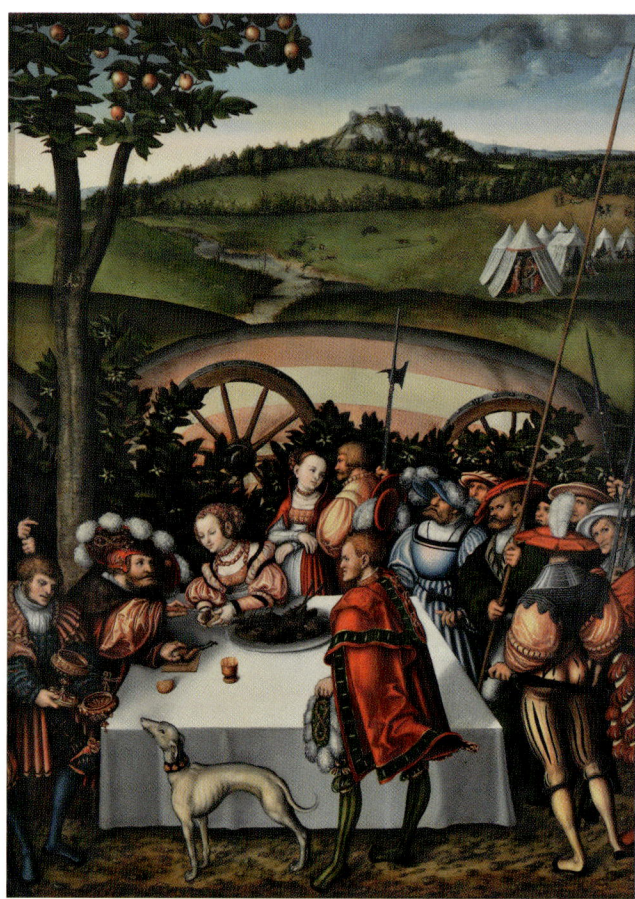

Abb. 2 | Judith an der Tafel des Holofernes, Lucas Cranach d. Ä., 1531, Lindenholz,
98,5 × 72,5 cm, Stiftung Schloss Friedenstein Gotha, Inv.-Nr. SG 674

Der ernestinische Hofmaler Lucas Cranach der Ältere entwickelte in dieser Zeit der beginnenden Konfessionalisierung die
reformatorische Bildsprache beständig weiter. Es entstanden nun
ausgesprochen protestantische Bildmotive wie »Gesetz und
Gnade«, »Christus und die Ehebrecherin« oder »Christus und die
Kindlein«, dazu verbreitete sich von Wittenberg aus eine große
Anzahl Lutherbildnisse im ganzen Reich.[11]

Dringlicher entwickelte sich allerdings nun die politische Bildsprache. Das Motiv »Judith und Holofernes« wurde immer mehr
zu einem zentralen politischen Bildthema der Ernestiner. Dies
legen unter anderem die beiden auf 1531 datierten Bildtafeln in
Gotha nahe, die aus altem ernestinischen Besitz stammen, also
wohl auf unmittelbar fürstlichen Auftrag zurückgehen (Abb. 2

und 3). Sie entstanden im Gründungsjahr des Schmalkaldischen Bundes und sind wohl inhaltlich darauf bezogen: Analog zu dem durch die Assyrer bedrohten Volk Gottes scheinen nun die Protestanten durch den Kaiser bedroht. Dies rechtfertigte den Schmalkaldischen Bund, wobei allerdings allein durch den Beistand Gottes die wahren Gläubigen errettet werden können.

Blieb so das Verhältnis zwischen Kaiser und Ernestinern wohl angespannt, ohne aber in den offenen Konflikt zu treten, so änderte sich dies mit Johann Friedrich dem Großmütigen,[12] der nach dem Tod seines Vaters 1532 die Regierung übernahm. Während Onkel und Vater die offene Auseinandersetzung eher gemieden hatten, zeigte Johann Friedrich ein höheres Konfliktpotential – oder durchaus auch politisches Ungeschick. Unglücklich erwies sich so etwa sein eigenmächtiges Vorgehen, als er als Schutzherr des Bistums Naumburg den dortigen katholischen Bischof Julius von Pflug durch den lutherischen Nikolaus von Amsdorf ersetzte. Damit reizte er den Kaiser erheblich, gegen die Reformation vorzugehen. Auch innerhalb des wettinischen Familienverbandes verhielt sich Johann Friedrich ungeschickt: Als er Ähnliches wie in Naumburg auch für das Stift Wurzen plante, kam es zu einer Entfremdung mit seinem Cousin Moritz von Sachsen, mit dem er gemeinsam die Schutzherrschaft ausübte. So kann es nicht verwundern, dass der Kaiser erst 1535 die Nachfolge in den sächsischen Landen bestätigte. Diese provozierend zögerliche Bestätigung des Kurfürstentitels beantwortete Johann Friedrich mit einer gewaltigen Bildpropaganda, indem er sechzig Bildpaare bei Cranach in Auftrag gab, die seinen Vater und Onkel zeigten. Als diplomatisches Geschenk wurden diese Portraits an die verschiedenen Höfe versandt. Die Darstellung sollte zusammen mit teils auf Luther zurückgehenden Lobversen auf die Tugendhaftigkeit der beiden Vorgänger und gleichzeitig vorausschauend auf die Rechtmäßigkeit des Nachfolgers hinweisen.[13]

Bildpropaganda wurde aber nicht nur im Konflikt mit dem Kaiser eingesetzt, sondern auch bewusst für versöhnliche Gesten genutzt. In diesem Sinne sind die Jagdbilder zu verstehen, die Johann Friedrich in der Werkstatt Cranachs in Auftrag gab. Die sächsische Kurwürde war immer auch mit dem Amt des Reichsjägermeisters verbunden gewesen, die Jagd spielte eine wichtige Rolle für das Selbstverständnis des Fürstenhauses als reichspolitischer Macht. In Cranachs Darstellungen einer fürstlichen Jagd agierten Kaiser und Kurfürst Seite an Seite – den realen politischen Verhältnissen entsprach dies schon lange nicht mehr.[14] Aufgrund der Übergriffe gegen Braunschweig-Wolfenbüttel und

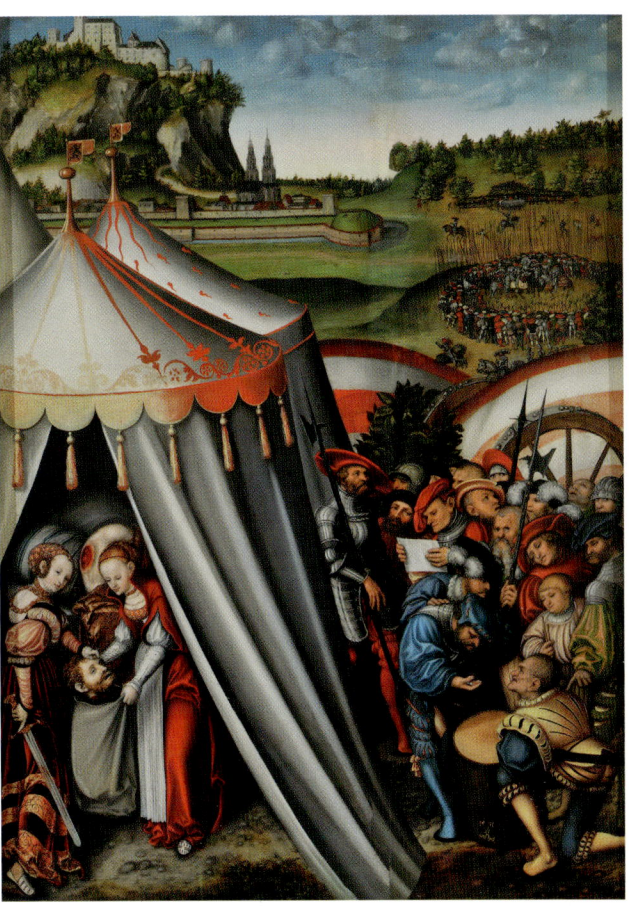

Abb. 3 | Judith im Zelt des Holofernes, Lucas Cranach d. Ä., 1531, Lindenholz, 98 × 73,6 cm, Stiftung Schloss Friedenstein Gotha, Inv.-Nr. SG 675

der Gefangennahme Herzog Heinrichs verhängte Kaiser Karl V. 1546 die Reichsacht über Johann Friedrich und die Mitglieder des Schmalkaldischen Bundes. Die Folge war der Schmalkaldische Krieg, wobei sich hier der protestantische Herzog Moritz auf die Seite des Kaisers stellte und in Kursachsen einfiel. In der Schlacht bei Mühlberg erwiesen sich dann die vom Kaiser und dem Herzog von Alba angeführten kaiserlichen Truppenverbände als erfolgreicher.

Die Ereignisse der Schlacht bei Mühlberg – wenn überhaupt als solche zu bezeichnen – waren ernüchternd: Ebenso schnell wie die ernestinische Linie in kürzester Zeit zu einer der glanzvollsten Familien innerhalb des Reiches emporgestiegen war, wie sie durch einen schier unermesslichen Reichtum, der demons-

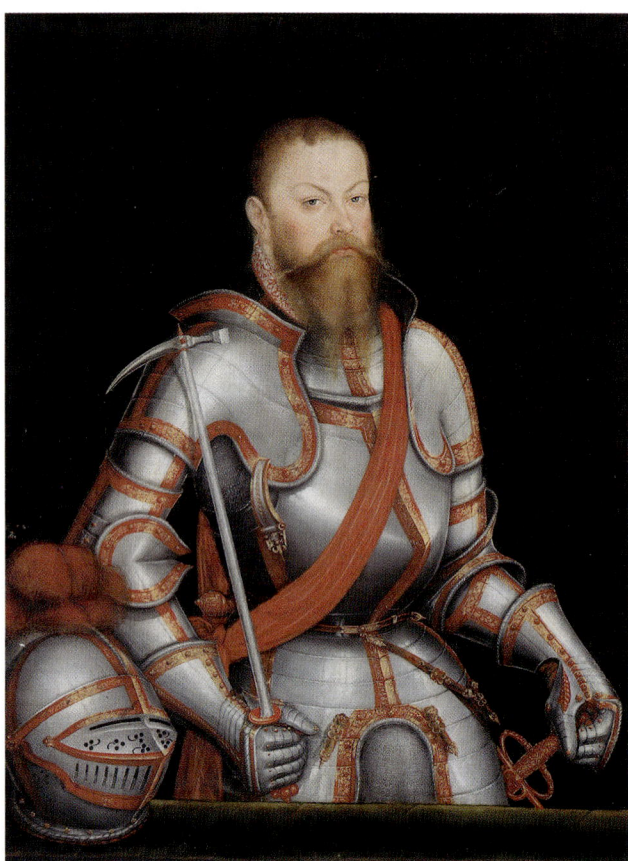

Abb. 4 | Kurfürst Moritz von Sachsen, Lucas Cranach d. J., 1578, Öl auf Leinwand, Staatliche Kunstsammlungen Dresden, Rüstkammer, Inv.-Nr. H 73

Ende des Schmalkaldischen Krieges ein, das mit der Wittenberger Kapitulation vom 19. Mai 1547 besiegelt wurde. Im Ergebnis verlor Johann Friedrich nicht nur weite Teile seines Landes – die Ernestiner mussten sich nun auf ihre Thüringer Besitzungen beschränken –, sondern vor allem auch die Kurwürde an seinen Vetter, Herzog Moritz von Sachsen. Weiterhin kam es zur endgültigen Münztrennung zwischen Albertinern und Ernestinern, wurde doch die in der Leipziger Hauptteilung von 1485 vereinbarte gemeinsame Münzprägung aufgegeben. Symbolisch steht sie dafür, dass sich die beiden Familienzweige nun endgültig voneinander distanziert hatten.[15] Doch nicht genug der Schmach: Johann Friedrich erhielt in seiner Gefangenschaft am 10. Mai das Todesurteil. Nach zeitgenössischen Berichten nahm er dieses an und begann mit seinem Freund Ernst von Braunschweig-Grubenhagen eine Schachpartie. Allerdings wurde das harte Urteil durch die Fürbitte einflussreicher Fürsten – darunter auch Herzog Moritz – in eine lebenslange Gefangenschaft umgewandelt.

Nach fünf Jahren der Gefangenschaft wurde Johann Friedrich am 1. September 1552 wieder in die Freiheit entlassen. Seiner prachtvollen Residenzen in Wittenberg und Torgau beraubt, residierte der nunmehrige Herzog im Schloss seines Vaters Johann des Beständigen in Weimar. Nachdem er seinen Bruder Johann Ernst von Coburg beerbt hatte, gelang es Johann Friedrich, sein Staatsgebiet zu vergrößern. Nicht hinnehmen wollte der Herzog aber den Verlust der Kurwürde, und so kam es zur Auseinandersetzung mit seinem albertinischen Vetter, da Johann Friedrich weiterhin Titel und Wappen eines Kurfürsten benutzte. Die Auseinandersetzung konnte erst beigelegt werden, nachdem ihm im Naumburger Vertrag vom 24. Februar 1554 die Ansprache eines »geborenen Kurfürsten« zugebilligt worden war. Nur wenige Tage später, am 3. März 1554, starb Johann Friedrich von Sachsen in Weimar.[16]

Aufgrund seiner auffallenden Körperfülle wie auch der bei der Schlacht bei Mühlberg zugezogenen Narbe ließ sich der entmachtete Kurfürst hervorragend für die Bildpropaganda einsetzen – vom Gegner ebenso wie in eigener Sache.[17] Schon während der Gefangenschaft des Herzogs entstand 1548 im Auftrag des Kaisers ein Tizian zugeschriebenes Bildnis, welches sich heute im Museo Nacional del Prado in Madrid befindet. Es zeigt den Gefangenen im Harnisch, auffallend kraftlos das Schwert haltend. Betont ist die noch frische Wunde im Gesicht, aus der das Blut bis auf den Panzer strömt. Nach zeitgenössischen Quellen sollen mehrere

trativ mit den Hofkünsten und den Bauprojekten vor Augen geführt worden war, internationales Aufsehen erregt hatte, so stürzte sie nun hinab in die Untiefen bis zur Erniedrigung. Die Truppen des Schmalkaldischen Bundes suchten vor der Übermacht des kaiserlichen Heeres in die stark befestigten Städte Torgau oder Wittenberg zu fliehen, wähnten sich aber noch in Sicherheit und schlugen deshalb ein Feldlager auf. Diesen Moment der Schwäche nutzte Kaiser Karl V. zum Überraschungsangriff. Kurfürst Johann Friedrich von Sachsen widersetzte sich standhaft der Übermacht des feindlichen Heeres, zog sich dabei sogar einen Säbelhieb im Gesicht zu, wurde schließlich aber doch gefangen genommen und zunächst vor den Herzog von Alba, dann vor den Kaiser selbst geführt. Die Niederlage leitete das

solcher Bildnisse existiert haben, die in den Residenzen der Habsburger in Burgund, Spanien und Österreich hingen und somit vom
Schicksal dessen kündigten, der sich gegen den Kaiser erhoben
hatte. Ähnlich zu verstehen ist auch ein weiteres Bildnis Tizians,
das sich heute im Kunsthistorischen Museum in Wien befindet,
und das vermutlich um 1550/51 entstand (Abb. 1). Hier ist das
Wundmal der Narbe in seiner Drastik zwar zurückgenommen,
jedoch immer noch den Verlierer kennzeichnendes Motiv. In dieser Version des Portraits ist der besiegte Kurfürst zudem nur mit
einem dunklen Gewand mit Pelzkragen bekleidet und all seiner
Würdezeichen – bis hin zu den Ringen – beraubt.[18]

Die Narbe wurde vonseiten der Albertiner sofort als Kennzeichnung des »Geschlagenen« hochstilisiert, so etwa in einem
Holzschnitt, der bereits 1547 entstand und Johann Friedrich
barhäuptig zeigt. Die Narbe ist hier auffallend betont. Es kann
dabei auch kein Zufall sein, dass man sich des Holzschnittes
bediente, also eines Massenmediums, um möglichst weite
Kreise zu erreichen.[19]

Kontrastreicher ist das Verhältnis der Albertiner zu den Ernestinern noch in dem Doppelbildnis umgesetzt, das 1578 von Lucas
Cranach dem Jüngeren gemalt wurde und das sich heute in der
Rüstkammer in Dresden befindet (Abb. 4 und 5). Dargestellt sind
hier Kurfürst Moritz von Sachsen und sein Vetter, der unterlegene
Herzog Johann Friedrich. Ausdrücklich gewünscht war es, dass
beide in den postumen Portraits in den Rüstungen dargestellt
werden, die sie bei der Schlacht trugen. Auf den Pendants wenden sich die beiden Kriegsgegner einander zu und sind – auf den
ersten Blick – gleichrangig dargestellt. Allerdings ist Moritz auf
der heraldisch vornehmeren Seite dargestellt und Johann Friedrich trägt die Narbe, die als Zeichen seiner Niederlage zu sehen
ist. So wurde also über den Tod der beiden hinaus der Dualismus
der beiden Familienzweige zum Bildgegenstand.[20]

Doch auch aufseiten der Ernestiner kam es zu einer Inszenierung der auffälligen und leicht wiedererkennbaren Gestalt Johann
Friedrichs des Großmütigen – nun aber mit anderen Vorzeichen.
Hier ist besonders aufschlussreich ein Bildnis, das sich heute in
den Sammlungen der Stiftung Schloss Friedenstein in Gotha befindet (Abb. 6). Es zeigt Johann Friedrich beim Schachspiel. Der
– wie bereits bei Tizian – angemessen, aber ohne auffällige Würdezeichen gekleidete Herzog blickt den Betrachter direkt an, in
seinem Gesicht kann man die Wunde erahnen. Sein in eine spanische Hoftracht gekleideter Spielgegner hält eine Hand am Degen

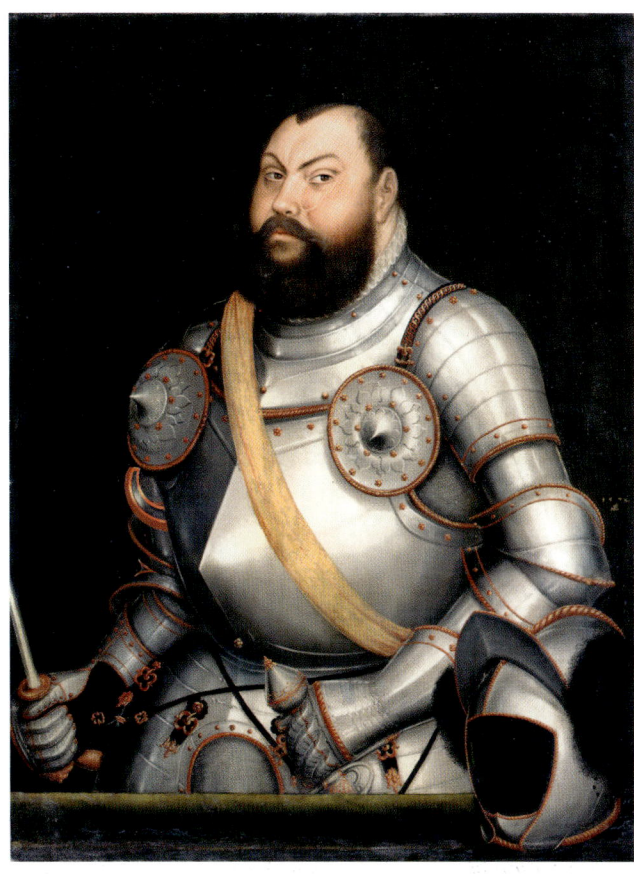

Abb. 5 | Kurfürst Johann Friedrich der Großmütige, Lucas Cranach d. J., 1578,
Öl auf Leinwand, Staatliche Kunstsammlungen Dresden, Rüstkammer, Inv.-Nr. H 74

und führt mit der anderen eine Spielfigur. Ihm muss sich Johann
Friedrich im Spiel wie im richtigen Leben geschlagen geben. Das
Gemälde wurde von Johann Friedrich 1548 in Brüssel selbst in
Auftrag gegeben. Eine Version davon schenkte er dem Herzog von
Alba. Ob er damit seine Unterlegenheit anerkennen wollte oder
versuchte, in Freundschaft mit dem Herzog zu treten, ist dabei
noch unklar.

Bereits 1659 lässt sich die Darstellung in Gotha nachweisen.
Im Inventar heißt es hier: »Churfst. Johann Friedrich, wie er zu
Brühsel in der custodi gewesen.«[21] Dem nicht widersprechend,
aber doch nun in anderer Bedeutung wird das Gemälde im Inventar von 1721 beschrieben als »Churfürst Johann Friedrich zu Sachsen, wie er mit herzog Ernsten zu Lüneburg im Schach spielet, auf

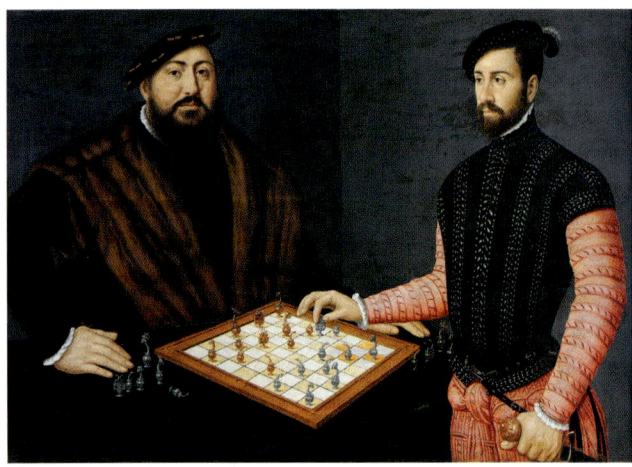

Abb. 6 | Johann Friedrich der Großmütige beim Schachspiel,
Jan Cornelisz Vermeyen (zugeschr.), 1548, Öl auf Holz, 65 × 92 cm,
Stiftung Schloss Friedenstein Gotha, Inv.-Nr. SG 705

Holz gemahlet.«[22] Demnach sah man in Gotha nun in dem Gegner des Schachspiels keinen Gegner mehr, sondern einen Freund, eben jenen besagten Ernst von Braunschweig-Grubenhagen, der sich mit dem Herzog zusammen in Gefangenschaft begeben hatte. Dem widersprechen allerdings sowohl die spanische Hoftracht wie vor allem aber auch der Degen an der Seite des Dargestellten, der als Mitgefangener wohl kaum damit ausgerüstet gewesen wäre. Auch wollte man in dem Spielgegner den Gefängniswärter erkennen, doch hätte eine solche Schachpartie wohl kaum der Würde des ehemaligen Kurfürsten entsprochen. So muss man in der Tat in dem Spielgegner auch den politischen Gegner, den Herzog von Alba, vermuten.

Durch die Annahme der Niederlage und das Zeigen der Narbe verwies Johann Friedrich zudem auf sein Eintreten für den neuen Glauben.[23] Bereits zu Lebzeiten begann man aufseiten der Protestanten, den Kurfürsten/Herzog bildkünstlerisch zum Märtyrer und standhaften Verteidiger des neuen Glaubens zu stilisieren. Dies stellt ein Holzschnitt von Lucas Cranach dem Jüngeren unter Beweis (Abb. 7). Er zeigt den Kurfürsten mit aufgeschlagenem Buch in den Händen. Die in seinem Gesicht deutlich erkennbare Narbe weist den Dargestellten als Opfer der Ereignisse bei Mühlberg aus. Seitlich des Portraitierten, in gleicher Höhe wie die Narbe, befindet sich der Gekreuzigte, sodass hier eine deutliche Verbindung zwischen den Wunden Christi und der Wunde des

Kurfürsten hergestellt wird. Die Niederlage des Kurfürsten, seine Verwundung, Gefangennahme und letztendliche Verbannung in sein Herzogtum wurden als christliches Märtyrertum im Dienst der reformatorischen Sache ausgelegt und bildlich so präsentiert. Der wohl nach seiner Entlassung aus der Gefangenschaft entstandene Holzschnitt war auf eine weite Verbreitung angelegt und konnte somit für den Geschmähten ein ganz neues Image kreieren.

Kurfürst Johann Friedrich der Großmütige blieb auch lange nach seinem Tod die zentrale Identifikationsgestalt der ernestinischen Linie der Wettiner. Um 1600 entstanden von einem deutschen Künstler überlebensgroße Ahnenportraits, die später dann von Ernst dem Frommen von Sachsen-Gotha-Altenburg noch bis in die Gegenwart weitergeführt wurden. Sie zeigen die Ernestiner von 1485 bis zu Ernst dem Frommen und waren Teil des Erbes, das Ernst der Fromme nach der Weimarer Teilung von 1640 von Weimar nach Gotha verbrachte. Ursprünglich waren diese Bildnisse im großen Saal von Schloss Friedenstein im Nordflügel angebracht, zu Beginn des 18. Jahrhunderts wurden sie dann in die Galerie des Westflügels verlegt, die seitdem Weimar-Galerie heißt. Nach dem Inventar von 1714 bis 1720 befand sich aber eines dieser Portraits im Inneren Vorgemach des Herzoglichen Appartements, nämlich das von Johann Friedrich.[24] Es bildete dort den einzigen Bilderschmuck. Durch die Anbringung dieses Gemäldes an exponierter Stelle des Inneren Vorgemachs wurde dem Besucher noch einmal deutlich vor Augen geführt, dass man diesem Herzog als erstem Verteidiger des neuen Glaubens innerhalb der Ernestiner eine besondere Stellung zubilligte und dass man sich immer noch in der Nachfolge dieser protestantischen Leitfigur verstand.

Im Bewusstsein dieses Erbes schlossen sich die Ernestiner während des Dreißigjährigen Krieges Gustav Adolf von Schweden an. In dessen Gefolge gelangten sie 1632 auch nach München, wo sich in der Kunstkammer die Stiefel Johann Friedrichs befand (Abb. 8). Der Kurfürst war bei seiner Gefangennahme 1547 zum Zeichen seiner Entehrung auch seiner Würden entledigt worden. Hierzu gehörten auch die Stiefel, die quasi als Trophäe an den Sieger übergeben wurden und auf diesem Weg nach München gelangten. Mit der Plünderung der Münchner Kunstkammerbestände durch die schwedischen Truppen 1632 gelangte der Stiefel dann wieder in den Besitz der Ernestiner, und die Entehrung des Ahns konnte somit gewissermaßen rückgängig gemacht werden.[25]

Unter Herzog Ernst dem Frommen erfolgte eine weitere Rückbesinnung auf die glanzvolle kurfürstliche Vergangenheit. Als dieser zwischen 1643 und 1654 sein neues Residenzschloss auf den Ruinen der Burg Grimmenstein errichtete, bezog er auch Spolien des Vorgängerbaus ein, die bewusst bei der Niederlegung der Anlage geborgen worden waren. Dies betraf unter anderem das Eingangsportal der Schlosskapelle, das nun für die neue Schlosskirche wiederverwendet wurde. Herzog Ernst ließ es mit nur wenigen Veränderungen und Ergänzungen versehen in den Neubau integrieren. Entstanden war das Portal wohl um 1553/54 in der Werkstatt des Torgauer Bildhauers Simon Schröter. Die Inschrift »IO. FRIED. SEN. D. SAX. ET. NATI. ELECT. 1553« (Johann Friedrich der Ältere, Herzog von Sachsen und geborener Kurfürst 1553) über dem Schild im Portalscheitel verweist auf den Bauherrn der Kapelle. Ein von Engeln gehaltener Schild spielt zudem auf die verlorene Kurwürde an. Der Schriftzug »IESUS« überlagert dabei die Kurschwerter und symbolisiert somit, dass der »wahre Glaube« wichtiger sei als die Kurwürde. Durch die Wiederverwendung des Portals für den Residenzbau wurde nicht nur die Altehrwürdigkeit des Geschlechts der Ernestiner unterstrichen, sondern auch auf die ehemals getragene Kurwürde hingewiesen.[26] Auf dem Weg ins herzogliche Appartement im Obergeschoss des Schlosses kam man zwangsläufig im Erdgeschoss an diesem Portal vorbei.

Doch nicht nur mit kuriosen Trophäen oder baulichen Maßnahmen versuchte man, die Erinnerung an Johann Friedrich den Großmütigen aufrechtzuerhalten und die ernestinische Vorrangstellung innerhalb der evangelischen Kirche zu betonen, sondern auch mit realpolitischen Maßnahmen. Das Direktorium über die evangelische Kirche in Sachsen war nach der Schlacht bei Mühlberg von den Ernestinern auf die Albertiner übergegangen. Als der sächsische Kurfürst August der Starke 1697 zum katholischen Glauben konvertierte, um die polnische Königskrone annehmen zu können, ging das Direktorium für kurze Zeit auf Herzog Friedrich II. von Sachsen-Gotha-Altenburg,[27] also auf die Ernestiner, über. Wohl in diesem Zusammenhang steht der Erwerb einer ausgesprochen umfangreichen Silbermöbelgarnitur, die sich im Inventar von 1714 bis 1720 nachweisen lässt. Diese Garnitur bestand aus zwei Tischen, vier Gueridons, vier mehrarmigen Leuchtern, zwei Spiegeln und sechs Wandappliken, die sich im Audienzzimmer des Appartements der Herzogin befanden. Dem Appartement kam eine besondere Bedeutung zu, verfügte es doch – ab-

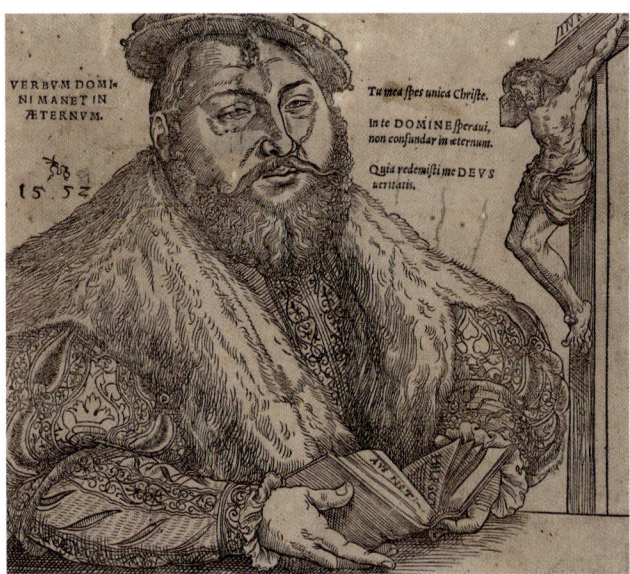

Abb. 7 | Kurfürst Johann Friedrich der Großmütige mit aufgeschlagenem Buch vor einem Kruzifix, Lucas Cranach d. J., um 1550, Holzschnitt mit typographischem Text, Stiftung Schloss Friedenstein Gotha, Inv.-Nr. G 42,20

weichend von dem des Herzogs – über zwei Vorzimmer. Eine solch reiche Ausstattung mit Silbermöbeln ist gleichzeitig nur in Berlin, Dresden und Hannover zu finden, also bei Häusern, die um 1700 königliche Würden anstrebten. Da dies das Haus Sachsen-Gotha-Altenburg nicht tat, können diese Möbel eigentlich nur im Zusammenhang mit dem Übergang des Direktoriums von den Albertinern an die Ernestiner erworben worden sein, zumal eine solche Ausgabe doch eine ungeheuerliche Anstrengung für den Gothaer Hof darstellen musste. Dies zeigt noch einmal, welche Bedeutung die Ernestiner ihrer Rolle als Bewahrer und Beschützer des protestantischen Glaubens zumaßen.[28]

Sicherlich war den Ernestinern zum Ende des 17. und während des 18. Jahrhunderts noch bewusst, dass sie mit der verlorenen Schlacht bei Mühlberg mehr als nur die Kurwürde eingebüßt hatten. Neben ihrem hohen Rang hatten sie auch die Vormachtstellung gegenüber den Albertinern abgeben müssen sowie ihre Bedeutung innerhalb der evangelischen Kirche des gesamten Reiches verloren. Hinzu kam, dass die Albertiner mit der zum Ende des 17. Jahrhunderts erworbenen polnischen Königswürde den thüringischen Familienzweig unerreichbar übertrumpften. Wenn-

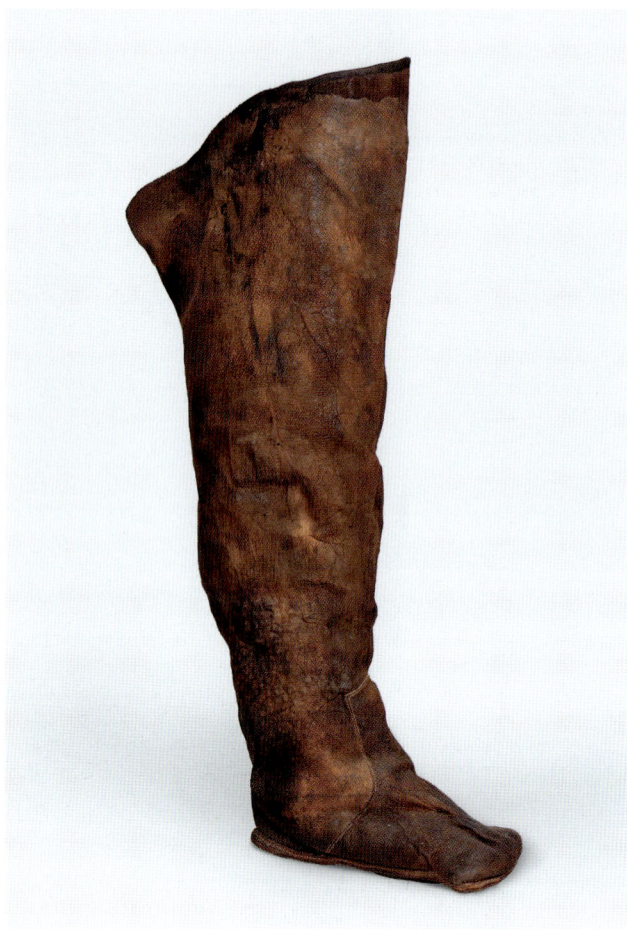

Abb. 8 | Stiefel des Kurfürsten Johann Friedrich I. von Sachsen, Leder, Deutschland, vor 1547, Stiftung Schloss Friedenstein Gotha, Inv.-Nr. Eth. 18 S

gleich sich unter Friedrich II. kurz die Möglichkeit bot, eine Führungsrolle innerhalb der Kirche einzunehmen, so sollte sich auch dieser Traum nicht erfüllen – um dann zum Ende des 18. Jahrhunderts, im Zeitalter der Aufklärung, bedeutungslos zu werden. Es blieb aber noch die Frage des Verhältnisses der beiden Familienzweige untereinander. Im 18. Jahrhundert passten sich die Ernestiner anscheinend je nach politischer Notwendigkeit den realen politischen Situationen an. Während der Glanzzeit Sachsens, also in der ersten Hälfte des 18. Jahrhunderts, scheint man die Nähe zum albertinischen Zweig durchaus gesucht zu haben. So verweist die Ahnengalerie im Tafelzimmer von Schloss Friedenstein auf die Gesamtfamilie der Wettiner.[29] Nach der für Sachsen so

katastrophalen Niederlage gegen Preußen während des Siebenjährigen Krieges (1756 bis 1763) distanzierte man sich offenbar von dem Familienzweig und wandte sich stärker dem Kaiserhaus auf der einen und dem hohenzollerischen Hof auf der anderen Seite zu, um hier im Ränkespiel der Großmächte dank einer neutralen Politik seine Unabhängigkeit zu wahren.

Kurzzeitig keimte bei den Ernestinern dann im frühen 19. Jahrhundert noch einmal die Hoffnung auf, das Ruder an sich reißen zu können: Durch das politisch unglückliche Verhalten der Albertiner während der Besatzungszeit durch Napoleon hoffte die Linie Sachsen-Weimar-Eisenach, bei der Neuordnung Europas auf dem Wiener Kongress einen Vorteil erlangen zu können, während sich das Haus Sachsen-Gotha-Altenburg, das lange Zeit ebenso auf der Seite Napoleons stand, eher zurückhaltend verhielt.[30] Herzog Karl-August beanspruchte beim Wiener Kongress das sächsische Kurland. Berechtigt schien er hierzu nicht nur aufgrund seines Verhaltens während der Napoleonischen Kriege, sondern vor allem auch wegen seiner guten Verbindungen zum preußischen König auf der einen und zum Zarenhaus auf der anderen Seite, hatte doch sein Sohn 1804 die Zarentochter geheiratet. Doch trotz der guten Verbindungen zu den Entscheidungsträgern kam es nicht zu einer Vereinigung Sachsens mit Sachsen-Weimar-Eisenach, wohl aber erhielt der kleine Thüringer Staat Gebietserweiterungen und vor allem die Würde eines Großherzogtums.[31]

Im 19. Jahrhundert waren dann weder der Kurfürstentitel noch die Aufgabe als Wahrer des protestantischen Glaubens oder aber die Vormachtstellung für die Wettiner noch erstrebenswert, brachte doch nichts davon einen realen Vorteil. Weimar stilisierte sich in diesem Jahrhundert – sehr bewusst – immer weiter zur Stadt Goethes und Schillers.[32] In Sachsen-Gotha verlief die Entwicklung anders: 1825 starb das Haus in männlicher Linie aus und daraus ging das neu begründete Doppelherzogtum Sachsen-Coburg und Gotha hervor. Durch die geschickte Heiratspolitik war man bald mit allen führenden Königshäusern Europas verwandt. Somit waren die ursprünglichen ernestinischen Ziele nur noch bedingt interessant, zumal das Herzogtum spätestens mit Herzog Alfred zunehmend von der englischen Politik geprägt war. Als Prinz Michael-Benedikt von Sachsen-Weimar-Eisenach aber am 29. März 2014 verkündete, er sei das neue Familienoberhaupt der Wettiner,[33] so mag dies dennoch familienintern als ein letzter Triumph der Ernestiner über die Albertiner nach den verhängnisvollen Ereignissen der Schlacht bei Mühlberg 1547 empfunden worden sein.

ANMERKUNGEN

1 Vgl. dazu Uwe Schirmer, Kursächsische Staatsfinanzen (1456–1656). Strukturen – Verfassung – Funktioneliten (Quellen und Forschungen zur sächsischen Geschichte 28), Stuttgart 2006. **| 2** Vgl. Martin Warnke, Vom Reliquiar zur Kunstkammer. Die Reliquiensammlung Friedrichs des Weisen, in: Nationalschätze aus Deutschland. Von Luther zum Bauhaus, München 2005, S. 46–51. Zur Frömmigkeit Friedrichs des Weisen vgl. auch Gerhard Weilandt, Der Fürst beim Gebet. Das erste Porträt Friedrichs des Weisen von Lucas Cranach im sakralen und politischen Kontext, in: Andreas Tacke (Hrsg.), Lucas Cranach 1553/2003. Wittenberger Tagungsbeiträge anlässlich des 450. Todesjahres Lucas Cranachs des Älteren, Leipzig 2007, S. 43–74. **| 3** Zu Friedrich dem Weisen allgemein vgl. Ingetraut Ludolphy, Friedrich der Weise Kurfürst von Sachsen 1463–1525, Göttingen 1984; ebenso Klaus Kühnel, Friedrich der Weise, Kurfürst von Sachsen. Eine Biografie, Wittenberg 2004. Zur Hofhaltung vgl. Uwe Schirmer, Residenzen und Hofhaltung der ernestinischen Kurfürsten (1525–1547), in: Sächsische Heimatblätter. Zeitschrift für sächsische Geschichte, Denkmalpflege, Natur und Umwelt 55 (2009), S. 312–323; Dirk Syndram/Yvonne Fritz/Doreen Zerbe (Hrsg.), Kurfürst Friedrich der Weise von Sachsen (1463–1525). Beiträge zur wissenschaftlichen Tagung vom 4. bis 6. Juli 2014 auf Schloss Hartenfels in Torgau im Auftrag der Staatlichen Kunstsammlungen Dresden, Dresden 2014. **| 4** Zu den Universitätsgründungen vgl. Thomas Töpfer, Landesherrschaft – fürstliche Autorität – kooperative Universitätsautonomie. Die Anfänge der Universität Wittenberg 1502–1525, in: Universitäten und Wissenschaften im mitteldeutschen Raum in der Frühen Neuzeit. Ehrenkolloquium zum 80. Geburtstag von Günter Mühlpfordt, hrsg. von Karlheinz Blaschke und Detlef Döring, Leipzig 2004, S. 27–54; Sabine Wefers, Wenn zwei das Gleiche tun… Die Universitätsgründungen der Kurfürsten Friedrich III. und Johann Friedrich I. von Sachsen, in: Georg Rörer (1492–1557). Der Chronist der Wittenberger Reformation (Leucorea-Studien zur Geschichte der Reformation und der Lutherischen Orthodoxie 15), hrsg. von Stefan Michel und Christian Speer, Leipzig 2012, S. 61–73. Zur Kulturpolitik vgl. Bernd Stephan, Kulturpolitische Maßnahmen des Kurfürsten Friedrich III., des Weisen, von Sachsen, in: Luther-Jahrbuch 49 (1982), S. 50–95. **| 5** Aus der Fülle der Cranach-Literatur sei an dieser Stelle nur hingewiesen auf: Heinrich Kühne/Jutta Strehle, Lucas Cranach der Ältere in Wittenberg, Wittenberg 1993; Edgar Bierende, Lucas Cranach d. Ä. und der deutsche Humanismus. Tafelmalerei im Kontext von Rhetorik, Chroniken und Fürstenspiegeln, München 2002; Heinz Spielmann (Hrsg.), Lucas Cranach. Glaube, Mythologie und Moderne, Ostfildern 2003; Peter Moser, Lucas Cranach – Sein Leben, seine Welt und seine Bilder, Bamberg 2004; Bodo Brinkmann (Hrsg.), Lucas Cranach, Ostfildern 2007; Klaus Loscher, Der »katholische« und »reformatorische« Cranach. »Diener zweier Herren« und Glaubenszeuge der Reformation kann Gewinn für heutige Ökumene werden, in: Heimatkundliches Jahrbuch des Landkreises Kronach, Bd. 25 (2012), S. 54–65. **| 6** Zur Repräsentation in Medaillen und Münzen vgl. Sina Westphal, Fürstliche Politik und Selbstdarstellung im Spiegel der Münzen Friedrichs des Weisen, in: Oliver Auge/Ralf-Gunnar Werlich/Gabriel Zeilinger (Hrsg.), Fürsten an der Zeitenwende zwischen Gruppenbild und Individualität. Formen fürstlicher Selbstdarstellung und ihre Rezeption (1450–1550), Ostfildern 2009, S. 207–220. **| 7** Vgl. Harald Marx, Geschichte im Spiegel der Kunst. Ein Blick auf die 2. Sächsische Landesausstellung und darüber hinaus, in: Glaube & Macht. Sachsen im Europa der Reformationszeit. 2. Sächsische Landesausstellung Torgau, Schloss Hartenfels 2004, Dresden 2004, S. 21–35, hier S. 24/25 f. **| 8** Zum Verhältnis Luthers zu den drei ernestinischen Kurfürsten vgl. Günther Wartenberg, Luthers Beziehungen zu den sächsischen Fürsten, in: ders. (Hrsg.), Wittenberger Reformation und territoriale Politik. Ausgewählte Aufsätze, Leipzig 2003, S. 15–55. **| 9** Vgl. Syndram/Fritz/Zerbe, Kurfürst Friedrich der Weise (wie Anm. 3), S. 144. **| 10** Vgl. dazu Uwe Schirmer, Die ernestinischen Kurfürsten (1485–1547), in: Frank-Lothar Kroll (Hrsg.), Die Herrscher Sachsens, München 2004, S. 65–70; Gunda Wittiach, Art. »Johann I., der Beständige, Kurfürst von Sachsen«, in: Biographisch-Bibliographisches Kirchenlexikon 3 (1992), Sp. 174 f. Die anderen beiden Brüder, Adalbert und Ernst, waren in den Kirchendienst getreten und zum Zeitpunkt der Erbfolge bereits verstorben. **| 11** Vgl. dazu z. B. Gesetz und Gnade. Cranach, Luther und die Bilder. Katalog zur Ausstellung in Torgau und Eisenach 1994, Eisenach 1994. **| 12** Zu diesem Kurfürsten vgl. Joachim Bauer, Birgitt Hellmann (Hrsg.), Verlust und Gewinn. Johann Friedrich I., Kurfürst von Sachsen (Bausteine zur Jenaer Stadtgeschichte 9), Weimar, Jena 2003; Volker Leppin/Georg Schmidt/Sabine Wefers (Hrsg.), Johann Friedrich I. – der lutherische Kurfürst (Schriften des Vereins für Reformationsgeschichte 204), Gütersloh 2006. **| 13** Vgl. dazu Berthold Hinz, Die Bildnisse der drei letzten ernestinisch-sächsischen Kurfürsten. Entdeckung und Gebrauch des öffentlichen Portraits, in: Jens Flemming u. a. (Hrsg.), Lesarten der Geschichte. Ländliche Ordnungen und Geschlechterverhältnisse (Festschrift für Heide Wunder zum 65. Geburtstag), Kassel 2004; Kerstin Merkel, Bruderbilder – Herrscherbilder. Inszenierte Bruderliebe als Garant für politische Qualität in der Frühen Neuzeit, in: Andreas Tacke/Stefan Heinz (Hrsg.), Menschenbilder. Beiträge zur Altdeutschen Kunst, Petersberg 2001, S. 231–244. **| 14** Zu den Jagdbildern vgl. Heiko Laß, Die Selbstdarstellung des Erzjägermeisters im 16. Jahrhundert, in: Werner Paravicini/Jörg Wettlaufer (Hrsg.), Vorbild – Austausch – Konkurrenz. Höfe und Residenzen in der gegenseitigen Wahrnehmung (Residenzen-Forschung 23), Ostfildern 2013, S. 193–220; Stephan Selzer, Jagdszenen aus Sachsen. Die Jagd als höfisches Fest auf einem Tafelgemälde vom ernestinischen Hof (1540), in: Gerhard Fouquet/Harm von Seggern/Gabriel Zeilinger (Hrsg.), Höfische Feste im Spätmittelalter (Mitteilungen der Residenzen-Kommission der Akademie der Wissenschaften zu Göttingen, Sonderheft 6), Kiel 2003, S. 73–90. **| 15** Zur Schlacht bei Mühlberg und ihren Folgen vgl. Wieland Held, 1547 – Die Schlacht bei Mühlberg/Elbe. Entscheidung auf dem Wege zum albertinischen Kurfürstentum Sachsen, Beucha 1997. **| 16** Zum Leben Johann Friedrichs vgl. Thomas Klein, Art. »Johann Friedrich (I.) der Großmütige«, in: NDB 10 (1974), S. 524 f.; Leppin/Schmidt/Wefers, Johann Friedrich I. (wie Anm. 12). **| 17** Vgl. dazu Wolfgang Flügel, Bildpropaganda zum Übergang der sächsischen Kurwürde von den Ernestinern auf die Albertiner, in: Neues Archiv für sächsische Geschichte 67 (1996), S. 71–96. **| 18** Zu den beiden Bildnissen vgl. Glaube & Macht (wie Anm. 7), S. 208. **| 19** Vgl. Kunst der Reformationszeit. Ausstellung der Staatlichen Museen zu Berlin im Alten Museum 1983, Berlin 1983, S. 396, F 28. **| 20** Vgl. dazu Cranach, Gemälde aus Dresden. Ausstellung der Kunstsammlungen Chemnitz, Köln 2005, S. 506–509. **| 21** Inventar 1659, Thüringisches Staatsarchiv Gotha, Geheimes Archiv YY.VIIIa Nr. 2/11: Inventar über die Friedensteinische Kunstkammer, erhoben am 21. 2. 1659, fol. 2, Nr. 22. **| 22** Inventar 1721, Schlossmuseum Gotha, Archiv: Inventar über die Friedensteinische Kunstkammer, erhoben 1721, fol. 159, Nr. 31. **| 23** Vgl. Gotteswort und Menschenbild. Werke von Cranach und seinen Zeitgenossen. Katalog zur Ausstellung auf Schloss Friedenstein 1994, Gotha 1994, S. 56 f.; Ernst der Fromme (1601–1675). Bauherr und Sammler. Katalog zur Ausstellung auf Schloss Friedenstein 2001, Gotha 2001, S. 76 f. **| 24** Vgl. Inventar 1714–1720: Thüringisches Staatsarchiv Gotha, Kammer Gotha, Stadt Gotha Nr. 471: Inventare über die in den Gemächern des Schlosses Friedenstein befindlichen Möbel, erhoben 1714–1720, fol. 84 a: »Churfürst Johann Friedrich zu Sachsen Bildniß in Lebens-Größe, in schwartz angestrichenen Rahmen mit verguldeten Leisten«; vgl. dazu auch Martin Eberle (Hrsg.), Fürstliches Wohnen. Kommentiertes Inventar der Staatsräume im Nordflügel von Schloss Friedenstein Gotha von 1714–1720, Gotha 2014, S. 39 **| 25** Vgl. Martin Eberle, Die Kunstkammer auf Schloss Friedenstein Gotha, Gotha 2010, S. 92. **| 26** Vgl. Heiko Laß/Catrin Lorenz-Seidel/Bernd Schäfer, Schloss Friedenstein in Gotha mit Park, München, Berlin 2006, S. 39 f. **| 27** Vgl. August Beck, Art. »Friedrich II., Herzog von Sachsen-Gotha und Altenburg«, in: ADB 8 (1878), S. 3–5. **| 28** Vgl. Eberle, Fürstliches Wohnen (wie Anm. 24), S. 96 f. Zur allgemeinen Bedeutung von Silbermöbeln in dieser Zeit vgl. Lorenz Seelig, Augsburger Silbermöbel für Dresden, Wien und Berlin. Stilvarianten und Programme höfischer Raumausstattung, in: Münchner Jahrbuch der bildenden Kunst, Folge 3, Bd. 50 (1999), S. 171–216. **| 29** Vgl. Eberle, Fürstliches Wohnen (wie Anm. 24), S. 111–122; ebenso Edith Ulferts, Große Säle des Barocks. Die Residenzen in Thüringen, Petersberg 2000, S. 13–23. **| 30** Vgl. dazu »Über Napoleon …« Auf den Spuren des Kaisers der Franzosen in Gotha. Katalog zur Ausstellung auf Schloss Friedenstein 2006, Gotha 2006. **| 31** Vgl. Hans Tümmler, Art. »Karl August«, in: NDB 11 (1977), S. 262–264; Volker Ebersbach, Carl August von Sachsen-Weimar-Eisenach. Goethes Herzog und Freund, Köln, Weimar, Wien 1998. **| 32** Siehe dazu: Ereignis Weimar. Anna Amalia, Carl August und das Entstehen der Klassik 1757–1807. Katalog zur Ausstellung der Klassik-Stiftung Weimar 2007, Weimar 2007. **| 33** Vgl. Jürgen Helfricht, Art. »Ich bin der neue Chef der Wettiner«, Bild-Zeitung, Ausgabe vom 29. 3. 2014.

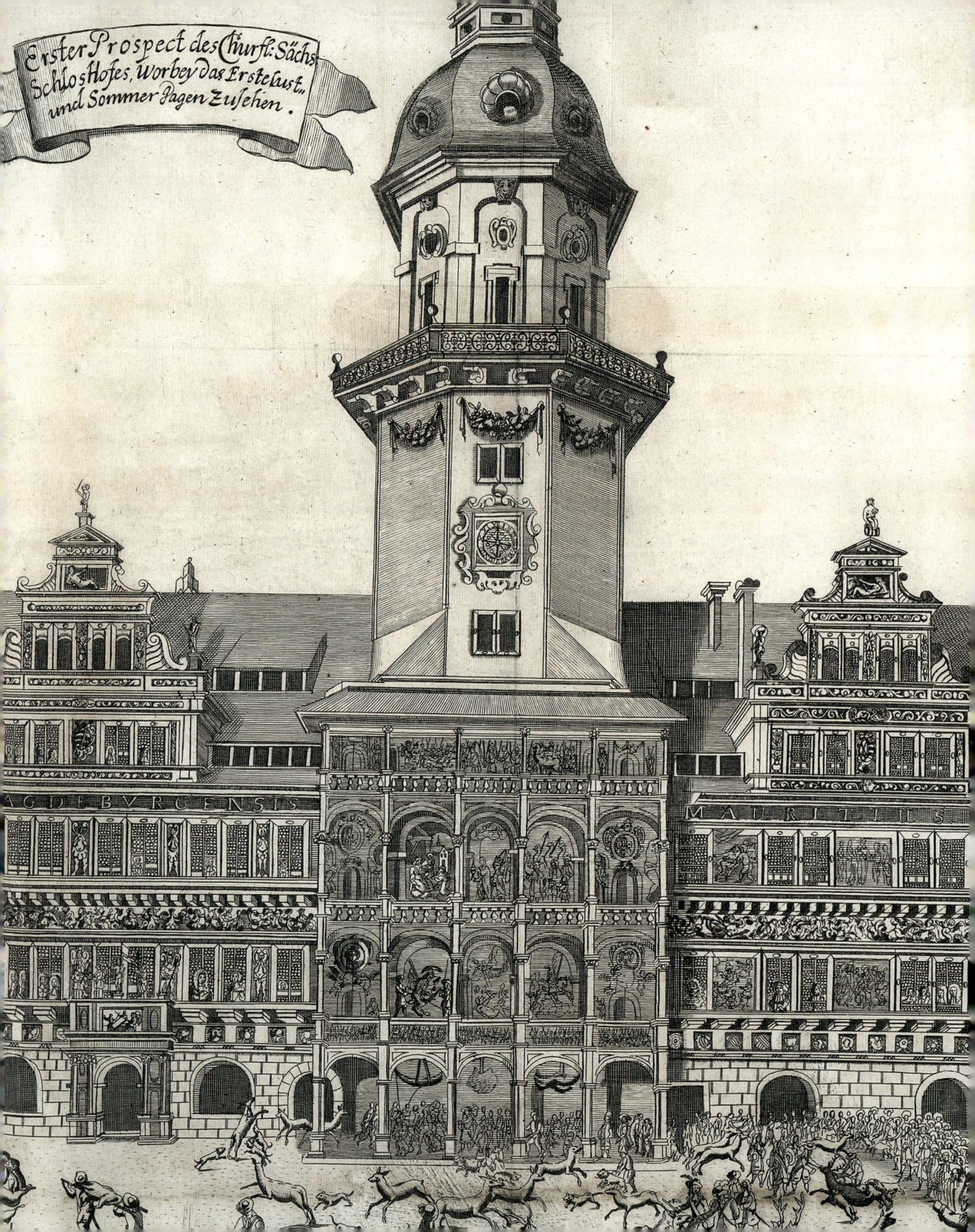

Erster Prospect des Churfl: Sächs
SchlosHofes, Worbey das Erstelust
und Sommer Pagen Zusehen.

AGDEBVRGENSIS

MAVRITIVS

MATTHIAS MÜLLER

DIE KONFESSIONALISIERUNG HÖFISCHER INNENRÄUME

BEOBACHTUNGEN ZUR BILDLICHEN RAUMAUSSTATTUNG IN DEN SCHLÖSSERN VON WITTENBERG UND TORGAU

Fragen wir danach, in welcher Weise die Person und Lehre Martin Luthers Auswirkungen auf das religiöse und politische Selbstverständnis der deutschen Landesfürsten hatten und sich hierdurch ein eigenständiges protestantisches Landesfürstentum herausbildete, werden die Schlossbauten zumeist nicht als Zeugnisse für weiterführende Erkenntnisse herangezogen. Anders als schriftliche Quellen, wie zum Beispiel fürstliche Korrespondenzen, höfische und kirchliche Ordnungen oder Flugschriften oder im höfischen Kontext entstandene und heute weitgehend musealisierte Bildwerke, erscheinen die fürstlichen Schlossbauten der Reformationszeit aufgrund ihrer weitgehend bilderlos, vornehmlich architektonisch-räumlich überlieferten Gestalt zunächst wenig geeignet, um an ihnen Spezifika einer »protestantischen« oder gar »lutherischen« Aussage festzumachen. Von wenigen Ausnahmen abgesehen, zu denen etwa Schloss Wilhelmsburg in Schmalkalden, die Stadtresidenz in Landshut oder Schloss Grünau bei Neuburg an der Donau mit ihrer wandfesten Bildausstattung gehören, präsentieren sich die reichsfürstlichen Residenz-, Jagd- und Lustschlösser des 16. Jahrhunderts als weitgehend leere Raumhüllen, deren Größe und architektonische Gestaltung durchaus noch zu beeindrucken vermögen, die aber von der einstigen Pracht höfischer Innenräume und ihrer bildlichen Ausstattung und Programmatik kaum noch eine Vorstellung vermitteln können. Dies gilt nicht nur für die Schlösser protestantischer Landesherren, sondern ebenso für diejenigen der katholischen Fürsten. Dabei deuten die wenigen Ausnahmen, bei denen sich zumindest noch Reste der wandfesten bildlichen Ausstattung erhalten haben, auf den einstigen Reichtum der in den Innenräumen früher vorhandenen Bildwerke und vor Augen gestellten Bildthemen hin, doch hat sich erst recht von der mobilen Bildausstattung in

Form von Tafel- und Leinwandbildern oder Tapisserien an Ort und Stelle wenig erhalten. Zerstörungen durch Brände oder Kriege, Nutzungsänderungen der Schlossgebäude, Änderungen des Geschmacks und der Moden und der im 18. Jahrhundert forcierte Aufbau von systematischen fürstlichen Gemäldesammlungen, wie zum Beispiel in Dresden, Düsseldorf und Kassel, sorgten entweder für komplette Verluste der Bildwerke oder aber für ihren Transfer in eigenständige Sammlungs- beziehungsweise Museumsgebäude, womit der ursprüngliche räumliche Kontext zerstört wurde.[1] Wenn die Schlösser deutscher Reichsfürsten des 16. Jahrhunderts das Interesse einer bildgeleiteten, ikonographischen Forschung fanden, dann in solchen Fällen, in denen die Fassaden der Schlösser mit Bildwerken oder gar ganzen Bildzyklen versehen worden waren, wie dies in prominenter Weise für Dresden (Abb. 1), Torgau, Berlin, Neuburg an der Donau und Heidelberg überliefert ist, wo entweder mithilfe von Skulptur oder aber aufwendiger Sgraffito-Malerei komplexe politisch-theologische Bildprogramme verwirklicht wurden.[2] Da die genannten Schlossbauten allesamt zudem im Auftrag von protestantischen Fürsten errichtet und ausgestattet wurden, gehören diese Schlösser gleichzeitig zu den wenigen Beispielen, die die Forschung auch für die Analyse eines protestantischen Aussagegehalts berücksichtigt hat. Doch diese Schlösser sind seltene Ausnahmen, was nicht nur den Überlieferungsbestand betrifft, sondern ganz grundsätzlich die Tatsache, dass deutsche Schlossbauten des 16. Jahrhunderts in der Regel nicht mit solch aufwendigen Bilder-

Abb. 1 | Dresden, Schloss: Ursprüngliches Freskenprogramm in der Loggia des Hausmannsturms, aus: Gabriel Tzschimmer, Die Durchlauchtigste Zusammenkunfft, Nürnberg: Hoffmann 1680, Ex. SLUB, Sign. 75.4.9473

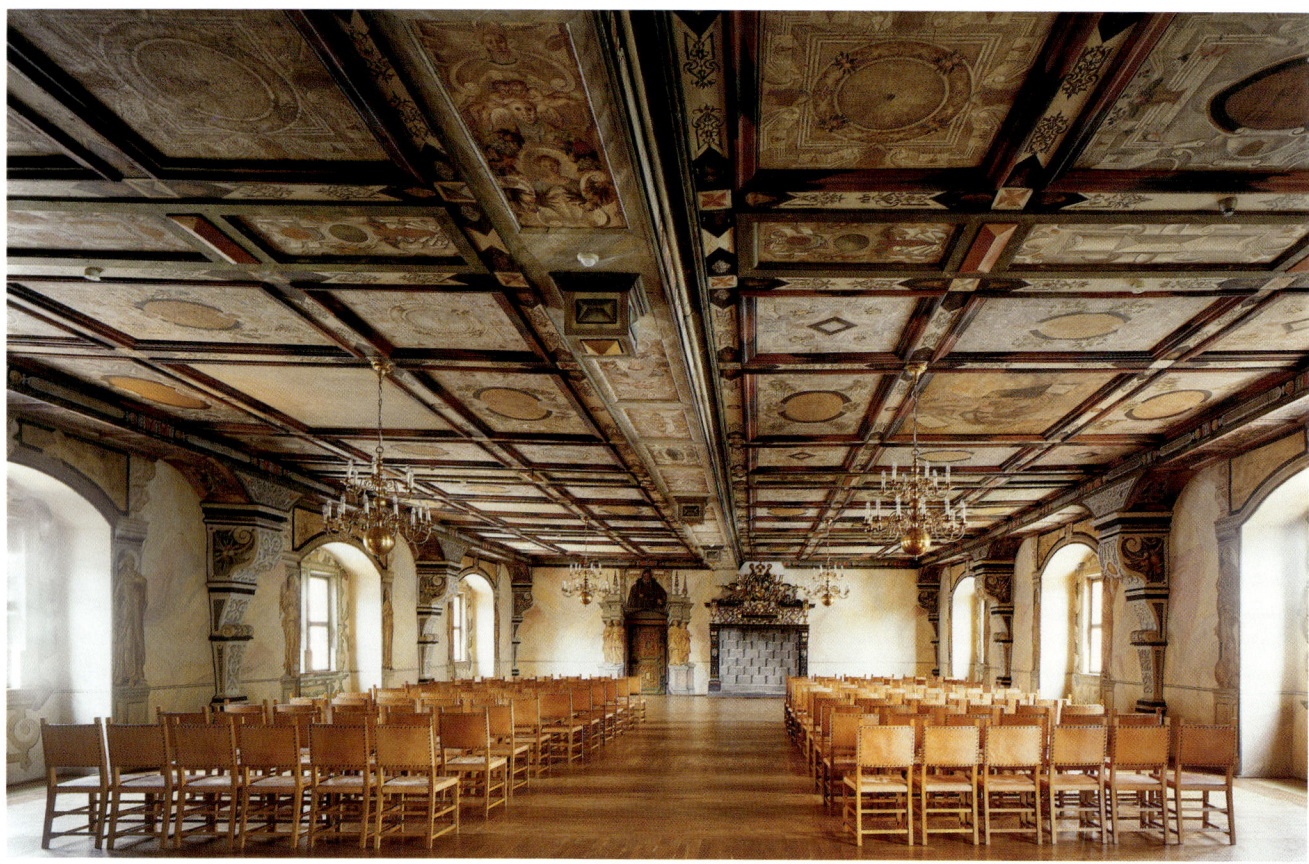

Abb. 2 | Schmalkalden, Schloss Wilhelmsburg:
Innenansicht des Festsaals (sogenannter Riesensaal)

fassaden versehen wurden, sondern sich – anders als in Italien und Frankreich – vielmehr durch ihre zurückhaltende bildliche Ausgestaltung im Außenbereich auszeichneten.

Wie wichtig darüber hinaus die heute weitgehend verlorene beziehungsweise aus ihrem Kontext gelöste wandfeste wie mobile Bildausstattung der Innenräume ist, vermag die in seltener Vielfalt erhaltene Ausmalung der Wohn-, Verwaltungs- und Festräume von Schloss Wilhelmsburg in Schmalkalden zu zeigen, die in ihrem Grundkonzept unter Landgraf Wilhelm IV. von Hessen ab 1585 entstand und besonders im Festsaal, dem sogenannten Riesensaal (Abb. 2), anhand eines gemalten Regentenspiegels das ethisch-konfessionelle Selbstverständnis eines protestantischen Fürsten veranschaulicht.[3] Wie aber soll sich die Forschung in den meisten Fällen, in denen sich vor Ort von der bildlichen Ausstattung nichts erhalten hat und nur noch leere Räume zu besichtigen

sind, einen Eindruck von den ehemals vorhandenen Bildwerken und ihren ikonographischen Qualitäten, ihrer möglicherweise vorhandenen protestantischen Programmatik und der Widerspiegelung einer lutherisch inspirierten Regentenethik verschaffen? Eine Möglichkeit, dieses Problem zu lösen und ein weiterführendes Instrumentarium für entsprechende Analysen zu entwickeln, bietet die Auswertung überlieferter Inventare, die beispielsweise anlässlich von fürstlichen Amtsantritten, Erbanfällen, Herrschaftsteilungen oder Besitzerwechseln erstellt wurden. Sofern es sich nicht um Privatbesitz des Fürsten und seiner Familie handelte, wurden von den Inventarisatoren in der Regel alle Gegenstände aufgenommen, die sich beim Rundgang durch das Schloss in den Räumen befanden. Dazu gehörten auch die Bildwerke, die fast immer mit ihrer Gattung (Portrait, Historien- oder Andachtsbild) und ihrer Materialität (Tafel-, Leinwand- oder Teppichbild), allerdings nicht immer in der wünschenswerten Detailliertheit mit ihren Bildinhalten erfasst wurden, sodass oftmals gerade die entscheidenden Angaben fehlen, die eine genaue Analyse der in den Schlossräumen vorhandenen Bildprogrammatik ermöglichten. Eine stichprobenhafte Überprüfung von Beständen sächsischer, thüringischer oder bayerischer Inventare des 16. und 17. Jahrhunderts zeigt aber, dass bereits die wenigen detaillierten Inventare eine solche Fülle an Informationen und Erkenntnissen bieten, dass sich nicht nur ihre systematische Auswertung lohnt, sondern sich auch wesentliche Aussagen über die einstige thematische und materielle Vielfalt und Systematik mobiler Bildausstattungen von Innenräumen deutscher Schlösser der beginnenden Frühen Neuzeit treffen lassen. Diese Informationen können zudem durch die Auswertung der an die beauftragten Künstler ausgestellten höfischen Amtsrechnungen ergänzt werden, die eine weitere wichtige Quelle darstellen.

FÜRSTENRUHM IM ZEICHEN DES HUMANISMUS: DAS WITTENBERGER SCHLOSS UND SEINE VOR-REFORMATORISCHE BILDAUSSTATTUNG

Für die Frage nach besonderen lutherisch-protestantischen Akzentsetzungen innerhalb einer solchen innenräumlichen Bildausstattung sind die kursächsischen Residenzschlösser wegen ihres konfessionellen und politischen Kontextes von besonderem Interesse. Deshalb ist es ein großer Glücksfall, dass für die Schlösser in Wittenberg und Torgau gleich mehrere Inventare aus dem 16. und 17. Jahrhundert erhalten geblieben sind, die als Grundlage für eine Rekonstruktion der Raumausstattung in der Reformationszeit dienen können. Für Wittenberg ergibt sich allerdings das Problem, dass vor allem die Inventare des 16. Jahrhunderts zu den Bildwerken nur spärliche Angaben machen und die detaillierteren Angaben der Inventare des 17. Jahrhunderts wegen der Nutzungsänderungen des Wittenberger Schlosses infolge der politischen Umwälzungen nach der Niederlage des Schmalkaldischen Bundes 1547 nur mit Vorbehalt zu verwenden sind. Auch wenn die Forschung diesen Mangel in jüngerer Zeit durch Hinzuziehung weiterer Quellen des 16. Jahrhunderts – darunter vor allem Amts- und Rechnungsbücher – ein wenig ausgleichen konnte,[4] bleiben für das Wittenberger Schloss (Abb. 3) doch erhebliche Lücken in der archivalischen Überlieferung der bildlichen Raumausstattung des

16. Jahrhunderts. Ein Grund hierfür könnte auch die nur temporäre Nutzung Wittenbergs als »Hoflager«, das heißt als Residenz sein, wodurch es nicht erforderlich war, das Schloss in allen Räumen mit einer permanent vorhandenen, festen Bildausstattung zu versehen. Vielmehr könnte es genügt haben, nur die wichtigsten Repräsentationsräume mit dauerhaft angebrachten Bildwerken auszustatten und in den anderen Räumen lediglich die immer wieder in den Inventaren und Rechnungsbüchern erwähnten Haken und Dübel zu montieren, an denen man während der fürstlichen Aufenthalte im Wittenberger Schloss temporär eine passende, mobile Bildausstattung befestigen konnte. Dieses Vorgehen ist für andere entsprechend genutzte Schlösser gut belegt und war zu Zeiten der sogenannten Reiseherrschaft, die im Reich bis zu Beginn des 16. Jahrhunderts das höfische Leben bestimmte, sogar die Norm.[5]

Angesichts der spärlichen Quellen greift die Forschung von alters her gern auf eine Beschreibung der Innenräume des Wittenberger Schlosses zurück, die 1508 der Wittenberger Universitätsgelehrte und spätere Stadtschreiber Andreas Meinhardi verfasst hat.[6] In dieser Beschreibung werden die Bildwerke der Schlossräume ausführlich erläutert, sodass man geradezu von einem quellenkundlichen Idealfall sprechen müsste, wäre die Beschreibung nicht Bestandteil eines panegyrischen, an potentielle Studierende gerichteten und in Form eines *Dialogus*, eines fiktiven Zwiegesprächs zwischen dem Autor und einem Studenten, publizierten Werbetextes.[7] Eines seiner Ziele sollte es ein, die Vorzüge der Universitätsstadt Wittenberg und ihre (baulichen) Sehenswürdigkeiten zu präsentieren, die damals aber noch längst nicht alle fertiggestellt waren. Dies gilt auch für das Wittenberger Schloss, dessen Unvollendetheit – in der Architektur wie in der Ausstattung – im Zwiegespräch zwischen Meinhardi und dem Studenten namens Reinhard explizit angesprochen wird:

»Reinhard: Die Burg ist aber, wenn ich nicht irre, noch nicht ganz fertig. – Meinhardi: Den zwei vorhandenen Türmen gegenüber sollen noch zwei erbaut werden, so daß ein Viereck entsteht mit zwei längeren Seiten. – Reinhard: Es ist ein wahrhaft königlicher Hof und durchaus vergleichbar mit allem, was ich kenne. – Meinhardi: Von der Ausstattung hast Du fast nichts gesehen. Jetzt erst werden die Gebäude ausgeschmückt, besonders mit Gemälden historischen und mythologischen Inhaltes, sobald nämlich aus Italien wie aus anderen Teilen der Welt die berühmtesten Künstler herkommen [...] Wer kann in einem Augenblick alles erneuern und vollenden?«[8]

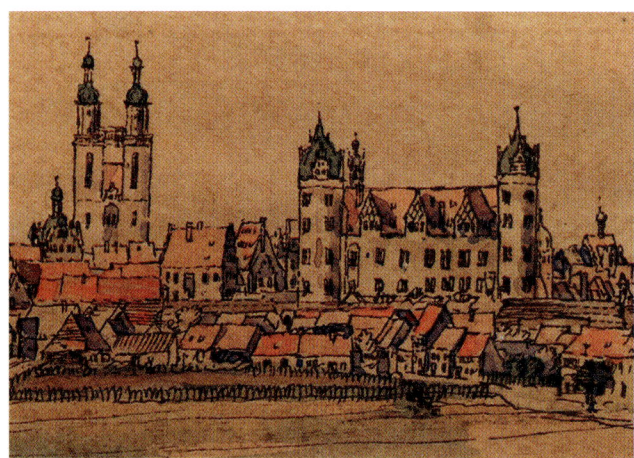

Abb. 3 | Wittenberg, Schloss: Ausschnitt aus der Ansicht Wittenbergs
von Wilhelm Dilich, 1626 – 29, Feder auf Papier, farbig koloriert,
Ratsarchiv Wittenberg, Sign. V/K/2/550

Die Aussagen Andreas Meinhardis besitzen somit einen hohen Grad an Fiktionalität, und es ist wegen des panegyrischen Charakters noch nicht einmal wahrscheinlich, dass die Beschreibung auf ein konkretes Konzept einer geplanten Bildausstattung rekurriert. Dennoch ist sie deshalb keineswegs unbrauchbar für die Analyse bildlicher Ausstattungsprogramme von deutschen Residenzschlössern der beginnenden Frühen Neuzeit und auch nicht für das genauere Verständnis der Funktionalität und Systematik der Bildausstattung des Wittenberger Schlosses. Denn zum einen kann sehr vereinzelt und punktuell eine Übereinstimmung mit dem tatsächlich realisierten Ausstattungsprogramm konstatiert werden – so vor allem bei der sogenannten Stammstube mit ihrem ausgefeilten genealogischen Bildzyklus –, und zum anderen folgt Meinhardis Beschreibung einem humanistischen rhetorischen Konzept, das mit Blick auf die Rahmenbedingungen fürstlicher Repräsentation immer noch so nahe an der Realität bleibt, dass es von den Lesern als glaubwürdig empfunden werden kann. Mit Blick auf die Beschreibung der Schlossinnenräume kann daher angenommen werden, dass es die vorgestellte Bildausstattung und -programmatik in ihrer Grundstruktur in einem fürstlichen Residenzschloss des frühen 16. Jahrhunderts prinzipiell durchaus gegeben haben könnte, worauf ja auch die bereits erwähnte Übereinstimmung bei der sogenannten Stammstube und die Behandlung von tatsächlich vorhandenen Raumfolgen und Raumfunktionen hindeutet.

Selbst wenn Andreas Meinhardis Dialogus neun Jahre vor Ausbruch der Reformation erschien und wir ihn daher nicht für die Fragestellung einer besonderen reformatorischen Bildausstattung des Wittenberger Schlosses zurate ziehen können, so sind seine Aussagen für das Thema dennoch von großem Nutzen. Denn in der Beschreibung der bildlichen Ausstattung wird ein humanistisch inspiriertes Programm fassbar, das in seinen thematischen Grundzügen die vorreformatorischen Gestaltungskonzepte fürstlicher Residenzschlösser im Reich und ihre inhaltliche Schwerpunktsetzung widerspiegelt und es dadurch ermöglicht, im Vergleich mit anderen, späteren Schlossausstattungen die inhaltlichen Veränderungen von unter protestantischen Vorzeichen entwickelten Konzeptionen herauszuarbeiten. So lagen die Schwerpunkte der von Meinhardi beschriebenen vorreformatorischen Ausstattung vor allem in den Bereichen Dynastie, Genealogie, Herrschaftsgeschichte und Mythologie. Wer den Erläuterungen in Meinhardis fiktivem Zwiegespräch mit einem wissbegierigen Studenten folgt, wird anhand der vorgestellten Bilder immer wieder auf das Alter und den Glanz der wettinischen Dynastie, ihre weit zurückreichende, im Reich vielfach mit anderen Fürstenhäusern vernetzte Genealogie und ihre ruhmreiche, von herausragenden Fürstenpersönlichkeiten getragene Herrschaftsgeschichte hingewiesen, auf deren Grundlage sich der Aufstieg Kursachsens zu einer der mächtigsten Territorialherrschaften des Reiches und die Etablierung Wittenbergs als kulturelles und wissenschaftliches Zentrum erst vollziehen konnten.

Diese thematische Fokussierung wird besonders anhand der Beschreibung der sogenannten Stammstube (»Herzogsstube« auf Abb. 4) deutlich, eines repräsentativen Wohnraumes im ersten Obergeschoss des Südturms, der zum Appartement von Kurfürst Friedrich dem Weisen gehörte. Namengebendes Kennzeichen war die Ausschmückung sowohl mit 13 großen Wappenschilden an der geschnitzten Raumdecke als auch mit 24 an den Wänden mit Eisenhaken befestigten Tafeln mit den Bildnissen aller bedeutenden sächsischen Herzöge und Kurfürsten seit 866 sowie weiterer bedeutender Kurfürsten des Reiches. Wie die erhaltenen Amtsrechnungen belegen, ist diese Ausstattung mit Wappen und Portraits, die neben dem dynastisch-genealogischen vor allem auch das Moment der kurfürstlichen Amtssukzession von den Liudolfingern über die Askanier bis hin zu den Wettinern sowie deren Einbindung in den erlauchten Kreis der Kurfürsten des Reiches hervorhebt, keine literarische Fiktion Andreas Meinhardis, sondern bereits seit 1503/04 zumindest in der räumlichen Anlage

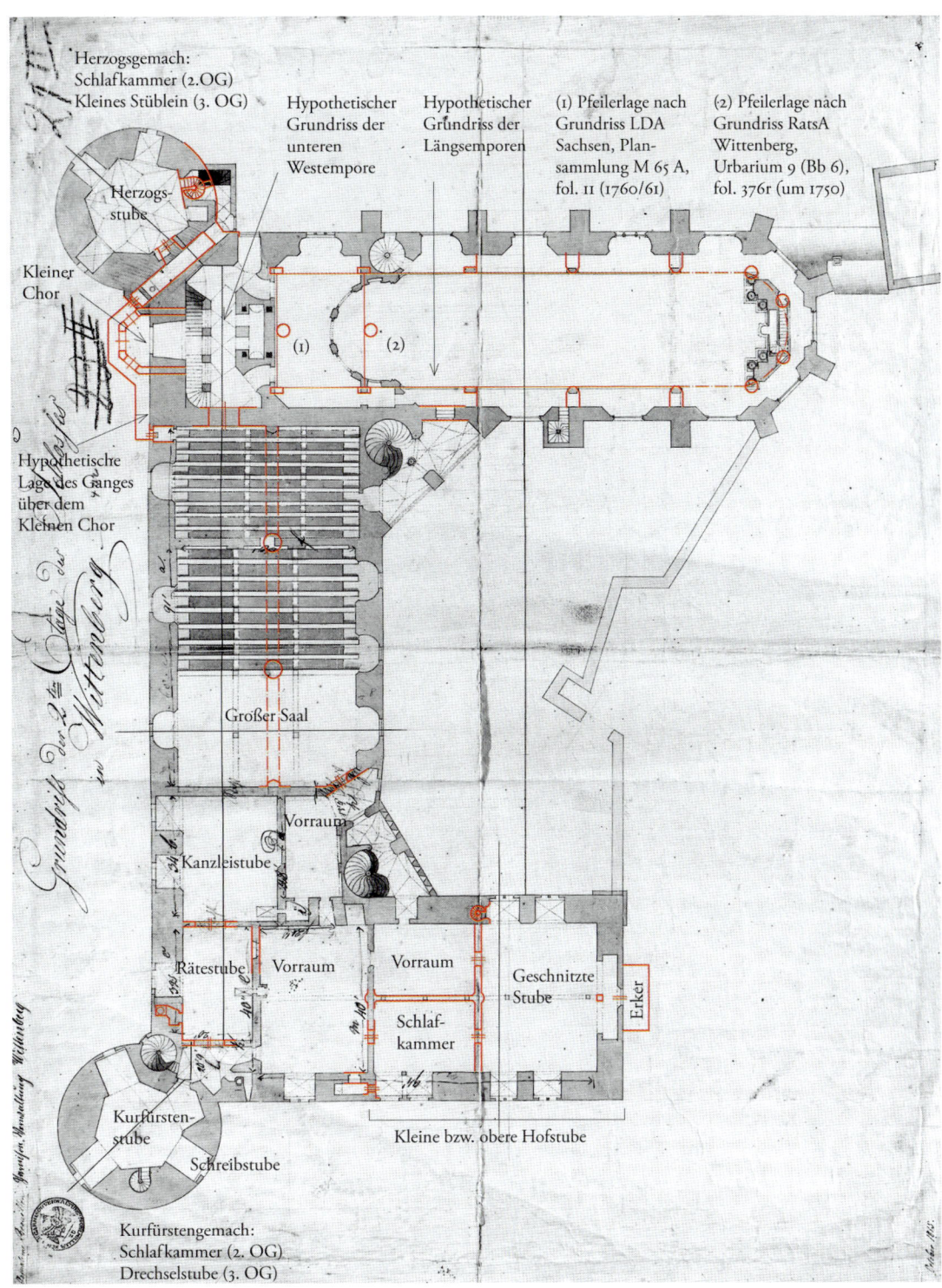

Herzogsgemach:
Schlafkammer (2.OG)
Kleines Stüblein (3. OG)

Herzogs-
stube

Kleiner
Chor

Hypothetische
Lage des Ganges
über dem
Kleinen Chor

Hypothetischer
Grundriss der
unteren
Westempore

Hypothetischer
Grundriss der
Längsemporen

(1) Pfeilerlage nach
Grundriss LDA
Sachsen, Plan-
sammlung M 65 A,
fol. 11 (1760/61)

(2) Pfeilerlage nach
Grundriss RatsA
Wittenberg,
Urbarium 9 (Bb 6),
fol. 376r (um 1750)

(1)   (2)

Großer Saal

Vorraum

Kanzleistube

Rätestube   Vorraum   Vorraum

Schlaf-
kammer

Geschnitzte
Stube

Erker

Kurfürsten-
stube

Schreibstube

Kleine bzw. obere Hofstube

Kurfürstengemach:
Schlafkammer (2. OG)
Drechselstube (3. OG)

Abb. 4 | Wittenberg, Schloss: Grundriss des ersten Obergeschosses (Bestand von 1815) mit Einzeichnung der Raumfunktionen
des 16. Jahrhunderts nach Stephan Hoppe und Anke Neugebauer (Einzeichnungen von A. Neugebauer / A. Brauchle 2002)

und Konzeption bauliche Realität.[9] Im Gespräch weist Meinhardi den Studenten Reinhard neben der kostbaren Holzvertäfelung ausdrücklich auf die Herrscherbildnisse hin, woraufhin ihn der Student darum bittet, ihm die Namen und historische Bedeutung der Dargestellten zu erklären.

»Reinhard: Dies ist wirklich ein großer, königlicher Raum. Wem ist er zu eigen? – Meinhardi: Dem berühmten Fürsten und Herren, Herrn Friedrich, Herzog von Sachsen etc. – Reinhard: Ist der Raum mit Zypressenholz getäfelt? – Meinhardi: Da bin ich nicht sicher, aber jedenfalls ist es ein nicht weniger wertvolles Holz. – Reinhard: Erläutere mir bitte die Bilder und ihre Unterschriften. – Meinhardi: Es sind Porträts der sächsischen Herzöge und Erinnerungen an die Kurfürsten des heiligen Reichs. Wer jeder einzelne war und was für berühmte Taten er vollbracht hat, ist mit kurzen, deutschen Reimen daruntergeschrieben.«[10]

Anschließend nennt Meinhardi sämtliche Fürsten und ihre Bedeutung, bei den sächsischen Fürsten angefangen bei Herzog Liudolf aus dem 9. Jahrhundert bis zu Kurfürst Friedrich III., genannt der Weise, dem Erbauer des Wittenberger Schlosses und Auftraggeber des Portraitzyklus. Bemerkenswert ist der Hinweis auf »kurze, deutsche Reime«, die unterhalb der Bildnisse angebracht waren und dem Betrachter die Möglichkeit boten, auch ohne kundige Erläuterung die Bedeutung der abgebildeten Herrscher nachzuvollziehen. Eine solche Kombination von Bild und Text scheint bei Schlossausstattungen im Reich zu dieser Zeit keineswegs außergewöhnlich gewesen zu sein, wie das nahezu zeitgleiche weitere Beispiel des hessischen Landgrafenschlosses Marburg belegt. Dort errichtete Landgraf Wilhelm III. von 1493 bis 1497 einen neuen Schlossflügel, den sogenannten Wilhelmsbau, dessen im zweiten Obergeschoss gelegener Festsaal im Inneren ebenfalls mit genealogischen Herrscherbildnissen und darunter angebrachten Ruhmestexten ausgestattet wurde. Nach den 1649 erfolgten Aufzeichnungen des Historiographen Johann Justus Winkelmann zeigten die alten Malereien Darstellungen wichtiger Vorfahren aus der Gründungszeit der hessischen Dynastie und ihrer thüringischen Vorgänger. Dank Winkelmann sind wir sogar über den Wortlaut der Textverse unterrichtet, die den spätmittelalterlichen Ahnenbildnissen beigegeben waren und besonders die königliche Abkunft des Hauses Hessen betonten.[11]

Die geschichtsträchtige Verherrlichung der dynastischen und amtsbezogenen Vorfahren fand im Wittenberger Schloss ihre Ergänzung durch Heldengeschichten aus der antiken Mythologie, zu denen nach den Beschreibungen Andreas Meinhardis in besonderer Weise die Taten des Herkules zählten. Angeblich befand sich in der sogenannten Geschnitzten Stube (vgl. Abb. 4), die sich als fürstliche Tafelstube, das heißt als separates Speisezimmer im ersten Obergeschoss des Südflügels rekonstruieren lässt,[12] gleich ein ganzer Herkuleszyklus auf nicht weniger als 25 Gemälden, denen noch drei weitere Gemälde mit den Darstellungen römischer Helden zugeordnet waren.[13] Inwiefern diese Angaben den tatsächlichen Zustand beziehungsweise – angesichts des damals noch unvollendeten Bauabschnitts – ein zu realisierendes Ausstattungskonzept beschreiben oder doch eher als Konstrukt einer humanistischen Idee zu werten sind, lässt sich nur schwer einschätzen, da aussagekräftige Vergleichsquellen fehlen. So hat bereits 1929 Carl Georg Brandis darauf hingewiesen, dass Meinhardis Schilderung des Herkuleszyklus im Prinzip einer literarischen Figur aus Boccaccios *Dialogi deorum* folgt,[14] was allerdings noch nicht ausschließt, dass genau eine solche literarische Vorlage des italienischen Renaissancehumanismus auch in eine bildliche Form übersetzt werden konnte. In Italien waren solche antiken Heldengeschichten seit dem 15. Jahrhundert fester Bestandteil der politischen Ikonographie sowohl der Stadtrepubliken als auch der Fürstentümer und wurden zu Beginn der Frühen Neuzeit auch nördlich der Alpen in der fürstlichen Erziehungsliteratur, den sogenannten Regentenspiegeln, als »exempla virtutis«, als historische Vorbilder für ein von humanistischen Tugendidealen bestimmtes fürstliches Regiment populär. Dass Meinhardi keineswegs nur phantasiert hat, wenn er für die fürstliche Tafelstube als Thema der Bildausstattung die antike Mythologie beziehungsweise antike Heldenepen in Anspruch nimmt, belegt zudem der Hinweis von Hans III. Herzheimer, dass die Tafelstube »mit schönen historien und figuren« ausgestattet gewesen sei.[15] Der bayerische Adelige Herzheimer hatte Wittenberg und sein Schloss 1519 während einer Reise durch Sachsen besucht und seine Reiseeindrücke in einem Bericht festgehalten.[16]

Die Inanspruchnahme einer von historisch-mythologischen sowie allegorischen Themen bestimmten Bildausstattung für moralisch-didaktische Zwecke war nach den Worten Andreas Meinhardis im Wittenberger Schloss auch für den Bereich der Frauengemächer, der sogenannten Frauenzimmer, charakteristisch, wo eine Vielzahl von Bildern mit exempla virtutis für ein tugendhaftes Verhalten in der (ehelichen) Liebe und Treue gehangen hätten. Selbst wenn sich auch hierzu in den Inventar- und Rechnungsbüchern keine näheren Angaben finden und es sich möglicherweise wiederum um eine literarische Fiktion Meinhar-

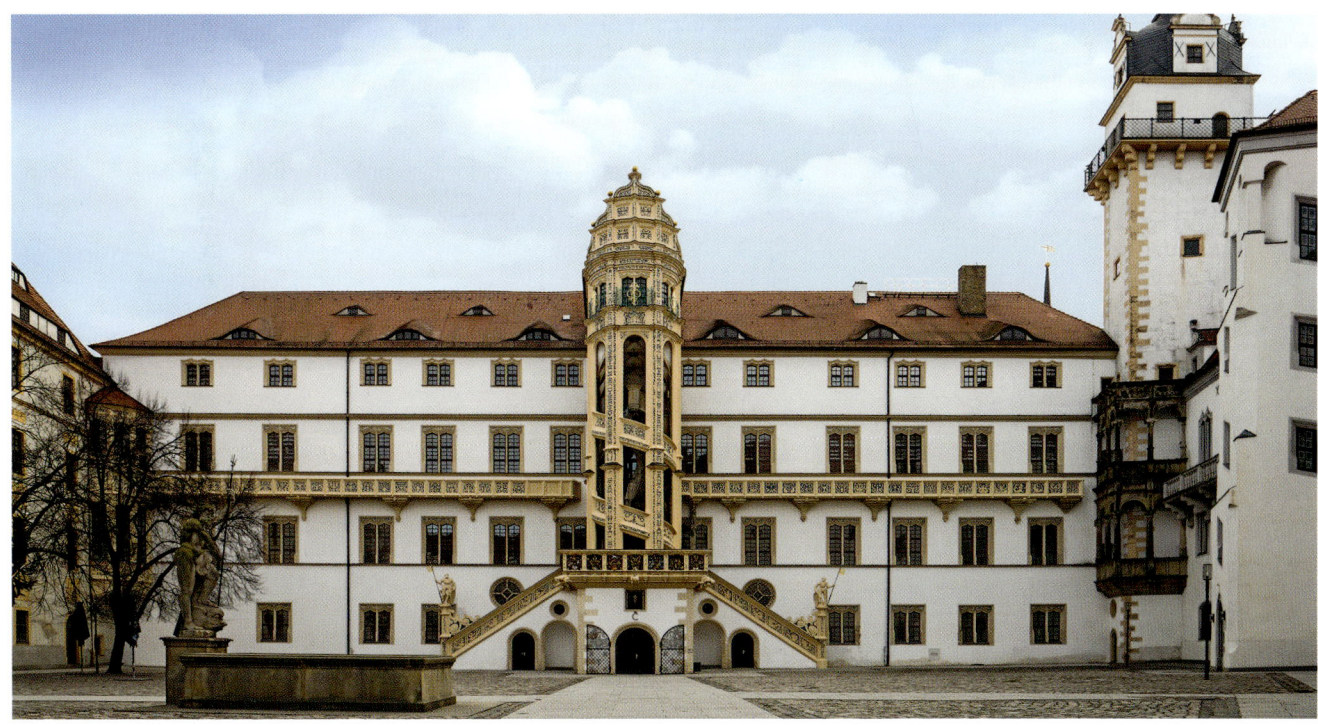

Abb. 5 | Torgau, Schloss: Ansicht der Innenhoffassaden (in der Mitte der Neue Saalbau, links der Kapellenflügel, rechts der Alte Saalflügel)

dis handelt, so zeigen die quellenkundlich nachweisbaren Ausstattungen von Frauenzimmern anderer Schlösser, so auch des im Folgenden vorgestellten Schlosses Torgau, wie sehr Meinhardis Beschreibung auch in diesem Fall die Realität höfischer Bildausstattungen reflektiert.[17]

FÜRSTENRUHM IM ZEICHEN DER LEHRE MARTIN LUTHERS: SCHLOSS TORGAU UND SEINE PROTESTANTISCHE BILDAUSSTATTUNG

Während die Bildausstattung und das Bildprogramm des Wittenberger Residenzschlosses unter Kurfürst Friedrich dem Weisen im Wesentlichen noch in der Zeit vor der Reformation konzipiert und realisiert wurden und konfessionspolitische Aspekte daher noch keine Bedeutung besaßen, ließ Kurfürst Johann Friedrich I. ab 1532 das von ihm zur Hauptresidenz gewählte Schloss Torgau (Abb. 5) inmitten der Reformationskonflikte erweitern und mit

einer aufwendigen Bildausstattung versehen. Damit stellt sich die Frage, was sich ändert, wenn wir die für das Wittenberger Schloss rekonstruierbare vorreformatorische höfische Bildausstattung mit derjenigen eines protestantischen Residenzschlosses vergleichen. Für einen solchen Vergleich bietet sich das Torgauer Schloss nicht nur wegen seines konfessionsgeschichtlichen Kontextes an, sondern auch wegen der hervorragenden quellenkundlichen Überlieferung seiner räumlichen Ausstattung. Besonderes Interesse verdient dabei ein erst vor wenigen Jahren wiederentdecktes und transkribiertes Inventar des Torgauer Schlosses, das 1546, während der kurzzeitigen Besetzung Torgaus durch Herzog Moritz von Sachsen (dem Vetter Johann Friedrichs I.), als Bestandsaufnahme vor allem der zahlreich vorhandenen Bildwerke angefertigt worden war.[18] Entsprechend sorgfältig werden in diesem Inventar nicht nur die Materialität, sondern auch zahlreiche Bildthemen und die vielfache Urheberschaft Lucas Cranachs des Älteren und seiner Werkstatt verzeichnet.[19] Dank seiner Entstehung im Jahr 1546 vermittelt dieses von Barbara Marx und Johannes Vötsch der Forschung erstmals ins Bewusstsein gerückte Inventar einen

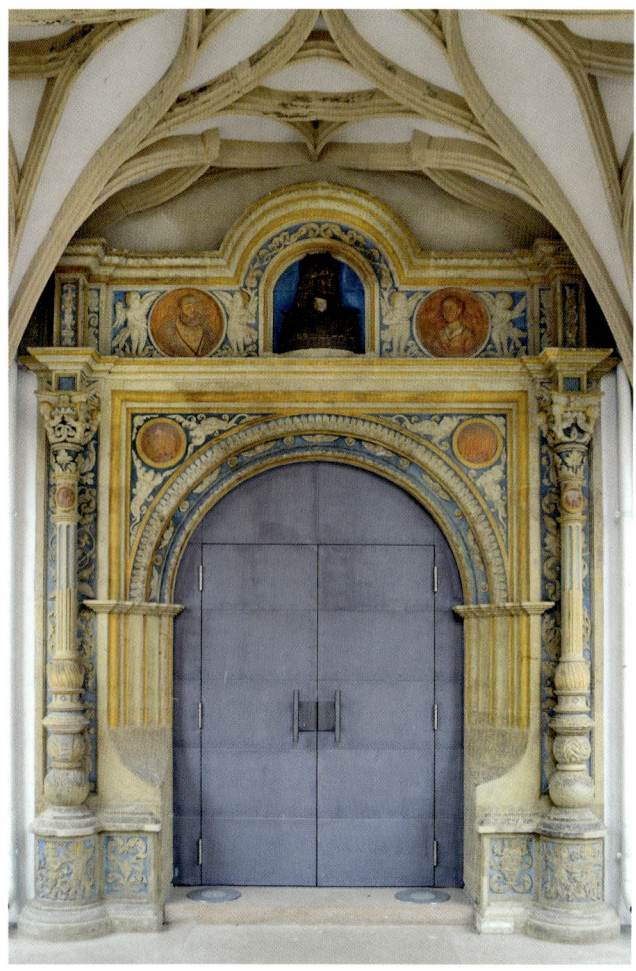

Abb. 6 | Torgau, Schloss: Hauptportal zum ehemaligen Festsaal des Neuen Saalbaus

allem von 1548 und 1610 –, die vielfache und sehr detaillierte Angaben zur ursprünglichen Ausstattung der unter Johann Friedrich I. betriebenen Erweiterungs- und Umbaumaßnahmen von Schloss Torgau enthalten.[20]

Doch bevor wir die Bildausstattung seiner Innenräume anhand der überlieferten Schriftquellen exemplarisch rekonstruieren und mit Blick auf unsere Fragestellung analysieren, müssen wir zunächst einen Blick auf die bildliche Ausstattung der Hoffassaden (vgl. Abb. 5) von Schloss Torgau werfen. Denn anders als in Wittenberg, wo die Schlossfassaden bis auf heraldischen Schmuck keine bildliche Ausstattung erhielten, waren die Fassaden des Torgauer Schlosses zum Innenhof genauso wie zur Landseite mit aufwendigen Bildreliefs geschmückt, die an genau definierten Stellen angebracht waren: so zur Landseite an den beiden elbseitigen Erkern des Neuen Saalbaus und zum Innenhof hin am Podest und an den Arkaden des Treppenturms (des sogenannten Großen Wendelsteins), am Eingangsportal zum Festsaal, an der Loggia am Hausmannsturm im Eckbereich von Neuem Saalbau und Altem Saalbau, an der Loggia im Eckbereich von Neuem Saalbau und Kapellenflügel, am sogenannten Schönen Erker der kurfürstlichen Appartements im sogenannten Kapellenflügel und über dem Portal der Schlosskapelle.[21] Vor allem im Innenhof wurde den Bewohnern und Besuchern des Schlosses auf diese Weise bereits vor dem Betreten der Innenräume eine Botschaft vermittelt, die neben herrschaftlich-dynastischen nun auch dezidiert religionspolitische, konfessionelle Inhalte umfasste. Während der herrschaftlich-dynastische Aspekt in konventioneller und hier mit der Wittenberger Situation prinzipiell vergleichbarer Weise durch die Anbringung von einzelnen oder zu ganzen Reihen erweiterten Wappen veranschaulicht wurde,[22] entwickelten die verantwortlichen Bildkonzepteure für die zu vermittelnden konfessionspolitischen Aspekte neue Konzepte und bildliche Arrangements, die sich teilweise auch der Vorlagen anderer Medien, so der Malerei, Druckgraphik oder der Bildnismedaille bedienten.

Dieser Vorgang einer Besetzung wichtiger Orte im Außenbereich des Residenzschlosses mit konzeptionell neuartigen Bildprogrammen, mit deren Hilfe die politisch-religiöse Rückbindung der fürstlichen Landesherrschaft an die Lehre Martin Luthers demonstriert werden sollte, lässt sich in Torgau besonders eindrücklich am 1533 entstandenen Hauptportal des Großen Saalbaus beobachten (Abb. 6). Wenn die Gäste höfischer Festlichkeiten beim Betreten des Festsaals dieses Portal durchschritten, dann erblickten sie als Erstes auf den Außenseiten des Portalgewändes und nahezu

authentischen Eindruck von der bildlichen Ausgestaltung und Wirkung zahlreicher Räume des Torgauer Residenzschlosses zur Zeit seines Erbauers, des sächsischen Kurfürsten Johann Friedrich I., des Großmütigen, der zugleich als Anführer der protestantischen Fürstenallianz im Schmalkaldischen Bund fungierte. Auf diese Weise besitzen wir eine einzigartige Quelle, die es erlaubt, die unter Johann Friedrich I. entstandene Bildsystematik und -programmatik in dem seinerzeit bedeutendsten Residenzschloss des wichtigsten protestantischen Fürsten im Reich zu analysieren und nach ihrer besonderen protestantisch-lutherischen Qualität zu fragen. Die Aussagen dieses Inventars von 1546 können zudem ergänzt werden durch die Angaben späterer Inventare – so vor

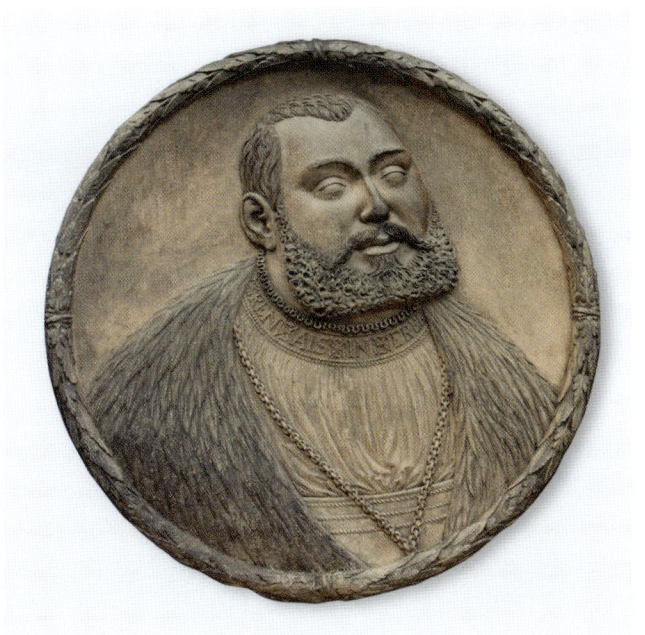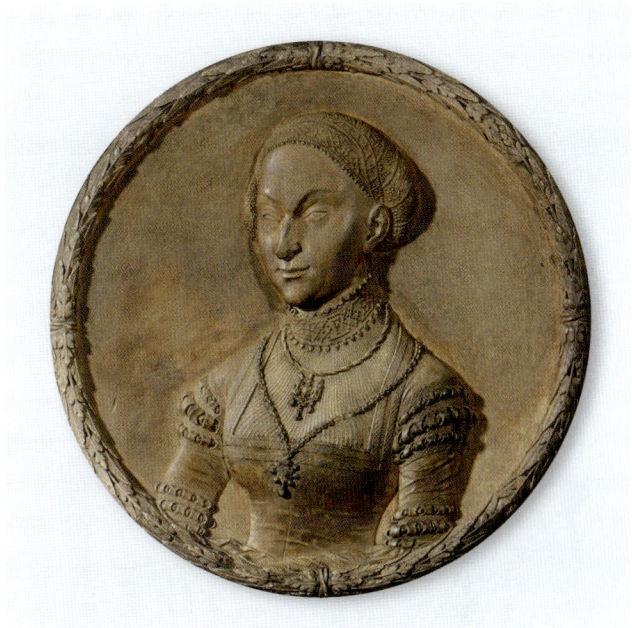

Abb. 7 | Torgau, Schloss: Hauptportal zum ehemaligen Festsaal des Neuen Saalbaus,
Detail: Rundbildnisse von Kurfürst Johann Friedrich I. von Sachsen und seiner Gemahlin Sibylle von Kleve
im Portalarchitrav, heute Stiftung Weimarer Klassik und Kunstsammlungen, Inv.-Nr. A 2107 und A 2108

in Augenhöhe die Rundbildnisse von Martin Luther und Philipp Melanchthon.[23] Die Köpfe der beiden Reformatoren scheinen dabei den darüberliegenden Portalarchitrav mit seinen Bildnissen regelrecht zu tragen. In den Architrav wurden zwei künstlerisch fein gearbeitete Kalkschiefertondi (heute Kopien) eingelassen, die nach Entwürfen Lucas Cranachs des Älteren und vermutlich ausgeführt von Hans Reinhardt dem Älteren[24] in Form von Rundmedaillons die Portraits von Kurfürst Johann Friedrich I. und seiner Gemahlin Sibylle von Kleve zeigen (Abb. 7). Grundsätzlich handelt es sich um das tradierte Konzept des Doppelportraits eines Fürstenpaars, doch verweisen sowohl die Form der Rundmedaillons als auch ihre optische Verbindung zu den kleinen Rundmedaillons mit den Bildnissen Martin Luthers und Philipp Melanchthons auf den veränderten Bedeutungskontext, in dem sich das fürstliche Doppelportrait befindet. Nicht nur wird – erstmals am Außenbau eines deutschen Schlosses an zentraler und quasi öffentlicher Stelle – das Doppelportrait eines regierenden Fürstenpaars angebracht, sondern darüber hinaus explizit auf das konfessionelle, lutherische Fundament seiner Regentschaft hingewiesen.[25] Auch die Form der von Lucas Cranach gestalteten Bildnisse ist bedeutsam, denn mit den Rund-

medaillons wurde eine Bildnisform gewählt, die unverkennbar Anleihen an der Würdeform des antikisierenden Medaillenbildnisses nimmt und von der Cranach-Werkstatt im Alten Reich zunächst vor allem für die Darstellung der Reformatoren und ihrer fürstlichen Beschützer eingesetzt wurde.[26] Die große Übereinstimmung mit solchen Medaillenbildnissen vermag der Vergleich des reliefierten Rundbildnisses Johann Friedrichs I. am Portal des Torgauer Neuen Saalbaus mit einer von Hans Reinhart dem Älteren 1535 und damit zeitgleich hergestellten Portraitmedaille Johann Friedrichs von Sachsen zu belegen.[27]

Ungewöhnlich ist auch die Kombination der Bildnismedaillons des regierenden Kurfürstenpaars mit einem weiteren Fürstenbildnis in der Mitte des Architravs, wo eine bronzene Portraitbüste Kurfürst Friedrichs des Weisen, des Beschützers Martin Luthers und der sächsischen Reformation, sitzt (Abb. 8).[28] Mit diesem bildlichen Arrangement, das die bedeutende, vom italienischen Bildhauer Adriano Fiorentino um 1498 ursprünglich für das Wittenberger Schloss entworfene und zu ihrer Zeit nördlich der Alpen vollkommen ungewöhnliche Bronzebüste des berühmten sächsischen Kurfürsten zum Point de vue der repräsentativsten Portalanlage des

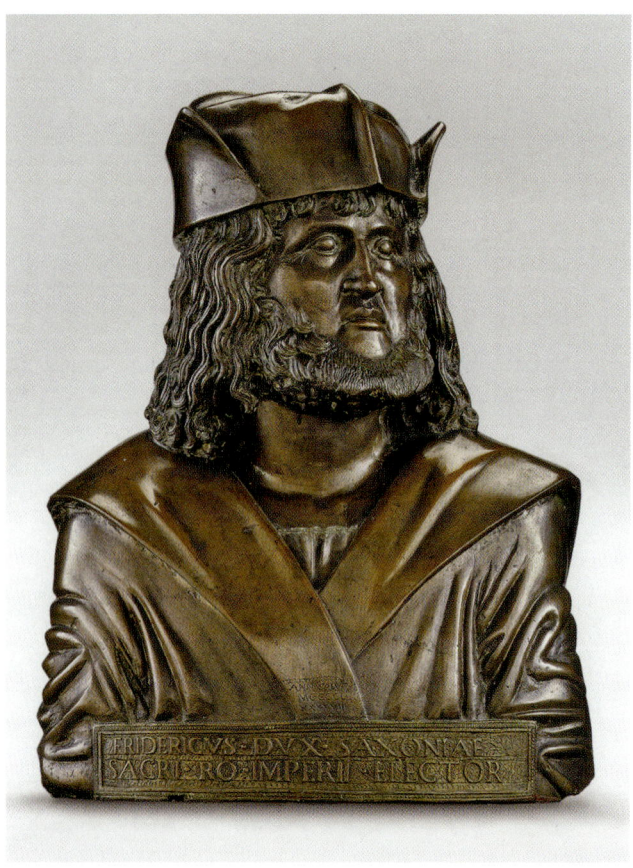

Abb. 8 | Kurfürst Friedrich der Weise, Adriano Fiorentino, 1498, Bronzebüste, ehemals am Portalarchitrav am Eingang zum Neuen Saalbau auf Schloss Torgau, heute in den Staatlichen Kunstsammlungen Dresden, Inv. Nr. H4 001/001

Wurde dieses am Außenbau des Torgauer Schlosses außerge-wöhnlich pointiert vorgetragene protestantische Bekenntnis im Inneren fortgeführt oder folgte die bildliche Ausstattung der Innenräume eher dem aus Wittenberg bekannten, in humanisti-scher Weise Dynastie, Genealogie und Herrschergeschichte ver-herrlichenden Konzept? Welche Bildwerke und bildliche Program-matik erwarteten den Besucher, wenn er das Hauptportal des Neuen Saalbaus durchschritten hatte, um den Festsaal, die Tafel-stube und die prunkvollen Wohnräume zu besichtigen?

Diese Fragen vermag recht differenziert und aufschlussreich die Auswertung der genannten Inventare von 1546, 1548 und 1610 zu beantworten. Gegenüber anderen Inventaren aus dieser Zeit ist besonders beim Inventar von 1546 die Genauigkeit bemerkens-wert, mit der die erfassten Bildwerke in ihrer Materialität und The-matik registriert wurden. Dies ermöglicht uns einen seltenen Ein-blick in die Art und Weise, wie die wichtigsten Wohn- und Reprä-sentationsräume des Torgauer Schlosses unmittelbar nach seiner Fertigstellung eingerichtet waren, wobei wir uns die in diesem In-ventar außer Acht gelassenen bemalten Wandbespannungen und Tapisserien hinzudenken müssen. Sie werden jedoch im zwei Jahre später, 1548, aus Anlass der in Torgau stattfindenden Hochzeit Her-zog Augusts mit Anna von Dänemark erstellten Inventar ausführ-lich behandelt.[29] Gegenüber der künstlerisch-stilistischen Hetero-genität der Wittenberger Schlossausstattung (einschließlich der Schlosskirche), für die Kurfürst Friedrich der Weise eine Vielzahl sehr unterschiedlicher Künstler beauftragte – darunter in promi-nenter Weise Meister Jan aus den Niederlanden, Albrecht Dürer, Jacopo de' Barbari aus Venedig, Hans Burgkmair, Hans Schäuffelein und Lucas Cranach –,[30] zeichnete sich die künstlerische Ausstat-tung des Torgauer Schlosses dank der Cranach-Werkstatt durch eine im Reich damals einzigartige gestalterische Homogenität aus. Es ist daher angebracht, die Raumausstattung des Torgauer Schlos-ses sowohl wegen der Beteiligung der Cranach-Werkstatt als auch wegen der im Folgenden aufzuzeigenden protestantischen Akzent-setzungen weniger als den exemplarischen als vielmehr den exzep-tionellen Fall zu betrachten, an dem sich der Anspruch seines Auf-traggebers, Johann Friedrich I., ablesen lässt, auch in der bildlichen Ausstattung seines Residenzschlosses den politischen Status als Kurfürst und Erzmarschall des Reiches und Anführer der protestan-tischen Fürstenliga zu demonstrieren. Die folgende Analyse ver-steht sich als Fortsetzung von Überlegungen des Verfassers, die er bereits in einem Beitrag zu möglichen Ordnungssystemen der Bild-ausstattung des Torgauer Schlosses vorgestellt hat.[31]

Torgauer Schlosses werden lässt und sie zugleich zum programma-tischen Bezugspunkt für die Portraitmedaillons Johann Friedrichs von Sachsen und seiner Gemahlin Sibylle von Kleve erhebt, ist das Hauptportal des Neuen Saalbaus der wichtigste Bildort am Außen-bau des Torgauer Schlosses. Und es ist zugleich der politischste Bildort im Außenbereich des Schlosses, da er nicht nur das poli-tisch-konfessionelle Bekenntnis der sächsischen Kurfürsten aus der ernestinischen Linie und die politisch-religiöse Verantwortung des regierenden Kurfürstenpaars demonstrativ und mit ausgesuchter künstlerischer Pracht allen Besuchern vor Augen stellte, sondern diese Besucher beim Durchschreiten des Festsaalportals auch noch zwang, diesem damals hochpolitischen Bekenntnis in Gestalt der bildlich präsenten Reformatoren und ihrer fürstlichen Beschützer zumindest symbolisch Reverenz zu erweisen.

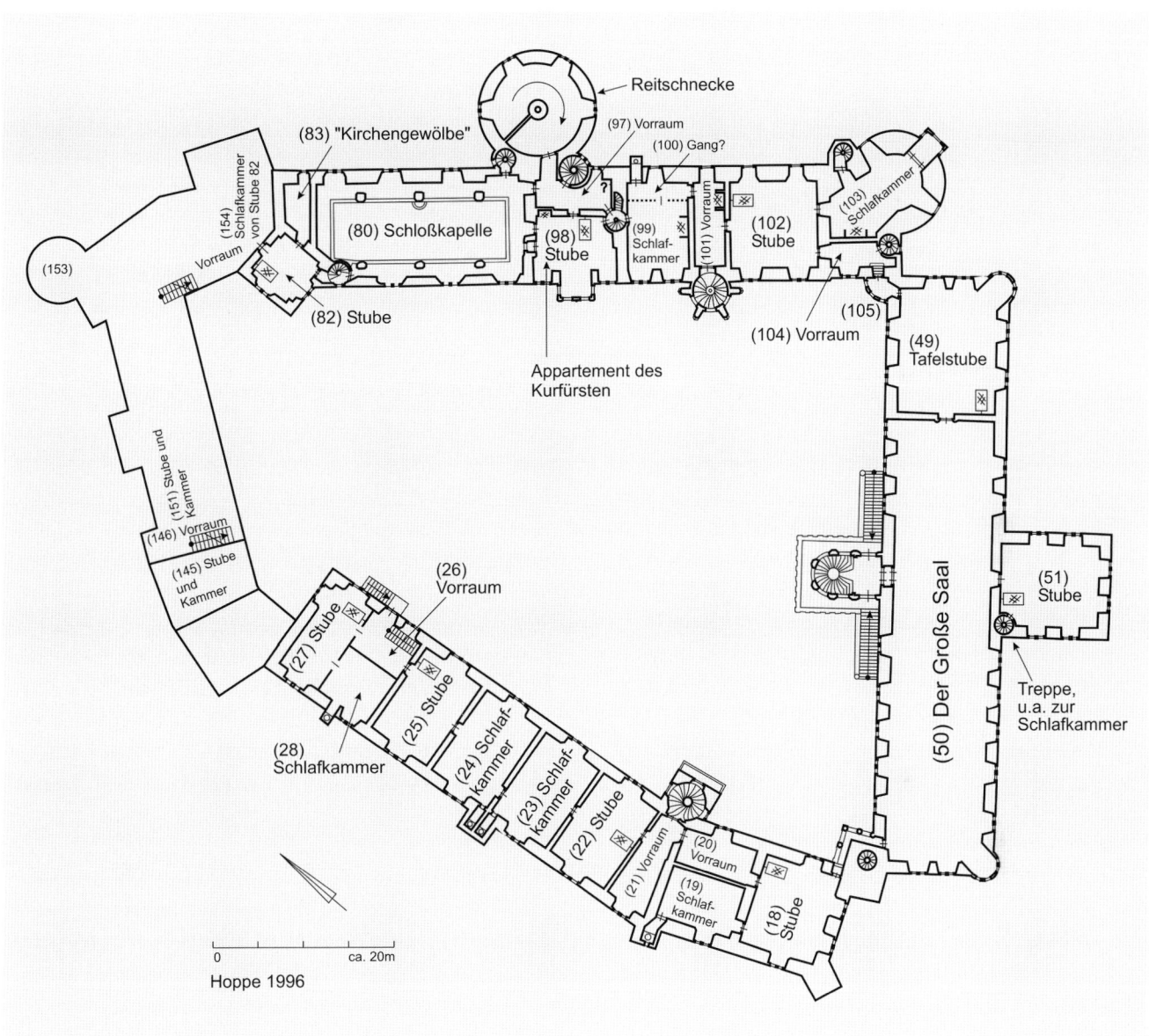

Abb. 9 | Torgau, Schloss, Neuer Saalbau: Grundriss des ersten Obergeschosses mit Einzeichnung der historischen Raumfunktionen des 16. Jahrhunderts (nach Stephan Hoppe 1996)

Die Auswertung der Inventare von 1546, 1548 und 1610 lässt deutlich werden, dass die am Außenbau festgestellten konfessionellen und konfessionspolitischen Bildinhalte in den Innenräumen des Torgauer Schlosses ihre systematische Fortsetzung erfuhren: Auch im Inneren werden über die an den Wänden aufgehängten Bildwerke die großen Leitthemen von Dynastie, Ge-

nealogie und Herrschergeschichte mit dem religiösen Bekenntnis zur Lehre Martin Luthers und Philipp Melanchthons und einer hieraus abgeleiteten Regentenethik verknüpft und damit eine verbindende Klammer zwischen dem außen- und dem innenräumlichen Bildkonzept geschaffen. Das für Wittenberg rekonstruierbare dynastisch-genealogische Grundkonzept wurde also nicht aufgegeben – das im Wittenberger Schloss etablierte Konzept einer Stammstube wurde in Torgau sogar an zwei Orten, im dritten Obergeschoss des elbseitigen Turmrisalits des Neuen Saalbaus (Raum Nr. 72 auf Abb. 13)[32] und im dritten Obergeschoss des Grünen Turms des Kapellenflügels (Raum Nr. 117 auf Abb. 13)[33] wiederholt –, sondern durch gezielte Modifikationen und Ergänzungen um einen zusätzlichen konfessionellen Aspekt erweitert. Sehr anschaulich kann dies anhand des Großen Festsaals und der sich daran anschließenden Tafelstube im ersten Obergeschoss des Neuen Saalbaus aufgezeigt werden. Wenn die Besucher nach dem Passieren des Hauptportals (mit den Bildnissen Martin Luthers und Philipp Melanchthons sowie des regierenden Kurfürstenpaars und Friedrichs des Weisen) den Festsaal (Raum Nr. 50 auf Abb. 9) betraten, erblickten sie zunächst an den Wänden 36 auf Leinwand mit Wasserfarben gemalte Bildnisse von Kaisern, Königen, Kurfürsten und Fürsten.[34] Diese verbildlichten gewissermaßen den reichsbezogenen dynastischen Kontext, in dem sich die kursächsische Dynastie der Wettiner genealogisch und (bündnis-)politisch verankerte und führten das dynastisch ausgerichtete Gesamtprogramm des Großen Wendelsteins fort. Dieser Gemäldezyklus fand seine Ergänzung in Wappendarstellungen der Kurfürsten und Fürsten, die als Glasmalereien in den Fenstern des Festsaals erschienen, sowie in einem an der Saaldecke umlaufenden Wappenfries, »Darinn Chur- unnd Frl. Item Graffen unndt Herrschafft wappen gemahlett«.[35] Erst wenn die Besucher in die nördlich anschließende Tafelstube gehen wollten, sahen sie sich erneut mit einem protestantischen Bildprogramm konfrontiert, das vom Prinzip her das Gestaltungskonzept und die Bildidee des Hauptportals wiederholte. Denn die vom Festsaal in die Tafelstube führende Tür war mit einem ähnlich aufwendig gestalteten steinernen Türgewände und Architrav versehen, wobei sich das Bildprogramm diesmal ganz auf den Bereich des Architravs oberhalb der Türgewände konzentrierte: Hier befanden sich in Öl gemalte Portraits von Kurfürst Johann Friedrich I. und seinem mitregierenden Bruder Johann Ernst (ab 1541 Herzog von Sachsen-Coburg), die wiederum – in Abwandlung der Bildidee des Hauptportals – in einem darunterliegenden Fries von den ebenfalls mit Ölfarben gemalten Rundbildnissen Martin Luthers und Philipp Melanchthons optisch getragen wurden.[36]

Blieb das konfessionelle, protestantische Bekenntnis in der Bildausstattung des Festsaals noch auf den Bereich des Durchgangs zur anschließenden fürstlichen Tafelstube beschränkt, so zeigt das detaillierte Inventar von 1610, in welchem Maße in der Tafelstube selbst (Raum Nr. 49 auf Abb. 9) auch der Bereich der Wände für reformatorische Bildthemen und in einem Fall sogar für offene antipäpstliche Propaganda genutzt wurde.[37] Von Interesse ist hier zunächst das Arrangement von acht unterschiedlich großen Ölgemälden von Lucas Cranach dem Älteren (»8 taffeln groß undt klein, vonn öelfarbenn, durch den altenn Lucas Kranachenn gemahlet«), die zwei Portraits Johann Friedrichs I. und seines mitregierenden Bruders Johann Ernst mit antiken und biblischen Historienbildern kombinierten. Die Folge der acht Bilder wurde nach Angaben des Inventarisators durch ein Rundbildnis (»inn einem runden halben rahmen gefast«) Johann Friedrichs I. eröffnet, das diesen mit erhobenem Kurschwert präsentierte (»das Churschwertt in der Hanndt führenndt«). Es folgte eine Darstellung der Lucretia, der sich wiederum das Bildnis Herzog Johann Ernsts anschloss, womit die beiden Bildnisse der in Kursachsen regierenden Fürsten auf vielsagende Weise eine Lucretia-Darstellung flankierten, deren allegorische Aussage sich dadurch unmittelbar auf die Fürsten und ihr Amtsverständnis bezog. Denn Lucretias aus Tugendhaftigkeit gewählte Selbsttötung erhob sie – trotz der damit verbundenen theologischen Brisanz – nicht nur zu einer der Neun Guten Heldinnen, sondern in der Reformationszeit neben der Gestalt der Judith auch zu einer Symbolfigur für tugendhafte Prinzipienfestigkeit und Glaubensstärke.[38] Nach einem Madonnenbild (als viertes Bild) folgten zwei weitere Gemälde, die sich unmittelbar mit theologischen Deutungen Martin Luthers in Verbindung bringen lassen: die Auferweckung des Lazarus (als fünftes Bild) sowie (als sechstes Bild) die Schilderung des Johannes-Evangeliums, Kapitel 8, von Jesus und der Ehebrecherin (»Eine Euangelische Historienn, Johannis am 8. beschriebenn«). Den Abschluss des Zyklus bildeten als siebtes und achtes Bild eine Darstellung des Sündenfalls von Adam und Eva, womit die bereits am nördlichen Erker des Neuen Saalbaus in Reliefform angestimmte Thematik des Verlustes menschlicher Unschuld und der Rückkehr zum christlichen Heil durch eine gute fürstliche Regentschaft auch am Ort der fürstlichen Speisetafel Geltung beanspruchte. Dieser in Ölmalerei ausgeführte Bildzyklus Lucas Cranachs des Älteren wurde durch vier weitere, in diesem Fall auf Leinwand mit Wasserfarben gemalte großformatige Tafelbilder (»4 grosse vonn Wasserfarbenn uff Leinwadt gemahlete Taffeln«) ergänzt, die außer zwei Kurfürsten- beziehungsweise Fürstenportraits eine Papst-Darstellung (»vom Babste«) und eine Himmelfahrt Christi (»Auffarth Christi«) zeigten. Zwar fehlen im Inventar nähere Angaben zur Darstellung des Papstes, doch gibt uns ein

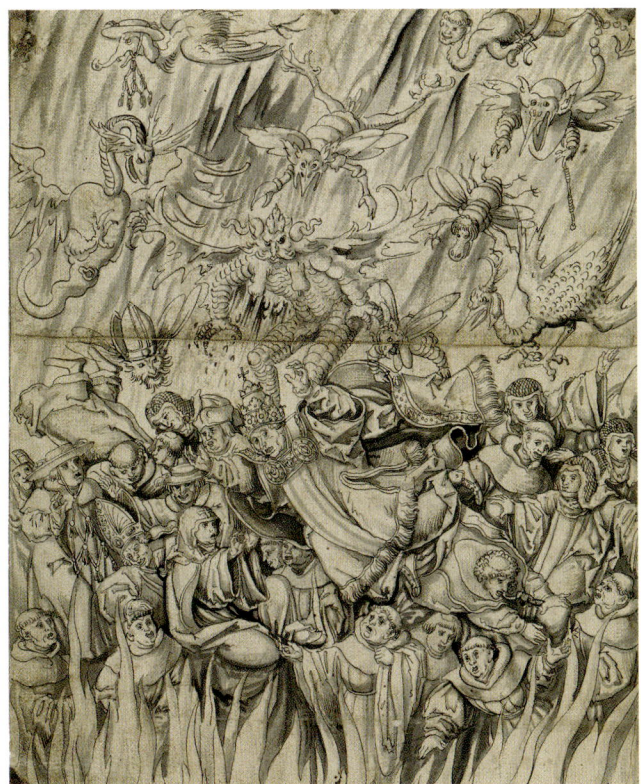

Abb. 10 | Der Höllensturz des Papstes und seiner Anhänger,
Lucas Cranach d. Ä. und Werkstatt, um 1538, Feder- und Pinselzeichnung,
35 × 198 mm, Staatsbibliothek Bamberg, Inv.-Nr. I P 21

Rechnungsbeleg, der Lucas Cranach den Älteren für »zwey tucher do Christus Himelfart vnd des Bapsts hellefart in der Salstuben vffgemalet ist«, entlohnt, nähere Auskunft.[39] Möglicherweise hat sich für das Bild von der »Höllenfahrt des Papstes« sogar die Vorzeichnung erhalten, denn in der Staatsbibliothek Bamberg wird eine Feder- und Pinselzeichnung der Cranach-Werkstatt von etwa 1538 aufbewahrt (Abb. 10), die mit dem Höllensturz des Papstes und seiner Anhänger genau das genannte Bildmotiv aufweist.[40]

Die in der Tafelstube nachvollziehbare Kombination von Bildtafeln verschiedener und letztlich doch zusammengehöriger profaner wie religiöser Darstellungsinhalte – von dynastischen Fürstenportraits über mythologische und biblische Historien beziehungsweise Allegorien bis hin zu Andachtsbildern – und ihre Aufladung mit einer dezidiert konfessionellen, protestantischen Semantik bildet auch das grundlegende Ordnungssystem in den Wohnappartements des Torgauer Schlosses. Im Neuen Saalbau

soll hierfür als Beispiel auf die sogenannte Bräutigamskammer im zweiten Obergeschoss des elbseitigen Turmrisalits verwiesen werden (Raum Nr. 57 auf Abb. 11), die zusammen mit der darunter im ersten Obergeschoss liegenden, vom Festsaal aus erreichbaren sogenannten Hornstube (Raum Nr. 51 auf Abb. 9) ein Wohnappartement (vermutlich auch für hochrangige Gäste)[41] bildete und mit der Hornstube daher über eine kleine Wendeltreppe direkt verbunden war. Während die Hornstube ein ausschließlich auf die Themen fürstliche Jagd, Dynastie und Herrscherruhm bezogene Bildausstattung besaß und neben den namengebenden Jagdtrophäen über insgesamt zwanzig Brustportraits von Fürsten sowie 24 Fürstenwappen verfügte,[42] konnten sich die Besucher der darüberliegenden, zugehörigen Bräutigamskammer an einer vielfältigen, mit mythologisch-allegorischen sowie biblischen Andachts- und Historienbildern versehenen Ausstattung erfreuen, sofern sie sich nicht an den unübersehbaren konfessionellen Akzentsetzungen störten. Denn für diesen ursprünglich als repräsentatives Schlafzimmer genutzten Raum zählt das Inventar von 1546 in dieser Reihenfolge folgende Bildwerke und Bildthemen auf: »Ain gemalte tafel, mit zwaien fluglen« [Cranachs Katharinenaltar v. 1506],[43] »Ain tafel mit Adam vnd Heva, Ain gemalte tafel mit Venus, Ain gemalt teflen die enthawbtung Johannis, Ain teflen noch mit Venus, Ain gemalt teflen Judit, Ain teflen, mit Lot, Zwo fursten conterfactur [Fürstenbildnisse], Ain teflen kaiser, konig und kurfursten, Ain teflen, conterfactur der gelarten [eine Tafel mit Gelehrtenbildnissen]«.[44]

Wenn wir die Möglichkeit berücksichtigen, dass die im Inventar aufgeführte Reihenfolge zugleich auch die Bildverteilung beziehungsweise Bildfolge im Raum wiedergibt, dann wurde dem Betrachter an den Wänden der Bräutigamskammer eine auf den ersten Blick bunte Mischung präsentiert, die sich bei genauerem Hinsehen aber als durchaus inhaltlich überlegt und damit insgesamt als systematisch strukturiert erweist.[45] In der Kombination religiös-biblischer Themen mit zwei Bildern der Venus, zwei Fürstenportraits, einer Bildtafel mit der Darstellung der weltlichen Elite des Reiches (Kaiser, König und Kurfürsten) und einer Tafel mit Bildnissen von gelehrten Männern kommt – ähnlich wie in der fürstlichen Tafelstube – der durch evangelische Theologen und humanistische Gelehrte formulierte regentenethische Anspruch des sächsischen Kurfürsten Johann Friedrich I. und seiner Standesgenossen zum Ausdruck: Als Regent einer auf der Lehre Martin Luthers und universitärer Wissenschaft politisch und religiös begründeten Landesherrschaft sollte der Fürst aus einer pro-

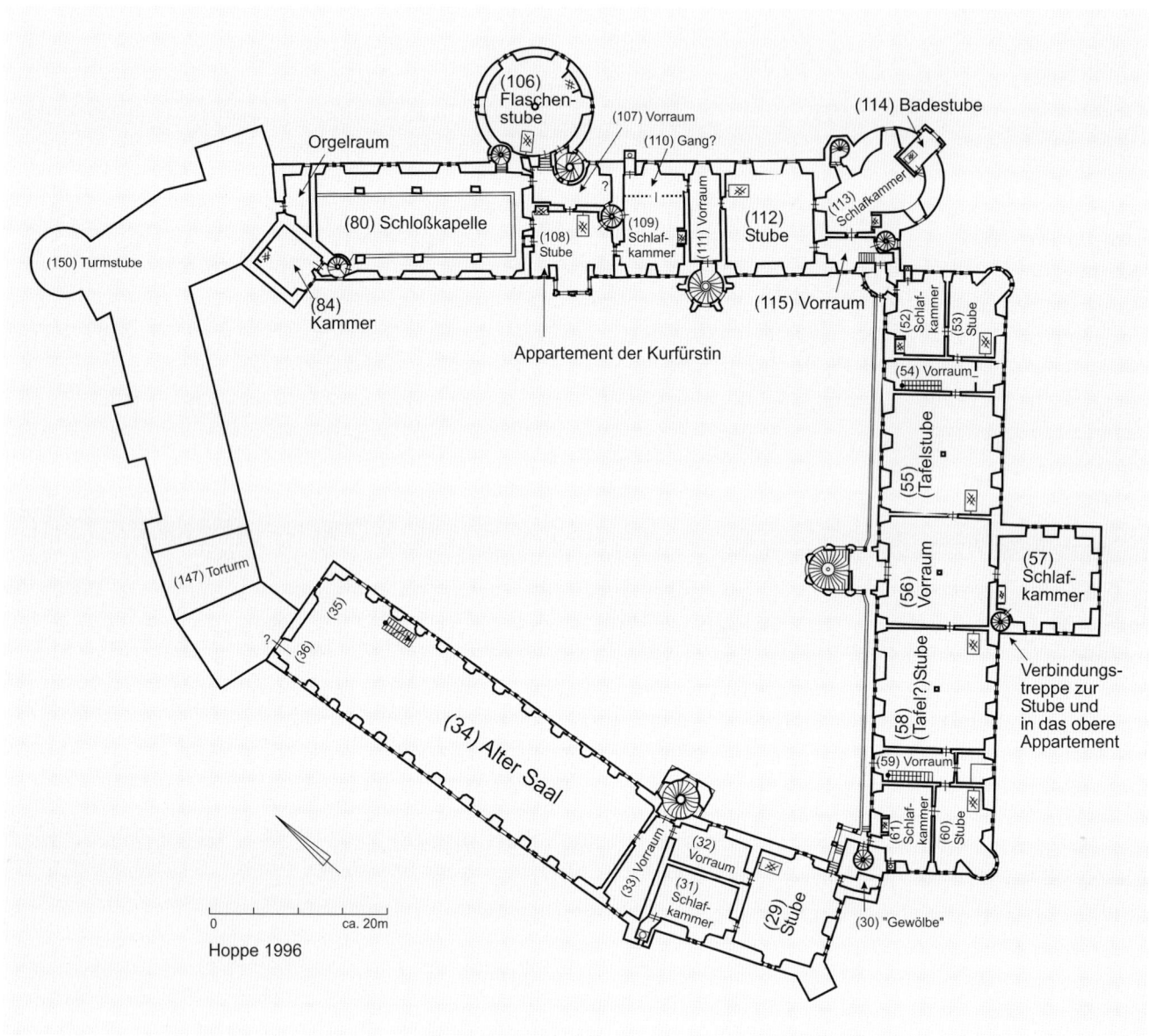

Abb. 11 | Torgau, Schloss, Neuer Saalbau: Grundriss des zweiten Obergeschosses mit Einzeichnung
der historischen Raumfunktionen des 16. Jahrhunderts (nach Stephan Hoppe 1996)

testantischen Ethik heraus zugleich Tugendhaftigkeit und Glaubensstärke sowie Treue zur politischen Verfassung des Reiches
und zum Kaiser als Oberhaupt als Richtschnur seines Handelns
vorleben und verkörpern.[46] Der protestantische Impetus dieser
Bildaussage kommt nicht zuletzt in der Enthauptung des für seinen Glauben und seine moralische Überzeugung einstehenden

Predigers Johannes des Täufers und der sich durch Klugheit, Mut
und Stärke auszeichnenden Judith zum Ausdruck, wobei Letztere
durch ihr Handeln nicht nur ihre eigene Tugendhaftigkeit rettete,
sondern vor allem auch die Einwohner der Stadt Bethulia vor der
Eroberung und Unterdrückung durch den persischen Feldherrn
Holofernes bewahrte. Diese politisch-allegorische Aussage ließ

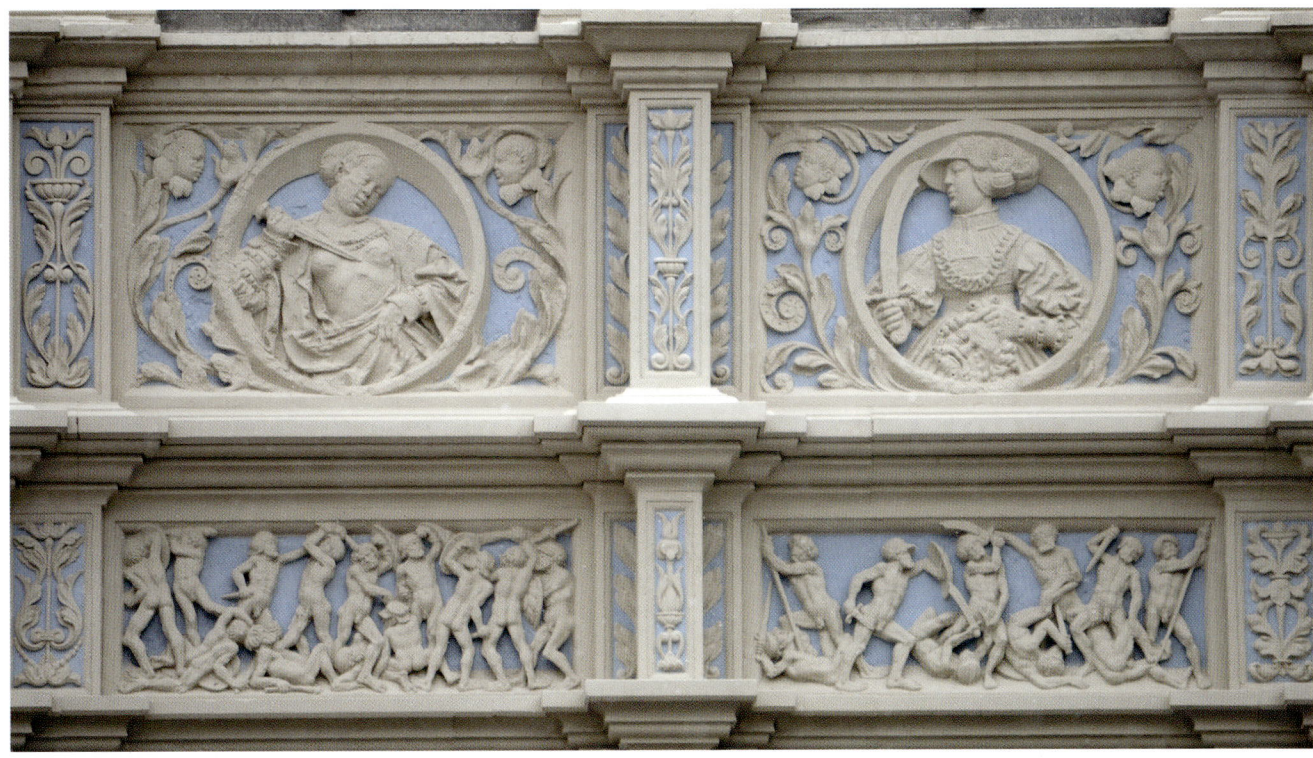

Abb. 12 | Torgau, Schloss, Kapellenflügel: sogenannter Schöner Erker vor den Kurfürstlichen Gemächern,
Detail: Rundbildnisse mit Darstellungen von Lucretia und Judith

Judith denn auch zu einer der wichtigsten Identifikationsfiguren der Protestanten im Kampf gegen die Katholiken werden und zu einem Sinnbild des Schmalkaldischen Fürstenbundes,[47] dessen Anführer der Auftraggeber der Torgauer Bildausstattung, Kurfürst Johann Friedrich I., selbst gewesen war.

Von daher ist es nur konsequent, wenn Johann Friedrich I. auch in den Wohngemächern von sich selbst und seiner Gemahlin, Sibylle von Kleve, eine Judith-Darstellung aufhängen ließ. Diese Wohngemächer – mehrere zweiräumige, aus ofenbeheizter Stube und kaminbeheizter Kammer bestehende Appartements – befanden sich im ersten und zweiten Obergeschoss des Kapellenflügels und umfassten auch die mit dem sogenannten Schönen Erker herausgehobenen Appartements. Das Bild mit einer halbfigurigen Judith-Darstellung (»Ain gemalt brustpild Judit«[48]), wie sie von Lucas Cranach vor allem 1530/31, in der Gründungszeit des Schmalkaldischen Bundes, in größerer Stückzahl gefertigt wurde,[49] hing in den im zweiten Obergeschoss gelegenen und mit dem Schönen Erker ausgestatteten Gemächern (Räume Nr.

108/109 auf Abb. 11),[50] und zwar in der von der Wohnstube abgetrennten Schreibstube (»In dem schreibstublen neben meins gnedigsten herrn stuben«),[51] die sich eigentlich nur im Schönen Erker selbst befunden haben kann. Dieser Erker ist im zweiten Obergeschoss an seiner zum Hof weisenden Außenseite mit künstlerisch anspruchsvollen Bildreliefs geschmückt (Abb. 12), die neben einer Lucretia bezeichnenderweise auch eine Judith zeigen. Damit ergibt sich beim Torgauer Schloss – ähnlich wie bei den Darstellungen von Luther und Melanchthon an den Außen- und Innenportalen des Neuen Saalbaus – eine weitere bemerkenswerte Verklammerung der inneren mit der äußeren Bildausstattung.

Hingen in der vermutlich im Schönen Erker untergebrachten fürstlichen Schreibstube neben der Judith ansonsten eine auf Papier gedruckte Himmelskarte (»Ain gedrukt gemel, auf papir ymagines celi meridionales«)[52] und eine Druckgraphik mit dem Stammbaum der Habsburger (»Ain gedrukt gemeld, uf papir, des stams österreich«),[53] besaß die angrenzende Wohnstube neben Jagd- und Turnierbildern (»Ain gemalt tuch in remen gefast, dar-

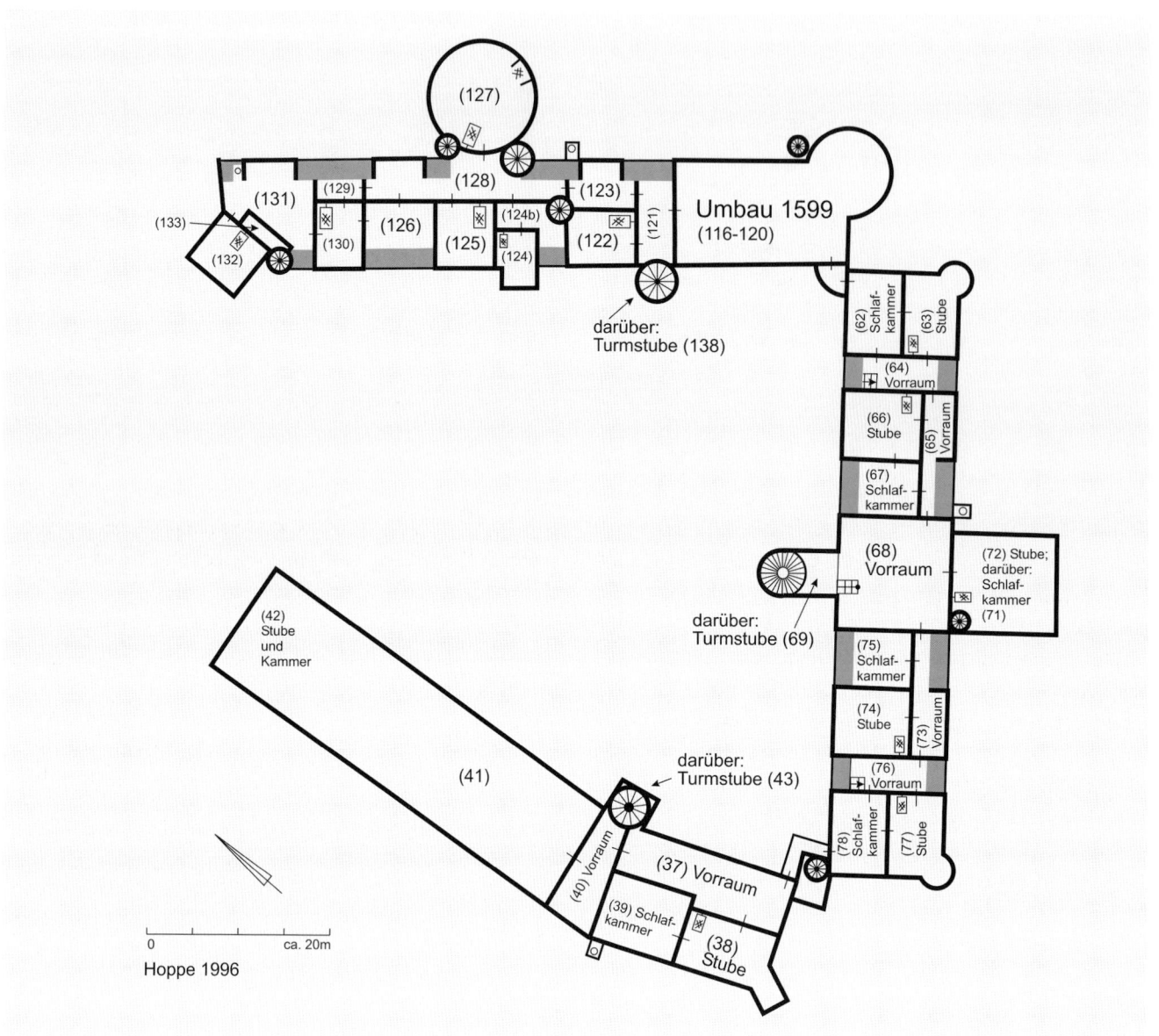

(127)

(131)

(129)

(128)

(133)

(126)

(130)

(125)

(124b)

(124)

(123)

(122)

(121)

Umbau 1599
(116-120)

darüber:
Turmstube (138)

(62)
Schlaf-
kammer

(63)
Stube

(64)
Vorraum

(66)
Stube

(65)
Vorraum

(67)
Schlaf-
kammer

(68)
Vorraum

(72) Stube;
darüber:
Schlaf-
kammer
(71)

darüber:
Turmstube (69)

(75)
Schlaf-
kammer

(74)
Stube

(73)
Vorraum

(76)
Vorraum

(42)
Stube
und
Kammer

(41)

(78)
Schlaf-
kammer

(77)
Stube

darüber:
Turmstube (43)

(37) Vorraum

(40) Vorraum

(39) Schlaf-
kammer

(38)
Stube

0   ca. 20m

Hoppe 1996

Abb. 13 | Torgau, Schloss, Neuer Saalbau: Grundriss des dritten Obergeschosses mit Einzeichnung
der historischen Raumfunktionen des 16. Jahrhunderts (nach Stephan Hoppe 1996)

auff ain jagt« sowie »Ain gross gemalt tuch, in reme gefast darauf
ain thurner«)[54] drei weitere Gemälde mit einer explizit protestantischen Thematik: die Predigt und die Enthauptung des Johannes
sowie *Christus segnet die Kinder*,[55] nach Aussagen des Inventars
von 1610 alles Bilder von Lucas Cranach dem Älteren und seiner
Werkstatt.[56]

In diesen und den vorher genannten Bildern spiegelt sich das
konfessionelle, protestantische Bekenntnis allerdings zumeist nur
in der Form religiöser Allegorien oder Bekenntnisbilder wider. Die
mit der Reformation und ihrer politischen Durchsetzung im Reich
verbundenen militärischen Konflikte waren in den herrschaftlichen Appartements des sächsischen Kurfürsten Johann Fried-

rich I. und seiner Gäste hingegen kein Gegenstand der bildlichen Darstellung. Von daher ist es umso bemerkenswerter, dass ausgerechnet in den Wohngemächern des kurfürstlichen Nachwuchses, der jungen und ganz jungen Erbprinzen Johann Friedrich II. der Mittlere, Johann Wilhelm I. und Johann Friedrich III., Bilder mit einer kriegerischen Handlung hingen, die die Belagerung einer gegenüber den Zielen des Schmalkaldischen Bundes widerspenstigen Residenzstadt zeigten. Diese Residenzstadt war das braunschweigische Wolfenbüttel, dessen Stadtherr, Herzog Heinrich der Jüngere von Braunschweig-Wolfenbüttel, die Einführung der Reformation in seinem Territorium ablehnte und wegen des Festhaltens am katholischen Glauben schließlich 1542 mit ansehen musste, wie seine wichtige Residenzstadt und Landesfestung Wolfenbüttel von den Truppen des protestantischen Fürstenbundes belagert wurde. Die Belagerung war erfolgreich, sodass die siegreichen protestantischen Fürsten unter der Führung des sächsischen Kurfürsten Johann Friedrich I. und des hessischen Landgrafen Philipp schließlich auch das ganze Herzogtum von Braunschweig-Wolfenbüttel der Lehre Martin Luthers unterwerfen konnten.

Wenn nun vor diesem Hintergrund Cranachs berühmter und vielfach als Leinwandgemälde und als Holzschnitt[57] reproduzierter Bildentwurf von 1542 mit der Belagerung und Beschießung Wolfenbüttels sowohl in »Der jungen herrn stuben« im ersten Obergeschoss des Alten Saalflügels (Raum Nr. 18 auf Abb. 9)[58] als auch in »Des jungsten herrn gemach« im dritten Obergeschoss des Neuen Saalbaus (Raum Nr. 77 auf Abb. 13)[59] aufgehängt wurde (das Inventar von 1546 erwähnt entsprechend ein »Gemelde Wolfeputl« und ein »Conterfect Wolfenputl«),[60] dann sollte dieser für die protestantische Bildpropaganda wichtige Bildentwurf das Reformationsgeschehen didaktisch in zweifacher Hinsicht an die nachfolgenden Generationen weitervermitteln: zum einen als Ermahnung an die jungen Prinzen, die Lehre Martin Luthers und die sich daraus ergebende neue Herrschaftsordnung notfalls auch mit Waffengewalt durchzusetzen und zu verteidigen, und zum anderen als stolze Erinnerung an die siegreiche militärische Leistung ihres Vaters, des Anführers des protestantischen Fürstenbundes, der sich mit dem Torgauer Schloss und seiner zur Entstehungszeit einzigartigen protestantischen Bildausstattung selbst ein Denkmal gesetzt hatte. Johann Friedrich I., seinen theologischen und humanistischen Beratern sowie Lucas Cranach ist es letztlich aber auch zu verdanken, dass mit dem Torgauer Schloss ein fürstliches Residenzschloss entstand, bei dem infolge der konfessionellen

Auseinandersetzungen erstmals im Reich die Außen- und Innenarchitektur zu Bildorten mit einer in sich kohärenten Systematik und Programmatik ausgestaltet wurden und manche der Innenräume sich dadurch in Bilderräume mit geradezu diskursiven Qualitäten verwandelten.

In welchem Maße diese Bilderräume von der katholischen Seite zugleich als politische Agitation und Provokation empfunden wurden, belegt die offensichtlich gezielte Zerstörung von Bildwerken mit protestantischem Inhalt durch kaiserliche Soldaten nach der Schlacht bei Mühlberg 1547. Wie die von dem Grafen Froben Christoph von Zimmern verfasste und 1566 abgeschlossene Zimmerische Chronik berichtet, »haben die Spanier und anderes welsches Kriegsvolk des Kaisers Caroli [solche Bilder] meistenteils zerschlagen und verdorben zu Torgau im Schloß, allein der Ursache halber, daß solche Gemälde die Vergleichung Christ und des Papsts [d. i. der Papst als Antichrist, Anm. d. Verf.] enthielten«. Und angesichts der damit verbundenen Verluste an hochkarätigen Cranach-Werken vermerken die Chronisten bedauernd: »Schade um die große Kunst!«[61]

ANMERKUNGEN

1 Vgl. Tristan Weddigen, The Picture Galleries of Dresden, Düsseldorf, and Kassel. Princely Collections in Eighteenth-Century Germany, in: The First Modern Museums of Art, Los Angeles 2012, S. 144–165; ders.: Ein Modell für die Geschichte der Kunst. Die Hängungen der Dresdener Gemäldegalerie zwischen 1747 und 1856, in: Dresdener Kunstblätter 53 (2009), 1, S. 44–58. **| 2** Vgl. hierzu grundlegend Ulrike Heckner, Im Dienst von Fürsten und Reformation. Fassadenmalerei an den Schlössern in Dresden und Neuburg an der Donau im 16. Jahrhundert, München 1995. Zu Heidelberg siehe Hanns Hubach, Kurfürst Ottheinrich als Hercules Palatinus. Vorbemerkungen zur Ikonographie des Figurenzyklus an der Fassade des Ottheinrichbaus im Heidelberger Schloss, in: Neuburger Kollektaneenblatt 151 (2003), S. 231–248. Zu Torgau vgl. zuletzt Matthias Müller, Das Schloss als Bild(nis)träger. Zum Wechselverhältnis von Bild und Architektur als Medien höfischer Repräsentation im frühneuzeitlichen Residenzbau des Alten Reichs, in: Helmut-Eberhard Paulus (Hrsg.), Das Kunstwerk in der Residenz. Grenzen und Möglichkeiten der Präsentation höfischer Kultur, Regensburg 2011, S. 16–30. **| 3** Vgl. hierzu die Analyse des Verfassers: Matthias Müller, Das Schloss als Bild des Fürsten. Herrschaftliche Metaphorik in der Residenzenarchitektur des Alten Reichs (1470–1618), Göttingen 2004, S. 294–314. **| 4** Vgl. Anke Neugebauer, Wohnen im Wittenberger Schloss – Zur Nutzung und Ausstattung der fürstlichen Gemächer, Stuben und Kammern, in: Das ernestinische Wittenberg: Stadt und Bewohner, Textband (Wittenberg-Forschungen, Bd. 2.1), hrsg. im Auftrag der Stiftung LEUCOREA von Heiner Lück u.a., Petersberg 2013, S. 315–333, hier S. 316. **| 5** Vgl. hierzu die grundlegende Studie von Brigitte Streich, Zwischen Reiseherrschaft und Residenzbildung. Der wettinische Hof im späten Mittelalter, Köln u. a. 1989. **| 6** Andreas Meinhardi, Dialogus illustre ac Augustissime urbis Albiorene vulgo Vittenberg dicte Situm Amenitatem ac Illustrationem docens Tirocinia nobilium artiu iacentibus Editus, Leipzig 1508. Zur deutschen Übersetzung siehe Martin Treu (Bearb.), Über die Lage, die Schönheit und den Ruhm der hochberühmten, herrlichen Stadt Albioris, gemeinhin Wittenberg genannt, Leipzig 1986. Zur Person Meinhardis siehe Klaus J. Kipf, Andreas Meinhardi, in: Deutscher Humanismus 1480–1520. Verfasserlexikon, Bd. 2, Lief. 1, Berlin 2009, Sp. 209–213. **| 7** Während Heiner Borggrefe, Die Bildausstattung des Wittenberger Schlosses. Friedrich der Weise, Albrecht Dürer und die Entstehung einer mythologisch-höfischen Malerei nach italienischem Vorbild, in: Kunst und Repräsentation – Studien zur europäischen Hofkultur im 16. Jahrhundert, hrsg. von Heiner Borggrefe und Barbara Uppenkamp, Bamberg 2002, S. 7–68, noch von einer real vorhandenen bzw. zur Ausführung bestimmten Bildausstattung ausgeht, vertritt Peter Strieder, Ein Traum von Göttern und Heroen. Andreas Meinhardis Dialog über die Schönheit und den Ruhm der hochberühmten, herrlichen Stadt Albioris, gemeinin Wittenberg genannt, in: Anzeiger des Germanischen Nationalmuseums 2005, S. 25–34, die Gegenposition und bewertet die Beschreibung als reine Fiktion. Wie im Folgenden zu zeigen sein wird, erfassen beide Extrempositionen vermutlich nicht den tatsächlichen Quellenwert von Meinhardis Beschreibung. **| 8** Meinhardi 1508, zit. nach Treu, Über die Lage (wie Anm. 6), S. 158 f. **| 9** So nennen die Rechnungsbelege von 1500/01 (ThHStAW, EGA, Reg. Bb 2739, fol. 65v) die erfolgte Ausführung der 13 Wappenschilde durch den Bildschnitzer Claus Heffner und die Rechnungsbelege von 1503/04 (ThHStAW, EGA, Reg. Bb 2742, fol. 107r) die Anbringung von 37 Eisendübeln »dor an man in m. gst. h. stuben dye taffeln dor an gehefft hatt«. Vgl. hierzu und zur weiteren quellenkundlichen Überlieferung in Beschreibungen und Inventaren zuletzt auch Neugebauer, Wohnen im Wittenberger Schloss (wie Anm. 4), S. 315–333, hier S. 324. **| 10** Meinhardi 1508, zit. nach Treu, Über die Lage (wie Anm. 6), S. 149. **| 11** Vgl. Johann Justus Winkelmann, Gründliche und wahrhafte Beschreibung der Fürstenthümer Hessen und Hersfeld, Bremen 1711; die Textverse finden sich auch zitiert in: Karl Justi, Das Marburger Schloß. Baugeschichte einer deutschen Burg, Marburg 1942, S. 56. **| 12** In den Amtsrechnungen wird der Raum ab 1500 als »kleine Hofstube« (»cleyne hoffestube«) und ab 1513/14 als »obern hofstube« bezeichnet (ThHStAW, EGA, Reg. Bb 2739, fol. 79r bzw. ThHStAW, EGA, Reg. Bb 2762, fol. 125v); siehe auch Neugebauer, Wohnen im Wittenberger Schloss (wie Anm. 4), S. 318. Zur Funktion der Tafelstube siehe Stephan Hoppe, Die funktionale und räumliche Struktur des frühen Schlossbaus in Mitteldeutschland. Untersucht an Beispielen landesherrlicher Bauten der Zeit zwischen 1470 und 1570, Köln 1996, S. 420–427, sowie ders., Hofstube und Tafelstube – Funktionale Raumdifferenzierungen auf mitteleuropäischen Adelssitzen seit dem Hochmittelalter, in: Ulrich G. Großmann/Hans Ottomeyer (Hrsg.), Die Burg. Wissenschaftlicher Begleitband zu den Ausstellungen »Burg und Herrschaft« und »Mythos Burg«, Dresden 2010, S. 196–207. **| 13** Meinhardi 1508, zit. nach Treu, Über die Lage (wie Anm. 6), S. 147 f. **| 14** Carl Georg Brandis, Italienische Humanisten in sächsisch-thüringischen Landen, in: Zeitschrift für Bibliothekswesen 46 (1929), S. 277–296. **| 15** Reisebericht des Hans III. Herzheimer durch Sachsen 1519, Wien, Museum für angewandte Kunst, Inv. B.I. 21.517, Standort S 20, fol. 274r. **| 16** Siehe zu dieser Reise und dem Reisebericht Enno Bünz, Wittenberg 1519: Was ein Reisender von der Stadt wahrgenommen hat, und was nicht. Mit einer Teiledition der Aufzeichnungen Hans Herzheimers, in: Das ernestinische Wittenberg (wie Anm. 4), S. 9–24. **| 17** Vgl. hierzu auch Stephan Hoppe, Bauliche Gestalt und Lage von Frauenwohnräumen in deutschen Residenzschlössern des späten 15. und des 16. Jahrhunderts, in: Jan Hirschbiegel/Werner Paravicini (Hrsg.), Das Frauenzimmer. Die Frau bei Hofe in Spätmittelalter und früher Neuzeit (Residenzenforschung 11), Stuttgart 2000, S. 151–174. **| 18** Sächsisches Hauptstaatsarchiv Dresden, Loc. 9140/3, fol. 40r–64v. Vgl. hierzu Barbara Marx/Jochen Vötsch, Ein albertinisches Schlossinventar der Residenz Torgau von 1546 (mit Edition), in: Neues Archiv für Sächsische Geschichte 75 (2005), S. 253–274. Zur Bedeutung des Inventars siehe auch Barbara Marx, Kunst und Repräsentation an den kursächsischen Höfen, in: Dies. (Hrsg.), Kunst und Repräsentation am Dresdner Hof, Dresden 2005, S. 9–39, hier S. 21–23. **| 19** Die von Herzog Moritz angeordnete Inventarisation der transportablen Ausstattung der Innenräume mitsamt allen darin enthaltenen nicht wandfesten Bildwerken deutet möglicherweise auf Pläne eines Abtransports der Ausstattung, etwa nach Dresden, hin, so auch ansatzweise die Interpretation von Marx/Vötsch, Ein

albertinisches Schlossinventar (wie Anm. 18), S. 254 f. **| 20** Inventar 1548: StA-D, Loc. 8695 Nr. 8; Inventar 1610: StA-D, Rep. A 25 a I, I, Nr. 2343. **| 21** Zu diesen gezielt ausgewählten Bildorten im Außenbereich des Torgauer Schlosses und ihrer fürstlich-konfessionellen Programmatik siehe auch Müller, Das Schloss als Bild(nis)träger (wie Anm. 2). **| 22** So besonders an der Fassade und am Treppenturm des Neuen Saalbaus, wo z. B. an der Brüstung des Treppenturmpodests in Form von Reliefs die Wappen der Ururgroßeltern von Kurfürst Johann Friedrich I. von Sachsen väterlicher- und mütterlicherseits vorgezeigt und so an die altehrwürdige Herkunft und Dignität Johann Friedrichs I. erinnert werden sollte. Vgl. hierzu ausführlich Matthias Müller, Das Schloss als Bild des Fürsten (wie Anm 3), S. 71 f. **| 23** Siehe dazu auch den Beitrag von Ruth Slenczka in diesem Band. **| 24** Diese Vermutung äußert unter Verweis auf die Ähnlichkeit der Ausführung mit entsprechenden Medaillenbildnissen Reinharts und quellenkundlichen Hinweisen auf das Wirken Reinharts in Torgau Kathrin Meukow, Hans Reinhart d. Ä. – Ein sächsischer Medailleur am Schloss in Torgau, in: Anke Neugebauer/Franz Jäger (Hrsg.), Auff welsche Manier gebauet. Zur Architektur der mitteldeutschen Frührenaissance (Hallesche Beiträge zur Kunstgeschichte, Bd. 10), Bielefeld 2010, S. 277–286, hier S. 283 f. Vgl. auch Jeffrey Chipps Smith, in: Matthias Müller/Klaus Weschenfelder u. a. (Hrsg.), Apelles am Fürstenhof. Facetten der Hofkunst um 1500 im Alten Reich, Berlin 2010, Kat.-Nr. 1.1.28, S. 162 f. **| 25** Vgl. Müller, Das Schloss als Bild(nis)träger (wie Anm. 2), S. 23 f. Vgl. auch Peter Findeisen, Der Große Wendelstein des Schlosses Hartenfels, in: Harald Marx (Hrsg.), Glaube und Macht. Sachsen im Europa der Reformationszeit, Ausst.-Kat. Torgau, Bd. 2: Aufsätze, Dresden 2004, S. 205–219, hier S. 211–214. **| 26** Vgl. Sabine Schwarz-Hermanns, Die Rundbildnisse Lucas Cranachs des Älteren. Mediale Innovation im Spannungsfeld unternehmerischer Strategie, in: Andreas Tacke (Hrsg.), Lucas Cranach d. Ä. 1553–2003. Wittenberger Tagungsbeiträge anlässlich des 450. Todesjahres Lucas Cranachs des Älteren, Leipzig 2007, S. 121–133. **| 27** Ein Exemplar befindet sich heute in der Universitätsbibliothek Leipzig, ein anderes, leicht modifiziertes und teilvergoldetes Exemplar in den Kunstsammlungen der Veste Coburg (vgl. zu diesem Exemplar zuletzt Jeffrey Chipps Smith, in: Müller/Weschenfelder, Apelles am Fürstenhof (wie Anm. 24), Kat.-Nr. 1.1.28, S. 162 f.). Diese Portraitmedaille Johann Friedrichs des Großmütigen (und auch die Rundmedaillons Johann Friedrichs und seiner Sibylle von Kleve am Portal des Neuen Saalbaus) gehen wiederum auf gemalte und druckgraphische Portraits des Kurfürstenpaars zurück, die zwei Jahre zuvor, 1533, in der Cranach-Werkstatt in Auftrag gegeben worden waren (vgl. z. B. die Exemplare in den Kunstsammlungen Stiftung Schloss Friedenstein Gotha). **| 28** Peter Findeisen hat dieses originale Szenario bereits in den 1970er-Jahren in einer Photomontage rekonstruiert: Peter Findeisen, Zur Struktur des Johann-Friedrich-Baues im Schloß Hartenfels zu Torgau, in: Sächsische Heimatblätter, 20. Jg., 1/1974, S. 1–12, hier S. 3–5; Ders./Heinrich Magirius (Bearb.), Die Denkmale der Stadt Torgau, Leipzig 1976, S. 159. Vor Ort befindet sich heute eine Kopie, das Original verwahren die Staatlichen Kunstsammlungen Dresden. Zu dieser Büste vgl. Müller/Weschenfelder Apelles am Fürstenhof (wie Anm. 24), Kat.-Nr. 1.1.02, S. 131–133, sowie Keith Christiansen/Stefan Weppelmann (Hrsg.), Gesichter der Renaissance. Meisterwerke italienischer Portrait-Kunst, München 2011, Kat.-Nr. 108, S. 267 f. **| 29** Vgl. Jutta Bäumel, Die Festlichkeiten zur Hochzeit Herzog Augusts von Sachsen mit Anna von Dänemark 1548, in: Dresdner Hefte 8 (1990), Heft 21, S. 19–28. **| 30** Vgl. zuletzt Ruth Hansmann, »Schilderey von dem gutten maister andrea von mantua« für Kurfürst Friedrich den Weisen. Kulturtransfer in höfischen Bildkonzepten des späten Mittelalters und der frühen Neuzeit im Alten Reich, in: Matthias Müller/Karl-Heinz Spieß/Udo Friedrich (Hrsg.), Kulturtransfer am Fürstenhof. Höfische Austauschprozesse und ihre Medien im Zeitalter Kaiser Maximilians I. (Schriften zur Residenzkultur 9), Berlin 2013, S. 271–304, hier S. 272–277. **| 31** Müller, Das Schloss als Bild(nis)träger (wie Anm. 2). **| 32** Während das Inventar von 1546 (November 6, fol. 49v) nur von »dem gemelde daryn« berichtet (Marx/Vötsch, Ein albertinisches Schlossinventar, wie Anm. 18, S. 264), bei dem es sich eigentlich nur um ein Gemälde mit dem sächsischen Stammbaum handeln kann, beschreibt das Inventar von 1610 das Innere der Stammstube »oben rings herumb« mit »gemalete Taffelln« ge-schmückt, »Darauff des Churf. undt Furstennstamms Sachssenn Uhrsprungk unndt her-kunnfft vonn Anno 656 bieß uffs 1610 Jahr beschriebenn« ist, zit. nach Hoppe, Die funk-tionale und räumliche Struktur (wie Anm. 12), S. 190. **| 33** Die sog. runde Stammstube, welche im dritten Obergeschoss des Grünen Turms im Kapellenflügel lag, präsentierte auf 18 Tafeln insgesamt 40 fürstliche Brustportraits (Zahlen je nach Inventar abweichend) und an der Decke die sächsischen Wappen, vgl. Findeisen/Magirius, Die Denkmale (wie Anm. 28), S. 187; Hoppe, Die funktionale und räumliche Struktur (wie Anm. 12), S. 219 f., Nr. 117. **| 34** Vgl. Inventar des Schlosses Torgau 1546 November 6, fol. 44r, in: Marx/Vötsch, Ein albertinisches Schlossinventar (wie Anm. 18), S. 260. Das Inventar von 1610 zählt nur noch 32 statt 36 Bildnisse und erwähnt – anders als das Inventar von 1546 – auch die materielle Beschaffenheit der Bildnisse, vgl. Hoppe, Die funktionale und räum-liche Struktur (wie Anm. 12), S. 172. **| 35** Inventar 1610, zit. nach ebd., S. 173. **| 36** »1 Steinern thürgerichte uber der Sahlstubenn thuer, Darüber Herzog Johann Friedrichs und seines Herrn Bruderß Conterfect, Im frieße darunter 2 Runndungen, Im welche D. Mar-tini Luthers undt Philippi Melanchtonis effigies alles mit oelfarbenn gemahlet«, Inventar von 1610, StA-D, Rep. A 25 a I, I, Nr. 2343, zit. nach Hoppe, Die funktionale und räumliche Struktur (wie Anm. 12), S. 173. **| 37** Inventar 1610, zit. nach ebd., S. 172. **| 38** Zur Bedeu-tung Lucretias in der Reformationszeit vgl. Kristin Eldyss Sorensen Zapalac, »In His Image and Likeness«. Political Iconography and Religious Change in Regensburg 1500–1600, Ithaca 1990, S. 108–134. **| 39** Zit. nach Christian Schuchardt, Lucas Cranach der Ältere. Leben und Werke, Bd. III, Leipzig 1871, S. 276. **| 40** Diese Identifizierung schlug 1974 anlässlich der Baseler Cranach-Ausstellung bereits Tilmann Falk vor: Dieter Koepplin/Tilman Falk, Lukas Cranach. Gemälde, Zeichnungen, Druckgraphik, Bd. II, Basel/Stuttgart 1976, S. 512, Kat.-Nr. 360. **| 41** Vgl. hierzu und zum Raumtypus Stephan Hoppe, Der Raumtypus des »Prunkappartements« als Träger symbolischen Kapitals. Über eine räum-liche Geste der zeremonialen Gastfreundschaft im deutschen Schloßbau der beginnen-den Neuzeit, in: Peter-Michael Hahn/Ulrich Schütte (Hrsg.), Zeichen und Raum. Ausstat-tung und höfisches Zeremoniell in den deutschen Schlössern der Frühen Neuzeit, Mün-chen/Berlin 2006, S. 229–251. **| 42** Inventar des Schlosses Torgau 1546 November 6, fol. 44v, in: Marx/Vötsch, Ein albertinisches Schlossinventar (wie Anm. 18), S. 260 f. **| 43** Vgl. ebd., S. 256, sowie Marx, Kunst und Repräsentation (wie Anm. 18), S. 22; heute in der Gemäldegalerie Dresden. **| 44** Inventar des Schlosses Torgau 1546 November 6, fol. 52r; vgl. Marx/Vötsch, Ein albertinisches Schlossinventar (wie Anm. 18), S. 265. **| 45** Vgl. hierzu auch meine Überlegungen an anderem Ort, vgl. Müller, Das Schloss als Bild(nis) träger (wie Anm. 2). **| 46** Vgl. hierzu Melanchthons Ausführungen »De magistratu poli-tico« in: Repetitio confessionis Augustanae, deutsche Ausgabe Wittenberg 1555, abge-druckt im Corpus reformatorum, Bd. XXVII, bes. Sp. 482–566. **| 47** Zur Bedeutung Judiths als Symbolfigur in der Reformationszeit vgl. Adelheid Straten, Das Judith-Thema in Deutschland im 16. Jahrhundert. Studien zur Ikonographie. Materialien u. Beiträge, Mün-chen 1983, S. 27–29. Zur weiteren Rezeptionsgeschichte der Judith-Figur vgl. Marion Kobelt-Groch, Judith macht Geschichte. Zur Rezeption einer mythischen Gestalt vom 16. bis 19. Jahrhundert, München 2005. Zur überaus positiven Würdigung der Judith durch Martin Luther vgl. Das Buch Judith. Übertragung und Nachwort von Martin Luther. Mit drei Holzschnitten der Züricher Bibel (1536) nach Hans Holbein d. J., Leipzig 1914. Vgl. hierzu auch Martin Sommerfeld, Judith-Dramen des 16./17. Jahrhunderts, nebst Luthers Vorrede zum Buch Judith (Literarhistorische Bibliothek, Bd. 8), Berlin 1933. **| 48** Inventar 1546, fol. 57r; vgl. Marx/Vötsch, Ein albertinisches Schlossinventar (wie Anm. 18), S. 268. **| 49** Die besondere politisch-reformatorische Bedeutung dieser Judith-Darstellungen ergibt sich alleine schon aus der Tatsache, dass vor 1530 keine Darstellungen mit diesem Thema aus der Cranach-Werkstatt bekannt oder überliefert sind. Vgl. hierzu Dieter Koepplin/Tilmann Falk, Lukas Cranach. Gemälde, Zeichnungen, Druckgraphik, Bd. 1, Stutt-gart 1974, S. 417, S. 578. Zur Deutung dieser Darstellungsform auch im Hinblick auf das Selbstverständnis der protestantischen Fürstin siehe meinen im Druck befindlichen Auf-

satz: Matthias Müller, Die mythische Heldin als Fürstin – die Fürstin als mythische Heldin. Spuren eines Rollenbildes protestantischer Fürstinnen in Bildkonzepten Lucas Cranachs, in: Vera von der Osten-Sacken u. a. (Hrsg.), Fürstinnen und Konfession. Beiträge hoch-adliger Frauen zu Religionspolitik und Bekenntnisbildung, Mainz 2015. **| 50** Bei diesem Appartement besteht weiterer Klärungsbedarf zur ursprünglich intendierten Nutzung durch den Kurfürsten und die Kurfürstin, nachdem sich Hoppe mit guten Argumenten auf eine Nutzung durch die Kurfürstin festgelegt hat, vgl. Hoppe, Die funktionale und räumliche Struktur (wie Anm. 12), S. 214, Nr. 108/109. Während das Inventar von 1546, fol. 56v, das Appartement als »Meins gnedigsten herrn gemach« bezeichnet und damit eher auf den Kurfürsten verweist, beschreibt das Inventar von 1563, StA-D, Rep. A 25 a I, I, Nr. 2336, fol. 5r, dasselbe Appartement als »M. Gndsn frauen der Churfürstin gemach«. Konsequenterweise wird das darunter, im ersten Obergeschoss gelegene Appartement im selben Inventar (fol. 4v) als »M. Gndst. H. des Churfürsten stube« benannt. Eine Er-klärung für die verwirrende Raumsituation könnten gegenüber der Ursprungsplanung veränderte Raumnutzungen sein, die bereits kurze Zeit nach der Fertigstellung der Bau-trakte erfolgten. Hinweise darauf geben die bereits im Inventar von 1546 immer wieder verwendeten Bezeichnungen »alt« für einzelne Räume. **| 51** Inventar 1546, fol. 57r; vgl. Marx/Vötsch, Ein albertinisches Schlossinventar (wie Anm. 18), S. 268. **| 52** Bei dieser Karte mit den Sternbildern der südlichen Halbkugel des Himmels handelt es sich aller Wahrscheinlichkeit nach um ein Werk Albrecht Dürers, vgl. den Holzschnitt »Imagines coeli Meridionales« von 1515 aus den Staatlichen Kunstsammlungen Dresden, Kupfer-stich-Kabinett, Inv. Nr. A 1893–200. Eine Abb. findet sich im Ausst.-Kat. Kunst der Refor-mationszeit, Berlin 1983, S. 291 f., Nr. D 73.2. **| 53** Inventar 1546, fol. 57r; vgl. Marx/Vötsch, Ein albertinisches Schlossinventar (wie Anm. 18), S. 268. **| 54** Inventar 1546, fol. 56v; vgl. Marx/Vötsch, Ein albertinisches Schlossinventar (wie Anm. 18), S. 268. **| 55** Während das Inventar von 1546, fol. 56v (ebd.) das Bild der Enthauptung des Johannes nur ungenau und im Zusammenhang mit der Johannes-Predigt beschreibt (»Ain tafel von kriegsleuten gemalt, ain gesprech mit Johanni«), nennt das Inventar von 1610 eindeutig »die Enthaup-tung Johanniß des Teuffers« und »Johanneß in der wiessten predigt«, Inventar 1610, zit. nach Hoppe, Die funktionale und räumliche Struktur (wie Anm. 12), S. 213. **| 56** »... deß alten Lucas Kronachs gemeldte«, Inventar 1610, zit. nach ebd., S. 213. **| 57** Vgl. Iris Berndt, Die Darstellung der Belagerung Wolfenbüttels 1542 von Lucas Cranach d. Ä. Untersu-chung von Gehalt, Funktion und Wirkung eines Bildmotivs, in: Wolfenbütteler Notizen zur Buchgeschichte 32 (2007), 1, S. 25–44. **| 58** Hoppe, Die funktionale und räumliche Struktur (wie Anm. 12), S. 150, Nr. 18. **| 59** Ebd., S. 191, Nr. 77. **| 60** Inventar von 1546, fol. 45r und 48r; vgl. Marx/Vötsch, Ein albertinisches Schlossinventar (wie Anm. 18), S. 261 und 263. Bei diesen Gemälden könnte es sich um Aufträge handeln, die 1543 in einer Kämmereirechnung an Lucas Cranach wie folgt abgerechnet wurden: »... 3 gulden vor wolfenbeutel abgemalet [...] 27 gulden vor 9 ausgestrichene unnd Illuminirte pergame-nen Wulfenbeutel unnd anders ...«, zit. nach Schuchardt, Lucas Cranach (wie Anm. 39), Bd. I, 1. Teil, Leipzig 1851, S. 163; vgl. auch Heinz Lüdecke, Lucas Cranach der Ältere im Spiegel seiner Zeit, Berlin 1953, S. 37 f. **| 61** Zimmersche Chronik, zit. nach Lüdecke, Lucas Cranach (wie Anm. 60), S. 97; der Text im orthographisch ungeglätteten Original findet sich in: Zimmerische Chronik, hrsg. von Karl August Barack, Bd. III, 2. verb. Aufl. Tübingen 1881, S. 552 f.

Das newe Testament.
auffs new zugericht.

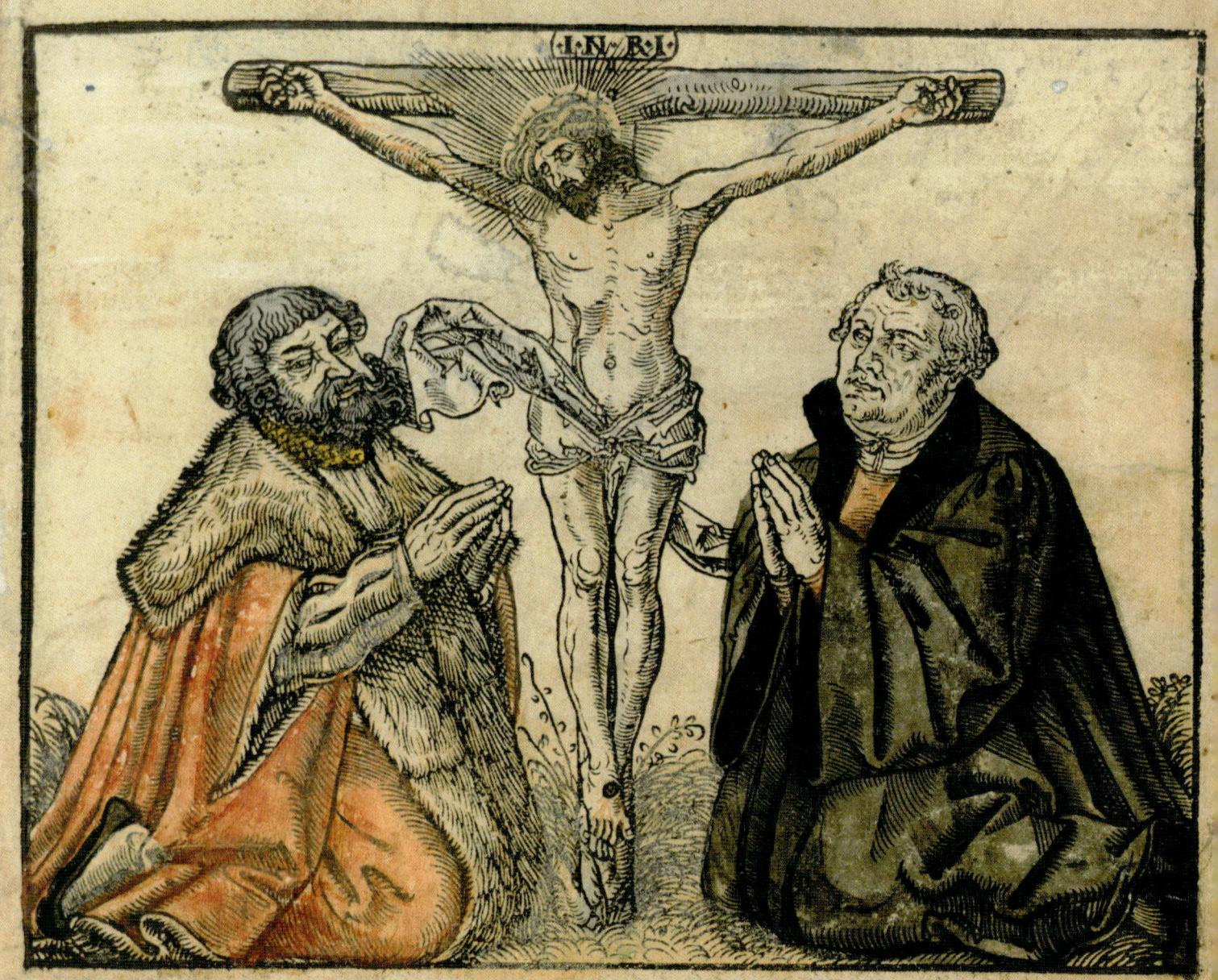

I.N.R.I.

Doct: Mart: Luth:

Witeberg.

Gedruckt durch Hans Lufft.

1 5 4 6.

RUTH SLENCZKA

DIE REFORMATION ALS GEGENSTAND DER HERRSCHAFTSREPRÄSENTATION

LUTHER UND DIE FÜRSTEN IN DER BILDAUSSTATTUNG VON SCHLOSS HARTENFELS

Auf dem Titelblatt der Wittenberger Ausgabe des Neuen Testaments in Luthers Übersetzung von 1546 befindet sich ein Holzschnitt, auf dem Kurfürst und Reformator gemeinsam unter dem Kreuz knien – unter Negierung der ständischen Differenz in gleicher Größe und Leibesfülle (Abb. 1).[1] Ein solches Bild ist noch 1546, kurz nach Luthers Tod, außergewöhnlich. Unter Friedrich dem Weisen, dem ersten kursächsischen Schutzherrn Luthers, wäre es völlig undenkbar gewesen, unter seinem Bruder und Nachfolger Johann dem Beständigen entstand ebenfalls nichts Vergleichbares – obwohl er bekanntlich im Gegensatz zu seinem Bruder ein enges, auch persönliches Verhältnis zu Luther und den Reformatoren pflegte.

Erst dessen Sohn Johann Friedrich war es, der seinen Hofmaler für die reformatorische Herrschaftsrepräsentation in Dienst nahm: Er ließ die Ernestiner als Reformationsfürsten malen, privilegierte den Bibeldruck und gab großformatige Gemälde zu reformatorischen Themen in Auftrag. Und er ließ sich zusammen mit seinen Reformatoren darstellen. Die Beispiele im Baudekor von Schloss Hartenfels und in der Ausstattung der Schlosskirche, um die es im Folgenden geht, bilden die frühesten Zeugnisse für diese ikonographische Neuerung in der Herrschaftsrepräsentation.

Bevor die Torgauer Beispiele vorgestellt werden, soll einleitend an Cranachs Bedeutung für die Etablierung des Portraits als Zentralmedium der Herrschaftsrepräsentation im 16. Jahrhundert erinnert werden. Auf den Hauptteil zu Schloss Hartenfels folgt abschließend ein kurzer Ausblick auf die breite Tradition der gemeinsamen Darstellung von Herrschern und Reformatoren innerhalb der lutherischen Herrschaftsrepräsentation, an deren Beginn die Torgauer Darstellungen stehen.

Im Folgenden wird ein erweiterter Portraitbegriff verwendet, der alle Darstellungen einschließt, in denen eine Person unter Berücksichtigung individueller Besonderheiten wiedererkennbar dargestellt ist, unabhängig davon, ob es sich um ein Gemälde oder eine andere Darstellungsform handelt, und auch unabhängig davon, ob die Person alleiniger Bildgegenstand oder Teil eines Historienbildes ist. Denn in dem hier interessierenden Kontext der Herrschaftsrepräsentation ist eine durch die formal bestimmten Gattungsgrenzen definierte Unterscheidung zwischen der mimetischen Darstellung einzelner Personen im Gemälde und im Relief beziehungsweise im Portrait (im engeren Sinne) und im Historienbild unerheblich.

PORTRAITS ALS ZENTRALMEDIEN DER HERRSCHAFTSREPRÄSENTATION UND DIE ROLLE DER CRANACH-WERKSTATT

Schon vor dem 16. Jahrhundert wurden Herrscher in lebensechten, wiedererkennbaren Bildnissen dargestellt, vor allem im Kontext ihrer Grablegen. Figurengrabsteine konnten bereits im 13. Jahrhundert portraithafte Züge tragen.[2] Die massenhafte Verbreitung von Portraits der amtierenden Herrscher in Gemälden, Druckgraphiken, Skulpturen und Reliefs sowie auf Münzen und Medaillen kam jedoch erst am Ende des 15. Jahrhunderts in Mode

Abb. 1 | Luther und Kurfürst unter dem Kreuz, Titelholzschnitt aus: Martin Luther, Biblia, Wittenberg: Hans Lufft 1546, Lucas Cranach d. J., Ex. Stiftung Luthergedenkstätten, Lutherhaus Wittenberg, Sign. Ag 4° 44

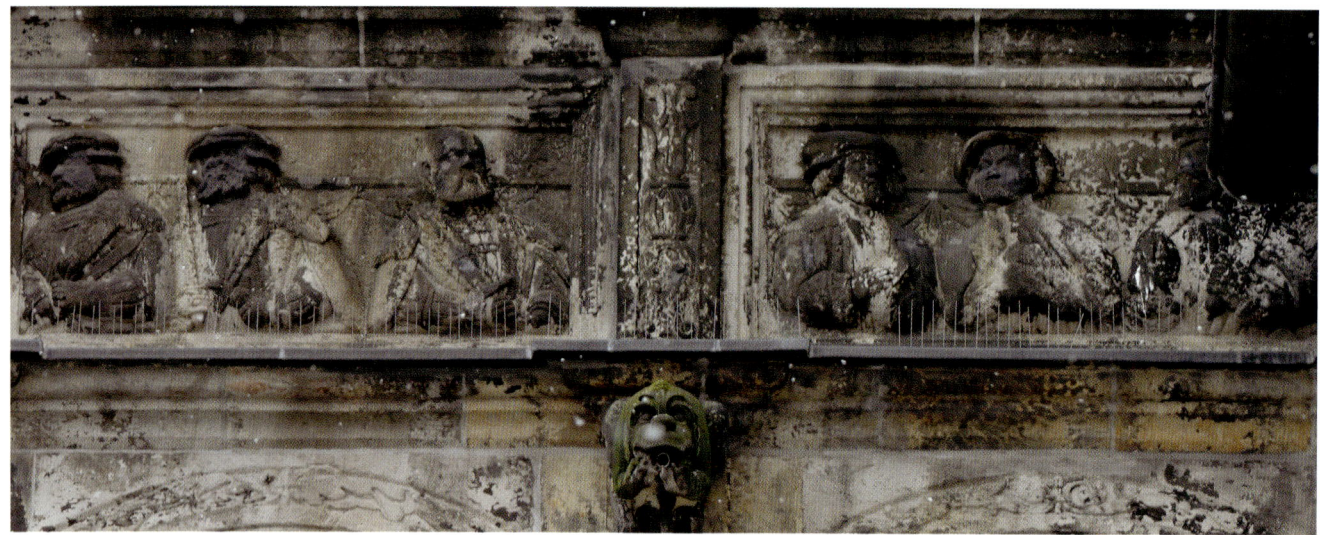

Abb. 2 | Die drei Kurfürsten Friedrich, Johann und Johann Friedrich sowie drei Räte oder möglicherweise die Theologen Luther, Melanchthon und Bugenhagen, Brüstungsreliefs am Hausmannsturm von Schloss Hartenfels in Torgau, um 1535 entstanden

und erfuhr am Kaiserhof unter Maximilian eine erste große Blüte.[3] Im Verlauf des 16. Jahrhunderts erhielten Portraits dann den Status von Zentralmedien der Herrschaftsrepräsentation, den sie während der gesamten Frühen Neuzeit behielten.

Ähnlich wie bei den Memorialportraits ging es auch bei den Portraits lebender Herrscher in erster Linie um die ständische und dynastische Repräsentation. Die Frauen kamen als Stammmütter mit ins Bild. Ahnengalerien erlebten eine Blütezeit. Öffentliche Versammlungsorte wie Kirchen, Schlösser, Rathäuser, Universitäten und Schulen wurden mit Herrscherportraits ausgestattet. Portraitskulpturen oder -reliefs dienten zudem der Markierung des Herrschaftsbereichs – etwa entlang der Grenzen oder in den Städten, an Türmen, Toren und Brunnen. Wo im 15. Jahrhundert lediglich Wappen zum Einsatz kamen, tauchten jetzt zusätzlich Portraits auf, die – ähnlich wie Wappen – Rechtscharakter besaßen, indem sie mit dem Bild des Herrschers dessen Herrschafts- und Besitzansprüche auch in seiner Abwesenheit rechtskräftig vergegenwärtigten.

Bei der Verbreitung der Portraitmode an den nordeuropäischen Höfen spielte die Cranach-Werkstatt eine herausragende Rolle. Lucas Cranach der Ältere arbeitete in allen erwähnten Bildnisformen, war äußerst innovativ, nutzte und entwickelte Verfahren zur Vervielfältigung und Serienproduktion von Herrscherpor-

traits, beschäftigte Drucker, Formschneider und Schnitzer und arbeitete mit Bildhauern und Gießern zusammen. Auch die Schaffung und Etablierung der konfessionsspezifischen Bildnisprogramme, um die es im Folgenden gehen wird, kann auf seine Kreativität und Innovationsfreude zurückgeführt werden.

DIE UNION VON LUTHER UND DEN FÜRSTEN IM PORTRAIT

Johann Friedrich begann unmittelbar nach seinem Regierungsantritt mit dem Ausbau von Schloss Hartenfels, der in einer ersten Bauphase den Neuen Saalflügel (1532–1538) und daran anschließend in einer zweiten Bauphase (bis 1544) den Kirchenflügel umfasste.[4]

Der reiche Baudekor sowie die Bildausstattung des Großen Saales, der mit 38 Fenstern der größte des Schlosses war, zielten ganz auf die dynastische und reichspolitische Repräsentation Johann Friedrichs und nutzten dazu neben Wappendarstellungen auch zahlreiche Bildnisse: Fast lebensgroße Standbilder der regierenden Halbbrüder Johann Friedrich und Johann Ernst flankierten die Treppenaufgänge an der Hofseite, die Ahnenprobe Johann Friedrichs an der Brüstung des Treppenpodests war hingegen ganz klassisch als Wappenfries gestaltet.[5] Im Großen Saal, dessen Ausstattung sich aus den überlieferten Inventaren und Rechnungen rekonstruieren lässt,[6] befanden sich jede Menge Wappen und Portraits, die ebenfalls ganz auf den dynastischen Rang des Kurfürsten ausgerichtet waren. An drei herausgehobenen Stellen waren in dieses genealogisch-herrschaftliche Programm Reliefs mit Bildnissen der Reformatoren Luther und Melanchthon integriert, die eine nähere Betrachtung lohnen: an der oberen Brüstung des Hausmannsturms, wo man sie vom Schlosshof aus sehen konnte, am Portal zum Neuen Saal, durch das man in den Festsaal schritt, und an einem Portal innerhalb dieses Saales.

Auf den Brüstungsreliefs (Abb. 2) erkannte Irene Roch-Lemmer links Kurfürst Johann Friedrich und seine beiden Vorgänger und rechts Luther, Melanchthon und Bugenhagen.[7] Besonders die Identifizierung der Kurfürsten ist plausibel, denn diese wurden auch sonst in vergleichbarer Weise als Trias dargestellt.[8] Die Identifikation der Reformatoren ist weniger eindeutig; unstrittig erscheint Roch-Lemmers Feststellung, dass hier keine Fürsten, sondern Räte dargestellt sind, was bemerkenswert genug ist, wenn man bedenkt, wie selten solche Darstellungen waren und wie selbstverständlich die Räte hier in gleicher Größe neben den Fürsten abgebildet sind. Johann Friedrich gehörte zu den Herrschern, die ihre Räte für bildwürdig hielten; er ließ sich in ihrer Gesellschaft darstellen. Ein heute in Toledo aufbewahrtes Gemäldefragment mit der Darstellung des Kurfürsten im Kreise seiner Berater bildet ein herausragendes Beispiel für diese außergewöhnliche Form der Herrschaftsrepräsentation.[9] Auch Roch-Lemmers Interpretation der Torgauer Portraitreliefs als Reformatorentrias ist nicht abwegig, denn in der Cranach-Werkstatt wurden Luther, Melanchthon und Bugenhagen in dieser Zeit auch sonst zusammen dargestellt.[10] Möglicherweise waren die Reliefs ursprünglich bemalt, sodass die Dargestellten eindeutig zu erkennen waren, die starke Typisierung sowie der aufgrund der Witterungseinflüsse schlechte Erhaltungszustand machen heute eine sichere Identifikation der Dargestellten jedoch unmöglich.

Anders ist das bei den Rundbildnissen am prächtigen Eingangsportal, das am Fuß des Wendelsteins in den Festsaal führt (Abb. 3): Luther ist hier noch heute eindeutig zu erkennen (Abb. 4). Das Melanchthon-Relief ihm gegenüber ist zwar schadhaft, aber durch seine Zugehörigkeit zu dem Luthers unzweifelhaft zu bestimmen. Die Reformatorenportraits schmücken die vorgelagerten Säulchen zuseiten des Portals, über dem in einer Attikazone drei Fürstenportraits präsentiert werden: In der Mitte

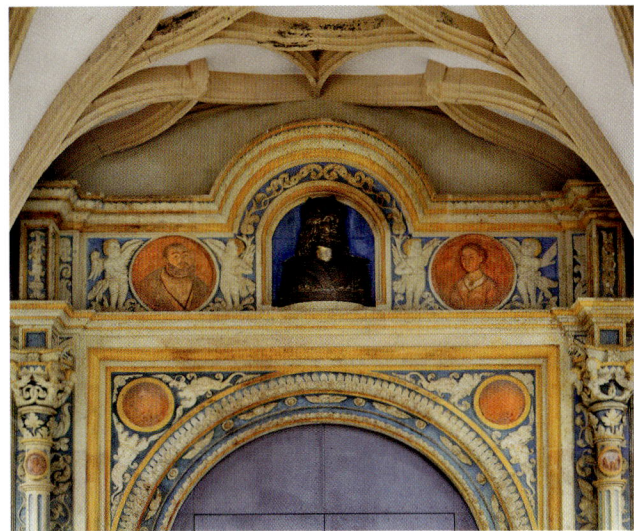

Abb. 3 | Eingangsportal des Festsaals, Torgau, Schloss Hartenfels, um 1535 entstanden

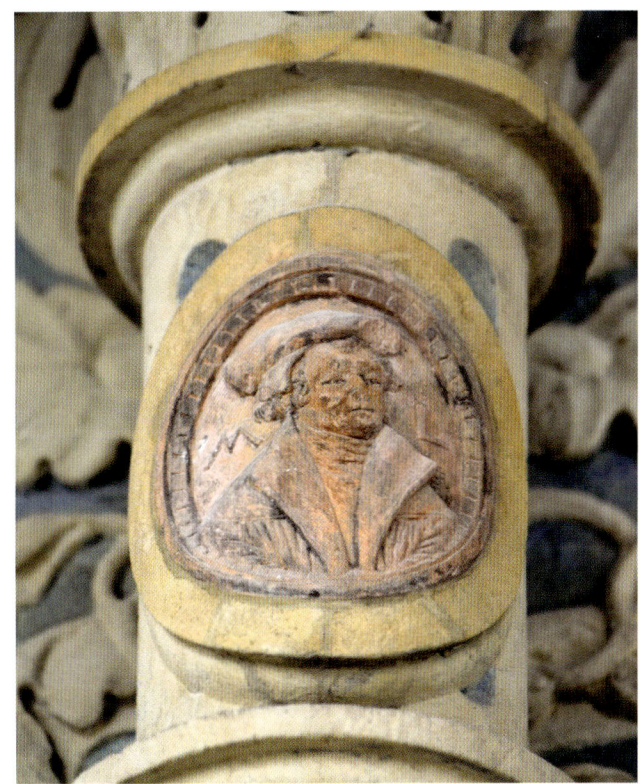

Abb. 4 | Martin Luther, Reliefmedaillon am Eingangsportal des Festsaals im Wendelstein, Torgau, Schloss Hartenfels

eine Bronzebüste Friedrichs des Weisen, daneben in Form und Material zurückgenommenen die runden Tonreliefs Johann Friedrichs und seiner Frau Sibylle von Kleve.[11] Gleich drei Mal begegnet der amtierende Herrscher den Besuchern auf ihrem Weg vom Schlosshof in den Festsaal. Jedes Mal steht er in einem eigenen Repräsentationszusammenhang: Am Fuß der Treppe repräsentiert er zusammen mit dem jüngeren Johann Ernst die gemeinsame Herrschaft der Halbbrüder, im Wappenprogramm an der Brüstung mit der Ahnenprobe sein edles Geblüt und schließlich am Portal seinen Status als Nachfolger des Kurfürsten, unter dem die Wittenberger Reformation mit den beiden Theologen auf den Säulchen ihren Ausgang genommen hatte. An der Seite seiner Ehefrau erscheint er dabei zugleich als Stammvater – 1535 war der Fortbestand der Dynastie bereits durch zwei Söhne gesichert.

Die Bronzebüste Friedrichs des Weisen von Adriano Fiorentino war 1498 wohl als Auftragswerk für die Wittenberger Residenz entstanden.[12] Mit ihrer Translation nach Torgau verlieh Johann Friedrich nicht nur seiner Verehrung für Friedrich den Weisen Ausdruck, sondern stellte auch die Residenz Torgau, die er so prächtig zum politischen Zentrum der Reformation ausgebaut hatte, in die Nachfolge der von Friedrich dem Weisen gestalteten Wittenberger Residenz.

Die Reformatorenmedaillons wölben sich um die Säulchen und bilden mit diesen eine Einheit. Wie die Säulen mittelalterlicher Kirchenschiffe bildhaft für die Apostel stehen, auf deren Schultern die Kirche ruht, so stehen die den Eingang flankierenden Säulen für die beiden Reformatoren als Stützen der Herrschaft der Ernestiner.[13] Matthias Müller wies darauf hin, dass der Wendelstein mit dem Portal als architektonisches Prunkstück des Schlosses, »Schaustück fürstlicher Herrschaftlichkeit«, genau an der Stelle errichtet wurde, an der sich die mittelalterliche Schlosskapelle St. Martin befunden hatte, die für den Neubau abgerissen wurde.[14] Der Abriss und der Neubau konnten als Bild der Überwindung der Papstkirche durch die protestantischen Kurfürsten gedeutet werden, die sich dabei auf die apostelgleiche Autorität ihrer Reformatoren stützten.

Das Inventar von 1610 erwähnt ein weiteres Portal mit Reformatorenreliefs innerhalb des großen Saals, das nicht mehr erhalten ist: »1 Steinern thürgerichte uber der Sahlstubenn thuer, Darüber Herzog Johann Friedrichs und seines Herrn Bruderß Conterfect, Im frieße darunter 2 Runndungenn, Im welche D. Martini Luthers undt Philippi Melanchthonis effigies alles mit öelfarbenn gemahlet«.[15] Auch wenn die Besucher im Festsaal angelangt

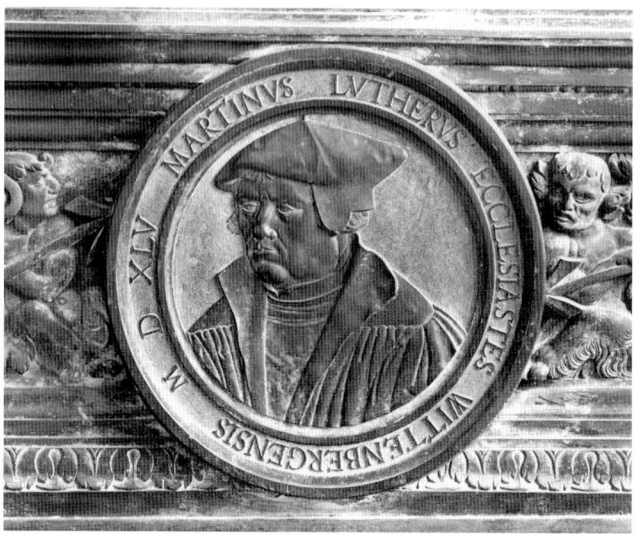

Abb. 5 | Martin Luther, Relief an der Bronzetafel in der Schlosskapelle von Schloss Hartenfels in Torgau, gegossen von Wolf und Oswald Hillger, Schlosskapelle Torgau, nach 1544

waren, hatten sie somit das Bild von der engen Union zwischen Landesherrschaft und Reformation unmittelbar vor Augen. Die Portraits waren in Öl gemalt – vermutlich stammten sie aus der Cranach-Werkstatt.

Ungewöhnlich ist nicht nur, dass die Theologenbildnisse überhaupt an den Portalen des Festsaals erschienen, sondern auch die Art und Weise, in der sie in die Herrschaftsrepräsentation eingebunden wurden – als Rundbilder im rahmenden Beiwerk. Diese Art der Darstellung ist neuartig. Sie erinnert an die zeittypische Einbindung münzartiger Rundbilder mit Kaiser- oder Götterbüsten in den Rahmendekor von Herrscherbildnissen.[16] Diese Darstellungen hatten jedoch in der Regel keinen Portraitcharakter, sondern waren stark typisiert und verwiesen ganz allgemein auf die Orientierung der Herrschaft an antiken Vorbildern. Diese Bildform wurde abgewandelt und mit den Reformatoren wurden noch lebende Autoritäten im Zusammenhang mit Herrscherportraits dargestellt. An die Stelle antiker Münzen traten nun zeitgenössische Medaillen mit den Portraits als Bildvorlagen. Die Medaillenmode beeinflusste auch den Baudekor. Wie aus Metall gegossene Medaillen eine besondere Nähe zwischen der dargestellten Person und dem Besitzer der Medaille zum Ausdruck bringen, so verweisen auch im Baudekor die Rundbildnisse auf eine spezielle Verbundenheit mit der Person, deren Portrait sie zugeordnet sind: Wenn Johann Friedrich seine

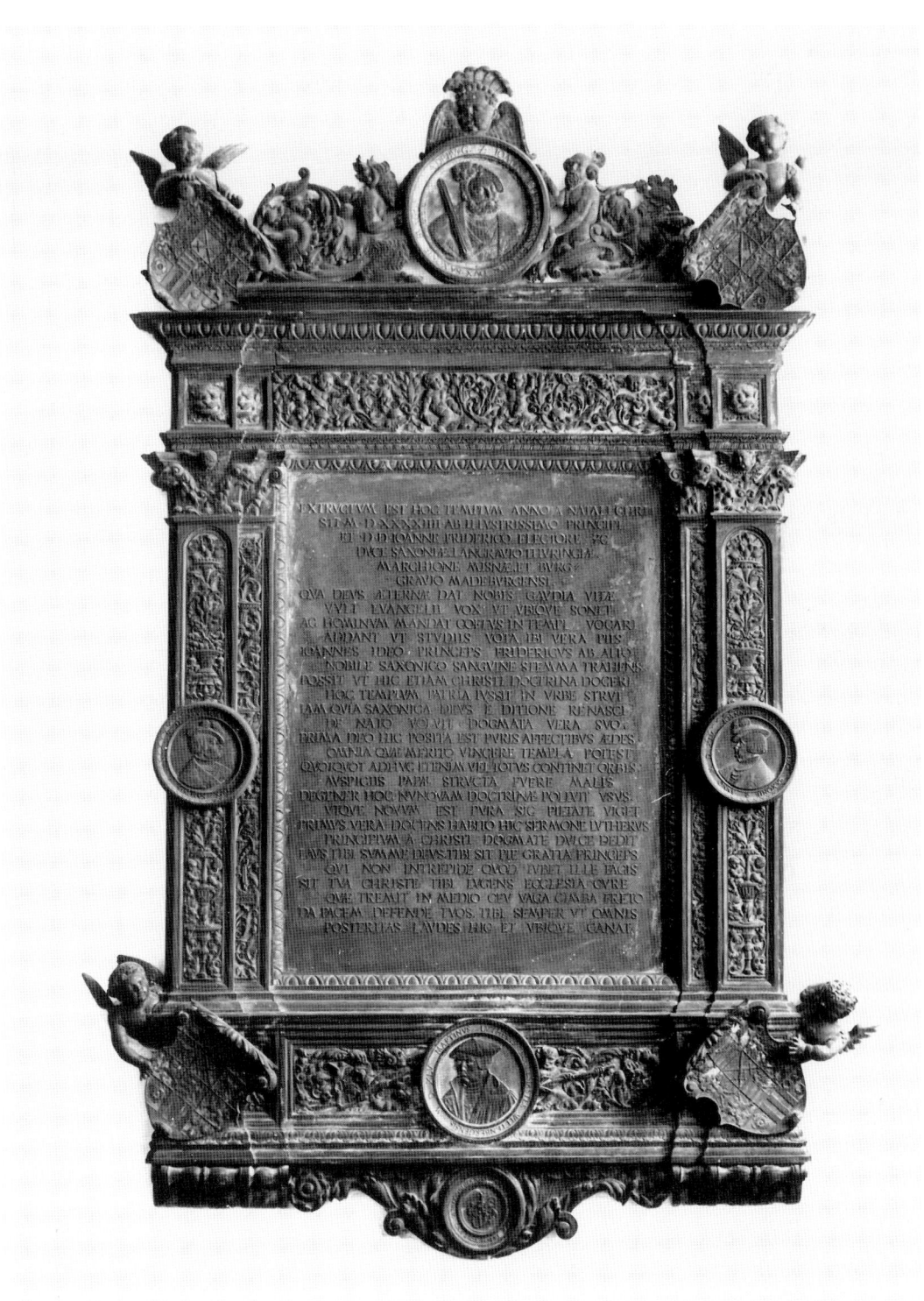

Abb. 6 | Gedenktafel zur Einweihung der Schlosskapelle von Schloss Hartenfels mit Portraitmedaillons Johann Friedrichs, seiner Söhne und Luthers, Bronze, gegossen von Wolf und Oswald Hillger, Schlosskapelle Torgau, nach 1544

Reformatoren in der Bildform solcher Medaillen in die dynastische Herrschaftsrepräsentation aufnahm, dann brachte er damit eine innere Verbundenheit mit den Reformatoren, eine Übereinstimmung mit ihrer Lehre und eine Würdigung ihrer Bedeutung für die Ausrichtung und Orientierung seiner Herrschaft zum Ausdruck. Von Luther lagen bereits seit 1521 etliche Bildnismedaillen vor. Aus späterer Zeit sind auch Medaillen überliefert, die Luther auf der Vorder- und Melanchthon auf der Rückseite zeigen; möglicherweise verwendete der Formbildner eine solche nicht überlieferte, ältere Medaille als Bildvorlage.[17]

Auch wenn die ausdrückliche Erwähnung der Portraits von Luther und Melanchthon im Inventar von 1610 darauf hindeutet, dass sie nicht unbemerkt blieben, lässt sich natürlich nicht rekonstruieren, ob und wie die Bilder von den unmittelbaren Zeitgenossen wahrgenommen und gedeutet wurden. Dass sie in der Form an Medaillen erinnerten, war jedoch sicherlich kein Zufall. Vielmehr wurden dadurch die Verbundenheit der Ernestiner mit ihren Reformatoren, der Sonderstatus, den diese als geistliche Autoritäten besaßen und die damit einhergehende Bedeutung der von ihnen vertretenen Lehre für ihre Herrschaft zum Ausdruck gebracht. Darüber hinaus wurde ein Sonderstatus der Verbundenheit zwischen den Reformatoren und den Ernestinern generiert, der die Dynastie als exklusive Schutzmacht der Reformation heraushob und die Reformatoren zugleich durch ihre Sonderstellung auf diese Schutzmacht verpflichtete.

Weil aus späterer Zeit viel eindrucksvollere Zeugnisse für die gemeinsame Darstellung von Luther und den Fürsten überliefert sind, wurden die unscheinbaren Portraits am Portal des Festsaals nie in ihrer Einzigartigkeit und innovativen Qualität wahrgenommen. 1535 war jedoch sowohl die Darstellung der Reformatoren im öffentlichen Raum als auch die gemeinsame Darstellung von Fürsten und Reformatoren ohne jedes Vorbild.

Rund zehn Jahre nach diesem Portal wurde in der 1544 eingeweihten Schlosskirche ebenfalls ein Reliefbildnis von Luther installiert (Abb. 5).[18] Und obgleich auch dieses wenig auffällige Rundbildnis zu einem Zeitpunkt entstand, zu dem Luther längst der meistdargestellte Mann seines Jahrhunderts war, handelt es sich wiederum um eine Inkunabel: Es ist das erste Lutherbildnis, das in einem Kirchenraum nachweisbar ist. Und erneut ist unser Blick für diese Innovation dadurch verstellt, dass in späterer Zeit Luther-Portraits in allen Kirchen hingen.

Das Torgauer Relief gehört zum Rahmendekor einer bronzenen Schrifttafel, auf der in einem dreißigzeiligen lateinischen Gedicht die Errichtung der Kapelle durch Johann Friedrich und ihre Einweihung durch Luthers Predigt 1544 dokumentiert wird (Abb. 6).[19]

Luthers Portrait erscheint wieder zusammen mit dem – hier nur wenig größeren – Johann Friedrichs, das den Rahmen der Schrifttafel bekrönt; ergänzend treten in den seitlichen Rahmenleisten die etwas kleineren Bildnisse der beiden bereits volljährigen Söhne des Kurfürsten, Johann Friedrichs des Mittleren und Johann Wilhelms, hinzu. Durch die heute verlorene farbige Fassung und Vergoldung Cranachs wurden die münzartigen Portraits ursprünglich zusätzlich verlebendigt.[20] Im Material der vergoldeten Bronze erinnerten die Rundbilder noch mehr als die oben beschriebenen Reliefs der Türrahmung an antike Münzbilder, denen hoher dokumentarischer Wert zugeschrieben wurde. Wie Münzen und Medaillen die Bildnisse antiker Herrscher für die Nachwelt über viele Jahrhunderte bewahrten und ihr Aussehen noch nach langer Zeit zu vergegenwärtigen vermochten, sollten auch die Torgauer Rundbildnisse das wahre Aussehen der Fürsten und Luthers für die Nachwelt bewahren.[21]

Über die Tafel ist schon viel geschrieben worden, was hier nicht wiederholt werden muss. Eine bisher kaum beachtete Besonderheit soll jedoch hervorgehoben werden: In der Umschrift des Luther-Portraits wird auf den sonst so gut wie immer erwähnten Doktortitel verzichtet. Stattdessen erscheint die ungewöhnliche Amtsbezeichnung »Ecclesiastes Wittenbergensis« (Prediger von Wittenberg). Sie ist in dieser Zeit sonst nicht gebräuchlich. In frühen Predigtdrucken taucht sie gelegentlich auf (1522 und 1524),[22] aber seit Hans Brosamer 1529 in seinem Titelholzschnitt der Spottschrift zum Siebenköpfigen Luther von Cochläus »Ecclesiast« über den Mönchskopf in der Mitte geschrieben hatte, wurde er gemieden.[23] In Torgau wird dieser Titel rehabilitiert. Die Zeit der polemischen Streitschriften ist vorbei, die römische Kirche gilt als besiegt und der Sieger im Kampf um die Wahrheit des Evangeliums trägt den Spottnamen nun als Ehrentitel. Mehr noch: Wenn er hier in der an Medaillen erinnernden Bildform erscheint, dann tritt er darin als Autorität an die Stelle des Papstes. Denn das neue Bildnismedium der Medaille war im 16. Jahrhundert auf altkirchlicher Seite insbesondere für Papstserien verwendet worden, während auf protestantischer Seite stattdessen Reformatorenmedaillen geprägt wurden.[24]

Ein weiteres Gemälde in der Schlosskirche, zu dem eine deutsche Kurzfassung der lateinischen Inschrift der Bronzetafel gehörte, lässt sich als inhaltliche Entfaltung des in den Rahmenreliefs

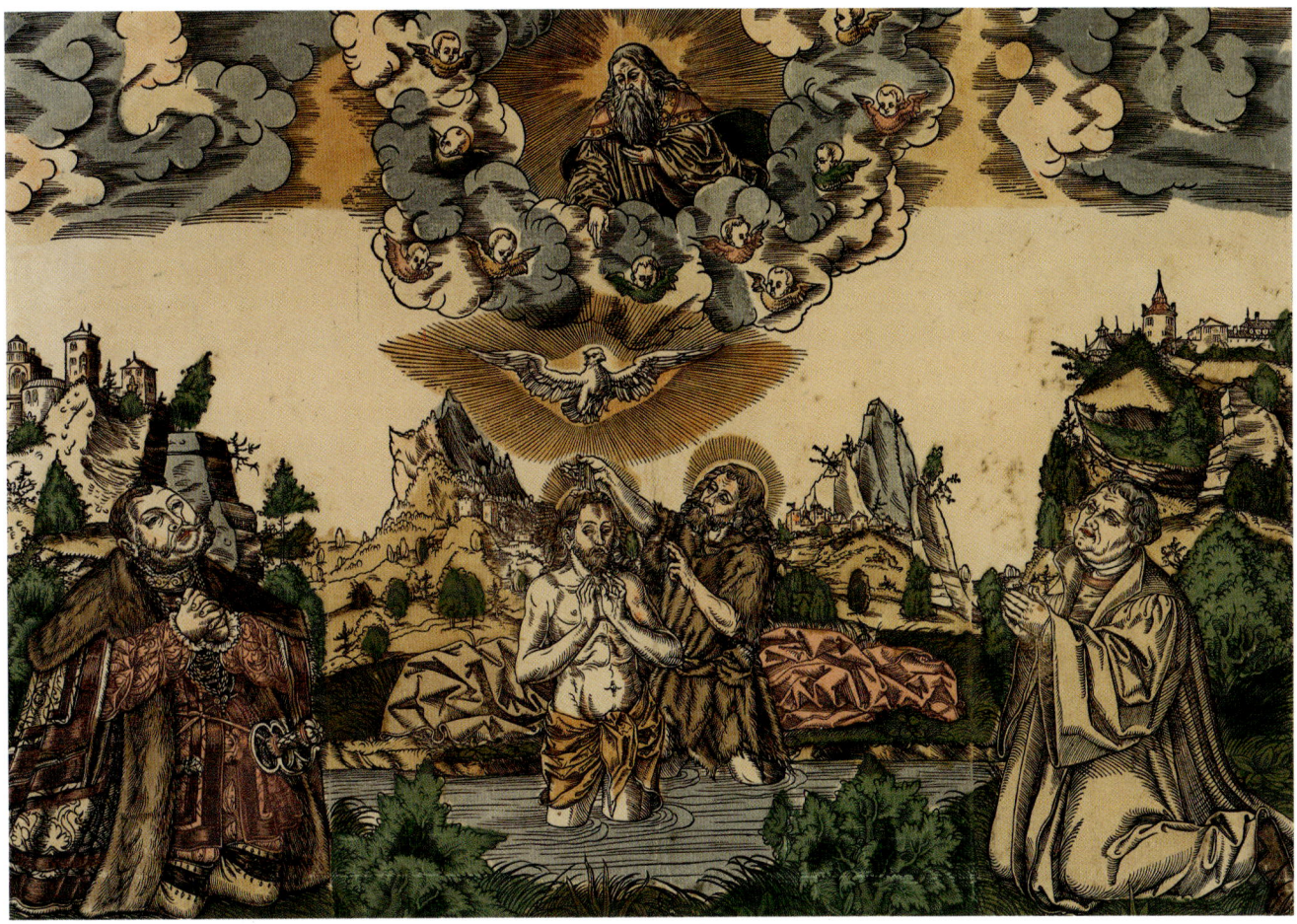

Abb. 7 | Die Taufe Christi, Lucas Cranach d. J.,um 1552, Holzschnitt von drei Stöcken, 27,8 × 38,8 cm, Stiftung Schloss Friedenstein Gotha, Inv.-Nr. G 42,1

der Bronzetafel nur angedeuteten Herrschaftsprogramms lesen: Cranachs Darstellung des Opfers von Elias und den Baalspriestern (siehe Abb. 2 im Aufsatz Kaufmann in diesem Band).[25] Das Verhältnis zwischen Luther und seinem Kurfürsten wird hier anhand einer biblischen Geschichte ausgelegt.[26] Denn der Prophet Elias war in der Bildsprache der Zeit eine Identifikationsfigur für Luther (auch wenn er nicht dessen Portraitzüge trug).[27] Die Opferaltäre der Baalspriester und der Israeliten stehen für die beiden Kirchen – der Baalsaltar für die römische, der Altar der Israeliten für die Wittenberger. König Ahab ist als Kurfürst gekleidet, der zwischen den beiden Altären steht. Er hat das Wettopfer befohlen, durch das das göttliche Urteil ermittelt werden soll, und ist nun Zeuge des Aus-

gangs des Verfahrens, aus dem Elias als wahrer Priester hervorgeht, während die falschen Priester des ohnmächtigen Baal vernichtet werden, was links im Hintergrund zu sehen ist. Gott ist der eigentliche Akteur, Elias (beziehungsweise Luther) sein Prophet, sein Medium ist die Predigt. Mit ihrer Hilfe vermittelt er zwischen Gott und seinem Volk, das durch den Herrscher repräsentiert wird.

Nur die Portraits des Innenportals sowie die Elias-Tafel stammten direkt von Cranach. Aber auch an den übrigen Bildnissen wird er maßgeblich beteiligt gewesen sein: Er lieferte die Vorzeichnungen, leitete die Aufstellung, und von seiner Hand stammten die Farbfassungen. Und ich denke, man kann in ihm auch den Spiritus Rector der neuartigen Bildprogramme sehen. Lange bevor die

Landesherren Luther-Portraits in Auftrag gaben, hatte Cranach als städtischer Unternehmer der Reformation mit seinen frühen Luther-Portraits ein Gesicht gegeben. Mit diesem Gesicht autorisierte er die Aufhebung des Zölibats, indem er es mit dem Katharinas verband; die Augsburger Konfession, indem er es mit dem Melanchthons verband; mit ihm autorisierte er Jahre später auch die lutherische Landesherrschaft, indem er es in der Rundform einer Medaille mit den Portraits der lutherischen Fürsten verband.

AUSBLICK

Nach Luthers Tod kam es zu einer Intensivierung der fürstlichen Vereinnahmung seines Portraits, gerade auch in der Druckgraphik. Der zu Beginn gezeigte Holzschnitt auf dem Titelblatt der Bibelausgabe von 1546 wurde vielfach aufgelegt und für unterschiedliche Schriften verwendet (Abb. 1).[28] Nach dem Schmalkaldischen Krieg wurde die Bildsprache um eine stärker eschatologische Komponente erweitert: An die Stelle des im Titelholzschnitt im Zentrum stehenden Kreuzes rückte die Taufe Christi (Abb. 7). Luther erhielt auf diese Weise eine Rollenzuweisung als zweiter Johannes, der die Wiederkunft Christi ankündigt, während der Kurfürst zum endzeitlichen Kämpfer und Wegbereiter der Herrschaft des wiederkommenden Christi avancierte. Die Taufe Christi mit Fürsten und Reformatoren wurde zu einem beliebten Bildprogramm in der Druckgraphik, besonders, seit nach der Aufhebung des Interims neben den Ernestinern auch andere Reichsfürsten Reformatorenbildnisse in ihre Herrschaftsrepräsentation übernahmen. Lucas Cranach der Jüngere malte es zudem mehrfach, vor allem für Epitaphien.[29] Auch auf dem aufgrund seiner riesigen Dimension wohl eindrucksvollsten Zeugnis reformatorischer Herrschaftsrepräsentation, dem heute im Pommerschen Landesmuseum in Greifswald ausgestellten, etwa dreißig Quadratmeter großen sogenannten Croÿ-Teppich von 1554 (Abb. 8), befand sich ursprünglich eine solche Taufszene, die jedoch zu einem nicht bekannten Zeitpunkt herausgetrennt und dann später durch ein Schriftfeld ersetzt wurde.[30]

Dieser Bildteppich zeigt auf der linken Seite die Dynastie der ernestinischen Wettiner mit den drei Kurfürsten Luthers, links beginnend Friedrich der Weise, Johann der Beständige und Johann Friedrich, und auf der rechten Seite das pommersche Fürs-

tenhaus, darüber in der Mitte auf der Kanzel Martin Luther als Prediger. Im Hintergrund der Fürstengruppen sind die Köpfe von Melanchthon und Bugenhagen zu erkennen; wie Luther sind sie mit dunkler Schaube und Barett bekleidet dargestellt. Den Ernestinern ist der Ehrenplatz zur Rechten des sich ihnen zuwendenden Predigers eingeräumt – sie gelten als Erstlinge unter den Fürstenhäusern der Reformation, die pommerschen Herzöge haben hingegen eine nur abgeleitete reformatorische Dignität, die im Bildprogramm des Croÿ-Teppichs auf zweierlei zurückgeführt wird: zum einen auf ihre Verwandtschaft mit den Ernestinern, denn in der Mitte befinden sich Philipp von Sachsen, der Auftraggeber des Gobelins, und Maria von Sachsen, Halbschwester Johann Friedrichs, deren Ehe 1536 durch Luther in Torgau geschlossen worden war; zum anderen auf die Autorität des pommerschen Reformators Bugenhagen, der als Wittenberger Gesandter nach Pommern kam, um dort die Reformation einzuführen, und dessen Portrait ihrer Dynastie zugeordnet ist.

Im Gefolge von oder in Kombination mit Fürstenportraits blieb Luthers Portrait in vielfältigen Varianten bis in den Dreißigjährigen Krieg hinein in der lutherischen Herrschaftsrepräsentation allgegenwärtig. In politischen Situationen, in denen erhöhter Legitimationsbedarf bestand, lässt sich eine Intensivierung dieser Form der Herrschaftsrepräsentation beobachten – etwa wenn nach dem Tod eines kinderlosen Herrschers die dynastische Kontinuität behauptet werden musste;[31] wenn konkurrierende Ansprüche die gemeinsame Herrschaft von Brüdern oder eine Herrschaftsteilung notwendig machten;[32] oder auch, wenn ein verlorener Herrschaftstitel kompensiert werden musste – wie bei den Ernestinern, die im Schmalkaldischen Krieg den Kurfürstentitel verloren hatten. Mit ihnen hatte die Bildtradition in Torgau begonnen und sie führten sie auch besonders intensiv fort: Wie einen Dynastiepatron ordneten sie Martin Luther in der 1641 erstmals und danach in etlichen Auflagen erschienenen sogenannten Kurfürstenbibel in die Ahnenreihe von lutherischen Glaubenszeugen ihrer Dynastie ein. Eine Reihe von zwölf Kupferstichen, die zwischen der Vorrede und dem Beginn des Alten Testaments eingebunden ist, zeigt in chronologischer Folge elf ernestinische Vorkämpfer der Reformation von Friedrich dem Weisen bis zu den zu Märtyrern stilisierten Gefallenen des Dreißigjährigen Krieges. An zwölfter Stelle wird dieser Gruppe, die in der Zwölfzahl an die Stammväter Israels und an die Jünger Jesu erinnert, ein Bild

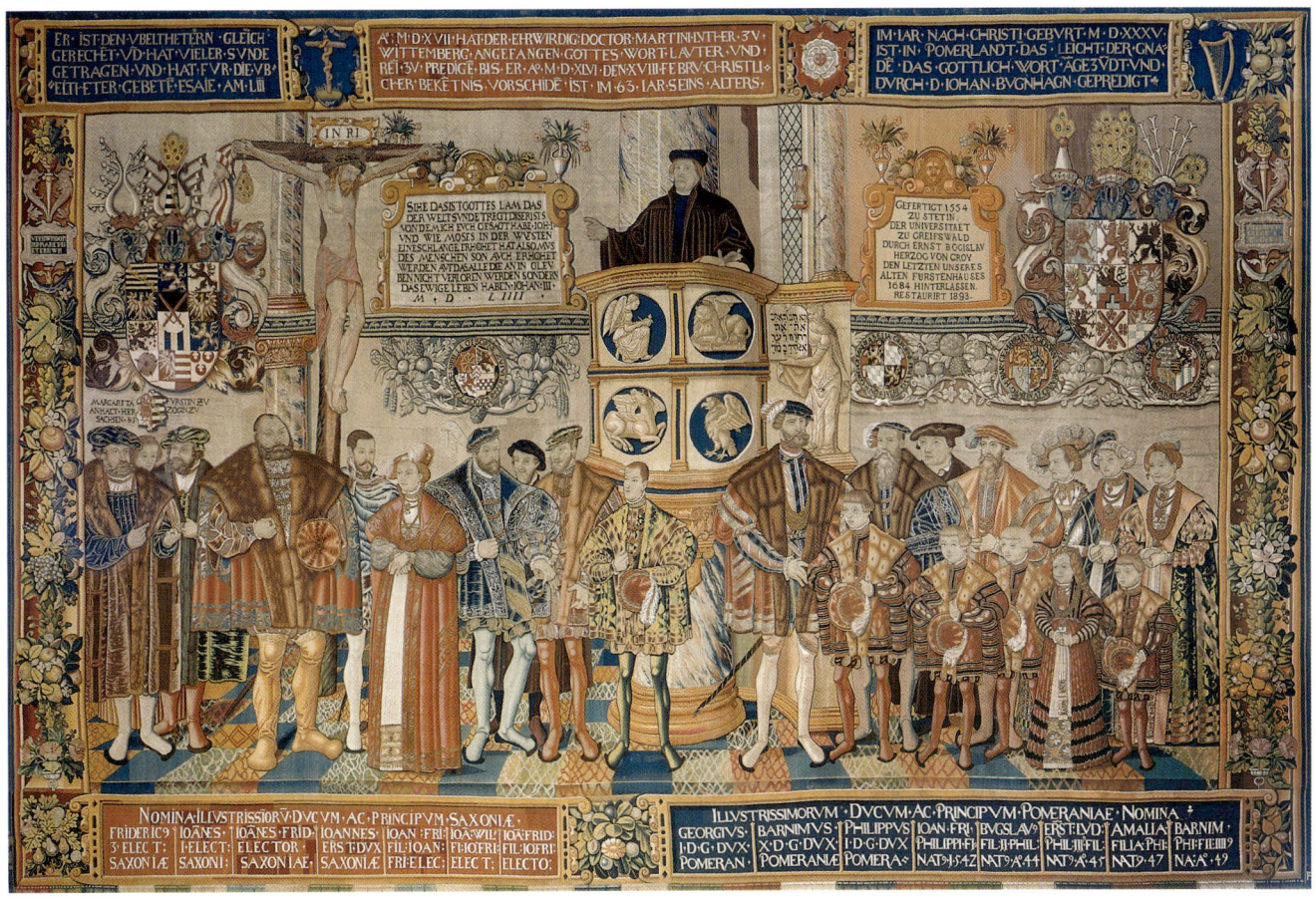

Abb. 8 | Croÿ-Teppich, Peter Heymans (Wirker), um 1554, Basselisse-Wirktechnik, 446 cm × 690 cm,
Akademische Kunstsammlung der Ernst-Moritz-Arndt-Universität Greifswald, Kustodie, Inv.-Nr. KU000006

des Figurengrabsteins für Luther zugeordnet, den die Ernestiner nach dem Verlust des Kurkreises Wittenberg wie ein Unterpfand ihrer Alleinzuständigkeit für die Reformation mit in das ihnen verbliebene Restterritorium überführt und 1571 in der Stadtkirche ihrer Universitätsstadt Jena aufgestellt hatten.[33] In Form von Einzelblättern wanderten diese Drucke vielfach in Kupferstichsammlungen. Noch im 17. und 18. Jahrhundert wurde auf diese Weise an die exklusive Bedeutung der Ernestiner für die Reformation und ihre Verteidigung bis in die Auseinandersetzungen des Dreißigjährigen Krieges hinein erinnert. In der in Schloss Hartenfels begründeten Tradition der Darstellung der Union von

Luther und den Fürsten wird ein Herrschaftsbild visuell erfahrbar, das nicht nur die ernestinische, sondern insgesamt die lutherische Politik im Zeitalter der Konfessionalisierung bestimmte. Luther und die Wittenberger Mitreformatoren wurden dafür staatlich vereinnahmt. Ihre Predigt erhielt einen dem Grundgesetz ähnlichen Status: Ihr wurde eine jeder weltlichen Herrschaft vorgeordnete und diese bindende Autorität zugeschrieben. Aus der engen Verbundenheit mit den Wittenberger Reformatoren bezogen die Fürsten ihre Herrschaftslegitimation, ihre sakrale Dignität und zugleich den Anspruch auf höchsten Rang und entsprechendes Ansehen unter den Regenten ihrer Zeit.

ANMERKUNGEN

1 Ob es sich bei dem dargestellten Kurfürsten um Johann den Beständigen oder um seinen Sohn Johann Friedrich handelt, ist umstritten: Während Dieter Koepplin und Carl Christensen für Johann d. B. plädierten (vgl. Luther und die Reformation in Deutschland, Ausst.-Kat. Nürnberg 1983, S. 369; Carl C. Christensen, Princes and Propaganda: Electoral Saxon Art of the Reformation, Kirksville/Missouri 1992, S. 47), wird er sonst meist mit dessen Sohn identifiziert (z. B. Eike Wolgast, Die Wittenberger Luther-Ausgabe, Nieuwkoop 1971, Sp. 207; Hans Volz, Hundert Jahre Wittenberger Bibeldruck 1522–1626, Göttingen 1954, S. 85; Oskar Thulin, Bilder der Reformation: Aus den Sammlungen der Lutherhalle in Wittenberg, Berlin 1967, S. 74). **| 2** Als ältester Figurengrabstein mit Portraitzügen gilt das 1272 fertiggestellte Monument für Papst Clemens IV. (gest. 1268) in Viterbo. Zur Tradition der Figurengrabsteine vgl. Harald Keller, Die Entstehung des Bildnisses am Ende des Hochmittelalters, in: Römisches Jahrbuch für Kunstgeschichte 3 (1939), S. 227–354; Erwin Panofsky, Grabplastik, Köln 1964; Kurt Bauch, Mittelalterliche Grabbilder, Berlin/New York 1976; Hans Körner, Grabmonumente des Mittelalters, Darmstadt 1997. **| 3** Vgl. Meinrad Pizzini (Hrsg.), Das Bildnis Kaiser Maximilians I. auf Medaillen und Münzen, Ausst.-Kat. Tiroler Landesmuseum Ferdinandeum Innsbruck, Innsbruck 1992; Friedrich Polleroß, Kaiser Maximilian I. im Porträt, in: Maximilian I. und die Kunst der Dürerzeit, Ausst.-Kat. der Albertina Wien, München 2012, S. 101–115. **| 4** Zur Baugeschichte von Schloss Hartenfels vgl. Peter Findeisen/Heinrich Magirius, Die Denkmale der Stadt Torgau, Leipzig 1976, S. 105–219, hier bes. S. 138–195; Hans-Joachim Krause, Die Schlosskapelle in Torgau, in: Glaube und Macht. Sachsen im Europa der Reformationszeit. Aufsätze, hrsg. von Harald Marx und Cecilie Hollberg, Ausst.-Kat. Dresden 2004, S. 175–188; Steffen Delang, Schloss Hartenfels in Torgau, Leipzig 2008. **| 5** Sein Wappen befindet sich in der Mitte, links und rechts davon die Wappen seiner je acht mütterlichen und väterlichen Ururgroßeltern. **| 6** Der große Saal wurde in den mitteldeutschen Schlössern prinzipiell nicht zur täglichen Nutzung, sondern ausschließlich für Feste, Taufen, Hochzeiten u. Ä. verwendet, vgl. Stephan Hoppe, Die funktionale und räumliche Struktur des frühen Schlossbaus in Mitteldeutschland 1470–1570, Köln 1996, S. 427–433. **| 7** Irene Roch-Lemmer, Die Fürstenbildnisse am Wolfgangbau des anhaltischen Schlosses Bernburg, in: Werner Freitag/Michael Hecht (Hrsg.), Die Fürsten von Anhalt. Herrschaftssymbolik, dynastische Vernunft und politische Konzepte in Spätmittelalter und Früher Neuzeit, S. 144–159, hier S. 155. Auch Findeisen und Magirius erkannten das Ungewöhnliche der Darstellung, sahen von einem konkreten Identifikationsvorschlag jedoch ab, vgl. Findeisen/Magirius, Denkmale Torgaus (wie Anm. 4), S. 178 f. und Abb. 140. **| 8** In Gemäldeform ist die Trias in der Hamburger Kunsthalle, im Museum auf der Wartburg und im Germanischen Nationalmuseum überliefert, vgl. Christensen, Princes and Propaganda (wie Anm. 1), hier S. 46 f. **| 9** Toledo Museum of Art, Gift of Edward Drummond Libbey, Acc.-No. 1926.55. 72,8 × 39,7 cm, vgl. Glaube und Macht (wie Anm. 4), S. 148. Vermutlich gab es eine Reihe ähnlicher Darstellungen, die jedoch nicht überliefert sind. Im »Verzeichnis der taffeln und gemalter tucher, welche Lucas mahler von Wittenberk anher [nach Weimar] geschickt von 1548« wird ein Leinwandbild erwähnt, auf dem ebenfalls Johann Friedrich mit seinen Räten zu sehen war, unter denen sich auch die Theologen befunden haben könnten: »ein groß gemahlt tuch, darauff mein genedigster elter her und etzliche seiner gnaden rethe conterfedt sein, welchs zu Lichtenberk gewest« (Wilhelm Junius, Aus der Gefangenschaft des Kurfürsten Johann Friedrich von Sachsen, in: Zeitschrift des Vereins für Thüringische Geschichte und Altertumskunde NF 26 (= Ganze Folge 34) (1926), S. 226–260, hier S. 233). Ein ähnliches Bildformular findet sich auch in der Pfinzingbibel, einer 1561 gedruckten, 1564–1569 von dem Nürnberger Patrizier Martin Pfinzing d. J. angelegten und nachausgestatteten Familienbibel, auf einem in den Innendeckel des zweiten Bandes eingeklebten Blatt (Maria Deiters, Die Familie in der Bibel: Lutherische Bibelrezeption und Bildpraxis am Beispiel der Nürnberger Patrizierfamilie Pfinzing, in: Maria Deiters/Evelin Wetter, Bild und Konfession im

östlichen Mitteleuropa, Ostfildern 2013, S. 283–402, hier 291 f.): Johann Friedrich ist hier von fünf theologischen Beratern umgeben (v. l. n. r.: unidentifiziert, Melanchthon, Bugenhagen, Caspar Cruciger, Luther). Ein Kupferstich von Paul Troschel aus dem 17. Jahrhundert, der auf eine nicht überlieferte Vorlage von Lucas Cranach d. J. zurückgehen könnte, wendet das Thema sakramental, indem er Johann Friedrich wie Jesus mit seinen Jüngern am Tisch mit zwölf Räten unter einer Weinlaube zeigt (Glaube und Macht. Katalog, wie oben, Nr. 443, S. 282). Die Figur des Rates, Inbegriff neuer Staatlichkeit, ist auch auf einem der Reliefs des Goldenen Dachls in Innsbruck zusammen mit König Maximilian dargestellt (vgl. Luther und die Reformation in Deutschland, Ausst.-Kat. Nürnberg 1983, Nr. 173, S. 147). **| 10** Aus derselben Zeit wie das Relief stammten auch die nicht überlieferten Bildnisse der Reformatoren Luther und Bugenhagen im Fürstenstuhl in der Dessauer Marienkirche. Sebastian Adam, ein Mitarbeiter der Cranach-Werkstatt, der auch bei der Ausmalung von Schloss Hartenfels in Torgau mitgewirkt hatte, signierte sie mit seinem Monogramm AS und versah sie mit der Datierung »1537«, vgl. Franz Büttner Pfänner zu Thal, Anhalts Bau- und Kunst-Denkmäler, Dessau-Leipzig 1892, S. 343. Zu Sebastian Adam vgl. Heino von Basedow, Die Schloss- und Stadtkirche zu St. Marien in Dessau, Halle 1923, ND Dessau 1993, S. 94. Luther, Melanchthon und Bugenhagen wurden auch in der zweiten Hälfte des 16. Jahrhunderts häufiger als Trias dargestellt, etwa auf der Kanzelrückwand der Greifswalder Marienkirche von 1587, vgl. Die Inschriften der Stadt Greifswald, ges. u. bearb. von Jürgen Herold und Christine Magin (Deutsche Inschriften 77, Göttinger Reihe 14), Wiesbaden 2009, Nr. 256 (URL: www.inschriften.net, urn:nbn:de:0238-di077g014k0025602 , abgerufen am 3.11.2014), und an der Kanzel der Petrikirche in Seehausen von 1558 (nicht überliefert), vgl. Ernst Haetge, Die Kunstdenkmale der Provinz Sachsen 4, Der Kreis Osterburg, Burg b. Magdeburg 1938, S. 300, 302; Johann Christoph Beckmann, Historie des Fürstenthums Anhalt, Zerbst 1710 (VD18 11368241), 5. Kap. S. 14. **| 11** Die heutige Präsentation des Portalaufbaus folgt der Rekonstruktion von Findeisen, vgl. Peter Findeisen, Zur Struktur des Johann-Friedrich-Baues im Schloß Hartenfels zu Torgau, in: Sächsische Heimatblätter 20 (1974), S. 1–12, hier S. 6–8. Er beschrieb auch erstmals die Reformatorenreliefs auf den das Portal rahmenden Säulchen, vgl. ebd., S. 5. Im Jahr 1535 wurden dem Drechsler Heinrich Überreich drei Groschen für die beiden Scheiben, »darauf Martinus und Philippus abkonterfeyt sein« (wohl die Holzmodelle für die Terrakottaabformungen), gezahlt. Das Melanchthon-Relief ist beschädigt und kann daher nur durch seine Zugehörigkeit zum gut erhaltenen Luther-Relief identifiziert werden, vgl. Peter Findeisen, Der Große Wendelstein des Schlosses Hartenfels, in: Glaube und Macht (wie Anm. 4), Aufsätze, S. 205–219, hier S. 211–214. **| 12** Zur Büste Fiorentinos (mit der älteren Literatur) vgl. Gesichter der Renaissance, hrsg. von Keith Christiansen und Stefan Weppelmann, Ausst.-Kat. München 2011, Kat. 108, S. 267 f. **| 13** Zum Bild der Apostel als Säulen der Kirche vgl. Bruno Reudenbach, Säule und Apostel. Überlegungen zum Verhältnis von Architektur und architekturexegetischer Literatur im Mittelalter, in: Frühmittelalterliche Studien 14 (1984), S. 310–351. **| 14** Vgl. Matthias Müller, Das Schloss als Bild des Fürsten. Herrschaftliche Metaphorik in der Residenzarchitektur des Alten Reiches (1470–1618), Göttingen 2004, S. 208. **| 15** Zitiert nach Hoppe, Schlossbau (wie Anm. 6), S. 173. **| 16** So beispielsweise auf der Bronzegrabplatte Johann Ciceros im Berliner Dom, vgl. Sven Hauschke, Grabmäler der Nürnberger Vischer-Werkstatt für die Hohenzollern, in: Cranach und die Kunst der Renaissance unter den Hohenzollern. Kirche, Hof und Stadtkultur, Berlin u.a. 2009, S. 126–135. **| 17** Die älteste gesicherte Bildnismedaille von Luther stammt von 1521 (Monogrammist HG, Luther mit Doktorhut im Profil, nach Lucas Cranachs Kupferstich aus demselben Jahr), vgl. Wettstreit in Erz. Porträtmedaillen der deutschen Renaissance, hrsg. von Walter Cupperi u. a., Ausst.-Kat. München 2013, Nr. 88, S. 190; zur Flut der Luthermedaillen und der Luther-Melanchthon-Medaille vgl. Rainer Grund, Die Medaille als Medium in der Reformationszeit, in: ebd., S. 59–67, hier S. 59–61;

Margildis Schlüter, Münzen und Medaillen zur Reformation. 16. bis 20. Jahrhundert. Aus dem Besitz des Kestner-Museums Hannover, Hannover 1983, bes. S. 28. | **18** Vgl. zur Schlosskapelle und ihrer Ausstattung Krause, Schlosskapelle Torgau (wie Anm. 4); Findeisen/Magirius, Denkmale Torgau (wie Anm. 4), S. 188-195; Gabriele Wimböck, Macht des Raumes, Raum des Bildes: Die Ausstattung der Schlosskirche von Torgau, in: Enno Bünz/Stefan Rhein/Günther Wartenberg, Glaube und Macht. Theologie, Politik und Kunst im Jahrhundert der Reformation (Schriften der Stiftung Luthergedenkstätten in Sachsen-Anhalt 5), Leipzig 2005, S. 233–264. | **19** »Extructum est hoc templum anno a natali Christi MDXXXXIIII ab illustrissimo principe et D.D. Ioannes Friderico electore zc / duce Saxoniae. Landgravio Thuringiae./marchione Misnae et burggravio Magdeburgensi. / Qua Deus aeternae dat nobis gaudia vitae / vult evangelii vox ut ubique sonnet / ac hominum mandat coetus in templa vocari / addant ut studiis vota ibi vera piis / Ioannes ideo princeps Fridericus ab alto / nobile Saxonico sanguine stemma trahens / possit ut hic etiam Christi doctrina doceri / hoc templum patria iussit in urbe strui / iam quia Saxonica deus e ditione renasci / de nato voluit dogmata vera suo. / Prima Deo hic posita est puris affectibus aedes / omnia quae merito vincere templa potest / quotquot adhuc etenim vel totus continet orbis / Auspiciis papae structa fuere malis / degener hoc nunquam doctrinae polluit usus. / Utque novum est pura sic pietate viget / primus. Vera docens habito hic sermone Lutherus / principium a Christi dogmate dulce dedit / laus tibi summe deus. Tibi sit pie gratia princeps / qui non intrepide quod iubet ille facis / sit tua Criste tibi lugens ecclesia cure / quae tremit in medio ceu vaga cimba freto / da pacem defende tuos. Tibi semper ut omnis / posteritas laudes hic et ubique cantat.«, zitiert nach: Findeisen/Magirius, Denkmale Torgau (wie Anm. 4), S. 193; Übersetzung bei Wimböck, Macht des Raumes (wie Anm. 18), hier S. 263 f. Die Bronzetafel wurde bei Wolf und Oswald Hilger in Freiberg gegossen, vgl. Krause, Schlosskapelle Torgau (wie Anm. 4), hier S. 184–188, sowie Findeisen/Magirius, Denkmale Torgau (wie Anm. 4), S. 193 f. Das Elias-Gemälde mit dem deutschen Gedicht befand sich nach einem Zeugnis von 1560 »gegen uber« der Kanzel (im Reisetagebuch von Tilemann Stella von 1560 im Landeshauptarchiv Schwerin). Bei der bei Luther erwähnten Eliastafel neben dem Predigtstuhl, »iuxta ambonem«, handelt es sich Krause zufolge um ein Vorgängergemälde, das auf Leinwand gemalt und durch das spätere Tafelbild ersetzt wurde, vgl. WA TR 5, 1919, Nr. 6396, S. 640 f. (dort auch der Text des deutschen Gedichts) sowie Hans-Joachim Krause, Cranachs Bildausstattung der Torgauer Schloßkapelle: eine Rekonstruktion, in: Zeitschrift des deutschen Vereins für Kunstwissenschaft 65 (2011), S. 177–214, hier S. 179–189. Die Bronzetafel befand sich links neben dem Altar, vgl. ebd., S. 186. Als Bildzeugnis der Etablierung einer lutherischen Memorialgemeinschaft bei Susan R. Boettcher, Late Sixteenth-Century Lutherans: A Community of Memory, in: Defining Community in Early Modern Europe, hrsg. von Karen Spierling und Michael Halvorsen, Surrey 2008, S. 121–141, hier S. 132 f. | **20** Cranach wurde Ende Januar 1545 dafür bezahlt, vgl. Krause, Schlosskapelle Torgau (wie Anm. 4), S. 186. | **21** Zur mimetischen Qualität frühneuzeitlicher Portraits als Wahrheitskriterium grundlegend Klaus Niehr, Verae imagines – Über eine Abbildqualität in der frühen Neuzeit, in: Frank Büttner/Gabriele Wimböck (Hrsg.), Das Bild als Autorität. Die normierende Kraft des Bildes, Münster 2004, S. 261–302. | **22** Ain Sermon Durch Doctor Martinus Luther Ecclesiastes zu Wittemberg Gepredigt von dem Euangelium Jhesus ward vom Gayst in die Wuesten gefuert, Augsburg: Melchior Rammiger 1524 (VD16 L 6181). | **23** Johannes Cochlaeus, Sieben Köpffe Martini Luthers Vom Hochwirdigen Sacrament des Altars, Leipzig: Valentin Schumann 1529 (VD16 C 4391). | **24** Hans Fugger sammelte solche Papstmedaillen; bis 1581 hatte er angeblich 234 Stück zusammengetragen, vgl. Ulrich Pfisterer, Wettstreit der Köpfe und Künste. Repräsentation, Reproduktion und das neue Bildmedium der Medaille nördlich der Alpen, in: Wettstreit in Erz (wie Anm. 17), S. 15–27, hier bes. S. 15. | **25** Hierzu zuletzt ausführlich Krause, Cranachs Bildausstattung (wie Anm. 19), S. 179–188. | **26** Bei

dem Gemälde handelt es sich vermutlich um das auf 1545 datierte in der Gemäldegalerie Alte Meister in Dresden, vgl. Glaube und Macht (wie Anm. 4), S. 27–32; Cranach, hrsg. von Harald Marx/Ingrid Mössinger. Ausst.-Kat. Dresden 2005, S. 236–245 (mit der älteren Literatur). | **27** Luther wurde schon vor 1520 mit dem Dritten Elias identifiziert, der nach Johannes dem Täufer – dem Zweiten Elias – als endzeitlicher Vorläufer des wiederkommenden Christus galt. Dieser wird bei Mal 5,4 angekündigt und üblicherweise mit einem der Propheten identifiziert, die in Apk 11,3–7 gegen den Antichrist kämpfen. Luther selbst distanzierte sich zwar davon, wurde aber weiterhin sowohl in Texten als auch in Bildern als Elias dargestellt, vgl. Hans Volz, Die Lutherpredigten des Johannes Mathesius. Kritische Untersuchung zur Geschichteschreibung im Zeitalter der Reformation, Leipzig 1930, S. 63–68; Hans-Ulrich Hofmann, Luther und die Johannes-Apokalypse: Dargestellt im Rahmen der Auslegungsgeschichte des letzten Buches der Bibel und im Zusammenhang der theologischen Entwicklung des Reformators, Tübingen 1982, Exkurs I, S. 656–661; Matthias Pohlig, Zwischen Gelehrsamkeit und konfessioneller Identitätsstiftung, Tübingen 2007, S. 103–105. | **28** Erstmals findet sich dies in einem ähnlichen Holzschnitt, bei dem das Bild den Titel rahmt und um Evangelistenmedaillons und einen Himmel voller Wolken und Putten erweitert ist, 1545 auf dem Titelblatt des ersten Bandes von Luthers gesammelten lateinischen Werken (abgebildet bei Christensen, Princes and Propaganda [wie Anm. 1], S. 50), später in der Variante von Abb. 1 immer wieder in verschiedenen Bänden derselben Werkausgabe (Bd. 2: 1548: Bd. 3: 1550; Bd. 8: 1556; Bd. 12: 1559); im Jahr 1546 auf dem Titelblatt des wiedergedruckten Neuen Testaments (Abb. 1) sowie in zahlreichen späteren Auflagen, z. B. Wittenberg 1569. Eine weitere Variante von Abb. 1 wird seit 1547 in weiteren Bänden der Ausgabe von Luthers gesammelten deutschen Schriften als Titelholzschnitt verwendet (Bd. 4: 1551, 5: 1552, 6: 1553, 7: 1554, 9: 1557, 10: 1558, 11: 1558; vgl. die Abb. bei Christensen, Princes and Propaganda [wie Anm. 1], S. 52). | **29** Die Taufe Christi im Jagdschloss Grunewald in Berlin von 1556 gehörte möglicherweise ursprünglich auch zu einem Epitaph; vgl. außerdem Bugenhagens Epitaph in der Wittenberger Stadtkirche von 1560, die linke Flügelinnenseite des Kemberger Altars von 1565 sowie das Epitaph für Wolfgang von Anhalt-Köthen in der Kirche St. Bartholomäi in Zerbst von 1568. | **30** Zum Croÿ-Teppich zuletzt: Heimo Reinitzer, Tapetum Concordiae. Peter Heymans Bildteppich für Philipp I. von Pommern und die Tradition der von Mose getragenen Kanzeln, Berlin 2012; zur verlorenen Taufe Christi ebd., S. 54–61; in der Veste Coburg hat sich ebenfalls ein Bildteppich mit einer Taufe Christi erhalten, der um 1620 entstand (Inv.-Nr.: Gr.Kat. XX,4). | **31** Dies gilt beispielsweise für die Herrschaftsübergabe von Wolfgang von Anhalt an seine Neffen, die 1568 bei Lucas Cranach d. J. ein großformatiges Epitaphgemälde für die Begräbniskirche St. Bartholomäi in Zerbst in Auftrag gaben, das die Taufe Christi mit Reformatoren und Fürsten zeigt, um ihre Herrschaftslegitimation zu dokumentieren, vgl. hierzu Ruth Slenczka, Politische Porträtkultur im Dienst der Konfessionalisierung. Die Zerbster Taufe Christi (1568) von Lukas Cranach d. J., in: Eva Krems/Sigrid Ruby, Das Porträt als kulturelle Praxis, Berlin 2015 (i. E.). | **32** Dies war beispielsweise bei der Bruderherrschaft der ernestinischen Halbbrüder Johann Friedrich und Ernst der Fall, die daher auch im Torgauer Baudekor gemeinsam repräsentiert werden. | **33** Nachgewiesen sind 13 Auflagen des Kupferstichzyklus mit der Grabplatte Luthers (1641, 1643/44, 1649, 1652/53, 1662, 1670, 1686, 1692, 1700, 1703, 1708, 1720, 1736); ab der Ausgabe von 1747 wird ein anderes Lutherbild verwendet. Zur Kurfürstenbibel vgl. Hermann Oertel, Die Frankfurter Feyerabend-Bibeln und die Nürnberger Endter-Bibeln, in: Mitteilungen des Vereins für Geschichte der Stadt Nürnberg 70 (1983), S. 75–116; Peter Fleischmann (Hrsg.), Norenberc – Nürnberg 1050 bis 1806. Eine Ausstellung des Staatsarchivs Nürnberg zur Geschichte der Reichsstadt. Der Staatlichen Archive Bayerns 41, Ausst.-Kat. München 2000, S. 226 f.; Hans Ottomeyer u. a. (Hrsg.), Heiliges Römisches Reich Deutscher Nationen 962–1806. Altes Reich und Neue Staaten 1495–1806, Kulturhistorisches Museum Magdeburg und Deutsches Historisches Museum Berlin, Ausst.-Kat. Dresden 2006, S. 61.

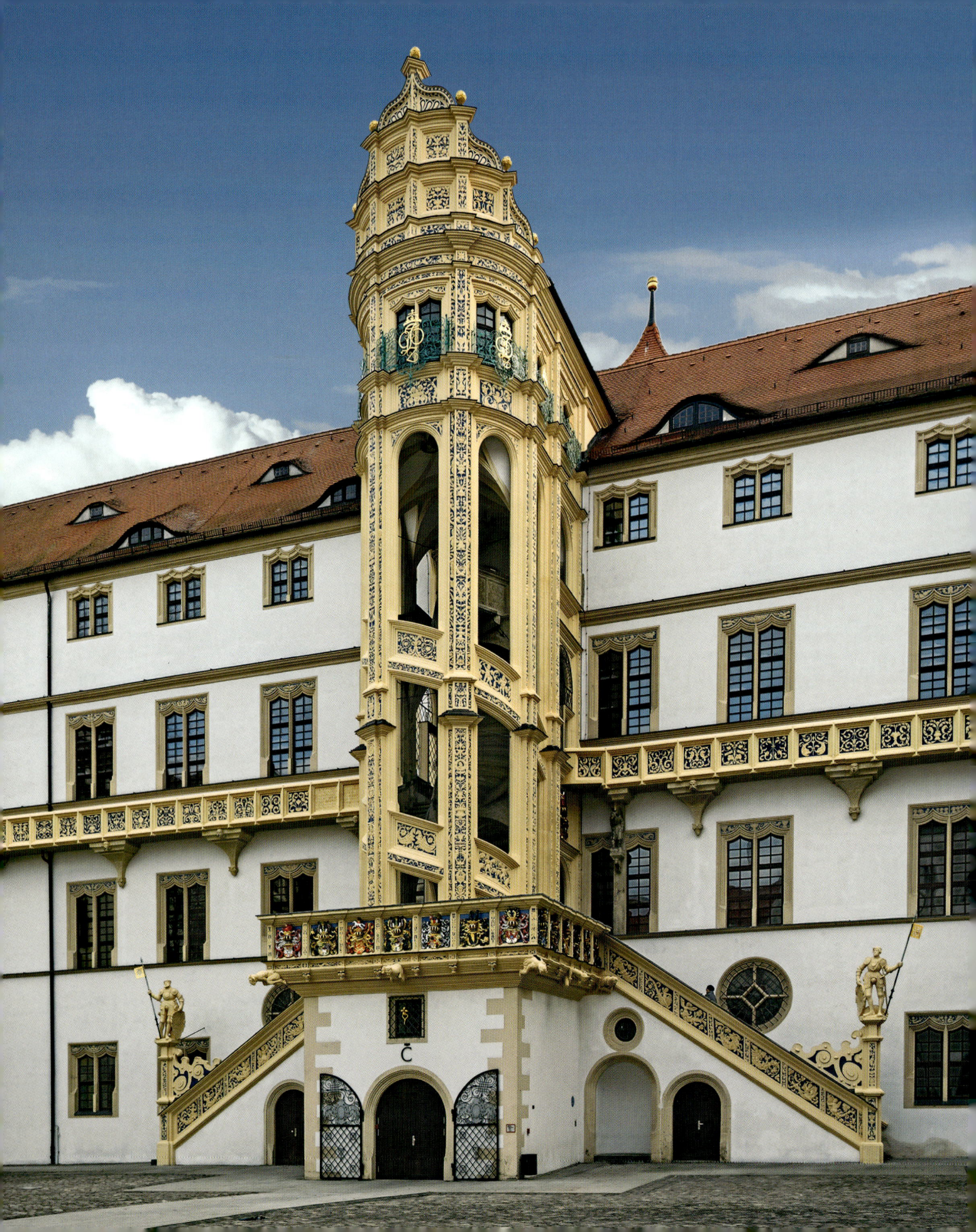

STEFFEN DELANG

SCHLOSS HARTENFELS IN TORGAU UND DAS RESIDENZSCHLOSS DRESDEN

VERGLEICHENDE BETRACHTUNGEN ZUR BAUSTRUKTUR

Der eindrucksvollen Reihe bedeutender sächsischer Bauten aus der entwicklungsgeschichtlichen Frühzeit des Bautyps Schloss hat sich die Wissenschaft in den letzten Jahrzehnten vielfach gewidmet. Herausgearbeitet ist auch der entscheidende Beitrag, der vom mitteldeutschen Bereich und insbesondere vom Herrschaftsgebiet der Wettiner für die Ausbildung einer deutschen Schlossbaukunst ausging – und längst sind die Bauwerke wie das Rochlitzer Schloss, die Meißner Albrechtsburg, die Sachsenburg bei Frankenberg, die Schlösser in Wurzen, Trebsen, Wittenberg, Torgau, Dresden und Augustusburg bekannt gemacht worden und gelten als einzigartige und über die Region hinausweisende Zeugnisse sächsischer Kultur und Kunst.[1] Auch die Grundlagen dieser Entwicklung, der infolge der außerordentlichen Wirtschaftskraft fortgeschrittene Stand einer von frühbürgerlichen Elementen geprägten Feudalgesellschaft mit Anfängen einer territorialstaatlichen Konstitution, konnte in all seiner Vielfältigkeit und Widersprüchlichkeit hinreichend beschrieben werden.

Bezüglich des Dresdner Residenzschloss-Neubaus des Kurfürsten Moritz ist in zahlreichen Publikationen der Frage künstlerischer und stilistischer, aber auch architektonisch-raumbildnerischer Anregungen und Einflüsse nachgegangen worden, die für die Gestaltwerdung des Bauwerkes maßgeblich waren.[2] Hier sind in erster Linie Einflüsse der französischen Schlossbaukunst angeführt worden, die in dieser Zeit den höchsten Entwicklungsstand in Europa erreicht hatte und an allen Fürstenhöfen als vorbildlich galt, aber auch die Anregungen aus Italien, die vor allem stilistische und formale Belange der baukünstlerischen Gestaltung nachhaltig beeinflussten. Aber wie solche Gedanken zwischen den Residenzorten vermittelt wurden, ist oft nur am Rande be-

dacht worden. Das hat freilich seine Ursache darin, dass viele Anregungen und Vermittlungen nicht quellenmäßig fassbar oder noch nicht aufbereitet sind. Am ehesten lassen sich Verbindungen dort nachvollziehen, wo Künstler oder Handwerker ausgetauscht wurden.

Kaum beachtet wurden bisher die Verbindungen, die sich zwischen Torgau und Dresden ergaben, den Hauptresidenzorten der beiden Linien der Wettiner. Es muss davon ausgegangen werden, dass trotz aller trennenden Momente zwischen den verwandten Herrscherfamilien untereinander ein sehr reger Austausch erfolgte, gegenseitige Besuche stattfanden, Prinzen zur Erziehung übergeben und Gespräche über wirtschaftliche und politische Fragen, aber auch über bauliche Unternehmungen geführt wurden.[3] Und es herrschte nach der Leipziger Teilung von 1485 zunächst keineswegs Feindschaft zwischen den Linien, auch wenn unterschiedliche Machtansprüche gelegentlich zu Konflikten führten. Erst nach dem Beginn der lutherischen Reformation und damit der konfessionellen Spaltung verschärften sich die Gegensätze und führten dann im Schmalkaldischen Krieg zur Feindschaft mit nachhaltigen Folgen.[4]

Aber genau diese Zeit der Reformation, als die ernestinischen Kurfürsten in der Krise der römischen Kirche und der aus ihr hervorgehenden Emanzipationsbewegung eine Chance zur Machterweiterung erkannten, die albertinischen Herzöge sich hingegen zu den Sachwaltern und Verteidigern des alten Glaubens berufen fühlten, war entscheidend für die baulich-architektonische und künstlerische Prägung der Schlossbauten in den jeweiligen Resi-

Abb. 1 | Torgau, Schloss Hartenfels: Hofansicht mit Wendelstein

171

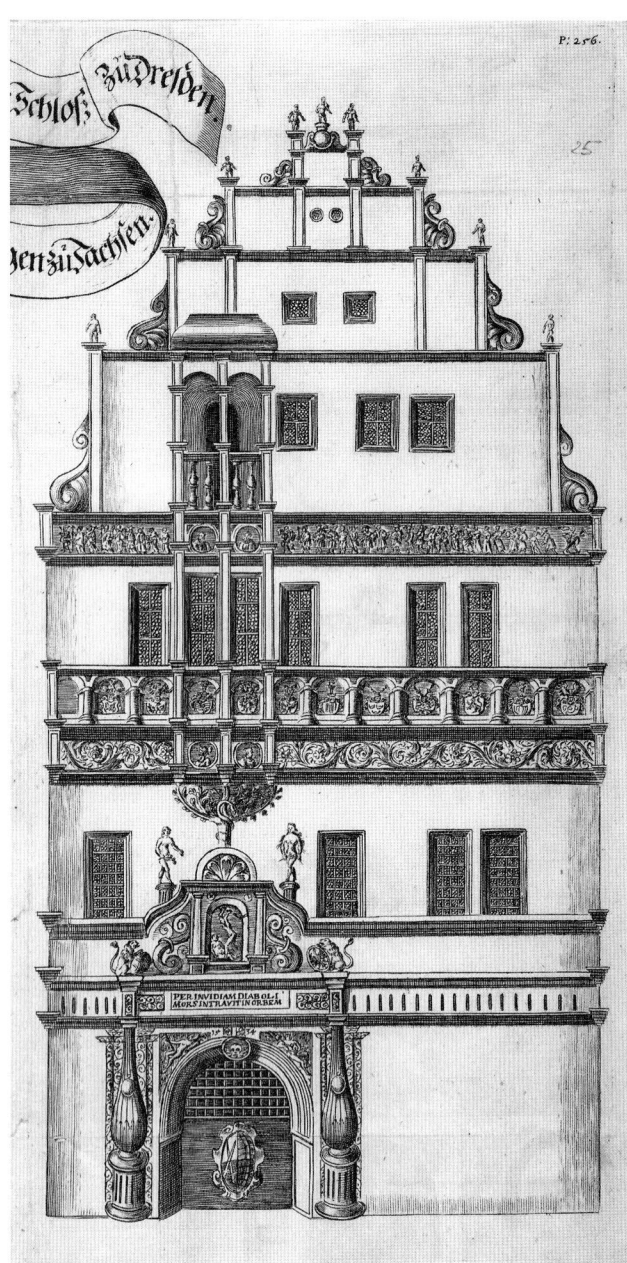

Abb. 2 | Dresden, Georgenbau im 17. Jh., Kupferstich aus: Antonius Weck, Der Chur-Fürstlichen Sächsischen weitberuffenen Residentz- und Haupt-Vestung Dresden Beschreib- und Vorstellung, Nürnberg 1680, Ex. SLUB Dresden, Sign. 2009 8 059693.

denzen. Diese Neubauten oder baulichen Erweiterungen wurden Repräsentationsobjekte in einer bis dahin unbekannten Intensität. Mit allen Mitteln modernster Raumbildung und mit modernstem künstlerischem Formenrepertoire suchte man nach möglichst glanzvoller Ausstattung der neuen Wohn- und Festgebäude. Und mehr noch, sie wurden zur Folie weltanschaulicher und politischer Bekenntnisse.

Mit den nahezu gleichzeitig entstandenen, um 1533 begonnenen Bauwerken, dem Georgenbau des Dresdner Schlosses und dem Johann-Friedrich-Bau in Torgau, hatte sich die frühneuzeitliche Schlossbaukunst endgültig etabliert, war der Typus Schloss als Wohn- und Repräsentationsbau territorialstaatlicher Herrscher ausgeprägt, ohne allerdings bereits alle Merkmale seiner Herkunft vom mittelalterlichen Burgenbau abgelegt zu haben. In gegenüber mittelalterlichen Gepflogenheiten völlig veränderten und großzügigen Dimensionen wurde geplant, ein bislang unbekanntes, differenziertes Raumangebot für herrschaftliches Wohnen und Regieren geschaffen und unter dem Einstrom neuer, vorwiegend der italienischen Kultur entlehnter künstlerischer Formen ein repräsentatives Gesamtkunstwerk entwickelt, das fürstliche Macht und deren Legitimation, Tugend, Stand und Bildung in einem weltläufigen und von humanistischer Bildung getragenen Glanz erstrahlen ließ. Dem neuen Herrschertypus sollten moderne Bauten Raum für seine Machtausübung und die Repräsentation seines Standes bieten und nicht zuletzt seine Legitimation anschaulich vor Augen führen.

In Torgau hatte 1532 der junge Johann Friedrich nach dem Tod seines Vaters, Kurfürst Johann, die Herrschaft über die sächsischen Kurlande angetreten. Während sein Onkel Friedrich der Weise Luther und die Reformatoren lediglich gewähren ließ, erkannte sein Vater die neuen politischen Möglichkeiten und legte den Grundstein für ein dem evangelischen Glauben verpflichtetes Kurfürstentum, in dessen Verwaltung die reformierte Kirche integriert werden sollte. Johann Friedrich empfand sich, nachdem sich die konfessionellen Spannungen verschärft hatten, Auseinandersetzungen mit der Reichsmacht und der Papstkirche drohten und sich politische Lager zu bilden begannen, als Führer des protestantischen Bündnisses. Seinem neuen Stand konnte nur ein großzügiger Schlossneubau den erforderlichen Rahmen verleihen, der schließlich zwischen 1533 und 1535/36 als Erweiterungsbau des bestehenden Torgauer Schlosses durch den Baumeister Kunz Krebs entstand.[5] Er besetzte die bis dahin weitgehend unbebaute Elbseite im Gebäudering der spätmittelalterlich geprägten Anlage. Der Vorteil dieses Standortes bestand darin, dass bis auf den Steilabfall des Schlossfelsens zur Elbe hin kaum bauliche Zwänge zu berücksichtigen waren, der Baumeister somit eine ganzheitliche Planung vornehmen und ungehindert umsetzen konnte. Hierin hatte man am Dresdner Georgenbau den Nachteil, dass es sich bei diesem Vorhaben um Bauen im Bestand handelte: Denn der vorhandene Baukörper entstammte dem alten Elbtor und war wohl bereits zu Beginn des 16. Jahrhunderts vorhanden, bedurfte lediglich einer neuen inneren Aufteilung und einer modernen Außenhaut.[6] Insofern waren die Dimensionen der nahezu gleichzeitigen Bauunternehmungen sehr unterschiedlich.[7] Während in Torgau ein lang gestreckter neuer Saal- und Wohnflügel, das Kernstück eines modernen Schlosses mit einem opulenten Wendelstein zum Hof (Abb. 1), einem turmartigen Baukörper zur Elbe hin und mehreren Erkern entstand, baute man in Dresden lediglich einen bereits vorhanden Bau für die herzoglichen Wohnräume aus und um (Abb. 2). Die ungleichen Bauaufgaben wurden dennoch mit einem sehr ähnlichen und durchaus vergleichbaren formalen Aufwand betrieben, der die unterschiedlichen konfessionellen und politischen Positionen der Bauherren, in Dresden war es Herzog Georg, in hochwertigen künstlerischen Programmen zum Ausdruck bringen sollte.[8]

Es bleibt unbestritten, dass in Torgau der anspruchsvollere Schlossbau entstand. Zwar ist er vorerst nur Teil eines älteren Ganzen und noch keinesfalls einem modernen Grundriss-Ideal verpflichtet, aber der Johann-Friedrich-Bau dominierte die Schlossanlage in einer so raumgreifenden Weise, dass der gesamte Baukomplex mit seinen spätmittelalterlichen Teilen ein völlig neues Gesicht bekam und gleichzeitig ein neues Zentrum. Gemeinsam ist beiden Bauvorhaben bei aller Unterschiedlichkeit die partielle Bauweise.[9] Eine ganzheitliche Schlossplanung existierte weder in Dresden noch in Torgau, und möglicherweise bereits bestehende Absichten künftiger Erweiterung oder baulicher Ergänzung unterlagen keiner vorausgedachten baukünstlerischen Konzeption.

Funktionell notwendig war der Neubau des Ernestiners in Torgau keinesfalls. Mit dem ab 1483 von Conrad Pflüger errichteten Flügel des Herzogs Albrecht (heute Flügel D) existierte bereits ein geräumiger, repräsentativer Saalbau mit allen Annehmlichkeiten für kurfürstliche Wohnbedürfnisse und Hofhaltung. Allein im Macht- und Geltungsanspruch des Bauherrn und in dem Bedürfnis nach außerordentlicher und exklusiver Repräsentation seiner Herrschaft findet sich die Erklärung dafür.

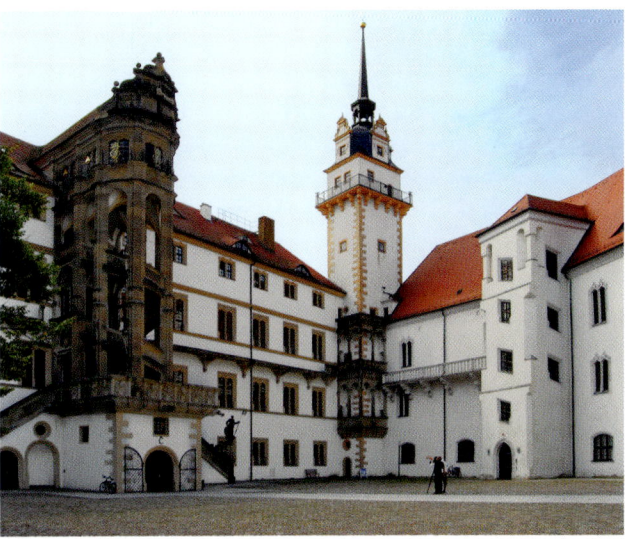

Abb. 3 | Torgau, Schloss Hartenfels: Hofansicht mit Johann-Friedrich-Bau und Hausmannsturm

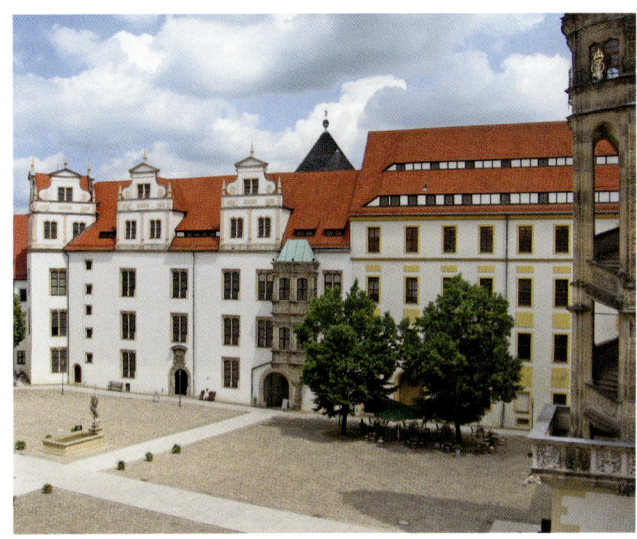

Abb. 4 | Torgau, Schloss Hartenfels: Ansicht des Flügels B mit Kapelle und Schönem Erker

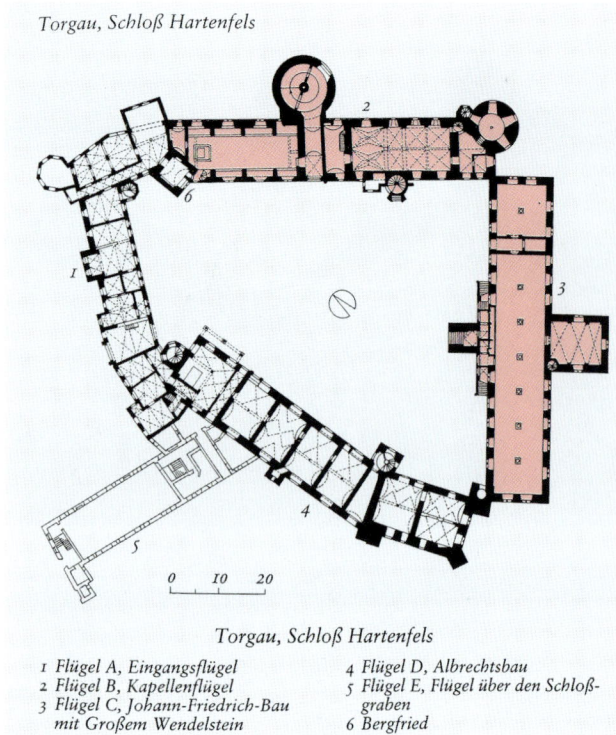

Torgau, Schloß Hartenfels

Torgau, Schloß Hartenfels

1 *Flügel A, Eingangsflügel*
2 *Flügel B, Kapellenflügel*
3 *Flügel C, Johann-Friedrich-Bau mit Großem Wendelstein*
4 *Flügel D, Albrechtsbau*
5 *Flügel E, Flügel über den Schloß-graben*
6 *Bergfried*

Abb. 5 | Torgau, Schloss Hartenfels: Grundriss mit Markierung der von Kurfürst Johann Friedrich errichteten Bauten, Graphik: Verfasser unter Verwendung der Plangrundlage in: Georg Dehio, Handbuch der deutschen Kunstdenkmäler, Bd. Sachsen II, Regierungsbezirke Leipzig und Chemnitz, München/Berlin 1998, S. 957

ten Ausblicke in die umliegende Landschaft und vermittelten somit einen völlig neuen Bezug des Herrschers zu seinem Territorium. Aus Elementen der Wehrbaukunst entwickelten sich die Erker zu einem exklusiven Motiv fürstlichen Wohnens.[11]

Dieser glanzvolle Neubau war nur der Beginn weiterer Umgestaltungen, die sich jedoch verzögerten. 1544 realisierte Nickel Gromann den weitgehenden Neubau des nordöstlich den Hof begrenzenden Flügels (heute Flügel B, vgl. Abb. 4). Er integrierte den spätgotischen Hofstubenbau mit dem Wendelstein Arnold von Westfalens, schuf aber den Kapellenbau und die unmittelbar angrenzenden kurfürstlichen Wohnräume mit dem äußeren Flaschenturm völlig neu, wodurch nun zumindest die nördlichen und östlichen Partien des Schlosses in eine sehr geschlossene und reguläre Form gebracht werden konnten (Abb. 5). Im Sinne der Lehre der Reformatoren, die als staatstragende Idee bereits am Portal des Johann-Friedrich-Baus symbolisiert worden war, kam es hier zu einer in der Baugeschichte einzigartigen und durchaus programmatischen Kombination von herrschaftlichen Wohnräumen und der protestantischen Kapelle. Das konfessionelle Bekenntnis wurde zur architektonischen Gestalt.

Alle möglicherweise weiteren baulichen Pläne des Kurfürsten, wenn sie denn je existierten, machte der Schmalkaldische Krieg zunichte. Mit ihm verlor Johann Friedrich die Kurwürde, die nunmehr an seinen albertinischen Verwandten Moritz fiel. Der agile, staatspolitisch wie militärisch außerordentlich gewandte neue Kurfürst sah sich nun in der Rolle des führenden Fürsten im protestantischen Bündnis. Er hatte weite Teile des wettinischen Besitzes vereint und zu einer neuen Macht im Reich gefügt und er zwang den Kaiser, im konfessionellen Streit einzulenken. Diese Position verlangte geradezu nach baulicher Manifestation. Dafür freilich war das Torgauer Schloss nicht geeignet, es war zwar anspruchsvoll und nützlich, aber das Zeugnis seines besiegten und auch persönlich nicht sonderlich geschätzten Vetters. Und sein Dresdner Schloss besaß noch den Zuschnitt seines altkirchlichen Onkels und war somit in dieser Form ebenfalls ungeeignet. Die Folge ist bekannt: Moritz ließ nach entsprechender Vorbereitung und Beratung durch seine Vertrauten das Dresdner Schloss ab 1549 nahezu vollständig umgestalten und er entschied sich für den Residenzort seiner Linie.

Die Architektur in Europa hatte sich in den Jahren davor rasch entwickelt und Formen der italienischen und französischen Renaissance vor allem in die herrschaftliche Baukunst aufgenom-

So entstand durch Kunz Krebs ein Bauwerk, das in seiner funktionellen wie gestalterischen Klarheit und Großzügigkeit unvergleichlich war und hofseitig den bis dahin wohl aufwendigsten Treppenbau der deutschen Profanbaukunst erhielt, den Großen Wendelstein. Steil aufragend und den gesamten Hof beherrschend ist er nicht nur Verbindungsweg, sondern mehr noch Hoheitsmotiv, Tribüne und Souveränitätssymbol. Mit einem großartigen Empfangsgestus wird der in den Schlosshof Eintretende von dieser kapriziösen Architektur in den Bann gezogen und gleichsam durch die Wappengalerie über Herkunft und Exklusivität des Bauherrn belehrt (Abb. 1).[10]

Im Inneren zeigte der Johann-Friedrich-Bau eine erstaunlich neue Qualität herrschaftlicher Wohnkultur. Räume für differenzierte Bedürfnisse wurden geschaffen, das überlieferte Stube-Kammer-Appartement weiterentwickelt. Zahlreiche Erker gewähr-

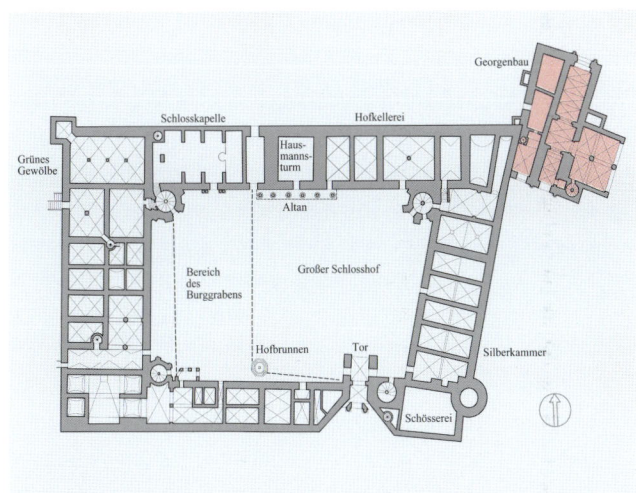

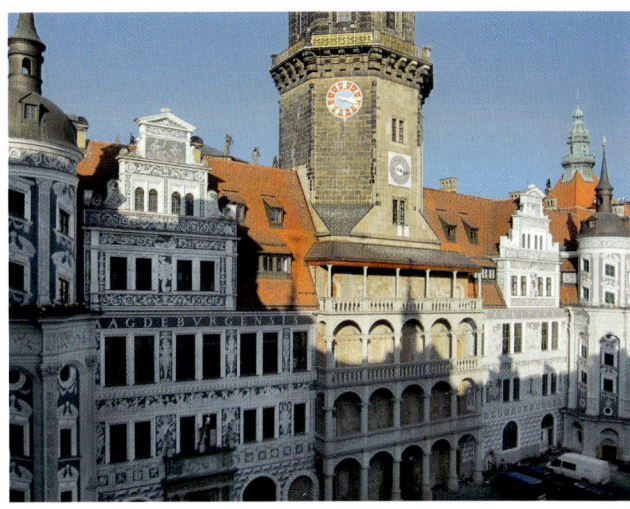

Abb. 6 | Dresden, Residenzschloss: Grundriss Georgenbau (Markierung) und Moritzbau, Graphik: Verfasser unter Verwendung einer Plangrundlage von Norbert Oelsner/Helga Schmidt, in: Geschichte der Stadt Dresden. Von den Anfängen bis zum Ende des Dreißigjährigen Krieges, Stuttgart 2005, S. 434

Abb. 7 | Dresden, Residenzschloss: Hofansicht mit Nordflügel, Loggia und Hausmannsturm

men.[12] Das, was sich raumbildnerisch und stilistisch in den vorangegangenen Jahrzehnten Raum verschafft hatte, wurde nun auch in ersten theoretischen Werken veröffentlicht, und die direkten höfischen Verbindungen nach Italien und auch nach Frankreich hatten an Intensität zugenommen.[13]

Auch unter diesem Aspekt erschien das Torgauer Schloss als veraltet, aber es besaß dennoch so viel Ausstrahlung, dass man sich mit ihm auseinandersetzen musste, zumal es sich erste wenige Jahre zuvor der erstaunten Bewunderung des Kaisers erfreuen durfte, der es nach der Schlacht von Mühlberg aufsuchte. Gemeinsam mit den Schlössern in Neuburg/Donau sowie in Landshut galt es seinerzeit als eine der modernsten und anspruchsvollsten Fürstenresidenzen im Reich. Und diese Auseinandersetzung ist meines Erachtens an der Baustruktur des Dresdner Moritzbaus nachweisbar.

Obwohl mit dem Gedanken einer großzügigen Erweiterung des bestehenden Bauwerkes in westliche Richtung auch eine Orientierung an einem idealen Grundriss-Schema erfolgte, einem regelmäßigen Rechteck, so setzen doch die älteren Teile in der Ausführung Grenzen. Auch hier gelang kein vollständiger Neubau. Aber die älteren Teile im Nordflügel, im Ostflügel und der südliche Torbau wurden so geschickt in die Gesamtkomposition integriert, dass man diese Unregelmäßigkeiten

kaum bemerkt. Grundlage der Planung war hier eine übergreifende und alle Teile des Bauwerkes erfassende Architekturidee (Abb. 6). Darin wurde der Torgauer Bau deutlich übertroffen, denn bei allen Bemühungen um eine reguläre Baukörperanordnung konnte dort ein ganzheitlicher Planansatz nie erreicht werden.

Ein zentrales Motiv der Architektur, die innere, den Hof beherrschende Schaufront, ist in Dresden ohne die Auseinandersetzung mit Torgau nicht denkbar. Was dort der Große Wendelstein bewirkt, ein exklusives, den gesamten Hofbereich bestimmendes Architekturelement mit herausragendem baukünstlerischem Schmuck, übernimmt in Dresden die fünffachsige Hofloggia (Abb. 7). Gemäß der fortgeschrittenen Renaissance-Rezeption hier viel stärker an italienische Vorbilder angelehnt und somit frei von spätgotischen Relikten, aber geschickt mit dem bereits bestehenden Hausmannsturm in Verbindung gebracht und somit in eine kraftvolle Vertikale eingebunden, stellt sie ein dominantes Turmmotiv dar, auf das man in dieser Zeit nur ungern verzichten wollte.[14]

An dezentraler Stelle im Torgauer Schloss ist sogar die Kombination von spätmittelalterlichem Turm und italienisierender Loggia bereits vorgeprägt, in der südlichen Hofecke am Hausmannsturm. Diese etwas unentschlossene, ja fast zaghafte Umsetzung erster, gerade bekannt gewordener Renaissance-Architekturen ist ein deutliches Phänomen der Frühzeit, da man die Möglichkeiten des Einsatzes der fremden Bauformen noch nicht kannte und erst verhalten begann, mit ihnen zu experimentieren. In Dresden aber gelang die Synthese. Turm und Loggia als exponiertes Zentralmotiv der Repräsentationsarchitektur im Hof finden sich zu einer ausdrucksstarken und prägnanten Form, die in dieser Art unverwechselbar bleibt.[15]

Deutlich über Torgau hinaus weisen die Eckwendelsteine im Hof des Dresdner Schlosses, die genau an den »Gelenkstellen« der Architektur eine vertikale Verbindung ermöglichen. Bedingt durch die partielle Bauweise und eine nicht vorhandene bauliche Vereinigung der Gebäudeteile hatte man sich in Torgau mühevoll Verbindungsmöglichkeiten zwischen den Flügeln schaffen müssen, von denen eine die eben erwähnte Loggia vor dem Hausmannsturm darstellt. Diese Verbindungsbauwerke sind weder funktionell befriedigend, noch stellen sie in architektonischer Hinsicht großzügige Lösungen dar. In Dresden hatte man hingegen übergreifend geplant, den Bauorganismus funktionell durchdacht und damit zu der klaren und architektonisch konsequenten Lösung der Eckwendeltreppen gefunden. Sie sind nicht allein Elemente der baulichen Erschließung, sondern setzen auch räumlich wirksame Akzente an den Enden der Flügel und fassen diese.

Eine Parallele zu Torgau bildet der Schössereiturm an der Südostecke des Schlosses. Um 1530 entstanden, markiert er eine ähnliche bauliche Position wie der Grüne Turm des Torgauer Schlosses. Auch seine Gestalt zeigt Ähnlichkeiten, vor allem in der markanten Turmhaube mit dem zwiebelartigen Abschluss, der ein kleines Stübchen enthielt. Baugeschichtlich ist der Torgauer Turm älter, stammt wahrscheinlich aus der Zeit nach der Mitte des 15. Jahrhunderts und muss als einer der ältesten flankierenden Rundtürme im spätgotischen Schlossbau Sachsens angesehen werden.[16] Er kann also in Dresden adaptiert worden sein.

Moderner in baustruktureller Hinsicht erscheint Torgau gegenüber dem Dresdner Schloss in der Anordnung des Hauptsaales. Da der Johann-Friedrich-Bau von Kunz Krebs als vollständiger Neubau entstand, konnte man sich dort für die modernste Lösung entscheiden, den Einbau des Saales im ersten Obergeschoss. Der nahezu den gesamten Grundriss ausfüllende Saal – abgetrennt war nur eine nördlich gelegene Tafelstube – war bequem über die beiden zum Altan unter dem Wendelstein führenden Treppen erreichbar. Sein reich verziertes und bildkünstlerisch gestaltetes

Portal lag direkt im unteren Bereich des Wendelsteins. Insofern steht die symmetrisch angeordnete Außenarchitektur mit dem bedeutsamsten und wichtigsten Baukörper auch in direkter Beziehung zum neuen Hauptsaal, zum Herzstück, zum funktionellen und ideellen Zentrum des Bauwerkes, ja vielleicht des gesamten ernestinischen Kurfürstentums.

Diese großartige funktionelle und gestalterische Verknüpfung von Außenarchitektur und Hauptsaal konnte in Dresden nicht gelingen, weil man hier gerade den Ostflügel mit dem alten Saal im zweiten Obergeschoss beibehielt. Auf diesen Saal, der natürlich modernisiert wurde, weist am Außenbau nichts hin, und hinter der imposanten Hofloggia vor dem Hausmannsturm befindet sich außer der stuckdekorierten Turmstube keine bedeutsame Raumgruppe. Insofern erweist sich das nach außen so überzeugend erscheinende Architekturmotiv als pathetische Geste ohne raumbildnerisches Hinterland. Dieses Manko war durch die Weiterverwendung von Altsubstanz, hier des Turmes, bedingt. In gewisser Weise konnte dieser Nachteil dadurch kompensiert werden, dass man unmittelbar westlich der Loggia die Schlosskapelle errichtete, die sich mit ihrem überaus stattlichen Portal formgewaltig in der Schaufront bemerkbar macht.

Unerwähnt dürfen in dieser vergleichenden Betrachtung auch nicht die Schlosskapellen bleiben.[17] Bekanntlich gilt das 1543/44 errichtete und noch von Luther persönlich geweihte Torgauer Bauwerk als erster nach der Reformation und ausschließlich für den neuen Gottesdienst geschaffener Kirchenbau. Dem hier auf der Grundlage mitteldeutscher Bautraditionen entstandenen Raumtyp war eine rasche und breite Nachfolge beschieden, vor allem im Kontext höfischer Bauvorhaben. Aber er wirkte auch anregend auf die Herausbildung einer protestantischen Kirchenbaukunst und die Formulierung neuer Raumeigenschaften für große Gemeindekirchen.

Während sich in der Bauwerksdisposition und in der Baugestalt des Dresdner Schlosses in bislang unbekanntem Maß Züge eines internationalen höfischen Stils bemerkbar machen, der sich aus italienischen und französischen Quellen speiste, blieb man bei der Gestaltung des Kapellenraumes deutlicher der Tradition, also dem Torgauer Vorbild verpflichtet. Man übernahm wesentliche Elemente der dort weitgehend spätgotisch geprägten Architektur. Das den Dresdner Kapellenraum überspannende und damit für das Raumbild wesentliche Schlingrippengewölbe mit darunter angebrachten Schlangen, denen in der Scheitelzone Engel mit den Leidenswerkzeugen entgegentreten, artikuliert sich zwar bewegter und weitaus lebendiger als das Torgauer Gewölbe mit seiner Stern-Netz-Figuration, greift aber letztlich auf die gleiche regionale Bautradition zurück.[18] Im Sinne moderner Gestaltungen wirken lediglich die keinesfalls mehr als spätgotisch anzusprechenden Rundbögen unter den Emporen und die den Raum prägenden Stirnpartien der Wandpfeiler, von Simsen gegliederte Wandvorlagen im Erdgeschoss und toskanische Säulen oberhalb der Empore.

Offenbar wirkte hier der programmatische Gedanke der Torgauer Kapelle nach. Mehr noch denn als eine raumbildnerische Innovation empfand man sie als denkmalhaften und symbolträchtigen Ort, als Bekenntnisbau zur lutherischen Lehre und zu einer neuen Kirche, der der Landesherr als oberster Bischof vorstand. Mit dem Übergang der Kurwürde an Moritz war auch die Funktion einer Schutzherrschaft über die Reformation als Bewegung, derer sich vordem die ernestinischen Kurfürsten befleißigt hatten, an den Albertiner gefallen. Moritz benötigte in dieser neuen Position also einen der Torgauer Kapelle adäquaten Raum. Dies wäre eine mögliche Erklärung für den auffälligen Traditionsbezug. Schließlich hätte es alternative Gestaltungsmöglichkeiten gegeben. Die nahezu zeitgleich mit dem Torgauer Bau entstandene Kapelle im Neuburger Schloss des Pfalzgrafen Ottheinrich verkörpert einen wesentlich moderneren, sehr stark an italienischer Architektur orientierten Raumtyp. Wohl wegen dieser Neuartigkeit, die man möglicherweise im sakralen Bereich nicht für angemessen erachtete, aber vielleicht mehr noch wegen der fehlenden Aura einer durch den namhaftesten Reformator persönlich vollzogenen Weihe konnte die Neuburger Kapelle keine weitgreifende Vorbildwirkung entfalten.

Am Außenbau kündet, ähnlich wie in Torgau, nichts von der Zweckbestimmung des Raumes hinter den Fassaden. Dies ist allein dem Portal vorbehalten, das allerdings in Dresden weitaus prachtvoller und ob seiner von italienischen Meistern geprägten Gestalt in Form eines Triumphbogens auch moderner, pathetischer und stilistisch als Werk einer importierten Renaissance in Erscheinung tritt.[19]

Die baukünstlerisch vorgetragene Exklusivität der ernestinischen Kurfürsten beschränkt sich in Torgau vornehmlich auf den Bereich des Wendelsteins und den Schönen Erker am benachbarten Wohn- und Kapellenflügel (Abb. 1 und 8) sowie das Portal der

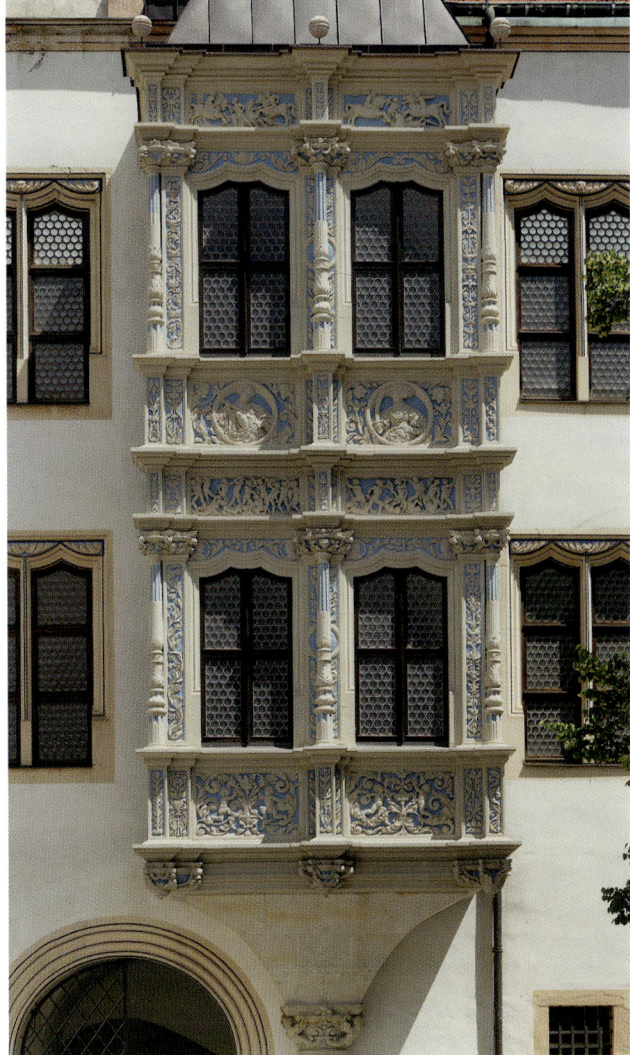

Abb. 8 | Torgau, Schloss Hartenfels: Schöner Erker

Kapelle. Was den Zeitgenossen bereits in dieser akzentuierten Geste mit der vorkragenden Altanbrüstung und den an ihr umlaufenden Wappen außerordentlich anspruchsvoll erschienen sein mag, fand in Dresden noch eine Steigerung. Nicht allein die Reliefs der Wendelsteine und der Brüstungen der Loggia sowie das Kapellenportal kündeten vom herrschaftlichen Anspruch des Bauherrn, vielmehr setzten sich die Gestaltungen in den großflächigen Sgraffito-Dekorationen, quasi im »horror vacui« an allen

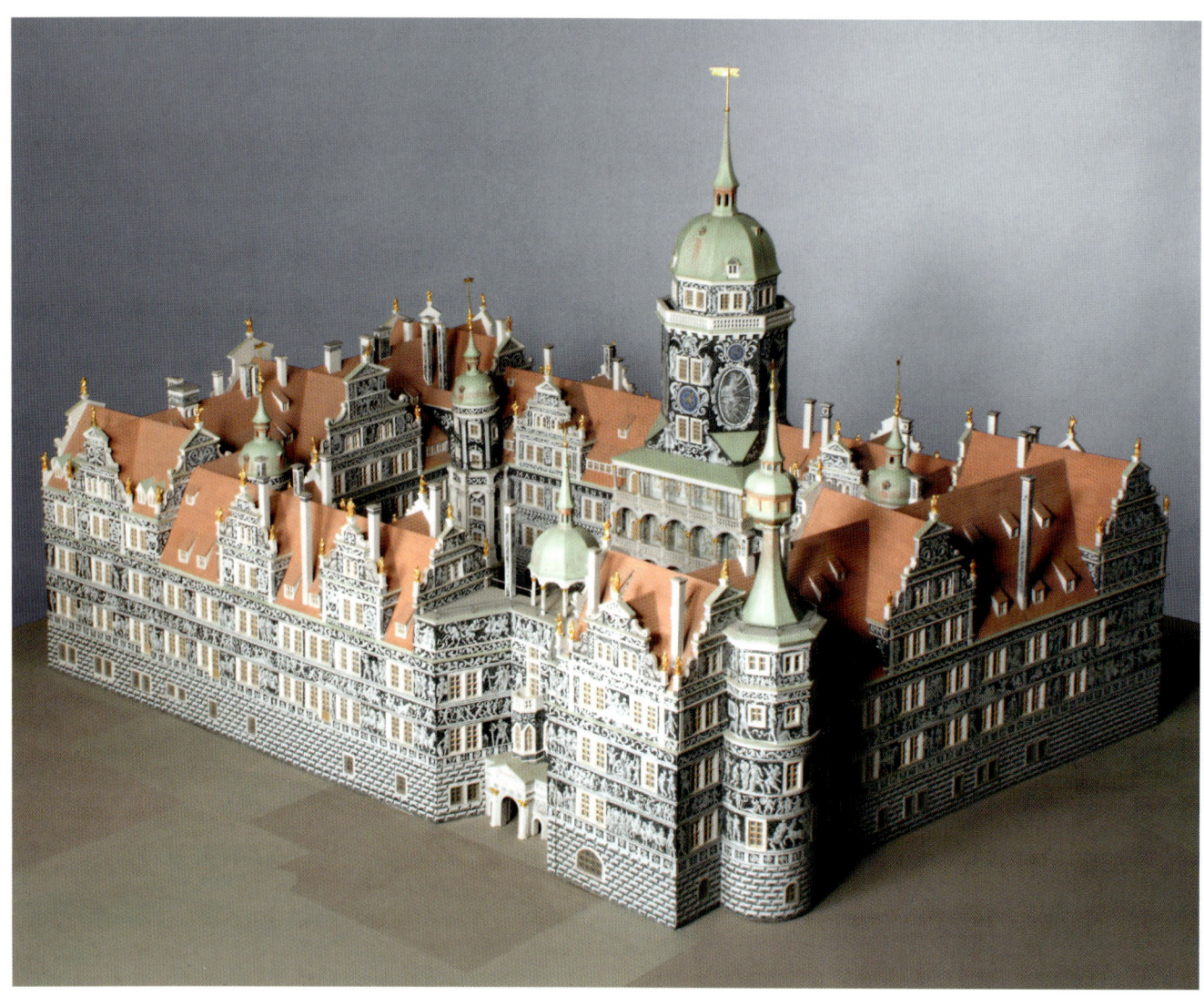

Abb. 9 | Dresden, Residenzschloss: Modell des unter Kurfürst Moritz errichteten Neubaus von Franz Brettschneider,
Siegfried Winderlich und Martin Wolf, Staatliche Kunstsammlungen Dresden, 1989, zur Zeit im Landesamt für Denkmalpflege

Fassaden fort (Abb. 9). In diesem flächenmäßig allumfassenden künstlerischen Programm war das Dresdner Schloss bezüglich der Demonstration von Herkunft, Stellung, und Tugend seines Fürsten kaum noch zu überbieten. Die geschickte Nutzung der aus Italien importierten künstlerischen Technik erlaubt jene schier überbordende Gestaltungsfülle, die allein bauplastisch kaum zu bewältigen gewesen wäre.[20]

Es bleibt abschließend nur noch die kurze Betrachtung eines charakteristischen Architekturmotivs, das vor allem für das Torgauer Schloss prägend ist: die des Erkers. Die neue Funktion der aus dem mittelalterlichen Wehrbau entlehnten Bauteile ist bereits erwähnt worden. Während derartige Erker an zahlreichen Schlossbauten der Renaissance übernommen werden und vor allem in der bürgerlichen Baukunst der Städte eine sehr große

Rolle spielen, treten sie am Dresdner Schloss nur selten in Erscheinung. Sie bleiben vorwiegend beschränkt auf die Bauteile mit älterer Substanz, wie den Georgenbau, das Torhaus sowie den Schössereiturm. Vielleicht ist dies mit der ungleich stärkeren Präsenz italienischer Baugedanken erklärbar. Auf neue Weise formuliert wird das Motiv lediglich an der neu erbauten Nordwestecke des Schlosses, hier aber als eckturmartig auskragender Standerker mit einem Söller als Abschluss. Ob man darin bereits Anklänge an die turmartige Ausbildung der Eckpartien erkennen darf, wie sie zeitgleich in der französischen Schlossbaukunst entstehen und später zum Beispiel für Augustusburg, Aschaffenburg und zahlreiche andere Bauten prägend werden, muss offen bleiben.[21] Mit ganz ähnlich ausgebildeten Standerkern versieht am Ende des Jahrhunderts Hans Irmisch den Neubau des kurfürstlichen Stalles in Dresden.

ANMERKUNGEN

1 Vgl. u. a. Georg Friedrich Koch, Studien zum Schlossbau des 16. Jahrhunderts in Mitteldeutschland, in: Beiträge zur Kunstgeschichte. Eine Festgabe für H.-R. Rosemann zum 9. Oktober 1960, hrsg. von Ernst Guldan, München/Berlin 1960, S. 155–186; Heinrich Magirius, Die Albrechtsburg und die spätgotische Architektur in Obersachsen, in: Die Albrechtsburg zu Meißen, Leipzig 1972, S. 67–83; ders., Schlossbauten der zweiten Hälfte des 15. Jahrhunderts in Obersachsen. Traditionen und Innovationen, in: Schlossbau der Spätgotik in Mitteldeutschland, Dresden 2007, S. 11–30; Hans-Joachim Kadatz, Deutsche Renaissancebaukunst, Berlin 1983; Walter May, Die Wettinischen Schloßbauten des 15. und 16. Jahrhunderts und ihre Bedeutung, in: Sachsen und die Wettiner – Chancen und Realitäten, Dresdner Hefte, Sonderheft 1990, S. 271–277; Ulrich Schütte, Das Schloss als Wehranlage. Befestigte Schlossbauten der frühen Neuzeit, Darmstadt 1994, hier insbes. S. 35–88; Stefan Hoppe, Die funktionale und räumliche Struktur des frühen Schloßbaus in Mitteldeutschland 1470–1570, Köln 1996; Steffen Delang, Betrachtungen zur sächsischen Schlossbaukunst der Renaissance, in: Denkmalpflege in Sachsen (2000), S. 63–73; ders., Der kurfürstliche Schloßbau in Sachsen von der Mitte des 16. Jahrhunderts bis zum Beginn des Dreißigjährigen Krieges, in: Die sächsischen Kurfürsten während des Religionsfriedens von 1555 bis 1618, Stuttgart 2007, S. 149–178. **| 2** Koch, Studien (wie Anm. 1), S. 173–178; Brunhild Werner, Das kurfürstliche Schloß zu Dresden im 16. Jahrhundert, Diss. Leipzig 1970; Das Dresdner Schloss. Monument sächsischer Geschichte und Kultur, Ausst.-Kat. Dresden 1992; Heinrich Magirius, Das Renaissanceschloss in Dresden als Herrschaftsarchitektur der albertinischen Wettiner, in: Dresdner Hefte 38 (1994), S. 20–30; Norbert Oelsner, Das Dresdner Residenzschloß unter Moritz von Sachsen (1541–1553), in: Dresdner Hefte 52 (1997), S. 27–35; ders., Die Dresdner Burg im Mittelalter und das Dresdner Residenzschloss in der frühen Neuzeit. In: Geschichte der Stadt Dresden, Bd. 1. Von den Anfängen bis zum Ende des Dreißigjährigen Krieges, Stuttgart 2005; Dirk Syndram, Das Schloß zu Dresden. Von der Residenz zum Museum, Berlin/München 2001; Angelica Dülberg/Norbert Oelsner/Rosemarie Pohlack, Das Dresdner Residenzschloss, Berlin/München 2009; Das Residenzschloss zu Dresden, hrsg. vom Landesamt für Denkmal-

pflege Sachsen, Bd. 1, Petersberg 2013. **| 3** Dies belegt z. B. eine im Jahr 1534 seitens Johann Friedrich an Georg gerichtete Bitte um Überlassung von Steinmetzen für seinen Schlossbau, die aber aus eigenen Bedarfsgründen abschlägig beantwortet wird, vgl. Peter Findeisen/Heinrich Magirius, Die Denkmale der Stadt Torgau, Leipzig 1976, S. 140. **| 4** Hierzu u. a. Wieland Held, 1547. Die Schlacht bei Mühlberg/Elbe, Beucha 1997, S. 11–28. **| 5** Zur Baugeschichte vgl. Findeisen/Magirius, Denkmale Torgau (wie Anm. 3); Steffen Delang, Schloss Hartenfels in Torgau – seine Baugeschichte im Kontext der Ausbildung einer Schlossarchitektur in Sachsen, in: Sächsische Heimatblätter H. 4/2009, S. 294–311. **| 6** Heinrich Magirius, Der Georgenbau, in: Das Residenzschloss zu Dresden (wie Anm. 2), S. 235–271. **| 7** Während man bis vor Kurzem noch davon ausging, dass der Dresdner Georgenbau bereits um 1530 begonnen wurde, gibt es nunmehr Indizien für eine spätere Entstehung, die nahezu parallel zum Torgauer Bau erfolgte, vgl. Arndt Kiesewetter, Der Einfluss Augsburgs auf die Kunst der Frührenaissance in Sachsen. Ein Beitrag zur Ausbreitung der Renaissance im albertinischen Herrschaftsbereich Sachsens zwischen 1520 und 1535, in: Zeitschrift des Deutschen Vereins für Kunstwissenschaft 64 (2010), S. 202–242; zur Datierung des Georgenbaues ebd., S. 239 f. **| 8** Ausführlich dazu Magirius, Der Georgenbau (wie Anm. 6). Kiesewetter, Der Einfluss (wie Anm. 7), S. 272–280. Zu Torgau vgl. Peter Findeisen, Zur Struktur des Johann-Friedrich-Baues im Schloss Hartenfels zu Torgau, in: Sächsische Heimatblätter 20/1974, S. 1–12. **| 9** Koch, Studien (wie Anm. 1), S. 170. **| 10** Vgl. Peter Findeisen, Der Große Wendelstein des Schlosses Hartenfels, in: Glaube und Macht. Sachsen im Europa der Reformationszeit, hrsg. von Harald Marx und Cecilie Holberg für die Staatlichen Kunstsammlungen Dresden, Ausst.-Kat. Dresden 2004, S. 205–219. **| 11** Hoppe, Struktur des frühen Schlossbaues (wie Anm. 1), S. 244; außerdem Schütte, Das Schloss (wie Anm. 1), S. 48. **| 12** Vgl. Koch, Studien (wie Anm. 1), S. 174 f. **| 13** Für die theoretische Untersetzung des Einstroms neuer baulicher und formaler Ausdrucksformen stehen vor allem die ab 1537 in unregelmäßiger Folge herausgegeben Traktate von Sebastiano Serlio, der Vitruvius Teutsch von Walter Ryff (Rivius), Nürnberg 1548 und das »Buch von den fünff Säulen« von Hans Blum, Zürich 1550. **| 14** Zu Funktion und Stellenwert der Türme im neuzeitlichen Schlossbau vgl. Schütte, Das Schloss (wie Anm. 1), S. 197–203. **| 15** Vgl. Koch, Studien (wie Anm. 1) S. 174. **| 16** Vgl. Heinrich Magirius, Schlossbauten der zweiten Hälfte des 15. Jahrhunderts in Obersachsen – Tradition und Innovation, in: Schlossbau der Spätgotik in Mitteldeutschland, Dresden 2007, S. 17. **| 17** Zur Torgauer Schlosskapelle und der von ihr ausgehenden Entwicklung existiert eine umfängliche Literatur. Stellvertretend seien hier erwähnt: Walter Ohle, Die protestantischen Schlosskapellen der Renaissance in Deutschland, Diss. Stettin 1936; Hans-Joachim Krause, Sächsische Schlosskapellen der Renaissance, Berlin 1970; ders., Zur Ikonografie der protestantischen Schloßkapellen des 16. Jahrhunderts, in: Von der Macht der Bilder. Beiträge des C.I.H.A.-Kolloquiums »Kunst und Reformation«, hrsg. von Ernst Ullmann, Leipzig 1983, S. 395–412. **| 18** Schlingrippengewölbe finden sich in der Annaberger Annenkirche, aber auch im Torgauer Wendelstein, der Flaschenstube des Torgauer Flaschenturmes, und engmaschige Netzfigurationen mit sich vom Gewölbe lösenden Partien in der Marienkirche zu Pirna **19** Heinrich Magirius, Die evangelische Schlosskapelle zu Dresden aus kunsthistorischer Sicht, Dresden 2009. Zum Kapellenportal: Angelica Dülberg, »…weitaus die edelste Portalcomposition der ganzen deutschen Renaissance«. Geschichte und Ikonografie des Dresdner Schlosskapellenportals, in: Denkmalpflege in Sachsen. Jahrbuch 2004, Beucha 2005, S. 52–80. **| 20** Ulrike Heckner, Im Dienst von Fürsten und Reformation. Fassadenmalerei an den Schössern in Dresden und Neuburg an der Donau im 16. Jahrhundert, München/Berlin 1995. **| 21** Einen der wichtigsten Leitbauten eines vierflügeligen Schlosstyps mit turmartigen Eckausbauten errichtete Sebstiano Serlio um 1555 in Ancy-le-Franc.

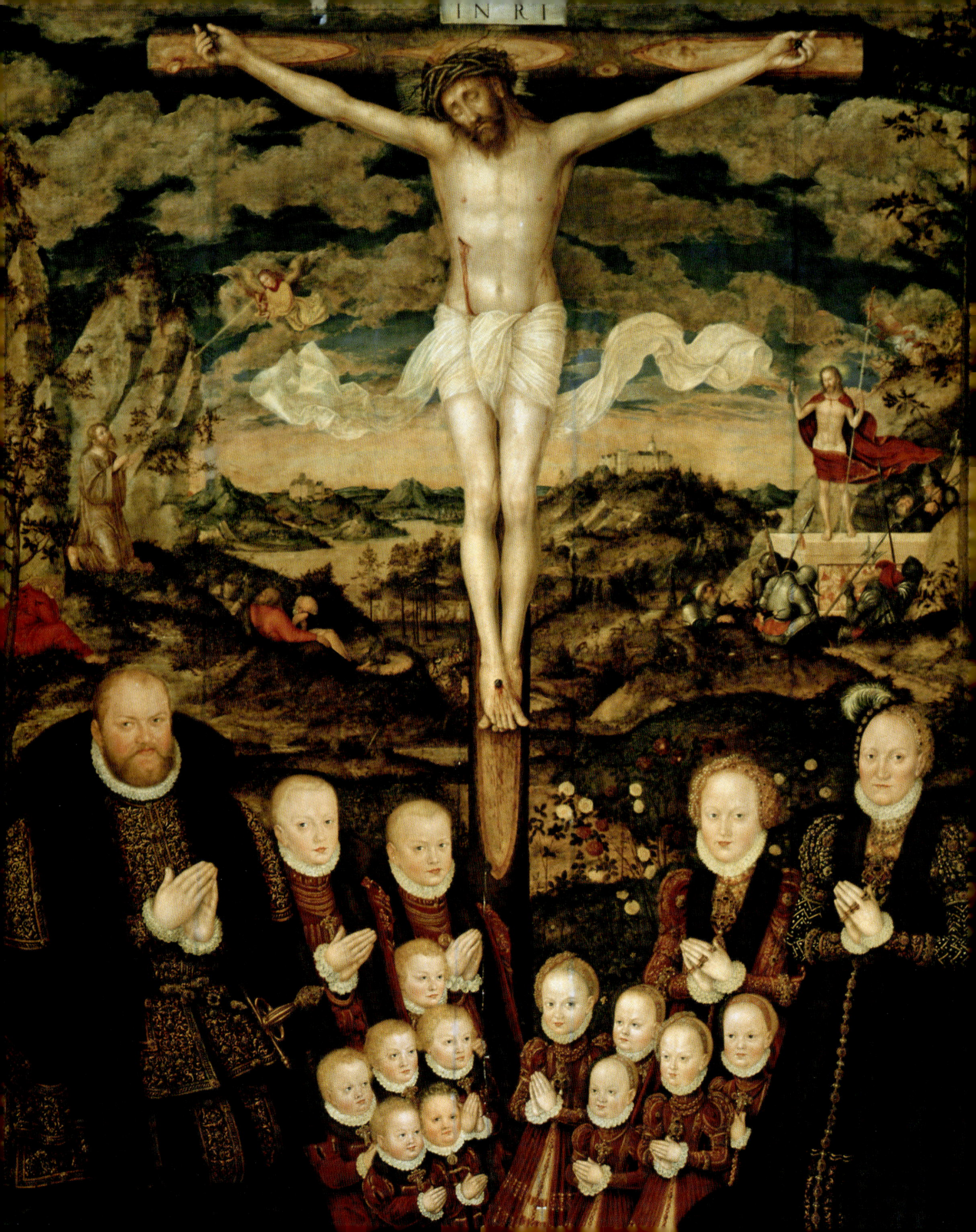
INRI

YVONNE WIRTH

REFORMATION UND POLITIK IN DER KUNST DER KURFÜRSTEN ZU SACHSEN ERNESTINISCHER UND ALBERTINISCHER LINIE

Mit dem politischen Reformdenken Friedrichs des Weisen unter Einfluss der reformatorischen Lehren Luthers und seinem selbstbewussten Handeln ging ein neues Selbstverständnis von Herrschaft einher, welches den Verlauf der Reformation bestimmte, aber auch maßgeblich davon geprägt wurde.[1] Denn nach dem Erlass des Wormser Edikts oblag es den Reichsfürsten, sich landes- und damit auch reichspolitisch für oder wider Luthers Lehren zu positionieren. Diese Identifikation mit den reformatorischen Lehren wie auch das politische Einstehen im Sinne eines Bekenntnisses zur Reformation lassen sich – wie Slenczka, Müller und Delang in diesem Band nachgewiesen haben – anhand der repräsentativen Schloss- und Kirchenbauten und ihrer Innenausstattungen nachvollziehen, zusätzlich aber – wie dieser Beitrag exemplarisch vor Augen führen möchte – mittels ausgesuchter aus dem Besitz der Kurfürsten zu Sachsen ernestinischer wie auch albertinischer Linie stammenden Kunstwerken, Medaillen, Schatzkammerstücken und auch Prunkwaffen zeigen.[2]

In seiner Schrift *Von der Freiheit eines Christenmenschen* hatte Martin Luther bereits 1520 einen wesentlichen Grundzug seiner Rechtfertigungslehre dargelegt und dabei auch begonnen, sein Verständnis von Obrigkeit zu entwickeln. Im Glauben sei der Mensch frei und nur Gott verpflichtet. Der sündige Mensch werde allein durch die Gnade Gottes erlöst. Mit dieser Auffassung wandte er sich zwar offen gegen die Autorität der Kirche, hinterfragte jedoch keinesfalls die von Gott gegebene Ordnung. Gemäß seinem – ausgehend von den Lehren des Apostels Paulus und des Kirchenvaters Augustinus – entwickelten Verständnis von Sünde

und Gnade war für ihn der Mensch Gerechter und Sünder zugleich (simul iustus et peccator). Weil der Mensch aufgrund seiner Verderbtheit sich selbst zu regieren nicht in der Lage sei, hielt Luther eine feste staatliche Ordnung für unerlässlich und betonte die Rolle der Obrigkeit als Teil der von Gott gewollten Ordnung.[3] Ein Christ müsse zwei Herren dienen, Gott und dem Kaiser, bis dass Gottes Werk im Eschaton Vollendung finde. Der Regent allerdings sei dafür verantwortlich, ein gutes Regiment zu führen, und die Verbreitung von Gottes Wort stand in seiner höchsten Pflicht.[4] Mit Kritik an der Obrigkeit hielt sich Luther dabei nicht zurück, wie zum Beispiel im zweiten Teil seiner 1523 veröffentlichten Schrift *Von weltlicher Obrigkeit, wie weit man ihr Gehorsam schuldig sei*:

»Und du sollst wissen, daß es von Anbeginn der Welt gar ein seltener Vogel ist um einen klugen Fürsten, noch viel seltener um einen frommen Fürsten. Sie sind im allgemeinen die größten Narren oder die ärgsten Buben auf Erden; [...]. Denn es sind Gottes Stockmeister und Henker, und sein göttlicher Zorn gebraucht sie, die Bösen zu strafen und äußerlichen Frieden zu halten.«

In der ersten Hälfte des 16. Jahrhunderts wurden die Kurfürsten zu Sachsen ernestinischer Linie, dann durch die 1547 erfolgte Übernahme der Kurwürde auch albertinischer Linie mit ihrer deutlich unter dem Einfluss Martin Luthers und Philipp Melanchthons stehenden Kirchen- und damit verbundenen Reichs- und

Abb. 1 | Kurfürst August von Sachsen und seine Familie unter dem Kreuz, Lucas Cranach d. J., 1571, Öl auf Holz, 315 × 235 cm, Schloss Augustusburg, Schlosskapelle

Bündnispolitik – bis zu einem kurzen Bruch durch die den Reformierten gegenüber aufgeschlossene Politik von Kurfürst Christian I. – zu den führenden Vertretern des protestantischen Glaubens im Reich.[5]

Im Zuge dessen entstanden Kunstwerke, die das Selbstverständnis der Rolle des jeweiligen Fürsten im Dienste der Reformation zum Ausdruck bringen. War das Zentrum der landesherrlichen Politik der ernestinischen Kurfürsten, insbesondere bei Johann Friedrich dem Großmütigen, in ihrer fürstlichen Repräsentation durch die Bestätigung der neuen Landeskonfession gekennzeichnet,[6] so standen die Regierungsjahre von Moritz im Zeichen der Rechtfertigung und Anerkennung seiner durch die Kurwürde erlangten Führungsrolle auf protestantischer Seite. Kurfürst August schließlich konzentrierte sich auf die Konsolidierung, die Wahrung des im Augsburger Religionsfrieden erlangten Status quo, der im Verlauf der Jahre zunehmend mit einer Abwehr der reformierten Lehren einherging. An ausgesuchten, nachweislich auf Bestreben der Kurfürsten Moritz und August errichteten Bauten oder aber an erhaltenen Kunstwerken aus deren Besitz lässt sich die enge Verbindung von Religions-, Landes- und Reichspolitik der sächsischen Kurfürsten nachvollziehen, insbesondere an Schatzkammerstücken der Dresdner Kunstkammer wie auch den mit biblischen Bildprogrammen versehenen Prunkwaffen der Rüstkammer Dresden.[7]

Die von Kaiser Karl V. und den katholischen Reichsständen wiederholte Aufforderung zur Abkehr von der reformatorischen Lehre blieb politisch nicht ohne Folgen: Um ihr Recht auf Widerstand durchzusetzen, gingen Vertreter der Reformation 1525 und 1530/31 militärische Allianzen wie den Schmalkaldischen Bund ein. Die protestantischen Obrigkeiten vereinbarten, sich »vor allem rechtlich zu verteidigen, sollte es aber notwendig werden, auch mit Waffen in der Hand. Zu dem ersten waren alle Mitglieder verbündet, zu dem Zweiten [...] wenigstens die meisten.« Der Bündnisfall trat ein bei allen Angelegenheiten, die erstens »das Wort Gottes« betreffen, zweitens aus diesem »folgen oder ihm anhängen« und drittens im Falle der Gewärtigung militärischer Gewalt gegen Bündner aufgrund ihrer Anhängerschaft des »wahren Wortes Gottes«, zumal wenn der Gegner »Scheingründe« vorgibt.[8] Als wichtigster Vertreter dieser Politik hatte sich neben den Kurfürsten zu Sachsen beim Einzug in Augsburg auch Philipp von Hessen mit seinem Gefolge die Devise der Protestanten an die Ärmel der Kleidung geheftet. In der Dresdner Rüstkammer ist eine in diesem Zusammenhang besonders interessante Prunk-

waffe der Ernestiner mit reformationsgeschichtlichem Bezug erhalten. Die aus dem Besitz von Johann Friedrich dem Großmütigen stammende Radschlosspistole[9] zeigt auf dem Lauf die Devise »VeRBVM DOMiNe MaNeT iN eTTeRNVM«. Demonstrativ bekannte sich der Kurfürst durch das Führen dieser Waffe zu der gemeinsamen Glaubens- und Bündnispolitik.

Politik und Bekenntnis zum Protestantismus waren damit in Johann Friedrichs öffentlichem Auftreten unverkennbar miteinander verbunden. Schon 1522 hatte Johann Friedrichs Onkel, Kurfürst Friedrich der Weise auf die Puffärmel der Winterkleidung seines Hofstaates die aus dem Alten Testament entlehnte Devise »Verbum Domini Manet in Æternum« in ihrer Kurzform »V.D.M.i.Æ.« als ein eindeutiges Bekenntnis zu Luthers Lehre anheften lassen.[10] Die Kurzform war auch für Johann Friedrich den Großmütigen zum festen Bestandteil seiner Herrschaftsikonographie geworden. Ab 1538 trugen seine Hofbediensteten sie in gestickter Form an der Dienstkleidung, wie das 1544 geschaffene Jagdgemälde von Lucas Cranach dem Älteren zeigt (Abb. 2).[11] Mit der bedeutungsgleichen deutschen Devise »Das Wort des Herrn bleibt in Ewigkeit« bekannten sich Friedrich der Weise und seine Nachfolger zu ihrer Rolle, die sie als Fürsten bei der Durchsetzung und Verteidigung der reformatorischen Lehre gegen Kaiser und Papst einnahmen.

Wie schon Johann Friedrich der Großmütige inszenierte sich auch Kurfürst August in der Rolle eines selbstbewussten Fürsten, welcher die Verteidigung des protestantischen Bekenntnisses zum primären Ziel seiner politischen Agenda erklärt hatte.[12] Die enge Verbindung des Reformators Luther mit der Politik wird auch in den bildlichen Darstellungen auf der ehemals in der Dresdner Kunstkammer verwahrten Drahtziehbank Kurfürst Augusts deutlich: In einem allegorischen Turnier treten symbolisch ausgewiesene Vertreter des katholischen und protestantischen Glaubens als Turnierkämpfer gegeneinander an. Luther eilt einem durch die Helmzier, die Devise »V.D.M.i.Æ.« auf der Schabracke des Pferdesattels und den Gesetzestafeln am Zaumzeug erkennbar für die protestantische Sache antretenden Turnierkämpfer voraus. Wie dieser Turnierkämpfer trat Kurfürst August selbst auf den Reichstagen oder aber in der Auseinandersetzung mit den Reformierten immer wieder für die lutherische Lehre ein.[13] Dass er dabei das Hauptanliegen Luthers, die Verbreitung und Verinnerlichung des Wortes, zur Richtschnur der persönlichen Frömmigkeit im Gebet wie auch seines Wirkens als Landesherr machte, hat zuletzt Jutta Charlotte von Bloh überzeugend vor

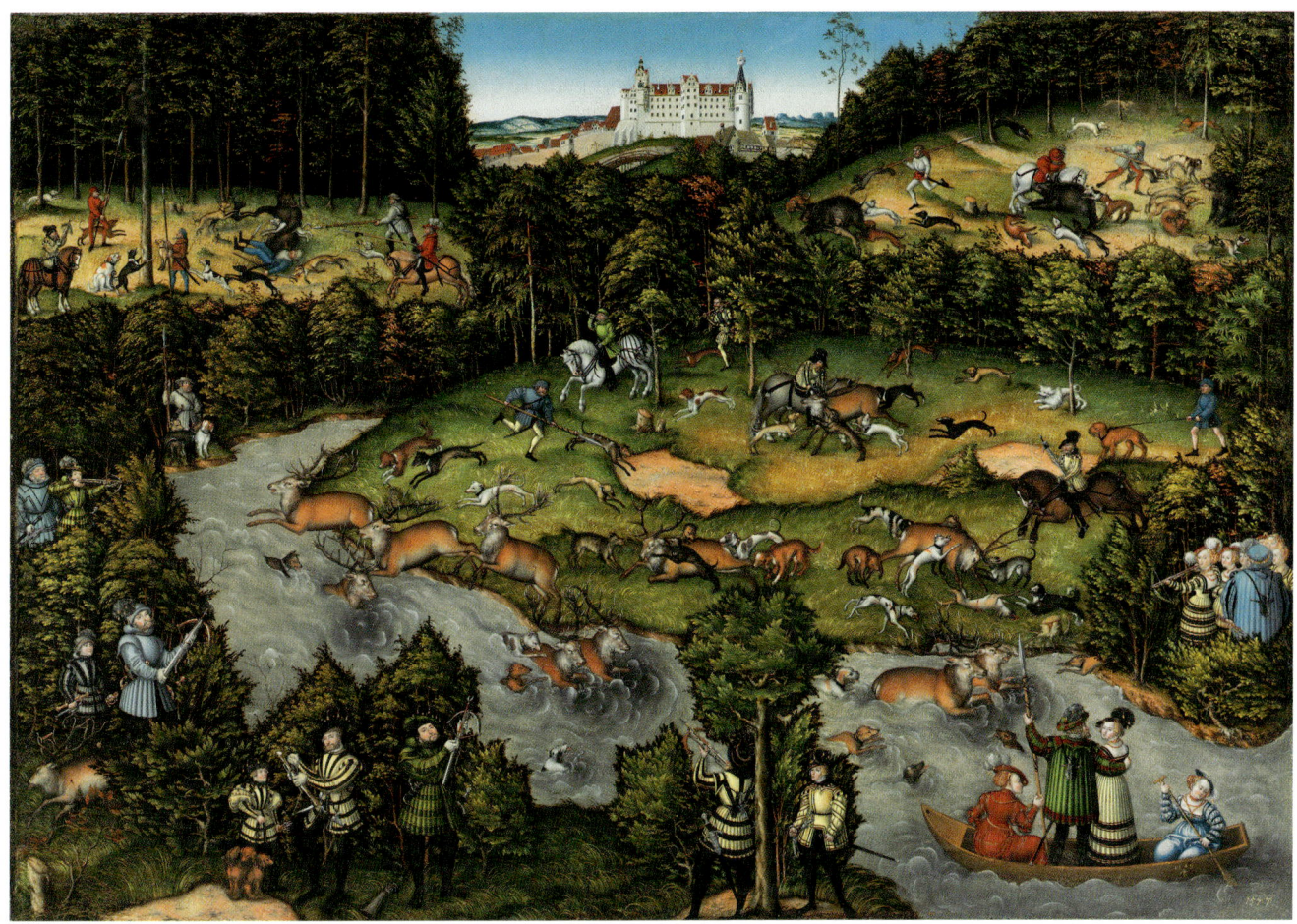

Abb. 2 | Hofjagd auf Hirsche und Bären, Lucas Cranach d. Ä., 1540, Öl auf Masonit, ehemals Holz, 116,8 × 170,2 cm, Museum of Art, Cleveland, Inv.-Nr. 1958.425

Augen geführt.[14] Ein Kurfürst August gewidmeter und mit seinem Bildnis versehener Psalter von 1566 trägt die Initialen und sein Glaubensmotto »Erhalt Vns Herr bey deinem Wort«, verbunden mit seiner Devise »Tandem Bona Causa Triumphat« (»Die gute Sache gewinnt schließlich«).[15] Nach von Bloh verlieh Kurfürst August seinem Triumph auf dem Augsburger Reichstag von 1566 deutlich Ausdruck, wo es ihm mithilfe der erneuerten kaiserlichen Belehnung gelang, die Hoffnungen der Ernestiner auf Rückgewinnung der sächsischen Kurwürde zu zerschlagen. Seine Führungsrolle innerhalb der protestantischen deutschen Länder war damit behauptet und der konfessionelle Besitzstand des Augsburger Religionsfriedens von 1555 sichergestellt. In diesem Zusammenhang stellte von Bloh auch den Bezug zu zwei Kernsetzern aus

dem Bestand der Dresdner Rüstkammer her, ist auf ihnen doch der im Psalter von 1566 hervorgehobene Vers aus Psalm 119 »ERHALT VNS HER PEI DEINEM WORT« zusammen mit den Initialen von August und seiner Gemahlin Anna und der Jahreszahl 1572 dargestellt. Da die beiden Kernsetzer laut Kunstkammer-Inventar von 1587 vom Kurfürsten persönlich benutzt wurden, kann die planvolle Arbeit, Kerne oder Samen zu setzen, auf dass sie sich verbreiten und reiche Früchte hervorbringen mögen, symbolisch mit dem Regierungsanliegen Augusts in Verbindung gesehen werden.[16]

Auch zwei Medaillen aus kurfürstlichem Besitz verweisen auf die enge Verbindung zwischen Glauben und adeliger Regentschaft bei den Kurfürsten albertinischer Linie im 16. Jahrhundert (Abb. 3). Üblicherweise wurden in der bereits im 4. Jahrhundert durch Augustinus entwickelten Typologie der Sündenfall Adams und die Kreuzigung Christi einander gegenübergestellt. Bei den Medaillen nehmen nun Kurfürst Moritz beziehungsweise Kurfürst August die Position Christi ein, was als Verweis auf die von Luther unter Bezug auf die Danielprophetie zugewiesene Rolle des Fürsten als Wahrer des guten Regiments auf Erden bis zur Wiederkehr der Herrschaft Christi gewertet werden darf.[17] Diese Verbindung zwischen adeligem Amt auf Erden und heilsgeschichtlichem Bezug gründet in der Rechtfertigungslehre Luthers.[18] In dieser für Luther so zentralen Lehre von »Gesetz und Gnade« wurde dem Fürsten die Rolle des Hüters der weltlichen Ordnung und des obersten Kirchenherrn zuteil. Über dieses Verständnis im theologischen Sinn berichtet Luther im Rückblick auf seine Anfänge in einer Tischrede: »Zuvor mangelte es mir nichts, außer dass ich keinen Unterschied zwischen Gesetz und Evangelium machte, beides für eines hielt und meinte, Christus unterscheide sich von Mose nur der Zeit und dem Grad der Vollkommenheit nach. Aber als ich die Unterscheidung fand, dass eines das Gesetz, ein anderes das Evangelium ist, da brach ich hindurch.«[19] Entsprechend programmatisch formulierte er seine Einsicht in seiner Neujahrspredigt im Jahr 1532: »Ich will die zwei Worte unvermischt, [...] ein jedes an seinen Ort, in seine Materie gewiesen haben: das Gesetz für den alten Adam, das Evangelium für mein verzagtes, erschrockenes Gewissen. [...] Die Meinung des heiligen Paulus ist diese, dass in der Christenheit sowohl von Predigern als auch von Zuhörern ein eindeutiger Unterschied gelehrt und erfasst werden soll, nämlich der zwischen Gesetz und Evangelium, zwischen den Werken und dem Glauben.«[20] Grundsätzlich galt für Luther die bloße Betrachtung biblischer Geschichten nicht als »heilsrelevant«, sondern diente allein der Vermittlung des reinen Wissens um die biblischen Geschehnisse (fides historica), ohne glaubenden Nachvollzug. Gerade mit der ausführlich in ihrer Genese von Erichsen in diesem Aufsatzband besprochenen Darstellung von »Gesetz und Gnade« war eine Bildformel geschaffen, die dem Betrachter den direkten Zugang zur reformatorischen Lehre und zum rechtfertigenden Herzensglauben (fides apprehensiva) ermöglichte. Sie leitet den Gläubigen in direkter Form an, wie das Wort Gottes – gleich ob geschrieben oder gepredigt – zu verstehen ist.[21]

Die Vermittlung dieser theologischen Einsichten erfolgte neben der Predigt und dem geschriebenen Wort auch über die in vielfältiger Form existierenden Darstellungen von »Gesetz und Gnade« in allen Bildmedien der Reformation. Dabei bot die Bildformel auch den Fürsten die Möglichkeit, ihre Rolle im Gesamt-

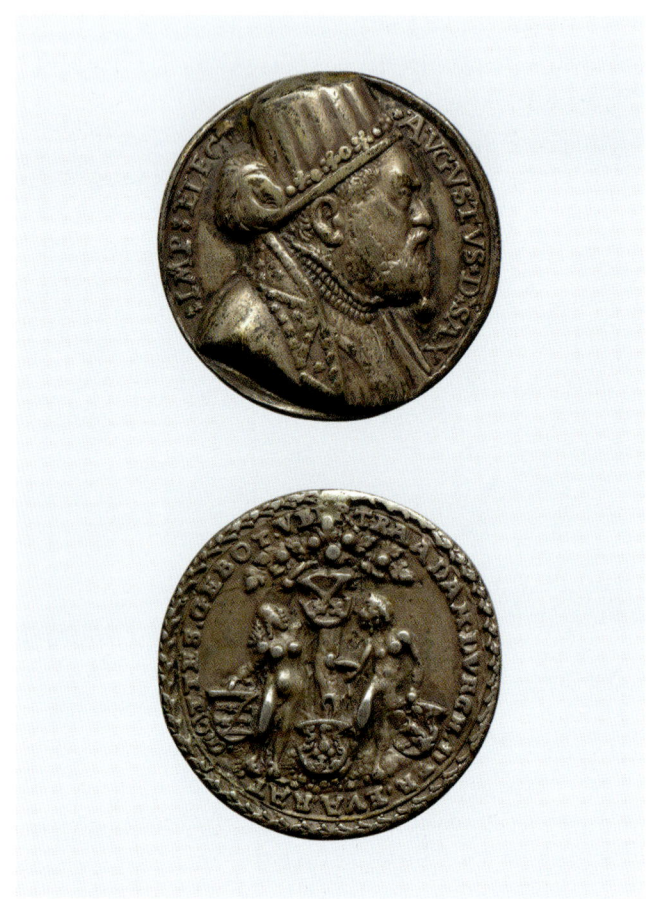

Abb. 3 | Medaille auf Kurfürst August von Sachsen, Hans Reinhart d. Ä., Leipzig, spätestens 1581, Avers: Bärtiges Brustbildnis nach rechts, Revers: Der Sündenfall, Staatliche Kunstsammlungen Dresden, Münzkabinett, Inv.-Nr. BGB2289

geschehen darzustellen, da diese auch das lutherische Verständnis der weltlichen Ordnung abbildete. Üblicherweise repräsentieren die in den Darstellungen von »Gesetz und Gnade« gezeigten Propheten das weltliche Gesetz und damit die weltliche Obrigkeit (den »usus civilis legis« – den weltlichen Gebrauch des Gesetzes), der man sich nach Luther im diesseitigen Reich als Untertan zu fügen hatte.[22] Gegen Ende der 1520er-Jahre treten Darstellungen von »Gesetz und Gnade« auf, bei denen der Fürst selbst diese Rolle einnimmt. Die Rolle des Wahrers der weltlichen Gesetze durch die Kurfürsten zu Sachsen wird ganz besonders deutlich in dem heute in Gotha verwahrten Gemälde Gesetz und Gnade (siehe Abb. 2 im Aufsatz von Athina Lexutt in diesem Band), in dem der Kurfürst als Mose dargestellt wird, der die Gesetzestafeln empfängt. Wie zuletzt von Bloh ausführlich dargestellt hat, nimmt unter den protestantischen Bildäußerungen zum Alten Testament am albertinischen Hof zur Regentschaftszeit Kurfürst Moritz' und Augusts gerade die Gestalt des Mose als Kommunikator mit Gott und Überbringer der Gesetzestafeln eine herausragende Rolle ein. Der Prophet Mose wird in reformatorischen Bildprogrammen unter anderem in der Fassadenmalerei an der Loggia des Schlossneubaus in Dresden aus der Regierungszeit von Kurfürst Moritz dargestellt, im Kontext von »Gesetz und Gnade« auch an der Rapier-Dolch-Garnitur des Torgauer Schwertfegers »Meister Franz« von Kurfürst August. Dieses Meisterwerk sächsischer Waffenschmiedekunst zeigt einen flächenübergreifenden Bilderzyklus in kunstvollem Eisenschnitt am Gefäß von Rapier und Dolch, der das Wirken des Propheten in Wort und Bild wiedergibt. Mit einem Zitat von Johannes 1,17 wird eindeutig der Bezug zu Luthers Lehre von Gesetz und Evangelium hergestellt.

Die Albertiner bekannten sich als Auftraggeber dieser bibelgetreuen Bildprogramme persönlich zur reformatorischen Lehre und unterstrichen damit das enge Verhältnis von Religions- und Landespolitik.[23] Es war schließlich auch Kurfürst August, der in Kursachsen eine orthodoxe Ausprägung des lutherischen Glaubens etablierte. Um den Reichsfrieden zu erhalten, setzte er im Verlauf seiner Regentschaft immer deutlicher auf einen Einigungsprozess der lutherischen Stände im Reich unter deutlicher Abgrenzung zum Calvinismus. Sein anfänglicher Versuch, auch die reformierten Reichsstände zu integrieren, wich nach 1574 – aus Sorge vor einer Verschwörung – einem strengen Vorgehen gegen die Anhänger Melanchthons, die einen Ausgleich mit den Calvinisten suchten. 1576 trat auf seine Veranlassung in Torgau ein Konvent zusammen, der im sogenannten *Torgischen Buch* die theologischen Grundlagen des lutherischen Abendmahlsverständnisses formulierte. Daraus entstand die Konkordienformel, die wiederum den Kern des 1580 veröffentlichten *Konkordienbuches*, der letzten Bekenntnisschrift der lutherischen Orthodoxie, bildet. Augusts von Sachsen darin zum Ausdruck gebrachtes Bekenntnis zeigt sich besonders bei der Darstellung des Kurfürsten in Anbetung des Kreuzes in der Schlosskapelle von Schloss Augustusburg (Abb. 1) sowie im Kalvarienberg von Elias Lencker, den dieser im kurfürstlichen Auftrag 1577, also im Jahr der Veröffentlichung der Konkordienformel schuf. Die Art der Darstellung des Kurfürsten im Gebet vor dem Kreuz folgt den Grundgedanken reformatorischer Passionstheologie: »Oh Mensch, der du mich betrachtest, betrachte dich selbst und deine eigene Schuld, denn ich hätte nicht zu sterben brauchen, wenn du nicht dem Tode verfallen wärst« und »Wende deine Augen nicht ab, denn ich hänge am Kreuz für dich«. Mit dieser Passionsmeditation bekräftigte Kurfürst August seine religiöse Gesinnung. Durch die Wahl des Bildthemas führte er die Relevanz des Leidens für die Lehre vom vollendeten Heil vor Augen und bekannte sich damit nachdrücklich zum lutherischen Abendmahlsverständnis.[24]

ANMERKUNGEN

1 Vgl. auch Luther und die Fürsten. Selbstdarstellung und Selbstverständnis des Herrschers im Zeitalter der Reformation, Ausst.-Kat. im Auftrag der Staatlichen Kunstsammlungen Dresden hrsg. v. Dirk Syndram/Yvonne Wirth/Yvonne Wagner, Dresden 2015. **| 2** Vgl. Das Wort im Bild. Biblische Darstellungen an Prunkwaffen und Kunstgegenständen der Kurfürsten von Sachsen zur Reformationszeit, Ausst.-Kat. im Auftrag der Staatlichen Kunstsammlungen Dresden hrsg. v. Jutta Charlotte von Bloh/Yvonne Fritz/Dirk Syndram, Dresden 2014. **| 3** Vgl. Jutta Charlotte von Bloh, DAS WORT im Bild – Prunkwaffen und Kunstgegenstände der Kurfürsten zu Sachsen als Bildmedien und landesherrlicher Positionsbestimmung. Anmerkungen zur vorgestellten Werkauswahl, in: Ausst.-Kat. Wort im Bild (wie Anm. 2), S. 13 ff. **| 4** Vgl. Yvonne Fritz, Altes Testament: Schöpfung und Sündenfall, in: Ausst.-Kat. Wort im Bild (wie Anm. 2), S. 39. **| 5** Vgl. Jutta Charlotte von Bloh, DAS WORT im Bild, in: Ausst.-Kat. Wort im Bild (wie Anm. 2), S. 13 ff. **| 6** Davon zeugen sowohl Schloss Hartenfels in Torgau als auch ausgesuchte, im Auftrag der Fürsten entstandene, repräsentative Gemälde des Hofmalers Lucas Cranach d. Ä. und seines Sohns Lucas Cranach d. J. Vgl. den Beitrag von Matthias Müller in diesem Band, S. 139. **| 7** Vgl. dazu ausführlich Ausst.-Kat. Wort im Bild (wie Anm. 2) sowie Erhalt uns Herr pei deinem Wort. Glaubensbekenntnisse auf kurfürstlichen Prunkwaffen und Kunstgegenständen der Reformationszeit, Ausst.-Kat. im Auftrag der Staatlichen Kunstsammlungen Dresden hrsg. v. Dirk Syndram/Jutta Charlotte von Bloh/Christoph Münchow, Dresden 2011. **| 8** Vgl. Yvonne Fritz, Von Einheit und Widerstand – »VDMIAE« als Devise im Ringen um den rechten Glauben, in: Churfürstliche Guardie. Die sächsischen Kurfürsten und ihre Leibgarden im Zeitalter der Reformation, Ausst.-Kat., hrsg. v. den Staatlichen Kunstsammlungen Dresden/Große Kreisstadt Torgau, Dresden 2012, S. 21. **| 9** Vgl. zuletzt Gernot Klatte, Paar Radschlosspistolen, in: Ausst.-Kat. Wort im Bild (wie Anm. 2), S. 42, Kat.-Nr. II/7, Abb. 36 und 38. **| 10** Vgl. für die Ausführungen im folgenden Abschnitt Von Einheit und Widerstand (wie Anm. 8). **| 11** Vgl. Stephan Selzer, Jagdszenen aus Sachsen. Die Jagd als höfisches Fest auf einem Tafelgemälde vom ernesteinschen Hof (1549), in: Gerhard Fouquet/Harm von Seggern/Gabriel Zeilinger (Hrsg.), Höfische Feste im Spätmittelalter, Kiel 2003, S. 73–91. **| 12** Vgl. Jutta Charlotte von Bloh, DAS WORT im Bild, in: Ausst.-Kat. Wort im Bild (wie Anm. 2), S. 13 ff. **| 13** Vgl. Le banc d'orfèvre de l'Électeur de Saxe, Ecouen 2012. **| 14** Vgl. Jutta Charlotte von Bloh, DAS WORT im Bild, in: Ausst.-Kat. Wort im Bild (wie Anm. 2), S. 13–17. **| 15** Vgl. Jutta Charlotte von Bloh/Yvonne Fritz, Altes Testament / Neues Testament: Gesetz und Evangelium – DAS WORT, in: Ausst.-Kat. Wort im Bild (wie Anm. 2), S. 23. **| 16** Vgl. ebd. **| 17** Vgl. ebd., S. 24. **| 18** Vgl. Heinz Schilling, Luther und die Fürsten, in: Ausst.-Kat. Luther und die Fürsten (wie Anm. 1). **| 19** WA TR 5, 210, 12–16 (Nr. 5518; 1542): Zum Evangelium als dem »ander Wort« **| 20** WA 36, 41, 30–32. Vgl. dazu Oswald Bayer, Martin Luthers Theologie: eine Vergegenwärtigung, Tübingen 2007, S. 53 f. **| 21** Vgl. Markus Friedrich, Das Hör-Reich und das Sehe-Reich. Zur Bewertung des Sehens bei Luther und im frühneuzeitlichen Protestantismus, in: Gabriele Wimböck/Karin Leonhard/Markus Friedrich (Hrsg.), Evidentia. Reichweiten visueller Wahrnehmung in der frühen Neuzeit, Berlin 2007, S. 453–475, S. 464. Vgl. grundsätzlich auch Ausst.-Kat. Wort im Bild (wie Anm. 2). **| 22** Für diesen Hinweis danke ich Doreen Zerbe, Leipzig. **| 23** Vgl. von Bloh, in: Ausst.-Kat. Wort im Bild (wie Anm. 2), S. 54 f. **| 24** Vgl. Fritz, Altes Testament: Schöpfung und Sündenfall, in: Ausst.- Kat. Wort im Bild (wie Anm. 2), S. 21.

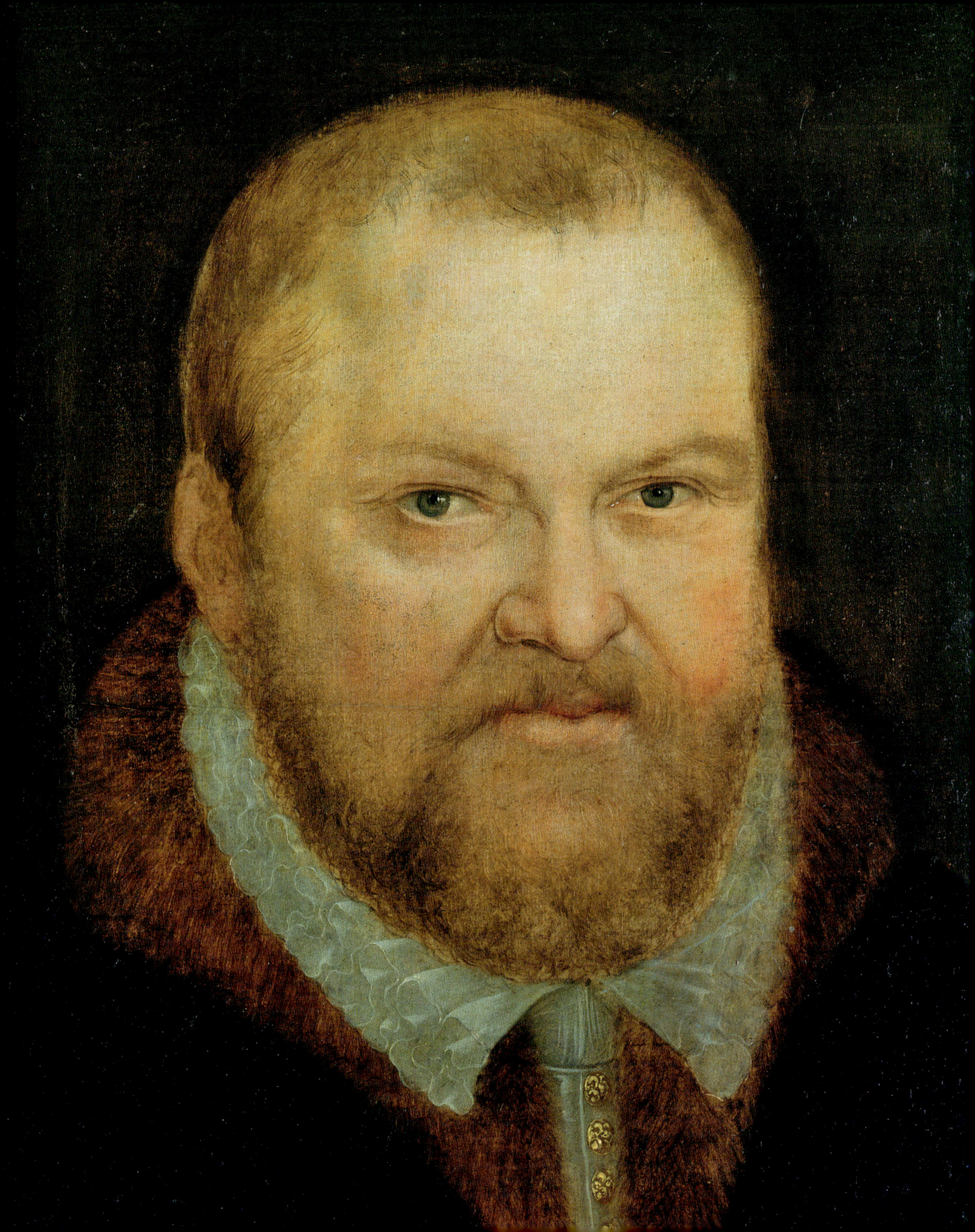

JOHANNES HUND

DIE RELIGIONSPOLITIK KURFÜRST AUGUSTS VON SACHSEN AUF DEM WEG ZUR KONKORDIENFORMEL

Als Kaiser Maximilian II. im Frühjahr 1575 seinen mächtigsten und einflussreichsten Fürsten in dessen Residenzstadt Dresden besuchte, ließ Kurfürst August von Sachsen ein beeindruckendes Feuerwerk veranstalten, bei dem er selbst als Herkules dargestellt wurde, der die Hydra Calvin besiegte.[1] Mit dem durch das Feuerwerk drastisch vor Augen geführten, kürzlich errungenen Sieg über seine vermeintlich im Verborgenen calvinistische Ränke schmiedenden kursächsischen Räte und Theologen schwenkte der Herr an der Elbe aber zugleich auch auf den dezidiert anticalvinistischen Kurs der Reichspolitik seines Habsburger Gastes ein, gegen den er bislang auf Reichsebene recht erfolgreich opponiert hatte, ohne dabei jedoch selbst jemals mit dem Gedanken an eine Konversion zum Calvinismus gespielt zu haben. Die blutigen Verfolgungen der Calvinisten in den Niederlanden und in Frankreich gegen Ende der 1560er-Jahre, über die August bestens informiert war, hatten jedoch, je länger sie anhielten, den sächsischen Landesherrn vor die Wahl gestellt, seinen procalvinistischen religionspolitischen Kurs im Reich auch auf seine Politik in Westeuropa auszudehnen und den verfolgten Calvinisten in den beiden westlichen Nachbarländern militärisch zu Hilfe zu eilen oder auf einen anticalvinistischen Kurs zu wechseln, der sich primär auf die Reichsbelange konzentrierte. Am Ende entschied sich August für die zweite Option, ausgelöst auch durch die Aufdeckung einer vermeintlichen calvinistischen Verschwörung in seinen eigenen Landen. Kurfürst August setzte sich in

der Folge selbst an die Spitze der innerlutherischen Konkordienbemühungen Jakob Andreaes, die bekanntlich zur Abfassung der Konkordienformel führten, mit der das Luthertum die Reihen gegenüber dem Calvinismus schloss und seine eigene konfessionelle Identität erlangte.

Dieser konfessionspolitische Umbruch änderte aber wenig an den Grunddaten der kursächsischen Außenpolitik, die von den Anfängen der Herrschaft Kurfürst Augusts an bestimmt war durch die Sicherung der Stabilität des Reiches durch die Einhaltung des Augsburger Religionsfriedens von 1555, die Wahrung der eigenen Kurwürde und den Schutz des frühneuzeitlichen Staatsbildungsprozesses.[2] Wir beschränken uns im Folgenden auf den konfessionspolitischen Richtungswechsel in der Religionspolitik Kurfürst Augusts und gehen dabei zunächst der Phase der den Calvinismus integrierenden Religionspolitik Kursachsens vor 1574 nach, bevor das »kryptocalvinistische« Trauma Kurfürst Augusts und seine konfessionspolitische Neuausrichtung in den Fokus geraten, die ihn zum Schrittmacher im lutherischen Einigungsprozess auf dem Weg zur Konkordienformel machten.

Abb. 1 | Kurfürst August von Sachsen, Lucas Cranach d. J., um 1550, Papier auf Pappe, 36,7 × 27,6 cm, Staatliche Kunstsammlungen Dresden, Gemäldegalerie Alte Meister, Inv.-Nr. GG1947

DIE INTEGRATIVE RELIGIONSPOLITIK
KURFÜRST AUGUSTS BIS 1574

Als Kurfürst August nach dem Tod seines Bruders Moritz in der Schlacht bei Sievershausen im Jahr 1553 die Herrschaft im albertinischen Sachsen antrat, herrschte im Lager der Theologen der Wittenberger Reformation im Reich heillose Zerstrittenheit, die sich vor allem an der Bereitschaft der albertinischen Theologen, allen voran Melanchthons, festmachte, im sogenannten Leipziger Interim dem Kaiser ein Stück weit entgegenzukommen.[3] Hinzu kam die Verbitterung der Ernestiner darüber, dass sie die Kurwürde infolge des Schmalkaldischen Krieges an die Albertiner hatten abtreten müssen, die in ihren Augen Verrat an der evangelischen Sache geübt hatten, indem sie dem Kaiser gegen die Evangelischen militärische Hilfe geleistet hatten. Daran sollte auch die Fürstenverschwörung, während der Moritz von Sachsen die Seiten wieder wechselte und in deren Folge mit dem Passauer Vertrag von 1552[4] das Augsburger Interim von 1548[5] seine Wirkung verlor, nichts mehr ändern. Die Rivalität zwischen Ernestinern und Albertinern bestimmte die folgenden Jahre.

Als das Wormser Religionsgespräch von 1557 aufgrund der Zerstrittenheit der evangelischen Theologen nach kurzer Zeit vorzeitig abgebrochen werden musste, zerbrach damit auch die Einheit der evangelischen Partei vor den Augen der altkirchlichen Delegierten.[6] Kurfürst August sprach sich – um diesen Riss wieder zu heilen – in Übereinstimmung mit Melanchthon[7] gegen Theologenkonvente aus, weil man befürchtete, dass durch sie lediglich neue Konflikte und Verbitterung entstünden. Stattdessen einigte man sich darauf, im Anschluss an die anstehende Königswahl in Frankfurt, an der die drei evangelischen Kurfürsten August von Sachsen, Ottheinrich von der Pfalz und Joachim II. von Brandenburg ohnehin teilnehmen mussten, auf Fürstenebene eine Lösung zu suchen. Zusammen mit dem Pfalzgrafen Wolfgang, Herzog Christoph von Württemberg und Landgraf Philipp von Hessen unterzeichneten sie am 18. März 1558 den Frankfurter Rezess, der auf Formulierungen Melanchthons zurückging und einen integrativen Minimalkonsens anbot.[8]

Doch stieß die Frankfurter Einigung vor allem aufgrund ihrer nicht entschieden genug den Calvinismus ausschließenden Abendmahlsformulierungen auf Ablehnung im ernestinischen Sachsen,[9] wo man für den 16. Mai 1558 zu einem Gegenkonvent einlud, den nur die kursächsische Diplomatie noch verhindern

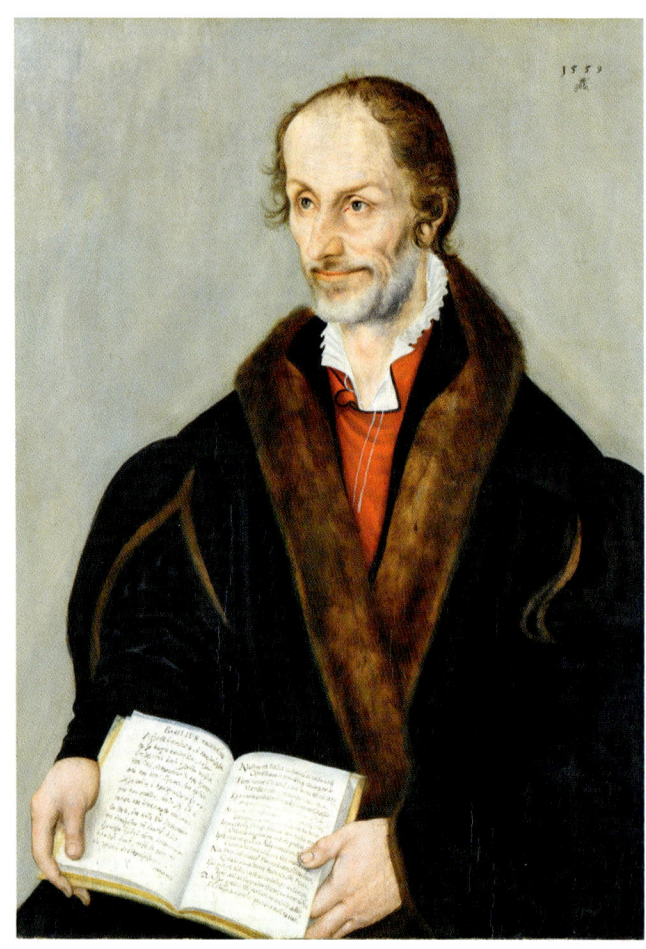

Abb. 2 | Philipp Melanchthon, Lucas Cranach d. J., 1559, Öl auf Holz, auf Leinwand übertragen und auf Holz aufgeklebt, 81,6 × 62,3 cm, Städel Museum Frankfurt a. M., Inv.-Nr. SG 349

konnte.[10] Die Abendmahlsfrage war mit der Einigung der Zürcher und Genfer Reformation im *Consensus Tigurinus* von 1549, der 1551 in den Druck ging,[11] wieder auf die Tagesordnung der evangelischen Theologen und ihrer Landesherren im Reich gelangt und sollte zu einer Differenzierung im Lager der Wittenberger Reformation führen: Während Melanchthon, aber auch die meisten Flacianer sich in der Debatte auf die Einsetzungsworte beschränkten, entwickelte sich in Württemberg, das durch seine Nachbarn im Süden und Westen besonders herausgefordert war, mit der Stuttgarter Synode von 1559 unter Federführung von Johannes Brenz eine Reformulierung der christologischen Absicherung, die Luther in der Debatte mit Zwingli entwickelt hatte und die von ihren Gegnern, unter denen sich auch Melanchthon befand, als »Ubiquitätslehre« abgelehnt wurde.[12] Der ernestinische Herzog Johann Friedrich II. positionierte sich in seiner eigentlichen Antwort auf den Frankfurter Rezess, im Weimarer *Konfutationsbuch* von 1559, deutlich auf der Seite der Gegner jeder kirchlichen Gemeinschaft zwischen Wittenberger und Genfer Reformation.[13] In Kursachsen hingegen stellte Melanchthon im Jahr 1560 eine Reihe seiner Schriften als *Corpus doctrinae Philippicum* zusammen und positionierte sich darin auch in der Abendmahlsfrage als weiterhin offen für eine mögliche Einigung auch mit der Genfer und Zürcher Reformation auf einer künftigen Synode. Dieses *Corpus doctrinae*, entstanden zunächst als Privatunternehmen des Leipziger Druckers Ernst Vögelin, machte sich Kurfürst August im Jahr 1566 als identitätsstiftendes Landesbekenntnis zum theologischen Ansatz Melanchthons und gegen die »flacianischen« Angriffe zu eigen.[14]

In der Zwischenzeit war mit dem Regierungsantritt Kurfürst Friedrichs III. von der Pfalz im Jahr 1559 die Frage nach dem Umgang mit dem Calvinismus im Reich selbst virulent geworden. Der Verlauf des Heidelberger Abendmahlsstreites zwischen Tileman Heshusius und Wilhelm Klebitz,[15] vor allem aber Melanchthons Gutachten dazu,[16] hatten bei dem neuen Pfälzer Landesherrn die Hinwendung zum Calvinismus befördert, die durch die Disputation, die seine Heidelberger Theologen Pierre Boquin und Thomas Erast am 3. Juni 1560 mit den Weimarer Theologen Maximilian Mörlin und Johann Stössel führten,[17] nur noch bestätigt wurde. Ende 1561 führte Friedrich III. mit dem Brotbrechen den ersten sichtbaren Wechsel in der Liturgie ein.[18]

Es waren sowohl der Konfessionswechsel, der sich in der Kurpfalz ankündigte, als auch die Spannungen zwischen den Albertinern und den Ernestinern, die bestimmend wurden für den Naumburger Fürstentag, der vom 20. Januar bis zum 8. Februar 1561 stattfand. Dessen Ziel war es, dem Kaiser ein erneut von allen Augsburger Religionsverwandten unterschriebenes Exemplar der *Confessio Augustana* überreichen zu können, um damit die in Worms augenfällig zerbrochene Lehreinheit der Evangelischen wieder erweisen zu können und geeint auf dem Trienter Konzil, das Ostern 1561 fortgesetzt werden sollte, auftreten zu können.[19] Die Fürsten und ihre Theologen erarbeiteten in Naumburg eine Vorrede, die sich auf die ungeänderte Augsburger Konfession als Referenztext berief, auf Drängen der Kurpfalz, die in August von

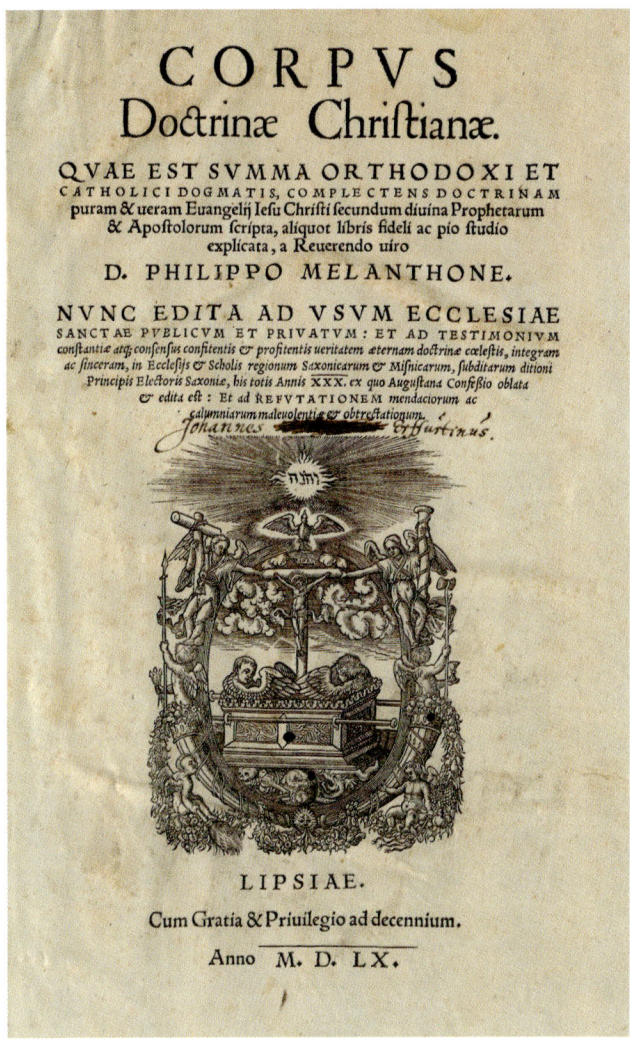

Abb. 3 | Philipp Melanchthon, Corpus Doctrinae Christianae, Leipzig: Ernst Vögelin 1560, Titelblatt, Staatsbibliothek zu Berlin, Sign. Df 6202 S16

Sachsen einen prominenten Fürsprecher fand, die Apologie und die den Calvinisten näherstehende *Variata* jedoch in ihre Linie stellte. Diesen Kompromiss, der die Kurpfalz integrieren wollte, lehnte Herzog Johann Friedrich II. von Sachsen jedoch vehement ab, weil damit weder die Irrlehren, die seiner Ansicht nach seit dem Tod Luthers aufgekommen waren, verdammt würden, noch seine Formulierungen wirklich als ausreichend zur Abgrenzung gegenüber dem Calvinismus zu bewerten waren, den zu unterstützen er indirekt auch Kursachsen vorwarf. Johann Friedrich reichte seine Protestnote ein und reiste am 2. Februar von Naumburg ab. Von den verbliebenen Fürsten zur Erläuterung seiner Abendmahlslehre aufgefordert, legte Kurfürst Friedrich III. sein Abendmahlsbekenntnis ab, das einhellig als mit dem Frankfurter Rezess übereinstimmend approbiert wurde. Am 8. Februar 1561 wurde der Abschied des Naumburger Fürstentags unterzeichnet.

Doch hatte das forsche Eintreten Kurfürst Augusts für die Kurpfalz vor allem bei den süddeutschen Fürsten Wolfgang von Pfalz-Zweibrücken und Herzog Christoph von Württemberg auch Fragen aufgeworfen. Als ihnen Kurfürst August am 24. März 1561 einen kursächsischen Formulierungsvorschlag für einen Brief an Johann Friedrich II. zuschickte, der ihn doch noch zur Unterschrift unter den Naumburger Abschied bewegen sollte, erhielt er zur Antwort, dass man den Vorschlag des Ernestiners für zielführender halte, die unmissverständlichen Formulierungen aus Luthers *Schmalkaldischen Artikeln* als Richtschnur zu verwenden. Die beiden Fürsten baten überdies um eine Stellungnahme der kursächsischen Theologen zu den mit der Himmelfahrt und dem Sitzen Christi zur Rechten Gottes zusammenhängenden Fragen, baten also im Grunde genommen um eine Zustimmung zu ihrem Kurs, die alte Lehre Luthers von der Allgegenwart auch der menschlichen Natur Christi zu reaktivieren.[20] In einem Gutachten, das die Universitäten Wittenberg und Leipzig am 30. August 1561 an Kurfürst August schickten, lehnten sie diese Württemberger Positionierung dezidiert ab, hielten dabei aber trotzdem an der Realpräsenz von Christi Leib und Blut im Abendmahl fest. Den gedanklichen Widerspruch zwischen dem im Himmel lokalisierten Leib Christi und seiner Realpräsenz in den irdischen Abendmahlsfeiern gelte es auszuhalten. Die beiden kursächsischen Universitäten wollten die Zwinglianer und Calvinisten »lieber mit freuntlikeit zu vns locken vnnd durch sanfftmütige vnterricht zur christlichen einigkeit bringen [...], denn sie mit gewohnlichem schrecken vnnd verdamen als schwermer, sacramentsschender vnd ergste Ketzer vnd teuffelsköpf, wie man sie nennen darf, gantz vnd gar von vns stossen.«[21]

Das Festhalten an der Lehre Melanchthons in Abgrenzung von den stets mit den Ernestinern assoziierten Gnesiolutheranern, aber auch die Ablehnung der Württemberger Omnipräsenzlehre, verbunden mit einem Werben bei der Kurpfalz, doch wieder zur alten lutherischen Lehre zurückzukehren, wurden bestimmend für die nächsten Jahre der kursächsischen Religionspolitik. Sie

fanden ihren Ausdruck nicht zuletzt auch in der Hochzeit Elisabeths, der Tochter Augusts, mit dem jüngeren Sohn des Pfälzer Kurfürsten, Johann Casimir, im Jahr 1570.[22]

Die deutliche Ablehnung der Württemberger Omnipräsenzlehre zeigte sich auch, als Herzog Christoph zeitgleich mit dem Maulbronner Kolloquium (10. bis 15. April 1564) Schriften und Disputationen seiner Theologen Johannes Brenz und Jakob Andreae an den kursächsischen Hof sandte, versehen mit der Bitte, er möge eine Stellungnahme bei seinen Theologen einholen. In ihrem Gutachten vom 25. April 1564 lehnten Paul Eber, Georg Major und Paul Crell die Vorstellung von einer Allgegenwart der menschlichen Natur Christi als Bedingung der Möglichkeit einer Realpräsenz von Leib und Blut Christi im Abendmahl erneut ab und insistierten auf der Unabhängigkeit der beiden Glaubensartikel voneinander.[23]

Die Spannungen innerhalb der Augsburger Religionsverwandten in der Frage nach dem Umgang mit dem Calvinismus traten auf dem Augsburger Reichstag von 1566 auf Reichsebene offen zutage.[24] Denn in der Zwischenzeit hatte Friedrich III. mit der Publikation des *Heidelberger Katechismus*[25] und einer neuen Kirchen- und Kirchenratsordnung auch den offiziellen Übergang seines Territoriums zum Calvinismus vollzogen.[26] Kaiser Maximilian II. wollte seine Chance nutzen, den Pfälzer Kurfürsten einer Konfession, die nach seiner Interpretation nicht durch den Augsburger Religionsfrieden gedeckt war, zu überführen, um ihn politisch zu isolieren und dadurch seine Macht gegenüber dem Kurfürstenrat zu vergrößern. Kurfürst August, der in vertraulichen Gesprächen mit Joachim II. von Brandenburg und dem Kaiser seinem Ärger über den Konfessionswechsel Friedrichs III. Luft gemacht hatte,[27] war jedoch nicht bereit, den Ausschluss des Pfälzer Kurfürsten aus dem Augsburger Religionsfrieden voranzutreiben, hätte eine Dreiteilung des Kurfürstenrates doch einen erheblichen Machtzuwachs für den Kaiser bedeutet. Die Evangelischen erklärten die Kurpfalz in allen Glaubensartikeln als der Augsburger Konfession religionsverwandt mit Ausnahme der Abendmahlslehre. Dieses Problem verwiesen sie auf ein internes Kolloquium, das in Erfurt stattfinden sollte, mangels Teilnehmern aber nie stattfand.[28]

Hatte sich Kurfürst Augusts Religionspolitik zumindest auf diplomatischer Ebene der Kurpfalz gegenüber als integrativ gezeigt, so verhärteten die kommenden Jahre sein Verhältnis zum gnesiolutherischen Flügel der Reformation. Unversöhnlich standen sich die Theologen der beiden wettinischen Fürstenhäuser auf dem Altenburger Religionsgespräch von 1568/69 gegenüber. Es kam zum Streit um die Bekenntnisgrundlage, bei dem die ernestinischen Theologen das *Corpus doctrinae Philippicum* einer Fundamentalkritik unterzogen, weil es die »tertia aetas« der *Loci* Melanchthons und keine einzige Schrift Luthers enthielt. Am 9. März 1569 wurde das Altenburger Kolloquium ergebnislos abgebrochen. Es hatte weder theologisch noch religionspolitisch irgendetwas erbracht. Die innerwettinische Rivalität, als deren höchster Ausdruck das Altenburger Kolloquium gelten kann, und ihre religions- und berufungspolitischen Entscheidungen verhinderten jede Einigung zwischen albertinischem und ernestinischem Sachsen.[29]

Dass sich die Orientierung der kursächsischen Theologen am *Corpus doctrinae Philippicum* nicht nur auf die Auseinandersetzung mit den ernestinischen Gegnern beschränkte, zeigte sich in den Ereignissen um den Zerbster Konvent von 1570. Jakob Andreae hatte sich bereits 1568 auf eine Reise nach Norddeutschland begeben und an den Fürstenhöfen für die Unterstützung seiner fünf Unionsartikel geworben, mittels derer er die Einigkeit im Luthertum wieder herstellen wollte,[30] und war dabei auf breite Zustimmung gestoßen. Braunschweig, der Senior der Wittenberger Fakultät Georg Major und Süddeutschland stimmten zu, selbst Matthias Flacius schien bereit zu sein zum Dialog. Im Sommer 1569 zeigte sich Kurfürst August erfreut über das Konkordienprojekt Andreaes und gab ihm ein Empfehlungsschreiben an die Wittenberger Fakultät mit. Die dortigen Theologen jedoch beharrten auf einer Einigung auf der Grundlage ihres kursächsischen *Corpus doctrinae*. Doch nahm Andreae diese Einwände allem Anschein nach nicht ernst. Als er genügend Unterstützer gefunden hatte, berief er einen Konvent nach Zerbst ein, der vom 7. bis 10. Mai 1570 stattfand. Dort versuchte er, die Theologen auf die ungeänderte *Confessio Augustana*, ihre Apologie, die *Schmalkaldischen Artikel* und den *Kleinen Katechismus* zu verpflichten, die als hermeneutische Hilfe beim Verständnis der Schriften Melanchthons und Luthers dienen sollten. Doch schon kurz nach der frühen Abreise der kursächsischen Theologen, die zu ihrer Promotion nach Wittenberg eilten, wurde bekannt, dass sie in Zerbst heimlich einen Gegenentwurf erstellt hatten, in dem sie sich auf die Schriften des *Corpus doctrinae* und die Schriften Luthers bezogen und dafür bereits die Unterschriften der hessischen und markgräf-

lichen Delegierten erhalten hatten. Dadurch aber wurde der offizielle Zerbster Abschluss torpediert und die Konkordienbemühungen Andreaes waren vorerst gescheitert.[31]

Die Religionspolitik Kurfürst Augusts kann in ihrer Frühphase zusammenfassend charakterisiert werden als bestimmt durch den ausgleichenden Kurs Philipp Melanchthons und seiner Anhänger und die dezidierte Gegnerschaft zum Gnesioluthertum, das für August identisch war mit der flacianischen Kriegstreiberei und Hetze im benachbarten ernestinischen Territorium. Der sächsische Landesherr vertrat die Integration der Kurpfalz in das Lager der Augsburger Religionsverwandten auf Reichsebene, um die Machtbalance auf Reichstagen nicht zu gefährden und um die Hoheit bei der Entscheidung darüber nicht zu verlieren, wer zu den Evangelischen gehörte und wer nicht. Er hatte die Hoffnung noch nicht aufgegeben, die Pfälzer in internen evangelischen Beratungen oder durch Heiratspolitik wieder zum lutherischen Lager zurückzugewinnen. Die integrative Religionspolitik des Kurfürsten war dabei allerdings zu keinem Zeitpunkt verbunden mit Sympathie oder Konversionsüberlegungen zum calvinistischen Glauben.

DAS »KRYPTOCALVINISTISCHE« TRAUMA KURFÜRST AUGUSTS

Um den Jahreswechsel 1570/71 veröffentlichte die Wittenberger Fakultät einen neuen Katechismus, der zusammengestellt war aus Formulierungen des kursächsischen *Corpus doctrinae Philippicum*, darüber hinaus aber auch die lateinische Übersetzung von Act 3,21 bot, die der Genfer Theologe Theodor Beza von Johannes Calvin übernommen hatte[32] und die ihm als exegetische Stütze der lokalen Anwesenheit des Leibes Christi exklusiv am himmlischen Ort diente. Der Sturm der Entrüstung, der über die Theologen der Elbestadt hereinbrach, mündete im Niedersächsischen Bekenntnis, das, verfasst von Martin Chemnitz, die befürchteten Konsequenzen für die Abendmahlslehre in aller Schärfe darlegte.[33] Da fast alle norddeutschen Territorien dieses Bekenntnis unterschrieben und dem Kurfürsten implizit mit dem Ausschluss aus dem Augsburger Religionsfrieden drohten, falls er nicht gegen seine heimlich mit dem Calvinismus sympathisierenden Theologen vorginge, berief August, der bereits die Drucklegung der *Grundfest*, des christologischen Hauptwerks der Wittenberger Fakultät im Sommer hatte verhindern wollen,[34] einen Konvent aller kursächsischen Theologen nach

Dresden ein, auf dem nach seinem Wunsch eine *Confessio bene Lutherana*[35] erstellt werden sollte.[36] Intern wurde berichtet, der Kurfürst würde ein Vermögen dafür zahlen, wenn die Wittenberger Bücher nicht veröffentlicht worden wären.[37]

Mit dem *Consensus Dresdensis*, der am 10. Oktober 1571 fertiggestellt und in hoher Auflage auch in lateinischer Übersetzung gedruckt wurde, dachte Kurfürst August, die Wogen wieder geglättet und die auswärtigen Anschuldigungen zum Verstummen gebracht zu haben. Ein Exemplar des *Consensus Dresdensis* schickte August auch an seinen Schwiegersohn, Pfalzgraf Johann Casimir, in der Hoffnung, auch dessen Unterschrift unter die *Confessio bene Lutherana* – für die er sie hielt – zu bekommen. Am 19. Dezember 1571 antwortete der Pfalzgraf und erklärte seine völlige Übereinstimmung mit der neuen kursächsischen confessio. Auch der Hof seines Vaters habe den *Consensus Dresdensis* als mit der *Confessio Augustana* und ihrer Apologie übereinstimmend bewertet und anerkannt. Johann Casimir bat den sächsischen Kurfürsten darum, die Theologen, die sein Bekenntnis verfasst hatten, zu bitten, die Unterschiede zum *Heidelberger Katechismus* zu benennen, die er selbst nicht sehen könne.[38]

In einem Brief, den Kurfürst August am 13. Februar 1572 an seine beiden Universitäten Leipzig und Wittenberg aufsetzte, führte er die Ansicht seines Schwiegersohns von der Einigkeit zwischen *Consensus Dresdensis* und *Heidelberger Katechismus* zurück auf die Überredungskünste der kurpfälzischen Theologen und erbat sich eine kurze Zusammenstellung der Unterschiede auf einem Blatt, um Johann Casimir besser unterrichten zu können. Bei der Wittenberger Fakultät musste er indes ein zweites Mal nachbohren, da sich die Theologen der Elbestadt beim ersten Mal rundweg geweigert hatten, ein entsprechendes Gutachten zu erstellen. Da beim zweiten Mal dem Boten aufgetragen worden war, auf die Wittenberger Antwort zu warten, erstellten die Wittenberger ein Gutachten, in dem sie aber im Grunde genommen nur die Offenheit des *Heidelberger Katechismus* für zwinglianische Vorstellungen kritisierten. Da aber dieses wie auch die anderen Gutachten zu lang war, schickte Kurfürst August schließlich die Auflistung der Unterschiede zu seinem Schwiegersohn, die der Pirnaer Superintendent Johann Stössel aus dem zweiten Wittenberger Gutachten extrahiert hatte, mit der Bekräftigung des Lehrunterschiedes, der seiner Ansicht nach zwischen der Kurpfalz und seinem Territorium weiterhin bestand. Das Verhalten der Wittenberger aber hatte den Landesherrn erzürnt. Auch auf das

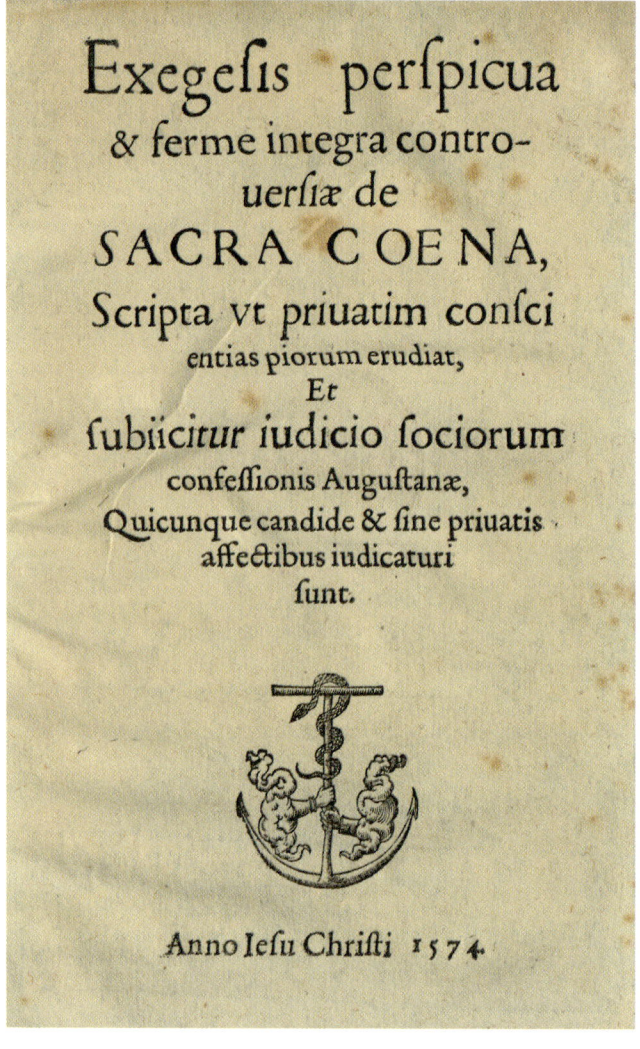

Abb. 4 | Joachim Curaeus, Exegesis perspicua et ferme integra controuersiae de sacra coena, Leipzig: Ernst Vögelin 1574, Titelblatt, Staatsbibliothek zu Berlin, Sign. Dm 3373 S16

Konkordienangebot Theodor Bezas, das ihn in diesen Tagen ebenfalls erreichte, antwortete August ablehnend, nachdem er seine Räte und Hofprediger befragt und von ihnen wiederum ein durchaus zwiespältiges Bild erhalten hatte.[39]

Die Gutachten, die Kurfürst August für die Antwort auf die Konkordienangebote eingeholt hatte, zeigten ihm die tiefe Zerrissenheit der beiden kursächsischen theologischen Fakultäten, aber auch seiner Räte und Hofprediger in der Frage nach einem möglichen Zusammengehen mit calvinistischen Territorien auf kirchlicher oder politischer Ebene. Kurfürst August und seine Frau aber hatten sich in dieser Frage längst entschieden. Am 18. Juni 1572 schrieb Kurfürstin Anna an Kurfürst Friedrich III. von der Pfalz und bekräftigte die Einigkeit des kursächsischen Herrscherehepaares in der lutherischen Abendmahlslehre.[40] In einem Brief, den er am 30. Dezember 1572 an seinen Hofprediger Christian Schütz schrieb, hielt der Kurfürst Rückschau auf die Ereignisse der letzten beiden Jahre und beschwerte sich darüber, dass die Wittenberger Theologen so viel Ursache zum Streit gegeben hatten. Er habe sich auch von seinen nächsten Blutsverwandten anhören müssen, dass er Calvinisten schützen wolle.

»Nun wyst ir, In was meynunck ich in dem selbygen artickel erzogen, Wie ir mich als meyn beychthor disfals vnterwysset. Solte Ich nun sampt dysen ganzen landen vmb zweyer oder 3 schwermer willen, ander leutte halben, dye doch dys buchleyn on meyne vnd meyner Rete Vorwyssen gestellet, in eynen sollichen Vordacht, do ich doch meyn leben langk nicht yn syn genommen der Calfynisten lehre beyzupflichten, gesetzt werden, das hatt mir nichtt vnbyllich wehgethan vnd verdriest mich so lange Ich lebe, Vnd dyße vnd keyne ander Vrsach hatt mich zu dem leztten consensu zu Dressen verursachtt; man hatt mir auch alda sagen durffen, sye dye teologen, Weren aller dynge eyns, wye aber sollichs gewesen, sollichs hatt sych balt darnach ausgeweysett.«[41]

Als Nachfolger des verstorbenen Hofpredigers Philipp Wagner, der 1571 Verständnis für die Kritik der auswärtigen Territorien am *Wittenberger Katechismus* gezeigt hatte, bestellte Kurfürst August im Januar 1573 den Superintendenten von Liebenwerda, Georg Listhenius, nachdem dieser in den Vorstellungspredigten, die er in Torgau über das Abendmahl halten musste, deutlich gegen den Calvinismus und Theodor Beza Stellung bezogen hatte.[42] Nicht lange nach seinem Amtsantritt beschuldigte Listhenius seinen Kollegen Schütz und den Pirnaer Superintendenten Stössel des Calvinismus. Um die Jahreswende 1573/74 kam es zur letzten Auseinandersetzung zwischen den beiden Hofpredigern um die Abendmahlsfrage.[43]

Inzwischen hatte der Leipziger Drucker Ernst Vögelin die *Exegesis perspicua* veröffentlicht, ein Bekenntnis zu den möglichen abendmahlstheologischen Konsequenzen der philippistischen Position, gedruckt auf französischem Papier und mit einer Genfer Druckerangabe versehen, was zu Verboten ausländischer Schriften und Untersuchungen der Buchmärkte in Leipzig und Wittenberg

geführt hatte.[44] Am 25. und 29. März 1574 positionierten sich die beiden Hofprediger Schütz und Listhenius jeweils in Predigten vor dem Hof zum Abendmahl. Während Schütz gegen die »Ubiquitätslehre« polemisierte und die lokale Anwesenheit der menschlichen Natur Christi im Himmel behauptete, vertrat Listhenius die »manducatio oralis« und bezichtigte seinen Kollegen der Irrlehre. In dieser ohnehin bereits aufgeheizten Situation am kursächsischen Hof händigte Listhenius dem Kurfürsten überdies noch zwei Briefe aus, die Johann Stössel an die Frau des Hofpredigers Schütz adressiert hatte, die der Postbote aber irrtümlich dem anderen Hofprediger ausgehändigt hatte. Kurfürst August reagierte sofort und ließ Schütz und Stössel inhaftieren und ihre Wohnungen nach weiteren Briefen absuchen. Die beiden konfiszierten Kisten aus den Wohnungen der Inhaftierten enthielten Briefe, in denen Stössel über die starke Bindung der Kurfürstin an Luther klagte und darüber, dass das »Weiberregiment« ihm die Möglichkeit geraubt habe, der Nachfolger des Hofpredigers Wagner werden zu können. Listhenius als neuer Hofprediger verstärke noch die »Gynaikokratie« am Hof. Stössel berichtete Schütz, was ihm der Kurfürst gebeichtet hatte. Die *Exegesis* sei so gut geschrieben, dass niemand es wagen würde, dagegen zu schreiben. Einen Empfang der Abendmahlsgaben mit dem Mund schloss Stössel aus. Aber auch ein Brief des Melanchthonschwiegersohns Caspar Peucer fand sich unter dem konfiszierten Material, in dem er Schütz tröstete mit dem Hinweis darauf, dass auch in den Niederlanden und Frankreich die »wahre Lehre« nicht lange unterdrückt geblieben sei. Für Peucer stellte überdies die Behauptung eine Gotteslästerung dar, dass der Leib Christi im Abendmahl ausgeteilt werde, würde ihm dadurch doch seine wahre Menschheit geraubt.[45]

In den kommenden Wochen wurden auch die Wittenberger Studenten in die Untersuchungen nach kompromittierenden Vorlesungsmitschriften mit eingebunden. Auch dort wurde man fündig. Kurfürst August deutete die heimlichen Sympathien für den Calvinismus in seinem Territorium, aber auch in seiner nächsten Nähe – Caspar Peucer war sein Leibarzt –, als Verschwörung zum Umsturz. Denn den Calvinismus interpretierte der kursächsische Landesherr als aktive Aufstandsideologie gegen die Obrigkeit:

»Vnnd solches seint die früchtte, der Caluinischen lehre, den wo dieselbige regiret, vnd im schwange gehet, da ist allemal wiederwill zwischen Hern vnd Vndterthanen, Wie dan die bluttigen exempel In Franckreich, vnd den Niederlanden solchs leyder altzusehr ausweisen, Gott wolle es erbarmen.«[46]

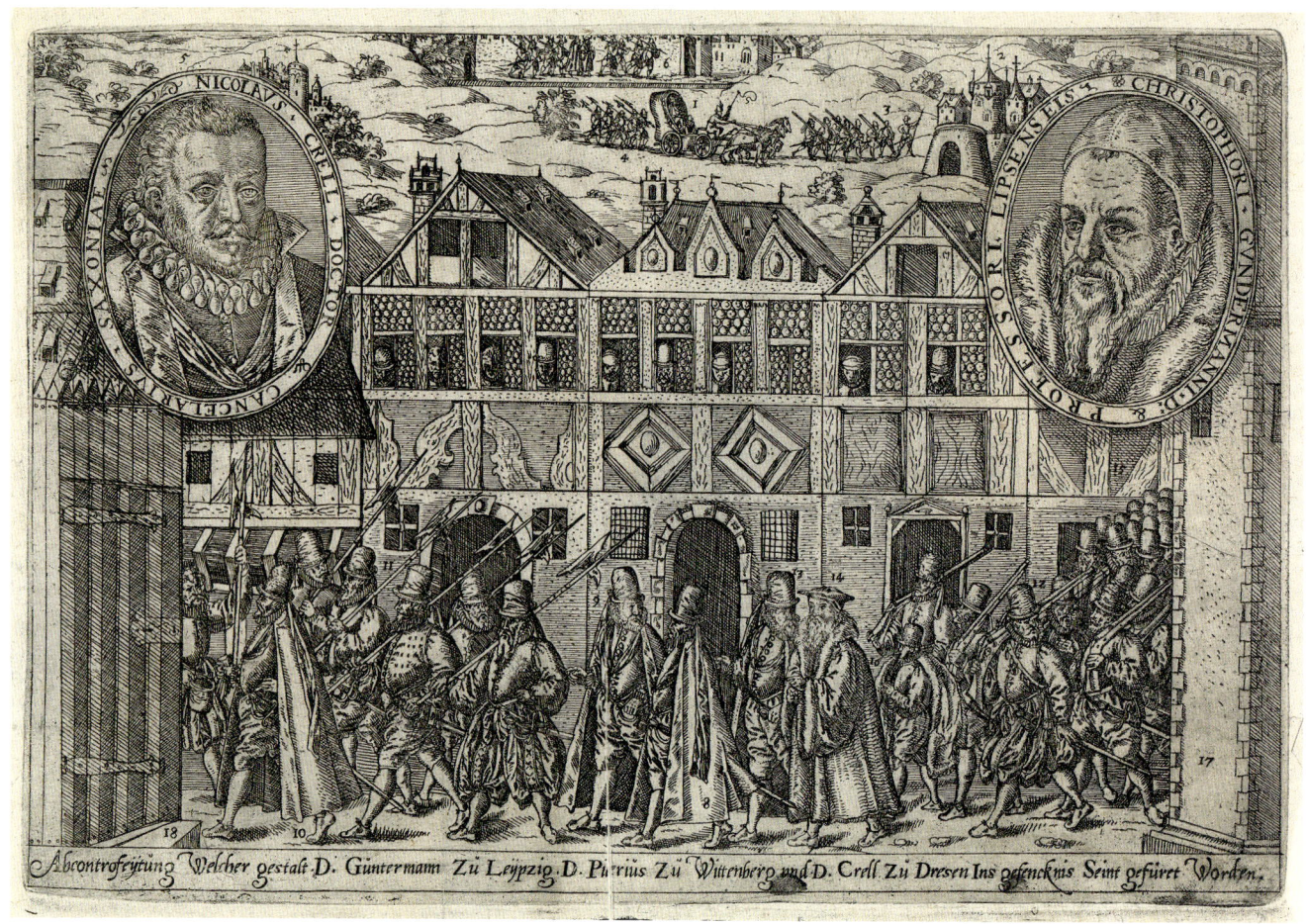

Abb. 5 | Verhaftung und Überführung von Calvinisten (u. a. des Kanzlers Krell) auf die Pleißenburg in Leipzig, unbekannter Künstler, 1591/92, Kupferstich, 23 × 32 cm, Germanisches Nationalmuseum Nürnberg, Graphische Sammlung, Inv.-Nr. HB 6375

Für Kurfürst August waren demnach der politische Ungehorsam, Aufruhr und Bluttaten die notwendigen Folgen der calvinistischen Lehre. Diese Position lässt sich nur durch eine Traumatisierung des Kurfürsten durch das wochenlange Massaker in Frankreich, das sich an die Bartholomäusnacht vom 23./24. August 1572 anschloss, und die politischen Unruhen in den Niederlanden, die unter dem Spanier Fernando von Alba mit seinen Hinrichtungen unzähliger calvinistischer »Ketzer« in den Jahren 1567 bis 1573 ihren Höhepunkt erreichten, erklären. Vielleicht waren es auch die Ereignisse vor der Haustür, die dem Kurfürsten sozusagen den Schlüssel zur Interpretation der Er-

eignisse in Frankreich und den Niederlanden boten. Der Kurfürst unterstellte Stössel, dass es seine Absicht gewesen sei, eben solche politischen Aufstände und Unruhen auch in Kursachsen einzuführen. Um dieses Ziel zu erreichen, hätten er und seine Gesinnungsgenossen bereits die Jugend an den Universitäten mit dem Calvinismus derartig infiltriert, dass die Studenten schon begonnen hätten, über die Trinität Disputationen anzustellen. Diese »calvinistischen Umtriebe« an seinen Universitäten bereits im Keim zu ersticken, sah der Kurfürst als seine dringlichste Aufgabe an. Denn sollte man dem nicht entgegentreten, so würden alsbald nach calvinistischer Manier jeder Respekt vor der Obrigkeit und den Professoren aufhören und Tumulte an den Universitäten ausbrechen. Im Nachhinein betrachtet, stellten sich so die Vorwürfe der theologischen Gegner Kursachsens, an den Universitäten werde calvinistische Lehre vertreten, teilweise als wahr heraus. Durch die Machenschaften dieser »verlogenen falschen buben«[47] sei über ihn selbst und sein Umfeld der Verdacht aufgekommen, von der rechten Lehre abgefallen und zum Calvinismus übergetreten zu sein. »Vnd ist dieser Langwirige Zanck in diesen Landen allein aus der Vrsachen her geflossen, das die heimlichen Caluinisten sich nicht offentlich zu Irer lehre haben bekennen wollen, Sonsten […] hette diß vngetziefer hirinn nicht nisteln sollen.«[48] Dieses »gifftige geschmeis« gelte es nun »mit der wurtzel«[49] auszureißen, damit wieder Ordnung und Ruhe an den kursächsischen Universitäten und Schulen herrsche.

Kurfürst August verließ mit den *Torgauer Artikeln,* die er von »unverdächtigen« Theologen aufsetzen ließ, die von allen Theologen seiner Lande unterschrieben werden mussten und die eine namentliche Verdammung der prominentesten Calvinisten enthielten, seinen alten integrativen religionspolitischen Kurs und schwenkte auf die calvinismusfeindliche Haltung seines Kaisers, aber auch vieler lutherischer Fürsten ein. Die Wittenberger Theologen mussten ihre Professuren verlassen. Da August auch der Meinung war, dass viele seiner alten Räte wie etwa Georg Cracow[50] es ebenfalls heimlich mit den Calvinisten hielten, entließ er sie oder setzte sie gefangen.[51] Er emanzipierte sich in den kommenden Jahren von seinen Räten und traf seine Entscheidungen zunehmend in autokratischer Weise.

In einem Brief an Kurfürst Friedrich III. vom 1. Juli 1574 beendete Kurfürst August ebenfalls den freundlichen Ton, der bislang zwischen den beiden Kurfürstentümern geherrscht hatte:

»So kann ich doch diß vnwiederholet vnd vngesagt nicht lassen, das ich Inn solchem Artickel, weder mit E. L. noch mit derselbenn Theologen, niehmalß einig gewesen, auch noch nicht bin, Vnd das auch E. L. vnd deren Theologen sich derentwegen auff die Augspurgische Confession mit nichten zuberuffen, Noch sich derselben zuberuhmen [haben].«[52] Damit war die pragmatische Achse Heidelberg-Dresden endgültig Geschichte. Die beiden Kurfürsten gingen in Zukunft getrennte Wege.

KURSACHSEN ALS SCHRITTMACHER AUF DEM WEG ZUR KONKORDIENFORMEL

Am 21. November 1575, also nicht lange nachdem die Torgauer Verhöre der kursächsischen Theologen beendet waren, die in der Wahrnehmung des Kurfürsten die calvinistischen »Verschwörer« von den treuen lutherischen Amtsträgern schieden,[53] bekundete Kurfürst August sein Interesse an der Mitarbeit an Andreaes Konkordienprojekt, um dem wiederhergestellten Luthertum in seinem Territorium eine sichere Lehrgrundlage zu verschaffen.[54] Als sich die Württemberger und die niedersächsischen Theologen vom 15. bis zum 18. Februar 1576 erstmals mit dem »gereinigten« Restbestand der kursächsischen Theologen auf dem Schloss Lichtenburg unweit von Wittenberg trafen, nahm Kursachsen erstmals Abstand von seiner bisherigen Bekenntnissammlung, dem *Corpus doctrinae Philippicum.* Damit stieg es auch offiziell in die Verhandlungen um ein überterritoriales lutherisches Bekenntniswerk ein, als deren Grundlagen mittlerweile die Maulbronner Formel und die schwäbisch-sächsische Konkordie dienten.[55] Auf Wunsch und auf Kosten Kurfürst Augusts von Sachsen trafen am 28. Mai 1576 auf dem Schloss Hartenfels in Torgau die beiden Hauptredaktoren der schwäbisch-sächsischen Konkordie, Martin Chemnitz aus Braunschweig und David Chyträus aus Rostock, mit den zwei kurbrandenburgischen Delegierten, Andreas Musculus und Christoph Körner aus Frankfurt/Oder und den Theologen des Lichtenburger Konvents zusammen. Jakob Andreae, seit April 1576 an der Wittenberger Stadtkirche beschäftigt, vertrat die Württemberger Fraktion. In konzentrierter Arbeit wurde auf der Grundlage der schwäbisch-sächsischen Konkordie das sogenannte *Torgische Buch* erstellt,[56] das Kurfürst August am 7. Juni 1576 überreicht wurde. Dieses Ergebnis des Torgauer Konvents versandte Kurfürst August an alle Augsburger Religionsverwandten im Reich mit der Bitte um Durchsicht und Verbesserungen.[57]

Als nach dem intensiven Beratungsprozess, der sich bis in den März 1577 hinzog, die ersten überwiegend positiven Gutachten eintrafen, versammelten sich wieder auf Einladung Kurfürst Augusts die drei Theologen Andreae, Chemnitz und Selnecker am 1. März 1577 im Kloster Bergen bei Magdeburg, um die Voten und Gutachten in das *Torgische Buch* einzuarbeiten. Zu einer zweiten Sitzung im Kloster Bergen lud Kurfürst August am 19. Mai dann auch die drei restlichen Delegierten Chytraeus, Musculus und Körner wieder mit ein.[58] In ihrem Abschlussbericht vom 28. Mai

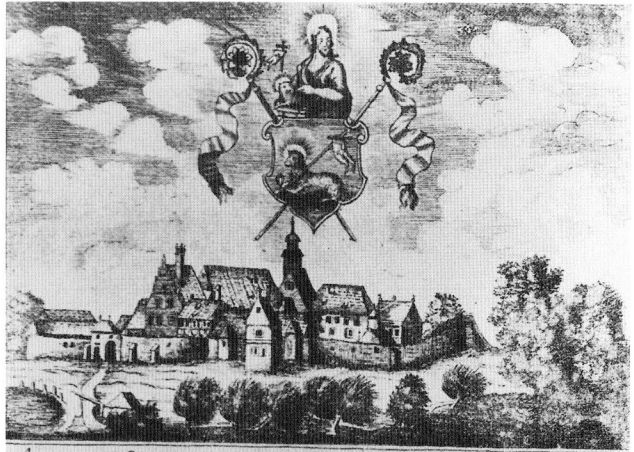

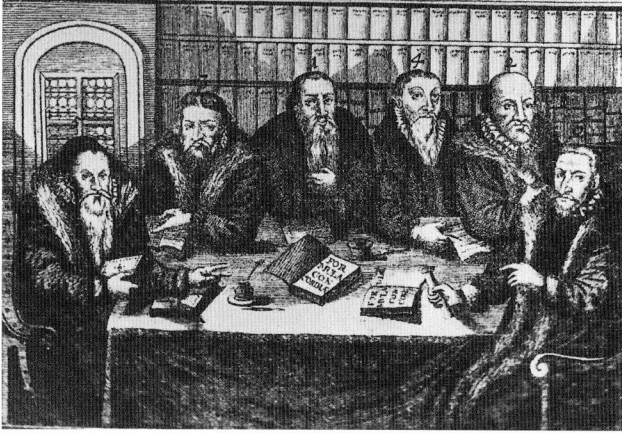

Autoritate Serenißimorum et Potentißimorum Electorum Saxon. et Brandenburgenß. Ducum Brunßwic. et Lüneburgenß. Megapolitan. et Würtenbergenß. celebratus Conventis à D. Nicolao Selneccero. Theolog. Saxon. à D. Christophoro Cornero et à D. Andrea Musculo, Theologis Branden-burgenß. à D. Martino Chemnitio, Theolog. Brunßwics. D. Davide Chÿtræo Theol. Megapolit. et à D. Iacobo Andreæ. Theolog. Würtenbergenß. propter concordiam. Ecclesiam Confeß. Augustanæ in Monasterio Bergenß ad Albim prope Mag-deburgum, tempore Reverendiss. Abbatis Domini P. Ulneri. Menß. Majo Anno 1577.

Abb. 6 | Abfassung der Formula Concordiae als Bekenntnisschrift des Luthertums im Kloster Bergen, v. l. n. r. Nikolaus Selnecker, Christoph Koerner, Andreas Musculus, Martin Chemnitz, David Chytraeus, Jakob Andreae, unbekannter Künstler, 1577, Kupferstich, Zeller Stiftung für Familienforschung, Inv.-Nr. 7 III 03.042

1577 konnten die Bergener Theologen dem sächsischen Landesherrn Vollzug melden. Mit dem *Bergischen Buch* lag der Text der Konkordienformel fertig vor und wurde am nächsten Tag von den sechs Konkordienvätern unterschrieben.[59]

Den wenig später einsetzenden, längere Zeit beanspruchenden Prozess der Einholung von Unterschriften in den ratifizierenden Territorien, der nach dem Willen der Bergener Theologen in den »sicheren« Territorien begann, versuchte Königin Elisabeth I. von England noch zu torpedieren. Sie schrieb am 29. Oktober 1577 einen Brief an König Friedrich II. von Dänemark,[60] einen Gegner des Konkordienprojekts, den dieser an seinen Schwager August von Sachsen weiterleiten sollte. Die Antwort Kurfürst Augusts ist insofern interessant, weil sich in ihr seine neue Konkordienpolitik ausspricht. Da mit den Anhängern Zwinglis und Calvins ohnehin niemals Einigkeit in der Abendmahlsfrage bestanden habe, stifte das Konkordienwerk keine größere Zertrennung innerhalb der bestehenden konfessionspolitischen Positionen, als nicht ohnehin bereits vorher bestanden habe. Kurfürst August sah seine Aufgabe nun darin, die Augsburger Konfessionsverwandten wieder zusammenzubringen und die Uneinigkeit innerhalb des Luthertums zu beenden. Sollten sich die Vorzeichen für eine Einigung mit den Calvinisten in Zukunft ändern, so könnte ein geeintes Luthertum viel besser mit den Calvinisten verhandeln als ein zerstrittenes.[61]

Im Verlauf des Ratifizierungsprozesses der Konkordienformel wurde dem gesamten *Konkordienbuch* auf dem Konvent in Jüterbog 1579 eine neue Vorrede vorangestellt, die darauf abzielte, bislang noch zögernde politische Obrigkeiten wie etwa Ludwig VI. von der Pfalz, mit dessen Herrschaftsbeginn das Luthertum in die Pfalz zurückgekehrt war, mit einzubinden. Die bisherige Theologenvorrede, die vor allem mit der Kontinuität zur Alten Kirche argumentiert hatte, fiel fort.[62] Die vielen Kirchenväterzitate, von denen die Theologenvorrede geprägt war, fanden im »Catalogus Testimoniorum«, der als Anhang dem *Konkordienbuch* beigegeben wurde, ihren Ort.[63] Zum fünfzigsten Jubiläum der Übergabe der Augsburger Konfession, das man am 25. Juni 1580 beging, lag das *Konkordienbuch* gedruckt vor.[64]

Mit seinem entschiedenen Vorgehen gegen die »Kryptocalvinisten« im albertinischen Sachsen hatte Kurfürst August auch im ernestinischen Nachbarterritorium Eindruck hinterlassen. Überdies war man in Weimar politisch nicht mehr dazu in der Lage, diesen Konkordienversuch zu blockieren. Herzog Johann Wilhelm I. war 1573 kurz nach der Landesteilung der ernestinischen Besitzungen verstorben und sein Sohn Friedrich Wilhelm I. von Sachsen-Weimar noch zu jung, um selbstständig regieren zu können. Es blieb darum beim obligatorischen ernestinischen Protest dagegen, dass die Lehrverurteilungen innerhalb der Konkordienformel ohne Namensnennungen auskamen. Nach einem Besuch der Herzogenwitwe Dorothea Susanna mit ihren Kindern am Dresdner Hof vom 3. bis zum 6. Dezember 1576, bei dem die innerwettinische Aussöhnung gelang, unterschrieb auch das ernestinische Sachsen die Konkordienformel.[65]

ZUSAMMENFASSUNG UND ERTRAG

Die konfessionspolitische Umorientierung Kurfürst Augusts von Sachsen änderte nichts an seiner persönlichen religiösen Überzeugung. Der kursächsische Landesherr sah sich vielmehr durchgehend als Lutheraner, füllte diesen Begriff allerdings im Laufe seines Lebens unterschiedlich.[66] Bis 1574 vertrat er, mit seinem Bruder Moritz ganz in der albertinischen Tradition stehend, den religionspolitischen Kurs der Fortschreibung der Wittenberger Reformation durch Philipp Melanchthon, die nach dessen Tod verbürgt wurde durch die Sammlung seiner Schriften im *Corpus doctrinae Philippicum*. Dieser philippistischen Grundausrichtung Kursachsens entsprachen auch die Abgrenzungen gegenüber den ernestinischen Nachbarn und die Ablehnung der »Ubiquitätslehre« Württembergs. Zu den Grunddaten der Außen- und Reichspolitik Kurfürst Augusts – Sicherung des Augsburger Religionsfriedens von 1555, Wahrung der gewonnenen Kurwürde und Schutz des frühneuzeitlichen Staatsbildungsprozesses – trat ab 1566, wohl auch mitverantwortet und angestoßen von seinem Rat Georg Cracow, eine Politik der pragmatischen Toleranz des Calvinismus, der seit 1563 in der Kurpfalz seinen Ort im Reich gefunden hatte, zur Sicherung der evangelischen Macht innerhalb des Reiches. Die blutigen Ereignisse in den Niederlanden und in Frankreich, über die der Kurfürst bestens informiert war, lösten in ihm aber nicht den Wunsch aus, den verfolgten Reformierten im Ausland zur Hilfe zu eilen, wie es sein Rat Georg Cracow ihm anriet. Stattdessen konzentrierte er sich zunächst ganz auf das Reich, dem er dasselbe Schicksal der Unordnung und des Aufstandes ersparen wollte, und interpretierte nach den Ereignissen um die konfiszierten Briefe in seinem Territorium den Calvinismus als Quelle des politischen Ungehorsams, die es galt, »mit der Wurzel auszurotten«.[67] Die Politik der pragmatischen Toleranz fand nach 1574 ebenso ihr Ende wie die Orientierung einzig an der philippistischen Tradition im kursächsischen *Corpus doctrinae*. Mit seinem religionspolitischen Umschwung setzte sich August an die Spitze der innerlutherischen Konkordienbewegung Jakob Andreaes, die unter seiner maßgeblichen Führung die Konkordienformel erstellte, die aber ihrerseits auch philippistische Elemente aufnahm und damit dann in gewissem Sinne doch die alte kursächsische Politik der Einheit von Luther und Melanchthon fortschrieb, freilich jetzt unter neuem Vorzeichen: Die sachliche Priorität lag bei Luther, während in methodischen Fragen die melanchthonische Bildung der Autoren der Konkordienformel deutlich spürbar blieb.[68]

ANMERKUNGEN

1 Vgl. Hans-Peter Hasse, Zensur theologischer Bücher in Kursachsen im konfessionellen Zeitalter. Studien zur kursächsischen Literatur- und Religionspolitik in den Jahren 1569 bis 1575, Leipzig 2000 (Arbeiten zur Kirchen- und Theologiegeschichte 5), S. 217. **| 2** Zu den Grunddaten der kursächsischen Außenpolitik vgl. Jens Bruning, Caspar Peucer und Kurfürst August. Grundlinien kursächsischer Reichs- und Konfessionspolitik nach dem Augsburger Religionsfrieden (1555–1586), in: Caspar Peucer (1525–1602). Wissenschaft, Glaube und Politik im konfessionellen Zeitalter, hrsg. von Hans-Peter Hasse u. a., Leipzig 2004, S. 157–174, hier S. 164; vgl. hierzu auch Günther Wartenberg, Caspar Peucer – ein Humanist und Universalgelehrter im konfessionellen Zeitalter, in: ebd., S. 19–31, hier S. 27. **| 3** Zum adiaphoristischen Streit um die im Leipziger Landtagsentwurf erkennbar werdende Bereitschaft Melanchthons, dem Kaiser in kirchlichen Gebräuchen, die in der Schrift weder verboten noch geboten waren, den sogenannten Adiaphora, entgegenzukommen, vgl. Ernst Koch, Der Ausbruch des adiaphoristischen Streits und seine Folgewirkungen, in: Politik und Bekenntnis. Die Reaktionen auf das Interim von 1548, hrsg. von Irene Dingel und Günther Wartenberg, Leipzig 2006 (Leucorea-Studien zur Geschichte der Reformation und der Lutherischen Orthodoxie 8), S. 179–190; Robert Kolb, Controversia perpetua. Die Fortsetzung des adiaphoristischen Streits nach dem Augsburger Religionsfrieden, in: ebd., S. 191–209, sowie die Quellenedition zum adiaphoristischen Streit, in: Der Adiaphoristische Streit (1548–1560), hrsg. von Irene Dingel Göttingen 2012 (Controversia et Confessio 2). **| 4** Zu den Verhandlungen über die Religionsfrage in Passau vgl. Volker Henning Drecoll, Verhandlungen in Passau am 6. Juni 1552. Eine Einigung in der Frage der Religion?, in: Der Passauer Vertrag von 1552. Politische Entstehung, reichsrechtliche Bedeutung und konfessionsgeschichtliche Bewertung, hrsg. von Winfried Becker, Neustadt a. d. Aisch 2003 (EKGB 80), S. 29–44. Der Passauer Vertrag ist kritisch ediert in: Volker Henning Drecoll, Der Passauer Vertrag (1552). Einleitung und Edition, Berlin u. a. 2000 (AKG 79), S. 95–134. **| 5** Das Reichsgesetz liegt ediert vor in: Joachim Mehlhausen, Das Augsburger Interim von 1548. Nach den Reichstagsakten deutsch und lateinisch, Neukirchen-Vluyn 1996² (TGET 3). Das Standardwerk zum Augsburger Interim ist nach wie vor Horst Rabe, Reichsbund und Interim. Die Verfassungs- und Religionspolitik Karls V. und der Reichstag von Augsburg 1547/48, Köln 1971. Ergänzend dazu: ders., Zur Entstehung des Augsburger Interims 1547/48, in: ARG 94 (2003), S. 6–104. Vgl. außerdem Joachim Mehlhausen, Art. Interim, in: TRE 16 (1987), S. 230–237. Neuere, auch die Theologiegeschichte einbeziehende Perspektiven bietet: Das Interim 1548/50. Herrschaftskrise und Glaubenskonflikt, hrsg. von Luise Schorn-Schütte, Gütersloh 2005 (SVRG 203). **| 6** Zum Wormser Religionsgespräch vgl. jetzt die Studie von Björn Slenczka, Das Wormser Schisma der Augsburger Konfessionsverwandten von 1557. Protestantische Konfessionspolitik und Theologie im Zusammenhang des zweiten Wormser Religionsgesprächs, Tübingen 2010 (BHTh 155). **| 7** Vgl. Philipp Melanchthon, Bedenken vom Synodo aller Chur- und Fürsten und Stände Augsburgischer Confession vom 4. März 1558, in: CR 9, S. 462–478 (Nr. 6471) = MBW Nr. 8543. **| 8** Die Confession und Vereinigung der drei weltlichen Chur- und beineben anderer Fürsten zu Frankfurt geschehen in »electione Ferdinandi Imperatoris«, in: CR 9, S. 489–507 (Nr. 6483), basierte auf der von Überarbeitung der Formula Consensus durch Melanchthon, in: CR 9, S. 403–411 (Nr. 6425). Zum Frankfurter Rezess vgl. Irene Dingel, Melanchthons Einigungsbemühungen zwischen den Fronten: der Frankfurter Rezeß, in: Philipp Melanchthon. Ein Wegbereiter für die Ökumene, hrsg. von Jörg Haustein, Göttingen 1997 (BenshH 82), S. 119–141, besonders S. 131–141. **| 9** Vgl. die Darstellung bei Johannes Hund, Vom Philippisten zum Melanchthonianer. Die Entwicklungen in Paul Ebers Abendmahlslehre im Kontext des Zweiten Abendmahlsstreits, in: Paul Eber (1511–1569). Humanist und Theologe der zweiten Generation der Wittenberger Reformation, hrsg. von Daniel Gehrt und Volker Leppin, Leipzig 2014 (Leucorea-Studien zur Geschichte der Reformation und der Lutherischen Orthodoxie 16), S. 341–374, hier S. 342–344. **| 10** Vgl. Rudolf Leeb, Der Kurfürstentag zu Frankfurt 1558, in: Der Kurfürstentag zu Frankfurt 1558 und der Reichstag zu Augsburg 1559, Bd. 1, bearb. von Rudolf Leeb, Göttingen 1999 (RTA RV), S. 132–228, hier S. 211 f. **| 11** Consensio mutua in re sacramentaria ministrorum Tigurinae ecclesiae, & D.

Ioannis Calvini ministri Genevensis ecclesiae [...], Zürich: Rudolf Wyssenbach 1551 (VD16 C 4918). Vgl. hierzu auch die Edition sowohl des lateinischen Originals wie auch der deutschen, französischen, italienischen und englischen Übersetzungen, in: Consensus Tigurinus (1549). Die Einigung zwischen Heinrich Bullinger und Johannes Calvin über das Abendmahl. Werden – Wertung – Bedeutung, hrsg. von Emidio Campi, Zürich 2009. **| 12** Vgl. Ernst Koch, Der Weg zur Konkordienformel, in: Vom Dissensus zum Konsensus. Die Formula Concordiae von 1577, Hamburg 1980, S. 10–46, hier S. 25–29; Theodor Mahlmann, Das neue Dogma der lutherischen Christologie. Problem und Geschichte seiner Begründung, Gütersloh 1969, passim. **| 13** Das von Flacius noch verschärfte *Weimarer Konfutationsbuch* identifizierte die Abendmahlslehre Calvins mit der Zwinglis und lehnte sie entschieden ab: Illvstrissimi Principis Ac Domini, Domini Iohannis Friderici Secvndi, Dvcis Saxoniae, Landgravij Thuringiae, & Marchionis Misniae, suo ac Fratrum D. Iohannis Vuilhelmi, & D. Iohannis Friderici natu Iunioris nomine [...] Confutatio & condemnatio praecipuarum Corruptelarum, Sectarum, & errorum, hoc tempore ad instaurationem & propagationem Regni Antichristi Rom Pontificis [...] grassantum [...]. Jena: Thomas Rebart 1559 (VD 16 S 1100), fol. 18r–26r: Confvtatio Corrvptelarvm Zvvinglii et Calvini de Coena Domini. Zur Entstehungsgeschichte und Wirkung des *Weimarer Konfutationsbuchs* vgl. Daniel Gehrt, Ernestinische Konfessionspolitik. Bekenntnisbildung, Herrschaftskonsolidierung und dynastische Identitätsstiftung vom Augsburger Interim 1548 bis zur Konkordienformel 1577, Leipzig 2011 (Arbeiten zur Kirchen- und Theologiegeschichte 34), S. 129–137. **| 14** Vgl. Irene Dingel, Melanchthon und die Normierung des Bekenntnisses, in: Der Theologe Melanchthon, hrsg. von Günter Frank, Stuttgart 2000 (Melanchthon-Schriften der Stadt Bretten 5), S. 195–211, hier S. 206. **| 15** Friedrich III. hatte den Streit beendet, indem er beide Kontrahenten am 16. September 1559 entließ. Vgl. zum Heidelberger Abendmahlsstreit Thilo Krüger, Empfangene Allmacht. Die Christologie Tilemann Heshusens (1527–1588), Göttingen 2004 (FKDG 87), S. 31–38. **| 16** Dieses Gutachten, das auf den 28. Oktober 1559 datierte, ging 1560 in den Druck. Vgl. Ivdicivm D. Philippi Melanchthonis de controuersia Coenae Domini, ad Illustrissimum Principem, ac D. D. Fridericum, Comitem Palatinum Rheni, Sacri Romani Imperij Archidapiferum, Electorem, Bauariae Ducem, &c., Heidelberg: Ludwig Lucius 1560 (VD 16 M 3531), ediert in Melanchthons Werke in Auswahl. Bd. 6: Bekenntnisse und kleine Lehrschriften, Gütersloh 1955, S. 483–486. Zur Abendmahlstheologie dieses Gutachtens vgl. Johannes Hund, Das Wort ward Fleisch. Eine systematisch-theologische Untersuchung zur Debatte um die Wittenberger Christologie und Abendmahlslehre in den Jahren 1567 bis 1574, Göttingen 2006 (FSÖTh 114), S. 93–95. **| 17** Den Hauptstreitpunkt bei dieser Disputation stellte die Frage nach dem mündlichen Empfang der Abendmahlsgaben dar, den die Weimarer Theologen auch bei den gottlosen Abendmahlsempfängern vertraten. Vgl. Maximilian Mörlin/Johann Stössel, Propositiones, in qvibus vera de coena domini sententia, iuxta Confessionem Augustanam, aduersus quorundam Sacramentariorum certamina adferitur, Ad disputandum in Academia Heydelbergensi, 3. & 4. Iunij, propositae, Anno 1560. Adiecta svnt simul impia Sacramentariorum Themata, Heydelberge disputata. Erfurt: Georg Baumann 1561 (VD 16 M 5900), A 3v–4r. **| 18** Zur Umorientierung Kurfürst Friedrichs III. vom Luthertum hin zum Calvinismus vgl. Eike Wolgast, Reformierte Konfession und Politik im 16. Jahrhundert. Studien zur Geschichte der Kurpfalz im Reformationszeitalter, Heidelberg 1998 (Schriften der Philosophisch-historischen Klasse der Heidelberger Akademie der Wissenschaften 10), S. 38 f. **| 19** Zum Verlauf des Naumburger Fürstentages vgl. Heinrich Heppe, Geschichte des deutschen Protestantismus in den Jahren 1555–1581, Bd. 1: Die Geschichte des deutschen Protestantismus von 1555 bis 1562 enthaltend, Marburg 1852, S. 364–405; Robert Calinich, Der Naumburger Fürstentag 1561. Ein Beitrag zur Geschichte des Luthertums und des Melanchthonismus aus den Quellen des Königlichen Hauptstaatsarchivs zu Dresden, Gotha 1870, S. 138–228; Gehrt, Ernestinische Konfessionspolitik (wie Anm. 13), S. 178–184. **| 20** Vgl. Wolfgang Pfalzgraf bei Rhein und Christoph Herzog von Württemberg an Kurfürst August von Sachsen, 16. Juli 1561, in: Hauptstaatsarchiv Dresden (StA-D), Geheimer Rat (Geheimes Archiv), Loc. 10326/4, fol. 11r–13r. fol. 25r–26v. **| 21** Paul Eber, Stellungnahme zur Kritik am Gutachten der beiden kursächsischen Universitäten zur Abendmahlslehre (Entwurf, Autograph Eber), o. O. 21. August 1561, in: Forschungsbibliothek Gotha: Chart. A 128, fol. 19r–27v, hier fol. 27v. **| 22** Kurfürstin Anna hatte vor der Hochzeit einen vertraulichen Rat bei Paul Eber eingeholt, der die Hochzeit unter der Bedingung befürwortete, dass Elisabeth von Sachsen ein Hofprediger mitgegeben würde, der ihr das Abendmahl »nach sächsischem Ritus« austeile. Der kursächsische Hof willigte in die Hochzeit mit dem Kurpfälzer Johann Casimir ein, weil er hoffte, auf diesem Weg die Kurpfalz wieder zum Luthertum zurückführen zu können. Dieses Projekt scheiterte jedoch und hinterließ zwei unglückliche Ehepartner. Vgl. hierzu Dr. Ehem an Dr. Craco, in: Briefe Friedrich des Frommen, Kurfürsten von der Pfalz mit verwandten Schriftstücken, Bd. 2/1, hrsg. von August Kluckhohn, Braunschweig 1870, S. 226–231 (Nr. 527). **| 23** Die Wittenberger Theologen baten ihren Landesherrn darum, er möge ihr Gutachten nicht nach Württemberg schicken, um keinen erneuten Streit zu provozieren. August kam dieser Bitte zwar nach, über einen »Freund« geriet das Gutachten aber dennoch an die Württemberger, die sich am 13. November 1564 in einem erneut an Kurfürst August abgesandten Schreiben zur Wehr setzten. Zur Analyse dieser beiden Schlüsselgutachten für die beiden Abendmahlspositionen innerhalb des Luthertums der 60er-Jahre vgl. Hund, Das Wort ward Fleisch (wie Anm. 16), S. 97–111. **| 24** Zu den Diskussionen um die Kurpfalz auf dem Augsburger Reichstag von 1566 vgl. Albrecht Pius Luttenberger, Kurfürsten und Reich. Politische Führung und Friedenssicherung unter Ferdinand I. und Maximilian II., Mainz 1994 (VIEG 149), S. 277–306; Gehrt, Ernestinische Konfessionspolitik (wie Anm. 13), S. 278–280. **| 25** Zum *Heidelberger Katechismus* vgl. jetzt die Beiträge, in: Macht des Glaubens – 450 Jahre Heidelberger Katechismus, hrsg. von Karla Apperloo-Boersma u. a., Göttingen 2013. **| 26** Vgl. hierzu Wolgast, Reformierte Konfession (wie Anm. 18), S. 40–44. **| 27** Vgl. Luttenberger, Kurfürsten und Reich (wie Anm. 24), S. 302; Maximilian Lanzinner/Dietmar Heil, Einleitung, in: Der Reichstag zu Augsburg 1566, Bd. 2, bearb. von Maximilian Lanzinner und Dietmar Heil, München 2002 (RTA RV), S. 59–134, hier S. 120. **| 28** Vgl. die Antwort der CA-Stände an den Kaiser auf dessen Anfrage vom 17. Mai 1566: Kurpfälzisches Bekenntnis, in: Lanzinner/Heil (wie Anm. 27), S. 1336–1338, hier S. 1337; zum Beschluss, ein Kolloquium in Erfurt abzuhalten zur Klärung der Frage, ob die Kurpfalz weiterhin in den Kreis der Augsburger Religionsverwandten gehörten sollte oder nicht, vgl. den Beschluss der CA-Stände zur Vorbereitung eines Religionsgesprächs vom 31. Mai 1566: in: ebd., S. 1370 (Nr. 327). **| 29** Zum Altenburger Religionsgespräch von 1568/69 vgl. Gehrt, Ernestinische Konfessionspolitik (wie Anm. 13), S. 328–334. **| 30** Vgl. die Edition der fünf Artikel von 1568/69, bearb. von Hans-Christian Brandy, in: BSELK.QuM II, S. 14–20. **| 31** Zu den Zerbster Ereignissen und ihren weiteren Folgen vgl. Hund, Das Wort ward Fleisch (wie Anm. 16), S. 139–143 sowie S. 157–162. **| 32** Vgl. die Übersetzung Calvins: Iesum Christum, quem oportet caelum capere vsque ad tempora restitutionis omnium, in: Johannes Calvin, Commentariorum Ioannis Caluini in acta apostolorvm, liber I. [...]. Genf: Jean Crespin 1552, S. 39 und seine exegetischen Bemerkungen zu dem Vers Act 3,21, ebd., S. 41. Vgl. hierzu die Übersetzung von Act 3,21 durch Beza aus dem Jahre 1565: Theodor Beza, Iesu Christi D. N. Nouum testamentum, siue Nouum foedus. [...]. Genf: Henricus Stephanus 1565, S. 18. Im Jahr 1567 bestätigte Beza seine passivische Übersetzung in einem Kommentar zum Neuen Testament: Quem oportet quidem caelo capi, vsque ad tempora restitutionis omnium, Theodor Beza, Iesu Christi D. N. Nouum testamentum, Gr. & Lat. Theodoro Beza interprete [...]. Genf: Henricus Stephanus 1567, S. 183. **| 33** Vgl. zu diesem Sammelbekenntnis Hund, Das Wort ward Fleisch (wie Anm. 16), S. 406–419. **| 34** Vgl. hierzu ebd., S. 311–319. **| 35** Vgl. den Brief des Dresdner Superintendenten Daniel Gresser an seinen Schwiegersohn Nikolaus Selnecker vom 3. Oktober 1571, in: Herzog August Bibliothek Wolfenbüttel: Cod. Guelf. 64.8 Extrav., S. 571–574, hier S. 571: »Quam Elector ab eis talem exigit, vt sit bene Lutherana, nam hisce uerbis vsus est Elector.« **| 36** Zur Entstehungsgeschichte und Analyse des Consensus Dresdensis vgl. Hund, Das Wort ward Fleisch (wie Anm. 16), S. 432–447. **| 37** Vgl. den Brief des Dresdner Superintendenten Daniel Gresser an seinen Schwiegersohn Nikolaus Selnecker vom 3. Oktober 1571, in: Herzog August Bibliothek Wolfenbüttel: Cod. Guelf. 64.8 Extrav., S. 571–574, hier S. 571. **| 38** Vgl. den Brief Pfalzgraf Johann Casimirs an Kurfürst August vom 19. Dezember 1571, in: StA-D, Loc. 10312/1, fol. 24r–v. **| 39** Zu den calvinistischen Konkordienangeboten und den sich dabei langsam herausbildenden Parteien am kursächsischen Hof vgl. Hund, Das Wort ward Fleisch (wie Anm. 16), S. 541–557. **| 40** Vgl. Hasse, Zensur (wie Anm. 1), S. 256 mit Anm. 212. **| 41** StA-D, Loc. 10312/5, fol. 46r–49v, hier fol. 48r–v. **| 42** Zur Anstellung des Listhenius als Hofprediger vgl. Hund, Das Wort ward Fleisch (wie Anm. 16), S. 558. **| 43** Vgl. hierzu ebd., S. 561–564. **| 44** Vgl. Joachim Curaeus,

Exegesis perspicua et ferme integra controversiae de sacra cena. Leipzig: Ernst Vöge-lin 1574 (VD16 ZV 4203). Zu den Details rund um das Erscheinen der Exegesis perspi-cua und der in ihr vorgetragenen theologischen Position vgl. Hund, Das Wort ward Fleisch (wie Anm. 16), S. 565–594. | **45** Zu den konfiszierten Briefen und Handschrif-ten vgl. ebd., S. 605–613. | **46** Des Churfursten tzu Saxen etc. Meines gnedigsten Herren auffgetzaichenter bericht Doctor Johan Stösseln belangend, in: StA-D, Loc. 10313/1, fol. 45r–47v, hier fol. 46r. | **47** StA-D, Loc. 10313/1, fol. 46v. | **48** StA-D, Loc. 10313/1, fol. 47r. | **49** StA-D, Loc. 10313/1, fol. 47r. | **50** Zu den Vorwürfen, die Kurfürst August gegen Cracow erhob, und seinem weiteren Schicksal vgl. Hund, Das Wort ward Fleisch (wie Anm. 16), S. 627–629. | **51** Dass Kurfürst August den »Verrat« im eigenen Territorium auch persönlich übel nahm, zeigte sich nicht zuletzt auch in seinem Umgang mit Caspar Peucer, seinem Leibarzt und Schwiegersohn Melanch-thons: Ihm wurde seine Bitte auf Empfang des Abendmahls in seiner Leipziger Haft nach einem Verhör am 16. November 1576, das Jakob Andreae und Nikolaus Selnecker durchführten, verweigert und er wurde erst im Kontext der Wiederverheiratungspläne Kurfürst Augusts im Jahr 1586 aus seiner Leipziger Haft entlassen. Vgl. Johannes Hund, Das Beichtverhör Caspar Peucers im November 1576. Eine Miniatur der Debatte um die Wittenberger Christologie und Abendmahlslehre, in: LuThK 31 (2007), S. 160–189; Joachim Castan, Caspar Peucers letzte Lebensperiode in Anhalt – eine Wiederent-deckung, in: Hasse, Caspar Peucer (wie Anm. 2), S. 283–297. | **52** Kurfürst August an Kurfürst Friedrich. 1. Juli 1574, in: StA-D, Loc. 10313/1, fol. 186r–188r, hier fol. 186r–v. | **53** Zu den Torgauer Verhören der »verdächtigen« Theologen vgl. Hund, Das Wort ward Fleisch (wie Anm. 16), S. 644–664. | **54** Vgl. die Analyse des »Memorials«, das Kurfürst August am 21. November 1575 mit eigener Hand aufsetzte, bei Hasse, Zensur (wie Anm.1), S. 234 f. | **55** Vgl. Koch, Der Weg zur Konkordienformel (wie Anm. 12), S. 40; Inge Mager, Die Konkordienformel im Fürstentum Braunschweig-Wolfenbüttel. Entstehungsbeitrag–Rezeption–Geltung, Göttingen 1993 (SKGNS 33), S. 241–259. Die schwäbisch-sächsische Konkordie und die Maulbronner Formel liegen ediert vor, bearb. von Marion Bechtold-Mayer, in: BSELK.QuM II, S. 141–275. S. 279–340. | **56** Das *Torgische Buch* ist kritisch ediert, bearb. von Marion Bechtold-Mayer, in: BSELK.QuM II, S. 344–507. | **57** Das Exemplar an Herzog Julius von Braunschweig-Wolfenbüttel versandte Kurfürst August am 11. Juli 1576. Zu den Diskussionen, die das *Torgische Buch* in Niedersachsen auslöste, vgl. Mager, Die Konkordienformel (wie Anm. 55), S. 260–272. | **58** Zu den beiden Sitzungen im Kloster Bergen vgl. Mager, Die Konkordienfor-mel (wie Anm. 55), S. 273–281. | **59** Der Bericht über die Verhandlungen im Kloster Bergen vom 19. bis 28. Mai 1577 ist ediert in: Karl Themel, Dokumente von der Entste-hung der Konkordienformel, in: ARG 64 (1973), S. 287–313 (Nr. I), hier S. 301–305. Vgl. hierzu auch die Neuedition der Konkordienformel (FC), bearb. von Irene Dingel, in: BSELK, S. 1184 – 1607. | **60** Vgl. den Brief der Königin Elisabeth I. an König Friedrich II. von Dänemark vom 29. Oktober 1577, in: Themel, Dokumente (wie Anm. 59), S. 306 f. | **61** Vgl. das Antwortschreiben des Kurfürsten August von Sachsen an den König Friedrich II. von Dänemark vom 1. Februar 1578, in: Themel, Dokumente (wie Anm. 59), S. 310–312 (Nr. IV). | **62** Vgl. die Edition der Theologenvorrede, bearb. von Marion Bechtold-Mayer, in: BSELK.QuM II, S. 518–550 sowie die Vorrede zum *Konkordienbuch* von 1580, bearb. von Irene Dingel, in: BSELK, S. 8–33. S. 1184–1215. | **63** Der Catalogus Testimoniorum ist ediert, bearb. von Johannes Hund und Marion Bechtold-Mayer, in: BSELK, S. 1611–1652. | **64** Zur Druckgeschichte des *Konkordienbuches* und zu seiner Rezeption vgl. Irene Dingel, Die Konkordienformel (1577). Einleitung, in: BSELK, S. 1165–1182. | **65** Vgl. Gehrt, Ernestinische Konfessionspolitik (wie Anm. 13), S. 511–522. | **66** Vgl. Hasse, Zensur (wie Anm. 1), S. 222. | **67** Jens Bruning redet in diesem Zusammenhang von einem »Stabilitätskurs«, den Kurfürst August vertreten habe. Vgl. Jens Bruning, Landesvater oder Reichspolitiker? Kurfürst August von Sachsen und sein Regiment in Dresden 1553–1586, in: Figuren und Strukturen. Historische Essays für Hartmut Zwahr zum 65. Geburtstag, hrsg. von Manfred Hettling u. a., München 2002, S. 205–224, hier S. 218. | **68** Zum Ringen um die beiden Autoritäten Luther und Melanchthon im Vorfeld der Konkordienformel vgl. Ernst Koch, Auseinandersetzungen um die Autorität von Philipp Melanchthon und Martin Luther in Kursachsen im Vorfeld der Konkordienformel, in: LuJ 59 (1992), S. 128–159.

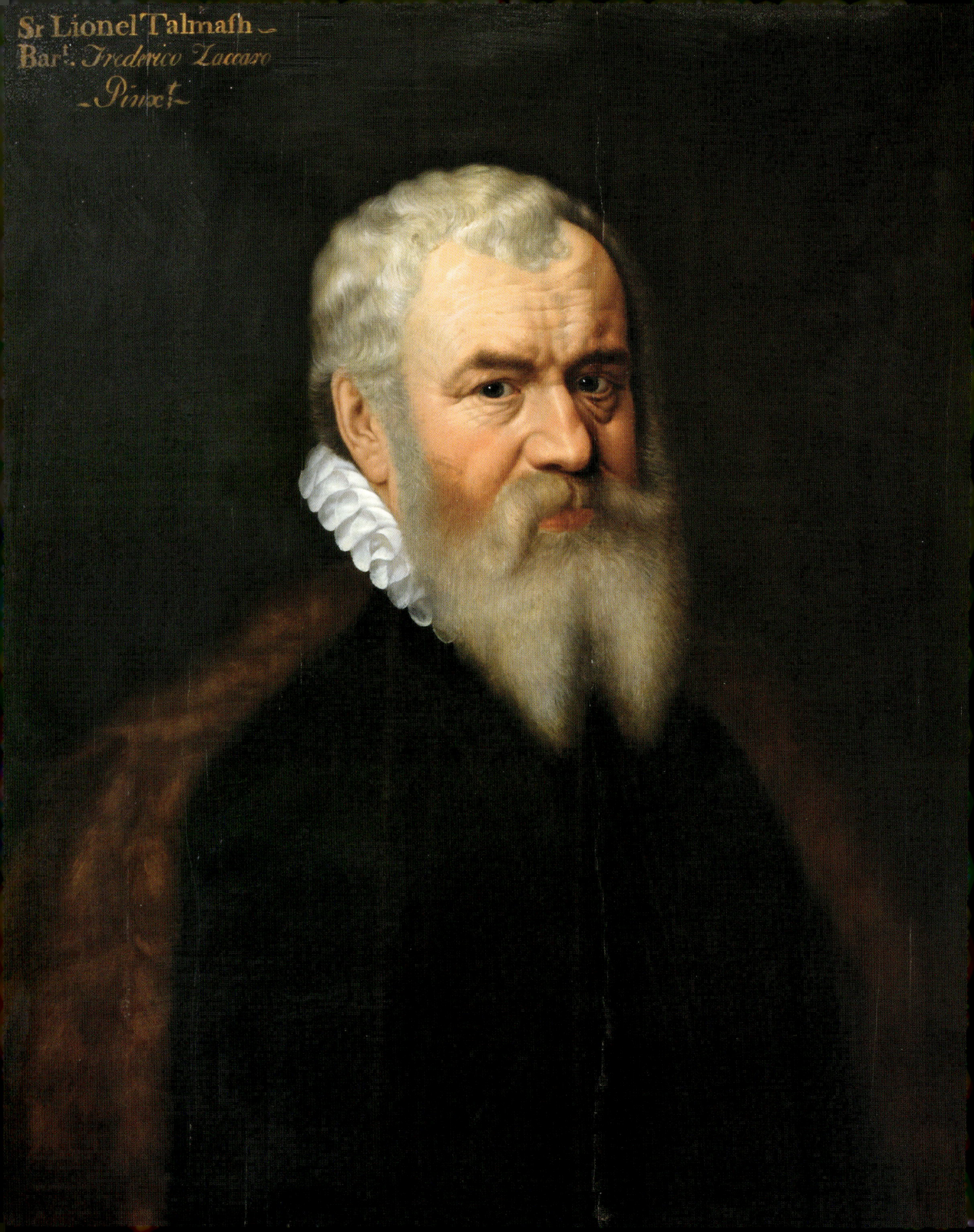

Sr Lionel Talmash
Bart. Frederico Zaccaro
Pinxt

BÉATRICE NICOLLIER-DE WECK

»ES GIBT KEINEN TUGENDHAFTEN HERRSCHER MEHR AUF DER WELT.«[1]

HUBERT LANGUET, EIN FRANZOSE IM DIENST KURFÜRST AUGUSTS VON SACHSEN

Diese bitteren Worte gehören zu den letzten, die der Burgunder Hubert Languet gesagt haben soll, als er sich im Alter von 63 Jahren anschickte, diese Welt zu verlassen.[2]

In der Tat eine bittere Enttäuschung für diesen Mann, den Zustand Europas in dem Augenblick zu sehen, in dem er im Begriff war, seine Seele auszuhauchen. Sein Leben lang hatte er versucht, den Herrscher zu finden und ihm zu dienen, der die »wahre Religion«, also die evangelische Reformation, europaweit zum Sieg hätte führen können. Weit davon entfernt, den Triumph der Reformation zu erblicken, starb Languet in diesem September 1581 in Antwerpen – in diesem Flandern, in dem er sich niedergelassen hatte, um demjenigen zu folgen, den er als letzten Verfechter seines Ideals betrachtete: dem Fürsten Wilhelm von Oranien, der sich zur damaligen Zeit endlosen Schwierigkeiten ausgeliefert sah und drei Jahre später, am 10. Juli 1584, ermordet werden sollte.

Der Lebensweg von Hubert Languet ist ungewöhnlich. Er spiegelt das Ziel seines gesamten Lebens wider, einen Herrscher zu finden, der über die notwendige Größe und Weisheit verfügt, den internationalen Protestantismus anzuführen. Einen Herrscher, der vornehmlich in der Lage sein würde, die gespaltenen Protestanten zu vereinen, um sie zum Sieg über die katholischen Mächte zu führen, von denen er überzeugt war, dass sie enge Verbündete waren – nämlich die Mächte des Papstes, des Königs von Spanien und oft auch des Königs von Frankreich.

Languet erblickte als »Untertan« des Letzteren das Licht der Welt, als Sohn eines königlichen Landvogts in der Kleinstadt Viteaux in Burgund.[3] Über seine Erziehung ist nur wenig bekannt, lediglich dass sie humanistisch geprägt und sehr sorgfältig war und die unerlässliche Italienreise beinhaltete, die viele wohlhabende junge Leute damals unternahmen. Ebenso wenig weiß man über seinen frühen Anschluss an die Reformation. Bekannt ist hingegen, dass die Lektüre des ersten großen systematischen Werks der Reformation, der *Loci communes* von Melanchthon, ihn veranlasste, sich 1549 auf den Weg nach Wittenberg zu machen, wo er sich dauerhaft beim Meister niederließ. Languet äußert sich in einem Brief an den Hellenisten Joachim Camerarius ziemlich klar zu seinen Motiven: Er schätzte Mäßigung und Irenik von Melanchthon, er wollte Gefolgsmann desjenigen werden, der an sämtlichen Versuchen der religiösen Vereinigung beteiligt war, von der Wittenberger Konkordie 1536 bis zum Regensburger Religionsgespräch 1541.[4] Languet schloss sich Melanchthon jedoch in einem besonders schwierigen Augenblick an: 1548 wurde das Augsburger Interim erlassen, Ursprung einer gravierenden und dauerhaften Spaltung der deutschen Reformation in Gnesiolutheraner, die eine strikte lutherische Orthodoxie vertraten, und Philippisten, die calvinistischen Auffassungen offener gegenüberstanden, vornehmlich, was den zentralen Punkt des Abendmahls anbelangt. Languet sollte in Wittenberg zu einem der namhaftesten Philippisten, einem der aktivsten Verfechter dieser Bewegung werden und selbige vornehmlich im politischen Sinne interpretieren.

Abb. 1 | Hubert Languet, Portrait von Pieter Pourbus d. J., 1570/1580, Öl auf Holz, 72,5 × 62 cm, Collection National Trust, Ham House London, Inv.-Nr. TW10 7RS

Für einen Franzosen war diese Entscheidung außergewöhnlich. Warum begab sich Languet also nicht nach Genf wie so viele seiner Landsleute? Denkbar ist, dass er in Melanchthon den Praeceptor Germaniae sah, eine Persönlichkeit, die fähig wäre, alle Anhänger des neuen Glaubens zu vereinen, ob sie sich nun zu Calvin, Zwingli oder zu einem streng orthodoxen Luthertum bekannten. Stets reihte er sich nahtlos in die großen Namen der deutschen Humanisten ein, die Melanchthon umgaben, von Caspar von Niedbruck bis hin zur Familie Camerarius. Bekanntermaßen unternahm er mehrere Schritte, die jedoch misslangen, in dem Versuch zu verhindern, dass unüberbrückbare Gräben innerhalb der Reformationsbewegung entstanden, beispielsweise zwischen Melanchthon und Flacius Illyricus. Languet begleitete Melanchthon im Herbst 1557 auch zum berühmten Wormser Religionsgespräch, wo erstmals öffentlich die Frage gestellt wurde: Sollte man die Anhänger von Zwingli und Calvin, also sämtliche Protestanten aus dem schweizerischen Raum, aus Frankreich und einen Großteil derjenigen aus den Siebzehn Provinzen, vom Augsburger Religionsfrieden ausschließen, der 1555 zu einer Art Grundsatzschrift des Reiches geworden war? Sollte man sie ausdrücklich vom Gesetz ausnehmen und damit die Einheit des Protestantismus aufs Spiel setzen? Oder sollte man Winkelzüge machen in der Hoffnung, dass zu einem günstigeren Zeitpunkt eine Einigung möglich wäre? Languet befürwortete selbstverständlich die zweite Lösung, der er sein Leben lang den Vorzug geben sollte, und versuchte einen offiziellen Bruch sowohl mit den Schweizern[5] als auch mit den Gnesiolutheranern[6] zu verhindern, um keine unüberwindlichen Mauern zwischen den Protestanten zu schaffen und um insbesondere die für das Überleben des Protestantismus unerlässlichen politischen Übereinkünfte zu ermöglichen.

Denn aufgrund seiner guten Kenntnis der theologischen Streitfragen war Languet zu der Überzeugung gelangt, dass den Theologen keine dauerhafte Einigung gelingen würde. Zudem vertrat er die Auffassung, dass man – wenn ein Vordenker wie Melanchthon gebraucht werde, um die Gläubigen zusammenzuführen – auch und vielleicht sogar ganz besonders einen politischen Führer brauche, der fähig wäre, die Reformation zu schützen; einen Herrscher, der alle evangelischen Bewegungen hinter sich vereinen könnte. Sein Leben lang versuchte er, einem Herrscher zu dienen, der dieser Rolle gerecht werden könnte.

1559 trat er zunächst in den Dienst des Kurfürsten August von Sachsen ein. Dieser war einer der mächtigsten Fürsten Deutschlands und entschlossener Unterstützer der gemäßigten Anhänger Melanchthons, denen er vertraute. Auf Empfehlung Melanchthons berief er Languet zum Berichterstatter. Da der Franzose dank früherer Reisen über ein umfangreiches Netzwerk in ganz Europa verfügte, konnte er seinem neuen Herrn, der seine politische Position erst noch festigen musste,[7] einen großen Dienst erweisen. Languet lieferte ihm wichtige Informationen, insbesondere zum Erstarken der Reformation in Frankreich und zur Unterdrückung der Valois, die viele in Deutschland beunruhigten. Für den Sachsen war es ein Trumpf, über Informationen erster Güte zu verfügen, zu einem Zeitpunkt, zu dem die meisten deutschen Fürsten sich mit den Zeitungen zufriedengaben, die mitunter höchst zweifelhafte Nachrichten in Umlauf brachten und verbreiteten. Zweifellos war sich August dessen bewusst, denn er behielt Languet allen Widerständen zum Trotz bis zum Tod des Burgunders in seinen Diensten, entsandte ihn zunächst nach Deutschland, dann nach Frankreich und schließlich nach Wien. Languet, der hauptsächlich damit betraut war, Informationen zu liefern, wurde jedoch auch mehrmals in diplomatischer Mission entsandt, darunter zu Anton von Navarra (1560), Katharina von Medici und Michel de l'Hôpital (1563). Auch während der Grumbachschen Händel kam er zum Einsatz (1565 bis 1567),[8] später dann im Rahmen einer Delegation deutscher Fürsten, die den französischen König Karl IX. zum Frieden bewegen sollte (1570).

Aus der Sicht von Languet konnte es nur der Sache dienen, der er sich verschrieben hatte, das Ohr eines solchen Fürsten zu sein. Er ließ es sich nicht nehmen, während dieser langen Jahre in sehr sachlichen Wochenberichten unaufhörlich durchsickern zu lassen, was seinen Grundgedanken darstellte: Die deutschen Theologen, die sich nicht einmal auf einen kleinsten gemeinsamen Nenner einigen konnten, mussten zum Schutz des Protestantismus durch Fürsten mit größeren und politischeren Visionen abgelöst werden. Und dieser Schutz war lebensnotwendig. Tatsächlich war Languet im Laufe der 1560er-Jahre davon überzeugt, alle katholischen Herrscher (er nannte sie »Papisten«) hätten sich verbündet, um all diejenigen zu vernichten, die der römisch-katholischen Kirche den Rücken gekehrt hatten. Die königliche Unterdrückung in Frankreich, der Bürgerkrieg, die spanische Unterdrückung in den Nieder-

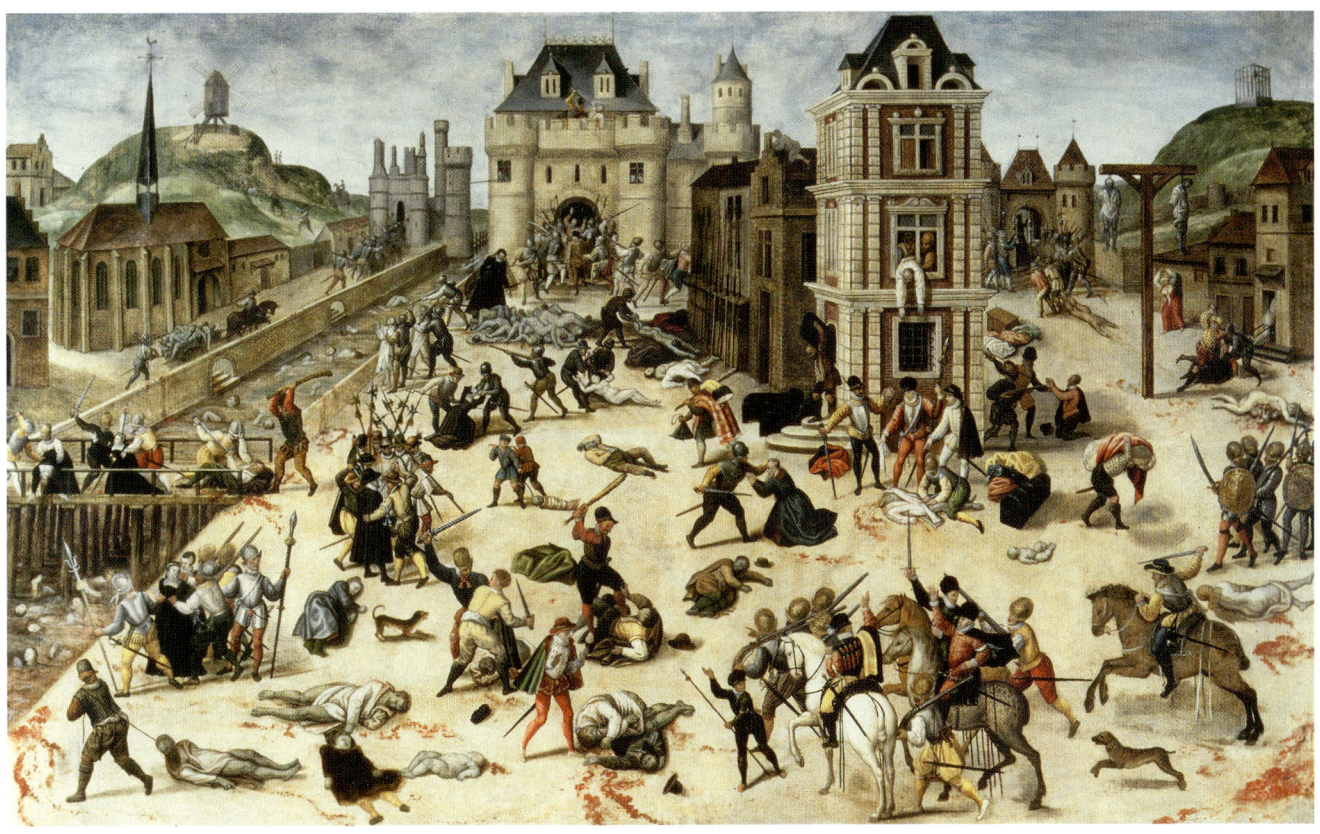

Abb. 2 | Die Bartholomäusnacht, François Dubois, zwischen 1572 und 1584,
Öl auf Holz, 93,5 × 154,1 cm, Musée cantonal des Beaux-Arts Lausanne, Inv.-Nr. 729

landen, die katholischen Verschwörungen in England – all diese Ereignisse seien koordiniert und hätten dasselbe Ziel: der evangelischen Reformation den Garaus zu machen. Diese Gewissheit wird unaufhörlich in seinen Botschaften an den Kurfürsten sichtbar, noch deutlicher jedoch in seiner privaten Korrespondenz:

»Die Belgier sind niedergeschlagen; ich verliere fast die Hoffnung auf das Heil der Unsrigen [der französischen Reformierten]. Bilden sich die deutschen Fürsten ein, der Sieg wird den Papst und seine Sektierer abhalten oder mäßigen? Im Gegenteil, die Mächte derjenigen, die sie auf die Sklaverei reduzieren, werden die ihren noch verstärken. Dem Anschein nach hasst der Papst all diejenigen, die sich von ihm abgewandt haben, ebenso und wird keine Gelegenheit auslassen, sie erneut seiner Gnade zu unter-

werfen. Es mangelt ihm nicht an gehorsamen Herrschern, die er dazu bringen wird, dies zu tun, bis er die ganze Welt erneut in seine Tyrannei zurückgeführt hat.« [9]

Es ist also ein Konflikt, der auch die deutschen Fürsten betrifft. Languet vertraute sich zudem Wilhelm von Hessen an: »Ich bezweifle nicht, dass Eure Durchlaucht begriffen hat, welche Gefahr Deutschland droht. Auch die übrigen Fürsten müssen dies jedoch begreifen und bedenken und ihre Ideen und ihre Kräfte zum Wohle ihres Vaterlands vereinen. Denn wenn man die deutschen Truppen unaufhörlich [den Hugenotten zuhilfe] kommen sieht, besteht kein Zweifel daran, dass die Könige von Frankreich und Spanien versuchen werden, den Krieg nach Deutschland zu tragen, wenn die Hugenotten in Frankreich besiegt worden sind. Diese hätten im Übrigen nicht bis jetzt Widerstand leisten können, ohne den Konflikt zwischen den Engländern und den Belgiern und die Revolte in Spanien.«[10]

Als die Niederlage der Hugenotten in Jarnac (13. März 1569) bekannt wird, schlägt Languet einen ernsten Ton an: Es sind nicht mehr die anderen, sondern sie selbst, über deren Verteidigung die deutschen Fürsten sich nun Gedanken machen müssen. Er beharrt auf der gegenseitigen Unterstützung der »Papisten« füreinander. Der Papst, der Herzog von Florenz, Venedig, die übrigen italienischen Fürsten, sie alle haben den König von Frankreich unterstützt.[11] Selbst der Herzog von Alba, der sich in den Niederlanden allerdings heftigem Widerstand gegenübersah, kam der französischen Regierung unter Einstellung sämtlicher Geschäfte zu Hilfe, denn er wisse sehr wohl, dass es einfacher für ihn werden würde, sobald diese den Hugenotten den Garaus gemacht habe. »Sie irren sich, diejenigen, die glauben, diese Könige, die Christus auf Anstiftung des Papstes bekämpft haben, werden ihre von unserem Blut noch feuchten Schwerter nach ihrem Sieg wieder in die Scheide stecken, ohne die Regionen anzugreifen, in denen diese Doktrin geboren ist, die sie so begierig auf das Blut der Unsrigen macht«,[12] womit er natürlich Deutschland meint.

Als die deutschen Fürsten nicht aktiv werden, verzweifelt Languet fast an ihrer Blindheit und Zaghaftigkeit: »Es ist erstaunlich, dass es Deutschland zu Beginn der Veränderungen, als die Religion kaum Kraft hatte und Autorität, Macht, Zurückhaltung und militärische Kompetenz von Kaiser Karl im Zenit standen, als er auf die Unterstützung der gesamten Christenheit zählen konnte, nicht an Fürsten gemangelt hat, die sich ihm widersetzten. Jetzt, wo die Unsrigen ebenso mächtig sind wie ihre Gegner, sind sie planlos und zittern bei der geringsten Gefahr. Sie können noch weinen, wenn man die Kirchengüter von ihnen verlangt, wenn man von ihnen verlangt, die Dekrete des Trentiner Konzils zu billigen, wenn man ihnen noch demütigendere Bedingungen auferlegt! Aber sie sollten sich vorsehen: Wenn sie so weit sind, werden ihre Untertanen ihnen nicht mehr gehorchen. Ursache dieses ganzen Unglücks ist, dass den Fürsten das Gemeinwohl nicht mehr am Herzen liegt als ihre Vergnügungen und dass sie der Regierung vertrauen, die ihnen ihre persönliche Ruhe sichert.«[13]

Der wesentliche Punkt, den Languet dem Kurfürsten von Sachsen gegenüber zu vertreten versucht, kommt in all diesen Bemerkungen zum Ausdruck: Die evangelische Reformation ist weit davon entfernt, eine Selbstverständlichkeit zu sein. Sie ist zer-

brechlich und äußerst bedroht, selbst im Kaiserreich, von einer mächtigen Koalition der »Papisten«. Zwar erlag Languet kaum der Illusion, dass August von Sachsen, der Kaiser Maximilian II. so nahestand, sich wirklich auf die Seite der Reformierten stellen würde, aber er erhoffte sich dennoch eine Geste von ihm, beispielsweise bei den Verhandlungen, die 1570 zum Frieden von St. Germain führen sollten, dem Epilog des Dritten Glaubenskriegs.[14] Zweifellos hegte er damals die Hoffnung, es könne zu einem antispanischen Bündnis kommen, das Frankreich, England und bestimmte deutsche Fürsten vereinen würde, um den Aufständischen in den Niederlanden zu Hilfe zu eilen. Diese Hoffnungen oder Chimären wurden jedoch durch zwei gewaltsame Ereignisse brutal zunichtegemacht: die Bartholomäusnacht in Frankreich (24. August 1572) und die Krise von 1574 in Sachsen.

Die französische Tragödie, der er mit knapper Not entkam,[15] zwang ihn, Frankreich zu verlassen, und überzeugte ihn mehr denn je davon, man werde dasselbe auch anderswo versuchen. Er war nicht der Einzige. Viele setzten ihre Hoffnungen auf August von Sachsen, der als letzter Verfechter des evangelischen Glaubens betrachtet wurde. Doch auch diese Hoffnungen wurden brutal enttäuscht: Dieser Fürst, der weit davon entfernt war, eine antispanische Linie zu unterstützen, sich auch nur ein wenig der Politik zur Unterstützung der holländischen Aufständischen anzunähern, die von der Pfalz übernommen wurde,[16] stellte sich schließlich auf die Seite Kaiser Maximilians II. und unterstützte die Zurückhaltung des Kaiserreichs in den Niederlanden und die Wahl von Rudolf zum römisch-deutschen König. Zur selben Zeit erlangte er die Kontrolle über die Ländereien seiner ernestinischen Nebenbuhler, während seine Frau Anna, Prinzessin von Dänemark, intrigierte, um die Anhänger Melanchthons am Dresdner Hof zu eliminieren. Diese wurden angeklagt, heimlich den Calvinismus einführen zu wollen, und fielen einer Unterdrückung mit aller Härte zum Opfer, die für Languet mit dem Verlust sämtlicher Freunde endete: Manche, wie beispielsweise Caspar Peucer, wurden lange inhaftiert. Alle Theologen, die Gefolgsleute von Melanchthon waren, mussten ins Exil gehen. Gegen die Politiker waren die Maßnahmen noch härter, so starb der Minister Georg Cracow, an den Languet unzählige Berichte adressiert hatte, aufgrund von Misshandlungen im Gefängnis.[17] Languet selbst wurde ebenfalls verfolgt und litt unter den Schikanen der sächsischen Beamten. Es wurde ihm nicht gestattet, Wien zu verlassen, wo er sich zum damaligen Zeitpunkt aufhielt, um dem Kurfürsten Infor-

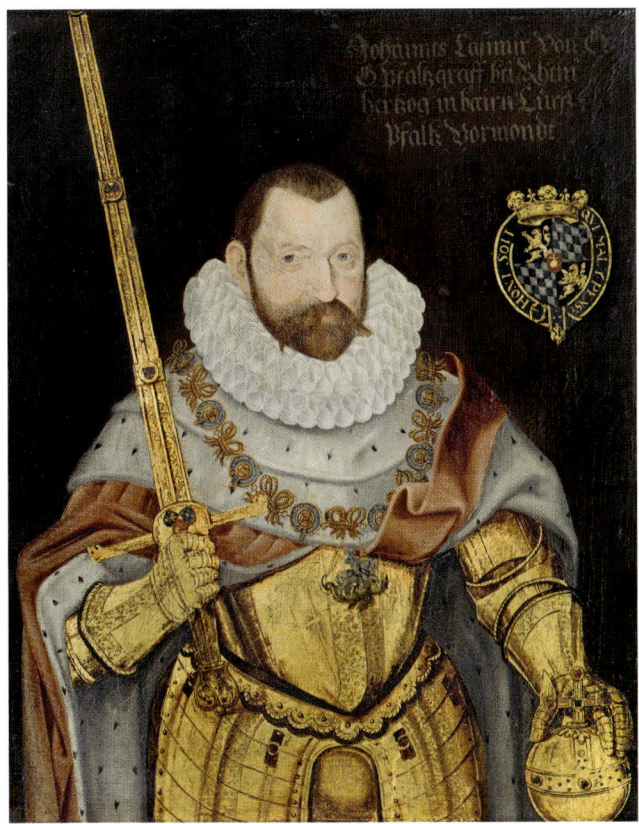

Abb. 3 | Johann Casimir von Pfalz-Simmern, unbekannter Künstler, zwischen 1583 und 1592, Öl auf Leinwand, 94,5 × 76,5 cm, Bayerisches Nationalmuseum München, Zweigstelle Kronach, Inv.-Nr. R 1340

mationen zum Krieg gegen die Türken zu liefern. Trotzdem behielt ihn der Kurfürst in seinem Dienst, da er ihn zweifellos für einen nützlichen Informanten und für politisch ungefährlich hielt, zumal sich Languet in Wien und damit weit weg befand.

Languet durchlebte allerdings eine sehr schwierige Zeit. Frankreich war vom vierten Bürgerkrieg zerrissen, die Niederlande unterlagen einer höchst gewaltsamen spanischen Besatzung. Nur ein Herrscher, ein deutscher Fürst, konnte in seinen Augen die Einheit der Reformation gewährleisten, ihr eine internationale Dynamik verleihen und sie vor der Vernichtung retten. Aber wohin sich wenden, jetzt, wo August von Sachsen all jene, die versucht hatten, ihn auf diesen Weg zu bringen, gewaltsam unterdrückte? Es war unerlässlich, dass der Kurfürst von der Pfalz

die übrigen deutschen Fürsten vereinen konnte, die ihm grundlegend feindlich gesinnt waren. 1567 war Hessen in vier Gebiete unterteilt und hatte nicht mehr viel Gewicht, Württemberg befand sich in den Händen der fundamentalistischsten lutherischen Theologen unter der Führung von Jakob Andreae. Languet hatte keine andere Wahl, als seine Arbeit in Wien, in direktem Kontakt zur teilweise evangelischen Entourage des Kaisers, diskret fortzusetzen.

Einige Jahre später, nach dem Tod Maximilians II., bat er jedoch beim Kurfürsten von Sachsen um seine Entlassung und erreichte diese auch 1577. Allerdings verlangte August von Sachsen von Languet, ihm weiterhin nach bestem Vermögen Informationen zu liefern, und ließ ihm sein Gehalt für die erbrachten Dienste anlässlich der Eroberung von Gotha weiterhin auszahlen.[18]

Da Languet nun frei war, ließ er sich in Frankfurt bei seinem alten Freund, dem Drucker Andreas Wechel, nieder. Seine Sorgen nahmen jedoch kein Ende: Die Bemühungen um die Wiederherstellung der lutherisch-theologischen Einheit in ganz Deutschland im Rahmen eines Arbeitspapiers, die in diesem Jahr begannen und 1581 in der Konkordienformel münden sollten, erfüllten ihn mit Besorgnis. In seinen Augen musste unbedingt vermieden werden, dass dieser Vorgang unter Ausschluss aller Evangelischen mit reformierten Tendenzen stattfand, ob es sich nun um Deutsche oder auch Franzosen, Engländer, Dänen, Schotten, Polen oder Ungarn handelte. Wohin also sich wenden, um einen Herrscher zu finden, der einer Spaltung der Evangelischen entgegentreten würde?

Nur einer der deutschen Fürsten zeigte sich damals den reformierten Theologen gegenüber offen und freundlich gesinnt, nachdem diese von August aus Sachsen und selbst aus der Pfalz vertrieben worden waren, wo sich der neue Pfälzer Kurfürst Ludwig gegen die reformierten Bestrebungen seines Vaters Friedrich III. gewandt hatte. Dieser eine Fürst war Pfalzgraf Johann Casimir, der jüngste Sohn von Friedrich III., der sich als entschiedener Verfechter der reformierten Auffassungen seines Vaters stets gegen das *Torgische Buch*, den Vorgänger der Konkordienformel, wandte.[19] Er nahm alle »Flüchtlinge«, die aus Sachsen oder anderswo ausgewiesen wurden, in den Gebieten der von ihm verwalteten Oberpfalz auf. Allerdings hatte Johann Casimir den Ruf eines etwas schlichten Heerführers und sprach dem Alkohol zu. Darüber hinaus verhandelte der Graf damals mit der englischen Königin, die äußerst zurückhaltend in Erwägung zog, einen Bund zum Schutz der Protestanten ins Leben zu rufen, hauptsächlich allerdings, um Spanien in den Niederlanden Paroli zu bieten. Die Königin hatte sogar den Diplomaten Robert Beale entsandt, um die deutschen Herrscher davon abzubringen, die Reformierten in der im Entstehungsprozess begriffenen Konkordienformel formell zu verurteilen.

Languet bewunderte die Beharrlichkeit von Johann Casimir in diesem Kampf. Dieser hatte in der Tat eine Kirchenversammlung organisiert, die all jene vereinte, die dem entgegentraten, was damals noch das *Torgische Buch* war. Diese Versammlung, an der auch Languet teilnahm, fand am 27. und 28. September 1577 beim englischen Botschafter in Neustadt statt. Man beschloss, den englischen Diplomaten Robert Beale in Begleitung eines Juristen zu entsenden, um bei den Reformierten an den deutschen Fürstenhöfen ein gutes Wort einzulegen. Sie führten eine von Languet verfasste Bittschrift mit sich, die sein gesamtes politisches und religiöses Gedankengut zusammenfasste.[20]

Ohne sich allzu vielen Illusionen hinsichtlich der Ergebnisse derartiger Schritte hinzugeben, trat Languet anlässlich des Feldzugs des Grafen von 1578 in den Siebzehn Provinzen mit dem Ziel, die Aufständischen zu unterstützen, als Berater in seine Dienste ein. Er begleitete ihn sogar in die Niederlande, dann nach England, wo der Graf und folglich auch sein Berater von der Königin empfangen wurden. Der Feldzug von Johann Casimir endete jedoch in einem Fiasko, da seine unbezahlten, schlecht geführten Truppen die Siebzehn Provinzen verwüsteten, während ihr Heerführer an Turnieren in England teilnahm und sich beharrlich weigerte, mit Wilhelm von Oranien zusammenzuarbeiten. Angewidert und wieder einmal enttäuscht wandte sich Languet von Johann Casimir ab.

Nach seinen Erfahrungen in den Siebzehn Provinzen näherte er sich Wilhelm von Oranien an, den er als »außergewöhnlichsten Mann der Christenheit«[21] betrachtete. Bereits zehn Jahre zuvor war Languet konsultiert worden, um den 1568 veröffentlichten *Beweis des Fürsten von Oranien* zu verfassen – ein Werk, das den Auftakt zur ersten großen Militäroperation des Fürsten in den Niederlanden bildete und eine wichtige Rolle innerhalb der antispanischen Propaganda Oraniens zur damaligen Zeit spielen sollte.[22]

Im Oktober 1579 ließ sich Languet daher in Antwerpen nieder, einer in dieser Zeit nahezu vollständig reformierten Stadt, und widmete sich der Unterstützung der Politik der »Allgemeinheit«

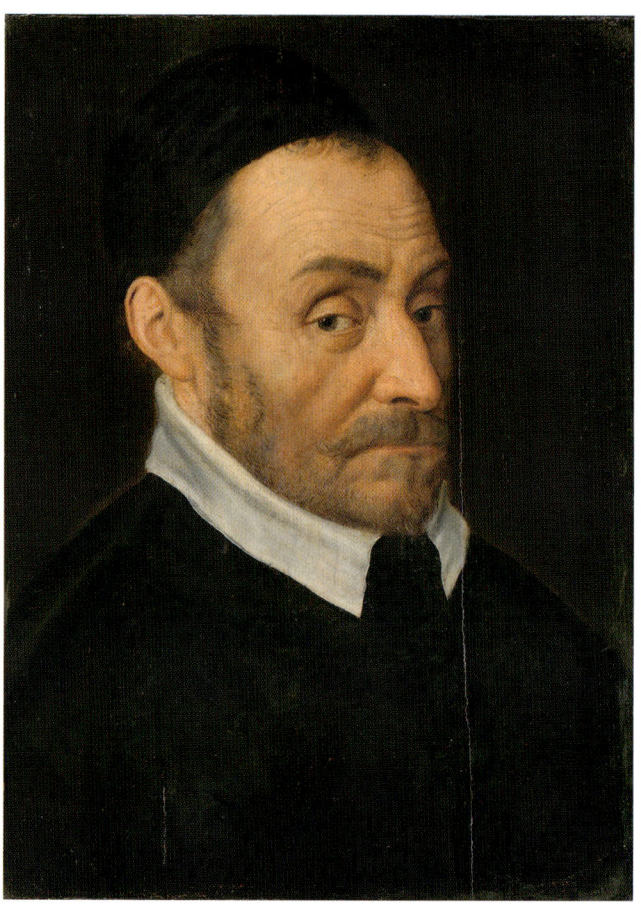

Abb. 4 | Wilhelm von Oranien, Umkreis Dirck Barendsz, um 1582/83, Öl auf Holz, 49 × 33 cm, Rijksmuseum Amsterdam, Inv.-Nr. SK-A-2164

des Fürsten von Oranien. Diese Politik bestand darin, die verschiedenen religiösen Strömungen, die in den Niederlanden nebeneinander existierten, strikt zu respektieren, um die Einheit gegenüber dem König von Spanien zu erhalten. Diese Politik war jedoch im Scheitern begriffen, da sich die Katholiken im Süden mit dem König von Spanien aussöhnten, während die Provinzen im Norden in den Kampf um ihre Unabhängigkeit zogen, der achtzig Jahre dauern sollte. Im darauffolgenden Jahr bemühte sich der Fürst von Oranien in äußerster Bedrängnis um eine französische Allianz mit Franz von Anjou, halbherzig unterstützt von seinem Bruder Heinrich III., der auf eine Heirat mit der Königin von England hoffte. Languet hatte in seiner umfangreichen Korrespondenz kein Vertrauen und kein freundliches Wort für den Franzosen. Er folgte dem Fürsten von Oranien jedoch bis nach Delft und wirkte mit dem gesamten Beraterstab des Fürsten an der Erstellung seiner berühmten *Apologie* mit, die in Erwiderung der Ächtung durch den König von Spanien herausgegeben wurde. Er hatte nicht aufgegeben, machte sich jedoch keinerlei Illusionen: »Die christliche Welt scheint mir auf ihren Untergang zuzusteuern, und ich erkenne bei den Fürsten weder den notwendigen Mut noch die Entschlossenheit, dem etwas entgegenzusetzen.«[23]

Languet starb am 30. September 1581 in Antwerpen. Anhand seines Lebenswegs, seiner Tag für Tag verfassten Briefe können Historiker die Angst rekonstruieren, die ihn zeit seines Lebens begleitet hat: Der Herr hatte der Menschheit in Wittenberg durch die Stimme Luthers das Geschenk der Wiederherstellung der »wahren Religion« gemacht. Aber konnten die Menschen, in erster Linie die Deutschen, dieses wertvolle Geschenk in seiner Gesamtheit erhalten und in Europa verbreiten? Gab es unter ihnen einen Herrscher, der aufstehen und ganz Europa zum Schutz der Reformation die Stirn bieten würde? Die Antwort findet sich in den letzten Worten von Languet: »Es gibt keinen tugendhaften Herrscher mehr auf der Welt…«

ANMERKUNGEN

1 Der vorliegende Beitrag wurde aus dem Französischen in die deutsche Sprache übersetzt. | **2** Einem Brief von Daniel van der Meulen an den ebenfalls aus Burgund stammenden Kölner Domherrn Johannes Matal zufolge, vgl. Antwerpen, 11. Oktober 1581, Paris, Bibl. Ste. Geneviève, Epistolae haereticorum, Bd. III, abgedruckt bei A. Waddington, De Huberti Langueti vita, Paris 1888, S. 137 f. | **3** Alle Angaben ohne Verweis stammen von Béatrice Nicollier-de Weck, Hubert Languet, (1518–1581). Un réseau de politique internationale, Genf 1995. | **4** Vgl. Huberti Langueti […] ad Joachimum Camerarium patrem et Joach. Camerarium filium […] epistolae, Groningen 1646, 25. Oktober 1564, S. 36–37. | **5** Es kam weder zu einem Bruch mit Calvin (siehe dessen Briefe, Calvini Opera, Straßburg 1877, Bd. XVII, Sammlung 88–92 und 305–307) noch mit Bèze (siehe Théodore de Bèze, Correspondance, A. Dufour, B. Nicollier u. a., Bd. X, 1980, S. 163; Bd. XI, 1983, S. 60, und S. 92; Bd. XIII, 1988, S. 40). | **6** Von denen erwartete er vor allem, dass sie die Gefolgsleute Melanchthons und die Reformierten im Südwesten des Kaiserreichs nicht verurteilten. | **7** Siehe den Beitrag von Johannes Hund in diesem Band. | **8** Der fränkische Söldnerführer Wilhelm von Grumbach stand in einer Fehde mit dem Bischof von Würzburg Melchior Zobel, den er ermorden ließ. In den Augen vieler verteidigte er den unmittelbaren Kleinadel des Kaiserreichs, der im Niedergang begriffen war. Er wurde von Johann Friedrich dem Mittleren, einem Mitglied der ernestinischen Linie von Sachsen, protegiert, der überzeugt war, er könne dadurch die Ge-

biete zurückerlangen, um die man sein Haus gebracht hatte. Er stellte daher eine Gefahr für August von Sachsen dar, insbesondere da er sich an den König von Frankreich wandte, der ihm ein Gehalt zuteilwerden ließ, oder an den König von Schweden. Aufgabe von Languet war es, den französischen Königshof davon abzubringen, Grumbach finanzielle Unterstützung zukommen zu lassen. Er unternahm daher zahlreiche Reisen zwischen Frankreich und Deutschland. Johann Friedrich und Grumbach, die sich in Gotha verschanzt hatten, wurden vom Kaiserreich geächtet, schließlich belagert und von August im Frühjahr 1567 besiegt. Languet, der sich beim Heer aufhielt, das Gotha belagerte, veröffentlichte anonym eine *Historica descriptio* zur Belagerung der Stadt (VD16 L 421–425). | **9** Languet an Joachim Camerarius den Jüngeren, 1. Dezember 1568, Ad Cam (wie Anm. 4), S. 171–172. Dieses Zitat, wie auch die folgenden Zitate, wurden aus dem Lateinischen übersetzt. | **10** Languet an Wilhelm von Hessen, 18. März 1569, Hessisches Staatsarchiv Marburg, ms. 4 F Frankreich Nr. 132, Bl. 45. | **11** Vgl. Arcana saeculi decimi sexti. Huberti Langueti […] epistolae secretae, Halle 1699, 31. März 1569, S. 90. | **12** Arcana (wie Anm. 11), I, 5. April 1569, S. 92. | **13** Ad Cam (wie Anm. 4), 16. Mai 1569, S. 185–186. | **14** Vgl. Arcana (wie Anm. 11), I, 22. Mai 1570, S. 155. | **15** Eine neuere Zusammenfassung zum Thema bietet: Arlette Jouanna, La Saint-Barthélemy. Les mystères d'un crime d'Etat, 24. August 1572, Paris 2007. | **16** Die illusorischen Hoffnungen, dass August sich dieser Politik annähern würde, wurden genährt durch die Heirat seiner Tochter Elizabeth mit dem jüngsten Sohn des Kurfürsten Friedrich III. im Juni 1570, vgl. dazu August Kluckhohn, Die Ehe des Pfalzgrafen Johann Casimir mit Elizabeth von Sachsen (Abhandlungen der historischen Classe der Königlich Bayerischen Akademie der Wissenschaften, 12/2), o. O. 1873, S. 83–165, sowie den Beitrag von Frieder Hepp in diesem Band. **17** | Vgl. Ernst Koch, Der Kursächsische Philippismus und seine Krise in den 1560er und 1570er Jahren, in: Die reformierte Konfessionalisierung in Deutschland, hrsg. von Heinz Schilling, Gütersloh 1986, S. 60–77. | **18** Siehe dazu auch Anm. 8. | **19** Zu Johann Casimir, Pfalzgraf 1543–1592, vgl. auch Friedrich von Bezold, Briefe des Pfalzgrafen Johann Casimir, München 1882–1903; J. C. G. Johannsen, Pfalzgraf Johann Kasimir und sein Kampf gegen die Concordienformel, in: Zeitschrift für historische Theologie 31 (1861), S. 419–476, auf der Grundlage der Korrespondenz zwischen Johann Casimir und seinem Schwiegervater August von Sachsen. | **20** Supplex conventus Francofurtensis. Admonitio ad Electores Palatinum, Saxonem et Brandeburgicum, aliosque principes Augustanae confessionis de condemnationibus exterarum Ecclesiarum in Libr. Concordiae factis, abgedruckt in R. Hospinianus, Concordia discors, Hoc est de origine et progressu Formulae concordiae Bergensis, Genf 1678, Bl. 150. | **21** Huberti Langueti Epistolae politicae et historicae ad Philippum Sydnaeum, Leyde 1646, 11. März 1579, S. 362; 16. März 1579, S. 368–369, 14. November 1579, S. 401. | **22** Justification du prince d'Orange contre les faulx blasmes que ses calumniateurs taschent à luy imposer à tort, 1568. | **23** Ad Sydnaeum (wie Anm. 21), 17. März 1580, S. 440.

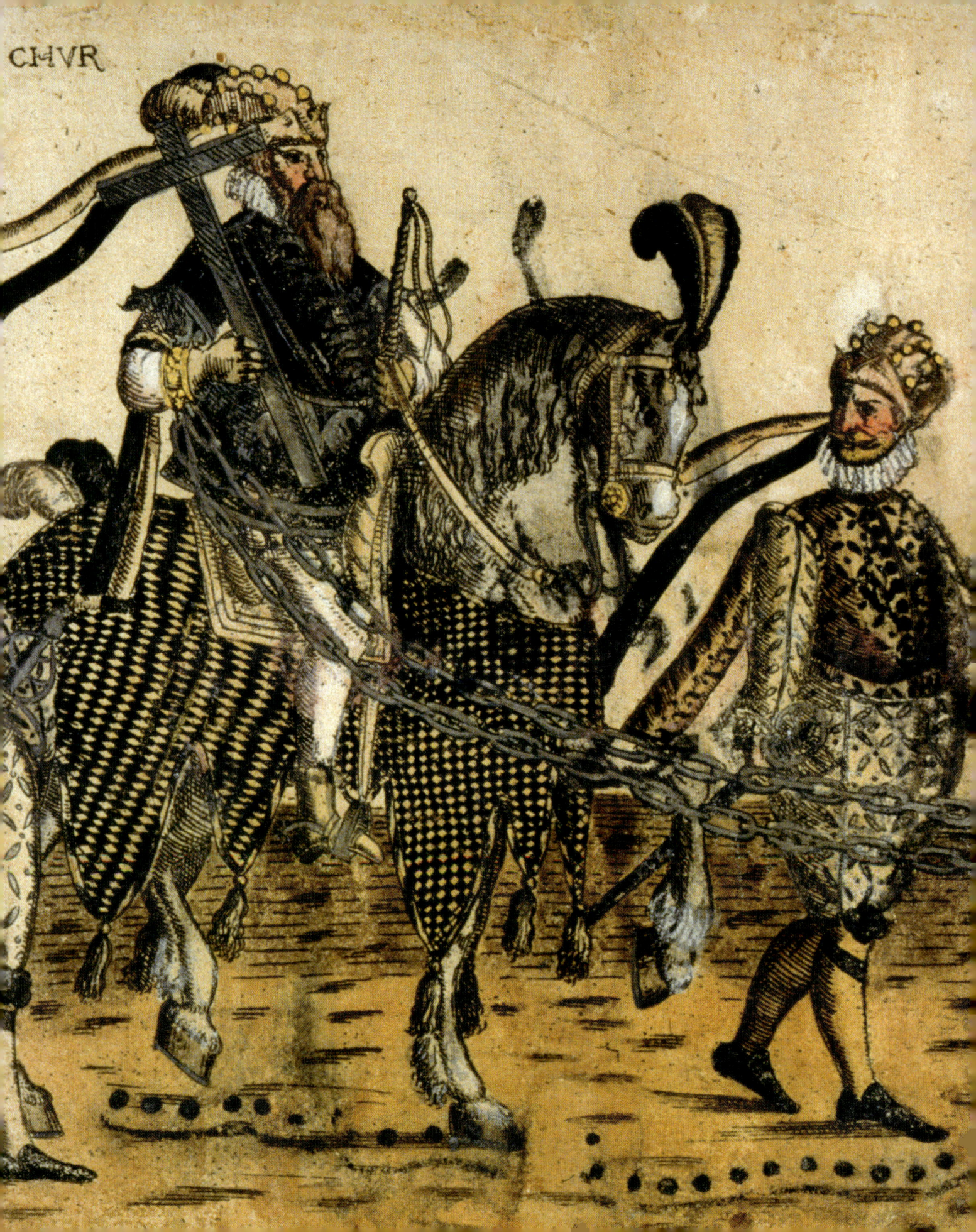

HELEN WATANABE-O'KELLY

DIE REFORMATION FÜHRT SICH AUF

BIBELDRAMEN UND TURNIERE AM DRESDNER HOF

Von Anfang an gehörten theatralische Darstellungen neben Predigten, Druckschriften und Bildern zum zentralen Instrumentarium der Reformation. Einerseits konnten Theaterstücke die Missstände in der Kirche sehr anschaulich entlarven. Man denke hier zum Beispiel an Niklaus Manuels *Von Pabsts und Christi Gegensatz* (1524) oder seinen *Ablasskrämer* (1525). Andererseits befürwortete Luther das Drama als pädagogisches Mittel, um das Volk in den neuen Glaubenssätzen zu unterrichten, ihnen bestimmte moralische Grundprinzipien beizubringen und sie bibelfest zu machen.

In der »Vorrede zum Buch Judith« beschreibt Luther die Wirkung des Dramas so: »Vnd mag sein / das sie [die Juden] solch Geticht [d. h. Judith] gespielet haben / Wie man bey vns die Passio spielet / vnd ander Heiligen geschicht. Da mit sie jr Volck vnd die Jugent lereten / als in einem gemeinen Bilde oder Spiel / Gott vertrawen / from sein / vnd alle hülffe vnd trost von Gott hoffen / n allen nöten / wider alle Feinde etc.«[1]

In der »Vorrede auffs Buch Tobie« behauptet er, die griechischen Dramatiker hätten das Theaterspielen von den Juden gelernt: »VND Gott gebe / das die Griechen jre weise / Comedien vnd Tragedien zu spielen / von den Jüden genomen haben / Wie auch viel ander Weisheit vnd Gottesdienst etc. Denn Judith gibt eine gute / ernste / dapffere Tragedien / So gibt Tobias eine feine liebliche / gottselige Comedien. Denn gleich wie das Buch Judith anzeigt / wie es Land vnd Leuten offt elendiglich gehet / vnd wie die Tyrannen erstlich hoffertiglich toben / vnd zu letzt schendlich zu boden gehen. Also zeigt das Buch Tobias an / wie es einem fromen Bawr oder Bürger auch vbel gehet / vnd viel leidens im Ehestand sey / Aber Gott jmer gnediglich helffe / vnd zu letzt das ende mit freuden beschliesse.«[2]

In der »Vorrede auff die Stücke Esther und Daniel« schreibt Luther auch noch, dass diese Texte, die später zu den beliebtesten Stoffen des Bibeldramas wurden, »leichtlich zu deuten auff eine Policey/

Oeconomey oder fromen Hauffen der Gleubigen« , also gute Sozialdisziplin predigten.[3] Andere Reformatoren – alle übrigens in Sachsen tätig – wie Melanchthon, Aegidius Hunnius, Balthasar Meisner und Polycarp Leyser der Ältere teilten Luthers Wertschätzung des Dramas.[4] Evangelische Pfarrer und Schullehrer folgten der Aufforderung des Reformators und machten sich ans Schreiben. Einige der bevorzugten Stoffe (zum Beispiel Esther, Susanna, Judith oder die Hochzeit zu Cana) veranschaulichten dann die lutherische Ehe- und Familienmoral und das lutherische Verständnis der Geschlechterrollen, während ein anderes beliebtes Thema, die Geschichte vom verlorenen Sohn, die Rechtfertigung durch den Glauben und den Gehorsam dem Vater gegenüber darstellte.

Es überrascht nicht, dass konfessionelle Polemik einerseits und biblische Darstellungen andererseits in der zweiten Hälfte des 16. Jahrhunderts am albertinischen Hof zu finden sind. Weniger selbstverständlich ist die Tatsache, dass neben den Aufführungen von eigentlichen Bibeldramen sowohl konfessionelle Polemik als auch Bibelstoffe in den Turnieraufzügen zu finden sind.

DAS TURNIER

Um 1570 gab man in Sachsen – wie auch sonst in Europa – das mittelalterliche Rennen und Stechen zugunsten des Ring- und Quintanrennens und später des Kopfrennens auf. Gleichzeitig baute man die theatralische Umrahmung des Turniers, die aus dem italienischen Trionfo hervorgegangen war, immer weiter aus. Häufig wurden solche Turniere entweder zur Karnevalszeit oder

Abb. 1 | Kurfürst August als Verteidiger des Glaubens, Detail aus Abb. 6

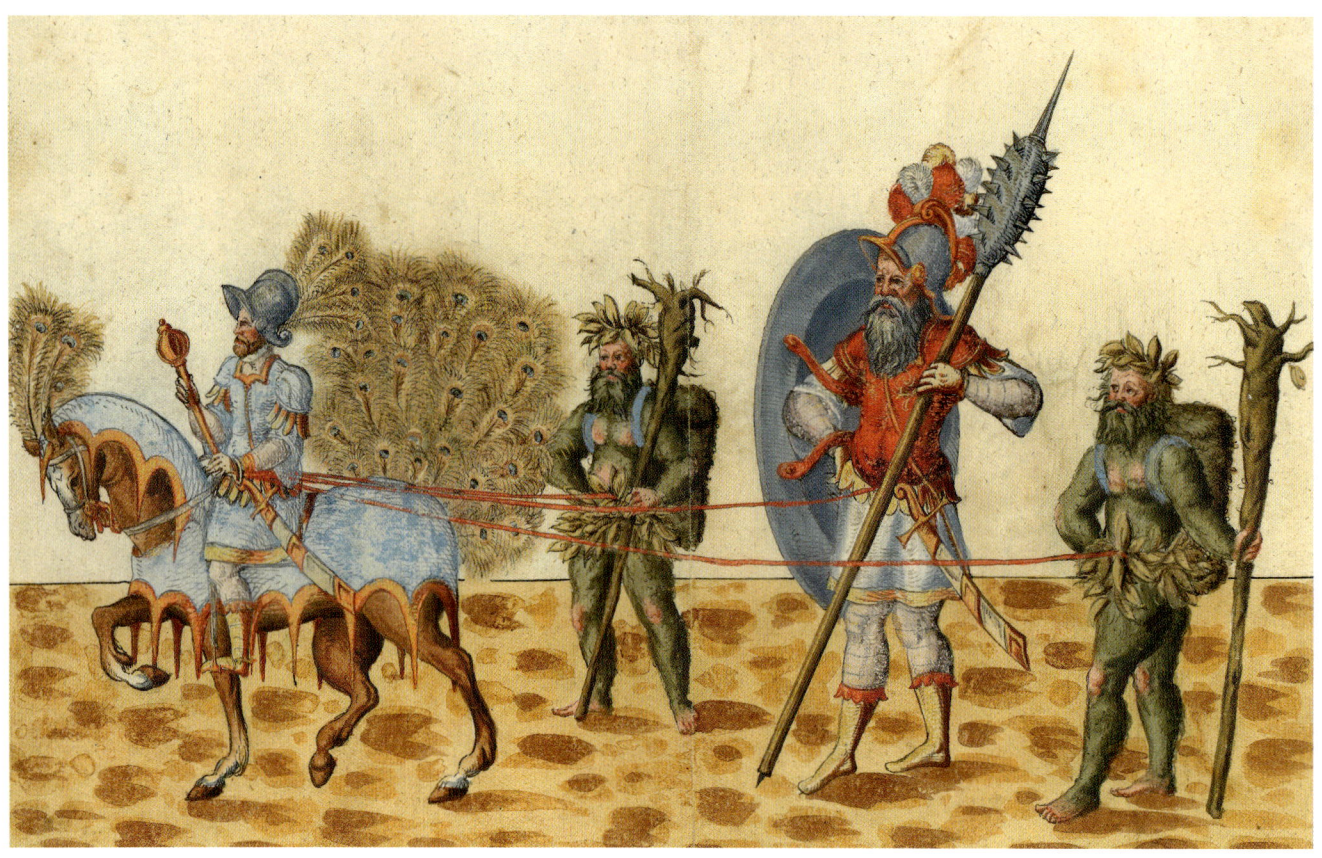

Abb. 2 | Der besiegte Goliath, kolorierter Kupferstich aus: Contrafactur des Ringrennens 1574, SLUB Dresden, Sign. Mscr.Dresd. K.2, Blatt 16

bei Hochzeiten oder Taufen veranstaltet. Vor einem Turnier zogen die Teilnehmer durch die Straßen der Stadt, eingeteilt in Gruppen, die gewöhnlicherweise »Inventionen« genannt wurden (obwohl die Dresdner dafür einen eigenen Begriff »Part«[5] verwendeten). Jede Invention oder auch Part bestand aus einer Anzahl von kostümierten Trompetern und Paukern, von Rittern mit Lanzen sowie von Fußknechten, die die Waffen ihrer Herren trugen oder ihre Pferde führten, und wurde häufig von mindestens einem Festwagen begleitet, der das Thema der Invention oder einen Teilaspekt durch mehrere Figuren veranschaulichte. Das Volk säumte die Straßen und bestaunte die Inventionen, bevor der Umzug in die Rennbahn am Schloss einbog. Eine theatralische Darbietung ging also den halb kriegerischen, halb sportlichen Übungen des Ring-, Quintan- oder Kopfrennens voraus und bot eine gute Gelegenheit, satirische oder sogar biblische Stoffe darzustellen.

Am 23. Februar 1574 veranstaltete Kurfürst August im Rahmen der Karnevalsfestlichkeiten ein prächtiges Ringrennen in Dresden, von dem die 78 großen farbigen Gouachebilder der Turnierhandschrift eine Vorstellung vermitteln.[6] Beim Wenden der Seiten sollte der Betrachter den Eindruck haben, die Inventionen zögen wie am Tag des Turniers an ihm vorbei. Immer wieder zu bestimmten Punkten in diesem aufwendigen Aufzug wurde der Kampf zwischen Gut und Böse, zwischen der »wahren« und der »falschen« Religion, veranschaulicht. Durch die Hilfe und den Beistand Gottes triumphierte jedes Mal die wahre, das heißt die reformatorische Religion. Das Böse wurde zum Beispiel anhand der Invention des Riesen Goliath dargestellt, der mit seiner großen Keule und seinem Schwert auftrat (wie auf Blatt 15 der Handschrift zu sehen ist). Sein Tod durch David wurde den Zuschauern dadurch veranschaulicht, dass in der nächsten Gruppe (auf Blatt

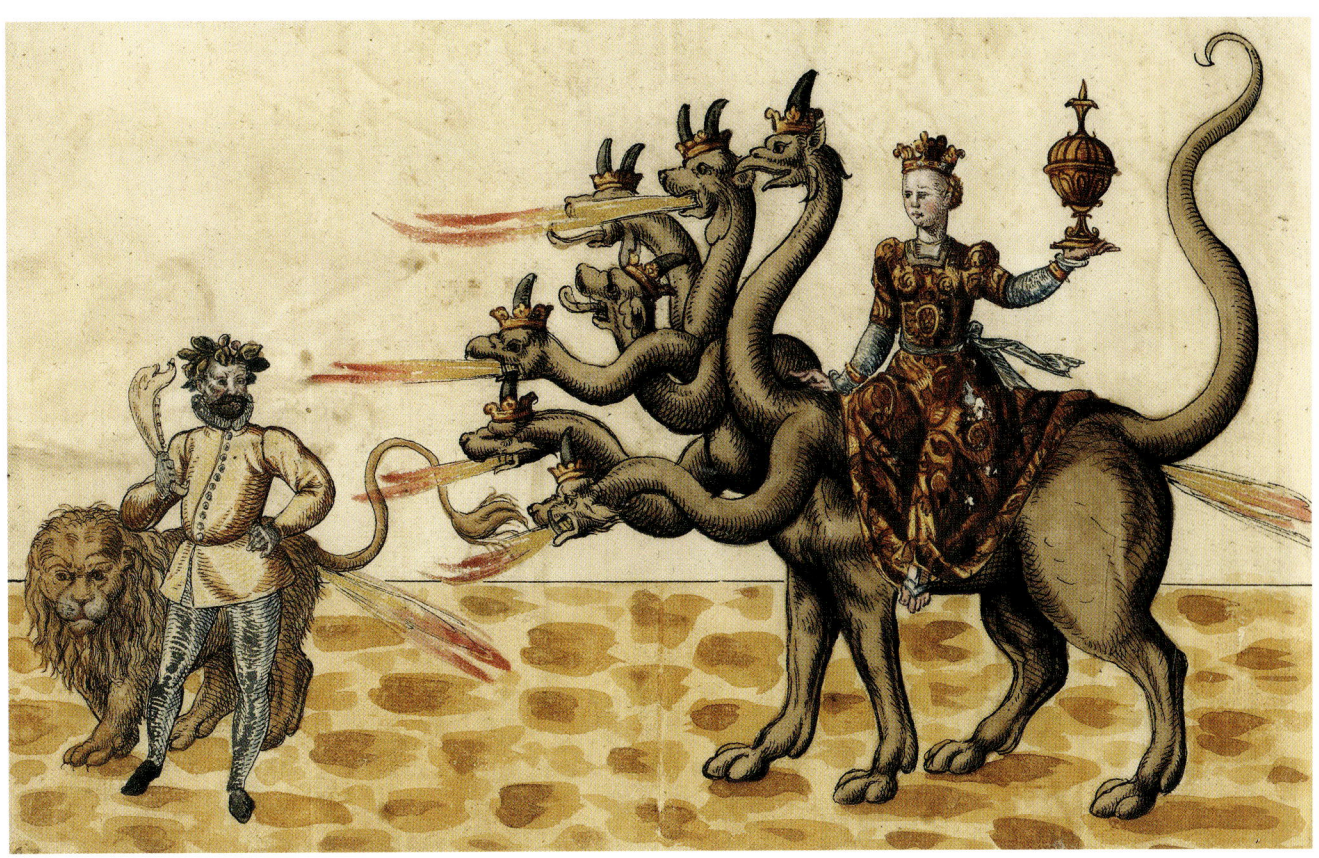

Abb. 3 | Simson und der Löwe mit der babylonischen Hure auf einer Hydra, Illustration aus:
Contrafactur des Ringrennens 1574, Ex. SLUB Dresden, Sign. Mscr.Dresd. K.2, Blatt 97

16) ein Turnierteilnehmer den Kopf Goliaths auf einer Stange trug, während andere sein Schwert, seine Keule, seinen Schild und seinen Helm erobert hatten (Abb. 2). Die Heerscharen des Herrn, die die Mächte der Finsternis besiegten, wurden von zwei anderen Inventionen repräsentiert. In einer führte ein Engel einen Feuer speienden Teufel an einer Kette (Blatt 65), während er mit der anderen Hand ein Schwert hochhielt. Hinter ihm marschierte eine Truppe von vier kleineren Engeln. In einer anderen Invention, der letzten des ganzen Aufzugs, gingen Simson und der Löwe vor der babylonischen Hure, die auf einer spektakulären Feuer speienden siebenköpfigen Hydra ritt (Blatt 97, Abb. 3).

Andere Inventionen des gleichen Ringrennens verspotteten Mönche und Nonnen. In einer hielt ein Barfüßer zwei Säuglinge im Arm, was auf die vermeintliche Unkeuschheit von Mönchen und Nonnen hindeutete, während sein Begleiter einen großen Rosenkranz um den Arm hatte. Hinter ihnen ritten zwei Nonnen, die Narrenschellen auf dem Kopf hatten und in ihren offenen Gebetbüchern lasen (Blatt 85). Etwas später kam eine satirische Tierinvention, bei der ein Bock einen Schlitten kutschierte. Der Schlitten zog wiederum ein kleines Rad, auf dem vier kleine Figuren zu sehen waren: ein Mönch, eine Nonne, ein Fuchs und ein Wolf (Blatt 88).

Dieses Ringrennen leitete eine Tradition von antipäpstlicher Satire ein, die zum festen Bestandteil der Turniere am Dresdner Hof während der nächsten vierzig Jahre wurde. Das Jahr 1574 markiert generell einen Wendepunkt in der toleranten Haltung von Kurfürst August gegenüber anderen Konfessionen, vor allem gegenüber den Philippisten. Die Verspottung der alten Religion kann im Zusammenhang mit einer veränderten Atmosphäre der konfessionellen Intoleranz am Dresdner Hof gesehen werden.

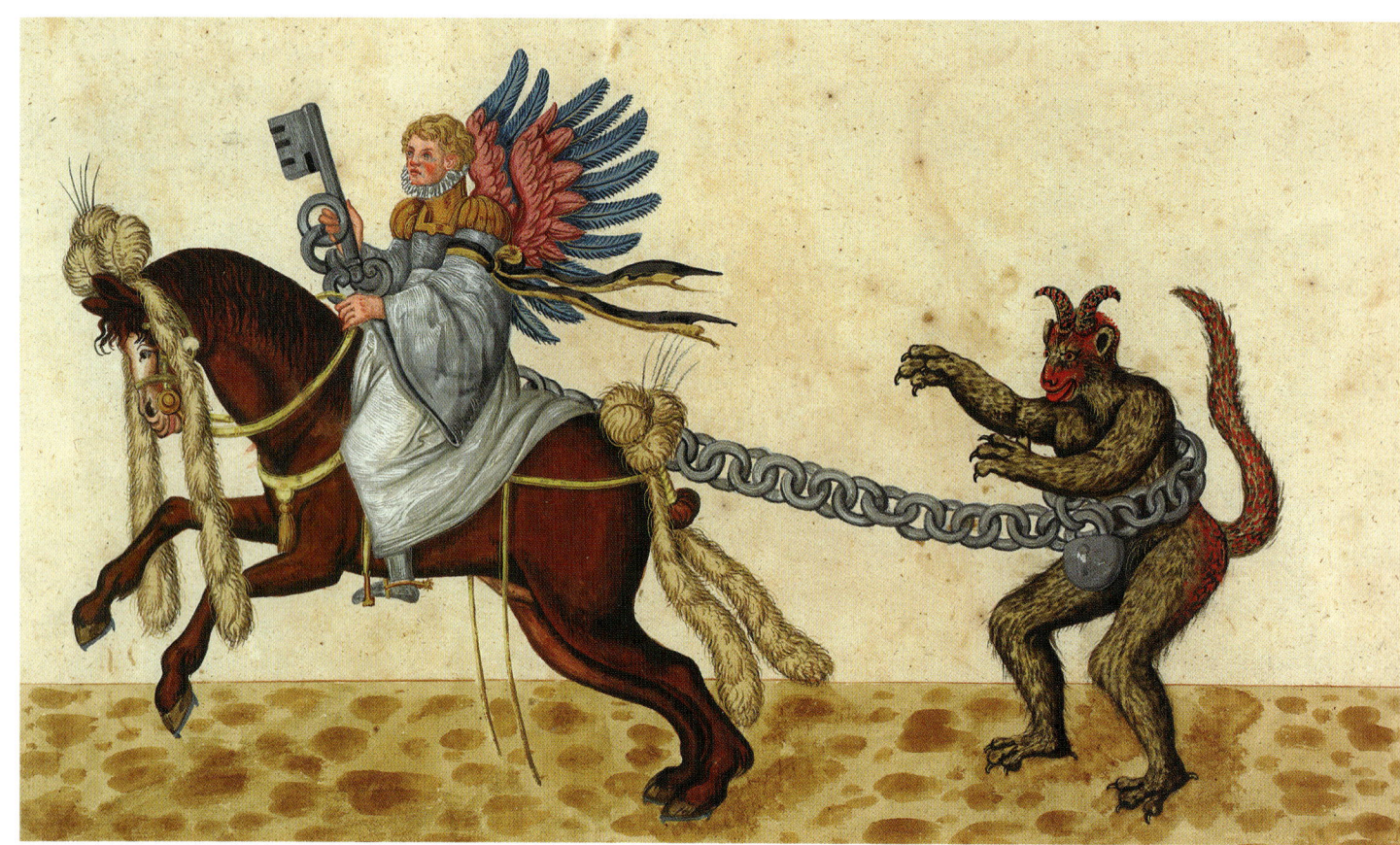

1581 war der Erzherzog Karl von Österreich in Dresden zu Gast. Wiederum vermittelt die Turnierhandschrift, ein Querfolio von Friedrich Bercht mit 104 Blättern, einen Eindruck von den verschiedenartigen Inventionen oder auch Parts.[7] Immer wieder treten Mönche als komische Figuren auf; fraglich ist, wie dies dem katholischen Gast gefiel. Blatt 30 zeigt drei Mönche zu Pferd, Blatt 38 einen geigenden Mönch vor sechs anderen Mönchen, deren Kutten wie Narrenkostüme gestreift sind und die paarweise zu Pferd sitzen. Blatt 39 zeigt drei weitere Mönche zu Pferd, von denen zwei offene Säcke halten, um ihre Geldgier anzudeuten. Blatt 64 stellt wiederum Mönche dar, die Geige und Dudelsack spielen, und auf Blatt 71 halten drei Chorherren jeweils eine rote Bibel in der Hand. Das Thema von Gut und Böse wird in den In-

ventionen auf den Blättern 87 und 88 aufgegriffen, auf denen ein Engel mit einem großen Schlüssel den Teufel an einer Kette führt (Abb. 4). Auf dem nächsten Blatt reitet der Papst auf einer Hydra.

Bei der Hochzeit von Christian I. und Sophie von Brandenburg in Dresden im April 1582 bildete wiederum ein Ringrennen ein zentrales Element der Festlichkeiten.[8] Diesmal brachte die 17. Invention, Part II (Blatt 23), einen trommelnden Mönch »in einer gantzen fahlen Kutten«.[9] Er ritt auf einem Pferd, das vorn einen Schafs- und hinten einen Bärenkopf hatte, während die 20. Invention, von Rudolf von Bünau veranstaltet, den falschen Propheten und das Böse in der Gestalt des Guten präsentierte (Abb. 5).[10] Den Anfang der Invention bildete eine Gruppe von musizierenden Engeln, gefolgt von einem posaunenden Engel auf einem grotesken Feuer speienden und furzenden Elefanten mit einer langen roten Zunge. Ihnen folgten ein posaunender Bär auf einem Ochsen, geführt von einem zweiten kleineren; wiederum reich ausgestattet mit explodierenden Feuerwerkskörpern. Hinter ihnen marschierte eine menschengroße Eule mit einem Nest auf dem Kopf, aus dem Flammen und kleine Eulen herauskatapultiert wurden. Es folgte ein Engel mit einer brennenden Fackel, der auf einem Pferd in der Gestalt einer Hydra ritt. Den Schluss dieser grotesken und wohl auch lärmigen Invention bildete der Papst mit der Tiara auf dem Kopf und dem Schlüssel von Sankt Petri in der rechten Hand.

Am 2. März 1584 organisierte Christian I. ein Ringrennen für die Hochzeit seines Stallmeisters Balthasar Wurm mit Ursula von Lohß, bei dem die dritte Part den Papst flankiert von zwei Kardinälen zu Pferd darstellte.[11] Vier Landsknechte hielten Papst und Kardinäle gefangen, während zwei weitere Landsknechte sieben schreiende Franziskaner mit ihren Gesangbüchern vor ihnen hertrieben.[12] In der Mitte der vierten Part erschien Kurfürst August als Inbegriff der wahren Religion mit einem großen Kreuz in der rechten Hand. An seinem rechten Arm angekettet gingen der Teufel und der Tod, vor ihnen Justitia mit Schwert und Waage (Abb. 6).[13]

Christian I., Kurfürst seit dem Tod seines Vaters im Jahr 1586, organisierte sowohl 1587 für die Taufe von Sophia, seiner ältesten Tochter, als auch 1591 für die Taufe von Dorothea, seiner zweiten Tochter, jeweils ein kostümiertes Ringrennen. Die gleiche antipäpstliche Satire, offensichtlich jetzt fester Bestandteil eines Dresdner Turniers, wurde auch hier inszeniert. 1587 begann der Aufzug von Wolf Ernst von Wolframsdorf mit zwei Kardinälen und dem Papst, gefolgt von dem Erzengel Michael stehend zu Pferd. Der Erzengel führte an Ketten einen Löwen und einen Greifvogel (Blatt 54).[14] Bei der Taufe von Dorothea im Januar 1591 sieht man auf Blatt 41 der Turnierhandschrift einen Mönch in einer Kutte auf einem Esel, gefolgt von drei anderen Mönchen mit Säcken und schmutzigen Besen.[15]

Auch bei der Hochzeit von Christian II. im Jahr 1603 durfte das Motiv der Mönchsschelte nicht fehlen. Die gedruckte Festbeschreibung schildert die Invention von Melchior von Milckau so:

»Erstlichen führete ein Mönch in einer schwartzen Kutten / mit einer Quelen[16] umbgürtet / eine alte scheusliche Nonne / auff einem schwartzen Schubkarren vorher / setzet sie zimlich leise / also das ihr der Hals kracht / wenn er ruhete / nieder.

Hernacher gieng wieder ein Mönch / dem war ein schwartz Pult uffn Rücken gebunden / darauff lag ein gros Gesangbuch / denselben folgten vier andere Mönche / welche sungen und pleceten / In unsern Orden / etc. und dergleichen.

Denen ritten nach drei Nonnen mit Rennespiessen / darauff folgten wiederumb drey Mönche / deren ein jeder eine schütte Stroh uffn Rücken / darein Mägde gebunden / also daß die Köpffe oben / und die Füsse unten heraus guckten.«[17]

Hier wird wiederum die vermeintliche Lüsternheit der Mönche dargestellt, ein immer wiederkehrendes Motiv. Sogar unter Daniel Bretschneiders phantasievollen Entwürfen von Schlitten aus dem Jahr 1602 gibt es einen Schlitten mit einem Mönch und einer Nonne als lüsternem Liebespaar (Abb. 7).[18]

Reformatorisches Gedankengut kommt aber nicht nur in diesen polemischen und satirischen Motiven vor. Auch biblische Inhalte werden dargestellt. Die oben erwähnte Invention des Goliath ist nur ein Beispiel dafür. Bei der Taufe von Dorothea im Januar 1591 zeigte die zwölfte Invention die Heiligen Drei Könige, die dem Stern folgten und – so konnte man es sich vorstellen – die neue Prinzessin begrüßen wollten. 1609 wurde der Sündenfall mit Adam und Eva unter dem Apfelbaum dargestellt, neben ihnen Kain und Abel (Abb. 8).[19] Bei der Taufe von August von Sachsen-Weißenfels im September 1614 wurde erneut die Geschichte von Adam und Eva präsentiert.[20] Zwei Festwagen zeigten den Paradiesgarten. Auf dem ersten war Gott zu sehen, der Eva aus Adams Rippe schuf; auf dem zweiten sah man Adam und Eva mit der Schlange unter dem Baum der Erkenntnis. Die gereimte Festbeschreibung von Georg Petzold beschreibt auch noch eine Invention, die Elias auf dem feurigen Wagen brachte.[21] All diese Turnierinventionen sind mit dem Bibeldrama verwandt, das ebenfalls am Hof der Albertiner seinen Platz hatte.

DAS BIBELDRAMA

Sachsen war nicht nur die Wiege der Reformation, sondern auch die Wiege des Bibeldramas. Zwei sächsische Städte spielten in der Entstehung und Verbreitung der Gattung wegen ihrer Druckereien eine herausragende Rolle: Wittenberg und Zwickau. In Zwickau stand ab 1523 die zweite Druckerpresse in Sachsen, und der Zwickauer Drucker Wolfgang Meyerpeck publizierte bis zu seinem Umzug nach Freiberg im Jahr 1550 viele bekannte und einflussreiche frühe Bibeldramen.[22]

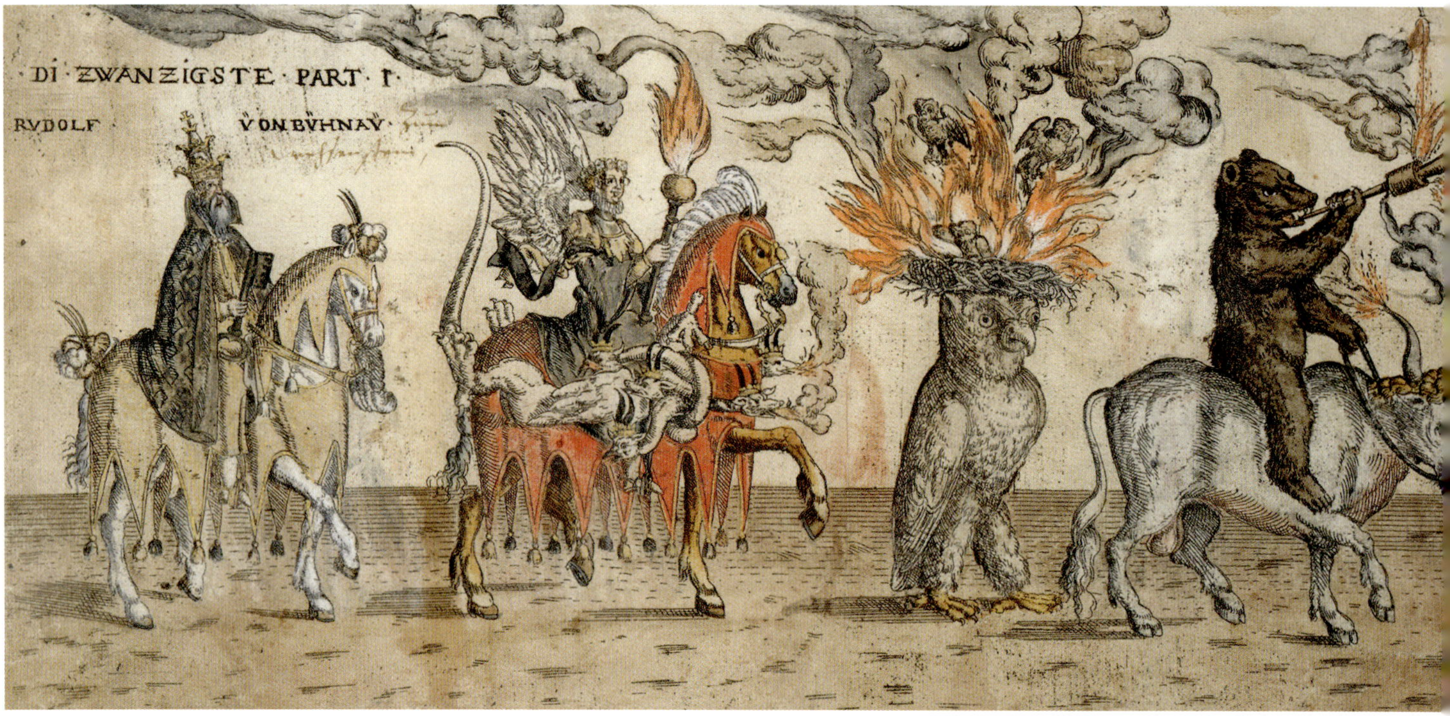

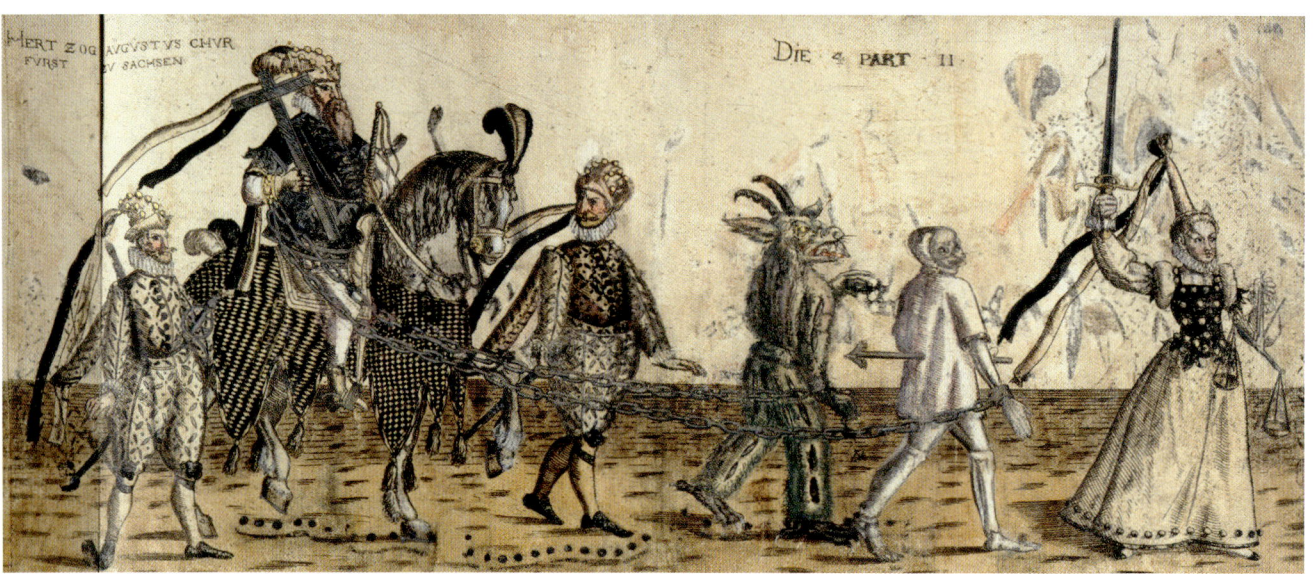

Abb. 5 (oben) | Die Invention von Rudolf von Bünau, kolorierter Kupferstich aus: Daniel Bretschneider, Contrafactur des Ringkrennens 1582, Ex. SLUB Dresden, Sign. Mscr.Dresd.K.1, Blatt 26

Abb. 6 (unten) | Kurfürst August mit Tod, Teufel und Justitia, kolorierter Kupferstich aus: Daniel Bretschneider, Ringkrennen 1584, Ex. SLUB Dresden, Sign. Mscr. Dresd.K.1, Blatt 31

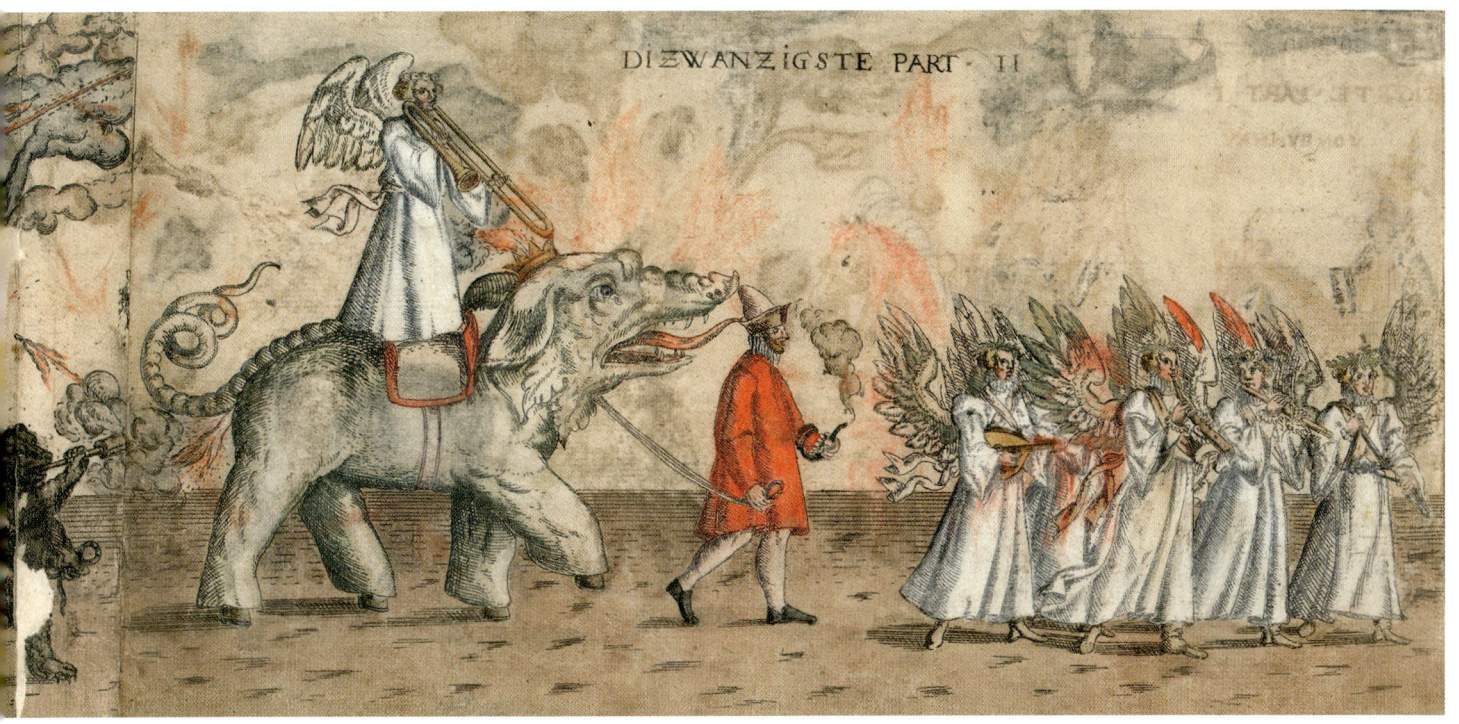

In Sachsen war gleichzeitig eine Reihe namhafter Dramatiker tätig, die die Entwicklung des Bibeldramas in ganz Deutschland geprägt haben. Zu nennen wäre Joachim Greff aus Zwickau mit seinen Dramen zur Josephsgeschichte (1534) und zu Abraham und Isaac (1540), Judith (1542), Dives und Lazarus (1545) und dem guten Samariter (1545).[23] Der Chemnitzer Valentin Voith studierte in Wittenberg und ließ sich in Magdeburg nieder, wo sein Esther-Drama 1537 bei Melchior Lotter publiziert wurde. Heinrich Knausts Drama über die ungleichen Kinder von Adam und Eva, *Die Verordnung der Stende*, wurde 1539 in Wittenberg gedruckt, Paul Rebhuns *Susanna* 1535 in Zwickau uraufgeführt und 1536 bei Meyerpeck in Zwickau gedruckt. Hans Tirolf ließ 1539 in Wittenberg seine *schöne Historia von der Heirat Isaacs vnd seiner lieben Rebeken* drucken; sein Drama von David und Goliath erschien 1541 in Leipzig. Der Zwickauer Johann Ackermann, Bekannter von Rebhun und Tirolf, publizierte seine Dramen von Tobias (1539), dem verlorenen Sohn (1540) und dem guten Samariter (1545) auch bei Meyerpeck in Zwickau. Thomas Naogeorgs neulateinisches Bibeldrama *Hamanus tragoedia nova*, das den Esther-Stoff zum Thema hat, wurde 1543 in Leizpig

veröffentlicht, während die deutsche Übersetzung von Johann Chryseus 1546 in Wittenberg erschien. Johannes Krügingers *Tragoedia von Herode und Johanne dem Tauffer* (1545) und die erste Version seines *Dives und Lazarus* (1543) erschienen bei Meyerpeck in Zwickau, während die dritte Version 1555 in Dresden publiziert wurde. 1566 publizierte Thomas Brunners sein Josephsdrama, seinen *Tobias* und seine *Heirat Isaacs* 1569. Georg Rollenhagens *Abraham* erschien 1569 in Magdeburg und sein *Tobias* 1576 dort.

Diese kleine Auswahl der Dramatiker und ihrer Werke vermittelt einen Eindruck von den typischen Themen des Bibeldramas. Die Belege für die Existenz des Bibeldramas am albertinischen Hof im 16. Jahrhundert stammen aus zwei Quellen. Ein Indiz dafür, dass spätestens seit der Regierungsübernahme von Kurfürst August das Bibeldrama am Hof bekannt war, findet man im Katalog der kurfürstlichen Bibliothek aus dem Jahr 1574.[24] Zu diesem Zeitpunkt war die Bibliothek noch die private Sammlung des Kurfürsten und wurde in Annaburg, der Sommerresidenz der Albertiner, aufbewahrt. In der Abteilung Theologia sind Titel von 15 Bibeldramen aufgelistet, die die Bandbreite des damaligen Bibeldramas

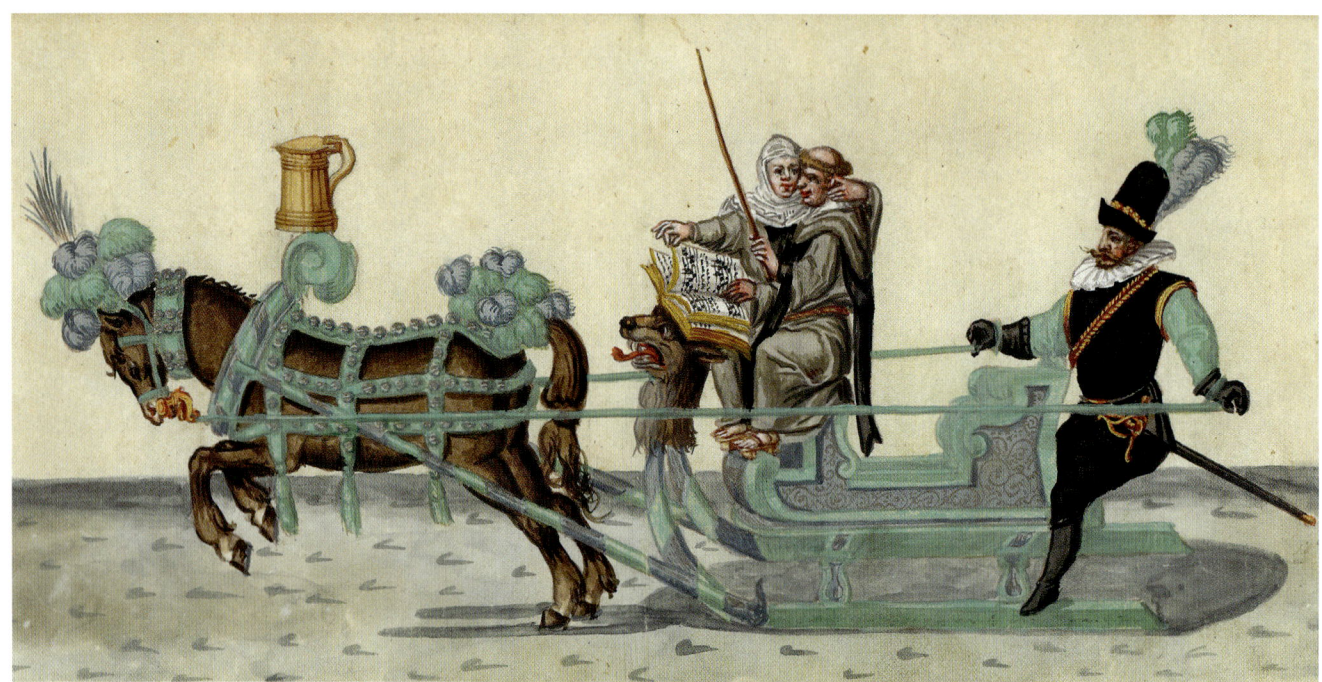

Abb. 7 | Mönch und Nonne als Liebespaar auf einem Schlitten, kolorierter Kupferstich aus: Daniel Bretschneider,
Ein Buch Von allerley Inuentionen zu Schlittenfarthen 1602, Ex. SLUB Dresden, Sign. K.B.9a Misc.Dresd.B104, Blatt 40

abdecken (Bl. 29 a bis 30 b). Dabei handelt es sich einerseits um Dramen über Stoffe aus dem Alten Testament wie Adam und Eva, Abraham und Isaak, die Austreibung der Magd Agar, Sodom und Gomorra. Andererseits sind auch einige Werke mit Themen aus dem Neuen Testament zu finden: die Enthauptung von Johannes dem Täufer, Herodes und der bethlehemitische Kindermord, Dives und Lazarus. Außerdem waren drei Übersetzungen der neu-lateinischen Dramen von Thomas Naogeorg in der kurfürstlichen Bibliothek vorhanden: Judas Ischariot, Haman und sein Mercator (der Kaufmann). In anderen Dramen wurde die lutherische Moral in der Familie und in der Gesellschaft gepredigt: so in der *Comedia von Kinderzucht*, dem *Spiegel gottseliger Eltern und frommer Kinder* oder in Johann Schuwards *Haustafell. Ein geistlich spiel von den fürnembsten stenden der menschen auff erden.*[25] Oder sie versöhn-ten die Menschen mit ihrem irdischen Geschick wie in Johann Heros' *Tragedia Der jrrdisch Pilgerer genandt.*[26] Werke von Sebastian

Wild, Heinrich Raetel, Jakob Frey, Johann Krüginger, Philipp Agri-cola, Johann Rasser, Johann Bischoff und Michael Druida gehören ebenfalls dazu. Heinrich Kunn und Cornelius Schonaeus schickten dem Kurfürsten ihre Dramen 1604[27] beziehungsweise 1606[28] in handschriftlicher Form selbst zu, und auch sie fanden Platz in der kurfürstlichen Bibliothek.

Deutet eine Sammlung von Bibeldramen in der kurfürstlichen Bibliothek auf Aufführungen am Hof hin? Ohne andere handfeste Belege kann man nicht sicher sein, aber diese Werke wurden nicht als Lesedramen, sondern für den Gebrauch verfasst. Man kann zumindest spekulieren, dass einige, wenn nicht alle dieser Dramen am Hof aufgeführt wurden. Das muss nicht immer im Dresdner Schloss gewesen sein. Aus dem Text von Andreas Hart-manns *Christliche Comödia vom Zuestande im Himmel vnnd inn der Höllen* geht hervor, dass dieses Werk im Jahr 1600 in Torgau von 107 Schauspielern in acht Gruppen gespielt wurde.[29]

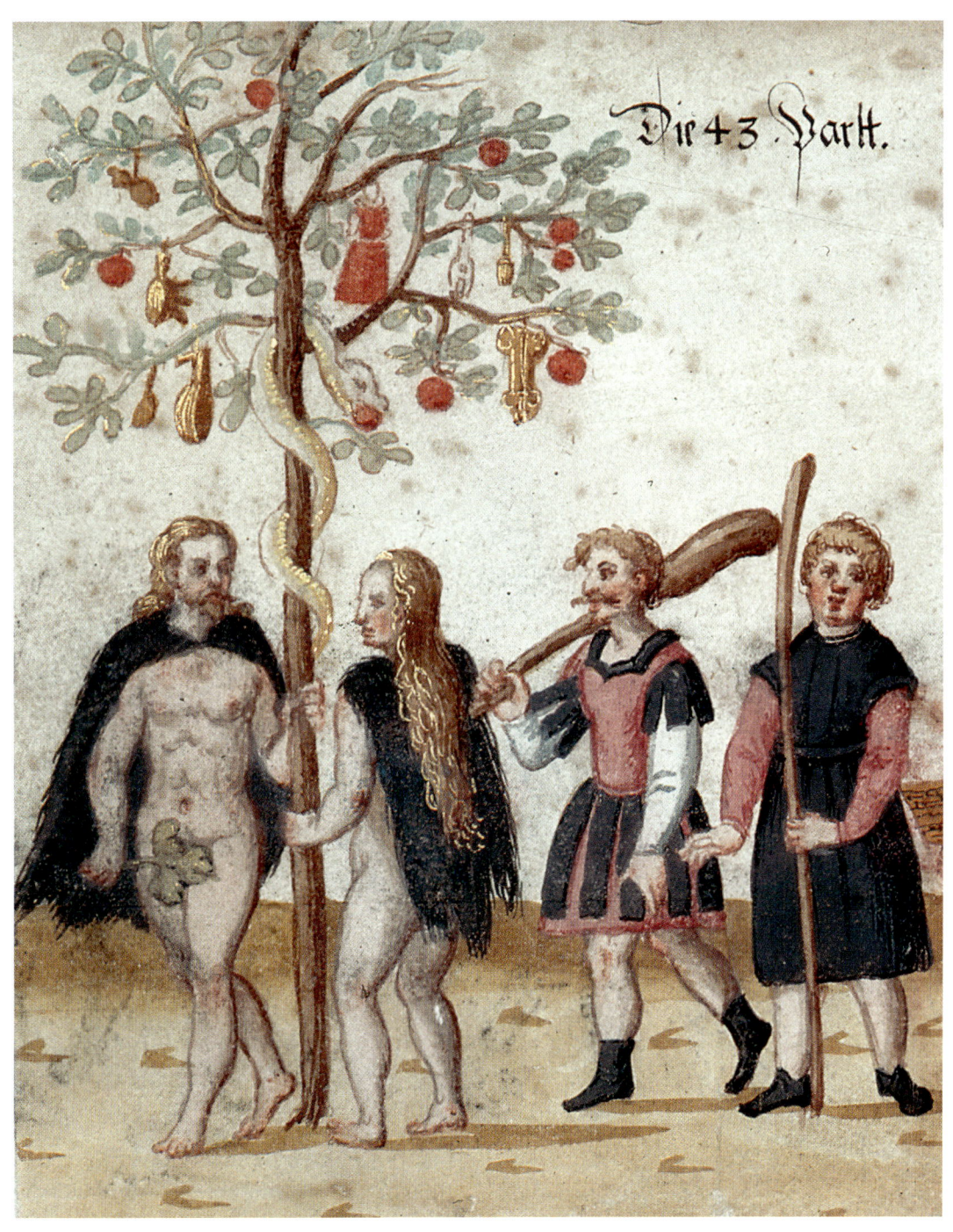

Die 43 Partt.

Abb. 8 | Adam und Eva mit Kain und Abel, kolorierter Kupferstich (Detail) aus:
Daniel Brettschneider, Abriß und Verzeichnus aller Inventionen und Aufzüge 1609,
Ex. SLUB Dresden, Sign. Mscr.Dresd.J.18, Blatt 117

Handfestere Belege für Aufführungen haben wir in den Akten des Oberhofmarschallamtes in Dresden vom Anfang des 17. Jahrhunderts an. Aus diesen Akten geht hervor, dass 1602, bei den Festlichkeiten für die Hochzeit von Christian II. und Hedwig von Dänemark, Wolfgang Sommers *Comedia. Daß ist, Einn fein Christliches lustiges Spiel, vom Heiligenn Patriarchen Isaac* gezeigt wurde.[30] Im September 1612 wurde bei der Taufe von Christian Albrecht, dem erstgeborenen und früh verstorbenen Sohn von Johann Georg I., eine ganze Anzahl von Bibeldramen von Hans Zihler aufgeführt: am 2. September *Ruth*, am 8. September *Isaac* sowie am 9. September *Mose*, *Jael* und *Jephte*.[31]

Die englischen Komödianten zeigten bei ihren Aufenthalten am Hof regelmäßig Bibeldramen, zum Beispiel 1626 *Der verlorene Sohn* und 1627 *Haman und Esther*, 1629 *Die Geschicht von der Hebraeischen Heldin Judith und dem Holoferne*, 1632 *Die Tragödie vom Reichen Mann und Lazaro und der verlorene Sohn* und 1646 *Die Komödie von der Erschaffung der Welt*.[32] Solche Aufführungen wurden bis zum Tod von Johann Georg II. 1680 fortgesetzt. Über die Josephsdramen und wie Johann Georg II. sie nutzte, um seine Familienmitglieder zu disziplinieren, habe ich an anderer Stelle geschrieben.[33]

Dass das Bibeldrama im 17. Jahrhundert parallel zur italienischen Oper und zum Hofballett französischen Ursprungs als Teil eines größeren Festprogramms am Hof aufgeführt wurde, kann uns nicht überraschen. Analog dazu wurden Jesuitendramen neben Opern und Balletten an katholischen Höfen gezeigt.

Sowohl im höfischen Fest als auch im Bibeldrama wurden also reformatorische Inhalte in dramatische Form gebracht: Stilisierungen des Kurfürsten als Beschützer und Hüter des wahren Glaubens und polemische Verspottungen der Alten Kirche einerseits, sowie Bibelgeschichten und Parabeln aus dem Neuen Testament andererseits. Wenn man an die lebensgroßen Figuren auf den Festwagen – ähnlich der Figurengruppen, die auf den sogenannten Pasos in Spanien in der Karwoche durch die Straßen getragen werden –, an die verkleideten Teilnehmer bei den Ringrennen, an die Laiendarsteller im Bibeldrama oder an die Berufsschauspieler der Wandertruppen denkt, erkennt man, wie viele Menschen im frühneuzeitlichen Sachsen als Zuschauer oder als Schauspieler an diesen Darbietungen teilnahmen.

Die Reformation führte sich eben auf.

ANMERKUNGEN

1 D. Martin Luther, Die gantze Heilige Schrifft Deudsch, Wittenberg 1545, hrsg. von Hans Volz unter Mitarbeit von Heinz Blanke. 2 Bde., Darmstadt 1972, Bd. II, S. 1675. **| 2** ebd., Bd. II, S. 1731. **| 3** ebd., Bd. II, S. 1943. **| 4** Detlef Metz, Das Protestantische Drama. Evangelisches geistliches Theater in der Reformationszeit und im konfessionellen Zeitalter, Köln, Weimar, Wien 2013. **| 5** Auch »Parth« oder »Partt« geschrieben. **| 6** Contrafactur des Ringrennens. So Weilandt der Durchlauchtigste und Hochgeborne Furst und herr herr Augustus Hertzogk zu Sachssen, des Heiligen Römischen Reichs Ertzmarschalch und Churfürst Landgraue in Duringen, Margraue zu Meissen und Burggraue zu Magdeburgk, Christseliger Gedechtnis den 23 February Anno 1574 im Fastnacht alhier zu Dreßden im Churfürstlichen Schlosse gehalten, auch mit wasserley Inuention einn Jede Parthei uf die Bahne kommen und daselbst gantz Ritterlich zierlich und herlich volbracht. SLUB Mscr.Dresd.K.2. (Alle Signaturen sowohl von Handschriften als von frühen Druckschriften beziehen sich auf die Sächsische Landesbibliothek, Staats- und Universitätsbibliothek Dresden =SLUB). URL: http://digital.slub-dresden.de/werkansicht/dlf/21924/1/cache.off. Abgerufen am 10.9.2014. **| 7** Friedrich Bercht. Gemalte Aufzüge. 1581. SLUB Mscr. Dresd.J.17 (KA 500). **| 8** Daniel Bretschneider d.Ä., Contrafactur des Ringkrennens, So vff des Durchlauchtigen Hochgebornen Fürsten vnd Herrn Herr Christiani Hertzogen zu Sachsen [...] Fürstlichen Beylager den 25. Aprilis Anno 82. In den Churfürstlichem Schlosse zu Dreßden gehalten worden [...] Dreßden: Morgenrodt, 1584. S.B.205. URL: http://digital.slub-dresden.de/werkansicht/dlf/89832/1/cache.off. Abgerufen am 10.9.2014. Handkolorierte Stiche aus diesem Druck, aber ohne den kurzen Text wurden mit einer gemalten Bordüre zu einem Turnierbuch zusammengefügt, gemeinsam mit den ebenfalls handkolorierten Abbildungen der Ringrennen der Jahre 1584 und 1587, ebenso von Daniel Bretschneider (Mscr. Dresd.K.1.). Siehe auch StA-D, OHMA B1a und Ritterspiell 1581–1591 Nr. 26a 10526. **| 9** Contrafactur des Ringkrennens (wie Anm. 8), S. 5. **| 10** Ebd., Doppelöffnung A20. **| 11** Doppelöffnung 30 in der handkolorierten Version in Mscr. Dresd.K.1. (siehe Anm. 8). **| 12** Daniel Bretschneider d.Ä, Ringkrennen, So der Durchlauchtige Hochgeborne Furst vnd Herrn Herr Christian Hertzog zu Sachsen [...] welcher war der 2. Martij Anno 84. Als S. Churf. G. Cammerling vnd Stallmeister, Baltasar VVurm mit Jungfraw Vrsulen von Lohß, [...] jhr Ehelich beylager gehabt, in dem Churf. Schlos allhier zu Dreßden gehalten, &c. / Dreßden: Morgenrodt, 1584, SLUB Hist.Sax.C.26. Die kolorierten Kupferstiche sind unter Mscr.Dresd.K.1. ab Blatt 27 zu finden (später hinzugefügter Titel in Bleistift: Das von Herzog Christian zu Dresden 1584 veranstaltete Ringrennen). URL: http://digital.slub-dresden.de/werkansicht/dlf/89832/1/cache.off. Abgerufen am 10.9.2014. **| 13** Doppelöffnung 31 in der handkolorierten Version in SLUB Mscr. Dresd.K.1. (siehe Anm. 8). **| 14** Daniel Bretschneider d.Ä., Newe gehalttene invention von Fvrsten Grafen vnd Herren, den 5.6.7.Ivny in Dresten wegen der Chvrfvrstlichen Kindtavf des [...] Herrn Christiani (I) Hertzogen zv Sachsen [...] andern Töchterleins Sophiae, welcher Gebvrts Tag ist der 29 Aprillis [...] 1587, SLUB Mscr.Dresd. K.1. Die Illustrationen zu diesem Fest beginnen in der Sammelhandschrift auf Blatt 41. **| 15** Daniel Bretschneider d.Ä., Christiani Hertzogens vnd Churfursten zue Sachssen Ringk-Rennen, welche S. Churf. G. an dero gelibten Jungen Tochter, Freulin Dorotehenn, Fürstlichen Tauffe zue Dressden auffn Schloshoff den 26. 27. 28. vnd 29. Jan. gehalten worden. 1591, SLUB Mscr.Dresd.J.9. URL: http://digital.slub-dresden.de/werkansicht/dlf/103300/1/cache.off. Abgerufen am 10.9.2014. **| 16** Quehle, f. tuch zum abtrocknen, handtuch. Der Digitale Grimm: http://dwb.uni-trier.de/de/. Abgerufen am 12.9.2014. **| 17** Kurtze und doch ausführliche Relation vnd warhaffte Erzahlung von gehaltenem Beylager, Des [...] Christiani II. Hertzogen zu Sachsen [...] Darinnen eigentlich vnd gründlich zuvernehmen, Mit was Solenniteten die Churf. Braut angenommen, vnd darauff der Einzug gantz herrlich und zierlich gehalten. Item, Welcher massen das ringrennen und Turnieren angestellet vnd verrichtet worden, zusampt angehemgtem Bericht, was sich im Abzuge zugetragen / Kurtze und doch ausführliche Relation und warhaffte Erzehlung von gehaltenem Beylager, Des [...] Christiani II.Hertzogen zu Sachsen [...], Jena: Steinman, 1603. SLUB Hist.Sax.C.797 n, misc.2. Eiii r. URL:http://digital.slub-dresden.de/werkansicht/dlf/10401/1/cache.off. Abgerufen am 10.9.2014. **| 18** Daniel Bretschneider d. Ä., Ein Buch Von allerley Inuentionen zu Schlittenfarthen / gar wol zugerichtet vnd leichtlich geführt werden können / für fürstliche/ Gräffliche / Herrn vnd Adelsstands Personen / mehren theils von neuem visirt vnnd verferttigett. Durch Danieln Bretschneidern Bürgern und Mahlern zu Dressdenn. 1602. SLUB K.B.9a Misc.Dresd.B104. Blatt 40. **| 19** Abriß und Verzeichnus aller Inventionen und Aufzüge welche an Faßnachten Anno 1609 Als den Durchlauchtigsten Hochgeborenen Fürsten und Herrn, Herrn Christian den Anderen Herzogen und Churfürsten zu Sachsen die Durchlauchtige Hochgeborene Fürsten und Herrn, Herr Johann Casimir und Herr Johann Ernst Herzogen zu Sachsen sowol Herr Christian Marggraf zu Brandenburg freundlicherweise uff die im Churfl. Schloßhoff zu Dresden auffgerichtete Rennbahne gebracht worden. Verferttigt durch Daniel Bretschneider, Bürgern und Mahlern zu Dresden. SLUB Mscr.Dresd.J.18. Blatt 117. **| 20** Vgl. StA-D, OHMA A 3, Bildrolle Hierüber Nr. 3 und Bildrolle Hierüber Nr. 13; StA-D, Oberhofmarschallamt Pläne Cap. Nr. 3. **| 21** Georg Petzold, Beschreibung Der Churfürstlichen Kindtauff / und Frewdenfests zu Dreßden: den 18. Septemb. des verlauffenen 1614. Jahres / wie auch der Ritterlichen Frewdenspiel / folgende Tage uber / Von Dem Durchlauchtigsten / Hochgebornen Fürsten und Herrn / Herrn Johann Georgen / Hertzogen zu Sachssen [...] Gehalten[...] Auff gnedigstes begehren S. Durchlauchtigkeit / aus dem lateinischen vom Autore transferirt [...], Dresden 1615, SLUB Hist.Sax.C.853. **| 22** Siehe Enno Bünz (Hrsg.), Bücher, Drucker, Bibliotheken in Mitteldeutschland. Neue Forschungen zur Kommunikations- und Mediengeschichte um 1500, Leipzig 2006. Zum Verlagswesen in Zwickau siehe Kristina Leistner, 475 Jahre Buchdruck in Zwickau, in: 500 Jahre Ratsschulbibliothek Zwickau, Ausst.-Kat. Zwickau 1998, S. 68–76, und zu Meyerpeck und dem Bibeldrama siehe Stephen L. Wailes, The Rich Man and Lazarus on the Reformation Stage. A Contribution to the Social History of German Drama, Susquehanna 1997, S. 169. **| 23** Zum Bibeldrama allgemein siehe neben Metz, Das Protestantische Drama (wie Anm. 4), Wolfgang F. Michael, Das deutsche Drama der Reformationszeit, Bern, Frankfurt a. M., Nancy 1984 und ders., Ein Forschungsbericht. Das deutsche Drama der Reformationszeit, Bern, Frankfurt a. M., New York, Paris 1989. **| 24** Registratur der bücher in des Churfürsten zu Saxen liberey zur Annaburg, SLUB Bibl.Arch.IB vol. 20. **| 25** Eisleben 1565. SLUB Theol.ev.mor.349. **| 26** Nürnberg 1562. SLUB Lit.Germ.rec.B.2878,misc.4. **| 27** Heinrich Kunn, Comedia, von der Schweren Belagerung und Wunderbar Erlösung zu Samaria aus dem 2. Buch der Königen am 6. und 7. Capittel genommen, 1604. **| 28** Cornelius Schonaeus, Triumphus Christi. Das ist Die historia von der Sieghafften Aufferstehung Jesu Christi von den todten, 1606. **| 29** Andreas Hartmanns Christliche Comödia vom Zustande im Himmel vnnd inn der Höllen, Magdeburg 1600. SLUB Lit.Germ.rec.B.1078. **| 30** SLUB Mscr.Dresd.M.227. **| 31** SLUB Mscr.Dresd.M.217. **| 32** Die beiden erstgenannten wurden 1620 bzw. 1624 in den Dramensammlungen der Wanderkomödianten in Leipzig gedruckt, vgl. Englische Comedien und Tragedien / Das ist: Sehr Schöne, herrliche und außerlesene, geist= und weltliche Comedi und Tragedi Spiel, Sampt dem Pickelhering, welche wegen ihrer artigen Inventionen, kurtzweiligen auch theils wahrhafftigen Geschicht halber, von den Engelländern in Deutschland an Königlichen, Chur= und Fürst=lichen Höfen, auch in vornehmen Reichs= See= und Handel Städten seynd agiret und gehalten worden, und zuvor nie im Druck auß=gangen. An jetzo, Allen der Comedi und Tragedi lieb=habern, und Andern zu lieb und gefallen, der Gestalt in offen Druck gegeben daß sie gar leicht darauß / Spielweiß widerumb angerichtet, und zur Ergetzlikeit und Erquickung des Gemüths gehalten wer=den können. Gedruckt im Jahr M.DC.XX. Leipzig: Gottfried Große 1620. **| 33** Helen Watanabe-O'Kelly, Joseph und seine Brüder: Johann Georg II. und seine Feste zwischen 1660 und 1679, in: Dresdner Hefte 8 (1990), S. 29–38.

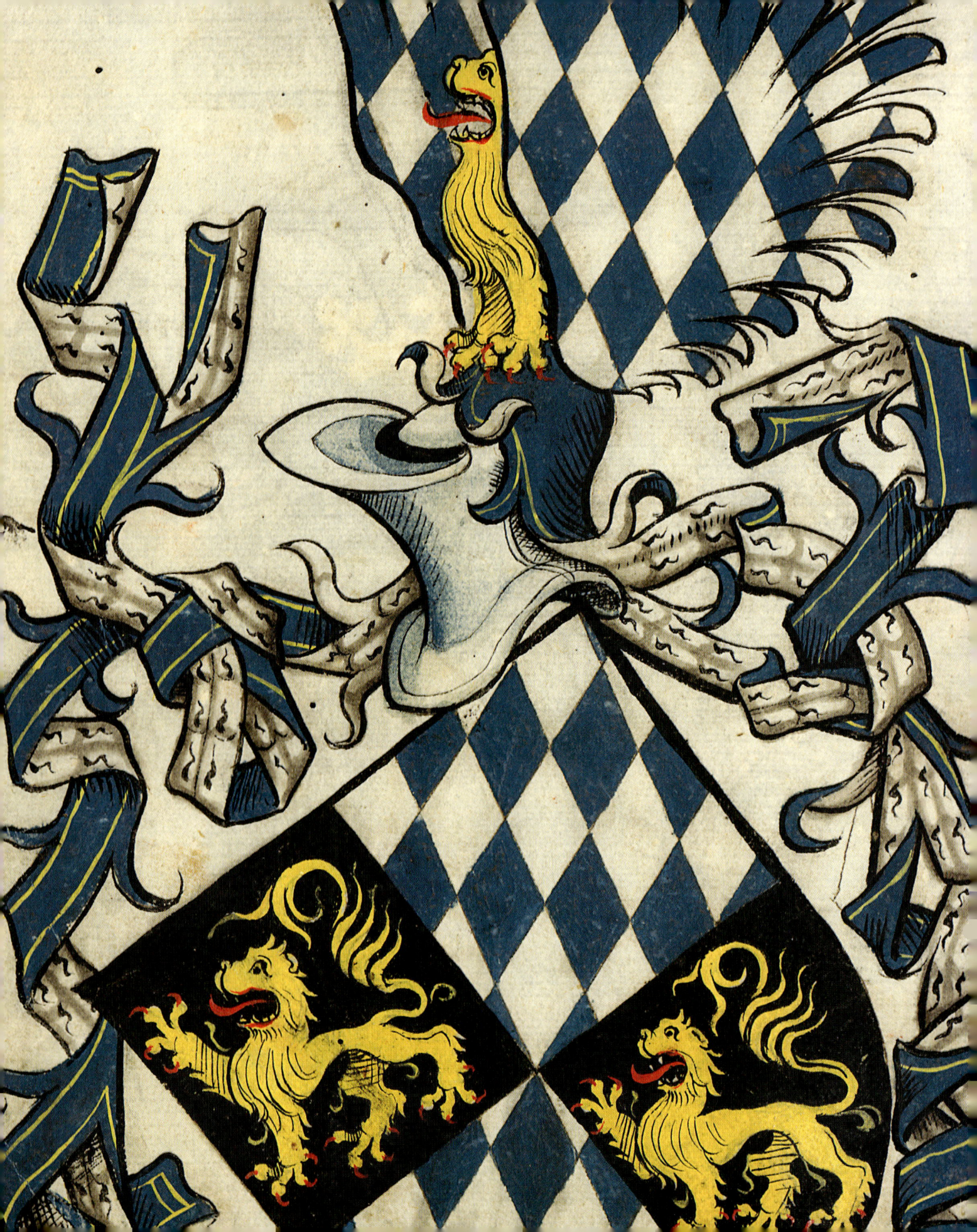

LUDWIG HOLZFURTNER

EINE DYNASTIE IM KONFESSIONELLEN ZWIESPALT

DIE WITTELSBACHER IN DER REFORMATIONSZEIT

Der Titel impliziert bereits die Problemstellung, denn mit ihm ist die Situation dieses Hauses Wittelsbach,[1] immerhin eines der ältesten und vornehmsten Fürstengeschlechter des Reiches, im konfessionellen Zeitalter bereits umrissen: Seine einzelnen Zweige gehörten verschiedenen Konfessionen an.

Nun ist das an sich nicht weiter bemerkenswert; es gab innerhalb der fürstlichen Dynastien häufiger konfessionelle Zwistigkeiten, vor allem in den ersten Jahren nach dem Auftreten Martin Luthers, da zunächst nur wenige Fürsten mit den neuen Lehren sympathisierten. Erst um die Mitte des 16. Jahrhunderts war die Situation soweit gediehen, dass man einen weltlichen Fürsten im Normalfall als reformatorisch einstufen konnte, außer er war Habsburger oder ein bayerischer Wittelsbacher oder einer der ganz wenigen anderen Ausnahmefälle, die es da und dort noch gab. Auch die Dynastien hatten über ihre einzelnen Zweige hinweg meistens inzwischen ihre einheitliche konfessionelle Verortung erfahren, wobei in der Regel die letzte Entscheidung nicht mehr zwischen katholisch und lutherisch gefallen war, sondern zwischen den beiden reformierten Bekenntnissen.

Speziell im Falle der wittelsbachischen Linien trat hier jedoch auch jetzt keine Beruhigung ein. Die Beziehungen zwischen dem bayerischen und dem pfälzischen Zweig waren immer starken Schwankungen unterworfen gewesen, von der Trennung der Linie im Hausvertrag von Pavia im Jahr 1328 bis zum Vorabend der Reformation. Zeitweise hatte man sich angenähert, bis hin zur fruchtbaren Kooperation wie etwa zur Zeit Ludwigs des Reichen von Bayern-Landshut und Kurfürst Friedrichs des Siegreichen, dann aber stand man sich auch wieder ausgesprochen feindselig gegenüber. Einen Tiefpunkt hatte das Verhältnis noch am Vorabend der Reformation erlebt, als sich die Kurpfalz und die Linie Oberbayern-München im Kampf um das niederbayerische Erbe militärisch bekriegten, was vor allem Niederbayern und die Kurpfalz schwer in Mitleidenschaft gezogen, Bayern aber trotz einiger territorialer Verluste doch einen Erfolg hinsichtlich seiner Geschlossenheit eingebracht hatte.[2]

Hierbei war es freilich immer nur um reichs- oder hauspolitische Fragen gegangen. Das konfessionelle Element trat im Lauf des 16. Jahrhunderts als Konfliktmoment neu hinzu, und die innerdynastischen Auseinandersetzungen gewannen damit eine neue Dimension. Die konfessionelle Konfrontation zwischen der bayerischen und der pfälzischen Linie steigerte sich immer weiter, bis sie zuletzt – in den ersten Jahrzehnten des 17. Jahrhunderts – in einer militärischen Auseinandersetzung gipfelte, als mit dem Kurfürsten von der Pfalz und dem Herzog von Bayern die zwei wichtigsten Vertreter des Hauses die Führung der beiden konfessionellen Lager übernahmen. Aber auch schon in den Jahrzehnten nach 1535 sahen sich die wittelsbachischen Fürsten immer wieder

Abb. 1 | Wappen der Herzöge von Bayern (Detail), Scheiblers Wappenbuch, Süddeutschland 1450-17. Jh., S. 6, Bayerische Staatsbibliothek München, Cod. Icon. 312c

in konträren Positionen. Das ist in diesen Dimensionen tatsächlich einzigartig, nicht zuletzt auch deshalb, weil Wittelsbach über die Führungspositionen in den konfessionellen Parteiungen hinaus zwei exponierte Stellungen innehatte: die Pfalz sozusagen offiziell als der Träger der vornehmsten weltlichen Kur des Reiches – mit der das Reichsvikariat verbunden war – und Bayern faktisch als eine seiner wichtigsten politischen Kräfte.

Es wurde bisher hier recht undifferenziert mit einigen schlagwortartigen Begriffen operiert. Bayern und Pfalz, katholisch und protestantisch – das sagt und liest sich auf den ersten Blick recht einfach, der historischen Praxis entspricht das aber keineswegs, zumindest nicht für die Pfalz. In Bayern, und das stellt vor diesem Hintergrund für den Historiker geradezu eine Erleichterung dar, waren die Uhren wie so oft anders gegangen: Auf bayerischer Seite gab es im Jahr 1517 nur noch eine Linie, die Linie München, die als einzige die Zeit der bayerischen Teilungen überlebt hatte, und eine erneute Teilung Bayerns war per Gesetz ausgeschlossen worden, was – durchaus bemerkenswert – auch tatsächlich funktionierte.[3] Durch den aus bayerischer Sicht insgesamt halbwegs erfolgreichen Ausgang des Landshuter Erbfolgekriegs beherrschten sie das Herzogtum in weitgehender Geschlossenheit, und das sollte vor allem während der konfessionellen Auseinandersetzungen große Bedeutung gewinnen. Bayern war eine feste Größe, was nicht heißen soll, dass es keine konfessionellen Auseinandersetzungen erlebte, aber diese blieben im Bereich der inneren Konflikte. Nach außen hin war Bayern aber durch das ganze 16. und frühe 17. Jahrhundert von einer konfessionellen Stabilität, die im Reich kaum ihresgleichen fand.[4]

Ganz anders die Pfalz.[5] Zu betrachten wäre hier zum einen schon die Vielfalt der pfälzischen Linien des Hauses Wittelsbach, und gerade während des hier zu betrachtenden Zeitraums, der von 1517 bis zum Vorabend des Dreißigjährigen Krieges angesetzt werden muss, waren diese nahezu ständig in Bewegung. Es entstanden einige Linien sogar neu, während andere von der historischen Bühne abtraten, und das hatte auf die Konfessionsgeschichte der Pfalz durchaus Auswirkungen. Ich beschränke mich auf die für das Thema wichtigsten, das sind immer noch deren vier – nämlich Heidelberg, Simmern, Zweibrücken und Neuburg beziehungsweise anfänglich die »Junge Pfalz«.[6] Zum anderen ist im Auge zu behalten, dass in den einzelnen Linien und folglich in deren Fürstentümern die Reformationsgeschichte ganz individuell verlief, es sind auch häufig Wechsel in der Konfession der einzelnen Territorien zu konstatieren.

»GENERATIONENTYPISCHE« HALTUNG

Neben dieser sozusagen vertikalen, das heißt territorialen Differenzierung haben wir es auch mit einer horizontalen, also chronologischen Schichtung zu tun.[7] Diese eingehender zu betrachten, ist durchaus aufschlussreich. Die Fürstengeneration – ihre Vertreter waren im Übrigen alle nahezu gleich alt –, die das erste Auftreten Luthers persönlich miterlebte, wandte sich seiner Lehre praktisch überhaupt nicht zu. Ganz im Gegenteil, die bayerischen Herzöge Wilhelm V. und Ludwig X. waren sogar mit die ersten Fürsten, die sich entschieden gegen sie wandten,[8] und ihr pfälzischer Vetter Ludwig V. hielt sich wenigstens persönlich von ihr fern. Auch in den Fürstentümern Simmern und Zweibrücken ist noch nichts von einer Annäherung an die neue Lehre zu spüren, ja selbst in der »Jungen Pfalz« unter Pfalzgraf Ottheinrich dauerte es bis 1542, dass sich der Fürst der Reformation zuwandte, er war in dieser Generation sogar der Einzige, der dies vollzog.

Der Wittelsbacher, der sich am frühesten der Reformation persönlich annäherte, war Pfalzgraf Ruprecht von Zweibrücken-Veldenz, der 1533 als Vormund des Pfalzgrafen Wolfgang von Zweibrücken in dessen Herzogtum die Straßburger Konfession einführte;[9] 1557 aber wechselte ebendieser Wolfgang dann zum lutherischen Bekenntnis. Dem war zu diesem Zeitpunkt allerdings schon die Heidelberger Kurlinie vorangegangen. Verharrte der erste der hier zu betrachtenden Kurfürsten, Ludwig V. – zumindest für sich persönlich –, noch bei der katholischen Konfession, so bekannte sich bereits sein Bruder Friedrich II. als Lutheraner, und der letzte Kurfürst der Heidelberger Linie, Ottheinrich, der schon 1542 in der »Jungen Pfalz« die Reformation eingeführt hatte, setzte dies fort. Lutherisch wurde auch Philipp Ludwig von Neuburg, eigentlich eine Nebenlinie der Linie Zweibrücken, der Ottheinrich als Kompensation für die Kurpfalz sein Fürstentum überlassen hatte.

Mit der Fürstengeneration, die nach 1550 an die Regierung gelangte, kam als zusätzliches Element der Calvinismus ins Spiel, vor allem durch die Linie Simmern, von wo aus er sich infolge der Übertragung der Kurwürde an diese auf die Kurpfalz ausdehnte; für sie begannen damit höchst unruhige Jahre. In der Dynastie Wittelsbach standen sich mit der Wendung der Kurpfalz zum Calvinismus statt bisher zwei nun drei Konfessionen gegenüber, neben der bayerischen, streng altkirchlichen Richtung der Calvinismus – der sich auch über die anderen Nebenlinien ausbreitete, die hier nicht weiter betrachtet werden können – und

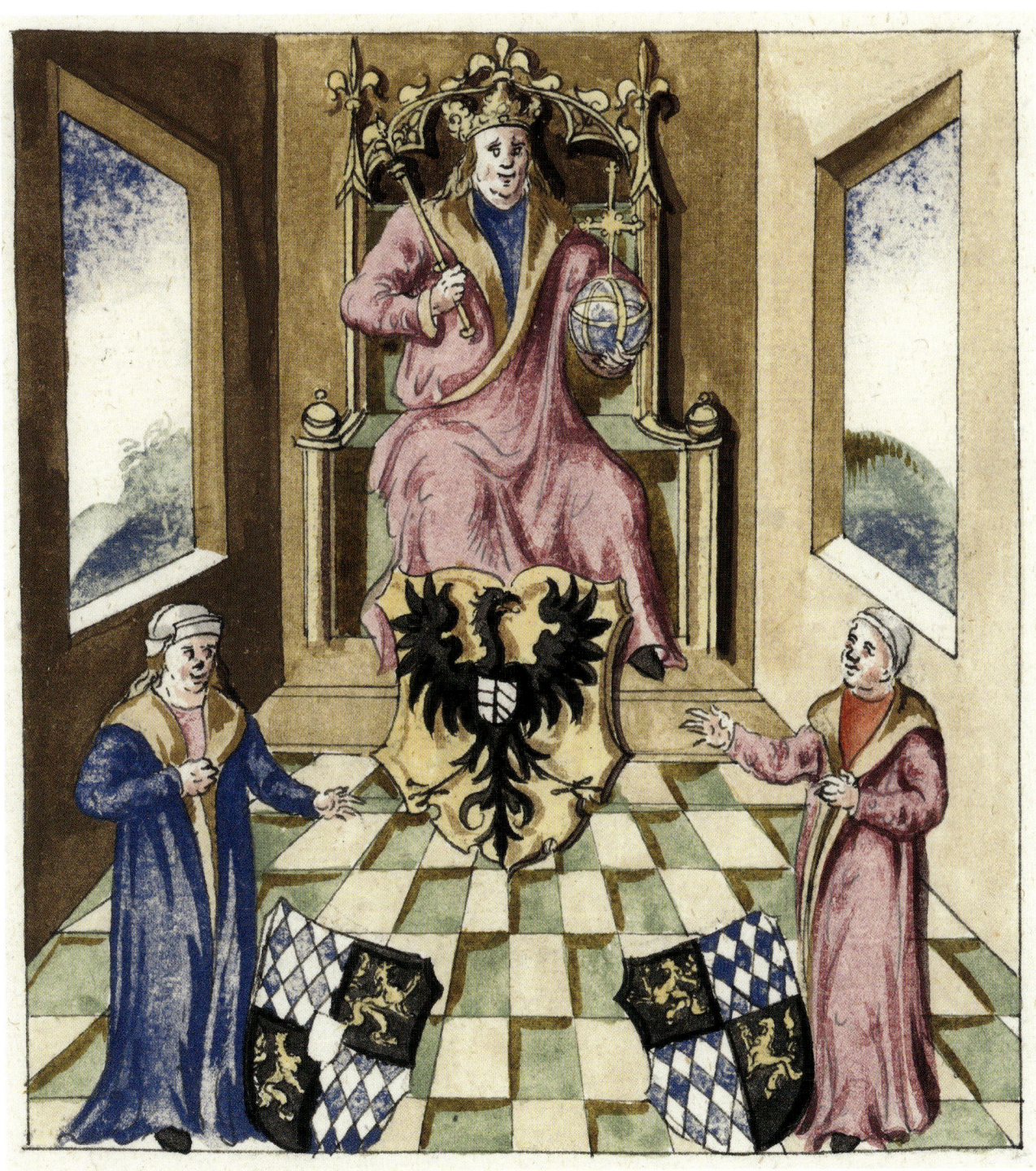

Abb. 2 | König Maximilian I. begründet 1505 durch den Kölner Schiedsspruch zwischen Niederbayern bzw. der Pfalz (links) und Oberbayern (rechts) das Herzogtum Pfalz-Neuburg, Aquarell in einem Band mit Beilagen zu einem Reichskammergerichtsprozess des Schwäbischen Reichskreises gegen das Kloster Kaisheim 1575, Bayerisches Hauptstaatsarchiv, Reichskammergericht 11371, Quadrangel 75, fol. 180'

das Luthertum des Neuburgers Philipp Ludwig, der deswegen zeitweise geradezu in Isolation gegenüber den anderen Pfälzer Linien geriet. Politisch näherte er sich eher der Linie Bayern an, allerdings ließ ihm die geographische Lage seines Fürstentums auch nicht viele Alternativen. Persönlich verfocht er aber weiterhin die Lehre Martin Luthers, und die Nachricht von der Konversion seines Sohnes zur katholischen Konfession war ihm eine »päse Zeitung«.[10]

Tatsächlich war jedoch nicht die katholische Konfession das Auslaufmodell unter den Konfessionen des Hauses Wittelsbach, sondern das Luthertum. Den Sieg in der Kurpfalz und in Zweibrücken trugen die Calviner davon, während in Neuburg das wohl am wenigsten Erwartete geschah, indem 1614 Wolfang Wilhelm zum Katholizismus konvertierte und damit auch die künftige konfessionelle Geschichte der Pfalz grundlegte – was allerdings noch keiner wissen konnte. Katholisch und reformiert waren nach den Jahrzehnten des konfessionellen Umbruchs die beiden Pole des Hauses Wittelsbach.

DIE HINTERGRÜNDE

Soweit die Fakten, die als bekannt vorausgesetzt werden können und müssen. Interessanter aber sind die Fragen, die sich im Zusammenhang mit dieser doch auf den ersten Blick etwas verworren erscheinenden innerdynastischen Reformationsgeschichte ergeben, und die sich sowohl auf die konfessionelle Geschichte der Territorien beziehen – denn diese verlief nicht immer parallel zu der der Dynastie – als auch die Hintergründe und Motive der einzelnen Fürsten zum Gegenstand haben müssen.

Materialistische Begründungen, wie sie gern als Erstes ins Feld geführt werden, sollten nicht überbewertet werden, auch nicht bei den reformatorischen Fürsten, denn so viel brachte die Säkularisierung in ihren eher kleinen Fürstentümern meist nicht ein, und die Etablierung einer neuen Kirchenordnung war ihrerseits ziemlich kostspielig, da sie mit umfangreichen ordnungs- und kulturpolitischen Maßnahmen verbunden waren.[11] Zu gewinnen wäre hier in erster Linie für die bayerischen Wittelsbacher etwas gewesen, in ihrem großen Territorium hätte tatsächlich die Mediatisierung und Säkularisierung von Kirchengut finanziell und im Sinne einer einheitlichen Landesordnung Gewinn abwerfen können, aber genau dies lehnten sie ab.[12] Man hat zwar auch der bayerischen Linie für gezeigtes und vor allem – was bemerkens-

werter ist – konsequentes weiteres Festhalten an der Alten Kirche in erster Linie machtpolitische und materielle Gründe vorgeworfen,[13] haltbar ist das jedoch nicht. Stattdessen ging man in Bayern den unbequemsten und am wenigsten bedankten Weg, eine Reform der Alten Kirche anzustoßen, ein – wie sich bald herausstellen sollte – nur wenig aussichtsreiches Geschäft, das jahrzehntelange Mühen und Querelen bedeutete.[14] Zudem war dieses Bemühen innenpolitisch keineswegs so erfolgreich; der Herzog dieser Generation, Albrecht V., sah sich harten Auseinandersetzungen mit einem reformationsfreundlichen Adel ausgesetzt, gegen den er sich indessen zu behaupten vermochte. Diese waren zwar nicht nur religionspolitische Konflikte gewesen, sondern zu einem großen Teil auch ständepolitische Kämpfe, für die konfessionelle Orientierung des Herzogs war dies aber nicht maßgeblich, denn mit der Freigabe der Reformation in Bayern hätte er seine Ziele in diesen wesentlich leichter erreichen können als in dem Doppelkonflikt. Die Frage, warum Herzog Albrecht V. katholisch blieb und im weiteren Verlauf seiner Geschichte sogar zum wichtigsten Verteidiger der katholischen Sache im Reich wurde, steht unverändert offen da.[15]

Immerhin hat er mit seinen pfälzischen Vettern in derselben Generation eines gemeinsam, nämlich seine kämpferische Haltung. Denn in der Kurpfalz war die Entwicklung von einer ganz ähnlichen Brisanz, wenn auch unter anderen Vorzeichen. War Kurfürst Ludwig V. offiziell der römischen Kirche verbunden geblieben – teilweise auch, weil er gegenüber dem Kaiser zu geringe Spielräume besaß –, so legte er aber wohl in erster Linie Unverständnis für das Geschehen um ihn an den Tag, denn in der Bevölkerung und an der Universität Heidelberg zeigten sich von Anfang an Sympathien für Luther, die sich rasch verbreiteten. Der Fürst reagierte darauf praktisch nicht, weder in die eine noch in die andere Richtung. Er konnte sich weder zu harschen konfessionspolitischen Maßnahmen noch zu einer Reforminitiative durchringen, und noch weniger zu einer ambivalenten Politik nach dem Vorbild seiner bayerischen Verwandten. Die reformatorisch gesonnenen Ruprecht von Veldenz und Ottheinrich in der »Jungen Pfalz« gingen hingegen konfessionell äußerst aggressiv vor, ebenso wie Friedrich II. und später Friedrich III. in Heidelberg.[16] Sie setzten ihre Konfessionspolitik ebenso rigoros durch, ob lutherischer oder calvinischer Prägung,[17] und dies inzwischen praktisch nur noch innerhalb der beiden reformierten Bekenntnisse. Das führte dazu, dass die Pfalz noch längst nicht konfessionsgeschichtlich entschieden war, als in Bayern mit der Durchset-

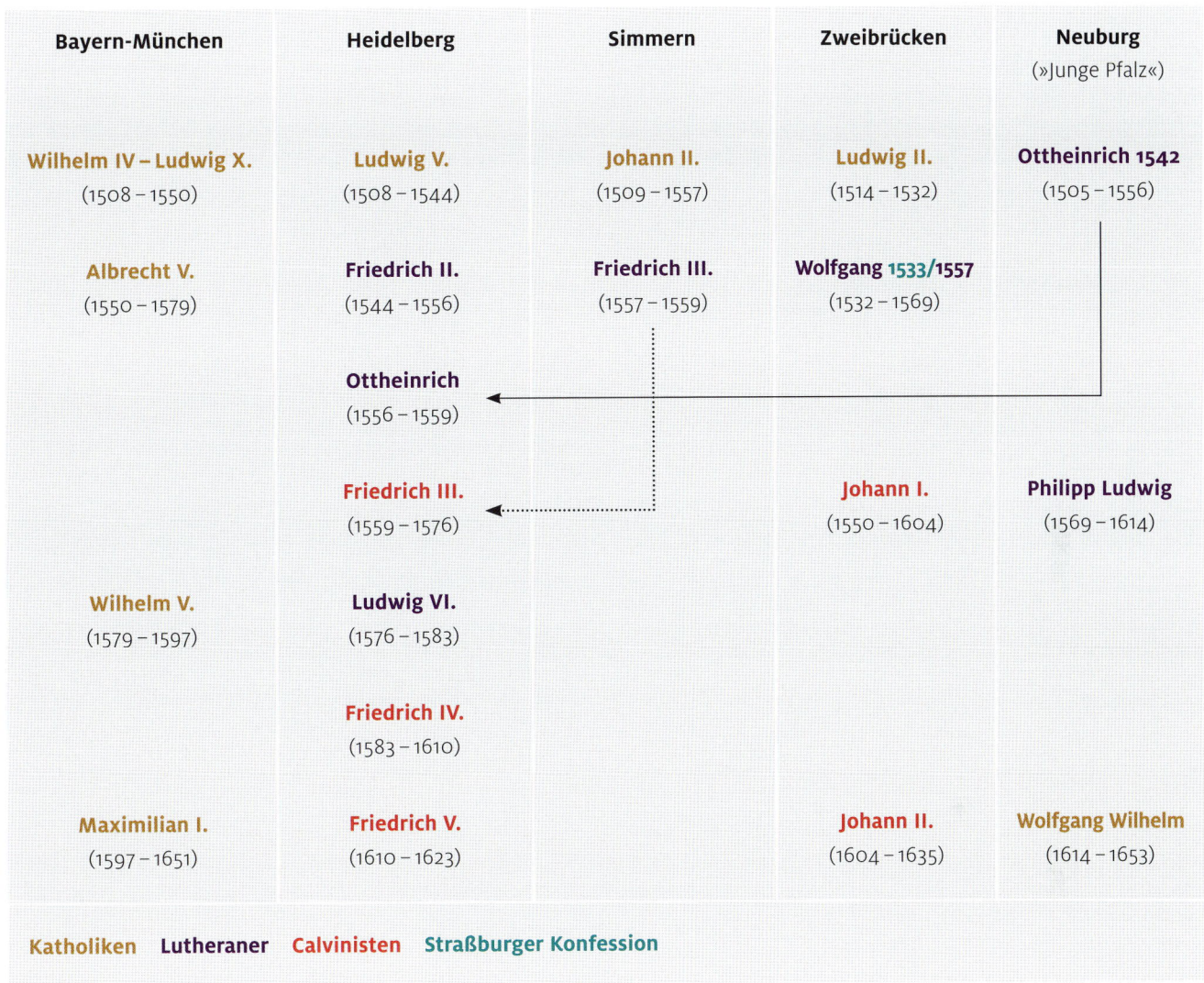

Bayern-München	Heidelberg	Simmern	Zweibrücken	Neuburg (»Junge Pfalz«)
Wilhelm IV – Ludwig X. (1508 – 1550)	Ludwig V. (1508 – 1544)	Johann II. (1509 – 1557)	Ludwig II. (1514 – 1532)	Ottheinrich 1542 (1505 – 1556)
Albrecht V. (1550 – 1579)	Friedrich II. (1544 – 1556)	Friedrich III. (1557 – 1559)	Wolfgang 1533/1557 (1532 – 1569)	
	Ottheinrich (1556 – 1559)			
	Friedrich III. (1559 – 1576)		Johann I. (1550 – 1604)	Philipp Ludwig (1569 – 1614)
Wilhelm V. (1579 – 1597)	Ludwig VI. (1576 – 1583)			
	Friedrich IV. (1583 – 1610)			
Maximilian I. (1597 – 1651)	Friedrich V. (1610 – 1623)		Johann II. (1604 – 1635)	Wolfgang Wilhelm (1614 – 1653)

Katholiken   **Lutheraner**   **Calvinisten**   **Straßburger Konfession**

Abb. 3 | Die Dynastie der Wittelsbacher im Zeitalter der Reformation (mit Herrschaftsdaten)

zung Albrechts V. die Geschichte der Reformation zum Abschluss gekommen war. Auch die nachfolgende Generation fand noch keine klare Linie; Kurfürst Friedrich III. wandte sich als Pfalzgraf von Simmern zunächst Luther zu, ehe er sich zu Calvin bekannte, was sein Sohn Ludwig VI. jedoch nicht mitzuvollziehen vermochte. Erst die nächste Generation zementierte die Parteinahme der Pfalz für den Calvinismus – just eine Generation später bildete sich mit der Konvertierung Wolfgang Wilhelms dann die endgültige Polarisierung Wittelsbachs in zwei Lager.

BERATER UND EINFLÜSSE

Auch wenn die Konfessionalisierung erkennbar weitestgehend von der Person des Fürsten abhing, ist damit aber eine Frage noch nicht beantwortet. Wer spielte hier die wesentliche Rolle? Kaum ein Fürst im Reich war von sich aus in der Lage, die Tragweite und Tiefe des reformatorischen Gedankengutes zu begreifen und zu verinnerlichen, oder auf der anderen Seite bewusst zu entscheiden, was an der Lehre der römischen Kirche richtiger sein mochte.

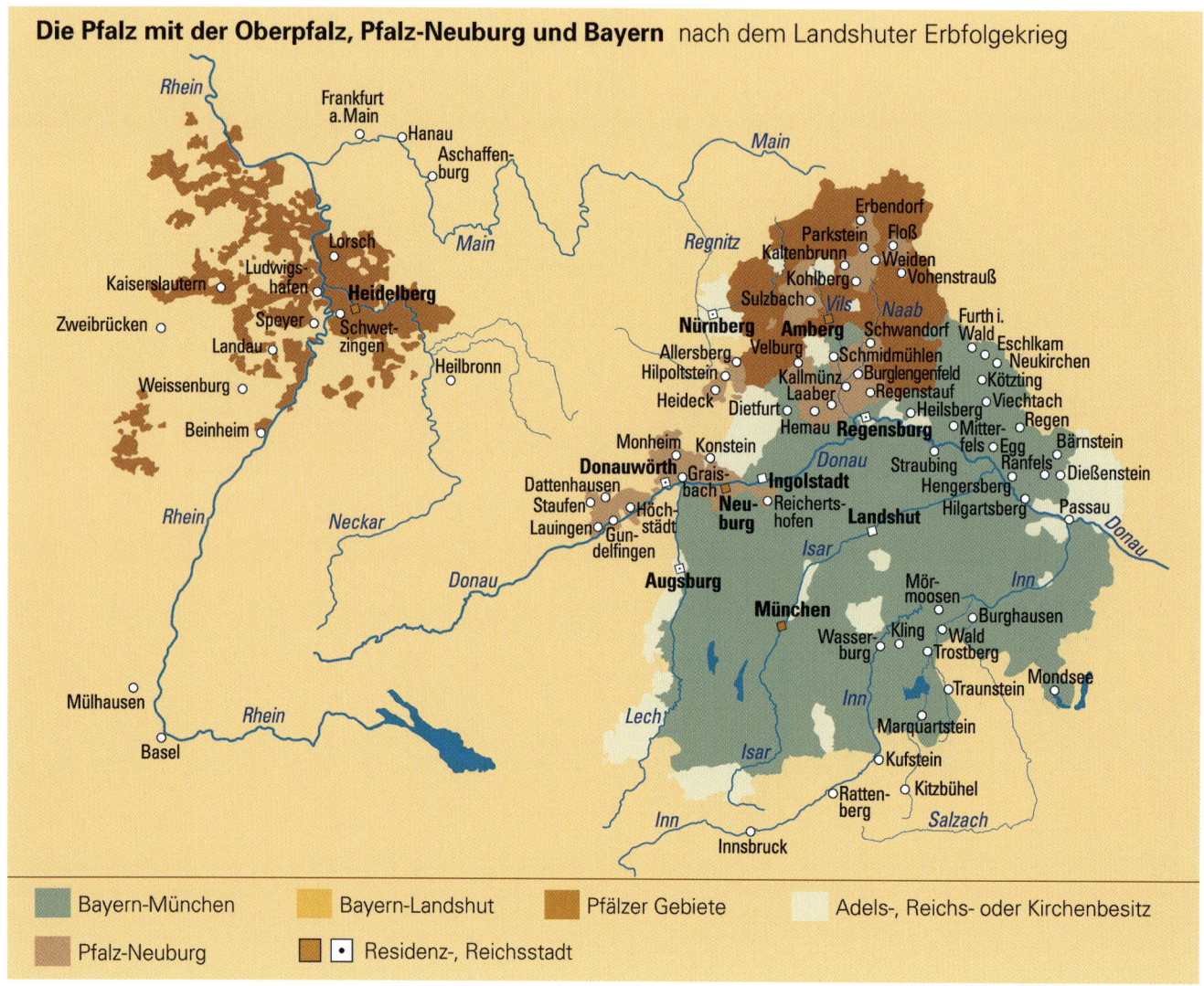

Die Pfalz mit der Oberpfalz, Pfalz-Neuburg und Bayern nach dem Landshuter Erbfolgekrieg

Legend:

- Bayern-München
- Bayern-Landshut
- Pfälzer Gebiete
- Adels-, Reichs- oder Kirchenbesitz
- Pfalz-Neuburg
- Residenz-, Reichsstadt

Abb. 4 | Die Wittelsbacher Gebiete nach dem Landshuter Erbfolgekrieg 1505,
Haus der Bayerischen Geschichte, Sign. PN-LA-2005-4

Sogar die von Anfang an sich so entschieden gebenden Herzöge von Bayern wussten nach eigenem Zeugnis lange Zeit nicht, was sie mit Luther anfangen sollten.[18] Die Rolle der damit besser vertrauten Berater war dementsprechend gewichtig, und es finden sich unter den Beratern der beiden politischen Schwergewichte Bayern und Pfalz, aber auch bei den pfälzischen Nebenlinien entsprechende Namen wie Johannes von Eck und Melanchthon, Bucer und Osiander und in der Kurpfalz vor allem Caspar Olevian,[19] um die wichtigsten zu nennen. Wie sie in die Lage kamen, auf die Konfession eines Fürstentums maßgeblich einzuwirken, indem sie den Fürsten beeinflussten, ist ebenfalls wieder eine der Fragen, die noch der eingehenden Klärung bedürfen. Johannes von Eck war als führender Theologe an der Universität Ingolstadt sozusagen der geborene Berater der Münchner Herzöge[20] – er hat diese Position auch in seinem Sinne zu nutzen gewusst –, von den Beratern der anderen wittelsbachischen Fürsten ist ein Gleiches aber nicht immer unbedingt anzunehmen. Zudem hätte jeder Landesherr sich seiner unliebsamen Berater entledigen können – ihnen zuzuhören, war allein seine Entscheidung.

Welche Bedeutung hatte die eigene, engste, also die persönliche Umgebung? Über Wolfgang Wilhelm von Neuburg wird ernstlich spekuliert, dass ihn seine katholische Ehefrau – eine bayerische Prinzessin – entscheidend zu beeinflussen wusste,[21] andere Fürstinnen aber, wie die unglückliche Ehefrau Johann Casimirs von der Pfalz, büßten den konfessionellen Zwiespalt mit ihrem Mann durch qualvolle Haft.[22]

Und welche Rolle spielte die Politik? Auch diese war als Motiv prima vista meist individuell bestimmt. Ständekämpfe waren den pfälzischen Kurfürsten aus strukturellen Gründen eher fremd,[23] anders war die Sachlage aber in Bayern, wo sich der Adel schon seit dem Beginn des 14. Jahrhunderts in einem stetigen Aufstieg befunden hatte.[24] Bei den bayerischen Herzögen der beiden ersten Generationen waren sicherlich die inneren Auseinandersetzungen mit den reformationsfreundlichen Ständen deswegen ein Faktor, selbst in den Anfängen, als die Tragweite der neuen Ideen noch gar nicht absehbar war. Wilhelm IV. hatte in Leonhard von Eck[25] – der mit den Landständen schon denkbar schlechte Erfahrungen gemacht hatte – seinen wichtigsten politischen Ratgeber, der streng gegen Luther und seine Anhänger vorging, und wenig später gegen die Täufer noch rigoroser. Eck handelte aber auch weniger aus religiösen Gründen, er war ein Vertreter des Prinzips einer strikten Ordnung, der nichts mehr fürchtete als das Chaos, das er mit den lutherischen Ideen heraufdämmern sah – und die Geschichte der ersten Jahrzehnte nach Luther, mit Unruhen, Bauernkrieg und Täuferreich schienen ihm recht zu geben.

Noch weniger lässt sich in der Reichs- oder Territorialpolitik eine klare Motivstruktur erkennen. Für Wolfgang Wilhelm, ganz am Ende des Zeitraums dieser Betrachtungen, mochte wohl die Parteinahme der katholischen Mächte bei seinen Bemühungen um das jülich-bergische Erbe mit eine Rolle spielen. Ludwig V. taktierte gegenüber dem Kaiser. Aber nichts passt immer auf alle, prohabsburgisch heißt nicht grundsätzlich katholisch und antihabsburgisch nicht grundsätzlich reformiert, schon gar nicht durch ein ganzes Jahrhundert hindurch. Die Reichspolitik war immer noch eine andere Sache; Bayern gehörte zeitweilig auch zu den schärfsten Gegnern Habsburgs, erst nach Albrecht V. war es – zuletzt zum eigenen Nachteil – auf diese Position festgelegt,[26] und die Fürstenbünde des 16. Jahrhunderts waren meistens überkonfessionelle Bündnisse.

Wie immer wir es drehen und wenden wollen, wir kommen über eine individuelle und nicht selten sehr persönliche Motivation für das Verhalten der Fürsten in der Reformation nicht hinaus. Manchmal, wie in Bayern, mag wohl alles ineinandergegriffen haben, zuweilen aber wohl auch nicht, und nicht selten musste ein Fürst seine Überzeugung auch mit nackter Gewalt gegen alle anderen Kräfte durchsetzen, wie in der Kurpfalz gleich mehrfach. Das Haus Wittelsbach im konfessionellen Zwiespalt spiegelt daher die Geschichte des Reiches dieser Zeit auf der Ebene einer Dynastie.

ANMERKUNGEN

1 Grundlegend Ludwig Holzfurtner, Die Wittelsbacher. Staat und Dynastie in acht Jahrhunderten, Stuttgart 2005, hier besonders S. 130–206 und S. 320–328; Meinrad Schaab, Geschichte der Kurpfalz, Bd. 2, Stuttgart 1992; Max Spindler/Andreas Kraus (Hrsg.), Handbuch der bayerischen Geschichte, Bd. II, München ²1988; Dies., Handbuch der bayerischen Geschichte, Bd. III/3, München ²1995; zur Reformation in Bayern speziell Walter Ziegler, Reformation und Gegenreformation, in: Walter Ziegler (Hrsg), Handbuch der bayerischen Kirchengeschichte II, St. Ottilien 1993, S. 1–64. **2** Vgl. Holzfurtner, Die Wittelsbacher (wie Anm. 1), S. 128 f. und S. 315. **3** Vgl. ebd., S. 129–133. **4** Zur inneren konfessionellen Entwicklung des Herzogtums Bayern in der Reformationszeit vgl. auch den Beitrag von Alois Schmid in diesem Band. **5** Vgl. hierzu und zum Folgenden auch den Beitrag von Marco Neumaier in diesem Band. **6** Zur Verflechtung unter den einzelnen Linien vgl. Holzfurtner, Die Wittelsbacher (wie Anm. 1), Stammtafeln. **7** Vgl. die beigefügte Graphik zur chronologischen Schichtung. **8** Klaus Kopfmann, die Religionsmandate des Herzogtums Bayern in der Reformationszeit (1522–1531) (Quellentexte zur Bayerischen Geschichte I), München 2000. **9** Zu den konfessionellen Wechseln der einzelnen Linien vgl. Wilhelm Volkert, in: Spindler/Kraus, Handbuch der bayerischen Geschichte III/3 (wie Anm. 1), passim; Holzfurtner, Die Wittelsbacher (wie Anm. 1), S. 316–349. **10** Zu diesen Vorgängen siehe auch Volkert (wie Anm. 9), S. 130. **11** Vgl. hierzu Schaab, Geschichte der Kurpfalz (wie Anm. 1). **12** Die entsprechende Diskussion bei Ziegler, Reformation und Gegenreformation (wie Anm. 1), S. 15–18. **13** Schon Luther mutmaßte, dass die bayerischen Herzöge durch päpstliche Gelder zu ihrer Haltung bewogen worden wären, vgl. Ziegler, Reformation und Gegenreformation (wie Anm. 1), S. 15. **14** Vgl. ebd., S. 21–23.; Spindler/Kraus, Handbuch der bayerischen Kirchengeschichte II (wie Anm. 1), S. 246–248; Holzfurtner, Die Wittelsbacher (wie Anm. 1), S. 137–144. **15** So auch Ziegler, Reformation und Gegenreformation (wie Anm. 1), S. 33–37. **16** Zur Konfessionspolitik in Heidelberg siehe Wolfgang von Moers-Messmer, Heidelberg und seine Kurfürsten. Die große Zeit der Geschichte Heidelbergs als Haupt- und Residenzstadt der Kurpfalz, Ubstadt-Weiher 2001, S. 128–192. **17** Ein eindrucksvolles Beispiel bei Konrad Ackermann, Testamente als Elemente territorialer Religionspolitik, in: Vom Stamm zum Staat. Festschrift für Andreas Kraus zum 80. Geburtstag, hrsg. v. Konrad Ackermann/ Alois Schmid/Wilhelm Volkert, München 2002 (Schriftenreihe zur bayerischen Landesgeschichte 140), S. 361–398. **18** Vgl. Ziegler, Reformation und Gegenreformation (wie Anm. 1), S. 15–17. **19** Vgl. Moers-Messmer, Heidelberg (wie Anm. 16), S. 103 f. und passim. **20** Vgl. Ziegler, Reformation und Gegenreformation (wie Anm. 1), S. 13–15. Zu Johannes von Eck Erwin Iserloh (Hrsg.), Johannes Eck (1486–1543) im Streit der Jahrhunderte, Münster 1988. **21** Vgl. Volkert (wie Anm. 9). **22** Vgl. Moers-Messmer, Heidelberg (wie Anm. 16), S. 206–209. **23** Vgl. Schaab, Geschichte der Kurpfalz (wie Anm. 1), passim; Volkert (wie Anm. 9). **24** Vgl. Holzfurtner, Die Wittelsbacher (wie Anm. 1), S. 163–173. **25** Zu Leonhard von Eck siehe Edelgard Metzger, Leonhard von Eck (1480–1550). Wegbereiter und Begründer der frühabsolutistischen Politik in Bayern, München/Wien 1980. **26** Vgl. den Beitrag von Alois Schmid in diesem Band.

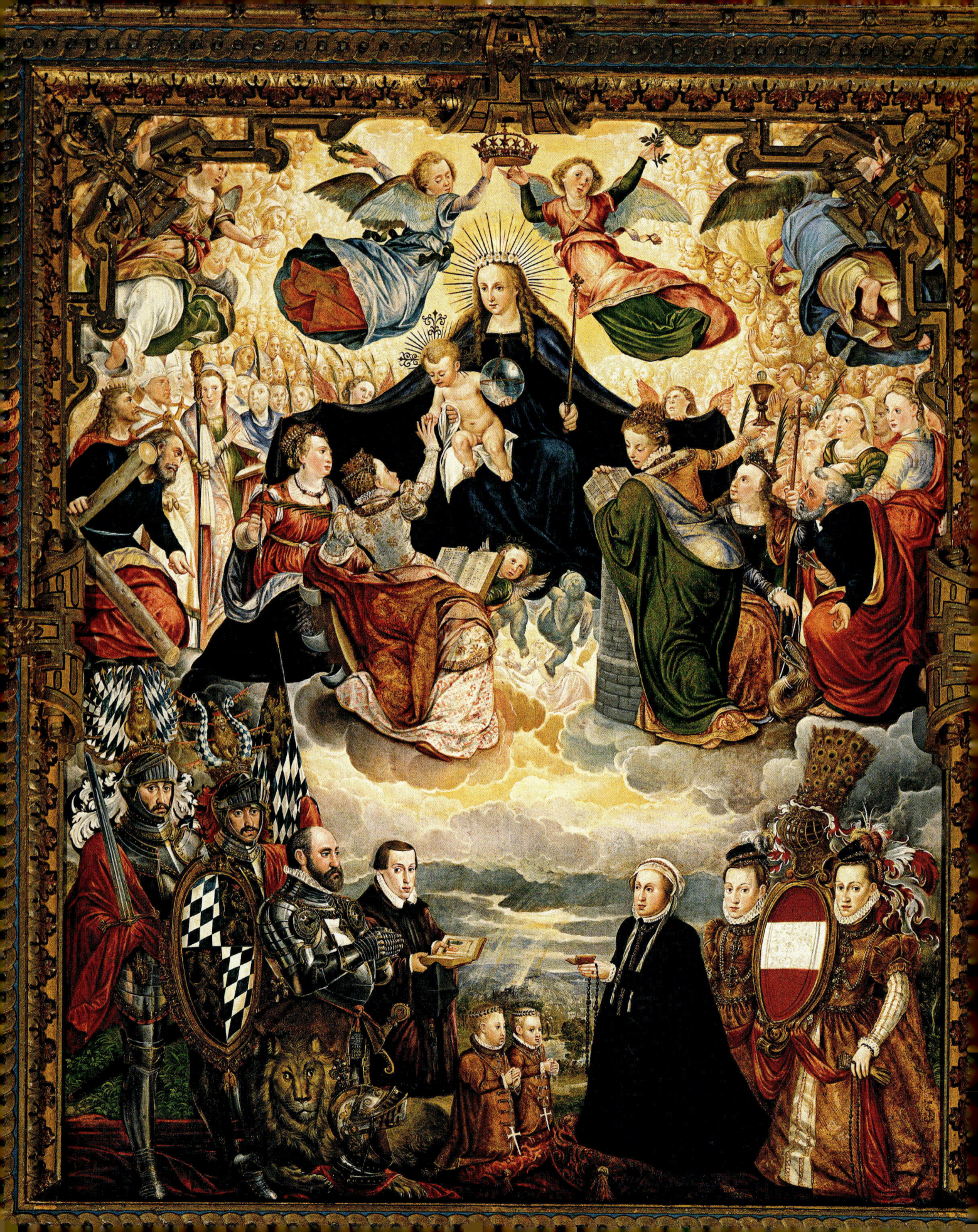

ALOIS SCHMID

DAS HERZOGTUM BAYERN WIRD EIN KONFESSIONSSTAAT

Wenn die ältere Geschichtsschreibung das 16. Jahrhundert und die erste Hälfte des 17. Jahrhunderts in die zwei Abschnitte der Reformation und Gegenreformation unterteilte, bekam sie bei der Behandlung der Verhältnisse im Herzogtum Bayern Schwierigkeiten. Denn hier kann letztlich von einem eigenständigen Zeitalter der Reformation nicht gesprochen werden, weil die wittelsbachischen Landesherren schon sehr früh zu wirkungsvollen Gegenmaßnahmen schritten. In Bayern setzten die herzoglichen Verfügungen gegen die Verbreitung der Lehren Martin Luthers bereits im Jahr 1522 ein. Sie wurden in der Folgezeit kontinuierlich weitergeführt und sehr geradlinig vorangetrieben.[1] Hier stellt sich der gesamte Zeitraum bis zum Ende des Dreißigjährigen Krieges als mehr oder weniger einheitliche Epoche dar, die insgesamt in den Blick zu nehmen ist. Sie kann am zweckmäßigsten mit dem Oberbegriff des konfessionellen Zeitalters gekennzeichnet werden.[2] Natürlich weist dieses Jahrhundert eine Binnengliederung auf, die sich am ehesten an den Herzogsgenerationen festmachen lässt. Die einzelnen Landesherren haben unterschiedliche Akzente gesetzt. Auf dieser Grundlage muss die Konfessionspolitik der wittelsbachischen Herzöge von Bayern betrachtet werden. Dabei muss die Kernfrage in den Mittelpunkt gestellt werden: Bestimmte die Lutherfrage die herzogliche Politik oder bestimmte umgekehrt die herzogliche Politik die Entwicklung der Causa Lutheri in Bayern?

Abb. 1 | Albrecht V. mit Familie unter dem Schutz Mariens, Hans Mielich, 1572, Hochaltarbild der Frauenkirche in Ingolstadt

WILHELM IV. (1508–1550) UND LUDWIG X. (1514/1516–1545)

Zum Zeitpunkt des Beginns der Reformation herrschten in Bayern die Herzöge Wilhelm IV. und Ludwig X.[3] Das Brüderpaar regierte das 1506 nach zweieinhalb Jahrhunderte während der Herrschaftsteilung wieder zusammengeführte Herzogtum seit 1514/1516 gemeinsam. Dabei lag die politische Führung in erster Linie bei Wilhelm IV.,[4] während sich Ludwig X. mehr im kulturellen Bereich betätigte.[5] Nach dem Thesenanschlag Martin Luthers warteten beide eine kurze Zeit und verfolgten die Entwicklung zunächst mit unverkennbarer Unsicherheit.[6] Seit 1522 bezogen sie dann aber eindeutige Stellung gegen die sich auch in ihren Landen rasch ausbreitende evangelische Lehre. Sie bekannten sich entschieden zur traditionellen Verbundenheit ihres Hauses mit der römischen Kirche. Die Weichen wurden Anfang Februar 1522 auf einer Konferenz zu Grünwald gestellt.[7] Voraus gingen die päpstliche Bannbulle *Exsurge Domine* und das *Wormser Edikt* des Kaisers Karl V. Die Verbindlichkeit dieser beiden Grunddokumente stand für die Herzöge außer Zweifel. Sie erließen als entscheidende Verordnungen die drei Religionsmandate von 1522, 1524 und 1531 sowie die zwei Wiedertäufermandate von 1527 und 1530.[8] Mit diesen normativen Verfügungen trafen die Herzöge Festlegungen, die auf Jahrhunderte hin die innere Geschichte des Landes maßgeblich bestimmen sollten. Doch waren diese Verfügungen weniger das Werk der regierenden Herzöge selber, weil sich diese religiös nicht besonders engagierten. Hinter den mehr an Turnier und Hofjagd oder der Hofkultur interessierten Landesherren

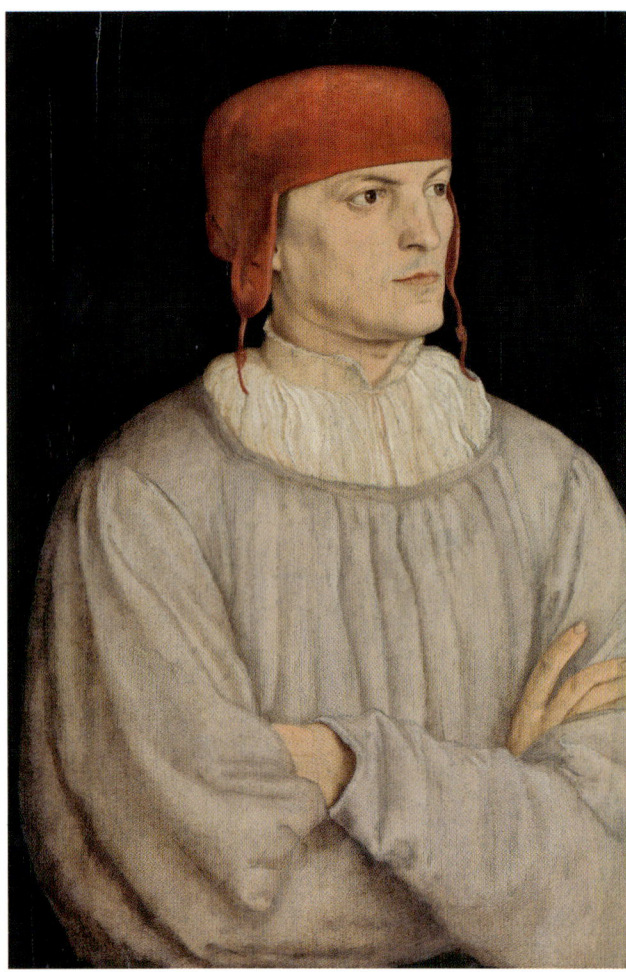

Abb. 2 | Leonhard von Eck, Barthel Beham, 1527, Öl auf Holz, 56,2 × 37,8 cm,
New York, The Metropolitan Museum of Art, Acc.-Nr. 12.194

Das erste, maßgeblich von Leonhard von Eck mitformulierte Religionsmandat wendet sich unter Zugrundelegung theologischer Argumente und gelegentlicher Heranziehung von Bibelzitaten hauptsächlich gegen folgende kirchliche Neuerungen: Kommunionempfang unter beiderlei Gestalten, Neuerungen im Messritus, Zurückdrängung der guten Werke und Ablehnung des Zölibats. Den Zuwiderhandelnden wurden schwere Strafen angedroht. Die folgenden Religionsmandate führten diese Grundgedanken in größerer Breite aus und verschärften den Ton.

Entscheidend ist die Begründung der landesherrlichen Stellungnahme gegen Luther.[11] Dessen Neuerungen erschienen vor allem deswegen gefährlich, weil sie eine grundlegende Abweichung vom Althergebrachten darstellten: Sie verursachten »zerrüttung aller gœtlichen vnd menschlichen gesatz, ordnungen vnd regiments«. Da Herkommen Ordnung verbürge, dürfe daran nicht gerüttelt werden. Durch derartige Kritik eines Einzelnen würde vor allem das religiöse Grundgerüst der Gesellschaft ins Wanken gebracht: »zů letzt in dem heiligen Cristenlichen glauben ein vnwiderpringlicher, beswärlicher mißuerstand einreysen, das sich ein yedlicher nach seinem kopff vnd verstandt die heiligen Ewangelia vnd schrifften außzulegen vnnttersteen, vund damit die aynigkeit der cristenlichen kirchen zertrennt würde«. Aus dieser Befürchtung wird der Schluss gezogen: »Welches wir alls Cristlich Fürsten [...] nach allem vnserm vermœgen vnd vleiß zůwennden, außzůreutten, Vnd in vnserm Fürstenthůmb nit einzewurtzen lassen gedenncken.« Es geht also um die Bewahrung der bisherigen Religionspraxis und damit zugleich der gesellschaftlichen Ordnung. Dem Individuum wird das Recht abgesprochen, diese Grundtatsachen infrage zu stellen.

Es wird als Aufgabe der Obrigkeit hingestellt, allen derartigen Bestrebungen mit Entschiedenheit entgegenzutreten. In erster Linie ist hier das Papsttum gefordert. Dessen Verantwortlichkeit hat sodann der Kaiser mit seinen größeren praktischen Möglichkeiten zu unterstützen. Auf einer dritten Ebene haben dazu auch die Territorialfürsten ihren Beitrag zu erbringen. Im Zusammenwirken sollen diese drei Potenzen die Beibehaltung der überkommenen Ordnung gewährleisten. Es dürfe nicht sein, dass Einzelne gegen diesen festgefügten und bewährten Ordo aufbegehren. Den Religionsmandaten liegt eine in der Tradition begründete kollektive Ordnungsvorstellung zugrunde, in der für Individualitäten kein Platz war. Das gelte in erster Linie für die unteren Gesellschaftssegmente, aber auch für die Vertreter der Geisteswelt. Die Landesherren behandelten die Lutherfrage ganz im Rahmen ihrer

stand auch in der Konfessionspolitik der führende und allgewaltige Hofrat Leonhard von Eck.[9] Er war es, der, wie in der gesamten Politik, auch auf diesem Sektor die Weichen stellte. Bezüglich der Theologie erhielt er richtungsweisende Unterstützung vom Ingolstädter Theologieprofessor Dr. Johannes Eck.[10] Trotz des gleichen Familiennamens entstammen diese beiden Protagonisten gänzlich unterschiedlichen Milieus und agierten in verschiedenen Bereichen. Lediglich das gleiche Grundanliegen, die entschlossene Stellungnahme gegen Martin Luther und seine Anhänger, führte sie im unmittelbaren Umkreis des landesherrlichen Hofes zusammen.

herkömmlichen Bemühungen um das landesherrliche Kirchen-regiment.[12] Sie schritten zur entschlossenen Abwehr der Neuerungen in ihrem Zuständigkeitsbereich durch ein Verbot, für dessen Durchsetzung sie kraft ihrer Vogteipflichten verantwortlich seien.[13]

Für die erste vom Reformationsgeschehen unmittelbar betroffene Generation in Bayern ging es ausschließlich um die Bewahrung der bisherigen, primär religiös definierten Ordnung. Zu deren Aufrechterhaltung wurden in Ausführung der Religionsmandate alle als notwendig angesehenen Maßnahmen ergriffen. Sie bestanden in der Widerrufserzwingung, Verhaftungen und Ketzerprozessen. Mit Sicherheit kam es auch zu Hinrichtungen, die durch das Schwert und Feuer vollzogen wurden, die gewiss die Wiedertäufer ungleich mehr als die Lutheraner betrafen. Sie erreichten ihren Höhepunkt in den späten 1520er-Jahren. Genaue Zahlen liegen nicht vor, man wird die Zahl der Hinrichtungen bei etwa hundert anzusetzen haben.

ALBRECHT V. (1550–1579)

Die nächste Herrschergeneration hat die Grundentscheidung des Herzogspaares der Reformationszeit geradlinig weitergeführt. Auch wenn der Nachfolger Albrecht V. in seinen ersten Herzogsjahren in jugendlicher Unbekümmertheit die Konfessionsfrage zunächst unbesorgter anging, so zog er die Zügel schon nach wenigen Jahren deutlich an.[14] Er setzte den vom Vater vorgegebenen Kurs schließlich mit gesteigerter Konsequenz fort. Darin bestärkten ihn auch wegweisende Berater, unter denen Kanzler Simon Thaddäus Eck und Hofrat Dr. Wiguläus Hundt besonders hervortraten. Bereits Mitte der 1550er-Jahre kam es zur Verbindung der Konfessionsangelegenheit mit einer entscheidenden Verfassungsfrage. Der Adel beanspruchte vergrößerte Freiheiten und erweiterte Mitregierungskompetenzen, die er an der Konfession festmachte.[15] Dieser Forderung trat die Landesregierung unter Bezug auf die Bestimmungen des Augsburger Religionsfriedens entschieden entgegen.[16] Trotz der grundsätzlichen Kontinuität der Konfessionspolitik ist eine Neuausrichtung nicht zu verkennen. Nun wird das Festhalten am alten Glauben mit der aktuellen Politik verknüpft. Die religiöse Frage erhielt damit Verfassungsrelevanz. Dieser Neubewertung liegen auch die Erfahrungen des oberdeutschen Bauernkriegs (1524/25) zugrunde. Es wurde ein Zusammenhang zwischen den Bauernunruhen des beginnenden 16. Jahrhunderts und der Adelsrevolte der 1560er-Jahre

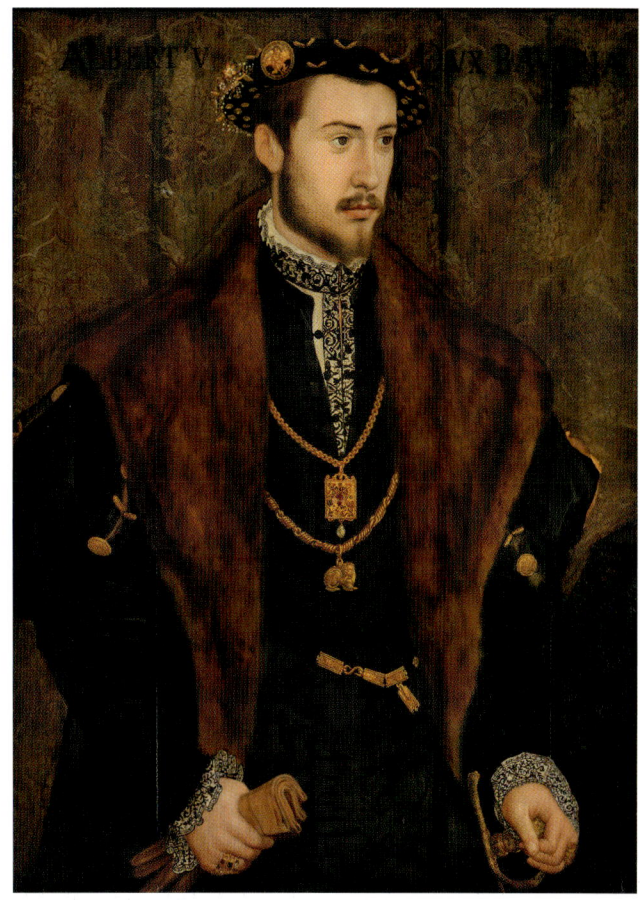

Abb. 3 | Albrecht V. von Bayern, Hans Mielich, 1545, Öl auf Lindenholz, 68 × 87 cm, Bayerische Staatsgemäldesammlungen München, Alte Pinakothek, Inv.-Nr. 4301

hergestellt. Deren gewaltsame Niederwerfung 1563/64 zog notwendigerweise den verschärften Kampf gegen alle religiösen Neuerer nach sich. Die Religionseinheit wurde als wichtiges einigendes Band angesehen und herrschaftlich begründet: Religiöser Widerstand führe leicht zu politischem Widerstand. Die Konfessionsfrage wurde zentraler Bestandteil bei der Neuordnung der Herrschaftsverhältnisse im Inneren im Rahmen der Begründung des Frühabsolutismus. Dabei war die Religion selbst nicht von erstrangiger Bedeutung. Sie wurde zur Durchsetzung der herrschaftspolitischen Zielsetzungen instrumentalisiert. Damit kam eine kämpferische Note in die Behandlung der Konfessionsangelegenheiten. Diese kennzeichnet vor allem die zweite Regierungshälfte des Herzogs.

Albrecht V. ergriff eine Vielzahl von Maßnahmen, die einerseits der Abwehr aller religiösen Neuerungen, andererseits aber auch der Festigung des römischen Glaubens dienten. Der Herzog begnügte sich nicht mit Verboten, sondern schritt zur positiven Stärkung seiner Kirche fort. Er trieb die katholische Reform durch ein ganzes Maßnahmenbündel aktiv voran. In seinem Auftrag wurde zusammen mit dem Episkopat 1559/60 die große Landesvisitation durchgeführt.[17] Er begann, den expandierenden Büchermarkt mit einer gezielten Bücherpolitik stärker in die Zuständigkeit der Landesherrschaft zu überführen; dazu griff er auf den kirchlichen Index zurück.[18] Albrecht V. steht weiterhin am Anfang der landesherrlichen Schulpolitik in Bayern.[19] Weil ihn die Reformmaßnahmen des Episkopats nicht zufriedenstellten, nahm er die Priesterausbildung in die eigenen Hände und richtete 1567 ein staatliches Priesterseminar ein, das den Pfarrklerus stärker auf den Hof des Landesherrn ausrichten sollte.[20] Allen Beamten verlangte er den Eid auf das Tridentinum ab; wer ihn versagte, musste ungeachtet seines Ranges das Land verlassen.[21] Die Juden wurden bereits 1551 aus dem Herzogtum hinausgedrängt.[22] Mit der Einrichtung des Religions- und Geistlichen Lehensrats schuf er schon 1550 ein Gremium, das sich in seiner unmittelbaren Umgebung ausschließlich mit den kirchlichen Problemen beschäftigen sollte. Aus ihm erwuchs die Zentralbehörde des Geistlichen Rates, die dann ab 1570 auf Jahrhunderte hin die Kirchenangelegenheiten entsprechend den Vorgaben des Hofes zu leiten hatte.[23] Auch den von ihm mitinitiierten Landsberger Bund versuchte er in diesem Sinne einzusetzen und auf einen dezidiert katholischen Kurs zu führen.[24]

Diese kirchenpolitischen Vorstellungen Albrechts V. brachte sein Testament von 1578[25] sachgerecht zum Ausdruck. Es markiert einen Wendepunkt in der Behandlung der Glaubensfrage, indem es den Übergang zu einer aktiven staatlichen Konfessionspolitik festschrieb. Auch hier wurde das unbedingte Festhalten an der alten Religion als bestimmende Leitlinie deklariert. Im Mittelpunkt stand der Gedanke des gezielten Ausbaus der Alleinherrschaft des Landesherrn, auf die alle Aktivitäten ausgerichtet werden.[26] Albrecht selbst fasste ihn im für seine Zeit ungewöhnlichen Begriff »Monarcha«[27] zusammen. Sein großes Vorbild war der wittelsbachische König und Kaiser Ludwig IV. (1314–1347), der bereits die Kirche umfassend zur Untermauerung seiner immer angefochtenen Herrschaft herangezogen hatte.[28] In diesem Sinne nahm Albrecht V. auch ein weit ausgreifendes Mäzenatentum auf. Es verfolgte die Leitidee der Charismatisierung und sozialen Dis-

tanzierung des Landesherrn. Die Konfessionspolitik wurde in den Dienst des Verfassungsumbaus im Territorium in Richtung des Frühabsolutismus gestellt. Sie war jedoch noch nicht so dominant, dass sie auch die auswärtigen Beziehungen bestimmend gelenkt hätte. Zur Herzogsfamilie der Wettiner im Mutterland der Reformation Sachsen unterhielt Albrecht V., ungeachtet der religiösen Differenzen, noch immer ungewöhnlich freundschaftliche Beziehungen.[29] Andererseits ging er zum habsburgischen Kaiserhaus trotz der gemeinsamen Konfession in Einzelfällen durchaus auch auf eine gewisse Distanz.

WILHELM V. (1579–1597)

Der Sohn und Nachfolger Wilhelm V. führte die getroffene Grundentscheidung mit weiter gesteigerter Konsequenz fort.[30] Das bekam sehr rasch die Adelsherrschaft Hohenwaldeck zu spüren, die schon 1583 militärisch besetzt und zum katholischen Glauben zurückgezwungen wurde. Dabei sind abermals Umakzentuierungen festzustellen. Einerseits erkannte Wilhelm V. dem religiösen Aspekt größeres Eigengewicht als Albrecht V. zu. Wilhelm V. war in Übereinstimmung mit seiner Gemahlin Renata von einer ungleich tieferen persönlichen Religiosität geprägt und setzte sich dementsprechend nachhaltiger für die Interessen der römischen Kirche ein. Dabei konnte auch er sich auf wegweisende Helfer stützen: den wirkungsvollen Jesuiten Petrus Canisius[31] und den Italiener Minutius Minucci.[32] Andererseits richtete er seine konfessionspolitischen Aktivitäten auf einen größeren Raum aus, indem er sie über sein Territorium hinaus verstärkt ins Reich hineintrug.

Für diese zwei Aspekte seien drei herausragende Verfügungen angeführt. Zum einen grenzte Wilhelm V. im Konkordat von 1583 die Zuständigkeiten von Staat und Kirche gegeneinander ab. Das Konkordat sicherte dem Landesherrn wirkungsvolle Eingriffsmöglichkeiten in die Organisation des kirchlichen Lebens zu.[33] Der Herzog machte sich daran, diese auszunützen, indem er zur Stärkung seines Einflusses auf das kirchliche Leben ein ihm unterstelltes Landesbistum mit sehr weitgehenden Vollmachten anstrebte. Zur gleichen Zeit begann er mit dem Ausbau der bayerischen Hauptstädte zu geistlichen Zentren.[34] Sie sollten die Mittelpunkte bei der weiteren Konfessionalisierung des gesamten Landes werden. Vor allem das Marienheiligtum Altötting sollte zum bayerischen Staatsheiligtum aufgewertet werden. Zum anderen setzte

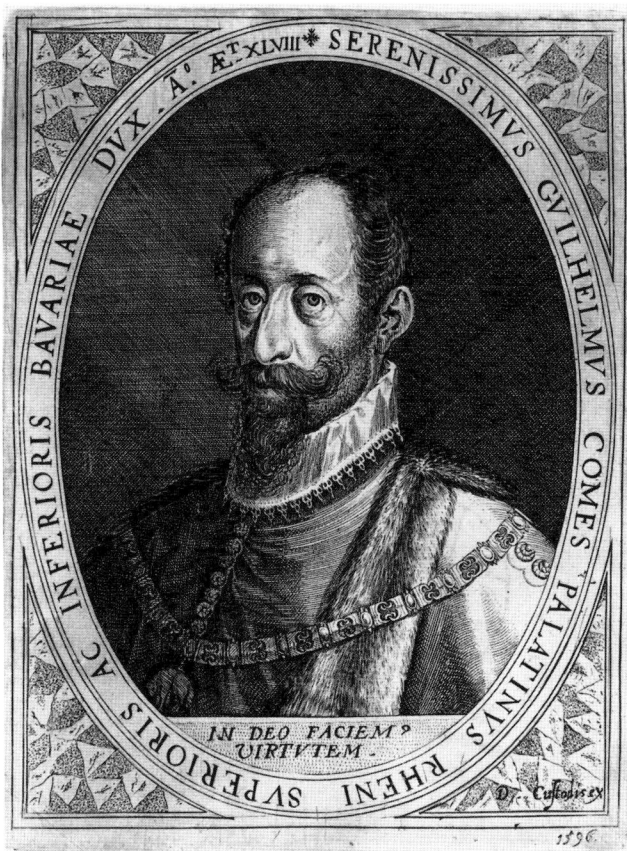

Abb. 4 | Wilhelm V. von Bayern, Kupferstich von Dominicus Custos aus:
Atrium heroicum Caesarum, regum, [...] imaginibus [...] illustr[atum],
Bd. 1, Augsburg: M. Manger, J. Praetorius 1600, Bl. 169,
Bayerische Staatsbibliothek München, Sign. 12289277 2 Biogr.c. 29 a-1/3.

Osnabrück und Utrecht tätig wurde. Der wichtige Außenposten in Köln sollte letztlich über fünf Generationen hinweg bis 1761 Bestand haben. Diese Maßnahme war eine politische Weichenstellung für die Reichsgeschichte von kaum zu überschätzender Nachhaltigkeit.[38] Sie wirkt in der religiösen Prägung des nordwestdeutschen Raumes bis in die Gegenwart nach.

In Breite öffnete Wilhelm V. sein Land dem romanischen Süden, was vor allem im Bereich der Kulturgeschichte wirksam wurde.[39] Natürlich war diese Politik mehrschichtig motiviert. Trotz der fortdauernden politischen Implikationen[40] wurde sie nun immer mehr religiös untermauert. Diese Fundierung zeigt vor allem das Ende des Herzogs, der 1597 sein Herrscheramt unter dem Druck einer anwachsenden Schuldenlast abgab, um seine letzten drei Jahrzehnte fernab des Hofes und aller Politik in mönchischer Zurückgezogenheit und asketischer Selbstbeschränkung zu verbringen.[41]

Als entscheidender Grundzug der Konfessionspolitik Wilhelms V. sei die Ausweitung ihres Wirkungsraums auf das Reichsgebiet herausgestellt. Dieser Herzog steht am Anfang der Reichskirchenpolitik großen Stils, der sich Wittelsbach mit Einsatz und Erfolg widmete.[42] Um die herrschaftliche Exterritorialität der Hochstifte zu umgehen, wurde mit Erfolg versucht, nachgeborene Söhne der Dynastie auf die Bischofsstühle zu bringen. Dieses Bemühen betraf vor allem die Bistümer Freising und Regensburg, die den Großteil des Herzogslandes kirchenorganisatorisch erfassten. Herzog Ernst, der Sohn Albrechts V., hat die Anliegen des Hofes, dem er entstammte, auch in die Nordwestecke des Reiches transferiert und dort wirkungsvoll zur Geltung gebracht.[43]

Wilhelm V. den höchst eindrucksvollen Schlusspunkt hinter den von den Vorgängern eingeleiteten Vorgang der Berufung der Societas Jesu in sein Herzogtum.[35] In unmittelbarer Nähe zu seiner Residenz errichtete er ihr das großdimensionierte Kolleg bei Sankt Michael.[36] Hier baute er eine reichhaltige Reliquiensammlung auf. Das Kolleg wurde das eindrucksvollste bauliche Symbol der Gegenreformation mit Blickrichtung auf ganz Deutschland. Diese kommt noch deutlicher zum Ausdruck im Griff nach dem erzbischöflichen Stuhl in Köln im Kölner Krieg von 1583.[37] Damit errang Wilhelm V. nicht nur eine wichtige Kurstimme für seine Kirche, sondern begründete eine wittelsbachische Sekundogenitur im nordwestdeutschen Raum, die mit wechselnden Konstellationen auch in den Bistümern Hildesheim, Münster, Paderborn,

MAXIMILIAN I. (1597/98 – 1651)

Wilhelm V. übergab sein Herzogtum unter dem Druck der gerade von der Konfessionspolitik mitverschuldeten Finanzlast in der Blüte seiner Jahre seinem Sohn und Nachfolger Maximilian I.[44] Auch dieser fuhr auf den vorgegebenen Bahnen fort. Er führte den Konfessionsstaat in Bayern auf den Höhepunkt. Dafür bot ihm seine lange Regierungszeit mit ihren auf Polarisation aufgebauten Grundkonstellationen hinreichend Ansatzpunkte. Sein Beitrag zur Konfessionsentwicklung bestand in der Zusammenfassung und nochmaligen Steigerung der Impulse seiner Vorgänger. Maximilian I. ist in der Reihe der bayerischen Wittelsbacher derjenige, der die Umsetzung der Forderungen des Trienter Konzils als oberstes Herrschaftsprinzip mit der größten Konsequenz verfolgte.[45] Keinesfalls ohne Berechtigung wurde von einem »kirchlichen Polizeiregiment« gesprochen, das seine Herrschaftspraxis kennzeichne.[46] Bei dessen Installierung und Realisierung trat ihm eine Vielzahl von Helfern zur Seite. Es sei vor allem auf die Jesuiten Adam Contzen, Johann Jacob Balde, Jacob Bidermann, Matthäus Rader[47] oder den »Halbjesuiten« Christoph Gewold[48] verwiesen. Dabei ging der Einfluss der Societas Jesu so weit, dass in der älteren Literatur sogar von einer »Jesuitenherrschaft« gesprochen werden konnte:[49] Vor allem den Beichtstuhl hätten sie in sehr verhängnisvoller Weise zu ihren Gunsten ausgenutzt.[50] Freilich müssen am überbetonten Einfluss der Jesuiten zumindest graduelle Abstriche gemacht werden.

Die Betrachtung der konfessionellen Entwicklung muss für diese Epoche drei Ebenen unterscheiden.[51] Zum einen machte Maximilian I. die rigorose Beachtung der altkirchlichen Vorschriften zum bestimmenden Leitsatz seiner persönlichen Lebensführung; sie ist von Frömmigkeit, Askese, Bußfertigkeit bis hin zur Selbstzüchtigung gekennzeichnet.[52] Mit gleicher Konsequenz ging er an die Durchsetzung der Prinzipien der katholischen Kirche in seinen Stammlanden; dazu setzte er die gesteigerten Machtmittel des weiter auf den Weg zum Frühabsolutismus geführten Herzogtums ein.[53] Die Vorschriften wurden im Gesetzbuch des *Codex Maximilianeus* 1616 zusammengefasst und durch eine intensivierte und ausgefeilte Mandatengesetzgebung weiter ausgebaut. Vielfältige neue Gebote wurden erlassen: zur Sonntagsheiligung, zum Wallfahrtswesen, zu den Fastengeboten, zu Kleidervorschriften. Das Rosenkranzmandat schrieb 1640 den Besitz und fleißigen Gebrauch des Rosenkranzes obrigkeitlich vor. Die pflichtgemäße Erfüllung des Sakramentenempfangs war durch die Vorlage des Beichtzettels nachzuweisen. Die Anzahl der Kirchenfeste wurde vermehrt. Es wurden Verbote gegen das Trinken, Tanzen, Fluchen oder den Ehebruch erlassen. Das gesamte Alltagsleben geriet in den Wirkungskreis der behördlichen Reglementierungen. Die staatlich angeordneten Verbote gipfelten im »Mandat wider alle weltliche Freude«. Zur Überwachung der Einhaltung der Vorschriften und zur Abstrafung der kirchlichen Verfehlungen wurden die vermehrten Machtmittel des Staates eingesetzt. Ein wirkungsvolles Spitzelsystem wurde aufgebaut. Eigene Agenten überwachten sogar die außerhalb der Staatsgrenzen tätigen Landeskinder. Die Sozialdisziplinierung wurde breit im Alltagsleben verankert.

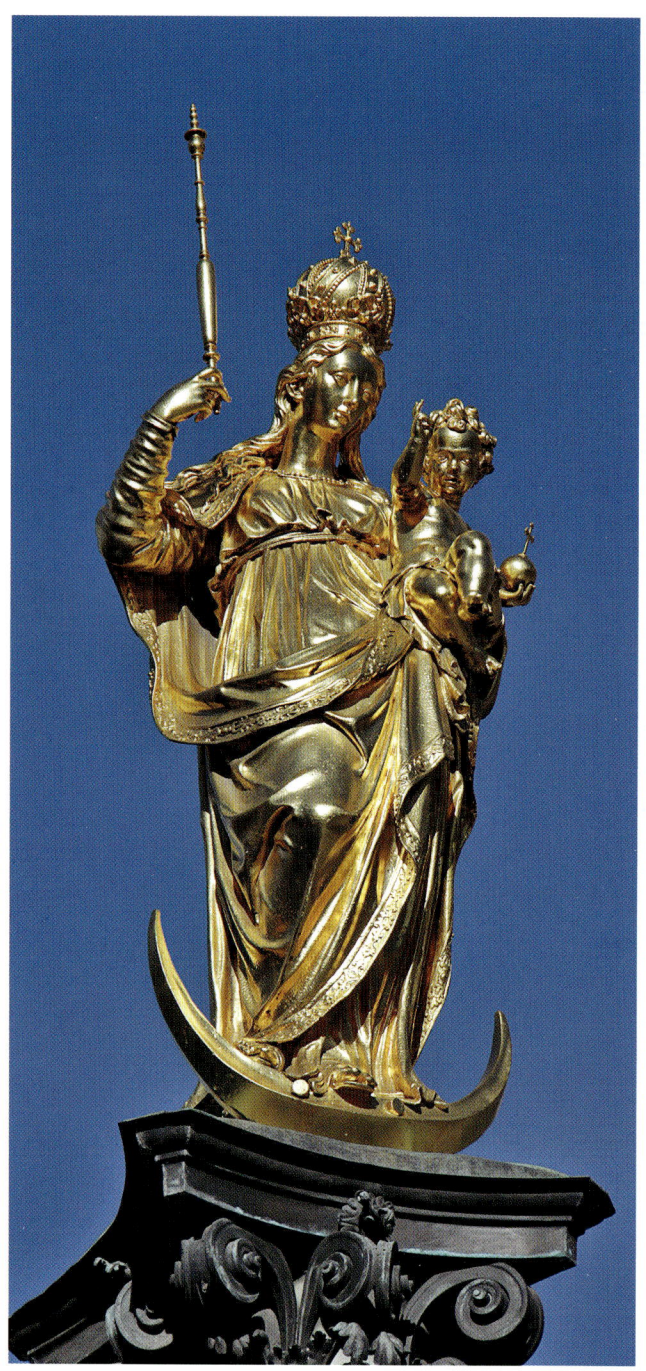

Abb. 5 | Patrona Bavariae, Marienstatue von Hubert Gerhard, 1593, vergoldete Bronze, auf einer Marmorsäule von 1638, Marienplatz München

Den Frömmigkeitsformen wurde eine neue Richtung gegeben; Maximilian I. polte die »pietas Bavarica« auf eine »pietas Mariana« um.[54] Ins Zentrum der Residenz zu München stellte er die Statue der *Patrona Bavariae;* die Mitte der Residenzstadt markiert seit 1638 die Mariensäule. Fahnen mit Marienbildnissen wurden als Feldzeichen, der Ausruf »Jesus-Maria« als Schlachtruf in der bayerischen Armee eingeführt. Marienbildnisse zierten die Münzen. Politische Akte und sogar militärische Aktionen wurden bewusst auf Marientage gelegt; oftmals wurden sie auch an Marienorten platziert. Der Name Mariens fand breiten Eingang nicht nur in die Vornamengebung der Bevölkerung, sondern auch der Wittelsbacher; er wurde sogar dem Erbprinzen Ferdinand als zweiter Name beigegeben. Der Alltag wurde durch den breiten Einsatz vielfältiger religiöser Symbole zum Zweck der Visualisierung und unmittelbaren Erlebbarkeit (etwa durch die Beachtung des Gebetläutens) im ganzen Land wirkungsvoll umgestaltet. Wenn Bayern ein marianisches Land geworden ist, muss das vor allem Maximilian I. zugeschrieben werden. Dieser sah sich in der Rolle des »miles Christianus« und »rex Christianus«. Seine bildliche Darstellung lehnte sich vereinzelt durchaus an die Christus-Ikonographie an. Seine Familie ließ sich von Engelhard de Pee als Heilige Familie im Tempel abbilden.[55]

Die wichtigste Neuerung aber war, dass Maximilian seine kirchlichen Impulse über die Stammlande auf das gesamte christliche Abendland ausdehnte. Sein lebenslanges Ringen um den Kurhut hängt auch mit dem Blick auf die Konfessionsverhältnisse im Kurkolleg als oberstem Entscheidungsgremium des Reiches zusammen. Der im 16. Jahrhundert andauernde Kampf um den Kurhut hatte auch eine konfessionelle Komponente.[56] Immer ging es darum, ein protestantisches Übergewicht in der Reichspolitik zu verhindern.[57] Diese Befürchtung zwang Bayern letztlich auf die habsburgische Seite, obwohl reichsständische Absichten dieser Parteinahme oftmals eigentlich im Weg standen.[58] Der Wittelsbacher begriff sich in einer Schwächephase des Kaiserhauses Habsburg als Anführer der katholischen Mächte, der für die Verteidigung der Alten Kirche Verantwortung zu übernehmen hatte. Dazu setzte er die dynastische Heirat ein, die die friedliche Rückführung der »Jungen Pfalz« zum alten Glauben einleitete[59] und sogar die Neubelebung des Katholizismus in den habsburgischen Erblanden[60] beförderte. Er nahm eine enge Kooperation mit der römischen Kurie auf.[61] Die 1575 für den süddeutschen Raum eingerichtete päpstliche Nuntiatur stellte eine wirkungsvolle Verbindung her.[62] Wissenschaft, Literatur und Kunst hatten diese Vor-

reiterrolle historisch zu untermauern.[63] Vor allem ist in diesem Zusammenhang Maximilians unerbittliches Engagement im Dreißigjährigen Krieg vom Anfang bis zum Ende zu sehen.[64] Sein Grundziel war die Niederringung der anderen Konfessionen. Dieses Bemühen machte auch vor kriegerischen Mitteln nicht halt, wie der eigene Vetter, der Winterkönig Friedrich V., erfahren musste.[65] Die Konfession stand über der Dynastie. Dementsprechend sah er sich zum Zeitpunkt des Restitutionsedikts (1629) auf dem Höhepunkt seiner Macht.[66] Die gewaltsame Rekatholisierung der zurückeroberten Oberen Pfalz war in seiner Sicht, auch entgegen dem Reichsrecht, eine unumgängliche Notwendigkeit.[67] Hier scheute er nicht einmal vor Bücherverbrennungen zurück.[68] Der Druck auf die protestantischen Nachbarterritorien wie die Reichsherrschaft Ortenburg oder die Reichsstadt Regensburg war immer stark.

Das Amtsverständnis Maximilians I. griff aber vereinzelt über das Reich und das Abendland hinaus auf die Weltkirche aus. Er sah in Ausführung des Missionsauftrags auch die Ausweitung des Christentums auf die anderen Kontinente als seine Aufgabe an. Bis an den Kaiserhof zu China dehnte er diese Aktivitäten aus.[69] Die Mission der Jesuiten im Fernen Osten fand in ihm einen wirkungsvollen Förderer. Sein mit ungewöhnlichen Aktivitäten betriebenes Fernziel war die Gewinnung des Kaisers von China für seine Kirche. In dieser Absicht bedachte er diesen mit christlichen Geschenken. Ähnliche Impulse erhielt die Südamerikamission, vor allem in Paraguay, aus der oberdeutschen Jesuitenprovinz mit den Zentren München und Landsberg.[70]

Kurfürst Maximilian I. führte seine bayerischen Stammlande auf den Höhepunkt ihrer Bedeutung für die europäische Geschichte. Die Konfessionspolitik war ein wichtiger – vielleicht sogar der entscheidende – Hebel dazu. Kirchen- und Machtpolitik gingen bei ihm eine untrennbare Symbiose ein. Sein Motto lautete: »Um Glauben und Reich«.[71] Dazu kamen als wichtige Anknüpfungspunkte Territorium und Dynastie. Mit diesen Motivationen führte er die politische Bedeutung seiner machtmäßig begrenzten Stammlande an die Grenze ihrer Belastbarkeit. Doch musste er in seinem Amtsverständnis sich und seinem Land diese Bürde zumuten. In seinem politischen Credo, den *Monita paterna* für den Nachfolger, hat er diese Forderung niedergelegt.[72] Hier wird als oberstes Prinzip gleich im Einleitungssatz festgestellt: »Gott ist der einzige Herr und Herscher yber alles«. Daraus ergibt sich in Punkt 6: »Von der Catholischen Röm. Kürchen niemallen abweichen«. Punkt 7 formuliert als wichtigstes Prinzip: »Strenge

Verantwortung seiner und der Underthonnen«. Dementsprechend verheerend waren die Folgen des Dreißigjährigen Krieges auch für Bayern. Die außenpolitische Dimension der bayerischen Politik ist mit Maximilian I. an ihre Grenzen gestoßen und zugleich an ihr Ende gelangt. Der Nachfolger Ferdinand Maria hat sich deswegen deutlich umorientiert. Der Aufstieg des Hauses Habsburg ließ in der Folgezeit die Führung der katholischen Mächte in Europa wieder an das Kaiserhaus Habsburg übergehen. Die Beteiligung Bayerns an den Türkenkriegen ist eher ein Nachklang dieser Bemühungen. Nie mehr in der europäischen Geschichte sollte es eine der Zeit Maximilians I. vergleichbare Rolle in der Politik Europas spielen wie im spätkonfessionellen Zeitalter.

GRUNDLINIEN

Die Kirchenpolitik der Herzöge von Bayern im konfessionellen Zeitalter ist also eigentlich recht geradlinig verlaufen. Sie wird von durchgängigen, sehr konsequenten Bemühungen zur Aufrechterhaltung der überkommenen kirchlichen Verhältnisse gekennzeichnet. Weil sie auf den früheren Zuständen aufbauten und diese durch geeignete, teils herkömmliche Maßnahmen weiterführten, kann hier kaum von gegenreformatorischen, sondern sollte eher von Erneuerungsbemühungen im Sinne einer durchgängigen Katholischen Reform gesprochen werden. Basierend auf einer im Einzelnen unterschiedlich anzusetzenden persönlichen Religiosität bemühten sich alle Herzöge in dieser Epoche um die weitere Festigung der Alten Kirche. Als entscheidendes Kennzeichen wird eine echte Klimax ersichtlich. Diese hat einen zweifachen Aspekt. Der eine betrifft die Zielsetzung: Ausgehend von der defensiven Bewahrung der überkommenen Zustände in der ersten Hälfte des 16. Jahrhunderts arbeitete Albrecht V. aktiv am Ausbau seiner politischen Position im Sinne des Frühabsolutismus unter Einbeziehung der Konfession, während bei Wilhelm V. die religiösen Impulse das Übergewicht gewannen. Diese drei Motivationsebenen führte Maximilian I. zusammen und damit die wittelsbachische Kirchenpolitik auf ihren Höhepunkt. Mit dieser kontinuierlichen Steigerung der Intensität ist eine Ausdehnung des Aktionsraums verbunden. Die anfängliche starke Konzentration auf das eigene Territorium macht einer Ausweitung auf das Reich sowie die abendländische Christenheit mit Ausstrahlungen sogar auf die werdende Weltkirche Platz. Die den Herzögen dieser

Epoche verliehenen Beinamen bringen diese Klimax deutlich zum Ausdruck. Wilhelm IV. gilt als »der Standhafte«, Albrecht V. als »der Großmütige«, Wilhelm V. als »der Fromme«, ehe Maximilian I. als einzigem in der bayerischen Regentenreihe das Ehrenattribut »der Große« verliehen wird. Auf diesem Weg ist das Herzogbeziehungsweise Kurfürstentum Bayern zu einem Konfessionsstaat par excellence geworden.[73] Hier wurde die Regierungsform des konfessionellen Absolutismus geradezu beispielhaft verwirklicht.[74] Der konfessionspolitische Kurs war letztlich die Umsetzung der Vorgaben der Landesherren, hinter denen in jedem Fall einflussreiche Hofräte standen.

Die Konfessionspolitik bestimmte in zunehmendem Ausmaß die innere und schließlich auch die auswärtige Politik. Dabei kamen alle denkbaren Mittel zum Einsatz: die persönliche Religiosität als Vorbild, die administrativen Hilfsmittel der Gesetzgebung zur Richtungsvorgabe und Durchsetzung, die Landesverwaltung als Kontrollorgan. Vor allem das Instrument der Mandate wurde mit Vorliebe angewandt.[75] Wissenschaft, Literatur, Kunst, Schul- und Buchwesen wurden auf die Kirchenpolitik ausgerichtet. Eine weit ausgreifende Stiftungstätigkeit war in allen Phasen ein auch in demonstrativer Absicht praktiziertes Herzstück.[76] Die sich steigernde Intensität lässt sich in besonderer Deutlichkeit an der Hexenthematik verfolgen, die an der Wende vom 16. zum 17. Jahrhundert ihren Höhepunkt erlebte.[77] Auch die übrigen Mitglieder der Dynastie wurden von den regierenden Vorständen im Rahmen der dynastischen Heiratspolitik und der Reichskirchenpolitik zur Erreichung der konfessionspolitischen Absichten eingesetzt. Nach außen hatte die Diplomatie die erwünschten Weichenstellungen zu befördern. Dabei schreckte man auch vor der Einbindung und sogar dem Einsatz des Militärs nicht zurück. Das gesamte private wie staatliche Leben wurde auf die Kirchenpolitik ausgerichtet. Oberste Leitlinie war die Verwirklichung des Prinzips der »ausschließlichen Katholizität«.[78] Dieses sollte in der Programmschrift des *Mundus Christiano-Bavaro-Politicus* 1711 seine ausdrucksstarke staatstheoretische Ausformulierung erfahren.[79]

Die Leitlinien wurden von den Landesherren vorgegeben. Sie wiesen die lutherischen Strömungen, die auch in ihrem Territorium die andernorts festzustellende Wirkung zu entfalten begannen, in die Schranken. Die Frage, ob es eine Reformation von oben oder von unten war, ist in Bayern eindeutig in ersterem Sinne zu entscheiden. Dabei wirkten die Landesherren in jedem Fall mit wirkungsvoll zuarbeitenden Hofräten oder anderen Helfern zusammen. Zusammenfassend wurden die Landesherren dieser Epoche einmal als »Sauf- und Betfürsten« abqualifiziert.[80] Für die Herzöge von Bayern wird man diesem Urteil seine Berechtigung nicht versagen können. Freilich trifft es für die einzelnen Fürsten in sehr unterschiedlicher Weise zu. Selbst bei den »Betfürsten« Wilhelm V. und Maximilian I. treten politische Zielsetzungen mehr als die erste Komponente dieser Charakterisierung in den Vordergrund.

Erreichte die landesherrliche Konfessionspolitik die angestrebten Ziele? Die offiziöse Geschichtsschreibung der Frühen Neuzeit beantwortete diese Frage mit einem eindeutigen Ja. Ihr pflichtet auch die jüngere Historiographie im Grunde bei, wobei sie hauptsächlich die bemerkenswerte Konsequenz herausstellt. Doch darf dabei nicht übersehen werden, dass es im Land immer einen gewissen Kryptoprotestantismus gab, der freilich nur an Einzelpunkten greifbar wird. Vor allem an den Berührungszonen zu den protestantischen Territorien hin war er anzutreffen.[81] In den Territorien nördlich der Donau ist ein gewisser Bikonfessionalismus nicht zu übersehen. Das »Auslaufen« zum evangelischen Gottesdienst ist ein fortwährend bekämpftes Vergehen. Beständig wurde lutherisches Schrifttum von Wanderhändlern ins Land gebracht und vertrieben, wie aus den permanenten Warnungen und Verboten abgeleitet werden muss. Erst mit dem Eintritt ins 18. Jahrhundert lockerte der Hof die konfessionelle Abschottung. Vor allem die Wissenschaft, das Militär und die Administration erwiesen sich als frühe Einfallspforten bereits zu einer Zeit, als das Prinzip der ausschließlichen Katholizität noch immer aufrechterhalten wurde.

In besonderer Weise wurde schließlich König Ludwig I. (1825–1848) mit dem Problem des Luthertums konfrontiert, als er sich an die Bestückung des von ihm erbauten Ruhmestempels der Deutschen, der Walhalla, machte. In diesem Zusammenhang stellte sich für ihn die Frage: Gehörte Martin Luther zu den herausragenden Persönlichkeiten der deutschen Geschichte? Schließlich hing dessen Spottbild mit der diskreditierenden Unterschrift »Martinus Luther Diaboli gratia Evangelista Wüttembergicus« lange an viel beachteter Stelle in der Hofbibliothek.[82] Der König konnte sich erst nach langem Abwarten zu einem positiven Entschluss durchringen. Den entscheidenden Anstoß gab schließlich seine Verärgerung über den Erzbischof von München und Freising, der sich über das Liebesverhältnis des Königs mit Lola Montes abfällig

geäußert hatte. Vor allem diesem persönlichen Anstoß verdankt Martin Luther seine Aufnahme in die Walhalla.[83]

Ungeachtet dieses privaten Aspekts betätigte sich gerade Ludwig I. noch einmal als sehr wirkungsvoller Verfechter der Katholizität seines Königreichs. Er knüpfte dabei bewusst an die Kirchenpolitik seiner wittelsbachischen Vorfahren im konfessionellen Zeitalter an, die dadurch prägende Langzeitwirkungen für den Gesamtverlauf der deutschen Geschichte erlangte. Wenn der Süden bis heute eine katholische Signatur hat, hängt das wesentlich mit dieser Grundlegung zusammen. Wenn der Katholizismus auch im nordwestdeutschen Raum eine Größe blieb, war auch das ein Ergebnis der wittelsbachischen Reichskirchenpolitik ab Wilhelm V. Am wichtigsten aber waren die Folgen für die bayerischen Stammlande selbst. Die politische, kulturelle und konfessionelle Eigenprägung Altbayerns ist das bis in die Gegenwart nachwirkende wichtigste Ergebnis dieser Weichenstellungen. Freilich gab diese Grundmaxime der bayerischen Geschichte schon Leopold von Ranke in seinen Vorträgen vor König Maximilian II. (1848–1864) Anlass zu deutlichen Vorbehalten, weil er hier die Hauptursache für die nicht nur von ihm konstatierte Rückständigkeit des Königreichs noch in seiner Gegenwart sah.[84] Bis heute äußern sich Publizisten immer wieder in diesem Sinne.[85] Für die Geschichtswissenschaft sollte es aber mehr als um derartige Werturteile in erster Linie um Erklärung gehen. In diesem Sinne können die angestellten Erörterungen wesentlich zur Deutung der kulturellen Physiognomie Deutschlands beitragen.

Das bauliche Symbol der beschriebenen Zustände ist der Zwiebelturm. Er verleiht dem oberdeutschen Kulturraum eine treffliche Signatur. Die zeitgemäße Kulturgeschichte betrachtet ihn nicht mehr als von außen ins Land geholten Zeugen einer vor allem von der katholischen Kirche verursachten »geistigen Dumpfheit und Oede«, die Sigmund von Riezler konstatierte,[86] oder eines in vielen Bereichen zu beobachtenden »inneren Niedergangs« des frühneuzeitlichen Bayern, den Michael Doeberl beklagte.[87] Die neuere Landesgeschichte hat eine positivere Sicht erarbeitet und deutet den Zwiebelturm als Indikator einer weithin kirchlich geprägten Gesellschaft, deren Hauptkennzeichen Lebensfreude, Kunstsinn und auch ein gewisser Wohlstand waren.[88] Das Odium der Kulturkampfzeiten hat zwischenzeitlich einer unvoreingenommenen Beurteilung Platz gemacht, welche die ökumenischen Leitprinzipien der Gegenwart sicher weiterverfolgen werden.

ANMERKUNGEN

1 Vgl. zusammenfassend: Romuald Bauerreiss, Kirchengeschichte Bayerns VI–VII, St. Ottilien 1965/70; Karl Hausberger/Benno Hubensteiner, Bayerische Kirchengeschichte, München ²1987; Walter Brandmüller (Hrsg.), Handbuch der bayerischen Kirchengeschichte II, St. Ottilien 1993. **│2** So Dieter Albrecht in: Max Spindler (Begr.), Handbuch der bayerischen Geschichte II, hrsg. von Andreas Kraus, München ²1988, S. 324–457. **│3** Vgl. Sigmund Riezler, Geschichte Baierns III–VI (Geschichte der europäischen Staaten 20, 3–6), Gotha 1889–1903; Manfred Weitlauff, Wilhelm IV. und Ludwig X.: Die Auseinandersetzung mit der Lehre Luthers, in: Alois Schmid/Katharina Weigand (Hrsg.), Die Herrscher Bayerns. 25 historische Porträts von Tassilo III. bis Ludwig III., München ²2006, S. 158–172; Andreas Kraus, Geschichte Bayerns. Von den Anfängen bis zur Gegenwart, München ⁴2013, S. 194–269. **4** Eine treffende Charakteristik bei: Benno Hubensteiner, Vom Geist des Barock. Kultur und Frömmigkeit im alten Bayern, München ²1978, S. 109. Eine zeitgemäße Neubearbeitung der Geschichte dieses Herzogs ist ein ausgesprochenes Desiderat. **│5** Zu ihm nunmehr: »Ewig blühe Bayerns Land«. Herzog Ludwig X. und die Renaissance, hrsg. von Brigitte Langer und Katharina Heinemann, Regensburg 2009. **│6** Vgl. Marino Sanuto, Diarii 1494–1534, hrsg. von Stefani Fulin u. a. 56 Bde., Venedig 1879–1902, hier Bd. 30 (1891), Sp. 217. **│7** Vgl. Acta reformationis catholicae. Die Reformverhandlungen des deutschen Episkopats von 1520 bis 1570 I, hrsg. von Georg Pfeilschifter, Regensburg 1959, S. 6–10, Nr. 1; Auszüge in: Dokumente zur Geschichte von Staat und Gesellschaft in Bayern II: Altbayern von 1180 bis 1550, bearb. von Karl-Ludwig Ay, München 1977, S. 274 f., Nr. 167. **│8** Vgl. Klaus Kopfmann, Die Religionsmandate des Herzogtums Bayern in der Reformationszeit (1522–1531) (Quellentexte zur bayerischen Geschichte 1), München 2000. **│9** Vgl. Edelgard Metzger, Leonhard von Eck (1480–1550). Wegbereiter und Begründer des frühabsolutistischen Bayern, München 1980, bes. S. 73–98. **│10** Vgl. Erwin Iserloh (Hrsg.), Johannes Eck (1486–1543) im Streit der Jahrhunderte, Münster i. W. 1988. **│11** Die folgenden Zitate bei: Kopfmann, Die Religionsmandate (wie Anm. 8), S. 55–66, bes. S. 58. **│12** Vgl. Helmut Rankl, Das vorreformatorische landesherrliche Kirchenregiment in Bayern 1378–1526 (Miscellanea Bavarica Monacensia 34), München 1971. **│13** Vgl. Manfred Weitlauff, Die bayerischen Herzöge Wilhelm IV. und Ludwig X. und ihre Stellung zur Reformation Martin Luthers, in: Beiträge zur altbayerischen Kirchengeschichte 45 (2000), S. 59–110. **│14** Reinhold Baumstark, Albrecht V.: Der Renaissancefürst und seine Sammlungen, in: Schmid/Weigand (Hrsg.), Die Herrscher Bayerns (wie Anm. 3), S. 173–188. **│15** Vgl. Walter Goetz/Leonhard Theobald, Beiträge zur Geschichte Herzog Albrechts V. und der sog. Adelsverschwörung von 1563 (Briefe und Akten zur Geschichte des 16. Jahrhunderts 6), Leipzig 1913. **│16** Vgl. Karl-Ludwig Ay, Der Ingolstädter Landtag von 1563 und der bayerische Frühabsolutismus, in: Zeitschrift für bayerische Landesgeschichte 41 (1978), S. 401–416; ders., Land und Fürst im alten Bayern (16.–18. Jahrhundert), Regensburg 1988, S. 30 f. **│17** Vgl. Anton Landersdorfer, Das Bistum Freising in der bayerischen Visitation des Jahres 1560 (Münchener Theologische Studien I/26), St. Ottilien 1986. **│18** Vgl. Franz Heinrich Reusch, Der Index der verbotenen Bücher I, Bonn 1883 [ND 1967], S. 187 f., S. 466–480; Helmut Neumann, Staatliche Bücherzensur und -aufsicht in Bayern, Heidelberg 1977. **│19** Vgl. Alois Schmid, Die Anfänge der landesherrlichen Schulpolitik im Herzogtum Bayern im Zeitalter des Humanismus, in: Helmut Flachenecker/Rolf Kießling (Hrsg.), Schullandschaften in Altbayern, Franken und Schwaben. Untersuchungen zur Ausbreitung und Typologie des Bildungswesens in Spätmittelalter und früher Neuzeit (Zeitschrift für bayerische Landesgeschichte Beiheft B 20), München 2005, S. 183–201. **│20** Vgl. Arno Seifert, Weltlicher Staat und Kirchenreform. Die Seminarpolitik Bayerns im 16. Jahrhundert (Reformationsgeschichtliche Studien und Texte 115), Münster i. W. 1978. **│21** Vgl. Philipp Apian und die Kartographie der Renaissance, Ausst.-Kat., Weißenhorn i. B. 1989, S. 71 f. **│22** Vgl. Dokumente zur Geschichte von Staat und Gesellschaft in Bayern I/3: Altbayern von 1550–1651, hrsg. von Walter Ziegler, München 1992, S. 147–149, Nr. 8; Stefan Schwarz, Die Juden in Bayern im Wandel der Zeiten, München 1963, S. 57 f. **│23** Vgl. Gerhard Heyl, Der Religions- und Geistliche Lehenrat (1556–1559), in: Bayern: Staat und Kirche – Land und Reich. Wilhelm Winkler zum

Gedächtnis (Archiv und Wissenschaft 3), München 1961, S. 9–34; Maximilian Lanzinner, Fürst, Räte und Landstände. Die Entstehung der Zentralbehörden in Bayern 1511–1598 (Veröffentlichungen des Max-Planck-Instituts für Geschichte 61), Göttingen 1980, S. 81–86. **│24** Vgl. Rudolf Endres, Der Landsberger Bund (1556–1598), in: Festschrift für Andreas Kraus zum 60. Geburtstag, hrsg. von Pankraz Fried und Walter Ziegler (Münchener Historische Studien, Abt. Bayerische Geschichte 10), Kallmünz 1982, S. 197–212. **│25** Vgl. Walter Ziegler, Das Testament Herzog Albrechts V. von Bayern (1578), in: Aus Bayerns Geschichte. Forschungen als Festgabe zum 70. Geburtstag von Andreas Kraus, hrsg. von Egon Johannes Greipl, Alois Schmid und Walter Ziegler, St. Ottilien 1992, S. 259–309. **│26** Vgl. Dietmar Heil, Die Reichspolitik Bayerns unter der Regierung Herzog Albrechts V. (1550–1579) (Schriftenreihe der Historischen Kommission 61), Göttingen 1998. **│27** So auf einer Umschrift einer Gedenkmedaille der Staatlichen Münzsammlung München, vgl. Wettstreit in Erz: Porträtmedaillen der deutschen Renaissance, hrsg. von Walter Cupperi, Martin Hirsch, Annette Kranz und Ulrich Pfisterer, Berlin, München 2013, S. 252 f. Nr. 164. **│28** Vgl. Wettstreit in Erz (wie Anm. 27), S. 252, Nr. 164. **│29** Vgl. Albert Herzog von Sachsen/Walter Beck, Bayern und Sachsen: Gemeinsame Geschichte, Kunst, Kultur und Wirtschaft, München 2004, S. 43–50. **│30** Vgl. Marianne Sammer, Wilhelm V.: Katholische Reform und Gegenreformation, in: Schmid/Weigand, Die Herrscher Bayerns (wie Anm. 3), S. 189–201. **│31** Vgl. Engelbert Maximilian Buxbaum, Petrus Canisius und die kirchliche Erneuerung des Herzogtums Bayern 1549–1556 (Bibliotheca Instituti Historici SI 35), Rom 1973. **│32** Vgl. Alexander Koller, Bayern und das Papsttum um 1600. Ein Zweckbündnis mit Folgen, in: Wittelsbacher-Studien. Festgabe für Herzog Franz von Bayern zum 80. Geburtstag, hrsg. von Alois Schmid und Hermann Rumschöttel (Schriftenreihe zur bayerischen Landesgeschichte 166), München 2013, S. 331–350. **│33** Vgl. Klaus Unterburger, Das bayerische Konkordat von 1583. Die Neuorientierung der päpstlichen Deutschlandpolitik nach dem Konzil von Trient und deren Konsequenzen für das Verhältnis von weltlicher und geistlicher Gewalt (Münchener Kirchenhistorische Studien 11), Stuttgart 2006. **│34** Vgl. Josef Oswald, Die baierischen Landesbistumsbestrebungen im 16. und 17. Jahrhundert, in: Zeitschrift für Rechtsgeschichte Kan. Abt. 33 (1944), S. 224–264; wieder in: ders., Beiträge zur altbayerischen Kultur- und Kirchengeschichte (Neue Veröffentlichungen des Instituts für Ostbairische Heimatforschung 35), Passau 1976, S. 108–139; Tobias Appl, Die Kirchenpolitik Herzog Wilhelms V. von Bayern. Der Ausbau der bayerischen Hauptstädte zu geistlichen Zentren (Schriftenreihe zur bayerischen Landesgeschichte 162), München 2011. **│35** Vgl. Bernhard Duhr, Die Geschichte der Jesuiten in den Ländern deutscher Zunge I, Freiburg i. Br. 1907, S. 183–188, 205–211; Manfred Weitlauff, Die Gründung der Gesellschaft Jesu und ihre Anfänge in Süddeutschland, in: Jahrbuch des Historischen Vereins Dillingen an der Donau 94 (1992), S. 15–66. **│36** Vgl. Karl Wagner/Albert Keller (Hrsg.), St. Michael in München. Festschrift zum 400. Jahrestag der Grundsteinlegung und zum Abschluß des Wiederaufbaus, München 1983; Die Jesuiten in Bayern 1549–1773, hrsg. von Joachim Wild, Andrea Schwarz und Julius Oswald, Weißenhorn i. B., 1991, S. 54–58. **│37** Vgl. Günther von Lojewski, Bayerns Weg nach Köln. Geschichte der bayerischen Bistumspolitik in der zweiten Hälfte des 16. Jahrhunderts (Bonner Historische Forschungen 21), Bonn 1962. **│38** Vgl. Die Bischöfe aus dem Haus Wittelsbach sind mit instruktiven Biogrammen einzeln vorgestellt bei: Erwin Gatz (Hrsg.), Die Bischöfe des Heiligen Römischen Reiches 1448 bis 1648. Ein biographisches Lexikon, Berlin 1996. **│39** Vgl. Reinhold Baumstark (Hrsg.), Rom in Bayern. Kunst und Spiritualität der ersten Jesuiten, München 1997. **│40** Vgl. Maximilian Lanzinner, Herrschaftsausübung im frühmodernen Staat. Zur Regierungsweise Herzog Wilhelms V. von Bayern, in: Zeitschrift für bayerische Landesgeschichte 51 (1988), S. 77–99. **│41** Vgl. Hubensteiner, Geist des Barock (wie Anm. 4), S. 110–115; Dorothea Diemer, Quellen und Untersuchungen zum Stiftergrab Herzog Wilhelms V. von Bayern und der Renata von Lothringen in der Münchner Michaelskirche, in: Hubert Glaser (Hrsg.), Quellen und Studien zur Kunstpolitik der Wittelsbacher vom 16. bis zum 18. Jahrhundert, München 1980, S. 7–82. **│42** Vgl. Manfred Weitlauff, Die bayerischen Wittelsbacher in der Reichskirche, in: Römische Quartalschrift 87 (1992), S. 306–326. | **43** Vgl. Geneviève Xhayet/Robert Halleux (Hrsg.), Ernest de Bavière (1554–1612) et son temps. L'automne flamboyant de la renaissance entre Meuse et Rhin (De diversis artibus 88), Turnhout 2011. | **44** Andreas Kraus, Maximilian I. Bayerns Großer Kurfürst, Regensburg 1990; Dieter Albrecht, Maximilian I. von Bayern 1573 bis 1651, München 1998. | **45** Vgl. Hubensteiner, Geist des Barock (wie Anm. 4), S. 115–122. | **46** Felix Stieve, Das kirchliche Polizeiregiment in Baiern unter Maximilian I. 1595–1651, München 1876. | **47** Vgl. Alois Schmid, Templum aulicum. Das Jesuitenkolleg zu München als Herrschaftskirche im frühneuzeitlichen Bayern, in: Peter M. Daly/G. Richard Dimler/Rita Haub (Hrsg.), Emblematik und Kunst der Jesuiten in Bayern: Einfluß und Wirkung (Imago figurata 3), Turnhout 2000, S. 15–41; ders., Das Jesuitenkolleg St. Michael zu München in der frühen Neuzeit, in: Julius Oswald/Rita Haub (Hrsg.), Jesuitica. Forschungen zur frühen Geschichte des Jesuitenordens in Bayern bis zur Aufhebung 1773 (Zeitschrift für bayerische Landesgeschichte B 17), München 2001, S. 115–154, bes. S. 146–151. | **48** Vgl. Anton Dürrwächter, Christoph Gewold. Ein Beitrag zur Gelehrtengeschichte der Gegenreformation und des Kampfes um die pfälzische Kur, Freiburg i. Br. 1904. | **49** Sigmund von Riezler, Geschichte der Hexenprozesse in Bayern (1893), Essen 1983, S. 147. | **50** Vgl. Winfried Müller, Hofbeichtväter und geistliche Ratgeber zur Zeit der Gegenreformation, in: Universität und Bildung. Festschrift Laetitia Boehm zum 60. Geburtstag, hrsg. von Winfried Müller, Wolfgang J. Smolka und Helmut Zedelmaier, München 1991, S. 141–155; Stefan Dieter, Bemerkungen zum Einfluß Adam Contzens SJ auf die bairische Religionspolitik zu Beginn des 17. Jahrhunderts, in: Zeitschrift für bayerische Kirchengeschichte 65 (1996), S. 14–31. | **51** Vgl. Alois Schmid, Kurfürst Maximilian I. von Bayern (1598–1651), in: Georg Schwaiger (Hrsg.), Christenleben im Wandel der Zeit I, München 1987, S. 129–142. | **52** Vgl. Andreas Kraus, Das katholische Herrscherbild im Reich dargestellt am Beispiel Kaiser Ferdinands II. und Maximilians I. von Bayern, in: Konrad Repgen (Hrsg.), Das Herrscherbild im 17. Jahrhundert (Schriftenreihe der Vereinigung zur Erforschung der Neueren Geschichte e. V. 19), Münster i. W. 1991, S. 1–25. | **53** Vgl. Gerhard Heyl, Der Geistliche Rat in Bayern unter Kurfürst Maximilian I. 1598–1651, Diss. masch. München 1956; Reinhard Heydenreuter, Der landesherrliche Hofrat unter Herzog und Kurfürst Maximilian I. von Bayern (1598–1651) (Schriftenreihe zur bayerischen Landesgeschichte 72), München 1981, S. 236–247. | **54** Vgl. Alois Schmid, Die Marienverehrung Kurfürst Maximilians I. von Bayern, in: Anton Ziegenaus (Hrsg.), Maria in der Evangelisierung. Beiträge zur mariologischen Prägung der Verkündigung (Mariologische Studien 9), Regensburg 1993, S. 33–57. | **55** Bayerische Staatsgemäldesammlungen München, Inv.-Nr. 3511. Vgl. Hubert Glaser (Hrsg.), Um Glauben und Reich: Kurfürst Maximilian I. Beiträge zur Bayerischen Geschichte und Kunst 1573–1651, 2 Bde. (Wittelsbach und Bayern 2), München, Zürich 1980, hier Bd. II, S. 96 f., Nr. 138. | **56** Vgl. Winfried Becker, Der Kurfürstenrat. Grundzüge seiner Entwicklung in der Reichsverfassung und seine Stellung auf dem Westfälischen Friedenskongreß (Schriftenreihe der Vereinigung zur Erforschung der Neueren Geschichte 5), Münster i. W. 1973; Albrecht, Maximilian I. von Bayern (wie Anm. 44), S. 539–580. | **57** Vgl. Dieter Albrecht, Die deutsche Politik Papst Gregors XV. Die Einwirkung der päpstlichen Diplomatie auf die Politik der Häuser Habsburg und Wittelsbach 1621–1623 (Schriftenreihe zur bayerischen Landesgeschichte 53), München 1956. | **58** Vgl. Dieter Albrecht, Die auswärtige Politik Maximilians von Bayern 1618–1635 (Schriftenreihe der Historischen Kommission 6), Göttingen 1962. | **59** Vgl. Franziska Nadwornicek, Pfalz-Neuburg, in: Die Territorien des Reichs im Zeitalter der Reformation und Konfessionalisierung. Land und Konfession 1500–1650, I: Der Südosten, hrsg. von Anton Schindling und Walter Ziegler, Münster i. W. 1989, S. 44–55. | **60** Vgl. Walter Ziegler, Nieder- und Oberösterreich, in: Die Territorien (wie Anm. 59), S. 118–133; Katrin Keller, Erzherzogin Maria von Innerösterreich (1551–1608): Zwischen Habsburg und Wittelsbach, Wien 2012. | **61** Vgl. Bettina Scherbaum, Die bayerische Gesandtschaft in Rom in der frühen Neuzeit (Bibliothek des deutschen Historischen Instituts in Rom 116), Tübingen 2008. | **62** Vgl. Karl Schellhass, Der Dominikaner Felician Ninguarda und die Gegenreformation in Süddeutschland und Österreich 1560–1583, 2 Bde.

(Bibliothek des Deutschen Historischen Instituts in Rom 18), Rom und Regensburg 1939. | **63** Vgl. Albrecht, Maximilian I. von Bayern (wie Anm. 44), S. 249–283; Katharina Kagerer, Die Jesuiten und der Hof: Matthäus Rader, Andreas Brunner und Jacob Balde als Landesgeschichtsschreiber im 17. Jahrhundert, in: Julius Oswald u. a. (Hrsg.), Serenissimi Gymnasium. 450 Jahre bayerischer Bildungspolitik vom Jesuitenkolleg zum Wilhelmsgymnasium München (Jesuitica 15), Regensburg 2010, S. 43–59; Matthias Mayerhofer, Kupferstiche im Dienst politischer Propaganda. Die »Bavaria Sancta et Pia« des Pater Matthäus Rader SJ (Materialien zur bayerischen Landesgeschichte 25), München 2011. | **64** Vgl. Gerhard Immler, Kurfürst Maximilian I. von Bayern und der Westfälische Friedenskongreß. Die bayerische auswärtige Politik von 1644 bis zum Ulmer Waffenstillstand, Münster i. W. 1992. | **65** Vgl. Peter Wolf u. a. (Hrsg.), Der Winterkönig. Friedrich V., der letzte Kurfürst aus der Oberen Pfalz, Augsburg 2003. | **66** Vgl. Albrecht, Maximilian I. von Bayern (wie Anm. 44), S. 693–711. | **67** Vgl. Walter Ziegler, Die Rekatholisierung der Oberpfalz, in: Hubert Glaser (Hrsg.), Um Glauben und Reich: Kurfürst Maximilian I. (wie Anm. 55), hier Bd. I, S. 436–447. | **68** Vgl. Friedrich Lippert, Geschichte der Gegenreformation in Staat, Kirche und Sitte der Oberpfalz-Kurpfalz zur Zeit des Dreißigjährigen Krieges, Freiburg i. Br. 1901. | **69** Vgl. Peter Claus Hartmann/Alois Schmid (Hrsg.), Bayerisch-chinesische Beziehungen in der Frühen Neuzeit (Zeitschrift für bayerische Landesgeschichte Beiheft 34), München 2008; Annette Schommers, Der Kunstschrank Maximilians I. von Bayern für den Kaiser von China, in: Christoph Emmendörffer/Christof Trepesch (Hrsg.), Wunderwelt: Der Pommersche Kunstschrank, München 2014, S. 105–123. | **70** Vgl. Peter Claus Hartmann/Alois Schmid (Hrsg.), Bayern in Lateinamerika. Transatlantische Verbindungen und interkultureller Austausch (Zeitschrift für bayerische Landesgeschichte Beiheft 40), München 2011. | **71** Glaser (Hrsg.), Um Glauben und Reich: Kurfürst Maximilian I. (wie Anm. 55). | **72** Politische Testamente und andere Quellen zum Fürstenethos der frühen Neuzeit, hrsg. von Heinz Duchhardt (Freiherr vom Stein-Gedächtnisausgabe B 18), Darmstadt 1987, S. 119–135. | **73** Vgl. Walter Ziegler, Bayern, in: Die Territorien des Reichs I: Der Südosten, hrsg. von Schindling und Ziegler (wie Anm. 59), S. 56–71; Dokumente zur Geschichte von Staat und Gesellschaft in Bayern I/3, hrsg. von Ziegler (wie Anm. 22), S. 78–91. | **74** Vgl. Die Binnengliederung des Zeitalters nach: Wilhelm Roscher, Geschichte der National-Ökonomik in Deutschland I, Leipzig 1874, S. 380 f. | **75** Vgl. Kopfmann, Die Religionsmandate (wie Anm. 8), S. 9–14. | **76** Vgl. Michael Söltl, Die frommen und milden Stiftungen der Wittelsbacher über einen großen Theil von Deutschland, Landshut 1858, S. 71–103. | **77** Vgl. Riezler, Geschichte der Hexenprozesse in Bayern (wie Anm. 49); Wolfgang Behringer, Hexenverfolgung in Bayern: Volksmagie, Glaubenseifer und Staatsräson in der Frühen Neuzeit, München 1988. | **78** Die Formulierung stammt von Michael Doeberl, Entwicklungsgeschichte Bayerns I, München ³1916, S. 430–457; II, ³1928, S. 95. | **79** Vgl. Bayerische Staatsbibliothek München cgm 3009, 4006 a, b, c. Eine Edition ist in Vorbereitung. | **80** Diese Kennzeichnung stammt von Heinrich von Treitschke. | **81** Vgl. Claus-Jürgen Roepke, Die Protestanten in Bayern, München 1972, S. 13–238. | **82** Vgl. Christian Haeutle, Die Reisen des Augsburgers Philipp Hainhofer nach Eichstädt, München und Regensburg in den Jahren 1611, 1612 und 1613, in: Zeitschrift des Historischen Vereins für Schwaben und Neuburg 8 (1881), S. 1–316, hier S. 81. | **83** Vgl. Jörg Träger, Der Weg nach Walhalla. Denkmallandschaft und Bildungsreise im 19. Jahrhundert, Regensburg ²1991, S. 253–255 (mit Abb. 210), 260 f. | **84** Vgl. Leopold von Ranke, Über die Epochen der Neueren Geschichte. Vorträge dem Könige Maximilian II. von Bayern gehalten, Darmstadt 1973, S. 104, 109. | **85** Vgl. Carl Amery, Leb wohl, geliebtes Volk der Bayern. Ein Requiem für die Wittelsbacher, München 1980, S. 117. | **86** Sigmund Riezler, Geschichte Baierns I, Gotha 1878, S. 67; abgeschwächt in der zweiten Auflage (Bd. I/1, S. 136) von 1927: »langwierige literarische Unfruchtbarkeit«. | **87** Doeberl, Entwicklungsgeschichte Bayerns II (wie Anm. 78), S. 71–99, 224–259. | **88** Vgl. die Zeitschrift »Der Zwiebelturm. Monatsschrift für das bayerische Volk und seine Freunde«, die von 1946 bis 1971 in 26 Jahrgängen erschienen ist.

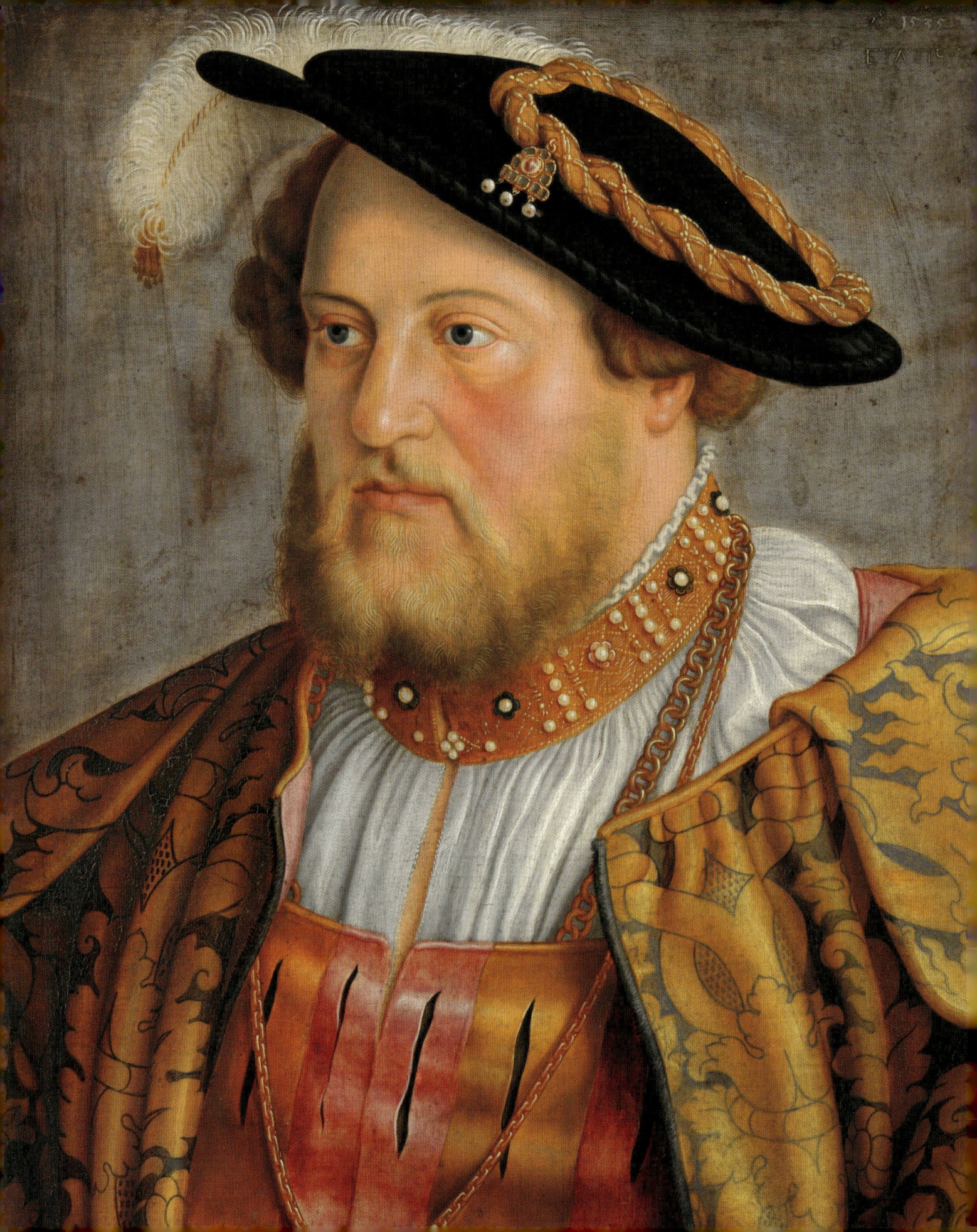

MARCO NEUMAIER

IM SPANNUNGSFELD DER KONFESSIONEN

DER RELIGIÖSE EINFLUSS AUF DIE HERRSCHAFTSPRAXIS
DER PFÄLZISCHEN KURFÜRSTEN

Die kurpfälzische Geschichte weist ein Phänomen mit singulärem Charakter auf. Während der zweiten Hälfte des 16. Jahrhunderts kam es in knapp drei Jahrzehnten zu vier konfessionellen Neuorientierungen.[1] Jeder regierende Landesherr setzte das im Augsburger Religionsfrieden gewährte Recht auf die Wahl des Bekenntnisses im eigenen Machtbereich nach seinen Vorstellungen um. Der folgende Beitrag konzentriert sich exemplarisch auf die Regierungszeiten der Kurfürsten Ottheinrich und Friedrich III., also die Zeit der obrigkeitlichen Einleitung der Reformation und des ersten Wechsels von der lutherischen zur reformierten Ausprägung des Protestantismus. In diesem Kontext erfolgt eine Beobachtung der Motivation und Vorgehensweise beider Akteure.

REFORMATORISCHER AUFBRUCH: KURFÜRST OTTHEINRICH

Als Ottheinrich von Pfalz-Neuburg am 8. März 1556 die Regierung in der Kurpfalz von seinem im Monat zuvor verstorbenen Onkel Friedrich II. übernahm, war sein eigener Gesundheitszustand schon stark beeinträchtigt, und ihm blieben lediglich knapp drei Jahre, um als Landesherr zu wirken. »Mit der Zeit« – der Wahlspruch, den er sich auserkoren hatte – schien programmatisch für den bisherigen Verlauf seines Lebens gewesen zu sein. Im Sinne der Goldenen Bulle, also reichsrechtlich, wäre Ottheinrich nach dem Tod Kurfürst Ludwigs V. 1544 eigentlich bereits erbberechtigt gewesen. Sein Großvater Philipp der Aufrichtige hatte jedoch 1506 testamentarisch verfügt, dass die Söhne vor den Enkeln die Nachfolge antreten sollten. Er beabsichtigte dadurch wohl, die

Gefahr einer Vormundschaftsregierung in der Kurpfalz zu minimieren.[2] Zwölf Jahre vergingen schließlich, bis Ottheinrich dieses Erbe beanspruchen durfte.

Zunächst regierte er seit 1522 gemeinsam mit seinem jüngeren Bruder Philipp das für die beiden nach dem Landshuter Erbfolgekrieg neu geschaffene Fürstentum Pfalz-Neuburg oder die »Junge Pfalz«. Die finanzielle Situation des Landes war von Anbeginn prekär und verschlechterte sich zusehends, nicht zuletzt aufgrund der beträchtlichen Ausgaben des Hofes. 1544 kam es zum Konkurs. Im Einvernehmen mit den Gläubigern und Bürgen erhielten die Landstände Pfalz-Neuburgs die Regierungsverantwortung, um die massive Überschuldung abzubauen. Ottheinrich ging ins Exil nach Heidelberg.[3]

Im Jahr zuvor hatte der Landesherr die Reformation eingeleitet. Die Entscheidung für die Lehren Martin Luthers traf Ottheinrich verhältnismäßig spät. Seit seinem Regierungsantritt war er noch beharrlich gegen die Ausbreitung der reformatorischen Ideen vorgegangen, wie insbesondere anhand der beiden Religionsmandate von 1524 und 1526 für Pfalz-Neuburg unmissverständlich deutlich wird. Ottheinrichs persönliche Frömmigkeit folgte ebenfalls den traditionellen Glaubensvorstellungen. So absolvierte er in Begleitung seiner Ehefrau Susanna häufig Wallfahrten.[4]

Wodurch der Wandel in der religiösen Überzeugung des Pfalzgrafen letztlich ausgelöst wurde, ist nicht eindeutig zu klären. 1539 war er offensichtlich vollzogen, denn Ottheinrich ersuchte um eine Aufnahme in den Schmalkaldischen Bund. Das Unterfan-

Abb. 1 | Pfalzgraf Ottheinrich, Barthel Beham, 1535,
Öl auf Leinwand, 44 × 33 cm, Bayerische Staatsgemäldesammlungen
München, Alte Pinakothek, Inv.-Nr. 5316

gen blieb erfolglos, da die beiden Häupter des Bundes, der sächsische Kurfürst und der hessische Landgraf, an der Aufrichtigkeit seines Bekenntnisses zur neuen Lehre zweifelten.[5] Der bayerische Herzog Wilhelm IV., Ottheinrichs Schwager, hingegen war davon überzeugt. Er ermahnte ihn im Oktober 1541 brieflich, am alten Glauben festzuhalten. Der Herzog verlieh der Aufforderung durch den Verweis auf einen potentiellen bayerischen Kredit zur Entlastung der finanziellen Notlage Pfalz-Neuburgs Nachdruck. Ottheinrich ließ sich davon nicht umstimmen. Am 25. April 1543 trat die evangelische Kirchenordnung für sein Fürstentum, die maßgeblich der Nürnberger Reformator Andreas Osiander entworfen hatte, in Kraft.[6]

Der reformatorische Prozess kam jedoch schon 1546 ins Stocken, da Karl V. Pfalz-Neuburg im Zuge des Schmalkaldischen Krieges besetzen ließ und unter kaiserlicher Statthalterschaft die katholische Lehre wieder verbindlich wurde. Ottheinrich hatte zuvor noch von seinem Heidelberger Exil aus den regierenden Landständen eine klare Positionierung aufseiten der protestantischen Allianz nahegelegt. Überdies war dem erneuten Versuch des Pfalzgrafen, eine Aufnahme unter die schmalkaldischen Bundesgenossen zu erreichen, wiederum kein Erfolg beschieden gewesen.[7]

Der siegreiche Verlauf des Fürstenaufstands gegen den Kaiser, den der sächsische Kurfürst Moritz 1552 leitete, brachte Ottheinrich schließlich eine Restitution Pfalz-Neuburgs ein. Die Aussicht darauf bewegte ihn dazu, an die Seite der Aufständischen zu treten.[8] Als es zu den Passauer Verhandlungen mit König Ferdinand kam, zeigten sich die unterschiedlichen Positionen der Fürsten hinsichtlich einer Klärung der Religionsfrage. Kurfürst Moritz setzte in seinem Angebot zum Waffenstillstand an die habsburgische Gegenseite auf Ausgleich, denn ihm schwebte eine ungehinderte Koexistenz katholischer und protestantischer Reichsstände vor. Er regte an, dass innerhalb eines halben Jahres auf einem Reichstag über zukünftige Strategien zur Lösung der »Spaltig Religion und Glaubens sachen« zu beraten sei.[9]

Pfalzgraf Ottheinrich ging dieser Kompromiss zu weit. Seine Auffassung teilten Herzog Johann Albrecht I. zu Mecklenburg und Landgraf Wilhelm von Hessen in einer gemeinsamen Denkschrift bezüglich des Vertragsentwurfs. Sie bezweifelten, dass auf dem vermittelnden Weg des sächsischen Kurfürsten die Sicherung der Glaubensfreiheit für die protestantischen Stände langfristig zu erreichen sei: »Namlich dass mitler zeit (das ist ein halb jar lang) die stende der augspurgischen confession verwandt der religion halb unvergewaltigt bleiben sollen, also das wir lenger nit dan

diss halb jar, oder so lang es dem gegenthail gelegen were, bei der religion gelassen oder darzwischen frid haben wurden.« Die Fürsten formulierten ihr Unverständnis darüber, wie aus der Position des militärisch Überlegenen (»da wir noch das Schwert in der hand haben«) die Zugeständnisse an die katholische Seite so hoch ausfallen konnten. Für sie sollte demnach das Ziel der Verhandlungen explizit eine dauerhafte Stärkung des Protestantismus im Reich sein. Ihre Bedenken zeigten jedoch keine Wirkung auf das endgültige Vertragswerk.[10]

Dreieinhalb weitere Jahre verbrachte Ottheinrich noch in Wartestellung auf das von ihm herbeigesehnte kurpfälzische Erbe. Es verwundert kaum, dass der Erlass einer neuen Kirchenordnung, datiert auf den 4. April 1556, und folglich der offizielle Konfessionswechsel in der Kurpfalz zu seiner ersten maßgeblichen Regierungshandlung wurde. Tatsächlich hatten Ottheinrichs beide Vorgänger einer Ausbreitung der lutherischen Lehren nicht entgegengewirkt beziehungsweise sogar zaghafte Schritte in Richtung einer religiösen Reform unternommen. Martin Luther war persönlich nach Heidelberg gekommen, um seine Thesen am 26. April 1518 im Rahmen einer Disputation auf dem Generalkapitel der Reformkongregation der Augustinereremiten zu verteidigen. Manche Studenten der Universität beeindruckte er derart, dass diese später selbst, wie Johannes Brenz in Württemberg und Martin Bucer in Straßburg, zu Reformatoren wurden. Kurfürst Ludwig V. bezog in der Religionsfrage eine neutrale Position. Die reformatorische Bewegung konnte demnach auf lokaler Ebene, vornehmlich in der Oberpfalz, vereinzelt ihre Wirkung entfalten.[11]

Die Situation sollte sich mit dem Regierungsantritt Friedrichs II. nicht wesentlich ändern. Zwar stand dieser im Gegensatz zu seinem Bruder Ludwig persönlich dem protestantischen Bekenntnis nahe, eine konsequente Durchsetzung des religiösen Wandels blieb jedoch aus. Friedrich richtete seine kirchenpolitischen Maßnahmen in der Kurpfalz stark auf die jeweilige politische Lage im Reich aus. Er taktierte zwischen Kaiser und protestantischen Reichsständen, wodurch Weichenstellungen für einen kurpfälzischen Reformationsprozess wiederholt ausgebremst wurden. So erließ Friedrich zum Jahresbeginn 1546 ein vorbereitendes Mandat, welches das Abendmahl unter beiderlei Gestalt, den deutschsprachigen Gottesdienst und die Priesterehe gestattete. In den kommenden Monaten folgten sowohl eine vorläufige Kirchen- als auch eine Polizeiordnung, die beide den beschrittenen Weg fortsetzten. Zudem waren Visitationen geplant. Als Reaktion auf die Niederlage des Schmalkaldischen Bundes im darauffolgenden

Jahr stoppte der Kurfürst diesen Vorstoß. Darüber hinaus beugte er sich dem kaiserlichen Willen und ließ das Augsburger Interim in der Kurpfalz umsetzen. Ein Wiederaufleben der obrigkeitlichen Initiative zur Kirchenreform wurde folglich vorerst verhindert.[12]

Obwohl Friedrich II. die von ihm eingeleitete Kirchenreform nie weiterverfolgt hatte, waren Grundlagen geschaffen und protestantische Tendenzen in der kurpfälzischen Bevölkerung lebendig. Ottheinrich konnte demnach ungehindert die Umstrukturierung der kirchlichen Verhältnisse vollenden und profitierte hierbei von den Erfahrungen aus dem gelungenen Projekt in Pfalz-Neuburg. Die Kontinuität seines Reformbestrebens ließ der Kurfürst in der Vorrede zur neuen Kirchenordnung des Jahres 1556 deutlich zum Ausdruck kommen, indem er konstatierte: »[...] so haben wir uns doch vor vil jarn aus gutem christlichem eifer unterfangen, in unserm fürstenthumb Neuburg, Gott, dem allmechtigen, zu lob und eern, in der leere und ceremonien besserung fürzenemen [...]«.[13] Mit identischem Enthusiasmus und »von ambts und obrigkeit wegen«[14] geschah selbiges nun in der Kurpfalz.

Die kurpfälzische Kirchenordnung beruhte wesentlich auf der letzten Neuburger Fassung, die nach der Restitution 1554 entstanden und ihrerseits stark von der im Vorjahr veröffentlichten württembergischen Ordnung beeinflusst war.[15] Die Grundausrichtung war lutherisch mit einem klaren Bekenntnis zur *Confessio Augustana*. Dieser Sachverhalt tritt deutlich bei den Bestimmungen zum Abendmahl in Erscheinung: »Sovil nun die leer von dem sacrament des nachtmals belangt, wöllen wir, das dieselbig stracks nach vermög des worts Christi im nachtmal, wie söllichs in der Augspurgischen Confession erkläret, gericht werde, nemlich das in dem nachtmal Christi der leib und das blut Christi warhaftiglich und gegenwirtiglich mit brot und wein außgeteilt, empfangen und genossen werde.«[16]

Es finden sich jedoch auch philippistische Züge in der Kirchenordnung. So wurde die Verwendung des Chorrocks weiterhin gestattet.[17] Hinsichtlich des Bilderschmucks in den Kirchen der Kurpfalz ging der Landesherr nach Abschluss der ersten Visitation entschiedener vor. Ein Mandat vom 14. Oktober 1557 ordnete an, dass die Verantwortlichen in den Gemeinden die »ärgerlich bildnus und altarien [...] gäntzlich, doch soviel immer muglich, in geheimbder stille, auch bey nächtlicher weile, unnutze weitläufigkeit soviel mehr zu verhüthen, ab und aus den kirchen [...] abbrechen oder in beßern brauch verwendent, damit dem greuel gewehret und underbauet werde«. Eine Aufklärung der Gläubigen über die Notwendigkeit dieser Maßnahmen sollte in den Predig-

ten erfolgen.[18] Wie konsequent die landesherrliche Verordnung vollzogen wurde, ist nur schwach überliefert. In Weinheim protestierte Philipp Landschad, Komtur der Niederlassung des Deutschen Ordens, vergeblich gegen die angekündigte Entfernung der Bilder aus den örtlichen Kirchen. Er hatte dennoch Teile der gefährdeten Objekte zuvor in Sicherheit bringen können.[19]

Ottheinrich versuchte ohne Erfolg, Philipp Melanchthon, Flacius Illyricus und Johannes Brenz als Berater in kirchenpolitischen Fragen zu gewinnen. Seine Entscheidung, auf prominente Vertreter unterschiedlicher Lehrmeinungen der evangelischen Konfession zu setzen, ist symptomatisch für die unverkrampfte Einstellung des Kurfürsten gegenüber den innerprotestantischen Auseinandersetzungen. Schlüsselfunktionen übernahmen jedoch letztlich Persönlichkeiten, die tendenziell dem orthodoxen Luthertum nahestanden. Ottheinrichs Kanzler Erasmus von Minckwitz war zuvor von den ernestinischen Wettinern im gleichen Amt eingesetzt worden. Johannes Marbach, der in Straßburg gewirkt hatte, bestimmte die frühe Phase der reformatorischen Umstrukturierung und organisierte die erste Visitation nach Erlass der Kirchenordnung. Generalsuperintendent wurde auf Empfehlung Melanchthons der ehemalige Rostocker Theologieprofessor Tilemann Heshusen.[20]

In einem weiteren Schritt ließ Ottheinrich die Heidelberger Universität reformieren. Seit ihrer Gründung 1386 fungierte die Hochschule als eine Nachwuchsschmiede für die kurfürstliche Verwaltung sowie den Kirchendienst und bot darüber hinaus den Landesherren ein Reservoir an exzellent ausgebildeten Beratern.[21] Die konfessionellen Veränderungen in der Kurpfalz wirkten direkt auf die Statutenreformation, die am 28. Dezember 1558 in Kraft trat. Die theologische Fakultät war freilich in erster Linie davon betroffen, sodass ein dort tätiger Professor »sich der Augspurgischen confession und deroselben apologi sampt unser kirchenordnung der lehr und ceremonien halb gemäß zu verhalten ihme lassen befohlen sein«.[22] Tief wurde in die Organisationsstruktur der Universität eingegriffen und eine evangelische Landeshochschule geschaffen, deren Lehrbetrieb im Zeichen des Humanismus stand. Sie verlor ihren Charakter einer geistlichen Körperschaft.[23]

Philipp Melanchthon, der Praeceptor Germaniae, hatte von Ottheinrich den Auftrag erhalten, die Überarbeitung der Statuten kritisch zu begutachten. Sein Einfluss bewirkte eine Aufwertung der artistischen Fakultät und ihrer Lehrinhalte.[24] Der Landesherr griff auch direkt in die Berufungspolitik der Universität ein, indem

Professuren nach seinen Vorstellungen besetzt wurden.[25] Die Kandidaten vertraten das gesamte Spektrum der protestantischen Lehrmeinungen, worin Ottheinrich scheinbar kein Konfliktpotential erkennen wollte. So erhielten durch kurfürstliche Intervention unter anderem Tilemann Heshusen den Lehrstuhl für Neues Testament und Thomas Erastus die Professur für Pathologie an der medizinischen Fakultät. Letzterer war ein überzeugter Zwinglianer und sollte zukünftig ein entschiedener Gegner des orthodoxen Lutheraners werden.[26]

Die Förderung von Bildung protestantischer Prägung spiegelte sich auch in einem weiteren Projekt des Kurfürsten wider. Er legte den Grundstein für die weltberühmte Bibliotheca Palatina, eine beeindruckende Sammlung von Büchern und Manuskripten mit antiken, mittelalterlichen und zeitgenössischen Texten aus allen Wissensgebieten. Ottheinrich ließ die traditionelle Bibliothek des Heidelberger Heiliggeiststifts, die auf den Emporen der Kirche untergebracht war, mit wesentlichen Teilen der Hofbibliothek und seiner persönlichen Sammlung vereinigen.[27] Dieser vom Landesherrn zur öffentlichen Nutzung bereitgestellte Ort universaler Gelehrsamkeit sollte unter Aufsicht der Universität ewig fortbestehen und ständig erweitert werden. Der Kurfürst verfügte dementsprechend testamentarisch, dass von seinen Nachfolgern jedes Jahr fünfzig Gulden für den Erwerb neuer Bücher auf der Frankfurter Messe aufzuwenden seien. Bei Nichteinhaltung der Vorgaben sollte die gesamte Bibliothek in die Obhut der Universität Tübingen gelangen.[28]

Nicht ohne Grund bedachte Ottheinrich die württembergische Landeshochschule mit einer Option auf die Bibliotheca Palatina. Er pflegte eine enge Freundschaft zu Herzog Christoph, der in der Reichspolitik sein Verbündeter wurde. Schon vor und erst recht während der wenigen ihm verbleibenden Jahre seiner Regierungszeit als pfälzischer Kurfürst bemühte sich Ottheinrich intensiv um eine Einheit der protestantischen Kräfte mit einer deutlichen Frontstellung gegen den habsburgischen Kaiser. Ihn leiteten im Gegensatz zu Christoph von Württemberg, dem eine Lösung der theologischen Zerrissenheit im protestantischen Lager wichtig war, primär politische Motive.[29]

Ottheinrichs Strategie für den Reichstag von 1556/57 wurde schließlich, den Druck auf den Kaiser aufzubauen und die Bewilligung der Türkenhilfe von der allgemeinen Freistellung abhängig zu machen.[30] Demnach sollte eine Aufhebung des im Augsburger Religionsfrieden bestimmten »geistlichen Vorbehalts« erfolgen, wonach der Konfessionswechsel eines katholischen geistlichen Landesherrn dessen Machtverlust bedeutete. Ottheinrich fasste die freie Gewissensentscheidung noch weiter und wollte sie allen Untertanen ermöglichen. Für ihn war in diesem Fall jedoch nur ein Bekenntnis zum Protestantismus, also dem nach seiner Überzeugung einzig wahren Glauben, denkbar. Der Übertritt zum Katholizismus konnte keine legitime Option sein.[31] Der provokante Plan scheiterte nicht zuletzt an einer wirksamen Gegensteuerung Kursachsens und Kurbrandenburgs.

Eine große Leidenschaft Ottheinrichs war die zeitgenössische Kunst, wodurch er eindrücklich sein Selbstverständnis als protestantischer Renaissancefürst vermitteln ließ. Insbesondere die Bauprojekte in Neuburg und Heidelberg zeugen davon. Neben der lebendigen Rezeption antiker Formensprache bestimmten die Architekturgestaltung biblische Motive mit Vorbildcharakter, die der Auftraggeber als Maxime für sein fürstliches Handeln verstanden wissen wollte.[32]

EIN CALVINISTISCHES WAGNIS: KURFÜRST FRIEDRICH III.

Am 12. Februar 1559 starb Ottheinrich kinderlos, und die Kurwürde ging an Friedrich von Pfalz-Simmern über. Der Wahlspruch des neuen Kurfürsten – »Herr, nach deinem Willen« – bezeugt eindrücklich die tiefe Frömmigkeit und ein uneingeschränktes Vertrauen auf göttliche Lenkung, die sein Handeln bestimmten. Zunächst setzte Friedrich III. die religionspolitische Linie seines Vorgängers fort. Die Geschlossenheit der protestantischen Reichsstände war für ihn ebenfalls essentiell, wie er im Vorfeld des bevorstehenden Augsburger Reichstags seinem Schwiegersohn Herzog Johann Friedrich II. von Sachsen nahelegte: »[...] so bit ich ganz freundlich und mit vleys, E. L. wollen onbeschwert sich mit uns andern den chur- und fursten vergleychen und in religions sachen uff diesem reychstag vor aynen man stehn und aus aynem mund reden.«[33] Wörtlich übernahm Friedrich auch die Instruktionen, welche Ottheinrich noch im Januar 1559 seinen Gesandten für den Reichstag übermittelt hatte. Die allgemeine Freistellung im zuvor beschriebenen Sinne blieb demnach weiterhin ein wesentlicher Aspekt der kurpfälzischen Direktive.[34]

Kurz vor dem Tod Ottheinrichs planten David Zöpfel, Johann Rasch und Sigmund Feyerabend den Neudruck der 1545 veröffentlichten deutschen Bibel in der Übersetzung Martin Luthers, die der Reformator letztmalig eigenhändig korrigiert hatte. Diese

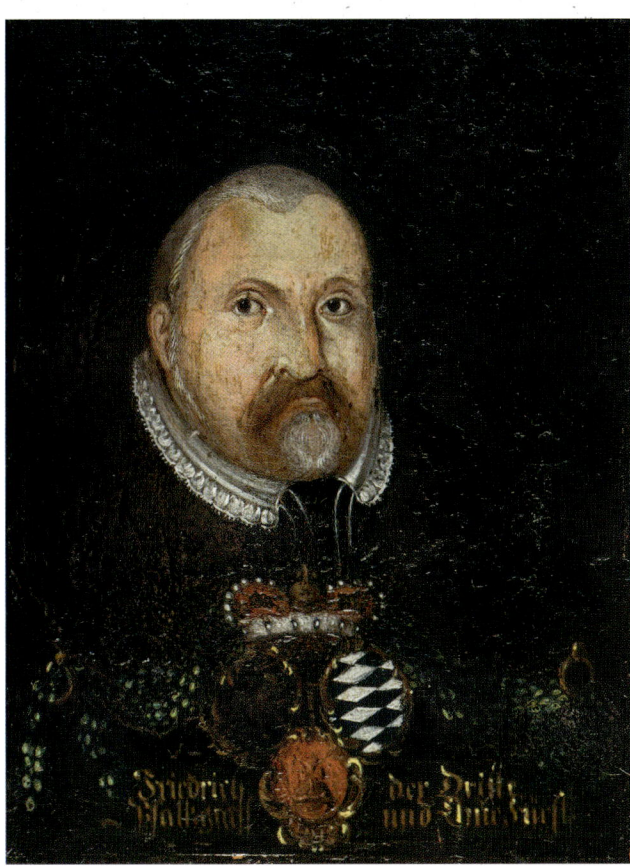

Abb. 2 | Kurfürst Friedrich III., unbekannter Künstler, um 1574,
Öl auf Holz, 15 × 11 cm, Kurpfälzisches Museum der Stadt Heidelberg,
Inv.-Nr. G 1811

promoviert. Der Generalsuperintendent beanspruchte für sich die obere Auslegungsgewalt und predigte energisch dagegen. Klebitz reagierte seinerseits darauf mit scharfer Polemik. Friedrich III. sah sich gezwungen, in den Konfliktfall vermittelnd einzugreifen. Von neutralen Theologen beraten, bot er als Grundlage für einen Kompromiss die offenere Regelung der *Confessio Augustana variata* von 1540 an. Heshusen konnte dadurch nicht besänftigt werden und der Streit eskalierte bis hin zu Prügeleien zwischen den beiden Parteien auf dem Marktplatz. Als Konsequenz entließ der Kurfürst Heshusen und Klebitz.[36]

Friedrich III. begegnete den zeitgenössischen protestantischen Theologen mit äußerstem Argwohn. Insbesondere ihre verbissene Uneinigkeit über dogmatische Fragen konnte er nicht wirklich nachvollziehen. Diese Einstellung legte der Kurfürst nie ab. Noch in seinem Testament ermahnte er die Nachkommen, sich vor den »unruhigen kirchen- und schuldienern« zu hüten, deren »ärgerliche strit, wortgezängk, schedliche condemnationes und verdammungen« eine Gefahr für »unsere wahre christliche religion« bedeuteten.[37] Die Erfahrung des Abendmahlstreites bewegte ihn jedoch dazu, bei Philipp Melanchthon ein Gutachten zum Gegenstand des Konflikts zu beauftragen. Darin bestätigte dieser seine in der *Variata* auf Ausgleich bemühte Position, die für alle kurpfälzischen Pfarrer verbindlich wurde. Die zukünftige Religionspolitik Friedrichs III. trug fortan philippistische Züge.[38] 1561 kam diese Tendenz während des Naumburger Fürstentags, in dessen Rahmen sich die versammelten protestantischen Landesherren auf die allgemein verbindliche Fassung des Augsburger Bekenntnisses einigen wollten, deutlich zum Ausdruck. Friedrich III. favorisierte die *Variata* und schien zunächst imstande, die Mehrzahl der übrigen Fürsten von deren Legitimität überzeugen zu können. Sie sollte als Ergänzung zur Fassung von 1531 verstanden werden. Schließlich scheiterte sein Vorstoß jedoch an der Ablehnung des sächsischen Herzogs Johann Friedrich, worauf unter anderem Kursachsen und Kurbrandenburg sowie Württemberg Rücksicht nahmen.[39]

Zunehmend wandte sich Friedrich III. der reformierten Konfession zu. Ein Meilenstein in diesem Prozess, der schließlich zur religiösen Neuausrichtung des Landes führte, war Ende 1561 die Abschaffung der Hostie. Das Protokoll einer Rede Friedrichs III. vor seinen Söhnen und vertrauten Räten vom 1. Juli 1564 vergegenwärtigt in der Rückschau die Motivation des Kurfürsten: »Pfalz Intent sei allwege dahin gestanden, wie aller gottseligen Obrigkeiten, die Abgötterei abzuschaffen, sonderlich so aus dem Pap-

von Virgil Solis illustrierte Ausgabe wollten die Frankfurter Verleger dem Kurfürsten widmen, und sie erhielten auch noch dessen Zusage auf »huelff vnd fuerschub«.[35] Friedrich III. löste das Versprechen seines Vorgängers schließlich ein und erließ ein Privileg, das in der Kurpfalz den unerlaubten Nachdruck des Werkes für den Zeitraum von sechs Jahren verbot. Solis fertigte reich verzierte Portraits der beiden Kurfürsten im Ornat an, die dem Bibeltext vorangestellt sind (vgl. Abb. 3 und 4).

Friedrich III. sah sich bereits wenige Monate nach seinem Regierungsantritt mit Auseinandersetzungen zwischen Heidelberger Theologen konfrontiert. Der orthodoxe Generalsuperintendent Tilemann Heshusen geriet mit dem Diakon an der Heiliggeistkirche, Wilhelm Klebitz, der dem Zwinglianismus nahestand, in einen Streit um die Abendmahlslehre. Klebitz wurde in Abwesenheit und ohne Wissen Heshusens an der Universität über das Thema

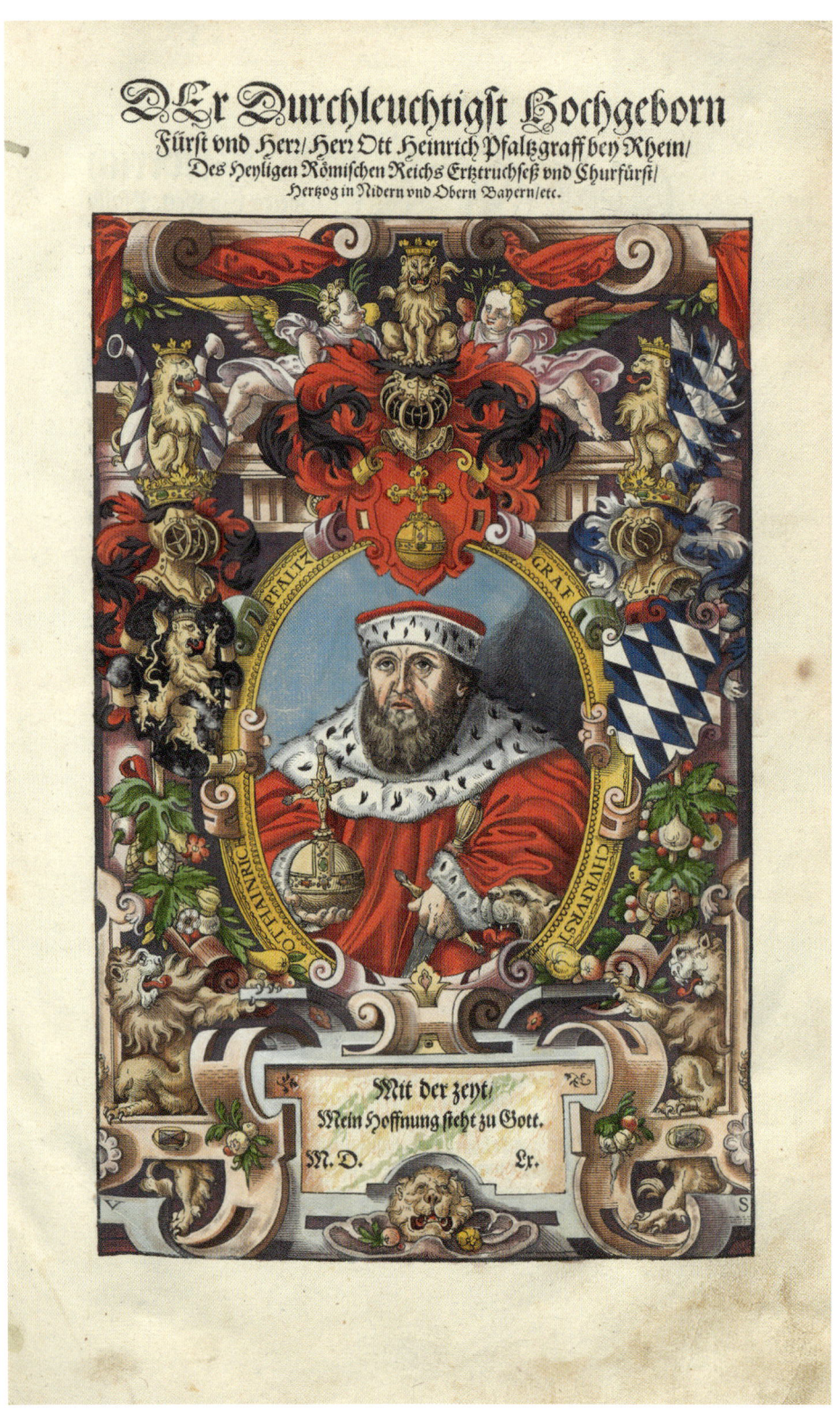

Abb. 3 | Kurfürst Ottheinrich, kolorierter
Holzschnitt von Virgil Solis, aus: Martin
Luther, Biblia. Das ist die gantze Heylige
Schrifft Teutsch, Frankfurt a. M.: David
Zöpfel/Johann Rasch/Sigmund Feyerabend
1560, Ex. Bayerische Staatsbibliothek
München, Rar. 359, Nr. 9

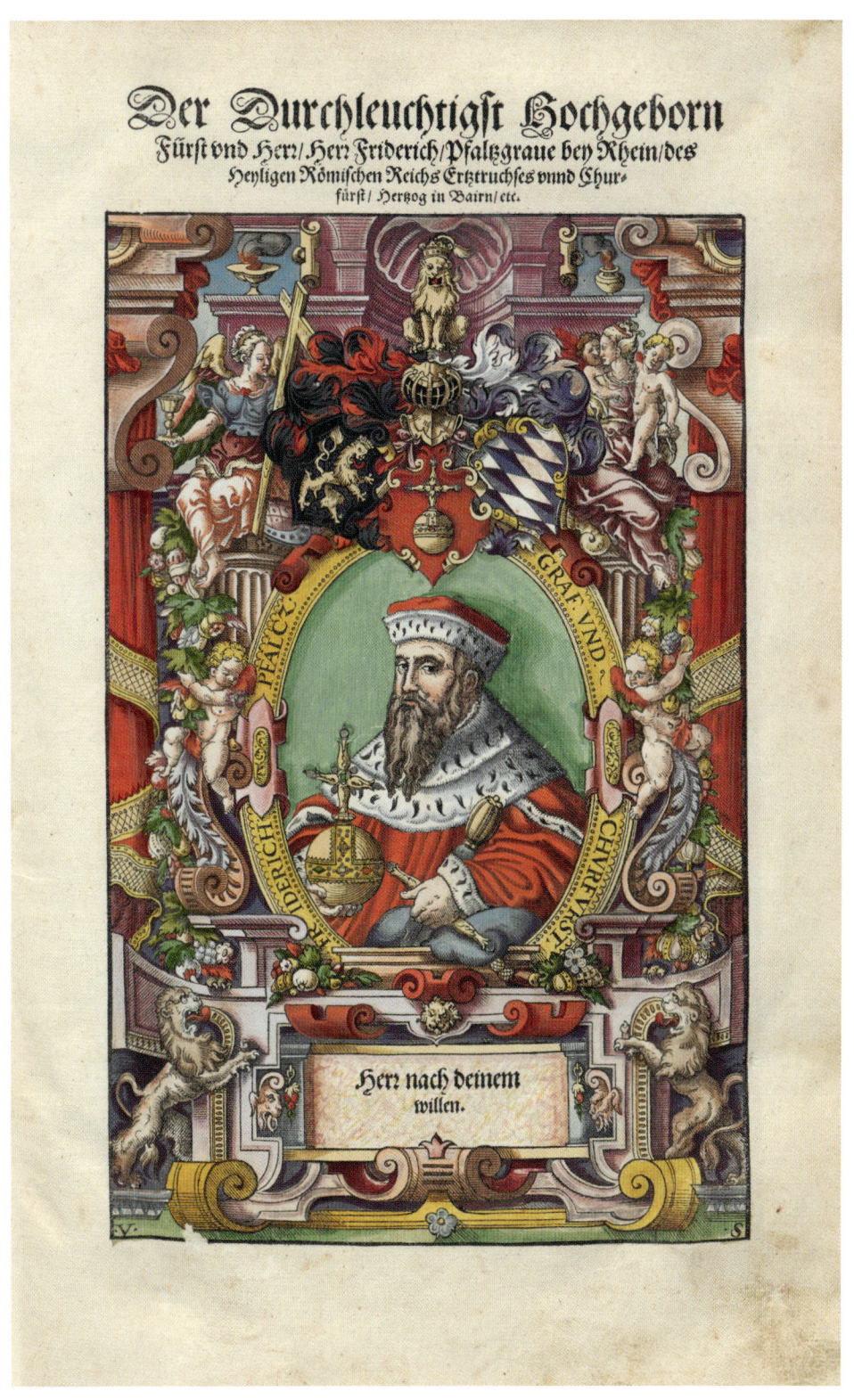

Abb. 4 | Kurfürst Friedrich III., kolorierter
Holzschnitt von Virgil Solis, aus: Martin
Luther, Biblia. Das ist die gantze Heylige
Schrifft Teutsch Frankfurt a. M.: David
Zöpfel/Johann Rasch/Sigmund Feyerabend
1560, Ex. Bayerische Staatsbibliothek
München, Rar. 359, Nr. 7

stumb hergefloßen. Weil dann solche in der Pfalz Kirchen als das rund Brödlein, daraus ein Abgott gemacht, befunden und fürgeben, daß die Prädicanten Gott in ihren Händen hätten, habe Pfalz ohne Rath ihrer Räthe solch rund Brod abgeschafft, die Abgötterei aus dem Herzen der Menschen zu thun, und dagegen das Brodbrechen angericht.«[40] Friedrich III. betonte, dass er die Entscheidung aus eigener Kraft getroffen habe, und unterstrich dadurch seine Autorität in religiösen Angelegenheiten. Eine theologische Würdigung der kurfürstlichen Maßnahmen unternahm Thomas Erastus in zwei kleinen deutschsprachigen Schriften, die sowohl die 1561 verbindlich gewordene Abendmahlspraxis als auch den Ritus des Brotbrechens den Laien verständlich machen wollten.[41] Obwohl Friedrich III. den Einfluss seines persönlichen Umfelds in der eben zitierten Rede schmälerte, umgaben ihn seit dem Regierungsantritt Räte, welche die religionspolitische Linie mittrugen und -gestalteten. Dazu gehörten vornehmlich Großhofmeister Graf Eberhard von Erbach und Kanzler Christoph Ehem.[42]

Am 15. November 1563 erließ Friedrich III. schließlich eine neue Kirchenordnung mit unverkennbar reformiertem Charakter. Den Text verfasste maßgeblich Zacharias Ursinus, der an der Heidelberger Universität die Professur für Dogmatik innehatte.[43] Zentral war die Formulierung des veränderten Abendmahlsverständnisses. Brot und Wein sollten nun als »gewisse warzeichen des leibs und bluts Christi« wahrgenommen werden.[44] Eine bewusste Orientierung an dem Genfer Modell Calvins bedeutete die Einführung der Kirchenzucht. In der Kirchenordnung wurde mit dem Hinweis auf eine zukünftige Konkretisierung bereits darauf hingewiesen. Die eigentliche Kirchenzuchtordnung ließ jedoch sieben Jahre auf sich warten. Ein Aufsichtsgremium musste demnach in den Gemeinden gewährleisten, dass die Gläubigen »mit erbarem dugentsamen, zuchtigem wandel und leben sich erzeigen und verhalten«. Wiederholte Zuwiderhandlungen hatten den Ausschluss vom Abendmahl zur Folge.[45] Oberste Behörde, die das kirchenpolitische Programm umsetzte und aufrechterhielt, war der 1564 eingerichtete Kirchenrat, bestehend aus jeweils drei Theologen und drei weltlichen Gelehrten.[46]

Den Kern der Kirchenordnung bildete der *Heidelberger Katechismus*, der im Januar zuvor selbstständig im Druck erschien. Der Kurfürst war persönlich an dessen Entstehungsprozess beteiligt, wie er in der Verteidigung gegen eine im Umfeld des Augsburger Reichstags von 1566 kursierende polemische Schrift kundtat. Darin wurde ihm unter anderem vorgeworfen, dass er

die Kirchenordnung und den Katechismus in Zürich beauftragt habe. Friedrich antwortete darauf: »Das ich mein catechismum und kirchenordnung zu Zurich durch Bullingerum und seine gehilfen habe lassen stellen, das ist ein offentlich beweisliche lügen und mit meiner handschrift darzuthun, das nachdem ich mein catechismum von mein theologen entpfangen und verlesen, in etlichem verbessert habe.«[47]

Reformatorische Maßnahmen, die Ottheinrich bereits eingeleitet hatte, wurden von Friedrich III. entschieden fortgesetzt. So gewann der Bildersturm an Vehemenz. Neben der Entfernung des »geschmayß[es]«, das immer noch in den Kirchen präsent zu sein schien, sollte der Altar einem »erlichen disch« weichen. Chorröcke und Messgewänder waren an die Armen zu verteilen.[48] Klöster und Stifte hatte Ottheinrich lediglich vereinzelt auflösen lassen. Ein solcher Fall war Lorsch, dessen wertvolle Bibliothek sich der Landesherr allerdings selbst sicherte. Friedrich trieb die Säkularisierung deutlich voran, sodass bis zu seinem Tod vierzig Klöster nicht mehr existierten.[49]

Auf Reichsebene riskierte Friedrich III. nach seinem Übertritt zum Calvinismus eine Isolierung. Kaiser Maximilian II. beabsichtigte im Verlauf des Reichstags von 1566 tatsächlich, die Einbeziehung des pfälzischen Kurfürsten in den Augsburger Religionsfrieden anzuzweifeln.[50] Friedrich trat den Vorwürfen am 14. Mai selbstbewusst entgegen und behauptete, dass er die Schriften Calvins überhaupt nicht kenne und er die Bestätigung der *Confessio Augustana* noch 1561 auf dem Naumburger Fürstentag mitunterzeichnet habe. Der Kurfürst ging in die Offensive und forderte die Anwesenden dazu auf, mit ihm ein theologisches Streitgespräch zu beginnen: »Und ist die bibel balt zur stell zubringen.«[51] Wie eine geschickte Inszenierung mutet die Szene an, die der Heidelberger Kirchenrat Marcus zum Lamm in seinem *Thesaurus Picturarum* ergänzend überliefert: »In maßen dann Ihrer Churf. gn. Sohn, Herzog Johan Casimir eine Bibel so seine Fürstl. gn. bey sich under dem Rockh gehabt, Zu gleich herfür gezogen, und vffgelegt mit diesen wortten, Hie liegt sie!«. Zum Lamm berichtet weiter: »Es hat sich aber kheiner gefunden, der sich eines solichenn underfangen wöllen, viel weniger daßelbige hette leisten khönnen, sundern eß seindt die jenig freundt unnd andere, so Ihre Churf. gn. erzelter maßen angeben gehabt, darüber dermaßen confundirt, verstürzt, unnd schon rot wordenn, das einer den andern angesehen, die Augen nidergeschlagenn, und sich allgemach einander nach aus dem gemach verloren, und daruon gemacht habenn.«[52]

Friedrich III. hinterließ wohl Eindruck. Die evangelischen Fürsten sahen keinen Grund, dem kaiserlichen Zweifel zu folgen und ihn aus ihren Reihen zu verstoßen. In ihrer Erklärung vom 19. Mai 1566 kamen sie zu dem Schluss, »das der churfurst im haubt articul der alein seeligmachenden justification (inn welchem sich anfengclich von diser zeit die religions zweiung erhoben), auch in vilen andern articuln dem waren verstannd der augspurgischen confession anhengig sey.« Lediglich das Abendmahlsverständnis Friedrichs gebe noch zu einem späteren Zeitpunkt Anlass zur Klärung.[53]

Die Konfession bestimmte auch die außenpolitischen Beziehungen, welche Friedrich III. auf europäischer Ebene pflegte. Er empfand es als seine Pflicht, Glaubensbrüdern und -schwestern, die Unterdrückung und Verfolgung ausgesetzt waren, aktiv Hilfe anzubieten. Den Kurfürsten leitete die Befürchtung, dass eine päpstlich-spanische Allianz den europäischen Protestantismus ernsthaft gefährden könne. Sein Blick richtete sich sowohl auf die Hugenotten in Frankreich als auch auf die für ihre Befreiung von der spanischen Herrschaft kämpfenden Niederlande. Friedrichs zweitältester Sohn Johann Casimir engagierte sich seit 1567 wiederholt militärisch mit wechselndem Erfolg in den religiösen Konflikten im Westen Europas. Das elisabethanische England wurde in diesem Zusammenhang ein wichtiger Partner.[54]

Parallel zur Unterstützung der bedrängten Calvinisten im Ausland nahm Friedrich III. verstärkt Glaubensflüchtlinge in der Kurpfalz auf. 1562 kamen so 58 Familien flämischer Herkunft an den Neckar, nachdem ihnen das lutherische Frankfurt einen weiteren Aufenthalt erschwert hatte. Friedrich bot den Flüchtlingen das kürzlich säkularisierte Kloster Frankenthal als neue Heimat an. Sie wurden zu seinen Untertanen und importierten in der Kurpfalz wenig verbreitete Gewerbe wie die Tuchherstellung und Weberei. Die Gold- und Silberschmiedekunst blühte in Frankenthal ebenfalls auf. Der Kurfürst gestand den Exulanten in gewissem Umfang Autonomie zu und förderte sie wirtschaftlich.[55] Unter den Professoren der Universität waren ebenfalls Glaubensflüchtlinge zu finden, wie Hugo Donellus, der aus Bourges der Verfolgung entkam und in Heidelberg Exil fand. Der spätere Autor der einflussreichen *Commentarii iuris civilis* lehrte an der juristischen Fakultät römisches Recht. Die Anziehungskraft der Heidelberger Hochschule, die nach Genf und Leiden zum wichtigen reformierten Bildungszentrum in Europa wurde, war enorm und bescherte ihr einen internationalen Charakter.[56]

AUSBLICK

Friedrich III. starb 1576. Der designierte Nachfolger Ludwig war im Gegensatz zum Vater und jüngeren Bruder wohl maßgeblich gestützt durch seine Ehefrau Elisabeth, eine Tochter Landgraf Philipps von Hessen, Lutheraner geblieben.[57] Friedrichs Testament enthält demnach zentral einen Appell an seine Söhne und die landesherrlichen Funktionsträger, für die Aufrechterhaltung der reformierten Konfession – die »götliche warheit« – in der Kurpfalz zu sorgen.[58] Diese Hoffnung erfüllte sich nicht. Ludwig VI. ignorierte den letzten Willen des Vaters und erließ am 20. August 1577 eine Kirchenordnung, die den konfessionellen Stand zur Zeit Ottheinrichs wiederherstellte. Ludwigs Regierungszeit war geprägt von einer systematischen Revision der Religionspolitik Friedrichs III. sowie einem Dualismus zwischen dem Kurfürsten und seinem Bruder. Johann Casimir versuchte, entgegenzusteuern. Er bot in seinem Teilfürstentum Pfalz-Lautern den aus den Kurlanden emigrierten Reformierten eine neue Heimat. Die außenpolitische Orientierung nach Westeuropa setzte er ebenfalls fort. Der frühe Tod Ludwigs VI. setzte ihn an die Spitze einer Vormundschaftsregierung für den noch minderjährigen Kurprinzen Friedrich. Johann Casimir lenkte die Kurpfalz wieder zurück zur reformierten Konfession.[59]

Die Herrschaftspraxis der pfälzischen Kurfürsten stand seit Ottheinrichs Entscheidung, die Reformation in der Kurpfalz durchzusetzen, wesentlich unter dem Einfluss der konfessionellen Überzeugung des jeweiligen Regierenden. Im Kontext des ersten Übergangs vom lutherischen zum reformierten Bekenntnis ist zu erkennen, dass es hinsichtlich des politischen Handelns neben den Unterschieden eine wesentliche Konstante gab. Obwohl sich ihre religiösen Anschauungen nicht deckten, strebten sowohl Ottheinrich als auch Friedrich III. nach einer Einigung der protestantischen Kräfte im Reich und in Europa. Die Kurpfalz, deren konfessionelle Konsolidierung sie intensiv vorantrieben, sollte eine maßgebliche Rolle in diesem Prozess einnehmen.

ANMERKUNGEN

1 Vgl. Frank Engehausen, Strategien des Konfessionswechsels im 16. Jahrhundert – Das Beispiel der Kurpfalz, in: Macht des Glaubens – 450 Jahre Heidelberger Katechismus, hrsg. von Karla Apperloo-Boersma/Herman J. Selderhuis, Göttingen 2013, S. 85–95; Eike Wolgast, Konfessionswechsel und Kirchenpolitik der Pfälzer Kurfürsten im 16. und 17. Jahrhundert, in: Die Wittelsbacher am Rhein. Die Kurpfalz und Europa, Bd. 2: Neuzeit, hrsg. von Alfried Wieczorek u. a., Regensburg 2013, S. 30–38. **2** Vgl. Barbara Kurze, Kurfürst Ott Heinrich. Politik und Religion in der Pfalz 1556–1559, Gütersloh 1956, S. 10; Volker Press, Calvinismus und Territorialstaat. Regierung und Zentralbehörden der Kurpfalz 1559–1619, Stuttgart 1970, S. 169; Meinrad Schaab, Geschichte der Kurpfalz, Bd. 2: Neuzeit, Stuttgart/Berlin/Köln 1992, S. 13; Armin Kohnle, Ottheinrich: Leben und Wirken eines Reformationsfürsten, in: Kurfürst Ottheinrich und die humanistische Kultur in der Pfalz, hrsg. von Hans Ammerich/Hartmut Harthausen, Speyer 2008, S. 11–29, hier S. 12. **3** Vgl. Ferdinand Kramer, Fürstentum und Residenzstadt Neuburg (1505–1618), in: Von Kaisers Gnaden. 500 Jahre Pfalz-Neuburg, hrsg. von Suzanne Bäumler/Evamaria Brockhoff/Michael Henker, Augsburg 2005, S. 119–125, hier S. 119–123; Michael Cramer-Fürtig, Ottheinrichs »merkliche und beschwerliche Schuldenlast«. Finanzkrise und Staatsbankrott im Fürstentum Pfalz-Neuburg 1505–1546, in: Pfalzgraf Ottheinrich. Politik, Kunst und Wissenschaft im 16. Jahrhundert, hrsg. von der Stadt Neuburg an der Donau, Regensburg 2002, S. 108–126, hier S. 109–112. 1535 hatten Ottheinrich und Philipp die Teilung Pfalz-Neuburgs für einen Zeitraum von sechs Jahren vereinbart. Nach Ablauf dieser Frist zog sich Philipp zurück und überließ seinem älteren Bruder die alleinige Regierung über das gesamte Fürstentum. **4** Vgl. Michael Henker, Die Einführung der Reformation im Fürstentum Pfalz-Neuburg, in: Stadt Neuburg an der Donau, Pfalzgraf Ottheinrich (wie Anm. 3), S. 142–152, hier S. 143; Michael Henker, Erstes Religionsmandat von Ottheinrich und Philipp gegen die neue Lehre, in: Bäumler/Brockhoff/Henker, Von Kaisers Gnaden (wie Anm. 3), S. 349, Kat.-Nr. 10.1; Michael Henker, Zweites Religionsmandat von Ottheinrich und Philipp gegen die neue Lehre, in: ebd., S. 349, Kat.-Nr. 10.2. **5** Vgl. Axel Gotthard, »Frölich gewest« – Ottheinrich, ein unpolitischer Fürst?, in: Stadt Neuburg an der Donau (Hrsg.), Pfalzgraf Ottheinrich (wie Anm. 3), S. 71–93, hier S. 73; Gabriele Haug-Moritz, Der Schmalkaldische Bund 1530–1541/42. Eine Studie zu den genossenschaftlichen Strukturelementen der politischen Ordnung des Heiligen Römischen Reiches Deutscher Nation, Leinfelden-Echterdingen 2002, S. 126. **6** Vgl. Henker, Einführung (wie Anm. 4), S. 144 f.; Reinhard H. Seitz, Ottheinrich und die Reformation im Fürstentum Neuburg, in: Bäumler/Brockhoff/Henker (Hrsg.), Von Kaisers Gnaden (wie Anm. 3), S. 343–348, hier S. 344. **7** Vgl. Albrecht Pius Luttenberger, Glaubenseinheit und Reichsfriede. Konzeptionen und Wege konfessionsneutraler Reichspolitik 1530–1552 (Kurpfalz, Jülich, Kurbrandenburg). Göttingen 1982, S. 369–373; Gotthard, »Frölich gewest« (wie Anm. 5), S. 74; Seitz, Ottheinrich (wie Anm. 6), S. 346; Gabriele Schlütter-Schindler, Der Schmalkaldische Bund und das Problem der causa religionis, Frankfurt a. M./Bern/New York 1986, S. 275. **8** Am 25. Mai 1552 wurde ein entsprechendes Bündnis vereinbart, in dem Ottheinrich auch militärische Unterstützung zusicherte. Vgl. Johannes Herrmann/Günther Wartenberg/Christian Winter (Bearb.), Politische Korrespondenz des Herzogs und Kurfürsten Moritz von Sachsen, Bd. 6: 2. Mai 1552–11. Juli 1553 mit ergänzenden Dokumenten zum Tod des Kurfürsten, Berlin 2006, Dok.-Nr. 84, S. 115 f. **9** Herrmann/Wartenberg/Winter, Politische Korrespondenz (wie Anm. 8), Bd. 6, Dok.-Nr. 141.2, S. 205–208. **10** Friedrich Wilhelm Schirrmacher, Johann Albrecht I. Herzog von Mecklenburg, Bd. 2: Beilagen, Wismar 1885, Dok.-Nr. 68, S. 175–179. Vgl. auch Gotthard, »Frölich gewest« (wie Anm. 5), S. 76. **11** Vgl. Karl-Heinz zur Mühlen, Die Heidelberger Disputation Martin Luthers vom 26. April 1518. Programm und Wirkung, in: Semper Apertus. Sechshundert Jahre Ruprecht-Karls-Universität Heidelberg 1386–1986, Bd. 1: Mittelalter und Frühe Neuzeit 1386–1803, hrsg. von Wilhelm Doerr u. a., Berlin u. a. 1985, S. 188–212, hier S. 199–206; Luttenberger, Glaubenseinheit (wie Anm. 5), S. 137–139; Eike Wolgast, Refor-

mierte Konfession und Politik im 16. Jahrhundert. Studien zur Geschichte der Kurpfalz im Reformationszeitalter, Heidelberg 1998, S. 17–19; Peter Schmid, Die Reformation in der Oberpfalz, in: Der Pfälzer Löwe in Bayern. Zur Geschichte der Oberpfalz in der kurpfälzischen Epoche, hrsg. von Hans-Jürgen Becker, Regensburg 1997, S. 102–129, hier S. 104–110. **12** Vgl. Luttenberger, Glaubenseinheit (wie Anm. 5), S. 347–353, 477–483; Wolgast, Reformierte Konfession (wie Anm. 11), S. 20–23; Regina Baar-Cantoni, Religionspolitik Friedrichs II. von der Pfalz im Spannungsfeld von Reichs- und Landespolitik, Stuttgart 2011, S. 154–172, 245–270. **13** Emil Sehling (Hrsg.), Die evangelischen Kirchenordnungen des XVI. Jahrhunderts (= EKO), Bd. 14: Kurpfalz, Tübingen 1969, Dok.-Nr. 7, S. 113–220, hier S. 116. **14** EKO, Bd. 14, Dok.-Nr. 7, S. 117. **15** Vgl. Kurze, Kurfürst Ott Heinrich (wie Anm. 2), S. 67. **16** EKO, Bd. 14, Dok.-Nr. 7, S. 147. **17** Vgl. EKO, Bd. 14, Dok.-Nr. 7, S. 162. **18** Vgl. EKO, Bd. 14, Dok.-Nr. 20, S. 254. **19** Vgl. Hans Rott, Kirchen- und Bildersturm bei der Einführung der Reformation in der Pfalz, in: Neues Archiv für die Geschichte der Stadt Heidelberg und der rheinischen Pfalz 6 (1905), S. 229–254, hier S. 239–241. **20** Vgl. Press, Calvinismus (wie Anm. 2), S. 207, 211, 219; Wolgast, Reformierte Konfession (wie Anm. 11), S. 24–25; Frieder Hepp, »Mit der Zeyt«. Kurfürst Ottheinrich als Landesherr, in: Stadt Neuburg an der Donau (Hrsg.), Pfalzgraf Ottheinrich (wie Anm. 2), S. 94–107, hier S. 96 f. **21** Vgl. Eike Wolgast, Die Universität Heidelberg 1386–1986, Berlin u. a. 1986, S. 1. **22** August Thorbecke (Bearb.), Statuten und Reformationen der Universität Heidelberg vom 16. bis 18. Jahrhundert, Leipzig 1891, S. 41. **23** Vgl. Wolgast, Universität (wie Anm. 21), S. 36. **24** Vgl. Wolgast, Universität (wie Anm. 21), S. 35. **25** Thorbecke (Bearb.), Statuten (wie Anm. 22), S. 40, 60. **26** Vgl. Wolgast, Universität (wie Anm. 21), S. 37–39. **27** Vgl. Wolfgang Metzger, Bücher als Bausteine – Ottheinrich von der Pfalz und die Grundsteinlegung der »Bibliotheca Palatina«, in: Ammerich/Harthausen (Hrsg.), Kurfürst Ottheinrich (wie Anm. 2), S. 39–60. **28** Eduard Winkelmann (Hrsg.), Urkundenbuch der Universitaet Heidelberg, Bd. 1: Urkunden, Heidelberg 1886, Dok.-Nr. 197, S. 288–291. **29** Vgl. Kurze, Kurfürst Ott Heinrich (wie Anm. 2), S. 53 f.; Gotthard, »Frölich gewest« (wie Anm. 5), S. 77. **30** Vgl. Kurze, Kurfürst Ott Heinrich (wie Anm. 2), S. 26–28; Gotthard, »Frölich gewest« (wie Anm. 5), S. 83. **31** Vgl. Kurze, Kurfürst Ott Heinrich (wie Anm. 2), S. 22 f.; Wolgast, Reformierte Konfession (wie Anm. 11), S. 28. **32** Vgl. Stephan Hoppe, Antike als Maßstab. Ottheinrich als Bauherr in Neuburg und Heidelberg, in: Bäumler/Brockhoff/Henker, Von Kaisers Gnaden (wie Anm. 2), S. 211–213 sowie ausführlich den Beitrag von Hanns Hubach in diesem Band. **33** August Kluckhohn (Bearb.), Briefe Friedrich des Frommen, Kurfürsten von der Pfalz, mit verwandten Schriftstücken, Bd. 1: 1559–1566, Braunschweig 1868, Dok.-Nr. 2, S. 1–3, hier S. 3. **34** Kluckhohn, Briefe (wie Anm. 33), Dok.-Nr. 6, S. 11–23, hier S. 21 f. Vgl. auch Walter Henß, Zwischen Orthodoxie und Irenik. Zur Eigenart der Reformation in der rheinischen Kurpfalz unter den Kurfürsten Ottheinrich und Friedrich III., in: Zeitschrift für die Geschichte des Oberrheins 132 (1984), S. 153–212, hier S. 174. **35** Martin Luther (Übers.), Biblia. Das ist Die gantze Heylige Schrifft Teutsch, Frankfurt a. M.: David Zöpfel/Johann Rasch/Sigmund Feyerabend 1560 [?], »An den Christlichen Leser«. **36** Vgl. Press, Calvinismus (wie Anm. 2), S. 227–228; Schaab, Geschichte, Bd. 2 (wie Anm. 2), S. 38 f.; Andreas Wirsching, »Ob ich gleych eyn armer eynfeltiger lay bin«. Kurfürst Friedrich III. von der Pfalz und das konfessionelle Zeitalter, in: Belehrter Glaube. Festschrift für Johannes Wirsching zum 65. Geburtstag, hrsg. von Elke Axmacher/Klaus Schwarzwäller, Frankfurt a. M. u. a. 1994, S. 373–399, hier S. 379. **37** August Kluckhohn, Das Testament Friedrichs des Frommen, Churfürsten von der Pfalz, in: Abhandlungen der historischen Classe der königlich bayerischen Akademie der Wissenschaften 12,3 (1874), S. 41–104, hier S. 70. **38** Vgl. Henß, Orthodoxie (wie Anm. 34), S. 184 f.; Wolgast, Reformierte Konfession (wie Anm. 11), S. 38 f. **39** Vgl. Kluckhohn, Briefe, Bd. 1 (wie Anm. 33), Dok.-Nr. 113, S. 155–166; Henß, Orthodoxie (wie Anm. 34), S. 200–202; Wirsching, Kurfürst Friedrich III. (wie Anm. 36), S. 385 f.; Wolgast, Reformierte Konfession (wie Anm. 11), S. 56 f. **40** Kluckhohn, Briefe, Bd. 1 (wie

Anm. 33), Dok.-Nr. 280, S. 513–515, hier S. 513 f. Vgl. auch Ruth Wesel-Roth, Thomas Erastus. Ein Beitrag zur Geschichte der reformierten Kirche und zur Lehre von der Staatssouveränität, Lahr (Baden) 1954, S. 27 f. | **41** Vgl. Wesel-Roth, Thomas Erastus (wie Anm. 40), S. 32–36; Charles D. Gunnoe, Jr., Thomas Erastus and the Palatinate. A Renaissance Physician in the Second Reformation, Leiden 2011, S. 85–104. | **42** Vgl. Press, Calvinismus (wie Anm. 2), S. 225 f. und 232 f.

| **43** Vgl. Wolgast, Universität (wie Anm. 21), S. 42. | **44** EKO, Bd. 14, Dok.-Nr. 31, S. 333–408, hier S. 357. | **45** EKO, Bd. 14, Dok.-Nr. 44, S. 436–441. Vgl. auch Wolgast, Reformierte Konfession (wie Anm. 11), S. 41–43. | **46** Vgl. EKO, Bd. 14, Dok.-Nr. 32, S. 409–424. | **47** Kluckhohn, Briefe, Bd. 1 (wie Anm. 32), Dok.-Nr. 388, S. 725–730, hier S. 726. | **48** EKO, Bd. 14 (wie Anm. 12), Dok.-Nr. 36, S. 429. | **49** Vgl. Schaab, Geschichte, Bd. 2 (wie Anm. 2), S. 31 f., 42 f.; Wolgast, Reformierte Konfession (wie Anm. 11), S. 44–46. | **50** Vgl. Andreas Edel, Der Kaiser und Kurpfalz. Eine Studie zu den Grundelementen politischen Handelns bei Maximilian II. (1564–1576), Göttingen 1997, S. 190–249. | **51** Deutsche Reichstagsakten. Reichsversammlungen 1556–1662 (=RTA RV). Der Reichstag zu Augsburg 1566, 2. Teilbd., bearb. von Maximilian Lanzinner/Dietmar Heil, München 2002, Dok.-Nr. 314, S. 1319–1321. | **52** Marcus zum Lamm, Thesaurus Picturarum, Bd. 4, Universitäts- und Landesbibliothek Darmstadt, Hs 1971, fol. 64r–v. | **53** RTA RV (wie Anm. 51), Dok.-Nr. 319, S. 1336–1338, hier S. 1337. Vgl. auch Lamm, Thesaurus Picturarum, Bd. 4 (wie Anm. 52), fol. 66r. | **54** Vgl. Wolgast, Reformierte Konfession (wie Anm. 11), S. 64–73. | **55** Vgl. Elisabeth Bütfering, Niederländische Exulanten in Frankenthal. Gründungsgeschichte, Bevölkerungsstruktur und Migrationsverhalten, in: Kunst – Kommerz – Glaubenskampf. Frankenthal um 1600, hrsg. von Edgar J. Hürkey, Worms 1995, S. 37–47; Gerhard Kaller, Die Anfänge der kurpfälzischen Exulantengemeinden Frankenthal, Schönau, Heidelberg und Otterberg (1562–1590), in: Zeitschrift für die Geschichte des Oberrheins 147 (1999), S. 393–403, hier S. 393–395. | **56** Vgl. Wolgast, Universität (wie Anm. 21), S. 40–44. | **57** Vgl. Press, Calvinismus (wie Anm. 2), S. 267; Frieder Hepp, Religion und Herrschaft in der Kurpfalz um 1600. Aus der Sicht des Heidelberger Kirchenrates Dr. Marcus zum Lamm (1544–1606), Heidelberg 1993, S. 91. | **58** Kluckhohn, Testament (wie Anm. 37), S. 70. | **59** Vgl. Schaab, Geschichte, Bd. 2 (wie Anm. 2), S. 50–62; Hepp, Religion (wie Anm. 57), S. 97–167; Wolgast, Reformierte Konfession (wie Anm. 11), S. 74–90.

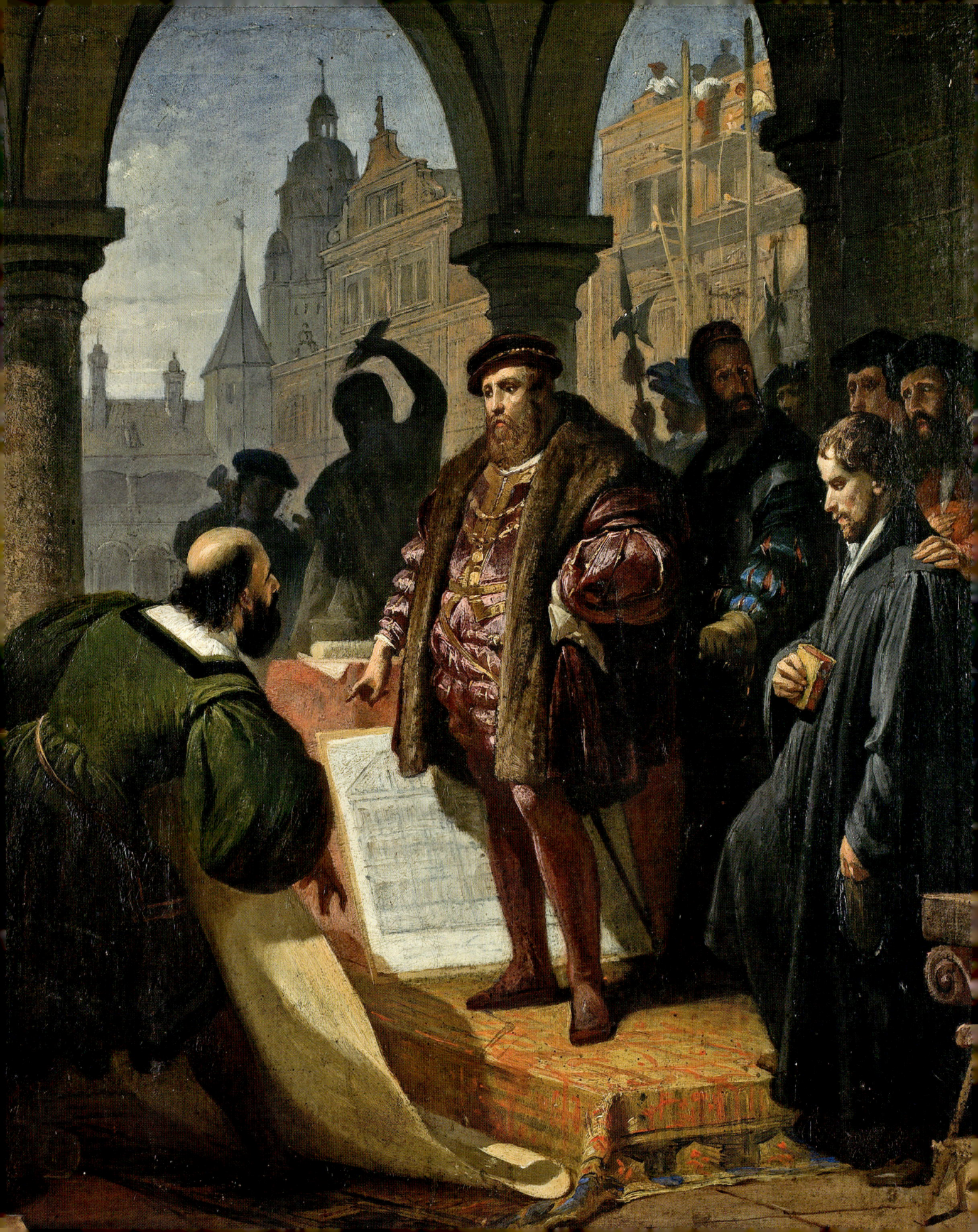

»IST AUCH ALLZEIT GEWESEN WEISHEIT UND KUNST GENEIGT«

OTTHEINRICH VON DER PFALZ

Ein um die Mitte des 19. Jahrhunderts entstandenes Gemälde Wilhelm von Kaulbachs zeigt den Pfälzer Kurfürsten Ottheinrich im Gespräch mit seinem Architekten, der ihm anhand der Pläne letzte Details des sich der Vollendung nähernden neuen Palastes auf dem Heidelberger Schloss erläutert (Abb. 1).[1] Der ausgebreitete Bauplan und der schön gezeichnete Fassadenriß, auch die in Reichweite des Kurfürsten als Handbibliothek bereitgelegten Bücher können dabei, zumindest aus heutiger Sicht, als Hinweise auf Ottheinrichs Faible und seine eigenen Kenntnisse der zeitgenössischen Architekturtheorie verstanden werden. Im Bildmittelgrund ist zudem ein Bildhauer damit beschäftigt, die letzte der großen Fassadenfiguren, den Blitze schleudernden Jupiter, fertigzustellen. Ein zweiter interessierter Zuhörer des Gesprächs ist der aus dem kurpfälzischen Bretten gebürtige Philipp Melanchthon, der hier offenbar als derjenige auftritt, der die inhaltliche Konzeption des unter Heranziehung humanistischen, astrologischen und, im theologischen Bereich, reformiert-lutherischen Gedankenguts entwickelten Skulpturenprogramms zu verantworten hat.[2] Das Treffen findet in der Brunnenhalle des Heidelberger Schlosses statt, von wo aus die Baustelle über den Hof hinweg gut eingesehen werden kann. Der repräsentative Palast erscheint damit als ein Produkt des harmonischen Zusammenwirkens eines umgänglichen Renaissancefürsten und kunstsinnigen Mäzens mit dem aufgeschlossenen Gelehrten sowie fähigen, in praktischen Dingen erfahrenen bürgerlichen Handwerksmeistern, welche die kreativen Entfaltungsmöglichkeiten nutzen, die ihnen der Hofdienst bietet.[3]

Zweifellos schildert Kaulbachs Gemälde eine romantisch-triviale Idylle, die mit der Realität des Heidelberger Hoflebens zur Zeit Ottheinrichs kaum etwas zu tun hat, dafür aber umso mehr mit dem aktuellen, nach den Umbrüchen des Revolutionsjahres 1848 durch die monarchistische Restauration erfolgreich wiederbelebten Wunschbild einer unter Führung der alten deutschen Fürstenhäuser versöhnten und prosperierenden Ständegesellschaft. Durch die Einbeziehung Melanchthons verweist der Maler jedoch implizit auf das Thema, um das es im Folgenden gehen soll: den Einfluss reformatorischen Schrifttums auf die Kunstproduktion im Umkreis Ottheinrichs von der Pfalz, insbesondere um die Rolle von Luthers Auslegung des 101. Psalms.[4]

Erste Indizien für Ottheinrichs Hinwendung zur Reformation finden sich seit etwa der Mitte der 1530er-Jahre. Ein persönliches intensives Studium evangelischer Schriften ist spätestens seit 1538 belegt. Der endgültige Entschluss, sich den protestantischen Fürsten anzuschließen, erfolgte dann anlässlich des Regensburger Reichstags 1541, auf dem Ottheinrich öffentlich an evangelischen Predigten teilnahm und evangelische Geistliche zu sich einlud, um die religiöse Kontroversliteratur mit ihnen zu diskutieren. Danach ging alles sehr schnell: In nur zwei Jahren führte er durch den Erlass des Neuburger Religionsmandats sowie die Publikation einer eigenen reformierten Kirchenordnung sein Herzogtum der neuen Lehre zu.[5] Ich bin überzeugt, dass Luthers 1535 erschienene Auslegung des 101. Psalms innerhalb dieses Entscheidungsprozesses eine wichtige Rolle gespielt hat. Kennengelernt hat er diese für Kurfürst Johann Friedrich den Großmütigen von Sachsen verfasste Schrift spätestens 1537, als er auf der Rückreise von Krakau in Wittenberg Station machte.[6] In Anlehnung an

Abb. 1 | Ottheinrich bespricht die Pläne seines Palastes mit Philipp Melanchthon und dem Architekten, Wilhelm von Kaulbach, um 1862, Öl auf Leinwand, 47,2 × 49,2 cm, Kurpfälzisches Museum Heidelberg, Inv.-Nr. G 2491

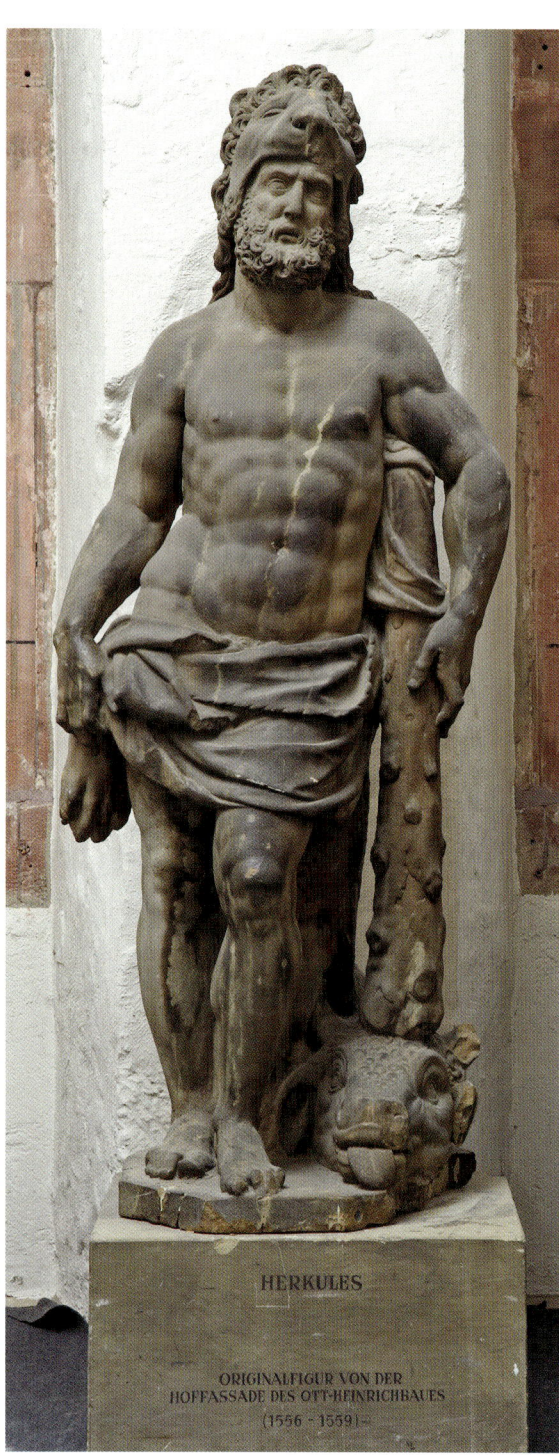

Abb. 2 | Kurfürst Ottheinrich als Hercules Palatinus, Skulptur von Alexander Colin, um 1556/1559, Schloss Heidelberg, Ottheinrichsbau, heute in der Hofstube

die Tradition der Fürsten- beziehungsweise Regentenspiegel legt Luther darin am Beispiel König Davids seine Auffassung von den Rechten und Pflichten eines Herrschers dar, der trotz seiner irdischen Schwächen und Schuldhaftigkeit stets auf die seinem Amt innewohnende Gnade Gottes vertrauen darf.[7]

Es ist bereits mehrfach gezeigt worden, dass Ottheinrich während seiner Regierungszeit als Herzog von Pfalz-Neuburg Kunstwerke mit dezidiert reformatorischem Inhalt in Auftrag gegeben hat.[8] Die illusionistische Ausmalung seiner Neuburger Schlosskapelle mit einem von dem Nürnberger Reformator Andreas Osiander entworfenen evangelischen Bildprogramm durch den Maler Hans Bocksberger den Älteren 1543 ist darunter wohl das bekannteste Beispiel.[9] Ich möchte mich im Folgenden jedoch auf die kleine, in der Ausstellung präsente Auswahl von Kunstwerken konzentrieren, die am kurpfälzischen Hof in Heidelberg entstanden sind – zunächst schon während seiner nach dem Neuburger Staatsbankrott und der Eroberung seines Herzogtums durch die Truppen Karls V. im Schmalkaldischen Krieg dort verbrachten Exilzeit 1544 bis 1552, und dann, ab 1556, unter seiner Herrschaft als Pfälzer Kurfürst.[10] Dies soll jedoch nicht geschehen, ohne zuvor wenigstens in Stichworten jene Figur vorzustellen, die mein Interesse an Luthers verkapptem Fürstenspiegel erstmals geweckt hat.

PROLOG – OTTHEINRICH ALS HERCULES PALATINUS

Dass Luthers Kommentar des 101. Psalms für Ottheinrichs Kunstauffassung tatsächlich prägend gewesen ist, konnte ich erstmals im Kontext meiner Studien zu der vielschichtigen Ikonographie des Figurenzyklus der Fassade des Heidelberger Ottheinrichsbaus nachweisen, konkret anhand der Figur des *Hercules Palatinus*, einem theomorphen Portrait des Kurfürsten selbst (Abb. 2).[11] Mit der Gleichsetzung des regierenden Landesherrn und Herkules rekurriert das Standbild auf ein dem pfälzischen Hof seit Langem vertrautes Ideal. In vielfältigen literarischen Bearbeitungen des Themas war der antike Held im Verlauf des Mittelalters zum prototypischen Vertreter des idealen Herrschers stilisiert worden, dessen »virtus excellens« die zeitgenössischen Machthaber nacheifern sollten.[12] Die Berufung auf den griechischen Heros, der nach Luthers Verständnis das antik-heidnische Äquivalent zu König David repräsentiert,[13] war im Falle Ottheinrichs umso leich-

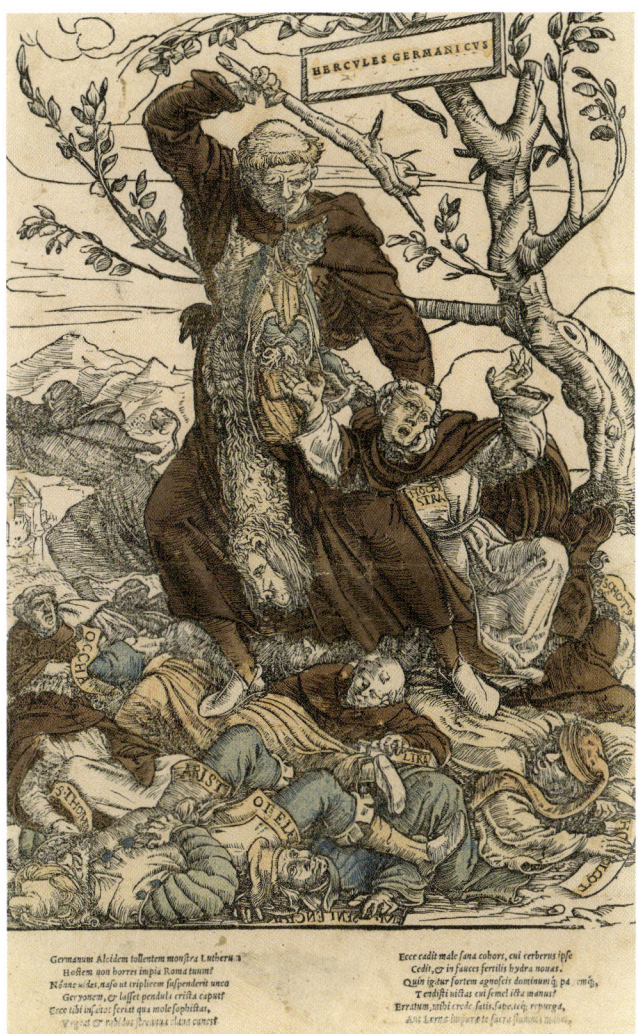

Abb. 3 | Luther als Hercules Germanicus, Hans Holbein d. J., 1522, Holzschnitt, 34,5 × 22,6 cm, Zentralbibliothek Zürich, Sign. Ms A 2, vor S. 150

lastes aufgestellten alttestamentlichen Verteidiger des »wahren Glaubens« treten – Josuah, Samson und König David. Für die Wahl seines Kostüms konnte sich Ottheinrich aber eben auch direkt auf Luthers Kommentar zu Psalm 101 berufen, der sich darin nicht nur ausführlich über die Vorbildlichkeit König Davids und Samsons, sondern auch über die angemessene Darstellung eines zeitgenössischen weltlichen Herrschers geäußert hat: »Und wie könnte man einen Fürsten oder König auf Erden feiner malen, als die Heiden ihren Herkules gemalt haben? Was sollte man an einem weltlichen Fürsten mehr wünschen, als daß er den Taten des Herkules gleich wäre oder ihm nachfolgte? [...] Denn solch hohe fürstliche Tugend zu beweisen, es sei bei David oder bei Herkules, dazu gehört auch Gottes Treiben.«[15] Er mochte dies umso unbefangener tun, als durch eine zweite und im Druck weit verbreitete zeitgenössische Aktualisierung der Herkules-Ikonographie der antike Held geradezu zu einem Vorkämpfer der Reformation geworden war; ich erinnere an den bekannten Holzschnitt Hans Holbeins des Jüngeren aus dem Jahr 1522, der Martin Luther als *Hercules Germanicus* zeigt, der im Begriff steht, der papistischen »Hydra« die Köpfe einzuschlagen (Abb. 3).[16] Nach diesem Ergebnis erschien es angebracht, die Relevanz von Luthers Psalmenkommentar auch für andere von Ottheinrich in Auftrag gegebene Kunstwerke zu untersuchen: Damit komme ich zu den in der Ausstellung gezeigten Stücken.

DIE TAPISSERIEFOLGE DER SIEBEN PLANETEN UND IHRER KINDER

Ottheinrichs ausgeprägtem Standesbewusstsein entsprechend orientierten sich seine Hofhaltungen an den höchsten Ansprüchen fürstlicher Repräsentation. Wie hoch diese tatsächlich gesteckt waren, ist leicht aus der Tatsache zu ersehen, dass er in großem Stil gewirkte Tapisserien und andere kostspielige textile Renommierstücke zum Schmuck der herrschaftlichen Räume erwarb beziehungsweise anfertigen ließ. Bis zum Zusammenbruch der Neuburger Staatsfinanzen 1544 standen neben seinem Hoftapezierer Christian De Roy noch mehrere andere »niderlendische debichwurgker« in seinem Dienst, welche die meisten der heute mit Ottheinrichs Namen verbundenen Behänge direkt in Neuburg geschaffen haben. Später, als Kurfürst, kaufte er innerhalb kurzer Zeit gleich mehrere große Tapisserieserien in den Niederlanden, herausragende, den neuen

ter möglich, als im Zuge der von den Wittelsbachern intensiv geförderten dynastisch-propagandistischen Geschichtsschreibung des 15. und frühen 16. Jahrhunderts »Alemanus«, der »teutsch Hercules«, zum Stammvater und ersten Fürsten aller Bayern avancierte.[14] In der Rolle des Reformators, als derjenige, der entgegen vieler Widerstände die »Pfaltz durch Gottes gnad, Von deß Babsts greuln erledigt« und das lutherische Bekenntnis eingeführt hatte, durfte er durchaus selbstbewusst und gleichberechtigt in die Reihe der zusammen mit ihm am Hauptgeschoss seines Pa-

Status ihres Besitzers widerspiegelnde Behänge, wie sie in vergleichbarer Qualität und Menge fast nur in den europäischen Königshäusern vorhanden waren.[17]

Ottheinrichs Vorliebe für Wandteppiche ging so weit, dass er trotz der drückenden Schuldenlast einen erheblichen Teil der Neuburger Bestände aus der Konkursmasse auslöste und nach Heidelberg bringen ließ. Die finanziellen Engpässe während der aufgezwungenen Exilzeit konnten ihn ebenfalls nicht davon abhalten, neue Aufträge zu vergeben. So ließ er zwischen 1547 und 1549 – wahrscheinlich bei dem damals in Heidelberg als Hoftapezierer Kurfürst Friedrichs II. tätigen Melchior Grienman (Griemont) – eine höchst qualitätvolle, reich mit Seide, Gold- und Silberfäden durchsetzte Folge der »Sieben Planeten und ihrer Kinder« anfertigen, die wegen ihres kleinen Formats (etwa 186 mal 103 Zentimeter) am ehesten wohl zum Schmuck seines Heidelberger Wohnhauses am Kornmarkt vorgesehen waren.[18] Als Vorlage diente eine schon ältere Holzschnittfolge des Nürnberger Malers und Graphikers Georg Pencz, der wiederholt für Ottheinrich gearbeitet hat und vielleicht auch für die Herstellung der direkten Wirkvorlagen, der sogenannten Kartons, verantwortlich war.[19]

Als die Planetenteppiche 1958 über die Pariser Galerie Charpentier in den Kunsthandel gelangten, wurde in dem dazugehörigen Auktionskatalog Ottheinrich ausdrücklich, jedoch ohne gesicherten Nachweis, als deren Auftraggeber benannt.[20] Aber weil die Serie in den erhaltenen Archivalien weder unter den Pfalz-Neuburger noch unter den kurpfälzischen Tapesteriebeständen aufgeführt ist, blieb ihre Provenienz fraglich. Durch einen neuen Quellenfund kann dafür jetzt eine historisch plausible Erklärung gegeben werden. Ein 1601 erstelltes Inventar des Schlosses Bergzabern, einer Nebenresidenz der Herzöge von Pfalz-Zweibrücken, verzeichnet in Abgrenzung zu »6 gemahlte(n) planneten taffeln« auch noch »die sieben planeten auff dücher, unnd inn rhamen gefasst«;[21] »duch« ist dabei ein in den Pfälzer Inventaren häufig gebrauchtes Synonym für »Bildteppich«, und eine Gemälden vergleichbare Rahmung war damals bei kleinformatigen Stücken durchaus üblich. Ottheinrich hatte in seinem Testament bestimmt, dass jener Teil seiner beweglichen Habe, den er vor seiner Kurfürstenzeit erworben und aus Neuburg mit in die Kurpfalz gebracht hatte, an seinen Nachfolger Pfalzgraf Wolfgang von Zweibrücken-Veldenz und das »fürstenthumb Neuburg« zurückzugeben sei, darunter ausdrücklich die gesamte »tapezerey«.[22]

Da die Testamentsvollstrecker diesen Vorgaben gefolgt sind, kann der Übergang der Planetenteppiche in den Besitz der Zweibrücker Pfalzgrafen durch einfachen Erbgang erklärt werden. In dem für das Jahr 1622 überlieferten Folgeinventar werden die Teppiche noch einmal genannt, verschwinden danach jedoch aus den Archivalien.[23] Über ihr weiteres Schicksal ist nichts bekannt.

Der szenische Bildaufbau der sieben Planetenteppiche folgt einem einheitlichen Muster. Das obere Bilddrittel füllt jeweils die Darstellung der auf einem Triumphwagen am Himmel erscheinenden Planetengottheit. In der irdischen Zone darunter agieren die sogenannten Planetenkinder, besondere Menschentypen, deren physische und psychische Eigenschaften wie körperliche Anlagen, Moralvorstellungen, individuelle Talente und damit letztlich die Berufswahl aufgrund ihrer Geburtsstunde durch den Einfluss des Planeten vorherbestimmt waren. Auf einem die Szenerie oben abschließenden Schriftfeld werden der Name des Planeten und die Wesenszüge seiner Kinder benannt, ebenso das Entstehungsjahr des Behangs.

SOL/APOLLO UND SEINE KINDER (1548)

Im 16. Jahrhundert konnten und wurden fast alle Pfälzer Kurfürsten, von Ludwig V. bis zu Friedrich IV., aus den unterschiedlichsten Anlässen von ihren Hofdichtern als Apollo, als Phoebus oder als Sol betitelt. Für Ottheinrich, der erhebliche finanzielle Mittel aufgewendet hat, um seinem personalisierten Apollo-Kult auch im Bereich der bildenden Künste angemessen Ausdruck zu verleihen, galt dies in besonderem Maße. Er teilte mit vielen seiner Zeitgenossen den Sternenglauben und ließ sich mehrfach sein Horoskop erstellen. Als Sonntagskind und durch sein Geburtsdatum 10. April, den Tag, an dem nach Ovids römischem Festkalender Phoebus/Apoll alljährlich seine Herrschaft am Himmel antrat,[24] stand der Pfalzgraf unter dem glücklichen Einfluss des Taggestirns. Aus diesem Grund ist der Sonnengott entgegen der astrologischen Tradition auch die erste und – neben dem Göttervater Jupiter – die am höchsten platzierte Figur am Ottheinrichsbau.[25]

Auf dem Bildteppich des Sol/Apollo hat der sein Gespann sicher über das Firmament lenkende Sonnengott nicht nur Ottheinrichs kräftige Statur, er trägt auch unverkennbar dessen Ge-

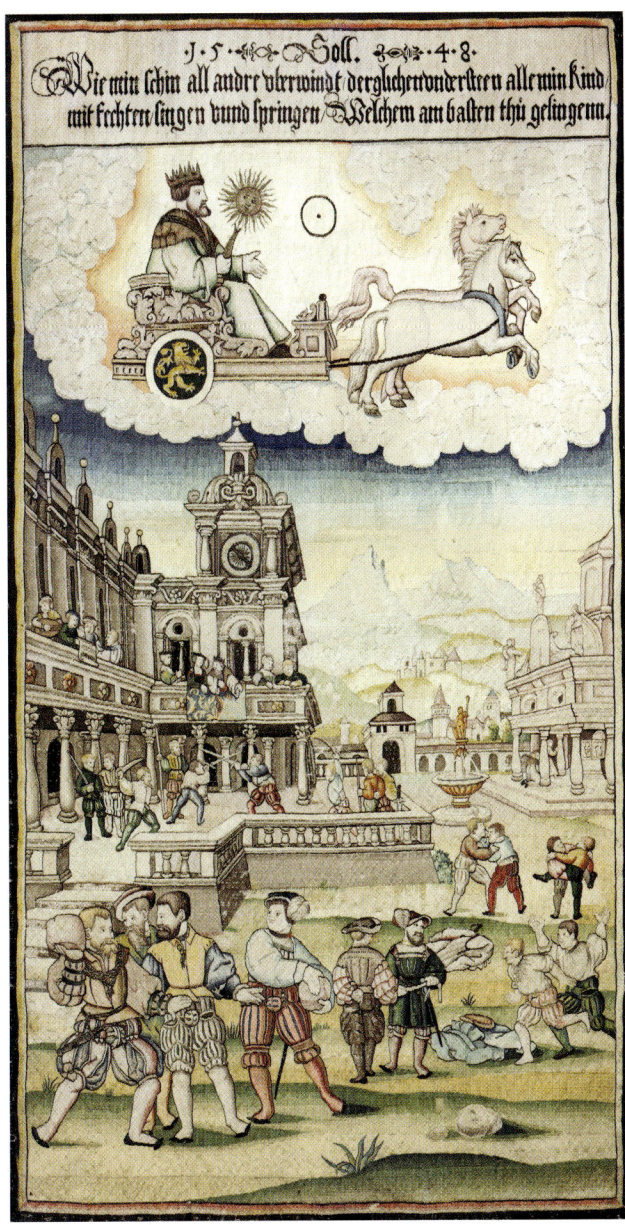

Abb. 4 | Die Kinder des Sol, Bildteppich von Melchior Grienman (?),
nach einem Karton von Georg Pencz (?), 1548, Wolle, Seide, Gold- und Silberlahn,
186 × 102,5 cm, Coligny, Fondation Martin Bodmer

sichtszüge; außerdem erscheint das am Rad des Sonnenwagens
angebrachte Sternzeichen des Löwen in der charakteristisch auf-
steigenden Form und in den Farben des pfälzischen Wappens
(Abb. 4).[26] Damit steht für den Betrachter unmissverständlich
fest, an welchem Fürstenhof sich die adelige Lebensart in so vor-
bildlicher Weise entfalten sollte, wie uns dies die »Kinder der
Sonne« im unteren Bereich der Tapisserie vorführen. Ein Vergleich mit der Vorlage von Georg Pencz zeigt zudem, dass Ottheinrich die Hintergrundlandschaft des Bildteppichs bewusst
verändern ließ: Wir erkennen darauf einen hohen zweigipfligen
Berg, dessen steile und zerklüftete Spitzen fast an den Himmel
stoßen, eine motivische Anspielung auf antike Beschreibungen
des heiligen Berges Parnass, Sitz Apollons und der Musen. Außerdem erstreckt sich vor dem Hauptmassiv eine Hügelkette mit
einer mächtigen Burganlage, die unverkennbar nach einer nur
leicht abgewandelten Ansicht der Talseite des Heidelberger
Schlosses gewirkt worden ist. Ohne Zweifel ist hier der Parnas-
sus Palatinus gemeint, der pfälzische Musenberg, als dessen –
zumindest ideeller – Beherrscher Ottheinrich offenbar schon
vor dem Eintritt in sein »wartend Erb« als Kurfürst gesehen werden wollte. Die Tatsache, dass er es trotz des kaiserlichen Bannes gewagt hat, sich als lebende Personifikation des Sonnengot-
tes öffentlich darstellen zu lassen, war ein kaum verschleierter
antihabsburgischer Affront. Denn den gebildeten Zeitgenossen
war dieses Konzept von Graphiken her bestens bekannt, die den
Triumph Maximilians I. beziehungsweise Karls V. zum Thema
hatten und auf denen unzweideutig zu lesen war: »Quod in
coelis Sol, hoc in terra Caesar est« (»Was im Himmel die Sonne,
ist auf Erden der Kaiser«). Dass Ottheinrich mit der Adaption der
Bildformel natürlich auch den damit verbundenen Anspruch auf
die Königsherrschaft zu übernehmen gedachte, musste den damaligen Betrachtern, denen tief sitzende antihabsburgische
Tendenzen und selbst das Konzept eines protestantischen Kaisertums durchaus geläufig waren,[27] niemand erklären. Die ge-
nauen Gründe, die Ottheinrich zu diesem ungewöhnlichen
Schritt bewogen haben, sind zu breit gefächert und zu komplex,
um sie hier weiter zu erörtern.

JUPITER UND SEINE KINDER (1547)

Der königliche Jupiter erscheint in Begleitung seines Mundschenks Ganymed auf einem von zwei Pfauen gezogenen Himmelswagen.[28] Ihm wird zugeschrieben, jene Menschen zu beherrschen, die mit Herrschaftsaufgaben und der Rechtsprechung betraut sind. Dementsprechend ist auf dem Bildteppich zu sehen, wie unter seinem Einfluss im Vordergrund ein Papst eine Kaiserkrönung vollzieht, während etwas weiter hinten ein Richter seine Amtsgeschäfte tätigt (Abb. 5). Allerdings erscheinen beide Ereignisse bei näherer Betrachtung ins Negative gewendet. So verweigert der korrupte Richter den vor seinem Stuhl erscheinenden ärmlichen Klägern augenscheinlich ihr Recht zugunsten seiner reichen Kumpane. Um die Missstände der aktuellen Herrschaft im Reich aber noch stärker zu verdeutlichen, wählte Pencz für die Hauptszene eine politisch brisante Bildformel, die den Zeitgenossen bestens bekannt war. Ausgehend von Lucas Cranachs des Älteren polemischem Holzschnitt in dem erstmals 1521 in Wittenberg publizierten *Passional Christi und Antichristi* und unter Aufnahme des dem Papst gewidmeten Blattes aus Hans Holbeins des Jüngeren nur wenige Jahre später entstandener Folge der »Bilder des Todes« zeigt er ausgerechnet jenen Moment der Krönung, in dem der Kaiser dem thronenden Papst unterwürfig die Füße küsst, um dann aus dessen Händen die Krone zu empfangen.[29] Er erweist sich so als ein Gefolgsmann, als bloßer Befehlsempfänger des Pontifex Maximus und der römischen Kirche. Dass der damals wegen seiner standhaften Ablehnung des Interims von Karl V. ins Heidelberger Exil gezwungene Ottheinrich eingedenk seines eigenen Schicksals dem kniefälligen Kaiser die Gesichtszüge des verhassten Habsburgers geben ließ, versteht sich fast schon von selbst.

Jeder wusste damals, dass Karl V. im Jahr 1530 in Bologna Papst Clemens VII. im Rahmen der Krönungszeremonie den Fußkuss geleistet hatte. Die Übertragung dieses von vielen nur noch als Demütigung der deutschen Nation durch die römische Kirche empfundenen Ereignisses in einen prestigeträchtigen Bildteppich und dessen öffentliche Ausstellung mussten zwangsläufig als ein wohl kalkulierter, diffamierender Angriff auf die Person des Kaisers verstanden werden. Warum sonst als zur Vermeidung kaiserlicher Missgunst hätte Heinrich Aldegrever sich kurz zuvor entschlossen, Holbeins Komposition vor der Übernahme in seine eigene Totentanzfolge von 1541 um die umstrittene Fußkuss-

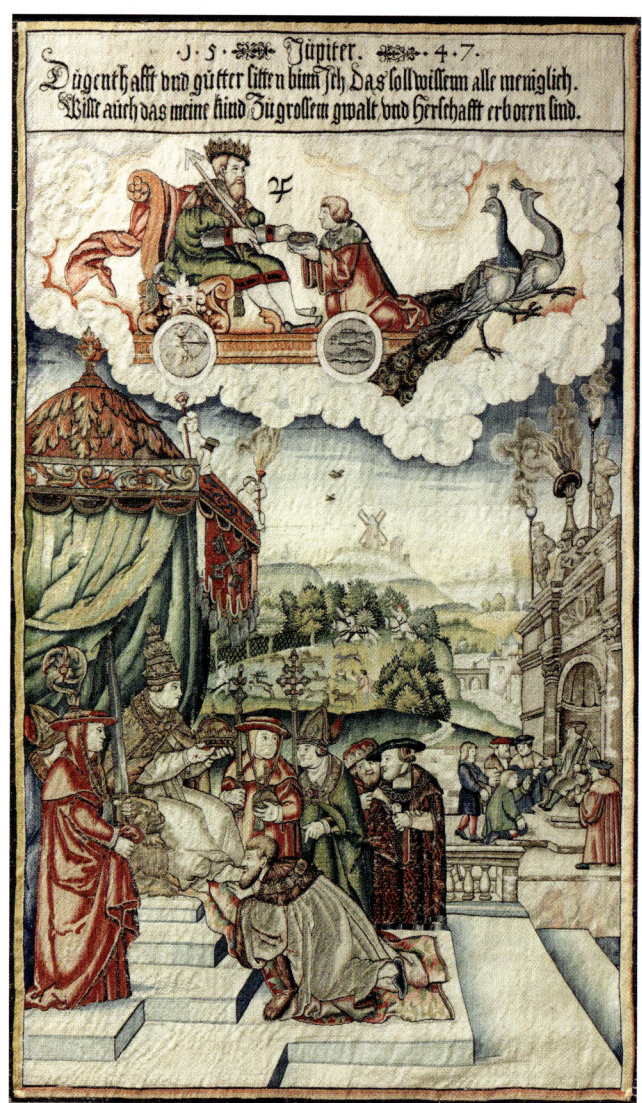

Abb. 5 | Jupiter und seine Kinder, Bildteppich von Melchior Grienman (?), nach einem Karton von Georg Pencz (?), 1547, Wolle, Seide, Gold- und Silberlahn, 186 × 102,5 cm, Coligny, Fondation Martin Bodmer

Szene zu entschärfen?[30] Der Affront wird umso deutlicher, wenn uns bewusst wird, dass schon allein die Anschirrung der beiden Pfauen vor den Himmelswagen einen provokanten Bruch der Bildtradition darstellt, denn die Jupiter traditionell zustehenden Zugtiere sind die edlen königlichen Adler. Pfauen, die Symboltiere für die Laster der Eitelkeit und Hoffart, ziehen gewöhnlich den

Wagen seiner Göttergattin Juno. Als heraldisches Motiv verweist der Pfau jedoch zugleich auf die Dynastie der Habsburger, die den Pfauenstoß als Helmzier in ihrem Wappen führen. Es ist daher kein Zufall, dass mit dem Motiv der nach außen gewandten Köpfe der Pfauen in offenbar karikierender und herabsetzender Weise die Form des Reichswappens mit dem habsburgischen Doppeladler geschickt überblendet wird, dessen korrekte Führung dem Planetengott und seinem kaiserlichen Schutzbefohlenen damit verwehrt bleibt. Es war wohl nicht zuletzt diese offen zur Schau gestellte feindselige Haltung, die es für lange Zeit verhindert hat, das angespannte Verhältnis Ottheinrichs zu Karl V., der nicht nur über die offiziellen diplomatischen Kanäle, sondern auch durch Spione genauestens über die Zustände in Heidelberg unterrichtet war,[31] zu bereinigen.

MERKUR UND SEINE KINDER (1549)

Unter dem positiven Einfluss Merkurs prosperieren Wissenschaften und Gelehrsamkeit ebenso wie die Künste und der Handel, was sich in den Tätigkeitsfeldern seiner »Kinder« widerspiegelt: Wir erkennen Vertreter der bildenden Künste und der Musik, von Astronomie, Astrologie, Medizin und Mathematik.[32]

Von allen Planetenteppichen der Serie hat dieser Behang bei der Überarbeitung der Holzschnittvorlage für den Karton die umfangreichsten motivischen Veränderungen erfahren, weshalb eine Analyse am sinnvollsten in Form des direkten Vergleichs beider Kompositionen erfolgt (Abb. 6 und 7). Die Abweichungen beginnen mit der Figur des Gottes selbst, der nun nicht mehr mit einer Gelehrtenkappe,[33] sondern dem vertrauteren Attribut des Flügelhelms erscheint. Der Bildmittelgrund mit dem nach hinten gerückten Laden des Goldschmieds, der im Bildzentrum agierenden Dreiergruppe aus einem Astrologen, einem Astronomen und einem Arzt sowie der Werkstatt des Malers blieb im Wesentlichen unverändert. Im Gegensatz dazu wurde der Vordergrund so grundlegend überarbeitet, dass kaum mehr als die Disposition der Figurengruppen erhalten geblieben ist. Im Einzelnen wurde der an seiner Schnetzelbank arbeitende Bildhauer durch eine in ihre Arbeit vertiefte, über Kleidung und Schmuck als reiche Bürgerin gekennzeichnete Frau ersetzt. An die Stelle des Organisten und des affektierten Jünglings mit seinem Federbarett, der die beiden Blasebälge des Instruments bedient, rückt eine offenbar

dem Adel angehörige Orgelspielerin, für welche ein Narr mit roter Schellen-Gugel die undankbare Rolle übernommen hat, das Gebläse in Gang zu halten; seinem blauen Gewand ist am linken Oberarm ein Affe aufgestickt. Weiter wird der professionell geschäftsmäßige Charakter der im kaufmännischen Bereich angesiedelten Kontorszene mit den konzentriert an einem Tisch arbeitenden Schreiber und Rechner durch eine eher häuslich anmutende Lehrer-Schüler-Konstellation ersetzt. Dieser Eindruck entsteht vor allem dadurch, dass auf dem Teppich der Schreiber jünger, als noch Heranwachsender gezeigt wird, während der Rechner gegenüber dem Vorbild gealtert und bärtig erscheint; außerdem trägt Letzterer unter seinem pelzgefütterten Mantel anstelle eines modischen geschlitzten Wamses ein fürstliches Gewand aus blauem Seidendamast. In ihrer Summe überführen diese Veränderungen die im Vordergrund stattfindenden Ereignisse aus einer geschäftigen städtisch-bürgerlichen in eine formal stärker vereinheitlichte und beruhigte höfisch-familiäre Atmosphäre, mit dem Fürstenpaar, dem Hofnarren, einer im Hofdienst stehenden professionellen Seidenstickerin und dem in seiner sozialen Rolle indifferenten Jüngling als neuen Protagonisten.

Solch weitreichende inhaltliche Verschiebungen mussten sich zwangsläufig auf das allgemeine Bildverständnis auswirken. Dies gilt umso mehr, wenn man erkennt, dass der Fürst die Gesichtszüge Ottheinrichs trägt und die Fürstin jene seiner Gemahlin Susanna von Bayern.[34] Die Integration ihrer Portraits in das Geschehen charakterisiert die beiden als aktiv am Geschehen teilnehmende Zeitzeugen, deren konkrete Rollen als Teil des sozialen Gefüges eines evangelisch reformierten Hofes analysiert und der Inhaltsbestimmung des Bildes zugrunde gelegt werden müssen, doch kann dieser personalisierte Ansatz hier nicht in Gänze verfolgt werden. Vor allem die These, dass Ottheinrich als ein für Bildung und Wohlfahrt seiner Untertanen persönlich verantwortlicher Hausvater gezeigt wird, dessen Herrschaftsauffassung unverkennbar auf Luthers Verständnis eines reformierten, gemäß den Weisungen des Evangeliums regierten Landesfürstentums basiert, müsste zu ausführlich begründet werden, um hier Platz zu finden.[35]

Für die in diesem Beitrag verfolgte Frage nach der Rezeption von Luthers Kommentar des 101. Psalms durch Ottheinrich und die für ihn tätigen Künstler ist die in der älteren Literatur marginalisierte Gruppe der Orgelspielerin und des Narren überraschend aussagekräftig. Sie basiert auf der Titelillustration zu Arnolt Schlicks *Spiegel der Orgelmacher und Organisten*, welchen der berühmte kurpfälzische Hoforganist, Komponist und Orgelbauer 1511 in Speyer hatte drucken lassen (Abb. 8).[36] Hier wie dort bedienen die beiden eine mit nur einem Manual und eingehängten Pedalen ausgestattete Kleinorgel, ein sogenanntes Positiv. Für Luther war die Musik ein Gottesgeschenk, das nächst der Theologie über allen anderen Künsten und Wissenschaften stand: »Denn die Musica ist eine Gabe und Geschenke Gottes, nicht ein Menschen-Geschenk. So vertreibt sie auch den Teufel, und machet die Leut fröhlich; man vergisset dabey alles Zorns, Unkeuscheit, Hoffart und anderer Laster. Ich gebe nach der Theologia der Musica den nähesten Locum und höchste Ehre.«[37] Dass auch Ottheinrich ein großer Musikliebhaber gewesen ist, beweist die herausragende Qualität der von ihm noch unter schwierigsten Bedingungen unterhaltenen Hofkapelle.[38] Ob jedoch seine Gemahlin Susanna tatsächlich selbst hat Orgel spielen können, bleibt fraglich, da derzeit überhaupt nur wenig Konkretes über den Anteil von Frauen am kurpfälzischen Musikleben des 16. Jahrhunderts ausgesagt werden kann.[39]

Besser steht es um das Verständnis der Rolle des Narren, präziser des Hofnarren, der als etablierter Antitypus zum Fürsten zu Beginn der Neuzeit einen Imagewandel hin zu einem Wissenden und Warner vollzog, mit durchaus positiven Zügen. Für die Zeitgenossen Ottheinrichs war er nicht mehr, wie noch im Mittelalter, einfach der dumme Tor, der in seinem weisen Herrn ein überlegenes Gegenüber fand, sondern er avancierte zunehmend zum Träger eines höheren Wissens, zum Verkünder verborgener Wahrheiten sowie zum Vermittler von Einsichten, die dem Herrscher ansonsten verschlossen geblieben wären. Seine gesellschaftliche Funktion bestand nun darin, tradierte Rollenerwartungen zu durchbrechen und der Gesellschaft den Spiegel vorzuhalten.[40] Luther hat, unter Berufung auf den Apostel Paulus, die Rolle dieses weisen Narren wiederholt für sich selbst in Anspruch genommen. So heißt es, um nur ein weitverbreitetes Beispiel zu nennen, in dem seiner Schrift *An den christlichen Adel deutscher Nation* (1520) vorangestellten Widmungsbrief an Nikolaus von Amsdorf: »Es hat wol mehr mal ein nar weyszlich geredt, unnd viel mal weysze leut groblich genarret. wie Paulus sagt, ›wer do wil weysz sein, der musz ein nar werden‹ (1 Korinther 3,18). Auch, dieweyl ich nit allein ein narr, sondern auch ein geschworner Doctor der heyligenn schrifft, byn ich fro, [...], eben in der selben narn weysze, gnug zuthunn.«[41]

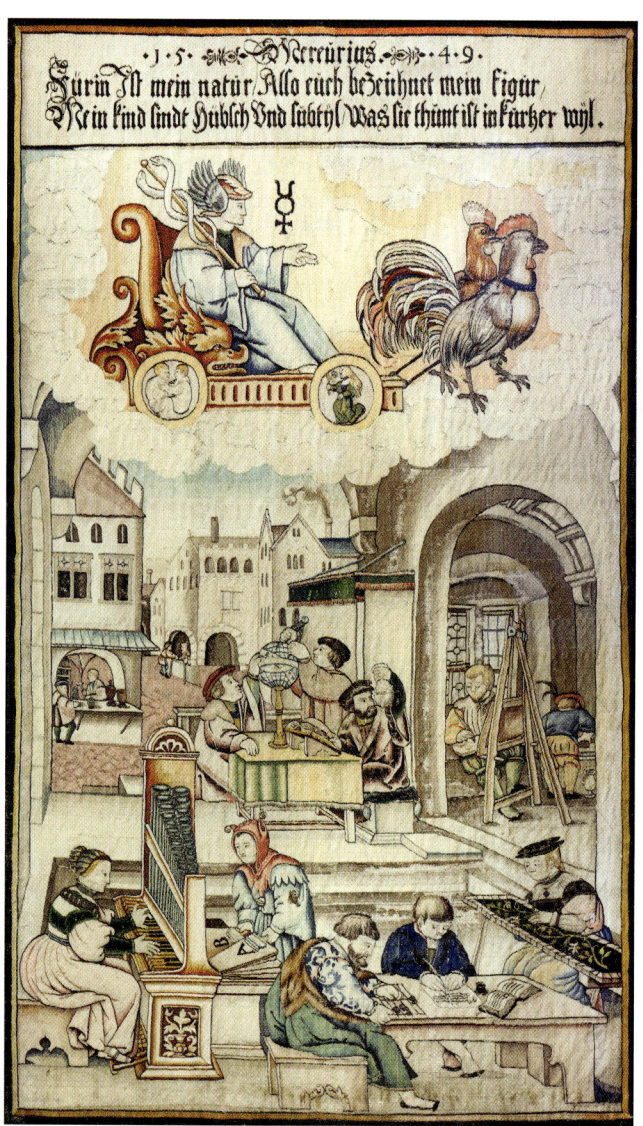

Abb. 6 | Merkur und seine Kinder, Bildteppich von Melchior Grienman (?), nach einem Karton von Georg Pencz (?), 1549, Wolle, Seide, Gold- und Silberlahn, 186 × 102 cm, Coligny, Fondation Martin Bodmer

Auch der Hofnarr Ottheinrichs, dem mit Ausnahme der Tracht nichts Lächerliches mehr anhaftet, gehört zur Gruppe der ernsten, weisen Mahner. Er ist gerade nicht jener geistlose und einfältige Bediener der Blasebälge, als der er jüngst beschrieben wurde.[42] Diese Charakterisierung trifft eher auf den abgelenkt in die Luft starrenden Narren vom Titelblatt im *Spiegel der Orgelmacher und Organisten* zu, der das Gebläse tatsächlich geistlos im

Gleichtakt füllt und leert, anstatt wie sein Vetter beziehungsweise der Jüngling auf dem Merkur-Blatt von Pencz sich darauf zu konzentrieren, die Bälge gegengleich auf und ab zu bewegen, um den für das Orgelspiel benötigten gleichmäßigen Luftstrom zu erzeugen. Seine eigentliche Bedeutung erhält der Narr auf dem Bildteppich tatsächlich erst durch seine Interaktion mit der Orgelspielerin, Susanna von Bayern, denn diese war zum Zeitpunkt, als die Kartons entworfen wurden, schon seit mehreren Jahren tot. Dies ist auch der Grund, weshalb sich Ottheinrich im Bild so offensichtlich von seiner Gemahlin abwendet und jede Form von persönlicher Interaktion vermeidet. Der Maler rekurriert in diesem Fall auf eine seinen Zeitgenossen gut vertraute alternative Bedeutungsebene des Narren als Künder der Vanitas und lebender Hinweis auf den Tod, wie sie ganz unverhüllt Hans Holbeins des Jüngeren Blatt zur *Königin* aus der Folge der »Bilder des Todes« beziehungsweise Hans Sebald Behams überarbeiteter Radierung *Frau mit Tod als Narr* zugrunde liegt.[43] Durch die Vergänglichkeit der durch das Orgelspiel erzeugten Musik wird die Vanitas-Thematik zusätzlich verstärkt.

Anders als Susanna bleibt der Hofnarr der Lebenssphäre Ottheinrichs jedoch direkt verbunden. Der dem Gewand aufgestickte Affe ist eine deutliche motivische Referenz auf die damals weit über die Grenzen der Kurpfalz hinaus bekannte Figur des Heidelberger Brückenaffen, der Besuchern der Stadt vom äußeren Brückenturm herab einen Spiegel vorhielt und sie zugleich in unflätiger Manier begrüßte.[44] Wie schon der im Hintergrund des Sol-Apollo-Teppichs aufragende Pfälzer Parnass etabliert auch dieses scheinbar nebensächliche Motiv für den Betrachter einen konkreten Bezug zur Hauptresidenz des Kurfürstentums, zu einem Zeitpunkt, als Ottheinrich dort im Exil ausharren musste. In seinem Kommentar zum 101. Psalm betont Luther die enge charakterliche Verwandtschaft des Narren und des Affen, die er als wesensgleich, als zwei Seiten einer Medaille begreift: »Was ist auch lächerlicher, als wenn ein Affe Menschenwerk tun will? Und was kann Närrischeres geschehen, als wenn ein Narr eines klugen Mannes Werk tun will? Es ist, als wenn ein Esel auf der Harfe spielen und die Sau spinnen wollte. [...] Wo solche Affen und Gäuche nur in geringen Sachen wie z. B. im Haushalten narrten, wäre es noch leidlich und erträglich. Aber wenn es Land und Leute, Königreiche, Fürstentum und der gleichen große wichtige Sachen in Krieg und Frieden betrifft [...], das ist der leidige Teufel und richtet Jammer und alles Unglück an.«[45] Seine Auffassung lässt sich auf die Szene des Bildteppichs übertragen. Das Betäti-

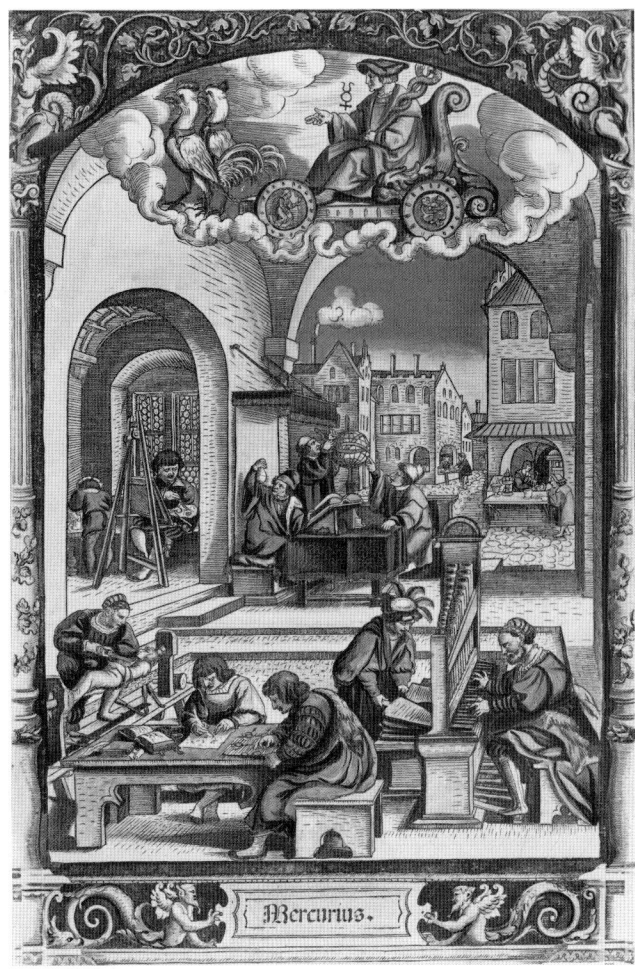

Abb. 7 | Merkur und seine Kinder, Georg Pencz, Holzschnitt aus der Serie der Sieben Planeten, 1531, 37,5 × 23,1 cm, Staatliche Museen zu Berlin, Kupferstichkabinett, Inv.-Nr. 946-4

gen der Blasebälge – im übertragenen Sinne also das kräftige Windmachen – gehört sicher zu den geringen, selbst im Scheitern noch akzeptablen Handlungen eines Hofnarren. Um jedoch dessen Versagen in den Staatsgeschäfte betreffenden großen Dingen von vornherein zu verhindern, bedarf es eines Fürsten, der mit Gottes Hilfe als weiser Landesvater die Wohlfahrt des Territoriums und seiner Untertanen durch umsichtiges Handeln garantiert. Ottheinrich ist offenbar davon überzeugt, ein solcher Herrscher zu sein. Das Prosperieren der durch die Kinder des Merkur repräsentierten Bereiche von Kunst, Wissenschaft und Handel in seinem Reich ist anschaulicher Beleg für seinen Erfolg.

PETER SCHROS BILDNISBÜSTE DES KURFÜRSTEN OTTHEINRICH

Die kleinformatige, gleich zu Beginn der Heidelberger Kurfürstenzeit entstandene Halbfigurenbüste aus Alabaster im Louvre repräsentiert in meinen Augen das persönlichste, in der psychologischen Erfassung des Dargestellten dichteste und ergreifendste Portrait Ottheinrichs (Abb. 9).[46] Virtuos und mit großer Kunstfertigkeit hat der Bildhauer die jeweiligen Stofflichkeiten herausgearbeitet: die flexiblen, unterschiedlich dichten Strukturen der Textilien ebenso wie die harte Glätte der geschnitzten Lehnen

oder die weichen, fleischig schlaffen und von feinsten Fältchen durchzogenen Partien des Gesichts und des kräftigen Nackens. Dieses preziöse, dem renommierten Mainzer Bildhauer Peter Schro zugeschriebene Kunstkammerstück gehört damit zu den Meisterwerken der Portraitkunst des 16. Jahrhunderts. Es zeigt den in einem aufwendig verzierten Sessel thronenden Kurfürsten, der ein mit Löwenköpfen geschmücktes Bücherkästchen als Lesepult beziehungsweise Schreibunterlage auf den Knien hält; darauf liegt, von der rechten Hand gehalten, ein geschlossenes Buch. Den ersten, Ehrfurcht gebietenden Eindruck der Persönlichkeit Ottheinrichs bestimmen die in allen Details geschilderte, äußerst prächtige Kleidung und der Schmuck – zusammen genommen ein selbstbewusster Ausdruck des Ideals fürstlicher Magnifizenz.

In auffälligem Kontrast zu dieser betont vorgeführten äußerlichen Prachtentfaltung steht die intim menschliche Schilderung des übermäßig korpulenten und vorzeitig gealterten Fürsten. Seine aus langer schwerer Krankheit resultierende körperliche »pawelligkeit« wird schonungslos mitgeteilt. Geradezu mitleiderregend wirkt das ohne Rücksicht auf etwaige Eitelkeiten geschilderte schwammige Gesicht mit den schlaffen Wangen, dem verkniffenen Mund und den leicht vorquellenden Augen, dessen von melancholischer Tristesse geprägter Ausdruck den gängigen Idealen fürstlicher Selbstdarstellung fast schon programmatisch zu widersprechen scheint. Gleichzeitig hat es der Bildhauer verstanden, durch Ironie und Witz die bedenkliche Neigung seines Modells zur Schwermut entscheidend zu brechen und aufzulösen. Denn mehr noch als Ottheinrich selbst leiden offenbar die in die Enden der Armlehnen geschnitzten Löwen, die Wappentiere der Pfalz, unter dessen alles beiseite drängender Leibesfülle; die wenig königlich anmutende Leidensmine ihrer davon zur Seite gezwungenen Köpfe spricht Bände.

In diesem von Selbstironie und demütiger individueller Schicksalsergebenheit getragenen Altersbildnis kommt Ottheinrichs Kenntnis der lutherischen Auslegung des 101. Psalms ganz unmittelbar zum Ausdruck. Denn darin wendet sich der Reformator explizit gegen die unter seinen Zeitgenossen überhandnehmende »stoltz geberde« und den »hohen mut« der Adeligen. Überraschenderweise ist für ihn offen zur Schau gestellter Kleiderprunk aber kein wesentliches Beurteilungskriterium für fürstliche (»regimentische«) Hoffart, dies sei vielmehr die Hoffart der Bauern: »Hofe stolz oder hoffart ist nicht Bauernhoffart in Kleidern

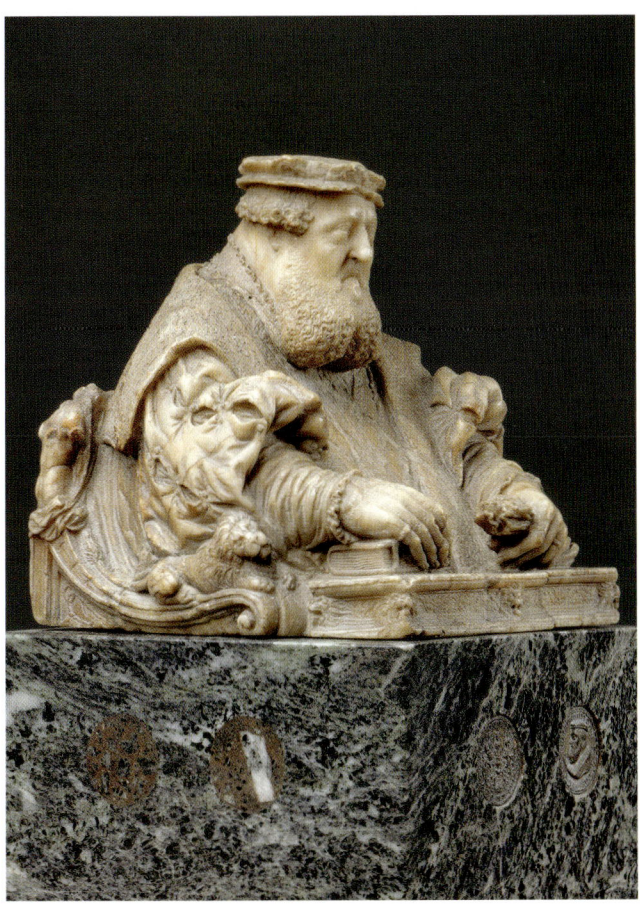

Abb. 9 | Kurfürst Ottheinrich, Bildnisbüste von Peter Schro, um 1556/1558, Alabaster, 15,5 × 15,5 × 16 cm, Musée du Louvre Paris, Inv.-Nr. OA204

geliebt sein will.«[47] Für Luther ist in erster Linie die Beantwortung der Frage entscheidend, inwieweit ein Fürst entsprechend dem Vorbild König Davids seinen Untertanen ein »gnädiger demütiger freundlicher tröstlicher« und gerechter Herr gewesen ist: Denn in den Augen Gottes begehe derjenige Herrscher die verwerflichste Form der Hoffart, der die ihm aus göttlicher Vorsehung anvertrauten Leute mit eigener oder der Ungerechtigkeit seiner Amtleute überzieht.[48]

Letztlich bezieht Peter Schros kleine Portraitbüste einen Großteil ihres Reizes aus ebendieser hier formulierten Dualität zwischen den beiden Körpern des Fürsten, dem immateriellen, unvergänglichen, in Ewigkeit fortbestehenden repräsentativen Amtskörper der Pfalzgrafschaft und dem natürlichen, sterblichen Leib des individuellen Herrschers.[49] Sie lebt von dem spürbaren Bemühen des Bildhauers, ein standesgemäßes, Ottheinrichs fürstlicher Herkunft ebenso wie dem hohen Prestige des altehrwürdigen Pfalzgrafenamtes geschuldetes und durch überkommene Standeskonventionen geregeltes öffentliches Image mit dessen zuletzt demütiger, gottergebener und ohne persönliche Eitelkeiten auskommender innerer Haltung überzeugend in Einklang zu bringen. Dies mag umso leichter möglich gewesen sein, als der alternde, von zahlreichen Schicksalsschlägen geläuterte Kurfürst im persönlichen Umgang mit seinen Zeitgenossen offenbar tatsächlich ein undünkelhaftes und freundliches Wesen gezeigt hat. Von den Straßburger Ratsschreibern wird dieser sympathische Wesenszug als »so schier anderst dann der [übliche] fürstlich stilus« wahrgenommen und besonders vermerkt. Und auch der Neuburger Superintendent Bartholomäus Wolffhart betont in seiner Predigt anlässlich des Todes Ottheinrichs im Februar 1559, dass der Verstorbene »so gar nit erhaben oder hoffertig gewesen« sei, und verweist – in leicht tadelndem Unterton – auf dessen »schier gar zu gnedig, frumb und geneygt« Auftreten gerade gegenüber den Geringsten seiner Untertanen.[50] Und in einem in Straßburg gedruckten »Klag- und Dancklied« der Heidelberger Gemeinde heißt es von ihm rückblickend: »Ist auch allzeit gewesen Weisheit und Kunst geneigt«.[51] Dieser Nachruf hätte dem letzten Spross der alten pfälzischen Kurlinie sicher gefallen.

Schmuck Vorangehen Schwanzen und dergleichen faulen Stücken. Freilich ist jetzt unter Fürsten Herren Adel und Bürgern solches auch übermäßig im Schwung [...]. Und wenn wirs höflich nennen wollen, so ist dies Haushoffart, nicht des Fürsten Hoffart, privatische und nicht regimentische Hoffart. Aber Hofstolz und Hoffart ist auf griechisch tyrannis, auf deutsch ein Wüterich König Fürst oder Herr, der zwar im grauen Rock einhergehen kann und gar keine goldene seidene noch sammete Hoffart an sich haben muß, aber gleichwohl im Regiment seinen Nachbarn oder seine Untertanen plagt mit Pochen Trotzen Schinden und allem Unglück, nur weil er Lust hat, zu wüten und lieber gefürchtet als

ANMERKUNGEN

1 Zur Biographie und Persönlichkeit Ottheinrichs vgl. zuletzt Pfalzgraf Ottheinrich. Politik, Kunst und Wissenschaft im 16. Jahrhundert, hrsg. von Barbara Zeitelhack, Regensburg 2002; Von Kaisers Gnaden. 500 Jahre Pfalz-Neuburg, hrsg. von Suzanne Bäumler/Evamaria Brockhoff/Michael Henker, Augsburg 2005; Kurfürst Ottheinrich und die humanistische Kultur in der Pfalz, hrsg. von Hans Ammerich/Hartmut Harthausen, Speyer 2008. – Zu Ottheinrich als Auftraggeber für Kunstwerke noch immer unverzichtbar Hans Rott, Ottheinrich und die Kunst, in: Mitteilungen zur Geschichte des Heidelberger Schlosses 5 (1905); Hans Rott, Zu den Kunstbestrebungen des Pfalzgrafen Ott Heinrichs, in: Mitteilungen zur Geschichte des Heidelberger Schlosses 6 (1912), S. 192–240. **|2** Vgl. Gustav Friedrich Hartlaub, Die Kunst und das magische Weltbild, in: Ottheinrich. Gedenkschrift zur vierhundertjährigen Wiederkehr seiner Kurfürstenzeit in der Pfalz 1556–1559, hrsg. von Georg Poensgen, Heidelberg 1956, S. 274–295. – Vgl. Jürgen G. H. Hoppmann (Hrsg.), Melanchthons Astrologie. Der Weg der Sternenwissenschaft zur Zeit von Humanismus und Reformation, Wittenberg 1997; Jürgen G. H. Hoppmann, Astrologie der Reformationszeit. Faust, Luther, Melanchthon und die Sternendeuterei, Berlin 1998. **|3** Vgl. Hanns Hubach, »ARCHITECTUS HEIDELBERGENSIS ILLUSTRISSIMO PRINCIPI OTHONI HENRICO«. Materialien zur Biographie des Steinmetzen und Architekten Heinrich Gut, in: Kurfürst Ottheinrich und die humanistische Kultur in der Pfalz, hrsg. von Hans Ammerich/Hartmut Harthausen, Speyer 2008, S. 151–187. **|4** Vgl. Martin Luther, Der CI. Psalm. Durch D(r.) Mar(tin) Luth(er) ausgelegt, Hans Lufft, Wittenberg 1535. – Ich verwende die sprachlich modernisierte Edition von Erwin Mülhaupt, D. Martin Luthers Psalmen-Auslegung, Bd. 3: Psalmen 91–150, Göttingen 1965, S. 61–123. **|5** Vgl. Michael Henker, Die Einführung der Reformation im Fürstentum Pfalz-Neuburg, in: Pfalzgraf Ottheinrich. Politik, Kunst und Wissenschaft im 16. Jahrhundert, hrsg. von Barbara Zeitelhack, Regensburg 2002, S. 142–152. **|6** Vgl. Angelika Marsch/Josef H. Biller/Frank-Dietrich Jacob (Hrsg.), Die Reisebilder Pfalzgraf Ottheinrichs aus den Jahren 1536/37 von seinem Ritt von Neuburg a. d. Donau über Prag und Krakau und zurück über Breslau, Berlin, Wittenberg und Leipzig nach Neuburg (2 Bde., Faksimile und Kommentar), Weißenborn 2001. **|7** Vgl. Wolfgang Sommer, Die Unterscheidung und Zuordnung der beiden Reiche bzw. Regimente Gottes in Luthers Auslegung des 101. Psalms, in: Ders., Politik, Theologie und Frömmigkeit im Luthertum der Frühen Neuzeit, Göttingen 1999, S. 11–53. **|8** Vgl. u. a. Petra Roettig, Reformation als Apokalypse. Die Holzschnitte von Matthias Gerung im Codex germanicus 6592 der Bayerischen Staatsbibliothek in München, Bern u. a. 1991; Fritz Grosse, Image der Macht. Zum Bild hinter den Bildern bei Ottheinrich von der Pfalz (1502–1559), Petersberg 2003. **|9** Vgl. u. a. Horst H. Stierhof, das biblisch gemäl. Die Kapelle im Ottheinrichsbau des Schlosses Neuburg an der Donau, München 1993; Grosse, Image (wie Anm. 8), S. 15–52; Susanne Kaeppele, Die Malerfamilie Bocksberger aus Salzburg. Malerei zwischen Reformation und italienischer Renaissance, Salzburg 2003, S. 20–62. **|10** Zur Geschichte der Kurpfalz, Pfalz-Neuburgs und Bayerns im 16. Jahrhundert vgl. Meinrad Schaab, Geschichte der Kurpfalz, Bd. 2: Neuzeit, Stuttgart u. a. 1992; Max Spindler, Handbuch der bayerischen Geschichte, Bd. 2: Das alte Bayern. Der Territorialstaat vom Ausgang des 12. Jahrhunderts bis zum Ausgang des 18. Jahrhunderts, hrsg. von Andreas Kraus, München ²1988; Von Kaisers Gnaden (wie Anm. 1). **|11** Vgl. Hanns Hubach, Das Heidelberger Schloss als Träger fürstlicher Selbstdarstellung. Gedanken zur Ikonographie der Hoffassaden des Ottheinrichs- und des Friedrichsbaus, in: Hanns Hubach/Franz Schlechter/Volker Sellin, Heidelberg – Das Schloss/The Castle, Heidelberg 1995, S. 19–30; Hanns Hubach, Kurfürst Ottheinrich als Hercules Palatinus. Vorbemerkungen zur Ikonographie des Figurenzyklus' an der Fassade des Ottheinrichsbaus im Heidelberger Schloss, in: Pfalzgraf Ottheinrich. Politik, Kunst und Wissenschaft im 16. Jahrhundert, hrsg. von Barbara Zeitelhack, Regensburg 2002, S. 231–248; Hanns Hubach, Kurfürst Ottheinrichs neuer hofbaw in Heidelberg. Neue Aspekte eines alten Themas, in: Mittelalter. Schloss Heidel-

berg und die Pfalzgrafschaft bei Rhein bis zur Reformationszeit, hrsg. von Volker Rödel, Regensburg 2002, S. 191–203. – Zum Gesamtprogramm vgl. auch Karl Bernhard Stark, Das Heidelberger Schloß in seiner kunst- und culturgeschichtlichen Bedeutung, in: Marc Rosenberg (Hrsg.), Quellen zur Geschichte des Heidelberger Schlosses, Heidelberg 1882, S. 11–43; Gustav Friedrich Hartlaub, Zur Symbolik des Skulpturenschmucks am Ottheinrichsbau, in: Wallraf-Richartz-Jahrbuch 14 (1952), S. 165–181. **|12** Vgl. u. a. Gotthard Karl Gallinsky, The Herakles Theme. The Adaptions of the Hero in Literature from Homer to the Twentieth Century, Oxford 1972, S. 183–230; Rainer Vollkommer, Herakles. Die Geburt eines Vorbildes und sein Fortbestehen bis in die Neuzeit, in: Idea. Jahrbuch der Hamburger Kunsthalle 6 (1987), S. 7–29; Ralph Kray, Wider ,eine engbrüstige Imagination'. Studien zur medien-, stoff- und motivgeschichtlichen Typogenese des Herakles/Herkules-Mythos, in: Ders./Stephan Oettermann, Herakles/Herkules. Medienhistorischer Aufriß, Repertorium zur intermedialen Stoff- und Motivgeschichte (2 Bde.), Basel/Frankfurt a. M. 1994, Bd. 2, S. 9–129; Wanda Löwe, Herkules – Die Biographie eines Helden, in: Christiane Lukatis/Hans Ottomeyer (Hrsg.), Herkules. Tugendheld und Herrscherideal. Das Herkules-Monument in Kassel-Wilhelmshöhe, Eurasburg 1997, S. 9–22. **|13** Vgl. Mülhaupt, Psalmen-Auslegung (wie Anm. 4), S. 109. **|14** Vgl. Michael Müller, Die bayerische »Stammessage« in der Geschichtsschreibung des Mittelalters. Eine Untersuchung zur mittelalterlichen Frühgeschichtsforschung in Bayern, in: Zeitschrift für bayerische Landesgeschichte 40 (1977), S. 341–371; Jean Moeglin, Les ancêtres du prince. Propagande politique et naissance d'une histoire nationale en Bavière au Moyen Age (1180–1500), Genf 1985. **|15** Mülhaupt, Psalmen-Auslegung (wie Anm. 4), S. 104–105. **|16** Vgl. Klaus Peter Schuster, Hans Holbein d. J.: Luther als Hercules Germanicus, in: Luther und die Folgen für die Kunst, hrsg. von Werner Hofmann, München 1983, S. 158–159; Hubach, Hercules Palatinus (wie Anm. 11), S. 240–242. **|17** Vgl. Annelise Stemper, Die Wandteppiche, in: Ottheinrich. Gedenkschrift zur vierhundertjährigen Wiederkehr seiner Kurfürstenzeit in der Pfalz 1556–1559, hrsg. von Georg Poensgen, Heidelberg 1956, S. 141–171; Hanns Hubach, Tapisserien im Heidelberger Schloss 1400–1700. Grundzüge einer Geschichte der ehemaligen Sammlung der Pfälzer Kurfürsten, in: Tapisserien. Wandteppiche aus den staatlichen Schlössern und Gärten Baden-Württembergs, hrsg. von Staatliche Schlösser und Gärten Baden-Württemberg/Landesmedienzentrum Baden-Württemberg, Weinheim 2002, S. 98–103; Hanns Hubach, »… mit golt, silber und seyd kostlichst, erhaben, feyn unnd lustig gmacht«. Pfalzgraf Ottheinrich und die Bildteppichproduktion in Neuburg 1539–1544/45, in: Von Kaisers Gnaden. 500 Jahre Pfalz-Neuburg, hrsg. von Suzanne Bäumler/Evamaria Brockhoff/Michael Henker, Augsburg 2005, S. 174–178. **|18** Vgl. Coligny (CH), Fondation Martin Bodmer – Fritz Grosse, Planetenteppiche. »Sieben Planeten und ihre Kinder«, in: Spiegel der Welt. Handschriften und Bücher aus drei Jahrtausenden, Bd. 2, hrsg. von Ulrich Ott/Friedrich Pfäfflin, Tübingen 2000, S. 108–114, Nr. 132; Hanns Hubach, Parnassus Palatinus. Der Heidelberger Schlossberg als neuer Parnass und Musenhort, in: Der Berg, hrsg. von Hans Gercke, Heidelberg 2002, S. 84–101; Hubach, mit golt (wie Anm. 17), S. 291–293, Kat.-Nr. 7.125 und 7.126; Anna Rapp Buri/Monica Stucky-Schürer, Die Sieben Planeten und ihre Kinder. Eine 1547–1549 datierte Tapisseriefolge, Basel 2007; Katja Schmitz-von Ledebur, Die Planeten und ihre Kinder. Eine Brüsseler Tapisserienserie des 16. Jahrhunderts aus der Sammlung Herzog Albrechts V. in München, Thurnhout 2009, S. 117–118. **|19** Vgl. Herbert Zschelletzschky, Die »drei gottlosen Maler« von Nürnberg, Sebald Beham, Barthel Beham und Georg Pencz. Historische Grundlagen und ikonologische Probleme ihrer Graphik zu Reformations- und Bauernkriegszeit, Leipzig 1975, S. 134–168; Rapp Buri/Stucky-Schürer, Sieben Planeten (wie Anm. 18), S. 64–67; Schmitz-von Ledebur, Planeten (wie Anm. 18), S. 30–33. **|20** Vgl. Tableaux anciens, dessins, estampes anciennes, tapisseries anciennes (Versteigerungskatalog Galerie Charpentier Paris, Auktion vom 2. Dezember 1958), Paris 1958, Nr. 133. **|21** Speyer, Pfälzisches

Landesarchiv: Bestand Zweibrücken, Rechnungen B 3/1525, fol. 167–202ᵛ (Bergzaberner Kellerreirechnung 1608, Inventar des Schlosses Bergzabern von 1601), fol. 177ᵛ–178. – Die Löcher der Nägel, mit denen die Teppiche in den Holzrahmen befestigt waren, sind bei allen Stücken entlang der Ränder klar zu sehen. **| 22** Stemper, Wandteppiche (wie Anm. 17), S. 144; Gert Reiprich, Ottheinrichs Testament für das Fürstentum Pfalz-Neuburg von 1556, in: Neuburger Kollektaneenblatt 133 (1980), S. 80–105. **| 23** Vgl. Speyer, Pfälzisches Landesarchiv: Bestand Zweibrücken, Rechnungen B 3/1537, fol. 162–188ᵛ (Bergzaberner Kellerreirechnung 1622, Inventar des Schlosses Bergzabern von 1622), fol. 169ᵛ: »Item die 7 planeten uf düchern, in rhamen gefaßt«. **| 24** »Proxima victricem cum Romam inspexerit Eos / et dederit Phoebo stella fugata locum« (»Blickt auf das siegreiche Rom am folgenden Tage Aurora / Haben dem Phöbus den Platz endlich die Sterne geräumt«); zit. n. Publius Ovidius Naso, Fasti – Festkalender, hrsg. und übersetzt von Niklas Holzberg, Darmstadt 1995, S. 170–171. **| 25** Vgl. Hubach, hofbaw (wie Anm. 11), S. 197–201; Hubach, Parnassus Palatinus (wie Anm. 11), S. 90–91. **| 26** Vgl. Hubach, Tapisserien (wie Anm. 17); Grosse, Planetenteppiche (wie Anm. 18), S. 108–114, Nr. 132; Grosse, Image (wie Anm. 8), S. 87–96; Hubach, mit golt (wie Anm. 17), S. 291–292, Kat.-Nr. 7.125; Rapp Buri/Stucky-Schürer, Die Sieben Planeten (wie Anm. 18), S. 48–51. **| 27** Vgl. Barbara Kurze, Kurfürst Ottheinrich. Politik und Religion in der Pfalz 1556–1559, Gütersloh 1956, S. 18–28; Axel Gotthard, »Fröhlich gewest.« Ottheinrich, ein unpolitischer Fürst?, in: Pfalzgraf Ottheinrich. Politik, Kunst und Wissenschaft im 16. Jahrhundert, hrsg. von Barbara Zeitelhack, Regensburg 2002, S. 71–93. – Vgl. auch Alfred Kohler, Antihabsburgische Politik in der Epoche Karls V. Die Reichsständische Opposition gegen die Wahl Ferdinands I. zum Römischen König und gegen die Anerkennung seines Königtums (1524–1534), Göttingen 1982; Heinz Duchhardt, Protestantisches Kaisertum und altes Reich. Die Diskussion über die Konfession des Kaisers in Politik, Publizistik und Staatsrecht, Wiesbaden 1977. **| 28** Vgl. Hubach, Tapisserien (wie Anm. 17); Grosse, Planetenteppiche (wie Anm.18), S. 108–114, Nr. 132; Hubach, mit golt (wie Anm. 17), S. 292–293, Kat.-Nr. 7.126; Rapp Buri/Stucky-Schürer, Die Sieben Planeten (wie Anm. 18), S. 40–43. **| 29** Vgl. Lucas Cranach d. Ä. 1472–1553. Das gesamte graphische Werk, eingeleitet von Johannes Jahn, Herrsching (o. J.), S. 555–583; Frank Petersmann, Kirchen- und Sozialkritik in den Bildern des Todes von Hans Holbein d. J., Bielefeld 1983, S. 172–189. **| 30** Vgl. Angelika Lorenz, Heinrich Aldegrever. Kupferstiche, Münster 2002, S. 47. **| 31** Vgl. Hans Rott, Kaiser Karl V. und die Aufführung der Heidelberger Komödie »Eusebia« von 1550, in: Neues Archiv für die Geschichte der Stadt Heidelberg und der rheinischen Pfalz 9 (1911), S. 155–223. **| 32** Hubach, Tapisserien (wie Anm. 17); Rapp Buri/Stucky-Schürer, Die Sieben Planeten (wie Anm. 18), S. 56–59. **| 33** Zu diesem offenbar von Pencz eingeführten Motiv und seiner Interpretation vgl. Zschelletzschky, Die gottlosen Maler (wie Anm. 19), S. 161–163. **| 34** Vgl. Magdalene Gärtner, Ottheinrich und Susanna, in: Von Kaisers Gnaden. 500 Jahre Pfalz-Neuburg, hrsg. von Suzanne Bäumler/Evamaria Brockhoff/Michael Henker, Augsburg 2005, S. 192–192. **| 35** Einen informativen Überblick zur Thematik bietet Daniel Hess (Hrsg.), Mit Milchbrei und Rute. Familie, Schule und Bildung in der Reformationszeit, Nürnberg 2005. **| 36** Vgl. Arnolt Schlick, Spiegel der Orgelmacher und Organisten, allen Stiften und Kirchen, so Orgeln halten oder machen lassen, hochnützlich, Speyer 1511 (Faksimile mit Übertragung in modernes Deutsch), hrsg. von Paul Smets, Mainz 1959. **| 37** WA TR, 7034. – Vgl. u. a. Johannes Schilling, sub »Musik«, in: Albrecht Beutel (Hrsg.), Luther Handbuch, Tübingen 2005, S. 236–244; Miikka E. Anttila: Luther's Theology of Music. Spiritual Beauty and Pleasure, Berlin/Boston 2013. **| 38** Vgl. Adolf Layer, Pfalzgraf Ottheinrich und die Musik, in: Archiv für Musikwissenschaft 15 (1958), S. 258–275; Georg Brunner, »Die Lieblich Kunst der Musica« oder Ottheinrichs »Feine Cantorey und gute Instrumentisten«. Musik am Hofe Ottheinrichs in Neuburg, in: Pfalzgraf Ottheinrich. Politik, Kunst und Wissenschaft im 16. Jahrhundert,

hrsg. von Barbara Zeitelhack, Regensburg 2002, S. 249–274. **| 39** Vgl. Linda Maria Koldau, Frauen – Musik – Kultur. Ein Handbuch zum deutschen Sprachgebiet der frühen Neuzeit, Köln/Weimar/Wien 2005, S. 166–183. **| 40** Aus der Fülle der Literatur vgl. u. a. Barbara Könneker, Wesen und Wandlung der Narrenidee im Zeitalter des Humanismus. Brant – Murner – Erasmus, Wiesbaden 1966; Werner Mezger, Hofnarren im Mittelalter. Vom tieferen Sinn eines seltsamen Amtes, Konstanz 1981; Burkhard Schnepel, Narren. Versuch einer Typologie, in: Geist, Bild und Narr. Zu einer Ethnologie kultureller Konversionen. Festschrift für Fritz Kramer, hrsg. von Heike Behrend, Berlin/Wien 2001, S. 97–118; Jean Schillinger (Hrsg.), Der Narr in der deutschen Literatur im Mittelalter und in der frühen Neuzeit, Bern u. a. 2009; Birgit Ulrike Münch, Periculosus catus. Subversive Kritik in Bildern und Texten Thomas Murners, in: Von der Freiheit der Bilder. Spott, Kritik und Subversion in der Dürerzeit, hrsg. von Thomas Schauerte/Jürgen Müller/Bertram Kaschek, Petersberg 2013, S. 196–217. – Zu dem früh einsetzenden Bedeutungswandel der Narrenidee im Umkreis des kurpfälzischen Hofes vgl. Erich Kleinschmidt, Scherzrede und Narrenthematik im Heidelberger Humanistenkreis um 1500. Mit einer Edition zweier Scherzreden des Jodocus Gallus und dem Narrenbrief des Johannes Renatus, in: Euphorion. Zeitschrift für Literaturgeschichte 71 (1977), S. 47–81. **| 41** Martin Luther, An den christlichen Adel deutscher Nation von des christlichen Standes Besserung, hrsg. u. kommentiert von Thomas Kaufmann, Tübingen 2014, S. 53–57. **| 42** Vgl. Rapp Buri/Stucky-Schürer, Die Sieben Planeten (wie Anm. 18), S. 58. **| 43** Vgl. Mezger, Hofnarren (wie Anm. 40), S. 35–44; Juliane Mohrland, Die Frau zwischen Narr und Tod. Untersuchungen zu einem Motiv der frühneuzeitlichen Bildpublizistik, Berlin/Münster 2013, S. 161–191. **| 44** Vgl. Helmut Prückner, Die Alte Brücke, in: Elmar Mittler (Hrsg.), Heidelberg. Geschichte und Gestalt, Heidelberg 1996, S. 162–171. **| 45** Mülhaupt, Psalmen-Auslegung (wie Anm. 4), S. 73–74. **| 46** Vgl. Hubach, hofbaw (wie Anm. 11), S. 192–193. – Vgl. Richard Gaettens, Das Bildnis des Pfalzgrafen und Kurfürsten im Spiegel der Medaille und Großplastik, in: Ottheinrich. Gedenkschrift zur vierhundertjährigen Wiederkehr seiner Kurfürstenzeit in der Pfalz 1556–1559, hrsg. von Georg Poensgen, Heidelberg 1956, S. 62–85; Irnfriede Lühmann-Schmid, Peter Schro. Ein Bildhauer und Backoffen-Schüler (2 Teile), in: Mainzer Zeitschrift 70 (1975), S. 1–62, und 71/72 (1976/77), S. 57–100; Volker Himmelein, Kurfürst Ottheinrich von der Pfalz sitzend in halber Figur, in: Die Renaissance im deutschen Südwesten zwischen Reformation und Dreißigjährigem Krieg (2 Bde.), hrsg. vom Badischen Landesmuseum Karlsruhe, Karlsruhe 1986, Bd. 2, S. 553, Nr. I 15; Jeffrey Chipps Smith, German Sculpture of the Later Renaissance (c. 1520–1580). Art in an Age of Uncertainty, Princeton, NJ, 1994, S. 352; Sabine Witt, Bildnisbüste des Kurfürsten Ottheinrich von der Pfalz, in: Die Wittelsbacher am Rhein. Die Kurpfalz und Europa, Bd. 2: Neuzeit, hrsg. von Bernd Schneidmüller/Alexander Schubert/Stefan Weinfurter/Alfried Wieczorek, Mannheim 2013, S. 82–84, Nr. A2.09. **| 47** Mülhaupt, Psalmen-Auslegung (wie Anm. 4), S. 112. **| 48** Vgl. Mülhaupt, Psalmen-Auslegung (wie Anm. 4), S. 114–123, Zitat S. 121. **| 49** Vgl. Ernst H. Kantorowicz, Die zwei Körper des Königs. Eine Studie zur politischen Theologie des Mittelalters, München 1990. **| 50** Vgl. Alexander von Reitzenstein, Ottheinrich von der Pfalz, Bremen/Berlin 1939, S. 253. **| 51** Klag- undt Dancklied der Gemein zu Heydelberg über der gewesenen churfürstlichen Gnaden tödlichem Abgang …, Thiebolt Berger, Straßburg 1559; vollständiger Abdruck bei Rott, Kunstbestrebungen (wie Anm. 1), S. 238–240.

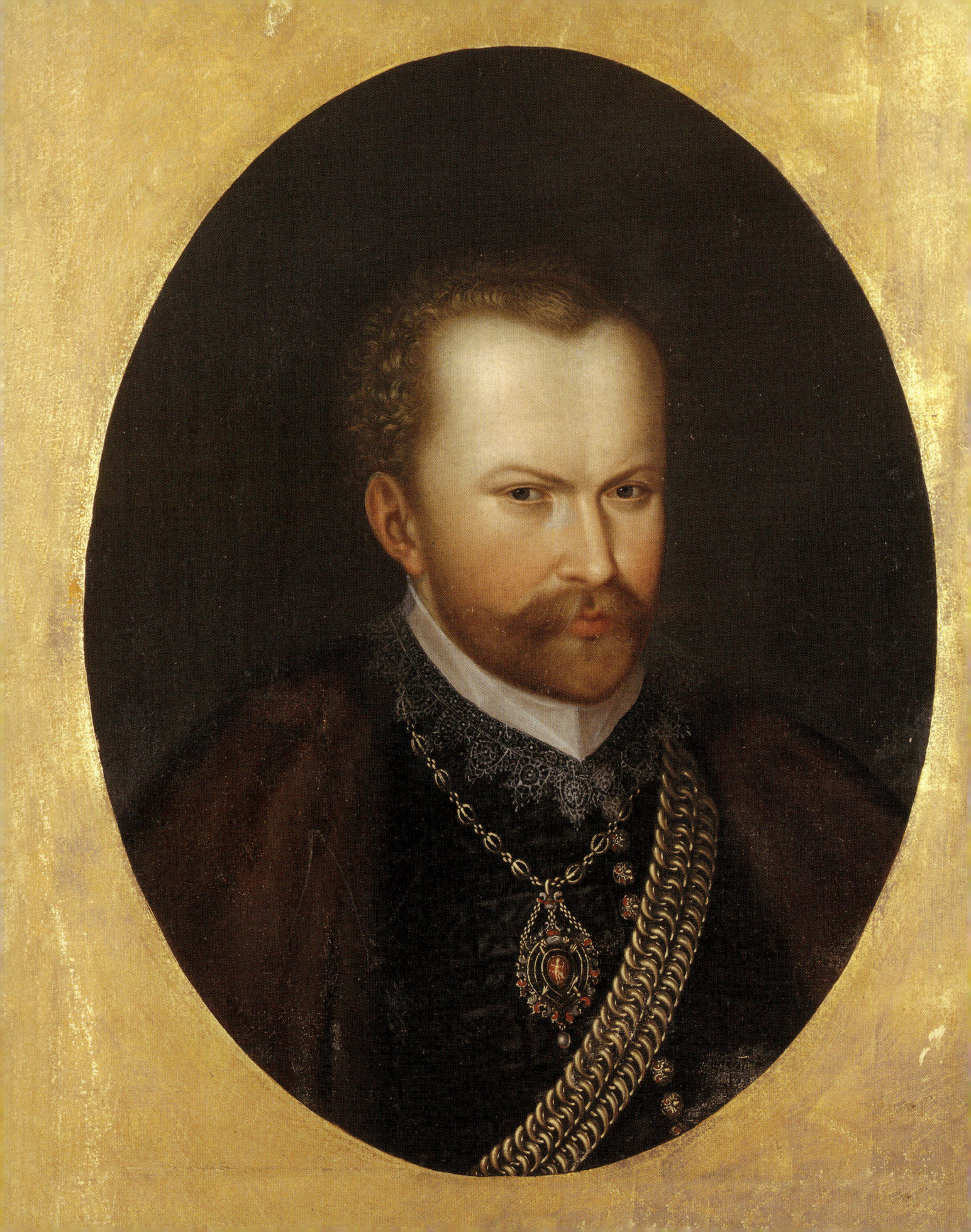

FRIEDER HEPP

»ZU FRIED, RUHE, SCHUTZ UND SCHIRM«

DIE TORGAUER UNION CHRISTIANS I. UND JOHANN CASIMIRS.
PERSPEKTIVEN EINER REFORMIERTEN KONFESSIONSPOLITIK UM 1600

VORAUSSETZUNGEN

Kurpfalz und Kursachsen galten in der zweiten Hälfte des 16. Jahrhunderts als die »zwo fürnembsten Seulen des Römischen Reichs«.[1] Ohne Zweifel waren sie nicht nur die beiden größten protestantischen Mächte, sie stellten zugleich auch die »Pole der theologischen Spaltung und der politischen Zersplitterung des deutschen Protestantismus«[2] im Reich dar. Hierbei ging es einmal um die Frage, wie der Augsburger Religionsfrieden auszulegen sei. Denn der Kompromiss von 1555, der dem Reich für ein Menschenalter den Frieden erhalten hatte, war maßgeblich durch die Politik der Kurpfalz in die kontroverse Diskussion der Konfessionsparteien geraten.[3] Die zweite Erschütterung kam von außen. Angesichts der politischen Entwicklung in Spanien, Frankreich, England und den Niederlanden konnten die bislang vorwiegend mit sich selbst beschäftigten protestantischen Reichsstände ihre Augen nicht mehr vor der Tatsache verschließen, dass man eine Entscheidung darüber treffen musste, welche Rolle das evangelische Lager im Reich und in Europa künftig spielen sollte beziehungsweise wollte.

Die Voraussetzungen für das politische Handeln waren in der Pfalz und Sachsen grundverschieden.[4] Reichsverfassungsrechtlich beanspruchte man in Heidelberg seit der Goldenen Bulle von 1356 den obersten Rang unter den weltlichen Kurfürsten. Zusammen mit Sachsen übte der Pfalzgraf während der Thronvakanz das Reichsvikariat aus. Er war zudem Richter über den König beziehungsweise den Kaiser. Allerdings bestand der Herrschaftsbereich des Pfälzers aus keinem zusammenhängenden Territorium. Die Rheinpfalz, auch Untere Pfalz genannt, war ein Länderkonglomerat um Heidelberg, Neustadt und Alzey, die Oberpfalz dagegen

ein geschlossener Landkomplex etwa des gleichen Umfangs. Beide Gebiete liegen etwa 275 Kilometer auseinander. Heute legt man die Strecke mit dem Auto auf der A 6 in zwei Stunden 23 Minuten zurück, im 16. Jahrhundert benötigte man dafür fünf Tagesreisen.[5] In der Rheinpfalz gab es keine Landstände, auf die der Kurfürst Rücksicht nehmen musste. Dafür waren die Landstände in der Oberpfalz umso selbstbewusster. Nicht zuletzt war dies der entscheidende Grund dafür, dass in der Unteren Pfalz die Reformation zunächst durch Ottheinrich in lutherischer Prägung und danach durch Friedrich III. mit wesentlichen Elementen schweizerisch-calvinistischer Theologie relativ rasch per Dekret eingeführt werden konnte. Im oberpfälzischen Amberg dagegen hielt Pfalzgraf Ludwig als Statthalter zusammen mit den Landständen gegen alle Reformierungsbestrebungen des Vaters aus Heidelberg erfolgreich am Luthertum fest.

Kursachsen genoss demgegenüber den Vorteil eines territorial und konfessionell geschlossenen Territoriums. Die lange Regierungszeit von Kurfürst August I. verlieh Sachsen überdies politische Kontinuität und konfessionelle Stabilität über drei Jahrzehnte. Beides fehlte in der Kurpfalz, die in demselben Zeitraum fünf Herrscherwechsel erlebte. Zur Sonderstellung der Pfalz trug weiterhin bei, dass die Reformation dort erst sehr spät erfolgt war und dass es innerhalb einer Generation zu vier Konfessionswechseln kam.[6] Schließlich stand die Kurpfalz allein schon aufgrund

Abb. 1 | Kurfürst Christian I., Andreas Riehl d. J., um 1590,
Öl auf Leinwand, 67,7 × 54 cm, Staatliche Kunstsammlungen
Dresden, Rüstkammer, Inv.-Nr. H 24

ihrer geographischen Lage an einer der wichtigsten Nachschub-linien in die Niederlande sowie durch ihre Nähe zur Schweiz und zu Frankreich stärker im Fokus der ausländischen Politik in West-europa als das entferntere Sachsen. Heidelberg entwickelte sich nach der Einführung des *Heidelberger Katechismus* als das »deut-sche Genf« zum geistigen und kulturellen Zentrum des westeu-ropäischen Calvinismus[7] und zur »Speerspitze einer Revisionspo-litik gegen den Religionsfrieden«,[8] demgegenüber das lutherische Dresden den dominierenden Part in der Allianz der auf Stabilität und Konsens zielenden Reichsstände unter den Protestanten spielte. Volker Press apostrophiert die Kurfürsten Moritz und Au-gust I. geradezu als »wichtige Juniorpartner des Kaisers in Nord-deutschland«.[9] Der Vorrang des Augsburger Religionsfriedens und damit die Priorität reichspolitischer vor konfessionellen Er-wägungen war die Grundkonstante kursächsischer Politikgestal-tung in der zweiten Hälfte des 16. Jahrhunderts.[10] Einzig in den beiden letzten Lebensjahren von Augusts Nachfolger, dem Kur-fürsten Christian I. (Abb. 1), und während der Regentschaft Pfalz-graf Johann Casimirs, der für seinen unmündigen Neffen und späteren Kurfürsten Friedrich IV. die Kur verwaltete, kam es durch die beiden Regenten zu einer einmaligen Annäherung der sächsisch-pfälzischen Konfessionspolitik, an die sich aufseiten der Evangelischen große Erwartungen knüpfte und die im gegen-reformatorischen Lager der Katholiken größte Verunsicherung auslöste.

Im Folgenden sollen daher die einzelnen Schritte, die zu dieser Annäherung geführt haben, skizziert werden. Danach gilt es, das Ergebnis dieser Annäherung, den sogenannten Torgauer Vertrag, in seinen wesentlichen Bestandteilen vorzustellen, um abschlie-ßend bei der Bewertung die Möglichkeiten und Perspektiven die-ser Union von Torgau in reichs- und konfessionspolitischer Hin-sicht auszuloten.[11]

HOCHZEIT IN HEIDELBERG, JUNI 1570

Ein erster wichtiger Versuch der Annäherung Sachsens und der Kurpfalz war die Heirat Pfalzgraf Johann Casimirs, des vierten Sohnes Friedrichs III., genannt der Fromme, mit der ältesten Tochter Kurfürst Augusts I., der jugendlichen und verwöhnten Prinzessin Elisabeth.[12] Nachdem Augusts Nichte Anna bereits seit 1561 mit Wilhelm von Oranien verheiratet war, knüpfte man

an die Verbindung der beiden wichtigsten protestantischen Häuser im Reich große Erwartungen, vor allem in den Nieder-landen, wo man mit Blick auf den Kaiser und Spanien meinte, sie werde »etlichen Leuten, die dem Pfalzgrafen Kurfürsten gern an das Leder gewesen, nicht wenig in die Knie schre-cken«.[13] Erste Annäherungstendenzen der beiden Häuser gab es bereits im Umfeld des Augsburger Reichstags von 1566, als eine Verurteilung der Kurpfalz maßgeblich an dem Widerstand der bevollmächtigten Räte Sachsens gescheitert war. Seitdem hatte Friedrich III. in Dresden seinen Lieblingssohn immer wie-der ins Spiel gebracht, sodass man seine Absicht nur schwer missdeuten konnte. Aber August I. hielt sich bedeckt, haupt-sächlich wegen des aus seiner Sicht unüberbrückbaren konfes-sionellen Gegensatzes. Erst die durch den niederländischen Kriegszug Herzog Albas im Lager der deutschen Protestanten ausgelöste Angst vor einem päpstlich-spanischen Militärschlag brachte den strengen Lutheraner und den reformierten Pfälzer an einen Tisch. Aus pfälzischer Sicht brauchte man den sächsi-schen Kurfürsten zum Aufbau eines wirkungsvollen Bündnisses im Reich gegen die als bedrohlich empfundene katholisch-spanische Gegenreformation. Außerdem schien es immerhin denkbar, durch eine enge Verbindung mit dem Dresdner Hof dem dort bisher zurückgedrängten reformierten Glauben den Rücken gegen das orthodoxe Luthertum zu stärken und damit jener Form des evangelischen Glaubens zum Durchbruch zu verhelfen, in der sich nach fester Überzeugung der Heidelber-ger Theologen die wahre Reformation darstellte. Mit ähnlichen Hintergedanken, dass nämlich Elisabeth »gleich der heiligen Monica mit Gottes Hilfe und durch ihrer Eltern Anweisung«[14] den Pfalzgrafen zum Luthertum bekehren könnte, trug man sich auch in Dresden. Überdies wusste man am 19. Dezember 1568 in Heidelberg zu berichten, »das man am sächsischen hoff kein hofnung mehr habe, das sich der künig in Frankreich mit hoch-bemelts churfürsten [Tochter] verheurat. Man meint, disser heurat werde beide churfürstentumb nutzer sein, insonderheit diewill der elter des churf. pfalzgraven suhn herzog Ludwig noch kein suhn haben soll.«[15] So kam durch Vermittlung der beiden Kanzler Christoph Ehem und Georg Cracow, der gemä-ßigten Wittenberger Theologen und mit der Hilfe Landgraf Wilhelms von Hessen der Heiratskontrakt zustande. Ausschlag-gebend für den Erfolg waren letztlich die Zusicherungen Ehems und des Landgrafen, Johann Casimir sei dem Calvinismus seines Vaters innerlich stets fremd geblieben.[16]

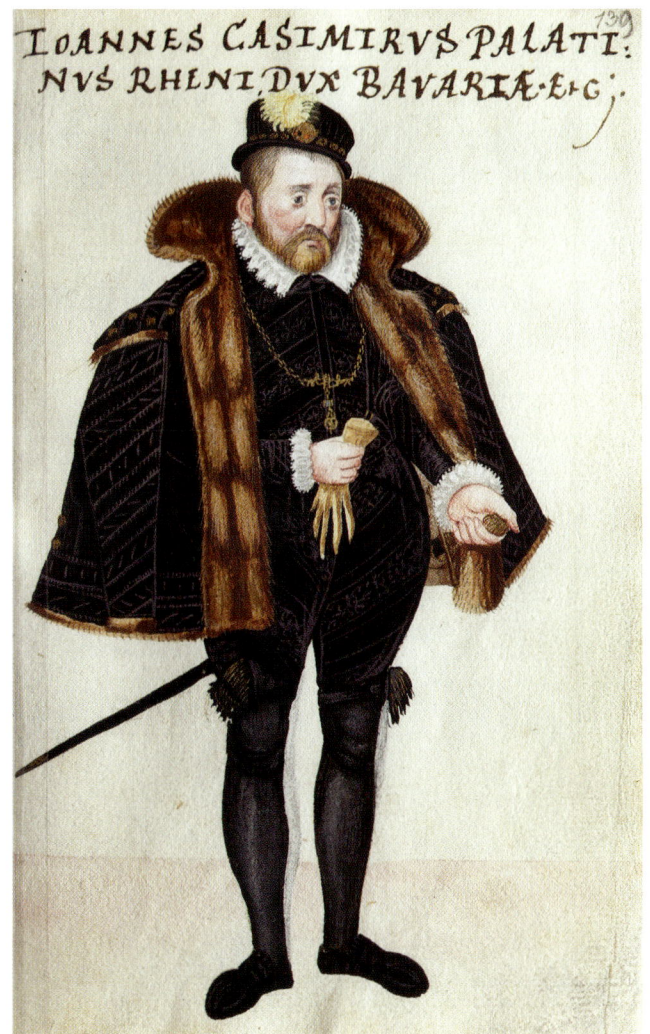
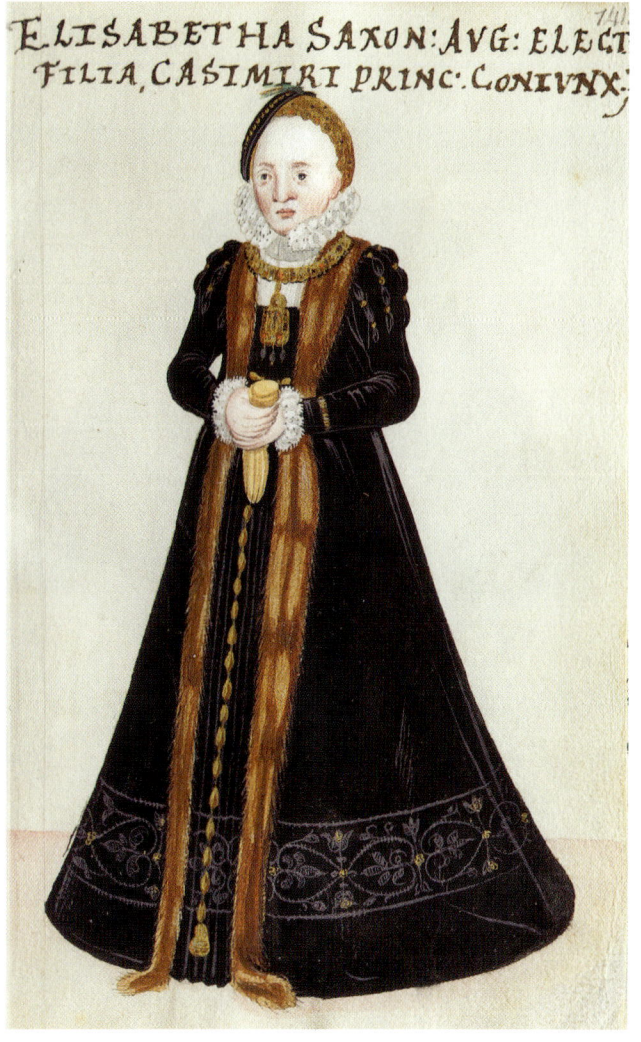

Abb. 2 und 3 | Johann Casimir und Elisabeth von Sachsen in Festtagskleidung, Aquarell aus: Marcus zum Lamm, Thesaurus Picturarum, 1564 – 1606, Bd. IV, fol. 139r und 141r, Hessische Landes- und Hochschulbibliothek Darmstadt, Sign. HS 1971

Zur Hochzeit am 5. Juni 1570 waren neben den Brauteltern die Markgrafen Georg Friedrich von Brandenburg-Ansbach und Karl von Baden-Durlach, der junge Herzog Ludwig von Württemberg, Herzog Adolf von Holstein, die hessischen Landgrafen Wilhelm, Philipp und Georg sowie zahlreiche andere Fürstlichkeiten mit großem Gefolge in Heidelberg erschienen. Dabei erregte der von sächsischer Seite anlässlich der Hochzeitsfeierlichkeiten entfaltete Luxus großes Aufsehen. Angeblich wurden an die zweihundert verschiedene Gänge aufgetragen und der Rheinwein sei in

Strömen geflossen. Ein venezianischer Gesandter echauffierte sich besonders darüber, dass sich die Brautmutter, Kurfürstin Anna, beim Abendtanz von acht der vornehmsten Herrn mit Fackeln vortanzen ließ, während doch selbst die Kaiserin mit nur zwei Tänzern vorliebnehmen musste.[17] Und auch der pfälzische Hof, der unter Friedrich III. den Ruf besonderer Sparsamkeit kultivierte, blickte wie gebannt auf die junge Braut und ihre zur Schau getragenen Kleinodien, Goldketten, Ringe und Edelsteine. In der Bibliotheca Palatina hat sich ihr Aussteuerverzeichnis er-

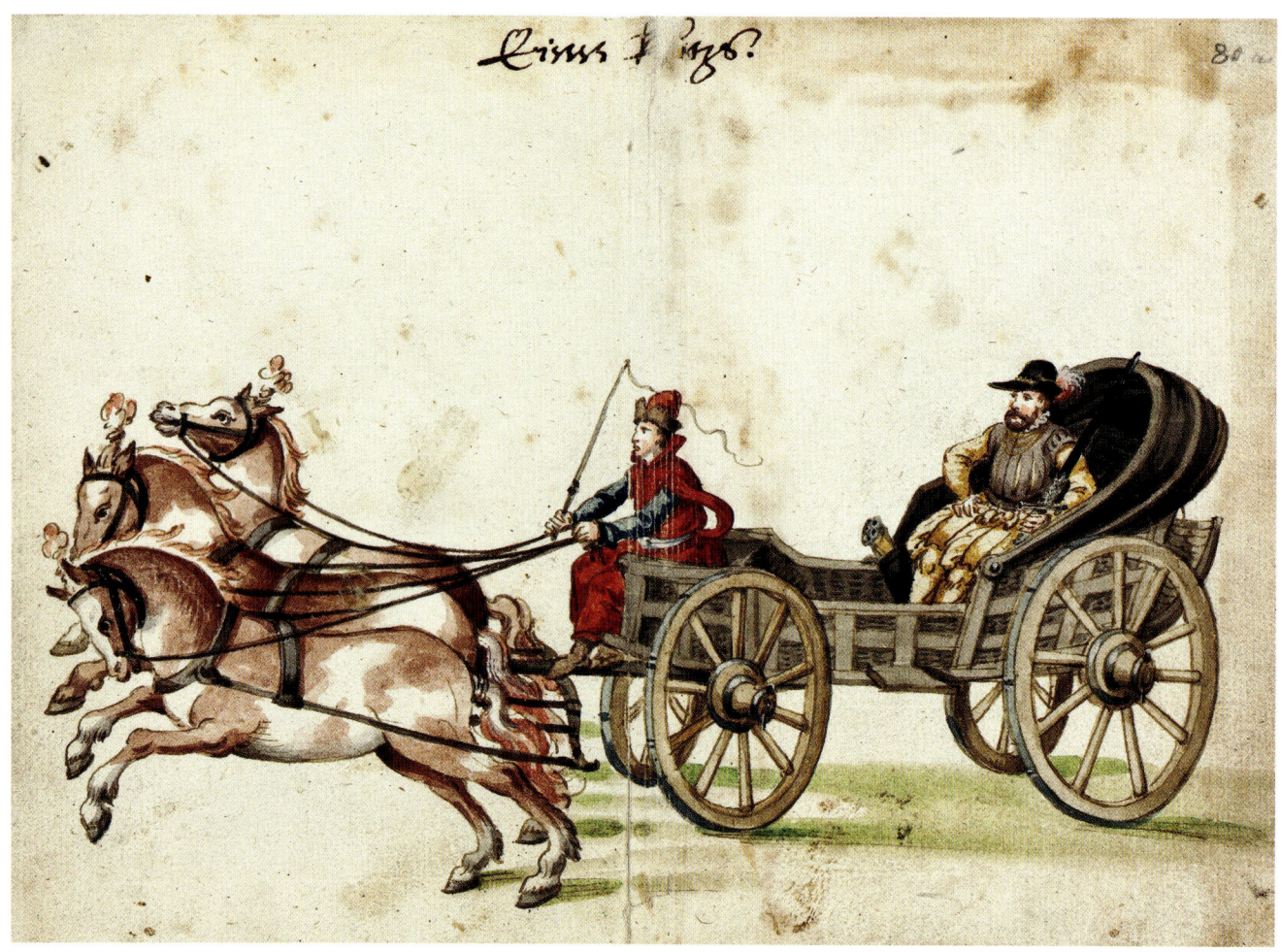

Abb. 4 | Kurfürst Christian I. in der Kutsche auf der Hochzeit des Pfalzgrafen Casimir, 4. Juni 1570, Aquarell aus: Marcus zum Lamm, Thesaurus Picturarum, 1564–1606, Bd. IV, fol. 8or, Hessische Landes- und Hochschulbibliothek Darmstadt, Sign. HS 1971

halten (Cod. Pal. Germ. 611), wonach Elisabeth neben einer großen Zahl von Perlen, Rubinen und Diamanten sowie einer ansehnlichen Garderobe unter anderem ein bemaltes und vergoldetes Hochzeitsbett sowie ein weniger prunkvolles Alltagsbett mit Kissen und Decken, 30 Nachthemden, 30 Röcke, 30 Halskrausen, 10 Nachtmützen, 16 Haartücher, 24 Handtücher, 20 Tischtücher und ebenso viele Servietten nach Heidelberg mitgebracht haben soll.[18]

Termin und Inszenierung der Hochzeit in Heidelberg waren mit Bedacht gewählt. Denn in der benachbarten Bischofsstadt Speyer stand die Eröffnung des Reichstags unmittelbar bevor. Allerdings hätte die politische Tragweite der Heidelberger Fürstenhochzeit auch ohne diesen Reichstag in Speyer niemand in und außerhalb des Reiches verkannt. Immerhin hatte Friedrich III. auch Kaiser Maximilian II. an den Neckar eingeladen. Der ließ sich jedoch mit Rücksicht auf diejenigen katholischen und lutherischen Reichsstände, die dem Calvinismus in Heidelberg feindlich gegenüberstanden, entschuldigen. Der Umstand, dass die protestantischen Fürsten, die in stattlicher Anzahl in Heidelberg versammelt waren, ihrerseits keinerlei Eile an den Tag legten, dem Ruf des Kaisers Folge zu leisten oder, wie Kurfürst August, sich erst gar nicht nach Speyer begaben, verlieh der Hochzeit den Charakter einer antikaiserlichen Demonstration; man sprach sogar von einem protestantischen »Gegenreichstag«.

Aufseiten der Katholischen kursierten Gerüchte über eine drohende kriegerische Auseinandersetzung mit den Protestanten. Andererseits weckten die in Speyer geplanten Vermählungen zweier Königstöchter mit den katholischen Königen von Spanien und Frankreich alte Befürchtungen der Evangelischen, dass der Papst den Kaiser zur Absetzung der drei weltlichen Kurfürsten zwingen und Erzherzog Karl zum römischen König erheben wolle. In Heidelberg argwöhnte man gar, der »fromme« Friedrich solle seiner Kur, ja seines Lebens nicht mehr sicher sein.

Trotz dieser aufgeladenen Stimmung gelang es Friedrich III. nicht, die nach Heidelberg gekommenen Fürsten für seine Außenpolitik zu gewinnen. Ziel der Kurpfalz war die Durchsetzung einer militärischen Unterstützung für die Hugenotten oder wenigstens eine bewaffnete Demonstration der deutschen Protestanten zu ihren Gunsten. Auch das Werben des englischen Gesandten für ein protestantisches Defensivbündnis blieb erfolglos. Denn alle Versuche, in Heidelberg den Grundstein für ein weiterführendes Zusammengehen der Protestanten zu legen, scheiterten an der kategorisch ablehnenden Haltung Kursachsens. Vergeblich versuchte der englische Diplomat Christoff Mundt, die Fürsten zumindest zu einer Delegation an den Hof seiner Königin in London zu bewegen, ebenfalls abgewiesen wurde die nachdrückliche Bitte hugenottischer Gesandter um finanzielle Unterstützung. Statt des Geldes konnten sich die Pfalz, Sachsen, Baden, Württemberg und Hessen immerhin auf ein Protestschreiben an Karl IX. von Frankreich verständigen, worin sie Frieden und völlige Religionsfreiheit für die Hugenotten forderten und zugleich drohten, dass das Reich an den Vorgängen im Westen nicht auf Dauer desinteressiert bleiben werde.[19]

Schneller als erwartet wurden damit die expansiven kurpfälzischen Ambitionen auf den Boden der Tatsachen zurückgeholt. Zwar hatte sich die Pfalz durch die mit Sachsen geknüpften Familienbande teilweise aus der Isolation gelöst, in die sie nach Einführung des Calvinismus 1563 geraten war, doch bedeutete dies allenfalls einen Prestigegewinn. Dieser ging nicht mit einer Steigerung der politischen Einflussnahme einher, wie führende Heidelberger Räte, allen voran Kanzler Christoph Ehem, insgeheim gehofft hatten. Stattdessen schien zunächst die Rechnung Kursachsens aufzugehen. Denn in den nächsten Jahren bestimmten erst einmal die gemäßigten Lutheraner in Dresden die Gangart der Politik der evangelischen Reichsstände. Kurfürst August ließ sich von den beständigen Warnungen der Falken am kurpfälzischen Hof, »Man sollte doch nicht die Hände in den Busen legen

und zusehen, bis das Feuer von des Nachbarn Haus an das eigene gelange und eins mit dem andern verzehre«,[20] nicht überzeugen und beharrte konsequent auf seinem Standpunkt, dass der Kaiser sicherlich nichts Böses gegen die Protestanten im Schilde führe. Resigniert stellte schließlich auch der hessische Landgraf Wilhelm IV. fest, dass man sich in Dresden nicht »mit den heiligen Papisten in zwitracht einlassen« werde.[21]

TREFFEN IN PLAUEN, FEBRUAR 1590

Eine Änderung der jedes Risiko vermeidenden kaisertreuen Außenpolitik Sachsens vollzog erst der Sohn und Nachfolger Augusts I., Kurfürst Christian I.[22] Nicht, dass er mit fliegenden Fahnen das Lager gewechselt und der pfälzischen Aktionspartei in die Arme gesunken wäre,[23] sein Kanzler Nikolaus Krell und die Heidelberger Räte hatten eifrig an der neuen Koalition zu schmieden. Die Chancen, Christian auf ihre Seite zu ziehen, standen für die Pfälzer allerdings nicht schlecht, da der religiöse Fanatismus dem jungen Kurfürsten, der sich selbst »nicht calvinisch, nicht flacianisch, sondern Christianus« nannte, äußerst zuwider war.[24] Am 28. August 1588 erließ er ein Kondemnationsverbot »gegen das unzeitige und unnötige, auch ärgerliche Gebeiß und Gezänk der Verdammnis der Theologen«.[25] Sie sollten sich von der Kanzel des Lästerns und Schmähens gänzlich enthalten, ebenso vom »Personalia traktieren«, sondern allein die »unverfälschte Lehre Augsburgischer Confession« als Richtschnur befolgen. Außerdem untersagte er den volkstümlich gewordenen Brauch des Exorzismus bei der Taufe. In die gleiche Richtung wies der stillschweigende Verzicht auf die Unterschrift unter die Konkordienformel bei Neueinstellungen, die zwar den geharnischten Protest der orthodoxen Lutheraner im eigenen Land hervorrief, konfessionspolitisch aber vor allem Kooperationsmöglichkeiten mit der calvinistischen Kurpfalz eröffnete.

Die Pfälzer Diplomatie, die diese Zeichen sehr wohl zu deuten verstand, machte erste Annäherungsversuche während der Vorbereitungen für eine protestantische Hilfsexpedition für Heinrich von Navarra, der nach der Ermordung Heinrichs III. durch einen fanatischen Dominikanermönch am 1. August 1589 die Krone Frankreichs geerbt und die deutschen Protestanten förmlich um Unterstützung gegen Spanien gebeten hatte. Trotz unterschiedlicher Veranlagung der altersmäßig 17 Jahre auseinanderliegenden

Schwäger – in Heidelberg der unermüdliche »Projektemacher und Abenteurer« Johann Casimir,[26] in Dresden der labile, an den Regierungsgeschäften wenig interessierte und verantwortungsscheue Kurfürst[27] – gab es nicht zu unterschätzende Gemeinsamkeiten, vor allem eine tief sitzende Leidenschaft für die Jagd und auch für den exzessiven Genuss von Alkohol. Schon im März 1586 hatte Johann Casimir auf einer Notiz festgehalten: »Traicter aveque mon Christianus« und darunter im Einzelnen aufgelistet: »Union en la religion« sowie ein Verbot aller Schmähschriften – »dadurch geben mir den Bapisten zu erkennen, das mir einander fur glieder in Christo erkennen«.[28] Nach der Hinwendung Christians I. zum reformierten Bekenntnis 1589 schlug Johann Casimir Ende Januar 1590 seinem Schwager eine Zusammenkunft in Plauen vor; einmal, um über die Grundzüge eines protestantischen Schutzbündnisses zu beraten, und ferner sollte der französische Feldzug zugunsten Heinrichs IV., wie Heinrich von Navarra jetzt genannt wurde, zur Sprache kommen.

In Plauen, so berichtet die Schwester des pfälzischen Administrators Dorothea, hätten sich beide zuerst »gar sauer angesehen; aber den andern Tag besprachen sie sich bei zwei Stunden allein in einem Gemach und waren darnach gar guter Dinge miteinander und haben sich, wie das Geschrei geht, geherzt und geküsst«.[29] Der zwischen Christian und Johann Casimir schließlich am 20. Februar 1590 ausgefertigte Plauener Abschied dokumentiert, wie sehr sich der Sachse inzwischen auf die Position seines pfälzischen Schwagers zubewegt hatte.

Man kam überein, eine Zusammenkunft aller protestantischen Stände zu arrangieren, oder, da das schwierig werden könnte, wenigstens ein Treffen der vornehmsten protestantischen Häuser Pfalz, Sachsen, Brandenburg, Braunschweig, Mecklenburg und Hessen zu organisieren. Bei diesem Konvent sollte »zu fried, ruhe, schutz und schirm« über ein künftiges Verteidigungsbündnis der protestantischen Stände beraten werden, ebenso über eine zu gründende Bundeskasse, in die jeder Bündnispartner »eine namhafte summa gelts« einzuzahlen hatte.[30] Von einer Einbeziehung des Kaisers und der gemäßigten Katholiken, wie sie die sächsische Politik bislang stets gefordert hatte – noch im Januar 1590 hatte der französische Gesandte Kaspar von Schomberg den Kurfürsten für diesen Plan erwärmen können[31] –, war in Plauen nicht mehr die Rede. In der Argumentation für die Notwendigkeit eines solchen Bündnisses kam die kurpfälzische Urangst vor dem Schreckgespenst eines katholischen Flächenbrandes zum Ausdruck, nämlich die Sorge, dass nach den blutigen Verfolgungen der Evangelischen außerhalb Deutschlands das Reich ohne baldige militärische Gegenwehr unweigerlich in die Fänge der Spanier und des Papstes geraten werde. Deshalb sollten sich die evangelischen Stände »dem vaterland und posterität zum besten« in einem Defensivbündnis zusammenschließen. Keiner sollte sich mehr gegen den anderen »verhetzen lassen«, sondern Konflikte und Meinungsunterschiede sollten gütlich untereinander ausgetragen und konsensuell beigelegt werden. Wichtige Reichsangelegenheiten und öffentlich wirksame Entscheidungen aber, wie die Wahl des Königs oder die Bewilligung eines Reichstags, wollten die drei protestantischen Kurhäuser künftig »consilio« untereinander abstimmen.

In Plauen fasste man ferner den folgenreichen Entschluss, angesichts der sich unter anderem aus dem Kölner Krieg, dem Straßburger Kapitelstreit und anderer Händel angehäuften Beschwerden gegenüber dem Reichsoberhaupt sich nicht weiterhin »mit glatten worten und freundlichen schreiben die augen verkleiben«, das heißt bis auf den nächsten Reichstag oder eine Entscheidung des Kammergerichts oder des Hofrates vertrösten zu lassen. Stattdessen entschied man, in Verschärfung der Gangart eine gemeinsame Gesandtschaft der drei weltlichen Kurfürsten unmittelbar nach Prag zu entsenden, um Kaiser Rudolf II. die protestantischen Beschwerdepunkte in geharnischter Form direkt vorzutragen. Bei der Abfassung der Beschwerden, einer umfangreichen Gravamina-Liste, brachte der pfälzische Rat Cullmann in bislang nicht gekannter Deutlichkeit die pfälzische Grundüberzeugung auf den Punkt: »Aller Schaden, Leid und Verkleinerung des Reiches kommt seit Menschengedenken vom Papst, Spanien und Österreich.«[32]

In doppelter Hinsicht ist das Plauener Treffen von Bedeutung, darauf hat mit Nachdruck Axel Gotthard hingewiesen:[33] zum einen, weil alle späteren Gravamina-Kataloge der evangelischen Reichsstände bis in die Zeit des Dreißigjährigen Krieges auf den Prager Vorträgen von 1590 fußen. Das heißt, die in Plauen erstmals sichtbaren politischen Konstellationen haben bis in eine Zeit hinein gewirkt, in der sie selbst längst nicht mehr existierten. Zweitens kündigte sich in Plauen erstmals ein reichspolitisches Muster an, wonach die Kurfürsten im Reich jeweils selbst als Sprecher und Protagonisten ihres eigenen konfessionellen Lagers agieren wollten. Auch dies war eine Praxis, die sich später, in der Vorkriegs- und Kriegszeit, als gängig etablieren sollte. Dass die Zusammenkunft in Plauen einen »entscheidenden Wendepunkt« der kursächsischen Politik markierte, hatte bereits Moritz Ritter erkannt.[34] Denn mit den in Plauen getroffenen Absprachen wurde Sachsen erstmals aus der alten Loyalität gegenüber dem Kaiser herausgelöst und in die aktive Reichs- und Religionspolitik der Kurpfalz eingebunden. Dass Christian I. darüber hinaus noch höchstpersönlich seinen Schwiegervater Johann Georg von Brandenburg für das geplante protestantische Bündnis gewinnen konnte, berechtigte die calvinistischen Pfälzer auf dem Heidelberger Schloss zu den größten Hoffnungen einer breit aufgestellten antihabsburgischen Konfessionspolitik der Protestanten im Reich und darüber hinaus.

TORGAUER KONVENT, JANUAR/FEBRUAR 1591

Bevor die Plauener Abmachungen auf der geplanten Zusammenkunft aller evangelischen Stände in eine feste Form gegossen werden konnten, musste die neue pfälzisch-sächsische Allianz auf dem Frankfurter Deputationstag im September 1590 ihre erste Feuertaufe bestehen. Wolfgang von Dalberg, Erzbischof von Mainz, hatte als Erzkanzler diese Zusammenkunft der Reichsfürsten und -städte ausgeschrieben, hauptsächlich wegen der spanischen Bedrohung des deutschen Nordwestens aus den Niederlanden. Hauptklageführer war der Herzog von Jülich, dessen Lande von spanischen Truppen rücksichtslos als strategische Aufmarschgebiete benutzt wurden. Die Protestanten, allen voran die Räte Johann Casimirs, drängten angesichts dieser spanischen Übergriffe vehement auf eine Reichsexekution gegen die fortwährende Verletzung der Souveränität der niederrheinischen Territorien, denn es sei jetzt höchste Zeit, wie Johann Casimir es deutlich formulierte, dass man »wider Spanien auf die Beine komme«.[35]

An einer Militäraktion gegen Spanien hatten die katholischen Stände allerdings wenig Interesse. Deshalb provozierten die Evangelischen in neuem Selbstbewusstsein einen Eklat. Nachdem die pfälzischen Räte Sachsen und Brandenburg auf ihre Seite gebracht hatten, ließen die drei weltlichen Kurfürsten am 15. Oktober 1590, noch ehe ein Beschluss zustande gekommen war, ihren demonstrativen Austritt aus der Versammlung verkünden und brachten durch eine geharnischte Erklärung den Deputationstag in Frankfurt öffentlichkeitswirksam zum Scheitern. Den schärferen Ton im protestantischen Lager sehr wohl wahrnehmend, hielt daraufhin der kurkölnische Gesandte Kaspar von Fürstenberg in seinem Tagebuch fest: »[E]s ist auf Antreiben Johann Casimirs

eine solche Maßlosigkeit im Streit und ein solcher Zwiespalt der Gemüter hervorgetreten, daß ich nicht absehe, wie man fernerhin die Verwaltung des Reichs und der Justiz, ja auch nur die Wahl eines Kaisers möglich machen soll.«[36]

Unmittelbar nach dem Boykott des Frankfurter Deputationstages reiste Johann Casimir im November 1590 weiter nach Dresden, um mit Kurfürst Christian das in Plauen vereinbarte Treffen der Evangelischen organisatorisch und substanziell vorzubereiten. Schnell wurde man sich einig, dass die zu schließende Union als ein »politisch Werk« anzusehen sei.[37] Konkret bedeutete dies, dass das Bündnis nicht nur »zu beschutzung der evangelischen religion, sondern auch zur abwendung aller andern drangsal und beschwerung, wie die einem oder dem andern mit interessierten stand zustehen möchten, gemeint und vorstanden« sein solle. Obwohl der Abschied von Plauen eigentlich als ein »immerwährendes Werk« gedacht sei, visierte man für die künftige Union eine Vertragsdauer von wenigstens dreißig, möglichst aber vierzig oder gar fünfzig Jahren an. Der Kaiser sei davon nicht betroffen, weshalb man ihn auch nicht ausdrücklich »in specie zu erwehnen«, das heißt von dem Bündnis auszuschließen brauche, da der Zweck des Bundes ja »allein zu handhabung des religion und prophan friedens, auch der andern reichsconstitutionen gemeint« sei.

Großmütig erklärte sich Johann Casimir dazu bereit, dass Christian, »obwohl dies dem Herkommen nach dem Administrator gebührte«[38], die infrage kommenden Stände schriftlich zu dem Konvent einladen sollte, und zwar »in ganzer stille geheim« für den 20. Januar 1591 auf Schloss Hartenfels in die sächsische Stadt Torgau. Am 19. Januar trafen die Räte der drei weltlichen Kurfürsten und die Abgesandten zahlreicher evangelischer Fürsten und Städte dort ein. Eine Woche später, am 26. Januar, begannen die eigentlichen Verhandlungen. Ihr Ergebnis wurde im Februar 1591 in einer »Notul der aufgerichten verstendnus« zusammengefasst, die im Anschluss an den Konvent als gemeinsamer Vorschlag einer Bundesverfassung den protestantischen Fürsten zur Zustimmung vorgelegt wurde.[39]

Dieses Torgauer Abkommen enthielt, wie in Plauen skizziert, zunächst einen Nichtangriffs- und Beistandspakt zwischen den Unionsmitgliedern, ferner den Beschluss für eine Bundeskasse. Die Mitgliedschaft in der Union »zu fried, ruhe, schutz und schirm« wurde allerdings erst einmal nur auf 15 Jahre hin angelegt. Als Bündnisfall war recht allgemein die »gegenwehr, rettung und entschuttung unbilliches gewalts« definiert. Dabei verstanden sich die Bündnispartner »als libhaber und gehorsame stende des reichs teutscher nation, unsers gelibten vaterlands«. Ihr Zusammenschluss diene ausschließlich »zu befurderung gemeiner wolfart, auch zuvorderst zu gottes ehren, erhaltung und fortpflanzung seiner göttlichen warheit, wie dieselbe aus gottes wort in der A.C. und dern Apologia begriffen.« Keine Einigung wurde über die Stärke eines aufzustellenden Bundesheeres und über die Besetzung der Feldobristenstelle erzielt. Dafür wurde der Einspruch gegen den geistlichen Vorbehalt in einem besonderen Nebenabschied noch einmal ausdrücklich bekräftigt, indem man betonte, dass die Formulierung, nichts gegen den Religionsfrieden unternehmen zu wollen, nicht als Verzicht gegen den geistlichen Vorbehalt verstanden werden dürfe. Diese Klarstellung in einem strittigen Punkt des Augsburger Religionsfriedens war der Kurpfalz besonders wichtig. In einem zweiten Nebenabschied fand die pfälzisch-sächsische Solidarität mit den westeuropäischen Glaubensverwandten ihren Niederschlag. Heinrich IV. von Frankreich sollte die Möglichkeit eingeräumt bekommen, Truppen im Reich anzuwerben, darüber hinaus wollte man eine Hilfsarmee aufbieten, die unter dem Kommando des jungen Christian I. von Anhalt-Bernburg dem französischen König zur Seite stehen sollte. Nunmehr das Schicksal der gesamten Christenheit im Auge, baten Johann Casimir und Christian I. schließlich in einem gemeinsamen Brief Großherzog Ferdinand I. von Toskana um Unterstützung und Werbung bei den anderen italienischen Staaten gegen das spanische Streben nach der Universalherrschaft.

Nun ging es nur noch darum, die protestantischen Stände für die ausgehandelten Unionspläne zu gewinnen. Mit Ausnahme des Herzogs von Braunschweig nahmen alle Fürsten, die durch ihre Räte in Torgau vertreten waren, die vorgeschlagene Bundesnotel überraschend schnell an. Schwierigkeiten machte lediglich Johann Casimirs östlicher Nachbar Württemberg, da Herzog Ludwig erklärte, er könne nicht etwas unternehmen, was vielleicht gegen den Kaiser, das Reich und den Religionsfrieden gerichtet sei. Er erbat sich Bedenkzeit. Außer den Häusern Pfalz, Sachsen, Brandenburg und Hessen waren zum Beitritt die Herzöge von Anhalt und Braunschweig-Grubenhagen, von Sachsen-Weimar und Sachsen-Coburg, Pfalzgraf Johann von Zweibrücken und der Markgraf Ernst Friedrich von Baden bereit. Am 15. August 1591 schrieb Johann Casimir zufrieden nach Zweibrücken, dass sobald Neuburg, Braunschweig und Württemberg sich erklärt hätten, Kursachsen gedenke, die Bundesakte vollziehen zu lassen.

Die intensiven pfälzisch-sächsischen Bemühungen, eine schlagkräftige evangelische Religionspartei im Reich und im westeuro-

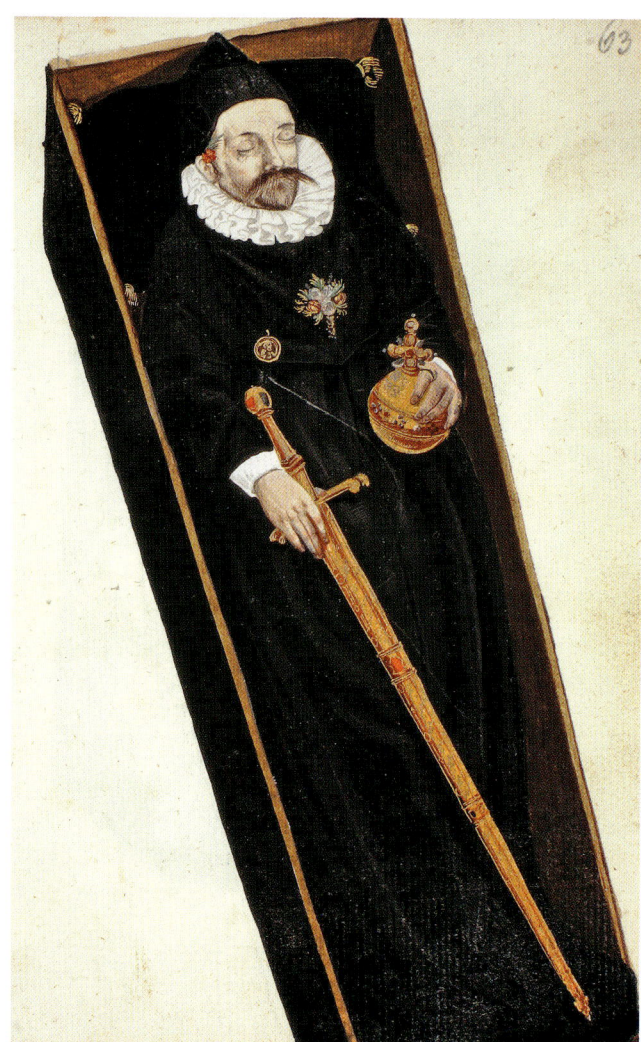

Abb. 5 | Aufbahrung Johann Casimirs, Aquarell aus: Marcus zum Lamm, Thesaurus Picturarum, 1564 – 1606, Bd. V, fol. 64, Hessische Landes- und Hochschulbibliothek Darmstadt, Sign. HS 1971

päischen Ausland zu formieren, standen unmittelbar vor der Verwirklichung. Da erlag am 5. Oktober 1591 in Dresden, zwischen sechs und sieben Uhr morgens, Christian I. einem schweren Magen- und Darmleiden. Der Kurfürst, bereits seit einem Jahr kränkelnd, hatte durch seine exzessive Lebensweise und seinen Alkoholkonsum seine Gesundheit früh ruiniert.[40] In Heidelberg musste Johann Casimir, selbst bereits vom Fieber gezeichnet, sogleich erkennen, dass nach »solch unzeitiger todtfal«, die »hochvertraute sach, einen merklichen Stoss leiden, wenn nicht gar in den Brunnen stürzen« werde.[41] Als er selbst wenige Monate später am 16. Januar 1592 ebenfalls starb, stürzte »die hochvertraute sach«, das große Bündnis der evangelischen Stände, in sich zusammen wie ein Kartenhaus. In Sachsen setzte mit ungeheurer Wucht der Gegenschlag gegen die Politik Christians I. ein. Sein Vertrauter Kanzler Nikolaus Krell, der eigentliche Drahtzieher der Unionspolitik mit den Pfälzern, wurde sogleich verhaftet. Der Vormund des unmündigen Sohnes Christians, Herzog Friedrich Wilhelm von Sachsen-Weimar, kehrte im Einverständnis mit den Landständen zu dem religions- und reichspolitischen Kurs Kurfürst Augusts zurück. Der Torgauer Bund zerbrach, bevor er seine reichspolitische Wirkung entfalten konnte. Auch das von Pfalz und Sachsen gemeinsam ausgerüstete und in Frankreich bereits einmarschierte Heer griff nicht mehr in die Kampfhandlungen ein und kehrte unverrichteter Dinge wieder über den Rhein zurück.

PERSPEKTIVEN

Das kurze Zusammenwirken Christians I. mit seinem Schwager Johann Casimir, angefangen von dem Treffen in Plauen bis hin zum Konvent in Torgau, stellt, so Eike Wolgast, ein »Möglichkeitsmoment« der deutschen Geschichte mit weiten Perspektiven dar.[42] Auch Axel Gotthard unterstreicht die immense Bedeutung des in der Forschung seiner Meinung nach bislang nicht angemessen gewürdigten Zusammengehens Christians I. und Johann Casimirs. Er bewertet es als eine entscheidende »Zäsur der sächsischen und der deutschen Geschichte«.[43] Wäre die protestantische Allianz, so Gotthard, realisiert worden, »dann wäre der deutsche Protestantismus in ganz anderer Formation in den Dreißigjährigen Krieg gegangen: mit einem viel traditionsreicheren Bündnis; mit einem viel größeren, gesamtdeutschen (denn die Union von 1608 wird wegen der vehementen Ablehnung durch Kursachsen fast nur süddeutsche Protestanten umfassen); und mit einem nicht im Kielwasser der Heidelberger Aktionspartei schwimmenden.«[44]

Dass 1591 die reformierte Kirche Westeuropas an einem schicksalhaften Wendepunkt stand, empfand rückwirkend auch der Heidelberger Theologe und spätere Hofprediger des »Winterkönigs«, Abraham Scultetus. In seiner Selbstbiographie, die er 1624 als Pfarrer in Emden verfasste, erinnerte er sich genau an das Jahr 1591, nicht nur weil er im Mai dieses Jahres den Grad eines Ma-

gisters mit Auszeichnung am Collegium Casimirianum der Heidelberger Universität erwarb. »Ich kann nicht unterlassen, auch hier zu gedenken, wie mir und vielen anderen damals zu Mut gewesen, wenn wir den Zustand der Reformierten Kirchen, wie er im Jahr 1591 war, betrachten. In Frankreich regierte der streitbare König Henricus IV., in Engelland die mächtige Königin Elisabetha, in Schottland der gelehrte König Jacobus, in der Pfalz der tapfere Held Johan Casimir, in Sachsen der herzhafte und mechtige Hertzog Christian der Erste, Chur-Fürst, in Hessen der kluge und verstendige Fürst Landgraff Wilhelm, welche alle der reformierten Religion zugetan waren. Im Niederland ging es Prinz Mauritzen von Uranien alles nach seinem Wunsch, nachdem er Breda, Zütphen, Hülsten, Nieumwegen eingenommen. Was gedachten wir aber? Wir bildeten uns ein, das aureum seculum oder: eine güldene Zeit [sei angebrochen]. Quid nos igitur? Aureum seculum nobis imaginabamur. Stultissime. – Aber sehr törlich, dann in demselbigen Jahr stirbt der Chur-Fürst von Sachsen, der Pfaltzgraff und Landgraff von Hessen, Henricus der König von Frankreich fällt von der Wahrheit ab, und gehen also alle unsere güldene Hoffnungen in Rauch auf.«[45]

Auch der Gegenseite stockte nach der unerwarteten Konzentration der protestantischen Kräfte in Torgau ob des plötzlich entstandenen Bedrohungspotentials kurzzeitig der Atem. Dies kann man aus der Erleichterung ablesen, welche sich aufseiten der Katholiken nach dem überraschend eintretenden Tod der beiden protestantischen Unionisten breitmachte. So schrieb Bischof Johann von Straßburg an Herzog Wilhelm von Bayern: »Es dürfte das gewaltsame und bedrohliche Vorhaben sich nunmehr etwas stoßen oder zum wenigsten verlängern. Man hat dem allmächtigen Gott nit genugsam dafür zu danken, daß seine göttliche Allmacht zur Erhaltung göttlicher Ehre und Glauben von den Katholischen so viel Böses unversehentlich gnädig abgewendet.«[46]

Es wird deutlich, dass die Zeitgenossen in dem Torgauer Konvent alles andere als ein »unbedeutendes Intermezzo«[47] oder ein »calvinistisches Zwischenspiel«[48] gesehen haben, sondern 1591 ein Schicksalsjahr für sie darstellte. Die protestantischen Stände des Reiches hatten schnell und in einer bis dato unerhörten Einmütigkeit eine Weichenstellung vorgenommen, die sie zu einem ernst zu nehmenden Machtfaktor anwachsen ließ.[49] Zum ersten Mal bot sich ihnen eine realistische Aussicht, die Vormacht des Hauses Habsburg zu brechen und dem reformierten Bekenntnis im Reich und in Westeuropa zum Durchbruch zu verhelfen. Außenpolitisch traten die deutschen Protestanten an die Seite Englands, der niederländischen Generalstaaten und des hugenotti-schen Königs Heinrich IV. von Frankreich. Konfessionell waren sie mit den calvinistischen Hochburgen in der Schweiz eng verbunden. Fiel jetzt noch Frankreich in das reformierte Lager, hätten sie ihr großes außenpolitisches Ziel erreicht.[50]

Innenpolitisch, so die Mutmaßungen Axel Gotthards, wäre eine Union der Protestanten mit kursächsischer Beteiligung »vorsichtiger, risikoscheuer, aber andererseits viel stärker gewesen« als die 1608 schließlich zustande gekommene Union vornehmlich süddeutscher Protestanten unter dem Direktorium der ambitionierten, risikobereiten kurpfälzischen Räte, die nicht müde wurden, an die europaweite katholische Verschwörung zu glauben, und dementsprechend europaweit dagegen agierten. Durch sein Ausscheren hat Sachsen den reichsständischen Protestantismus den Pfälzer Aktionisten überlassen. Mit Sachsen hätte sich im Reich dagegen ein Gleichgewicht zwischen den Lagern einpendeln können und nicht jene aussichtslose evangelische Unterlegenheit, die nur durch Hilfe von außen kompensiert werden konnte, nämlich durch niederländische, englische, dänische und schwedische Unterstützung, und die schließlich in die Katastrophe des Dreißigjährigen Krieges mündete.[51]

Doch verlassen wir das Feld wohlfeiler Spekulationen, wonach »vieles im Reich, in Europa ganz anders gekommen wäre, wenn der 1590 eingeschlagene Kurs in Dresden traditionsbildend geworden wäre«,[52] sondern fragen uns abschließend, wie eigentlich die Betroffenen auf den plötzlichen Tod der beiden Protagonisten einer pfälzisch-sächsischen Verständigung so kurz hintereinander reagiert haben. Der Theologe Scultetus, der mit dem böhmischen Abenteuer Friedrichs V. abermals das Scheitern eines reformierten Großprojektes an vorderster Front miterlebt und in diesem Falle sogar mitverursacht hatte, stellte resigniert fest, »daß alle das Vertrawen, so man entweder auf die beherzten oder auf die reichesten oder die verstendigsten Fürsten setzet, vergeblich und töricht sei, dieweil die Ehr der Erhaltung der Kirchen nicht der Erden, sondern dem Himmel, nicht dem Menschen, sondern GOTT dem HERRN gebühret.«[53]

Damit wollte sich der kurpfälzische Kirchenrat Marcus zum Lamm nicht abfinden. Denn der allmächtige Gott bringt nicht »so kurz nacheinander die zwo fürnembsten Seulen des Römischen Reichs« zum Einsturz. Hier war nicht Gott, sondern Menschenhand am Werk, Kurfürst Christian und Pfalzgraf Johann Casimir seien keines natürlichen Todes gestorben, sondern schlichtweg vergiftet worden.[54] Der Pfälzer Kirchenrat hatte allerdings nicht die Katholiken, wie man leichthin denken könnte, sondern die orthodoxen Dresdner Lutheraner im Verdacht, den beiden Fürsten etwas in den reichlich genossenen Wein geschüttet zu haben, als sie 1591 zum letzten Mal in Dresden zusammentrafen und sich verbrüderten, zumal die Ehefrau Johann Casimirs und zugleich Schwester Christians von Sachsen den baldigen Tod ihres Mannes auf dem eigenen Totenbett eindrücklich vorausgesagt hatte.

Dies zeigt, dass auch der eingangs geschilderte Versuch, durch das Knüpfen dynastischer Beziehungen die beiden opponierenden protestantischen Mächte im Reich zusammenzubringen und insbesondere die Kurpfalz wieder stärker in das Reichssystem einzubinden, gescheitert war. Denn die 1570 zwischen Johann Casimir und Elisabeth von Sachsen geschlossene Ehe hatte sich für beide Partner schon bald zu einer Tragödie entwickelt. Heftige Auseinandersetzungen um die Konfession, Streit über die Taufe der noch nicht geborenen Kinder wegen der lutherischen Exorzismusformel, Spionagevorwurf, angeblicher Ehebruch der Gattin und ein in letzter Minute vereitelter Mordanschlag auf Johann Casimir endeten in einer Tragödie shakespearehaften Ausmaßes. Johann Casimir ließ sich von seiner des Ehebruchs bezichtigten Gattin scheiden und stellte sie unter Hausarrest. Dort starb sie im Heidelberger Schloss nach fünfmonatigem Siechtum am 2. April 1590. Das Ende der Pfalzgräfin gehört zu den dunkelsten Kapiteln in der Geschichte des pfälzischen Calvinismus, vergleichbar allenfalls mit der Hinrichtung des Antitrinitariers Johann Sylvanus auf dem Heidelberger Marktplatz 17 Jahre zuvor. Dass sich Elisabeths Tod in Heidelberg nahezu zeitgleich mit den Ereignissen in Plauen vollzog, verdient der Beachtung – umso mehr, als sich sowohl Bruder als auch Ehemann in ihrer Korrespondenz offenbar davon völlig unbeeindruckt zeigten. Vielmehr resümiert Johann Casimir in einem Brief an seinen lieben Schwager höchst einvernehmlich: »Nun bin ich mein leben lang ein armer reuterknab gewesen und [habe] von jugend auf gern wein getrunken, wie noch.«[55] Dies wirft ein bezeichnendes Schlaglicht auf die persönliche Unzulänglichkeit der beiden Protagonisten der »zwo fürnembsten Seulen des Römischen Reichs« und lässt keinen Zweifel daran aufkommen, dass die beiden auch ohne ihr frühzeitiges Ableben wohl kaum in der Lage gewesen wären, die von ihren Beratern eifrig ins Werk gesetzte Konfessionspolitik im Reich auf Dauer zu konsolidieren.

ANMERKUNGEN

1 Marcus zum Lamm, Thesaurus Picturarum, Universitäts- und Landesbibliothek Darmstadt, Hs 1971, Bd. 5, fol. 28r. **| 2** Eike Wolgast, Die kurpfälzischen Beziehungen zu Kursachsen, in: Helmar Junghans (Hrsg.), Die sächsischen Kurfürsten während des Religionsfriedens von 1555 bis 1618. Symposion anläßlich des Abschlusses der Edition ›Politische Korrespondenz des Herzogs und Kurfürsten Moritz von Sachsen‹ vom 15. bis 18. September 2005 in Leipzig, Stuttgart 2007, S. 13–31, zit. S. 13; Maximilian Lanzinner, Das römisch-deutsche Reich um 1600, in: Späthumanismus. Studien über das Ende einer kulturhistorischen Epoche, hrsg. von Notker Hammerstein und Gerrit Walter, Göttingen 2000, S. 19–45. **| 3** Volker Press, Kriege und Krise. Deutschland 1600–1715, München 1991, S. 161ff. **| 4** Eike Wolgast, Calvinismus und Reformiertentum im Heiligen Römischen Reich, in: Calvin und Calvinismus. Europäische Perspektiven, hrsg. von Irene Dingel und Herman J. Selderhuis, Veröffentlichungen des Instituts für Europäische Geschichte Mainz, Beiheft 84, Göttingen 2011, S. 23–46; Eike Wolgast, Reformierte Territorien und Dynastien im Alten Reich, in: Calvinismus. Die Reformierten in Deutschland und Europa. Eine Ausstellung des Deutschen Historischen Museums Berlin und der Johannes a Lasco-Bibliothek Emden, hrsg. von Ansgar Reiß und Sabine Witt, Dresden 2009, S. 204–212; Eike Wolgast, Reformierte Konfession und Politik im 16. Jahrhundert. Studien zur Geschichte der Kurpfalz im Reformationszeitalter. Schriften der Philosophisch-historischen Klasse der Heidelberger Akademie der Wissenschaften, Bd. 10, 1998, Heidelberg 1998; Anton Schindling/Walter Ziegler (Hrsg.), Die Territorien des Reichs im Zeitalter der Reformation und Konfessionalisierung. Land und Konfession 1500–1650, 7 Bde., Münster 1989–1997, Bd. 5. Der Südwesten 1993; Meinrad Schaab (Hrsg.), Territorialstaat und Calvinismus. Veröffentlichungen der Kommission für geschichtliche Landeskunde in Baden-Württemberg, Reihe B. Bd. 127, Stuttgart 1993; Heinz Schilling (Hrsg.), Die reformierte Konfessionalisierung in Deutschland – Das Problem der ›Zweiten Reformation‹. Wissenschaftliches Symposion des Vereins für Reformationsgeschichte 1985, Gütersloh 1986. **| 5** Peter Bilhöfer, Aus der Zeit des Winterkönigs Friedrich V. Amberg und die Kurpfalz 1596–1632, in: 975 Jahre Amberg – Eine Stadt in der Mitte des historischen Nordgaus, hrsg. vom Oberpfälzer Kulturbund, Amberg 2009, S. 103–112. **| 6** Eike Wolgast, Konfessionswechsel und Kirchenpolitik der Pfälzer Kurfürsten im 16. und 17. Jahrhundert, in: Die Wittelsbacher am Rhein. Die Kurpfalz und Europa. Begleitband zur 2. Ausstellung der Länder Baden-Württemberg, Rheinland-Pfalz und Hessen, hrsg. von Reiss-Engelhorn-Museen Mannheim und Staatliche Schlösser und Gärten Baden-Württemberg, Regensburg 2013, S. 31–38; Frank Engehausen, Strategien des Konfessionswechsels im 16. Jahrhundert – Das Beispiel Kurpfalz, in: Karla Apperloo-Boersma und Herman J. Selderhuis (Hrsg.), Macht des Glaubens – 450 Jahre Heidelberger Katechismus, Göttingen 2013, S. 85–96. **| 7** Volker Hartmann/Wilhelm Kühlmann, Heidelberg als kulturelles Zentrum der Frühen Neuzeit. Grundriß und Bibliographie, Heidelberg 2012; Wilhelm Kühlmann (Hrsg.), Julius Wilhelm Zincgref und der Heidelberger Späthumanismus. Zur Blüte und Kampfzeit der calvinistischen Kurpfalz, Ubstadt-Weiher 2011; Frieder Hepp, »der Pfaltz Hauptflecken«. Heidelberg um 1600, in: Der Winterkönig. Friedrich V. Der letzte Kurfürst aus der Oberen Pfalz. Amberg – Heidelberg – Prag – Den Haag, hrsg. von Peter Wolf, Michael Henker, Evamaria Brockhoff, Barbara Steinherr und Stephan Lipphold, Katalog zur Bayerischen Landesausstellung 2003, Stadtmuseum Amberg, 9. Mai bis 2. November 2003. Veröffentlichungen zur Bayerischen Geschichte und Kultur 46/03, Augsburg 2003, S. 75–82. **| 8** Press, Kriege (wie Anm. 3), S. 161. **| 9** Press, Kriege (wie Anm. 3), S. 105. **| 10** Jens Brüning, August (1553–1586), in: Frank-Lothar Kroll (Hrsg.), Die Herrscher Sachsens. Markgrafen, Kurfürsten, Könige 1089–1918, München 2004, S. 110–125, S. 120. **| 11** Eike Wolgast, Konfessionsbestimmte Faktoren der Reichs- und Außenpolitik der Kurpfalz 1559–1620, in: Heinz Schilling (Hrsg.), Konfessioneller Fundamentalismus, München 2007, S. 167–188, bes. S. 180–182; Axel Gotthard, 1591 – Zäsur der sächsischen und der deutschen Geschichte, in: Neues Archiv für sächsische Geschichte 71 (2000), S. 275–284; Frieder Hepp, Religion und Herrschaft in der Kurpfalz um 1600. Aus der Sicht des Heidelberger Kirchenrats Dr. Marcus zum Lamm (1544–1606), Buchreihe der Stadt Heidelberg IV, Heidelberg 1993, S. 129–189; Karlheinz Blaschke, Religion und Politik in Kursachsen 1586–1591, in: Schilling, Reformierte Konfessionalisierung (wie Anm. 4), S. 79–97; Volker Press, Die ›Zweite Reformation‹ in der Kurpfalz, in: Schilling, Reformierte Konfessionalisierung (wie Anm. 4), S. 104–129; Volker Press, Calvinismus und Territorialstaat. Regierung und Zentralbehörden der Kurpfalz 1559–1619, Stuttgart

1970, S. 342 u. 356; Dieter Cuntz, Die Regentschaft des Pfalzgrafen Johann Casimir in der Kurpfalz 1583–1592, phil. Diss. Frankfurt a. M. 1934, S. 71–101. **| 12** Thomas Nicklas, Christian I. (1586–1591) und Christian II. (1591–1611), in: Frank-Lothar Kroll (Hrsg.), Die Herrscher Sachsens. Markgrafen, Kurfürsten, Könige 1089–1918, München 2004, S. 126–137; August Kluckhohn, Die Ehe des Pfalzgrafen Johann Casimir mit Elisabeth von Sachsen. Abhandlung der Königlich Bayerischen Akademie der Wissenschaften III. Classe, 12. Bd., II. Abt., 1873, S. 81–165; August Kluckhohn, Elisabeth, Gemahlin des Pfalzgrafen Johann Casimir, in: ADB VI (1877), S. 7 f.; Peter Fuchs, Elisabeth, Pfalzgräfin bei Rhein, in: NDB IV (1959), S. 446 f.; Erich Horn, Pfalzgräfin Elisabeth, Quellen und Forschungen zur Deutschen insbesondere Hohenzollernschen Geschichte 5 (1909), S. 154–166. **| 13** Friedrich von Bezold, Briefe des Pfalzgrafen Johann Casimir, Bd. I: 1576–1582, München 1882, S. 43. **| 14** So die Erwartung Anna von Sachsens, der Mutter Elisabeths, gegenüber Dorothea von Dänemark, zit. nach Horn, Pfalzgräfin Elisabeth (wie Anm. 12), S. 159. **| 15** Bezold, Briefe I (wie Anm. 13), S. 69. **| 16** Vgl. Meinrad Schaab, Obrigkeitlicher Calvinismus und Genfer Gemeindemodell. Die Kurpfalz als frühestes reformiertes Territorium im Reich und ihre Einwirkungen auf Pfalz-Zweibrücken, in: Schaab, Territorialstaat (wie Anm. 4), S. 34–86, hier S. 73. **| 17** In einem Bericht vom 21.6.1570 auszugsweise abgedruckt bei Bezold, Briefe I (wie Anm. 13), S. 70, Anm. 1. **| 18** Vgl. Elmar Mittler/Wilfried Werner, Mit der Zeit. Die Kurfürsten von der Pfalz und die Heidelberger Handschriften der Bibliotheca Palatina, Wiesbaden 1986, S. 33. **| 19** Vgl. Eike Wolgast, Reformationszeit und Gegenreformation (1500–1648), in: Handbuch der Baden-Württembergischen Geschichte Bd. 1, 2, hrsg. von Meinrad Schaab, Hansmartin Schwarzmaier und Gerhard Tadey, Stuttgart 2000, S. 145–306, S. 255. **| 20** Friedrich III. an August I. 1568, zit. nach Wolgast, Reformationszeit (wie Anm. 19), S. 256. **| 21** Wolgast, Kurpfälzische Beziehungen (wie Anm. 2), S. 26. **| 22** Dazu bei Rudolf Zachmann, Die Politik Kursachsens unter Christian I. (1586–1591), Leipzig 1912. **| 23** Gotthard, Zäsur (wie Anm. 11), S. 276. **| 24** In einem Brief an den Markgrafen von Brandenburg 1590, Nicklas, Christian I. (wie Anm. 12), S. 130; Hepp, Religion (wie Anm. 11), S. 168. **| 25** Wolgast, Calvinismus (wie Anm. 4), S. 30; Siegfried Hoyer, Stände und calvinistische Landespolitik unter Christian I. (1587–1591) in Kursachsen, in: Schaab, Territorialstaat (wie Anm. 4), S. 137–163, S. 139; Moritz Ritter, Deutsche Geschichte im Zeitalter der Gegenreformation und des Dreißigjährigen Krieges (1555–1648), Bd. 2, Stuttgart 1895, S. 44. **| 26** Vgl. Gustav Droysen, Geschichte der Gegenreformation, Berlin 1893, Nachdruck Leipzig 1934, S. 365. **| 27** Vgl. Press, Calvinismus (wie Anm. 11), S. 342. **| 28** Wolgast, Kurpfälzische Beziehungen (wie Anm. 2), S. 26. **| 29** Friedrich von Bezold, Briefe des Pfalzgrafen Johann Casimir, Bd. III 1587–1592, München 1903, Nr. 309, S. 294; Hepp, Religion (wie Anm. 11), S. 169. **| 30** Bezold, Briefe III (wie Anm. 29), Nr. 298, S. 282 f.; Wolgast, Kurpfälzische Beziehungen (wie Anm. 2), S. 26. **| 31** Bezold, Briefe III (wie Anm. 29), Nr. 289, S. 270 f. **| 32** Wolgast, Konfessionsbestimmte Faktoren (wie Anm. 11), S. 178 f.; Bezold, Briefe III (wie Anm. 29), Nr. 294, S. 277. **| 33** Vgl. Gotthard, Zäsur (wie Anm. 11), S. 277. **| 34** Ritter, Deutsche Geschichte (wie Anm. 25), S. 47. **| 35** Ebd., S. 52. **| 36** Ritter, Deutsche Geschichte (wie Anm. 25), S. 53. **| 37** Bezold, Briefe III (wie Anm. 29), Nr. 460, S. 412–414. **| 38** Ebd., Nr. 463, S. 415. **| 39** Text der Unionsakte, Bezold, Briefe III (wie Anm. 29), Nr. 488–492, S. 461–475, Zitate S. 463; Wolgast, Kurpfälzische Beziehungen (wie Anm. 2), S. 27. **| 40** Vgl. Nicklas, Christian I. (wie Anm. 12), S. 133. **| 41** Bezold, Briefe III (wie Anm. 29), Nr. 634, S. 577. **| 42** Wolgast, Reformierte Territorien (wie Anm. 4), S. 206. **| 43** Ebd., S. 276 f. **| 44** Gotthard, Zäsur (wie Anm. 11), S. 277. **| 45** Gustav Benrath (Hrsg.), Die Selbstbiographie des Heidelberger Theologen und Hofpredigers Abraham Scultetus (1566–1624), Veröffentlichungen des Vereins für Kirchengeschichte in der evangelischen Landeskirche in Baden Bd. 24, Karlsruhe 1966, S. 30; Wolgast, Konfessionsbestimmte Faktoren (wie Anm. 11), S. 181. **| 46** Droysen, Gegenreformation (wie Anm. 26), S. 365. **| 47** Nicklas, Christian I. (wie Anm. 12), S. 126. **| 48** Press, Kriege (wie Anm. 3), S. 162. **| 49** Vgl. Lanzinner, Römisch-deutsches Reich (wie Anm. 2), S. 34. **| 50** Vgl. dazu Nicklas, Christian I. (wie Anm. 12), S. 132. **| 51** Ebd., S. 281. **| 52** Gotthard, Zäsur (wie Anm. 11), S. 281. **| 53** Benrath, Scultetus (wie Anm. 45), S. 30. **| 54** Marcus zum Lamm, Thesaurus Picturarum Bd. 5, fol. 16v, 66r und 67r. **| 55** In einem Brief vom 10.3.1590, Bezold, Briefe III (wie Anm. 29), Nr. 306, S. 292.

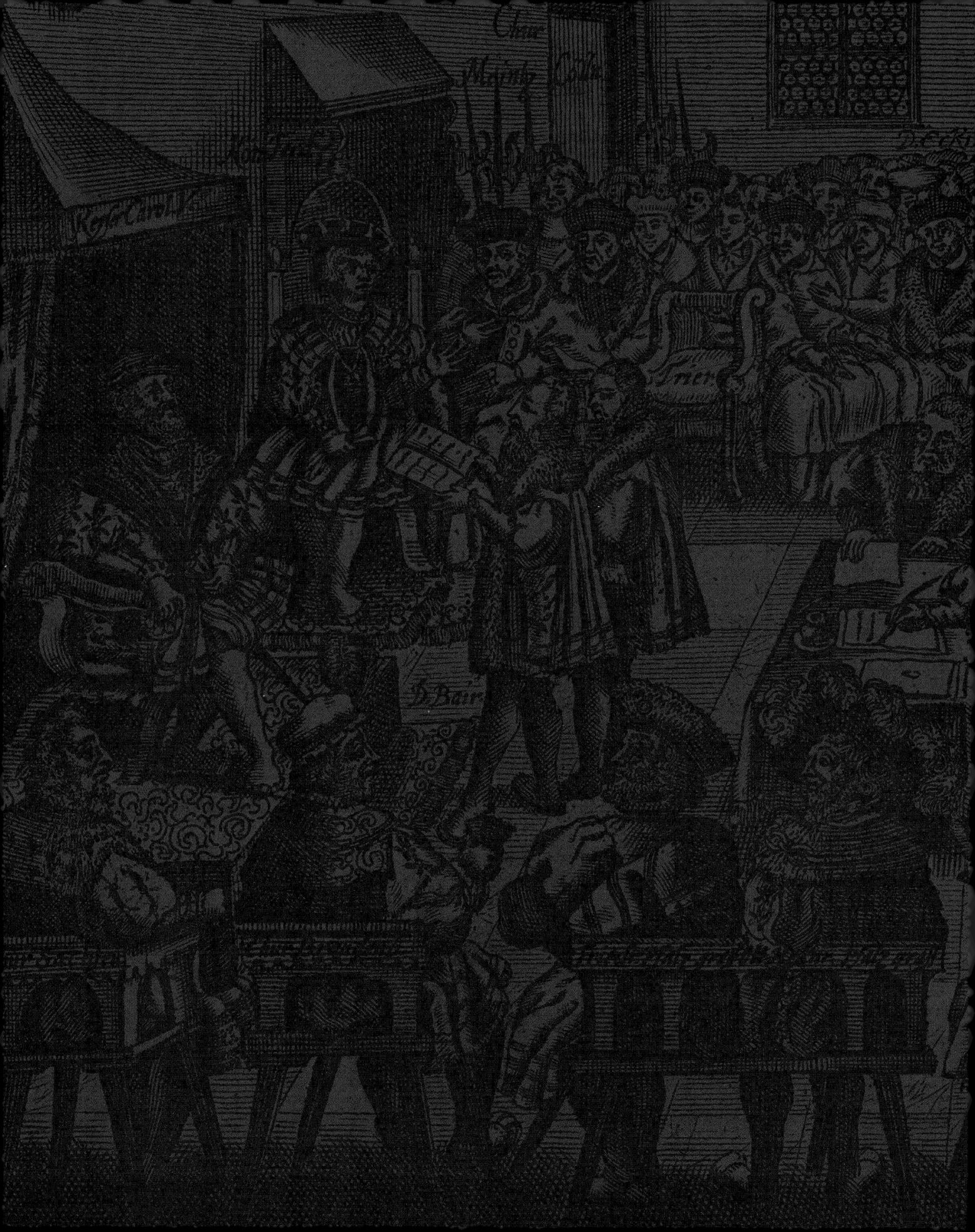

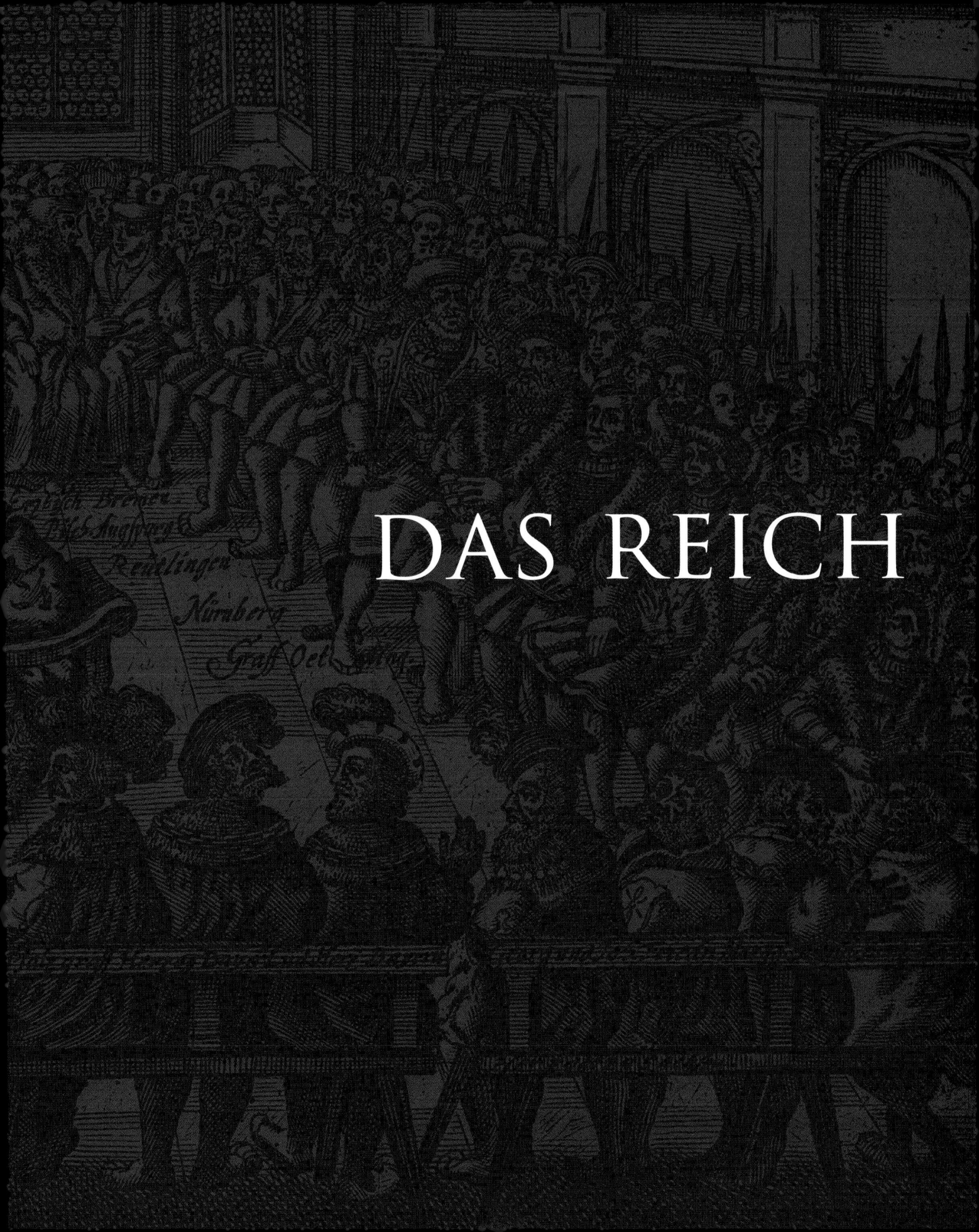

DAS REICH

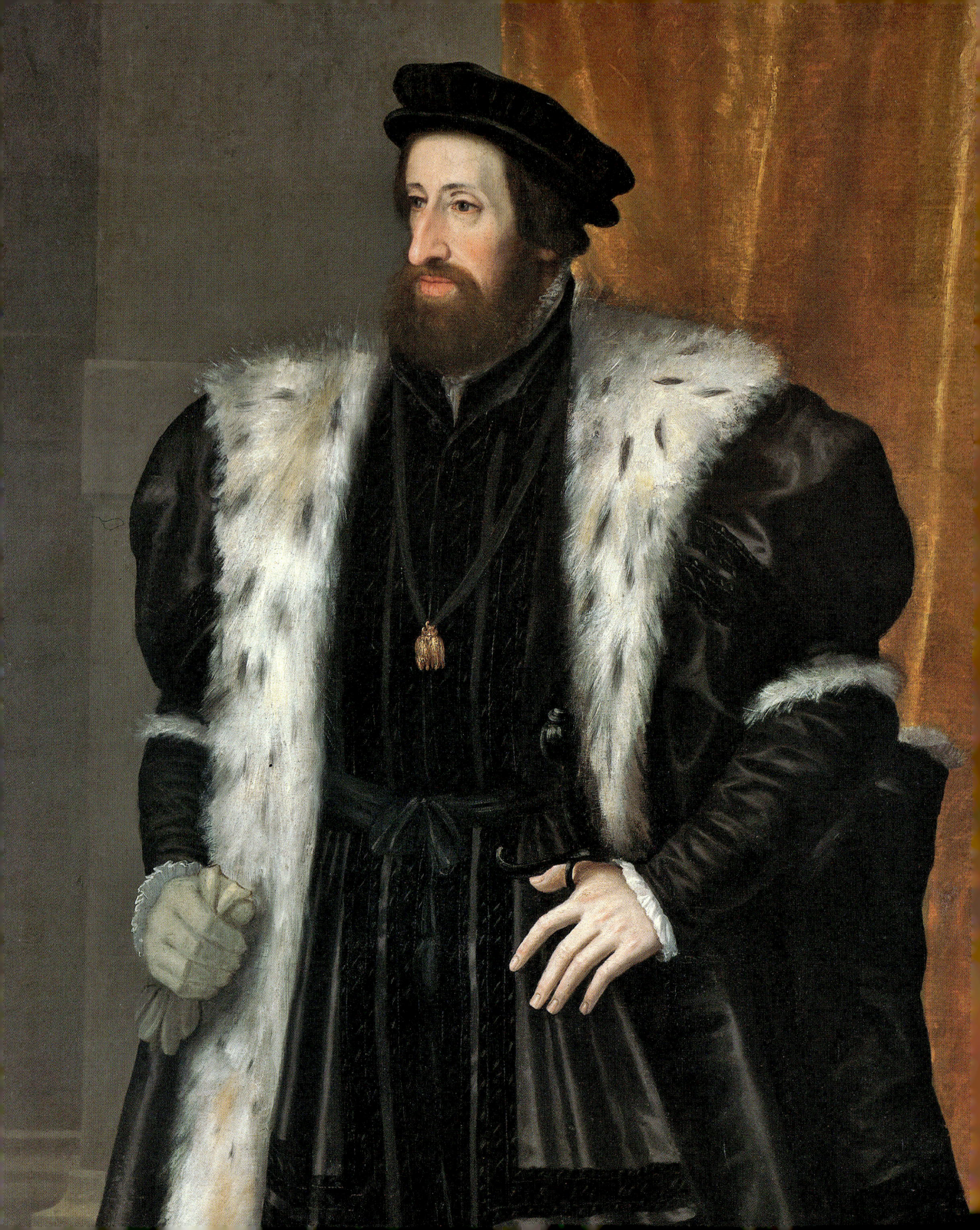

MATTHIAS PFAFFENBICHLER

DIE ÖSTERREICHISCHEN HABSBURGER UND DER PROTESTANTISMUS 1521 BIS 1591

DIE AUSBREITUNG DES PROTESTANTISMUS IN DEN HABSBURGISCHEN ERBLANDEN UND DEN LÄNDERN DER BÖHMISCHEN KRONE

Die lutherische Lehre breitete sich schon zu Beginn der Auseinandersetzung Martin Luthers mit dem Habsburger Kaiser Karl V. rasch in den österreichischen Erblanden aus. Nur wenige Monate nach der von Karl V. 1521 in Worms verhängten Reichsacht gegen Martin Luther begannen im Sommer 1521 protestantische Prediger, in den österreichischen Erblanden zu predigen. Vor allem in den Zentren des Bergbaus breitete sich die frühe Reformation rasch aus. Viele der frühen protestantischen Prediger waren ehemalige Kleriker, einige kamen wie Luther aus einem Bettelorden. So predigte beispielsweise der ehemalige Dominikaner Jakob Strauß in der Stadt Hall im habsburgischen Tirol, welches er im Mai 1522 verlassen musste, ebenso wie im Zentrum des Silberbergbaus, in Schwarz, wo es bis Anfang des Jahres 1524 lutherische Predigten gab.

Auch im Tiroler Rattenberg begann gegen Ende des Jahres 1521 der Augustiner Eremit Dr. Stephan Agricola lutherisch zu predigen. 1522 wurde er gefangen genommen, aber von der aufgebrachten Bevölkerung befreit und außer Landes gebracht. Erzherzog Ferdinand I. entschloss sich, vor allem wegen der wirtschaftlichen Bedeutung der Tiroler Bergwerkszentren, zur konsequenten Unterdrückung des neuen Glaubens. Daher begannen die Tiroler Behörden schon in den 1520er-Jahren mit der Repression der neuen Bewegung, die sich trotzdem anfangs in Tirol rasch ausbreitete. Neben den Bergbaustätten Schwarz, Hall und Rattenberg gab es um 1524 auch im Kloster Stams sowie in Reutte, Hart im Zillertal, Imst und Innichen Zentren reformatorischer Predigt.

Aber nicht nur Tirol war ein frühes Zentrum derselben, sondern dies betraf alle Städte der habsburgischen Länder. Hier ging der erste reformatorische Druck von den unteren sozialen Schichten aus. Vor allem bei den Handwerkern fand reformatorisches Gedankengut besonderen Anklang, aber auch bei den Bauern und dem Adel gab es ein reges Interesse an den neuen Lehren.

Am 7. November 1522 erließ Ferdinand I. in Nürnberg ein Mandat, das in den österreichischen Ländern die Verbreitung und den Nachdruck reformatorischer Flugblätter verbot. Durch einen erneuerten Erlass vom 12. März 1523 wurden der Kauf, der Besitz und die Verbreitung der reformatorischen Schriften nochmals verboten. All diese Verbote waren jedoch kaum erfolgreich, denn in zahlreichen österreichischen Druckereien wurden seit 1521 Reformationsschriften hergestellt. Die Verbreitung der neuen Lehre erreichte schnell die zentralen Orte der habsburgischen Erblande. So predigte am 12. Januar 1522 der lutherisch eingestellte Kleriker Dr. Paul Speratus von der Kanzel der Wiener Stephanskirche.

Aber auch in der Steiermark wurde die Predigt im lutherischen Sinn gehalten, so 1524 im steirischen Bergbauzentrum Schladming. In Bludenz predigte Lutz Matt, der von den Vorarlberger Behörden 1526 nach Zürich abgeschoben wurde. Schon 1523 war

Abb. 1 | Ferdinand I., Portrait von Hans Bocksberger d. Ä., um 1550, Öl auf Leinwand, 206 × 109 cm, Kunsthistorisches Museum Wien, Gemäldegalerie, Inv.-Nr. 4386 auch Gmunden stark protestantisch beeinflusst. Reformatorische Predigten sind 1521 in Krems, 1522 in St. Pölten und Mautern sowie 1524 in Enns und Freistadt nachzuweisen. 1522 predigte auch im steirischen Eisenhandelszentrum Leoben der Lutheraner Caspar Turnauer, und 1524 zwangen die Leobener Bürger sogar dem Pfarrer einen lutherischen Prediger auf. In Kärnten gab es protestantische Prediger in Klagenfurt (1524) und Wolfsberg (1525). Ebenso predigte man in der oberösterreichischen Stadt Steyr 1525/26 lutherisch.[1]

Die erste Welle lutherischen Gedankenguts erreichte nicht nur die Städte; auch einzelne Adelsfamilien unterhielten persönliche Beziehungen zu Luther. So hatte die reiche oberösterreichische Adelsfamilie Jörger eine freundschaftliche Beziehung zu Luther, die sich aus dem Studium von Christoph Jörger in Wittenberg ableitete. Luther schickte den Prediger Michael Stiefel auf das Schloss Tollet der Familie Jörger.[2] Ebenso stand der reiche Adelige Bartholomäus Starhemberger im persönlichen Briefverkehr mit Martin Luther. In der Steiermark setzte Siegmund von Dietrichstein 1524 auf Schloss Thalberg einen evangelischen Prediger ein.[3] Neben den Familien Jörger und Dietrichstein traten noch weitere adelige Familien wie die von Zinzendorf, Puchheim, Polheim, Starhemberg, Khevenhüller und Ungnad schon in den 1520er-Jahren zum Protestantismus über. Viele junge Bürger und Adelige zogen an deutsche Universitäten wie Wittenberg zum Studium, wo sie mit dem lutherischen Gedankengut in Kontakt kamen.

In Regensburg trafen sich vom 27. Juni bis 7. Juli 1524 Erzherzog Ferdinand I., der Erzbischof von Salzburg Matthäus Lang und die Herzöge von Bayern, um gegen die neue Lehre vorzugehen. In der Regensburger Einigung wurde die strenge Durchführung des *Wormser Edikts* von 1521 beschlossen.[4] Das Treffen bot Erzherzog Ferdinand die Möglichkeit, die Tätigkeit lutherischer Prediger zu verbieten und eine Erneuerung der katholischen Seelsorge zu beginnen. Als Folge der Regensburger Einigung wurde am 17. September 1524 der reiche Wiener Ratsbürger und Kaufmann Kaspar Tauber in Wien als Ketzer hingerichtet.[5]

In Böhmen und Mähren war Ferdinand nach seiner Königswahl 1526 mit verschiedenen protestantischen Richtungen konfrontiert. Er hatte vor seiner Wahl zum böhmischen König den Ständen versprochen, die Sonderstellung der gemäßigten Hussiten zu respektieren. Dadurch war der Utraquismus in Böhmen und Mähren legitimiert. 1526 baten die mährischen Stände Ferdinand um Religionsfreiheit. Die konservativen Alt-Utraquisten waren grundsätzlich zu einer Kooperation mit dem neuen habsburgischen Herrscher bereit. Die Neu-Utraquisten hingegen orientierten sich zunehmend am lutherischen Gedankengut. Während König Ferdinand mit den Alt-Utraquisten zusammenarbeitete, gelang es ihm nicht, Einfluss auf die protestantischen Sekten, vor allem die der Böhmischen Brüder und der Täufer, auszuüben. Diese Sekte der Böhmischen Brüder repräsentierte den extremen Flügel der hussitischen Bewegung. Beide Sekten besaßen in Böhmen und Mähren adelige Unterstützung.[6]

Die protestantische Richtung der Täufer war Ferdinand besonders verhasst, vor allem weil sie sich bei den bäuerlichen und städtischen Unterschichten rasch ausbreitete. Das oberösterreichische Freistadt wurde zwischen 1524 und 1526 zu einem protestantischen Zentrum, das sich 1528 besonders dem Täufertum zuneigte. In seinem 1527 erlassenen Generalmandat gegen die Protestanten sprach sich Ferdinand I. besonders gegen die Lehre der Täufer aus. Die Täufer lehnten die bestehende weltliche und die kirchliche Ordnung ab und sie verlangten die Gütergemeinschaft der Gläubigen. Wegen ihres sozialen und religiösen Radikalismus und wegen ihres geringen Rückhalts bei den Adeligen in den habsburgischen Ländern wurden sie unerbittlich verfolgt. Österreich wurde zu einem wichtigen Mittelpunkt der Täuferbewegung in Europa.[7] Tirol war ein frühes Zentrum dieser Bewegung, die am Höhepunkt ihrer Verbreitung etwa fünf Prozent der Tiroler Bevölkerung umfasste. Die Täufer hatten sich seit Mitte der 1520er-Jahre unter den Handwerkern der Städte und unter den Bauern im Puster- und Eisacktal verbreitet. Aus dem Pustertal stammte Jakob Huter, der bedeutendste Tiroler Täufer. Es gab aber auch Täufer in Oberösterreich, in Linz, Steyr, Enns und Wels sowie in Niederösterreich und Wien. Die Wiener Täufergemeinde umfasste 1527 bereits fünfzig Personen.

Mit dem großen Ketzermandat von Ofen (Buda) vom 20. August 1527 versuchte Ferdinand I. vor allem die Täufer zu bekämpfen. 1528 befahl er, für jeden Gerichtsbezirk einen Inquisitor zu bestellen. Am 22. März 1528 setzte Ferdinand einen geheimen Inquisitionsrat in Wien ein, der sich vor allem der Verfolgung der Täufer widmen sollte. Eine Abteilung von zwanzig Reitern wurde damit beauftragt, Jagd auf die Täufer zu machen. Auf dem Höhepunkt der Täuferverfolgung von 1527 bis 1529 wurden in Oberösterreich etwa 150 Personen – Männer und Frauen – hingerichtet.[8] Die verstärkte Verfolgung der Täufer führte zu einer Fluchtbewegung über die niederösterreichische Grenze nach Mähren. Einer der ersten Täufer, die in Mähren Zuflucht fanden, war Balthasar Hubmaier. Ihm gelang es, den mährischen Adeligen Leonhard von

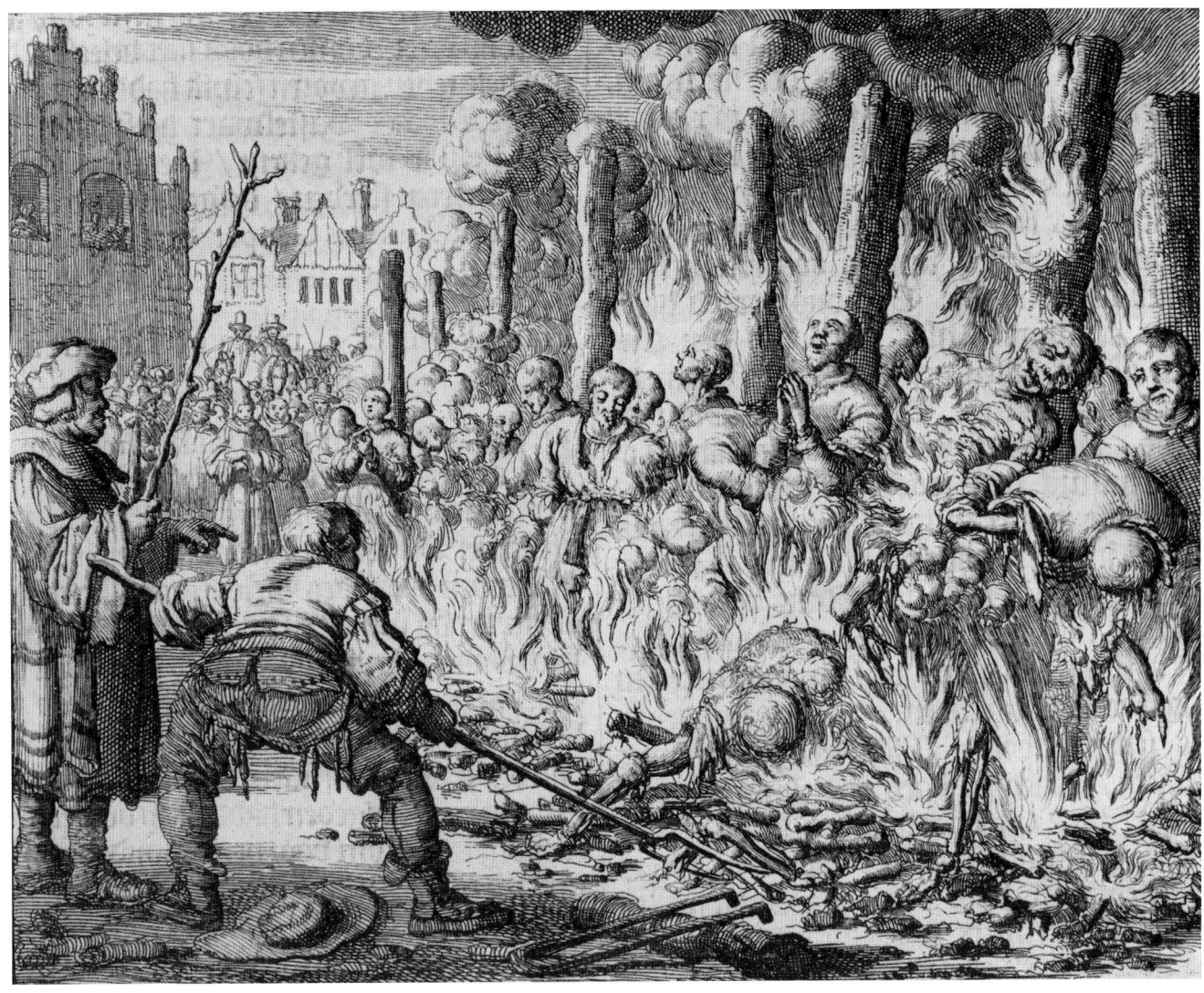

Abb. 2 | Verbrennung Salzburger Täufer im Jahr 1528, Kupferstich von Jan Luyken aus: Thielemann J. van Bragt,
Märtyrerspiegel, Amsterdam 1685, Buch 1, S. 339, Johannes a Lasco Bibliothek Emden, Sign. 11.55.74.244

Liechtenstein für das Täufertum zu gewinnen. 1527 kam auch Hans Hut ins liechtensteinische Nikolsburg. 1528 wurde Balthasar Hubmaier in Wien festgenommen und in Erdberg verbrannt.[9]

Mähren wurde der bedeutendste Zufluchtsort für die verfolgten Täufer im habsburgischen Gebiet, da sich Ferdinand I. in religiösen Fragen hier nicht gegen den Adel durchsetzen konnte. Seine Versuche, die Täufer aus Mähren zu vertreiben, bewirkten nur, dass er einen Teil des Adels gegen sich aufbrachte. Viele mährische Adelige duldeten die Täufer, nicht so sehr aus religiösen, sondern vielmehr aus wirtschaftlichen Motiven, da viele von ihnen tüchtige Bauern und Handwerker waren. Vom Tiroler Jakob Huter organisiert, flüchteten viele Täufer nach Mähren. In mancher Hinsicht hatten die Täufer ähnliche Anschauungen wie die in Mähren stark vertretenen Böhmischen Brüder. Als Jakob Huter 1535 nach Tirol zurückkehrte, wurde er gefangen genommen und im Februar 1536 in Innsbruck verbrannt. Die »Huterischen Brüder« konnten sich auch nach dem Tod ihres Anführers in Mähren bis ins 17. Jahrhundert hinein behaupten.[10]

Im Zuge der Verfolgungswelle, die durch das Ofener Mandat ausgelöst wurde, wurden nicht nur zahlreiche Täufer, sondern auch zwei Lutheraner hingerichtet. Leonhard Käser, ein Schüler Luthers, wurde während eines Heimatbesuchs in Oberösterreich verhaftet und 1527 im bayerischen Schärding hingerichtet. Dasselbe harte Schicksal traf 1528 in Radstadt den ehemaligen Mönch und lutherischen Prediger Georg Scherer.[11] Diese beiden Todesurteile gegen lutherische Prediger waren jedoch Ausnahmen, da sich die protestantischen Adeligen in den Ständen der österreichischen Länder als politische Kraft zu formieren begannen. Aus diesen Gründen tadelte König Ferdinand am 17. November 1528 in einem Mandat die Übergriffe des österreichischen Adels gegen die kirchliche Gerichtsbarkeit und kirchliche Einrichtungen.[12]

Neben dem Ofener Mandat erließ Ferdinand Verordnungen gegen das protestantische Buchwesen. Besitz, Druck und Verkauf protestantischer Bücher sollten streng bestraft werden. Zur Verhinderung der Verbreitung ketzerischer Schriften wurde eine strenge Bücherzensur eingeführt.[13] Jeder Druck musste im Vorhinein durch die Landesregierungen oder die Landeshauptleute genehmigt werden. Buchdruckereien sollte es nur mehr in den landesfürstlichen Städten, vor allem in Wien, Linz, Graz, Klagenfurt und Laibach, geben, da sie dort leichter zu überwachen waren. Druckereien in Schlössern und Dörfern wurden ausdrücklich verboten.[14]

Nach der Verfolgungswelle im Anschluss an das Ofener Mandat vertrat Ferdinand in den 1530er-Jahren eine eher konziliante Haltung gegenüber dem lutherischen Bekenntnis, auch um seine Stellung in einem zunehmend lutherisch beeinflussten Mitteleuropa zu stärken. 1536 musste König Ferdinand vor dem oberösterreichischen Landtag eingestehen, dass die Erlasse zur Umsetzung des *Wormser Edikts* kaum Erfolge hatten. Ferdinand hatte großes Interesse an einem guten Auskommen mit Katholiken und Protestanten, daher konnte sich bis weit in die zweite Hälfte des 16. Jahrhunderts hinein die öffentliche protestantische Predigt in den Donauländern und in Innerösterreich weitgehend ungestört entfalten. Pfarrer, die sich der Reformation zuwandten, blieben in der Regel unbehelligt. Neue protestantische Prediger konnten legal, über den üblichen Weg der Besetzung von Pfarrstellen, in ihre Ämter gelangen, da das Besetzungsrecht für viele Pfarreien bei den protestantisch gesinnten adeligen Grundherren lag. Diese adeligen Patronatsherren setzten ihre protestantischen Kandidaten bei der Besetzung von Pfarrstellen meist ohne Widerstand der katholischen Seite durch. Die Pfarrstellen, die von den Gemeinden bezahlt wurden, erhielten häufig protestantische Prediger.

Diese schleichende Ausbreitung des Luthertums gelang umso einfacher, als es in der katholischen Kirche einen immer stärker werdenden Mangel an priesterlichem Nachwuchs gab. 1538 soll es in den habsburgischen Erbländern 1500 nicht besetzte katholische Pfarrstellen gegeben haben.[15] Viele Klöster litten unter dem Rückgang der Beitrittszahlen. Besonders gefährdet waren die Klöster der Bettelorden in den Städten, da sie oft mit einem protestantisch dominierten Stadtrat konfrontiert waren und meist nur geringen Besitz hatten. Diese schlechte Ausstattung machte sie für zukünftige Novizen wenig attraktiv und daher leichter angreifbar. Auch viele Frauenklöster hatten Nachwuchssorgen. Schon 1544 wurde festgestellt, dass weniger als die Hälfte der kirchlichen Stellen durch Katholiken besetzt waren und dass sich viele Bruderschaften von selbst aufgelöst hatten.

In der Folge kam es zu einer massiven Aneignung kirchlicher Vermögenswerte durch Adelige und Städte. König Ferdinand versuchte, den unkontrollierten Verkauf beziehungsweise die Aneignung kirchlichen Vermögens durch Gesetze zu verhindern, indem er für den Verkauf kirchlicher Güter eine landesfürstliche Genehmigungspflicht einführte. In den Städten und Gemeinden lag eine sich von den adeligen Patronatskirchen unterscheidende Situation vor, denn dort hatte meistens der katholische Landesherr das Patronatsrecht.[16] Da so die Pfarrkirchen oft nicht mit protestantischen Theologen besetzt werden konnten, richteten hier die lutherisch dominierten Räte der Städte den protestantischen Gottesdienst in der Spitals- beziehungsweise Bürgerkirche ein. In der Folge waren die alten Stadtpfarrkirchen meist fast leer. Auf dem Land mit seinen adeligen Patronatsherren wurden die alten Pfarreien oft lutherisch besetzt, daher entstand kein neues protestantisches Pfarrnetz und es wurden auch selten neue protestantische Kirchen gebaut. Nur die habsburgischen Landesherren ermöglichten es vielen Klöstern trotz der schweren religiösen und wirtschaftlichen Krise, ihre Existenz zu behaupten. So sicherten die Habsburger den Bestand der katholischen Kirche in ihren Territorien. In dieser Bewahrung der überwiegenden Mehrheit der Klöster unterschieden sich die habsburgischen Erblande entscheidend von protestantisch regierten Territorien im Reich.[17] Der habsburgische Landesherr verweigerte während der ersten Hälfte des 16. Jahrhunderts der protestantischen Kirche trotz ihrer weiten Verbreitung in den habsburgischen Ländern die rechtliche Anerkennung.

Besonders in Tirol war der staatliche Druck auf die Anhänger der Reformation stark, ausgenommen davon waren nur der protestantisch eingestellte Adel und vor allem die protestantischen Knappen und Montanunternehmer, die wegen ihrer wirtschaftlichen Bedeutung einen Sonderstatus hatten.[18]

Im Herzogtum Krain war die Ausbreitung der lutherischen Lehre unter der slowenischen Landbevölkerung vorerst gering. Der große slowenische Reformator Primus Truber setzte sich hier für die Verbreitung des Protestantismus ein. Er wurde 1535 Domprediger in Laibach, 1540 jedoch vom Landeshauptmann wegen seiner neuen Glaubensrichtung ausgewiesen, fand in Triest Zuflucht und kehrte schon 1542 nach Laibach zurück, wo er Vertrauter von Bischof Katzianer wurde. 1548 sollte er auf Befehl des neuen Bischofs von Laibach als Protestant verhaftet werden und flüchtete nach Deutschland.[19] In Kärnten war nicht nur die Mehrheit des Adels protestantisch, die Zahl der Protestanten in der Bevölkerung stieg rasch bis auf drei Viertel der Einwohner an. Wie in Donauösterreich übergaben einzelne Adelige ihre Patronatspfarreien protestantischen Predigern.[20]

Zwischen etwa 1535 und 1550, als die Mehrheit der habsburgischen Untertanen in den Erblanden protestantisch wurde, wuchsen auch die direkten Kontakte der böhmischen Stände mit den Protestanten im Reich. Als Johann Friedrich I., Kurfürst von Sachsen, im Oktober 1535 nach Prag reiste, wurde er demonstrativ herzlich von den Prager Ratsherren und der utraquistischen böhmischen Geistlichkeit empfangen. Als Reaktion darauf erzwang König Ferdinand I. die Zusage der deutschen Kurfürsten, sich nicht in die inneren Angelegenheiten der Länder der Böhmischen Krone einzumischen.[21] Das Eindringen der lutherischen Gedanken in die Länder der Böhmischen Krone war durch die habsburgische Obrigkeit nicht mehr zu verhindern, insbesondere weil protestantische Adelige wie die Grafen von Schlick, die Fürsten von Plauen und andere Familien an der böhmisch-sächsischen Grenze ihre Landgüter besaßen. Gleiches gilt für die Ober- und Niederlausitz sowie Schlesien. Auch hier bestanden lange gemeinsame Grenzen mit protestantischen Territorien im Reich.[22]

Eine eindeutige Politik der Stände in Böhmen und den böhmischen Nebenländern gegenüber dem lutherischen Fürsten wurde durch die komplizierten Beziehungen zwischen den Angehörigen verschiedener konfessionspolitischer Gruppen in Böhmen wie Katholiken, Alt-Utraquisten, Neu-Utraquisten, Lutheranern und den Mitgliedern der Böhmischen Brüder erschwert. Negativ für die Formulierung einer klaren Politik der Stände waren auch die Konflikte, die unter den fünf Ländern der Böhmischen Krone – Böhmen, Mähren, Schlesien, Ober- und Niederlausitz – herrschten. Die Konflikte bestanden insbesondere zwischen Böhmen und Schlesien.

Nach der Ankündigung Papst Pauls III., das Konzil für den 15. März 1545 nach Trient einzuberufen, bemühte sich König Ferdinand, auch die deutschen Protestanten zum Besuch des Konzils zu bewegen. Dieses Bemühen hatte wenig Erfolg, obwohl er den Versuch einer Aussöhnung zwischen den Bekenntnissen bis zum Ende seines Lebens nicht aufgeben wollte.[23]

Da Böhmen und das Reich eine lange gemeinsame Grenze hatten, war es für König Ferdinand fast unmöglich, Gegenmaßnahmen gegen die Ausbreitung des Luthertums zu ergreifen. Ferdinand hatte seine Probleme mit der ständischen Opposition in Böhmen, wobei es um die Haltung der verschiedenen hussitischen Konfessionen, der utraquistischen Kirchen und der Brüderunität in Böhmen und Mähren ging. Diese religiösen Gruppen waren zum Widerstand gegen die landesfürstliche Politik bereit. In Böhmen traten immer mehr Utraquisten zum Luthertum über. 1543 versprach Ferdinand Papst Paul III., alle protestantischen Gruppen in seinen Territorien gnadenlos zu unterdrücken. Diese Verschärfung der Religionspolitik König Ferdinands und das wachsende Misstrauen der Stände gegenüber dem König führte zum offenen Bruch zwischen Ferdinand und dem Administrator des utraquistischen Konsistoriums, Jan Mystopol.

Mystopol wollte Teile von Luthers Lehren in Böhmen einführen.[24] Ferdinand verbot dem böhmischen Adel auf seinen Gütern die Tolerierung verheirateter Priester. Eine Mehrheit der Utraquisten übernahm lutherisches Gedankengut und unterschied sich dadurch von den Alt-Utraquisten, wie man die traditionellen Hussiten jetzt nannte. Für die Alt-Utraquisten war nur die Kelchfrage, die Kommunion in beiderlei Gestalt, von größter Bedeutung gewesen, sonst war die Annäherung an die katholische Kirche viel größer als bei den stärker lutherisch geprägten Neu-Utraquisten. Die Neu-Utraquisten wurden von der habsburgischen Monarchie nur geduldet und nicht anerkannt und waren dem »niederen Kirchenrat« der Alt-Utraquisten unterstellt. Im Laufe der Zeit konnten die Neu-Utraquisten Ferdinand eine Reihe von Konzessionen abringen. Viele böhmische Protestanten waren an der Lehre Melanchthons und einem humanistisch geprägten, toleranten Protestantismus interessiert.[25]

Sprecher der Böhmischen Brüder in Mähren waren die Familien Boskowitz und Zierotin. Vor allem Karl Zierotin der Ältere hielt in Mähren seine schützende Hand über die Brüder und die mit ihnen verbundenen protestantischen Gruppen, wie die Täufer. In Schlesien, besonders in Breslau, der nach Prag zweitwichtigsten Stadt der böhmischen Länder, hatte sich eine sehr tolerante Form der Reformation durchgesetzt.

DIE HALTUNG DER BÖHMISCHEN PROTESTANTEN IM SCHMALKALDISCHEN KRIEG

Als im Sommer 1546 der Krieg gegen die im Schmalkaldischen Bund zusammengefassten protestantischen Fürsten und Städte begann, rechnete das protestantische Bündnis fest mit einer Unterstützung durch die Protestanten in Böhmen. Johann Bugenhagen rief im Oktober 1546 die Lutheraner und Hussiten in Böhmen, der Ober- und Niederlausitz und Schlesien auf, den Habsburgern die Unterstützung im Krieg zu verweigern.[26] Zu diesem Zeitpunkt hatten aber die böhmischen Stände auf dem Landtag Ende Juli 1546 schon die Aufstellung eines Landesaufgebots für König Ferdinand bewilligt. Im nördlichen und östlichen Böhmen formierte sich unter dem überwiegend protestantischen Adel ein passiver Widerstand gegen das bewilligte Landesaufgebot. Seitdem sich die kaiserliche Armee gegen Sachsen wandte, gewann Böhmen als Nachschubbasis der habsburgischen Truppen an Bedeutung. Es gelang Ferdinand, die kaiserlichen Truppen vom böhmischen Territorium aus mit Lebensmitteln, Munition und anderen Ausrüstungsgegenständen zu versorgen. Beim Versuch, mit böhmischen Truppen Kaiser Karl direkt zu unterstützen, zeigte sich, dass die Mehrheit der Kreishauptleute keine Truppen stellen wollten, falls die militärische Hilfe über die böhmische Landesgrenze hinausgehen sollte. Die Führer des Widerstands waren der protestantische Adel und die Prager Stände.[27]

Ferdinand ließ im Oktober 1546 etwa 20 000 Mann bei Kaaden versammeln, um in Sachsen einzufallen. Ein Teil der Truppen verweigerte ihm jedoch den Gehorsam und einige Einheiten lösten sich auf. Trotzdem fiel Ferdinand mit einer geschwächten Armee gegen Ende Oktober in das Vogtland ein und erreichte dort kleinere militärische Erfolge. Im Januar 1547 zwang der Kriegsverlauf Ferdinand, ein neues Landesaufgebot, das Herzog Moritz von Sachsen unterstützen sollte, nach Leitmeritz einzuberufen. Die Einberufung eines Heeres ohne Zustimmung des Landtags wurde von vielen als rechtswidrig empfunden und rief den offenen Widerstand der Stände hervor. Die böhmischen Stände weigerten sich am 28. Januar 1547 gegen den Schmalkaldischen Bund zu kämpfen. Von Januar bis März eskalierte die ständische Revolte schrittweise. Am 27. Januar starb Anna von Jagiello, die Erbin des Königreichs Böhmen und Gattin Ferdinands I.[28] Am 15. Februar forderte eine Konföderation des Adels gemeinsam mit Vertretern der königlichen Städte von König Ferdinand eine Rechtfertigung seiner Vorgehensweise. Im März versammelten sich die Aufständischen trotz des königlichen Verbots in Prag und bildeten einen Ständebund, der ein eigenes Landesaufgebot unter dem Kommando von Kaspar Pflug von Rabenstein aufstellte. Teile der Stände berieten über die Absetzung Ferdinands I. vom böhmischen Thron und bildeten am 22. April 1547 eine Allianz, die sich gegen Ferdinand richtete.[29]

Der sächsische Kurfürst versuchte, mit den böhmischen Rebellen ein militärisches Bündnis einzugehen. Dieses hätte Ferdinands legitime Herrschaft in Böhmen infrage gestellt. Für die Habsburger war es jedoch im Frühjahr 1547 vor allem wichtig, dass das ständische Heer nicht gegen die habsburgischen Truppen geschickt würde und dass die Versorgung der kaiserlichen Armee aus Böhmen ungestört funktionierte, denn sie rechneten mit der Entscheidung nicht in Böhmen, sondern auf sächsischem Territorium. Die ständische Revolte in Böhmen scheiterte jedoch nicht nur an der militärischen Niederlage der schmalkaldischen Fürsten in der Schlacht bei Mühlberg am 27. April 1547, sondern auch an der mangelnden Unterstützung der Stände durch die böhmischen Nebenländer Schlesien, Niederlausitz und Oberlausitz.

In der Niederlausitz übte man ebenso Zurückhaltung wie in der Oberlausitz. Die Lausitzer Stände waren durch den schon länger andauernden Konflikt zwischen dem Adel und dem Sechsstädtebund (bestehend aus Bautzen, Görlitz, Kamenz, Lauban,

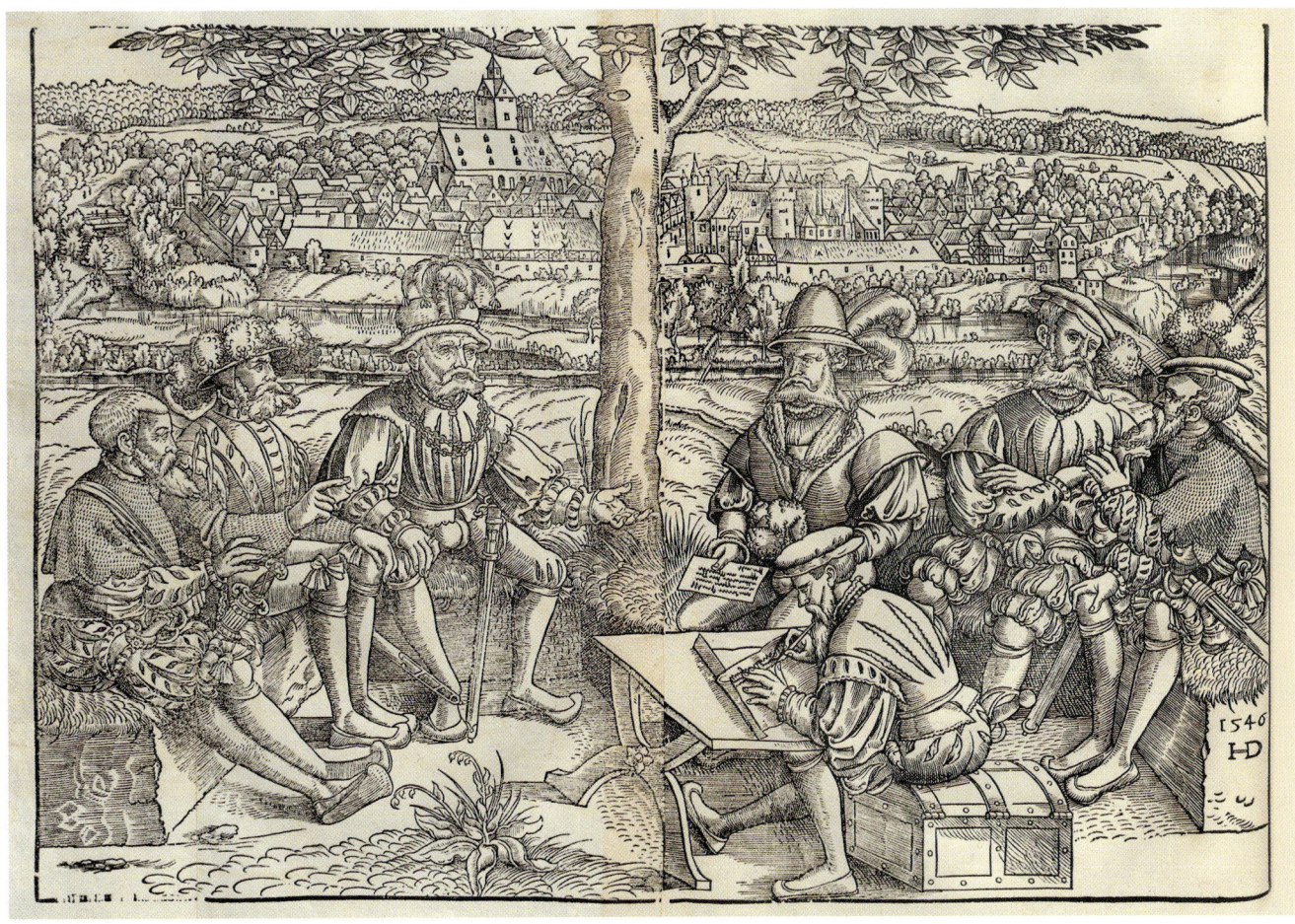

Abb. 3 | Kriegsrat der schmalkaldischen Bündnispartner während der Donaufeldzüge 1546, Holzschnitt aus: Philipp Erhard, Kriegsbeschreibung, Das ander Buch, Lich: Presse des Grafen Solms 1560, Bayerische Staatsbibliothek München, Sign. Rar. 986

Löbau und Zittau) geschwächt.[30] Auch die mährischen Stände hielten sich zurück. Daher kamen nach dem Sieg der Habsburger im Schmalkaldischen Krieg die mährischen Städte – mit Ausnahme der Stadt Iglau – glimpflich davon. Einen hohen Preis zahlten die böhmischen Rebellen für ihre Parteinahme. Ferdinand schwächte die wirtschaftliche und die politische Stellung der böhmischen Städte. Ausgenommen von dieser Revanchepolitik blieben nur königstreue katholische Städte, wie Budweis, Pilsen, Brüx, Aussig und Eger. Die Güter eines Teils des protestantischen Adels wurden konfisziert. Auch der Oberlausitzer Sechsstädtebund

wurde von Ferdinand bestraft. Ein ähnliches Strafgericht mit negativen wirtschaftlichen Folgen traf die Städte Schweidnitz, Jauer, Glogau und Breslau in Schlesien.

Trotz des habsburgischen Sieges über die ständische protestantische Opposition sympathisierten immer mehr Utraquisten mit dem Luthertum. Zwischen 1546 und 1554 nahm der Druck Ferdinands auf die Stände in Mähren zu, die Verfolgung der Täufer zu betreiben. Doch trotz dieser Unterdrückungsmaßnahmen gegen Täufer und die Böhmischen Brüder gelang es Ferdinand nicht, die Verbreitung des Protestantismus im Königreich Böhmen zurückzudrängen.[31]

KÖNIG FERDINAND UND
DER AUGSBURGER RELIGIONSFRIEDE

Auch in den Erblanden versuchte Ferdinand, den Protestantismus zurückzudrängen und eine katholische Gegenreformation zu beginnen. 1551 lud er die Jesuiten nach Wien ein. Die Leitung des Kollegs lag in den Händen von Petrus Canisius. Sein *Großer Katechismus* von 1555 wurde von König Ferdinand I. per Dekret für ganz Österreich vorgeschrieben.[32]

Im Reich wurde durch die Niederlage und Flucht Kaisers Karls V. der Weg für einen Kompromiss zwischen Ferdinand, Kurfürst Moritz und den übrigen Reichsfürsten auf dem Passauer Ständetag frei. Das Treffen Ferdinands mit Kurfürst Moritz fand im April 1552 in Linz statt. Moritz von Sachsen war mit Truppen in Innsbruck eingezogen, was Kaiser Karl zur Flucht nach Villach in Kärnten veranlasste. Moritz war entschlossen, den allgemeinen Frieden in Zusammenarbeit mit König Ferdinand herzustellen. König Ferdinand und Kurfürst Moritz von Sachsen unterzeichneten am 1. Mai 1552 den Vertrag von Linz, welcher einen Friedenskongress zwischen den Konfliktparteien in Passau vorsah. Vom 27. Mai bis zum 22. Juni 1552 fanden in Passau Verhandlungen zwischen König Ferdinand und Moritz von Sachsen statt.[33] Als Ergebnis enthielt der Passauer Vertrag die Verpflichtung Karls, innerhalb eines halben Jahres einen Reichstag zu organisieren, um über die Themen Friede, Recht und Religion zu beraten. Am 15. August folgte in München die kaiserliche Ratifikation. Ferdinand ermöglichte durch sein Verhandlungsgeschick den Augsburger Religionsfrieden, in dem der Passauer Vertrag politisch umgesetzt wurde. Da Karl den Augsburger Frieden nicht verantworten wollte, legte er am 12. September 1556 die Kaiserwürde nieder, und sein Bruder Ferdinand folgte ihm im Reich nach.[34]

Die Macht Ferdinands zur Durchsetzung seiner religiösen Vorstellungen wurde in den Donauländern und in Innerösterreich, wo der Adel mehrheitlich bereits protestantisch geworden war, entscheidend geschwächt. Die Landtage der habsburgischen Erblande hatten seit 1532 regelmäßig auf den Ausschusslandtagen gemeinsam offiziell um die »Bewilligung«, das heißt die öffentlich-rechtliche Anerkennung des Protestantismus, ersucht. Wichtig waren die Forderungen auf Anerkennung des lutherischen Bekenntnisses auf den Landtagen in Innsbruck 1532, Prag 1541/42, Augsburg 1548 und in Wien 1556.[35] Zwar war Ferdinands Recht, im eigenen Territorium als Landesherr in Religionsfragen zu bestimmen, im Augsburger Religionsfrieden bekräftigt worden, aber diese juristisch starke Stellung war realpolitisch nicht durchsetzbar. Der protestantische Adel beherrschte die Landtage der einzelnen österreichischen Länder, und Ferdinand benötigte die Zustimmung der Landtage in Steuerfragen. Gleich nach dem Augsburger Beschluss ergriffen daher die Landtage die Initiative. Auf dem Wiener Ausschusslandtag von 1556 legten die nieder- und oberösterreichischen Stände ein klares Bekenntnis zum Luthertum ab. Auch die steirischen Stände verlangten im Dezember 1555 von Ferdinand, dass das Land nicht vom Religionsfrieden ausgeschlossen werde. Die Stände sahen sich vom Augsburger Religionsfrieden betroffen und hofften auf die Anerkennung der Reformation, da sie in Religionsfragen ein Mitwirkungsrecht der Landstände vorliegen sahen. Diese Interpretation wurde nicht nur von den steirischen Ständen vertreten, auch die Landtage der Donauländer und der anderen Länder Innerösterreichs folgten dieser Argumentation. Gegen diese Interpretation des Religionsfriedens verwies Ferdinand von Anfang an auf die tatsächliche Rechtslage und pochte auf sein im Augsburger Religionsfrieden festgeschriebenes Reformrecht als Landesherr. Trotz dieser juristisch klaren Lage ermöglichten die politischen Umstände es Ferdinand nicht, sein Recht durchzusetzen.[36]

1556 musste Kaiser Ferdinand I. widerwillig dem österreichischen Adel zusichern, dass er die protestantischen Pfarrer und die lutherischen Untertanen des Adels in den Ländern Niederösterreich, Oberösterreich, Steiermark, Kärnten und Krain nicht mehr verfolgen würde. Ferdinand war zu diesen weitreichenden Konzessionen nur bereit, weil er zeit seines Lebens die Hoffnung hatte, dass die Religionsfrage durch ein Nationalkonzil gelöst werden würde. Die Donauländer und Innerösterreich waren jetzt, wie die deutschen Reichsstädte, bikonfessionell. Für die evangelischen Stände war dies das Maximum, was unter den gegebenen reichsrechtlichen Rahmenbedingungen zu erreichen war.

KAISER FERDINANDS RELIGIONSPOLITIK
IN DEN HABSBURGISCHEN LÄNDERN

Innerösterreich und die Donauländer wurden zu einem wichtigen Verbreitungsgebiet der Reformation in Europa. Der Protestantismus erfasste allerdings die verschiedenen habsburgischen Länder und Regionen in verschiedenem Maße und in unterschiedlicher Intensität. Am stärksten verbreitet wurde der Protestantismus unter den Bewohnern von Kärnten und von Oberösterreich, wo die Protestanten die überwältigende Mehrheit stellten. In weiten Bereichen verbreitet war der Protestantismus auch in der Steiermark und in Niederösterreich. Relativ gering war der Anteil der Protestanten in Krain, Görz, Triest und Tirol. In der Steiermark förderte der Landeshauptmann Hans Ungnad von Sonneck die protestantische Propaganda bei den Slowenen. Er unterstützte die Übersetzung der Bibel ins Slowenische durch Primus Truber. 1556 musste er seine Position aufgeben und sich nach Urach bei Tübingen ins württembergische Exil zurückziehen.[37]

Diese weite Verbreitung des Protestantismus in den habsburgischen Erblanden war nur möglich, da sich die österreichische katholische Kirche und die zu ihr gehörenden Klöster in einem sehr schlechten Zustand befanden. Die große Visitation des Jahres 1562 erbrachte, dass 85 Prozent der Einwohner Niederösterreichs Protestanten waren. 1563 gab es in 122 Klöstern etwa 596 Mönche und Nonnen. Zu den 436 Mönchen gehörten 199 Konkubinen, 55 Ehefrauen und 443 Kinder. In den großen, reichen Klöstern wie Herzogenburg, Melk und Klosterneuburg lebten die Äbte im Konkubinat mit ihren Mätressen. In Göttweig, Pernegg oder Zwettl gab es keinen Konvent mehr, und in Geras war der Abt mehr lutherisch als katholisch. Es gab gelegentlich die landesfürstliche Zustimmung zum Verkauf von Bettelordensklöstern, die verwaist waren und leer standen. Die weite Verbreitung des Protestantismus in der Diözese Passau ist gut durch das Ergebnis der Diözesanvisitation von 1566 belegt. Von 183 visitierten Pfarreien bezeichneten sich in nur 113 die Priester als katholisch, im Rest deklarierten sich die Pfarrer als Protestanten oder als noch nicht entschieden. Sogar die seit 1551 in Wien angesiedelten Jesuiten vermochten vorerst keine Breitenwirkung zu entfalten. Die Zahl der Priester, die sowohl päpstlich als auch protestantisch sein wollten, war im Süden der habsburgischen Erblande, insbesondere in Krain, Görz und Triest, verhältnismäßig hoch. Ein Vertreter dieser Gruppe war der Bischof von Koper, Pietro Paolo Vergerio, welcher sich letztlich für das Luthertum entschied und als protestantischer Theologe im württembergischen Tübingen starb.[38]

Durch einen Wahlakt der Kurfürsten im Frühjahr 1558 ging die Kaiserwürde von Karl V. auf Ferdinand I. über. Karl starb am 21. September 1558 in Spanien.[39] Die unklare religiöse Situation in den habsburgischen Erblanden war auch das Resultat der Religionspolitik des Landesherrn. Der neue Kaiser Ferdinand (bis 1564) hoffte noch immer auf einen Ausgleich zwischen Katholiken und Protestanten und versuchte vergebens, das Trienter Konzil solchen Zielen unterzuordnen.

Der Lutheraner Friedrich Staphylus, der am Hof Kaiser Ferdinands 1553 zum Katholizismus übertrat, spielte eine Schlüsselrolle bei der Ausarbeitung des Reformplanes, den der Kaiser 1562 dem Konzil von Trient und dem Papst vorlegte.[40] Trotz des Scheiterns dieser Pläne suchte Ferdinand die Zusammenarbeit mit Rom und den Jesuiten. 1556 gründeten die Jesuiten mit Unterstützung Ferdinands und seines zweitgeborenen Sohnes Erzherzog Ferdinand ein Kollegium in Prag.

Ferdinand I. fehlte jedes tiefere Verständnis für die Kernanliegen der Reformation, und er besaß auch keinerlei umfassende Kenntnisse ihrer Theologie. Trotzdem gab es am Hof Ferdinands neben Jesuiten auch Lutheraner, beispielsweise seinen Schatzmeister Johannes Hofmann. Zu Ferdinands protestantischen Vertrauten gehörte auch der Arzt Johannes Crato, den er 1563 an den Wiener Hof geholt hatte.[41] Ein weiterer Protestant am kaiserlichen Hof war der Niederländer Kaspar von Nidbruck, der Leiter der Hofbibliothek wurde.

DIE RELIGIONSPOLITIK DER SÖHNE KAISER FERDINANDS

Die Reformversuche, die Ferdinand am Ende seines Lebens betrieb, waren geprägt vom Konflikt zwischen ihm und seinem ältesten Sohn Maximilian. Nicht nur Teile des Hofes Ferdinands zeigten Interesse an der protestantischen Bewegung, dies traf auch auf seinen Sohn Maximilian zu. Erzherzog Maximilian stellte 1554 Johann Sebastian Pfauser an der Augustinerkirche in Wien als Hofprediger an. Pfausers religiöser Standpunkt war weder als lutherisch noch als katholisch zu definieren, er war typisch für viele theologische Berater am Wiener Hof. Im Juni 1557 weigerte sich Maximilian, an der katholischen Fronleichnamsprozession in Wien teilzunehmen. Pfauser wurde im Laufe der Zeit immer protestantischer, sodass ihn Maximilian auf Druck seines Vaters 1560 entlassen musste.[42]

Damals fürchtete Ferdinand, sein Sohn könnte zum Protestantismus übertreten. Der Druck des Vaters sowie die geplanten Krönungen in Böhmen, Ungarn und im Reich bewirkten, dass Maximilian Im Februar 1562 in Prag den Eid ablegte, dass er niemals die katholische Kirche verlassen würde. Nach der böhmischen Krönung Maximilians II. im Mai 1562 kam es wieder zu einer Annäherung zwischen Ferdinand und seinem Sohn. Im September 1562 versprach Maximilian seinem Vater, dass er für seine Söhne streng katholische Erzieher suchen würde.[43]

Ferdinand vollzog vor seinem Tod zwei wichtige katholische Akte in Prag: Er gründete 1561 das Erzbistum Prag neu und schuf für Prag auch ein Jesuitenkolleg. Dieses Jesuitenkolleg wurde bald zu einem wichtigen Zentrum der katholischen Erneuerung in Böhmen. In den letzten Jahren der Regierung Ferdinands kam es zu einem Vorrücken der katholischen Gegenreformation in den böhmischen Ländern. Diese Entwicklung wurde von Ferdinand selbst eingeleitet, von der überzeugten katholischen Minderheit in Böhmen fortgesetzt und von einflussreichen Aristokraten unterstützt.[44]

Kaum beteiligt an der böhmischen Gegenreformation war Kaiser Maximilian II. Er war einer der letzten Anhänger der Via-Media-Haltung in Mitteleuropa. Maximilian entwickelte eine überkonfessionelle, stark reformgesinnte Haltung mit einer ausgeprägten Abneigung gegen jede dogmatische Strenge, gleichgültig, in welcher Konfession diese vorlag. Sein persönlicher Glaube ist umstritten. Sicher neigte er zu gewissen Zeiten zum Protestantismus, er bekannte sich jedoch nie zu einem von Rom abweichenden Glauben. Die tatsächlich von ihm durchgeführte beziehungsweise zugelassene Religionspolitik in den Erblanden lief auf ein Nebeneinander von katholischer Reform und Konzessionen an den blühenden, rechtlich nicht sanktionierten, österreichischen Protestantismus hinaus.[45]

Ferdinand I. hatte testamentarisch die Aufteilung seiner Territorien unter seinen Söhnen Maximilian II., Karl und Ferdinand bestimmt. Maximilian erbte neben der Kaiserkrone die Länder der Böhmischen Krone, Ungarn und die Donauländer Ober- und Niederösterreich. Erzherzog Karl bekam Innerösterreich, bestehend aus den Ländern Steiermark, Kärnten, Krain und Görz und Triest. Erzherzog Ferdinand erbte Tirol und die bis ins Elsass reichenden Vorderlande. Am wenigsten protestantisch beeinflusst war Tirol.[46] Dort wurde 1562 in Innsbruck ein Jesuitenkolleg gegründet; 1573 folgte ein weiteres Kolleg in Hall. Mit der Unterstützung der Jesuiten begann Erzherzog Ferdinand die Gegenreformation in Tirol.

Für die stark protestantisch geprägten Länder verschlechterte sich die Verhandlungsposition der Stände. Die lutherisch dominierten Landtage der Donauländer Niederösterreich und Oberösterreich und die Landtage von Innerösterreich mussten nun allein mit ihrem jeweiligen Landesherrn verhandeln und konnten nicht mehr gemeinsam gegen ihre habsburgischen Herren auftreten. Für Innerösterreich bedeutete die Errichtung einer eigenen Residenz in Graz eine Stärkung der katholischen Seite. In den kleinen und überschaubaren Herrschaftsgebieten Innerösterreichs war es für den Landesherrn leichter, seine Vorstellungen durchzusetzen.

Während Erzherzog Karl von Innerösterreich den protestantischen Ständen seiner Länder andauernden Widerstand leistete und in den Verhandlungen mit ihnen kaum Kompromissbereitschaft zeigte, war der Umgang zwischen den Landtagen der Donauländer und Maximilian II. von Beginn an durch größere Zugeständnisse geprägt. Erzherzog Karl heiratete 1571 die streng katholisch erzogene bayerische Prinzessin Maria von Wittelsbach. Stark von seiner Gattin beeinflusst, versuchte Karl die Gegenreformation in Innerösterreich durchzusetzen. Er berief 1572 die Jesuiten nach Graz, musste aber im selben Jahr auf Druck der protestantischen Stände in Graz die sogenannte *Grazer Religionspazifikation* (auch *Grazer Libell*) bewilligen, die dem innerösterreichischen Adel volle Gewissensfreiheit und freie Religionsausübung garantierte. 1578 wurde gegen Zusagen des innerösterreichischen Adels bei der Finanzierung der Türkenabwehr die religiöse Freiheit im *Brucker Libell* bestätigt. Diese religiösen Freiheiten galten auch für die privilegierten Städte Graz, Klagenfurt, Laibach und Judenburg.

Das *Brucker Libell* wurde von den protestantischen Ständen als politischer Durchbruch in der Frage der Religionsfreiheit in Innerösterreich gefeiert und zeitgleich wurde 1578 eine einheitliche protestantische Kirchenordnung für Innerösterreich erlassen. Beim Papst in Rom löste das *Brucker Libell* eine heftige Reaktion aus, er entsandte im gleichen Jahr den Nuntius Feliciano Ninguarda nach Graz.

Am 13. und 14. Oktober 1579 trafen sich in München die Herzöge von Bayern, Ferdinand von Tirol und Karl von Innerösterreich und berieten über Maßnahmen zur Zurückdrängung der lutherisch geprägten Kultur Österreichs und zur Rekatholisierung der habsburgischen Länder. Auf der Münchner Konferenz von 1579 wurde erkannt, dass die Gegenreformation nur über die katholisch geprägte Rückgewinnung der Verwaltung und des Lebens in den landesfürstlichen Städten und Märkten erfolgen könnte. Unmittelbar nach der Unterzeichnung des *Brucker Libells* wurde der protestantische Adel von Erzherzog Karl aus der Grafschaft Görz ausgewiesen. Da der Adel hier schwach vertreten war, war das in dieser einfachen Grafschaft möglich. Obwohl sich der Görzer Adel an die protestantischen Standesgenossen der anderen innerösterreichischen Länder wandte, verweigerten diese jede Unterstützung, da sie ihr gespanntes Verhältnis mit ihrem Landesherrn Karl nicht weiter verschlechtern wollten. 1580 kam es in Graz zur Einrichtung einer päpstlichen Nuntiatur, um einen stärkeren Einfluss auf die innerösterreichische Politik ausüben zu können. 1585 wurde das Jesuitenkolleg in Graz zur Universität umgewandelt, um ein Gegengewicht zur erfolgreichen protestantischen Landschaftsschule zu bilden.[47]

Kärnten war eine Hochburg des österreichischen Protestantismus. Klagenfurt, das schon seit 1518 den Kärntner Ständen gehörte, besaß deshalb schon seit 1572 die Kultusfreiheit. Im Herzogtum Krain versuchte Primus Truber die Reformation voranzutreiben. Er organisierte die slowenische Kirche und ließ 1564 seine Kirchenordnung *Slovenska cerkovna ordninga* drucken. Erzherzog Karl sah die Heraugabe einer Kirchenordnung ohne seine Zustimmung als Einschränkung seiner Rechte als Landesherr an. Er ließ die Kirchenordnung beschlagnahmen und vernichten. Primus Truber musste das Land Krain verlassen und ging nach Württemberg ins Exil, wo er sich der Übersetzung der Bibel in die slowenische Sprache widmete. Bis 1598 war Laibach das Zentrum des slowenischen Protestantismus, der so entscheidend für die Entwicklung der slowenischen Schriftsprache war. Trotz aller Bemühungen der slowenischen Reformatoren erreichte das lutherische Gedankengut die slowenischen Bauern jedoch nur in geringem Ausmaß.[48]

Da in Innerösterreich die Religionsfreiheit nur dem Adel zustand, verbot Erzherzog Karl mit einem Dekret vom 10. Dezember 1580 in allen landesfürstlichen Städten den lutherischen Gottesdienst und die protestantischen Schulen. Über die katholische Besetzung der Stadtpfarreien begann sich die Gegenreformation in Innerösterreich auszubreiten. Um die Gegenreformation in den Städten besser zu organisieren, wurde 1587 eine katholische Religions-Reformationskommission eingerichtet.[49] Oft waren die neu eingesetzten katholischen Stadtrichter, Bürgermeister und Räte eine verhasste Minderheit, die jedoch zunehmend das Leben in den landesfürstlichen Städten und Gemeinden kontrollierte und langsam mit Druck und der Gewährung wirtschaftlicher Vorteile wachsende Teile der Bevölkerung zurück zur katholischen Konfession führte. Einzelne radikale protestantische Führer, wie der Landschaftssekretär Caspar Hirsch oder der Superintendent Jeremias Homberger, wurden des Landes verwiesen. Als Erzherzog Karl 1590 starb, war die Ausbreitung des Protestantismus in weiten Teilen Innerösterreichs gestoppt worden.

Der älteste Sohn Kaiser Ferdinands, Maximilian II., war viel toleranter als seine beiden jüngeren Brüder Ferdinand und Karl. Er war weder päpstlich noch lutherisch. Am 23. Juli 1564 erreichte er für Böhmen die päpstliche Erlaubnis, den Laienkelch und die Kommunion in beiderlei Gestalt auch für Laien zuzulassen. Diese religiöse Konzession bot Maximilian die Möglichkeit für Verhandlungen mit den konservativen Alt-Utraquisten. Der Kaiser hoffte, dass das Konsistorium, die höchste kirchliche Stelle der Alt-Utraquisten, eine Vereinigung der Alt-Utraquisten mit der katholischen Kirche ermöglichen würde. Letztendlich scheiterten die Verhandlungen jedoch.[50] Die verschiedenen protestantischen Gruppen in Böhmen, die Neu-Utraquisten, die Lutheraner, und die Böhmischen Brüder einigten sich auf die *Confessio Bohemica*, die einen Kompromiss zwischen den verschiedenen protestantischen Richtungen bildete. Obwohl sich die *Confessio Bohemica* am Augsburger Bekenntnis orientierte, war sie auch für die Böhmischen Brüder und die Neu-Utraquisten akzeptabel. Am 18. Mai 1575 legten die böhmischen Stände Kaiser Maximilian II. die *Confessio Bohemica* vor. Der Vertreter der Alt-Utraquisten, Jan von Wallenstein, lehnte sie ab. Maximilian II. erreichte jedoch die Unterstützung des Führers der Neu-Utraquisten, Bohuslav Felix von Lobkowitz und Hassenstein, den er mit dem lukrativen Posten eines Kämmerers für sich gewinnen konnte. Schließlich erhielten die Neu-Utraquisten nach langwierigen Verhandlungen im Landtag das mündliche Versprechen Maximilians, die *Confessio Bohemica* zu tolerieren. Damit öffnete Maximilian den Weg zur Krönung Rudolfs II. zum König von Böhmen.[51]

In West-Ungarn wurde auf dem Gebiet des heutigen österreichischen Burgenlandes das Luthertum mit den Kontakten zum österreichischen Adel verbreitet.[52] Ein wichtiger lutherischer Reformator war Matthias Devai, der vor allem in den oberungarischen Städten wirkte. Er stammte aus Siebenbürgen, missionierte jedoch im königlichen Ungarn der Habsburger. In der zweiten Hälfte des 16. Jahrhunderts kam es zu einer verstärkten Ausbreitung des Protestantismus auch im Osten Ungarns, vor allem der ungarische Adel wurde für den Calvinismus gewonnen.[53] Durch die andauernden Kriege gegen die Osmanen, die weite Teile Ungarns besetzt hielten, und die selbstständige Position des Fürstentums Siebenbürgen war die Einflussmöglichkeit der habsburgischen Könige auf das religiöse Leben in Ungarn dennoch beschränkt.

Trotz seiner toleranten Haltung gegenüber den protestantischen Gruppen in seinen verschiedenen Ländern waren letztlich weder die Protestanten noch die Katholiken mit der Religionspolitik Maximilians zufrieden. Die Protestanten lehnten sie ab, weil sie gehofft hatten, dass Maximilian letztlich doch zum Protestantismus übertreten würde, was jedoch nie geschah. Für die Katholiken unterstützte Maximilian II. zu wenig die Gegenreformation, wie dies seine Brüder in ihren Ländern taten.

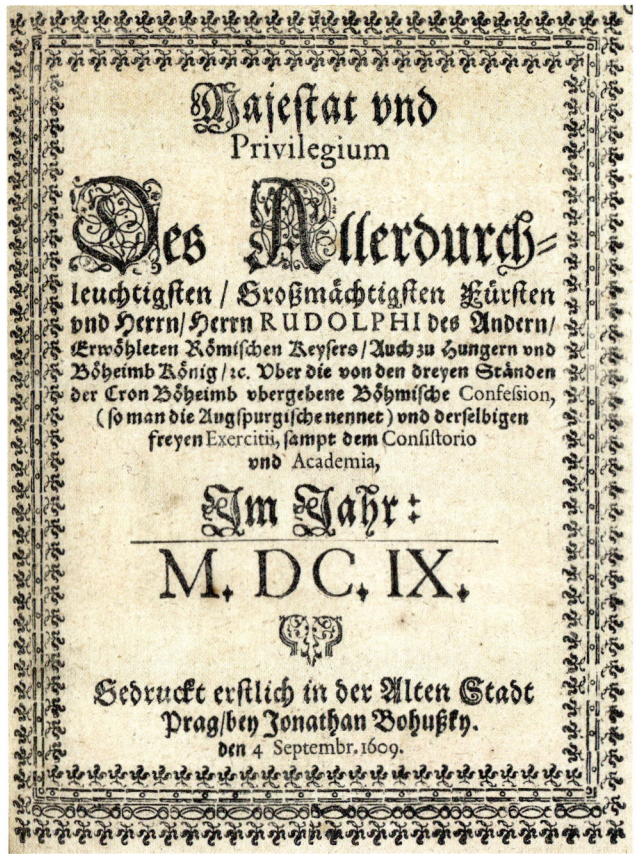

Abb. 4 | Titelblatt der Böhmischen Konfession, 1609 erstmals gedruckt unter dem Titel: Maiestat und Privilegium Des Allerdurchleuchtigsten Großmechtigsten Fürsten und Herrn Herrn Rudolffi, des Andern Erwölten Römischen Kaysers […] 1609, Ex. SLUB Dresden, Sign. Hist.Sax.F.67,misc.5

Auf dem Augsburger Reichstag 1566, auf dem sich Maximilian vor allem um die Türkenhilfe der Reichsstände bemühte, nahm er gemeinsam mit den katholischen Mitgliedern der Reichsstände die Beschlüsse des Trienter Konzils an. Maximilian bemühte sich nicht nur bei den Reichsständen um Unterstützung im Türkenkrieg, er verlangte dies 1566 auch auf dem Landtag der niederösterreichischen Stände in Wien. Die Landstände knüpften jegliche finanzielle Unterstützung im Kampf gegen die Osmanen an Konzessionen in der Religionsfrage. Sie verlangten die Garantie der freien Ausübung des Augsburger Bekenntnisses. Nachdem der Ungarnfeldzug gegen die Türken 1566 gescheitert war, wuchsen die Schulden Maximilians gewaltig an. In dieser angespannten

finanziellen Lage bemühte sich Maximilian um erhöhte Steuerbewilligungen durch die Landstände von Niederösterreich und Oberösterreich, die diese Steuererhöhung jedoch von der Legalisierung des lutherischen Bekenntnisses abhängig machten. Kaiser Maximilian gewährte widerstrebend die offizielle Anerkennung des Augsburger Bekenntnisses. Die niederösterreichischen Steuerzahler mussten für diese Religionskonzession die hohe Summe von 2,5 Millionen Gulden bezahlen. Somit war den Herren und Rittern in Niederösterreich die Ausübung ihres protestantischen Glaubens gestattet worden. Damit wurde de facto nur ein seit fast vierzig Jahren bestehender Zustand legalisiert. Der protestantische Adel erwarb für sich und die in seinen Dörfern und Städten lebenden Untertanen das Recht zur Ausübung des lutherischen Bekenntnisses.

Maximilian II. versuchte, den wachsenden Einfluss der Calvinisten mit der Legalisierung des Luthertums einzudämmen. Ausgenommen von der Religionskonzession von 1568 waren die landesherrlichen Städte und Gemeinden, die dem Kaiser in konfessioneller Hinsicht unterworfen blieben. Zwar änderte sich in der Praxis der protestantischen Religionsausübung in den Städten und Gemeinden vorerst nichts, aber der lutherische Kult blieb hier – wie vor 1568 – illegal. Maximilian verlangte vom Adel die Abfassung einer *Agenda* genannten lutherischen Kirchenordnung. 1571 wurde sie gedruckt und der Kaiser bestätigte die Religionskonzession von 1568 mit der Assekurationsurkunde. Die Einrichtung der Position eines lutherischen Superintendenten für Niederösterreich wurde vom Kaiser abgelehnt.

Da es in den habsburgischen Gebieten keine Ausbildungsstelle für lutherische Theologen gab, mussten die Pfarrer für die von den adeligen Patronatsherren abhängigen protestantischen Kirchen im Ausland ausgebildet werden. Zum Teil stammten die protestantischen Prediger in den österreichischen Pfarreien sogar aus dem Ausland. Die niederösterreichischen Stände erreichten vom Kaiser auch die Einrichtung eines lutherischen Zentrums im niederösterreichischen Landhaus in Wien; dieses durfte aber nicht die Funktion des fehlenden Superintendenten übernehmen. Die lutherischen Prediger in Niederösterreich wurden daher im Ausland geprüft und reisten zur Ordination an deutsche Universitäten.

In Donauösterreich standen die Verbindungen der evangelischen Theologen nach Wittenberg und Regensburg im Vordergrund, in Innerösterreich waren die Kontakte zur Universität Tübingen enger.

Ebenso erkauften die oberösterreichischen Stände die Religionskonzession 1568 auf dem Landtag in Linz mit einer Zahlung von 1,2 Millionen Gulden. Auch hier bestätigte 1571 der Kaiser dem Adel die Freiheit zur lutherischen Religionsausübung. Den oberösterreichischen Ständen gelang es 1574, in Linz ein Predigtzentrum zu begründen, das 1578 auch eine lutherische Pfarrei beinhaltete. Dort wurden von einer theologischen Prüfungskommission die Pfarramtskandidaten für das Land Oberösterreich geprüft; ordiniert werden mussten sie im protestantischen Ausland.[54]

Für das protestantische Leben in Österreich spielten die lutherischen Landschaftsschulen eine große Rolle. In ihnen sollten die Kinder des protestantischen Adels und des gehobenen Bürgertums ausgebildet werden. Die ursprünglich in Wien eingerichtete niederösterreichische Landschaftsschule musste auf Druck des Kaisers auf das Gebiet außerhalb der Residenzstadt verlegt werden. Die wichtigste österreichische protestantische Landschaftsschule befand sich in Graz, wo auch Johannes Kepler lehrte.[55]

Da viele protestantische Prediger in Österreich in den deutschen Ländern rekrutiert wurden, gingen zahlreiche radikale Lutheraner, die in ihrem Herkunftsland Probleme mit den lokalen Obrigkeiten bekommen hatten, nach Österreich. Es gab daher hier besonders viele Anhänger des aus Istrien stammenden, radikalen Lutheraners Matthias Flacius Illyricus. Viele Flacianer mussten in den 1570er-Jahren in den deutschen Ländern ihre Posten aufgeben und emigrierten nach Österreich. Neben den Flacianern betraf das auch die strengen Gnesiolutheraner. Da in weiten Teilen Österreichs keine zentrale Kontrolle durch eine staatliche Kirchenleitung vorhanden war, fanden diese radikalen Lutheraner Unterstützung bei einzelnen österreichischen Adeligen, wie dem niederösterreichischen Landmarschall Hans Wilhelm von Roggendorf. Die Adeligen besetzten die von ihnen verwalteten Pfarrerstellen mit diesen lutherischen Emigranten. In Niederösterreich waren bei 320 protestantischen Pfarreien fünfzig Stellen durch Flacianer und bekennende Gnesiolutheraner besetzt. Die meisten Flacianer gab es jedoch in Kärnten.[56] Gemeinsam mit dem bei Erzherzog Karl vom protestantischen Adel durchgesetzten *Brucker Libell* wurde in Innerösterreich eine gemeinsame lutherische Kirchenordnung beschlossen, durch die die Flacianer auch hier von ihren Stellen vertrieben wurden. In Oberösterreich wurde besonders Schloss Eferding der Familie Starhemberg zu einem Zufluchtsort vieler abgesetzter Flacianer.

KAISER RUDOLF II. UND DIE ANFÄNGE DER GEGENREFORMATION IN ÖSTERREICH

Am 12. Oktober 1576 starb Kaiser Maximilian II. in Regensburg, ohne die katholischen Sterbesakramente empfangen zu haben. Wie in seinem Leben war Maximilian II. auch in seinem Sterben weder päpstlich noch lutherisch.[57]

Sein Sohn Rudolf wurde 1572 zum ungarischen und 1575 zum böhmischen König gekrönt und 1575 auch zum römischen König gewählt. Da er in Spanien streng katholisch erzogen worden war, änderte sich die tolerante Politik Maximilians, und eine stärker gegenreformatorisch beeinflusste Politik begann mit Rudolfs Herrschaftsantritt auch in Donauösterreich. Zu dieser Zeit waren neunzig Prozent des niederösterreichischen Adels lutherisch gesinnt. Kaiser Rudolf II. nahm in den von ihm beherrschten landesfürstlichen Städten die von Maximilian II. den österreichischen Protestanten zugesicherte Tolerierung zurück. Anfang 1577 wurde in Wien die Auflösung des protestantischen Zentrums im Landhaus angeordnet und ein katholischer Bürgermeister eingesetzt. Ab 1578 wurden gezielt katholische Bürger in den inneren Rat der Stadt bestellt und der prominente lutherische Prediger Josua Opitz aus Wien ausgewiesen. 1578 kam es anlässlich der Fronleichnamsprozession zu Tumulten zwischen Protestanten und Katholiken. Diese Tumulte nahm Rudolf II. zum Anlass, in Wien eine Garnison unter einem katholischen Stadthauptmann einzurichten.[58]

Die österreichischen Städte waren zwar die wichtigsten Zentren der Reformation, aber die landesfürstliche Regierung konnte die Einstellung des evangelischen Gottesdienstes und die Rückkehr zum katholischen Kultus in den Kirchen befehlen. 1580 hatten die Katholiken in der Wiener Stadtregierung bereits die Mehrheit erlangt. 1583 zog sich Kaiser Rudolf II. völlig nach Prag zurück und übertrug seinem katholischen Bruder Ernst die Regierung in Österreich. Erzherzog Ernst betrieb eine streng katholisch geprägte gegenreformatorische Politik und befahl in Wien die Vernichtung aller nichtkatholischen Bücher.[59]

In Böhmen stützte sich die Gegenreformation weniger auf Kaiser Rudolf II. als auf den päpstlichen Nuntius, der seit 1581 in Prag residierte, und auf die Prager Jesuiten. Getragen wurde die katholische Erneuerung auch von einigen großen katholischen Adelsfamilien, wie den Familien Rosenberg, Pernstein, Hradec, Dietrichstein und Lobkowitz.[60]

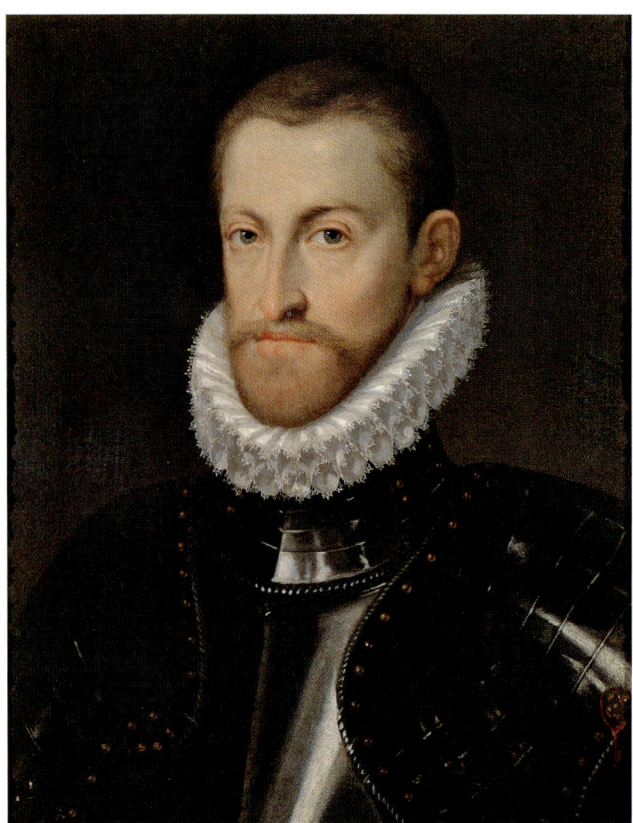

Abb. 5 | Portrait Kaiser Rudolfs II., Martino Rota, 1576/1580, Öl auf Leinwand, 51 × 42 cm, Kunsthistorisches Museum Wien, Gemäldegalerie, Inv.-Nr. 2587

lung der Jesuiten Domprobst von Sankt Stephan und damit auch Kanzler der Universität Wien. 1581 wurde er zum Offizial des Bischofs von Passau befördert. Als Generalvikar unterstand ihm der niederösterreichische Teil der Diözese Passau. Melchior Khlesl war die treibende Kraft hinter dem kaiserlichen Dekret vom 22. Dezember 1585, welches das städtische Bürgerrecht an den katholischen Glauben band und die lutherische Messe in den Städten verbot. 1588 wurde Khlesl Administrator des Bistums Wiener Neustadt.[62] Khlesl und seinen Mitarbeitern gelang es bis 1589, die elf wichtigsten Städte in Niederösterreich zu rekatholisieren. In Oberösterreich kam es erst später dazu: Um 1580 waren fast noch der gesamte Adel sowie die Mehrheit der Landbevölkerung Oberösterreichs Lutheraner. Mit dem oberösterreichischen Landeshauptmann Hans Jakob von Löbl begann ab 1592 die Rekatholisierung auch in Oberösterreich. Nach dem Vorbild der Steiermark und von Niederösterreich wurden zuerst die Bürgermeister und Räte der landesfürstlichen Städte katholisch. Die protestantische Bevölkerung besuchte noch einige Zeit die evangelische Messe in den Kirchen der Schlösser des protestantischen Adels. Die Wiederbelebung des katholischen Lebens verlief nicht konfliktfrei. Es kam zu Tumulten, Anfeindungen und selbst tätlichen Angriffen auf die katholischen Priester. Die Rekatholisierung auf dem Land wurde von Bauernunruhen begleitet, die in den Bauernaufständen von 1595 bis 1597 ihren Höhepunkt hatten.[63]

Nach dem Tod des an der Gegenreformation sehr interessierten Erzherzogs Ernst im Jahr 1595 übernahm der ehrgeizige Erzherzog Matthias immer mehr Macht in den habsburgischen Ländern. Mit seinem Bestreben, sich eine von den religiösen Parteien unabhängige Position zu bewahren, verscherzte es sich Rudolf schließlich mit allen Seiten, sodass er im Konflikt mit seinem jüngeren Bruder Matthias schließlich ziemlich allein dastand.

Dieser innerhabsburgische Bruderzwist überlagerte die religiösen Differenzen in den habsburgischen Ländern und bereitete den Boden für ein Eskalieren der religiösen Gegensätze zu Beginn des 17. Jahrhunderts. Trotz des katholischen Glaubens aller österreichischen Habsburger wurde im 16. Jahrhundert in fast allen Ländern, die unter habsburgischer Herrschaft standen, die Mehrheit der Untertanen zum Protestantismus bekehrt. Zwar wurde ab dem letzten Drittel des Jahrhunderts eine Rekatholisierungspolitik eingeleitet – diese gewann jedoch erst im Laufe des 17. Jahrhunderts die Mehrheit der Bevölkerung für den katholischen Glauben zurück.

Rudolf geriet schon 1586 in Konflikt mit dem Papst, aber auch seine Beziehungen zu den Protestanten blieben nicht von Spannungen verschont.[61] Nur etwa zwanzig Prozent der böhmischen Bevölkerung waren zu diesem Zeitpunkt noch katholisch, achtzig Prozent waren Anhänger der verschiedenen protestantischen Glaubensrichtungen von Neu- und Alt-Utraquisten, Böhmischen Brüdern und Lutheranern. Am Hof Rudolfs II. in Prag gab es zwar eine Reihe protestantischer Berater des Kaisers, aber Rudolf misstraute diesen genauso wie den Katholiken.

In Niederösterreich wurde die Gegenreformation von seinem jüngeren Bruder Ernst betrieben. Im Zentrum der Zurückdrängung des Protestantismus in Niederösterreich und Wien stand der erst 1579 zum Katholizismus konvertierte protestantische Wiener Bäckersohn Melchior Khlesl. Dieser Konvertit wurde auf Empfeh-

ANMERKUNGEN

1 Vgl. Rudolf Leeb, Der Streit um den wahren Glauben. Reformation und Gegenreformation in Österreich, in: Herwig Wolfram (Hrsg.), Geschichte des Christentums in Österreich. Von der Spätantike bis zur Gegenwart, Wien 2003, S. 168–174. | **2** Vgl. Rudolf Leeb, Luthers Kontakte nach Oberösterreich, in: Renaissance und Reformation, Linz 2010, S. 52. | **3** Vgl. Leeb, Der Streit (wie Anm. 1), S. 178–179. | **4** Vgl. ebd., S. 166. | **5** Vgl. Karl Gutkas, Geschichte des Landes Niederösterreich, St. Pölten 1983, S. 167. | **6** Vgl. Paula Sutter Fichtner, Ferdinand I. wider Türkennot und Glaubensspaltung, Graz 1986, S. 149. | **7** Vgl. Erich Zöllner, Geschichte Österreichs von den Anfängen bis zur Gegenwart, Wien 1979, S. 192. | **8** Vgl. Leeb, Der Streit (wie Anm. 1), S. 187–190. | **9** Vgl. Zöllner, Geschichte Österreichs (wie Anm. 7), S. 192. | **10** Vgl. Leeb, Der Streit (wie Anm. 1), S. 192. | **11** Vgl. Leeb, Luthers Kontakte (wie Anm. 2), S. 52. | **12** Vgl. Gustav Reingrabner, Ferdinand I. und die Religionsfrage, in: Ferdinand I. Herrscher zwischen Blutgericht und Türkenkriegen, Wiener Neustadt 2003, S. 57. | **13** Vgl. Leeb, Der Streit (wie Anm. 1), S. 164. | **14** Vgl. Alfred Kohler, Ferdinand I. 1503–1564. Fürst, König und Kaiser, München 2003, S. 191. | **15** Vgl. Leeb, Der Streit (wie Anm. 1), S. 197 f. | **16** Vgl. Dietmar Weikl, Reformation und Gegenreformation in den Städten in Oberösterreich, in: Renaissance und Reformation, Linz 2010, S. 266. | **17** Vgl. Leeb, Der Streit (wie Anm. 1), S. 201. | **18** Vgl. ebd., S. 215. | **19** Vgl. Maria Spieler, Die Reformation bei den Slowenen, in: Graz als Residenz. Innerösterreich 1564–1619, Graz 1964, S. 233. | **20** Vgl. Walther Hubatsch, Frühe Neuzeit und Reformation in Deutschland, Frankfurt am Main 1981, S. 132. | **21** Vgl. Jaroslav Panek, Kaiser, König und Ständerevolte. Die Böhmischen Stände und ihre Stellung zur Reichspolitik Karls V. und Ferdinands I. im Zeitalter des Schmalkaldischen Krieges, in: Karl V. 1500–1558. Neue Perspektiven seiner Herrschaft in Europa und Übersee, hrsg. von Alfred Kohler, Barbara Haider und Christine Ottner, Wien 2002, S. 400. | **22** Vgl. Panek, Kaiser (wie Anm. 21), S. 401. | **23** Vgl. Kohler, Ferdinand I. (wie Anm. 14), S. 204. | **24** Vgl. Sutter Fichtner, Ferdinand I. (wie Anm. 6), S. 152. | **25** Vgl. R. J. W. Evans, Rudolf II. Ohnmacht und Einsamkeit, Graz 1980, S. 29. | **26** Vgl. Kohler, Ferdinand I. (wie Anm. 14), S. 162. | **27** Vgl. Panek, Kaiser (wie Anm. 21), S. 402–403. | **28** Vgl. Kohler, Ferdinand I. (wie Anm. 14), S. 163. | **29** Vgl. Panek, Kaiser (wie Anm. 21), S. 405. | **30** Vgl. Kohler, Ferdinand I. (wie Anm. 14), S. 164. | **31** Vgl. Diarmaid Mac Culloch, The Reformation, New York 2003, S. 273. | **32** Vgl. Leeb, Der Streit (wie Anm. 1), S. 241. | **33** Vgl. Kohler, Ferdinand I. (wie Anm. 14), S. 226. | **34** Vgl. Sutter Fichtner, Ferdinand I. (wie Anm. 6), S. 213. | **35** Vgl. Leeb, Der Streit (wie Anm. 1), S. 207. | **36** Vgl. ebd., S. 195 f. | **37** Vgl. Spieler, Die Reformation (wie Anm. 19), S. 232–235. | **38** Vgl. Leeb, Der Streit (wie Anm. 1), S. 200–203. | **39** Vgl. Kohler, Ferdinand I. (wie Anm. 14), S. 269–271. | **40** Vgl. ebd., S. 147–148. | **41** Vgl. Mac Culloch, The Reformation (wie Anm. 31), S. 296 f. | **42** Vgl. Sutter Fichtner, Ferdinand I. (wie Anm. 6), S. 242 f. | **43** Vgl. Leeb, Der Streit (wie Anm. 1), S. 205 f. | **44** Vgl. Ivana Cornejova, The Religious Situation in Rudolfine Prague, in: Rudolf II and Prague. The Court and the City, London 1997, S. 310 f. | **45** Vgl. Leeb, Der Streit (wie Anm. 1), S. 206–208. | **46** Vgl. Kohler, Ferdinand I. (wie Anm. 14), S. 298–299. | **47** Vgl. Leeb, Der Streit (wie Anm. 1), S. 210–258. | **48** Vgl. Spieler, Die Reformation (wie Anm. 19), S. 234–239. | **49** Vgl. Leeb, Der Streit (wie Anm. 1), S. 253–261. | **50** Vgl. Evans, Rudolf II. (wie Anm. 25), S. 33. | **51** Vgl. Cornejova, The Religious Situation (wie Anm. 44), S. 313–315. | **52** Vgl. Leeb, Der Streit (wie Anm. 1), S. 267–269. | **53** Vgl. Ulinka Rublack, Die Reformation in Europa, Frankfurt am Main 2003, S. 136 f. | **54** Vgl. Leeb, Der Streit (wie Anm. 1), S. 208–223. | **55** Vgl. Franz Hammer, Johannes Kepler in Graz, in: Graz als Residenz. Innerösterreich 1564–1619, Graz 1964, S. 155–157. | **56** Vgl. Leeb, Der Streit (wie Anm. 1), S. 226–229. | **57** Vgl. Zöllner, Geschichte Österreichs (wie Anm. 7), S. 199. | **58** Vgl. Gutkas, Geschichte des Landes Niederösterreich (wie Anm. 5), S. 210 f. | **59** Vgl. Evans, Rudolf II. (wie Anm. 25), S. 62. | **60** Vgl. ebd., S. 32. | **61** Vgl. ebd., S. 64. | **62** Vgl. Zöllner, Geschichte Österreichs (wie Anm. 7), S. 200 f. | **63** Vgl. Leeb, Der Streit (wie Anm. 1), S. 253–256.

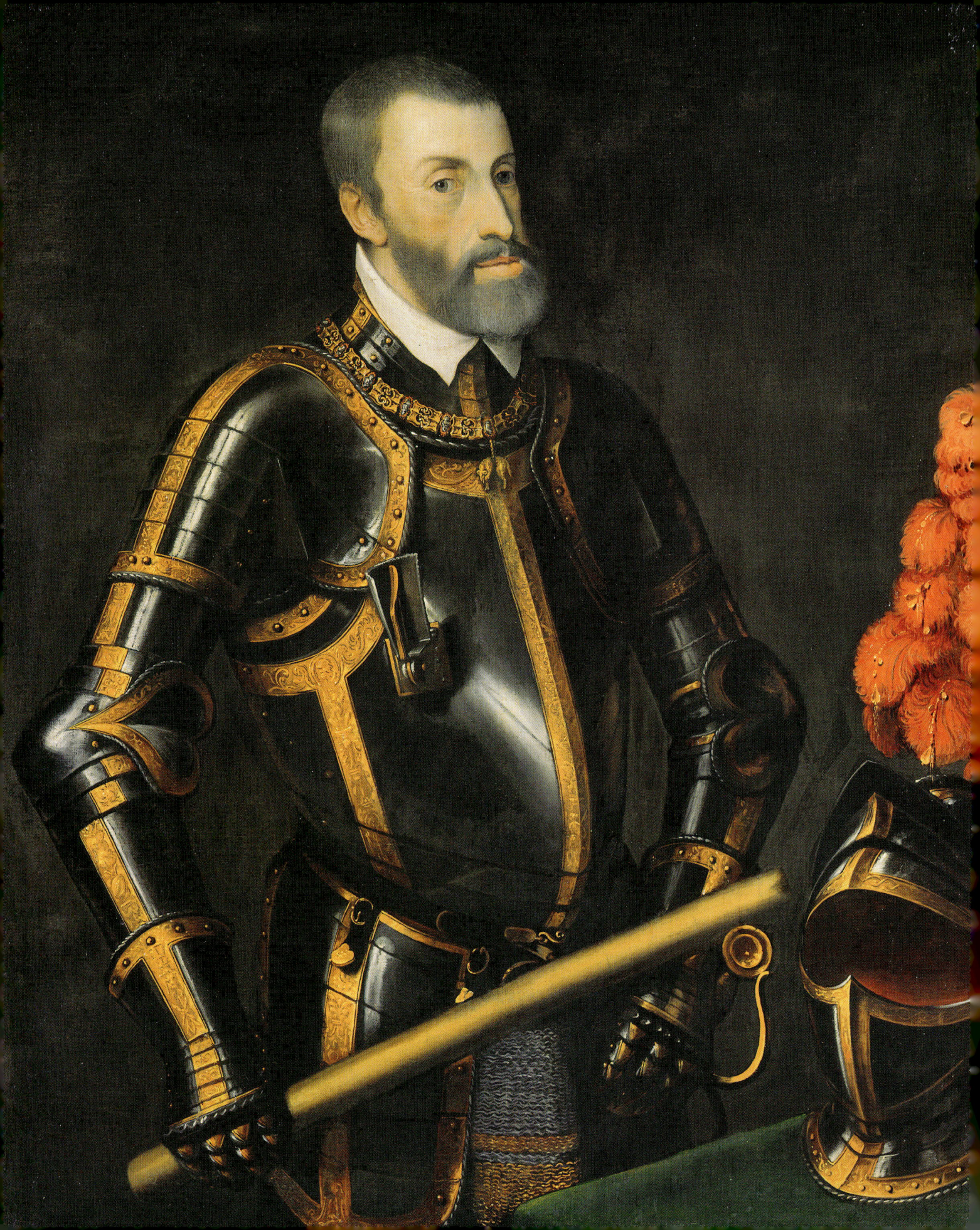

GEORG SCHMIDT

GEGEN DEN KAISER, FÜR DAS REICH

DIE GLAUBENSBÜNDNISSE DER PROTESTANTEN

»Die teutsche Nation ist ein frey Reich und billich das freyeste auf der Welt.«[1] Mit dieser Einschätzung verblüfften 1539 die beiden Hauptleute des Schmalkaldischen Bundes, Johann Friedrich von Sachsen und Philipp von Hessen, den Pfälzer und den Brandenburger Kurfürsten. Das Reich dürfe sich von Karl V. nicht monarchisch beherrschen lassen. In einem freien Gemeinwesen könne der Kaiser nicht einfach befehlen, sondern benötige den Konsens der Reichsstände. Karl V. war anderer Ansicht: Seine universalmonarchischen Ziele sollten nicht an den protestantischen Rebellen scheitern, die aus seiner Sicht das Reich in eine evangelische Fürstenrepublik umwandeln wollten. Die Sorge um die fundamentale Einheit der abendländischen Christenheit und seine universale Reichsidee zwangen ihn, die Dinge nicht länger treiben zu lassen. Allerdings genossen die hegemonialen Auseinandersetzungen mit den Türken und mit König Franz I. von Frankreich Vorrang. Es galt, den richtigen Zeitpunkt zum Losschlagen in Deutschland abzuwarten.

Karl V. hatte die Causa Lutheri unterschätzt. Die vielen Konflikte in seinem riesigen Herrschaftsgebiet und an dessen Grenzen hielten ihn lange davon ab, der Reformation entschieden entgegenzutreten. Das *Wormser Edikt* war mehr oder weniger verpufft. Die 1520er-Jahre, in denen der junge Kaiser in Deutschland nicht präsent war, verschoben die religiöse und politische Konstellation merklich. Das seit dem Wormser Reichstag 1495 als Mehrebenengefüge neu justierte Heilige Römische Reich deutscher Nation ermöglichte Luthers Wirken und die Etablierung seiner Reformation. Seit dem Augsburger Reichstag 1530 wollte der Kaiser das *Wormser Edikt* jedoch durchsetzen. Die Protestan-

ten schlossen sich dagegen im Schmalkaldischen Bund zusammen. Nachdem sie 1555 die Sicherheit für ihren Glauben erreicht hatten, kam mit den Calvinisten, die sich im Reich Reformierte nannten, eine weitere evangelische Konfession hinzu, deren politische Repräsentanten bereit waren, die Belastbarkeit und Grenzen des Religionsfriedens auszuloten. Die Konkordienlutheraner wollten wiederum in erster Linie das Erreichte bewahren. Das Torgauer Bündnis 1592 und die Union 1608 führten zwar noch einmal Reichsstände beider evangelischen Bekenntnisse zusammen, doch eine wirklich schlagkräftige politische Bewegung entstand daraus nicht.

REICH UND REFORMATION IN DEN 1520ER-JAHREN

Das Heilige Römische Reich formierte sich auf dem Wormser Reichstag 1495 und mit den Beschlüssen der folgenden Reichsversammlungen als ein Mehrebenenstaat der deutschen Nation.[2] Der Ewige Landfrieden, der periodisch tagende Reichstag, das ortsfeste Reichskammergericht, das freilich zweimal gescheiterte Reichsregiment, die Reichskreise, die Romzugsmatrikel und nicht zuletzt die kaiserliche Wahlkapitulation bildeten die zentralen Institutionalisierungen dieses »verdichteten Restreichs« (Peter

Moraw). Die zwischen dem Reichsoberhaupt und den deutschen Reichsständen ausgehandelten und vertraglich vereinbarten Grundordnungen überlagerten den traditionellen Reichslehensverband und gewannen im Zuge der Auseinandersetzungen um die Reformation feste Gestalt. In Deutschland zeichneten fortan Kaiser und Reich gemeinsam für die innere und äußere Sicherheit und ein übergeordnetes Rechtssystem verantwortlich. Die neu geformten Reichskreise regelten die Entsendung in die Reichsinstitutionen. Sie versuchten zudem, das dezentral organisierte Gewaltmonopol durchzusetzen, während die Reichsstände sich um die Disziplinierung ihrer Untertanen kümmerten.

Nach dem Tod Kaiser Maximilians I. im Jahr 1519 sah sich der neue, vertraglich »konstituierte« Reichsstaat mit drei Problemen konfrontiert: der Neuwahl des Reichsoberhaupts, der Durchsetzung des Landfriedens gegen die Fehden des Niederadels und gegen die Annexionspolitik Herzog Ulrichs von Württemberg sowie der reformatorischen Volksbewegung, die in den Bauernkrieg mündete. Die Wahl und die Wahlkapitulation Karls V. akzentuierten das Reich deutscher Nation als ein eigenständiges, auch getrennt vom Kaiser wahrnehmbares politisches Gemeinwesen. Die Ausschaltung der niederadeligen Fehdeführer und die Vertreibung Herzog Ulrichs signalisierten, dass es der Reichsstaat mit dem Landfrieden ernst meinte. Ungelöst blieb in dieser reichsstaatlichen Konsolidierungsphase das scheinbar nachrangige Problem der Reformation.

Die religiösen Reformforderungen Luthers und sein Wüten gegen Rom und den Klerus wurden freilich schnell ungemein populär, weil er wie niemand zuvor die neue Technik des Drucks mit beweglichen Lettern nutzte, um ein breites Publikum zu informieren. Seine Schriften über die babylonische Gefangenschaft der Kirche durch das Papsttum und die Kleriker oder von der Freiheit eines Christenmenschen verfehlten ihre Wirkung nicht.[3] Luther war ein Medienstar und der beste Anwalt seiner selbst. Zudem schien er die Wünsche des gemeinen Mannes aufzugreifen: Freiheit von den weltlichen Belastungen durch die Kirche, Gnade allein durch den Glauben und die Rückkehr zur biblischen Ordnung als einem scheinbar Goldenen Zeitalter. Politisch verhielt sich der Reformator jedoch ausgesprochen geschickt und ließ sich weder durch seinen Rückhalt im Volk noch von den Angeboten der aufrührerischen Ritter aus der Reserve locken. Er wollte die geordnete Transformation, den Übergang der Alten Kirche in eine nach seinen Vorstellungen reformierte. Unruhen und Aufruhr lehnte Luther ab, obwohl er ihnen mit seinen viel gelesenen Schriften Vorschub leistete.

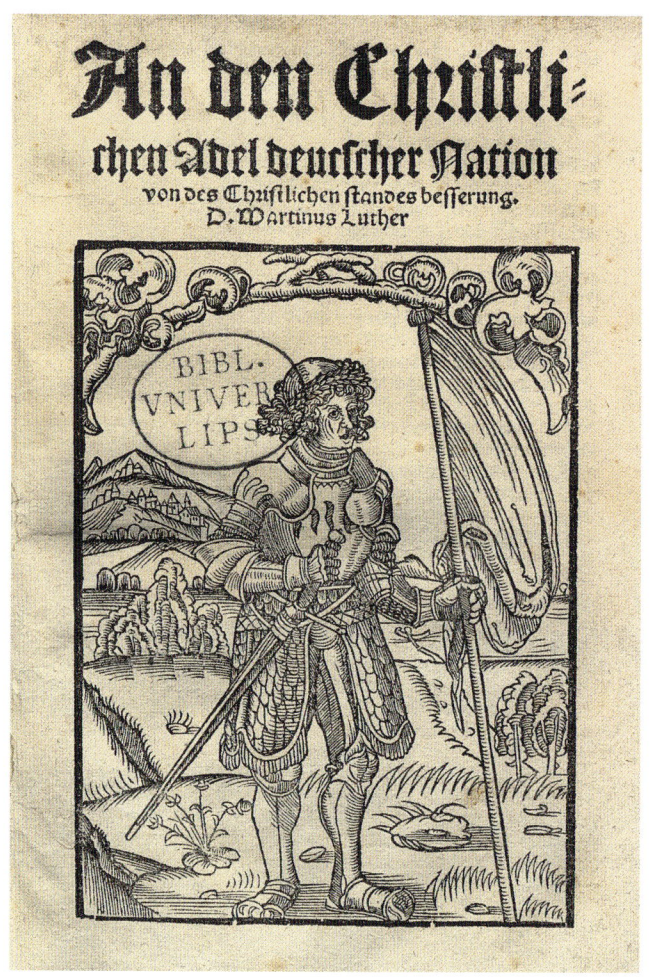

Abb. 2 | Martin Luther, An den Christlichen Adel deutscher Nation von des Christlichen Standes besserung, Leipzig: Valentin Schumann 1520, Titelholzschnitt, 19,8 × 15,8 cm, Universitätsbibliothek Leipzig, Sign. Libri.sep.4234

Luther war kein Rebell und wollte es auch nicht sein.[4] Als die Kurie im Sommer 1520 den Ketzerprozess beendete und seine Reformideen als Ketzerei verurteilte, appellierte er mit der Adelsschrift an die Reichsstände und den jungen Kaiser. Er fasste hier seine inzwischen massive Kritik an der Alten Kirche zusammen und systematisierte beiläufig die lange Liste der *Gravamina* der deutschen Nation gegen den Stuhl zu Rom. Die in Kenntnis des römischen Bannes formulierte und massenhaft verbreitete Adelsschrift[5] bildete die Grundlage des reichspolitischen Umgangs mit der Reformation. Luther schlüpfte in die Rolle eines Propheten der deutschen Nation, der die weltlichen Obrigkeiten aufforderte, aufgrund der ihnen von Gott auferlegten Schutzpflichten die Lösung vom Antichristen in Rom zu vollziehen. Der Papst habe den Deutschen das Kaisertum einst nur wegen ihrer Stärke und ihres Ansehens übertragen. Er habe sie lange an der Nase herumgeführt und instrumentalisiert, um durch ihre Macht die ganze Welt unter sein Joch zu bringen. Das deutsche Reichsvolk besitze die Kaiserkrone jedoch kraft eigenen Rechts und Verdienstes. Er, Luther, verkünde die Wahrheit: Nicht der Papst, sondern Gott habe die Kaiserkrone den Deutschen gegeben.[6]

Kurfürst Friedrich der Weise und seine Regierungsräte sorgten diskret dafür, dass Luther mit freiem Geleit zum Wormser Reichstag und vor Karl V. geladen wurde. 1521 schien damit allerdings die Causa Lutheri auch reichsrechtlich beendet: Der Kaiser und die Reichsstände wollten nicht mit ihm disputieren und Luther widerrief nicht. Das Wormser Edikt setzte ihn und seine Anhänger in die Acht, den Stand der Rechtlosigkeit. Nun verhinderte die Mehrebenenstaatlichkeit des Reiches das frühe Ende der Reformation. Luthers Gönner im kursächsischen Regierungsapparat ließen den Reformator als Junker Jörg auf der Wartburg in Sicherheit bringen. Viele weltliche Obrigkeiten reagierten dilatorisch auf das Wormser Edikt, während der reformatorische Druck »von unten« größer wurde.

Das Volk, das Luthers Fahrt nach Worms zum Triumphzug hatte werden lassen, stand hinter ihm – wenigstens bis zum Bauernkrieg 1525. Er selbst beurteilte die reformatorische Massenbewegung jedoch immer kritischer. Aus seiner Sicht gebührte dem weltlichen Regiment alle irdische Gewalt: Die Untertanen müssten gehorchen, sofern sie nicht in ihrem Glauben beeinträchtigt oder zu Sünden aufgerufen würden. Die Obrigkeit sei von Gott gesetzt und nur er dürfe sie richten. Diese Unterwerfungsforderung führte dann zu dem weit überzogenen Aufruf Luthers im Bauernkrieg, die rebellischen Bauern zu töten und wie räudige Hunde zu erschlagen. Luther erklärte Mord zum Gottesdienst und nahm die Obrigkeiten in die Pflicht.[7] Damit übertrug er die Glaubensfrage denjenigen, die mit der Reformation auch macht- und territorialpolitische Ziele verbanden.

Auf Reichsebene hatte sich die Situation 1523 erstmals zugespitzt, als Nürnberg, Straßburg und Augsburg wegen reformatorischer Umtriebe ins Visier des Kaiserhofs geraten waren. Auf dem Nürnberger Reichstag 1524 erklärten die Städteboten, das Evangelium nicht länger unterdrücken zu können. Sie lehnten die das Wormser Edikt einschärfenden Passagen des Reichsabschieds ab – ein erster, wenn auch noch verhaltener Protest. Straßburg und Ulm sondierten wegen eines Städtebündnisses, falls es zum Aufruhr komme und die Städte wegen der Predigt des Evangeliums angegriffen würden.[8]

Dass die Reichsstände das Bündnisrecht besaßen, war unstrittig. Sie hatten es bisher zur Wahrung des Landfriedens genutzt. Nun aber sollte der reichsrechtlich verbotene evangelische Glauben gegen den Willen des katholischen Kaisers und der großen Mehrheit der Reichsstände geschützt werden. Insbesondere die Freien und Reichsstädte lavierten längst zwischen dem reformatorischen Druck ihrer Bürger und den Verboten des Reiches. Sie prüften, ob der vom kaiserlichen Orator 1523 bestätigte Nürnberger Reichsabschied von Karl V. wieder rückgängig gemacht werden dürfe. Damit stellten sie die Verfassungsfrage und die obrigkeitlichen Rechte des Kaisers zur Disposition.

Nach dem Ende des Bauernkriegs diskutierte der Speyrer Reichstag 1526 die Folgen. Dabei kam es zum Eklat. Erzherzog Ferdinand präsentierte das Verbot Karls V., die Glaubensdinge weiter zu erörtern. Über die Verfahrensfrage, ob der Kaiser berechtigt sei, laufende Verhandlungen des Reichstags zu unterbinden, konnten sich die Reichsstände nicht verständigen. Sie formulierten stattdessen einen inhaltlichen Kompromiss, über dessen Tragweite sie sich selbst wohl nicht recht im Klaren waren: Mit dem Glauben sollte es jeder Reichsstand bis zu einem Konzil so halten, wie er es gegen Gott und Kaiser »hofft und vertraut zu verantworten«.[9] Dieser einhellige Reichsschluss hatte drei gravierende Konsequenzen:

1. Die Reichsstände privilegierten ihr Gewissen gegenüber denjenigen aller Gläubigen. Sie bestimmten den Glauben ihrer Untertanen und organisierten das Kirchenwesen in ihren Gebieten.

2. Über die Legalität einzelner Varianten des christlichen Glaubens und ihr Nebeneinander wurde in der politischen Arena entschieden. Der Religionszwiespalt war politisch verhandelbar geworden.

3. Die Reichsstände formulierten diesen Beschluss ohne den Kaiser. Die evangelisch werdenden Stände verhandelten deswegen schon 1526 über Glaubensbündnisse.

Während die Sondierungen der großen oberdeutschen Reichsstädte mit Hessen ergebnislos blieben, schlossen Landgraf Philipp und Kurfürst Johann von Sachsen bereits am 2. Mai 1526 das Defensivbündnis von Torgau. Es wurde im Juni durch den Beitritt weiterer Fürsten und der gastgebenden Stadt zum Magdeburger Bund erweitert.[10] Reichsrechtlich bewegte sich dies wohl noch im

Rahmen des Üblichen. Gegen Angreifer, also gegen Landfriedensbrecher, durfte man sich gemeinsam wehren, und die Bündnispartner glaubten sich durch den Reichsabschied abgesichert.

Die Speyrer Beschlüsse machten 1526 zum Entscheidungsjahr der obrigkeitlichen Reformation. Nachdem bereits der Nürnberger und der Straßburger Rat die neue Lehre eingeführt hatten, folgten mit Kurfürst Johann von Sachsen und Landgraf Philipp von Hessen zwei mächtige Reichsfürsten. Sie beanspruchten das landesherrliche Kirchenregiment, schlossen Klöster, säkularisierten kirchlichen Besitz und verboten die geistliche Jurisdiktion. Die Reformation wurde zu einer politischen Angelegenheit des weltlichen Regiments. Kanzler Brück und die Wittenberger Juristen waren die Ko-Autoren Philipp Melanchthons beim *Unterricht der Visitatorn*.[11] Die weltlichen Regierungsräte dominierten zudem die kursächsischen Visitationskommissionen.[12]

Während die Reformation auf territorialer Ebene vordrang, markierte die Speyrer Protestation 1529 einen weiteren Meilenstein auf dem Weg zum bikonfessionellen Reichsstaat. Einige der inzwischen evangelischen Stände lehnten den Reichsabschied ab, der das Wormser Edikt neuerlich einschärfte. Sie verwiesen auf ihr Gewissen und auf verfahrensrechtliche Prinzipien: Die einhellige Entscheidung von 1526 könne nicht durch einen Mehrheitsbeschluss aufgehoben werden. Aufgrund ihrer prekären Lage begannen die Protestanten mit neuen Bündnisverhandlungen. Kursachsen, Hessen, Ulm und Straßburg verständigten sich noch in Speyer auf eine erste geheime Einung, die den Kaiser nicht mehr eigens als potentiellen Gegner ausnahm.[13] Dies war neu, aber notwendig und konsequent.

Ob die Reichsstände ein Recht zur Gegenwehr besaßen, war ungeklärt. Doch wenn der Kaiser gegen den evangelischen Glauben mit Gewalt vorging, musste man dann nicht die Untertanen schützen? War diese »Notwehr« legitimer Widerstand oder Rebellion gegen die rechtmäßige, von Gott gesetzte Obrigkeit? Die Antwort entschied über die Zukunft des evangelischen Glaubens. Die Wittenberger Theologen meldeten sich daher noch 1529 zu Wort: Bugenhagen erklärte Widerstand dann für geboten, wenn der Kaiser als die höchste Obrigkeit gegen Gottes Wort verstoße oder vorgehe.[14] Auch Luther forderte den Widerstand der weltlichen Obrigkeiten, sobald das Evangelium bedroht sei. Ansonsten galt für ihn jedoch die unbedingte Pflicht zum Gehorsam.

Der 1530 nach Deutschland zurückgekehrte Karl V. beanspruchte die politische Richtlinienkompetenz auch im Glaubensstreit. Er wollte jedoch vermitteln – wenn auch im katholischen

Sinn. Nun musste geklärt werden, ob der Kaiser den Reichsstaat monarchisch regieren konnte oder ob er in der für die Zukunft des Reichsstaates so wichtigen Glaubensfrage vom Konsens der Reichsstände abhängig war. Besaß der Reichsstaat einen eigenen, vom Kaiser unabhängigen politischen Willen und musste er die in Glaubensfragen abweichende Haltung einer reichsständischen Minderheit dulden?[15] Grundsatzentscheidungen dieser Tragweite hatten Kaiser und Reichsstände bisher gemieden oder pragmatisch überbrückt.

Mit dem über König Franz I. von Frankreich siegreichen, vom Papst in Bologna zum Kaiser gekrönten und nach dem Abzug der Türken kurzfristig auch von diesem Problem befreiten Karl V. war allerdings ein mächtiger Kaiser in den Reichsstaat zurückgekehrt. Nicht nur er betrachtete den einheitlich katholischen Glauben als unabdingbare Vorbedingung einer erfolgreichen Türkenabwehr und seiner universalmonarchischen Ambitionen. Karl V. blieb daher keine Wahl: Als Vogt der abendländischen Christenheit, Beherrscher eines katholischen Weltreichs und Hegemon Europas musste er die deutschen Protestanten so oder so in den Schoß der Alten Kirche und unter seine Herrschergewalt zurückführen. Die evangelischen Reichsstände konnten gehorchen oder rüsten. Zwar ging es »nur« um den Glauben, doch in diesem Konflikt wurde über die Position des Kaisers im Reichsstaat und über die Reichsverfassung entschieden.

SCHMALKALDISCHER BUND UND FÜRSTENREBELLION

Auf der Versammlung protestantischer Reichsstände in Schmalkalden präsentierten sächsische und hessische Juristen 1530 die rechtlichen Deduktionen, die der obrigkeitlichen Gewalt des Kaisers Grenzen setzten. Mit ihrem die freiheitlich-altrepublikanische Argumentation aufgreifenden Gutachten überrumpelten sie die Wittenberger Theologen. Diese hatten auf dem Gehorsamsgebot der Bibel beharrt und Kurfürst Johann von Sachsen wollte ohne ihre Billigung keinem Bündnis zur Gegenwehr zustimmen. Um die bisherigen Annahmen über die Rolle des Kaisers im Reich aus den Angeln zu heben, konzentrierten sich die Juristen auf drei Argumentationsstränge:

1. Kaiserliche Befehle, die sich gegen Gottes Ordnung und das Evangelium richten, sind per se nichtig.

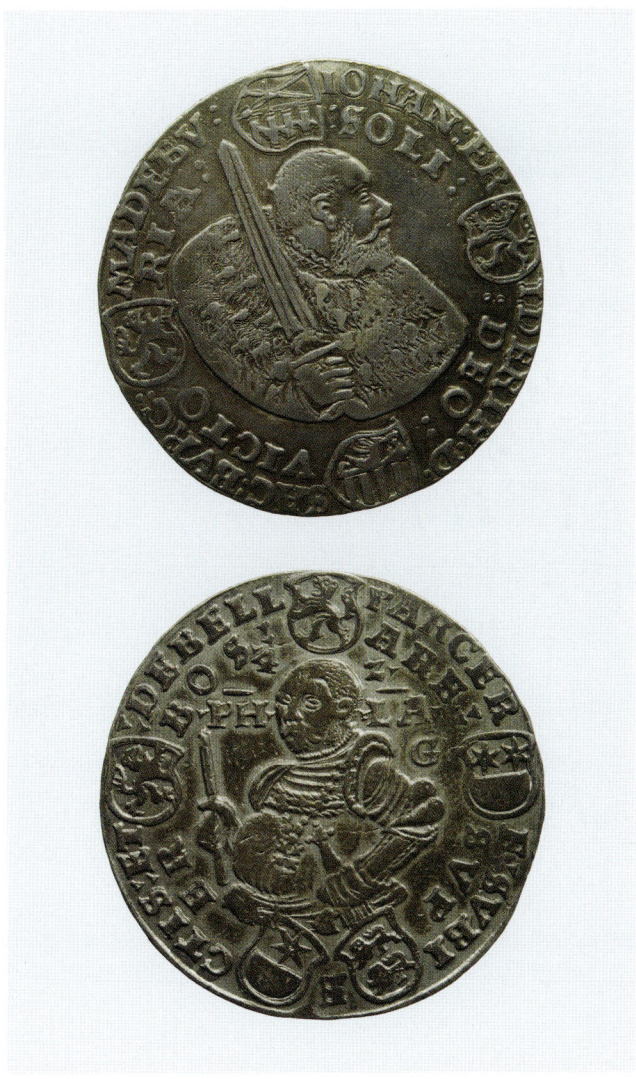

Abb. 3 | Taler auf das Schmalkaldische Bündnis, Avers: Johann Friedrich, Revers: Philipp von Hessen, Gregor Einkorn, Sachsen 1542, Silber geprägt, D 38,3 mm, 28,55 g, Staatliche Kunstsammlungen Dresden, Münzkabinett, Inv.-Nr. 2011/130

2. Obrigkeiten müssen ihre Untertanen unter allen Umständen vor unbilliger Gewalt schützen.
3. Der gewählte Kaiser verfügt im Reich deutscher Nation nur über eine »gemessen gewalt«. Er ist an Verträge gebunden, hat aber die von ihm beschworenen Vereinbarungen gröblich verletzt und sich damit selbst seiner Macht entsetzt. Auch den Reichsständen wurde das Schwert von Gott gegeben. Sie regieren mit »und ist der Kaiser kein monarcha«.[16]

Vor allem das dritte Argument war in dieser Schärfe und Präzision neu und letztlich entscheidend. Nicht der Kaiser formierte demnach den Reichsstaat, sondern er wurde durch die Kurfürsten gewählt, war von deren und dem Willen der Reichsstände als selbstständigen Obrigkeiten abhängig und insofern lediglich ein Primus inter Pares. Der Widerstand gegen einen pflichtvergessenen Kaiser war ein Krieg für, nicht gegen das Reich.

Luther und die Theologen kapitulierten: »Denn das wir bisher geleret, stracks nicht widderzustehen der oberkeit, haben wir nicht gewust, das solchs der oberkeit rechte selbs gegen, welchen wir doch allenthalben zu gehorchen vleissig geleret haben.«[17] Ihr Rückzug schien mit einer gewissen Erleichterung verbunden. Die Theologen überließen den Juristen die Verantwortung. Immerhin hatte Luther sich schon 1520 neben dem Kaiser auch an den christlichen Adel als Mitobrigkeit gewandt und er hatte die weltlichen Reichsstände zur geordneten Einführung der Reformation aufgerufen. So ganz überraschend können für ihn und seine Wittenberger Mitstreiter die staatsrechtlichen Deduktionen nicht gewesen sein. Sie boten jedenfalls einen willkommenen Ausweg aus dem Dilemma, das Evangelium zu verteidigen, ohne das Gehorsamsgebot der Bibel infrage zu stellen.

Der Schmalkaldische Bund und seine Verfassung zur Gegenwehr sind oft behandelt worden.[18] Verteidigt werden sollte der evangelische Glauben. Das Bündnis fokussierte jedoch die reichspolitische Opposition gegen die universalmonarchischen und spanischen Interessen Karls V. Es wurde immer tiefer in die Reichspolitik hineingezogen, denn der eigene Kaiser war sein potentieller Gegner. Dies führte zu internen Konflikten, hatte aber auch die Konsequenz, dass die zum Bund gehörenden und bisher eher reichsfernen Fürsten Niederdeutschlands sukzessive in den Reichsstaat integriert wurden.

Der Kaiser als Feind gewichtiger Reichsstände bewirkte mithin die »mutacionem imperii«, die Ansbacher Theologen bereits während der Bündnisplanungen prognostiziert hatten.[19] Ein innerer Krieg gegen den eigenen Kaiser setzte voraus, dass dieser seine Kompetenzen wirklich überschritten hatte. Bisher hatten allenfalls die Kurfürsten über einen Kaiser gerichtet. Im Kurkolleg gab es aber keine Mehrheit gegen Karl V. Den Protestanten blieb deswegen nichts anderes übrig, als ihre Verfassungsinterpretation mit immer neuen Argumenten zu untermauern. Die von den Humanisten gegen Rom und die Welschen propagierte »deutsche Freiheit« kam ihnen gerade recht. Ulrich von Hutten hatte Arminius um 1520 zum ersten deutschen Freiheitshelden stilisiert und betont, dass die Deutschen nie von einer fremden Nation vollständig erobert worden seien. Die »germanisch-deutsche« Freiheitskontinuität wurde schnell zum kulturellen Muster und nun auch zum politischen Argument. Im Umfeld des Schmalkaldischen Bundes deuteten vor allem einige Melanchthon-Schüler die staatsrechtliche Beschränkung der kaiserlichen Macht als Folge der germanischen Freiheit und akzentuierten die Selbst- und Mitregierung der Reichsstände als verfassungsrechtliche Leitvorstellung einer spezifisch deutschen Libertät oder Freiheit.[20]

Kurfürst Johann von Sachsen lehnte an der Jahreswende 1530/31 die römische Königswahl Ferdinands I. als Einstieg in eine habsburgische Erbmonarchie ab. Der evangelische Landgraf von Hessen und der katholische Herzog von Bayern schlossen sich ihm an. Im Oktober 1531 verabredeten sie das Saalfelder Bündnis, weil die römische Königswahl »der gulden Bullen zuwider, [...] auch zu ewigem und beschwerlichen Einbruch und verlezigung teutscher freiheit reichen wurde«.[21] Ferdinand musste später für seine Anerkennung als römischer König Zugeständnisse in der Württembergfrage machen. Der Herzog von Bayern war im Übrigen der katholische Reichsstand, der ähnlich den Protestanten, wenn auch nur in weltlichen Dingen, die deutsche Freiheit als politische Mitbestimmung gegen den Kaiser vertrat.

Die deutsche Freiheit erscheint jedenfalls bereits um die Mitte des 16. Jahrhunderts als neue Leitvorstellung der Reichsverfassung: Die Verteidigung des evangelischen Glaubens und einer nichtmonarchischen Regierung des Reichsstaats gingen Hand in Hand. Der Schmalkaldische Bund spielte dabei eine Schlüsselrolle. Zwar verhinderte nicht er allein das Entstehen einer zentralen dynastischen Monarchie in Deutschland,[22] doch seine militärische Gegenmacht blockierte Karl V. Rhetorisch ließen sich die Sicherung des evangelischen Glaubens, die Formierung protestantischer Fürstenstaaten und das Entstehen eines auf die deutschen Belange des Reiches bezogenen fürstlichen Selbstverständnisses problemlos als Folgen der deutschen Freiheit deuten. Das freie Reich der Fürsten hatte mit den (universal-)monarchischen Reichsideen Karls V. nur noch wenig gemein.

In der 1546 publizierten kaiserlichen Acht gegen die beiden Bundeshauptleute sah man die Dinge natürlich anders. Karl V. beschuldigte sie des Ungehorsams. Er wollte einen inneren Krieg gegen Rebellen und keinen Religionskrieg führen.[23] In ihrer Erwiderung warfen die Bundeshauptleute dem Kaiser jedoch offen vor, er beabsichtige, nicht nur den wahren Glauben zu unterdrücken, sondern auch »ain Hispanische Servitut« aufzurichten.[24]

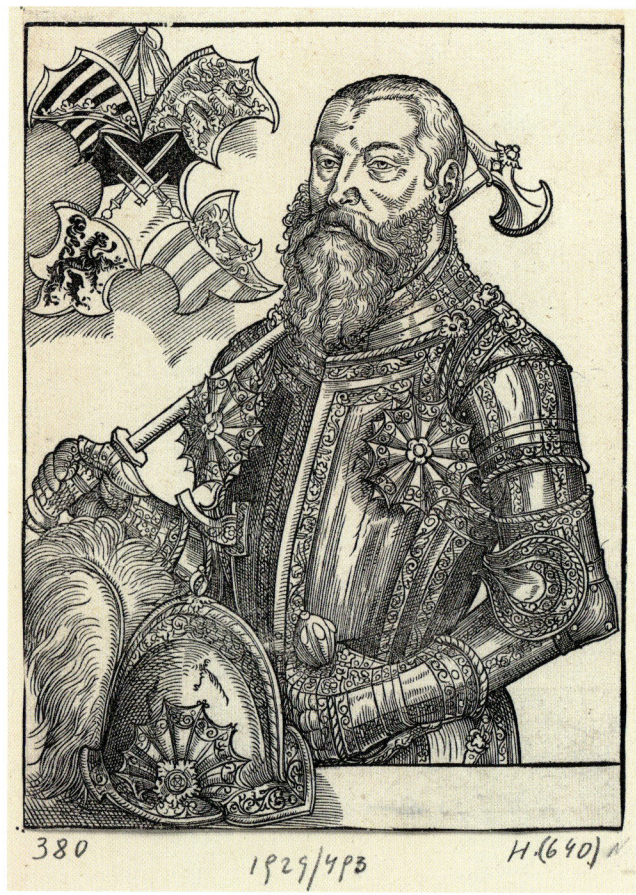

Abb. 4 | Kurfürst Moritz von Sachsen, Lucas Cranach d. J., um 1550, Holzschnitt, 18 × 13,5 cm, Grafische Sammlung Albertina Wien, Inv.-Nr. DG 1929_493

Der Krieg gelte der »Freyheit Teutscher Nation«.[25] Karl V. sei – so der Absagebrief der Bundesstände – kein Anlass gegeben worden, »unsere religion zu vordrucken und deuczsche nation in iren spanischen, burgundischen und osterreichischen gewaldt zu bringen«. Gegenwehr sei nötig, weil der Kaiser seine Pflichten verletze, »dardurch dann wir berurter pflichte [...] frei worden sein«.[26]

Die schmalkaldischen Bundesstände kämpften aus ihrer Sicht gegen einen despotisch regierenden Kaiser, der sie zu Untertanen machen und zudem ihren Glauben unterdrücken wollte. In der entscheidenden Schlacht bei Mühlberg siegte 1547 jedoch Karl V., und die beiden Bundeshauptleute gerieten in Gefangenschaft. Die Härte gegen seine besiegten Gegner und die ständigen Machtdemonstrationen des Kaisers erregten großen Argwohn. Bereits im Vorfeld des sogenannten Geharnischten Augsburger Reichstags 1547/48 formierte sich reichsständischer Widerstand. Der kaiserliche Doppelbund,[27] das Herzstück seiner monarchischen Pläne, kam nicht zustande, das Interim galt nur für die Protestanten, und die Frage der weiteren Nachfolge im Kaisertum blieb ungeklärt. Karl V. überzog dennoch auch weiterhin seine Position, als er seine auf spanische Soldaten gestützte Macht offen zur Schau stellte und sich als derjenige inszenieren ließ, der den Widerstand der Deutschen gebrochen hatte.

Ausgerechnet der lutherische, machiavellistisch handelnde und von seinen Gegnern wegen seines kriegerischen Einfalls in Kursachsen als »Judas von Meißen« verunglimpfte neue Kurfürst Moritz von Sachsen brachte die Wende.[28] Beliebt war er nicht einmal in seinem eigenen Land und dennoch rangiert er in der protestantischen Heldengalerie weit oben, denn ohne seinen Frontenwechsel gäbe es vielleicht kein deutsches Luthertum mehr.

Zwischen 1546 und 1555 entschied sich jedenfalls die Zukunft des evangelischen Glaubens und des Reichsstaates. Initiator der letztlich erfolgreichen Gegenwehr war nicht Kurfürst Moritz, sondern Markgraf Johann von Brandenburg-Küstrin. Er schloss im Februar 1550 mit Albrecht von Preußen und Johann Albrecht von Mecklenburg den Königsberger Bund zum Schutz des lutherischen Glaubens gegen das kaiserliche Interim.[29] Kurfürst Moritz musste daraufhin die Seiten wechseln, um seinen Führungsanspruch im evangelischen Deutschland nicht zu verlieren. Er verhandelte seit Mitte des Jahres 1550 mit König Heinrich II. von Frankreich über ein gemeinsames Vorgehen gegen Karl V., der das Wohl und die Freiheit des deutschen Vaterlandes bedrohe.[30] Der nichts ahnende Kaiser übertrug Moritz unterdessen die Exekution gegen die renitente Stadt Magdeburg und stellte ihm monatlich 60 000 Gulden zur Verfügung.[31]

Moritz agierte vorsichtig. Um nicht »gefressen« zu werden – so verriet er den hessischen Räten –, wolle er dem Kaiser notfalls in den »hindersten krichen«.[32] Zur Belagerung Magdeburgs bediente er sich vor allem der Truppen, die Herzog Georg von Mecklenburg vor die Stadt geführt hatte. Ende des Jahres plante der Königsberger Bund, Magdeburg zu entsetzen. Der Küstriner Markgraf warb Söldner im Stift Verden, die Moritz jedoch für sich gewann. Dem düpierten Markgrafen versicherte der Kurfürst am 20. Februar 1551, sich zur Erhaltung der »waren cristlichen religion und […] des vaterlandes freiheit […] in ein cristenlich defensiff buntnis einlassen und begeben« zu wollen.[33]

Mit der am 22. Mai verfassten Torgauer Erklärung formierte sich der erfolgreiche Widerstand gegen Karl V. unter Führung des Kurfürsten Moritz. Ziel war die reichsrechtliche Duldung der *Confessio Augustana* und die Befreiung Landgraf Philipps aus kaiserlicher Haft. Die territoriale Integrität seines Kurfürstentums ließ sich Moritz eigens bestätigen.[34] Im Vertrag mit Heinrich II. von Frankreich vom 15. Januar 1552 heißt es, Karl V. habe versucht, »unsers hochgelibten Vatterlands der teutschen Nation, von Iren alten Liberteten und freiheiten, zu einem solchen Viehischen untreglichen und ewigen Seruitut, wie In hispania und sonsten gesehen« zu zwingen. Das Bündnis diene dazu, »das beschwerlich Joch des vorgestelten Vihisch seruituts von vns [zu] werffen, Vnnd die alte libertet und freiheit, vnsers gelibten vatterlands der Teutschen Nation« zu retten. Formuliert wird die Freiheit des Reiches, dessen Stände sich einem despotisch regierenden Kaiser nicht länger verpflichtet fühlten. Die Kriegsfürsten versprachen nun sogar, Heinrich II. oder einen ihm genehmen Kandidaten bei der nächsten Kaiserwahl zu unterstützen.[35]

Der französische Gesandte betonte im Februar 1552, sein König kämpfe für die deutsche Freiheit. Der allerchristlichste König wollte natürlich keinen Religionskrieg, bei dem er auf der falschen Seite gestanden hätte. Um seine politischen Intentionen zu verdeutlichen, sollten Münzen mit den alten Freiheitszeichen, dem Hut als Symbol des guten Regiments und den beiden senkrecht stehenden Dolchen als Zeichen des Kampfes gegen einen Tyrannen, sowie der Umschrift »Libertas contra Caroli quinti Tyrannidem« geprägt werden.[36] Solche Stilisierungen lehnten Kurfürst Moritz und Landgraf Wilhelm von Hessen ab. Sie gestatteten jedoch den Druck von 1 500 Ausschreiben und 2 000 Salvaguardien mit dem französischen Wappen und der Erklärung: »Vindex libertatis Germaniae et principum captiuorum«.[37] 1552 erschien dann aber doch eine in verschiedenen Varianten gedruckte Flugschrift mit dem Titel: »Libertas. Sendschrifft der koniglichen Maiestat zu Franckreich / etc. An die Chur und Fürsten / Stende und Stett des Heiligen Romischen Reichs / Teudscher Nation […]«. Wenigstens in einer Fassung finden sich dort auch der Hut und die beiden Dolche. Der Text behauptet, eine Erbmonarchie des Hauses Österreich bedeute den »ewigem verlust / Teudscher Nation freiheit«.[38] Kurfürst Moritz verfocht – wie er seiner Frau im April aus Linz schrieb – die gleichen Ziele: Die Augsburger Konfessionsverwandten müssten bei ihrer Religion bleiben und »wir deutzen bei unsern alte lobligen freiheit gelassen vnd nit den paffen und den spanniern vnder den fussen ligen durffen«.[39]

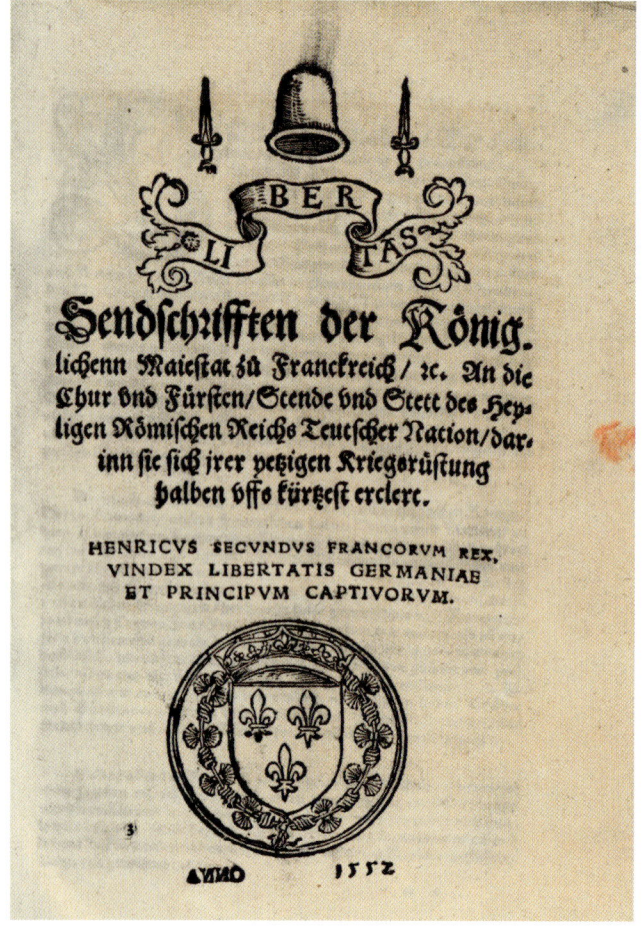

Abb. 5 | Libertas Sendschrifften der Königlichenn Maiestat zu Franckreich etc.
An die Chur vnd Fürsten Stende vnd Stett des Heyligen Römischen Reichs
Teutscher Nation darinn sie sich jrer yetzigen Kriegsrüstung halben vffs kürtzest
erclert, [Marburg: Kolbe] 1552, Bayerische Staatsbibliothek München,
Sign. 10796853 2 Germ.g. 35, Beibd. 2

Der Frontenwechsel des Kurfürsten hatte Karl V. überrascht. Moritz gab wenig auf Treu und Glauben. Er verriet mit seinem Zug gegen Magdeburg nicht nur erneut den evangelischen Glauben, sondern auch das Reich, als er dem französischen König Metz, Toul und Verdun überließ, dann den Kaiser, als er sich gegen ihn wandte, und schließlich Heinrich II. von Frankreich, dem er entgegen der Absprache den Weg zum Kaiserthron nicht ebnete.

Das Heer der protestantischen Fürsten zog nahezu unbedrängt bis nach Tirol und zwang den Kaiser zum Rückzug über die Alpen. Auf seiner Flucht ließ Karl V. in Stuttgart und München verlauten, dass sich in der deutschen Nation wohl niemand »wider sein

aigen vatterland, und also wider sich selbs« von den Fürsten verführen lassen werde. Der König von Frankreich halte seine Untertanen in viehischer Servitut, während er, Karl V., nur der »loblichen Teitschen nation [...] libertet und freiheit« suche.[40]

Doch der Kaiser war den Deutschen fremd geworden. Die zweite Phase des deutschen Freiheitskriegs endete undramatisch. Der Fürstenbund befreite den Reichsstaat aus den monarchischen Fängen Karls V. und rettete den lutherischen Glauben. Die siegreiche Fürstenrebellion gegen den eigenen Kaiser rehabilitierte Kurfürst Moritz im evangelischen Lager. Die während der Passauer Verhandlungen präsentierten Gravamina erinnerten auch an die verfassungsrechtlichen Komponenten: »Nach dem das Heilig Reich Teutscher Nation / ein frey Reich ist / das keiner andern Nation unterworffen, sondern dan auß seinen eigenen Gliedern / durch frey ordentliche Wahl der Churfürsten / ihme selbsten / und der gantzen Christenheit / ein weltlich haupt zu kiesen hat / welches Haupt gleichwol in Sachen dasselb Reich belangend [...] mit Willen / Wissen und raht der Stände [...] regieren soll.«[41]

Das Konzept eines freien Reiches hatte sich gegen die monarchischen Pläne Karls V. behauptet. Der Passauer Vertrag bestätigte die deutsche Libertät und die reichsrechtliche Legitimation des lutherischen Glaubens. Beides wurde nach zähen Verhandlungen 1555 festgeschrieben.[42] Das neue reichsstaatliche Ordnungsgefüge des Augsburger Religionsfriedens bildete den konstitutionellen Schlussstein der Reformationszeit: Die Reichsstände kontrollierten den Kaiser und regierten mit ihm den Reichsstaat. Gleichzeitig gewann der Fürstenstaat eine neue Basis, denn mit dem den Reichsständen offiziell zustehenden »ius reformandi« musste geklärt werden, wer wo die Religion bestimmen durfte beziehungsweise wer wessen Untertan war. Die Grenzen und die obrigkeitlichen Rechte wurden nun auch dort eindeutig, wo es bisher ungeklärte Verhältnisse und breite Übergangszonen gegeben hatte.

Das reichische Mehrebenengefüge komplementärer Staatlichkeit besaß seit 1555 die Verfassungsstrukturen, die bis 1806 galten. Die reichische Fürstenrepublik mit monarchischer Spitze war faktisch ein freies Gemeinwesen. Johann Heinrich Zedler betonte in seinem Universal-Lexicon des 18. Jahrhunderts, dass die Reichsstände »Partes principales und Mitinteressenten an dem Statu & forma Regiminis« seien. Ohne ihre Billigung dürfe auf den Reichstagen nichts geschehen, »woraus, wenn auch sonsten an nichts anders die teutsche Freiheit

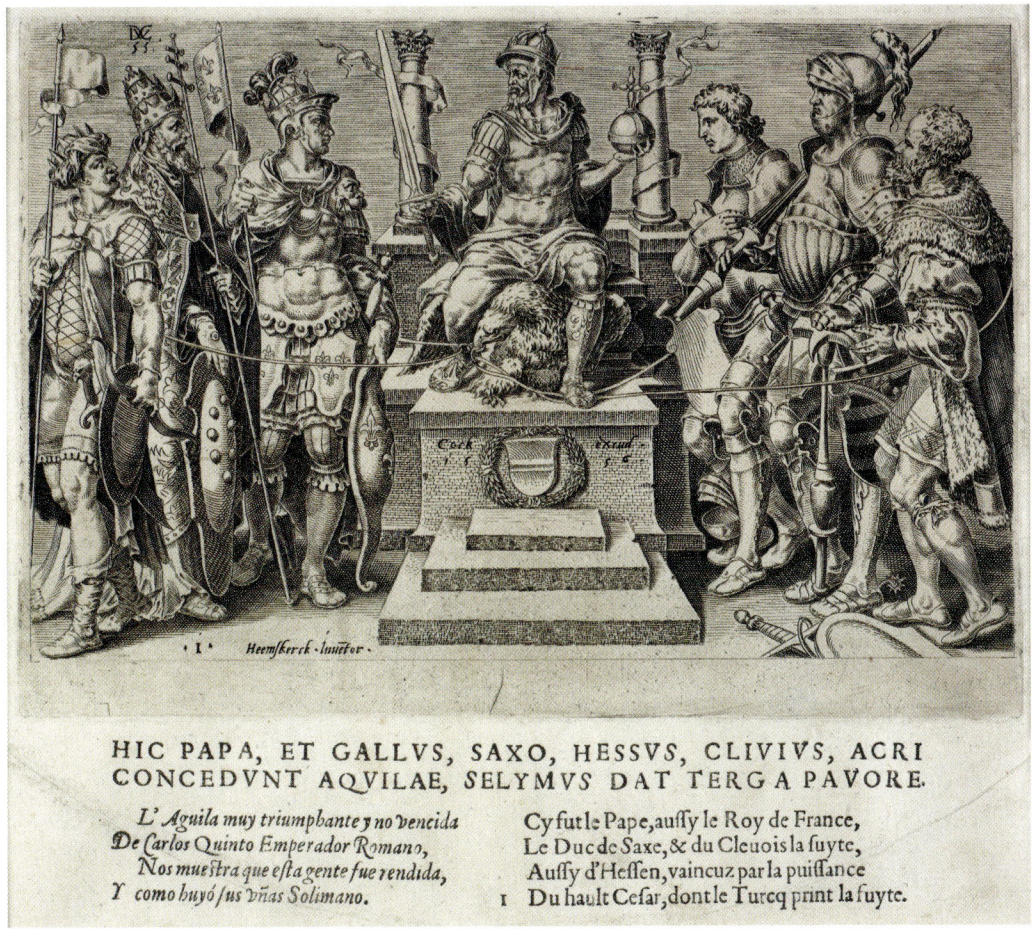

HIC PAPA, ET GALLVS, SAXO, HESSVS, CLIVIVS, ACRI
CONCEDVNT AQVILAE, SELYMVS DAT TERGA PAVORE.

L' Aquila muy triumphante y no vencida   Cy fut le Pape, auſſy le Roy de France,
De Carlos Quinto Emperador Romano,   Le Duc de Saxe, & du Cleuois la ſuyte,
Nos mueſtra que eſta gente fue rendida,   Auſſy d'Heſſen, vaincuz par la puiſſance
Y como huyó ſus vñas Solimano.   I   Du hault Ceſar, dont le Turcq print la fuyte.

Abb. 6 | Volckertszoon Coornhert nach Maarten van Heemskerck, Kaiser Karl V.
zwischen seinen besiegten Widersachern, Blatt 1 aus: Hieronymus Cock, Divi Caroli V.
Imp. Opt. Max. Victoriae [Siege Kaiser Karls V.], Antwerpen 1556, Kupferstich, 15,2 × 22,7 cm,
Staatliche Kunstsammlungen Dresden, Kupferstich-Kabinett, Inv.-Nr. A 35861

und Majestätische Autorität der Reichs-Stände abgenommen und erkennt werden könnte [...] und dahero nicht unfuglich [...] die teutsche Nation ein frey Reich, und billig das freyeste auf der Welt zu nennen.«[43]

Dieser Sprachgebrauch hatte sich allerdings nicht durchgesetzt. Dass die Kaiser gegen diese Deutung ihre monarchischen Prärogativen anführten, versteht sich fast von selbst. Auch viele Reichsstände waren nicht daran interessiert, den Kaiser rhetorisch zu delegitimieren. Deshalb blieb es bei der Formulierung »Kaiser und Reich«, wenn das gemeinsame Regiment im Reichsstaat gemeint war.

KONKORDIENLUTHERTUM UND TORGAUER BÜNDNIS

Nach 1555 wurden die Fragen, wie mit neuen Konfessionsveränderungen umzugehen sei und ob der Religionsfriede neben dem katholischen nur den explizit lutherischen Glauben schütze, zu brisanten reichspolitischen Problemen.[44] Kaiser und katholische Stände gingen davon aus, dass nur die Anhänger der *Confessio Augustana* in ihrer 1530 übergebenen Form unter dem Schutz des Religionsfriedens standen und jede nach 1552 erfolgte Säkularisierung von Kirchengut illegitim war. Die protestantischen Stände forderten dagegen die Freistellung der Religion, um das »ius reformandi« nicht zu entwerten. Dies ließ sich ebenso wenig durchsetzen wie der offizielle Ausschluss der Calvinisten beziehungsweise Reformierten aus dem Schutz des Religionsfriedens, zumal die Reformierten selbst sich der von Melanchthon 1540 reformulierten *Confessio Augustana variata* zurechneten.

Um ihre lutherischen Grundlagen zu betonen, unterzeichnete die Mehrheit der Augsburger Konfessionsverwandten 1577 die Konkordienformel. Dieser auf dem Wortlaut Luthers beharrenden konfessionellen Ausrichtung schlossen sich aber nicht alle lutherischen Reichsstände an. Die Könige von Dänemark und Schweden verweigerten sich ebenso wie die Lutheraner in anderen Ländern. Das Konkordienwerk spaltete. Seinen Anhängern ging es nicht nur um ein eindeutiges Bekenntnis, sondern auch um die Wahrung des Religionsfriedens. Sie gaben sich mit dem in Deutschland erreichten Status quo zufrieden und engagierten sich im Unterschied zu den reformierten Reichsständen nicht in den westeuropäischen Glaubenskämpfen.

Die politisch spürbar dynamischer agierenden Reformierten schienen um 1590 die Oberhand auch im evangelischen Reich zu gewinnen. Kurfürst Christian, der Nachfolger Augusts von Sachsen, tendierte offen zum Pfälzer Reformiertentum und zur Bündnispolitik Johann Casimirs. 1590 verständigten sich diese beiden Kurfürsten mit Johann Georg von Brandenburg auf einen geharnischten Protest bei Kaiser Rudolf II. und auf einen Fürstentag, der über ein neues Glaubensbündnis beschließen sollte. Die Torgauer Versammlung im Februar 1591 war ziemlich gut besucht und einigte sich vergleichsweise problemlos darauf, König Heinrich IV. von Frankreich mit rund 14 000 Soldaten unter der Führung des jungen Herzogs Christian von Anhalt zu Hilfe zu kommen. Diese Armee war im Spätsommer einsatzbereit. Heinrich IV. hatte im Gegenzug zugesagt, die deutschen Protestanten mit 8 000 Söldnern drei Monate lange auf eigene Kosten zu unterstützen, falls sie angegriffen würden.[45]

Schwieriger als diese Hilfszusage gestaltete sich der Abschluss eines deutschen Glaubensbündnisses. Einige Lutheraner misstrauten den Calvinisten und wollten nicht für deren Politik haftbar gemacht werden. Doch auch die lutherischen Reichsstände fürchteten, dass der Kaiser aus religiösen Motiven in ihre Rechte und Ansprüche eingreifen könne – beispielsweise im Fall des bevorstehenden Jülich-Kleve-Erbes. Auch sie wollten gerüstet sein, falls Rudolf II. die Katholiken bevorzugen werde. Doch längst nicht alle Protestanten stimmten diesem Minimalkonsens eines strikten De-

fensivbündnisses zu. Die Gelder reichten deswegen auch bei Weitem nicht aus, um die für notwendig erachtete Truppe von 18 000 Mann zu finanzieren. Im August 1591 hatten jedoch bis auf Neuburg, Württemberg und Braunschweig-Wolfenbüttel alle in Torgau vertretenen Fürsten die Bundesakte ratifiziert.

Dieser hoffnungsvolle Ansatz zu einer der Gegenreformation Einhalt gebietenden protestantischen Bündnispolitik scheiterte dennoch, weil innerhalb eines Jahres die drei Hauptprotagonisten starben: Kurfürst Christian von Sachsen, Pfalzgraf Johann Casimir und Landgraf Wilhelm IV. Kursachsen fuhr von nun an einen strikt anticalvinistischen Kurs und wich selbst während des Dreißigjährigen Krieges kaum von der Seite des Kaisers.[46] Die lutherischen Reichsstände waren saturiert und konnten sich auch angesichts der spanischen Übergriffe auf das Reichsgebiet 1598/99 nicht auf ein Bündnis verständigen.[47] Dies änderte sich erst 1608 mit der Union, die aber offiziell nur dazu dienen sollte, die Reichsverfassung zu retten: Wer gegen den Landfrieden verstoße, müsse »mit notwendiger und erlaubter defension« bekämpft werden. Dies diene der »erhaltung Fridens und Einigkeit im Reich«, denn dadurch werde »Teutscher Chur-Fürsten und Stendt freyheit und hochheit« bewahrt.[48]

Dass die evangelischen Glaubensbündnisse um und nach 1600 nicht mehr den eigenen Glauben verteidigen mussten, sondern die Reichsverfassung bewahren sollten, zeigt, wie sehr diese inzwischen auch von den Protestanten geschätzt wurde. Ein funktionierender Reichsstaat schien die beste Option für Frieden und Sicherheit. Das Mehrebenengefüge des Reichsstaates geriet allerdings um 1600 aus den Fugen, weil die politische Steuerung versagte. Die konfessionellen Hassprediger und die politischen Scharfmacher waren auf beiden Seiten auf dem Vormarsch, diejenigen, die die verfassungsrechtlich abgesicherten Glaubensgarantien nicht gegen die Ungewissheit eines Glaubenskriegs eintauschen wollten, auf dem Rückzug. Erst der Westfälische Friede restituierte 1648 dann die Verhältnisse, die einem freien Reich recht nahe kamen.

FAZIT

Die Reichsstände regierten mit dem Kaiser den Reichsstaat. Die Protestanten hatten die in Worms 1495 neu justierte Reichsverfassung genutzt, um dem Kaiser Grenzen zu markieren. Auch starke Herrscher wie Karl V. oder Ferdinand II. konnten dauerhaft keine monarchische Gewalt etablieren. Auf ihrem langen Weg durch Europa hat die Freiheit um das frühneuzeitliche Deutschland keinen

Bogen gemacht, weil die Glaubensbündnisse nicht nur die Reformation retteten, sondern auch das nicht monarchisch regierte Reich schufen. Die dem Gefüge komplementärer Mehrebenenstaatlichkeit inhärenten Freiräume dienten auch den Untertanen. Darin und in der gelungenen Integration auch antagonistischer Gegensätze wie dem leidlichen Nebeneinander von Protestanten und Katholiken liegt die fortdauernde Bedeutung des Alten Reiches. Der freie, vielgestaltige, seine Nachbarn nicht bedrohende und strukturell nicht angriffsfähige, pränationalstaatliche Reichsstaat bietet daher einen Erfahrungsraum, der dem postnationalstaatlichen Europa als historischer Horizont dienlich sein könnte.

ANMERKUNGEN

1 Schreiben vom 14. 9. 1539 an die Kurfürsten Ludwig von der Pfalz und Joachim von Brandenburg, in: Friedrich Hortleder, Der römischen Keyser- und königlichen Meiestete [...] Handlungen und Ausschreiben [...] Von Rechtmäßigkeit/Anfang/Fort- und Ausgang des Teutschen Krieges [...], Gotha ²1645, Buch 4, S. 954. **2** Vgl. zum Folgenden Georg Schmidt, Geschichte des Alten Reiches. Staat und Nation in der Frühen Neuzeit 1495–1806, München 1999; sowie ders., Luther und die Freiheit seiner »lieben Deutschen«, in: Der Reformator Martin Luther, hrsg. von Heinz Schilling, München 2014, S. 173–194. **3** Vgl. Martin Luther, De captivatate babylonica ecclesiae, Wittenberg: Melchior Lotter d. J. 1520 (WA 6, S. 484–573); Martin Luther, Von der Freyheyt eynisz Christenmenschen, Wittenberg: Rhau-Grunenberg 1520 (WA 7, S. 12–38). **4** Vgl. dagegen Heinz Schilling, Martin Luther. Rebell in einer Zeit des Umbruchs. Eine Biographie, München 2012. **5** Vgl. Martin Luther, An den Christlichenn Adel deutscher Nation: von des Christlichen standes besserung, Wittenberg: Melchior Lotter d. J. 1520 (WA 6, S. 381–469) **6** Vgl. Thomas Kaufmann, An den christlichen Adel deutscher Nation von des christlichen Standes Besserung, Tübingen 2014, besonders S. 211, S. 475 und 472. **7** Vgl. Friedrich Wilhelm Graf, Mord als Gottesdienst, in: Frankfurter Allgemeine Zeitung vom 7. 8. 2014, S. 9; vgl. auch Georg Schmidt, Deutsche Freiheit und konfessionelle Parität im Alten Reich, demnächst in: Staat in Deutschland und Evangelische Kirche, hrsg. von der staatlichen Geschäftsstelle »Luther 2017«. **8** Vgl. ders., Der Städtetag in der Reichsverfassung. Eine Untersuchung zur korporativen Politik der Freien und Reichsstädte in der ersten Hälfte des 16. Jahrhunderts, Stuttgart 1984, S. 485. **9** Neue und vollständigere Sammlung der Reichsabschiede [...], Teil 2, hrsg. von Heinrich Christian von Senckenberg, Frankfurt a. M. 1747, S. 274; vgl. Armin Kohnle, Reichstag und Reformation. Kaiserliche und ständische Religionspolitik von den Anfängen der Causa Lutheri bis zum Nürnberger Religionsfrieden, Gütersloh 2001, bes. S. 260–271. **10** Vgl. Ekkehart Fabian, Die Entstehung des Schmalkaldischen Bundes und seiner Verfassung 1524/29–1531/35, Tübingen ²1962, S. 27f. **11** Philipp Melanchthon/Martin Luther, Unterricht der Visitatorn an die Pfarhern ym Kurfurstenthum zu Sachssen, Wittenberg: Nickel Schirlentz 1528 (VD16 M 2600). **12** Vgl. das Projekt der Deutschen Forschungsgemeinschaft von Joachim Bauer und Stefan Michel, »Der Unterricht der Visitatoren« (1528). Entstehung, Bedeutung und Wirkungsgeschichte des ersten normativen Gruppentextes der Wittenberger Reformation. **13** Vgl. Fabian, Entstehung (wie Anm. 10), S. 20f. **14** Vgl. Luise Schorn-Schütte, Politische Kommunikation in der Frühen Neuzeit. Obrigkeitskritik im Alten Reich, in: Geschichte und Gesellschaft 32 (2006), S. 273–314, hier S. 296f. **15** Vgl. Klaus Schlaich, Die Mehrheitsbestimmung im Reichstag zwischen 1495 und 1613, in: Zeitschrift für Historische Forschung 10 (1983), S. 299–340; Winfried Schulze, Majority Decision in the Imperial Diets of the Sixteenth and Seventeenth Century, in: The Journal of Modern History 58 (1986), S. 46–63. **16** Vgl. Anonymes Gutachten, 1530, in: Das Widerstandsrecht als Problem der deutschen Protestanten 1523–1546, hrsg. von Heinz Scheible, Gütersloh ²1982, S. 73–76. **17** Vgl. Anonymes Gutachten

(wie Anm. 16), S. 67. **18** Vgl. Gabriele Haug-Moritz, Der Schmalkaldische Bund 1530–1541/42. Eine Studie zu den genossenschaftlichen Strukturelementen der politischen Ordnung des Heiligen Römischen Reiches Deutscher Nation, Leinfelden-Echterdingen 2002. **19** Vgl. Ansbacher Theologengutachten, 1531, Februar, in: Scheible, Widerstandsrecht (wie Anm. 16), S. 83–88, Zitat S. 85. **20** Vgl. Dietmar Willoweit, Von der alten deutschen Freiheit. Zur verfassungsgeschichtlichen Bedeutung der Tacitus-Rezeption, in: Vom normativen Wandel des Politischen, hrsg. von Erk Volkmar Hyen, Berlin 1984, S. 17–42. **21** Saalfelder Vertrag, 1531, Oktober 24. Zitiert nach Alfred Kohler, Antihabsburgische Politik in der Epoche Karls V. Die reichsständische Opposition gegen die Wahl Ferdinands I. zum römischen König und gegen die Anerkennung seines Königtums (1524–1534), Göttingen 1982, S. 234. **22** Vgl. Thomas A. Brady, Phases and Strategies of the Schmalkaldic League. A Perspective after 450 Years, in: Archiv für Reformationsgeschichte 74 (1983), S. 162–181. **23** Vgl. Hortleder, Handlungen (wie Anm. 1), Teil 2, Frankfurt a. M. 1618, S. 273–278; vgl. zum Folgenden Georg Schmidt, »Teutsche Libertät« oder »Hispanische Servitut«. Deutungsstrategien im Kampf um den evangelischen Glauben und die Reichsverfassung (1546–1552), in: Das Interim 1545–50. Herrschaftskrise und Glaubenskonflikt, hrsg. von Luise Schorn-Schütte, Heidelberg 2005, S. 166–191. **24** Bestendiger, gegründter und warhaffter bericht, auf die unrechtmessige [...] Achts Erklärung, in: Flugschriftensammlung Gustav Freytag, bearbeitet von Paul Hohenemser, Frankfurt a. M. 1925, Nr. 2025. **25** Von Gottes gnaden Johannes Friedrich/Hertzog zu Sachsen/Philipps Landgraf zu Hessen [...] an Hertzog Wilhelm von Bayern, 1546, August 3, in: Hohenemser, Flugschriftensammlung (wie Anm. 24), Nr. 2038; Hortleder, Handlungen (wie Anm. 1), Buch 2, S. 288. **26** Absagebrief, 1546, August 11, in: RTA JR, Bd. 17, S. 567–574, Zitate S. 571 und 573. **27** Vgl. Horst Rabe, Reichsbund und Interim. Die Verfassungs- und Religionspolitik Karls V. und der Reichstag von Augsburg 1547/1548, Köln/Wien 1971; Volker Press, Die Bundespläne Kaiser Karls V. und die Reichsverfassung, in: Das Alte Reich. Ausgewählte Aufsätze von Volker Press, hrsg. von Johannes Kunisch u. a. Berlin 1997, S. 67–127. **28** Vgl. zum Folgenden Georg Schmidt, Der Kampf um Kursachsen, Luthertum und Reichsverfassung (1546–1553) – Ein deutscher Freiheitskrieg? in: Johann Friedrich I. – der lutherische Kurfürst, hrsg. von Volker Leppin u. a. Heidelberg 2006, S. 55–84. **29** Horst Rabe, Deutsche Geschichte 1500–1600. Das Jahrhundert der Glaubensspaltung, München 1991, S. 431f. **30** Vgl. Instruktion, 1550, August 14, in: Politische Korrespondenz des Herzogs und Kurfürsten Moritz von Sachsen, hrsg. von Johannes Herrmann und Günther Wartenberg, Bde. 4 und 5, Berlin 1992–1998, hier Bd. 4, S. 688. **31** Vgl. ebd., Bd. 4, S. 928. **32** Ebd., Bd. 4, S. 913. **33** Ebd., Bd. 5, S. 88. **34** Vgl. Rabe, Geschichte (wie Anm. 29), S. 43f. **35** Vgl. August von Druffel, Beiträge zur Reichsgeschichte, Bd. 3, München 1882, S. 340, 341 und 346. **36** Vgl. Hermann/Wartenberg, Korrespondenz (wie Anm. 30), Bd. 5, S. 617f. **37** Hermann/Wartenberg, Korrespondenz (wie Anm. 30), Bd. 5, S. 625f. **38** Libertas. Sendschrifft, in: Flugschriften des späten 16. Jahrhunderts, hrsg. von Hans-Joachim Köhler, Leiden 1993, Nr. 1114; Hortleder, Handlungen (wie Anm. 1), Buch 1, S. 1009–1013. **39** Hermann/Wartenberg, Korrespondenz (wie Anm. 30), Bd. 5, S. 876. **40** Druffel, Rechtsgeschichte (wie Anm. 35), Bd. 2, Nr.1067, zitiert nach Axel Gotthard, In der Ferne. Die Wahrnehmung des Raums in der Vormoderne, Frankfurt a. M./New York 2007, S. 75 und S. 186f. **41** Zitiert nach Johannes Limnaeus, Capitulationes Imperatorum Et Regnum Romano-Germanorum Caroli V, Ferdinandi I, Maximiliani II, Rudolphi II, Matthiae, Ferdinandi II, Ferdinandi III [...], Argentoratum, Straßburg ³1674, S. 384. **42** Vgl. Axel Gotthard, Der Augsburger Religionsfriede, Münster 2004. **43** Artikel Teutsche Staats-Verfassung, in: Johann Heinrich Zedler, Grosses vollständiges Universal-Lexicon Aller Wissenschafften und Künste [...], Bd. 43, Leipzig/Halle 1745, Spalte 213. **44** Vgl. Irene Dingel, Concordia controversa. Die öffentlichen Diskussionen um das lutherische Konkordienwerk am Ende des 16. Jahrhunderts, Heidelberg 1996; dies., Augsburger Religionsfrieden und »Augsburger Religionsverwandtschaft« – konfessionelle Lesarten, in: Der Augsburger Religionsfrieden 1555, hrsg. von Heinz Schilling und Heribert Smolinsky, Heidelberg 2007, S. 157–176. **45** Vgl. Moriz Ritter, Deutsche Geschichte im Zeitalter der Gegenreformation und des Dreißigjährigen Krieges (1555–1648), Bd. 2, Stuttgart 1895, S. 53f. **46** Ebd., S. 56ff.; Rabe, Geschichte (wie Anm. 29), S. 595ff. **47** Ebd., S. 599. **48** Auhauser Unionsakte, 1608, Mai 4/14, in: Quellen zur Vorgeschichte und zu den Anfängen des Dreißigjährigen Krieges, hrsg. von Gottfried Lorenz, Darmstadt 1991, S. 66–77; vgl. Georg Schmidt, Die Union und das Heilige Römische Reich deutscher Nation, in: Union und Liga 1608/09, hrsg. von Albrecht Ernst und Anton Schindling, Stuttgart 2010, S. 9–28.

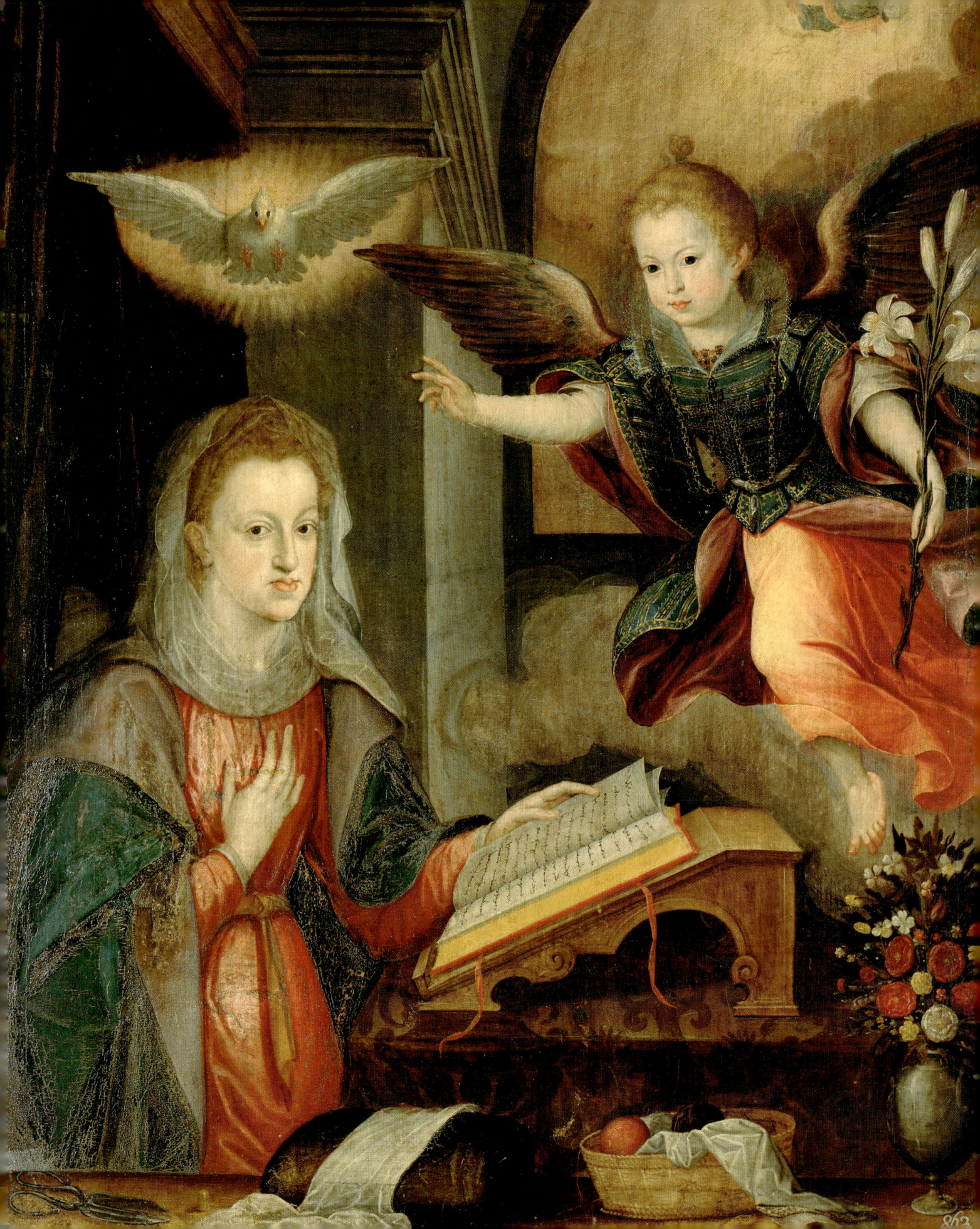

CHRISTIANAE RELIGIONIS PROPUGNATORES

ZUR SAKRALEN REPRÄSENTATION DER HABSBURGER
IM SPÄTEN 16. UND FRÜHEN 17. JAHRHUNDERT

Die besondere religiöse oder sakrale Stellung der habsburgischen Herrscher wurde vor allem in drei Bereichen architektonisch beziehungsweise bildlich zum Ausdruck gebracht. Die Schwierigkeit ist jedoch, zu belegen, dass oder vielmehr inwieweit es sich dabei um bewusste Maßnahmen der Gegenreformation handelt oder nur um ein zufälliges Weiterführen und Wiederaufgreifen spätmittelalterlicher Traditionen.[1] Eine eindeutige Fortsetzung der älteren Formen gibt es vor allem bei den Stiftungen von Habsburger-Glasfenstern in niederländischen Kirchen,[2] und auch die als besonders tridentinisch erscheinende Dreifaltigkeitsverehrung Kaiser Karls V. dürfte schon auf seine religiöse Erziehung in Flandern und sein erstes Stundenbuch zurückgehen.[3]

KLOSTERRESIDENZEN UND EREMITAGEN

Als Kaiser Karl V. 1556 abdankte, zog er sich in das Hieronymitenkloster San Géronimo de Yuste zurück. Bereits 1554 hatte er ein »Modell« (einen Plan?) nach Spanien gesandt, nach welchem der Zubau der Wohnung für den sich nunmehr als Privatperson verstehenden Kaiser errichtet wurde. Während es bei der Gestaltung der Wohnräume zu mehreren Umgestaltungen kam, blieb ein Architekturdetail unverändert: die direkte Öffnung vom Schlafzimmer zum Chor der Kirche, die es Karl V. erlaubte, den Gottesdienst von seiner Wohnung aus mitzuverfolgen. Von seinem Bett aus hatte er den direkten Blick auf den zelebrierenden Priester.[4] Im Gegensatz zur Behauptung von Pizarro Gómez, wonach die Architektur den Rücktritt Karls als »acto sin precedentes« visualisiere, gab es allerdings durchaus Vorstufen im habsburgischen Bereich:

Einerseits besaßen kaiserliche sowie landesfürstliche Gästewohnungen in den Klöstern seit dem Mittelalter eine gewisse rechtliche Verbindlichkeit und existierten um 1500 etwa im Zusammenhang mit den landesfürstlichen Grablegen und Grabmälern von Landespatronen in Stams, Klosterneuburg oder St. Florian.[5] Andererseits ließ schon Karls Großvater Maximilian I. in seiner ehemaligen Residenz in Wiener Neustadt eine Eremitage einrichten, die aus einem Garten sowie einem Häuschen mit Grottenkapelle bestand.[6] Karl V. war diese Praxis seiner Vorfahren sicher bekannt, es gibt aber offenbar keine persönliche Aussage dazu.[7] Erst nachträglich und aus der Perspektive des Escorial hat dessen Prior und Historiker Fray José de Sigüenza in seiner Geschichte des Ordens 1605 geschrieben, dass Karls Frömmigkeit ihn dazu veranlasst hätte, »seine Tage in heiliger Form zu beenden«.[8] Eindeutig, wenn auch in der politischen Aussage ambivalent, ist Karls testamentarische Anordnung vom 9. September 1558, wonach sein Körper unter dem Hochaltar bestattet werden solle und zwar so, dass die Beine unter dem Altartisch, der Oberkörper jedoch unter dem Standort des Priesters zu liegen komme.[9] Hier folgte er direkt dem Vorbild seines Großvaters Maximilian I., der angeordnet hatte, dass der Priester über seinem Herzen stehend die Messe zelebrieren solle.[10] Als indirektes Selbstzeugnis mag die Tatsache gewertet werden, dass der Kaiser in seine letzte Wohnung auch jene zwei Bände des Psalmenkommentars mitgenommen hat, in denen P. Francisco Tilman ihn mit dem biblischen König David

Abb. 1 | Königin Margaretha von Spanien und Infantin Anna als Verkündigungsmaria und Engel, Juan Pantoja de la Cruz, um 1604/05, Öl auf Leinwand, 152 × 115 cm, Kunsthistorisches Museum Wien, Gemäldegalerie, Inv.-Nr. 2516

verglich.[11] Diese Parallelisierung oder Identifikation war umso naheliegender, da auch David zugunsten seines Sohnes Salomon abgedankt hatte. Als eindeutige Aussage kann allerdings das Altarbild gewertet werden, welches der Kaiser während der Verhandlungen um seine Nachfolge 1551 in Augsburg bei Tizian in Auftrag geben hat. 1554 war das unter dem Namen *La Gloria* bekannte Gemälde vollendet und nach Brüssel geliefert worden, von wo es der Herrscher zwei Jahre später nach Yuste mitnahm. Das Altarbild zeigt Karl V., Isabella von Portugal, Philipp II. und vielleicht dessen beide Schwestern vor der heiligen Dreifaltigkeit. Im Unterschied zu traditionellen Votivbildern wird jedoch der in ein Totenhemd gehüllte Kaiser der wundersamen Erscheinung der göttlichen Personen gewahr, da er sowohl von einem Engel darauf hingewiesen als auch durch das »lumen gloriae« hell erleuchtet und von der Personifikation der Ecclesia der Dreifaltigkeit empfohlen wird. Ebenso bedeutsam ist die Tatsache, dass nicht nur der als verstorben ausgewiesene Kaiser und dessen Gattin Isabella vor dem – wie es der Herrscher selbst bezeichnet hat – »juyzio final« erscheinen, sondern auch deren noch lebende Kinder auf den himmlischen Wolken schweben und damit der Erde entrückt oder vielmehr sakralisiert erscheinen.[12] Spätestens bei der Übertragung der Gebeine seiner Eltern in die neue Gruft des Escorial im Jahr 1574 war auch Philipp II. überzeugt, dass seine Eltern »sean en gloria«, also im Himmel, seien.[13]

Karls Rückzug ins Kloster blieb jedoch kein Einzelfall. Nach dem Tod ihres Vaters stiftete seine Tochter Johanna von Österreich, die Witwe des Prinzen von Portugal, 1559 in ihrem Madrider Geburtspalast das Klarissenkloster De las Descalzas Reales, wo sie auch ihren Lebensabend verbringen wollte. Allerdings starb sie vor der Vollendung ihrer Stiftung. Damals wurde ein Teil ihrer ehemaligen Wohnung an der rechten Seite des Hochaltares für die Aufstellung eines Grabmals umgebaut und ebenso wie später im Escorial eine kniende Marmorfigur von Pompeo Leoni aufgestellt.[14] Wenig später als in Madrid wurde das königliche Damenstift in Hall in Tirol gegründet. Die Stifterin, Erzherzogin Magdalena, eine Tochter Kaiser Ferdinands I., war zwar keine Witwe, hatte sich aber freiwillig mit ihren Schwestern Helene und Margarethe nach dem Tod ihres Vaters in diesen privilegierten Konvent zurückgezogen. Kloster und Kirche wurden 1566 bis 1569 von Giovanni Lucchese errichtet.[15] Eine Generation später traten auch zwei Nichten der Stifterin hier ein, die Erzherzoginnen Eleonore und Maria Christina.[16] Unmittelbar nach dem Madrider Vorbild gründete 1581 Elisabeth von Österreich, die Witwe des französi-schen Königs Karl IX., in Wien einen Klarissenkonvent, das »Königinkloster«, wo sie selbst bis zu ihrem Tod im Jahr 1592 lebte.[17]

Die schon in der Gründungsurkunde explizit formulierte Bezugnahme der 1563 bis 1584 errichteten Klosterresidenz San Lorenzo de El Escorial auf den vom gleichen Orden der Augustinereremiten betreuten Alterssitz Karls V.[18] zeigt sich in mehreren Aspekten. Mit der Übertragung der Gebeine seiner Eltern von Yuste in die erste Kirche des Escorial übernahm Philipp II. nicht nur Tizians *Gloria* als Hochaltarbild, sondern auch die Aufstellung der königlichen Särge unterhalb des Hochaltares.[19] Dazu kommt ikonographisch-ideologisch die unter anderem an der Kirchenfassade durch die Statuen der jüdischen Könige veranschaulichte Analogie mit dem auserwählten Volk,[20] trug Philipp II. ja auch den Titel eines Königs von Jerusalem. Sinnvollerweise führte der spanische König auch als Bauherr des neuen Tempel Salomonis[21] die Identifikation seines Vaters mit David fort: »so wie er [= Philipp] den Namen eines zweiten Salomon verdient, weil er dem ersten mit der Errichtung des Tempels nacheiferte, genauso verdient er ihn, weil er das prächtige Grabmal nachahmt, das dieser für David errichtet hat.«[22] Eine deutliche Übereinstimmung zwischen den beiden habsburgischen Klosterresidenzen ergibt sich vor allem durch die räumlich-zeremonielle Inszenierung der Architektur. Philipp II. konnte ebenso wie sein Vater von seinem Bett aus direkt am Gottesdienst der Klosterkirche teilnehmen, und auch im Escorial ermöglichte die Raumsituation dem Herrscher den Blick auf den am Hochaltar zelebrierenden Priester.[23] Noch aussagekräftiger ist jedoch der liturgische Normalzustand: In jüngeren Jahren verfolgten Philipp II. und seine Söhne die Gottesdienste aus dem von seiner Wohnung aus zugänglichen Oratorium der Epistelseite, während die weiblichen Mitglieder der Familie im Oratorium der Evangelienseite Platz nahmen. Zwei Jahre nach dem Tod des Herrschers wurde über dem Oratorium dessen Kniefigur aus Bronze von Pompeo Leoni aufgestellt, wobei Philipp ebenfalls das von Karl V. für Yuste formulierte Konzept von der Ewigen Anbetung der Eucharistie aufgriff.[24] Denn das »Allerheiligste« war nicht nur im Tabernakel (!) der Kirche durch ein durchsichtiges Türchen ständig sichtbar, also sozusagen realpräsent, sondern bestimmte auch die Architektur der gesamten Anlage: Laut Taylor und Schulze mündet die Spitze des gleichschenkeligen Dreiecks der Grundrisskomposition – Sinnbild der Trinität – nämlich im Standort der Hostie.[25] Dies war gleichzeitig ein demonstratives Bekenntnis zur katholischen Reform wie ein Ausdruck der »herencia píssima de la Casa de Austria«.[26] Die Skulptur des vor dem Betschemel knienden Habsburgers verkörperte daher ebenso

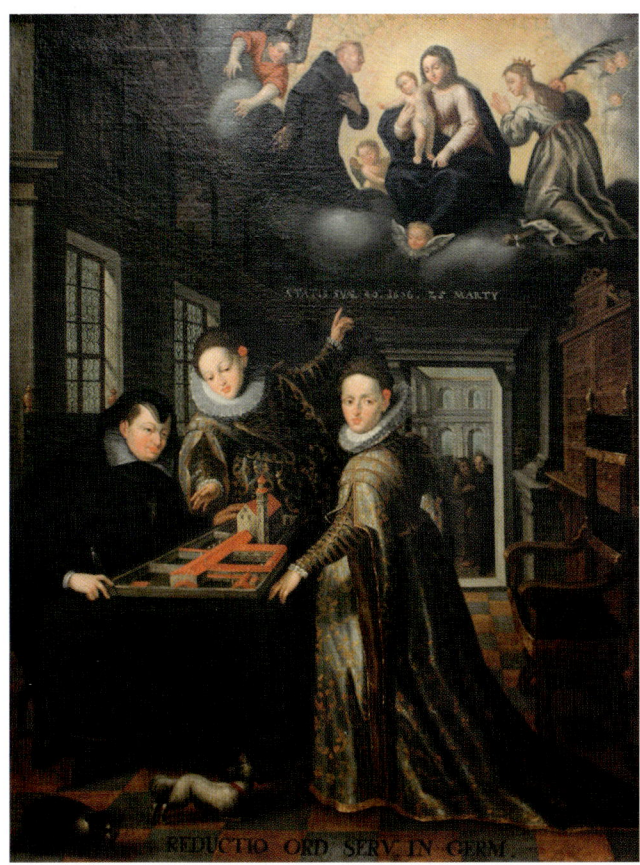

scheint es naheliegend, dass auch die anderen in der zweiten Hälfte des 16. Jahrhunderts von Habsburgern gestifteten Klosterresidenzen nicht nur individuell-soziale Maßnahmen waren, sondern der »Corporate Identity« der Casa de Austria als Speerspitze der Gegenreformation dienen konnten. Als Argument dafür spricht meiner Meinung nach die Tatsache, dass es sich bei den mitteleuropäischen Neugründungen durchweg um Reformorden der katholischen Kirche handelte. So holte Erzherzogin Magdalena 1567 die Jesuiten nach Hall, und die Tiroler Landesfürstin Anna Katharina Gonzaga berief 1593 die ersten Kapuziner über die Alpen nach Innsbruck. Deren Kloster ließ sie durch einen Holzgang mit der landesfürstlichen Residenz verbinden.[29] Seit 1595 Witwe, gründete sie nach dem Männerkonvent 1606 auch einen Nonnenkonvent der Servae Mariae, der mit einem Witwenhaus für Tertiarinnen kombiniert war und ebenfalls in direkter architektonischer Verbindung mit der Residenz stand.[30] Nach einer Legende hat die Fürstin nicht nur den Auftrag dazu von der Gottesmutter erhalten, sondern auch den Bauplan des Gebäudes. Am 25. März 1606 »erscheinete deroselben die gnadenreichste Mutter Gottes mit einem Gold=strahlenden Glanz umgeben / sie also anredend: Nunmehr Anna meine liebste Tochter verlange ich / daß du mir zu Ehren dahier zu Ynnsprugg ein Frauen Closter aufferbauest [...].«[31] Bald darauf zeichnete die Erzherzogin trotz ihrer Unerfahrenheit einen vollständigen Grundriss des zukünftigen Klosters, wobei ihr angeblich die Gottesmutter die Hand geführt hat. Zur Bestätigung dieses Sachverhaltes diente eine weitere Legende. Denn der Maler der Fürstin mit dem sprechenden Namen Johann Hoffingott (Spera in Dio) sah in einem Traum »die glorwürdigiste Himmels=Königin in den Zimmer der Ertz=Hertzogin / da zugleich beede Hochfürstliche Princessinen zugegen waren / allwo er erblickte / was gestalten die Mutter der Göttlichen Gnaden die Hand der Durchleuchtigsten Fürstin / in welcher sie einen Circkel haltete / zur Abzeichnung eines Closter=Gebäuses emsig führete [...]. Der Mahler hierüber erwachend / [...] verfertiget vor sich selbsten solchen gesehenen Abriß gantz eigentlich / [...].« Als Anna Katharina im Zimmer des Malers den Grundriss erblickte und die Traumgeschichte erfuhr, war sie endgültig überzeugt, dass ihr die Gottesmutter beim Zeichnen des Klosterplanes die Hand geführt hatte. Diese Legende ist auch in bildlicher Form überliefert, und ein Gemälde zeigt Anna Katharina Gonzaga mit ihren beiden Töchtern vor dem Modell (!) des Gebäudes, in welches sich die Stifterin und ihre Tochter Maria 1612 auch zurückgezogen haben (Abb. 2).

die Verstetigung der königlichen Andacht wie den Herrschaftskörper des Königs, dessen Leichnam ja in der Gruft unter dem Hochaltar beigesetzt wurde. Über dem Priesterchor prangte analog zu Yuste die Anbetung der Dreifaltigkeit durch alle Heiligen in Form des von Luca Cambiaso 1584/85 geschaffenen Deckenfreskos.[27] Die von Philipp II. persönlich kontrollierte Komposition veranschaulichte die »Communio Sanctorum« sowie das Himmlische Jerusalem und gemeinsam mit den darunter betenden Bronzefiguren analog zu Tizians Gemälde die Hoffnung der hier begrabenen Herrscher auf ewiges Seelenheil – ebenfalls symbolisch-liturgisch zugespitzt im Tabernakel, wo unterhalb der Hostie Medaillen mit dem Portrait Philipps II. hinterlegt waren.[28]

Da Philipp II. im Escorial ein Priesterseminar zur »Bewahrung und Ausweitung des Heiligen Katholischen Glaubens« gründete,

Nur vier Jahre später richtete der Deutschmeister Erzherzog Maximilian III. im Anschluss an das Betzimmer der Stifterin im Kapuzinerkloster eine Eremitage ein, die offensichtlich direkt dem Vorbild Maximilians I. in Wiener Neustadt folgte.[32] Die Innsbrucker Eremitage umfasste auf 120 Quadratmetern elf Räume, darunter einen Betraum mit Blick in die Klosterkirche, eine Chorzelle mit Blick zum Mönchschor der Kapuziner sowie einige Wohnräume, die ebenfalls grottenartig ausgestaltet waren.[33]

Ganz eindeutig ist die kirchenpolitische Stoßrichtung bei Herzogin Maria Anna von Bayern[34] und ihrem Sohn, dem späteren Kaiser Ferdinand II., in Innerösterreich. Die Witwe von Erzherzog Karl II., dem Cousin von Infantin Johanna und Philipp II., stiftete 1603 in Graz anstelle einer protestantischen Kirche ein Klarissenkloster, in welches sie auf dem Sterbebett auch eintrat. Auf einem Seitenaltargemälde dieses Gotteshauses von Giovanni Pietro de Pomis wurde die fromme Witwe mit dem Modell des Klosters portraitiert, wie sie vom heiligen Franziskus und der heiligen Klara der Gottesmutter empfohlen wird.[35] Das vom selben Maler stammende Hochaltarbild der Klosterkirche geht noch einen Schritt weiter, entstand aber wohl frühestens kurz vor oder überhaupt erst nach dem Tod der Erzherzogin: Analog zu Tizians *Gloria* zeigt es die in ihr klösterliches Totengewand gekleidete Stifterin, die von den beiden Ordenspatronen der Gottesmutter und der Dreifaltigkeit empfohlen wird, während Erzherzog Ferdinand sowie dessen Vater und Großvater an der Seite knien.[36]

Das ebenfalls von de Pomis gemalte Hochaltarbild der Antoniuskirche des 1602 von Ferdinand II. gestifteten Grazer Kapuzinerklosters bringt die kirchenpolitische Botschaft explizit zum Ausdruck: Während in der Himmelszone die Heiligen Johannes Baptist und Katharina die Stadt Graz dem Erlöser anempfehlen, wird der Landesfürst unten nicht nur mit den heiligen Hieronymus, Leopold, Rochus und Sebastian vergesellschaftet, sondern auch als Verteidiger der »romana fides« präsentiert. Mit Schwert, Bischofsstab und einem Holzkreuz, das mit dem Vlies-Orden behängt ist, erscheint Ferdinand als Kämpfer an der Seite der streitbaren römisch-katholischen Kirche, wobei die bildliche Aussage durch Bibeltexte unterstrichen wird. So bittet Ferdinand mit Davids Worten um Errettung vor boshaften Feinden: »[Du bist mein Schutz und Schild, ich warte auf Dein Wort.] Weicht zurück von mir, ihr Bösen / Ich will die Gebote meines Gottes befolgen« (Psalm 119,115). Und er vertraut auf die Worte Gottes in der Apokalypse: »Sei treu bis in den Tod; dann werde ich Dir die Krone des Lebens geben« (Offb 2,10),[37] wobei die metaphorisch ge-

meinte Krone allerdings durch die heraldische Kaiserkrone visualisiert wurde. Dem Maler dieses Gemäldes, Pietro de Pomis, verdanken wir auch eine Medaille auf die Schlacht am Weißen Berg. Auf der Reverseite wird dieser Sieg des Kaisers ebenso deutlich wie beim Grazer Altarbild mit dem bekannten Zitat von Ps. 118 als direktes Einwirken Gottes beschrieben: »Dextera Domini fecit virtutem«.[38]

1611 folgte Ferdinands Schwester, Königin Margaretha von Spanien, in Madrid dem Beispiel ihrer Mutter und ihrer spanischen Verwandten mit der Gründung des Klarissenklosters De la Encarnación, das sich zwischen dem königlichen Palast und dem Kloster Johannas befindet, in das sich auch ihre Tante Maria, die Witwe Kaiser Maximilians II., nach dem Tod ihres Gemahls zurückgezogen hatte.[39]

GNADENORTE UND RELIQUIEN

Ein weiterer Aspekt der Sakralisierung ist die Verbindung der fürstlichen Oratorien und Grablegen mit dem Reliquienkult. Dies hat bei Karl V. anscheinend noch keine besondere Rolle gespielt, vielleicht weil der Reliquienkult vom Konzil von Trient erst 1563 genehmigt oder vielmehr empfohlen wurde. Dagegen gestaltete Philipp II. den Escorial ganz bewusst und in gegenreformatorischem Eifer zu einer Schatzkammer von materiell und spirituell gleich wertvollen Reliquiaren aus, für deren Verehrung am Festtag des heiligen Laurentius er eigene restriktive Anordnungen erließ: »Die heiligen Reliquien wurden in ihren Schaukästen gezeigt, die den ganzen Tag geöffnet waren, mit Ausnahme der Mahlzeiten des Klosters, und das Volk konnte sie von den beiden seitlichen Türen der Kirche zu den Kreuzgängen sehen. Seine Majestät befahl, dass sie nur auf diese Weise gezeigt und nicht von einem Ort des Klosters an einen anderen übertragen werden und aufgrund der ihnen zustehenden Wertschätzung nicht von Hand zu Hand wandern sollten.«[40] Die in 500 Gefäßen aus Gold, Silber, Bergkristall und anderen wertvollen Materialien gefassten 7 000 Reliquien wurden hauptsächlich in den beiden Seitenaltären verwahrt. Die an weibliche und männliche Heilige erinnernden Objekte sind geschlechtsspezifisch geteilt: Erstere links im Altar der Maria Annunziata (Abb. 3), Letztere rechts im Altar des heiligen Hieronymus, wobei diese Zuordnung auch auf die hinter den Altären liegenden Wohnungen der Königin und des Königs bezogen war. Philipp II. hatte von seinem Zimmer aus sogar einen direkten

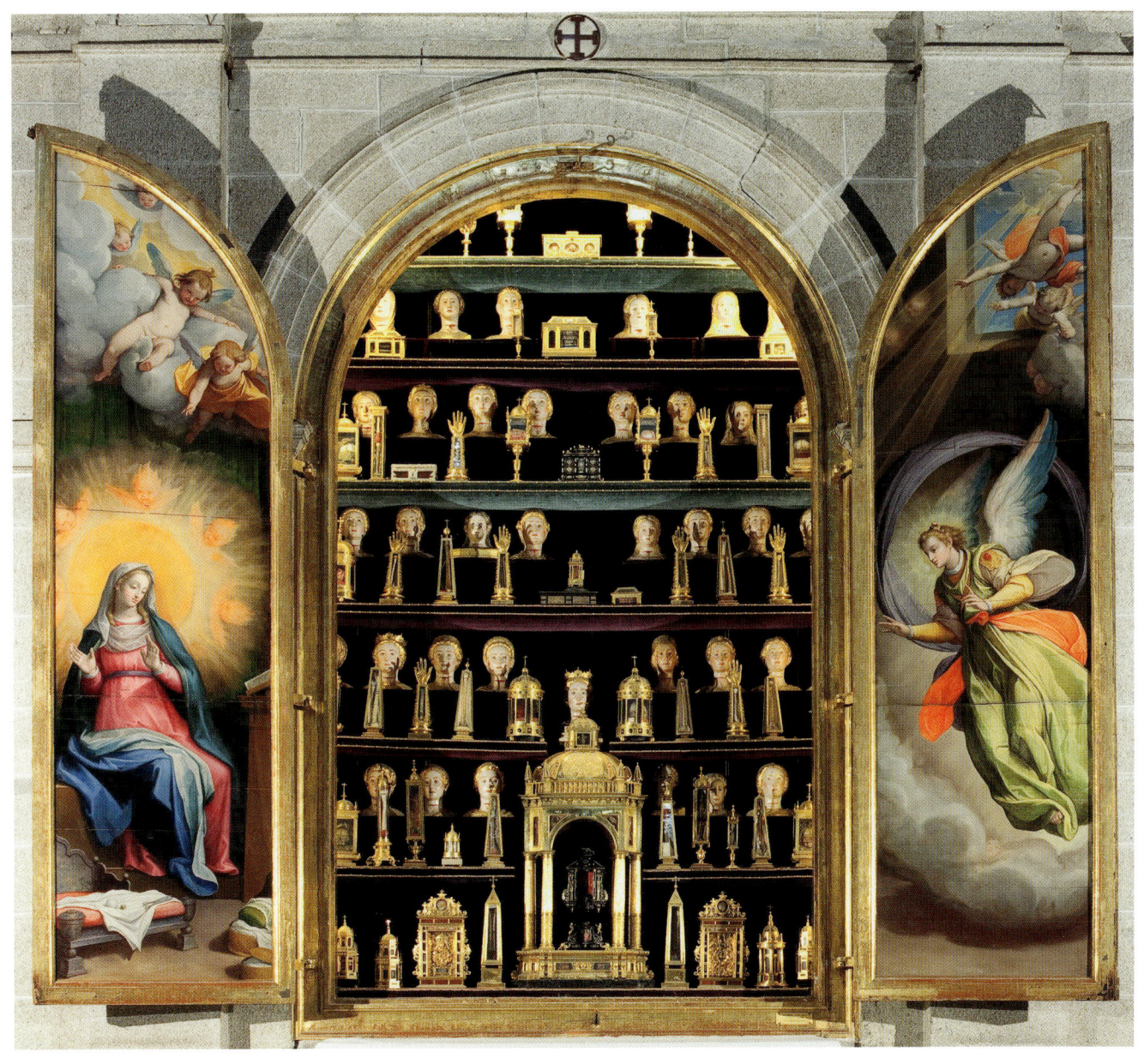

Abb. 3 | Reliquien-Altar mit Verkündigung Mariä, Bartolomé Carducho oder Federico Zuccaro,
um 1591, San Lorenzo de El Escorial, Basilika, Inv.-Nr. 10034828

Zugang zur Rückseite des Reliquienaltares.[41] Dies unterstrich zweifellos die Absicht des spanischen Königs, die Körper seiner Familienangehörigen mit denen der heiligen Männer und Frauen der katholischen Kirche zu vergesellschaften. Philipp II. begegnete nämlich laut Fray Sigüenza der Kritik an seinem aufwendigen Bau mit der Begründung, auch die antiken Helden und Halbgötter Achill, Aeneas oder Ajax hätten große Verehrung genossen und Denkmäler erhalten. Einen ebenso prächtigen Tempel und ein ebenso großes Mausoleum habe er gebaut für die »zahlreichen Reliquien von heiligen Männern, für die Körper und Knochen von zahlreichen Helden, Aposteln, Märtyrern, Bekennern, Jungfrauen und für die in ihrer Gesellschaft und zu ihren Füßen befindlichen Kaiser, Könige, Prinzen und Infanten, die gleichsam die modernen Halbgötter auf Erden sind«.[42] Tatsächlich diente der umfangreiche Schatz der Reliquien zahlreicher Heiliger vor allem aus Spanien nicht nur der persönlichen physischen und spirituellen Gesundheit des Herrschers, sondern »to transfer their thaumaturgic power to his own person« sowie der Legitimation aufgrund der Sakralisierung »through the physical juxtaposition of royal and holy bodies in a genuine communion of Saints«.[43] Mit der Errichtung der runden Habsburger-Gruft unter dem Hochaltar durch Philipp IV. und deren Bezeichnung nach dem römischen Pantheon, welches bekanntlich zu Ehren Allerheiligen christianisiert worden war, wurde diese bewusste Vermischung von Heiligen- und Habsburgerverehrung in der Mitte des 17. Jahrhunderts noch einmal verstärkt: »Nomen hinc Pantheon datur quod in eam prope constructum fit formam, que olim Romae rotundum illud templum [...] a Gregorio IV. P. Max. sub nomine sanctorum omnium christiano ritu consecratur! [...] Simile fere modo hoc Pantheon in monasterio Scorialensis sepeliendis Regibus, & Reginis Hispaniarum omnibus, quotquot locum habere poterunt, destinatum fuit.«[44]

Auch die Schwester Philipps II. ließ in ihrer Stiftung der Descalzas Reales eine Reliquienschatzkammer einrichten und zwar in einem Teil ihrer Geburtswohnung. Unter den dort befindlichen wertvollen Reliquiaren sind auch solche, die Kaiser Maximilian II. und dessen Gattin Maria, also Schwager und Schwester der Gründerin, gestiftet hatten. Ein weiteres Stück, eine Kasette von Wenzel Jamnitzer, stammt aus dem Besitz der Königin Anna, der Tochter der Gründerin und Gattin Philipps II. von Spanien.[45] 1607 wurden die Reiche Kapelle der Residenz Maximilians I. in München und 1616 die Reliquienkapelle der Großherzogin Maria Magdalena von Österreich im Palazzo Pitti eingeweiht, die ebenfalls der privaten

Andacht und dem individuellen Zugang zu den heiligen Überresten dienten.[46] Gleichsam zur Fortsetzung dieses privilegierten Schutzes der Heiligen nach dem Tod stiftete Kaiserin Anna in ihrem Testament ihre »heilligthumb alle, so mir von unterschidlichen orthen geschickht und geschenckt worden, zu zierung« ihrer Gruftkapelle im 1612 gegründeten Wiener Kapuzinerkloster.[47] Der mehr als 400 Objekte umfassende geistliche Schatz bestand vorwiegend aus Reliquien in kunstvollen Gefäßen sowie liturgischen Geräten und Altärchen und wurde 1626 in der Kaiserkapelle und in einer eigens daneben errichteten geistlichen Schatzkammer aufgestellt.[48] Die restriktive Zugänglichkeit wird auch anlässlich eines diplomatischen Besuches im Jahr 1660 ersichtlich:

»Die Sacristey ist ein in Quadrat gemauertes kleines Gewölb / oben mit Creutz-Bogen geschlossen / unten das Paviment von grün-gelb und weiß glasirten Backsteinen / an den Seiten herum 8 Schränke / mit gemahlten höltzern Thüren / und inwendig noch mit grünen eisern Gitern wohl verwahret / welche ein Mahler / Schlösser / und Schreiner unter ihren Orden / so alle 3 noch am Leben / verfertiget. In diesen Schränken stunden die Heiligthümer und Pretiosa, welche sonsten so leichtlich niemanden / uns aber auf Bitte gezeigt wurden / und giengen diese Ceremonien dabey vor: Erstlich ward mitten in die Sacristey ein länglichter Tisch / mit einem weissen Tuch / oben darauf ein Crucifix, nebst zweyen brennenden Wachs-Lichtern / gesetzet / hernach kleideten sich die anwesenden Patres Capucini, deren 3 in weisse Chor-Hemder und andern dazu gehörigen Ornat an / schlossen hierauf einen Schranck nach den andern auf / langten die Pretiosa und Heiligthümer / welche meistens in köstlichen Kästlein / Futeralen und Behältnüssen waren / heraus / und wiesen selbige mit sonderlicher Andacht und Devotion, und ist / so viel man mercken und notiren können / nachfolgendes zu sehen gewesen. 1. Cranium Mariae. 2. Ein Stück von Josephs Kleid / als er das Christ-Kindlein gewieget. 3. Cranium der Hl. Christinen. 4. Contrafait Kaysers Matthiae Gemahlin / Frauen annen. 5. Cranium S. Annae. 6. Ein unschuldig Kindlein in einem Crystallin Kästlein mit Perlen. 7. Ein Finger von dem hl. Stephan. 8. Des Kirchen-Lehreres Athanasii Hand / womit er das Symbolum geschrieben. [...] 29. Blutstropfen aus der Seiten Christi / vom Longino aufgehoben / in einen mit Rubinen und Diamanten versetzten Kästlein / so Kayser Constantinus Palaeologus, der letzte griechische Kayser / einem König in Ungarn mit einer Bulla geschenckt. 30. Particul von Saum des Rocks Christi welchen das blutflüßige Weib angerühret. 31. Ein Stück von Rock Mariae. [...]«.[49]

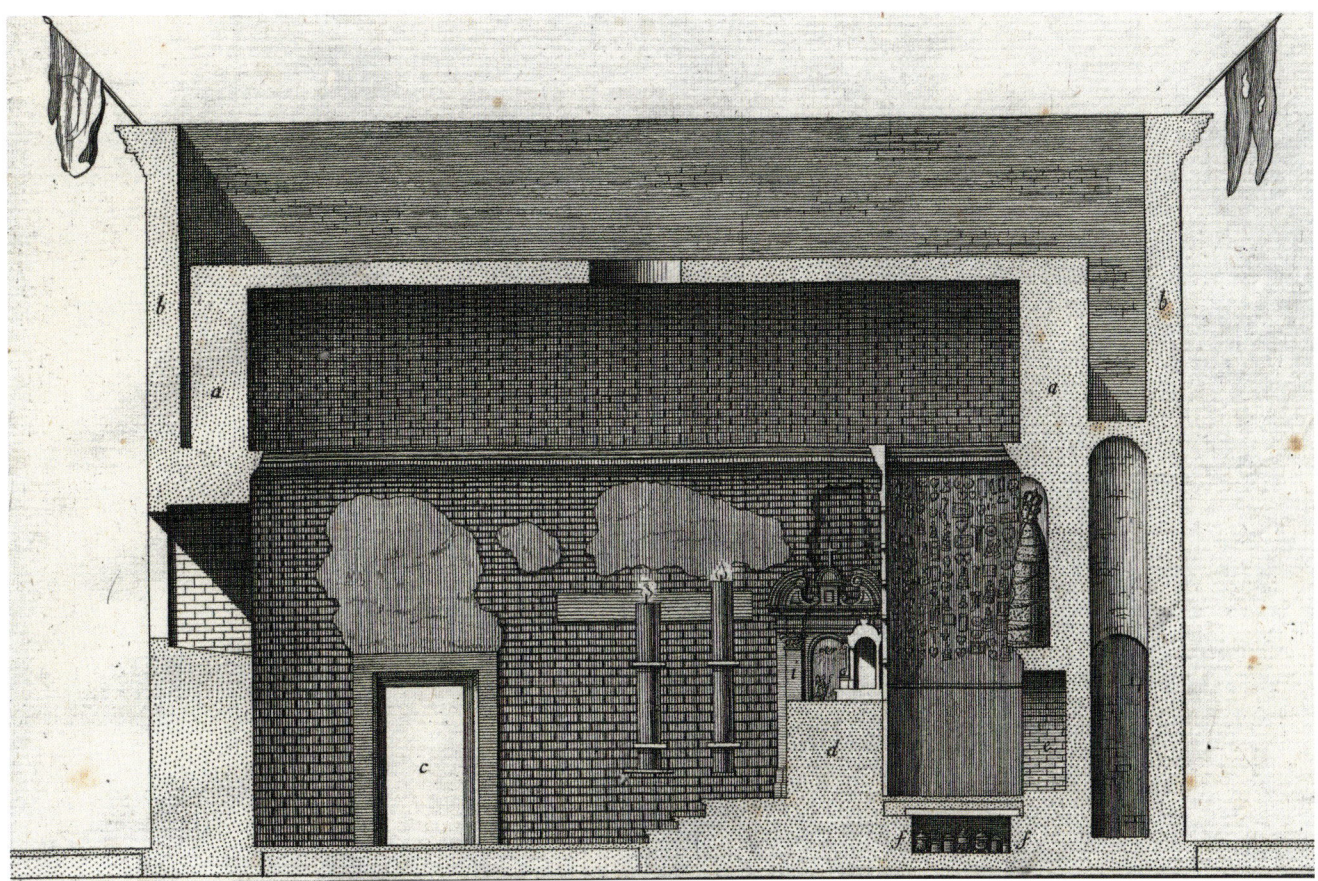

Abb. 4 | Das »Heilige Haus« von Loreto in der Wiener Augustinerkirche mit Herzgruft vor der Gnadenstatue, Salomon Kleiner, 1624 – 1627/1654, Kupferstich, 1739, in: Herrgott, Taphographia 1772 a. a. O., Tafel CIX, Staatsbibliothek Berlin, Sign. Sb 42-4,2

Die Klosterresidenzen und ihre geistlichen Schatzkammern dienten also zuerst und hauptsächlich der privaten und politischen Frömmigkeit der Fürsten. Für einen interfamiliären Gedankenaustausch oder zumindest für parallele Frömmigkeitsformen in den beiden Zweigen der Casa de Austria spricht dabei auch die Tatsache, dass das Madonnenbild der Santissima Annunziata in Florenz nicht nur in Innsbruck, sondern auch in Madrid verehrt wurde. Schon 1584 erhielt Philipp II. als diplomatisches Geschenk eine der ersten exakten Kopien des Freskos der Annunziata, und nach diesem Gemälde von Alessandro Allori entstanden weitere Kopien für die Infanten Isabella und Felipe.[50] Die Gattin Philipps III. wiederum war eine Schwester der Großherzogin der Toskana, und die Tiroler Landesfürstin stammte aus jener mantuanischen Familie, die schon 1444 eine eigene Tri-

buna für das toskanische Gnadenbild gestiftet hatte. Ein Einfluss der habsburgischen Landesfürstinnen aus dem Hause Gonzaga scheint auch für die Verbreitung des Loretokultes sowie der »Großreliquie« der Casa Santa[51] in Österreich mitverantwortlich zu sein. Die »Mater Lauretana« wurde offensichtlich besonders um Nachkommenschaft und glückliche Geburt angefleht. Nachdem Großherzogin Johanna von Österreich 1573 erstmals eine Wallfahrt nach Loreto unternommen hatte, ließen Erzherzog Ferdinand II. von Tirol und dessen (zweite) Gattin Anna Katharina Gonzaga 1587 als Dank für die Geburt einer Tochter in Thaur bei Innsbruck die erste Loretokapelle im deutschsprachigen Raum erbauen. Maria von Bayern pilgerte ebenso nach Loreto wie ihre Kinder Ferdinand II. (1598) und Großherzogin Maria Magdalena (1613).[52] Als deren Schwester Margaretha Königin in

Spanien wurde, hat man um 1600 auch das Kloster der Des-calzas Reales in Madrid mit dem Nachbau des Heiligen Hauses von Nazareth bereichert.[53]

Eine besonders sorgfältige Kopie des Heiligen Hauses von Lo-reto entstand 1624 bis 1627 im Auftrag der Kaiserin Eleonora Gon-zaga, der zweiten Gattin Ferdinands II., in der Wiener Augustiner-Hofkirche. Zunächst nur als Privatheiligtum dienend wurde diese Casa Santa 1657 um eine Herzgruft der Habsburger erweitert (Abb. 4).[54] Die Wiener Architekturreliquie erfüllte also die gleiche Funktion wie die Knochen der Heiligen im Escorial, nämlich die Körper der kaiserlichen Familie mit besonderem himmlischen Schutz und mit einer sakralen Aura zu umgeben.

VOTIVBILDER UND
IDENTIFIKATIONSPORTRAITS

Karls Stiftung in Yuste bildet nicht nur einen Vorläufer für die barocken Klosterresidenzen, sondern steht auch am Beginn des barocken Stifterbildes. Denn das Altarbild von Tizian wurde durch eine Kupferstichreproduktion des Cornelis Cort von 1566 auch außerhalb Spaniens bekannt.[55] El Grecos *Verehrung des Namens Jesu* im Escorial (um 1577–1579) führt hingegen wieder die tradi-tionelle Zweiteilung von himmlischer Erscheinung und den auf der Erde knienden Anführern der christlichen Streitkräfte, Papst Pius IV., Philipp II. und Alvise Mocenigo, vor.[56] Obwohl die Funk-tion des Gemäldes als Votivbild nach der Schlacht von Lepanto nicht gesichert ist, wird die dahinterstehende Ideologie auch durch mehrere graphische Darstellungen des spanischen Königs als »miles Christianus« sowie auch das Votivbild von Domenico Tintoretto aus dem Jahr 1582 verdeutlicht.[57]

Nur wenig jünger sind zwei mitteleuropäische Stifterbilder. Den Kaiser (Maximilian II. und seine Söhne) sowie den Papst als Anführer der streitenden Christenheit zeigte nämlich auch das nur im Kupferstich überlieferte Mittelbild eines Flügelaltares, den der schon mit seiner Eremitage genannte Erzherzog Maximi-lian III. 1582 für die Georgskapelle der kaiserlichen Residenz in Wiener Neustadt stiftete. Im Himmel über den auf der Erde ver-sammelten christlichen Heerscharen erschienen die Heiligen um die Dreifaltigkeit geschart. Auf den zugeklappten Außenflügeln sah man hingegen den gerüsteten späteren Deutschmeister ganz in mittelalterlicher Tradition in Begleitung des heiligen Georg vor der Gottesmutter knien.[58]

Das Seitenaltarblatt der Münchner Michaelskirche aus der Zeit um 1588/89, welches Papst Sixtus V., Kaiser Rudolf II. und Herzog Wilhelm V. von Bayern (also Bruder und Cousin des eben genannten Maximilian III.) zu Füßen der Madonna, des Namens Jesu und der Eucharistie zeigt, folgt in der Symmetrie dem österreichischen Bei-spiel, während es mit seiner Namen-Jesu-Ikonographie in der spani-schen Tradition steht.[59] Das Gemälde von Antonio Maria Viani wurde von Brückner wohl zu Recht als »tridentinisches Bekenntnisbild« bezeichnet.[60] Es ist wahrscheinlich kein Zufall, dass bei fast allen Altarbildern des späten 16. Jahrhunderts, die einen frommen oder charismatischen Herrscher zeigen, dieser in Kombination mit dem regierenden Papst als Verteidiger der Christenheit präsentiert und damit auch seine römisch-katholische Gesinnung bekräftigt wird.[61]

Noch deutlicher als durch diese Integration von Herrschern in den Heiligenhimmel ist jedoch die Verschmelzung der »zwei Kör-per des Königs« in einer Person in Form des Identifikationspor-traits, das heißt der Darstellung von christlichen Heiligen mit den Gesichtszügen regierender Fürsten. Diese Form erlebte nach einer Blüte im frühen 16. Jahrhundert, die auch Bildnisse von Ma-ximilian I. und Karl V. betraf, einen Bedeutungsverlust, der ein-deutig auf die Auswirkungen der Reformation zurückzuführen ist. Die Wiederaufnahme des Portraittypus nach der Jahrhundertmitte scheint daher Ausdruck einer gegenreformatorischen Selbstdar-stellung zu sein.[62] Tatsächlich lassen sich die ältesten nachtriden-tinischen Beispiele nicht nur im engsten Familienkreis der Habs-burger und Wittelsbacher nachweisen, sondern auch im direkten Umfeld der in den beiden ersten Abschnitten genannten Kloster-stiftungen und Reliquiensammlungen. Portraitmäßig nicht ganz überzeugend, aber historisch plausibel, gelten zwei Gemälde der Heiligen Valerian von Trier und Viktor von Xanten im Monasterio de las Descalzas Reales als Bildnisse der Kaiser Maximilian II. und Rudolph II. Sie sollen um 1581 für Kaiserinwitwe Maria von Öster-reich entstanden sein, als diese sich in das spanische Kloster zu-rückzog, wo sich auch Reliquien dieser beiden deutschen Märty-rer befanden.[63] 1582 datiert sind drei im selben Konvent befind-liche Gemälde der Erzherzoginnen Anna, Maria Christina und Katharina Renata aus Innerösterreich – also der älteren Schwes-tern der spanischen Königin Margaretha – mit den Attributen der Heiligen Agnes, Lucia, Dorothea und Katharina. Möglicherweise handelt es sich dabei aber um eine nachträgliche Veränderung.[64] Sowohl hinsichtlich der Portraitähnlichkeit eindeutiger als auch aufgrund des Identifikationsgrundes überzeugender ist das Ge-mälde aus der Werkstatt des Juan Pantoja de la Cruz im Kloster

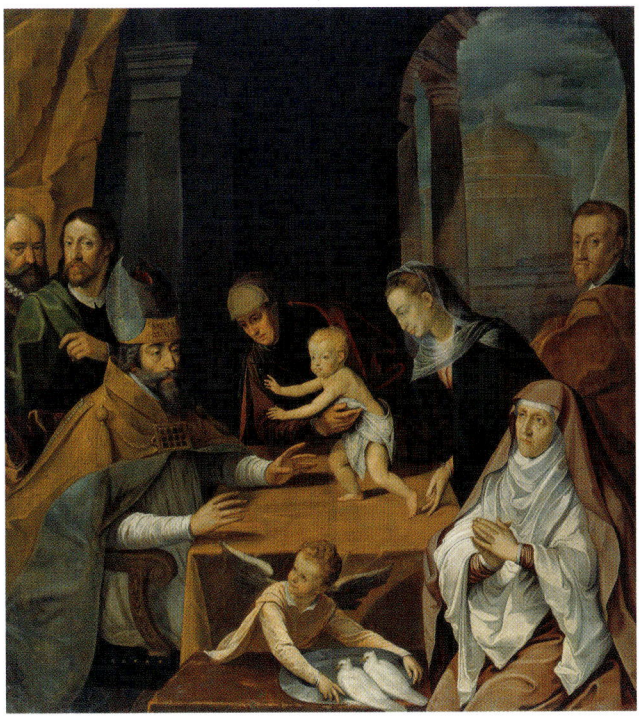

Abb. 5 | Darstellung im Tempel, Engelhard de Pee, um 1605 (?),
Öl auf Leinwand, 205 × 190 cm, Bayerische Staatsgemäldesammlungen
München, Inv.-Nr. 3511

der Descalzas Reales, das die spanische Königin vermutlich um 1603 in Auftrag gab: Das Familien-Votivbild zeigt nämlich deren Eltern Maria von Bayern und Erzherzog Karl II. als heilige Klara und Karl Borromäus inmitten ihrer neun Kinder. 1614 wurden Kaiser Matthias und seine Gattin Anna von Matthäus Gundelach als heiliger Apostel und heilige Helena portraitiert.[65] Die Schutzfunktion dieser Namens- oder Standespatrone visualisiert vor allem das Votivbild der landesfürstlichen Familie im Grazer Dom, wo Erzherzog Karl II., seine Gattin und die Kinder vor dem Kruzifix knien, während die anderen beiden göttlichen Personen aus dem Himmel herabblicken, und jedem Familienmitglied ein Namens- oder Schutzpatron zur Seite gestellt wurde. Dass diese Aufgabe beim Herrscherpaar vom heiligen Petrus und von der Gottesmutter übernommen wurde, verdeutlicht wohl die über die Privatfrömmigkeit hinausgehende kirchenpolitische Funktion dieses großformatigen Gemäldes.[66] Damit wurde auch in diesem Bereich ganz bewusst an die mittelalterliche Tradition der heiligen Könige und Landespatrone angeknüpft.[67]

Sind die Identifikationen mit den Namens- und Landespatronen noch ambivalent, da sie ja als Ausdruck der angestrebten Imitatio gedeutet werden können, so stand bei der Gleichsetzung der Fürstenfamilie mit der Heiligen Familie wohl doch die Sakralisierung der weltlichen Macht im Vordergrund. Zunächst entstanden für die Tochter der Maria von Bayern 1603 Szenen aus dem Marienleben. Die spanische Königin Margaretha ließ nämlich von ihrem Hofmaler Juan Pantoja de la Cruz zwei Gemälde für ihr Oratorium in Valladolid anfertigen, auf denen ihre Verwandten als Zeugen der Geburt Mariens und der Geburt Christi auftreten. Bei der Mariengeburt sind Maria von Bayern sowie die Erzherzoginnen Eleonora und Katharina Renata mit dem ersten Bad der Gottesmutter beschäftigt, während bei der Anbetung der Hirten die Brüder und Erzherzöge Ferdinand, Maximilian Ernst und Leopold in die Rollen der Hirten geschlüpft sind.[68] Standen diese beiden Gemälde vielleicht schon im Zusammenhang mit der Geburt und/oder dem frühen Tod der Infantin Maria im Jahr 1603, so war die Darstellung der Königin als schwangere Verkündigungsmadonna im Jahr 1604 eindeutig mit der neuen Schwangerschaft und der Hoffnung auf die Geburt eines Thronfolgers verbunden (Abb. 1).[69] Um 1605 ist wohl auch die dem Münchner Hofmaler Engelhard de Pee zugeschriebene *Darstellung im Tempel* einzuordnen, die bisher um 1575/1585 datiert wurde (Abb. 5).[70] Anstelle von Herzog Wilhelm V. von Bayern und seiner Familie erscheinen daher mehr Habsburger in den biblischen Rollen: Erzherzog Johann Karl als Christkind, sein 1603 bei der Geburt verstorbener älterer Bruder Karl als Engel, seine Mutter Maria Anna von Bayern als Gottesmutter, sein Vater Ferdinand II. als heiliger Josef, die Großmutter Maria von Bayern als heilige Anna, der Onkel und Kölner Erzbischof Ernst von Bayern als Hohepriester und die Großmutter Renata von Lothringen (?) als Prophetin Hannah. Die religionspolitische Ideologie wird wohl durch die Tatsache bestätigt, dass sich auch der vermutliche Maler in einem Selbstporträt damals als heiliger Lukas darstellte, der das Gnadenbild von Santa Maria Maggiore malt, dessen Kult von den bayerischen Jesuiten propagiert wurde.[71] Gleichfalls im Zusammenhang mit einer erhofften Schwangerschaft entstand dann 1613 das Matthäus Gundelach zugeschriebene Kupferbildchen, welches Kaiser Matthias und Kaiserin Anna als die Heiligen Josef und Maria zeigt.[72]

Zugespitzt wurde die Thematik um 1622 bei einem Flugblatt, welches Kaiser Ferdinand II. als Christus am Ölberg präsentiert, während die sechs namentlich bezeichneten Kurfürsten als schlafende Jünger dargestellt werden. Als Judas führt der Berater des Winterkönigs Scultetus die Häscher Heinrich Matthias von Thurn,

Friedrich V. von der Pfalz und Ernst von Mansfeldt zu Christus-Ferdinand.[73] Trotz oder gerade wegen des populären Mediums entspricht das Motiv des Engels, der dem Herrscher die Insignien seiner politischen Macht überreicht, nicht nur Ferdinands Devise als Kaiser »Legitime certantibus corona / Jene, die den gerechten Kampf kämpfen, werden die Krone erhalten«, sondern auch einer mit der Belagerung der Hofburg durch protestantische Böhmen 1619 überlieferten Legende, wonach Christus von einem Altarkruzifix dem Kaiser versprochen habe, ihn nicht im Stich zu lassen.[74] Es ist vielleicht nur ein historischer Zufall, dass eine vergleichbare Thematik ebenfalls in Böhmen und genau zu Beginn der uns hier interessierenden Epoche entstand, nämlich eine Joachimsthaler Goldmedaille, die ein Thronbildnis Karls V. dem Dornengekrönten gegenüberstellt.[75] Konnte die Parallele zwischen Kaiser und Passionschristus auf Avers und Revers noch als Ausdruck einer frommen Imitatio Christi interpretiert werden, so lässt die Ferdinand II. vom Himmel in den Ölberg überbrachte Kaiserkrone eigentlich keinen Interpretationsspielraum.[76] Diese Entwicklung war jedoch kein Zufall, sondern entsprach dem allgemeinen Trend zur Sakralisierung von Herrschaft zu Beginn des 17. Jahrhunderts.[77]

ANMERKUNGEN

1 In der mittelalterlichen Tradition steht wohl ein vermutlich von Erzherzogin Anna Katharina Gonzaga um 1615 für den Bruderschaftsaltar der Innsbrucker Serviten gestiftetes Altarbild, das die in den Orden eingetretene Fürstin und deren Tochter unter dem Mantel der Schmerzhaften Schutzmantelmadonna zeigt, vgl. Reinhard Rampold, Die Schmerzhafte Muttergottes als Schutzmantelmadonna. Ein ikonographisch bemerkenswertes ehemaliges Altarbild aus dem Innsbrucker Servitenkloster, in: Österreichische Zeitschrift für Kunst und Denkmalpflege LXII (2008), S. 133–137. **2** Vgl. Jan Van Damme, Les donations de vitraux par Philippe II aux Pays Bas anciens, in: Österreichische Zeitschrift für Kunst und Denkmalpflege 66 (2012), Heft 3/3, S. 390–401. **3** Vgl. Eva Irblich, Herrschaftsauffassung und persönliche Andacht Kaiser Friedrichs III., Maximilians I. und Karls V. im Spiegel ihrer Gebetbücher, in: Codices Manuscripti 14 (1988), Heft 1, S. 11–39, hier S. 22. **4** Vgl. dazu Francisco Javier Pizarro Gómez, El monasterio de Yuste y Carlos V, in: Carmen García-Frías Checa (Hrsg.), Carlos V en Yuste. Muerte y Gloria eterna, Ausst.-Kat. Madrid 2008, S. 94–111. **5** Friedrich Polleroß, Imperiale Repräsentation in Klosterresidenzen und Kaisersälen, in: alte und moderne kunst 203/1985, S. 17–27. **6** Gertrud Gerhartl, Die Einsiedelei des Kaisers Maximilian I. in der Burg zu Wiener Neustadt, in: Unser Neustadt 13 (1969), Nr. 2, S. 2 f. **7** Auf den historischen Zusammenhang der Kaiserwohnung in Yuste mit den (späteren) Eremitagen wurde schon verwiesen, vgl. Christa Birkenmaier, Typologie höfischer Eremitagen vom 16.–18. Jahrhundert, phil. Dissertation Ms. Tübingen 2013, S. 22. **8** José de Sigüenza, Historia de la Orden de San Jerónimo, hrsg. von Juan Catalina García, Bd. 2, Madrid 1909, S. 150: »acabar santamente sus dias«. **9** Vgl. Cornelia von der Osten Sacken, San Lorenzo el Real de El Escorial (Studia Iconologica 1), Mittenwald und München 1979, S. 111; Michael Bierwirth, Tizians Gloria (Studien zur internationalen Architektur- und Kunstgeschichte 15), Petersberg 2002, S. 19. **10** Vgl. P. Marquard Herrgott/Martin Gerbert, Taphographia Principum Austriae, St. Blasien 1772, I/4, S. 265 (»ut a pectore ad caput feris

cadaver extenderetur, Sacerdos autem, Divina mysteria celebrans, peditbus pectus calcaret«), Taf. XXX. **11** Vgl. José Luis Gonzalo Sánchez-Molero, El caballero, la muerte y el libro: las lecturas del emperador en Yuste, in: García-Frías Checa, Carlos V (wie Anm. 4), S. 144–177. **12** Vgl. dazu Christian Hecht, Die Glorie. Begriff, Thema, Bildelement in der europäischen Sakralkunst vom Mittelalter bis zum Ausgang des Barock, Regensburg 2003, S. 196–202; Bierwirth, Tizians Gloria (wie Anm. 9), S. 68–78. **13** Fray José de Sigüenza, La Fundación del Monasterio de El Escorial, 2. Aufl., Madrid 1988, S. 79. **14** Vgl. Brigitta Lauro, Die Grabstätten der Habsburger. Kunstdenkmäler einer europäischen Dynastie, Wien 2007, S. 139–140; Ana García Sanz, Nuevos datos sobre los artífices de la capilla funeraria de Juana de Austria, in: Reales Sitios 155 (2003), S. 16–25; Ana García Sanz/Leticia Sánchez Hernández, The Convents of Madrid of Las Descalzas Reales and La Encarnación, Madrid 2009, S. 44. **15** Vgl. Nikolaus Grass, Das Haller Damenstift und seine Kunstdenkmäler, Innsbruck 1955. **16** Vgl. Lauro, Grabstätten (wie Anm. 14), S. 126–130. **17** Zum gegenreformatorisch-religiösen Mäzenatentum der Habsburgerinnen siehe auch: Friedrich Polleroß, Les femmes des Habsbourg dans le mécenat architectural, in: Sabine Frommel/Juliette Dumas/Raphaël Tassin (Hrsg.): Bâtir au féminin? Traditions et stratégies en Europe et dans l'Empire ottoman, Paris 2013, S. 35–46. **18** Vgl. Sigüenza, Fundación (wie Anm. 13), S. 30–31. **19** Vgl. Augustín Bustamante García, Los usos del Escorial con Felipe II, in: Krista de Jonge/Bernardo J. García García/Alicia Esteban Estríngana (Hrsg.), El Legado de Borgoña. Fiesta y Ceremonia Cortesana en la Europa de los Austrias (1454–1648), Madrid 2010, S. 91–108. **20** Zur salomonischen Ideologie des Escorial siehe auch: Marie Tanner, The Last Descendant of Aeneas. The Hapsburg and the Mythic Image of the Emperor, New Haven/London 1993, S. 165–170; Fernando Checa, Arte, poder y religión en el siglo XVI. Las ideas de Felipe II en el monasterio de El Escorial/Art, Power and Religion in the Sixteenth Century. Philip II's Ideas for the Monastery of El Escorial, in: Fernando Checa (Hrsg.), De El Bosco a Tiziano. Arte y maravilla en El Escorial, Ausst.-Kat. Madrid 2013, S. 14–33/274–281. **21** Zu einem Gemälde von Philipp als Salomon siehe: Friedrich Polleroß, »Mas exemplar, que imitador de David«. Zur Funktion des Identifikationsporträts zwischen Tugendspiegel und Panegyrik, in: Dieter Breuer u. a. (Hrsg.), Religion und Religiosität im Zeitalter des Barock (Wolfenbütteler Arbeiten zur Barockforschung 25), Wiesbaden 1995, 1. Bd., S. 229–245, hier S. 236–237. Auf diese Parallelen Yuste/David und Escorial/Salomon wurde jüngst auch von Schulze hingewiesen: Ulrich Schulze, Der Escorial – eine vollendete Architektur, in: Caecilie Weissert/Sabine Poeschel/Nils Büttner (Hrsg.), Zwischen Lust und Frust. Die Kunst in den Niederlanden und am Hof Philipps II. von Spanien (1527–1598), Köln/Weimar/Wien 2013, S. 237–266, hier S. 242 und 253. **22** P. Francisco de los Santos, Descripcion breve del Monasterio de S. Lorenzo el Real del Escorial, Madrid 1657, S. 114–115: »assi como se meresciò el renombre de segundo Salomon, imitando al primero, en la edificacion del Templo, quiso merecersele tambien, imitandole en el sumptuoso Sepulcro, que edifiò assi à David«. **23** Laut Lauro, Grabstätten (wie Anm. 14), S. 217 wünschte Philipp II. »die Wohnsituation seines Vaters in Yuste im Escorial nachzubauen«; ein Beleg dafür nicht genannt. **24** Vgl. Osten Sacken, Escorial (wie Anm. 9), S. 108–127; Lauro, Grabstätten (wie Anm. 14), S. 219–223; Bustamante García, Escorial (wie Anm. 19), S. 99, Abb. 8. **25** Vgl. René Taylor, Architecture and Magic: Considerations on the Idea of the Escorial, in: Essays in the History of Architeture Presented to Rudolf Wittkower, New York 1967, S. 81–109; Schulze, Escorial (wie Anm. 21), S. 240–341. **26** Sigüenza zitiert in: Osten Sacken, Escorial (wie Anm. 9), S. 88. Zur Verehrung der Eucharistie bzw. der Trinität als Hauptbestandteile des herrschaftlichen Selbstverständnisses der Habsburger siehe u. a.: Anna Coreth, Pietas Austriaca. Österreichische Frömmigkeit im Barock, 2. Aufl., Wien 1982, S. 18–37; Álvaro Pascual Chenel, Fiesta sacra y poder político: la iconografía de los Austrias como defensores de la Eucaristía y la Inmaculada en Hispanoamérica/Sacred Celebration and Political Power, Iconography of the Austrians as Advocates of the Eucharist and the Immaculate Conception in Latin América, in: Hipogrifo 1 (2013), S. 57–86. **27** Rosemarie Mulcahy, Los programas de la Basílica del El Escorial, in: Reales Sitios 35 (1998), S. 2–15, hier S. 8–10. **28** Diesen inhaltlichen Zusammenhang zwischen den beiden Bauten hat zuletzt auch Schulze betont, vgl. Schulze, Escorial (wie Anm. 21), S. 255–264. **29** Zur Biographie der Landesfürstin siehe: Alfred Auer (Hrsg.), Philippine Welser & Anna Caterina Gonzaga – die Gemahlinnen Erzherzog Ferdinands II., Ausst.-Kat. Ambras, Wien 1998, S. 41–46. **30** Johanna Felmayer, Die profanen Kunstdenkmäler der Stadt Innsbruck (Österreichische Kunsttopographie XXXVIII/1), Wien 1972, S. 409–410, Abb. 413. **31** Ertz-Hertzogliche Tugend-

Zierde [...] Oder Tugend-voller Lebens-Wandel der [...] Anna Juliana Gonzagin [...], Wien: Johann Georg Schlegel 1711, S. 139–143. **| 32** Es scheint mir jedoch nicht ausgeschlossen, dass die Wiener Neustädter Eremitage ebenfalls von Maximilian III. eingerichtet wurde, da die Zuordnung zum Kaiser erst im 18. Jahrhundert erfolgte. **| 33** Die Eremitage Maximilians des Deutschmeisters und die Einsiedeleien Tirols (Berichte zur Denkmalpflege II), hrsg. von der Messerschmidtstiftung, Innsbruck/Wien/Bozen 1986. **| 34** Katrin Keller, Erzherzogin Maria von Innerösterreich (1551–1608), Wien/Köln/Weimar 2012, S. 136. **| 35** Kurt Woisetschläger, Die österreichischen Werke, in: Kurt Woisetschläger (Hrsg.), Giovanni Pietro de Pomis 1569 bis 1633 (Joannea IV), Graz/Wien/Köln 1974, S 146–147. **| 36** Ebd., S. 147–148. **| 37** Ebd., S. 145–146. Zum sakralen Bildkult Ferdinands II. siehe auch: Štěpán Vácha, Der Herrscher auf dem Sakralbild zur Zeit der Gegenreformation und des Barock. Eine ikonologische Untersuchung zur herrscherlichen Repräsentation Kaiser Ferdinands II. in Böhmen, Prag 2009, S. 68–89. **| 38** Tomáš Kleisner, Giovanni Pietro de Pomis' Medal of the Battle of the White Mountain, in: Studia Rudolphina 8 (2008), S. 90–93. **| 39** García Sanz/Sánchez Hernández, The Convents (wie Anm. 14), S. 56–91. **| 40** Fray Juan de San Gerónimo zitiert in Checa, Catálogo, in: Checa, De El Bosco (wie Anm. 20), S. 73–261, hier S. 183: »Enseñaron las santas reliquias, es sus mismos relicarios, teniéndolos abiertos toto el día salvo mientras comßía el convento, y la gente las veía por las puertas de los claustrícos que están a los lados de la iglesia; y ansí mandó S.M. que siempre se enseñen desta manera, y que no anden con ellas de una parte a otra por la reverencia que se les debe, y porque no las hurten andando de mano en mano.« **| 41** Vgl. Osten Sacken, Escorial (wie Anm. 9), S. 60–63; Benito Mediavilla O.S.A., El relicario de El Escorial/El Escorial, a Repository of Relics, in: Checa, De El Bosco (wie Anm. 20), S. 64–71/292–294. **| 42** Sigüenza, Fundación (wie Anm. 13), S. 29: »tantas reliquias de divinos hombres, cuerpos y huesos de tantos Héroes, Apóstoles,Mártires, Confessores, Virgines y, en su compañía y como a sus pies, Emperadores, Reyes, Principes e Infantes, ques on cuno unos Visodieses en la tierra«. **| 43** Guy Lazure, Possessing the Sacred: Monarchy and Identity in Philip II's Relic Collection at the Escorial, in: Renaissance Quarterly 60 (2007), S. 58–93. **| 44** Herrgott, Taphographia (wie Anm. 10), I/V, S. 304. **| 45** García Sanz/Sánchez Hernández, The Convents (wie Anm. 14), S. 45–47. **| 46** Vgl. Ilaria Hoppe, Maria Maddalena d'Austria e il culto delle reliquie alla corte die Medici. Scambi di modelli dinastici ed ecclesiastici, in: Christina Strunck (Hrsg.), Medici Women as Cultural Mediators (1573–1743), Cisnello Balsamo/Mailand 2011, S. 227–251. **| 47** Zitiert in: Magdalena Hawlik-Van de Water, Die Kapuzinergruft. Begräbnisstätte der Habsburger in Wien, Freiburg/Basel/Wien 1993, S. 24–25. **| 48** Vgl. Stefan Krenn, Der kaiserliche Schatz bei der Kapuzinergruft und seine Inventare. Die Stiftung der Kaiserin Anna, in: Jahrbuch der kunsthistorischen Sammlungen in Wien 84 (1988), S. I–CXXVII; Susanne Hehenberger, Der kaiserliche Schatz bei den Kapuzinern in Wien. Zur materiellen Kultur habsburgischer Frömmigkeit, in: Heidemarie Specht/Ralph Andraschek-Holzer (Hrsg.), Bettelorden in Mitteleuropa. Geschichte, Kunst, Spiritualität. Referate der gleichnamigen Tagung vom 19. bis 22. März 2007 in St. Pölten (Beiträge zur Kirchengeschichte Niederösterreichs 15, Geschichtliche Beilagen zum St. Pöltner Diözesanblatt 32), St. Pölten 2008, S. 539–559; Paulus Rainer, Der kaiserliche Schatz bei den Kapuzinern in Wien. Ein Beitrag zur Kunstgeschichte eines habsburgischen Sakralschatzes, ebd. S. 560–582. **| 49** Katrin Keller/Martin Scheutz/Harald Tersch (Hrsg.), Einmal Weimar – Wien und retour. Johann Sebastian Müller und sein Wienbericht aus dem Jahr 1660 (Veröffentlichungen des Instituts für Österreichische Geschichtsforschung 42), Wien/München 2005, S. 98–99. **| 50** Rosemarie Mulcaly, El arte religioso y su función en la corte de Felipe II, in: Felipe II. Un monarca y su época. Un príncipe del Renacimiento, Ausst.-Kat. Madrid 1998, 159–184. Zur Verbreitung dieses Gnadenbildes um 1600 siehe: Susanne Kubersky-Piredda, »...Et sia ritratto nella forma medesima«. Das Florentiner Gnadenbild der SS. Annunziata und seine Repliken, in: Walter Cupperi (Hrsg.), Multiples in Pre-Modern Art, Zürich/Berlin 2014, S. 201–227. Vielleicht ist es daher kein Zufall, dass ein Kreuzigungsrelief dieses Schatzes auf einen Prototyp von Guglielmo della Porta für das Schlafgemach Philipps II. im Escorial zurückgeht, vgl. Rotraud Bauer u.a., Kunsthistorisches Museum Wien. Weltliche und Geistliche Schatzkammer. Bildführer, Wien 1987, Kat.-Nr. 77. **| 51** Hildegard Sahler, Architektur als Objekt der Verehrung. Entstehung und Wirkung der Großreliquien in Loreto, Jerusalem und Assisi, in: G. Ulrich Großmann/Petra Krutisch (Hrsg.), The challenge of the object. Congress proceedings (Anzeiger des Germanischen Nationalmuseums. Wissenschaftlicher Beiband 32), Nürnberg 2013, 4. Bd. S. 1420–1424. **| 52** Alice E. Sanger, Maria

Maddalena d'Austria's pilgrimage to Loreto. Visuality, Liminality and Exchange, in: Strunck, Medici Women (wie Anm. 47), S. 253–265. **| 53** García Sanz/Sánchez Hernández, The Convents (wie Anm. 14), S. 45–47. **| 54** Coelestin Wolfsgruber, Geschichte der Loretokapelle bei St. Augustin in Wien, Wien 1886, S. 3–48; Franz Matsche, Kopien der Casa Santa von Loreto auf habsburgischem Gebiet nach der Schlacht am Weissen Berg bei Prag 1620, in: Jahrbuch für Volkskunde (1978), S. 81–118, hier S. 114–116; Lauro, Grabstätten (wie Anm. 14), S. 231. **| 55** Hecht, Glorie (wie Anm. 12), S. 201–207; Bierwirth, Tizians Gloria (wie Anm. 9), S. 108–113. **| 56** Vgl. Felipe II. (wie Anm. 50), S. 503–306, Kat.-Nr. 156; Wilfried Seipel (Hrsg.), El Greco, Ausst.-Kat. Wien/Mailand 2001, S. 140–141, Kat.-Nr. 7. **| 57** Vgl. Juan Luis González García, La sombra de Dios: ›Imitatio Christi‹ y contrición en la piedad privada de Felipe II. In: Felipe II. un monarca y su época. Un príncipe del Renacimiento, Ausst.-Kat. Madrid 1998, S. 185–201; Fernando Checa, Felipe II. Mecenas de las artes. 2. Aufl., Madrid 1993, S. 284–294 (»Pietas Austriaca«). **| 58** Vgl. Marquard Herrgott OSB/Rustenus Heer OSB, Pinacotheca Principum Austriae (Monumenta Augusta Domus Austriacae III/1), Freiburg im Breisgau 1760, Taf. LXXIV. **| 59** Auch dieses Gotteshaus wurde vom Gründer mit einem umfangreichen Reliquienschatz ausgestattet, vgl. Lorenz Seelig, »Dieweil wir dann nach dergleichen Heiltumb und edlen Clainod sonder Begirde tragen«. Der von Herzog Wilhelm V. begründete Reliquienschatz der Jesuitenkirche St. Michael in München, in: Reinhold Baumstark (Hrsg.), Rom in Bayern. Kunst und Spiritualität der ersten Jesuiten, Ausst.-Kat. München 1997, S. 199–262. **| 60** Wolfgang Brückner, Ein tridentinisches Bekenntnisbild. Das Namen-Jesu-Altarblatt der Michaelskirche in München von 1588/89 als Gnadenthron des Neuen Bundes, in: Markus Hörsch/Elisabeth Oy-Marra (Hrsg.), Kunst, Politik, Religion. Studien zur Kunst in Süddeutschland, Österreich, Tschechien und der Slowakei. Festschrift für Franz Matsche, Petersberg 2000, S. 77–86. **| 61** Friedrich Polleroß, Bemerkungen zum (habsburgischen) Stifterbild der Frühen Neuzeit anlässlich einer Neuerscheinung von Štěpán Vácha, in: Barockberichte 55/56 (2011), S. 603–614. **| 62** Vgl. Friedrich Polleroß, Das sakrale Identifikationsporträt. Ein höfischer Bildtypus vom 13. bis zum 20. Jahrhundert (Manuskripte zur Kunstwissenschaft 18), Worms 1988, passim. **| 63** Vgl. El linaje del Emperador, Ausst.-Kat. Cáceres, Madrid 2000, S. 150–151, Abb. 4 und 5. **| 64** Vgl. dazu García Sanz/Sánchez Hernández, The Convents (wie Anm. 14), S. 37–38. **| 65** Vgl. Ana García Sanz/Leticia Ruiz, Linaje regio y monacal: la galerie de retratos de las Descalzas Reales, in: El linaje (wie Anm. 63), S. 134–157, hier 148, Fig. 3; Elisabeth Bender, Matthäus Gundelach. Leben und Werk, Diss. Frankfurt a. M. 1981, S. 226–227. **| 66** Vgl. Wilhelm Steinböck (Hrsg.), Die Domkirche zum hl. Ägidius, Graz/Wien 1989, S. 57. **| 67** Vgl. Elisabeth Kovács, Der heilige Leopold – Rex perpetuus Austriae?, in: Jahrbuch des Stiftes Klosterneuburg NF 13 (1985), S. 159–211. **| 68** Vgl. dazu El linaje (wie Anm. 63), Kat.-Nr. 3.7. und 3.8; Maria Kusche, Juan Pantoja de la Cruz y sus seguidores B. González, R. de Villandrando und A. López Polanco. Madrid 2007, S. 109–113. **| 69** Vgl. Kusche, Juan Pantoja (wie Anm. 68), S. 118–120. **| 70** Vgl. Hubert Glaser (Hrsg.), Um Glauben und Reich. Kurfürst Maximilian I., Ausst.-Kat. München/Zürich 1980, Kat.-Nr. 138. **| 71** Vgl. Zygmunt Waźbiński, St. Luke of Bavaria by Engelhard de Pee, in: Journal of the Warburg and Courtauld Institutes 52 (1989), S. 240–245. **| 72** Vgl. Polleroß, Identifikationsporträt (wie Anm. 62), Nr. 422, Abb. 35. **| 73** Vgl. dazu Wolfgang Harms/Beate Rattay, Illustrierte Flugblätter aus den Jahrhunderten der Reformation und der Glaubenskämpfe, Ausst.-Kat. Coburg 1983, Nr. 84; Polleroß, Identifikationsporträt (wie Anm. 62), S. 136. **| 74** Robert Bireley, S. J., Religion and Politics in the Age of the Counterreformation. Emperor Ferdinand II, William Lamormaini, S. J., and the Formation of Imperial Policy, Chapel Hill 1981, S. 14–15. **| 75** Vgl. Ferdinand Seibt (Hrsg.), Renaissance in Böhmen, München 1985, Abb. 188. **| 76** Auch bei den fürstlichen Herkulesidentifikationen dieser Zeit zeigt sich Ende des 16. Jahrhunderts die Entwicklung von der »Imitatio« zur »Identificatio«, vgl. Friedrich Polleroß, From the »exemplum virtutis« to the Apotheosis. Hercules as an Identification Figure in Portraiture: an Exemple of the Adoption of Classical Forms of Representation, in: Allan Ellenius (Hrsg.), Iconography, Propaganda, Legitimation (The Origins of the Modern State in Europe 13th–18th Centuries 7), Oxford/New York 1998, S. 37–62. **| 77** Diese Entwicklung erkennt man auch beim habsburgischen Staatsportrait, das nach einer protobarocken Phase unter Rudolf II. um 1610 wieder retrospektiv wird, vgl. dazu Friedrich Polleroß, Portraiture at the Imperial Court in the First Half of the 17th Century. In: R. J. W. Evans/Peter H. Wilson (Hrsg.), The Holy Roman Empire, 1495–1806: A European Perspective, Leiden/Boston 2012, S. 349–366.

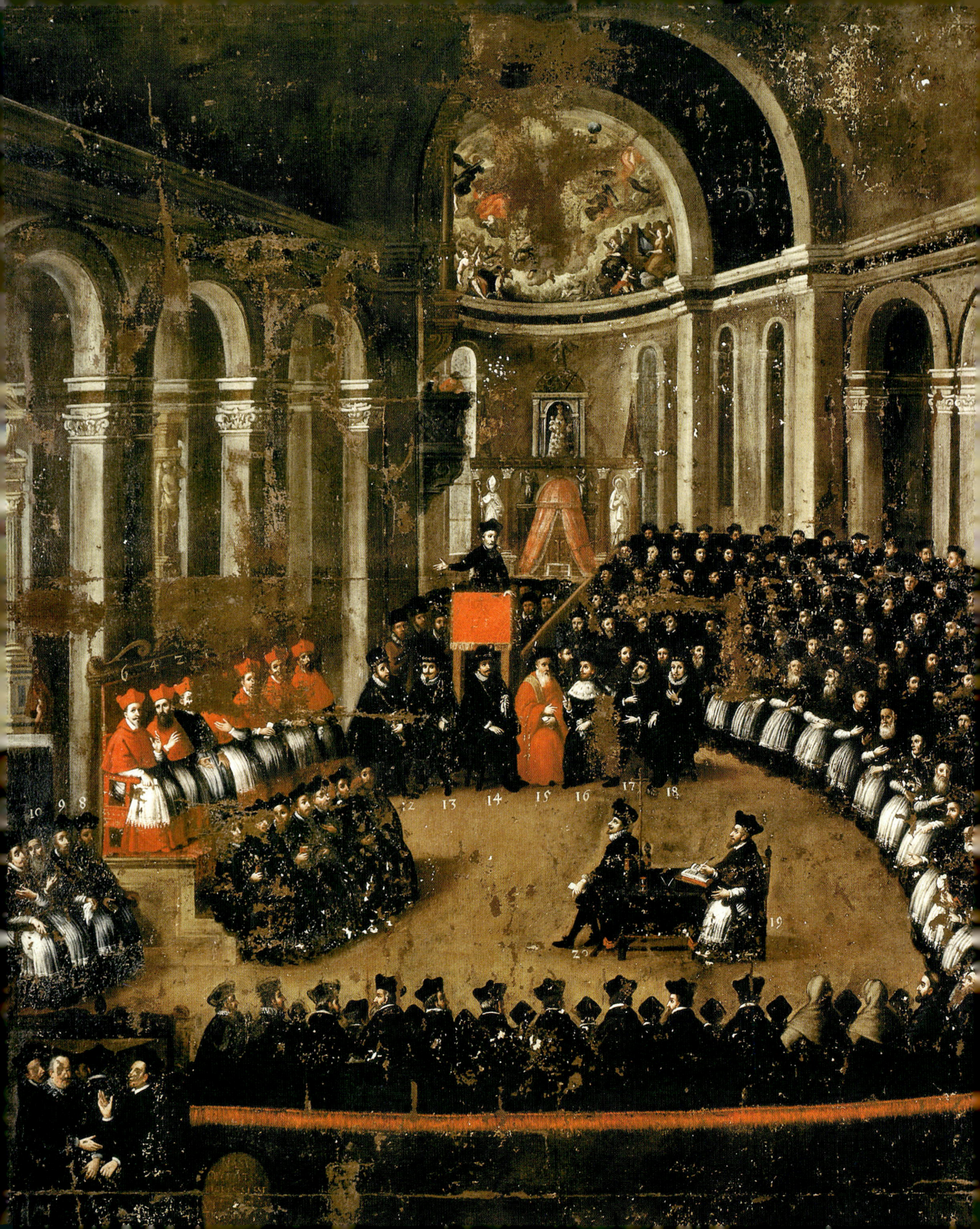

ROLF DECOT

DIE REFORMATIONSFRAGE AUF DEN REICHSTAGEN DER REFORMATIONSZEIT

HINFÜHRUNG – DIE RELIGIONSFRAGE ALS THEMA DES REICHSTAGS

Im 16. Jahrhundert waren theologische und kirchliche Fragen nicht von der Politik zu trennen. Seit dem frühen Mittelalter galt der Kaiser als »vicarius ecclesiae«. Die Kirche war Teil des Staates und in Form der geistlichen Staaten seit dem 10. Jahrhundert selbst Trägerin staatlicher Gewalt. So ist es nicht verwunderlich, dass die von Wittenberg ausgehende Reformation aufgrund der ekklesiologischen Implikationen ihrer Theologie und deren Auswirkungen auf die Reichskirche und damit die Reichsverfassung von Anfang an als eine Auseinandersetzung auch auf der politischen Ebene begriffen wurde. Dies lässt sich leicht daran feststellen, dass die Verhandlungen über die Religionsfrage vornehmlich auf den Reichstagen der Zeit geführt wurden.

Man kann hierbei drei Aspekte unterscheiden: Luther selbst im Kontext des Reichstags, von Reichstagen initiierte Religionsgespräche und die Reformation als Thema von Reichstagen. Die beiden ersten Punkte werden nur angezeigt, während sich die Darstellung auf den dritten Aspekt konzentriert.

Es gab drei Reichstage, die unmittelbar mit der Person Martin Luthers zusammenhingen: Nach Abschluss des Augsburger Reichstags 1518 kam es dort zu einem Verhör Luthers durch den römischen Legaten Kardinal Cajetan. Auf dem Reichstag selbst ist Luther 1521 in Worms aufgetreten, weil sein Landesherr Friedrich der Weise eine automatische Ächtung durch den Kaiser, nachdem zuvor die päpstliche Bannung erfolgt war, ablehnte und darauf bestand, dass Luther sich zuvor rechtfertigen dürfe. Der wichtige Reichstag in Augsburg 1530, auf dem die lutherischen Reichsstände die von ihnen durchgeführten Neuerungen verteidigen

wollten, konnte von Luther nicht persönlich besucht werden. Jedoch hatte er bei der Vorbereitung der kursächsischen Delegation mitgewirkt und befand sich während des Reichstags auf der damals kursächsischen Coburg, von wo aus er mit Melanchthon in Augsburg korrespondierte.

Der Begriff »Religionsgespräch« wurde für vielfältige Formen religiöser Konfliktbewältigung benutzt.[1] Grundsätzlich sind verschiedene Arten von Religionsgesprächen denkbar und auch zu unterschiedlichen Zeiten gepflegt worden. Die bekannte Leipziger Disputation zwischen Johannes Eck und Martin Luther glich eher einer Disputation, wie sie an mittelalterlichen Universitäten üblich war.

Die besondere Form der Religionsgespräche in der Reformationszeit ergab sich aus ihrer theologischen Bedeutung in Verbindung mit den politischen Konsequenzen. So kristallisierte sich ein eigener Typ heraus, der zwischen Vertretern der Konfessionsparteien entweder auf Reichstagen selbst oder mit dem Mandat eines Reichstags geführt wurde. Diese Religionsgespräche fanden unter Beteiligung des Kaisers oder seiner Vertreter und einer beachtlichen Zahl bedeutender Reichsstände statt. Die Initiative zu den Gesprächen ging zumeist von politischer Seite aus. Religionsgespräche dieser Art waren Versuche, die Religionsprobleme im Reich auf Reichsebene einvernehmlich zu lösen. Der Grund hier-

Abb. 1 | Tagung des Konzils von Trient in der Kirche Santa Maria Maggiore, Detail aus Abb. 4

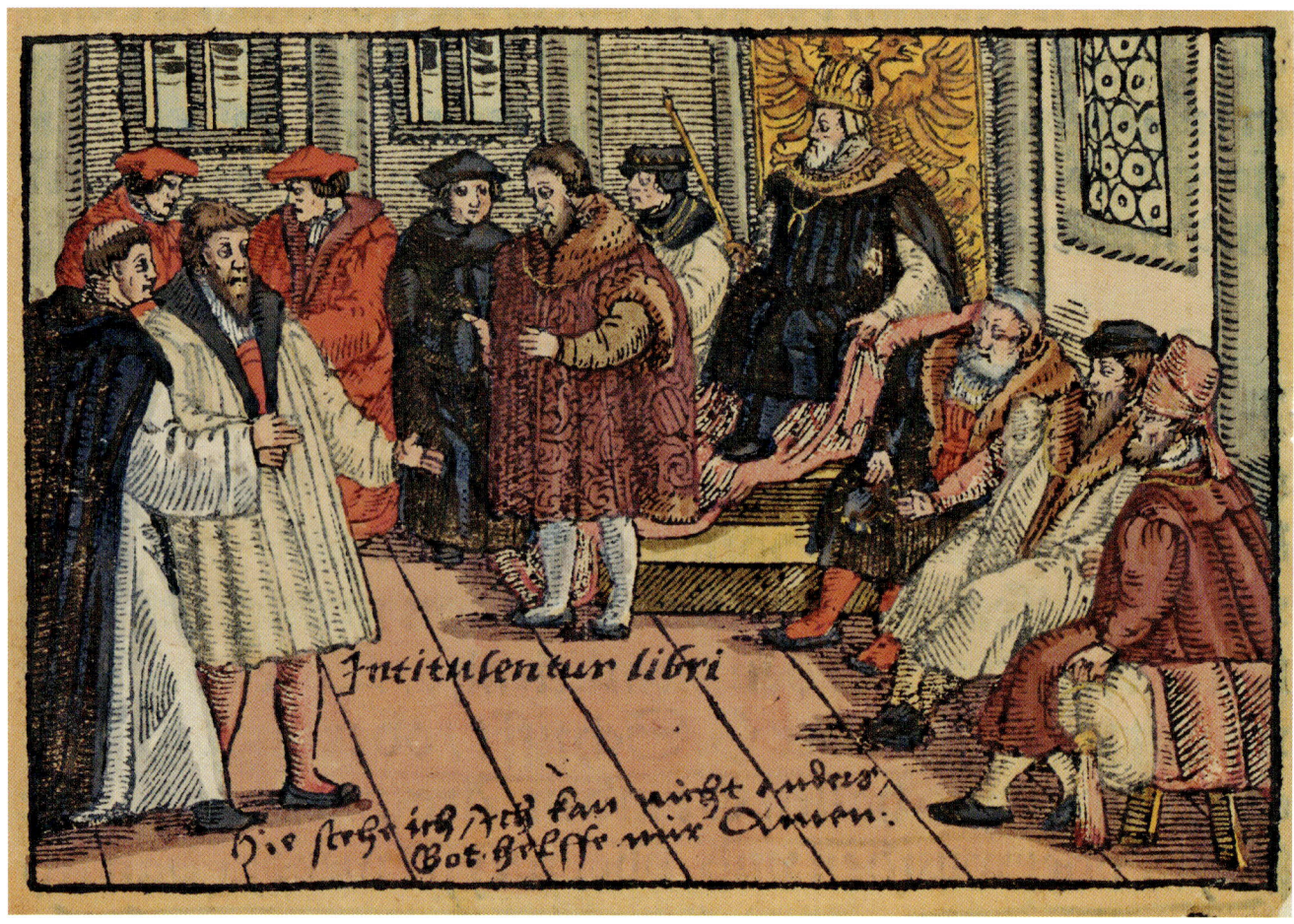

Abb. 2 | Luther in Worms, kolorierter Holzschnitt aus: Ludwig Rabus, Historien der heyligen außerwölten Gottes Zeugen, Bekenern vnd Martyrern, Bd. 4, Straßburg: Emmel 1556, Lutherhaus Wittenberg, Inv.-Nr. 40 XIIa 1581e

für lag darin, dass das eigentlich von allen Seiten als zuständig angesehene Konzil nicht zustande kam, nicht akzeptiert wurde oder in späterer Zeit auch nicht mehr erwünscht war. Insofern sind solche Religionsgespräche Ausdruck des kirchlichen Autoritätskonflikts, der die reformatorische Bewegung in zwei getrennte Kirchenwesen auslaufen ließ.[2]

Religionsgespräche in diesem Sinne fanden statt in: Augsburg 1530, Hagenau 1540, Worms 1540, Regensburg 1541 und Worms 1557. Bei diesen Zusammentreffen ging es gewissermaßen um offizielle Verhandlungen der beiden Konfessionsparteien auf Reichsebene mit dem Ziel, die durch die Reformation verursachten Konflikte beizulegen. Die religiösen Gegensätze sollten inso-

weit überwunden oder wenigstens beherrscht werden, dass sie nicht als politische Störfaktoren das gemeinsame Handeln im Reich erschwerten. Die Gespräche fanden nicht in den üblichen Reichstagskurien statt, sondern in besonderen Ausschüssen oder Konventen, die von den Reichsständen paritätisch besetzt waren.[3]

Die Religionsfrage wurde auf den Reichstagen hinsichtlich ihrer Auswirkung auf die politische Bedeutung der kirchlichen Institutionen und deren finanzieller Ressourcen diskutiert.

Vom Augsburger Reichstag 1518 bis zum Augsburger Religionsfrieden 1555 fanden 22 Reichstage statt.[4] Als 23. Reichstag ist noch in diese Reihe derjenige von Regensburg 1556/57 einzuordnen, auf dem nach dem Augsburger Religionsfrieden ein letztes Mal versucht wurde, auf Reichsebene zu einem Religionsausgleich zu kommen. Bei den Verhandlungen ging es um mehrere unterscheidbare, aber doch innerlich miteinander verknüpfte Problemkreise: die theologische Frage nach der »wahren Lehre«, die verfassungspolitische und zugleich theologische Problematik der Einheit der Kirche im Reich und die juristische beziehungsweise vermögensrechtliche Frage nach der Verfügungsgewalt über das Kirchengut. Den damals handelnden Personen ist es allmählich gelungen, diese Problemkreise aufzudröseln, um so zu Übereinkünften zu kommen, die ein weiteres Zusammenleben im Reich ermöglichten. Auf diesem Weg lassen sich verschiedene Phasen unterscheiden:

DAS RINGEN UM DAS WORMSER EDIKT (1518–1530)

REICHSACHT GEGEN LUTHER: DAS WORMSER EDIKT (1521)

Etwa ein Jahr nach der Veröffentlichung von Luthers Thesen fand 1518 in Augsburg ein Reichstag statt, auf dem vor allem über Maßnahmen zur Verhinderung des weiteren Vordringens der Türken und über fiskalische und rechtliche Fragen verhandelt wurde. Die Reformation war kein offizielles Thema, aber immerhin kam es während dieses Reichstags zu einem Treffen zwischen Luthers Landesvater Friedrich dem Weisen und dem aus Rom entsandten Legaten Kardinal Cajetan. Der römische Prozess (processus ordinarius) hatte zu Luthers Vorladung nach Rom binnen sechzig Tagen geführt.[5] Über seinen Freund, den kurfürstlichen Sekretär Georg Spalatin, hatte Luther beim Kurfürsten darum gebeten, ein Verhör in Deutschland zu ermöglichen. Obwohl Cajetan inzwischen aus Rom erfahren hatte, dass Luther aufgrund neuer Schriften nunmehr als »haereticus declaratus« gelte und in Gewahrsam zu nehmen sei,[6] gab er dem Ansinnen des Kurfürsten nach. Dieser erwirkte eine neue Anweisung aus Rom, die ihm in der Luthersache große Handlungsfreiheit einräumte.[7] So kam es nach Abschluss des Reichtags zu einer Begegnung zwischen Martin Luther und Kardinal Cajetan in Augsburg. Cajetan wollte Luther zum Widerruf bewegen, um so die Angelegenheit beilegen zu können. Luther suchte die inhaltliche Auseinandersetzung. Obwohl Cajetan ein integrer und hochgebildeter Theologe war, kam es zu keiner Verständigung. Theologisch wurden die Gegensätze zwi-

schen dem scholastisch-theologischen Denkansatz Cajetans, damals führender Theologe der Kurie, und dem biblisch-personalen Ansatz Luthers deutlich.[8]

Der römische Prozess gegen Luther kam in der Folge ins Stocken, weil aufgrund der körperlichen Schwäche Kaiser Maximilians mit dessen baldigem Ableben und der Neuwahl eines Kaisers gerechnet werden musste. Kaiser Karl V. wurde am 28. Juni 1519 als neuer Kaiser gewählt. Der römische Prozess wurde Anfang 1520 fortgeführt, mit dem Ergebnis der sogenannten Bannandrohungsbulle *Exsurge Domine* vom 15. Juni 1520, in der Luther noch mal eine Frist von sechzig Tagen zum Widerruf eingeräumt wurde.[9] Da Luther den Widerruf nicht leistete und auch andere Vermittlungsversuche scheiterten, erfolgte fast automatisch die Bannung mit der Bulle *Decet Romanum Pontificem* vom 3. Januar 1521.[10] Die nun zu erwartende Ächtung durch den Kaiser, wie sie seit dem Mittelalter üblich war, unterblieb vorerst, weil in die Wahlkapitulation für Karl V. ein Passus aufgenommen worden war, nach dem kein Deutscher ohne vorherige Anhörung verurteilt werden dürfe. Außerdem setzte sich der Landesherr Luthers massiv für diesen ein.

So kam es 1521 auf dem Reichstag in Worms zu Luthers Auftritt »vor Kaiser und Reich«. Von Anfang an war keine Diskussion mit Luther geplant, also kein Religionsgespräch, gleich welcher Art, vielmehr sollte ihm vor seiner endgültigen Verurteilung die Gelegenheit zum Widerruf eingeräumt werden. Infolge von Luthers Weigerung sah sich der Kaiser als Schützer der Kirche gezwungen, das bereits ergangene päpstliche Bannurteil über Luther durch dessen Ächtung zu bestätigen. Dies geschah mit dem Wormser Edikt, das auf den 8. Mai 1521 datiert wurde.[11] Das Wormser Edikt gegen Luther und seine Anhänger musste vom Kaiser allein erlassen werden, da sich die deutschen Reichsstände weigerten, einen entsprechenden Reichstagsbeschluss ergehen zu lassen. Der Mainzer Reichserzkanzler Albrecht von Brandenburg unterschrieb das Dokument nicht, obwohl eine Gegenzeichnung reichsrechtlich eigentlich erforderlich war.[12] Die politische Diskussion um die Durchsetzung des Wormser Edikts beherrschte für die nächsten Jahre das politische Geschehen im Reich. Der Weg vom theologischen Diskurs, der möglicherweise innerkirchlich hätte ausgetragen werden können, hin zu einem verfassungsrechtlich-politischen Konflikt, wurde von Luthers Landesvater Friedrich dem Weisen gewiesen. Einen ersten folgenreichen Schritt hatte dieser getan, als er 1518 die von Rom geforderte Auslieferung Luthers verhinderte. Dies stellte eine Obödienzverweigerung gegenüber dem Papst dar und zugleich die Beanspruchung des Rechts, in der anstehenden religiösen Frage nach eigenen Erkenntnissen und Überzeugungen entscheiden zu wollen.[13] Eine weitere Obödienzverweigerung, diesmal gegenüber dem Kaiser, war die Missachtung des Wormser Edikts durch die Entführung Luthers auf die Wartburg und den ihm dort gewährten Schutz. Andere Reichsstände waren ähnlicher Auffassung wie Friedrich der Weise, indem sie die Reformation duldeten, förderten oder sich einer Durchführung des Wormser Edikts entzogen. Da der Kaiser für fast zehn Jahre das Reich verließ und die Regierung dem Reichsregiment übertrug, versuchten die Reichsstände, durch immer neue Kompromisse zu einer Lösung zu kommen, die dem Wormser Edikt zwar nicht direkt widersprach, seine Durchführung aber suspendierte.

NICHTBEACHTUNG DES WORMSER EDIKTS

Der Nürnberger Reichstag vom Frühjahr 1522 behandelte das Wormser Edikt überhaupt nicht.[14] Auch der folgende Reichstag in Nürnberg, Herbst 1522 bis Frühjahr 1523, überging das Edikt stillschweigend. Erstmals erhob dieser Reichstag allerdings die Forderung nach einem Konzil.[15] Von besonderer Bedeutung war ein Mandat, das noch im Zusammenhang mit diesem Reichstag am 6. März 1523 erlassen wurde.[16] Es hatte zum Ziel, den öffentlichen Streit um die Religion im Reich zu dämpfen und den Frieden zu wahren. In dem Mandat wurde ein »frei cristenlich concilium an bequeme malstat Teutscher nation, als gen Straßburg, Mentz, Cöln, Metz oder ander ört« in Jahresfrist in Aussicht gestellt. Der Kaiser sollte sich diesbezüglich mit dem Papst verständigen. »Mitler zeit bis zu sölchem concilio« sollte durch Zurückhaltung von Druckschriften jeder Streit verhindert werden. Jeder Stand des Reiches sollte für seinen Bereich verfügen, »auf das mitler zeit nichts anders, dann das heilig evangelium nach auslegung der schriften von den cristenlichen kirchen approbirt und angenommen gepredigt« werde. Weiterhin sollten in den Predigten alle umstrittenen Themen gemieden werden, die Obrigkeit sollte eine Predigtaufsicht einführen, jedoch ohne die Wahrheit des Evangeliums zu unterdrücken. Es sollten keine Schriften gedruckt werden, die zu Streit führen; die Geistlichen, die sich vergangen hatten, sollten nach dem kanonischen Recht durch ihre Ordinarien zur Rechenschaft gezogen werden.

Dieses Mandat stellte einen ersten Kompromissversuch auf Reichsebene dar, der einen »interimistischen« Charakter hatte, das heißt bis zum Konzil, das für die Lösung der theologischen Streitfragen eigentlich zuständig war, wollten sich die Reichsstände auf der Grundlage des Evangeliums verständigen. Dieses Mandat wurde von fast allen Reichsständen publiziert und mit Ausführungsbestimmungen versehen.[17] Es zeigte sich hier aber bereits, dass man zwar in Worten einen Kompromiss gefunden hatte, in der Sache jedoch weiter auseinandergerückt war. Während die katholischen Reichsstände, wie etwa das Erzstift Mainz und andere altkirchlich gesinnte Stände, die Predigt des Evangeliums nach Auslegung der von den christlichen Kirchen approbierten Schriften so verstanden, dass hier die bisherige christliche und scholastische Tradition gemeint sei, interpretierten lutherisch geneigte Reichsstände die Aussage so, dass das Evangelium in seiner reinen Weise gepredigt werden solle, wie es in den Schriften Luthers dargelegt werde.

NÜRNBERG 1524: NATIONALKONZIL

Der Abschied eines weiteren Reichstags in Nürnberg 1524 bekräftigte noch einmal die Pflicht der Landesherren, ihre Druckereien zu überwachen, damit nicht aufgrund von Schmähschriften der Zwist in der Religionsfrage weiter gefördert werde. Erneut wurde ein freies, allgemeines Konzil gefordert, das der Papst »an gelegenem Mahlstatt in Teutscher Nation« einberufen sollte. Als Zwischenlösung sollte eine deutsche Nationalversammlung dienen.[18] Das geplante deutsche Nationalkonzil beziehungsweise die »Gemeine Versammlung Deutscher Nation« sollte am Martinstag 1524 in Speyer beginnen.[19] Wegen des Einspruchs sowohl des Papstes wie auch des Kaisers kam dieses Nationalkonzil nicht zustande, sodass weiterhin in den politischen Gremien eine Lösung gefunden werden musste.

Nachdem im Abschied des Augsburger Reichstags vom 9. Januar 1526 zum ersten Mal die Glaubensfrage gleich zu Beginn im ersten Paragraphen behandelt wurde – inhaltlich wird die Mahnung des Mandats von 1523, nur nach dem Evangelium zu predigen, wiederholt –, wurde die Glaubensfrage immer dringlicher.[20]

SPEYER 1526: VERANTWORTUNG DER TERRITORIALHERREN

Der von Augsburg nach Speyer verlegte Reichstag von 1526 versuchte in seinem Abschied vom 27. August 1526, eine vorläufige Lösung zu finden. Einigkeit bestand darin, dass »in Sachen den Heiligen Christlichen Glauben und Religion, auch die Ceremonien und wolhergebrachte Bräuch der Heiligen Christlichen Kirchen, belangend, kein Neuerung oder Determination bescheen oder fürgenommen werden sollen« und dass zur Lösung der Religionsfrage ein freies Generalkonzil oder zumindest eine Nationalversammlung notwendig sei. Da dies aber derzeit nicht zu erreichen war und man gesehen hatte, dass die unterschiedlichen religiösen Auffassungen im Bauernkrieg zu einem Aufstand des gemeinen Mannes geführt hatten, war es notwendig, in der Zeit bis zu einem solchen Konzil eine vorläufige Regelung zu treffen.[21]

Nachdem schon das Mandat von 1523 sowie der Reichsabschied von 1524 die Verantwortung der Landesherren für die Religionsfrage in ihren Territorien gestärkt und angemahnt hatten, kam es nun im Paragraphen vier des Speyrer Abschieds zu dem bekannten Beschluss:

»Demnach haben Wir, auch Churfürsten, Fürsten und Stände des Reichs, und derselben Bottschafften, Uns jetzo allhie auf diesem Reichs-Tag einmütiglich verglichen und vereiniget, mitler Zeit deß Concilii, oder aber National-Versammlung nichts desto minder mit Unsern Unterthanen, ein jeglicher in Sachen, so das Edict durch Kayserl. Majest. auf dem Reichs-Tag zu Wormbs gehalten, außgangen, belangen möchten, für sich also zu leben, zu regieren und zu halten, wie ein jeder solches gegen Gott, und Kayserl. Majestät hoffet und vertraut zu verantworten.«[22]

Die Durchführung des Wormser Edikts wurde in das Ermessen jedes Landesherrn gestellt. Einige Reichsstädte, vor allem aber die großen Territorien Hessen und Kursachsen, verstanden den Beschluss derart, dass sie nun in ihren Territorien das Kirchenwesen selbst ordnen sollten. Aufgrund von Visitationen kam es in diesen Gebieten zu zahlreichen Neuerungen, so wenigstens verstanden es der Kaiser und etliche katholische Reichsstände. Im Grunde wurde ein von der bisherigen bischöflichen Jurisdiktion unabhängiges Landeskirchentum aufgebaut.[23]

SPEYER 1529: PROTESTATION

Dies führte 1529 wiederum in Speyer zum Versuch der Reichstagsmehrheit, den Status quo festzuschreiben und bis zum Konzil keine weiteren Neuerungen zuzulassen. Hiergegen protestierten die betroffenen evangelischen Reichsstände.[24]

Dieser Protest hat mit Recht wegen der Berufung auf das Gewissen viel Aufmerksamkeit erregt. Es darf aber nicht übersehen werden, dass der Abschied von Speyer auch den Gedanken einer begrenzten Koexistenz unterschiedlicher Konfessionsparteien beziehungsweise Kirchenwesen bis zum Konzil erwog. Die vorgenommenen Änderungen brauchten nämlich nicht zurückgenommen, nur neue sollten nicht eingeführt werden. Der Paragraph 10 des Speyrer Abschieds enthielt erstmals den Versuch, den Religionskonflikt dadurch zu befrieden, dass er in den Landfrieden einbezogen wurde.[25]

Schon vor dem Augsburger Reichstag von 1530 wurde deutlich, dass die Aussicht, einen Konsens in der Religionsfrage zu erzielen, gering war. Andererseits wurde das Bestreben erkennbar, dennoch auf Reichsebene einen Weg zu finden, den religiös auseinanderstrebenden Ständen weiterhin ein friedliches Zusammenarbeiten zu ermöglichen. Die lutherisch gesinnten Reichsstände waren an einer Überwindung des Wormser Edikts, am Bestand ihrer bisher durchgeführten Reformmaßnahmen und an der ständischen Kirchenhoheit interessiert.

DER AUGSBURGER REICHSTAG VON 1530: RELIGIONSVERHANDLUNGEN UND POLITIK

Unter dem Gesichtspunkt der Religion war der Reichstag 1530 in Augsburg von besonderer Bedeutung, weil der Kaiser zum ersten Mal seit fast zehn Jahren wieder teilnahm. Sein Reichstagsausschreiben klang milde und kündigte unter anderem an, es solle darüber beraten werden, »wie der Irrungen und dem Zwiespalt in dem heiligen Glauben und der christlichen Religion« zu begegnen sei. Dazu wollte er »eines jeden Gutdünken, Opinion und Meinung in Liebe und Güte zu hören, zu verstehen und zu erwägen Gelegenheit geben«.[26] Die protestantischen Reichsstände legten zu ihrer Rechtfertigung die *Confessio Augustana* vor. Nachdem

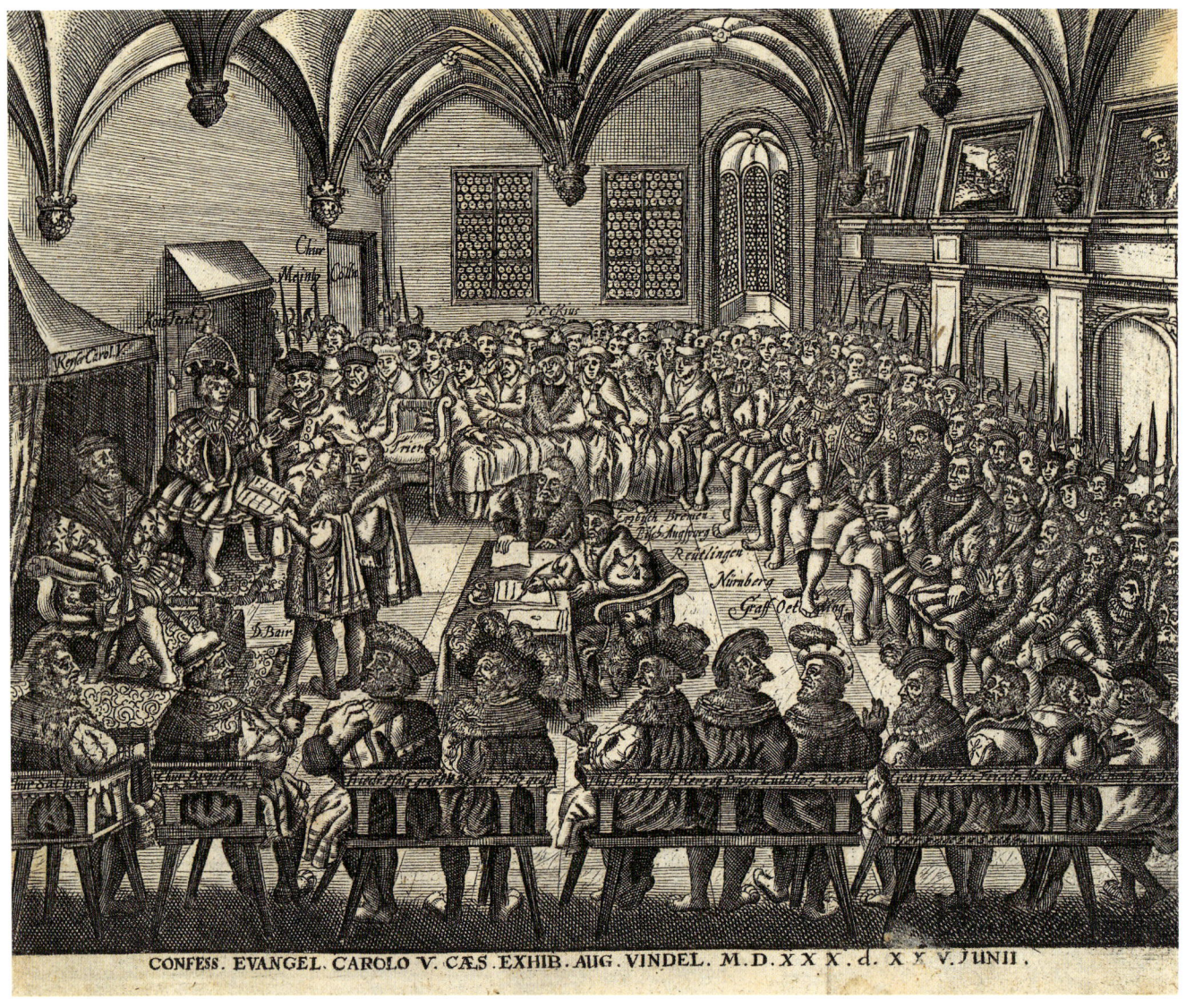

CONFESS. EVANGEL. CAROLO V. CÆS. EXHIB. AUG. VINDEL. M.D.XXX. d. XXV. JUNII.

Abb. 3 | Die Übergabe der Confessio Augustana auf dem Augsburger Reichstag 1530,
Kupferstich von Georg Köler (Coler) um 1650, Herzog August Bibliothek Wolfenbüttel, Inv.-Nr. Graph. C: 175

lange Zeit hindurch deren Verlesung im Mittelpunkt der historischen Betrachtungen stand, gewannen im Zuge der ökumenischen Annäherung der Kirchen auch die Religionsverhandlungen von August und September an Interesse.[27]

Die *Confessio Augustana* war aufgrund des kursächsischen Verhandlungskonzepts als ein Dokument des Ausgleichs gedacht. Gegenüber dem Kaiser und den anderen Reichsständen wollte man nachweisen, dass man nicht vom althergebrachten Glauben abgewichen sei, sondern lediglich einige Missbräuche abgestellt habe.[28] Obwohl die Katholiken in ihrer ersten Antwort, der sogenannten *Confutatio*, die *Confessio Augustana* gänzlich ablehnten, erzwang der Kaiser wegen seiner politischen Ziele – Türkensteuer, Wahl seines Bruders Ferdinand zum König – Verhandlungen zwischen beiden Religionsparteien, die schließlich im August und September 1530 stattfanden. Zwar wurden nicht alle theologischen Differenzen behandelt, jedoch in den Punkten, die man auf der

Grundlage der *Confessio Augustana* besprach, erzielte man weitgehende Einigkeit. Eine Differenz bestand nur noch in der Frage der Zulassung der herkömmlichen Messe im gesamten Reich.[29]

In Bezug auf die religiöse Praxis im Reich drehten sich die Verhandlungen um den kursächsischen Vorschlag einer Rückkehr unter die bischöfliche Jurisdiktion für den Fall, dass den Lutheranern die Kommunion unter beiden Gestalten, die Priesterehe und ihre Form des Gottesdienstes zugelassen werde. In den ersten beiden Punkten wurde eine Duldung bis zum Konzil zugesagt. Ob sich dies in der Praxis hätte verwirklichen lassen, darf bezweifelt werden, wenn man an die vergleichbare Duldungsbereitschaft in Zusammenhang mit dem Interim erinnert. Auf die Zulassung der katholischen Messe im gesamten Reich, auf der der Kaiser als »vicarius ecclesiae« glaubte bestehen zu müssen, wollten sich die Lutheraner nicht einlassen, sodass der Vergleich an diesem Punkt scheiterte.

Dem Kaiser war es während des Reichstags unterdessen gelungen, seine politischen Ziele durchzusetzen. Das vorrangige Ziel war die Wahl seines Bruders Ferdinand zum römischen König. Obwohl einige protestantische Stände, so der sächsische Kurfürst, die Wahl verweigerten, konnte es doch mit großer Mehrheit erreicht werden. Die Verweigerer gaben erst 1534 im Vertrag von Kaaden ihre Zustimmung. Das zweite Ziel war die Gewährung von Finanzhilfe zur Abwehr der Türken, die 1529 vor den Toren Wiens gestanden hatten.[30] Nachdem beide Ziele erreicht waren, schwand die Bereitschaft des Kaisers, den protestantischen Ständen in der Religionsfrage entgegenzukommen.

Der Reichstagsabschied fiel recht scharf aus und verpflichtete die evangelischen Stände zur Unterwerfung und Annahme des Wormser Edikts bis 15. April 1531. Für den Weigerungsfall enthielt der Abschied die unverhohlene Drohung, notfalls zum Mittel des Krieges zu greifen.[31]

DIE ZEIT DER INTERIMISTISCHEN LÖSUNGEN: »BIS ZU EINEM KONZIL«

Einige evangelische Stände hatten den Reichstag vorzeitig verlassen, weil sie den schärferen Wind spürten. Bereits im Dezember 1530 kamen sechs Fürsten und zehn Städte in Schmalkalden unter Führung von Hessen und Sachsen zusammen.[32] Bis zum Frühjahr 1531 hatten sie ein Bündnis, den Schmalkaldischen Bund, ausgehandelt.[33] Man verpflichtete sich zur gegenseitigen Waffenhilfe im Verteidigungsfall, wollte ein Bundesheer aufstellen und geschlossen gegen die Urteile des Reichskammergerichts vorgehen, die der Ausbreitung der Reformation Einhalt geboten. Der Schmalkaldische Bund bildete in den nächsten Jahren unter Führung des hessischen Landgrafen Philipp einen bedeutenden Machtfaktor. Der Protestantismus erhielt zu seiner religiösen Überzeugungskraft ein wichtiges politisches und militärisches Instrument. Weil sich die Reformation somit immer stärker politisch auswirkte, spaltete sie die deutsche Nation in zwei Lager.

Das Ultimatum des Reichstagsabschieds von 1531 verstrich ohne Wirkung oder Folgen. Im Jahr 1532 sah sich der Kaiser zu Verhandlungen mit den Schmalkaldenern genötigt und gewährte ihnen bis zu einem Konzil Waffenstillstand im sogenannten Nürnberger Anstand von 1532 (23. Juli).[34]

Um in der Religionsfrage im Reich weiterzukommen, wurde nun der Versuch eines Religionsgesprächs wie auf dem Augsburger Reichstag – zunächst auf regionaler Ebene – wieder aufgenommen. Ende April 1534 trafen sich im Leipziger Paulinerkloster Vertreter des Erzbischofs von Mainz und lutherische Theologen aus Sachsen.[35] Über den Verlauf der Gespräche ist wenig bekannt. Zunächst kam man sich in der Rechtfertigungslehre entgegen. Beim zweiten Thema, das die Messe behandelte, scheiterte jedoch das Unternehmen. Ein weiteres Religionsgespräch folgte einige Jahre später. An ihm nahmen am 1. Januar 1539 in Leipzig Melanchthon und Brück als Vertreter Kursachsens, der Kanzler Johann Feige und Martin Bucer als Vertreter Hessens sowie Christoph von Karlowitz, Ludwig Fachs und Georg Witzel für das Herzogtum Sachsen teil. Grundlage für das Gespräch sollte nach der Anregung von Karlowitz das »Richtscheit der apostolischen Kirche« sein.[36] Ein solches Kriterium war zu abstrakt für konkrete Übereinkünfte und die kursächsischen Vertreter verließen die Versammlung. Die restlichen unter Führung von Witzel und Bucer erarbeiteten einen Einigungsentwurf in 15 Artikeln über Fall und Erlösung des Menschen, freien Willen, Sakramente, Kirchenbräuche und Ämter.[37] Obwohl Philipp von Hessen dem Ergebnis positiv gegenüberstand und auch Julius von Pflug die Sache wohlwollend prüfen wollte, kam aus Wittenberg scharfer Protest.[38] Von regionalen Gesprächen war vielleicht eine Entspannung angesichts der Kriegsrüstungen zu erwarten, aber keine verbindliche Lösung für das Reich.

KONZILSANKÜNDIGUNGEN

Auf Reichsebene kam Bewegung in die Religionsfrage durch die Ankündigung des Konzils von Trient am 2. Juni 1536.[39] Die Berufung nach Mantua zum 23. Mai 1537 hatte der Schmalkaldische Bund zurückgewiesen, worauf das Konzil auf den 1. November vertagt und schließlich als dritter Termin der 1. Mai 1538 benannt wurde. Nach weiteren Verschiebungen sah sich das römische Konsistorium schließlich am 21. Mai 1539 zu einer Suspendierung des geplanten Konzils veranlasst.

Zuvor schon hatten sich in Nürnberg katholische Reichsstände zu einer christlichen Einigung zusammengeschlossen zur »Erhaltung unsers christlichen Glaubens und zur Handhabung Frieds und Einigkeit auch guter Sitten im Heiligen Reich«.[40] Bündnispartner waren unter anderem der Kaiser, König Ferdinand für Österreich, Herzog Wilhelm IV. von Bayern, Herzog Georg von Sachsen, Heinrich von Braunschweig, Erzbischof Albrecht von Mainz für Magdeburg und Halberstadt, sowie der Bischof von Salzburg. Zur gleichen Zeit versuchte Kurfürst Joachim II. von Brandenburg anlässlich der Lehnsverhandlungen mit König Ferdinand im Mai 1538 in Bautzen, die gütliche Beilegung des Streites durch Religionsverhandlungen erneut anzuregen.[41] Angesichts der Situation, dass das Konzil vorerst nicht zustande kommen konnte, stimmten Kaiser und Papst dieser Idee zu.

Behindert wurden die Vorbereitungen durch das Misstrauen der beiden Religionsparteien, die jeweils von der anderen Seite einen Angriff erwarteten. In dieser Situation gelang es am 19. April 1539, den Frankfurter Anstand abzuschließen, der den Protestanten erneut die Aussetzung des Wormser Edikts von 1521 für 15 Monate einräumte. Während dieser Zeit sollte kein Reichsstand wegen der Religion angegriffen werden.[42] Festgelegt wurde auch, dass etwa im August der Kaiser einen Tag nach Nürnberg ausschreiben sollte, um mit Konkordienverhandlungen zu beginnen. Verschiedene Gründe, unter anderem die Furcht der Kurie vor einem deutschen Nationalkonzil, verhinderten schließlich diesen Termin. Da sich die Lage aber außenpolitisch zuspitzte, entschloss sich der Kaiser, mit einem Schreiben vom 18. April 1540 zu einem Religionskonvent nach Speyer einzuladen, der am 6. Juni beginnen sollte.[43]

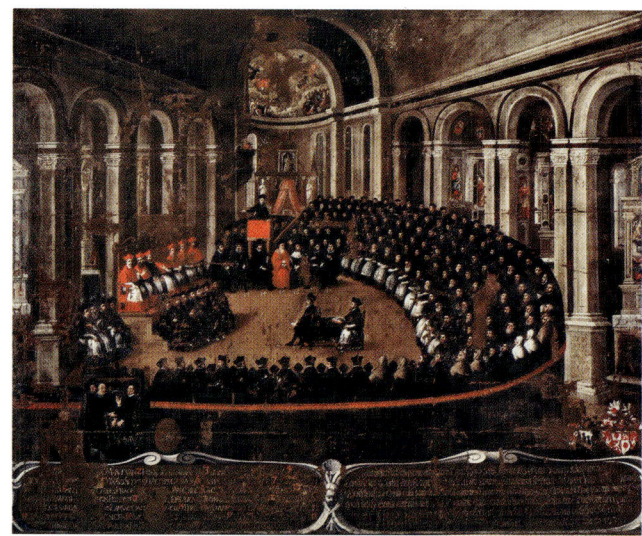

Abb. 4 | Tagung des Konzils in der Kirche Santa Maria Maggiore in Trient, Elia Naurizio, 1633, Öl auf Leinwand, Museo Diocesano di Trento

WARTEN AUF DAS KONZIL: RELIGIONSGESPRÄCHE AUF REICHSEBENE

Dieses Gespräch musste wegen der Pest nach Hagenau ausweichen.[44] Unter der Leitung König Ferdinands und in Anwesenheit einiger Fürsten trafen sich Theologen beider Seiten. Von den Lutheranern waren erschienen Cruciger, Myconius und Menius, ferner Brenz, Bucer, Capito, Osiander und Calvin, der mit den Straßburgern gekommen war, denn er war damals als Pfarrer der französischen Flüchtlingsgemeinde dort tätig. Von katholischer Seite nahmen unter anderem Faber, Eck und Cochläus teil. Der päpstliche Nuntius Morone fungierte als Berater. In dem Gespräch konnte keine Einigkeit über die sachlichen Ausgangspunkte erzielt werden. Der Beschluss vom 28. Juli enthielt dann praktisch auch nur die Absicht, in drei Monaten erneut zusammenzukommen.[45]

Aufgrund der Erfahrungen des Hagenauer Gesprächs erarbeitete Melanchthon die variierte Fassung der *Confessio Augustana* als Programm für die kommende Disputation, weil sich der Text der alten *Confessio Augustana* als unzureichend erwiesen habe.[46] Ende November 1540 wurde in Worms erneut verhandelt. Anwesend waren auch der Kanzler Granvella und der päpstliche Nuntius Tommasio Campeggi. Zu Anfang bestand Uneinigkeit über den Abstimmungsmodus und über die Zusammensetzung der verschiedenen Religionsparteien.[47] Die Verhandlungen begannen erst am 15. Januar 1541 zwischen Melanchthon und Eck. Die Katholiken begründeten die Verzögerung damit, dass sie erst die *Confessio Augustana* mit der *Variata* hätten vergleichen müssen. Sie akzeptierten diese und schlossen sich damit der Feststellung Melanchthons an, dass eine sachliche Veränderung nicht vorgenommen worden sei.[48] Die Verhandlungen kamen nicht recht in Gang, weil schon am 18. Januar der Kaiser befahl, das Kolloquium auf den ausgeschriebenen Reichstag nach Regensburg zu verlegen.[49]

In Geheimverhandlungen zwischen dem kaiserlichen Rat Gerhard Veltwyk und Johannes Gropper sowie den Straßburger Reformatoren Capito und Bucer kam das sogenannte *Wormser Buch* zustande.[50] Es basierte auf einer Denkschrift Groppers, die wiederum aus seinem *Enchiridion* hervorgegangen war. Das *Wormser Buch* war die Grundlage des späteren *Regensburger Buches*, das nur in Einzelheiten davon differierte.[51]

Der Regensburger Reichstag wurde am 5. April 1541 mit der Verlesung der Proposition eröffnet. Wichtigster Punkt war die Religionssache, die durch ein Gespräch einer Lösung zugeführt werden sollte. Zum Gespräch waren bestimmt von katholischer Seite Pflug, Eck und Gropper, von lutherischer Seite Melanchthon, Bucer und Johannes Pistorius. Als Zeugen beziehungsweise als Vorsitzender kamen der Kanzler Granvella und Pfalzgraf Friedrich hinzu. Der Papst hatte Kardinal Contarini entsandt, allerdings hatte dieser keine Vollmachten und verhandelte auch nicht mit. Als Gesprächsgrundlage diente das vom Kaiser versiegelte und ohne Titel überreichte Ergebnis der Gespräche von Worms.[52]

Die Religionsverhandlungen begannen am 27. April und man einigte sich sehr schnell über vier Artikel: Schöpfung des Menschen und Urstand, freier Wille, Ursache der Sünde und Erbsünde. Differenzen ergaben sich beim fünften Artikel, der Rechtfertigungslehre.

Nachdem die Verhandlungen hier stockten, legte Kanzler Granvella eine Formulierung vor, die die Zustimmung aller Beteiligten, des Kaisers, Contarinis und auch Calvins fand. Beim Artikel über die Kirche einigte man sich nicht und deshalb entschloss man sich, diesen Artikel zunächst zurückzustellen. Aber auch der Artikel über die Messe brachte die Verhandlungen erneut ins Stocken. Eine Einigung konnte nicht erzielt werden. In abschließenden Stellungnahmen lehnte sowohl die katholische Seite[53] wie auch die protestantische Seite[54] das *Regensburger Buch* entschieden ab. Der in Regensburg verglichene Rechtfertigungsartikel stieß auf heftige Kritik, sein Kernstück war die These von der »duplex iustitia«.[55]

Gescheitert ist aber das Regensburger Gespräch letztlich nicht an der Rechtfertigungslehre, sondern an der Lehre von der Kirche. Hierbei ging es um den Begriff der Kirche als Heilsinstitution mit hierarchischer Struktur, unfehlbarem Lehramt und oberster päpstlicher Gewalt.[56] Weitere unüberbrückbare Gegensätze bestanden in der Kontroverse über die Transsubstantiationslehre beim Artikel des Abendmahls.[57]

Als Ausweg aus der verfahrenen Situation bot sich erneut das Konzil an. Der Abschied des Reichstags vom 29. Juli 1541[58] war zurückhaltend. Er erwog auch die Möglichkeit eines deutschen Nationalkonzils und forderte ein Konzil innerhalb von 18 Monaten in Deutschland. Ansonsten sollten der Beschluss von Augsburg und der Nürnberger Anstand für weitere 18 Monate aufrechterhalten werden.

PROTESTANTISCHE ABLEHNUNG DES KONZILS: EINIGUNG DURCH ZWANG?

Seit Beginn der 1540er-Jahre bereitete Karl V. einen Umschwung seiner Politik im Reich vor. Auf der einen Seite betrieb er nach wie vor nachdrücklich und beharrlich die Einberufung eines Konzils. Im Hinblick auf dieses mögliche künftige Konzil verlängerte er periodisch den befristeten Religionsfrieden. Auf der anderen Seite rechnete er stärker mit der Möglichkeit einer kriegerischen Auseinandersetzung mit den Protestanten. Er versuchte, sich auf eine militärische und politische Auseinandersetzung mit den Schmalkaldenern vorzubereiten. Im Frühjahr 1544 hatte Kaiser Karl in Speyer einen Reichstag durchgeführt. Es gelang ihm hier unter dem Eindruck seiner militärischen Erfolge, Hilfe für einen Türkenzug und auch gegen Frankreich zu erlangen. Auch die Protestanten stimmten zu. Im Reichsabschied wurde in der Religionsfrage wieder eine interimistische Lösung gefunden. Für einen neuen Reichstag wurde in Aussicht gestellt, dort über »eine christliche Reformation« zu beschließen, das heißt für den Fall, dass das Konzil nicht zustande kam, wollte der Kaiser die Angelegenheit selbst in die Hand nehmen. Auch von einem Nationalkonzil war die Rede. Es hieß, die Glaubensfrage solle »durch christliche und freundliche Vergleichung eines gemeinen freien christlichen Konzils, Nationalversammlung oder Reichstag« geregelt werden.[59]

In dieser Situation entschloss sich der Papst erneut zur Ausschreibung eines Konzils für den 15. März 1545 nach Trient.[60] Der Papst hatte möglicherweise die Politik des Kaisers falsch eingeschätzt, denn Karl V. wollte keinen wirklichen Vergleich mit den Protestanten, sondern strebte ihre Niederwerfung an. Der nächste Reichstag fand im Frühjahr 1545 in Worms statt, also zu einem Zeitpunkt, als das Konzil bereits ausgeschrieben war. Damit rückte der Endpunkt des bisherigen »Friedstandes« nahe. Die Protestanten fürchteten einen Krieg des Kaisers. Sie forcierten noch einmal den Versuch eines Religionsgesprächs. Dieses fand Ende Januar 1546 in Regensburg statt.[61] Im Grunde war dieses Gespräch überflüssig, da inzwischen, am 13. Dezember 1545, tatsächlich das Konzil von Trient eröffnet worden war. Der folgende Reichstag, der 1546 in Regensburg stattfand, musste daher auch ergebnislos bleiben.

DER KAMPF UM DAS KONZIL

SCHMALKALDISCHER KRIEG

Als die Protestanten nach dem Sinn der kaiserlichen Rüstung fragten, erhielten sie am 16. Juni die Auskunft, diese würde »ungehorsamen Fürsten gelten«. Zur Vorbereitung des Krieges hatte der Kaiser Verträge mit dem Papst und mit Bayern abgeschlossen. Am wichtigsten war der Vertrag mit Herzog Moritz von Sachsen, dem Schwiegersohn des hessischen Landgrafen. Dass dieser protestantische Fürst sich mit dem Kaiser verbündete, hatte seinen Grund in der seit Langem schwelenden Rivalität der beiden Sachsen.

Am 20. Juni 1546 wurde über den Kurfürsten Johann Friedrich von Sachsen und den Landgrafen Philipp von Hessen die Reichsacht verhängt. Als Grund wurde ihre Militäraktion gegen den katholischen Herzog Heinrich von Braunschweig genannt.[62] Der Kaiser führte seinen Krieg formal nicht als Religionskrieg, sondern als Exekution gegen Rebellen wegen Gehorsamsverweigerung im Rahmen der Reichsverfassung.[63]

Mit seinem Krieg gegen den Schmalkaldischen Bund hatte Kaiser Karl V. das Ziel verfolgt, alle Stände des Reiches zur Teilnahme am Konzil zu bewegen. Sein Sieg über die Protestanten in der Schlacht bei Mühlberg am 24. April 1547 schien hierzu die Möglichkeit zu eröffnen. Jedoch war kurz zuvor das Trienter Konzil nach Bologna verlegt worden,[64] einer Stadt im Kirchenstaat und daher für die Protestanten nicht akzeptabel.

AUGSBURG 1547/48 – INTERIM

Nach Einberufung eines weiteren Augsburger Reichstags gelang es dem Kaiser zwar im Oktober 1547, alle Stände dazu zu bringen, sich dem künftigen Konzil zu unterwerfen, aber gemeint war nicht irgendein Konzil, sondern das in Trient tagende. Ungeachtet der Tatsache, dass die Auffassungen über die Art und Weise, wie ein Konzil durchzuführen sei, sehr unterschiedlich waren, bemühte sich der Kaiser, das Konzil wieder nach Trient zurückführen zu lassen. Jedoch blieb dies zunächst ohne jeden Erfolg.[65]

Für den Fall, dass sich der Konzilsplan zerschlug, hatte der Kaiser bereits seit Beginn des Reichstags insgeheim eine Theologenkommission tagen lassen, die den Entwurf für eine interimistische Ordnung der Religionsangelegenheit bis zum Konzil ausarbeiten sollte. Gemäßigte Theologen, vor allem der Bischof von Naumburg, Julius Pflug, der Mainzer Weihbischof Michael Helding und der Brandenburger Hofprediger Johannes Agricola, arbeiteten eine religiöse Formel aus, die Grundlage der Religionsausübung im Reich sein sollte, das sogenannte Interim.[66] In Fragen des Laienkelchs, der Priesterehe und der geistlichen Güter kam der Text den Protestanten entgegen. Dogmatisch vertrat das Interim einen gemäßigten Katholizismus. Zufrieden war jedoch keine Seite mit dem Text. Es gelang dem Kaiser nicht, die katholischen und lutherischen Stände auf dieses Interim zu verpflichten.[67]

Die Katholiken befürchteten Schwierigkeiten aus Rom, falls sie sich auf eine reichsrechtliche Lösung in theologischen Fragen einließen. Sie argumentierten, da sie nicht von der Lehre abgewichen seien, brauchten sie auch keine Zwischenlösung in der Religionsfrage. Der Papst verbot später ausdrücklich die auch nur vorläufige Beibehaltung verheirateter Priester für den kirchlichen Dienst.[68] Weil das Augsburger Interim so dem Anschein nach zu einem Sondergesetz für die Lutheraner wurde und diese darin den Versuch einer Rekatholisierung ihrer Gebiete vermuteten, widersetzten sich die protestantischen Fürsten und Städte. Jedoch nur wenige – so vor allem Magdeburg und andere norddeutsche Gebiete – konnten es wegen der kaiserlichen Übermacht öffentlich wagen. In Süddeutschland mussten sich viele Städte dem kaiserlichen Diktat beugen. Das Interim trug nicht zum Ausgleich der religiösen Spannungen bei, sondern führte zur Erstarrung der Fronten.

AUGSBURG 1550: KATHOLIKEN UND PROTESTANTEN ZUM KONZIL?

Die Beschäftigung mit dem Interim erlahmte bei den Reichsständen mit dem neuen Reichstag in Augsburg, der am 26. Juli 1550 begann. Die Eröffnung der zweiten Konzilsperiode in Trient am 1. Mai 1551,[69] an der später auch die drei geistlichen Kurfürsten[70] und rund ein Dutzend weiterer Bischöfe aus dem Reich teilnahmen, eröffnete die Möglichkeit, endgültig vom ungeliebten Interim Abschied zu nehmen. Sogar Abgesandte protestantischer Fürsten waren in Trient und evangelische Theologen befanden sich auf der Anreise.[71] Das Konzil zerbrach schließlich am Fürstenaufstand,[72] der zur vorzeitigen Abreise der Reichsbischöfe aus Trient, führte. Sie betrachteten ihre Territorien – entgegen den Zusagen des Kaisers – als nicht hinreichend geschützt. Diese Erkenntnis brachte den Mainzer Erzbischof Sebastian von Heusenstamm, aber auch viele seiner Standesgenossen zu der Einsicht, dass nur eine Friedenssicherung auf Reichsebene die überkommene Verfassung und Struktur des Reiches weiterhin schützen könne.[73] Die Erfahrungen der bisherigen Entwicklung führten zu diesem Zeitpunkt zu dem übereinstimmenden Interesse, Frieden zu schließen und den Status quo beizubehalten.

FRIEDEN VOR RELIGIONSLÖSUNG

RELIGIONSFRIEDEN VON 1555 (AUGSBURG)

Die Erfahrung, dass weder Religionsgespräche, kaiserliche Zwangsmaßnahmen noch das Konzil eine von allen Seiten akzeptable Lösung zustande bringen konnten, ließ das gemeinsame Interesse beider Konfessionsparteien an einem unkonditionierten Religionsfrieden entstehen. Das evangelische Lager hatte einen solchen seit dem Speyrer Reichstag 1526 immer wieder gefordert. Nun sahen auch katholische Reichsstände in einem Frieden unter Hintanstellung einer vorherigen Lösung der Religionsfrage die Grundlage für ihre eigene Fortexistenz.

Über den Passauer Vertrag von 1552 kam es so durch Verhandlungen zwischen evangelischen und katholischen »Vermittlungsfürsten«[74] und König Ferdinand zur Absprache des Religionsfriedens von 1555. Die Sicherung der Katholizität des Reiches und der kleineren katholischen Reichsstände wurde durch das einseitig

von König Ferdinand in den Reichsabschied vom 25. September 1555 aufgenommene »Reservatum ecclesiasticum« gewährleistet.[75] Die evangelischen Reichsstände nahmen dies zähneknirschend hin, wenn sie auch in den kommenden Jahrzehnten immer wieder versuchten, gerade diesen Passus zu kippen. Der Augsburger Religionsfrieden schrieb reichsrechtlich zwei konfessionelle Parteien fest, nämlich die Anhänger der Alten Kirche und die Anhänger der *Confessio Augustana*. Was zuvor nur informell von Bedeutung war, hatte nun eine reichsrechtliche Grundlage. Die Religionspolitik des Kaisers war gescheitert. Die weiteren Verhandlungen überließ er seinem Bruder König Ferdinand. Da er die Ergebnisse der Absprachen der Reichsfürsten nicht mittragen konnte und wollte, zog sich Karl vom Kaisertum zurück und dankte am 6. August 1556 ab.[76]

Die Augsburger Lösung der Religionsfrage war, gemessen am Passauer Vertrag, nur zur Hälfte gelungen, nämlich hinsichtlich der Friedenssicherung durch Unterordnung der causa religionis unter den Landfrieden. Die theologischen Streitfragen hoffte der Kaiser ebenfalls durch einen Vergleich beheben zu können. Nachdem dieser Plan in Augsburg am Widerstand sowohl der katholischen wie der lutherischen Stände gescheitert war, wurde das Problem des Religionsvergleichs im Reichstagsabschied auf den künftigen Regensburger Reichstag verschoben.[77] Insofern steht dieser Reichstag noch unmittelbar im Zusammenhang mit der Bewältigung der Folgen der Reformation. Andererseits sollte sich bereits zeigen, dass nach Erlangung des äußeren Religionsfriedens der eigentliche Religionsvergleich auf Reichsebene nicht mehr in der Macht und wohl auch nicht im Interesse der meisten Reichsstände lag.[78]

REGENSBURG 1556/57

Laut Proposition[79] des Regensburger Reichstags 1556/57 sollten folgende Punkte verhandelt werden: Religionsfrage, Türkenhilfe, Landfrieden und Münzordnung. Während des Reichstags beanspruchte die Religionsfrage die meiste Zeit. Zweck der Verhandlung der Religionsfrage war die inhaltliche Bereinigung der theologischen Differenzen. Bereits bei den vorbereitenden Konsultationen zeichnete sich ab, dass man während des Reichstags nur über den Weg eines künftigen Religionsvergleichs zum Abschluss kommen würde. Im Anschluss an den Passauer Vertrag hatten der

Augsburger Reichsabschied und die Proposition für Regensburg die bekannten vier Wege aufgezählt: Generalkonzil, Nationalkonzil, Reichsversammlung oder Religionsgespräch.[80] Alle diese Wege waren in den Jahren seit Ausbruch der Reformation bereits erprobt worden.[81]

Für die Reichsstände war es selbstverständlich und notwendig, sich mit der Religionsfrage zu befassen, weil sie ihre territorialen Interessen und das Gefüge der Reichsverfassung berührte, insofern die Kirchenhoheit ein zwischen den Ständen und dem Kaisertum strittiges Recht war.[82] Insbesondere waren die geistlichen Fürsten betroffen,[83] die als Bischöfe der Kirche unmittelbar für Glaubensentscheidungen verantwortlich waren und die als Reichsfürsten darauf bedacht sein mussten, ihre politische Stellung zu behaupten.

Auf dem Reichstag wurden nur noch die Konditionen eines künftigen Gesprächs festgelegt, das dann für August 1557 nach Worms angesetzt wurde. Die unterschiedlichen Wertungen eines Religionsgesprächs prallten hart aufeinander. Sie sind im Einzelnen nicht neu und zeigen die Unvereinbarkeit der jeweiligen Anschauungen der Religionsparteien:[84] Die Katholiken bestanden wegen der Universalität der Kirche auf einem Konzil zur Lösung der Religionsfrage.[85] Die Protestanten fürchteten, dort nicht zu Wort zu kommen oder überstimmt zu werden, und setzten sich daher für ein Kolloquium ein. Die theologische Grunddifferenz vor allen lehrhaften Einzelunterschieden lag in der abweichenden Auffassung von der verbindlichen Norm in der Christenheit.[86] Dies war die gleiche Frage, die am Anfang der Kirchenspaltung gestanden hatte. Dass die Schrift die eigentliche Norm sei, war wohl unbestritten, jedoch wurde von den katholischen Reichsständen das Problem der unterschiedlichen Meinungen in Bezug auf bestimmte Schriftaussagen vorgebracht. Hier bedürfte es dann einer eindeutigen Entscheidung und die stünde dem Konzil beziehungsweise dem Papsttum zu. Für die Protestanten lag in einer solchen formalen Autorität keine Lösung. Die Einheit könne sich nur aus dem gemeinsamen Hören auf das Wort Gottes ergeben. Sie sei nicht durch Autorität erzwingbar. Im Reich kämpften die geistlichen Fürsten um ihre Existenz, die bei einer Rücknahme des reservatum ecclesiasticum gefährdet schien.[87] Die weltlichen Fürsten drängten auf einen Ausbau ihrer Territorialherrschaft, zu der nach ihrer Auffassung vor allem die Kirchenhoheit gehörte.

Das während des Reichstags in Regensburg beschlossene Religionsgespräch fand 1557 in Worms statt. Noch während des Reichstags hatten die Religionsparteien je zwölf Kolloquenten benannt.[88] Nachdem alle in Worms eingetroffen waren, konnten etwa drei Wochen nach dem ursprünglich vorgesehenen Eröffnungstermin am Samstag, dem 11. September 1557, die Verhandlungen eröffnet werden.[89] Sie erstreckten sich über sechs Sitzungen vom 11. bis 20. September 1557.[90] Instruiert von ihren jeweiligen Landesherren, waren die Theologen nicht an einem Ausgleich interessiert. Es ging hauptsächlich darum, vor der Öffentlichkeit besser abzuschneiden als die Kontrahenten.

Führender Theologe aufseiten der Katholiken war der Jesuit Petrus Canisius, der sich zunächst im Hintergrund hielt. Erst in der fünften und sechsten Sitzung ergriff er das Wort. Er deckte in aller Ruhe die Zwistigkeiten zwischen den Protestanten in theologischen Fragen auf: »Da die Lehren in den Gemeinschaften, die sich zu dieser Konfession [d. h. der Augsburger Konfession] bekennen, sehr verschieden ist und manchmal sogar im Widerspruch zu einigen der wichtigsten Punkte des Bekenntnisses steht, [bitten wir], dass dieselben sich nicht weigern, in den Fragen, in denen sie von uns nicht abweichen, gemeinsam mit uns deutlich und offen alles zu verurteilen, was der katholischen Wahrheit widerspricht, die wir verteidigen.«[91] In einer weiteren Rede der entscheidenden sechsten Sitzung wies Canisius an verschiedenen theologischen Detailfragen nach, dass es in Bezug auf ein und dieselbe Schriftstelle in den unterschiedlichen protestantischen Gruppen zu unterschiedlichen Deutungen und theologischen Forderungen komme.

Nach dieser Rede bat Michael Helding mit Erlaubnis des Vorsitzenden die Protestanten, zu erklären, ob die Zwinglianer, die Calvinisten, die Anhänger des Osianders und des Flacius Illyricus auf der Grundlage der *Confessio Augustana* stünden. Man kann davon ausgehen, dass hier eine Taktik angewendet wurde, die zuvor abgesprochen war. Es handelte sich um eine Fangfrage, weil ja nur die Anhänger der Augsburger Konfession unter dem Schutz des Religionsfriedens standen. In dieser Situation trat der bisher verdeckte Dissens der Protestanten offen zutage. Die Flacianer sahen sich herausgefordert, ihren Glauben öffentlich zu bekennen, sodass es zu einem Konflikt innerhalb der protestantischen Gruppe und schließlich zur Abreise der Flacianer kam. Damit war das Religionsgespräch gescheitert.

ZUSAMMENFASSUNG

Das Wormser Religionsgespräch schloss die Phase der Ausgleichsbemühungen in der Religionsfrage auf Reichsebene ab. Nachdem der Augsburger Religionsfrieden von 1555 den Territorien im Reich die Kirchenhoheit zugesichert hatte und die Religionsfrage unter den Schutz des Landesfriedens gestellt worden war, schwand für viele Reichsterritorien die Notwendigkeit eines theologischen Ausgleichs. Die innere Festigung der jeweils eigenen Position schien vordringlicher zu sein. Den Katholiken gelang dies auf dem Konzil von Trient und mit den nachfolgenden Bemühungen, die Beschlüsse und Ergebnisse umzusetzen. Die innerprotestantischen Streitigkeiten wurden durch das *Konkordienbuch* (1580/1584) vorerst beigelegt. Die Trennung der konfessionellen Kontrahenten durch die Schaffung religiös einheitlicher Territorialstaaten entschärfte den Konflikt, verhinderte aber gleichzeitig den möglichen und auch notwendigen theologischen Disput sowie die Suche nach Ausgleich, um ein einheitliches Christentum in der Öffentlichkeit vertreten zu können. Das ius reformandi, das der Augsburger Religionsfrieden den Landesherren zugesprochen hatte, konnte auf Dauer nicht aufrechterhalten werden, da die Länder des Reiches dynastisch regiert wurden und die Grenzen sich bei Erbschaft oder Heirat häufig änderten. Der Westfälische Frieden von 1648 setzte das Normaljahr 1624 fest, wodurch die Untertanen vor weiteren Konfessionswechseln gesichert waren. Im Laufe der Zeit erhielten fast alle Territorien konfessionelle Minderheiten. Die Religion/Konfession wurde allmählich vom Recht als verbindlicher Staatsgrundlage abgelöst. Die hierdurch eingeleitete neuzeitliche Trennung von Staat und Kirche eröffnete neue Perspektiven für einen religiösen Ausgleich, die allerdings im ökumenischen Gespräch noch nicht hinreichend ausgelotet sind.

Die Entscheidungen der Reichstage im 16. Jahrhundert ermöglichten den Zusammenhalt und das Funktionieren des Reiches trotz konfessioneller Verschiedenheit, weil hierin das gemeinsame Interesse der Stände lag.[92] Zwar wurde diese Entwicklung durch die Reformation Martin Luthers ausgelöst, jedoch haben die Reichstagsentscheidungen wesentlich zur Entstehung eines neuzeitlichen säkularen Staates beigetragen.

ANMERKUNGEN

1 Vgl. Carl Andresen/Georg Denzler, Wörterbuch der Kirchengeschichte, München 1982, S. 110 f.; Vinzenz Pfnür, Johannes Ecks' Verständnis der Religionsgespräche, sein theologischer Beitrag in ihnen und seine Sicht der Konfessionsgegensätze, in: Erwin Iserloh (Hrsg.), Johannes Eck (1486–1543) im Streit der Jahrhunderte, Münster 1988 (RGST 127), S. 223–249; Albrecht P. Luttenberger, Johannes Eck und die Religionsgespräche, in: ebd., S. 192–222; Hubert Jedin, An welchen Gegensätzen sind die vortridentinischen Religionsgespräche zwischen Katholiken und Protestanten gescheitert, in: ders., Kirche des Glaubens und Kirche der Geschichte, Bd. 1, Freiburg 1966, S. 361–366; Cornelis Augustijn, Die Religionsgespräche der vierziger Jahre, in: Religionsgespräche der Reformationszeit, Gütersloh 1980 (SVRG 191), S. 43–53. **2** Luttenberger, Johannes Eck (wie Anm. 1), S. 192 f. **3** Vgl. Winfried Becker, Die Verhandlungen der Reichsstände über die Confessio Augustana als Ringen um Einheit und Kirchenreform, in: Erwin Iserloh (Hrsg.), Confessio Augustana und Confutatio. Der Reichstag 1530 und die Einheit der Kirche, Münster 1980 (RGST 118), S. 127–154. **4** Vgl. Ernst August Koch (Hrsg.), Neue und vollständigere Sammlung der Reichs-Abschiede, besorgt von Heinrich Christian Senckenberg, 4 Bde., Frankfurt 1747, ND Osnabrück 1967, hier Teil 2, S. 169–643 (1518–1551), Teil 3, S. 4–136 (1552–1555). **5** Vgl. Dokumente zur Causa Lutheri (1517–1521), hrsg. und kommentiert von Peter Fabisch und Erwin Iserloh, 2 Bde., Münster 1988/1991 (Corpus Catholicum 41, 42 im Folgenden CCath 41, 42), Bd. 1, S. 44 (7. August 1518). **6** CCath 42, S. 55–66 (Postquam ad aures vom 23. August 1518). **7** CCath 42, S. 60 f. (Cum nuper vom 11. September 1518). **8** Vgl. Otto Hermann Pesch, »Das heißt eine neue Kirche bauen«. Luther und Cajetan in Augsburg, in: Begegnung. Beiträge zu einer Hermeneutik des theologischen Gesprächs, hrsg. von Max Seckler u. a., Graz 1972, S. 645–661. – Luthers ausführlicher und detaillierter Bericht über die Unterredung in: CCath 42, S. 83–109 (Acta Augustana). **9** CCath 42, S. 354–411. **10** CCath 42, S. 445–467. **11** Deutsche Reichstagsakten. Jüngere Reihe (im Folgenden RTA JR), Bd. 2, bearb. von Adolf Wrede, Göttingen 1896, S. 643–659. **12** Zur Diskussion um die Verfassungsmäßigkeit des Edikts vgl. Paul Kalkoff, Das Wormser Edikt und die Erlasse des Reichsregiments und einzelner Reichsfürsten, München 1917. **13** Vgl. Wilhelm Borth, Die Luthersache (Causa Lutheri) 1517–1524. Die Anfänge der Reformation als Frage von Politik und Recht, Lübeck und Hamburg 1970, S. 54–56. **14** RTA JR, Bd. 3, bearb. von Adolf Wrede, Gotha 1901, ND Göttingen 1963, S. 37–214, Abschied vom 30. April 1522, S. 171–185. **15** RTA JR, Bd. 3, S. 215–771, Abschied vom 09. Februar 1523, S. 736–771, hier die Antwort an den Nuntius Chieregati Nr. 74. **16** RTA JR, Bd. 3, Nr. 84, S. 447–452. **17** Für Mainz vgl. Staatsarchiv Würzburg, Mainzer Urkunden geistlicher Schrank L 19/3, Nr. 1 vom 10. September 1523. **18** RTA JR, Bd. 4, bearb. von Adolf Wrede, Gotha 1905, ND Göttingen 1963, S. 591–613. **19** Zur Entstehung des Begriffes vgl. Ernst Laubach, »Nationalversammlung« im 16. Jahrhundert. Zu Inhalt und Funktion eines politischen Begriffes, in: Mitteilungen des Österreichischen Staatsarchivs 38 (1985), S. 1–48; der ursprünglich verwendete Ausdruck Nationalkonzil war vom Legaten beanstandet worden. Vgl. RTA JR, Bd. 4, S. 467–471 – Eugène Honée, Die Idee eines Nationalkonzils in der frühen Reformationszeit, in: Annuarium Historiae Conciliorum 22 (1990), S. 242–272, insbesondere S. 268 ff. **20** Neue und vollständigere Sammlung (wie Anm. 4), Teil 2, S. 273. **21** Neue und vollständigere Sammlung (wie Anm. 4), Teil 2, S. 273–280; Günter Vogler, Der deutsche Bauernkrieg und die Verhandlungen des Reichstags von Speyer 1526, in: Zeitschrift für Geschichtswissenschaft 23 (1975), S. 1396–1410; Rainer Wohlfeil, Der Speyrer Reichstag von 1526, in: Blätter für pfälzische Kirchengeschichte 43 (1976), S. 5–20. **22** Neue und vollständigere Sammlung (wie Anm. 4), Teil 2, S. 274. **23** Horst Rabe, Deutsche Geschichte 1500–1600. Das Jahrhundert der Glaubensspaltung, München 1991, S. 317–336; S. 360–376 (Landeskirchentum). **24** RTA JR, Bd. 7/2, bearbeitet von Johannes Kühn, Stuttgart, 1935, S. 1142; zur Protestation der evangelischen Reichsstände vgl. Johannes Kühn, Die Geschichte des Speyrer Reichstags 1529, Leipzig 1929, S. 182–188. **25** RTA JR, Bd. 7/2, S. 1301. **26** Helmut Neuhaus, Bericht und Kritik. Der Augsburger Reichstag des Jahres 1530. Ein Forschungsbericht, in: Zeitschrift für Historische Forschung 9 (1982), S. 167–211; Karl Eduard Förstemann (Hrsg.), Urkundenbuch des Reichstages zu Augsburg im Jahre 1530, 2 Bde., Halle 1835. – Herbert Grundmann, Valentin von Tetleben. Protokoll des Augsburger Reichstages 1530, Göttingen 1958 (Schriftenreihe der Historischen Kommission bei der Bayerischen Akademie der Wissenschaften 4). **| 27** Herbert Immenkötter, Um die Einheit im Glauben. Die Unionsverhandlungen des Augsburger Reichstags im August und September 1530, Münster 1933; Eugène Honée, Der Libell des Hieronimus Vehus. Zum Augsburger Reichstag 1530. Untersuchungen und Texte zur katholischen Concordia-Politik, Münster 1988 (RGST 125). **| 28** Vgl. Confessio Augustana, Artikel 1–21 und 22–28. **| 29** Text Honée, Der Libell (wie Anm. 27), S. 347–352; vgl. Rolf Decot, Confessio Augustana und Reichsverfassung. Die Religionsfrage in den Reichstagsverhandlungen des 16. Jahrhunderts, in: Herbert Immenkötter/Gunther Wenz, Im Schatten der Confessio Augustana. Die Religionsverhandlungen des Augsburger Reichstags 1530 im historischen Kontext, Münster 1997 (RGST 136), S. 19–49. **| 30** Vgl. Wolfgang Reinhard, Die kirchenpolitischen Vorstellungen Kaiser Karls V., ihre Grundlagen und ihr Wandel, in: Erwin Iserloh (Hrsg.), Confessio Augustana und Confutatio, 2. Aufl. Münster 1981 (RGST 118), S. 62–100, bes. S. 86–91. **| 31** Reinhard, Die kirchlichen Vorstellungen (wie Anm. 30), S. 98 f. **| 32** Gabriele Schlütter-Schindler, Der Schmalkaldische Bund und das Problem der causa religionis, Frankfurt a. M., Bern, New York 1986. **| 33** Ekkehard Fabian, Die Entstehung des Schmalkaldischen Bundes und seiner Verfassung, Tübingen 1962 (SKRG 1); ders. (Hrsg.), Die Schmalkaldischen Bundesabschiede, Bd. 1: 1530–1532, Tübingen 1958 (SKRG 7), Bd. 2: 1533–1536; Tübingen 1958 (SKRG 8). Gabriele Haug-Moritz, Der Schmalkaldische Bund – Form und Gestaltwandel eines Militärbündnisses (1530–1541/42). Eine Studie zu den genossenschaftlichen Strukturelementen der politischen Ordnung des Heiligen Römischen Reiches deutscher Nation, Leinfelden/Echterdingen 2002. **| 34** Aussetzung der Religionsprozesse vor dem Reichskammergericht; Frieden der Religionsparteien bis zum Konzil bzw. bis zum nächsten Reichstag. Vgl. Josef Engel, Handbuch der Europäischen Geschichte, Bd. 3, S. 531; Hubert Kirchner, Reformationsgeschichte von 1532–1555/56, Berlin 1987, S. 21 f. **| 35** Günter Wartenberg, Die Leipziger Religionsgespräche von 1534 und 1539. Ihre Bedeutung für die sächsisch-albertinische Innenpolitik und für das Wirken Georgs von Karlowitz, in: Die Religionsgespräche der Reformationszeit, hrsg. von Gerhard Müller, Gütersloh 1980, S. 35–41. **| 36** Im Rückgriff auf ein Gutachten Witzels »typus ecclesiae prioris« siehe Wartenberg, Die Leipziger Religionsgespräche (wie Anm. 35), S. 39 f.; Magnus Ditsche, Das »Richtscheit der apostolischen Kirche« beim Leipziger Religionsgespräch von 1539, in: Reformata Reformanda. Festschrift für Hubert Jedin, Bd. 1, Münster 1965, S. 466–475. **| 37** Text bei Ludwig Cardauns, Zur Geschichte der kirchlichen Unions- und Reformbestrebungen von 1538–1542, Rom 1910 (Bibliothek des Königlich-Preußischen Historischen Instituts in Rom 5), S. 85–108. Eine lateinische Übersetzung in: Acta Reformationis Catholicae ecclesiam Germaniae Concernentia saeculi XVI. Die Reformationsverhandlungen des deutschen Episkopats von 1520–70, hrsg. von Georg Pfeilschifter, 6 Bde., Regensburg 1959–1974, hier Bd. 6, S. 1–20. **| 38** WA Br 9, S. 8–11. **| 39** Concilium Tridentinum 4, S. 2–6; vgl. Eike Wolgast, Das Konzil in den Erörterungen der kursächsischen Theologen und Politiker 1533–1537, in: ARG 73 (1982), S. 122–152. **| 40** Albrecht Pius Luttenberger, Glaubenseinheit und Reichsfriede. Konzeptionen und Wege konfessionsneutraler Reichspolitik 1530 bis 1552 (Kurpfalz, Jülich, Kurbrandenburg), Göttingen 1982, S. 41–53. **| 41** Vgl. Walter Delius, Kurfürst Joachim II. von Brandenburg und das Konzil von Trient, in: Reformation und Humanismus. Festschrift Robert Stupperich, Witten 1969, S. 195–211. **| 42** Zum Text des Anstands vgl. Wilhelm Neuser, Die Vorbereitung der Religionsgespräche von Worms und Regensburg 1540/41, Neukirchen 1974; Paul Fuchtel, Der Frankfurter Anstand vom Jahre 1539, in: ARG 28 (1931), S. 145–206; Rainer Wohlfeil, Artikel »Frankfurter Anstand«, in: TRE 11 (1983), S. 342–346. **| 43** Text des Einladungsschreibens bei Neuser, Die Vorbereitung (wie Anm. 42), S. 86–89. **| 44** Augustijn, Die Religionsgespräche (wie Anm. 1), S. 43–53. **| 45** Vgl. Wilhelm Neuser, Calvins Beitrag zu den Religionsgesprächen von Hagenau, Worms und Regensburg

(1540/41), in: Studien zur Geschichte und Theologie der Reformation. Festschrift für Ernst Bizer, Neukirchen 1969, S. 213–237; das Gutachten der Wittenberger Theologen, in dem sie die Heilige Schrift und die CA zur Grundlage der Verhandlungen erklärt hatten: WA Br 9, S. 21–35 (18.1.1540); vgl. Wilhelm Maurer, Confessio Augustana Variata, in: ARG 53 (1962), S. 97–151; der Abschied bei Wilhelm Neuser, Die Vorbereitung (wie Anm. 42), S. 96–107. **| 46** Vgl. Maurer, Confessio (wie Anm. 45), S. 112, 121. **| 47** Die Liste der evangelischen Abgeordneten, Räte und Theologen bei Neuser, Die Vorbereitung (wie Anm. 42) S. 199 f. **| 48** Kirchner, Reformationsgeschichte (wie Anm. 34), S. 79. **| 49** Zu beiden Tagen: Vinzenz Pfnür, Die Einigung bei den Religionsgesprächen von Worms und Regensburg 1540/41 eine Täuschung?, in: Die Religionsgespräche der Reformationszeit, hrsg. von Gerhard Müller, Gütersloh 1980 (SVRG 191), S. 55–88. **| 50** Vgl. Gerhard Müller, Landgraf Philipp von Hessen und das Regensburger Buch, in: Bucer und seine Zeit. Forschungsbeiträge und Bibliographie, hrsg. von Marijn de Kroon und Friedhelm Krüger, Wiesbaden 1976 (VIEG 80); zu den Verhandlungen vgl. Robert Stupperich, Der Humanismus und die Wiedervereinigung der Konfessionen, Leipzig 1936 (SVRG 160); Text: Acta Reformationis Catholicae, Bd. 6, S. 24–88; vgl. auch Corpus Reformatorum 4, S. 190–238. **| 51** Vgl. Robert Stupperich, Der Ursprung des »Regensburger Buches« von 1541 und seine Rechtfertigungslehre, in: ARG 36 (1939), S. 88–116; Walter Lipgens, Kardinal Johannes Gropper (1503–1559) und die Anfänge der katholischen Reform in Deutschland, Münster 1951, bes. S. 124 mit Anm. 15 und S. 225, Nr. 9; Reinhard Braunisch, Die »Artikell« der »warhafftigen Antwort« (1545) des Johannes Gropper. Zur Verfasserfrage des Worms-Regensburger Buches (1540/41), in: Von Konstanz nach Trient. Festschrift für August Franzen, München, Paderborn, Wien 1972, S. 519–545. **| 52** Kirchner, Reformationsgeschichte (wie Anm. 34), S. 81. **| 53** Corpus Reformatorum 4, S. 450–455 vom 1. Juli 1541. **| 54** Corpus Reformatorum 4, S. 476–478 vom 12. Juli 1541. **| 55** Die verschiedenen Fassungen dieses Artikels in: Acta Reformationis Catholicae, Bd. 6, S. 30–44; 44–52; 52–54; vgl. Karl-Heinz zur Mühlen, Die Einigung über den Rechtfertigungsartikel im Regensburger Religionsgespräch von 1541 – eine verpaßte Chance? In: ZThK 76 (1979), S. 331–359; Vinzenz Pfnür, Die Einigung bei den Religionsgesprächen von Worms und Regensburg 1540/41 eine Täuschung?, in: Die Religionsgespräche der Reformationszeit, hrsg. von Gerhard Müller, S. 55–88. **| 56** Jedin, An welchen Gegensätzen (wie Anm. 1), S. 361–366. **| 57** Vgl. Joachim Mehlhausen, Die Abendmahlsformel des Regensburger Buches, in: Studien zur Geschichte und Theologie der Reformation. Festschrift für Ernst Bizer, Neukirchen 1966, S. 189–211. **| 58** Corpus Reformatorum 4, S. 625–630. **| 59** Der Text des Abschieds, in: Concilium Tridentinum 4, S. 358–362; die Artikel, die die Glaubensfragen und das Konzil betreffen, tragen die Nummern 78–95. **| 60** Ausschreibungsbulle Concilium Tridentinum 4, S. 385–388. **| 61** H. Nebelsieck, Elf Briefe und Aktenstücke über das Religionsgespräch von Regensburg von 1546, in: ARG 32 (1935), S. 127–136; 253–283. **| 62** Vgl. hierzu Ernst Bizer, Reformationsgeschichte 1532–1555, Göttingen 1964, S. 141 f. **| 63** Josef Engel, Handbuch der europäischen Geschichte, Bd. 3, S. 536. **| 64** Vgl. Hubert Jedin, Geschichte des Konzils von Trient, 4 Bde., Freiburg 1951–1975, hier Bd. 2 (1957), S. 372–376. Der Vorschlag ging wohl nicht von Rom aus, sondern vom Legaten Cervini in Trient. **| 65** Jedin, Geschichte des Konzils (wie Anm. 64), Bd. 2 (1957), Konzil III, S. 111–116; vgl. ebd., S. 460 f. Anm. 21 und 25. **| 66** Vgl. Schorn-Schütte, Luise (Hrsg.), Das Interim 1548/50. Herrschaftskrise und Glaubenskonflikt, Gütersloh 2005 (SVRG 203). **| 67** Vgl. Horst Rabe, Reichsbund und Interim. Die Verfassungs- und Religionspolitik Karls V. und der Reichstag von Augsburg 1547/48, Köln, Wien 1971; der Text des Interims: Das Augsburger Interim, lateinisch und deutsch, hrsg. von Joachim Mehlhausen, Neukirchen 1970. **| 68** Rolf Decot, Die Reaktion der katholische Kirche auf das Interim, in: Schorn-Schütte, Das Interim (wie Anm. 66), S. 366–385. **| 69** Jedin, Geschichte des Konzils (wie Anm. 64). **| 70** Sebastian von Heusenstamm, Mainz (1545–1555), Adolf von Schaumburg, Köln (1547–1556), Johann von Isenburg, Trier (1547–1556). **| 71** Martin Brecht, Abgrenzung oder Verständigung. Was wollten die Protestanten in Trient?, in: Blätter für württembergische Kirchengeschichte 70 (1970), S. 148–175. **| 72** Karl Erich Born, Moritz von Sachsen und die Fürstenverschwörung gegen Karl V., in: Historische Zeitschrift 191 (1960), S. 18–

66. | **73** Rolf Decot, Religionsfrieden und Kirchenreform. Der Mainzer Kurfürst und Erz-bischof Sebastian von Heusenstamm 1545–1555, Wiesbaden 1980, (VIEG 100), bes. S. 231–256. | **74** Vgl. Albrecht Pius Luttenberger, Glaubenseinheit und Reichsfriede. Kon-zeptionen und Wege konfessionsneutraler Reichspolitik (1520–1552), Göttingen 1980. | **75** Decot, Confessio Augustana (wie Anm. 29), S. 41 f. | **76** Alfred Kohler, Karl V. 1500–1558. Eine Biographie, München 1999, bes. S. 341–355. | **77** Neue und vollständigere Sammlung (wie Anm. 4), Teil 3, S. 15–43: Reichsabschied Augsburg 1555: § 25; §§ 139–141. Der künftige Reichstag sollte am 1. März 1556 in Regensburg beginnen. | **78** Vgl. Rolf Decot, Religionsgespräch und Reichstag. Der Regensburger Reichstag von 1556/57 und die Probleme der Religionsgespräche auf Reichstagen, in: Reichtage und Kirche, hrsg. von Erich Meuthen, Göttingen 1991, S. 220–235. | **79** StA Würzburg, RTA 36, fol. 35r–43v. | **80** Gerhard Bonwetsch, Geschichte des Passauischen Vertrages von 1552, Göttingen 1907; Augsburger Vertrag § 25. Regensburger Proposition, StA Würzburg, RTA 36, fol. 35r–43v. | **81** Nationalkonzil geplant für Speyer 1524; Reichstag Augsburg 1530; Religionsge-spräche Hagenau und Worms 1540 und Regensburg 1541; Konzil von Trient 1545–1547/48, geplante Beteiligung der Protestanten 1551/52; vgl. Jedin, Geschichte des Konzils (wie Anm. 64), Bd. 3 (1970), S. 359–363; Theobald Freudenberger, Berichte protestantischer Theologen von den Beratungen der Trienter Konzilstheologen über Meßopfer und Pries-terweihe im Dezember 1551, in: Annuarium Historiae Conciliorum 6 (1974), S. 352–368. | **82** Heinz Angermeier: Die Reichsreform 1410–1555. Die Staatsproblematik in Deutsch-land zwischen Mittelalter und Gegenwart, München 1984, S. 230 ff. | **83** Hans Hohlwein, Art. »Reichskirche«, in: RGG 5, Sp. 932 f. Vgl. auch Peter Hersche, Intendierte Rückstän-digkeit: Zur Charakteristik des Geistlichen Staates im Alten Reich, in: Stände und Gesell-schaft im Alten Reich, hrsg. von Georg Schmidt, Stuttgart 1989 (VIEG-Beiheft 29), S. 133–149. | **84** Referiert wird nach dem Mainzer Protokoll (9. Dezember 1556 bis 16. März 1557), HHStA Wien, MEA-RTA 44a II, fol. 63v–228r. Dem Ausschuss gehörten je neun Reichsstände beider Parteien an. Für die katholische Seite: die Kurfürsten aus Mainz, Trier und Köln, die Fürsten von Österreich, Salzburg, Augsburg und Bayern, ein Vertreter der Prälatenbank und die Stadt Schwäbisch-Gmünd. Für die protestantische Seite: die Kurfürsten aus der Pfalz, Sachsen und Brandenburg, die Fürsten von Veldenz, Ansbach, Württemberg und Hessen, ein Vertreter der Grafenbank und die Stadt Straßburg. | **85** So schon 1539 der Augsburger Delegierte Braun in einer Flugschrift: Nach altkirchlicher Auffassung könnten nur die Bischöfe mit dem Papst »unanimis« Glaubensfragen ent-scheiden, Benno von Bundschuh: Das Wormser Religionsgespräch von 1557 unter beson-derer Berücksichtigung der kaiserlichen Religionspolitik, Münster 1988 (RGST 124), S. 179. | **86** Vgl. Kurt-Victor Selge, Normen der Christenheit im Streit um Ablaß und Kirchen-autorität 1518 bis 1521, Habil. Heidelberg 1968. | **87** Zasius hatte diese Gefahr schon im Juni 1555 benannt und im Oktober 1556 erneut bedacht, vgl. (mit Belegen) Bundschuh, Das Wormser Religionsgespräch (wie Anm. 85), S. 155 mit Anm. 113. | **88** Biographische Skizzen der katholischen und evangelischen Teilnehmer am Kolloquium vom Präsiden-ten über seinen Beisitzer Seld, die Assessoren, Kolloquenten, die Adjunkten und die Auditoren und Notare finden sich bei Bundschuh, Das Wormser Religionsgespräch (wie Anm. 85), S. 377–417. | **89** Die Originalakten des Wormser Religionsgesprächs befinden sich in Wien, HHStA MEA-Religionsakten 5 a. Es handelt sich um einen Band mit 293 Folioseiten, er trägt die Aufschrift: »Colloquium wormatiense 1557«. | **90** Die Protokolle: 1. Sitzungsablauf ohne die Reden, von der Hand Johann a Vias, fol. 14r–25r; vgl. auch fol. 215r–286r. 2. Durchlaufendes, auch die Reden einschließendes Protokoll von Jakob Andreä, fol. 33r–94r, fol. 96r–107v. Sammlung aller von katholischer und protestanti-scher Seite eingereichten Streitschriften nach Abreise der Flacianer, fol. 110r–212r. – Vgl. HAB Wolfenbüttel, Cod. Guelf 60 Aug. fol. 1r–198r (Reinschrift der Akten des gesamten Religionsgesprächs); ebd. Cod. Guelf 44.2. Aug. fol. 111–303r (Akten der ersten sechs Sitzungen); ebd. Cod. Guelf. Helmst. 80 fol. 1–312. | **91** Petri Canisii Epistulae et acta, hrsg. von Otto Braunsberger, 8 Bde., Freiburg 1896–1923, Bd. 2, S. 796. | **92** Pauschal sei hier verwiesen auf: Karl Otmar von Aretin, Das Alte Reich. 1648–1806, 4 Bde., Stutt-gart 1993–2000.

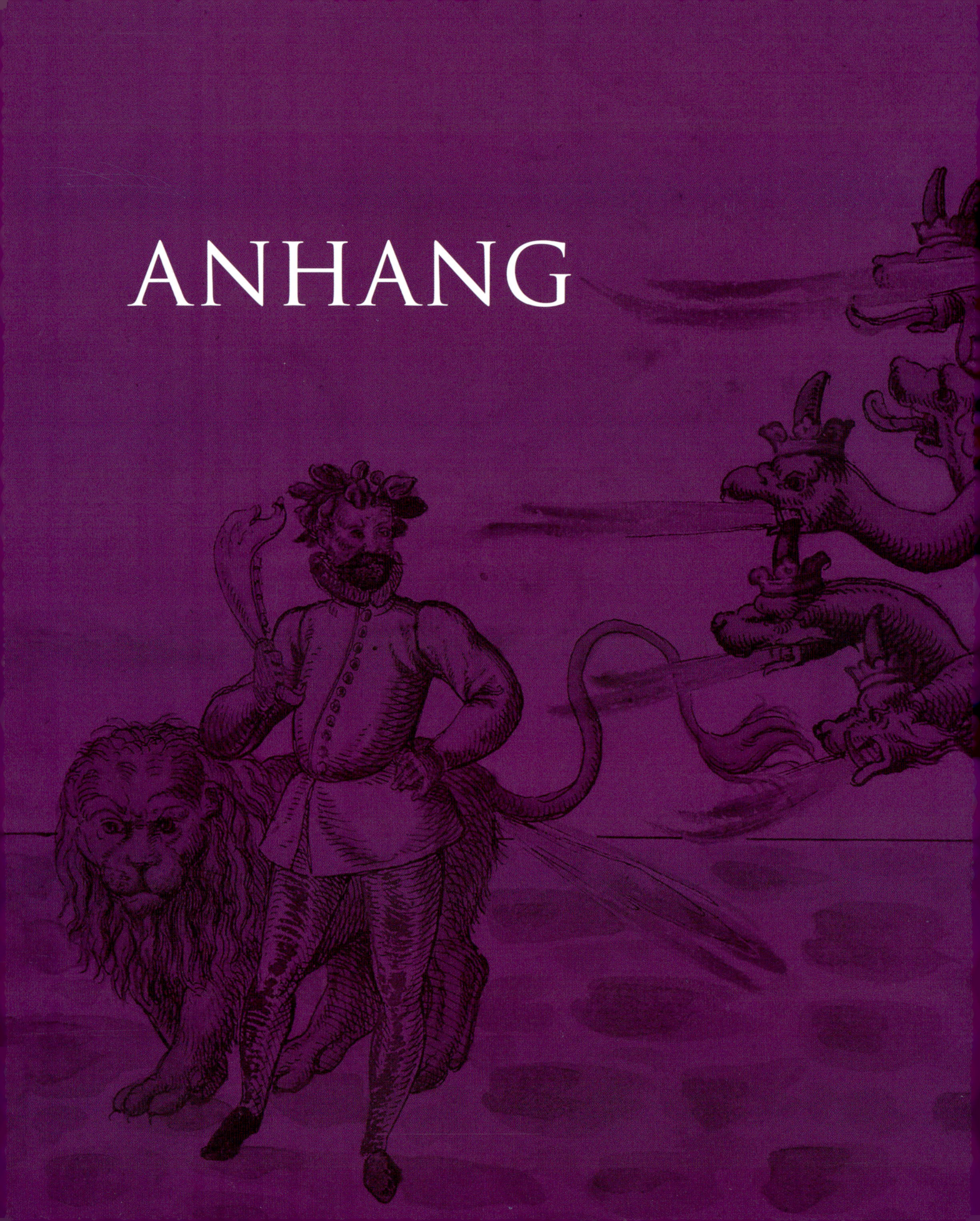

ANHANG